Coleção Assertivas
CESPE/CEBRASPE
Coordenação
Leonardo Garcia

DIREITO CONSTITUCIONAL

EDITORA *Jus*PODIVM
www.editorajuspodivm.com.br

Rua Território Rio Branco, 87 – Pituba – CEP: 41830-530 – Salvador – Bahia
Tel: (71) 3045.9051
• Contato: https://www.editorajuspodivm.com.br/sac

Diagramação: Lupe Comunicação e Design (*lupecomunicacao@gmail.com*)

Capa: Ana Caquetti

ISBN: 978-85-442-2762-6

Coleção ASSERTIVAS
CESPE/CEBRASPE
Coordenação
Leonardo Garcia

Marcílio Ferreira
Everton Araújo

DIREITO CONSTITUCIONAL

4.774 QUESTÕES da Banca CESPE/CEBRASPE em forma de assertivas

2019

EDITORA *Jus*PODIVM
www.editorajuspodivm.com.br

APRESENTAÇÃO DA COLEÇÃO

Coloque a tela do celular com leitor de QR Code e veja a apresentação da coleção pelo Prof. Leonardo Garcia.

A ***Coleção Assertivas CESPE/CEBRASPE*** visa propiciar ao candidato a concursos da banca o conhecimento de como a banca elabora as questões. Ao mesmo tempo em que o candidato estuda os conteúdos separados por assuntos em forma de assertivas, ele vai se acostumando com a estrutura e a redação (linguagem) das questões.

Sem dúvida alguma, é a melhor forma de estudar e se preparar para a Banca CESPE/CEBRASPE! Foram coletadas praticamente todas as questões da Banca dos últimos anos. Assim, a ideia é propiciar uma visão atual e fidedigna de como a Banca elabora suas questões, bem como os temas mais cobrados.

A metodologia une o conhecimento (conteúdo) com a forma de cobrança. Assim, o candidato se acostuma com a cobrança, percebendo exatamente como são elaboradas as questões e como as assertivas verdadeiras são transformadas em assertivas falsas, reforçando os pontos e detalhes que o candidato precisa saber para os concursos elaborados pelo CESPE/CEBRASPE.

Abaixo das assertivas falsas que foram corrigidas, o candidato encontrará a questão original, possibilitando comparar e perceber as pegadinhas nas provas.

Com a metodologia desta coleção, o candidato perceberá também quais os temas que são mais cobrados pela banca, possibilitando um importante direcionamento no estudo.

Muito provavelmente, algumas das assertivas que o candidato irá estudar, cairá exatamente igual (ou com a redação muito parecida) na prova que realizará.

O meu compromisso e dos autores com esta coleção é fazer com que você gabarite (acerte) as questões na prova que irá realizar.

Boa sorte e conte comigo em sua jornada de estudos!

Leonardo Garcia

Coordenador da coleção

Siga o Prof. Leonardo Garcia nas redes sociais e fique por dentro das novidades em preparação para concursos públicos (Instagram: @professorleonardogarcia).

ESTRUTURA DA COLEÇÃO

1. Todas as assertivas do livro estão corretas (ou porque caíram nas provas como assertivas corretas efetivamente ou porque eram afirmativas erradas que foram adaptadas pelo autor).

2. No caso das assertivas corrigidas pelo autor, a questão original foi inserida logo abaixo para que o leitor compare a assertiva falsa (que foi cobrada em concurso) com a assertiva correta (que foi alterada pelo autor).

3. Quando o autor inseriu alguma palavra ou expressão para corrigir a assertiva, a inserção está em CAIXA ALTA para facilitar a visualização do leitor sobre a correção.

> **43.** A CF é do tipo **RÍGIDA**, pois **EXIGE PROCESSO MAIS RIGOROSO PARA SUA ALTERAÇÃO.** (CESPE - 2013 - Telebras - Especialista em Gestão de Telecomunicações - Advogado).
>
> **Questão original:** A CF é do tipo semirrígida, pois prevê determinados tipos de normas que não podem ser alteradas, as chamadas cláusulas pétreas.

4. Quando a adaptação da assertiva envolveu retirar alguma palavra ou expressão, o destaque da palavra/expressão retirada foi feito na questão original. Assim, o leitor visualiza facilmente o que o CESPE fez para tornar a assertiva falsa. (No exemplo abaixo, o CESPE incluiu o "não" para tornar a assertiva errada.)

> **67.** Constituição rígida é a que pode ser alterada. (CESPE - 2011 - TCU - Auditor Federal de Controle Externo - Psicologia).
>
> **Questão original:** Constituição rígida é a que **NÃO** pode ser alterada.

5. Em algumas assertivas, foi incluída uma observação pelo autor, complementando o estudo do leitor.

6. O poder constituinte originário fixou as condições do exercício do poder de revisão constitucional; contudo, no Brasil, o legislador **NÃO** pode ampliar as hipóteses de revisão, **MESMO** que haja autorização popular por meio de plebiscito. (CESPE – 2018 – STJ – Analista Judiciário – Oficial de Justiça Avaliador Federal).

Observação: Segundo o STF a norma do art. 3º do ADCT teve sua aplicabilidade esgotada e eficácia exaurida, não sendo mais possível revisão da Constituição Federal.

Questão original: O poder constituinte originário fixou as condições do exercício do poder de revisão constitucional; contudo, no Brasil, o legislador pode ampliar as hipóteses de revisão, desde que haja autorização popular por meio de plebiscito.

NOTA DO AUTOR

É com muita satisfação que lançamos o livro de revisão por meio de assertivas da banca CESPE/CEBRASPE em Direito Constitucional. As questões foram separadas por assunto e organizadas de acordo com o ano de cobrança para que o estudante possa verificar a maior incidência e acompanhar a evolução da forma de cobrança no tempo. O material produzido é direto e objetivo para permitir uma experiência de revisão de fácil compreensão.

Incluímos neste livro uma lista das questões para que você perceba a distribuição dos enunciados de acordo com os assuntos. Como o leitor perceberá, o maior número de questões está alocado nos assuntos "Organização dos Poderes" (1.525 questões) e "Direitos Fundamentais" (1.029). A banca, portanto, demonstra uma preferência pelos referidos assuntos, seja em virtude das várias possibilidades de cobrança do texto normativo e dos entendimentos doutrinários/jurisprudenciais, seja por conta da relação temática com os cargos objeto dos concursos públicos.

Costumamos dizer que "o segredo da aprovação é sempre uma boa revisão". Por isso, recomendamos que você utilize este livro para revisar todos os tópicos do Direito Constitucional e aprofundar no perfil da banca examinadora. Esperamos que você tenha um ótimo proveito e consiga ser aprovado no seu concurso público.

Bons estudos!

Marcílio Ferreira

Professor, Procurador do Estado, Master Coach e Doutorando.

Redes sociais: @profmarcilioferreira

E-mail: contato@marcilioferreira.com

NÚMERO DE QUESTÕES POR ASSUNTO

(TOTAL: 4.899 QUESTÕES)

1. Teoria Geral da Constituição (652 questões)
2. Direitos Fundamentais (1.029 questões)
3. Organização de Estado (992 questões)
4. Organização dos Poderes (1.525 questões)
5. Parte Especial da CF (452 questões)
6. Controle de Constitucionalidade (249 questões)

Incidência de Questões por Assunto

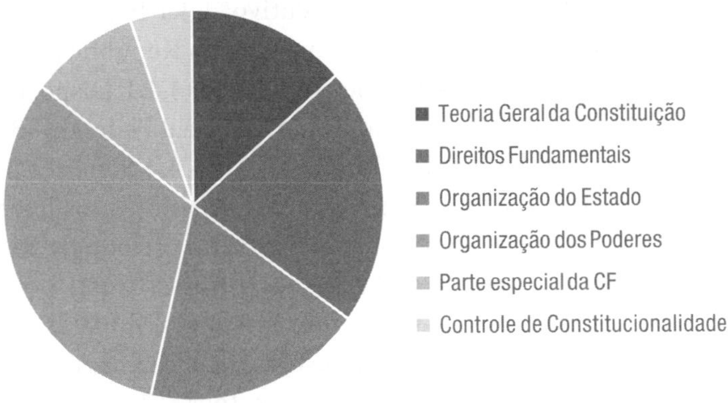

1. Teoria Geral da Constituição: 1.1 Classificação e Conceito das Constituições (96 questões); 1.2 Classificação, Princípios e Interpretação das Normas Constitucionais (200 questões/206 assertivas) ; 1.3 Constitucionalismo (14 questões); 1.4 Poder Constituinte (151 questões/156 assertivas); 1.5 História Constitucional Brasileira e Preâmbulo da Constituição Federal (25 questões/27 assertivas); 1.6 Princípios Fundamentais da República (158 questões/163 assertivas).

2. Direitos Fundamentais: 2.1 Teoria dos Direitos Fundamentais (56 questões); 2.2 Direitos e Deveres Individuais e Coletivos (418 questões/423 assertivas); 2.3 Garantias Processuais (173 questões); 2.4 Dos Direitos Sociais (123 questões); 2.5 Da Nacionalidade (125 questões/135 assertivas); 2.6 Dos Direitos Políticos (97 questões/101 assertivas); 2.7 Dos Partidos Políticos (18 assertivas).

3. Organização de Estado: 3.1 Organização da União (37 questões); 3.2 Organização dos Estados Federados, Distrito Federal, Territórios e Municípios (188 questões/200 assertivas); 3.3 Competências Constitucionais (213 questões/217 assertivas); 3.4 Intervenção Federal e Estadual (32 questões/35 assertivas); 3.5 Princípios da Administração Pública (40 questões/41 assertivas); 3.6 Dos Servidores Públicos (106 questões/200 assertivas); 3.7 Disposições Gerais (186 questões/195 assertivas); 3.8 Formas de Estado e Federalismo Brasileiro (67 questões).

4. Organização dos Poderes: 4.1 Separação dos Poderes (42 questões); 4.2 Poder Legislativo; 4.2.1 Congresso Nacional (102 questões/105 assertivas); 4.2.2 Câmara dos Deputados (46 questões); 4.2.3 Senado Federal (39 questões); 4.2.4 Comissões Parlamentares (52 questões); 4.2.5 Tribunal de Contas (TCU e TCE´s) (125 questões/131 assertivas); 4.2.6 Processo Legislativo (124 questões/126 assertivas); 4.2.7 Lei Complementar e Lei Ordinária (13 questões); 4.2.8 Lei Delegada, Medidas Provisórias, Decretos Legislativos e Resoluções (63 questões/68 assertivas); 4.3 Poder Executivo, 4.3.1 Presidente, Vice e Ministros de Estados (207 questões); 4.3.2 Conselho da República e Conselho de Defesa Nacional (6 questões); 4.4 Poder Judiciário, 4.4.1 Disposições Gerais (132 questões/135 assertivas); 4.4.2 Supremo Tribunal Federal (88 questões); 4.4.3 Conselho Nacional de Justiça (74 questões); 4.4.4 Superior Tribunal de Justiça (68 questões); 4.4.5 Tribunais Regionais Federais e dos Juízes Federais (43 questões); 4.4.6 Tribunal Superior do Trabalho, Tribunais Regionais do Trabalho e dos Juízes do Trabalho (28 questões/36 assertivas); 4.4.7 Tribunais e Juízes Eleitorais (16 questões); 4.4.8 Tribunais e Juízes Militares (6 questões); 4.4.9 Tribunais e Juízes dos Estados (12 questões); 4.4.10 Funções Essenciais da Justiça; 4.4.10.1 Do Ministério Público (118 questões/122 assertivas); 4.4.10.2 Da Advocacia Pública (30 questões); 4.4.10.3 Da Advocacia (4 questões); 4.4.10.4 Da Defensoria Pública (56 questões).

5. Parte Final (especial) da CF: 5.1 Da Defesa do Estado e das Instituições Democráticas (81 questões); 5.2 Da Tributação e do Orçamento (90 questões/96 questões); 5.3 Da Ordem Econômica e Financeira (82 questões/ 85 assertivas); 5.4 Da Ordem Social (165 questões/ 168 assertivas); 5.5 Disposições Constitucionais Gerais (5 questões); 5.6 Atos das Disposições Constitucionais Transitórias (17 questões).

6. Controle de Constitucionalidade: 6.1 Controle Concentrado de Constitucionalidade, 6.1.1 Ação Direta de Inconstitucionalidade (133 questões/135 assertivas); 6.1.2 Ação Direta de Inconstitucionalidade por Omissão (10 questões); 6.1.3 Ação Declaratória de Constitucionalidade (12 questões); 6.1.4 Arguição de Descumprimento de Preceito Fundamental (15 questões); 6.2. Controle Difuso (58 questões/ 60 assertivas); 6.3 Controle pelo Poder Legislativo (17 questões).

SUMÁRIO

1

TEORIA GERAL DA CONSTITUIÇÃO

1.1 CLASSIFICAÇÃO E CONCEITO DAS CONSTITUIÇÕES

1. A vigente Constituição brasileira é, no que se refere à estabilidade, **RÍGIDA**, pois, além de conter normas modificáveis por processo legislativo dificultoso e solene. (CESPE - 2018 - Instituto Rio Branco - Diplomata - Prova 1).

Questão original: A vigente Constituição brasileira é, no que se refere à estabilidade, semirrígida, pois, além de conter normas modificáveis por processo legislativo dificultoso e solene, possui também normas flexíveis, que podem ser alteradas por processo legislativo ordinário.

2. A possibilidade de um direito positivo supraestatal limitar o Poder Legislativo foi uma invenção do constitucionalismo do século XVIII, inspirado pela tese de Montesquieu de que apenas poderes moderados eram compatíveis com a liberdade. Mas como seria possível restringir o poder soberano, tendo a sua autoridade sido entendida ao longo da modernidade justamente como um poder que não encontrava limites no direito positivo? Uma soberania limitada parecia uma contradição e, de fato, a exigência de poderes políticos limitados implicou redefinir o próprio conceito de soberania, que sofreu uma deflação. Alexandre Costa. O poder constituinte e o paradoxo da soberania limitada. In: Teoria & Sociedade. n.º 19, 2011, p. 201 (com adaptações).

A ideia apresentada no texto reflete a Constituição como decisão política fundamental do soberano, o que **NÃO** configura o sentido sociológico de Constituição. (CESPE - 2018 - Polícia Federal - Delegado de Polícia Federal)

Observação: Decisão política fundamental do soberano é referente ao <u>sentido político</u> de constituição, segundo Carl Schmitt.

> **Questão original**: A ideia apresentada no texto reflete a Constituição como decisão política fundamental do soberano, o que configura o sentido sociológico de Constituição.

3. A Constituição da República pode ser classificada como rígida, em face **DE UM PROCESSO MAIS RIGOROSO PARA SUA ALTERAÇÃO.** (CESPE – 2000 – Polícia Federal – Agente Federal da Polícia Federal).

> **Questão original:** A Constituição da República pode ser classificada como rígida, em face da existência de normas que não podem ser modificadas pelos agentes políticos investidos do poder constituinte derivado (cláusulas pétreas).

4. A rigidez constitucional **NÃO** é marca de todas as Constituições brasileiras desde, **COMO POR EXEMPLO,** a de 1824. (CESPE – 2018 – STM – Analista Judiciário – Área Judiciária).

> **Questão original:** A rigidez constitucional é marca de todas as Constituições brasileiras desde, e inclusive, a de 1824.

5. O fato de o texto constitucional ter sido alterado quase cem vezes em razão de emendas constitucionais não é suficiente para classificar a vigente Constituição Federal brasileira como flexível. (CESPE – 2018 – STM – Cargos de Nível Superior – Conhecimentos Básicos (Exceto cargos 1, 2 e 8).

6. A CF goza de supremacia tanto do ponto de vista material quanto do formal. (CESPE – 2017 – DPU – Defensor Público Federal)

7. No que diz respeito ao direito financeiro, a CF pode ser classificada como **RÍGIDA.** (CESPE – 2017 – Prefeitura de Fortaleza – CE – Procurador do Município).

> **Questão original:** No que diz respeito ao direito financeiro, a CF pode ser classificada como semirrígida, uma vez que restringe a regulação de certos temas de finanças públicas a lei complementar e deixa outros à disciplina de lei ordinária.

8. A Constituição Federal de 1988 é classificada, quanto à extensão, como **ANALÍTICA**, pois suas matérias foram dispostas em um instrumento único e exaustivo de seu conteúdo. (CESPE – 2017 – Instituto Rio Branco – Diplomata – Prova 1).

> **Questão original:** A Constituição Federal de 1988 é classificada, quanto à extensão, como sintética, pois suas matérias foram dispostas em um instrumento único e exaustivo de seu conteúdo.

9. A CF **NÃO** é considerada flexível, pois a sua alteração **NÃO** pode ocorrer por meio de procedimento ordinário do processo legislativo comum. (CESPE - 2016 - TCE-PA - Auxiliar Técnico de Controle Externo - Área Administrativa).

> **Questão original:** A CF é considerada flexível, pois a sua alteração pode ocorrer por meio de procedimento ordinário do processo legislativo comum.

10. Quanto à forma e à origem, a CF é classificada em escrita e promulgada; quanto ao modo de elaboração, é classificada como **DOGMÁTICA.** (CESPE - 2016 - FUNPRESP-JUD - Analista - Direito).

> **Questão original:** Quanto à forma e à origem, a CF é classificada em escrita e promulgada; quanto ao modo de elaboração, é classificada como histórica.

11. Com referência à Constituição Federal de 1988 e às disposições nela inscritas relativamente a direitos sociais e políticos, administração pública e servidores públicos, julgue o item subsequente. A Constituição Federal de 1988 é considerada, quanto à origem, uma Constituição promulgada, pois surgiu do trabalho de representantes do povo eleitos com a finalidade específica de sua elaboração: a assembleia nacional constituinte. (CESPE - 2016 - FUB - Conhecimentos Básicos - Cargo 20).

12. A CF classifica-se como Constituição **RÍGIDA**, uma vez que, para efeitos de reforma, **NÃO SERÃO CONSIDERADAS** as normas materialmente constitucionais rígidas e as normas apenas formalmente constitucionais flexíveis. (CESPE - 2016 - TCE-SC - Conhecimentos Básicos - Exceto para os cargos 3 e 6).

> **Questão original:** A CF classifica-se como Constituição semirrígida, uma vez que, para efeitos de reforma, as normas materialmente constitucionais são consideradas rígidas e as normas apenas formalmente constitucionais são consideradas flexíveis.

13. A CF é classificada como dogmática, **PORÉM NÃO HÁ** razão **EM SEU** significado normativo de suas cláusulas pétreas, tais como a forma federativa de Estado e a separação dos poderes, ser buscado nas formulações ideais dos autores clássicos que primeiramente abordaram esses temas, a exemplo de Madison, Hamilton e Jay, em Os Artigos Federalistas, e Montesquieu, em O Espírito das Leis. (CESPE - 2016 - TCE-SC - Auditor Fiscal de Controle Externo - Direito).

> **Questão original:** A CF é classificada como dogmática, razão por que o significado normativo de suas cláusulas pétreas, tais como a forma federativa de Estado e a separação dos poderes, deve ser buscado nas formulações ideais dos autores clássicos que primeiramente abordaram esses temas, a exemplo de Madison, Hamilton e Jay, em Os Artigos Federalistas, e Montesquieu, em O Espírito das Leis.

14. A Constituição Federal de 1988 é classificada, quanto à estabilidade, como uma Constituição **RÍGIDA**, o que pode ser comprovado pelo fato de seu texto já ter sofrido quase uma centena de emendas constitucionais. (CESPE – 2016 – FUB – Conhecimentos Básicos – Cargos de 1 a 7).

> **Questão original:** A Constituição Federal de 1988 é classificada, quanto à estabilidade, como uma Constituição flexível, o que pode ser comprovado pelo fato de seu texto já ter sofrido quase uma centena de emendas constitucionais.

15. Embora o termo Constituição seja utilizado desde a Antiguidade, as condições sociais, políticas e históricas que tornaram possível a universalização, durante os séculos XIX e XX, da ideia de supremacia constitucional surgiram somente a partir do século XVIII. (CESPE – 2015 – DPU – Defensor Público Federal).

16. As constituições podem ser classificadas como normativas quando há uma adequação entre o conteúdo normativo do texto constitucional e a realidade social, na medida em que detentores e destinatários de poder seguem a Constituição. (CESPE – 2015 – TCE-RN – Conhecimentos Básicos para o Cargo 1).

17. Quanto à mutabilidade, a doutrina majoritária classifica a CF como rígida, visto que, para a modificação do seu texto, exige-se um processo legislativo especial. (CESPE – 2015 – FUB – Conhecimentos Básicos – Cargo 2).

18. Quanto **À ORIGEM**, as constituições podem ser promulgadas – aquelas que derivam do trabalho de assembleia nacional constituinte – ou outorgadas – aquelas que são estabelecidas sem a participação popular. (CESPE – 2015 – TJ-DFT – Analista Judiciário – Oficial de Justiça Avaliador Federal).

> **Questão original:** Quanto ao modo de elaboração, as constituições podem ser promulgadas – aquelas que derivam do trabalho de assembleia nacional constituinte – ou outorgadas – aquelas que são estabelecidas sem a participação popular.

19. A CF, no tocante a sua extensão, **NÃO** classifica-se como sintética, uma vez que, **ESTE**, versa somente sobre os princípios gerais e as regras básicas de organização do Estado. (CESPE – 2015 – FUB – Conhecimentos Básicos – Cargo 2).

> **Questão original:** A CF, no tocante a sua extensão, classifica-se como sintética, uma vez que versa somente sobre os princípios gerais e as regras básicas de organização do Estado.

20. As Constituições dirigentes privilegiam as liberdades individuais, impondo ao Estado um dever **DE ATUAÇÃO** na concretização dos valores fundamentais. (CESPE – 2015 – STJ – Conhecimentos Básicos para o Cargo 17).

Questão original: As Constituições dirigentes privilegiam as liberdades individuais, impondo ao Estado um dever de abstenção e um papel secundário na concretização dos valores fundamentais.

21. Quanto ao modo de elaboração, a CF é dogmática, **NO QUAL NÃO FORA** foi constituída ao longo do tempo mediante lento e contínuo processo de formação, **NÃO** reunindo a história e as tradições de um povo. (CESPE – 2015 – FUB – Conhecimentos Básicos – Cargo 2).

Questão original: Quanto ao modo de elaboração, a CF é dogmática, porque foi constituída ao longo do tempo mediante lento e contínuo processo de formação, reunindo a história e as tradições de um povo.

22. A Constituição é instituto multifuncional que engloba entre seus objetivos a limitação do poder e a conformação e legitimação da ordem política. (CESPE – 2015 – STJ – Conhecimentos Básicos para o Cargo 17).

23. Quanto à extensão, as constituições são classificadas como sintéticas – aquelas que preveem apenas princípios e normas gerais do Estado – e analíticas – aquelas que regulamentam todos os assuntos entendidos como relevantes à formação e ao funcionamento do Estado. (CESPE – 2015 – TJ-DFT – Analista Judiciário – Oficial de Justiça Avaliador Federal).

24. A CF, elaborada por representantes legítimos do povo, é exemplo de Constituição **PROMULGADA.** (CESPE – 2015 – FUB – Conhecimentos Básicos – Cargo 2).

Questão original: A CF, elaborada por representantes legítimos do povo, é exemplo de Constituição outorgada.

25. Constituição, em sua acepção formal, corresponde ao documento solene que disciplina as normas superiores elaboradas por um processo constituinte específico, sendo as normas integrantes da Constituição Federal de 1988 (CF) caracterizadas como formalmente **CONSTITUCIONAIS, NO QUAL QUE NEM TODAS SÃO** materialmente constitucionais. (CESPE – 2014 – Polícia Federal – Agente Administrativo).

Questão original: Constituição, em sua acepção formal, corresponde ao documento solene que disciplina as normas superiores elaboradas por um processo constituinte específico, sendo as normas integrantes da Constituição Federal de 1988 (CF) caracterizadas como formalmente e materialmente constitucionais.

26. Diferentemente das constituições sintéticas, as quais se limitam às regras básicas constitucionais, as constituições **ANALÍTICAS** extrapolam o essencial para constitucionalizar variadas matérias adicionais e estabelecer, de forma dirigente, objetivos a serem atingidos pelo legislador ordinário. (CESPE – 2014 – TJ-SE – Técnico Judiciário – Área Judiciária).

> **Questão original:** Diferentemente das constituições sintéticas, as quais se limitam às regras básicas constitucionais, as constituições semânticas extrapolam o essencial para constitucionalizar variadas matérias adicionais e estabelecer, de forma dirigente, objetivos a serem atingidos pelo legislador ordinário.

27. Considerando que as constituições classificam-se quanto à **ELABORAÇÃO** em históricas ou dogmáticas, deve-se considerar a Constituição Federal de 1988 (CF) uma constituição **DOGMÁTICA**, uma vez que surgiu no bojo de um processo de reconquista democrática e de retomada dos ideais da Constituição de 1946. (CESPE – 2014 – Instituto Rio Branco – Diplomata – Prova 2).

> **Questão original:** Considerando que as constituições classificam-se quanto à origem em históricas ou dogmáticas, deve-se considerar a Constituição Federal de 1988 (CF) uma constituição histórica, uma vez que surgiu no bojo de um processo de reconquista democrática e de retomada dos ideais da Constituição de 1946.

28. A constituição **FORMAL**, escrita e rígida, como a CF, consiste em um documento escrito formado por normas substancialmente constitucionais que só podem ser alteradas por meio de processo legislativo especial e mais dificultoso. (CESPE – 2014 – TC-DF – Técnico de Administração Pública).

> **Questão original:** A constituição material, escrita e rígida, como a CF, consiste em um documento escrito formado por normas substancialmente constitucionais que só podem ser alteradas por meio de processo legislativo especial e mais dificultoso.

29. A CF é classificada como escrita, promulgada, analítica, formal e **RÍGIDA.** (CESPE – 2014 – MDIC – Agente Administrativo).

> **Questão original:** A CF é classificada como escrita, promulgada, analítica, formal e **SEMIRRÍGIDA.**

30. Do ponto de vista jurídico, a constituição funda as bases do ordenamento jurídico, contendo, em seu corpo, disposições estruturais acerca do funcionamento do Estado, seus entes e órgãos, e dos limites à atuação estatal, quais sejam, os direitos e garantias fundamentais do cidadão. (CESPE – 2014 – TJ-SE – Técnico Judiciário – Área Judiciária).

31. Quanto à estabilidade, a CF pode ser classificada como rígida, já que o processo de alteração das normas constitucionais é mais dificultoso que o procedimento ordinário de criação das leis. As constituições flexíveis, por outro lado, podem ser modificadas por meio dos mesmos procedimentos de elaboração das demais leis, o que afeta seu caráter de superioridade hierárquica no ordenamento jurídico. (CESPE - 2014 - SUFRAMA - Agente Administrativo).

32. A noção de Constituição material, na atualidade, abrange as normas que organizam aspectos básicos da estrutura e do exercício do poder, como as que se referem aos direitos fundamentais, que estabelecem fórmulas de compromisso para a orientação social do Estado e para a coordenação de interesses heterogêneos, característicos da sociedade plural. (CESPE - 2013 - Telebras - Especialista em Gestão de Telecomunicações - Advogado).

33. Conceitua-se a Constituição, quanto ao aspecto material, como o conjunto e normas pertinentes à organização do poder, à distribuição da competência, ao exercício da autoridade, à forma de governo e aos direitos individuais e sociais da pessoa humana. (CESPE - 2013 - TRT - 10ª REGIÃO (DF e TO) - Técnico Judiciário - Administrativo).

34. A CF, no que diz respeito à forma, é uma constituição **ESCRITA/INSTRUMENTAL.** (CESPE - 2013 - FUB - Nível Superior - Conhecimentos Básicos - Áreas 2 e 9).

> **Questão original:** A CF, no que diz respeito à forma, é uma constituição consuetudinária.

35. A Assembleia Nacional Constituinte de 1987/1988 foi convocada por meio de emenda **26/1985**, razão pela qual a atual Constituição é classificada, quanto à origem, em **PROMULGADA.** (CESPE - 2013 - ANCINE - Especialista em Regulação Atividade Cinematográfica e Audiovisual - Área 3).

> **Questão original:** A Assembleia Nacional Constituinte de 1987/1988 foi convocada por meio de emenda apresentada à Constituição de 1969 pelo então presidente da República, José Sarney, razão pela qual a atual Constituição é classificada, quanto à origem, em outorgada.

36. No que se refere ao objeto, é correto afirmar que a Constituição Federal de 1988 é social. (CESPE - 2013 - FUB - Técnico de Tecnologia da Informação; CESPE - 2013 - FUB - Nível Médio - Conhecimentos Básicos - Áreas 17, 19, 21 a 24).

37. Dado o fato de só poder ser alterada via emenda constitucional, a Constituição Federal de 1988 (CF) pode ser classificada como rígida. (CESPE - 2013 - ANCINE - Todos os Cargos - Analista Administrativo Áreas I, II e III).

38. Constituição não escrita é aquela que não é reunida em um documento único e solene, sendo composta de costumes, jurisprudência e instrumentos escritos e dispersos, inclusive no tempo. (CESPE - 2013 - CNJ - Técnico Judiciário - Área Administrativa).

39. A constituição é **PROMULGADA** quando é externada com a participação dos cidadãos, uma vez que as normas constitucionais são estatuídas pela deliberação majoritária dos agentes do poder constituinte. (CESPE – 2013 – FUB – Nível Superior – Conhecimentos Básicos – Áreas 2 e 9).

> **Questão original:** A constituição é outorgada quando é externada com a participação dos cidadãos, uma vez que as normas constitucionais são estatuídas pela deliberação majoritária dos agentes do poder constituinte.

40. Quanto à origem, a CF **FORA PROMULGADA**, por ter sido elaborada por uma assembleia constituinte. (CESPE – 2013 – FUB – Assistente em Administração).

> **Questão original:** Quanto à origem, a CF possui natureza híbrida, pois tem elementos tanto de constituição outorgada, em razão da ausência do exercício direto de escolha do povo sobre o novo texto constitucional, quanto de constituição promulgada, por ter sido elaborada por uma assembleia constituinte.

41. Tendo em vista a possibilidade de alteração de seu texto por meio de emenda, a Constituição Federal de 1988 (CF) é classificada como **RÍGIDA, POSSUINDO** um núcleo **MUTÁVEL**, também chamado de cláusulas pétreas. (CESPE – 2013 – SERPRO – Analista – Advocacia).

> **Questão original:** Tendo em vista a possibilidade de alteração de seu texto por meio de emenda, a Constituição Federal de 1988 (CF) é classificada como semirrígida, apesar de possuir um núcleo imutável, também chamado de cláusulas pétreas.

42. Quanto ao modo de elaboração, a vigente CF é uma Constituição **DOGMÁTICA.** (CESPE – 2013 – STF – Técnico Judiciário – Área Administrativa).

> **Questão original:** Quanto ao modo de elaboração, a vigente CF é uma Constituição histórica, pois configura a retomada de valores e preceitos constantes das Constituições democráticas de 1934 e 1946.

43. A CF é do tipo **RÍGIDA**, pois **EXIGE PROCESSO MAIS RIGOROSO PARA SUA ALTERAÇÃO.** (CESPE – 2013 – Telebras – Especialista em Gestão de Telecomunicações – Advogado).

> **Questão original:** A CF é do tipo semirrígida, pois prevê determinados tipos de normas que não podem ser alteradas, as chamadas cláusulas pétreas.

44. Embora possua um núcleo imutável, também chamado de cláusulas pétreas, a CF é classificada como **RÍGIDA**, dada a possibilidade de alteração de seu texto por meio de emenda. (CESPE - 2013 - FUNASA - Todos os Cargos - Conhecimentos Básicos - Cargos 1 e 2).

> **Questão original:** Embora possua um núcleo imutável, também chamado de cláusulas pétreas, a CF é classificada como semirrígida, dada a possibilidade de alteração de seu texto por meio de emenda.

45. A supremacia formal ou jurídica somente existe nas constituições rígidas. (CESPE - 2013 - ANP - Especialista em Regulação - Área I).

46. Em sentido jurídico, a constituição é considerada norma pura, puro dever ser. (CESPE - 2013 - ANTT - Analista Administrativo - Direito).

47. No sentido sociológico, a CF reflete a somatória dos fatores reais do poder em uma sociedade. (CESPE - 2013 - Polícia Federal - Delegado de Polícia).

48. A CF, elaborada por representantes legítimos do povo, é exemplo de constituição **PROMULGADA.** (CESPE - 2012 - TJ-RR - Técnico Judiciário).

> **Questão original:** Com base na Constituição Federal de 1988 (CF), julgue os itens seguintes. A CF, elaborada por representantes legítimos do povo, é exemplo de constituição outorgada.

49. Em relação ao conteúdo, a CF deve ser classificada como **FORMAL.** (CESPE - 2012 - PRF - Agente Administrativo).

> **Questão original:** Em relação ao conteúdo, a CF deve ser classificada como analítica.

50. Como só pode ser modificada por meio de emendas constitucionais, a CF, lei fundamental do Estado brasileiro, é considerada **RÍGIDA.** (CESPE - 2012 - IBAMA - Técnico Administrativo).

> **Questão original:** Como só pode ser modificada por meio de emendas constitucionais, a CF, lei fundamental do Estado brasileiro, é considerada semirrígida.

51. Denomina-se mutação constitucional o processo informal de mudança da constituição por meio do qual a ela se atribui novo sentido, sem que se altere seu texto. (CESPE - 2012 - TCE-ES - Auditor).

52. A Constituição elaborada por uma assembleia constituinte livremente escolhida pelo povo classifica-se, quanto à origem, como **PROMULGADA.** (CESPE - 2012 - PRF - Técnico de Nível Superior - Classe A Padrão I).

Questão original: A Constituição elaborada por uma assembleia constituinte livremente escolhida pelo povo classifica-se, quanto à origem, como outorgada.

53. A Constituição rígida, diferentemente da imutável, que não está sujeita a alterações, pode ser alterada pelo processo legislativo **ESPECIAL.** (CESPE – 2012 – ANAC – Técnico em Regulação de Aviação Civil – Área 2).

Questão original: A Constituição rígida, diferentemente da imutável, que não está sujeita a alterações, pode ser alterada pelo processo legislativo ordinário.

54. Denominam-se elementos orgânicos da CF os elementos acerca da estrutura do Estado e do poder, tais como as normas relativas à organização do Estado. (CESPE – 2012 – TCE-ES – Auditor de Controle Externo – Auditoria Governamental).

55. Segundo Ferdinand Lassale, a Constituição de um país somente pode ser considerada legítima se de fato representar o efetivo poder social, ou seja, se refletir as forças sociais que constituem o poder. (CESPE – 2012 – TRE-RJ – Técnico Judiciário – Área Administrativa).

56. A CF é **RÍGIDA**, pois estabeleceu regras mais difíceis quanto ao procedimento de alteração do seu texto. (CESPE – 2012 – ANAC – Técnico Administrativo).

Questão original: A CF é semirrígida, pois estabeleceu regras mais difíceis quanto ao procedimento de alteração do seu texto.

57. A CF regulamenta diversas matérias que não dizem respeito a princípios e normas gerais de regência, razão por que é classificada como analítica. (CESPE – 2012 – ANAC – Técnico em Regulação de Aviação Civil – Área 2).

58. A CF pode ser classificada, quanto à mutabilidade, como rígida, uma vez que não pode ser alterada com a mesma simplicidade com a qual se modifica uma lei. (CESPE – 2012 – TJ-RR – Técnico Judiciário).

59. Na concepção sociológica de constituição, constituição **É A SOMA DOS FATORES REAIS DO PODER.** (CESPE – 2012 – PRF – Agente Administrativo).

Questão original: Na concepção sociológica de constituição, constituição e lei constitucional têm a mesma acepção.

60. A constituição é autêntica sobrenorma, por veicular preceitos de produção de outras normas, limitando a ação dos órgãos competentes para elaborá-las, o que é fundamental à consolidação do estado democrático de direito. (CESPE – 2012 – Banco da Amazônia – Técnico Científico – Direito).

61. Consoante a concepção moderna de constituição material, ou substancial, o texto constitucional trata da normatização de aspectos essenciais vinculados às conexões das pessoas com os poderes públicos, **ASSIM COMO TAMBÉM** abrangendo os fatores relacionados ao contato das pessoas e dos grupos sociais entre si. (CESPE - 2012 - AGU - Advogado da União).

> **Questão original:** Consoante a concepção moderna de constituição material, ou substancial, o texto constitucional trata da normatização de aspectos essenciais vinculados às conexões das pessoas com os poderes públicos, não abrangendo os fatores relacionados ao contato das pessoas e dos grupos sociais entre si.

62. Consoante a concepção sociológica, a constituição de um país consiste na soma dos fatores reais do poder que o regem, sendo, portanto, real e efetiva. (CESPE - 2012 - Banco da Amazônia - Técnico Científico - Direito).

63. Na denominada constituição **NOMINALISTA**, a atividade do intérprete limita-se à averiguação de seu sentido gramatical-literal. (CESPE - 2012 - TJ-RR - Analista - Processual).

> **Questão original:** A respeito de constituição e da aplicabilidade das normas constitucionais, julgue os itens que se seguem. Na denominada constituição semântica, a atividade do intérprete limita-se à averiguação de seu sentido gramatical-literal.

64. A Constituição Federal vigente, que **NÃO** contém, exclusivamente, as regras básicas de organização do Estado brasileiro, é classificada, quanto à extensão, em **ANALÍTICA.** (CESPE - 2012 - ANATEL - Técnico Administrativo).

> **Questão original:** A Constituição Federal vigente, que contém, exclusivamente, as regras básicas de organização do Estado brasileiro, é classificada, quanto à extensão, em prolixa.

65. Uma constituição pode ser classificada como não escrita quando suas normas não se encontram sistematizadas em um documento único. Tais constituições são compostas por costumes, pela jurisprudência e também por instrumentos escritos dispersos no tempo. (CESPE - 2012 - ANAC - Técnico Administrativo).

66. A concepção sociológica, elaborada por Ferdinand Lassale, considera a Constituição como sendo a somatória dos fatores reais de poder, isto é, o conjunto de forças de índole política, econômica e religiosa que condicionam o ordenamento jurídico de determinada sociedade. (CESPE - 2011 - TJ-ES - Comissário da Infância e da Juventude - Específicos; CESPE - 2011 - TJ-ES - Analista Judiciário - Direito - Área Judiciária - específicos).

67. Constituição rígida é a que pode ser alterada. (CESPE - 2011 - TCU - Auditor Federal de Controle Externo - Psicologia).

> **Questão original:** Constituição rígida é a que **NÃO** pode ser alterada.

68. Segundo os doutrinadores, a ideia de uma constituição aberta está ligada à possibilidade de sua permanência dentro de seu tempo, evitando-se o risco de perda ou desmoronamento de sua força normativa. (CESPE - 2011 - Correios - Analista de Correios - Advogado).

69. **PROMULGADA** por uma Assembleia Constituinte, a Constituição Federal de 1988 (CF) é também classificada como escrita, formal, analítica, dogmática e rígida. (CESPE - 2011 - TJ-ES - Analista Judiciário - Taquigrafia - Específicos).

> **Questão Original:** Outorgada por uma Assembleia Constituinte, a Constituição Federal de 1988 (CF) é também classificada como escrita, formal, analítica, dogmática e rígida.

70. Denomina-se constituição **PROMULGADA** a elaborada e estabelecida com a participação do povo, normalmente por meio de Assembleia Nacional Constituinte. (CESPE - 2011 - TRE-ES - Técnico Judiciário - Área Administrativa - Específicos).

> **Questão original:** Denomina-se constituição outorgada a elaborada e estabelecida com a participação do povo, normalmente por meio de Assembleia Nacional Constituinte.

71. Toda constituição **NÃO** é necessariamente escrita e representada por um texto solene e codificado. (CESPE - 2010 - TRE-BA - Analista Judiciário - Área Administrativa).

> **Questão original:** Toda constituição é necessariamente escrita e representada por um texto solene e codificado.

72. A Constituição da República Federativa do Brasil de 1988 (CF) pode ser classificada como uma constituição popular, uma vez que se originou de um órgão constituinte composto de representantes do povo. (CESPE - 2010 - EMBASA - Analista de Saneamento - Advogado).

> **Questão original:** A Constituição da República Federativa do Brasil de 1988 (CF) **NÃO** pode ser classificada como uma constituição popular, uma vez que se originou de um órgão constituinte composto de representantes do povo, e não da aprovação dos cidadãos mediante referendo.

73. A norma constitucional é uma sobrenorma, porque trata do conteúdo ou das formas que as demais normas devem conter, apresentando princípios que servem de guias supremos ao exercício das competências dos órgãos. (CESPE – 2010 – MPS – Agente Administrativo).

74. Em um país que possua uma constituição flexível, caso seja editada uma lei com conteúdo contrário ao texto constitucional, essa lei será válida e acarretará alteração da Constituição. (CESPE – 2010 – MS – Analista Técnico – Administrativo – PGPE 1).

75. Para **FERDINAND LASSALE**, a constituição de um Estado deveria ser a soma dos fatores reais de poder que regem a sociedade. Caso isso não ocorra, ele a considera como ilegítima, uma simples folha de papel. (CESPE – 2010 – INCA – Analista em C&T Júnior – Direito – Legislação Pública em Saúde).

Observação: Sentido sociológico – Lasssale; Sentido político – Carl Schimitt; Sentido jurídico – Kelsen.

Questão original: Para **CARL SCHMITT**, a constituição de um Estado deveria ser a soma dos fatores reais de poder que regem a sociedade. Caso isso não ocorra, ele a considera como ilegítima, uma simples folha de papel.

76. Segundo a doutrina, quanto ao critério ontológico, que busca identificar a correspondência entre a realidade política do Estado e o texto constitucional, é possível classificar as constituições em normativas, nominalistas e semânticas. (CESPE – 2010 – AGU – Procurador Federal).

77. No sentido jurídico, a Constituição não tem qualquer fundamentação sociológica, política ou filosófica. (CESPE – 2009 – MMA – Agente Administrativo).

78. A CF, quanto à origem, é promulgada, quanto à extensão, é analítica e quanto ao modo de elaboração, é dogmática. (CESPE – 2009 – MMA – Agente Administrativo).

79. No sentido **POLÍTICO** defendido por **CARL SCHIMITT**, a Constituição é fruto de uma decisão política. (CESPE – 2009 – MMA – Agente Administrativo).

Observação: No sentido sociológico defendido por Ferdinand Lassale, a Constituição é fruto de uma decisão política.

80. Uma Constituição classificada como semiflexível ou semirrígida significa que ela é tanto rígida como flexível, com matérias que **NÃO** exigem um processo de alteração mais dificultoso do que o exigido para alteração de leis infraconstitucionais. (CESPE – 2009 – MMA – Agente Administrativo).

Questão original: Uma Constituição classificada como semiflexível ou semirrígida significa que ela é tanto rígida como flexível, com matérias que exigem um processo de alteração mais dificultoso do que o exigido para alteração de leis infraconstitucionais.

81. Uma Constituição do tipo cesarista se caracteriza, quanto à origem, pela participação popular na sua formação. (CESPE – 2009 – MMA – Agente Administrativo).

Observação: Cesaristas são outorgadas, porém necessitam de referendo popular.

Questão original: Uma Constituição do tipo cesarista se caracteriza, quanto à origem, pela **AUSÊNCIA** da participação popular na sua formação.

82. No tocante à estabilidade, consideram-se rígidas as constituições que apresentam um processo legislativo diferenciado e exigências formais especiais quanto à modificação das suas normas, distanciando-se, portanto, do processo legislativo previsto para a alteração das normas infraconstitucionais. (CESPE – 2009 – TCU – Analista de Controle Externo – Medicina – Prova 1).

83. No tocante à estabilidade, consideram-se rígidas as constituições que apresentam um processo legislativo diferenciado e exigências formais especiais quanto à modificação das suas normas, distanciando-se, portanto, do processo legislativo previsto para a alteração das normas infraconstitucionais. (CESPE – 2009 – TCU – Analista de Controle Externo – Medicina – Prova 1).

84. Constituição **DIRIGENTE** é a que, além de legitimar e limitar o poder do Estado em face da sociedade, traça um plano de evolução política e metas a serem alcançadas no futuro. (CESPE – 2008 – PC-TO – Delegado de Polícia).

Questão original: Constituição-garantia é a que, além de legitimar e limitar o poder do Estado em face da sociedade, traça um plano de evolução política e metas a serem alcançadas no futuro.

85. Se o art. X da Constituição Y preceituar, na parte relativa às emendas à Constituição, que só é constitucional o que diz respeito aos limites, e atribuições respectivas dos poderes políticos, e aos direitos políticos, e individuais dos cidadãos, e que tudo o que não é constitucional pode ser alterado, sem as formalidades referidas, pelas legislaturas ordinárias, nessa hipótese, a Constituição Y será uma constituição **SEMIFLEXÍVEL.** (CESPE – 2008 – STF – Analista Judiciário – Área Judiciária).

Questão original: Se o art. X da Constituição Y preceituar, na parte relativa às emendas à Constituição, que só é constitucional o que diz respeito aos limites, e atribuições respectivas dos poderes políticos, e aos direitos políticos, e individuais dos cidadãos, e que tudo o que não é constitucional pode ser alterado, sem as formalidades referidas, pelas legislaturas ordinárias, nessa hipótese, a Constituição Y será uma constituição flexível.

86. A espécie de constituição apontada no texto é definida como constituição nominal. (CESPE - 2008 - SERPRO - Analista - Advocacia).

87. No Brasil, o exercício do poder constituinte já foi restrito a determinado grupo ou pessoa, o que resultou em Constituição dita outorgada. (CESPE - 2008 - MPE-RR - Promotor de Justiça).

88. Quanto ao conteúdo, a Constituição **FORMAL** compreende as normas que, mesmo não sendo pertinentes à matéria constitucional, se encontram inseridas em um documento escrito e solene. (CESPE - 2008 - PC-TO - Delegado de Polícia).

Questão original: Quanto ao conteúdo, a Constituição material compreende as normas que, mesmo não sendo pertinentes à matéria constitucional, se encontram inseridas em um documento escrito e solene.

89. Considere a seguinte definição, elaborada por Kelsen e reproduzida, com adaptações, de José Afonso da Silva (Curso de Direito Constitucional Positivo. São Paulo: Atlas, p. 41...). A constituição é considerada norma pura. A palavra constituição tem dois sentidos: lógico-jurídico e jurídico-positivo. De acordo com o primeiro, constituição significa norma fundamental hipotética, cuja função é servir de fundamento lógico transcendental da validade da constituição jurídico-positiva, que equivale à norma positiva suprema, conjunto de normas que regula a criação de outras normas, lei nacional no seu mais alto grau. É correto afirmar que essa definição denota um conceito de constituição no seu sentido jurídico. (CESPE - 2008 - STF - Analista Judiciário - Área Judiciária).

90. A concepção política de Constituição, elaborada por Carl Schmitt, compreende-a como o conjunto de normas que dizem respeito a uma decisão política fundamental, ou seja, a vontade manifestada pelo titular do poder constituinte. (CESPE - 2008 - PC-TO - Delegado de Polícia).

91. "Na Constituição, a dinâmica do processo político não se adapta as suas normas, embora ela conserve, em sua estrutura, um caráter educativo, com vistas ao futuro da sociedade. Seria uma Constituição prospectiva, isto é, voltada para um dia ser realizada na prática. Mas, enquanto não realizar todo o seu programa, continuaria a desarmonia entre os pressupostos formais nela insculpidos e sua aplicabilidade. É como se fosse uma roupa guardada no armário que será vestida futuramente, quando o corpo nacional tiver crescido." Uadi Lammêgo Bulos. CONSTITUIÇÃO FEDERAL anotada, 8ª. Ed., São Paulo. Saraiva, 2008, p. 32.

Os elementos orgânicos que compõem a Constituição dizem respeito às normas que regulam a estrutura do Estado e do poder, fixando o sistema de competência dos órgãos, instituições e autoridades públicas. (CESPE – 2008 – PC-TO – Delegado de Polícia).

92. Quanto à forma, a CF **NÃO** é uma constituição **NÃO ESCRITA**, pois **ESTA** se acha consolidada em usos e costumes, convenções e textos esparsos, bem como na jurisprudência formada sobre os temas constitucionais. (CESPE – 2007 – TCU – Analista de Controle Externo – Comum a todos).

Questão original: Quanto à forma, a CF é uma constituição escrita, pois se acha consolidada em usos e costumes, convenções e textos esparsos, bem como na jurisprudência formada sobre os temas constitucionais.

93. O conceito de constituição moderna corresponde à ideia de uma ordenação sistemática e racional da comunidade política por meio de um documento escrito no qual se declaram as liberdades e os direitos e se fixam os limites do poder político. Esse conceito de constituição é também conhecido como conceito **OCIDENTAL** de constituição. (CESPE – 2007 – Petrobras – Advogado).

Questão original: O conceito de constituição moderna corresponde à idéia de uma ordenação sistemática e racional da comunidade política por meio de um documento escrito no qual se declaram as liberdades e os direitos e se fixam os limites do poder político. Esse conceito de constituição é também conhecido como conceito oriental de constituição.

94. Por expressar **NORMAS GERAIS** de organização do Estado **E FIXAÇÃO DOS** direitos fundamentais, **ASSIM COMO OUTROS ASSUNTOS**, a CF é considerada como uma constituição analítica. (CESPE – 2007 – TCU – Analista de Controle Externo – Comum a todos).

Questão original: Por expressar apenas as regras básicas de organização do Estado e os preceitos referentes aos direitos fundamentais, a CF é considerada como uma constituição analítica.

95. A Constituição Federal de 1988 (CF) é considerada pela maior parte da doutrina constitucionalista como uma constituição rígida. Há, no entanto, visão que – atentando para o fato de a CF ter um núcleo imutável, que não se submete a modificações nem mesmo por emenda – a classifica como super-rígida. (CESPE – 2007 – TCU – Analista de Controle Externo – Comum a todos).

96. A constituição **FORMAL PODE SER INTEGRADA POR NORMAS** materialmente constitucionais, ou seja, os dispositivos que tratam dos direitos fundamentais e da organização do Estado, **ASSIM COMO TAMBÉM POR** formalmente constitucionais, ou seja, os preceitos que estão presentes no texto constitucional mas que disciplinam assuntos normalmente regulados pelo poder legislativo constituído, e não pelo poder constituinte originário. (CESPE – 2000 – Polícia Federal – Agente Federal da Polícia Federal).

Observação: A CF é classificada como formal, existindo artigos que além de serem formalmente constitucionais podem ser materialmente constitucionais.

Questão original: A constituição material do Brasil é a parte da Constituição da República integrada pelas regras materialmente constitucionais, ou seja, os dispositivos que tratam dos direitos fundamentais e da organização do Estado. Já a constituição formal do Brasil é a parte da Constituição da República integrada pelas regras formalmente constitucionais, ou seja, os preceitos que estão presentes no texto constitucional mas que disciplinam assuntos normalmente regulados pelo poder legislativo constituído, e não pelo poder constituinte originário.

1.2 CLASSIFICAÇÃO, PRINCÍPIOS E INTEPRETAÇÃO DAS NORMAS CONSTITUCIONAIS

1. Caso uma norma comporte várias interpretações e o STF afirme que somente uma delas atende aos comandos constitucionais, diz-se que houve interpretação conforme. (CESPE – 2018 – PGM – Manaus – AM – Procurador do Município).

2. Em relação aos estrangeiros, a norma constitucional que garante o acesso a cargos, empregos e funções públicas é de eficácia **LIMITADA.** (CESPE – 2018 – Polícia Federal – Delegado de Polícia Federal).

Questão original: Em relação aos estrangeiros, a norma constitucional que garante o acesso a cargos, empregos e funções públicas é de eficácia contida.

3. A norma constitucional que estabelece que o provimento dos cargos públicos ocorra por meio da realização de concurso público é de eficácia **PLENA**, tendo em vista que a promoção do certame depende de autorização legal. (CESPE – 2018 – STJ – Analista Judiciário – Oficial de Justiça Avaliador Federal).

Questão original: A norma constitucional que estabelece que o provimento dos cargos públicos ocorra por meio da realização de concurso público é de eficácia limitada, tendo em vista que a promoção do certame depende de autorização legal.

4. A disposição constitucional que determina que lei complementar regulamente a criação de território ou a sua transformação em estado-membro é exemplo de norma de eficácia **LIMITADA.** (CESPE – 2018 – STJ – Analista Judiciário – Oficial de Justiça Avaliador Federal).

Questão original: A disposição constitucional que determina que lei complementar regulamente a criação de território ou a sua transformação em estado-membro é exemplo de norma de eficácia contida.

5. A eficácia de uma norma constitucional pode ser considerada não só do ponto de vista jurídico, mas também do social, ocorrendo essa eficácia social a partir do respeito à legislação pela população. (CESPE – 2018 – MPE-PI – Analista Ministerial – Área Processual).

6. A norma constitucional que garante ao servidor público o direito à greve é classificada como norma de eficácia plena. (CESPE – 2018 – PGM – Manaus – AM – Procurador do Município).

7. O governo de determinado estado da Federação publicou medida provisória (MP) que altera dispositivos da Lei de Diretrizes e Bases da Educação Nacional. Em protesto contra a referida MP, alguns estudantes do ensino médio do estado ocuparam as escolas públicas, impedindo que os demais alunos frequentassem as aulas. O Ministério Público estadual ingressou com medida judicial requerendo a imediata reintegração e desocupação das escolas invadidas. A medida judicial requerida foi deferida por um juiz de primeiro grau que tomou posse há vinte meses.

O direito à educação, previsto pela Constituição Federal de 1988, é norma de direito fundamental de eficácia **LIMITADA** e de execução imediata, pois não necessita da atuação do legislador para produzir todos os seus efeitos. (CESPE – 2017 – SEDF – Analista de Gestão Educacional – Direito e Legislação).

Questão original: O direito à educação, previsto pela Constituição Federal de 1988, é norma de direito fundamental de eficácia plena e de execução imediata, pois não necessita da atuação do legislador para produzir todos os seus efeitos.

8. A norma constitucional que consagra a liberdade de reunião é norma de eficácia contida, na medida em que pode sofrer restrição ou suspensão em períodos de estado de defesa ou de sítio, conforme previsão do próprio texto constitucional. (CESPE – 2016 – TCE-PA – Conhecimentos Básicos – Cargos 1, 18, 19, 37 e 38).

9. A Lei de Imprensa, que amparava o direito de resposta, foi qualificada como inconstitucional pelo Supremo Tribunal Federal, que, por isso, não a recepcionou. (CESPE – 2016 – TCE-PA – Auditor de Controle Externo – Área Comunicação – Jornalismo).

10. O direito fundamental à liberdade de crença é norma de eficácia **CONTIDA**, pois, conforme a CF, a lei pode impor o cumprimento de prestação alternativa no caso de a crença ser invocada contra dispositivo legal. (CESPE – 2016 – FUNPRESP-JUD – Analista – Direito).

11. As normas que integram uma constituição escrita **NÃO** possuem hierarquia entre si, de modo que as normas materialmente constitucionais **NÃO** ostentam maior valor hierárquico que as normas apenas formalmente constitucionais. (CESPE - 2015 - FUB - Conhecimentos Básicos - Nível Intermediário).

> **Questão original:** As normas que integram uma constituição escrita possuem hierarquia entre si, de modo que as normas materialmente constitucionais ostentam maior valor hierárquico que as normas apenas formalmente constitucionais.

12. Em virtude do princípio da aplicabilidade imediata das normas definidoras dos direitos e das garantias fundamentais, tais normas podem ser de eficácia plena ou contida **E** limitada. (CESPE - 2015 - MEC - Conhecimentos Básicos para os Postos 9, 10, 11 e 16).

> **Questão original:** Em virtude do princípio da aplicabilidade imediata das normas definidoras dos direitos e das garantias fundamentais, tais normas podem ser de eficácia plena ou contida, mas não serão de eficácia limitada.

13. Ninguém será privado de direitos por motivo de convicção política, salvo se as invocar para eximir-se de obrigação legal a todos imposta e recusar-se a cumprir prestação alternativa, fixada em lei. Essa norma constitucional, que trata da escusa de consciência, tem eficácia contida, podendo o legislador ordinário restringir tal garantia. (CESPE - 2015 - TRE-GO - Analista Judiciário - Área Administrativa - Conhecimentos Específicos).

14. A erradicação da pobreza como objetivo fundamental da República pode ser classificada como norma programática, compreendida como programa político ou admoestação moral, **PROVIDA** de eficácia normativa mediata. (CESPE - 2015 - MEC - Conhecimentos Básicos para os Postos 9, 10, 11 e 16).

> **Questão original:** A erradicação da pobreza como objetivo fundamental da República pode ser classificada como norma programática, compreendida como programa político ou admoestação moral, desprovida de eficácia normativa imediata ou mediata.

15. Em sentido material, apenas as normas que possuam conteúdo materialmente constitucional são consideradas normas constitucionais. (CESPE - 2015 - FUB - Conhecimentos Básicos - Nível Intermediário).

16. De acordo com o princípio da unidade da CF, a interpretação das normas constitucionais deve ser feita de forma sistemática, afastando-se aparentes antinomias entre as regras e os princípios que a compõem, razão por que não devem ser consideradas contraditórias a norma constitucional que veda o estabelecimento de distinção pela lei entre os brasileiros natos e os naturalizados e a norma constitucional que estabelece que determinados cargos públicos devam ser privativos de brasileiros natos. (CESPE - 2015 - AGU - Advogado da União).

17. As normas constitucionais de eficácia **LIMITADA** têm aplicabilidade indireta e reduzida porque dependem de norma ulterior para que possam incidir totalmente sobre os interesses relativos a determinada matéria. (CESPE - 2015 - Telebras - Advogado).

Questão original: As normas constitucionais de eficácia contida têm aplicabilidade indireta e reduzida porque dependem de norma ulterior para que possam incidir totalmente sobre os interesses relativos a determinada matéria.

18. O estabelecimento da educação como um direito de todos e um dever do Estado e da família é uma norma constitucional programática, que exige, do poder público, a consecução do programa de atuação planejado pelo constituinte. (CESPE - 2015 - FUB - Auditor).

19. Em regra, as normas que consubstanciam os direitos e as garantias fundamentais são de eficácia e aplicabilidade imediatas. Havendo conflito entre um direito fundamental e outro direito constitucionalmente previsto, o primeiro **NÃO** deverá prevalecer. (CESPE - 2015 - TCE-RN - Inspetor - Administração, Contabilidade, Direito ou Economia - Cargo 3).

Questão original: Em regra, as normas que consubstanciam os direitos e as garantias fundamentais são de eficácia e aplicabilidade imediatas. Em razão disso, havendo conflito entre um direito fundamental e outro direito constitucionalmente previsto, o primeiro deverá prevalecer.

20. Pelo princípio da unidade do texto constitucional, as cláusulas constitucionais devem ser interpretadas de forma a evitar contradição entre seus conteúdos. (CESPE - 2015 - TCE-RN - Auditor).

21. Enquanto a norma constitucional de eficácia contida requer normatização legislativa ordinária para impor limites ao exercício do direito, a norma constitucional de eficácia limitada requer a normatização legislativa ordinária para tornar viável o pleno exercício do direito. (CESPE - 2015 - FUB - Auditor.)

22. Embora a aplicabilidade do direito à educação seja **INDIRETA E LIMITADA**, classifica-se a norma que assegura esse direito como norma de eficácia **LIMITADA**, uma vez que a incidência de seus efeitos depende da edição de normas infraconstitucionais, como a de implementação de programa social que dê concretude a tal direito. (CESPE - 2015 - TRE-GO - Analista Judiciário - Área Judiciária - Conhecimentos Específicos).

Questão original: Embora a aplicabilidade do direito à educação seja direta e imediata, classifica-se a norma que assegura esse direito como norma de eficácia contida ou prospectiva, uma vez que a incidência de seus efeitos depende da edição de normas infraconstitucionais, como a de implementação de programa social que dê concretude a tal direito.

23. Tem eficácia contida o dispositivo constitucional que estabelece a liberdade de exercício profissional. (CESPE - 2014 - Câmara dos Deputados - Analista Legislativo - Consultor Legislativo Área V).

24. As normas constitucionais de caráter programático têm como destinatário principal o legislador, isto é, têm mais natureza de expectativas do que de verdadeiros direitos subjetivos. (CESPE - 2014 - SUFRAMA - Nível Superior - Conhecimentos Básicos).

25. É norma de eficácia contida o dispositivo constitucional segundo o qual é livre o exercício de qualquer trabalho, ofício ou profissão, atendidas as qualificações profissionais que a lei estabelecer. (CESPE - 2014 - ANTAQ - Conhecimentos Básicos - Cargos 5 e 6).

26. As normas constitucionais de eficácia contida gozam de eficácia plena enquanto não houver restrição, podendo seus efeitos ser limitados pela atuação do legislador infraconstitucional. (CESPE - 2014 - Câmara dos Deputados - Analista Legislativo - Consultor Legislativo Área I).

Questão original: As normas constitucionais de eficácia contida gozam de eficácia plena enquanto não houver restrição, podendo seus efeitos ser limitados **APENAS** pela atuação do legislador infraconstitucional.

27. A prestação de assistência religiosa nas entidades civis e militares de internação coletiva pode ser considerada exemplo de norma constitucional de eficácia limitada. (CESPE - 2014 - Polícia Federal - Conhecimentos Básicos - Nível Superior).

28. Normas materialmente constitucionais encerram disposições a respeito de matéria tipicamente constitucional, isto é, de elementos inerentes à constituição, ao passo que as normas formalmente constitucionais, embora não tratem de matéria constitucional, são constitucionais, do ponto de vista eminentemente formal, somente porque integram a constituição. (CESPE - 2014 - TJ-SE - Técnico Judiciário - Área Judiciária).

29. Se o poder público tiver a intenção de condicionar o exercício de determinada profissão a certas exigências, e se tais exigências forem estabelecidas mediante lei formal, elas serão constitucionais, pois o Estado tem discricionariedade para eleger as restrições que entenda cabíveis para todos os ofícios ou profissões, desde que o faça por lei federal. (CESPE - 2014 - Câmara dos Deputados - Analista Legislativo - Consultor Legislativo Área VIII).

30. Caso determinada norma infraconstitucional seja interpretada como inconstitucional, deve-se conferir-lhe, para evitar a declaração de inconstitucionalidade do ato normativo, uma nova interpretação, ainda que mediante ampliação de seu alcance, para torná-la compatível com a constituição. (CESPE – 2014 – Câmara dos Deputados – Analista Legislativo – Consultor Legislativo Área I).

31. As normas constitucionais de eficácia limitada produzem efeitos **ANTES DE SUA** entrada em vigor, **MESMO QUE COM** a necessidade de serem integradas por meio de emenda constitucional ou de lei infraconstitucional. (CESPE – 2014 – Câmara dos Deputados – Analista Legislativo – Consultor Legislativo Área I).

> **Questão original:** As normas constitucionais de eficácia limitada produzem efeito no momento de sua entrada em vigor, dada a necessidade de serem integradas por meio de emenda constitucional ou de lei infraconstitucional.

32. Segundo essa regra de interpretação, as normas constitucionais devem ser vistas não como normas isoladas, mas como preceitos integrados em um sistema unitário de regras e princípios, que é instituído na e pela própria Constituição.

O texto enuncia o princípio da unidade da Constituição, segundo o qual a norma constitucional deve ser interpretada como um sistema unitário de regras e princípios, afastando-se aparentes antinomias. (CESPE – 2014 – Câmara dos Deputados – Analista Legislativo – Consultor Legislativo Área I).

33. O direito à educação, expresso na CF, refere-se a programas a serem implementados pelo Estado, possui aplicabilidade mediata e necessita de lei infraconstitucional integradora para produzir todos os seus efeitos, haja vista ser uma norma de eficácia **LIMITADA.** (CESPE – 2014 – ANATEL – Conhecimentos Básicos – Cargos 13, 14 e 15).

> **Questão original:** O direito à educação, expresso na CF, refere-se a programas a serem implementados pelo Estado, possui aplicabilidade mediata e necessita de lei infraconstitucional integradora para produzir todos os seus efeitos, haja vista ser uma norma de eficácia contida.

34. Sendo a constituição, em essência, uma lei, os conflitos entre normas constitucionais e infraconstitucionais devem ser resolvidos a partir de uma ponderação de valores no caso concreto, em atenção ao princípio da **SUPREMACIA DA CONSTITUIÇÃO.** (CESPE – 2014 – Câmara dos Deputados – Analista Legislativo – Consultor Legislativo Área I).

> **Questão original:** Sendo a constituição, em essência, uma lei, os conflitos entre normas constitucionais e infraconstitucionais devem ser resolvidos a partir de uma ponderação de valores no caso concreto, em atenção ao princípio da proporcionalidade.

35. Sendo a liberdade profissional norma constitucional **DE EFICÁCIA CONTIDA**, pode a lei infraconstitucional impor condições ao seu exercício. (CESPE - 2014 - MDIC - Analista Técnico - Administrativo).

> **Questão original:** Sendo a liberdade profissional norma constitucional programática, não pode a lei infraconstitucional impor condições ao seu exercício.

36. Conforme entendimento do STF, é possível o exercício do direito de resposta com o intuito de retificar matéria publicada em jornal impresso, por ser tal direito de eficácia plena, dada a não recepção da Lei de Imprensa pela CF. (CESPE - 2014 - Câmara dos Deputados - Analista Legislativo - Consultor Legislativo Área I).

> **Questão original:** Conforme entendimento do STF, **NÃO** é possível o exercício do direito de resposta com o intuito de retificar matéria publicada em jornal impresso, por ser tal direito destituído de eficácia plena, dada a não recepção da Lei de Imprensa pela CF.

37. Considera-se programática a norma constitucional segundo a qual a educação, direito de todos e dever do Estado e da família, deve ser promovida e incentivada com a colaboração da sociedade. (CESPE - 2013 - TCE-RO - Todos os Cargos - Conhecimentos Básicos - Cargos 2, 4, 5 e 6).

38. De acordo com interpretação doutrinária do direito constitucional, normas de eficácia limitada são aquelas que apresentam aplicabilidade indireta e reduzida, porque somente incidem totalmente após normatividade posterior que lhes dê aplicabilidade. (CESPE - 2013 - ANTT - Conhecimentos Básicos - Cargos 1,2,3,4,5,7 e 8).

39. As normas definidoras dos direitos individuais **TÊM ROL ABERTO** e admitem interpretação extensiva ou ampliativa. (CESPE - 2013 - TRT - 17ª Região (ES) - Analista Judiciário - Área Administrativa).

> **Questão original:** As normas definidoras dos direitos individuais são especificamente determinadas em números fechados e não admitem interpretação extensiva ou ampliativa.

40. As normas constitucionais de eficácia limitada exigem lei integradora para sua efetiva aplicação. (CESPE - 2013 - TRT - 17ª Região (ES) - Analista Judiciário - Área Administrativa).

41. Do ponto de vista **FORMAL**, o que importa para definir se uma norma tem ou não caráter constitucional será a forma como ela tenha sido introduzida no ordenamento jurídico, independentemente do conteúdo dessa norma. (CESPE - 2013 - DEPEN - Agente Penitenciário).

Questão original: Do ponto de vista material, o que importa para definir se uma norma tem ou não caráter constitucional será a forma como ela tenha sido introduzida no ordenamento jurídico, independentemente do conteúdo dessa norma.

42. As normas constitucionais de eficácia contida são passíveis de aplicação imediata, sem a necessidade de complementação, mas podem ter seus efeitos restringidos por atuação exclusiva do legislador infraconstitucional. (CESPE – 2013 – TCE-RO – Todos os Cargos – Conhecimentos Básicos – Cargos 2, 4, 5 e 6).

43. As normas programáticas são dotadas de eficácia **LIMITADA** e **DEPENDEM** de programas ou providências estatais para a sua concretização. (CESPE – 2013 – TRT – 10ª REGIÃO (DF e TO) – Analista Judiciário – Área Judiciária).

Questão original: As normas programáticas são dotadas de eficácia plena e independem de programas ou providências estatais para a sua concretização.

44. Constitui exemplo de norma programática a norma constitucional que impõe ao Estado o dever de apoiar e incentivar a valorização e a difusão das manifestações culturais. (CESPE – 2013 – TCE-RO – Analista de Informática).

45. O princípio da máxima efetividade, invocado no âmbito dos direitos fundamentais, determina que lhes seja atribuído o sentido que confira a maior efetividade possível, com vistas à realização concreta de sua função social. (CESPE – 2013 – DEPEN – Agente Penitenciário).

46. Um exemplo de norma constitucional programática é a relativa à elaboração e execução de planos nacionais e regionais de ordenação do território e de desenvolvimento econômico e social. (CESPE – 2013 – ANTT – Conhecimentos Básicos – Cargos 1,2,3,4,5,7 e 8).

47. A norma constitucional que estabelece a inviolabilidade do sigilo das comunicações telefônicas, salvo por ordem judicial, nas hipóteses e na forma que a lei estabelecer para fins de investigação criminal ou instrução processual penal, é exemplo de norma de eficácia **CONTIDA**. (CESPE – 2013 – TCE-RO – Contador).

Questão original: A norma constitucional que estabelece a inviolabilidade do sigilo das comunicações telefônicas, salvo por ordem judicial, nas hipóteses e na forma que a lei estabelecer para fins de investigação criminal ou instrução processual penal, é exemplo de norma de eficácia limitada.

48. De acordo com a Constituição Federal de 1988 (CF), as normas definidoras dos direitos e garantias fundamentais são de imediata aplicação. (CESPE – 2013 – MPU – Conhecimentos Básicos para os Cargos 1 a 10 e 27 a 32).

49. Uma norma constitucional que ainda necessita de edição de lei para estabelecer a forma na qual deve ser cumprida é denominada norma constitucional de eficácia limitada. (CESPE - 2013 - IBAMA - Analista Administrativo).

50. Um exemplo de norma de eficácia contida, aquela que pode ser restringida por Constituição ou legislação infraconstitucional, é o dispositivo constitucional que garante a livre escolha da profissão ou ofício, condicionando a referida liberdade às qualificações previstas em lei. (CESPE - 2013 - ANTT - Conhecimentos Básicos - Cargos 9 a 15).

51. As normas constitucionais de eficácia contida são aquelas em que o constituinte tenha regulado suficientemente os interesses relativos a determinado assunto, mas tenha possibilitado que a competência discricionária do poder público restrinja o assunto, nos termos que a lei estabelecer ou nos termos de conceitos gerais nelas enunciados. (CESPE - 2013 - DEPEN - Especialista - Todas as áreas - Conhecimentos Básicos).

52. É de natureza programática a norma constitucional mediante a qual se confere competência à União para elaborar e executar planos nacionais e regionais de ordenação do território e de desenvolvimento econômico e social. (CESPE - 2013 - SEGESP-AL - Papiloscopista).

53. Todas as normas presentes na CF, independentemente de seu conteúdo, possuem supremacia em relação à lei ordinária, por serem formalmente constitucionais. (CESPE - 2013 - MPU - Técnico Administrativo).

54. O dispositivo constitucional que reconhece aos trabalhadores urbanos e rurais o direito à remuneração pelo serviço extraordinário superior, no mínimo, em 50% à remuneração normal tem aplicação imediata para os servidores públicos, por ser norma autoaplicável. (CESPE - 2013 - MTE - Auditor Fiscal do Trabalho - Prova 2).

55. Norma constitucional em que se estabelece a possibilidade de realização de interceptação telefônica, conforme hipóteses e forma estabelecidas em lei, é exemplo de norma de eficácia **LIMITADA.** (CESPE - 2013 - SEGESP-AL - Papiloscopista).

> **Questão original:** Norma constitucional em que se estabelece a possibilidade de realização de interceptação telefônica, conforme hipóteses e forma estabelecidas em lei, é exemplo de norma de eficácia contida.

56. A liberdade de exercício profissional é norma constitucional de eficácia contida. (CESPE - 2013 - ANP - Especialista em Regulação - Área I).

57. A norma constitucional que estabelece a inviolabilidade do sigilo das comunicações telefônicas, salvo por ordem judicial, nas hipóteses e na forma que a lei estabelecer para fins de investigação criminal ou instrução processual penal, é exemplo de norma de eficácia **CONTIDA.** (CESPE - 2013 - TCE-RO - Analista de Informática).

Questão original: A norma constitucional que estabelece a inviolabilidade do sigilo das comunicações telefônicas, salvo por ordem judicial, nas hipóteses e na forma que a lei estabelecer para fins de investigação criminal ou instrução processual penal, é exemplo de norma de eficácia limitada.

58. As normas constitucionais de eficácia limitada, embora, para produzirem todos os seus efeitos, demandem lei integrativa, têm o poder de vincular o legislador ordinário, podendo servir como parâmetro para o controle de constitucionalidade. (CESPE – 2013 – TRT – 10ª REGIÃO (DF e TO) – Analista Judiciário – Área Judiciária).

59. As normas programáticas são normas de eficácia **LIMITADA**, com aplicabilidade **INDIRETA, MEDIATA** e possivelmente não integral. (CESPE – 2013 – MS – Analista Técnico – Administrativo).

Questão original: As normas programáticas são normas de eficácia contida, com aplicabilidade direta, imediata e possivelmente não integral.

60. Normas programáticas, que não são de aplicação imediata, explicitam comandos-valores e têm como principal destinatário o legislador. (CESPE – 2013 – DEPEN – Especialista – Todas as áreas – Conhecimentos Básicos).

61. **EM FACE** as regras jurídicas, os princípios, aí incluídos os que têm assento constitucional, dispõem de normatividade, e nesse sentido são considerados fontes **PRIMÁRIAS**. (CESPE – 2013 – SEGESP-AL – Técnico Forense).

Questão original: Ao contrário das regras jurídicas, os princípios, aí incluídos os que têm assento constitucional, não dispõem de normatividade, e nesse sentido são considerados fontes secundárias e subsidiárias do direito.

62. A norma constitucional que proclama e assegura a liberdade de profissão, ao dispor ser "livre o exercício de qualquer trabalho, ofício ou profissão, atendidas as qualificações profissionais que a lei estabelecer", classifica-se como norma constitucional de eficácia contida ou restringível. (CESPE – 2013 – CNJ – Programador de computador).

63. Em sede de interpretação das normas constitucionais, o princípio do efeito integrador é muitas vezes associado ao princípio da unidade da constituição, já que, conforme aquele, na resolução dos problemas jurídico-constitucionais, deve-se dar primazia aos critérios favorecedores da integração política e social, o que reforça a unidade política. (CESPE – 2013 – ANTT – Analista Administrativo – Direito).

64. Constitui exemplo de norma programática a norma constitucional que impõe ao Estado o dever de apoiar e incentivar a valorização e a difusão das manifestações culturais. (CESPE – 2013 – TCE-RO – Contador).

65. Para delimitar o âmbito normativo de cada norma constitucional, deve o aplicador do direito interpretar o preceito constitucional explicitamente **E IMPLICITAMENTE.** (CESPE - 2013 - ANTT - Analista Administrativo - Direito).

> **Questão original:** Para delimitar o âmbito normativo de cada norma constitucional, deve o aplicador do direito interpretar o preceito constitucional apenas explicitamente.

66. A liberdade de exercer qualquer trabalho, ofício ou profissão, atendidas as qualificações profissionais que a lei estabelecer, é um exemplo de norma constitucional de eficácia **CONTIDA.** (CESPE - 2013 - PRF - Policial Rodoviário Federal).

> **Questão original:** A liberdade de exercer qualquer trabalho, ofício ou profissão, atendidas as qualificações profissionais que a lei estabelecer, é um exemplo de norma constitucional de eficácia limitada.

67. A liberdade de reunião é uma norma de eficácia **CONTIDA** e pode sofrer restrições ou suspensões em seu cumprimento. (CESPE - 2013 - IBAMA - Analista Administrativo).

> **Questão original:** A liberdade de reunião é uma norma de eficácia plena e não pode sofrer restrições ou suspensões em seu cumprimento.

68. Para Peter Häberle, jurista alemão cujo pensamento doutrinário tem influenciado o direito constitucional brasileiro, a constituição deve corresponder ao resultado, temporário e historicamente condicionado, de um processo de interpretação levado adiante na esfera pública por parte dos cidadãos e cidadãs. (CESPE - 2013 - STF - Analista Judiciário - Área Judiciária).

69. As normas materialmente constitucionais referem-se ao conteúdo próprio da Constituição, **PODENDO** elas, figurar no texto constitucional, a exemplo das normas relativas ao exercício e à distribuição do poder político e à garantia dos direitos fundamentais. (CESPE - 2013 - DPE-DF - Defensor Público).

> **Questão original:** As normas materialmente constitucionais referem-se ao conteúdo próprio da Constituição, devendo todas elas, obrigatoriamente, figurar no texto constitucional, a exemplo das normas relativas ao exercício e à distribuição do poder político e à garantia dos direitos fundamentais.

70. O direito à educação, constitucionalmente previsto, possui caráter programático e classifica-se como norma de eficácia **LIMITADA, POSSIVELMENTE NÃO INTEGRAL,** devendo o Estado integralizá-la por meio de normas infraconstitucionais. (CESPE - 2013 - CPRM - Analista em Geociências - Direito).

Questão original: O direito à educação, constitucionalmente previsto, possui caráter programático e classifica-se como norma de eficácia contida, pois possui aplicabilidade direta e imediata, mas não integral, devendo o Estado integralizá-la por meio de normas infraconstitucionais.

71. Para que as decisões produzidas mediante ponderação tenham legitimidade, deve o intérprete observar, alternativamente, os seguintes parâmetros gerais: os enunciados com estrutura de princípio **NÃO** têm preferência sobre aqueles com estrutura de regra; as normas que promovem diretamente os direitos fundamentais dos indivíduos e a dignidade da pessoa humana **NÃO** têm preferência sobre aqueles que apenas indiretamente contribuem para esse resultado. (CESPE – 2013 – STF – Analista Judiciário – Área Judiciária).

Questão original: Para que as decisões produzidas mediante ponderação tenham legitimidade, deve o intérprete observar, alternativamente, os seguintes parâmetros gerais: os enunciados com estrutura de princípio têm preferência sobre aqueles com estrutura de regra; as normas que promovem diretamente os direitos fundamentais dos indivíduos e a dignidade da pessoa humana têm preferência sobre aqueles que apenas indiretamente contribuem para esse resultado.

72. Segundo a Constituição Federal de 1988, é assegurada a prestação de assistência religiosa nas entidades civis e militares de internação coletiva. Entretanto, tal norma é de eficácia **CONTIDA**, pois depende de complementação de lei ordinária ou complementar para ser aplicada. (CESPE – 2013 – DEPEN – Agente Penitenciário).

Questão original: Segundo a Constituição Federal de 1988, é assegurada a prestação de assistência religiosa nas entidades civis e militares de internação coletiva. Entretanto, tal norma é de eficácia limitada, pois depende de complementação de lei ordinária ou complementar para ser aplicada.

73. É exemplo de norma constitucional de eficácia **LIMITADA PROGRAMÁTICA** o dispositivo da CF que estabelece como objetivo fundamental da República Federativa do Brasil a erradicação da pobreza e da marginalização. (CESPE – 2013 – TRT – 10ª REGIÃO (DF e TO) – Analista Judiciário – Área Administrativa).

Questão original: É exemplo de norma constitucional de eficácia contida o dispositivo da CF que estabelece como objetivo fundamental da República Federativa do Brasil a erradicação da pobreza e da marginalização.

74. Na hipótese de eventual conflito aparente de normas constitucionais decorrente da implantação de um empreendimento empresarial que possa vir a causar danos ao meio ambiente, aplica-se o princípio da **CONCORDÂNCIA PRÁTICA**, pelo qual as normas que consagram princípios – como o da livre iniciativa, inserido no capítulo dos princípios gerais da ordem econômica – **NÃO** devem prevalecer sobre as que disponham sobre interesses de ordem prática, como os relacionados à defesa da fauna e da flora. (CESPE – 2013 – DPE-DF – Defensor Público).

Observação: Princípio da unidade – CF deve ser interpretada como um todo para evitar contradições; Princípio da concordância prática ou harmonização – harmonia entre os bens jurídicos constitucionalizados para não haver sacrifícios entre eles.

Questão original: Na hipótese de eventual conflito aparente de normas constitucionais decorrente da implantação de um empreendimento empresarial que possa vir a causar danos ao meio ambiente, aplica-se o princípio da unidade constitucional, pelo qual as normas que consagram princípios – como o da livre iniciativa, inserido no capítulo dos princípios gerais da ordem econômica – devem prevalecer sobre as que disponham sobre interesses de ordem prática, como os relacionados à defesa da fauna e da flora.

75. As normas constitucionais programáticas não geram direitos subjetivos positivos **MAS SIM** direitos subjetivos negativos. (CESPE – 2013 – MS – Analista Técnico – Administrativo).

Questão original: As normas constitucionais programáticas não geram direitos subjetivos positivos, tampouco direitos subjetivos negativos.

76. A norma constitucional que trata do direito de greve do servidor público é considerada pela literatura e pela jurisprudência como norma de eficácia limitada. (CESPE – 2013 – STF – Técnico Judiciário – Tecnologia da Informação).

77. A norma programática vincula os comportamentos públicos futuros, razão pela qual, no Brasil, todas as normas constitucionais são imperativas e de cumprimento obrigatório. (CESPE – 2013 – CNJ – Analista Judiciário – Área Judiciária).

78. Segundo a tradicional classificação quanto ao grau de aplicabilidade das normas constitucionais, normas de eficácia limitada são aquelas que, de imediato, no momento em que a Constituição é promulgada, não têm o condão de produzir todos os seus efeitos, sendo necessária a edição de uma lei integrativa infraconstitucional. São, portanto, de aplicabilidade mediata e reduzida, também chamada de aplicabilidade indireta ou diferida. (CESPE – 2013 – TJ-DFT – Analista Judiciário – Oficial de Justiça Avaliador).

79. Ao determinar que os cargos, os empregos e as funções públicas sejam acessíveis aos brasileiros que preencham os requisitos estabelecidos em lei, a CF estabelece norma de eficácia **CONTIDA.** (CESPE – 2013 – TCE-RO – Agente Administrativo).

Questão original: Ao determinar que os cargos, os empregos e as funções públicas sejam acessíveis aos brasileiros que preencham os requisitos estabelecidos em lei, a CF estabelece norma de eficácia limitada.

80. A proteção do mercado de trabalho da mulher por meio de incentivos específicos a serem estabelecidos em lei constitui exceção à regra constitucional que estabelece a igualdade entre homens e mulheres, sendo reconhecida pela doutrina como norma de eficácia **LIMITADA.** (CESPE – 2013 – Telebras – Nível Superior – Conhecimentos Básicos).

Questão original: A proteção do mercado de trabalho da mulher por meio de incentivos específicos a serem estabelecidos em lei constitui exceção à regra constitucional que estabelece a igualdade entre homens e mulheres, sendo reconhecida pela doutrina como norma de eficácia contida.

81. As normas constitucionais de eficácia absoluta, **SÃO** intangíveis, **NÃO** submetem-se ao processo de emenda constitucional. (CESPE – 2013 – ANTT – Analista Administrativo – Direito).

Questão original: As normas constitucionais de eficácia absoluta, mesmo sendo intangíveis, submetem-se ao processo de emenda constitucional.

82. O direito à saúde tem aplicabilidade mediata, uma vez que, desde sua inserção na CF, veicula um programa a ser implementado pelo Estado, que deve, para que esse direito produza todos os seus efeitos, editar lei infraconstitucional, o que caracteriza a disposição na CF sobre o direito à saúde como uma norma constitucional de eficácia **LIMITADA**, de acordo com a doutrina pertinente. (CESPE – 2013 – CNJ – Analista Judiciário – Área Administrativa).

Questão original: O direito à saúde tem aplicabilidade mediata, uma vez que, desde sua inserção na CF, veicula um programa a ser implementado pelo Estado, que deve, para que esse direito produza todos os seus efeitos, editar lei infraconstitucional, o que caracteriza a disposição na CF sobre o direito à saúde como uma norma constitucional de eficácia contida, de acordo com a doutrina pertinente.

83. Consideram-se elementos limitativos da Constituição as normas constitucionais que compõem o catálogo dos direitos e garantias individuais. (CESPE – 2013 – DPE-DF – Defensor Público).

84. **PODENDO OCORRER COM AS** normas que definem os direitos individuais, as regras constitucionais que definem os direitos sociais **PODEM SER** normas programáticas. (CESPE – 2013 – ANS – Analista Administrativo).

> **Questão original:** Diferentemente das normas que definem os direitos individuais, as regras constitucionais que definem os direitos sociais são normas programáticas.

85. As normas programáticas, por sua natureza, não geram para os jurisdicionados o direito de exigir comportamentos comissivos, mas lhes facultam de demandar dos órgãos estatais que se abstenham de atos que infrinjam as diretrizes nelas traçadas. (CESPE - 2013 - MPU - Técnico Administrativo).

86. Com amplo curso na doutrina e na jurisprudência alemãs e utilizado pelo Supremo Tribunal Federal (STF), o princípio hermenêutico da unidade da Constituição preceitua que uma disposição constitucional **NÃO** pode ser considerada de forma isolada, **NÃO** podendo ser interpretada exclusivamente a partir de si mesma. (CESPE - 2013 - TJ-DFT - Analista Judiciário - Oficial de Justiça Avaliador).

> **Questão original:** Com amplo curso na doutrina e na jurisprudência alemãs e utilizado pelo Supremo Tribunal Federal (STF), o princípio hermenêutico da unidade da Constituição preceitua que uma disposição constitucional pode ser considerada de forma isolada, podendo ser interpretada exclusivamente a partir de si mesma.

87. De acordo com o princípio da unidade da Constituição, a interpretação constitucional deve ser realizada de forma a evitar contradição entre suas normas. (CESPE - 2013 - CNJ - Analista Judiciário - Área Judiciária).

88. A técnica da interpretação conforme a Constituição pode ser aplicada para declarar a não incidência da norma a determinada situação de fato. (CESPE - 2012 - MPE-PI - Analista Ministerial - Área Processual).

> **Questão original:** A técnica da interpretação conforme a Constituição **NÃO** pode ser aplicada para declarar a não incidência da norma a determinada situação de fato.

89. Segundo o princípio da **SUPREMACIA** da Constituição, cada país só pode ter uma constituição em vigor, de modo que a promulgação de uma nova constituição implica a automática revogação da anterior. (CESPE - 2012 - ANAC - Especialista em Regulação de Aviação Civil - Área 5).

> **Questão original:** Segundo o princípio da unidade da Constituição, cada país só pode ter uma constituição em vigor, de modo que a promulgação de uma nova constituição implica a automática revogação da anterior

90. Art. 218. O Estado promoverá e incentivará o desenvolvimento científico, a pesquisa e a capacitação tecnológicas. § 1.º A pesquisa científica básica receberá tratamento prioritário do Estado, tendo em vista o bem público e o progresso das ciências. § 2.º A pesquisa tecnológica voltar-se-á preponderantemente para a solução dos problemas brasileiros e para o desenvolvimento do sistema produtivo nacional e regional. § 3.º O Estado apoiará a formação de recursos humanos nas áreas de ciência, pesquisa e tecnologia, e concederá aos que delas se ocupem meios e condições especiais de trabalho. § 4.º A lei apoiará e estimulará as empresas que invistam em pesquisa, criação de tecnologia adequada ao país, formação e aperfeiçoamento de seus recursos humanos e que pratiquem sistemas de remuneração que assegurem ao empregado, desvinculada do salário, participação nos ganhos econômicos resultantes da produtividade de seu trabalho. § 5.º É facultado aos estados e ao Distrito Federal vincular parcela de sua receita orçamentária a entidades públicas de fomento ao ensino e à pesquisa científica e tecnológica. (CESPE – 2012 – MCT – Analista em Ciência e Tecnologia Pleno – Tema II).

90.1 Diferentemente do § 3.º, o § 1.º do artigo em apreço **NÃO** é uma cláusula pétrea.

Questão original: Diferentemente do § 3.º, o § 1.º do artigo em apreço é uma cláusula pétrea.

90.2 O § 2.º do artigo em questão é uma norma programática.

91. A norma constitucional que preveja a participação dos empregados nos lucros ou resultados da empresa configura exemplo de norma de eficácia limitada. (CESPE – 2012 – TJ-RR – Analista – Processual).

92. A doutrina reconhece a existência de princípios constitucionais positivados e não positivados, como, por exemplo, o princípio da proporcionalidade. (CESPE – 2012 – ANCINE – Técnico em Regulação – Atividade Cinematográfica e Audiovisual).

93. De acordo com o que dispõe a CF, as normas definidoras de direitos fundamentais têm aplicação imediata. (CESPE – 2012 – DPE-ES – Defensor Público).

Questão original: De acordo com o que dispõe a CF, as normas definidoras de direitos fundamentais têm aplicação imediata, **MAS GRADUAL**.

94. De acordo com o princípio da unidade, deve-se interpretar a Constituição de modo a evitar contradições entre suas normas. (CESPE – 2012 – PRF – Técnico de Nível Superior – Classe A Padrão I).

95. Uma das características da hermenêutica constitucional contemporânea é a distinção entre regras e princípios; segundo Ronald Dworkin, tal distinção é de natureza lógico-argumentativa, pois somente pode ser percebida por meio dos usos dos argumentos e razões no âmbito de cada caso concreto. (CESPE – 2012 – DPE-ES – Defensor Público).

96. Entre os princípios instrumentais de interpretação constitucional, o princípio da máxima efetividade, ou da eficiência, impõe a ampla e concreta efetividade social à norma. Em conformidade com esse princípio, o legislador constituinte, com o objetivo de assegurar a efetividade dos direitos fundamentais, consagrou, na Constituição Federal de 1988 (CF), instrumentos como o habeas corpus, o habeas data, o mandado de segurança e a ação popular. (CESPE - 2012 - TCE-ES - Auditor de Controle Externo - Direito).

97. De acordo com a classificação de José Afonso da Silva, as normas constitucionais podem ser classificadas, quanto à eficácia e à aplicabilidade, em normas de eficácia plena, normas de eficácia contida e normas de eficácia **LIMITADA.** (CESPE - 2012 - DPE-ES - Defensor Público).

Questão original: De acordo com a classificação de José Afonso da Silva, as normas constitucionais podem ser classificadas, quanto à eficácia e à aplicabilidade, em normas de eficácia plena, normas de eficácia contida e normas de eficácia absoluta.

98. Segundo o princípio da máxima efetividade, o intérprete deve atribuir às normas constitucionais o sentido que lhes dê maior efetividade, para que delas possam ser extraídas todas as suas potencialidades. (CESPE - 2012 - ANAC - Especialista em Regulação de Aviação Civil - Área 5).

99. As normas constitucionais de eficácia limitada dependem da intervenção legislativa para produzirem seus principais efeitos, ou seja, necessitam de norma infraconstitucional integradora para a sua aplicação. (CESPE - 2012 - PC-AL - Agente de Polícia).

100. É de eficácia **CONTIDA** a norma constitucional que estabelece ser livre o exercício de qualquer trabalho, ofício ou profissão, atendidas as qualificações que a lei estabelecer. (CESPE - 2012 - PRF - Técnico de Nível Superior - Classe A Padrão I).

Questão original: É de eficácia limitada a norma constitucional que estabelece ser livre o exercício de qualquer trabalho, ofício ou profissão, atendidas as qualificações que a lei estabelecer.

101. De acordo com o princípio da integração, nos termos da CF, **NÃO** deve-se preferir a mais atual, ou seja, a editada mais recentemente. (CESPE - 2012 - TCE-ES - Auditor de Controle Externo - Auditoria Governamental).

Observação: Normas polissêmicas devem ser adotadas pelo princípio da interpretação conforme a constituição.

Questão original: De acordo com o princípio da integração, nos termos da CF, caso haja normas polissêmicas, deve-se preferir a mais atual, ou seja, a editada mais recentemente.

102. A Constituição Federal de 1988 (CF) dispõe que é assegurado a todos o livre exercício de qualquer atividade econômica, independentemente de autorização de órgãos públicos, salvo nos casos previstos em lei. Essa norma é classificada pela doutrina como norma de eficácia contida. (CESPE – 2012 – ANAC – Especialista em Regulação de Aviação Civil – Área 5).

103. As normas que tratam de direitos sociais são de eficácia limitada, ou seja, de aplicabilidade mediata, já que, para que se efetivem de maneira adequada, se devem cumprir exigências como prestações positivas por parte do Estado, gastos orçamentários e mediação do legislador. (CESPE – 2012 – TRE-RJ – Analista Judiciário – Área Judiciária).

104. O dispositivo constitucional que afirma que "ninguém será obrigado a fazer ou deixar de fazer alguma coisa senão em virtude de lei" é uma norma constitucional de eficácia **PLENA**. (CESPE – 2012 – MPE-PI – Analista Ministerial – Área Administrativa).

> **Questão original:** O dispositivo constitucional que afirma que "ninguém será obrigado a fazer ou deixar de fazer alguma coisa senão em virtude de lei" é uma norma constitucional de eficácia contida.

105. As normas de eficácia **CONTIDA** e aplicabilidade imediata caracterizam-se por poderem ser restringidas ou suspensas pelo legislador ordinário. (CESPE – 2012 – TJ-RR – Administrador).

> **Questão original:** As normas de eficácia limitada e aplicabilidade imediata caracterizam-se por poderem ser restringidas ou suspensas pelo legislador ordinário.

106. A gratuidade dos transportes coletivos urbanos aos maiores de sessenta e cinco anos é uma norma constitucional de eficácia plena e aplicabilidade imediata. (CESPE – 2012 – MPE-PI – Analista Ministerial – Área Administrativa).

107. Para que as normas constitucionais de eficácia limitada produzam todos os seus efeitos, é necessária a atuação do legislador ordinário, não obstante o fato de essas normas possuírem eficácia jurídica imediata, direta e vinculante. (CESPE – 2012 – IBAMA – Técnico Administrativo).

108. De acordo com o critério da função exercida pela norma constitucional, considera-se **GARANTIA** a regra que veda a imposição de sanção penal ao indivíduo no caso de inexistir lei anterior que defina como crime conduta por ele praticada. (CESPE – 2012 – AGU – Advogado da União).

> **Questão original:** De acordo com o critério da função exercida pela norma constitucional, considera-se impositiva a regra que veda a imposição de sanção penal

ao indivíduo no caso de inexistir lei anterior que defina como crime conduta por ele praticada.

109. Contudo, todas as normas constitucionais são imperativas, de cumprimento obrigatório e vinculam o legislador ordinário. (CESPE - 2012 - PC-CE - Inspetor de Polícia - Civil).

110. As normas constitucionais programáticas definem comandos-valores que o Estado busca cumprir. (CESPE - 2012 - PRF - Técnico de Nível Superior - Classe A Padrão I).

111. As normas que tratam de direitos e garantias fundamentais são consideradas, **EM REGRA, DE EFICÁCIA PLENA**, pois **NÃO** dependem de regulamentação para ter eficácia. (CESPE - 2012 - STJ - Técnico Judiciário - Telecomunicações e Eletricidade - Conhecimentos Básicos).

Questão original: As normas que tratam de direitos e garantias fundamentais são consideradas programáticas, pois dependem de regulamentação para ter eficácia.

112. Em sua maioria, as disposições constitucionais são não autoaplicáveis, ou têm sua eficácia contida e(ou) limitada, porque a CF não se executa a si mesma, mas impõe ou requer a ação legislativa para tornar efetivos os seus preceitos. A gratuidade dos transportes coletivos urbanos aos maiores de sessenta e cinco anos é uma norma constitucional de eficácia plena e aplicabilidade imediata. (CESPE - 2012 - MPE-PI - Analista Ministerial - Área Administrativa).

113. A norma que consagra o princípio da inviolabilidade das comunicações telefônicas consiste em exemplo de norma constitucional definidora de direitos e garantias fundamentais que não tem aplicação imediata e que depende de lei para ser concretizada. (CESPE - 2012 - TJ-RR - Administrador).

114. De acordo com o denominado método **CIENTÍFICO-ESPIRITUAL**, sendo a constituição a representação do sistema cultural e de valores de um povo, sujeito a flutuações, a interpretação constitucional deve ser elástica e flexível. (CESPE - 2012 - AGU - Advogado da União).

Questão original: De acordo com o denominado método da tópica, sendo a constituição a representação do sistema cultural e de valores de um povo, sujeito a flutuações, a interpretação constitucional deve ser elástica e flexível.

115. De acordo com o método **TÓPICO-PROBLEMÁTICO**, a norma deve ser interpretada a partir da análise do problema concreto, tendo-se a constituição como um sistema aberto de regras e princípios. (CESPE - 2012 - TCE-ES - Auditor de Controle Externo - Direito).

Observação: Método hermenêutico concretizador (Konrad Hesse) é elaborada pelo interprete, partindo da CF para o caso concreto.

Questão original: De acordo com o método hermenêutico concretizador, elaborado com base nos ensinamentos de Konrad Hesse, a norma deve ser interpretada a partir da análise do problema concreto, tendo-se a constituição como um sistema aberto de regras e princípios.

116. Enquanto, nas normas de eficácia contida, as leis podem restringir-lhes o alcance, nas normas de eficácia limitada, o seu alcance poderá ser ampliado. (CESPE - 2011 - IFB - Professor - Direito).

117. A despeito da terminologia que as identifica, as normas de eficácia **LIMITADA** e aplicabilidade **MEDIATA** demandam atuação legislativa para o atingimento dos fins sociais pelo Estado nas áreas de saúde, educação e moradia. (CESPE - 2011 - MEC - Nível Superior - Conhecimentos Básicos - Todos os Cargos).

Questão original: A despeito da terminologia que as identifica, as normas de eficácia plena e aplicabilidade imediata demandam atuação legislativa para o atingimento dos fins sociais pelo Estado nas áreas de saúde, educação e moradia.

118. Constitui exemplo de norma programática o dispositivo segundo o qual o Estado deve garantir a todos pleno exercício dos direitos culturais e acesso às fontes da cultura nacional, além de apoio e incentivo a iniciativas de valorização e difusão das manifestações culturais. (CESPE - 2011 - Correios - Analista de Correios - Advogado).

119. Consideram-se normas de eficácia absoluta os preceitos constitucionais intangíveis, que são inalteráveis mesmo por meio de propostas de emendas constitucionais. (CESPE - 2011 - STM - Analista Judiciário - Execução de Mandados - Específicos).

120. Entre as normas constitucionais de eficácia exaurida, incluem- se dispositivos constantes das disposições constitucionais transitórias. (CESPE - 2011 - IFB - Professor - Direito).

121. As normas constitucionais de eficácia plena podem, em regra geral, ser revistas pelo poder reformador. (CESPE - 2011 - IFB - Professor - Direito).

122. As normas previstas no Ato das Disposições Constitucionais Transitórias possuem natureza de norma constitucional. (CESPE - 2011 - EBC - Analista - Advocacia).

123. De acordo com o denominado princípio do efeito integrador, deve-se dar primazia, na resolução dos problemas jurídico-constitucionais, aos critérios que favoreçam a integração política e social e o reforço da unidade política. (CESPE - 2010 - DPE-BA - Defensor Público).

124. Normas constitucionais de aplicabilidade reduzida ou de eficácia limitada são aquelas normas que necessitam da promulgação de uma lei infraconstitucional para produzir os seus efeitos, podendo ser classificadas em normas constitucionais de princípio institutivo e normas constitucionais de princípio programático. (CESPE - 2010 - INCA - Analista em C&T Júnior - Direito - Legislação Pública em Saúde).

125. As normas constitucionais de eficácia limitada são **PROVIDAS DE NORMATIVIDADE MÍNIMA**, razão pela qual surtem efeitos **MÍNIMOS E** podem servir de parâmetro para a declaração de inconstitucionalidade. (CESPE - 2010 - MPU - Analista - Processual).

Questão original: As normas constitucionais de eficácia limitada são desprovidas de normatividade, razão pela qual não surtem efeitos nem podem servir de parâmetro para a declaração de inconstitucionalidade.

126. O livre exercício de qualquer trabalho, ofício ou profissão, desde que atendidas as qualificações profissionais que a lei estabelecer, é norma constitucional de eficácia contida; portanto, o legislador ordinário atua para tornar **RESTRINGÍVEL** o direito nela previsto. (CESPE - 2010 - MPU - Analista de Saúde - Psicologia).

Questão original: O livre exercício de qualquer trabalho, ofício ou profissão, desde que atendidas as qualificações profissionais que a lei estabelecer, é norma constitucional de eficácia contida; portanto, o legislador ordinário atua para tornar exercitável o direito nela previsto.

127. As normas de eficácia plena não exigem a elaboração de novas normas legislativas que lhes completem o alcance e o sentido ou lhes fixem o conteúdo; por isso, sua aplicabilidade é direta **E** integral. (CESPE - 2010 - MPU - Técnico Administrativo).

Questão original: As normas de eficácia plena não exigem a elaboração de novas normas legislativas que lhes completem o alcance e o sentido ou lhes fixem o conteúdo; por isso, sua aplicabilidade é direta, ainda que não integral.

128. O livre exercício de qualquer trabalho, ofício ou profissão, desde que atendidas as qualificações profissionais que a lei estabelecer, é norma constitucional de eficácia contida; portanto, o legislador ordinário atua para tornar **RESTRINGÍVEL** o direito nela previsto. (CESPE - 2010 - MPU - Analista - Atuarial).

Questão original: O livre exercício de qualquer trabalho, ofício ou profissão, desde que atendidas as qualificações profissionais que a lei estabelecer, é norma constitucional de eficácia contida; portanto, o legislador ordinário atua para tornar exercitável o direito nela previsto.

129. O livre exercício de qualquer trabalho, ofício ou profissão, desde que atendidas as qualificações profissionais que a lei estabelecer, é norma constitucional de eficácia contida; portanto, o legislador ordinário atua para tornar **RESTRINGÍVEL** o direito nela previsto. (CESPE – 2010 – MPU – Analista – Arquivologia).

> **Questão original:** O livre exercício de qualquer trabalho, ofício ou profissão, desde que atendidas as qualificações profissionais que a lei estabelecer, é norma constitucional de eficácia contida; portanto, o legislador ordinário atua para tornar exercitável o direito nela previsto.

130. As normas constitucionais de eficácia contida ou relativa restringível têm aplicabilidade plena e imediata, mas podem ter eficácia reduzida ou restringida nos casos e na forma que a lei estabelecer. (CESPE – 2010 – TRT – 21ª Região (RN) – Analista Judiciário – Área Judiciária).

131. A jurisprudência do Supremo Tribunal Federal (STF) entende que as normas constitucionais programáticas obrigam os Poderes Executivo, Legislativo e Judiciário a atuar no sentido de concretizar as finalidades nelas contidas. (CESPE – 2010 – TRT – 21ª Região (RN) – Técnico Judiciário – Área Administrativa).

132. Os artigos que tratam da estrutura e organização do Estado são normas **MATERIALMENTE** constitucionais. (CESPE – 2010 – MS – Analista Técnico – Administrativo – PGPE 1).

> **Questão original:** Os artigos que tratam da estrutura e organização do Estado são normas constitucionais formais.

133. A previsão constitucional de regras diferenciadas de aposentadoria para quem exerça atividades sob condições especiais que prejudiquem a sua saúde ou a sua integridade física carece de regulamentação infraconstitucional. Por essa razão, caso a regulamentação não seja produzida, os servidores que exerçam atividades nocivas podem solicitar a aplicação, por analogia, das regras do regime geral de previdência. (CESPE – 2010 – PGM – RR – Procurador Municipal).

134. Segundo a estrutura escalonada ou piramidal das normas de um mesmo sistema jurídico, no qual cada norma busca sua validade em outra, situada em plano mais elevado, a norma constitucional situa-se no ápice da pirâmide, caracterizando se como norma-origem, porque não existe outra que lhe seja superior. (CESPE – 2010 – MPS – Agente Administrativo).

135. Pelo princípio da concordância prática ou harmonização, na hipótese de eventual conflito ou concorrência entre bens jurídicos constitucionalizados, deve-se buscar a coexistência entre eles, evitando-se o sacrifício total de um princípio em relação ao outro. (CESPE – 2010 – AGU – Procurador Federal).

136. Para que se possa identificar uma norma constitucional de eficácia limitada, **NEM SEMPRE** é suficiente observar a expressão "nos termos da lei", prevista no texto constitucional. (CESPE - 2010 - MS - Analista Técnico - Administrativo - PGPE 1).

> **Questão original:** Para que se possa identificar uma norma constitucional de eficácia limitada, é suficiente observar a expressão "nos termos da lei", prevista no texto constitucional.

137. No tocante à aplicabilidade, de acordo com a tradicional classificação das normas constitucionais, são de eficácia **CONTIDA** aquelas em que o legislador constituinte regula suficientemente os interesses concernentes a determinada matéria, mas deixa margem à atuação restritiva por parte da competência discricionária do poder público, nos termos em que a lei estabelecer ou na forma dos conceitos gerais nela previstos. (CESPE - 2010 - TRE-BA - Analista Judiciário - Área Judiciária).

> **Questão original:** No tocante à aplicabilidade, de acordo com a tradicional classificação das normas constitucionais, são de eficácia limitada aquelas em que o legislador constituinte regula suficientemente os interesses concernentes a determinada matéria, mas deixa margem à atuação restritiva por parte da competência discricionária do poder público, nos termos em que a lei estabelecer ou na forma dos conceitos gerais nela previstos.

138. As normas de eficácia **LIMITADA** permanecem inaplicáveis enquanto não advier normatividade para viabilizar o exercício do direito ou benefício que consagram; por isso, são normas de aplicação indireta, mediata ou diferida. (CESPE - 2010 - MPU - Analista - Processual).

> **Questão original:** As normas de eficácia contida permanecem inaplicáveis enquanto não advier normatividade para viabilizar o exercício do direito ou benefício que consagram; por isso, são normas de aplicação indireta, mediata ou diferida.

139. A distinção hierárquica entre normas constitucionais é inadmissível perante a Constituição. (CESPE - 2010 - MS - Analista Técnico - Administrativo - PGPE 1).

140. Pelo princípio da **UNIDADE**, a interpretação constitucional deve ser realizada de maneira a se evitarem contradições entre as normas da CF. (CESPE - 2010 - TRT - 21ª Região (RN) - Analista Judiciário - Área Judiciária).

> **Questão original:** Pelo princípio da máxima efetividade ou da eficiência, a interpretação constitucional deve ser realizada de maneira a se evitarem contradições entre as normas da CF.

141. A técnica de decisão denominada interpretação conforme a constituição deve ser utilizada quando uma norma admite mais de uma interpretação, uma com violação ao texto constitucional, outra não, devendo prevalecer a hermenêutica que esteja harmonizada com o texto constitucional, de forma a evitar a declaração de inconstitucionalidade da norma. (CESPE - 2010 - SERPRO - Analista - Advocacia).

142. De acordo com entendimento do STF, configura exemplo de norma constitucional programática o preceito constitucional segundo o qual a política agrícola deve ser planejada e executada na forma da lei, com a participação efetiva do setor de produção, envolvendo tanto produtores e trabalhadores rurais, como setores de comercialização, de armazenamento e de transportes. (CESPE - 2010 - AGU - Procurador Federal).

143. O princípio da proporcionalidade é exemplo de princípio constitucional não positivado. (CESPE - 2010 - MS - Todos os Cargos).

144. Atendendo ao princípio denominado correção funcional, o STF não pode atuar no controle concentrado de constitucionalidade como legislador positivo. (CESPE - 2010 - DPU - Defensor Público Federal).

145. A técnica da interpretação conforme a constituição permite a manutenção, no ordenamento jurídico, de leis e atos normativos que possuam valor interpretativo compatível com o texto constitucional. (CESPE - 2010 - TRE-BA - Analista Judiciário - Área Judiciária).

146. O método **TÓPICO-PROBLEMÁTICO** caracteriza-se pela praticidade na busca da solução dos problemas, já que parte de um problema concreto para a norma. (CESPE - 2010 - AGU - Procurador Federal).

Questão original: O método hermenêutico-concretizador caracteriza-se pela praticidade na busca da solução dos problemas, já que parte de um problema concreto para a norma.

147. O dispositivo constitucional que assegura aos idosos a gratuidade dos transportes coletivos urbanos constitui norma de eficácia **PLENA**. (CESPE - 2009 - DPE-AL - Defensor Público).

Questão original: O dispositivo constitucional que assegura aos idosos a gratuidade dos transportes coletivos urbanos constitui norma de eficácia contida.

148. A disposição constitucional que prevê o direito dos empregados à participação nos lucros ou resultados da empresa constitui norma de eficácia limitada. (CESPE - 2009 - TRT - 17ª Região (ES) - Técnico Judiciário - Área Administrativa).

149. A norma constitucional que estabelece que as associações só poderão ser compulsoriamente dissolvidas ou ter suas atividades suspensas por decisão judicial exigindo-se, no primeiro caso, o trânsito em julgado, tem aplicação imediata. (CESPE - 2009 - DETRAN-DF - Analista - Advocacia).

150. De acordo com a hierarquia das leis, a Constituição Federal **NÃO** está subordinada às leis complementares, pois elas regulamentam o que falta na Constituição. (CESPE - 2009 - FUB - Secretário Executivo).

> **Questão original:** De acordo com a hierarquia das leis, a Constituição Federal está subordinada às leis complementares, pois elas regulamentam o que falta na Constituição.

151. O princípio da proporcionalidade acha-se vocacionado a inibir e a neutralizar os abusos do poder público no exercício de suas funções, qualificando-se como parâmetro de aferição da própria constitucionalidade material dos atos estatais. (CESPE - 2009 - ANATEL - Especialista em Regulação - Direito).

152. A interpretação judicial desempenha um papel de fundamental importância, não só na revelação do sentido das regras normativas que compõem o ordenamento positivo, mas, sobretudo, na adequação da própria Constituição Federal às novas exigências, necessidades e transformações resultantes dos processos sociais, econômicos e políticos que caracterizam a sociedade contemporânea. (CESPE - 2009 - ANATEL - Especialista em Regulação - Direito).

153. Normas constitucionais supereficazes ou com eficácia absoluta são aquelas que contêm todos os elementos imprescindíveis para a produção imediata dos efeitos previstos; elas não requerem normatização subconstitucional subsequente. (CESPE - 2009 - DPE-ES - Defensor Público).

> **Questão original:** Normas constitucionais supereficazes ou com eficácia absoluta são aquelas que contêm todos os elementos imprescindíveis para a produção imediata dos efeitos previstos; elas não requerem normatização subconstitucional subsequente, **EMBORA SEJAM SUSCETÍVEIS A EMENDAS.**

154. Com a promulgação da Constituição de 16 de julho de 1934, inaugurou o Brasil a terceira grande época constitucional de sua história; época marcado por crises, golpes de Estado, insurreição, impedimentos, renúncia e suicídio de presidente, bem como pela queda de governos, repúblicas e constituições. Sua mais recente manifestação formal veio a ser a Carta de 5 de outubro de 1988. Paulo Bonavides. Curso de Direito Constitucional, 10ª ed. São Paulo: Malheiros Editores, 2000, p. 332 (com adaptações).

O princípio da unidade da Constituição considera essa Carta em sua totalidade, buscando harmonizá-la para uma visão de normas não isoladas, mas como preceitos integrados em um sistema unitário de regras e princípios. (CESPE - 2009 - ANATEL - Analista Administrativo - Direito).

155. O princípio da máxima efetividade visa interpretar a CF no sentido de atribuir à norma constitucional a maior efetividade possível, ou seja, deve-se atribuir a uma norma constitucional o sentido que lhe dê maior eficácia. (CESPE – 2009 – ANATEL – Analista Administrativo – Direito).

156. Caso julgue improcedente a declaração de inconstitucionalidade de uma lei federal em face da CF, sob o argumento de que há uma interpretação na qual aquela lei está em conformidade com a constituição, o STF aplicará **O PRINCÍPIO DA INTERPRETAÇÃO CONFORME A CONSTITUIÇÃO.** (CESPE – 2009 – TRT – 17ª Região (ES) – Analista Judiciário – Área Judiciária).

> **Questão original:** Caso julgue improcedente a declaração de inconstitucionalidade de uma lei federal em face da CF, sob o argumento de que há uma interpretação na qual aquela lei está em conformidade com a constituição, o STF aplicará a técnica de interpretação da declaração parcial de inconstitucionalidade sem redução de texto.

157. O princípio da **MÁXIMA EFETIVIDADE** da CF é aquele segundo o qual os aplicadores e intérpretes da Carta, na solução das questões jurídico-constitucionais, devem procurar a máxima eficácia do texto constitucional. (CESPE – 2009 – ANATEL – Analista Administrativo – Direito).

> **Questão original:** Concebido por Ferdinand Lassale, o princípio da força normativa da CF é aquele segundo o qual os aplicadores e intérpretes da Carta, na solução das questões jurídico-constitucionais, devem procurar a máxima eficácia do texto constitucional.

158. A técnica da interpretação conforme somente pode ser utilizada diante de normas polissêmicas. (CESPE – 2009 – DPE-AL – Defensor Público).

159. O princípio da razoabilidade-proporcionalidade permite ao Poder Judiciário invalidar atos legislativos ou administrativos quando, entre outras situações, a medida adotada não for exigível ou necessária, havendo meio alternativo menos gravoso para se chegar ao mesmo resultado, o que se convencionou denominar necessidade ou vedação do excesso. (CESPE – 2009 – TCE-RN – Assessor Técnico Jurídico).

160. A norma constitucional que estabelece a liberdade quanto ao exercício de qualquer trabalho, ofício ou profissão constitui norma de eficácia **CONTIDA.** (CESPE – 2009 – TRT – 17ª Região (ES) – Técnico Judiciário – Área Administrativa).

> **Questão original:** A norma constitucional que estabelece a liberdade quanto ao exercício de qualquer trabalho, ofício ou profissão constitui norma de eficácia plena.

161. Na hipótese de alteração, por uma nova Constituição Federal, do rol de competência legislativa dos entes da Federação, para inserir na competência federal matéria até então da competência legislativa estadual ou municipal, **NÃO** ocorre o fenômeno da federalização da lei estadual ou municipal, a qual **NÃO** permanecerá em vigor como se lei federal fosse. (CESPE - 2009 - AGU - Advogado da União).

Questão original: Na hipótese de alteração, por uma nova Constituição Federal, do rol de competência legislativa dos entes da Federação, para inserir na competência federal matéria até então da competência legislativa estadual ou municipal, ocorre o fenômeno da federalização da lei estadual ou municipal, a qual permanecerá em vigor como se lei federal fosse, em atenção ao princípio da continuidade do ordenamento jurídico.

162. Entender uma lei não é somente aferrar de modo mecânico o sentido aparente e imediato que resulta da conexão verbal; é indagar com profundeza o pensamento legislativo, descer da superfície verbal ao conceito íntimo que o texto encerra e desenvolvê-lo em todas as suas direções possíveis. A missão do intérprete é justamente descobrir o conteúdo real da norma jurídica, determinar em toda a plenitude o seu valor, penetrar o mais que é possível (como diz Windscheid) na alma do legislador, reconstruir o pensamento legislativo. Francesco Ferrara. Interpretação e aplicação das leis. Coimbra: Armênio Amado, 1987, p. 128 (com adaptações). (CESPE - 2009 - TRT - 17ª Região (ES) - Analista Judiciário - Área Judiciária - Execução de Mandados).

162.1 O princípio da máxima efetividade estabelece que o intérprete deve atribuir às normas constitucionais o sentido que lhes dê maior efetividade, evitando, sempre que possível, soluções que impliquem a não-aplicabilidade da norma.

162.2 Segundo **A TEORIA DA REVOGAÇÃO**, cada país só pode ter uma constituição em vigor, de modo que a aprovação de nova constituição implica a automática revogação da anterior.

Observação: Existem quatro teorias que disciplinam a aplicação da norma no tempo: Revogação (antiga constituição é revogada em face da nova), Recepção (atos normativos preexistentes serão recepcionados se materialmente compatíveis com a nova constituição), Repristinação: restauração de normas revogadas por constituições anteriores, Desconstitucionalização: recepção da norma constitucional pela nova constituição, como lei ordinária.

Questão original: Segundo o princípio da unidade da constituição, cada país só pode ter uma constituição em vigor, de modo que a aprovação de nova constituição implica a automática revogação da anterior.

162.3 A corrente que **APROVA** a possibilidade de o juiz, na interpretação constitucional, criar o direito e, valendo-se de valores substantivos, ir além do que o texto lhe permitir é chamada pela doutrina de não-interpretativista.

> **Questão original:** A corrente que nega a possibilidade de o juiz, na interpretação constitucional, criar o direito e, valendo-se de valores substantivos, ir além do que o texto lhe permitir é chamada pela doutrina de não-interpretativista.

162.4 O **INSTITUTO DA ANALOGIA** estabelece que, havendo lacuna na CF, o juiz deve recorrer a outras normas do ordenamento jurídico para integrar o vácuo normativo.

> **Questão original:** O princípio do efeito integrador estabelece que, havendo lacuna na CF, o juiz deve recorrer a outras normas do ordenamento jurídico para integrar o vácuo normativo.

163. A interpretação conforme a Constituição determina que, quando o aplicador de determinado texto legal se encontrar frente a normas de caráter polissêmico ou, até mesmo, plurissignificativo, deve priorizar a interpretação que possua um sentido em conformidade com a Constituição. Por conseguinte, uma lei não pode ser declarada inconstitucional, quando puder ser interpretada em consonância com o texto constitucional. (CESPE – 2009 – DPE-ES – Defensor Público).

164. Entender uma lei não é somente aferrar de modo mecânico o sentido aparente e imediato que resulta da conexão verbal; é indagar com profundeza o pensamento legislativo, descer da superfície verbal ao conceito íntimo que o texto encerra e desenvolvê-lo em todas as suas direções possíveis. A missão do intérprete é justamente descobrir o conteúdo real da norma jurídica, determinar em toda a plenitude o seu valor, penetrar o mais que é possível (como diz Windscheid) na alma do legislador, reconstruir o pensamento legislativo. Francesco Ferrara. Interpretação e aplicação das leis. Coimbra: Armênio Amado, 1987, p. 128 (com adaptações).

O princípio da máxima efetividade estabelece que o intérprete deve atribuir às normas constitucionais o sentido que lhes dê maior efetividade, evitando, sempre que possível, soluções que impliquem a não-aplicabilidade da norma. (CESPE – 2009 – TRT – 17ª Região (ES) – Analista Judiciário – Área Judiciária – Execução de Mandados).

165. Quando o conflito normativo for passível de solução mediante o critério hierárquico, cronológico e da especialidade, o caso será de antinomia aparente. (CESPE – 2009 – DPE-ES – Defensor Público).

166. É possível utilizar-se da declaração de inconstitucionalidade parcial sem redução de texto como instrumento decisório para atingir uma interpretação conforme a CF, técnica que assegura a constitucionalidade da lei ou ato normativo, sem, todavia, alterar seu texto. (CESPE – 2009 – DPE-AL – Defensor Público).

167. Pelo princípio da supremacia da Constituição, constata-se que as normas constitucionais estão no vértice do sistema jurídico nacional, e que a elas compete, entre outras matérias, disciplinar a estrutura e a organização dos órgãos do Estado. (CESPE - 2009 - TCU - Analista de Controle Externo - Medicina - Prova 1).

168. O princípio da concordância prática ou da harmonização, derivado do princípio da unidade da CF, orienta o aplicador ou intérprete das normas constitucionais no sentido de que, ao se deparar com um possível conflito ou concorrência entre os bens constitucionais, busque uma solução que evite o sacrifício ou a negação de um deles. (CESPE - 2009 - TCU - Analista de Controle Externo - Medicina - Prova 1).

169. A analogia jurídica fundamenta-se em um conjunto de normas para extrair elementos que possibilitem sua aplicabilidade ao caso concreto não previsto, mas similar. (CESPE - 2009 - DPE-ES - Defensor Público).

170. O princípio da conformidade funcional visa impedir, na concretização da CF, a alteração da repartição das funções constitucionalmente estabelecidas. (CESPE - 2009 - TRT - 17ª Região (ES) - Analista Judiciário - Área Judiciária).

171. O princípio da **UNIDADE DA CONSTITUIÇÃO** revela que as normas constitucionais não devem ser vistas e analisadas de forma isolada, mas sim como preceitos integrados a um sistema unitário de regras e princípios. (CESPE - 2009 - TCU - Analista de Controle Externo - Medicina - Prova 1).

> **Questão original:** O princípio da máxima efetividade revela que as normas constitucionais não devem ser vistas e analisadas de forma isolada, mas sim como preceitos integrados a um sistema unitário de regras e princípios.

172. O direito do preso de permanecer calado é norma fundamental de eficácia contida. (CESPE - 2008 - ME - Agente Administrativo).

173. As normas que estabelecem diretrizes e objetivos a serem atingidos pelo Estado, visando o fim social, ou por outra, o rumo a ser seguido pelo legislador ordinário na implementação das políticas de governo, são conhecidas como normas programáticas. (CESPE - 2008 - STJ - Técnico Judiciário - Área Administrativa).

174. O dispositivo constitucional que afirma que a finalidade da ordem econômica é assegurar a todos uma existência digna, conforme os ditames da justiça social, seria um exemplo de norma programática. (CESPE - 2008 - SERPRO - Analista - Advocacia).

175. Considere a seguinte situação hipotética. Gutemberg é um escritor de sucesso, com grande vendagem de livros, e seus direitos sobre suas obras são transmissíveis a seus herdeiros por tempo indeterminado, exceto se a lei limitar esse prazo. Nessa situação, trata-se de uma norma constitucional **CONTIDA.** (CESPE - 2008 - STJ - Técnico Judiciário - Área Administrativa).

Questão original: Considere a seguinte situação hipotética. Gutemberg é um escritor de sucesso, com grande vendagem de livros, e seus direitos sobre suas obras são transmissíveis a seus herdeiros por tempo indeterminado, exceto se a lei limitar esse prazo. Nessa situação, trata-se de uma norma constitucional plena.

176. As normas que alteram padrão monetário e, devido a essa alteração, estabelecem critérios de conversão de valores se aplicam de imediato, não podendo a existência de ato jurídico perfeito se opor a elas. (CESPE - 2008 - INSS - Analista do Seguro Social - Direito).

177. A CF traz no seu artigo 5º., entre outros, os seguintes incisos: (CESPE - 2008 - STF - Técnico Judiciário - Área Administrativa).

XIII - é livre o exercício de qualquer trabalho, ofício ou profissão, atendidas as qualificações profissionais que a lei estabelecer;

XXX - é garantido o direito de herança;

LXXVI - são gratuitos para os reconhecidamente pobres, na forma da lei:

O registro civil de nascimento;

A certidão de óbito.

177.1 O inciso XXX, que prevê o direito de herança, é uma norma de eficácia **PLENA.**

Questão original: O inciso XXX, que prevê o direito de herança, é uma norma de eficácia limitada.

177.2 A norma prevista no inciso XIII é de eficácia contida, pois o direito ao exercício de trabalho, ofício ou profissão é pleno até que a lei estabeleça restrições a tal direito.

177.3 O inciso LXXVI e suas alíneas configuram normas programáticas, pois dizem respeito a um programa de governo relativo à implementação da gratuidade de certidões necessárias ao exercício de cidadania.

178. Normas de eficácia limitada são aquelas que dependem da edição de outra norma para que possam produzir efeito. (CESPE - 2008 - STJ - Técnico Judiciário - Área Administrativa).

Questão original: Normas de eficácia limitada são aquelas que dependem da edição de outra norma **DA MESMA ESTATURA JURÍDICA** para que possam produzir efeito.

179. O desafio de realizar a Constituição na prática exige que o intérprete e aplicador priorize os critérios ou pontos de vista que favoreçam a integração política e social e o reforço da unidade política, visto que essas são algumas das finalidades primordiais da Constituição. É o que se denomina de princípio do efeito integrador. (CESPE - 2008 - SERPRO - Analista - Advocacia).

180. "Na Constituição, a dinâmica do processo político não se adapta as suas normas, embora ela conserve, em sua estrutura, um caráter educativo, com vistas ao futuro da sociedade. Seria uma Constituição prospectiva, isto é, voltada para um dia ser realizada na prática. Mas, enquanto não realizar todo o seu programa, continuaria a desarmonia entre os pressupostos formais nela insculpidos e sua aplicabilidade. É como se fosse uma roupa guardada no armário que será vestida futuramente, quando o corpo nacional tiver crescido." Uadi Lammêgo Bulos. CONSTITUIÇÃO FEDERAL anotada, 8ª. Ed., São Paulo. Saraiva, 2008, p. 32.

As correntes **NÃO INTERPRETATIVISTAS** defendem a possibilidade e a necessidade de os juízes invocarem e aplicarem valores e princípios substantivos, como princípios de liberdade e justiça, contra atos de responsabilidade do Poder Legislativo que não estejam em conformidade com o projeto da CF. As posições **INTERPRETATIVISTAS**, por outro lado, consideram que os juízes, ao interpretarem a CF, devem limitar-se a captar o sentido dos preceitos nela expressos ou, pelo menos, nela claramente explícitos. (CESPE - 2007 - AGU - Procurador Federal - Prova 1).

Questão original: As correntes interpretativistas defendem a possibilidade e a necessidade de os juízes invocarem e aplicarem valores e princípios substantivos, como princípios de liberdade e justiça, contra atos de responsabilidade do Poder Legislativo que não estejam em conformidade com o projeto da CF. As posições não-interpretativistas, por outro lado, consideram que os juízes, ao interpretarem a CF, devem limitar-se a captar o sentido dos preceitos nela expressos ou, pelo menos, nela claramente explícitos.

181. Na constituição, a dinâmica do processo político não se adapta as suas normas, embora ela conserve, em sua estrutura, um caráter educativo, com vistas ao futuro da sociedade. Seria uma Constituição prospectiva, isto é, voltada para um dia ser realizada na prática. Mas, enquanto não realizar todo o seu programa, continuaria a desarmonia entre os pressupostos formais nela insculpidos e sua aplicabilidade. É como se fosse uma roupa guardada o armário que será vestida futuramente, quando o corpo nacional tiver crescido. Uadi Lammêgo Bulos. Constituição Federal anotada, 8ª ed., São Paulo. Saraiva, 2008, p. 32.

A Constituição da República assegura que a sucessão de bens de estrangeiros situados no país será regulada pela lei brasileira em benefício do cônjuge ou dos filhos brasileiros, sempre que não lhes seja mais favorável a lei pessoal do de cujus; tratando-se de norma definidora de direitos e garantias fundamentais, tal disposição constitucional tem aplicação imediata. (CESPE - 2003 - Instituto Rio Branco - Diplomata).

182. Para a moderna teoria constitucional, que define a constituição como um regime aberto de regras e princípios, estes, por sua flexibilidade e abstração, mesmo quando jurídicos, podem ser considerados como normas constitucionais, **ASSIM** como normas programáticas, representando uma pauta de valores a ser seguida pelo legislador na edição de novas regras. (CESPE – 2008 – STJ – Analista Judiciário – Área Administrativa).

> **Questão original:** Para a moderna teoria constitucional, que define a constituição como um regime aberto de regras e princípios, estes, por sua flexibilidade e abstração, mesmo quando jurídicos, não podem ser considerados como normas constitucionais, mas apenas como normas programáticas, representando uma pauta de valores a ser seguida pelo legislador na edição de novas regras.

183. As leis interpretativas que geram gravames são aplicáveis a fatos ocorridos a partir de sua entrada em vigor, mas não a situações sujeitas ao domínio temporal exclusivo das normas interpretadas, sob pena de violação ao ato jurídico perfeito. (CESPE – 2008 – INSS – Analista do Seguro Social – Direito).

184. O sentido sociológico da Constituição como uma folha de papel, cuja verdadeira característica está na organização dos fatores reais do poder em uma dada sociedade, contrasta com a visão da força normativa da Constituição, segundo a qual a Constituição não se pode submeter à vontade dos poderes constituídos e ao império dos fatos e das circunstâncias. A Constituição espraia sua força normativa por sobre o ordenamento jurídico, e todos os atos estatais que com ela contrastem expõem-se à censura jurídica do Poder Judiciário. (CESPE – 2008 – TJ-DFT – Analista Judiciário – Área Judiciária).

185. A regra que assegura o livre exercício de qualquer trabalho, ofício ou profissão, atendidas as qualificações profissionais que a lei estabelecer, é considerada norma constitucional de eficácia **CONTIDA.** (CESPE – 2007 – TRT – 9ª REGIÃO (PR) – Analista Judiciário – Área Administrativa).

> **Questão original:** A regra que assegura o livre exercício de qualquer trabalho, ofício ou profissão, atendidas as qualificações profissionais que a lei estabelecer, é considerada norma constitucional de eficácia limitada.

186. Norma constitucional de eficácia contida é aquela que, sendo auto-aplicável, autoriza a posterior restrição por parte do legislador infraconstitucional. (CESPE – 2007 – TRT – 9ª REGIÃO (PR) – Técnico Judiciário – Área Administrativa).

187. O princípio da unidade da CF, como princípio interpretativo, prevê que esta deve ser interpretada de forma a se evitarem contradições, antinomias ou antagonismos entre suas normas. (CESPE – 2007 – AGU – Procurador Federal – Prova 1).

188. Não existe relação hierárquica fixa entre os diversos critérios de interpretação da CF, pois todos os métodos conhecidos conduzem sempre a um resultado possível, nunca a um resultado que seja o unicamente correto. Essa pluralidade de métodos se converte em veículo da liberdade do juiz, mas essa liberdade é objetivamente vinculada, pois não pode o intérprete partir de resultados preconcebidos e, na tentativa de legitimá-los, moldar a norma aos seus preconceitos, mediante a utilização de uma pseudo-argumentação. (CESPE - 2007 - AGU - Procurador Federal - Prova 1).

189. O princípio de interpretação constitucional conhecido como princípio **DA CONCORDÂNCIA PRÁTICA OU HARMONIZAÇÃO** impõe a coordenação e a combinação dos bens jurídicos em conflito, de forma a evitar o sacrifício total de uns em relação aos outros. (CESPE - 2007 - Petrobras - Advogado).

> **Questão original:** O princípio de interpretação constitucional conhecido como princípio do efeito integrador impõe a coordenação e a combinação dos bens jurídicos em conflito, de forma a evitar o sacrifício total de uns em relação aos outros.

190. Entre as correntes de interpretação constitucional, pode-se apontar uma bipolaridade que se concentra entre as correntes interpretativistas e não interpretativistas das constituições. As correntes **NÃO INTERPRETATIVISTAS** permitem ao juiz que este invoque e aplique valores e princípios substantivos, como a liberdade e a justiça contra atos da responsabilidade do Poder Legislativo em desconformidade com a constituição. (CESPE - 2007 - Petrobras - Advogado).

> **Questão original:** Entre as correntes de interpretação constitucional, pode-se apontar uma bipolaridade que se concentra entre as correntes interpretativistas e não interpretativistas das constituições. As correntes interpretativistas se confundem com o literalismo e permitem ao juiz que este invoque e aplique valores e princípios substantivos, como a liberdade e a justiça contra atos da responsabilidade do Poder Legislativo em desconformidade com a constituição.

191. Segundo o método jurídico de Forsthoff, a interpretação da constituição não se distingue da interpretação de uma lei e, por isso, para se interpretar o sentido da lei constitucional, devem-se utilizar as regras tradicionais da interpretação. (CESPE - 2007 - Petrobras - Advogado).

192. Quando a aplicação de um dispositivo constitucional puder conduzir a resultado oposto àquele buscado pelo próprio ordenamento jurídico constitucional, a exemplo da impunidade de parlamentares, pode-se recorrer a formas excepcionais de interpretar e aplicar os princípios e regras constitucionais. (CESPE - 2006 - DPE-DF - Procurador - Assistência Judiciária - Segunda Categoria).

193. A generalidade, a abstração e a capacidade de expansão dos princípios constitucionais **NÃO** permitem ao intérprete larga discricionariedade, que **LIMITAM E NEUTRALIZAM** o subjetivismo voluntarista dos sentimentos pessoais e das conveniências políticas na aplicação das normas constitucionais. (CESPE - 2006 - DPE-DF - Procurador - Assistência Judiciária - Segunda Categoria).

Questão original: A generalidade, a abstração e a capacidade de expansão dos princípios constitucionais permitem ao intérprete larga discricionariedade, que favorece o subjetivismo voluntarista dos sentimentos pessoais e das conveniências políticas na aplicação das normas constitucionais.

194. A comunicação entre norma e fato constitui condição da própria interpretação constitucional quando o processo envolve a investigação integrada de elementos fáticos e jurídicos. (CESPE - 2006 - DPE-DF - Procurador - Assistência Judiciária - Segunda Categoria).

195. Entre as modernas formas de interpretação constitucional existentes, às vezes também denominadas técnicas de decisão, destacam-se a declaração de constitucionalidade de norma em trânsito para a inconstitucionalidade e a mutação constitucional, a declaração de inconstitucionalidade com apelo ao legislador e, principalmente, a interpretação conforme a Constituição. (CESPE - 2006 - DPE-DF - Procurador - Assistência Judiciária - Segunda Categoria).

196. Conforme a doutrina mais moderna e prevalecente, os chamados princípios gerais de direito **ASSEMELHAM-SE** dos chamados princípios positivos de direito exatamente pelo fato de estes serem constituídos de normas jurídicas e aqueles **TEREM** eficácia ou força normativa imediata. (CESPE - 2006 - ANATEL - Analista Administrativo - Direito).

Questão original: Conforme a doutrina mais moderna e prevalecente, os chamados princípios gerais de direito diferenciam-se dos chamados princípios positivos de direito exatamente pelo fato de estes serem constituídos de normas jurídicas e aqueles restringirem-se a enunciados sem eficácia ou força normativa imediata.

197. Proporcionalidade na regulação A proporcionalidade deve constituir um elemento caracterizador da atividade do regulador: as medidas de regulação devem ser proporcionadas, isto é, as mínimas possíveis para a correção eficaz das falhas de mercado que justificaram a intervenção regulatória. O regulador deve intervir apenas quando necessário – o que, na terminologia anglo-saxônica, é habitualmente referido como "a bias against intervention" – por meio de medidas corretivas, selecionadas com base no problema identificado e que minimizem os custos da intervenção. Contudo, uma vez identificada a necessidade de intervenção do regulador, esta deve ser firme, rápida e eficaz, recorrendo-se aos mecanismos regulatórios que sejam o menos intrusivos possível no funcionamento dos mercados. Trecho da intervenção do presidente Pedro Duarte Neves, no 14.º Congresso da APDC, realizado em 9/11/2004, em Lisboa. Internet: (com adaptações).

O princípio da proporcionalidade – que tem fundamento no texto constitucional brasileiro – aplicado à garantia do indivíduo, em face do poder regulador do Estado, é uma das formas de manifestação da função de garantia e proteção que desempenha a Constituição. (CESPE - 2006 - ANATEL - Especialista em Regulação - Direito).

198. São efeitos concretos das normas constitucionais programáticas, entre outros, condicionar a atividade discricionária da administração e do Poder Judiciário e condicionar o conteúdo da legislação futura. (CESPE - 2004 - AGU - Advogado da União).

199. O princípio da **UNIDADE DA CONSTITUIÇÃO** impõe que, na concretização constitucional, o intérprete-aplicador considere a Constituição em sua globalidade, evitando que o resultado da tarefa interpretativa crie antinomias ou antagonismos entre as normas constitucionais. (CESPE - 2004 - AGU - Advogado da União).

> **Questão original:** O princípio da conformidade funcional impõe que, na concretização constitucional, o intérprete-aplicador considere a Constituição em sua globalidade, evitando que o resultado da tarefa interpretativa crie antinomias ou antagonismos entre as normas constitucionais.

200. A Constituição da República estabelece que todo preso tem direito à identificação dos responsáveis por sua prisão ou por seu interrogatório policial. Essa disposição pode ser classificada como norma **DE EFICÁCIA PLENA**, espécie que se caracteriza por atribuir aos cidadãos o direito de exigir a sua efetivação imediata. (CESPE - 2000 - Polícia Federal - Agente Federal da Polícia Federal).

> **Questão original:** A Constituição da República estabelece que todo preso tem direito à identificação dos responsáveis por sua prisão ou por seu interrogatório policial. Essa disposição pode ser classificada como norma programática, espécie que se caracteriza por não atribuir aos cidadãos o direito de exigir a sua efetivação imediata, o que é típico das constituições-garantia.

1.3 CONSTITUCIONALISMO

1. Decorre da noção de supremacia da Constituição o pressuposto da superioridade hierárquica constitucional sobre as demais leis do país, **COMO** os tratados internacionais de direitos humanos. (CESPE - 2018 - MPE-PI - Analista Ministerial - Área Processual).

> **Questão original:** Decorre da noção de supremacia da Constituição o pressuposto da superioridade hierárquica constitucional sobre as demais leis do país, ressalvados os tratados internacionais de direitos humanos.

2. O neoconstitucionalismo influenciou a atual CF e promoveu o fortalecimento dos direitos fundamentais, notadamente, dos direitos sociais. (CESPE - 2016 - ANVISA - Técnico Administrativo - Conhecimentos Específicos).

3. No neoconstitucionalismo, passou-se da supremacia da lei à supremacia da Constituição, com ênfase na força normativa do texto constitucional e na concretização das normas constitucionais. (CESPE - 2015 - AGU - Advogado da União).

4. Conforme a teoria normativa do Estado, a constituição do Estado **NÃO** decorre de um contrato voluntário entre os indivíduos e o monarca, que, em troca do exercício do poder, lhes provê segurança. (CESPE – 2012 – MPOG – Analista de Infraestrutura – Conhecimentos Básicos – Todos os Cargos).

Questão original: Conforme a teoria normativa do Estado, a constituição do Estado decorre de um contrato voluntário entre os indivíduos e o monarca, que, em troca do exercício do poder, lhes provê segurança.

5. No constitucionalismo moderno, a Constituição deixa de ser concebida como simples manifesto político para ser compreendida como norma jurídica fundamental e suprema, que consiste em técnica específica de limitação do poder com fins garantísticos. (CESPE – 2012 – ANAC – Especialista em Regulação de Aviação Civil – Área 5).

6. De acordo com o constitucionalismo moderno, as constituições escritas são instrumentos de contenção do arbítrio decorrente do exercício do poder estatal. (CESPE – 2012 – MPOG – Analista de Infraestrutura – Conhecimentos Básicos – Todos os Cargos).

7. Na perspectiva moderna, o conceito de constitucionalismo abrange, em sua essência, a limitação do poder político e a proteção dos direitos fundamentais. (CESPE – 2012 – DPE-ES – Defensor Público).

8. O constitucionalismo moderno surgiu no século XVIII, trazendo novos conceitos e práticas constitucionais, como a separação de poderes, os direitos individuais e a supremacia constitucional. (CESPE – 2012 – PC-AL – Delegado de Polícia).

9. No constitucionalismo, a existência de discriminações positivas iguala materialmente os desiguais. (CESPE – 2009 – MMA – Agente Administrativo).

10. O amadurecimento da ideia de nação, alcançado no século XIX, influenciou na definição de teorias relativas ao Estado. (CESPE – 2007 – DPU – Defensor Público Federal).

11. A história constitucional do Brasil, de conhecimento indispensável a quem busca estudar nossas instituições políticas e sociais, representa um dos mais profundos mergulhos na compreensão do passado nacional. O exame e a análise dos sucessos políticos e das raízes institucionais do país hão de trazer sempre luz para o entendimento da realidade contemporânea, na qual os acontecimentos transcorrem com a velocidade da crise e fazem, não raro, extremamente difícil a percepção das causas que de imediato devem ser removidas, em escala prioritária, a fim de se poder fazer estável e seguro o destino da Nação e a preservação de sua unidade. Paulo Bonavides e Paes de Andrade. História constitucional do Brasil. Brasília: OAB Editora, 2002 (com adaptações).

Durante o Primeiro Reinado, o movimento cunhado como constitucionalismo era visto por muitos como uma ideia quase subversiva. (CESPE – 2007 – AGU – Procurador Federal – Prova 1).

12. A noção de Estado do bem-estar social **NÃO** tem sua origem na filosofia de Comte, para quem o poder deveria pertencer aos cientistas e garantir os meios de criação de felicidade e de virtude pela ordem e pelo progresso. (CESPE – 2007 – DPU – Defensor Público Federal).

Observação: Este conceito surgiu com o pós positivismo não com a filosofia de Comte.

Questão original: A noção de Estado do bem-estar social tem sua origem na filosofia de Comte, para quem o poder deveria pertencer aos cientistas e garantir os meios de criação de felicidade e de virtude pela ordem e pelo progresso.

13. O constitucionalismo pode ser corretamente definido como um movimento que visa limitar o poder e estabelecer um rol de direitos e garantias individuais, o que cria a necessidade de se instituir uma carta, em regra escrita, que possa juridicizar essa relação entre Estado e cidadão, de forma a se gerar mais segurança jurídica. (CESPE – 2006 – ANATEL – Analista Administrativo – Direito).

14. Com base no constitucionalismo contemporâneo, é correto afirmar que a reserva legal tem abrangência menor que o princípio da legalidade. (CESPE – 2004 – STJ – Analista Judiciário – Área Administrativa).

1.4 PODER CONSTITUINTE

1. O presidente da República **NÃO** é a autoridade competente para promulgar emendas à Constituição. (CESPE – 2018 – IPHAN – Auxiliar Institucional – Área 1).

Observação: "Art. 60, §3º, CF: A emenda à Constituição será promulgada pelas Mesas da Câmara dos Deputados e do Senado Federal, com o respectivo número de ordem."

Questão original: O presidente da República é a autoridade competente para promulgar emendas à Constituição

2. A possibilidade de um direito positivo supraestatal limitar o Poder Legislativo foi uma invenção do constitucionalismo do século XVIII, inspirado pela tese de Montesquieu de que apenas poderes moderados eram compatíveis com a liberdade. Mas como seria possível restringir o poder soberano, tendo a sua autoridade sido entendida ao longo da modernidade justamente como um poder que não encontrava limites no direito positivo? Uma soberania limitada parecia uma contradição e, de fato, a exigência de poderes políticos limitados implicou redefinir o próprio conceito de soberania, que sofreu uma deflação. Alexandre Costa. O poder constituinte e o paradoxo da soberania limitada. In: Teoria & Sociedade. n.º 19, 2011, p. 201 (com adaptações). (CESPE – 2018 – Polícia Federal – Delegado de Polícia Federal).

2.1 A exigência de poderes políticos limitados após a manifestação do poder constituinte originário fundamenta tanto o sentido lógico-jurídico quanto o sentido jurídico-positivo da Constituição.

2.2 Do caráter supraestatal do constitucionalismo, referido no texto, extraem-se a formalidade e a rigidez das Constituições modernas.

2.3 A concepção de "soberania limitada", citada no texto, **NÃO** implica a divisão da titularidade do poder constituinte entre o povo e a assembleia constituinte que o representa.

> **Questão original**: A concepção de "soberania limitada", citada no texto, implica a divisão da titularidade do poder constituinte entre o povo e a assembleia constituinte que o representa.

3. O poder constituinte originário outorgado aos estados federados **NÃO** permite que estes elaborem e atualizem suas próprias constituições. (CESPE – 2018 – EMAP – Analista Portuário – Área Jurídica).

> **Questão original**: O poder constituinte originário outorgado aos estados federados permite que estes elaborem e atualizem suas próprias constituições.

4. O poder constituinte originário gera e organiza os poderes do Estado, instaurando o próprio Estado constitucional. (CESPE – 2018 – EMAP – Analista Portuário – Área Jurídica).

5. Eventual proposta de emenda constitucional tendente a abolir o direito de propriedade não poderá ser objeto de deliberação pelo Congresso Nacional. (CESPE – 2018 – MPE-PI – Conhecimentos Básicos – Cargos de Nível Superior).

6. O poder constituinte originário fixou as condições do exercício do poder de revisão constitucional; contudo, no Brasil, o legislador **NÃO** pode ampliar as hipóteses de revisão, **MESMO** que haja autorização popular por meio de plebiscito. (CESPE – 2018 – STJ – Analista Judiciário – Oficial de Justiça Avaliador Federal).

> **Observação**: Segundo o STF a norma do art. 3º do ADCT teve sua aplicabilidade esgotada e eficácia exaurida, não sendo mais possível revisão da Constituição Federal.

> **Questão original**: O poder constituinte originário fixou as condições do exercício do poder de revisão constitucional; contudo, no Brasil, o legislador pode ampliar as hipóteses de revisão, desde que haja autorização popular por meio de plebiscito.

7. As assembleias legislativas estaduais dispõem de competência para propor emenda à CF, desde que a iniciativa parta de mais da metade das assembleias das unidades da Federação e pela maioria relativa dos membros de cada uma delas. (CESPE - 2018 - Instituto Rio Branco - Diplomata - Prova 1).

8. Com a promulgação da CF, foram recepcionadas, de forma implícita, as normas infraconstitucionais anteriores de conteúdo compatível com o novo texto constitucional. (CESPE - 2017 - Prefeitura de Fortaleza - CE - Procurador do Município).

9. O poder constituinte derivado reformador manifesta-se por meio de emendas à CF, ao passo que o poder constituinte derivado decorrente manifesta-se quando da elaboração das Constituições estaduais. (CESPE - 2017 - Prefeitura de Fortaleza - CE - Procurador do Município.

10. O poder constituinte originário e o poder constituinte derivado **NÃO** se submetem ao mesmo sistema de limitações jurídicas e políticas, embora os efeitos dessas limitações ocorram em momentos distintos. (CESPE - 2017 - DPU - Defensor Público Federal).

> **Questão original**: O poder constituinte originário e o poder constituinte derivado se submetem ao mesmo sistema de limitações jurídicas e políticas, embora os efeitos dessas limitações ocorram em momentos distintos

11. Foram recepcionadas pela atual ordem jurídica leis ordinárias que regulavam temas para os quais a CF passou a exigir regramento por lei complementar. (CESPE - 2017 - Prefeitura de Fortaleza - CE - Procurador do Município).

> **Questão original**: NÃO foram recepcionadas pela atual ordem jurídica leis ordinárias que regulavam temas para os quais a CF passou a exigir regramento por lei complementar.

12. Por serem normas de observância obrigatória para os estados, os municípios e o DF, as chamadas cláusulas pétreas da CF devem ser reproduzidas nas respectivas leis fundamentais desses entes e **NÃO** constituem os únicos limites a serem observados quando de suas reformas. (CESPE - 2016 - PGE-AM - Procurador do Estado).

> **Questão original:** Por serem normas de observância obrigatória para os estados, os municípios e o DF, as chamadas cláusulas pétreas da CF devem ser reproduzidas nas respectivas leis fundamentais desses entes e constituem os únicos limites materiais a serem observados quando de suas reformas.

13. As lacunas normativas presentes na CF não se confundem com o chamado silêncio eloquente, que se apresenta naquelas situações em que a falta de uma regulamentação constitucional específica possa ser atribuída a uma escolha intencional do constituinte de não prever determinada hipótese normativa. (CESPE - 2016 - TCE-SC - Auditor Fiscal de Controle Externo - Direito).

14. No Brasil, segundo a doutrina dominante, os usos e costumes não são fontes do direito constitucional, pois o poder constituinte originário optou por uma Constituição escrita e materializada em um só código básico. (CESPE – 2016 – ANVISA – Técnico Administrativo – Conhecimentos Específicos).

15. À luz do princípio da dignidade humana, a CF estabelece que, após a aprovação por quórum **DE EMENDA CONSTITUCIONAL** durante o processo legislativo, todos os tratados e convenções sobre direitos humanos subscritos pelo Brasil passem a ter o status de norma constitucional. (CESPE – 2016 – ANVISA – Técnico Administrativo – Conhecimentos Específicos).

Observação: "Art. 5º, § 3º da CF: Os tratados e convenções internacionais sobre direitos humanos que forem aprovados, em cada Casa do Congresso Nacional, em dois turnos, por três quintos dos votos dos respectivos membros, serão equivalentes às emendas constitucionais."

Questão original: À luz do princípio da dignidade humana, a CF estabelece que, após a aprovação por qualquer quórum durante o processo legislativo, todos os tratados e convenções sobre direitos humanos subscritos pelo Brasil passem a ter o status de norma constitucional.

16. De acordo com a jurisprudência do Supremo Tribunal Federal, as normas decorrentes de tratados e convenções internacionais sobre direitos humanos, regularmente internalizadas no ordenamento jurídico brasileiro, apresentam status supralegal, ainda que não tenham sido aprovadas segundo o rito previsto para o processo legislativo das emendas à Constituição. (CESPE – 2015 – MEC – Conhecimentos Básicos para os Postos 9, 10, 11 e 16).

17. Diferentemente do poder constituinte derivado, que tem natureza jurídica, o poder constituinte originário constitui-se como um poder, de fato, inicial, que instaura uma nova ordem jurídica, mas que, apesar de ser ilimitado juridicamente, encontra limites nos valores que informam a sociedade. (CESPE – 2015 – AGU – Advogado da União).

18. No que concerne ao poder constituinte, o STF considera inadmissível a invocação do direito adquirido ou da coisa julgada contra determinação contida em eventual nova Constituição Federal elaborada por poder constituinte originário. (CESPE – 2015 – Telebras – Advogado).

19. Considerando-se que a emenda constitucional, como manifestação do poder constituinte derivado, introduz no ordenamento jurídico normas de hierarquia constitucional, é possível a declaração de inconstitucionalidade dessas normas. Assim, eventuais incompatibilidades entre o texto da emenda e a CF **NÃO** devem ser resolvidas com base no princípio da máxima efetividade constitucional. (CESPE – 2015 – AGU – Advogado da União).

Questão original: Considerando-se que a emenda constitucional, como manifestação do poder constituinte derivado, introduz no ordenamento jurídico normas de hierarquia constitucional, não é possível a declaração de inconstitucionalidade dessas normas. Assim, eventuais incompatibilidades entre o texto da emenda e a CF devem ser resolvidas com base no princípio da máxima efetividade constitucional.

20. As constituições estaduais promulgadas pelos estados-membros da Federação são expressões do poder constituinte derivado decorrente, cujo exercício foi atribuído pelo poder constituinte originário às assembleias legislativas. (CESPE - 2015 - TRE-GO - Analista Judiciário - Área Judiciária - Conhecimentos Específicos).

21. O poder constituinte derivado decorrente **NÃO** permite a modificação de uma constituição por procedimento disciplinado pelo titular do poder constituinte originário. (CESPE - 2015 - TCE-RN - Auditor).

Questão original: O poder constituinte derivado decorrente permite a modificação de uma constituição por procedimento disciplinado pelo titular do poder constituinte originário

22. A superveniência de nova Constituição afetará o direito adquirido na ordem constitucional anterior. (CESPE - 2015 - STJ - Conhecimentos Básicos para o Cargo 17).

Observação: Segundo entendimento do STF, não haverá direito adquirido com advento de nova constituição.

Questão original: A superveniência de nova Constituição **NÃO** afetará o direito adquirido na ordem constitucional anterior.

23. São equivalentes às emendas constitucionais todos os tratados **DE DIREITOS HUMANOS** aprovados pela Câmara dos Deputados e pelo Senado Federal, em dois turnos, por três quintos dos votos dos respectivos membros. (CESPE - 2015 - STJ - Analista Judiciário - Administrativa - Segurança).

Questão original: São equivalentes às emendas constitucionais todos os tratados aprovados pela Câmara dos Deputados e pelo Senado Federal, em dois turnos, por três quintos dos votos dos respectivos membros.

24. O poder constituinte derivado decorrente autoriza os estados-membros a estabelecerem em suas Constituições estaduais disposições que, embora não estejam previstas pela CF, complementem-na. (CESPE - 2015 - TCE-RN - Assessor Técnico Jurídico - Cargo 2).

25. Devido ao status que tem uma Constituição dentro de um ordenamento jurídico, a entrada em vigor de um novo texto constitucional torna **APLICÁVEL** a legislação infraconstitucional anterior, **SE COMPATÍVEL.** (CESPE – 2015 – TRE-GO – Técnico Judiciário – Área Administrativa).

Questão original: Devido ao status que tem uma Constituição dentro de um ordenamento jurídico, a entrada em vigor de um novo texto constitucional torna inaplicável a legislação infraconstitucional anterior.

26. A proteção dos limites materiais ao poder de reforma constitucional não alcança a redação do texto constitucional, visando sua existência a evitar a ruptura com princípios que expressam o núcleo essencial da CF. (CESPE – 2015 – DPU – Defensor Público Federal).

27. Sempre que uma proposta de emenda à Constituição for apresentada, sua tramitação deverá iniciar-se, **NÃO** necessariamente, na Câmara dos Deputados. (CESPE – 2014 – Câmara dos Deputados – Analista Legislativo – Consultor Legislativo Área IX).

Questão original: Sempre que uma proposta de emenda à Constituição for apresentada, sua tramitação deverá iniciar-se, necessariamente, na Câmara dos Deputados.

28. **UMA DAS** cláusulas pétreas existentes na CF estão dispostas em seu artigo quinto, referente aos direitos e às garantias fundamentais. (CESPE – 2014 – Câmara dos Deputados – Analista Legislativo – Consultor Legislativo Área XI).

Questão original: As cláusulas pétreas existentes na CF estão dispostas apenas em seu artigo quinto, referente aos direitos e às garantias fundamentais.

29. De acordo com a corrente doutrinária majoritária, o município **NÃO** é titular, nos limites estabelecidos pela CF, do poder constituinte derivado decorrente. (CESPE – 2014 – Câmara dos Deputados – Analista Legislativo – Consultor Legislativo Área XXII; CESPE – 2014 – Câmara dos Deputados – Analista Legislativo – Consultor Legislativo Área II).

Observação: Poder constituinte derivado decorrente é extensível apenas aos Estados-membros e Distrito Federal.

Questão original: De acordo com a corrente doutrinária majoritária, o município é titular, nos limites estabelecidos pela CF, do poder constituinte derivado decorrente.

30. Não poderá ser objeto de deliberação a proposta de emenda constitucional tendente a abolir a forma federativa de **ESTADO**, por se tratar de cláusula pétrea. (CESPE – 2014 – Câmara dos Deputados – Analista Legislativo – Consultor Legislativo Área V).

Observação: "Art. 60, § 4º da CF: Não será objeto de deliberação a proposta de emenda tendente a abolir: a forma federativa de Estado; o voto direto, secreto, universal e periódico; a separação dos Poderes; os direitos e garantias individuais."

Questão original: Não poderá ser objeto de deliberação a proposta de emenda constitucional tendente a abolir a forma federativa de governo, por se tratar de cláusula pétrea.

31. A matéria constante de proposta de emenda constitucional rejeitada ou havida por prejudicada **NÃO** poderá ser reapresentada, na mesma sessão legislativa, mediante requerimento da maioria absoluta dos membros de qualquer das Casas do Congresso Nacional. (CESPE – 2014 – Câmara dos Deputados – Analista Legislativo – Consultor de Orçamento e Fiscalização Financeira).

Observação: "Art. 60, § 5.º da CF: A matéria constante de proposta de emenda rejeitada ou havida por prejudicada não pode ser objeto de nova proposta na mesma sessão legislativa"

Questão original: A matéria constante de proposta de emenda constitucional rejeitada ou havida por prejudicada somente poderá ser reapresentada, na mesma sessão legislativa, mediante requerimento da maioria absoluta dos membros de qualquer das Casas do Congresso Nacional.

32. Ocorre o fenômeno da recepção de lei ordinária quando, a despeito da compatibilidade material, a nova ordem constitucional exige que a matéria por ela regulada seja disciplinada por lei complementar. (CESPE – 2014 – Câmara dos Deputados – Analista Legislativo – Consultor Legislativo Área XXII).

Questão original: Ocorre o fenômeno da **NÃO** recepção de lei ordinária quando, a despeito da compatibilidade material, a nova ordem constitucional exige que a matéria por ela regulada seja disciplinada por lei complementar.

33. Proposta de emenda constitucional a respeito da extinção do voto obrigatório pode ser objeto de deliberação do Congresso Nacional. (CESPE – 2014 – Câmara dos Deputados – Analista Legislativo – Consultor Legislativo Área XIX; CESPE – 2014 – Câmara dos Deputados – Analista Legislativo – Consultor Legislativo Área II).

34. Considere que lei editada sob a égide de determinada Constituição apresentasse inconstitucionalidade formal, apesar de nunca de ter sido declarada inconstitucional. Nessa situação, com o advento de nova ordem constitucional, a referida lei não poderá ser recepcionada pela nova constituição, ainda que lhe seja materialmente compatível, dado o vício insanável de inconstitucionalidade. (CESPE – 2014 – Câmara dos Deputados – Analista Legislativo – Consultor Legislativo Área I).

35. Sempre que uma proposta de emenda à Constituição for apresentada, sua tramitação deverá iniciar-se, **NÃO** necessariamente, na Câmara dos Deputados. (CESPE – 2014 – Câmara dos Deputados – Analista Legislativo – Consultor Legislativo Área VIII; CESPE – 2014 – Câmara dos Deputados – Analista Legislativo – Consultor Legislativo Área III)

Questão original: Sempre que uma proposta de emenda à Constituição for apresentada, sua tramitação deverá iniciar-se, necessariamente, na Câmara dos Deputados.

36. Em respeito ao princípio da dignidade humana, previsto na CF, caso o Brasil seja signatário de determinado tratado sobre direitos humanos, o referido tratado **NÃO** será recepcionado automaticamente como emenda constitucional. (CESPE – 2014 – ANATEL – Conhecimentos Básicos – Cargos 13, 14 e 15).

Questão original: Em respeito ao princípio da dignidade humana, previsto na CF, caso o Brasil seja signatário de determinado tratado sobre direitos humanos, o referido tratado será recepcionado automaticamente como emenda constitucional.

37. À luz da doutrina atual relativa ao poder constituinte, julgue os itens a seguir. (CESPE – 2014 – Câmara dos Deputados – Analista Legislativo – Consultor Legislativo Área I).

38. Suponha que uma lei infraconstitucional tenha sido revogada pelo advento de uma nova ordem constitucional, por ser com ela incompatível. Nessa situação, com a entrada em vigor de uma terceira ordem constitucional, ainda que seja compatível com ela, a referida lei infraconstitucional não poderá ser restaurada, salvo se houver disposição constitucional expressa nesse sentido. (CESPE – 2014 – Câmara dos Deputados – Analista Legislativo – Consultor Legislativo Área I).

38.1 O poder constituinte originário tem o condão de instaurar uma nova ordem jurídica por meio de uma nova constituição ou mesmo de um ato institucional.

38.2 O titular do poder constituinte é o povo, que, no Brasil, engloba tanto os brasileiros natos quanto os naturalizados.

38.3 Segundo a doutrina, os procedimentos de reforma constitucional classificam-se em emenda e revisão, tendo este último sido aceito pela Constituição Federal de 1988 (CF).

Observação: "Art. 3º, do ADCT: A revisão constitucional será realizada após cinco anos, contados da promulgação da Constituição, pelo voto da maioria absoluta dos membros do Congresso Nacional, em sessão unicameral."

Questão original: Segundo a doutrina, os procedimentos de reforma constitucional classificam-se em emenda e revisão, **NÃO** tendo este último sido aceito pela Constituição Federal de 1988 (CF).

38.4 Com o advento de uma nova ordem constitucional, é possível que dispositivos da constituição anterior permaneçam em vigor com o status de leis infraconstitucionais, desde que haja norma constitucional expressa nesse sentido.

39. A CF admite que tratados internacionais de direitos humanos, desde que aprovados por quórum especial no Congresso Nacional, sejam incorporados com a mesma hierarquia das emendas constitucionais, o que se coaduna com o princípio da prevalência dos direitos humanos que rege a República Federativa do Brasil em suas relações internacionais. (CESPE - 2014 - SUFRAMA - Agente Administrativo).

40. O poder constituinte dos estados, dada a sua condição de ente federativo autônomo, **NÃO** é soberano e **NÃO É** ilimitado. (CESPE - 2014 - TJ-SE - Técnico Judiciário - Área Judiciária).

Questão original: O poder constituinte dos estados, dada a sua condição de ente federativo autônomo, é soberano e ilimitado.

41. A separação entre os Poderes foram e o sistema presidencialista de governo **NÃO** foram erigidos pela CF à categoria de cláusula pétrea. (CESPE - 2014 - Câmara dos Deputados - Analista Legislativo - Consultor Legislativo Área X).

Observação: "Art. 60, § 4º da CF: Não será objeto de deliberação a proposta de emenda tendente a abolir: a forma federativa de Estado; o voto direto, secreto, universal e periódico; a separação dos Poderes; os direitos e garantias individuais."

Questão original: A separação entre os Poderes e o sistema presidencialista de governo foram erigidos pela CF à categoria de cláusula pétrea.

42. De acordo com a jurisprudência atual do Supremo Tribunal Federal (STF), todos os tratados internacionais de direitos humanos **NÃO** possuem status supraconstitucional. (CESPE - 2013 - Telebras - Especialista em Gestão de Telecomunicações - Advogado).

Questão original: De acordo com a jurisprudência atual do Supremo Tribunal Federal (STF), todos os tratados internacionais de direitos humanos possuem status supraconstitucional.

43. O poder constituinte originário é inicial, autônomo e **NÃO** condicionado. (CESPE - 2013 - ANTT - Analista Administrativo - Direito).

> **Questão original:** O poder constituinte originário é inicial, autônomo e condicionado.

44. Por meio do poder constituinte derivado, emendou-se a CF, a fim de estabelecer que todos os tratados e convenções sobre direitos humanos, dos quais o Brasil for signatário, **NÃO** serão recepcionados automaticamente como emendas constitucionais. (CESPE – 2013 – FUNASA – Todos os Cargos – Conhecimentos Básicos – Cargos 1 e 2).

> **Questão original:** Por meio do poder constituinte derivado, emendou-se a CF, a fim de estabelecer que todos os tratados e convenções sobre direitos humanos, dos quais o Brasil for signatário, serão recepcionados automaticamente como emendas constitucionais.

45. A CF contempla hipótese configuradora do denominado fenômeno da recepção material das normas constitucionais, que consiste na possibilidade de a norma de uma constituição anterior ser recepcionada pela nova constituição, com status de norma constitucional. (CESPE – 2013 – Polícia Federal – Delegado de Polícia).

46. No Brasil, há limitações processuais ao poder constituinte derivado, como, por exemplo, o fato de se exigir que a emenda constitucional seja aprovada por três quintos dos votos de cada casa do Congresso Nacional e **NÃO** promulgada pelo presidente da República. (CESPE – 2013 – ANTT – Analista Administrativo – Direito).

> **Questão original:** No Brasil, há limitações processuais ao poder constituinte derivado, como, por exemplo, o fato de se exigir que a emenda constitucional seja aprovada por três quintos dos votos de cada casa do Congresso Nacional e promulgada pelo presidente da República.

47. Considera-se inconstitucional por violação a uma das cláusulas pétreas proposta de emenda constitucional em que se pretenda abolir o princípio da separação de poderes. (CESPE – 2013 – PC-BA – Investigador de Polícia).

48. A CF contempla hipótese configuradora do denominado fenômeno da recepção material das normas constitucionais, que consiste na possiblidade de a norma de uma constituição anterior ser recepcionada pela nova constituição, com status de norma constitucional. (CESPE – 2013 – DPF – Delegado).

49. Projeto de emenda constitucional que vise alterar o § 4.º do art. 60 da CF, de maneira a ab-rogar a cláusula pétrea consistente na periodicidade do voto, ofende a Constituição, já que **EXISTE** vedação expressa de que o poder constituinte reformador ab-rogue cláusulas pétreas. (CESPE – 2013 – MPU – Analista – Direito).

Questão original: Projeto de emenda constitucional que vise alterar o § 4.º do art. 60 da CF, de maneira a ab-rogar a cláusula pétrea consistente na periodicidade do voto, não ofende a Constituição, já que inexiste vedação expressa de que o poder constituinte reformador ab-rogue cláusulas pétreas.

50. A reforma constitucional visa ajustar a constituição à vida social, evitando a desarmonia entre o preceito vigente e os valores sociais, estando relacionada, portanto, ao princípio da supremacia da constituição. (CESPE - 2013 - ANTT - Analista Administrativo - Direito).

Observação: A reforma constitucional está relacionada ao princípio da supremacia da constituição, devendo respeitar as restrições nestas impostas.

Questão original: A reforma constitucional visa ajustar a constituição à vida social, evitando a desarmonia entre o preceito vigente e os valores sociais, **NÃO** estando relacionada, portanto, ao princípio da supremacia da constituição.

51. Uma proposta de emenda constitucional que for rejeitada pela Câmara dos Deputados só poderá ser submetida novamente à apreciação dessa Casa na próxima sessão legislativa. (CESPE - 2013 - Telebras - Especialista em Gestão de Telecomunicações - Advogado).

52. Em determinado país, como resultado de uma revolução popular, os revolucionários assumiram o poder e declararam revogada a Constituição então em vigor. Esse mesmo grupo estabeleceu uma nova ordem constitucional consistente em norma fundamental elaborada por grupo de juristas escolhido pelo líder dos revolucionários. (CESPE - 2013 - TRT - 10ª REGIÃO (DF e TO) - Analista Judiciário - Execução de Mandados).

53. Proposta de emenda constitucional será votada em cada Casa do Congresso Nacional, em dois turnos, sendo considerada aprovada se obtiver, em ambos os turnos, três quintos dos votos dos respectivos parlamentares. (CESPE - 2013 - MS - Analista Técnico - Administrativo).

54. Embora a Federação seja um dos princípios fundamentais da CF, **ESTE** impede que o direito de secessão seja introduzido no ordenamento jurídico brasileiro por meio de emenda constitucional. (CESPE - 2013 - TRT - 10ª REGIÃO (DF e TO) - Analista Judiciário - Área Administrativa).

Questão original: Embora a Federação seja um dos princípios fundamentais da CF, nada impede que o direito de secessão seja introduzido no ordenamento jurídico brasileiro por meio de emenda constitucional.

55. Os tratados e convenções internacionais de direitos humanos podem ser internalizados com status constitucional, desde que sejam aprovados, pela Câmara dos Deputados e pelo Senado Federal, em dois turnos, por três quintos dos votos dos respectivos membros de cada casa. (CESPE – 2013 – Polícia Federal – Delegado de Polícia).

56. Caso a nova Constituição estabeleça que algumas leis editadas sob a égide da ordem constitucional anterior permaneçam em vigor, **NÃO** ocorrerá o fenômeno da repristinação. (CESPE – 2013 – TRT – 10ª REGIÃO (DF e TO) – Analista Judiciário – Execução de Mandados).

Observação: Repristinação ocorre quando volta a vigorar normas antes revogadas.

Questão original: Caso a nova Constituição estabeleça que algumas leis editadas sob a égide da ordem constitucional anterior permaneçam em vigor, ocorrerá o fenômeno da repristinação.

57. A soberania popular consiste essencialmente no poder constituinte do povo. (CESPE – 2013 – ANTT – Analista Administrativo – Direito).

58. O poder constituinte é inicial, autônomo e **NÃO** condicionado, exprimindo a ideia de direito prevalente no momento histórico e que moldará a estrutura jurídica do Estado. (CESPE – 2013 – CNJ – Analista Judiciário – Área Judiciária).

Questão original: O poder constituinte é inicial, autônomo e condicionado, exprimindo a ideia de direito prevalente no momento histórico e que moldará a estrutura jurídica do Estado.

59. **NÃO** serão considerados equivalentes às emendas constitucionais os tratados internacionais sobre direitos humanos referendados em ambas as Casas do Congresso Nacional em dois turnos de votação e por um terço dos respectivos membros. (CESPE – 2013 – CNJ – Analista Judiciário – Conhecimentos Básicos – Cargos 6, 7, 8, 9, 10, 11, 12).

Questão original: Serão considerados equivalentes às emendas constitucionais os tratados internacionais sobre direitos humanos referendados em ambas as Casas do Congresso Nacional em dois turnos de votação e por um terço dos respectivos membros.

60. O Supremo Tribunal Federal (STF) poderá, por meio de interpretação, alterar o sentido de determinado dispositivo constitucional sem alteração material do texto, em procedimento que a doutrina denomina como mutação constitucional. (CESPE – 2013 – SERPRO – Analista – Advocacia).

61. O poder constituinte estadual classifica-se como decorrente, em virtude de consistir em uma criação do poder constituinte originário, não gozando de soberania, mas de autonomia. (CESPE - 2013 - TRT - 10ª REGIÃO (DF e TO) - Técnico Judiciário - Administrativo).

62. A nova Constituição desse país pode ser considerada uma legítima manifestação do poder constituinte originário, visto que sua outorga foi feita sem observância a nenhum procedimento de aprovação predeterminado. (CESPE - 2013 - TRT - 10ª REGIÃO (DF e TO) - Analista Judiciário - Execução de Mandados).

Observação: Poder constituinte originário pode ser tanto de revolução popular quanto de movimento revolucionários, já que é incondicionado.

Questão original: A nova Constituição desse país **NÃO** pode ser considerada uma legítima manifestação do poder constituinte originário, visto que sua outorga foi feita sem observância a nenhum procedimento de aprovação predeterminado.

63. Os tratados internacionais **SOBRE DIREITOS HUMANOS** que forem aprovados, em cada Casa do Congresso Nacional, por três quintos dos votos dos respectivos membros e em dois turnos serão equivalentes a emendas constitucionais. (CESPE - 2012 - Câmara dos Deputados - Técnico Legislativo - Técnico em Radiologia).

Observação: "Art. 5º, § 3º da CF: Os tratados e convenções internacionais sobre direitos humanos que forem aprovados, em cada Casa do Congresso Nacional, em dois turnos, por três quintos dos votos dos respectivos membros, serão equivalentes às emendas constitucionais."

Questão original: Os tratados internacionais que forem aprovados, em cada Casa do Congresso Nacional, por três quintos dos votos dos respectivos membros e em dois turnos serão equivalentes a emendas constitucionais.

64. Denomina-se poder constituinte originário histórico aquele que cria, pela primeira vez, um Estado novo, que não existia antes; e poder constituinte originário revolucionário, o poder seguinte ao histórico, que cria um novo Estado mediante uma ruptura com o Estado anterior. (CESPE - 2012 - TCE-ES - Auditor de Controle Externo - Auditoria Governamental).

65. As emendas constitucionais têm o mesmo grau hierárquico que as normas constitucionais originárias e estão sujeitas a controle de constitucionalidade. (CESPE - 2012 - ANAC - Especialista em Regulação de Aviação Civil - Área 5).

Questão original: As emendas constitucionais têm o mesmo grau hierárquico que as normas constitucionais originárias e, por isso, **NÃO** estão sujeitas a controle de constitucionalidade.

66. Criado pelo poder constituinte originário, o poder de reforma abrange o poder de revisão do texto constitucional, abrangendo, contudo, o poder de emenda à CF. (CESPE - 2012 - TCE-ES - Auditor de Controle Externo - Auditoria Governamental).

Questão original: Criado pelo poder constituinte originário, o poder de reforma abrange o poder de revisão do texto constitucional, **NÃO** abrangendo, contudo, o poder de emenda à CF.

67. A constituição de um estado **NÃO** pode estabelecer norma que condicione a reforma de seu texto à aprovação do projeto de reforma por quatro quintos da totalidade dos membros integrantes da assembleia legislativa. (CESPE - 2012 - STJ - Analista Judiciário - Área Judiciária).

Questão original: A constituição de um estado pode estabelecer norma que condicione a reforma de seu texto à aprovação do projeto de reforma por quatro quintos da totalidade dos membros integrantes da assembleia legislativa.

68. Não são permitidas emendas à Constituição Federal durante a vigência de intervenção federal. (CESPE - 2012 - ANATEL - Analista Administrativo).

69. Como garantia da estabilidade das relações jurídicas, é assegurado na CF que a lei prejudicará direito adquirido, devendo este **NÃO** ser preservado mesmo em face de manifestação do poder constituinte originário em sentido contrário. (CESPE - 2012 - TCE-ES - Auditor de Controle Externo - Auditoria Governamental).

Observação: Segundo entendimento do STF, não há direito adquirido com advento do poder constituinte originário.

Questão original: Como garantia da estabilidade das relações jurídicas, é assegurado na CF que a lei não prejudicará direito adquirido, devendo este ser preservado mesmo em face de manifestação do poder constituinte originário em sentido contrário.

70. Para a doutrina constitucional majoritária, existem limites implícitos ao poder constituinte derivado reformador. **NÃO** É possível, assim, adotar a teoria da dupla revisão. (CESPE - 2012 - PC-AL - Delegado de Polícia).

Questão original: Para a doutrina constitucional majoritária, não existem limites implícitos ao poder constituinte derivado reformador. É possível, assim, adotar a teoria da dupla revisão.

71. O poder constituinte derivado decorrente, criado pelo poder originário, é imputado às assembleias legislativas de cada estado, às quais cabe estruturar a constituição dos estados-membros. (CESPE - 2012 - TCE-ES - Auditor de Controle Externo - Direito).

72. As denominadas limitações materiais ao poder constituinte de reforma **NÃO** estão exaustivamente previstas da Constituição Federal de 1988 (CF). (CESPE - 2012 - TJ-RR - Analista - Processual).

Observação: Existem limitações explícitas (cláusulas pétreas) e implícitas (princípios existentes no texto constitucional).

Questão original: As denominadas limitações materiais ao poder constituinte de reforma estão exaustivamente previstas da Constituição Federal de 1988 (CF).

73. A Convenção sobre os Direitos das Pessoas Portadoras de Deficiência estabelece que as pessoas com deficiência não sejam excluídas do sistema educacional geral em razão de deficiência, **NÃO** podendo tal dispositivo, assim como as normas de tratados internacionais, de forma geral, ser alterado por lei ordinária. (CESPE - 2012 - FNDE - Especialista em Financiamento e Execução de Programas e Projetos Educacionais).

Questão original: A Convenção sobre os Direitos das Pessoas Portadoras de Deficiência estabelece que as pessoas com deficiência não sejam excluídas do sistema educacional geral em razão de deficiência, podendo tal dispositivo, assim como as normas de tratados internacionais, de forma geral, ser alterado por lei ordinária.

74. O poder constituinte de reforma não pode criar cláusulas pétreas, apesar de lhe ser facultado ampliar o catálogo dos direitos fundamentais criado pelo poder constituinte originário. (CESPE - 2012 - AGU - Advogado da União).

75. A CF não pode ser modificada durante o estado de defesa, o estado de sítio ou na vigência de intervenção da União em algum estado-membro. (CESPE - 2012 - IBAMA - Técnico Administrativo).

76. "Com a promulgação da Constituição de 16 de julho de 1934, inaugurou o Brasil a terceira grande época constitucional de sua história; época marcada por crises, goles de Estado, insurreição, impedimentos, renúncia e suicídio de presidente, bem como pela queda de governos, repúblicas e constituições. Sua mais recente manifestação formal veio a ser a Carta de 5 de outubro de 1988." Paulo Bonavides. Curso de direito constitucional, 10ª. Ed. São Paulo: Malheiros Editores, 2000, p. 332 (com adaptações).

No caso brasileiro, os efeitos do exercício do poder constituinte **ORIGINÁRIO** sobre a legislação anterior à promulgação do novo texto constitucional são de duas naturezas: ou as normas são recepcionadas, por estarem formal e materialmente em conformidade com o novo texto constitucional, ou são consideradas revogadas. (CESPE - 2004 - AGU - Advogado da União).

Questão original: No caso brasileiro, os efeitos do exercício do poder constituinte derivado sobre a legislação anterior à promulgação do novo texto constitucional são de duas naturezas: ou as normas são recepcionadas, por estarem formal e materialmente em conformidade com o novo texto constitucional, ou são consideradas revogadas por inconstitucionalidade.

77. Embora esteja previsto na CF que os tratados **SOBRE DIREITOS HUMANOS** aprovados em cada Casa do Congresso Nacional, em dois turnos, por **TRÊS QUINTOS** dos votos dos respectivos membros, equivalham às emendas constitucionais, há, na atualidade, registro de ato ou convenção internacional que tenham sido aprovados de acordo com esse trâmite. (CESPE – 2012 – Instituto Rio Branco – Diplomata – 2ª Etapa).

Observação: Existe um tratado que fora aprovado no rito de emenda constitucional em nosso ordenamento, é a Convenção Internacional sobre os Direitos das Pessoas com Deficiência

Questão original: Embora esteja previsto na CF que os tratados aprovados em cada Casa do Congresso Nacional, em dois turnos, por dois terços dos votos dos respectivos membros, equivalham às emendas constitucionais, não há, na atualidade, registro de ato ou convenção internacional que tenham sido aprovados de acordo com esse trâmite.

78. De acordo com a CF, os tratados internacionais de direitos humanos que forem aprovados, em cada Casa do Congresso Nacional, em dois turnos, por três quintos dos votos dos respectivos membros, terão status de norma constitucional. Tais tratados podem fundamentar tanto o controle de constitucionalidade quanto o controle de convencionalidade. (CESPE – 2012 – PC-AL – Delegado de Polícia).

79. O poder constituinte originário, responsável pela elaboração de uma nova Constituição, **NÃO** extingue-se com a conclusão de sua obra. (CESPE – 2012 – MPE-PI – Analista Ministerial – Área Processual).

Questão original: O poder constituinte originário, responsável pela elaboração de uma nova Constituição, extingue-se com a conclusão de sua obra.

80. O poder constituinte derivado decorrente consiste na possibilidade de os estados-membros instituírem suas próprias constituições estaduais, desde que em observância aos preceitos limitativos estabelecidos na CF. (CESPE – 2012 – TCE-ES – Auditor de Controle Externo – Auditoria Governamental).

81. O sistema constitucional brasileiro admite a denominada cláusula pétrea implícita, **NÃO** estando as limitações materiais ao poder de reforma exaustivamente enumeradas na CF. (CESPE – 2012 – AGU – Advogado da União).

Questão original: O sistema constitucional brasileiro não admite a denominada cláusula pétrea implícita, estando as limitações materiais ao poder de reforma exaustivamente enumeradas na CF.

82. O poder constituinte derivado de reforma está sujeito a limitações formais ou implícitas, as quais têm relação com os órgãos competentes e procedimentos a serem observados na alteração do texto constitucional. (CESPE - 2012 - MPE-PI - Analista Ministerial - Área Processual).

83. No que se refere ao poder constituinte, julgue os itens subsecutivos. O poder constituinte originário é autônomo e **NÃO** se esgota com a edição da nova constituição. (CESPE - 2012 - TJ-RR - Analista - Processual)

Questão original: No que se refere ao poder constituinte, julgue os itens subsecutivos. O poder constituinte originário é autônomo e se esgota com a edição da nova constituição.

84. O poder constituinte originário, por ser aquele que instaura uma nova ordem jurídica, **POR** deliberação da representação popular, razão pela qual se admite a outorga como forma de sua expressão. (CESPE - 2011 - Correios - Analista de Correios - Advogado).

Questão original: O poder constituinte originário, por ser aquele que instaura uma nova ordem jurídica, exige deliberação da representação popular, razão pela qual não se admite a outorga como forma de sua expressão.

85. Durante a vigência do estado de sítio, a fase da votação das propostas de emenda à Constituição Federal fica suspensa. (CESPE - 2011 - EBC - Analista - Advocacia).

Questão original: Durante a vigência do estado de sítio, **APENAS** a fase da votação das propostas de emenda à Constituição Federal fica suspensa.

86. A Constituição Federal de 1988, em sua redação original, **NÃO** estabelecia limitações de natureza temporal que não permitiram a reforma do texto constitucional durante certo intervalo de tempo. (CESPE - 2011 - TJ-ES - Analista Judiciário - Direito - Área Judiciária - específicos).

Questão original: A Constituição Federal de 1988, em sua redação original, estabelecia limitações de natureza temporal que não permitiram a reforma do texto constitucional durante certo intervalo de tempo.

87. Matéria constante de proposta de emenda constitucional rejeitada não pode ser objeto de nova proposta na mesma sessão legislativa. (CESPE - 2011 - EBC - Analista - Advocacia).

88. A matéria constante de proposta de emenda constitucional rejeitada ou havida por prejudicada não pode ser objeto de nova proposta na mesma sessão legislativa. (CESPE - 2011 - PREVIC - Técnico Administrativo - Básicos).

89. Quando, no exercício de sua capacidade de auto-organização, o estado-membro edita sua constituição, ele age com fundamento no denominado poder constituinte derivado decorrente. (CESPE - 2011 - Correios - Analista de Correios - Advogado).

90. A CF **NÃO** pode ser emendada mediante proposta de dois terços, no mínimo, dos membros da Câmara dos Deputados ou do Senado Federal. (CESPE - 2011 - MEC - Nível Superior - Conhecimentos Básicos - Todos os Cargos).

> **Questão original:** A CF pode ser emendada mediante proposta de dois terços, no mínimo, dos membros da Câmara dos Deputados ou do Senado Federal.

91. Proposta de emenda constitucional deve ser discutida e votada nas duas Casas do Congresso Nacional, em **DOIS TURNOS**, considerando-se aprovada se obtiver três quintos dos votos dos seus respectivos membros. Na fase constitutiva do seu processo legislativo, conta-se com a participação do presidente da República, e a promulgação deve realizar-se, conjuntamente, pelas Mesas do Senado Federal e da Câmara dos Deputados. (CESPE - 2011 - STM - Cargos de Nível Médio - Conhecimentos Básicos - Cargos 25 e 26).

> **Questão original:** Proposta de emenda constitucional deve ser discutida e votada nas duas Casas do Congresso Nacional, em turno único, considerando-se aprovada se obtiver três quintos dos votos dos seus respectivos membros. Na fase constitutiva do seu processo legislativo, conta-se com a participação do presidente da República, e a promulgação deve realizar-se, conjuntamente, pelas Mesas do Senado Federal e da Câmara dos Deputados.

92. Caso um tratado internacional sobre direitos humanos que estabeleça um direito fundamental seja aprovado, em cada Casa do Congresso Nacional, em dois turnos, por três quintos dos votos dos respectivos membros, ele equivalerá a uma emenda constitucional. (CESPE - 2011 - STM - Analista Judiciário - Análise de Sistemas - Básicos).

93. Nas Casas do Congresso Nacional, as emendas constitucionais são aprovadas com quórum de três quintos dos componentes de cada uma, em dois turnos de discussão e votação. (CESPE - 2010 - INCA - Analista em C&T Júnior - Direito - Legislação Pública em Saúde).

94. A matéria constante de proposta de emenda constitucional (EC) rejeitada ou havida por prejudicada pode ser objeto de nova proposta na mesma legislatura. (CESPE – 2010 – TRT – 21ª Região (RN) – Técnico Judiciário – Área Administrativa).

> **Questão original:** A matéria constante de proposta de emenda constitucional (EC) rejeitada ou havida por prejudicada **NÃO** pode ser objeto de nova proposta na mesma legislatura.

95. O Brasil **NÃO** adotou a teoria segundo a qual o poder constituinte originário não é totalmente ilimitado, devendo ser respeitadas as normas de direito natural. (CESPE – 2010 – DPE-BA – Defensor Público).

> **Questão original:** O Brasil adotou a teoria segundo a qual o poder constituinte originário não é totalmente ilimitado, devendo ser respeitadas as normas de direito natural.

96. O processo de mutação constitucional consiste em proceder a um novo modo de interpretar determinada norma constitucional, sem que haja alteração do próprio texto constitucional. (CESPE – 2010 – INCA – Analista em C&T Júnior – Direito – Legislação Pública em Saúde).

97. As emendas constitucionais de revisão, aprovadas durante o processo de revisão constitucional, foram promulgadas **PELO** Congresso Nacional, em sessão **UNICAMERAL, EVITANDO** o processo dificultoso exigido para qualquer tipo de emenda constitucional. (CESPE – 2010 – AGU – Agente Administrativo).

> **Questão original:** As emendas constitucionais de revisão, aprovadas durante o processo de revisão constitucional, foram promulgadas pelas duas casas do Congresso Nacional, em sessão bicameral, de acordo com o mesmo processo dificultoso exigido para qualquer tipo de emenda constitucional.

98. Os direitos individuais considerados como cláusulas pétreas **NÃO** se restringem aos previstos no art. 5.º do texto constitucional. (CESPE – 2010 – INSS – Engenheiro Civil).

> **Questão original:** Os direitos individuais considerados como cláusulas pétreas se restringem aos previstos no art. 5.º do texto constitucional.

99. Cabe emenda à Constituição Federal de 1988 (CF) mediante proposta de mais da metade das assembleias legislativas das unidades da Federação, manifestando-se, cada uma delas, pela maioria **RELATIVA** de seus membros. (CESPE – 2010 – MPS – Técnico em Comunicação Social – Relações Públicas).

Questão original: Cabe emenda à Constituição Federal de 1988 (CF) mediante proposta de mais da metade das assembleias legislativas das unidades da Federação, manifestando-se, cada uma delas, pela maioria absoluta de seus membros.

100. O denominado fenômeno da recepção material de normas constitucionais somente é admitido mediante expressa previsão na nova Constituição. (CESPE - 2010 - DPE-BA - Defensor Público).

101. A substituição da União, dos estados, do Distrito Federal (DF) e dos municípios por um único ente central somente seria possível por um poder constituinte originário. (CESPE - 2010 - MPS - Técnico em Comunicação Social - Relações Públicas).

102. O denominado poder constituinte supranacional tem capacidade para submeter as diversas constituições nacionais ao seu poder supremo, distinguindo-se do ordenamento jurídico positivo interno assim como do direito internacional. (CESPE - 2010 - DPE-BA - Defensor Público).

103. O poder constituinte derivado, ou de revisão ou reforma, **NÃO** caracteriza-se por ser inicial, autônomo e incondicionado, **NÃO** corporificando-se por meio de instrumento denominado emenda constitucional. (CESPE - 2010 - MPS - Agente Administrativo).

Questão original: O poder constituinte derivado, ou de revisão ou reforma, caracteriza-se por ser inicial, autônomo e incondicionado, corporificando-se por meio de instrumento denominado emenda constitucional.

104. **NÃO** Pode ser objeto de emenda constitucional a proposta tendente a abolir o direito de petição aos poderes públicos ou a obtenção de certidões em repartições públicas. (CESPE - 2010 - MPS - Agente Administrativo)

Questão original: Pode ser objeto de emenda constitucional a proposta tendente a abolir o direito de petição aos poderes públicos ou a obtenção de certidões em repartições públicas.

105. Considerando que os estados-membros, na elaboração de seu processo legislativo, não podem afastar-se do modelo federal, ao qual devem sujeitar-se, a emenda à Constituição Estadual mencionada padecerá de vício de inconstitucionalidade formal se não houver sido aprovada, em dois turnos, por três quintos dos votos dos membros da Assembleia Legislativa daquele estado-membro.

O poder constituinte derivado reformador brasileiro sujeita-se a limitações expressas e implícitas. Entre as limitações expressas **NÃO** está a de poder excluir da mulher trabalhadora o direito à licença gestante, sem prejuízo do emprego e do salário, com a duração de 120 dias, e entre as limitações implícitas está a de não se poder reduzir as limitações expressas na CF. (CESPE - 2010 - EMBASA - Analista de Saneamento - Advogado).

Questão original: O poder constituinte derivado reformador brasileiro sujeita-se a limitações expressas e implícitas. Entre as limitações expressas está a de não poder excluir da mulher trabalhadora o direito à licença gestante, sem prejuízo do emprego e do salário, com a duração de 120 dias, e entre as limitações implícitas está a de não se poder reduzir as limitações expressas na CF.

106. A matéria constante de proposta de emenda constitucional rejeitada ou havida por prejudicada pode ser objeto de nova proposta pelos parlamentares na mesma legislatura. (CESPE - 2010 - SERPRO - Analista - Advocacia).

Observação: "Art. 60, § 5º, da CF: A matéria constante de proposta de emenda rejeitada ou havida por prejudicada não pode ser objeto de nova proposta na mesma sessão legislativa."

Questão original: A matéria constante de proposta de emenda constitucional rejeitada ou havida por prejudicada **NÃO** pode ser objeto de nova proposta pelos parlamentares na mesma legislatura.

107. É admissível emenda à Constituição Federal de 1988 (CF) mediante proposta de mais da metade das assembleias legislativas das unidades da Federação, desde que haja manifestação, em cada uma delas, da maioria relativa de seus membros. (CESPE - 2010 - BRB - Advogado).

108. Quatro deputados estaduais de Sergipe submeteram à apreciação do presidente da Assembleia Legislativa proposta de emenda à CF para ser encaminhada ao presidente da Câmara dos Deputados, em regime de urgência. Nessa situação, recebida a proposta na Câmara dos Deputados, **NÃO** poderá seu presidente encaminhar o texto para tramitação, uma vez que presidente de assembleia legislativa estadual **NÃO** tem competência para formular proposta de emenda à CF. (CESPE - 2009 - SEAD-SE (FPH) - Procurador).

Questão original: Quatro deputados estaduais de Sergipe submeteram à apreciação do presidente da Assembleia Legislativa proposta de emenda à CF para ser encaminhada ao presidente da Câmara dos Deputados, em regime de urgência. Nessa situação, recebida a proposta na Câmara dos Deputados, poderá seu presidente encaminhar o texto para tramitação, uma vez que presidente de assembleia legislativa estadual tem competência para formular proposta de emenda à CF.

109. Considerando que um deputado federal, diante da pressão dos seus eleitores, pretende modificar a sistemática do recesso e da convocação extraordinária no âmbito do Congresso Nacional, e sabendo que o poder constituinte derivado reformador manifesta-se por meio das denominadas emendas constitucionais, as quais estão regulamentadas no art. 60 da CF, julgue os itens a seguir. (CESPE – 2009 – TCU – Analista de Controle Externo – Medicina – Prova 1).

110. A afirmação, pelo STF, de uma mutação constitucional **NÃO** implica o reconhecimento, por parte da Corte, de erro ou equívoco interpretativo do texto constitucional em julgados pretéritos. (CESPE – 2009 – ANATEL – Especialista em Regulação – Direito).

> **Questão original:** A afirmação, pelo STF, de uma mutação constitucional implica o reconhecimento, por parte da Corte, de erro ou equívoco interpretativo do texto constitucional em julgados pretéritos.

111. O poder constituinte originário esgota-se quando é editada uma constituição, razão pela qual, além de ser inicial, incondicionado e ilimitado, ele **NÃO** se caracteriza pela temporariedade. (CESPE – 2009 – AGU – Advogado da União).

> **Questão original:** O poder constituinte originário esgota-se quando é editada uma constituição, razão pela qual, além de ser inicial, incondicionado e ilimitado, ele se caracteriza pela temporariedade.

112. O poder de modificar o texto originário da Constituição advém do exercício do poder constituinte reformador, os quais podem ser manifestados a qualquer tempo, mediante o voto de três quintos de cada casa do Congresso Nacional, em dois turnos de votação. (CESPE – 2009 – DETRAN-DF – Analista – Advocacia).

> **Questão original:** O poder de modificar o texto originário da Constituição advém do exercício do poder constituinte reformador e do **REVISOR**, os quais podem ser manifestados a qualquer tempo, mediante o voto de três quintos de cada casa do Congresso Nacional, em dois turnos de votação.

113. Uma vez preenchido o requisito da iniciativa e instaurado o processo legislativo, a proposta de emenda à CF será discutida e votada em cada Casa do Congresso Nacional, em dois turnos, considerando-se aprovada se obtiver, em ambos, três quintos dos votos dos respectivos membros.

A CF estabelece algumas limitações de forma e de conteúdo ao poder de reforma. Assim, no caso narrado, para que a modificação pretendida seja votada pelo Congresso Nacional, a proposta de emenda constitucional deverá ser apresentada por, no mínimo, um terço dos membros da Câmara dos Deputados.

É passível de deliberação a proposta de emenda constitucional que desvirtue a forma republicana de governo, a qual está prevista como cláusula pétrea; no entanto, **NÃO** pode o Congresso Nacional, no exercício do poder constituinte derivado reformador, promover modificação do modelo federal, de modo a transformar o Brasil em Estado unitário. (CESPE – 2009 – Instituto Rio Branco – Diplomata – 1ª Etapa BRANCO).

Questão original: Não é passível de deliberação a proposta de emenda constitucional que desvirtue a forma republicana de governo, a qual está prevista como cláusula pétrea; no entanto, pode o Congresso Nacional, no exercício do poder constituinte derivado reformador, promover modificação do modelo federal, de modo a transformar o Brasil em Estado unitário.

114. Os tratados e convenções internacionais acerca de direitos humanos que forem aprovados, em cada casa do Congresso Nacional, em dois turnos, por **TRÊS QUINTOS** dos votos dos respectivos membros, serão equivalentes às emendas constitucionais. (CESPE - 2009 - MDS - Agente Administrativo).

Questão original: Os tratados e convenções internacionais acerca de direitos humanos que forem aprovados, em cada casa do Congresso Nacional, em dois turnos, por maioria absoluta dos votos dos respectivos membros, serão equivalentes às emendas constitucionais

115. Um deputado federal subiu à tribuna da Câmara dos Deputados para defender um projeto de emenda constitucional com a finalidade de instituir a pena de morte no Brasil. O deputado, durante seu discurso em plenário, no momento em que informava aos colegas da proposta realizada, disse que discordava da vedação constitucional absoluta da pena de morte.

O projeto de emenda constitucional é de duvidosa constitucionalidade, já que não se admite emenda constitucional que tenha por fim abolir direitos e garantias individuais. (CESPE - 2009 - PC-ES - Agente de Polícia).

116. No exercício de sua autonomia política e legislativa, os estados estão obrigados a seguir compulsoriamente as regras do processo legislativo federal. Por essa razão, **NÃO** pode o constituinte estadual adotar normas acerca da formação das espécies normativas que não guardem simetria com o modelo básico previsto na Constituição Federal. (CESPE - 2009 - Instituto Rio Branco - Diplomata - 1ª Etapa BRANCO).

Questão original: No exercício de sua autonomia política e legislativa, os estados não estão obrigados a seguir compulsoriamente as regras do processo legislativo federal. Por essa razão, pode o constituinte estadual adotar normas acerca da formação das espécies normativas que não guardem simetria com o modelo básico previsto na Constituição Federal.

117. Considerando que um deputado federal, diante da pressão dos seus eleitores, pretende modificar a sistemática do recesso e da convocação extraordinária no âmbito do Congresso Nacional, e sabendo que o poder constituinte derivado reformador manifesta-se por meio das denominadas emendas constitucionais, as quais estão regulamentadas no art. 60 da CF, julgue os itens a seguir.

CONTRÁRIO o poder constituinte originário, o poder de reforma está submetido, **POR EXEMPLO**, a limitação de ordem formal ou material, sendo que a CF apenas estabelece que não será objeto de deliberação a proposta de emenda tendente a abolir a forma federativa de Estado, o voto direto, secreto, universal e periódico, a separação de poderes e os direitos e garantias individuais. (CESPE – 2009 – TCU – Analista de Controle Externo – Medicina – Prova 1).

Questão original: Da mesma forma que o poder constituinte originário, o poder de reforma não está submetido a qualquer limitação de ordem formal ou material, sendo que a CF apenas estabelece que não será objeto de deliberação a proposta de emenda tendente a abolir a forma federativa de Estado, o voto direto, secreto, universal e periódico, a separação de poderes e os direitos e garantias individuais.

118. Mutações constitucionais **NÃO** são alterações no texto da CF decorrentes de novos cenários na ordem econômica, social e cultural do país. (CESPE – 2009 – ANATEL – Analista Administrativo – Direito).

Questão original: Mutações constitucionais são alterações no texto da CF decorrentes de novos cenários na ordem econômica, social e cultural do país.

119. Após ser aprovada por ambas as casas do Congresso Nacional, a emenda constitucional não é encaminhada para sanção presidencial, devendo ser promulgada, com o respectivo número de ordem, pelas mesas da Câmara dos Deputados e do Senado Federal. (CESPE – 2009 – Instituto Rio Branco – Diplomata – 1ª Etapa BRANCO).

120. As normas constitucionais originárias podem alcançar fatos consumados no passado, se expressamente assim dispuserem, não podendo ser oposta coisa julgada, nem ato jurídico perfeito. (CESPE – 2008 – INSS – Analista do Seguro Social – Direito).

121. Caso, visando agilizar o cumprimento das condenações criminais, um grupo de quarenta senadores da República proponha emenda à CF para suprimir o inciso LVII do art. 5.º da Carta Magna, que estabelece que ninguém será considerado culpado até o trânsito em julgado da sentença penal condenatória, a proposta não deverá ser objeto de deliberação, por se tratar de cláusula pétrea, que só pode ser modificada pelo constituinte originário. (CESPE – 2008 – STJ – Técnico Judiciário – Área Administrativa).

122. **NÃO** É possível reconhecer a existência de direito adquirido contra norma originária da Constituição federal de 1988 (CF). (CESPE – 2008 – HEMOBRÁS – Analista de Gestão Corporativa – Advogado).

Questão original: É possível reconhecer a existência de direito adquirido contra norma originária da Constituição federal de 1988 (CF).

123. O quórum de aprovação de emenda de revisão é menor que o de emenda de reforma constitucional. (CESPE - 2008 - ME - Agente Administrativo).

124. O início da tramitação de proposta de emenda constitucional cabe tanto ao Senado Federal quanto à Câmara dos Deputados, pois a CF confere a ambas as casas o poder de iniciativa legislativa. (CESPE - 2008 - STF - Técnico Judiciário - Área Administrativa).

125. **NEM** todos os tratados internacionais possuem força de lei ordinária. (CESPE - 2008 - STF - Analista Judiciário - Contabilidade).

> **Questão original:** Todos os tratados internacionais possuem força de lei ordinária.

126. A liberdade democrática **NÃO** admite a discussão de proposta de emenda à CF que disponha sobre a universalidade do voto, veda a sua promulgação enquanto vigente intervenção federal. (CESPE - 2008 - ME - Agente Administrativo). (CESPE - 2008 - ME - Agente Administrativo).

> **Questão original:** A liberdade democrática admite a discussão de proposta de emenda à CF que disponha sobre a universalidade do voto, mas veda a sua promulgação enquanto vigente intervenção federal.

127. Prescinde de sanção do presidente da República emenda constitucional que tenha sido regularmente aprovada no Congresso Nacional. (CESPE - 2008 - TRT - 5ª Região (BA) - Analista Judiciário - Área Administrativa).

128. Dos direitos fundamentais, os direitos e garantias individuais podem ser considerados como cláusulas pétreas. (CESPE - 2008 - HEMOBRÁS - Analista de Gestão Corporativa - Advogado).

> **Questão original:** Dos direitos fundamentais, **APENAS** os direitos e garantias individuais podem ser considerados como cláusulas pétreas.

129. A CF de 1988 prevê expressamente o poder de reforma, o qual materializa o poder constituinte derivado. (CESPE - 2008 - MPE-RR - Promotor de Justiça).

130. Por meio do poder constituinte reformador **NÃO PODERÁ** mudar a forma federativa do Estado estabelecida pelo poder constituinte originário. (CESPE - 2008 - MPE-RR - Promotor de Justiça).

> **Questão original:** Por meio do poder constituinte reformador pode-se mudar a forma federativa do Estado estabelecida pelo poder constituinte originário.

131. Como o poder constituinte originário dá início à ordem jurídica, os diplomas infraconstitucionais **CONTRÁRIOS** perdem vigor com o advento de nova Constituição. (CESPE - 2008 - MPE-RR - Promotor de Justiça).

Questão original: Como o poder constituinte originário dá início à ordem jurídica, todos os diplomas infraconstitucionais perdem vigor com o advento de nova Constituição.

132. O Congresso Nacional **NÃO** pode, por votação de três quintos de seus membros, autorizar a edição de emenda constitucional durante a vigência de estado de sítio. (CESPE - 2008 - ME - Agente Administrativo).

Questão original: O Congresso Nacional pode, por votação de três quintos de seus membros, autorizar a edição de emenda constitucional durante a vigência de estado de sítio.

133. O poder constituinte derivado decorrente consiste na possibilidade que os estados-membros têm, em virtude de sua autonomia político-administrativa, de se auto organizarem por meio das respectivas constituições estaduais, sempre respeitando as regras estabelecidas pela CF. (CESPE - 2008 - STJ - Analista Judiciário - Área Administrativa).

134. As assembleias legislativas estaduais podem propor emendas à Constituição Federal, desde que a proposta seja feita por mais da metade do total das assembleias legislativas e por maioria relativa dos membros de cada uma delas. (CESPE - 2008 - TRT - 5ª Região (BA) - Técnico Judiciário - Área Administrativa).

135. A forma de emenda à constituição estadual apresentada por parlamentares, com observância do quórum de iniciativa e de votação, **NÃO** é apta à veiculação de norma que crie cargos na secretaria de fazenda do estado. (CESPE - 2008 - PGE-ES - Procurador do Estado).

Observação: "Art. 61, §1º II "A" da CF: São de iniciativa privativa do Presidente da República as leis que: II – disponham sobre: a) criação de cargos, funções ou empregos públicos na administração direta e autárquica ou aumento de sua remuneração;

Questão original: A forma de emenda à constituição estadual apresentada por parlamentares, com observância do quórum de iniciativa e de votação, é apta à veiculação de norma que crie cargos na secretaria de fazenda do estado.

136. A vigência e a eficácia de uma nova constituição implicam a supressão da existência, a perda de validade e a cessação de eficácia da anterior constituição por ela revogada, salvo das normas constantes do texto anterior que permaneçam materialmente harmônicas com a ordem constitucional superveniente. Nessa hipótese, **NÃO** ocorre o fenômeno da recepção. (CESPE - 2008 - TJ-DFT - Analista Judiciário - Área Judiciária).

> **Questão original:** A vigência e a eficácia de uma nova constituição implicam a supressão da existência, a perda de validade e a cessação de eficácia da anterior constituição por ela revogada, salvo das normas constantes do texto anterior que permaneçam materialmente harmônicas com a ordem constitucional superveniente. Nessa hipótese, ocorre o fenômeno da recepção.

137. Um fazendeiro que detenha a propriedade de nascente de água desde setembro de 1988 **NÃO** pode invocar direito adquirido contra a norma constitucional, oriunda do poder constituinte originário, que estabeleceu a dominialidade pública dos recursos hídricos. (CESPE - 2008 - MPE-RR - Promotor de Justiça).

> **Questão original:** Um fazendeiro que detenha a propriedade de nascente de água desde setembro de 1988 pode invocar direito adquirido contra a norma constitucional, oriunda do poder constituinte originário, que estabeleceu a dominialidade pública dos recursos hídricos.

138. O poder de reforma recebe, doutrinariamente, as mais diferentes denominações, sendo seus sinônimos as expressões poder constituinte derivado ou poder constituinte de segundo grau. (CESPE - 2007 - TCU - Analista de Controle Externo - Comum a todos).

139. A matéria constante de proposta de emenda rejeitada ou havida por prejudicada não pode ser objeto de nova proposta na mesma sessão legislativa. (CESPE - 2007 - Banco da Amazônia - Advogado).

140. O poder de reforma é criado pelo poder constituinte originário e **NÃO** se confunde com ele ao estabelecer o procedimento a ser seguido para as alterações constitucionais e as limitações a serem observadas. (CESPE - 2007 - TCU - Analista de Controle Externo - Comum a todos).

> **Questão original:** O poder de reforma é criado pelo poder constituinte originário e se confunde com ele ao estabelecer o procedimento a ser seguido para as alterações constitucionais e as limitações a serem observadas.

141. Na elaboração das normas locais, o poder constituinte decorrente deve respeitar o modelo de estruturação do Estado fixado pela CF. (CESPE - 2007 - DPU - Defensor Público Federal).

142. No Brasil, o poder de emendar a Constituição só se concretiza quando a proposta de emenda reúne, entre outros requisitos, o voto favorável de três quintos dos membros de cada casa do Congresso Nacional e em dois turnos de votação em cada uma delas. (CESPE – 2007 – TCU – Analista de Controle Externo – Comum a todos).

143. Tramitação de propostas de emenda constitucional pode ser iniciada em quaisquer das duas casas legislativas, ou seja, tanto no Senado Federal quanto na Câmara dos Deputados. (CESPE – 2007 – Banco da Amazônia – Advogado).

144. O poder de reforma inclui tanto o poder de emenda como o poder de revisão do texto constitucional. (CESPE – 2007 – TCU – Analista de Controle Externo – Comum a todos).

145. Proporcionalidade na regulação: A proporcionalidade deve constituir um elemento caracterizador da atividade do regulador: as medidas de regulação devem ser proporcionadas, isto é, as mínimas possíveis para a correção eficaz das falhas de mercado que justificaram a intervenção regulatória. O regulador deve intervir apenas quando necessário – o que, na terminologia anglo-saxônica, é habitualmente referido como "a bias against intervention" – por meio de medidas corretivas, selecionadas com base no problema identificado e que minimizem os custos da intervenção. Contudo, uma vez identificada a necessidade de intervenção do regulador, esta deve ser firme, rápida e eficaz, recorrendo-se aos mecanismos regulatórios que sejam o menos intrusivos possível no funcionamento dos mercados.

Trecho da intervenção do presidente Pedro Duarte Neves, no 14.º Congresso da APDC, realizado em 9/11/2004, em Lisboa. Internet: (com adaptações).

Seria hierarquicamente equivalente a uma emenda constitucional um tratado internacional que, disciplinando direitos individuais dos usuários de serviços públicos, fosse referendado pelo Congresso Nacional pelo mesmo processo legislativo de aprovação de emendas à Constituição. (CESPE – 2006 – ANATEL – Especialista em Regulação – Direito).

146. Denomina-se mutação constitucional o processo informal de revisão, atualização ou transição da Constituição sem que haja mudança do texto constitucional. (CESPE – 2006 – ANATEL – Analista Administrativo – Direito).

147. Uma proposta de emenda à Constituição, apresentada com o apoiamento de 250 deputados, tem por conteúdo alteração das competências da Polícia Federal, retirando-lhe a função de polícia de fronteira – art. 144, § 1.º, III, parte final – e transferindo essa competência para o Exército brasileiro. Admitindo que essa proposta de emenda à Constituição, observadas as regras constitucionais relativas ao processo legislativo desse tipo de proposição, venha a ser aprovada e promulgada, julgue os itens a seguir.

A emenda constitucional hipotética **NÃO** ofenderia o princípio de separação de poderes, uma das cláusulas pétreas previstas no texto constitucional brasileiro, porque a iniciativa de propostas de emenda à Constituição que versem sobre atribuições das Forças Armadas e da Polícia Federal **NÃO** é privativa do presidente da República. (CESPE – 2004 – Polícia Federal – Delegado de Polícia – Regional).

Questão original: A emenda constitucional hipotética ofenderia o princípio de separação de poderes, uma das cláusulas pétreas previstas no texto constitucional brasileiro, porque a iniciativa de propostas de emenda à Constituição que versem sobre atribuições das Forças Armadas e da Polícia Federal é privativa do presidente da República.

148. Em um país da América do Sul, foi eleita pelo voto direto uma Assembleia Nacional Constituinte (ANC), com o objetivo de elaborar um novo texto constitucional. Nessa situação, a ANC **NÃO** é dotada de poder constituinte decorrente, pois esse poder **NÃO** decorre da delegação popular. (CESPE - 2004 - TRT - 10ª REGIÃO (DF e TO) - Analista Judiciário - Área Judiciária).

Questão original: Em um país da América do Sul, foi eleita pelo voto direto uma Assembleia Nacional Constituinte (ANC), com o objetivo de elaborar um novo texto constitucional. Nessa situação, a ANC é dotada de poder constituinte decorrente, pois esse poder decorre da delegação popular.

149. Devido a graves problemas na área de segurança pública, como a existência, no ciclo da persecução criminal, de dois órgãos com tarefas complementares e, algumas vezes, conflitantes; a necessidade de inclusão do município no sistema de segurança pública; a incidência cada vez maior de crimes cometidos por menores de 18 anos de idade etc., foi proposta, com o apoio de 215 deputados, uma emenda à Constituição Federal. Nos trabalhos de revisão constitucional, segundo o texto da emenda, o Congresso Nacional deliberaria em sessão unicameral, aprovando-se as alterações constitucionais pelo voto da maioria absoluta dos seus membros. A realização da revisão constitucional ocorreria após a ratificação popular do texto da emenda, por meio de referendo, a ser realizado seis meses após a sua aprovação e promulgação. Proposta de igual teor havia sido apresentada no início da sessão legislativa, mas fora rejeitada na primeira votação em plenário, na Câmara dos Deputados. Porém, com o agravamento da situação na área de segurança pública, entenderam os autores ser pertinente a sua reapresentação.

Nos trabalhos de revisão constitucional, como o mencionado no texto acima, **NÃO** é possível alterar-se o dispositivo que prevê a inimputabilidade penal do menor de 18 anos de idade, uma vez que se trata de matéria relativa à política de execução penal. (CESPE - 2004 - Polícia Federal - Delegado de Polícia - Nacional).

Questão original: Nos trabalhos de revisão constitucional, como o mencionado no texto acima, é possível alterar-se o dispositivo que prevê a inimputabilidade penal do menor de 18 anos de idade, uma vez que se trata de matéria relativa à política de execução penal.

150. A Constituição Federal estabelece previsão expressa de imutabilidade das cláusulas pétreas, indicando a impossibilidade de emenda constitucional tendente a abolir direitos e garantias individuais e coletivas. (CESPE – 2004 – STJ – Analista Judiciário – Área Administrativa).

151. Segmentos da sociedade têm defendido a extensão da imputabilidade penal aos jovens que têm entre dezesseis e dezoito anos de idade. Para que essa alteração fosse possível, contudo, seria necessária a aprovação do respectivo projeto legislativo por mais de três quintos dos parlamentares do Congresso Nacional e que, após isso, o projeto **NÃO** fosse sancionado pelo presidente da República. (CESPE – 2000 – Polícia Federal – Agente Federal da Polícia Federal).

Observação: "Art. 60, § 3º da CF: A emenda à Constituição será promulgada pelas Mesas da Câmara dos Deputados e do Senado Federal, com o respectivo número de ordem."

Questão original: Segmentos da sociedade têm defendido a extensão da imputabilidade penal aos jovens que têm entre dezesseis e dezoito anos de idade. Para que essa alteração fosse possível, contudo, seria necessária a aprovação do respectivo projeto legislativo por mais de três quintos dos parlamentares do Congresso Nacional e que, após isso, o projeto fosse sancionado pelo presidente da República.

1.5 HISTÓRIA CONSTITUCIONAL BRASILEIRA E PREÂMBULO DA CONSTITUIÇÃO FEDERAL

1. **NÃO FOI** Somente após o advento da República a Constituição brasileira **QUE** passou a prever um sistema de garantia de direitos individuais e coletivos. (CESPE – 2017 – DPU – Defensor Público Federal).

Questão original: Somente após o advento da República a Constituição brasileira passou a prever um sistema de garantia de direitos individuais e coletivos.

2. Embora o preâmbulo da CF não tenha força normativa, podem os estados, ao elaborar as suas próprias leis fundamentais, reproduzi-lo, adaptando os seus termos naquilo que for cabível. (CESPE – 2016 – PGE-AM – Procurador do Estado).

3. No entendimento do STF, o preâmbulo da Constituição Federal não se situa no âmbito do direito, mas no domínio da política, pois reflete posição ideológica do constituinte, de caráter principiológico. (CESPE – 2015 – Telebras – Advogado).

4. Novembro de 1880. O chefe de polícia da Bahia, Virgílio Silvestre de Faria, tinha, entre as atribuições do dia, mais um caso de fuga de escravo. Questão corriqueira. Dessa vez, tratava-se de Alexandrina, uma parda clara, quase branca, com dezoito ou dezenove anos, propriedade do professor Rafael Montalvão. Nada incomum haveria nessa história se o chefe de polícia não considerasse que aquela infeliz escrava merecia outro destino, outro lugar naquela sociedade. Decidido a ajudá-la, Virgílio Faria propôs ao senhor de Alexandrina que não alimentasse qualquer capricho contra ela e aceitasse alforriá-la por um preço razoável. O empenho e a sensibilidade da autoridade policial tinham uma razão nada fortuita: Alexandrina era mulher quase branca que se [viu] entregue às durezas da escravidão. Wlamyra R. de Albuquerque. Introdução. In: O jogo da dissimulação: abolição e cidadania negra no Brasil. São Paulo: Companhia das Letras, 2009, p. 32-33 (com adaptações).

Conforme a Constituição de 1824, ao liberto (aquele que nasceu escravo e foi libertado), **NÃO** eram garantidos os mesmos direitos do cidadão nascido livre. (CESPE - 2014 - Câmara dos Deputados - Analista Legislativo - Consultor Legislativo Área XIX).

Questão original: Conforme a Constituição de 1824, ao liberto (aquele que nasceu escravo e foi libertado), eram garantidos os mesmos direitos do cidadão nascido livre.

5. Quando um estado da Federação deixa de invocar a proteção de Deus no preâmbulo de sua constituição, **NÃO** contraria a CF, pois tal invocação **NÃO** é norma central do direito constitucional positivo brasileiro. (CESPE - 2014 - Câmara dos Deputados - Analista Legislativo - Consultor Legislativo Área IX; CESPE - 2014 - Câmara dos Deputados - Analista Legislativo - Consultor Legislativo Área III).

Questão original: Quando um estado da Federação deixa de invocar a proteção de Deus no preâmbulo de sua constituição, contraria a CF, pois tal invocação é norma central do direito constitucional positivo brasileiro.

6. A primeira Constituição brasileira que tratou especificamente da ordem econômica foi a de **1934**. (CESPE - 2013 - ANTT - Especialista em Regulação de Serviços de Transportes Terrestres - Direito).

Questão original: A primeira Constituição brasileira que tratou especificamente da ordem econômica foi a de 1946.

7. A primeira Constituição brasileira, datada de 1824, **NÃO** foi regularmente aprovada e democraticamente promulgada por assembleia nacional constituinte. (CESPE - 2013 - PG-DF - Procurador).

Questão original: A primeira Constituição brasileira, datada de 1824, foi regularmente aprovada e democraticamente promulgada por assembleia nacional constituinte.

8. A Assembleia Nacional Constituinte de 1946 contou com a participação de representantes comunistas. (CESPE - 2013 - PG-DF - Procurador).

9. A Constituição de 1937 dissolveu a Câmara dos Deputados, o Senado Federal, as assembleias legislativas e as câmaras municipais. (CESPE – 2013 – PG-DF – Procurador).

10. A primeira Constituição brasileira que separou a ordem econômica da ordem social foi a de 1988. (CESPE – 2013 – ANTT – Especialista em Regulação de Serviços de Transportes Terrestres – Direito).

11. Coerente com os processos decorrentes da Revolução de 1930, a Constituição de 1934 contemplou a eleição, pelo voto direto e secreto, **EXCETO** os integrantes das casas legislativas. (CESPE – 2013 – PG-DF – Procurador).

Questão original: Coerente com os processos decorrentes da Revolução de 1930, a Constituição de 1934 contemplou a eleição, pelo voto direto e secreto, de todos os integrantes das casas legislativas.

12. A jurisprudência do STF considera que o preâmbulo da CF não tem valor normativo. Desprovido de força cogente, ele não é considerado parâmetro para declarar a constitucionalidade ou a inconstitucionalidade normativa. (CESPE – 2013 – AGU – Procurador Federal).

13. A invocação da proteção de Deus, prevista no preâmbulo da CF, **NÃO** deve ser reproduzida obrigatoriamente em todas as constituições estaduais. (CESPE – 2013 – ANP – Especialista em Regulação – Área I).

Questão original: A invocação da proteção de Deus, prevista no preâmbulo da CF, deve ser reproduzida obrigatoriamente em todas as constituições estaduais.

14. Dada a subordinação dos entes federados à força normativa da CF, seu preâmbulo **NÃO** deve ser obrigatoriamente reproduzido nas constituições estaduais. (CESPE – 2013 – STF – Todos os Cargos – Conhecimentos Básicos – Cargos 3 e 5; CESPE – 2013 – STF – Analista Judiciário – Área Administrativa).

Questão original: Dada a subordinação dos entes federados à força normativa da CF, seu preâmbulo deve ser obrigatoriamente reproduzido nas constituições estaduais.

15. O preâmbulo da CF **NÃO** é norma de reprodução obrigatória e de caráter normativo, segundo entendimento doutrinário sobre a matéria. (CESPE – 2013 – CNJ – Analista Judiciário – Área Administrativa).

Questão original: O preâmbulo da CF é norma de reprodução obrigatória e de caráter normativo, segundo entendimento doutrinário sobre a matéria.

16. No Brasil, a Constituição de 1934, sob a influência da Constituição de Weimar de 1919, foi a primeira a consignar princípios e normas sobre ordem econômica. (CESPE - 2012 - ANAC - Especialista em Regulação de Aviação Civil - Área 5).

17. Ato das Disposições Constitucionais Transitórias **É EXEMPLO** dos denominados elementos de estabilização constitucional. (CESPE - 2012 - MPE-PI - Analista Ministerial - Área Processual).

Questão original: O Preâmbulo e o Ato das Disposições Constitucionais Transitórias são exemplos dos denominados elementos de estabilização constitucional.

18. As disposições constitucionais transitórias, **SALVO** os preâmbulos constitucionais, comportam valor jurídico relevante. (CESPE - 2012 - PRF - Técnico de Nível Superior - Classe A Padrão I).

Questão original: As disposições constitucionais transitórias, assim como os preâmbulos constitucionais, não comportam valor jurídico relevante.

19. O preâmbulo da Constituição Federal não faz parte do texto constitucional propriamente dito e não possui valor normativo. (CESPE - 2011 - EBC - Analista - Advocacia).

20. O preâmbulo constitucional estabelece as diretrizes políticas, filosóficas e ideológicas da CF, razão pela qual **NÃO** pode servir de elemento de interpretação e de paradigma comparativo em eventual ação de declaração de inconstitucionalidade. (CESPE - 2011 - Correios - Analista de Correios - Advogado).

Questão original: O preâmbulo constitucional estabelece as diretrizes políticas, filosóficas e ideológicas da CF, razão pela qual pode servir de elemento de interpretação e de paradigma comparativo em eventual ação de declaração de inconstitucionalidade.

21. O preâmbulo da CF **NÃO** é uma norma de reprodução obrigatória nas constituições estaduais. (CESPE - 2011 - TCU - Auditor Federal de Controle Externo - Psicologia).

Questão original: O preâmbulo da CF é uma norma de reprodução obrigatória nas constituições estaduais.

22. A Constituição Federal de 1988 (CF), bem como as que a antecederam, é precedida de preâmbulo, que tem um conteúdo etimológico revelado como "o que está na entrada", "pórtico", "algo que vem antes", em razão da união do prefixo pre e do verbo ambulare, da língua latina. Por outro lado, tem-se, ao final do texto constitucional, o Ato das Disposições Constitucionais Transitórias (ADCT), que, como o próprio nome já mostra, representa algo efêmero, momentâneo, temporário, possibilitando passagem de uma ordem constitucional a outra. Julgue os seguintes itens, que versam acerca do preâmbulo constitucional e do ADCT, considerando a jurisprudência do STF.

O preâmbulo, por estar na parte introdutória do texto constitucional e, portanto, **NÃO** possuir relevância jurídica, **NÃO** pode ser paradigma comparativo para a declaração de inconstitucionalidade de determinada norma infraconstitucional. (CESPE - 2009 - IBRAM-DF - Advogado).

Questão original: O preâmbulo, por estar na parte introdutória do texto constitucional e, portanto, possuir relevância jurídica, pode ser paradigma comparativo para a declaração de inconstitucionalidade de determinada norma infraconstitucional.

23. A história constitucional do Brasil, de conhecimento indispensável a quem busca estudar nossas instituições políticas e sociais, representa um dos mais profundos mergulhos na compreensão do passado nacional. O exame e a análise dos sucessos políticos e das raízes institucionais do país hão de trazer sempre luz para o entendimento da realidade contemporânea, na qual os acontecimentos transcorrem com a velocidade da crise e fazem, não raro, extremamente difícil a percepção das causas que de imediato devem ser removidas, em escala prioritária, a fim de se poder fazer estável e seguro o destino da Nação e a preservação de sua unidade. Paulo Bonavides e Paes de Andrade. História constitucional do Brasil. Brasília: OAB Editora, 2002 (com adaptações). (CESPE - 2007 - AGU - Procurador Federal - Prova 1).

23.1 O período constitucional do Império foi o período da história brasileira em que o poder mais se apartou da Constituição formal, a qual teve baixo grau de eficácia e pouca presença na consciência dos dirigentes do país. Exemplo disso foi a não-utilização da Constituição como instrumento para se solucionar a questão da escravidão no Brasil.

23.2 A CF trouxe grandes avanços na área dos direitos e das garantias fundamentais, atestando a modernidade e fazendo do racismo e da tortura crimes inafiançáveis, estabelecendo o habeas data e reforçando a proteção dos direitos e das liberdades constitucionais, e restituindo ao Congresso Nacional prerrogativas que lhe haviam sido subtraídas pela administração militar.

24. Um partido político ajuizou ação direta de inconstitucionalidade devido à omissão da expressão "sob a proteção de Deus" do preâmbulo da Constituição de determinado estado da Federação. Para tanto, o partido alegou que o preâmbulo da CF é um ato normativo de supremo princípio básico com conteúdo programático e de absorção compulsória pelos estados, que o seu preâmbulo integra o texto constitucional e que suas disposições têm verdadeiro valor jurídico. (CESPE - 2007 - AGU - Procurador Federal - Prova 1).

24.1 O preâmbulo constitucional **NÃO** possui destacada relevância jurídica, **NÃO** situando-se no âmbito do direito e simplesmente no domínio da política.

Questão original: O preâmbulo constitucional possui destacada relevância jurídica, situando-se no âmbito do direito e não simplesmente no domínio da política.

24.2 A invocação a Deus, presente no preâmbulo da CF, reflete um sentimento religioso, o que não enfraquece o fato de o Estado brasileiro ser laico, ou seja, um Estado em que há liberdade de consciência e de crença, onde ninguém é privado de direitos por motivo de crença religiosa ou convicção filosófica.

25. Com a promulgação da Constituição de 16 de julho de 1934, inaugurou o Brasil a terceira grande época constitucional de sua história; época marcada por crises, goles de Estado, insurreição, impedimentos, renúncia e suicídio de presidente, bem como pela queda de governos, repúblicas e constituições. Sua mais recente manifestação formal veio a ser a Cara de 5 de outubro de 1988. Paulo Bonavides. Curso de direito constitucional, 10ª ed. São Paulo: Malheiros Editores, 2000, p. 332 (com adaptações).

A Constituição de 1934 disciplinou a subordinação do direito de propriedade ao interesse social. (CESPE - 2004 - AGU - Advogado da União)

1.6 PRINCÍPIOS FUNDAMENTAIS DA REPÚBLICA

1. A concessão de asilo político é um ato de soberania estatal de competência **DO PRESIDENTE DA REPÚBLICA** e aplica-se em virtude de perseguição **POLÍTICA** a estrangeiro praticada por seu próprio país ou por terceiro. (CESPE - 2018 - CGM de João Pessoa - PB - Técnico Municipal de Controle Interno - Geral).

Questão original: A concessão de asilo político é um ato de soberania estatal de competência dos governadores dos estados e aplica-se em virtude de perseguição a estrangeiro praticada por seu próprio país ou por terceiro.

2. A defesa da paz e a solução pacífica de conflitos **NÃO** são fundamentos da República Federativa do Brasil. (CESPE - 2018 - MPE-PI - Técnico Ministerial - Área Administrativa).

Questão original: A defesa da paz e a solução pacífica de conflitos são fundamentos da República Federativa do Brasil.

3. Erradicar a pobreza e a marginalização e reduzir as desigualdades sociais e regionais constituem objetivos da República Federativa do Brasil expressos na CF. (CESPE - 2018 - CGM de João Pessoa - PB - Técnico Municipal de Controle Interno - Geral).

4. Conforme a CF, o poder emana do povo e é exercido por meio de representantes eleitos, havendo previsão do exercício do poder diretamente pelo povo. (CESPE - 2018 - CGM de João Pessoa - PB - Auditor de Controle Interno)

Questão original: Conforme a CF, o poder emana do povo e é exercido por meio de representantes eleitos, **NÃO** havendo previsão do exercício do poder diretamente pelo povo.

5. Conforme o princípio democrático, todo o poder emana do povo, que o exerce diretamente ou por meio de representantes eleitos. (CESPE – 2018 – CGM de João Pessoa – PB – Técnico Municipal de Controle Interno – Geral).

6. No Brasil, as proibições constitucionais de tortura e tratamento desumano decorrem do fundamento da dignidade da pessoa humana. (CESPE – 2018 – IPHAN – Auxiliar Institucional – Área 1).

7. A soberania, que consiste em um poder político supremo e independente, é um dos fundamentos da República Federativa do Brasil. (CESPE – 2018 – CGM de João Pessoa – PB – Técnico Municipal de Controle Interno – Geral).

8. Conforme a CF, o poder emana do povo e é exercido por meio de representantes eleitos, havendo previsão do exercício do poder diretamente pelo povo. (CESPE – 2018 – CGM de João Pessoa – PB – Conhecimentos Básicos – Cargos: 1, 2 e 3).

Questão original: Conforme a CF, o poder emana do povo e é exercido por meio de representantes eleitos, **NÃO** havendo previsão do exercício do poder diretamente pelo povo.

9. São princípios da República Federativa do Brasil, dentre outros, a defesa da paz, da igualdade entre estados e da prevalência dos direitos humanos. (CESPE – 2018 – IPHAN – Auxiliar Institucional – Área 1).

10. A garantia da dignidade da pessoa humana é um **FUNDAMENTO** da República Federativa do Brasil e tem consolidado decisões judiciais para a efetivação de direitos fundamentais previstos na CF. (CESPE – 2017 – TCE-PE – Analista de Gestão – Julgamento).

Questão original: A garantia da dignidade da pessoa humana é um objetivo da República Federativa do Brasil e tem consolidado decisões judiciais para a efetivação de direitos fundamentais previstos na CF.

11. A prevalência dos direitos humanos, a concessão de asilo político e a solução pacífica de conflitos são princípios fundamentais que regem as relações internacionais do Brasil. (CESPE – 2016 – DPU – Conhecimentos Básicos – Cargos 3 e 8).

12. Nas relações internacionais, a República Federativa do Brasil é regida pelo princípio da concessão de asilo político. (CESPE – 2015 – MPOG – Analista Técnico Administrativo – Cargo 2).

13. O pluralismo político é princípio fundamental que assegura aos cidadãos até mesmo o apartidarismo. (CESPE - 2015 - FUB - Conhecimentos Básicos Todos os cargos - Nível Intermediário).

14. A busca pela integração econômica, política, social e cultural dos povos da América Latina visa à formação de uma comunidade latino-americana de nações. (CESPE - 2015 - MPOG - Técnico de Nível Superior - Cargo 22).

15. A concessão de asilo político a estrangeiro é princípio que rege a República Federativa do Brasil nas suas relações internacionais, mas, como ato de soberania estatal, o Estado brasileiro não está obrigado a realizá-lo. (CESPE - 2015 - Instituto Rio Branco - Diplomata - Prova 2).

16. A livre iniciativa, fundamento da República Federativa do Brasil, possui valor social que transcende o interesse do empreendedor, merecendo proteção constitucional apenas quando respeitar e ajudar a desenvolver o trabalho humano. Por isso, não se coaduna com a CF empreitada que deixe de assegurar os direitos sociais dos trabalhadores. (CESPE - 2015 - FUB - Assistente em Administração).

17. O Brasil rege-se nas relações internacionais, entre outros princípios, pelos princípios da **NÃO** intervenção e de concessão de asilo político. (CESPE - 2015 - MPOG - Técnico de Nível Superior - Cargo 22).

Questão original: O Brasil rege-se nas relações internacionais, entre outros princípios, pelos princípios da intervenção e vedação de concessão de asilo político.

18. O regime político adotado na CF caracteriza a República Federativa do Brasil como um estado democrático de direito em que se conjuga o princípio representativo com a participação direta do povo por meio do voto, do plebiscito, do referendo e da iniciativa popular. (CESPE - 2015 - FUB - Conhecimentos Básicos - Nível Superior).

19. De acordo com a CF, os objetivos fundamentais da República Federativa do Brasil incluem erradicar a pobreza e a marginalização e reduzir as desigualdades sociais. (CESPE - 2015 - MPOG - Técnico de Nível Superior - Cargo 22).

20. O princípio da dignidade da pessoa humana pode ser relativizado, porque, diante de casos concretos, é permitido o juízo de ponderação, visto que são variados os titulares desse direito fundamental. (CESPE - 2015 - FUB - Conhecimentos Básicos Todos os cargos - Nível Intermediário).

21. O pluralismo político, fundamento da República Federativa do Brasil, é pautado pela tolerância a ideologias diversas, o que exclui discursos de ódio, não amparados pela liberdade de manifestação do pensamento. (CESPE - 2015 - FUB - Assistente em Administração).

22. Nos termos da nossa CF, todo o poder emana do povo que, por sua vez, o exerce diretamente ou por meio de representantes eleitos. (CESPE - 2015 - MPOG - Técnico de Nível Superior - Cargo 22).

23. A República Federativa do Brasil, constituída como Estado democrático de direito, visa garantir o pleno exercício dos direitos e garantias fundamentais, incluindo-se, entre seus fundamentos, a cidadania e a dignidade da pessoa humana. (CESPE - 2014 - Câmara dos Deputados - Analista Legislativo - Consultor Legislativo Área I).

24. A República Federativa do Brasil, formada pela união indissolúvel dos estados, municípios e Distrito Federal (DF), adota a federação como forma de Estado. (CESPE - 2014 - Polícia Federal - Conhecimentos Básicos - Nível Superior).

25. Ao implementar ações que visem reduzir as desigualdades sociais e regionais e garantir o desenvolvimento nacional, os governos põem em prática objetivos fundamentais da República Federativa do Brasil. (CESPE - 2014 - TC-DF - Técnico de Administração Pública).

26. A concessão de asilo político é princípio norteador das relações internacionais brasileiras, conforme expressa disposição do texto constitucional. (CESPE - 2014 - ANTAQ - Conhecimentos Básicos - Cargos 1 a 4).

27. A dignidade da pessoa humana, princípio fundamental da República Federativa do Brasil, promove o direito à vida digna em sociedade, em prol do bem comum, **NÃO** fazendo prevalecer o interesse coletivo em detrimento do direito individual. (CESPE - 2014 - TJ-SE - Analista Judiciário - Direito).

> **Questão original:** A dignidade da pessoa humana, princípio fundamental da República Federativa do Brasil, promove o direito à vida digna em sociedade, em prol do bem comum, fazendo prevalecer o interesse coletivo em detrimento do direito individual.

28. A democracia brasileira é **SEMIDIRETA**, haja vista que o poder popular se expressa **DIRETAMENTE E INDIRETAMENTE, ESTA** por meio de representantes eleitos, que recebem mandato para a elaboração das leis e a fiscalização dos atos estatais. (CESPE - 2014 - Câmara dos Deputados - Analista Legislativo - Consultor Legislativo Área V).

> **Questão original:** A democracia brasileira é indireta, ou representativa, haja vista que o poder popular se expressa por meio de representantes eleitos, que recebem mandato para a elaboração das leis e a fiscalização dos atos estatais.

29. A CF propugna, de forma específica, a integração econômica, política, social e cultural do Brasil com os povos da América Latina. (CESPE - 2014 - SUFRAMA - Técnico em Contabilidade).

30. Os valores sociais da livre iniciativa e a livre iniciativa são princípios da República Federativa do Brasil; o primeiro é um fundamento, e o segundo, um princípio geral da atividade econômica. (CESPE - 2014 - CADE - Nível Superior - Conhecimentos Básicos).

31. O pluralismo político traduz a liberdade de convicção filosófica e política, assegurando aos indivíduos, além do engajamento pluripartidário, o direito de manifestação de forma apartidária. (CESPE - 2014 - TJ-SE - Analista Judiciário - Direito).

32. A CF propugna, de forma específica, a integração econômica, política, social e cultural do Brasil com os povos da América Latina. (CESPE - 2014 - SUFRAMA - Agente Administrativo).

33. A dignidade da pessoa humana constitui princípio essencial, valor-fonte, no plano jurídico-constitucional, entre aqueles sobre os quais se assenta o Estado de Direito. (CESPE - 2013 - TRT - 17ª Região (ES) - Analista Judiciário - Área Administrativa).

34. A República Federativa do Brasil rege-se em suas relações internacionais de acordo com o princípio da não intervenção. (CESPE - 2013 - MS - Administrador).

35. São fundamentos constitucionais da República Federativa do Brasil, entre outros, os valores sociais do trabalho e da livre iniciativa. (CESPE - 2013 - AGU - Procurador Federal).

36. A Constituição Federal de 1988 (CF) prevê expressamente a prevalência dos direitos humanos como sendo um dos objetivos fundamentais da República Federativa do Brasil. (CESPE - 2013 - ANCINE - Todos os Cargos - Especialista em Regulação da Atividade Cinematográfica e Audiovisual Áreas I e II).

37. A Constituição Federal de 1988 (CF) prevê expressamente o princípio da concessão de asilo político. (CESPE - 2013 - TRT - 17ª Região (ES) - Analista Judiciário - Oficial de Justiça Avaliador).

> **Questão original:** A Constituição Federal de 1988 (CF) **NÃO** prevê expressamente o princípio da concessão de asilo político.

38. A Constituição Federal de 1988 (CF) prevê expressamente a prevalência dos direitos humanos como sendo um dos **PRINCÍPIOS INTERNACIONAIS** da República Federativa do Brasil. (CESPE - 2013 - ANCINE - Todos os Cargos - Especialista em Regulação da Atividade Cinematográfica e Audiovisual Áreas I e II).

> **Questão original:** A Constituição Federal de 1988 (CF) prevê expressamente a prevalência dos direitos humanos como sendo um dos objetivos fundamentais da República Federativa do Brasil.

39. A CF institui no Brasil um modelo de Estado democrático, em que o poder emana do povo e é exercido tanto por meio de uma democracia direta, quanto por intermédio de uma democracia representativa. (CESPE – 2013 – FUB – Assistente em Administração).

40. A igualdade perante a lei, a periodicidade dos mandatos políticos e a responsabilidade dos mandatários são características do princípio republicano. (CESPE – 2013 – SEGESP-AL – Técnico Forense).

41. Os objetivos fundamentais da República Federativa do Brasil **NÃO** incluem a igualdade de direitos entre o trabalhador com vínculo empregatício permanente e o trabalhador avulso. (CESPE – 2013 – TCE-RS – Oficial de Controle Externo).

> **Questão original:** Os objetivos fundamentais da República Federativa do Brasil incluem a igualdade de direitos entre o trabalhador com vínculo empregatício permanente e o trabalhador avulso.

42. Embora os valores da livre iniciativa estejam incluídos entre os princípios fundamentais da República Federativa do Brasil, a CF reserva à livre concorrência a qualidade de regra programática sobre a qual se assentam as ordens econômica e social. (CESPE – 2013 – STF – Técnico Judiciário – Área Administrativa).

> **Questão original:** Embora os valores da livre iniciativa NÃO estejam incluídos entre os princípios fundamentais da República Federativa do Brasil, a CF reserva à livre concorrência a qualidade de regra programática sobre a qual se assentam as ordens econômica e social.

43. A República Federativa do Brasil rege- se em suas relações internacionais de acordo com o princípio da não intervenção. (CESPE – 2013 – MS – Analista Administrativo).

44. Entre os princípios fundamentais da República Federativa do Brasil inclui-se o princípio democrático, que se refere ao exercício direto e indireto do poder pelo povo. (CESPE – 2013 – BACEN – Técnico – Conhecimentos Básicos – Áreas 1 e 2).

45. A República Federativa do Brasil não pode conceder extradição de estrangeiro por crime político. (CESPE – 2013 – MS – Analista Administrativo).

46. Os valores sociais do trabalho e da livre iniciativa constituem fundamentos da República Federativa do Brasil. (CESPE – 2013 – TRT – 17ª Região (ES) – Analista Judiciário – Oficial de Justiça Avaliador).

47. É **OBJETIVO** da República Federativa do Brasil a construção de uma sociedade livre, justa e solidária. (CESPE – 2013 – CNJ – Analista Judiciário – Conhecimentos Básicos – Cargos 6, 7, 8, 9, 10, 11, 12).

Questão original: É fundamento da República Federativa do Brasil a construção de uma sociedade livre, justa e solidária.

48. Os direitos de cidadania são, no Estado democrático de direito, todos aqueles relativos à dignidade do cidadão, como sujeito de prestações estatais, e à participação ativa na vida social, política e econômica do Estado. (CESPE - 2013 - PRF - Policial Rodoviário Federal).

49. O princípio democrático é pertinente aos regimes políticos, evidenciado pela titularidade do poder estatal pelos cidadãos e exercido por meio da representação política, com o fim de atender interesses populares. (CESPE - 2013 - SEGESP-AL - Técnico Forense).

50. De acordo com o princípio federativo, os interesses dos entes federados não podem ser sobrepostos aos interesses da Federação, visto que o federalismo **ASSIMÉTRICO NÃO** é baseado na relação de hierarquia entre o poder central, representado pela União, e as entidades que formam a Federação, representadas pelos estados, **DF** e municípios. (CESPE - 2013 - IBAMA - Analista Ambiental - Conhecimentos Básicos - Todos os Temas).

Questão original: De acordo com o princípio federativo, os interesses dos entes federados não podem ser sobrepostos aos interesses da Federação, visto que o federalismo é baseado na relação de hierarquia entre o poder central, representado pela União, e as entidades que formam a Federação, representadas pelos estados e municípios.

51. Promover o bem de todos, erradicar a pobreza e garantir o desenvolvimento nacional são objetivos fundamentais da República Federativa do Brasil expressos no texto da Constituição Federal de 1988. (CESPE - 2013 - MS - Administrador).

52. O conceito de estado democrático do direito representa uma evolução do conceito de estado de direito e significa o Estado submetido a uma Constituição e aos valores nelas consagrados. (CESPE - 2013 - IBAMA - Analista Ambiental - Conhecimentos Básicos - Todos os Temas).

53. No que se refere às relações internacionais, a República Federativa do Brasil rege-se pelos princípios da igualdade entre os Estados, da cooperação entre os povos para o progresso da humanidade e da concessão de asilo político, entre outros. (CESPE - 2013 - PRF - Policial Rodoviário Federal).

54. A soberania, a separação dos poderes, a garantia do desenvolvimento nacional e a independência nacional são exemplos de princípios fundamentais, porém apenas a soberania constitui fundamento da República Federativa do Brasil. (CESPE - 2013 - Telebras - Nível Superior - Conhecimentos Básicos).

55. A dignidade da pessoa humana e o pluralismo político são princípios fundamentais da República Federativa do Brasil. (CESPE – 2013 – TRT – 10ª REGIÃO (DF e TO) – Analista Judiciário – Área Administrativa).

56. A dignidade da pessoa humana, a construção de uma sociedade livre, justa e solidária e a prevalência dos direitos humanos são princípios fundamentais da República Federativa do Brasil. (CESPE – 2013 – TCE-RO – Agente Administrativo).

57. A República Federativa do Brasil rege-se, nas suas relações internacionais, pelos seguintes princípios: independência nacional; prevalência dos direitos humanos; autodeterminação dos povos; não intervenção; igualdade entre os Estados; defesa da paz; solução pacífica dos conflitos; repúdio ao terrorismo e ao racismo; cooperação entre os povos para o progresso da humanidade; e concessão de asilo político. (CESPE – 2013 – CNJ – Analista Judiciário – Conhecimentos Básicos – Cargos 6, 7, 8, 9, 10, 11, 12).

58. A soberania, a separação dos poderes, a garantia do desenvolvimento nacional e a independência nacional são exemplos de princípios fundamentais, porém apenas a soberania constitui fundamento da República Federativa do Brasil. (CESPE – 2013 – Telebras – Nível Superior – Conhecimentos Básicos).

59. A independência nacional, a defesa da paz e a concessão de asilo político são princípios que regem as relações internacionais da República Federativa do Brasil. (CESPE – 2013 – TCE-RS – Oficial de Controle Externo).

60. República é uma forma de governo fundamentada na igualdade formal entre as pessoas, na qual o poder político é exercido por meio de representação, em caráter eletivo e por um período determinado de tempo. (CESPE – 2013 – IBAMA – Analista Ambiental – Conhecimentos Básicos – Todos os Temas).

61. A CF instituiu mecanismos de freios e contrapesos, de modo a concretizar-se a harmonia entre os Poderes Legislativo, Executivo e Judiciário, como, por exemplo, a possibilidade de que o Poder Judiciário declare a inconstitucionalidade das leis. (CESPE – 2013 – MPU – Analista – Direito).

62. A garantia do desenvolvimento nacional é **UM OBJETIVO** da República Federativa do Brasil. (CESPE – 2012 – Câmara dos Deputados – Analista Legislativo – Taquígrafo; CESPE – 2012 – Câmara dos Deputados – Analista Legislativo – Conhecimentos Básicos – Médico todas as Áreas).

> **Questão original:** A garantia do desenvolvimento nacional é um princípio que rege as relações internacionais da República Federativa do Brasil.

63. Define-se federalismo de equilíbrio como a repartição equilibrada de competências entre os entes que compõem a Federação. (CESPE – 2012 – TCE-ES – Auditor de Controle Externo – Auditoria Governamental).

64. A separação de poderes é um dos seus princípios constitucionais fundamentais. (CESPE - 2012 - ANAC - Analista Administrativo - Conhecimentos Básicos Áreas 1, 2, 3, 4 e 5).

65. São fundamentos da República Federativa do Brasil a soberania, a cidadania, a dignidade da pessoa humana. (CESPE - 2012 - MPOG - Analista de Infraestrutura - Conhecimentos Básicos - Todos os Cargos).

> **Questão original:** São fundamentos da República Federativa do Brasil a soberania, a cidadania, a dignidade da pessoa humana e a **AUTODETERMINAÇÃO DOS POVOS.**

66. A soberania popular **É** um dos princípios fundamentais do Estado democrático de direito brasileiro, o exercício do poder pelo povo **PODE SER FEITO** indiretamente no Brasil. (CESPE - 2012 - ANAC - Analista Administrativo - Conhecimentos Básicos Áreas 1, 2, 3, 4 e 5).

> **Questão original:** Embora a soberania popular seja um dos princípios fundamentais do Estado democrático de direito brasileiro, o exercício do poder pelo povo é feito apenas indiretamente no Brasil.

67. Os princípios que regem o Brasil nas suas relações internacionais incluem a cooperação entre os povos para o progresso da humanidade e a concessão de asilo político. (CESPE - 2012 - Câmara dos Deputados - Todos os Cargos - Conhecimentos Básicos - exceto para Técnico em Material e Patrimônio).

68. Considerando-se a diferença entre os fundamentos e os objetivos da República Federativa do Brasil, é correto afirmar que a dignidade da pessoa humana é um fundamento e, não, um objetivo. (CESPE - 2012 - PRF - Agente Administrativo).

69. **ESTÁ** entre os fundamentos da República Federativa do Brasil a cidadania. (CESPE - 2012 - Câmara dos Deputados - Técnico Legislativo - Técnico em Radiologia).

> **Questão original:** Estão entre os fundamentos da República Federativa do Brasil a cidadania e o pluripartidarismo.

70. Com relação aos princípios do direito constitucional, julgue os itens a seguir. Por ser um país regido, em suas relações internacionais, pelo princípio da concessão de asilo político, o Brasil **PODERÁ** extraditar estrangeiros. (CESPE - 2012 - MPOG - Analista de Infraestrutura - Conhecimentos Básicos - Todos os Cargos).

> **Questão original:** Com relação aos princípios do direito constitucional, julgue os itens a seguir. Por ser um país regido, em suas relações internacionais, pelo princípio da concessão de asilo político, o Brasil é impedido de extraditar estrangeiros.

71. Com relação aos princípios do direito constitucional, julgue os itens a seguir. Os princípios fundamentais da Constituição Federal de 1988 (CF) designam as características mais essenciais do Estado brasileiro. (CESPE – 2012 – MPOG – Analista de Infraestrutura – Conhecimentos Básicos – Todos os Cargos).

72. A CF consagra a prevalência da democracia representativa, fazendo alusão à democracia direta **E INDIRETA, MENCIONANDO** expressamente os meios pelos quais a soberania popular poderá ser diretamente **E INDIRETAMENTE** exercida. (CESPE – 2012 – Câmara dos Deputados – Analista – Técnico em Material e Patrimônio – BÁSICOS).

Questão original: A CF consagra a prevalência da democracia representativa, fazendo apenas alusão à democracia direta, sem mencionar expressamente os meios pelos quais a soberania popular poderá ser diretamente exercida.

73. Os princípios que regem o Brasil nas suas relações internacionais incluem a cooperação entre os povos para o progresso da humanidade e a concessão de asilo político. (CESPE – 2012 – Câmara dos Deputados – Analista – Técnico em Material e Patrimônio – BÁSICOS).

74. Os princípios que regem as relações internacionais do Brasil incluem a prevalência dos direitos humanos e a concessão de asilo político. (CESPE – 2012 – ANAC – Analista Administrativo – Conhecimentos Básicos Áreas 1, 2, 3, 4 e 5).

75. A não intervenção, **NÃO É** um dos um dos fundamentos da República Federativa do Brasil, **NO QUAL, NÃO EXPRESSA** o poder supremo e independente do país. (CESPE – 2012 – STJ – Todos os Cargos – Conhecimentos Básicos (Exceto Cargo 5).

Questão original: A não intervenção, um dos fundamentos da República Federativa do Brasil, expressa, assim como outros fundamentos, o poder supremo e independente do país.

76. O Estado é formado por três elementos: o povo, o território e o governo soberano, constituindo este último o elemento condutor que detém e exerce o poder absoluto de autodeterminação e auto-organização emanado do povo. (CESPE – 2012 – TJ-RR – Administrador).

77. O pan-americanismo é rigidamente acolhido como norma de política externa, com a previsão da integração econômica, política, social e cultural de todos os povos **DA AMÉRICA LATINA**, para o progresso da humanidade, com a formação de blocos econômicos e de associações regionais, como o MERCOSUL e a UNASUL. (CESPE – 2012 – Instituto Rio Branco – Diplomata – 2ª Etapa)

Questão original: O pan-americanismo é rigidamente acolhido como norma de política externa, com a previsão da integração econômica, política, social e cultural de todos os povos do continente, para o progresso da humanidade, com a formação de blocos econômicos e de associações regionais, como o MERCOSUL e a UNASUL.

78. A Constituição Federal de 1988 pode ser considerada democrática e tem como fundamentos a soberania, a cidadania, a dignidade da pessoa humana, os valores sociais do trabalho e da livre iniciativa e o pluralismo político. (CESPE - 2012 - PC-AL - Agente de Polícia).

79. No Brasil, a não intervenção e a não ingerência em assuntos internos de outras nações estão incorporadas à CF, **NO QUAL, PODERÁ** sem prévia declaração de guerra, empregar suas Forças Armadas fora do território nacional. (CESPE - 2012 - Instituto Rio Branco - Diplomata - 2ª Etapa).

Questão original: No Brasil, a não intervenção e a não ingerência em assuntos internos de outras nações estão incorporadas à CF como normas que impedem o país de, sem prévia declaração de guerra, empregar suas Forças Armadas fora do território nacional.

80. A democracia representativa é exercida pelo povo, individual ou coletivamente, a partir dos instrumentos constitucionais que possibilitam interferir **INDIRETAMENTE** nas decisões políticas do Estado. (CESPE - 2012 - MPE-PI - Analista Ministerial - Área Administrativa)

Questão original: A democracia representativa é exercida pelo povo, individual ou coletivamente, a partir dos instrumentos constitucionais que possibilitam interferir diretamente nas decisões políticas do Estado.

81. O princípio federativo estabelece a forma de governo de **UMA REPÚBLICA.** (CESPE - 2012 - MPE-PI - Analista Ministerial - Área Administrativa).

Questão original: O princípio federativo estabelece a forma de governo de um Estado.

82. O princípio constitucional relativo à autodeterminação dos povos **NÃO** garante aos estados federados o direito de se dissociarem do Estado federal, **MESMO** se a população do estado assim o decidir mediante plebiscito. (CESPE - 2012 - STJ - Técnico Judiciário - Telecomunicações e Eletricidade - Conhecimentos Básicos).

Questão original: O princípio constitucional relativo à autodeterminação dos povos garante aos estados federados o direito de se dissociarem do Estado federal, se a população do estado assim o decidir mediante plebiscito.

83. As relações internacionais da República Federativa do Brasil regem-se pelo princípio da autodeterminação dos povos. (CESPE – 2012 – Câmara dos Deputados – Técnico Legislativo – Técnico em Radiologia).

84. O Brasil adota a forma de governo, de acordo com o princípio republicano, em que o acesso aos cargos públicos em geral é franqueado àqueles que preencham as condições de capacidade previstas na CF ou em normas infraconstitucionais obedientes ao texto constitucional. (CESPE – 2012 – PC-CE – Inspetor de Polícia – Civil).

85. O povo exerce o poder por meio de representantes eleitos ou de forma direta, como nos casos de plebiscito e referendo. (CESPE – 2012 – STJ – Técnico Judiciário – Telecomunicações e Eletricidade – Conhecimentos Básicos).

86. A dignidade da pessoa humana é um fundamento da República Federativa do Brasil. (CESPE – 2012 – PC-CE – Inspetor de Polícia – Civil).

87. O compromisso da República Federativa do Brasil com a manutenção da paz e com a não beligerância é enfatizado por referências textuais da Lei Maior à solução pacífica de controvérsias na ordem internacional. (CESPE – 2012 – Instituto Rio Branco – Diplomata – 2ª Etapa).

88. Os objetivos da República Federativa do Brasil incluem a erradicação da pobreza. (CESPE – 2011 – PC-ES – Auxiliar de Perícia Médico-legal – Específicos).

> **Questão original:** Os objetivos da República Federativa do Brasil incluem a erradicação da pobreza, **A INDEPENDÊNCIA NACIONAL E OS VALORES SOCIAIS DO TRABALHO.**

89. No âmbito das relações internacionais, a República Federativa do Brasil adotou expressamente como princípio o repúdio ao terrorismo e ao racismo. (CESPE – 2011 – STM – Analista Judiciário – Análise de Sistemas – Básicos).

90. O princípio da isonomia decorre do fundamento, constitucionalmente expresso, da dignidade da pessoa humana. (CESPE – 2011 – TCU – Auditor Federal de Controle Externo – Psicologia).

91. O princípio da dignidade da pessoa humana **NÃO** possui um caráter absoluto, sendo um princípio primordial presente na Constituição Federal de 1988. (CESPE – 2011 – TJ-ES – Analista Judiciário – Área Administrativa).

> **Questão original:** O princípio da dignidade da pessoa humana possui um caráter absoluto, sendo um princípio primordial presente na Constituição Federal de 1988.

92. A execução de determinação judicial, proferida nos autos de ação de investigação de paternidade, com o objetivo de conduzir coercitivamente o réu ao laboratório para coleta do material indispensável à feitura do exame DNA viola o princípio da dignidade humana. (CESPE - 2011 - IFB - Professor - Direito).

> **Questão original:** A execução de determinação judicial, proferida nos autos de ação de investigação de paternidade, com o objetivo de conduzir coercitivamente o réu ao laboratório para coleta do material indispensável à feitura do exame DNA **NÃO** viola o princípio da dignidade humana.

93. Constituem **PRINCÍPIOS FUNDAMENTAIS** da República Federativa do Brasil a dignidade da pessoa humana, a independência nacional e a igualdade entre **OS ESTADOS**. (CESPE - 2011 - TRE-ES - Analista Judiciário - Área Administrativa - Específicos).

> **Questão original:** Constituem fundamentos da República Federativa do Brasil a dignidade da pessoa humana, a independência nacional e a igualdade entre as nações.

94. A República Federativa do Brasil, formada pela união indissolúvel dos estados, dos municípios e do Distrito Federal, constitui Estado democrático de direito e tem por fundamentos, entre outros, a soberania, o pluralismo político. (CESPE - 2011 - PC-ES - Auxiliar de Perícia Médico-legal - Específicos).

> **Questão original:** A República Federativa do Brasil, formada pela união indissolúvel dos estados, dos municípios e do Distrito Federal, constitui Estado democrático de direito e tem por fundamentos, entre outros, a soberania, o pluralismo político, a **PREVALÊNCIA DOS DIREITOS HUMANOS** e a **CONSTRUÇÃO DE UMA SOCIEDADE LIVRE, JUSTA E SOLIDÁRIA.**

95. A utilização de idioma estrangeiro em atos processuais no país ofende a soberania como fundamento da República Federativa do Brasil. (CESPE - 2011 - IFB - Professor - Direito)

> **Questão original:** A utilização de idioma estrangeiro em atos processuais no país **NÃO** ofende a soberania como fundamento da República Federativa do Brasil.

96. O Brasil, como signatário de tratados e convenções internacionais, **ADMITE** a igualdade entre os Estados, já que os países menos desenvolvidos recebem ajuda financeira e humanitária dos países mais ricos como forma de cooperação entre os povos para o progresso da humanidade. (CESPE - 2011 - FUB - Assistente de Administração - Específicos).

> **Questão original:** O Brasil, como signatário de tratados e convenções internacionais, repudia a igualdade entre os Estados, já que os países menos desenvolvidos recebem

ajuda financeira e humanitária dos países mais ricos como forma de cooperação entre os povos para o progresso da humanidade.

97. Um dos preceitos constitucionais estabelece que a República Federativa do Brasil buscará a integração econômica, política, social e cultural dos povos das Américas **LATINA**, visando à formação de uma comunidade de nações **LATINO-AMERICANAS.** (CESPE - 2007 - TCU - Técnico de Controle Externo).

Questão original: Um dos preceitos constitucionais estabelece que a República Federativa do Brasil buscará a integração econômica, política, social e cultural dos povos das Américas do Sul, Central e do Norte, visando à formação de uma comunidade de nações americanas.

98. Os fundamentos da República Federativa do Brasil incluem o pluralismo político e a cidadania. (CESPE - 2011 - STM - Analista Judiciário - Análise de Sistemas - Básicos).

99. A concessão de asilo político está **INCLUÍDA NOS** princípios constitucionais brasileiros no âmbito das relações internacionais. (CESPE - 2011 - MEC - Nível Superior - Conhecimentos Básicos - Todos os Cargos).

Questão original: A concessão de asilo político, apesar de prevista em hipóteses excepcionais no ordenamento constitucional, está excluída dos princípios constitucionais brasileiros no âmbito das relações internacionais.

100. Embora a CF estabeleça que todo o poder emana do povo, a CF prevê hipótese em que o poder seja exercido diretamente pelo povo, **ASSIM COMO TAMBÉM INDIRETAMENTE** por meio de seus representantes eleitos para tal finalidade. (CESPE - 2011 - CNPQ - Assistente).

Questão original: Embora a CF estabeleça que todo o poder emana do povo, a CF não prevê hipótese em que o poder seja exercido diretamente pelo povo, mas apenas por meio de seus representantes eleitos para tal finalidade.

101. A forma republicana de governo não está gravada expressamente como cláusula pétrea na CF, visto que pode ser modificada por plebiscito. (CESPE - 2011 - TCU - Auditor Federal de Controle Externo - Psicologia).

102. O princípio da dignidade da pessoa humana **NÃO** é um princípio fundamental e absoluto. (CESPE - 2011 - PC-ES - Perito Papiloscópico - Específicos).

Questão original: O princípio da dignidade da pessoa humana é um princípio fundamental e absoluto.

103. A independência nacional, a igualdade entre os estados e a dignidade da pessoa humana são alguns dos **PRINCÍPIOS FUNDAMENTAIS** da República Federativa do Brasil. (CESPE - 2011 - CNPQ - Assistente).

> **Questão original:** A independência nacional, a igualdade entre os estados e a dignidade da pessoa humana são alguns dos fundamentos da República Federativa do Brasil.

104. Os objetivos fundamentais da República brasileira incluem a garantia do desenvolvimento nacional, a erradicação da pobreza e da marginalização, a redução das desigualdades sociais e regionais e a promoção do bem de todos, sem quaisquer preconceitos ou outras formas de discriminação. (CESPE - 2011 - FUB - Assistente de Administração - Específicos).

105. A dignidade da pessoa humana, um dos fundamentos da República Federativa do Brasil, apresenta-se como direito de proteção individual em relação ao Estado e aos demais indivíduos e como dever fundamental de tratamento igualitário dos próprios semelhantes. (CESPE - 2010 - MPU - Analista - Atuarial).

106. O princípio da dignidade da pessoa humana, extremamente relevante na ordem jurídica nacional, se encontra previsto expressamente na CF. (CESPE - 2010 - MS - Técnico de Contabilidade).

> **Questão original:** O princípio da dignidade da pessoa humana, apesar de extremamente relevante na ordem jurídica nacional, **NÃO** se encontra previsto expressamente na CF, mas é exaustivamente regulamentado na legislação infraconstitucional.

107. Como forma de Estado, a Federação destaca-se pela perda da soberania dos estados federados em favor de um poder central, mantendo-se, no entanto, certa autonomia em seu favor, **NÃO HÁ** direito de secessão na hipótese de quebra do pacto federativo. (CESPE - 2010 - SERPRO - Analista - Advocacia).

> **Questão original:** Como forma de Estado, a Federação destaca-se pela perda da soberania dos estados federados em favor de um poder central, mantendo-se, no entanto, certa autonomia em seu favor, além do direito de secessão na hipótese de quebra do pacto federativo.

108. Os princípios gerais da ordem econômica, previstos na CF, fundam-se na valorização do trabalho humano e na livre iniciativa, que, não sendo absoluta, deve conformar-se a alguns princípios, tais como a defesa do consumidor, o direito à propriedade privada e a igualdade de todos perante a lei. (CESPE - 2010 - ABIN - Oficial Técnico de Inteligência - Área de Direito).

109. A livre iniciativa está entre os fundamentos da República Federativa do Brasil inseridos na CF, o que denota a opção do constituinte originário por uma economia de mercado capitalista. (CESPE - 2010 - INCA - Analista em C&T Júnior - Direito - Legislação Pública em Saúde).

110. A soberania popular é exercida, em regra, por meio da democracia representativa. A Constituição Federal brasileira consagra, também, a democracia participativa ao prever instrumentos de participação intensa e efetiva do cidadão nas decisões governamentais. (CESPE - 2010 - ABIN - Oficial Técnico de Inteligência - Área de Direito).

111. A dignidade da pessoa humana, um dos fundamentos da República Federativa do Brasil, apresenta-se como direito de proteção individual em relação ao Estado e aos demais indivíduos e como dever fundamental de tratamento igualitário dos próprios semelhantes. (CESPE - 2010 - MPU - Analista de Saúde - Psicologia).

112. A República Federativa do Brasil rege-se, nas suas relações internacionais, pelo repúdio ao racismo. (CESPE - 2010 - DPE-BA - Defensor Público).

113. A Constituição Federal de 1988 apresenta os chamados princípios fundamentais da República Federativa do Brasil, que incluem referências a sua forma de Estado, forma de governo e regime político. Deduz-se do texto constitucional que a República Federativa do Brasil é um Estado de Direito, o que limita o próprio poder do Estado e garante os direitos fundamentais dos particulares. (CESPE - 2010 - MPU - Técnico Administrativo).

114. A dignidade da pessoa humana, um dos fundamentos da República Federativa do Brasil, apresenta-se como direito de proteção individual em relação ao Estado e aos demais indivíduos e como dever fundamental de tratamento igualitário dos próprios semelhantes. (CESPE - 2010 - MPU - Analista - Arquivologia).

115. Os valores sociais do trabalho e da livre iniciativa constituem fundamentos da República Federativa do Brasil. (CESPE - 2010 - ANEEL - Técnico Administrativo - Área 1).

> **Questão original:** Os valores sociais do trabalho e da livre iniciativa, a CONSTRUÇÃO DE UMA SOCIEDADE LIVRE JUSTA E SOLIDÁRIA E A GARANTIA DO DESENVOLVIMENTO NACIONAL constituem fundamentos da República Federativa do Brasil.

116. De acordo com o princípio federativo adotado no Brasil, os estados-membros possuem autonomia administrativa e política, sendo vedado a eles o direito de secessão. (CESPE - 2010 - MS - Técnico de Contabilidade).

117. A República Federativa do Brasil rege-se, nas suas relações internacionais, entre outros, pelos princípios dos direitos humanos, da autodeterminação dos povos, da igualdade entre os Estados, da defesa da paz, da solução pacífica dos conflitos, do repúdio ao terrorismo e ao racismo, da cooperação entre os povos para o progresso da humanidade, da concessão de asilo político. (CESPE - 2010 - TRT - 21ª Região (RN) - Analista Judiciário - Área Judiciária).

> **Questão original:** A República Federativa do Brasil rege-se, nas suas relações internacionais, entre outros, pelos princípios dos direitos humanos, da autodeterminação dos povos, da igualdade entre os Estados, da defesa da paz, da solução pacífica dos conflitos, do repúdio ao terrorismo e ao racismo, da cooperação entre os povos para o progresso da humanidade, do **DUPLO GRAU DE JURISDIÇÃO**, da concessão de asilo político e da independência funcional.

118. O povo exerce sua participação **INDIRETA** no poder por intermédio do voto, ao eleger os deputados federais, estaduais, distritais e vereadores. (CESPE - 2010 - MPS - Técnico em Comunicação Social - Relações Públicas).

> **Questão original:** O povo exerce sua participação direta no poder por intermédio do voto, ao eleger os deputados federais, estaduais, distritais e vereadores.

119. De acordo com a CF, a forma de governo republicana no Brasil **NÃO É** considerada cláusula pétrea e pode ser modificada por emenda constitucional. (CESPE - 2010 - SERPRO - Analista - Advocacia).

> **Questão original:** De acordo com a CF, a forma de governo republicana no Brasil é considerada cláusula pétrea e não pode ser modificada por emenda constitucional.

120. Entre os princípios fundamentais do Estado brasileiro, incluem-se a dignidade da pessoa humana, a construção de uma sociedade livre, justa e solidária e a concessão de asilo político. Além disso, a República Federativa do Brasil buscará a integração econômica, política, social e cultural dos povos da América Latina, visando à formação de uma comunidade latino-americana de nações. (CESPE - 2010 - AGU - Agente Administrativo).

121. Segundo a doutrina, a aplicação do princípio da reserva legal **RELATIVA** é constatada quando a CF remete à lei formal apenas a fixação dos parâmetros de atuação para o órgão administrativo, permitindo que este promova a correspondente complementação por ato infralegal. (CESPE - 2009 - AGU - Advogado da União).

> **Questão original:** Segundo a doutrina, a aplicação do princípio da reserva legal absoluta é constatada quando a CF remete à lei formal apenas a fixação dos parâmetros de atuação para o órgão administrativo, permitindo que este promova a correspondente complementação por ato infralegal.

122. Constitui princípio que rege a República Federativa do Brasil em suas relações internacionais a concessão de asilo político, vedada a extradição **APENAS AOS BRASILEIROS NATOS.** (CESPE – 2009 – TRT – 17ª Região (ES) – Técnico Judiciário – Área Administrativa).

Questão original: Constitui princípio que rege a República Federativa do Brasil em suas relações internacionais a concessão de asilo político, vedada a extradição.

123. De acordo com a Constituição Federal de 1988 (CF), todo o poder emana do povo, que o exerce por meio de representantes eleitos **OU** diretamente. (CESPE – 2009 – TRT – 17ª Região (ES) – Técnico Judiciário – Área Administrativa).

Questão original: De acordo com a Constituição Federal de 1988 (CF), todo o poder emana do povo, que o exerce exclusivamente por meio de representantes eleitos diretamente.

124. Apesar de a CF estabelecer que todo o poder emana do povo, há previsão, no texto constitucional, de seu exercício diretamente pelo povo **E INDIRETAMENTE, POR** meio de representantes eleitos. (CESPE – 2009 – TCU – Técnico de Controle Externo – Área Administrativa).

Questão original: Apesar de a CF estabelecer que todo o poder emana do povo, não há previsão, no texto constitucional, de seu exercício diretamente pelo povo, mas por meio de representantes eleitos.

125. Segundo a CF, a República Federativa do Brasil deve buscar a integração econômica, política, social e cultural dos povos da América Latina, com vistas à formação de uma comunidade latino-americana de nações. (CESPE – 2009 – TRT – 17ª Região (ES) – Analista Judiciário – Área Administrativa).

126. O Estado federal brasileiro – a República Federativa do Brasil – é pessoa jurídica de direito público internacional, e sua organização político-administrativa compreende a União, os estados e o Distrito Federal **E** os municípios. (CESPE – 2009 – Instituto Rio Branco – Diplomata – 1ª Etapa BRANCO).

Observação: "Art. 18 da CF: A organização político-administrativa da República Federativa do Brasil compreende a União, os Estados, o Distrito Federal e os Municípios, todos autônomos, nos termos desta Constituição."

Questão original: O Estado federal brasileiro – a República Federativa do Brasil – é pessoa jurídica de direito público internacional, e sua organização político-administrativa compreende a União, os estados e o Distrito Federal, mas não, os municípios, pois estes não são entidades federativas, visto que constituem divisões político-administrativas dos estados.

127. O modelo de federalismo brasileiro é do tipo segregador. (CESPE – 2009 – MMA – Agente Administrativo).

128. Nascida na ambiência político-jurídica da América Latina do século XIX, a possibilidade de concessão de asilo político é comumente acolhida como garantia facultada pelo Estado Democrático de Direito. (CESPE – 2009 – Instituto Rio Branco – Diplomata – 1ª Etapa BRANCO).

129. A evolução da cidadania é um processo que **NÃO** se originou após o século XIX. (CESPE – 2009 – ANTAQ – Técnico Administrativo).

Questão original: A evolução da cidadania é um processo que se originou após o século XIX.

130. A República Federativa do Brasil é formada pela união indissolúvel dos estados, dos municípios **E** do Distrito Federal. (CESPE – 2009 – TRT – 17ª Região (ES) – Técnico Judiciário – Área Administrativa).

Questão original: A República Federativa do Brasil é formada pela união indissolúvel dos estados, dos municípios, do Distrito Federal e dos territórios.

131. Nascida na ambiência político-jurídica da América Latina do século XIX, a possibilidade de concessão de asilo político é comumente acolhida como garantia facultada pelo Estado Democrático de Direito. (CESPE – 2009 – Instituto Rio Branco – Diplomata – 1ª Etapa BRANCO).

131.1 O instituto jurídico do asilo político figura entre os princípios constitucionais que regem as relações internacionais da República Federativa do Brasil.

131.2 O instituto jurídico do asilo político tem natureza constitucional e está inserido como **PRINCÍPIO INTERNACIONAL DA REPÚBLICA FEDERATIVA DO BRASIL, NOS TERMOS DO ART. 4º, X DA LEI MAIOR.**

Questão original: O instituto jurídico do asilo político tem natureza constitucional e está inserido como direito e garantia fundamental, nos termos do art. 5.º da Lei Maior.

131.3 O instituto jurídico do asilo político tem natureza **CONSTITUCIONAL.**

Questão original: O instituto jurídico do asilo político tem natureza infraconstitucional e está positivado, com exclusividade e especialidade, em legislação ordinária.

134. A democracia não é mais a escolha dos governantes, mas, sim, a orientação sobre como se quer ser governado. Não há função sem controle. O vetor democrático é pelo pluralismo, o que justifica a existência de vários órgãos de controle. Quanto mais democrático o Estado, maior será o número de órgãos de controle. A ligação entre democracia e legitimidade está no fato de que esta é uma qualidade do poder. A legitimação está ligada ao acesso ao poder, ao exercício do poder e, finalmente, à legitimação teleológica, pelo alcance dos resultados esperados. Não basta a legitimação formal, mas, sim, a legitimação substantiva, que se faz pela participação, pela processualidade aberta e pelo resultado. Diogo de Figueiredo Moreira Neto. Palestra proferida no I Fórum Brasileiro de Controle da Administração Pública, organizado pela Editora Fórum (Belo Horizonte) na cidade do Rio de Janeiro, em 2/8/2004 (com adaptações). (CESPE – 2008 – TCU – Analista de Controle Interno – Tecnologia da Informação – Prova 1).

134.1 O pluralismo político é arrolado, na Constituição Federal, como princípio fundamental.

134.2 Quando defende o controle exercido pelos diversos órgãos da administração como forma de concretização do princípio da democracia, o autor do texto acima admite que problemas semelhantes possam encontrar soluções diferentes, o que **NÃO** viola a Constituição Federal.

Questão original: Quando defende o controle exercido pelos diversos órgãos da administração como forma de concretização do princípio da democracia, o autor do texto acima admite que problemas semelhantes possam encontrar soluções diferentes, o que viola a Constituição Federal.

135. Constituem objetivos fundamentais da República Federativa do Brasil a construção de uma sociedade livre, justa e solidária, com garantia ao desenvolvimento nacional, erradicação da pobreza e da marginalização e a redução das desigualdades sociais. (CESPE – 2008 – FUB – Assistente Administrativo).

136. A federação é uma forma de **ESTADO** na qual há uma nítida separação de competências entre as esferas estaduais, dotadas de autonomia, e o poder público central, denominado União. (CESPE – 2008 – SERPRO – Analista – Advocacia).

Questão original: A federação é uma forma de governo na qual há uma nítida separação de competências entre as esferas estaduais, dotadas de autonomia, e o poder público central, denominado União.

137. A República Federativa do Brasil é formada pela união indissolúvel dos estados e municípios e do Distrito Federal, regendo-se, entre outros princípios, pela prevalência dos direitos humanos e pela igualdade entre os estados. (CESPE - 2008 - FUB - Assistente Administrativo).

138. O princípio da soberania popular comporta cinco dimensões, historicamente sedimentadas. O domínio político não é pressuposto e aceito, carece de justificação, necessita de legitimação; a legitimação do domínio político só pode derivar do próprio povo, e não de qualquer outra instância "fora" do povo real (ordem divina, ordem natural, ordem hereditária, ordem democrática); o povo é, ele mesmo, o titular da soberania ou do poder, o que significa, de forma negativa, que o poder do povo distingue-se de outras formas de domínio (monarca, classe, casta); de forma positiva, há necessidade de uma legitimação democrática efetiva para o exercício do poder, pois o povo é o titular e o ponto de referência dessa mesma legitimação – ela vem do povo e a este se deve reconduzir; a soberania popular – o povo, a vontade do povo e a formação da vontade política do povo – existe, é eficaz e vinculativa no âmbito de uma ordem constitucional materialmente informada pelos princípios da liberdade política, da igualdade dos cidadãos, de organização plural de interesses politicamente relevantes e procedimentalmente dotada de instrumentos garantidores da operacionalidade prática desse princípio; a Constituição, material, formal e procedimentalmente legitimada, fornece o plano da construção organizatória da democracia, pois é ela que determina os pressupostos e os procedimentos segundo os quais as decisões e as manifestações de vontade do povo são jurídica e politicamente relevantes. J.J. Gomes Canotilho. Direito constitucional e teoria da constituição, 4.ª ed., p. 290 (com adaptações). (CESPE - 2008 - ABIN - Oficial de Inteligência).

138.1 Quando o texto afirma que o conceito de povo, de forma positiva, necessita de legitimação democrática efetiva para o exercício do poder, exclui o chamado Estado de polícia ou Estado policial, o qual **NÃO** constitui uma das formas de atuação do estado democrático de direito.

Questão original: Quando o texto afirma que o conceito de povo, de forma positiva, necessita de legitimação democrática efetiva para o exercício do poder, não exclui o chamado Estado de polícia ou Estado policial, o qual constitui uma das formas de atuação do estado democrático de direito.

138.2 A quarta e a quinta dimensões do princípio da soberania popular apontadas no texto têm o intuito de impor limites, por meio da Constituição, à vontade momentânea do povo, de forma a impedir que certos direitos e garantias fundamentais sejam abolidos, mesmo que essa seja a vontade da maioria.

139. Constitui objetivo fundamental da República Federativa do Brasil a promoção do bem de todos, sem preconceitos de origem, raça, sexo, cor, idade ou quaisquer outras formas de discriminação. Dessa forma, contraria a CF a exigência, contida em editais de concursos públicos, sem o devido amparo legal, de limite de idade mínima ou máxima para inscrição. (CESPE – 2008 – ABIN – Agente de Inteligência).

140. A forma federativa de Estado fora arrolada expressamente como cláusula pétrea pelo constituinte originário. (CESPE – 2008 – TCU – Analista de Controle Externo – Auditoria Governamental – Prova 1).

> **Questão original:** A **REPÚBLICA** e a forma federativa de Estado foram arroladas expressamente como cláusulas pétreas pelo constituinte originário.

141. O conceito de Estado possui basicamente quatro elementos: território, governo e soberania. Assim, é possível que haja mais de uma nação em um determinado Estado, ou mais de um Estado para a mesma nação. (CESPE – 2008 – SERPRO – Analista – Advocacia).

> **Questão original:** O conceito de Estado possui basicamente quatro elementos: **NAÇÃO**, território, governo e soberania. Assim, não é possível que haja mais de uma nação em um determinado Estado, ou mais de um Estado para a mesma nação.

142. A construção de uma sociedade livre, justa e solidária é um objetivo, ao passo que a dignidade da pessoa humana é um fundamento da República Federativa do Brasil. (CESPE – 2008 – TJ-DFT – Analista Judiciário – Arquivologia).

143. A República Federativa do Brasil tem como fundamentos a soberania, a cidadania, a dignidade da pessoa humana, os valores sociais do trabalho e da livre iniciativa e o pluralismo político, sendo poderes da União o Legislativo o Executivo **E O JUDICIÁRIO.** (CESPE – 2008 – FUB – Assistente Administrativo).

> **Questão original:** A República Federativa do Brasil tem como fundamentos a soberania, a cidadania, a dignidade da pessoa humana, os valores sociais do trabalho e da livre iniciativa e o pluralismo político, sendo poderes da União somente o Legislativo e o Executivo.

144. A expressão República Federativa enuncia, respectivamente, uma forma de governo e uma forma de Estado. (CESPE – 2008 – TJ-DFT – Analista Judiciário – Arquivologia).

145. O Brasil é regido, nas suas relações internacionais, pelo princípio da autodeterminação dos povos, mas repudia o terrorismo e o racismo. (CESPE – 2008 – STJ – Analista Judiciário – Área Judiciária).

146. O princípio democrático é compreendido como um princípio normativo multiforme. De um lado, surge como um processo de democratização, entendido como processo de aprofundamento democrático da ordem política, econômica, social e cultural. De outro, revela a sua total contradição, pois associa conceitos da teoria representativa (com órgãos representativos) e a democracia participativa, a qual **NÃO** se esgota com as eleições diretas. (CESPE - 2008 - STJ - Analista Judiciário - Área Administrativa).

Questão original: O princípio democrático é compreendido como um princípio normativo multiforme. De um lado, surge como um processo de democratização, entendido como processo de aprofundamento democrático da ordem política, econômica, social e cultural. De outro, revela a sua total contradição, pois associa conceitos da teoria representativa (com órgãos representativos) e a democracia participativa, a qual se esgota com as eleições diretas.

147. A Constituição Federal optou por um sistema capitalista, no qual desempenha papel primordial a livre iniciativa. (CESPE - 2008 - PGE-ES - Procurador do Estado).

148. A integração econômica, política, social e cultural dos povos, visando à formação de uma comunidade latino-americana de nações, é uma determinação constitucional que rege a relação entre a República Federativa do Brasil e os países da América Latina. (CESPE - 2008 - TJ-DFT - Técnico Judiciário - Área Administrativa).

149. A cooperação entre os povos para o progresso da humanidade é definida na Constituição como **PRINCÍPIO INTERNACIONAL** da República Federativa do Brasil. (CESPE - 2008 - TJ-DFT - Técnico Judiciário - Área Administrativa).

Questão original: A cooperação entre os povos para o progresso da humanidade é definida na Constituição como objetivo fundamental da República Federativa do Brasil.

150. Em ação penal ajuizada contra um cidadão, um promotor de justiça fez uma narração genérica dos atos que, a seu ver, haviam importado na configuração de um crime. O processo foi bastante demorado e transcorreram-se mais de 6 anos sem que sequer a sentença do juízo do primeiro grau de jurisdição tivesse sido prolatada. Um segundo promotor, que veio a substituir o primeiro, observou que o fato imputado ao cidadão na verdade não configurava crime e pediu ao juiz, em alegações finais, que reconhecesse a atipicidade da conduta, ou seja, que a conduta do cidadão não configurava qualquer delito. (CESPE - 2008 - STF - Técnico Judiciário - Área Administrativa).

150.1 A instauração da ação penal, quando evidente a atipicidade da conduta, constitui violação aos direitos fundamentais, em especial ao princípio da dignidade da pessoa humana.

150.2 A ação penal, quando demasiadamente genérica, impossibilita ao cidadão o exercício do direito de defesa - um postulado básico do estado de direito - e pode atingir a própria dignidade humana.

151. A emenda à Constituição Estadual referida padece de vício de inconstitucionalidade material, porquanto conflita com dispositivo da Constituição da República protegido constitucionalmente por meio de cláusula pétrea, o que impede a sua abolição até mesmo por meio de emenda à Constituição Federal. (CESPE – 2003 – Instituto Rio Branco – Diplomata).

152. O pluralismo político que fundamenta a República Federativa do Brasil é conceito relacionado **A CONVICÇÃO IDEOLÓGICA.** (CESPE – 2007 – TCU – Técnico de Controle Externo).

> **Questão original:** O pluralismo político que fundamenta a República Federativa do Brasil é conceito relacionado exclusivamente ao pluralismo partidário.

153. O princípio da dignidade da pessoa humana, por ser uma proposição geral, de caráter fluido, **POSSUI** densidade normativa apta a ensejar a possibilidade de sua utilização como fundamento de decisão judicial. (CESPE – 2007 – TCU – Técnico de Controle Externo).

> **Questão original:** O princípio da dignidade da pessoa humana, por ser uma proposição geral, de caráter fluido, carece de densidade normativa apta a ensejar a possibilidade de sua utilização como fundamento de decisão judicial.

154. Os valores sociais do trabalho e da livre iniciativa são fundamentos da República Federativa do Brasil. (CESPE – 2007 – TRT – 9ª REGIÃO (PR) – Técnico Judiciário – Área Administrativa).

155. Denomina-se mutação constitucional o processo informal de revisão, atualização ou transição da Constituição sem que haja mudança do texto constitucional. (CESPE – 2006 – ANATEL – Analista Administrativo – Direito).

156. No caso brasileiro, o poder constituinte derivado possui limitações, materiais e circunstanciais, expressas no texto constitucional, e limitações implícitas, relativas à titularidade dos poderes constituintes derivados. (CESPE – 2004 – Polícia Federal – Delegado de Polícia – Nacional).

> **Questão original:** No caso brasileiro, o poder constituinte derivado possui limitações **TEMPORAIS**, materiais e circunstanciais, expressas no texto constitucional, e limitações implícitas, relativas à titularidade dos poderes constituintes originário e derivado.

157. A reserva de lei é mais restrita que a legalidade no que concerne a densidade e conteúdo; entretanto, a legalidade é mais abrangente que a reserva de lei. (CESPE – 2004 – STJ – Analista Judiciário – Área Administrativa).

Questão original: A reserva de lei é mais restrita que a legalidade no que concerne a densidade e conteúdo; entretanto, a legalidade é mais abrangente que a reserva de lei **PELO FATO DE ATINGIR CERTAS MATÉRIAS ESPECIFICADAS NO PRÓPRIO TEXTO CONSTITUCIONAL.**

158. A Assembleia Legislativa de determinado estado-membro da Federação aprovou emenda à Constituição Estadual, estabelecendo que a sucessão dos bens de estrangeiros situados no território daquele estado seria deferida em partes iguais aos cônjuges ou companheiros e aos filhos brasileiros do estrangeiro, sempre que não lhes fosse mais favorável a lei pessoal do de cujus.

Um partido político com representação no Congresso Nacional propôs, junto ao Supremo Tribunal Federal (STF), ação direta de inconstitucionalidade da emenda constitucional referida. (CESPE - 2003 - Instituto Rio Branco - Diplomata).

2

DIREITOS FUNDAMENTAIS

2.1 TEORIA DOS DIREITOS FUNDAMENTAIS

1. A Constituição Federal de 1988, por possuir expressivo conjunto de normas diretamente relacionado aos direitos sociais, preserva os direitos fundamentais das minorias, como, por exemplo, o direito a terra dos povos indígenas e das comunidades quilombolas. (CESPE - 2018 - IPHAN - Técnico I - Área 1).

2. Atualmente os direitos humanos têm sido utilizados pelos movimentos sociais urbanos e rurais, assim como por povos e comunidades tradicionais, como forma de proteção, principalmente contra transgressões cometidas pelo Estado ou por seus agentes. (CESPE - 2018 - IPHAN - Técnico I - Área 1).

3. Os tratados internacionais sobre direitos humanos possuem status de emendas constitucionais **DESDE QUE SEJAM APROVADOS POR 3/5 DOS VOTOS EM DOIS TURNOS EM CADA CASA DO CONGRESSO NACIONAL**, de maneira que a autoridade pública que a eles desobedecer estará sujeita a responsabilização. (CESPE - 2018 - MPU - Técnico do MPU - Administração).

> **Questão original:** Os tratados internacionais sobre direitos humanos possuem status de emendas constitucionais, de maneira que a autoridade pública que a eles desobedecer estará sujeita a responsabilização.

4. Segundo o STF, é **CONSTITUCIONAL** a definição de critérios, além da autodeclaração, como forma de identificação dos beneficiários da política de cotas nos concursos públicos. (CESPE - 2018 - Polícia Federal - Delegado de Polícia Federal).

> **Questão original:** Segundo o STF, é inconstitucional a definição de critérios, além da autodeclaração, como forma de identificação dos beneficiários da política de cotas nos concursos públicos.

5. Os direitos e as garantias fundamentais constitucionais estendem-se aos estrangeiros em trânsito no território nacional **E** às pessoas jurídicas. (CESPE – 2018 – CGM de João Pessoa – PB – Técnico Municipal de Controle Interno – Geral).

> **Questão original:** Os direitos e as garantias fundamentais constitucionais estendem-se aos estrangeiros em trânsito no território nacional, mas não às pessoas jurídicas, por falta de previsão constitucional expressa.

6. Tratados e convenções internacionais sobre direitos humanos que forem aprovados em cada casa do Congresso Nacional, nos termos da CF, serão equivalentes às emendas constitucionais. (CESPE – 2018 – MPE-PI – Técnico Ministerial – Área Administrativa).

7. Lei federal que previr o oferecimento, em escolas públicas, de ensino religioso de natureza confessional **NÃO** ferirá o princípio da laicidade do Estado. (CESPE – 2018 – STJ – Conhecimentos Básicos – Cargo: 1).

> **Questão original:** Lei federal que previr o oferecimento, em escolas públicas, de ensino religioso de natureza confessional ferirá o princípio da laicidade do Estado.

8. Policiais têm a prerrogativa de adentrar na casa de qualquer pessoa durante o período **DIA**, desde que portem determinação judicial ou o morador consinta. (CESPE – 2018 – MPU – Técnico do MPU – Administração).

> **Questão original:** Policiais têm a prerrogativa de adentrar na casa de qualquer pessoa durante o período noturno, desde que portem determinação judicial ou o morador consinta.

9. O princípio da vedação ao anonimato impede que o Ministério Público, em regra, acolha delação apócrifa como fundamento para a instauração de procedimento criminal. (CESPE – 2018 – STJ – Conhecimentos Básicos – Cargo: 1).

10. A lei não pode prejudicar o direito adquirido, o ato jurídico perfeito e a **COISA JULGADA.** (CESPE – 2018 – CGM de João Pessoa – PB – Conhecimentos Básicos – Cargos: 1, 2 e 3).

> **Observação:** "Art. 5º, XXXVI da CF – a lei não prejudicará o direito adquirido, o ato jurídico perfeito e a coisa julgada."

> **Questão original:** A lei não pode prejudicar o direito adquirido, o ato jurídico perfeito e a expectativa de direito.

11. O racismo estrutural gera desigualdade material profunda entre os candidatos inscritos em concurso público, razão pela qual é constitucional assegurar vantagens competitivas aos que se autodeclararem negros. (CESPE - 2018 - STJ - Conhecimentos Básicos - Cargo: 1).

12. O rol dos direitos fundamentais previsto na Constituição Federal de 1988 é **EXEMPLIFICATIVO**, isto é, o Brasil adota um sistema **ABERTO** de direitos fundamentais. (CESPE - 2018 - STJ - Conhecimentos Básicos - Cargo: 1).

Questão original: O rol dos direitos fundamentais previsto na Constituição Federal de 1988 é taxativo, isto é, o Brasil adota um sistema fechado de direitos fundamentais.

13. Os direitos fundamentais individuais incluem o direito à intimidade, o direito ao devido processo legal. (CESPE - 2017 - DPU - Defensor Público Federal).

Questão original: Os direitos fundamentais individuais incluem o direito à intimidade, o direito ao devido processo legal **E O DIREITO DE GREVE**.

14. A Constituição Federal, ao prever, de forma **EXEMPLIFICATIVA**, os direitos e garantias fundamentais dos indivíduos, faz que sejam **CONSIDERADOS** outros direitos humanos, mesmo que estejam previstos em tratados internacionais dos quais o Brasil seja parte. (CESPE - 2017 - TRF - 1ª REGIÃO - Analista Judiciário - Área Administrativa).

Observação: "Art. 5º, § 2º da CF: Os direitos e garantias expressos nesta Constituição não excluem outros decorrentes do regime e dos princípios por ela adotados, ou dos tratados internacionais em que a República Federativa do Brasil seja parte."

Questão original: A Constituição Federal, ao prever, de forma exaustiva, os direitos e garantias fundamentais dos indivíduos, faz que sejam desconsiderados outros direitos humanos, mesmo que estejam previstos em tratados internacionais dos quais o Brasil seja parte.

15. Para a interposição de recurso administrativo no caso de indeferimento de pedido protocolado em determinado órgão público, **NÃO** poderá ser exigido depósito prévio de dinheiro ou bem se a causa tratar de questões patrimoniais. (CESPE - 2017 - TCE-PE - Analista de Gestão - Julgamento).

Observação: "Súmula Vinculante 21: É inconstitucional a exigência de depósito ou arrolamento prévios de dinheiro ou bens para admissibilidade de recurso administrativo."

Questão original: Para a interposição de recurso administrativo no caso de indeferimento de pedido protocolado em determinado órgão público, poderá ser exigido depósito prévio de dinheiro ou bem se a causa tratar de questões patrimoniais.

16. Entidade estatal que editar determinada lei **NÃO** poderá invocar a garantia da irretroatividade para assegurar que a referida norma não prejudique ato jurídico perfeito, direito adquirido e coisa julgada. (CESPE – 2017 – TRF – 1ª REGIÃO – Analista Judiciário – Área Judiciária).

Observação: "Súmula 654 do STF: A garantia da irretroatividade da lei, prevista no art. 5º, XXXVI, da Constituição da República, não é invocável pela entidade estatal que a tenha editado."

Questão original: Entidade estatal que editar determinada lei poderá invocar a garantia da irretroatividade para assegurar que a referida norma não prejudique ato jurídico perfeito, direito adquirido e coisa julgada.

17. Direito fundamental pode sofrer limitações, mas é inadmissível que se atinja seu núcleo essencial de forma tal que se lhe desnature a essência. (CESPE – 2015 – FUB – Conhecimentos Básicos Todos os cargos – Nível Intermediário).

18. A característica da universalidade consiste em que todos os indivíduos sejam titulares de todos os direitos fundamentais, **O QUE NÃO SIGNIFICA QUE SE APLICAM A TODOS** sem distinção. (CESPE – 2015 – FUB – Conhecimentos Básicos – Nível Intermediário).

Questão original: A característica da universalidade consiste em que todos os indivíduos sejam titulares de todos os direitos fundamentais, sem distinção.

19. A limitação de direitos individuais, enquanto direitos de hierarquia constitucional, deve se dar por expressa disposição constitucional ou mediante lei promulgada com fundamento imediato na própria Constituição Federal. (CESPE – 2015 – Telebras – Advogado).

20. Na CF, a classificação dos direitos e garantias fundamentais **NÃO** restringe-se a três categorias: os direitos individuais e coletivos, os direitos de nacionalidade e os direitos políticos. (CESPE – 2015 – MPU – Técnico do MPU – Segurança Institucional e Transporte – Conhecimentos Específicos).

Questão original: Na CF, a classificação dos direitos e garantias fundamentais restringe-se a três categorias: os direitos individuais e coletivos, os direitos de nacionalidade e os direitos políticos.

21. A CF traz uma enumeração **EXEMPLIFICATIVA** dos direitos fundamentais. (CESPE – 2015 – MPU – Técnico do MPU – Segurança Institucional e Transporte – Conhecimentos Específicos).

Questão original: A CF traz uma enumeração taxativa dos direitos fundamentais.

22. O rol de direitos e garantias apresentados no título "Dos Direitos e Garantias Fundamentais" da CF não é exaustivo, pois existem dispositivos normativos, em diferentes títulos e capítulos do texto constitucional, que também tratam de direitos e garantias fundamentais. (CESPE - 2015 - FUB - Auditor).

23. As cartas dirigidas a servidor **NÃO** podem ser livremente abertas pelos órgãos de segurança institucional. (CESPE - 2015 - MPU - Técnico do MPU - Segurança Institucional e Transporte - Conhecimentos Específicos).

Questão original: As cartas dirigidas a servidor podem ser livremente abertas pelos órgãos de segurança institucional.

24. As ações afirmativas do Estado na área da educação visam garantir o direito social do cidadão, direito fundamental de segunda geração, e assegurar a isonomia material. (CESPE - 2015 - FUB - Conhecimentos Básicos - Nível Superior).

25. O respeito aos direitos fundamentais deve subordinar tanto o Estado quanto os particulares, igualmente titulares e destinatários desses direitos. (CESPE - 2015 - FUB - Conhecimentos Básicos Todos os cargos - Nível Intermediário).

26. A **LIMITABILIDADE** é uma característica dos direitos fundamentais consagrados na CF, pois esses **NÃO** são absolutos e, diante de casos concretos, devem ser interpretados, **POR EXEMPLO**, com base na regra da máxima observância dos direitos envolvidos. (CESPE - 2015 - FUB - Auditor).

Questão original: A ilimitabilidade é uma característica dos direitos fundamentais consagrados na CF, pois esses são absolutos e, diante de casos concretos, devem ser interpretados com base na regra da máxima observância dos direitos envolvidos.

27. O fornecimento de certidão para a defesa de direitos ou para o esclarecimento de situações pessoais pelos órgãos públicos encontra respaldo constitucional. (CESPE - 2015 - MPU - Técnico do MPU - Segurança Institucional e Transporte - Conhecimentos Específicos).

28. Por meio da aplicação do princípio da proporcionalidade, coíbem-se excessos que afrontem os direitos fundamentais e exigem-se mecanismos que os efetivem. (CESPE - 2015 - FUB - Conhecimentos Básicos Todos os cargos - Nível Intermediário).

29. Os direitos fundamentais, considerados como cláusula pétrea das constituições, podem sofrer limitações por ponderação judicial caso estejam em confronto com outros direitos fundamentais, por alteração legislativa, via emenda constitucional, desde que, nesse último caso, seja respeitado o núcleo essencial que os caracteriza. (CESPE – 2015 – FUB – Conhecimentos Básicos – Nível Intermediário).

30. É **CONDICIONAL** o direito à reunião com fins pacíficos em local aberto ao público. (CESPE – 2015 – MPU – Técnico do MPU – Segurança Institucional e Transporte – Conhecimentos Específicos).

> **Questão original:** É incondicional o direito à reunião com fins pacíficos em local aberto ao público.

31. Só a lei pode obrigar a pessoa a fazer ou deixar de fazer alguma coisa. (CESPE – 2015 – MPU – Técnico do MPU – Segurança Institucional e Transporte – Conhecimentos Específicos).

32. A prática de racismo constitui crime inafiançável e imprescritível. (CESPE – 2015 – MPU – Técnico do MPU – Segurança Institucional e Transporte – Conhecimentos Específicos).

33. Os direitos fundamentais **NÃO PRECISAM ESTAR** regulamentados em lei **PARA SEREM GARANTIDOS.** (CESPE – 2015 – MPU – Técnico do MPU – Segurança Institucional e Transporte – Conhecimentos Específicos).

> **Questão original:** Os direitos fundamentais só podem ser garantidos quando regulamentados em lei.

34. As disposições meramente declaratórias, **QUE INSTITUEM DIREITOS,** imprimem existência legal aos direitos reconhecidos e as disposições assecuratórias, **QUE INSTITUEM AS GARANTIAS,** limitam o poder, em defesa dos direitos. (CESPE – 2014 – Câmara dos Deputados – Analista Legislativo – Consultor Legislativo Área XI).

> **Questão original:** As disposições meramente declaratórias, que instituem as garantias, imprimem existência legal aos direitos reconhecidos, e as disposições assecuratórias, que instituem direitos, limitam o poder, em defesa dos direitos.

35. A historicidade, como característica dos direitos fundamentais, proclama que seu conteúdo se modifica e se desenvolve de acordo com o lugar e o tempo. Por isso, os direitos fundamentais podem surgir e se transformar. (CESPE – 2014 – TJ-SE – Analista Judiciário – Direito).

36. A CF classifica, para fins de sistematização, o gênero direitos e garantias fundamentais em **CINCO** grupos: direitos e deveres individuais e coletivos, direitos sociais, **DA NACIONALIDADE, DOS DIREITOS POLÍTICOS E DOS PARTÍDOS POLÍTICOS.** (CESPE – 2014 – Câmara dos Deputados – Analista Legislativo – Consultor Legislativo Área XI).

Questão original: A CF classifica, para fins de sistematização, o gênero direitos e garantias fundamentais em dois grupos: direitos e deveres individuais e coletivos e direitos sociais.

37. Os direitos fundamentais têm o condão de restringir a atuação estatal e impõem um dever de abstenção **E** de prestação. (CESPE - 2014 - TJ-SE - Técnico Judiciário - Área Judiciária).

Questão original: Os direitos fundamentais têm o condão de restringir a atuação estatal e impõem um dever de abstenção, mas não de prestação.

38. Historicamente, os direitos fundamentais de primeira dimensão pressupõem dever de abstenção pelo Estado, ao contrário dos direitos fundamentais de segunda dimensão, que exigem, para sua concretização, prestações estatais positivas. (CESPE - 2014 - Câmara dos Deputados - Analista Legislativo - Consultor Legislativo Área V).

39. Os direitos de primeira dimensão, ou direitos de liberdades, têm por titular o indivíduo, são oponíveis ao Estado, traduzem-se como faculdades ou atributos da pessoa, ostentando a subjetividade como traço característico, e são considerados direitos de resistência ou de oposição perante o Estado. (CESPE - 2014 - Câmara dos Deputados - Analista Legislativo - Consultor Legislativo Área XI).

40. A solução para conflitos de interesses decorrentes da relativização dos direitos fundamentais tanto encontra disciplina na própria Constituição quanto permite ao intérprete, no caso concreto, decidir qual direito deverá prevalecer, considerando-se a regra da máxima observância dos direitos fundamentais envolvidos, conjugando-a com a sua mínima restrição. (CESPE - 2014 - Câmara dos Deputados - Analista Legislativo - Consultor Legislativo Área XI).

41. Conforme já manifestou o STF e a doutrina dominante, os direitos individuais e coletivos não se restringem aos elencados no artigo quinto da CF, podendo ser encontrados ao longo do texto constitucional. (CESPE - 2014 - Câmara dos Deputados - Analista Legislativo - Consultor Legislativo Área XI).

42. Gravar clandestinamente conversa entre agentes policiais e presos, com o objetivo de obter confissão de crime, constitui prova ilícita e viola o direito ao silêncio, previsto constitucionalmente. (CESPE - 2013 - PC-BA - Investigador de Polícia).

43. Embora os direitos e as garantias fundamentais se destinem essencialmente às pessoas físicas, alguns deles podem ser estendidos às pessoas jurídicas. (CESPE - 2013 - MPU - Conhecimentos Básicos para o Cargo 33).

44. A CF preceitua que o Estado pode usar de meios coercitivos para garantir a efetividade dos direitos fundamentais. (CESPE - 2011 - FUB - Assistente de Administração - Específicos).

Questão original: A CF preceitua que o Estado **NÃO** pode usar de meios coercitivos para garantir a efetividade dos direitos fundamentais.

45. São características inerentes aos direitos fundamentais a sua historicidade e universalidade. (CESPE – 2011 – FUB – Assistente de Administração – Específicos).

46. Os direitos fundamentais são imprescritíveis, visto que podem ser exercidos ou reclamados a qualquer tempo. (CESPE – 2011 – FUB – Assistente de Administração – Específicos).

47. Se o cidadão não exercer as prerrogativas que lhe são conferidas por seus direitos fundamentais, então ele **NÃO** poderá a elas renunciar. (CESPE – 2011 – FUB – Assistente de Administração – Específicos).

Questão original: Se o cidadão não exercer as prerrogativas que lhe são conferidas por seus direitos fundamentais, então ele poderá a elas renunciar.

48. Os direitos fundamentais considerados de primeira geração compreendem as liberdades clássicas, negativas ou formais. (CESPE – 2011 – TRE-ES – Técnico Judiciário – Área Administrativa – Específicos).

49. A característica de relatividade dos direitos fundamentais possibilita que a própria Constituição Federal de 1988 (CF) ou o legislador ordinário venham a impor restrições ao exercício desses direitos. (CESPE – 2011 – PC-ES – Perito Papiloscópico – Específicos).

50. Sendo os direitos fundamentais válidos tanto para as pessoas físicas quanto para as jurídicas, há, na Constituição Federal de 1988 (CF), exemplo de garantia desses direitos que se destine exclusivamente às pessoas físicas. (CESPE – 2010 – MPU – Analista de Saúde – Psicologia).

Questão original: Sendo os direitos fundamentais válidos tanto para as pessoas físicas quanto para as jurídicas, **NÃO** há, na Constituição Federal de 1988 (CF), exemplo de garantia desses direitos que se destine exclusivamente às pessoas físicas.

51. De acordo com a sistemática de direitos e garantias fundamentais presente na CF, as pessoas jurídicas de direito público podem ser titulares de direitos fundamentais. (CESPE – 2010 – MPS – Área de Atuação – Administrativa).

52. Uma grande fazenda situada em área declarada como Serra do Mar foi afetada por ato administrativo normativo que, ao criar reservas florestais na área, impediu a realização da atividade econômica de criação de gado no local, e também pelas normas protetivas instituídas pelo Código Florestal relativas às áreas de reserva legal e de preservação permanente. O proprietário ajuizou, então, ação com pedido de indenização contra o poder público, pois entendeu que as restrições acarretaram grande prejuízo econômico, já que seu imóvel era destinado justamente à criação de gado leiteiro e de corte.

A atuação do poder público visa resguardar o direito ao meio ambiente ecologicamente equilibrado, o qual, segundo a tradicional classificação de direitos constitucionais em gerações de direitos, configura um típico direito de terceira geração. (CESPE - 2009 - ICMBIO - Analista Ambiental).

53. Os elementos de cidadania que integram a concepção clássica correspondem aos direitos civis, políticos e sociais. Os dois últimos estão associados às liberdades positivas, ou seja, exigem ações efetivas do Estado vinculadas à provisão social, com o objetivo de satisfazer as necessidades humanas básicas. (CESPE - 2008 - ME - Assistente Social).

54. A reserva do possível, **RESSALVADA A OCORRÊNCIA DE JUSTO MOTIVO OBJETIVAMENTE AFERÍVEL, NÃO** pode ser invocada pelo Estado com a finalidade de exonerar-se do cumprimento de suas obrigações constitucionais. (CESPE - 2007 - AGU - Procurador Federal - Prova 1).

Observação: "ADPF Nº 345/04: Cumpre advertir, desse modo, que a cláusula da "reserva do possível" – ressalvada a ocorrência de justo motivo objetivamente aferível – não pode ser invocada, pelo Estado, com a finalidade de exonerar-se do cumprimento de suas obrigações constitucionais, notadamente quando, dessa conduta governamental negativa, puder resultar nulificação ou, até mesmo, aniquilação de direitos constitucionais impregnados de um sentido de essencial fundamentalidade."

Questão original: A reserva do possível pode ser sempre invocada pelo Estado com a finalidade de exonerar-se do cumprimento de suas obrigações constitucionais que impliquem custo financeiro.

55. A inviolabilidade de direitos individuais é distinguida das garantias constitucionais, ainda que atuem em conexão. (CESPE - 2004 - STJ - Técnico Judiciário - Área Administrativa).

56. Os chamados direitos coletivos podem encontrar fundamento em toda a ordem constitucional e mesmo em torno da ordem infraconstitucional, sendo que alguns deles, como o de reunião e o de associação, são direitos individuais de expressão coletiva. (CESPE - 2004 - STJ - Técnico Judiciário - Área Administrativa).

2.2 DIREITOS E DEVERES INDIVIDUAIS E COLETIVOS

1. Se um grupo de moradores do cerrado brasileiro pretender fundar associação com intuito de incentivar e promover a preservação do meio ambiente, será **DISPENSÁVEL**

uma autorização estatal prévia para o funcionamento dessa associação. (CESPE – 2018 – IPHAN – Auxiliar Institucional – Área 1).

Questão original: Se um grupo de moradores do cerrado brasileiro pretender fundar associação com intuito de incentivar e promover a preservação do meio ambiente, será indispensável uma autorização estatal prévia para o funcionamento dessa associação.

2. De acordo com o STF, é inconstitucional proibir que emissoras de rádio e TV difundam áudios ou vídeos que ridicularizem candidato ou partido político durante o período eleitoral. (CESPE – 2018 – Polícia Federal – Delegado de Polícia Federal).

3. A liberdade de pensamento é exercida com ônus para o manifestante, que deverá se identificar e assumir a autoria daquilo que ele expressar. (CESPE – 2018 – MPU – Técnico do MPU – Administração).

4. As associações, em regra, não precisam de autorização da administração pública para reunir-se, assim como para a sua criação. (CESPE – 2018 – Polícia Federal – Papiloscopista Policial Federal).

5. O direito à liberdade de expressão artística previsto constitucionalmente exclui a possibilidade de o poder público exigir licença prévia para a realização de determinadas exposições de arte ou concertos musicais. (CESPE – 2018 – ABIN – Oficial Técnico de Inteligência – Área 2).

Questão original: O direito à liberdade de expressão artística previsto constitucionalmente **NÃO** exclui a possibilidade de o poder público exigir licença prévia para a realização de determinadas exposições de arte ou concertos musicais.

6. A máxima da liberdade de expressão no âmbito das associações é extensamente garantida pela Constituição Federal de 1988, que assegura a livre manifestação do pensamento, **VEDADO** o anonimato. (CESPE – 2018 – Polícia Federal – Papiloscopista Policial Federal).

Questão original: A máxima da liberdade de expressão no âmbito das associações é extensamente garantida pela Constituição Federal de 1988, que assegura a livre manifestação do pensamento e protege o anonimato.

7. O princípio da proibição do reformatio in pejus não se aplica ao habeas corpus, **MESMO QUE** esta garantia fundamental não **TENHA** natureza recursal. (CESPE – 2018 – STJ – Analista Judiciário – Judiciária).

Questão original: O princípio da proibição do reformatio in pejus não se aplica ao habeas corpus, pois esta garantia fundamental não possui natureza recursal.

8. É vedado ao legislador editar lei em que se exija o pagamento de custas processuais para a impetração de habeas corpus. (CESPE - 2018 - STJ - Conhecimentos Básicos - Cargo: 1).

9. É dever dos servidores públicos atender ao público com presteza, disponibilizando as informações por ele requeridas. (CESPE - 2018 - EBSERH - Tecnólogo em Gestão Pública).

Observação: "Art. 5º, XXXIII da CF: todos têm direito a receber dos órgãos públicos informações de seu interesse particular, ou de interesse coletivo ou geral, que serão prestadas no prazo da lei, sob pena de responsabilidade, ressalvadas aquelas cujo sigilo seja imprescindível à segurança da sociedade e do Estado."

10. O mandado de segurança e o habeas data são remédios constitucionais utilizados para a realização do controle judicial da administração pública, controle esse que **OCORRE** por provocação. (CESPE - 2018 - STJ - Analista Judiciário - Administrativa).

Questão original: O mandado de segurança e o habeas data são remédios constitucionais utilizados para a realização do controle judicial da administração pública, controle esse que pode ocorrer por provocação ou de ofício.

11. O **HABEAS DATA** é o remédio constitucional adequado para garantir o acesso à informação constante de banco de dados de entidades governamentais, uma vez que o direito à informação é direito líquido e certo. (CESPE - 2018 - IPHAN - Auxiliar Institucional - Área 1).

Questão original: O mandado de segurança é o remédio constitucional adequado para garantir o acesso à informação constante de banco de dados de entidades governamentais, uma vez que o direito à informação é direito líquido e certo.

12. A decisão que concede mandado de injunção, em regra, gera efeitos **INTER** partes. (CESPE - 2018 - PGM - Manaus - AM - Procurador do Município).

Questão original: A decisão que concede mandado de injunção, em regra, gera efeitos ultra partes.

13. A concessão do mandado de injunção está condicionada à ausência de norma regulamentadora para o exercício de um direito, ainda que está omissão seja parcial. (CESPE - 2018 - PGM - Manaus - AM - Procurador do Município).

14. Entre os legitimados para a impetração do mandado de injunção, figura a pessoa natural. (CESPE - 2018 - PGM - Manaus - AM - Procurador do Município).

15. A sociedade pode acionar o sistema de proteção do meio ambiente e da cultura por meio de provocação ao Ministério Público e, também, mediante ação popular que vise anular ato lesivo ao patrimônio público. (CESPE – 2018 – IPHAN – Analista I – Área 4).

16. Qualquer cidadão brasileiro em pleno exercício de seus direitos tem legitimidade para propor ação popular com intuito de anular ato lesivo ao patrimônio histórico e cultural. (CESPE – 2018 – IPHAN – Auxiliar Institucional – Área 1).

17. A isenção de custas processuais na ação popular para a defesa de interesse coletivo ou difuso inclui o ônus da sucumbência, salvo se comprovada má-fé. (CESPE – 2018 – STJ – Analista Judiciário – Oficial de Justiça Avaliador Federal).

18. O governo de determinado estado da Federação publicou medida provisória (MP) que altera dispositivos da Lei de Diretrizes e Bases da Educação Nacional. Em protesto contra a referida MP, alguns estudantes do ensino médio do estado ocuparam as escolas públicas, impedindo que os demais alunos frequentassem as aulas. O Ministério Público estadual ingressou com medida judicial requerendo a imediata reintegração e desocupação das escolas invadidas. A medida judicial requerida foi deferida por um juiz de primeiro grau que tomou posse há vinte meses.

O juiz agiu corretamente ao deferir a medida judicial, uma vez que a conduta dos alunos não encontra amparo no direito fundamental à liberdade de expressão e de livre reunião e manifestação. (CESPE – 2017 – SEDF – Analista de Gestão Educacional – Direito e Legislação).

19. A liberdade para o exercício de qualquer trabalho, ofício ou profissão está condicionada ao atendimento das qualificações profissionais estabelecidas por lei, mas nem todos os ofícios ou profissões, para serem exercidos, estarão sujeitos à existência de lei. (CESPE – 2017 – TCE-PE – Analista de Gestão – Julgamento).

20. Desde que não frustrem outra reunião anteriormente convocada para o mesmo local, todos podem reunir-se em locais abertos ao público, independentemente de autorização, sendo apenas exigido prévio aviso à autoridade competente. (CESPE – 2017 – TRF – 1ª REGIÃO – Técnico Judiciário – Segurança e Transporte).

21. Lei aprovada pelo Congresso Nacional para conferir proteção especial às mulheres, seja qual for o tratamento diferenciado entre os gêneros, **NÃO** contrariará a CF, que prevê a **IGUALDADE MATERIAL**. (CESPE – 2017 – TCE-PE – Analista de Gestão – Julgamento).

Questão original: Lei aprovada pelo Congresso Nacional para conferir proteção especial às mulheres, seja qual for o tratamento diferenciado entre os gêneros, contrariará a CF, que prevê a igualdade entre homens e mulheres em direitos e obrigações.

22. Se determinado dirigente de autarquia estadual editar ato administrativo lesivo ao patrimônio público, qualquer cidadão poderá propor ação popular para anular o referido ato, sem custas judiciais. (CESPE – 2017 – TCE-PE – Analista de Gestão – Julgamento).

> **Questão original:** Se determinado dirigente de autarquia estadual editar ato administrativo lesivo ao patrimônio público, qualquer cidadão **OU PESSOA JURÍDICA** poderá propor ação popular para anular o referido ato, sem custas judiciais.

23. Compete ao STF **OU AO STJ** o julgamento de habeas corpus impetrado por ministro de Estado. (CESPE – 2017 – DPU – Defensor Público Federal).

> **Questão original:** Compete exclusivamente ao STF o julgamento de habeas corpus impetrado por ministro de Estado.

24. Pessoa jurídica pode impetrar habeas corpus. (CESPE – 2017 – Prefeitura de Fortaleza – CE – Procurador do Município).

25. Sob o aspecto da legitimidade ativa, por meio de habeas data é possível obter informações relativas a pessoa **DO IMPETRANTE**, desde que as informações sejam classificadas como públicas. (CESPE – 2017 – DPU – Defensor Público Federal).

> **Questão original:** Sob o aspecto da legitimidade ativa, por meio de habeas data é possível obter informações relativas a qualquer pessoa, desde que as informações sejam classificadas como públicas.

26. O remédio constitucional do habeas data permite que o impetrante obtenha informações cadastrais relativas à sua pessoa, não podendo obter informações de terceiros. (CESPE – 2017 – TCE-PE – Conhecimentos Básicos – Cargos 1 e 2).

> **Questão original:** O remédio constitucional do habeas data permite que o impetrante obtenha informações cadastrais relativas a **TODAS AS PARTES** de um processo do qual seja parte, exceto aquelas protegidas por sigilo bancário.

27. Se o mandado de segurança não for conhecido, será possível a renovação do pedido, desde que observado o prazo decadencial do remédio constitucional. (CESPE – 2017 – TRF – 1ª REGIÃO – Analista Judiciário – Oficial de Justiça Avaliador Federal).

28. Embora não tenham personalidade jurídica própria, os órgãos públicos titulares de prerrogativas e atribuições emanadas de suas funções públicas – como, por exemplo, as câmaras de vereadores, os tribunais de contas e o MP – têm personalidade judiciária e, por conseguinte, capacidade ativa de ser parte em mandado de segurança para defender suas atribuições constitucionais e legais. (CESPE – 2017 – Prefeitura de Fortaleza – CE – Procurador do Município).

29. Pessoa jurídica pode impetrar mandado de injunção. (CESPE - 2017 - Prefeitura de Fortaleza - CE - Procurador do Município).

30. O direito fundamental à vida também se manifesta por meio da garantia de condições para uma existência digna. (CESPE - 2016 - DPU - Analista Técnico - Administrativo).

31. O direito à vida desdobra-se na obrigação do Estado de garantir à pessoa o direito de continuar viva e de proporcionar-lhe condições de vida digna. (CESPE - 2016 - INSS - Técnico do Seguro Social).

32. No dia 4 de janeiro de 2016, o Movimento Tarifa Zero convocou cidadãos a participarem de manifestação contra o aumento das tarifas de trens, ônibus e metrô. A manifestação seria realizada no dia 3 de fevereiro de 2016 em frente à sede da prefeitura de determinado município. O organizador do movimento encaminhou, previamente à data prevista para a realização do evento, ofício à prefeitura e às demais autoridades competentes avisando sobre a manifestação. Em resposta ao ofício, a prefeitura informou que não autorizaria a realização do movimento em quaisquer áreas públicas daquele município, sob o fundamento de que no município ainda não havia legislação disciplinando o exercício do direito de reunião. (CESPE - 2016 - TCE-PA - Auditor de Controle Externo - Procuradoria).

32.1 Em casos como o descrito não se faz necessário o prévio aviso, de modo que o organizador do movimento poderia ter encaminhado ofício à prefeitura e às demais autoridades competentes em data **ANTERIOR** à realização da reunião.

> **Questão original:** Em casos como o descrito não se faz necessário o prévio aviso, de modo que o organizador do movimento poderia ter encaminhado ofício à prefeitura e às demais autoridades competentes em data posterior à realização da reunião.

32.2 O Movimento Tarifa Zero pode impetrar mandado de segurança contra o ato do prefeito que não autorizou a realização do movimento.

32.3 O município agiu **ERRONEAMENTE** ao não autorizar a realização da reunião, pois o exercício do direito fundamental de reunião **NÃO** depende de lei regulamentadora, por ser norma constitucional de eficácia **PLENA**.

> **Questão original:** O município agiu corretamente ao não autorizar a realização da reunião, pois o exercício do direito fundamental de reunião depende de lei regulamentadora, por ser norma constitucional de eficácia limitada (ou reduzida).

33. Situação hipotética: Em 2010, João foi naturalizado brasileiro e, em 2012, se envolveu em tráfico ilícito internacional de entorpecentes. Devido a essa infração penal, determinado país requereu a sua extradição. Nessa situação, o pedido

PODERÁ ser negado **OU APROVADO**, uma vez que a CF **NÃO** veda a extradição de brasileiro **NATURALIZADO**. (CESPE - 2016 - TCE-PA - Auxiliar Técnico de Controle Externo - Área Administrativa).

Questão original: Situação hipotética: Em 2010, João foi naturalizado brasileiro e, em 2012, se envolveu em tráfico ilícito internacional de entorpecentes. Devido a essa infração penal, determinado país requereu a sua extradição. Nessa situação, o pedido deverá ser negado, uma vez que a CF veda a extradição de brasileiro.

34. Dada a garantia constitucional do direito de associação, o vínculo associativo somente pode ser dissolvido compulsoriamente mediante sentença judicial. (CESPE - 2016 - Instituto Rio Branco - Diplomata - Prova 2).

35. A CF assegura a liberdade de pensamento, mas veda o anonimato, uma vez que o conhecimento da autoria torna possível a utilização do direito de resposta. (CESPE - 2016 - DPU - Técnico em Assuntos Educacionais).

36. Depende de decisão judicial com trânsito em julgado a **DISSOLVIÇÃO** das atividades de associação que tenha praticado alguma ilegalidade. (CESPE - 2016 - TCE-PA - Auxiliar Técnico de Controle Externo - Área Administrativa).

Observação: "Art. 5º, XIX da CF: as associações só poderão ser compulsoriamente dissolvidas ou ter suas atividades suspensas por decisão judicial, exigindo-se, no primeiro caso, o trânsito em julgado."

Questão original: Depende de decisão judicial com trânsito em julgado a suspensão das atividades de associação que tenha praticado alguma ilegalidade.

37. A expressão da atividade intelectual, artística, científica e de comunicação é livre, a lei **NÃO** pode prever casos de censura ou de exigência de licença do poder público para o seu exercício. (CESPE - 2016 - DPU - Técnico em Assuntos Educacionais).

Observação: "Art. 5º, IX da CF: é livre a expressão da atividade intelectual, artística, científica e de comunicação, independentemente de censura ou licença."

Questão original: A expressão da atividade intelectual, artística, científica e de comunicação é livre, mas a lei pode prever casos de censura ou de exigência de licença do poder público para o seu exercício.

38. **OS** estrangeiros **E** os residentes no Brasil fazem jus aos direitos e garantias fundamentais inscritos no texto constitucional. (CESPE - 2016 - Instituto Rio Branco - Diplomata - Prova 2).

Questão original: Entre os estrangeiros, apenas os residentes no Brasil fazem jus aos direitos e garantias fundamentais inscritos no texto constitucional.

39. Em decorrência do princípio da igualdade **MATERIAL**, **NÃO** é vedado ao legislador elaborar norma que dê tratamento distinto a pessoas diversas. (CESPE – 2016 – INSS – Técnico do Seguro Social).

Questão original: Em decorrência do princípio da igualdade, é vedado ao legislador elaborar norma que dê tratamento distinto a pessoas diversas.

40. Os direitos e garantias fundamentais têm como destinatários os brasileiros natos e naturalizados, se aplicando aos estrangeiros. (CESPE – 2016 – FUB – Conhecimentos Básicos – Somente para os cargos 10 e 13).

Questão original: Os direitos e garantias fundamentais têm como destinatários os brasileiros natos e naturalizados, **NÃO** se aplicando aos estrangeiros.

41. A Defensoria Pública da União (DPU) **NÃO** pode requisitar diretamente a instituição financeira informações bancárias de cidadão brasileiro. (CESPE – 2016 – DPU – Conhecimentos Básicos – Cargos 3 e 8).

Questão original: A Defensoria Pública da União (DPU) pode, em decorrência de expressa previsão constitucional, requisitar diretamente a instituição financeira informações bancárias de cidadão brasileiro.

42. Em caso de flagrante delito no interior do domicílio de determinado indivíduo, no período noturno, a autoridade policial poderá adentrá-lo independentemente de determinação judicial. (CESPE – 2016 – TCE-PA – Auxiliar Técnico de Controle Externo – Área Administrativa).

43. Entre os direitos fundamentais incluem-se os remédios constitucionais, como, por exemplo, o mandado de injunção, criado pela Constituição Federal de 1988 e que tem por finalidade suprir a falta de norma regulamentadora que inviabilize o exercício dos direitos e liberdades constitucionais e das prerrogativas inerentes à nacionalidade, à soberania e à cidadania. (CESPE – 2016 – TCE-PA – Auditor de Controle Externo – Área Fiscalização – Direito).

44. É do Supremo Tribunal Federal a competência para o processo e o julgamento de mandado de injunção coletivo apontando ausência de norma regulamentadora a cargo do Tribunal de Contas da União (TCU) ajuizado por associação de classe devidamente constituída. (CESPE – 2016 – TCE-PA – Auditor de Controle Externo – Área Administrativa – Direito).

45. Como o habeas data pode ser utilizado por pessoa jurídica, deve ser reconhecida a **LEGITIMIDADE** ativa na hipótese de pessoa jurídica ajuizar habeas data para obter informações de seu interesse constante de dados de determinada entidade governamental. (CESPE – 2016 – TCE-PA – Auditor de Controle Externo – Área Administrativa – Direito).

Questão original: Como o habeas data não pode ser utilizado por pessoa jurídica, deve ser reconhecida a ilegitimidade ativa na hipótese de pessoa jurídica ajuizar habeas data para obter informações de seu interesse constante de dados de determinada entidade governamental.

46. Conforme o STF, por terem personalidade **JUDICIÁRIA**, as mesas dos Poderes Legislativos estaduais têm legitimidade ativa para impetrar mandado de segurança. (CESPE – 2016 – FUNPRESP-JUD – Analista – Direito).

Questão original: Conforme o STF, por não terem personalidade jurídica própria, as mesas dos Poderes Legislativos estaduais não têm legitimidade ativa para impetrar mandado de segurança.

47. Considere que, em procedimento de controle administrativo, o Conselho Nacional de Justiça (CNJ) tenha rejeitado pedido do interessado de reconhecimento da ilegalidade de ato praticado por tribunal de justiça e que, inconformado, o interessado tenha impetrado mandado de segurança contra o CNJ no Supremo Tribunal Federal (STF). Nessa situação, conforme o entendimento do STF, a decisão negativa do CNJ não está sujeita a revisão por meio de mandado de segurança impetrado diretamente na Suprema Corte. (CESPE – 2016 – TCE-PA – Auditor de Controle Externo – Área Administrativa – Direito).

48. A defesa, em espaços públicos, da legalização das drogas foi considerada pelo STF como manifestação pública compatível com o direito à liberdade de pensamento. (CESPE – 2015 – STJ – Analista Judiciário – Administrativa – Segurança).

49. Como regra, não se admite a privação de liberdade de locomoção em razão de dívidas. (CESPE – 2015 – STJ – Analista Judiciário – Administrativa – Segurança).

50. É garantida a livre manifestação do pensamento, **VEDADA** na forma anônima. (CESPE – 2015 – FUB – Conhecimentos Básicos – Cargo 2).

Questão original: É garantida a livre manifestação do pensamento, ainda que na forma anônima.

51. Em conflitos que envolvam a liberdade de informação jornalística e o direito à privacidade, o direito à informação **TALVEZ PREVALECERÁ**, dado o interesse público a ela inerente, **NO QUAL DEVERÁ SER FEITO JUÍZO DE PONDERAÇÃO.** (CESPE - 2015 - STJ - Analista Judiciário - Administrativa - Segurança).

Questão original: Em conflitos que envolvam a liberdade de informação jornalística e o direito à privacidade, o direito à informação deverá prevalecer, dado o interesse público a ela inerente.

52. O direito de reunião constitui instrumento viabilizador do exercício da liberdade de expressão e propicia a ativa participação da sociedade civil mediante exposição de ideias, opiniões, propostas, críticas e reinvindicações. (CESPE - 2015 - STJ - Analista Judiciário - Administrativa - Segurança).

53. No Brasil, está garantida a liberdade do exercício de culto religioso, uma vez que é inviolável a liberdade de consciência e de crença. (CESPE - 2015 - DEPEN - Especialista - Todas as áreas - Conhecimentos Básicos).

54. É plena a liberdade de associação, **VEDADA** a de natureza paramilitar. (CESPE - 2015 - MPOG - Técnico de Nível Superior - Cargo 22).

Observação: "Art. 5º, XVII da CF: é plena a liberdade de associação para fins lícitos, vedada a de caráter paramilitar."

Questão original: É plena a liberdade de associação, até mesmo a de natureza paramilitar.

55. As entidades associativas, se expressamente autorizadas, possuem legitimidade para representar seus filiados na esfera judicial. (CESPE - 2015 - STJ - Analista Judiciário - Administrativa - Segurança).

56. **NÃO É PERMITIDA CENSURA** no Brasil que **ENVOLVA** espetáculos teatrais, especialmente os voltados para o público infanto-juvenil, e os livros didáticos a serem utilizados no ensino fundamental. (CESPE - 2015 - DEPEN - Especialista - Todas as áreas - Conhecimentos Básicos).

Questão original: A única forma de censura permitida no Brasil é a que envolve espetáculos teatrais, especialmente os voltados para o público infanto-juvenil, e os livros didáticos a serem utilizados no ensino fundamental.

57. O direito à liberdade de expressão representa um dos fundamentos do Estado democrático de direito e não pode ser restringido por meio de censura estatal, **MESMO** a praticada em sede jurisdicional. (CESPE - 2015 - DPU - Defensor Público Federal).

Questão original: O direito à liberdade de expressão representa um dos fundamentos do Estado democrático de direito e não pode ser restringido por meio de censura estatal, salvo a praticada em sede jurisdicional.

58. É assegurada a liberdade de associação **PARA FINS LÍCITOS**, independentemente de autorização dos poderes públicos. (CESPE - 2015 - FUB - Conhecimentos Básicos - Cargo 2).

Questão original: É assegurada a ampla liberdade de associação, independentemente de autorização dos poderes públicos.

59. A dimensão substancial da liberdade de expressão guarda relação íntima com o pluralismo político na medida em que abarca, antes, a formação da própria opinião como pressuposto para sua posterior manifestação. (CESPE - 2015 - STJ - Conhecimentos Básicos para o Cargo 15).

60. Homens e mulheres **NÃO** são absolutamente iguais em direitos e obrigações. (CESPE - 2015 - FUB - Conhecimentos Básicos - Cargo 2).

Questão original: Homens e mulheres são absolutamente iguais em direitos e obrigações.

61. Ações afirmativas são mecanismos que visam viabilizar uma isonomia material em detrimento de uma isonomia formal por meio do incremento de oportunidades para determinados segmentos. (CESPE - 2015 - STJ - Conhecimentos Básicos para o Cargo 17).

62. A casa é asilo inviolável do indivíduo, de modo que ninguém pode nela penetrar sem o consentimento do morador, salvo por determinação judicial; nessa circunstância, a entrada **NÃO** poderá ocorrer em qualquer horário. (CESPE - 2015 - TCU - Técnico Federal de Controle Externo - Conhecimentos Básicos).

Questão original: A casa é asilo inviolável do indivíduo, de modo que ninguém pode nela penetrar sem o consentimento do morador, salvo por determinação judicial; nessa circunstância, a entrada poderá ocorrer em qualquer horário

63. Com base nos direitos fundamentais à inviolabilidade da intimidade, da vida privada, da honra e da imagem das pessoas, o STF recentemente adotou posicionamento, em que entende **NÃO** ser necessária a autorização prévia da pessoa biografada para a publicação de obra sobre sua vida. (CESPE - 2015 - FUB - Auditor).

Questão original: Com base nos direitos fundamentais à inviolabilidade da intimidade, da vida privada, da honra e da imagem das pessoas, o STF recentemente adotou posicionamento, em que entende ser necessária a autorização prévia da pessoa biografada para a publicação de obra sobre sua vida.

64. Para fins do direito à inviolabilidade do domicílio, o conceito de casa abrange locais nos quais são exercidas atividades de índole profissional, como consultórios e escritórios. (CESPE - 2015 - STJ - Analista Judiciário - Administrativa - Segurança).

Questão original: Para fins do direito à inviolabilidade do domicílio, o conceito de casa NÃO abrange locais nos quais são exercidas atividades de índole profissional, como consultórios e escritórios.

65. A proteção do direito de imagem do indivíduo é autônoma em relação à sua honra. (CESPE – 2015 – STJ – Analista Judiciário – Administrativa – Segurança).

66. Na hipótese de iminente perigo, o poder público competente poderá requisitar o uso de propriedade particular, estando assegurada ao proprietário a possibilidade de ser indenizado em caso de dano ao seu patrimônio. (CESPE – 2015 – STJ – Analista Judiciário – Administrativa – Segurança)

67. Uma banda formada por músicos amadores não remunerados estará dispensada do pagamento de direitos autorais em razão da execução de obra musical alheia. (CESPE – 2015 – STJ – Conhecimentos Básicos para o Cargo 16).

68. A ação popular – pertencente à categoria dos direitos políticos do cidadão – é um remédio constitucional que se manifesta como exercício da soberania popular e como instrumento da democracia direta. (CESPE – 2015 – FUB – Auditor).

69. É assegurado o acesso às informações de interesse particular retidas pelos órgãos públicos. (CESPE – 2015 – MPU – Técnico do MPU – Segurança Institucional e Transporte – Conhecimentos Específicos).

70. O direito de petição **NÃO** só se aplica ao judiciário. (CESPE – 2015 – MPU – Técnico do MPU – Segurança Institucional e Transporte – Conhecimentos Específicos).

Questão original: O direito de petição só se aplica ao judiciário.

71. A legitimidade para impetração de habeas corpus é universal, abrangendo a pessoa jurídica e também aqueles que não possuem capacidade civil plena. (CESPE – 2015 – FUB – Assistente em Administração).

72. O **MANDADO DE SEGURANÇA** visa proteger a privacidade do indivíduo contra o abuso no registro de dados pessoais falsos ou equivocados, sendo, por isso, o meio apto para a obtenção de vista de processo administrativo. (CESPE – 2015 – TJ-DFT – Analista Judiciário – Oficial de Justiça Avaliador Federal).

Questão original: O habeas data visa proteger a privacidade do indivíduo contra o abuso no registro de dados pessoais falsos ou equivocados, sendo, por isso, o meio apto para a obtenção de vista de processo administrativo.

73. O habeas data não é meio de solicitação e obtenção de informações de terceiros, uma vez que tem como objetivo assegurar o conhecimento de informações relativas ao próprio impetrante. (CESPE - 2015 - TJ-DFT - Analista Judiciário - Oficial de Justiça Avaliador Federal).

74. O habeas data **TAMBÉM** se presta à retificação das informações constantes de bancos de dados de entidades públicas. (CESPE - 2015 - STJ - Analista Judiciário - Administrativa - Segurança).

> **Questão original:** O habeas data não se presta à retificação das informações constantes de bancos de dados de entidades públicas.

75. A formulação de pedido administrativo de reconsideração não interrompe nem reabre o prazo decadencial para a impetração de mandado de segurança, devendo-se respeitar o prazo previsto em lei. (CESPE - 2015 - TJ-DFT - Analista Judiciário - Judiciária).

76. Decai o mandado de segurança impetrado no TJDFT contra ato de autoridade coatora que deveria ser processada na justiça federal se o processo não for remetido ao juízo competente em até cento e vinte dias após **CIÊNCIA DO ATO IMPUGNADO, PELO INTERESSADO.** (CESPE - 2015 - TJ-DFT - Analista Judiciário - Judiciária).

> **Questão original:** Decai o mandado de segurança impetrado no TJDFT contra ato de autoridade coatora que deveria ser processada na justiça federal se o processo não for remetido ao juízo competente em até cento e vinte dias após a ocorrência do ato.

77. À luz do entendimento do STF, a desistência do mandado de segurança, total ou parcial, **INDEPENDE** da aquiescência da autoridade impetrada. (CESPE - 2015 - TJ-DFT - Analista Judiciário - Judiciária).

> **Questão original:** À luz do entendimento do STF, a desistência do mandado de segurança, total ou parcial, depende da aquiescência da autoridade impetrada.

78. A atuação das associações na defesa de seus associados em mandado de segurança coletivo independe de autorização. (CESPE - 2015 - TJ-DFT - Técnico Judiciário - Administrativa).

79. O mandado de segurança coletivo pode ser impetrado por partido político que tenha representação no Congresso Nacional. (CESPE - 2015 - TCU - Técnico Federal de Controle Externo - Conhecimentos Básicos).

80. Uma entidade de classe que estiver em funcionamento há apenas seis meses possui legitimidade para impetração de mandado de segurança coletivo em defesa de interesse de seus membros. (CESPE - 2015 - FUB - Assistente em Administração).

Questão original: Uma entidade de classe que estiver em funcionamento há apenas seis meses **NÃO** possui, por essa razão, legitimidade para impetração de mandado de segurança coletivo em defesa de interesse de seus membros.

81. O mandado de segurança coletivo impetrado por sindicato dispensa autorização prévia de sindicalizados. (CESPE - 2015 - FUB - Assistente em Administração).

82. **NÃO** deverá ser concedida a ordem em mandado de segurança quando, na fase de produção de provas, **JÁ QUE ESTA INEXISTE,** o impetrante demonstrar a existência de direito líquido e certo, ainda que inexistam elementos fáticos para convencimento da existência do direito no momento inicial da impetração, **JÁ QUE A PROVA DEVERÁ SER PRÉ CONSTITUÍDA.** (CESPE - 2015 - FUB - Assistente em Administração).

Questão original: Deverá ser concedida a ordem em mandado de segurança quando, na fase de produção de provas, o impetrante demonstrar a existência de direito líquido e certo, ainda que inexistam elementos fáticos para convencimento da existência do direito no momento inicial da impetração.

83. **NÃO SERÁ** extinto por ilegitimidade superveniente o mandado de segurança coletivo impetrado por partido político que, embora possua representante no Congresso Nacional no momento da impetração, venha a perder essa representação no curso da ação. (CESPE - 2015 - FUB - Assistente em Administração).

Questão original: Será extinto por ilegitimidade superveniente o mandado de segurança coletivo impetrado por partido político que, embora possua representante no Congresso Nacional no momento da impetração, venha a perder essa representação no curso da ação.

84. No caso de autoridade federal do Instituto Nacional do Seguro Social indeferir ilegalmente benefício previdenciário a determinado cidadão, caberá o ajuizamento de mandado de segurança, **NÃO** sendo, nesse caso, da justiça estadual a competência para julgá-lo, **CASO** a comarca seja sede de vara de juízo federal. (CESPE - 2015 - DPU - Defensor Público Federal).

Observação: "Súmula 511 do STF: Compete à Justiça Federal, em ambas as instâncias, processar e julgar as causas entre autarquias federais e entidades públicas locais, inclusive mandados de segurança, ressalvada a ação fiscal, nos termos da Constituição Federal de 1967, art. 119, § 3º."

Questão original: No caso de autoridade federal do Instituto Nacional do Seguro Social indeferir ilegalmente benefício previdenciário a determinado cidadão, caberá o ajuizamento de mandado de segurança, sendo, nesse caso, da justiça estadual a competência para julgá-lo, desde que a comarca não seja sede de vara de juízo federal.

85. Conforme o STF, a edição de norma regulamentadora prejudica o mandado de injunção, **MESMO NA** hipótese de o impetrante pretender ver sanada lacuna normativa do período anterior à edição da lei. (CESPE - 2015 - TJ-DFT - Analista Judiciário - Oficial de Justiça Avaliador Federal).

Questão original: Conforme o STF, a edição de norma regulamentadora prejudica o mandado de injunção, salvo na hipótese de o impetrante pretender ver sanada lacuna normativa do período anterior à edição da lei.

86. De acordo com o atual entendimento do STF, a decisão proferida em mandado de injunção pode levar à concretização da norma constitucional despida de plena eficácia, no tocante ao exercício dos direitos e das liberdades constitucionais e das prerrogativas relacionadas à nacionalidade, à soberania e à cidadania. (CESPE - 2015 - AGU - Advogado da União).

87. A jurisprudência do STF acerca do mandado de injunção evoluiu para admitir que, além de declarar omisso o Poder Legislativo, o próprio tribunal edite a norma geral de que depende o exercício do direito invocado pelo impetrante. (CESPE - 2015 - DPE-PE - Defensor Público).

88. A ação popular deve ser proposta somente por **CIDADÃO**. (CESPE - 2015 - MPOG - Analista Técnico Administrativo - Cargo 2).

Questão original: A ação popular deve ser proposta somente por partido político com representação no Congresso Nacional.

89. Qualquer associação legalmente constituída e em funcionamento há pelo menos um ano é parte **ILEGÍTIMA** para propor ação popular que vise à anulação de ato lesivo ao patrimônio público ou ao meio ambiente. (CESPE - 2015 - TRE-GO - Analista Judiciário - Área Administrativa - Conhecimentos Específicos).

Questão original: Qualquer associação legalmente constituída e em funcionamento há pelo menos um ano é parte legítima para propor ação popular que vise à anulação de ato lesivo ao patrimônio público ou ao meio ambiente.

90. O cidadão brasileiro, nato ou naturalizado, com capacidade eleitoral ativa, tem legitimidade para propor ação popular. (CESPE - 2015 - TRE-GO - Técnico Judiciário - Área Administrativa).

91. O direito à vida, assim como todos os demais direitos fundamentais, é protegido pela CF de forma não absoluta. (CESPE – 2014 – SUFRAMA – Nível Superior – Conhecimentos Básicos – Cargos 3 e 4).

92. É livre o exercício das profissões, podendo a lei exigir inscrição em conselho de fiscalização profissional apenas quando houver potencial lesivo na atividade, o que não ocorre com a profissão de músico, por exemplo. (CESPE – 2014 – TC-DF – Técnico de Administração Pública).

93. Se o poder público tiver a intenção de condicionar o exercício de determinada profissão a certas exigências, e se tais exigências forem estabelecidas mediante lei formal, elas serão constitucionais, pois o Estado tem discricionariedade para eleger as restrições que entenda cabíveis para ofícios ou profissões **COM POTENCIAL LESIVO**, desde que o faça por lei federal. (CESPE – 2014 – Câmara dos Deputados – Analista Legislativo – Consultor Legislativo Área IX; CESPE – 2014 – Câmara dos Deputados – Analista Legislativo – Consultor Legislativo Área III).

Questão original: Se o poder público tiver a intenção de condicionar o exercício de determinada profissão a certas exigências, e se tais exigências forem estabelecidas mediante lei formal, elas serão constitucionais, pois o Estado tem discricionariedade para eleger as restrições que entenda cabíveis para todos os ofícios ou profissões, desde que o faça por lei federal.

94. A CF garante, **COM** restrição, a liberdade de manifestação de pensamento, durante a qual, se for causado dano material, moral ou à imagem de um indivíduo, é assegurado a ele o direito de resposta, proporcional ao agravo, além de indenização. (CESPE – 2014 – Câmara dos Deputados – Analista Legislativo – Consultor Legislativo Área XI).

Observação: "Art. 5º, V da CF: é assegurado o direito de resposta, proporcional ao agravo, além da indenização por dano material, moral ou à imagem."

Questão original: A CF garante, sem restrição, a liberdade de manifestação de pensamento, durante a qual, se for causado dano material, moral ou à imagem de um indivíduo, é assegurado a ele o direito de resposta, proporcional ao agravo, além de indenização.

95. Interceptações telefônicas – comumente chamadas de grampos – e gravações ambientais realizadas por autoridade policial, sem autorização judicial, ainda que em situações emergenciais, constituem violações aos princípios estruturantes do estado democrático de direito e da dignidade da pessoa humana. (CESPE – 2014 – Câmara dos Deputados – Analista Legislativo – Consultor Legislativo Área III; CESPE – 2014 – Câmara dos Deputados – Analista Legislativo – Consultor Legislativo Área VIII; CESPE – 2014 – Câmara dos Deputados – Analista Legislativo – Consultor Legislativo Área IX).

95.1 Um agente da Polícia Federal foi escalado para atuar em operação para cumprimento de mandado judicial de prisão e de busca e apreensão, durante o dia, de documentos no escritório profissional do investigado. (CESPE - 2014 - Polícia Federal - Agente de Polícia Federal).

95.2 Mesmo sem o consentimento do proprietário, é permitido ao agente entrar no escritório profissional onde se encontrem os objetos de busca e apreensão.

95.3 O agente **NÃO** poderá acessar o conteúdo de correspondências encontradas no escritório profissional do investigado, uma vez que **NÃO** está prevista na CF, de forma expressa, a possibilidade de violação do sigilo das correspondências quando houver ordem judicial em processo penal.

Questão original: O agente poderá acessar o conteúdo de correspondências encontradas no escritório profissional do investigado, uma vez que está prevista na CF, de forma expressa, a possibilidade de violação do sigilo das correspondências quando houver ordem judicial em processo penal.

96. Embora a casa seja asilo inviolável do indivíduo, em caso de flagrante delito, é permitido nela entrar, durante o dia ou à noite, ainda que não haja consentimento do morador ou determinação judicial para tanto. (CESPE - 2014 - TC-DF - Técnico de Administração Pública).

97. Desapropriação de terras por motivo de utilidade pública mediante indenização em dinheiro é ação prevista, portanto, é considerada **LEGAL**. (CESPE - 2014 - ICMBIO - Técnico Ambiental).

Questão original: Desapropriação de terras por motivo de utilidade pública mediante indenização em dinheiro não é ação prevista, portanto, é considerada ilegal.

98. Um estrangeiro residente no Brasil, após ir ao jogo da final da Copa do Mundo de 2014, foi preso pela polícia, durante uma briga, na saída do estádio. Nessa situação, independentemente da intervenção de qualquer autoridade consular de seu país, o estrangeiro poderá impetrar diretamente um pedido de habeas corpus. (CESPE - 2014 - ANATEL - Conhecimentos Básicos - Cargos 13, 14 e 15).

99. Considere que seja publicada, no sítio eletrônico do CNJ, matéria com informações sobre processos judiciais em que José figure como réu. Nessa situação, José **NÃO** poderá valer-se de habeas corpus para pleitear a retirada da reportagem do referido sítio, de forma definitiva. (CESPE - 2014 - Câmara dos Deputados - Analista Legislativo - Consultor Legislativo Área I).

Questão original: Considere que seja publicada, no sítio eletrônico do CNJ, matéria com informações sobre processos judiciais em que José figure como réu.

Nessa situação, José poderá valer-se de habeas corpus para pleitear a retirada da reportagem do referido sítio, de forma definitiva.

100. Para a retificação de informações constantes de cadastros de registros públicos ou banco de dados de entidades governamentais, é **ADMISSÍVEL** a impetração de habeas data, cuja função é assegurar o conhecimento dessas informações. (CESPE – 2014 – MEC – Conhecimentos Básicos – Todos os Cargos).

Questão original: Para a retificação de informações constantes de cadastros de registros públicos ou banco de dados de entidades governamentais, é inadmissível a impetração de habeas data, cuja função é assegurar apenas o conhecimento dessas informações.

101. A legitimidade ativa do habeas data, destinado a assegurar o conhecimento de informações relativas ao impetrante constantes de registros ou banco de dados, está adstrita às pessoas físicas **OU JURÍDICAS, PODENDO SER NACIONAL OU ESTRANGEIRA.** (CESPE – 2014 – Câmara dos Deputados – Analista Legislativo – Consultor Legislativo Área I).

Questão original: A legitimidade ativa do habeas data, destinado a assegurar o conhecimento de informações relativas ao impetrante constantes de registros ou banco de dados, está adstrita às pessoas físicas.

102. Para que uma entidade de classe ajuíze mandado de segurança coletivo em favor de seus associados **NÃO** é necessário que ela conte com autorização da respectiva assembleia. (CESPE – 2014 – Câmara dos Deputados – Analista Legislativo – Consultor Legislativo Área IX; CESPE – 2014 – Câmara dos Deputados – Analista Legislativo – Consultor Legislativo Área VIII; CESPE – 2014 – Câmara dos Deputados – Analista Legislativo – Consultor Legislativo Área III).

Questão original: Para que uma entidade de classe ajuíze mandado de segurança coletivo em favor de seus associados, além do prazo mínimo de um ano de regular existência dessa entidade, é necessário que ela conte com autorização da respectiva assembleia.

103. As associações legalmente constituídas e em funcionamento há pelo menos um ano poderão impetrar, em nome próprio, mandado de segurança coletivo em favor de seus associados, independentemente da autorização expressa destes. (CESPE – 2014 – Câmara dos Deputados – Analista Legislativo – Consultor Legislativo Área V).

104. Uma das garantias fundamentais aos direitos humanos, o mandado de segurança é ação constitucional impetrada contra autoridade coatora – pública ou agente de pessoa jurídica no exercício das atribuições do poder público – responsável pela ilegalidade ou abuso de poder. (CESPE - 2014 - SUFRAMA - Nível Superior - Conhecimentos Básicos).

105. Segundo o STF, **APENAS OS PARLAMENTARES, POSSUEM** legitimidade ativa para impetrar mandado de segurança com a finalidade de impedir a aprovação de lei ou emenda constitucional que não se compatibilize com o processo legislativo previsto na Constituição Federal (CF). (CESPE - 2014 - Câmara dos Deputados - Analista Legislativo - Consultor Legislativo Área X).

> **Questão original:** Segundo o STF, qualquer cidadão, no pleno exercício de seus direitos políticos, tem legitimidade ativa para impetrar mandado de segurança com a finalidade de impedir a aprovação de lei ou emenda constitucional que não se compatibilize com o processo legislativo previsto na Constituição Federal (CF).

106. Suponha que um partido político representado na Câmara dos Deputados por apenas um deputado federal pretenda impetrar mandado de segurança coletivo para a defesa dos interesses de seus integrantes. Nessa situação, o partido político, ainda que não tenha representante no Senado Federal, terá legitimidade ativa para o ajuizamento da ação. (CESPE - 2014 - Câmara dos Deputados - Analista Legislativo - Consultor Legislativo Área I).

107. Caso determinada autoridade aja no exercício de competência delegada, eventual mandado de segurança que questione o ato praticado deve ser impetrado contra essa autoridade, e não contra a que tenha delegado a prática do ato. (CESPE - 2014 - Câmara dos Deputados - Analista Legislativo - Consultor Legislativo Área I).

108. Terá legitimidade para impetrar mandado de segurança coletivo o partido político que tenha, no mínimo, um representante na Câmara dos Deputados **OU** no Senado Federal. (CESPE - 2014 - MDIC - Agente Administrativo).

> **Questão original:** Terá legitimidade para impetrar mandado de segurança coletivo o partido político que tenha, no mínimo, um representante na Câmara dos Deputados e um no Senado Federal.

109. Os direitos sociais são direitos fundamentais que, assim como os direitos individuais, têm aplicação imediata. Por esse motivo, sempre que omissão regulatória por parte do poder público representar entrave ao fiel exercício desses direitos, será cabível mandado de injunção. (CESPE - 2014 - SUFRAMA - Nível Superior - Conhecimentos Básicos - Cargos 3 e 4).

110. O mandado de injunção é impróprio para pleitear em juízo direito individual líquido e certo decorrente de norma constitucional autoaplicável. (CESPE - 2014 - MEC - Conhecimentos Básicos - Todos os Cargos).

111. Entre os direitos constitucionais garantidos às presidiárias incluem-se o respeito à integridade física e moral; as condições para que possam permanecer com seus filhos durante o período de amamentação; e o cumprimento da pena em estabelecimento distinto ao dos apenados do sexo masculino. (CESPE – 2013 – DEPEN – Agente Penitenciário).

112. Segundo jurisprudência firmada pelo STF mediante aprovação de súmula vinculante acerca da matéria, será admissível o uso de algemas quando houver necessidade de transporte do preso para ser conduzido até delegacia, presídio ou mesmo sala de audiências, justamente pelo fato de se expor a perigo a autoridade policial, colocando em risco a sua integridade física. (CESPE – 2013 – MJ – Analista Técnico – Administrativo – Conhecimentos Básicos).

Questão original: Segundo jurisprudência firmada pelo STF mediante aprovação de súmula vinculante acerca da matéria, **SOMENTE** será admissível o uso de algemas quando houver necessidade de transporte do preso para ser conduzido até delegacia, presídio ou mesmo sala de audiências, justamente pelo fato de se expor a perigo a autoridade policial, colocando em risco a sua integridade física.

113. Segundo a Constituição Federal, ninguém será submetido a tratamento desumano ou degradante. Com base nessa regra, o STF tem entendimento firmado no sentido de que é **LÍCITO** o uso de algemas, devendo o Estado assegurar outros meios para evitar a fuga de presos e o perigo à integridade física de terceiros. (CESPE – 2013 – DEPEN – Agente Penitenciário).

Observação: "Súmula Vinculante 11: Só é lícito o uso de algemas em casos de resistência e de fundado receio de fuga ou de perigo à integridade física própria ou alheia, por parte do preso ou de terceiros, justificada a excepcionalidade por escrito, sob pena de responsabilidade disciplinar, civil e penal do agente ou da autoridade e de nulidade da prisão ou do ato processual a que se refere, sem prejuízo da responsabilidade civil do Estado."

Questão original: Segundo a Constituição Federal, ninguém será submetido a tratamento desumano ou degradante. Com base nessa regra, o STF tem entendimento firmado no sentido de que é ilegal o uso de algemas, devendo o Estado assegurar outros meios para evitar a fuga de presos e o perigo à integridade física de terceiros.

114. Consoante o princípio do acesso universal e igualitário às ações e aos serviços de saúde, todos os seres humanos têm direito à vida e, em caso de adoecimento, a receber tratamento condigno, de acordo com o estado atual da medicina, independentemente de sua situação econômica. (CESPE – 2013 – MS – Analista Técnico – Administrativo).

115. É admitida pela CF a pena de morte, a qual poderá ser objeto de emenda. (CESPE – 2013 – MS – Analista Técnico – Administrativo).

Questão original: Em nenhuma hipótese, é admitida pela CF a pena de morte, a qual sequer poderá ser objeto de emenda, dada a existência de cláusula pétrea nesse sentido.

116. A proteção do direito à vida tem como consequência a proibição da pena de morte, **ESTE SALVO EM CASO DE GUERRA DECLARADA**, da prática de tortura e da eutanásia. (CESPE - 2013 - PC-BA - Delegado de Polícia).

Questão original: A proteção do direito à vida tem como consequência a proibição da pena de morte em qualquer situação, da prática de tortura e da eutanásia.

117. Ao estabelecer que nenhum indivíduo será submetido a tortura nem a tratamento desumano ou degradante, o constituinte estabeleceu uma norma classificada como **DIREITO** fundamental da República Federativa do Brasil. (CESPE - 2013 - TCE-RO - Agente Administrativo).

Questão original: Ao estabelecer que nenhum indivíduo será submetido a tortura nem a tratamento desumano ou degradante, o constituinte estabeleceu uma norma classificada como princípio fundamental da República Federativa do Brasil.

118. De acordo com a CF, é direito fundamental do cidadão a livre associação para fins lícitos. Todavia, **NÃO** pode a administração pública, a bem do interesse público, intervir no funcionamento de associações civis e suspender temporariamente suas atividades. (CESPE - 2013 - BACEN - Analista - Gestão e Análise Processual).

Questão original: De acordo com a CF, é direito fundamental do cidadão a livre associação para fins lícitos. Todavia, pode a administração pública, a bem do interesse público, intervir no funcionamento de associações civis e suspender temporariamente suas atividades.

119. A Constituição Federal de 1988 (CF) consagra a liberdade de consciência, crença religiosa e convicção filosófica ou política, mas prevê privação de direitos ao indivíduo que, em nome dessas convicções, se recusar a cumprir obrigação legal a todos imposta ou prestação alternativa, fixada em lei. (CESPE - 2013 - SEGESP-AL - Técnico Forense).

120. Para o exercício do direito de reunião em locais públicos, faz-se necessário apenas que os interessados dirijam à autoridade competente, **DANDO AVISO PRÉVIO**, como forma de evitar que frustrem outra reunião anteriormente convocada para o mesmo local. (CESPE - 2013 - DPE-DF - Defensor Público).

Questão original: Para o exercício do direito de reunião em locais públicos, faz-se necessário apenas que os interessados dirijam à autoridade competente pedido de autorização prévia, como forma de evitar que frustrem outra reunião anteriormente convocada para o mesmo local.

121. É um direito individual fundamental a livre expressão da atividade científica, independentemente de licença. (CESPE – 2013 – TCE-RS – Oficial de Controle Externo).

122. O exercício do direito de associação e a incidência da tutela constitucional relativa à liberdade de associação **NÃO** estão condicionados à prévia existência de associação dotada de personalidade jurídica. (CESPE – 2013 – DPF – Delegado).

Questão original: O exercício do direito de associação e a incidência da tutela constitucional relativa à liberdade de associação estão condicionados à prévia existência de associação dotada de personalidade jurídica.

123. Considere que determinada associação seja ré em ação judicial que pleiteie a suspensão de suas atividades. Nessa situação hipotética, caso o juiz competente julgue procedente o pleito, **NÃO** será necessário aguardar o trânsito em julgado da decisão judicial para que a referida associação tenha suas atividades suspensas. (CESPE – 2013 – CNJ – Técnico Judiciário – Área Administrativa).

Questão original: Considere que determinada associação seja ré em ação judicial que pleiteie a suspensão de suas atividades. Nessa situação hipotética, caso o juiz competente julgue procedente o pleito, será necessário aguardar o trânsito em julgado da decisão judicial para que a referida associação tenha suas atividades suspensas.

124. O poder público não pode censurar a manifestação do pensamento, pois ela é livre e **NÃO** envolve o direito absoluto de dizer tudo aquilo que se queira, aí incluído o discurso de ódio. (CESPE – 2013 – Telebras – Especialista em Gestão de Telecomunicações – Advogado).

Questão original: O poder público não pode censurar a manifestação do pensamento, pois ela é livre e envolve o direito absoluto de dizer tudo aquilo que se queira, aí incluído o discurso de ódio.

125. Ninguém poderá ser obrigado a associar-se ou a permanecer associado. (CESPE – 2013 – MS – Analista Administrativo; CESPE – 2013 – MS – Administrador).

Observação: "Art. 5º, XX da CF: ninguém poderá ser compelido a associar-se ou a permanecer associado."

Questão original: Ninguém poderá ser obrigado a associar-se ou a permanecer associado, **SALVO NOS CASOS PREVISTOS EM LEI.**

126. O direito à liberdade de reunião deve ser exercido de forma pacífica e sem armas, sendo desnecessária autorização **E NECESSÁRIO O** prévio aviso à autoridade competente. (CESPE - 2013 - PC-BA - Escrivão de Polícia).

> **Questão original:** O direito à liberdade de reunião deve ser exercido de forma pacífica e sem armas, sendo desnecessária autorização ou prévio aviso à autoridade competente.

127. Toda reunião pacífica, sem armas, em locais abertos ao público, pode ser realizada independentemente de autorização, desde que não frustre outra reunião anteriormente convocada para o mesmo local e que haja aviso prévio à autoridade competente. (CESPE - 2013 - DEPEN - Especialista - Todas as áreas - Conhecimentos Básicos).

128. O exercício do direito de associação e a incidência da tutela constitucional relativa à liberdade de associação estão **INCONDICIONADOS** à prévia existência de associação dotada de personalidade jurídica. (CESPE - 2013 - Polícia Federal - Delegado de Polícia).

> **Questão original:** O exercício do direito de associação e a incidência da tutela constitucional relativa à liberdade de associação estão condicionados à prévia existência de associação dotada de personalidade jurídica.

129. De acordo com o princípio da relatividade ou convivência das liberdades públicas, os direitos e garantias fundamentais consagrados na CF não são ilimitados, visto que encontram seus limites nos demais direitos igualmente consagrados pela CF. (CESPE - 2013 - MS - Analista Técnico - Administrativo).

130. A passeata pacífica, sem armas, realizada em local público, é protegida pelo direito constitucional à liberdade de reunião, porém está condicionada à **PRÉVIO AVISO À** autoridade competente, de modo a não frustrar outra reunião anteriormente convocada para o mesmo local. (CESPE - 2013 - MPOG - Todos os Cargos - Conhecimentos Básicos).

> **Questão original:** A passeata pacífica, sem armas, realizada em local público, é protegida pelo direito constitucional à liberdade de reunião, porém está condicionada à prévia autorização da autoridade competente, de modo a não frustrar outra reunião anteriormente convocada para o mesmo local.

131. Em tempo de paz, a liberdade de locomoção dentro do território nacional é ampla, para os nacionais e os estrangeiros residentes e não residentes que tenham ingressado regularmente no país. (CESPE - 2013 - CNJ - Programador de computador).

132. O STF considera que a defesa, em espaços públicos, da legalização das drogas ou da abolição de qualquer outro tipo penal é amparada pelo exercício legítimo do direito à livre manifestação do pensamento, propiciada pelo exercício do direito de reunião. (CESPE – 2013 – MC – Todos os Cargos – Especialidades 2 – 6, 9 – 12, 14 – 16, 18, 21 – 25).

133. Durante a realização da Copa das Confederações, o Brasil conviveu com ondas de manifestações ligadas aos reajustes no transporte público, e que, aos poucos, canalizou insatisfações das mais diversas, da qualidade do ensino à corrupção.

O STF considera que a defesa, em espaços públicos, da legalização das drogas ou da abolição de qualquer outro tipo penal é amparada pelo exercício legítimo do direito à livre manifestação do pensamento, propiciada pelo exercício do direito de reunião. (CESPE – 2013 – MC – Todos os Cargos – Especialidades 2 – 6, 9 – 12, 14 – 16, 18, 21 – 25).

134. A CF garante aos cidadãos, de modo **RESTRITO**, a liberdade de realizarem reuniões em locais abertos ao público. (CESPE – 2013 – MC – Todos os Cargos – Especialidades 2 – 6, 9 – 12, 14 – 16, 18, 21 – 25).

Questão original: A CF garante aos cidadãos, de modo irrestrito, a liberdade de realizarem reuniões em locais abertos ao público.

135. O direito à liberdade de profissão é protegido pela CF, podendo a lei estabelecer qualificações para o seu exercício. (CESPE – 2013 – TRT – 10ª REGIÃO (DF e TO) – Analista Judiciário – Área Administrativa).

136. A escusa de consciência por motivos religiosos, filosóficos ou políticos é protegida constitucionalmente, exceto nos casos de invocação para se eximir de obrigação legal imposta a todos e de recusa de cumprimento de prestação alternativa fixada em lei. (CESPE – 2013 – MPOG – Todos os Cargos – Conhecimentos Básicos).

137. O estabelecimento de limite de idade para a inscrição em concurso público não fere o princípio da igualdade, desde que a limitação se justifique em face da natureza e das atribuições do cargo a ser preenchido. (CESPE – 2013 – SEGESP-AL – Técnico Forense).

138. Aos que comprovem insuficiência de recursos é assegurada a gratuidade na prestação de assistência jurídica integral pelo Estado. (CESPE – 2013 – PRF – Policial Rodoviário Federal).

139. Ao consagrar o princípio da isonomia, que veda discriminações ou privilégios, a Constituição **NÃO** impede a legislação infraconstitucional de estabelecer requisitos diferenciados de admissão no serviço público, **SALVO NOS CASOS PREVISTOS NAQUELA.** (CESPE – 2013 – ANCINE – Especialista em Regulação Atividade Cinematográfica e Audiovisual – Área 3).

Questão original: Ao consagrar o princípio da isonomia, que veda de modo absoluto discriminações ou privilégios, a Constituição impede a legislação infraconstitucional de estabelecer requisitos diferenciados de admissão no serviço público.

140. O Estatuto da Igualdade Racial destina-se a garantir à população negra a efetivação da igualdade de oportunidades e a defesa dos direitos étnicos individuais, coletivos e difusos, além de visar o combate à discriminação e às demais formas de intolerância étnica. (CESPE - 2013 - UNIPAMPA - Nível Médio - Conhecimentos Básicos - Todos os Cargos).

141. Os estrangeiros somente não gozarão dos mesmos direitos assegurados aos brasileiros quando a própria Constituição autorizar a distinção, tendo-se presente o princípio de que a lei não deve distinguir entre nacionais e estrangeiros quanto à aquisição e ao gozo dos direitos civis. (CESPE - 2013 - CNJ - Analista Judiciário - Área Judiciária).

142. O princípio constitucional da igualdade **FORMAL** garante a todos o direito ao **MESMO** tratamento no âmbito da elaboração e da aplicação da lei, **NÃO** sendo proibido qualquer tipo de tratamento normativo diferenciado, **ESTE, SEGUNDO A IGUALDADE MATERIAL.** (CESPE - 2013 - BACEN - Técnico - Conhecimentos Básicos - Áreas 1 e 2).

Questão original: O princípio constitucional da igualdade garante a todos o direito ao tratamento idêntico no âmbito da elaboração e da aplicação da lei, sendo proibido qualquer tipo de tratamento normativo diferenciado.

143. O sigilo das comunicações telefônicas só poderá ser afastado por decisão judicial para fins da instrução processual penal **OU INVESTIGAÇÃO CRIMINAL.** (CESPE - 2013 - AGU - Procurador Federal).

Questão original: O sigilo das comunicações telefônicas só poderá ser afastado por decisão judicial e somente para fins da instrução processual penal.

144. Havendo iminente perigo público, a autoridade competente poderá usar de propriedade particular, assegurada ao proprietário indenização ulterior se houver dano. (CESPE - 2013 - PC-DF - Escrivão de Polícia).

145. Caso fotos íntimas com cenas de nudez de determinada pessoa cujo computador tenha sido invadido por um hacker sejam por este divulgadas na Internet, caracterizando essa situação flagrante violação da imagem e da honra dessa pessoa e acarretando a esta a sua demissão do emprego, ela poderá pleitear indenização pelos danos morais advindos, devendo ser significativo o valor da indenização, para amenizar o constrangimento sofrido. (CESPE - 2013 - ANCINE - Todos os Cargos - Analista Administrativo Áreas I, II e III).

Questão original: Caso fotos íntimas com cenas de nudez de determinada pessoa cujo computador tenha sido invadido por um hacker sejam por este divulgadas na Internet, caracterizando essa situação flagrante violação da imagem e da honra dessa pessoa e acarretando a esta a sua demissão do emprego, ela poderá pleitear indenização pelos danos morais advindos, devendo ser significativo o valor da indenização, para amenizar o constrangimento sofrido e **PORQUE ESSE É O ÚNICO MEIO DE REPARAÇÃO CIVIL PREVISTO EM LEI PARA SITUAÇÕES COMO ESSA.**

146. De acordo com a norma da inviolabilidade domiciliar prevista na CF, a entrada em uma casa sem o consentimento do morador somente poderá ocorrer em caso de flagrante delito, ou de desastre, ou de prestação de socorro, ou por determinação judicial. Nesse sentido, estará correta a atuação de oficial de justiça que, ao cumprir determinação judicial, ingresse em domicílio residencial durante **O DIA.** (CESPE - 2013 - TJ-DFT - Analista Judiciário - Oficial de Justiça Avaliador).

Questão original: De acordo com a norma da inviolabilidade domiciliar prevista na CF, a entrada em uma casa sem o consentimento do morador somente poderá ocorrer em caso de flagrante delito, ou de desastre, ou de prestação de socorro, ou por determinação judicial. Nesse sentido, estará correta a atuação de oficial de justiça que, ao cumprir determinação judicial, ingresse em domicílio residencial durante a noite, mesmo sem o consentimento do morador.

147. A inviolabilidade do domicílio abrange qualquer compartimento habitado onde alguém exerce profissão ou atividades pessoais, podendo, por exemplo, ser um trailer, um barco ou um aposento de habitação coletiva. (CESPE - 2013 - TRT - 10ª REGIÃO (DF e TO) - Analista Judiciário - Execução de Mandados).

148. O direito à imagem preserva os atributos ou predicados da pessoa, atributos esses que **NÃO A CONDICIONAM A SER** merecedora de apreço no convívio social. (CESPE - 2013 - FUB - Nível Superior - Conhecimentos Básicos - Áreas 2 e 9).

Questão original: O direito à imagem preserva os atributos ou predicados da pessoa, atributos esses que a fazem merecedora de apreço no convívio social.

149. Caso matéria publicada em jornal tenha sido ofensiva a determinada pessoa, o ofendido poderá cumular o pedido de indenização pelo dano material, moral ou à imagem com o direito de resposta. (CESPE - 2013 - ANTT - Conhecimentos Básicos - Cargos 9 a 15).

Questão original: Caso matéria publicada em jornal tenha sido ofensiva a determinada pessoa, o ofendido não poderá cumular o pedido de indenização pelo dano material, moral ou à imagem com o direito de resposta, **UMA VEZ QUE ESTES CONFIGURAM DIREITOS EXCLUDENTES ENTRE SI, CONFORME PRECEITUA A CF.**

150. A proteção conferida à honra e à imagem das pessoas se estende às pessoas jurídicas, por se tratar de proteção inerente à pessoa física. (CESPE - 2013 - SEGESP-AL - Papiloscopista).

Questão original: A proteção conferida à honra e à imagem das pessoas **NÃO** se estende às pessoas jurídicas, por se tratar de proteção inerente à pessoa física.

151. O direito de resposta proporcional ao agravo tem abrangência ampla e aplica- se a todas as ofensas, ainda que elas não sejam de natureza penal. (CESPE - 2013 - TCE-RO - Contador; CESPE - 2013 - TCE-RO - Analista de Informática).

152. O direito de herança no Brasil é garantido pela Constituição Federal de 1988. (CESPE - 2013 - MS - Analista Administrativo; CESPE - 2013 - MS - Administrador).

153. O direito de propriedade de bem imóvel residencial **NÃO SE CONFUDEM** com o direito à moradia. (CESPE - 2013 - FUB - Técnico de Tecnologia da Informação; CESPE - 2013 - FUB - Nível Médio - Conhecimentos Básicos - Áreas 17, 19, 21 a 24).

Questão original: O direito de propriedade de bem imóvel residencial se confunde com o direito à moradia.

154. No caso de iminente perigo público, a autoridade competente poderá usar de propriedade particular, assegurada ao proprietário indenização ulterior, se houver dano. (CESPE - 2013 - PRF - Policial Rodoviário Federal).

155. Considere que determinado autor faleça um dia após o lançamento de sua obra e deixe herdeiros. Nessa situação, o direito exclusivo de publicação será transmitido aos herdeiros **TEMPORARIAMENTE.** (CESPE - 2013 - ANP - Todos os Cargos - Conhecimentos Básicos).

Questão original: Considere que determinado autor faleça um dia após o lançamento de sua obra e deixe herdeiros. Nessa situação, o direito exclusivo de publicação será transmitido aos herdeiros por tempo indeterminado.

156. Para que a legitimidade de entidade de classe seja reconhecida em sede de mandado de segurança coletivo, **NÃO** é imprescindível a demonstração de que a pretensão tenha sido veiculada no interesse de toda a categoria, **PODENDO** de apenas parte dela. (CESPE - 2013 - DPE-DF - Defensor Público).

Questão original: Para que a legitimidade de entidade de classe seja reconhecida em sede de mandado de segurança coletivo, é imprescindível a demonstração de que a pretensão tenha sido veiculada no interesse de toda a categoria, e não de apenas parte dela.

157. Qualquer pessoa é parte legítima para impetrar habeas data, em seu favor **E NÃO EM FAVOR DE OUTREM**, visando conhecer ou retificar informações constantes de registros ou bancos de dados de entidades governamentais ou de caráter público. (CESPE – 2013 – DPE-DF – Defensor Público).

Questão original: Qualquer pessoa é parte legítima para impetrar habeas data, em seu favor ou de outrem, visando conhecer ou retificar informações constantes de registros ou bancos de dados de entidades governamentais ou de caráter público.

158. Sendo a obtenção de certidões em repartição pública que objetivem o esclarecimento de situações de interesse pessoal um direito assegurado a todas as pessoas, caso haja negativa, na via administrativa, em atender a solicitação de emissão desse tipo de certidão, o interessado poderá impetrar mandado de segurança pleiteando sua emissão. (CESPE – 2013 – TCE-RS – Oficial de Controle Externo).

159. Seria inconstitucional portaria do MCTI que determinasse que informações acerca da atuação do ministério somente poderiam ser prestadas àqueles que previamente comprovassem ter interesse particular direto na referida informação. (CESPE – 2012 – MCT – Técnico – Tema VII).

160. É possível a concessão de mandado de segurança coletivo impetrado por partido político com representação no Congresso Nacional, para proteger direito líquido e certo não amparado por habeas corpus ou habeas data, quando o responsável pelo abuso de poder for ministro de Estado. (CESPE – 2013 – MPU – Técnico Administrativo).

161. Todos os **CIDADÃOS BRASILEIROS** têm legitimidade para propor ação popular e para denunciar irregularidades ao Tribunal de Contas da União. (CESPE – 2013 – TRT – 10ª REGIÃO (DF e TO) – Técnico Judiciário – Administrativo).

Questão original: Todos os brasileiros natos têm legitimidade para propor ação popular e para denunciar irregularidades ao Tribunal de Contas da União.

162. Caso o Estado impeça, de forma ilegítima, o direito de reunião, qualquer cidadão poderá utilizar do remédio constitucional denominado **MANDADO DE SEGURANÇA**, tendo em vista restrições no seu direito **LÍQUIDO E CERTO**. (CESPE – 2013 – MC – Todos os Cargos – Especialidades 2 – 6, 9 – 12, 14 – 16, 18, 21 – 25).

Questão original: Caso o Estado impeça, de forma ilegítima, o direito de reunião, qualquer cidadão poderá utilizar do remédio constitucional denominado habeas corpus, tendo em vista restrições no seu direito de locomoção.

163. Se um estrangeiro residente no Brasil comparecer a um evento esportivo e, nesse evento, for preso pela polícia por se envolver em uma briga entre torcidas adversárias, ele terá legitimidade para impetrar habeas corpus. (CESPE - 2013 - FUB - Assistente em Administração).

Questão original: Se um estrangeiro residente no Brasil comparecer a um evento esportivo e, nesse evento, for preso pela polícia por se envolver em uma briga entre torcidas adversárias, ele **NÃO** terá legitimidade para impetrar habeas corpus, razão por que deverá acionar a autoridade consular de seu país para fazê-lo.

164. O habeas corpus **NÃO** constitui a via adequada para o devedor de pensão alimentícia pedir o afastamento de sua prisão, alegando incapacidade de arcar com o pagamento dos valores executados. (CESPE - 2013 - Polícia Federal - Delegado de Polícia).

Questão original: O habeas corpus constitui a via adequada para o devedor de pensão alimentícia pedir o afastamento de sua prisão, alegando incapacidade de arcar com o pagamento dos valores executados.

165. Segundo o STF, caso o interessado alegue que a sentença condenatória tenha sido prolatada exclusivamente com fundamento em prova emprestada, **NÃO** é possível a arguição de nulidade dessa decisão em sede de habeas corpus. (CESPE - 2013 - Polícia Federal - Delegado de Polícia).

Questão original: Segundo o STF, caso o interessado alegue que a sentença condenatória tenha sido prolatada exclusivamente com fundamento em prova emprestada, é possível a arguição de nulidade dessa decisão em sede de habeas corpus.

166. O habeas corpus é remédio cabível para o controle jurisdicional de ato da administração; contudo, salvo os pressupostos de legalidade, o referido remédio não será cabível em relação a punições disciplinares militares. (CESPE - 2013 - TC-DF - Procurador).

167. Qualquer pessoa do povo, nacional ou estrangeira, independentemente de capacidade civil, política, idade, sexo, profissão ou estado mental pode fazer uso do habeas corpus, em benefício próprio ou alheio, não sendo permitida, porém, a impetração apócrifa, sem a precisa identificação do autor. (CESPE - 2013 - TC-DF - Procurador).

168. Considere que um argentino tenha sido preso em flagrante em território brasileiro e que, com base no direito constitucional brasileiro, tenha impetrado habeas corpus redigido em língua espanhola. Nessa situação, a despeito de o pedido de habeas corpus destinar-se à salvaguarda de direito fundamental, o writ não deverá ser conhecido, pois é imprescindível o uso da língua portuguesa na redação dessa ação, consoante jurisprudência do STF. (CESPE - 2013 - CNJ - Analista Judiciário - Área Administrativa).

169. Será concedido habeas corpus àquele que sofrer ou se achar ameaçado de sofrer violência ou coação em sua liberdade de locomoção por ilegalidade ou abuso de poder. (CESPE - 2013 - CNJ - Analista Judiciário - Conhecimentos Básicos - Cargos 6, 7, 8, 9, 10, 11, 12).

170. De acordo com o STJ, o habeas data **OBSTA COMO** instrumento idôneo para a obtenção de acesso aos critérios utilizados em correção de prova discursiva aplicada em concursos públicos. (CESPE - 2013 - DPF - Delegado; CESPE - 2013 - Polícia Federal - Delegado de Polícia).

Questão original: De acordo com o STJ, o habeas data é instrumento idôneo para a obtenção de acesso aos critérios utilizados em correção de prova discursiva aplicada em concursos públicos.

171. Constatada a violação do direito de pessoas carentes, em face da publicação de lei federal voltada para a regulamentação da previdência social que impeça o acesso dos cidadãos a informações de seu interesse particular perante órgãos do Instituto Nacional do Seguro Social, o defensor público geral federal **NÃO** terá legitimidade para ajuizar ação direta de inconstitucionalidade perante o STF. Contudo, tal providência não impedirá que cada cidadão possa individualmente impetrar **MANDADO DE SEGURANÇA** para resguardar o seu direito. (CESPE - 2013 - MJ - Todos os Cargos - Conhecimentos Básicos).

Questão original: Constatada a violação do direito de pessoas carentes, em face da publicação de lei federal voltada para a regulamentação da previdência social que impeça o acesso dos cidadãos a informações de seu interesse particular perante órgãos do Instituto Nacional do Seguro Social, o defensor público geral federal terá legitimidade para ajuizar ação direta de inconstitucionalidade perante o STF. Contudo, tal providência não impedirá que cada cidadão possa individualmente impetrar habeas data para resguardar o seu direito.

172. Julgue o item subsequente, com relação aos direitos e garantias fundamentais, aos remédios constitucionais e à aplicabilidade das normas constitucionais. De acordo com o STF, o habeas data não pode ser utilizado para garantir o conhecimento de informações concernentes a terceiros. (CESPE - 2013 - STF - Analista Judiciário - Área Administrativa).

173. Negado formalmente o pedido de informações sobre a carga horária de trabalho de determinado servidor do TCE/RS feito ao tribunal por um estrangeiro naturalizado brasileiro, esse estrangeiro **NÃO** poderá impetrar habeas data para pleitear o atendimento de sua solicitação. (CESPE - 2013 - TCE-RS - Oficial de Controle Externo).

Questão original: Negado formalmente o pedido de informações sobre a carga horária de trabalho de determinado servidor do TCE/RS feito ao tribunal por um estrangeiro naturalizado brasileiro, esse estrangeiro poderá impetrar habeas data para pleitear o atendimento de sua solicitação.

174. O habeas data, importante ação constitucional, assegura o conhecimento de informações relativas à pessoa do impetrante, constantes de registro ou banco de dados de entidades governamentais ou de caráter público, **ASSIM COMO TAMBÉM PERMITE** ao impetrante a retificação desses dados. (CESPE - 2013 - MPOG - Todos os Cargos - Conhecimentos Básicos).

Questão original: O habeas data, importante ação constitucional, assegura o conhecimento de informações relativas à pessoa do impetrante, constantes de registro ou banco de dados de entidades governamentais ou de caráter público, mas veda ao impetrante a retificação desses dados.

175. O habeas data é concedido para a retificação de dados quando ela não é feita mediante processo sigiloso, judicial ou administrativo. (CESPE - 2013 - ANP - Analista Administrativo - Área 1).

176. **NEM TODO** cidadão é parte legítima para propor mandado de segurança coletivo. (CESPE - 2013 - MPU - Conhecimentos Básicos para os Cargos 1 a 10 e 27 a 32).

Questão original: Qualquer cidadão é parte legítima para propor mandado de segurança coletivo.

177. Se uma agência reguladora indeferir administrativamente, de forma errônea, o pleito legítimo de um servidor relativo à sua progressão na carreira, será possível a esse servidor alcançar a referida pretensão por meio de **AÇÃO DE COBRANÇA** para reaver todos os efeitos financeiros pretéritos daí advindos. (CESPE - 2013 - ANCINE - Todos os Cargos - Especialista em Regulação da Atividade Cinematográfica e Audiovisual Áreas I e II).

Observação: "Súmula 271 do STF: Concessão de mandado de segurança não produz efeitos patrimoniais em relação à período pretérito, os quais devem ser reclamados administrativamente ou pela via judicial própria."

Questão original: Se uma agência reguladora indeferir administrativamente, de forma errônea, o pleito legítimo de um servidor relativo à sua progressão na carreira, será possível a esse servidor alcançar a referida pretensão por meio de impetração de mandado de segurança para reaver todos os efeitos financeiros pretéritos daí advindos.

178. O mandado de segurança que vise anular ato lesivo ao patrimônio público ou a entidade de que o Estado participe, à moralidade administrativa, ao meio ambiente ou ao patrimônio histórico e cultural **NÃO** substitui a ação popular. (CESPE – 2013 – ANCINE – Todos os Cargos – Analista Administrativo Áreas I, II e III).

Observação: "Súmula 101 do STF: O mandado de segurança não substitui a ação popular."

Questão original: O mandado de segurança que vise anular ato lesivo ao patrimônio público ou a entidade de que o Estado participe, à moralidade administrativa, ao meio ambiente ou ao patrimônio histórico e cultural substitui a ação popular, já que fará que cesse a ilegalidade.

179. Considere que determinada associação legalmente constituída há sete anos impetre mandado de segurança coletivo pretendendo proteger os interesses de todos os seus associados contra ato ilícito de autoridade pública. Nessa situação, de acordo com a jurisprudência do STF, ainda que a associação tenha legitimidade ativa para propor o mandado de segurança, sem autorização expressa de todos os associados, é **DISPENSÁVEL** que a petição inicial contenha relação nominal de todos os associados ali representados. (CESPE – 2013 – STF – Analista Judiciário – Revisor de Texto).

Questão original: Considere que determinada associação legalmente constituída há sete anos impetre mandado de segurança coletivo pretendendo proteger os interesses de todos os seus associados contra ato ilícito de autoridade pública. Nessa situação, de acordo com a jurisprudência do STF, ainda que a associação tenha legitimidade ativa para propor o mandado de segurança, sem autorização expressa de todos os associados, é imprescindível que a petição inicial contenha relação nominal de todos os associados ali representados.

180. Determinado sindicato ajuizou ação em defesa de direito e interesse coletivo dos integrantes da categoria que representa e obteve sentença favorável ao pleito. Para que os interessados fossem abrangidos pela decisão judicial, o juiz exigiu-lhes, na execução do julgado, a comprovação da filiação ao sindicato na fase de conhecimento da ação. Nessa situação, a exigência do juiz **NÃO** está em conformidade com a CF, segundo a qual o interessado pode beneficiar da decisão **INDEPENDENTE DE COMPROVAÇÃO DA** filiação ao sindicato quando da fase de conhecimento da ação. (CESPE – 2013 – MTE – Auditor Fiscal do Trabalho – Prova 2).

Questão original: Determinado sindicato ajuizou ação em defesa de direito e interesse coletivo dos integrantes da categoria que representa e obteve sentença favorável ao pleito. Para que os interessados fossem abrangidos pela decisão judicial, o juiz exigiu-lhes, na execução do julgado, a comprovação da filiação ao sindicato na fase de conhecimento da ação. Nessa situação, a exigência do juiz está em conformidade com a CF, segundo a qual o interessado somente se pode beneficiar da decisão se comprovar a filiação ao sindicato quando da fase de conhecimento da ação.

181. É possível a impetração de mandado de segurança contra ato comissivo ou omissivo praticado por representantes ou órgãos de partido político e por administradores de entidades autárquicas, bem como por dirigentes de pessoas jurídicas e por pessoas naturais no exercício de atribuições do poder público. (CESPE - 2013 - TC-DF - Procurador).

182. O mandado de segurança pode ser impetrado contra autoridade pública ou agente de pessoa jurídica no exercício de atribuições do poder público, como é o caso dos agentes de pessoas jurídicas privadas que executam, a qualquer título, atividades e serviços públicos. (CESPE - 2013 - TJ-DFT - Analista Judiciário - Área Judiciária).

183. Qualquer entidade de classe pode impetrar mandado de segurança coletivo em favor de seus associados, independentemente da autorização destes, pois essa situação caracteriza hipótese de substituição processual. (CESPE - 2013 - Telebras - Especialista em Gestão de Telecomunicações - Advogado).

184. O mandado de injunção é remédio jurídico apto a enfrentar a inconstitucionalidade por omissão. (CESPE - 2013 - PC-BA - Delegado de Polícia).

185. Cidadão que constatar a prática de ato de nepotismo por servidor público em um órgão público poderá impetrar ação popular, instrumento de defesa do princípio da moralidade. (CESPE - 2013 - UNIPAMPA - Nível Superior - Conhecimentos Básicos - Todos os Cargos).

186. Se o prefeito de determinado município realizar uma contratação com a empresa de sua esposa, para a aquisição de computadores por preços muito acima do mercado e sem licitação, em flagrante lesão ao patrimônio público e à moralidade administrativa, qualquer cidadão poderá ajuizar ação popular visando à anulação desse ato. (CESPE - 2013 - FUB - Assistente em Administração).

187. Para a anulação de contratação irregular decorrente de procedimento licitatório, admite-se o ajuizamento de ação popular com fundamento em afronta aos princípios que regem a administração pública, independentemente de comprovação do dano ao erário. (CESPE - 2013 - DPE-DF - Defensor Público).

188. Para propor ação popular objetivando anular ato lesivo ao patrimônio público, é necessário que o indivíduo esteja no gozo de direitos que lhe permitam participar da vida política. (CESPE - 2013 - TCE-RS - Oficial de Controle Externo).

> **Questão original:** Para propor ação popular objetivando anular ato lesivo ao patrimônio público, **NÃO** é necessário que o indivíduo esteja no gozo de direitos que lhe permitam participar da vida política.

189. Considere que uma organização não governamental (ONG), cujo objetivo social seja a preservação do cerrado, constate que um grande produtor rural obteve, do órgão ambiental competente, licença para desmatar uma grande extensão de determinada área de proteção ambiental. Nessa situação hipotética, no intuito de evitar danos ao meio ambiente, a ONG **NÃO PODERÁ** ajuizar ação popular, pleiteando a nulidade do ato administrativo que concedeu a licença ambiental. (CESPE - 2013 - IBAMA - Analista Ambiental - Conhecimentos Básicos - Todos os Temas).

> **Questão original:** Considere que uma organização não governamental (ONG), cujo objetivo social seja a preservação do cerrado, constate que um grande produtor rural obteve, do órgão ambiental competente, licença para desmatar uma grande extensão de determinada área de proteção ambiental. Nessa situação hipotética, no intuito de evitar danos ao meio ambiente, a ONG deverá ajuizar ação popular, pleiteando a nulidade do ato administrativo que concedeu a licença ambiental.

190. Asseguram-se a Maria o respeito à sua integridade física e moral e o cumprimento de eventual pena em estabelecimento adequado. (CESPE - 2012 - FNDE - Técnico em Financiamento e Execução de Programas e Projetos Educacionais).

191. A tortura é constitucionalmente proibida. (CESPE - 2012 - ANAC - Técnico Administrativo).

> **Questão original:** A tortura é constitucionalmente proibida, **EXCETO PARA SALVAR A VIDA DE OUTRAS PESSOAS.**

192. O uso de algemas durante audiência de instrução e julgamento pode ser determinado pelo magistrado quando presentes, de maneira concreta, riscos a segurança do acusado ou das pessoas ao ato presentes. (CESPE - 2012 - PC-AL - Agente de Polícia).

193. O direito à liberdade de expressão pode ser exercido livremente, independentemente de censura ou licença de quaisquer dos poderes públicos. (CESPE - 2012 - ANAC - Técnico Administrativo).

194. Dado o direito à liberdade, um dos direitos fundamentais, a prisão de um indivíduo é medida excepcional. (CESPE - 2012 - PC-AL - Escrivão de Polícia).

195. Todos podem reunir-se pacificamente, sem armas, em locais abertos ao público, mediante **PRÉVIO AVISA À** autoridade competente. (CESPE - 2012 - Câmara dos Deputados - Técnico Legislativo - Técnico em Radiologia).

Questão original: Todos podem reunir-se pacificamente, sem armas, em locais abertos ao público, mediante autorização prévia da autoridade competente.

196. No que se refere aos direitos e garantias fundamentais e à cidadania, julgue os próximos itens. A CF garante a todos o direito de reunir-se pacificamente para protestar, sem armas, em locais abertos ao público, desde que mediante aviso prévio. (CESPE - 2012 - TJ-RR - Técnico Judiciário).

Questão original: No que se refere aos direitos e garantias fundamentais e à cidadania, julgue os próximos itens. A CF garante a todos o direito de reunir-se pacificamente para protestar, sem armas, em locais abertos ao público, desde que mediante aviso prévio **E AUTORIZAÇÃO DA AUTORIDADE COMPETENTE.**

197. A escusa de consciência permite a todo indivíduo, por motivos de crenças religiosas, filosóficas ou políticas, eximir-se de cumprir alguma obrigação imposta a todos, por exemplo, o serviço militar obrigatório; entretanto, o indivíduo será privado, definitivamente, de seus direitos políticos, quando a sua oposição se manifestar, inclusive, a respeito do cumprimento de uma obrigação alternativa. (CESPE - 2012 - TRE-RJ - Analista Judiciário - Área Administrativa).

198. De acordo com a jurisprudência do STF, a exigência de diploma de curso superior para a prática do jornalismo é **INCOMPATÍVEL** com a ordem constitucional, pois o direito à liberdade de profissão e o direito à liberdade de informação não são absolutos. (CESPE - 2012 - DPE-ES - Defensor Público).

Questão original: De acordo com a jurisprudência do STF, a exigência de diploma de curso superior para a prática do jornalismo é compatível com a ordem constitucional, pois o direito à liberdade de profissão e o direito à liberdade de informação não são absolutos.

199. Os direitos e garantias fundamentais previstos na Constituição Federal de 1988 incluem a proteção à liberdade de expressão da atividade intelectual, artística, científica e de comunicação, independentemente de licença da administração pública. (CESPE - 2012 - ANCINE - Técnico Administrativo).

200. O cristianismo **NÃO** é a religião oficial da República Federativa do Brasil, a CF garante a liberdade de crença e de culto a todas as religiões. (CESPE - 2012 - MCT - Técnico - Tema VII).

Questão original: Apesar de dispor que o cristianismo é a religião oficial da República Federativa do Brasil, a CF garante a liberdade de crença e de culto a todas as religiões.

201. O exercício do direito à liberdade de reunião em locais abertos ao público, previsto na Constituição Federal, condiciona-se a dois requisitos expressos: o encontro não pode frustrar outro anteriormente convocado para o mesmo local e a autoridade competente deve ser previamente avisada a respeito de sua realização. (CESPE – 2012 – Polícia Federal – Agente da Polícia Federal).

202. É franqueado o deslocamento no território nacional em tempo de paz, podendo brasileiros natos e naturalizados, estrangeiros e apátridas, nos termos da lei, nele penetrar, permanecer ou dele retirar-se com seus bens, restando, dessa forma, assegurados os direitos invioláveis à liberdade, à igualdade e à propriedade. (CESPE – 2012 – PRF – Agente Administrativo).

203. O poder público **NÃO** dispõe da prerrogativa de interferir na organização sindical. (CESPE – 2012 – Câmara dos Deputados – Analista Legislativo – Técnica Legislativa).

Questão original: O poder público dispõe da prerrogativa de interferir na organização sindical.

204. Considere que uma manifestação pública realizada por determinado grupo religioso tenha atraído uma multidão hostil e que, quando a polícia foi chamada a intervir, o líder do grupo tenha chamado os policiais de fascistas, criando uma situação de perigo de pronta e violenta retaliação por parte dos policiais. Nessa situação, o líder do movimento **NÃO** está amparado pela garantia constitucional que assegura a liberdade de expressão. (CESPE – 2012 – PC-CE – Inspetor de Polícia – Civil).

Questão original: Considere que uma manifestação pública realizada por determinado grupo religioso tenha atraído uma multidão hostil e que, quando a polícia foi chamada a intervir, o líder do grupo tenha chamado os policiais de fascistas, criando uma situação de perigo de pronta e violenta retaliação por parte dos policiais. Nessa situação, o líder do movimento está amparado pela garantia constitucional que assegura a liberdade de expressão.

205. **NÃO É** incompatível com o princípio da igualdade lei federal que estabelecesse que um percentual mínimo dos cargos de ministro de Estado deveria ser ocupado por mulheres. (CESPE – 2012 – MCT – Analista em Ciência e Tecnologia Pleno – Tema I; CESPE – 2012 – MCT – Analista em Ciência e Tecnologia Pleno – Tema II).

Questão original: Seria incompatível com o princípio da igualdade lei federal que estabelecesse que um percentual mínimo dos cargos de ministro de Estado deveria ser ocupado por mulheres.

206. A CF estabelece direitos e garantias fundamentais de todas as pessoas, de tal modo que não deve haver quaisquer formas de discriminação, reconhecendo os direitos aos homossexuais e igual valoração jurídica nas relações homo afetivas. (CESPE - 2012 - MPE-PI - Analista Ministerial - Área Administrativa).

207. O estabelecimento de regras distintas para homens e mulheres, quando necessárias para atenuar desníveis, é compatível com o princípio constitucional da isonomia e poderá ocorrer tanto na CF quanto na legislação infraconstitucional. (CESPE - 2012 - STJ - Todos os Cargos - Conhecimentos Básicos - Exceto Cargo 5).

208. Maria, espanhola, sem condenação criminal, foi naturalizada brasileira após ter vivido ininterruptamente dezesseis anos no Brasil. Em uma das suas viagens para a Europa, ela foi presa em flagrante pela Polícia Federal, em virtude de traficar com entorpecentes do Brasil para a Europa. (CESPE - 2012 - FNDE - Técnico em Financiamento e Execução de Programas e Projetos Educacionais).

208.1 Caso Maria fosse regularmente à Europa, ela seria naturalizada brasileira, visto que a residência ininterrupta de mais de quinze anos em solo brasileiro consiste em requisito para a naturalização.

Questão original: Caso Maria fosse regularmente à Europa, ela **NÃO** seria naturalizada brasileira, visto que a residência ininterrupta de mais de quinze anos em solo brasileiro consiste em requisito para a naturalização.

208.2 Caso seja comprovado o envolvimento de Maria com o tráfico ilícito de entorpecentes, ela **NÃO** poderá ser banida do Brasil.

Questão original: Caso seja comprovado o envolvimento de Maria com o tráfico ilícito de entorpecentes, ela poderá ser banida do Brasil.

208.3 Em virtude de Maria ser brasileira naturalizada, ela poderá ser extraditada do Brasil, ainda que seja comprovado seu envolvimento com tráfico ilícito de entorpecentes para países da Europa.

Questão original: Em virtude de Maria ser brasileira naturalizada, ela **NÃO** poderá, em nenhuma hipótese, ser extraditada do Brasil, ainda que seja comprovado seu envolvimento com tráfico ilícito de entorpecentes para países da Europa.

209. A jurisprudência do STF entende que o sigilo bancário é protegido constitucionalmente. Dessa forma, o acesso a dados bancários pode ser feito por determinação judicial ou requisição da autoridade policial. (CESPE - 2012 - PC-AL - Delegado de Polícia).

Questão original: A jurisprudência do STF entende que o sigilo bancário é protegido constitucionalmente. Dessa forma, o acesso a dados bancários **SOMENTE** pode ser feito por determinação judicial ou requisição da autoridade policial.

210. De acordo com a CF, é admitida, mediante ordem judicial, a violação das comunicações telefônicas, nas hipóteses e na forma que a lei estabelecer, para fins de investigação criminal, instrução processual penal. (CESPE – 2012 – STJ – Todos os Cargos – Conhecimentos Básicos – Exceto Cargo 5).

Questão original: De acordo com a CF, é admitida, mediante ordem judicial, a violação das comunicações telefônicas, nas hipóteses e na forma que a lei estabelecer, para fins de investigação criminal, instrução processual penal **OU EM PROCESSOS POLÍTICO-ADMINISTRATIVOS.**

211. Consoante o entendimento atual do STF, a prova consistente em gravação ambiental realizada por um dos interlocutores sem o conhecimento do outro é **LÍCITA**, mesmo quando destinada a fazer prova em favor de quem efetuou a gravação. (CESPE – 2012 – PC-AL – Delegado de Polícia).

Questão original: Consoante o entendimento atual do STF, a prova consistente em gravação ambiental realizada por um dos interlocutores sem o conhecimento do outro é ilícita, mesmo quando destinada a fazer prova em favor de quem efetuou a gravação, pois viola o direito constitucional à intimidade.

212. Conforme o preceito constitucional, agente de polícia, estando judicialmente autorizado, **NÃO** pode entrar na casa de suspeito de crime, sem o seu consentimento, durante a noite, com o objetivo de conduzi-lo à delegacia para depor. (CESPE – 2012 – TJ-RR – Agente de Proteção).

Questão original: Conforme o preceito constitucional, agente de polícia, estando judicialmente autorizado, pode entrar na casa de suspeito de crime, sem o seu consentimento, durante a noite, com o objetivo de conduzi-lo à delegacia para depor.

213. A indenização por danos material, moral e à imagem abrange as pessoas físicas e jurídicas. (CESPE – 2012 – TCU – Técnico de Controle Externo).

214. Apesar de a propriedade ser protegida pela CF, admite-se o uso pela administração pública de propriedade particular em caso de iminente perigo público. (CESPE – 2012 – ANAC – Especialista em Regulação de Aviação Civil – Conhecimentos Básicos).

215. O direito exclusivo dos autores de utilizar, publicar ou reproduzir suas obras, e a transmissibilidade desse direito aos herdeiros pelo tempo que a lei fixar. (CESPE – 2012 – ANCINE – Técnico Administrativo).

216. No caso de iminente perigo público, um policial rodoviário federal, sendo a autoridade competente, poderá utilizar propriedade privada, garantido ao proprietário ressarcimento posterior, em caso de dano. (CESPE – 2012 – PRF – Agente Administrativo).

217. A desapropriação, autorizada pela CF e prevista no ordenamento jurídico, poderá ter como fundamento causas diversas. Nesse sentido, a construção de uma rodovia, a proteção das camadas menos favorecidas da sociedade e uma situação emergencial podem ser classificadas, respectivamente, como hipóteses de: utilidade pública, interesse social e necessidade pública. (CESPE - 2012 - TRE-RJ - Analista Judiciário - Área Administrativa).

218. O direito à propriedade, embora incluído entre os direitos individuais, já não consiste em puro direito individual, tendo sido, na CF, relativizados seu conceito e significado e preordenados os princípios da ordem econômica à vista da realização de seu fim maior, que é garantir a todos uma existência digna, conforme os ditames da justiça social. (CESPE - 2012 - Banco da Amazônia - Técnico Científico - Direito).

219. Os direitos de propriedade e de herança estão sujeitos a limite. (CESPE - 2012 - TJ-RR - Agente de Proteção).

> **Questão original:** Os direitos de propriedade e de herança **NÃO** estão sujeitos a nenhum limite.

220. De acordo com a CF, é assegurado a todos o direito de propriedade intelectual, industrial e de direitos autorais, sendo a propriedade intelectual e a de direitos autorais sempre permanentes, tanto para o autor quanto para o sucessor. (CESPE - 2012 - MCT - Todos os Cargos - Conhecimentos Básicos - Temas III, IV, V e VI).

221. De acordo com a CF, é assegurado a todos o direito de propriedade intelectual, industrial e de direitos autorais, sendo a propriedade intelectual e a de direitos autorais permanentes **OU TEMPORÁRIOS, VITALÍCIO, DURANTE A VIDA, PARA O** autor, **TEMPORÁRIO, APÓS A MORTE DO AUTOR,** para os **SUCESSORES.** (CESPE - 2012 - MCT - Todos os Cargos - Conhecimentos Básicos - Temas III, IV, V e VI).

> **Questão original:** De acordo com a CF, é assegurado a todos o direito de propriedade intelectual, industrial e de direitos autorais, sendo a propriedade intelectual e a de direitos autorais sempre permanentes, tanto para o autor quanto para os sucessor.

222. As pessoas jurídicas são destinatárias dos direitos e das garantias fundamentais constantes da Constituição Federal, inclusive de mandado de segurança, habeas data. (CESPE - 2012 - TJ-RR - Administrador).

> **Questão original:** As pessoas jurídicas são destinatárias dos direitos e das garantias fundamentais constantes da Constituição Federal, inclusive de mandado de segurança, habeas data e **HABEAS CORPUS**.

223. No Brasil, as medidas judiciais específicas para enfrentar omissões de autoridade pública incluem o **MANDADO DE INJUÇÃO**, aplicável aos casos em que o indivíduo se vê privado do exercício de seus direitos em virtude da inexistência de norma regulamentadora, como, por exemplo, no que se refere à greve no serviço público. (CESPE – 2012 – TCE-ES – Auditor).

> **Questão original:** No Brasil, as medidas judiciais específicas para enfrentar omissões de autoridade pública incluem o habeas data, aplicável aos casos em que o indivíduo se vê privado do exercício de seus direitos em virtude da inexistência de norma regulamentadora, como, por exemplo, no que se refere à greve no serviço público.

224. Considere que Antônio, preso político durante a ditadura, pretenda obter informações de seu interesse **E SUA PESSOA** constantes de banco de dados de entidade governamental. Considere, ainda, que o pedido de Antônio seja indeferido na esfera administrativa. Nessa situação, Antônio deverá impetrar **HABEAS DATA** junto ao Poder Judiciário a fim de obter as informações desejadas. (CESPE – 2012 – TJ-RR – Técnico Judiciário).

> **Questão original:** Considere que Antônio, preso político durante a ditadura, pretenda obter informações de seu interesse constantes de banco de dados de entidade governamental. Considere, ainda, que o pedido de Antônio seja indeferido na esfera administrativa. Nessa situação, Antônio deverá impetrar habeas corpus junto ao Poder Judiciário a fim de obter as informações desejadas.

225. Não cabe mandado de segurança contra atos de gestão comercial praticados por administradores de empresas públicas, sociedade de economia mista e concessionárias de serviço público. (CESPE – 2012 – TCE-ES – Auditor de Controle Externo – Auditoria Governamental).

226. É cabível mandado de segurança contra ato de particular que esteja no exercício de atividade pública delegada. (CESPE – 2012 – ANATEL – Técnico Administrativo).

> **Questão original:** Em nenhuma hipótese é cabível mandado de segurança contra ato de particular, mesmo que o particular esteja no exercício de atividade pública delegada.

227. Um partido político com representação no Congresso Nacional possui legitimidade para impetrar mandado de segurança coletivo apenas em defesa de seus filiados. (CESPE – 2012 – ANATEL – Técnico Administrativo).

228. Qualquer partido político pode ingressar com mandado de segurança coletivo, **DEPENDENDO** ter representação no Congresso Nacional. (CESPE – 2012 – TJ-RR – Agente de Proteção).

> **Questão original:** Qualquer partido político pode ingressar com mandado de segurança coletivo, independentemente de ter ou não representação no Congresso Nacional.

229. No que concerne aos direitos e deveres individuais e coletivos, julgue os itens a seguir. O mandado de segurança coletivo pode ser impetrado por partido político com representação no Congresso Nacional, bastando, para se configurar essa representação, a existência de um único parlamentar na Câmara dos Deputados ou no Senado Federal, filiado ao partido. (CESPE - 2012 - TJ-RR - Analista - Processual).

230. De acordo com o entendimento do STF, o estado-membro não dispõe de legitimidade para propor, contra a União, mandado de segurança coletivo em defesa de supostos interesses da população residente na unidade federada. (CESPE - 2012 - AGU - Advogado da União).

231. No que se refere aos direitos e garantias fundamentais e à cidadania, julgue os próximos itens. O cidadão que esteja impedido de exercer direito individual em razão da ausência de norma regulamentadora poderá valer-se do mandado de injunção. (CESPE - 2012 - TJ-RR - Técnico Judiciário).

232. O **HABEAS DATA** garante ao impetrante o direito de conhecer as informações relativas a sua pessoa constantes de registros ou bancos de dados de entidades governamentais ou de caráter público. (CESPE - 2012 - STJ - Técnico Judiciário - Telecomunicações e Eletricidade - Conhecimentos Básicos).

> **Questão original:** O mandado de injunção garante ao impetrante o direito de conhecer as informações relativas a sua pessoa constantes de registros ou bancos de dados de entidades governamentais ou de caráter público.

233. O polo passivo do mandado de injunção jamais poderá ser ocupado por particular. (CESPE - 2012 - MPE-PI - Analista Ministerial - Área Processual).

234. Embora apenas o cidadão tenha legitimidade para o ajuizamento da ação popular, o Ministério Público pode, na hipótese de desistência da ação por parte do autor, promover o respectivo prosseguimento do feito. (CESPE - 2012 - TJ-RR - Analista - Processual).

235. Uma associação já constituída somente poderá ser compulsoriamente dissolvida mediante decisão judicial transitada em julgado, na hipótese de ter finalidade ilícita. (CESPE - 2011 - TRE-ES - Analista Judiciário - Área Judiciária - Específicos).

236. Pessoa que se exima de obrigação legal a todos **E RECUSA A CUMPRIR PRESTAÇÃO ALTERNATIVA, FIXADA EM LEI**, imposta por motivo de crença religiosa deve sofrer as consequências legais por seu ato, já que o Brasil é um país laico. (CESPE - 2011 - CNPQ - Analista em Ciência e Tecnologia Júnior - Geral).

> **Questão original:** Pessoa que se exima de obrigação legal a todos imposta por motivo de crença religiosa deve sofrer as consequências legais por seu ato, já que o Brasil é um país laico.

237. Ao assegurar a liberdade de consciência e crença, a CF reafirmou ser o Brasil um país laico, apesar de admitir a prestação de assistência religiosa nas entidades civis de internação coletiva. (CESPE – 2011 – CNPQ – Assistente).

238. A Constituição Federal de 1988 confere à liberdade de locomoção caráter **RELATIVO, SENDO LIVRE EM TEMPOS DE PAZ.** (CESPE – 2011 – PC-ES – Escrivão de Polícia – Específicos).

> **Questão original:** A Constituição Federal de 1988 confere à liberdade de locomoção caráter absoluto, que não comporta restrição de qualquer natureza.

239. Ninguém poderá ser privado do exercício de um direito por invocar crença religiosa ou convicção filosófica ou política, **SALVO SE AS INVOCAR** para eximir-se de obrigação legal a todos imposta **E RECUSAR-SE A CUMPRIR PRESTAÇÃO ALTERNATIVA, FIXADA EM LEI.** (CESPE – 2011 – STM – Analista Judiciário – Análise de Sistemas – Básicos).

> **Questão original:** Ninguém poderá ser privado do exercício de um direito por invocar crença religiosa ou convicção filosófica ou política para eximir-se de obrigação legal a todos imposta.

240. O Poder Judiciário não pode, sob a alegação do direito a isonomia, estender a determinada categoria de servidores públicos vantagens concedidas a outras por lei. (CESPE – 2011 – EBC – Analista – Advocacia).

241. Embora a CF considere invioláveis a intimidade, a vida privada, a honra e a imagem das pessoas, o TCU **NÃO** tem poder para quebrar o sigilo bancário de determinada pessoa, no exercício de sua função fiscalizatória. (CESPE – 2011 – TCU – Auditor Federal de Controle Externo – Auditoria de Obras Públicas).

> **Questão original:** Embora a CF considere invioláveis a intimidade, a vida privada, a honra e a imagem das pessoas, o TCU tem poder para quebrar o sigilo bancário de determinada pessoa, no exercício de sua função fiscalizatória.

242. É permitida a violação de correspondência de presidiário em face de suspeita de rebelião. (CESPE – 2011 – EBC – Analista – Advocacia).

243. Entre as possibilidades de violação de domicílio, inclui-se a realizada **DURANTE O DIA** autorizada por ordem judicial. (CESPE – 2011 – CNPQ – Analista em Ciência e Tecnologia Júnior – Geral).

> **Questão original:** Entre as possibilidades de violação de domicílio, inclui-se a realizada em horário noturno e autorizada por ordem judicial.

244. Caso haja evidências de que um servidor público tenha desviado recursos públicos, será possível a quebra do sigilo fiscal e bancário do suspeito para subsidiar a investigação a respeito do fato. (CESPE - 2011 - TCU - Auditor Federal de Controle Externo - Psicologia).

245. O Ministério Público **NÃO** pode determinar a violação de um domicílio para realização de busca e apreensão de objetos que possam servir de prova em um processo. (CESPE - 2011 - STM - Analista Judiciário - Área Administrativa - Específicos).

> **Questão original:** O Ministério Público pode determinar a violação de um domicílio para realização de busca e apreensão de objetos que possam servir de prova em um processo.

246. Se um indivíduo, depois de assaltar um estabelecimento comercial, for perseguido por policiais militares e, na tentativa de fuga, entrar em casa de família para se esconder, os policiais estão autorizados a entrar na residência e efetuar a prisão, independentemente do consentimento dos moradores. (CESPE - 2011 - TRE-ES - Analista Judiciário - Área Administrativa - Específicos).

247. A CF reconhece a casa como o asilo inviolável do indivíduo, porém, entre outras hipóteses, admite que nela se possa penetrar por determinação judicial, sem o consentimento do morador, somente durante o dia. (CESPE - 2011 - PC-ES - Auxiliar de Perícia Médico-legal - Específicos).

248. Para o Supremo Tribunal Federal (STF), habeas corpus é medida idônea para impugnar decisão judicial que autoriza a quebra de sigilo bancário e fiscal em procedimento criminal, visto que **PODERÁ DECORRER** constrangimento à liberdade da pessoa investigada. (CESPE - 2011 - TRE-ES - Analista Judiciário - Área Judiciária - Específicos).

> **Questão original:** Para o Supremo Tribunal Federal (STF), habeas corpus não é medida idônea para impugnar decisão judicial que autoriza a quebra de sigilo bancário e fiscal em procedimento criminal, visto que não decorre constrangimento à liberdade da pessoa investigada.

249. Na hipótese de iminente perigo público, a autoridade competente pode usar de propriedade particular, assegurada ao proprietário indenização posterior, se houver dano. (CESPE - 2011 - MEC - Nível Superior - Conhecimentos Básicos - Todos os Cargos).

250. A CF estabelece, como direito individual, que a pequena propriedade rural, definida em lei, desde que trabalhada pela família, não será objeto de penhora para pagamento de débitos decorrentes de sua atividade produtiva, dispondo a lei sobre os meios de financiar o seu desenvolvimento. (CESPE - 2011 - MEC - Nível Superior - Conhecimentos Básicos - Todos os Cargos).

251. A CF garante o direito de propriedade intelectual e assegura aos autores de inventos industriais privilégio **TEMPORÁRIO** para a sua utilização, além de proteção às criações industriais, à propriedade das marcas, aos nomes de empresas e outros signos distintivos, considerando o interesse social e o desenvolvimento tecnológico e econômico do Brasil. (CESPE – 2011 – CNPQ – Assistente).

Questão original: A CF garante o direito de propriedade intelectual e assegura aos autores de inventos industriais privilégio permanente para a sua utilização, além de proteção às criações industriais, à propriedade das marcas, aos nomes de empresas e outros signos distintivos, considerando o interesse social e o desenvolvimento tecnológico e econômico do Brasil.

252. De acordo com a CF, com o objetivo de fomentar a produção e a renda, a pequena propriedade rural, assim definida em lei, desde que trabalhada pela família, não será objeto de penhora para pagamento de qualquer tipo de débito **DECORRENTE DE SUA ATIVIDADE PRODUTIVA.** (CESPE – 2011 – PREVIC – Técnico Administrativo – Básicos).

Observação: "Art. 5º, XXVI da CF: XXVI – a pequena propriedade rural, assim definida em lei, desde que trabalhada pela família, não será objeto de penhora para pagamento de débitos decorrentes de sua atividade produtiva, dispondo a lei sobre os meios de financiar o seu desenvolvimento."

Questão original: De acordo com a CF, com o objetivo de fomentar a produção e a renda, a pequena propriedade rural, assim definida em lei, desde que trabalhada pela família, não será objeto de penhora para pagamento de qualquer tipo de débito adquirido.

253. A requisição, como forma de intervenção pública no direito de propriedade que se dá em razão de iminente perigo público, configura forma de auto execução administrativa na medida em que **NÃO** pressupõe autorização do Poder Judiciário. (CESPE – 2011 – TJ-ES – Comissário da Infância e da Juventude – Específicos).

Questão original: A requisição, como forma de intervenção pública no direito de propriedade que se dá em razão de iminente perigo público, não configura forma de auto execução administrativa na medida em que pressupõe autorização do Poder Judiciário.

254. **NÃO SERÁ** garantida indenização por benfeitorias necessárias nos casos de desapropriação de fazenda que sedie cultura de plantas psicotrópicas. (CESPE – 2011 – EBC – Analista – Advocacia).

Questão original: Será garantida indenização por benfeitorias necessárias nos casos de desapropriação de fazenda que sedie cultura de plantas psicotrópicas.

255. A propriedade poderá ser desapropriada por necessidade ou utilidade pública, ou por interesse social, mediante justa e prévia indenização em dinheiro. (CESPE - 2011 - PC-ES - Escrivão de Polícia - Específicos).

> **Questão original:** A propriedade poderá ser desapropriada por necessidade ou utilidade pública, ou por interesse social, mas **SEMPRE** mediante justa e prévia indenização em dinheiro.

256. A requisição, como forma de intervenção pública no direito de propriedade que se dá em razão de iminente perigo público, configura forma de auto execução administrativa na medida em que **NÃO** pressupõe autorização do Poder Judiciário. (CESPE - 2011 - TJ-ES - Analista Judiciário - Direito - Área Judiciária - específicos).

257. Considerando o âmbito de abrangência dos direitos constitucionais à segurança e à propriedade, na hipótese de uma autoridade estadual competente, no exercício de suas funções institucionais, vier a utilizar propriedade particular para se evitar iminente perigo público, não será devida qualquer indenização ulterior ao respectivo proprietário pela utilização do bem, salvo se houver dano. (CESPE - 2011 - PC-ES - Perito Criminal - Específicos).

258. Admite-se impetração de habeas corpus contra um hospital particular que prive um paciente do seu direito de liberdade de locomoção. (CESPE - 2010 - INSS - Engenheiro Civil; CESPE - 2011 - PC-ES - Perito Papiloscópico - Específicos).

259. São legitimados para a propositura do mandado de segurança coletivo os partidos políticos com representação no Congresso Nacional, as entidades de classe, as associações em funcionamento há pelo menos um ano, na defesa dos interesses coletivos e dos interesses individuais homogêneos **E AS ORGANIZAÇÕES SINDICAIS.** (CESPE - 2011 - PC-ES - Escrivão de Polícia - Específicos).

> **Questão original:** São legitimados para a propositura do mandado de segurança coletivo os partidos políticos com representação no Congresso Nacional, as entidades de classe, as associações e as organizações sindicais em funcionamento há pelo menos um ano, na defesa dos interesses coletivos e dos interesses individuais homogêneos.

260. Na condição de direitos fundamentais, os direitos sociais são autoaplicáveis e suscetíveis de defesa mediante ajuizamento de mandado de injunção sempre que a omissão do poder público inviabilize seu exercício. (CESPE - 2011 - PC-ES - Escrivão de Polícia - Específicos).

261. Segundo posição majoritária do Supremo Tribunal Federal (STF), a realização de pesquisas em células-tronco embrionárias **NÃO** ofende o direito à vida, **NEM** o princípio da dignidade da pessoa humana. (CESPE – 2010 – INCA – Analista em C&T Júnior – Direito – Legislação Pública em Saúde).

> **Questão original:** Segundo posição majoritária do Supremo Tribunal Federal (STF), a realização de pesquisas em células-tronco embrionárias ofende o direito à vida, assim como o princípio da dignidade da pessoa humana.

262. O direito à vida compreende o direito de uma pessoa de continuar viva. (CESPE – 2010 – INSS – Perito Médico Previdenciário).

> **Questão original:** O direito à vida compreende **SOMENTE** o direito de uma pessoa de continuar viva.

263. O direito à vida **NÃO** é protegido de forma absoluta pela CF, razão pela qual **EXISTE** hipótese a pena de morte no país. (CESPE – 2010 – MS – Técnico de Contabilidade).

> **Questão original:** O direito à vida é protegido de forma absoluta pela CF, razão pela qual em nenhuma hipótese é admitida a pena de morte no país.

264. Quando um jornalista denuncia fatos de interesse geral, como os relacionados às organizações criminosas especializadas no desvio de verbas públicas, está juridicamente desobrigado de revelar a fonte da qual obteve suas informações. (CESPE – 2010 – INSS – Perito Médico Previdenciário).

265. Para que uma associação seja compulsoriamente dissolvida, é necessário que haja o trânsito em julgado de decisão judicial nesse sentido. (CESPE – 2010 – TRE-BA – Técnico Judiciário – Segurança Judiciária).

266. A exigência legal de visto do advogado para o registro de atos e contratos constitutivos de pessoas jurídicas **NÃO** ofende os princípios constitucionais da isonomia e da liberdade associativa. (CESPE – 2010 – DPU – Defensor Público Federal).

> **Questão original:** A exigência legal de visto do advogado para o registro de atos e contratos constitutivos de pessoas jurídicas ofende os princípios constitucionais da isonomia e da liberdade associativa.

267. A liberdade de manifestação do pensamento não constitui um direito absoluto. (CESPE – 2010 – INSS – Perito Médico Previdenciário).

268. Os movimentos sociais que lutam pela acessibilidade buscam defender o direito constitucional de ir e vir do cidadão. (CESPE – 2010 – MPS – Área de Atuação – Administrativa).

269. A CF assegura a criação de cooperativas, na forma da lei, independentemente de autorização, vedando a interferência estatal no seu funcionamento. (CESPE - 2010 - ANEEL - Todos os Cargos - Nível Superior).

270. De acordo com a CF, a liberdade de reunião permite que determinado grupo de pessoas se reúna pacificamente em locais abertos ao público, independentemente de autorização à autoridade. (CESPE - 2010 - MS - Técnico de Contabilidade).

> **Questão original:** De acordo com a CF, a liberdade de reunião permite que determinado grupo de pessoas se reúna pacificamente em locais abertos ao público, independentemente de autorização **E DE PRÉVIO AVISO À AUTORIDADE.**

271. De acordo com posição unânime do STF, ao examinar a liberdade de reunião expressa no art. 5.º, inciso XVI, da CF, é inconstitucional norma distrital que vede a realização de qualquer manifestação pública, com a utilização de carros e aparelhos de som na Praça dos Três Poderes e na Esplanada dos Ministérios, em Brasília, por não encontrar razoabilidade na própria CF. (CESPE - 2010 - INCA - Analista em C&T Júnior - Direito - Legislação Pública em Saúde).

272. A cidadania não parte de um modelo piramidal, imposto pelo Estado, mas de um aprendizado constante de respeito ao próximo.

273. A proibição genérica de acesso a determinadas carreiras públicas, tão somente em razão da idade do candidato, é inconstitucional, pois viola o princípio fundamental da igualdade. (CESPE - 2010 - DETRAN-ES - Advogado).

274. O entendimento do direito constitucional relativo à casa apresenta maior amplitude que o do direito privado, de modo que escritórios, por exemplo, **É LOCAL ASSEGURADO** pelo direito à inviolabilidade de domicílio. (CESPE - 2010 - ABIN - Oficial Técnico de Inteligência - Área de Direito).

> **Questão original:** O entendimento do direito constitucional relativo à casa apresenta maior amplitude que o do direito privado, de modo que bares, restaurantes e escritórios, por exemplo, são locais assegurados pelo direito à inviolabilidade de domicílio.

275. Ainda que de posse de determinação judicial, a casa é local inviolável do indivíduo durante a noite, não podendo ninguém nela entrar sem o consentimento do morador, salvo em caso de flagrante delito ou desastre ou para prestar socorro. (CESPE - 2010 - MS - Técnico de Contabilidade).

276. Apesar de a Constituição Federal de 1988 (CF) prever que o sigilo de correspondência é inviolável, admite-se a sua limitação infraconstitucional quando há conflito com outro interesse de igual ou maior relevância. (CESPE - 2010 - INSS - Engenheiro Civil).

277. O entendimento do direito constitucional relativo à casa apresenta maior amplitude que o do direito privado, de modo escritórios, por exemplo, são locais assegurados pelo direito à inviolabilidade de domicílio. (CESPE - 2010 - ABIN - Oficial Técnico de Inteligência - Área de Direito).

Questão original: O entendimento do direito constitucional relativo à casa apresenta maior amplitude que o do direito privado, de modo que **BARES, RESTAURANTES** e escritórios, por exemplo, são locais assegurados pelo direito à inviolabilidade de domicílio.

278. Os sigilos bancário e fiscal são consagrados como direitos individuais constitucionalmente protegidos que podem ser excepcionados por ordem judicial fundamentada. Nesse sentido, **NÃO** é válida a quebra de sigilo bancário de membros do Congresso Nacional quando decretada por um TRE em investigação criminal destinada à apuração de crime eleitoral. (CESPE - 2010 - TRE-BA - Analista Judiciário - Área Judiciária).

Questão original: Os sigilos bancário e fiscal são consagrados como direitos individuais constitucionalmente protegidos que podem ser excepcionados por ordem judicial fundamentada. Nesse sentido, é válida a quebra de sigilo bancário de membros do Congresso Nacional quando decretada por um TRE em investigação criminal destinada à apuração de crime eleitoral.

279. O Ministério Público **NÃO** pode determinar a violação de domicílio alheio para a realização de uma busca e apreensão de materiais e equipamentos que possam servir como prova em um processo. (CESPE - 2010 - INSS - Engenheiro Civil).

Questão original: O Ministério Público pode determinar a violação de domicílio alheio para a realização de uma busca e apreensão de materiais e equipamentos que possam servir como prova em um processo.

280. Certa vez, em discurso no Parlamento britânico, Lord Chatan afirmou: "O homem mais pobre desafia em sua casa todas as forças da Coroa. Sua cabana pode ser muito frágil, seu teto pode tremer, o vento pode soprar entre as portas mal ajustadas, a tormenta pode nela penetrar, mas o rei da Inglaterra não pode nela entrar". Essa assertiva desnuda o direito fundamental da inviolabilidade de domicílio que, no Brasil, somente admite exceção – permitindo que se adentre na casa do indivíduo, sem seu consentimento – no caso de flagrante delito ou desastre ou para prestar socorro, ou, ainda, por determinação judicial durante o dia, e, à noite, na hipótese de flagrante delito ou desastre ou para prestar socorro. (CESPE - 2010 - TRT - 21ª Região (RN) - Analista Judiciário - Área Judiciária).

281. Uma pessoa jurídica pode pleitear na justiça indenização por danos materiais e morais no caso de violação à sua honra objetiva, representada por sua reputação e boa fama perante a sociedade. (CESPE - 2010 - INSS - Engenheiro Civil).

282. De acordo com a Constituição Federal de 1988 (CF), na hipótese de iminente perigo público, a autoridade competente pode usar propriedade particular, assegurando-se ao proprietário, no caso de dano, a indenização ulterior. (CESPE - 2010 - ANEEL - Técnico Administrativo - Área 1).

283. Segundo entendimento do Supremo Tribunal Federal, os aspectos relativos à legalidade da imposição de punição constritiva da liberdade, em procedimento administrativo castrense, podem ser discutidos por meio de habeas corpus. (CESPE - 2010 - ABIN - Oficial Técnico de Inteligência - Área de Direito).

284. O habeas corpus constitui, segundo o STF, medida idônea para impugnar decisão judicial que autoriza a quebra de sigilos fiscal e bancário em procedimento criminal. (CESPE - 2010 - AGU - Procurador Federal).

285. De acordo com entendimento do STF, **NÃO** é cabível a impetração de habeas corpus, dirigido ao plenário da Suprema Corte, contra decisão colegiada proferida por qualquer de suas turmas. (CESPE - 2010 - AGU - Procurador Federal).

Observação: "Súmula 606, STF: Não cabe habeas corpus originário para o Tribunal Pleno de decisão de Turma, ou do Plenário, proferida em habeas corpus ou no respectivo recurso."

Questão original: De acordo com entendimento do STF, é cabível a impetração de habeas corpus, dirigido ao plenário da Suprema Corte, contra decisão colegiada proferida por qualquer de suas turmas.

286. Para ajuizar habeas data, o autor da ação deve comprovar **A NEGATIVA** da via administrativa. (CESPE - 2010 - TRE-BA - Técnico Judiciário - Segurança Judiciária).

Questão original: Para ajuizar mandado de segurança ou habeas data, o autor da ação deve comprovar o esgotamento da via administrativa.

287. Na impetração do habeas data, o interesse de agir configura-se diante do binômio utilidade-necessidade dessa ação constitucional, **DEPENDE** da apresentação da prova da negativa da via administrativa. (CESPE - 2010 - TRT - 21ª Região (RN) - Analista Judiciário - Área Judiciária).

Questão original: Na impetração do habeas data, o interesse de agir configura-se diante do binômio utilidade-necessidade dessa ação constitucional, independentemente da apresentação da prova da negativa da via administrativa.

288. A CF assegura a todos, independentemente do pagamento de taxas, a obtenção de certidões em repartições públicas, para a defesa de direitos e esclarecimentos de situações de interesse pessoal. Nesse sentido, não sendo atendido o pedido de certidão, por ilegalidade ou abuso de poder, o remédio cabível será o **MANDADO DE SEGURANÇA.** (CESPE – 2010 – AGU – Procurador Federal).

> **Questão original:** A CF assegura a todos, independentemente do pagamento de taxas, a obtenção de certidões em repartições públicas, para a defesa de direitos e esclarecimentos de situações de interesse pessoal. Nesse sentido, não sendo atendido o pedido de certidão, por ilegalidade ou abuso de poder, o remédio cabível será o habeas data.

289. O habeas data, via de regra, pode ser impetrado para a obtenção de informações que o poder público ou entidades de caráter público possuam a respeito **DA PESSOA DO IMPETRANTE.** (CESPE – 2010 – EMBASA – Analista de Saneamento – Advogado).

> **Questão original:** O habeas data, via de regra, pode ser impetrado para a obtenção de informações que o poder público ou entidades de caráter público possuam a respeito de terceiros.

290. O chefe do Executivo de determinado município promulgou lei que institui nova taxa de serviço. O presidente do partido político de oposição pretende ajuizar ação, visando a não aplicação dessa lei aos contribuintes locais.

291. O referido partido político **NÃO** poderá ajuizar mandado de segurança coletivo. (CESPE – 2010 – DPE-BA – Defensor Público).

> **Questão original:** O referido partido político, desde que tenha representação na câmara de vereadores, poderá ajuizar mandado de segurança coletivo.

292. Sempre que alguém sofrer ou se achar ameaçado de sofrer violência ou coação em sua liberdade de locomoção, por ilegalidade ou abuso de poder, caberá **HABEAS CORPUS.** (CESPE – 2010 – MPS – Agente Administrativo).

> **Questão original:** Sempre que alguém sofrer ou se achar ameaçado de sofrer violência ou coação em sua liberdade de locomoção, por ilegalidade ou abuso de poder, caberá mandado de segurança.

293. Tal como ocorre na ADI, é admitida a impetração de mandado de segurança contra lei ou decreto de efeitos concretos. (CESPE – 2010 – AGU – Procurador Federal).

> **Questão original:** Tal como ocorre na ADI, **NÃO** é admitida a impetração de mandado de segurança contra lei ou decreto de efeitos concretos.

294. Paulo ingressou com mandado de segurança individual para que voltasse a receber uma parcela remuneratória que lhe fora suprimida. Ocorre, no entanto, que o sindicato a que ele pertence já havia ingressado com mandado de segurança coletivo com o mesmo objeto. Nessa situação, o juiz **NÃO** deverá extinguir, sem julgamento de mérito, o mandado de segurança individual. (CESPE - 2010 - AGU - Procurador Federal).

Observação: "Art. 22, § 1º da Lei 12.016/09: O mandado de segurança coletivo não induz litispendência para as ações individuais, mas os efeitos da coisa julgada não beneficiarão o impetrante a título individual se não requerer a desistência de seu mandado de segurança no prazo de 30 (trinta) dias a contar da ciência comprovada da impetração da segurança coletiva."

Questão original: Paulo ingressou com mandado de segurança individual para que voltasse a receber uma parcela remuneratória que lhe fora suprimida. Ocorre, no entanto, que o sindicato a que ele pertence já havia ingressado com mandado de segurança coletivo com o mesmo objeto. Nessa situação, o juiz deverá extinguir, sem julgamento de mérito, o mandado de segurança individual, já que há litispendência.

295. **NÃO É** possível o uso da ação popular, para a proteção do patrimônio das pessoas, contra a instituição do referido tributo. (CESPE - 2010 - DPE-BA - Defensor Público).

Questão original: É possível o uso da ação popular, para a proteção do patrimônio das pessoas, contra a instituição do referido tributo.

296. A ação popular, que tem como legitimado ativo o cidadão brasileiro nato ou naturalizado, exige, para seu ajuizamento, repressão aos atos **CONTRA A MORALIDADE ADMINISTRATIVA E** lesivos ao patrimônio público. (CESPE - 2010 - TCE-BA - Procurador).

Questão original: A ação popular, que tem como legitimado ativo o cidadão brasileiro nato ou naturalizado, exige, para seu ajuizamento, o prévio esgotamento de todos os meios administrativos e jurídicos de prevenção ou repressão aos atos ilegais ou imorais lesivos ao patrimônio público.

297. O direito fundamental à vida **NÃO** é hierarquicamente superior a todos os demais direitos humanos, estejam eles previstos na CF ou na Declaração Universal dos Direitos Humanos. (CESPE - 2009 - SEJUS-ES - Agente Penitenciário).

Questão original: O direito fundamental à vida é hierarquicamente superior a todos os demais direitos humanos, estejam eles previstos na CF ou na Declaração Universal dos Direitos Humanos.

298. A Constituição Federal (CF) garante a todos o direito de reunir-se pacificamente, sem armas, em locais abertos ao público, independentemente de autorização à autoridade competente. (CESPE - 2009 - DETRAN-DF - Auxiliar de Trânsito).

Questão original: A Constituição Federal (CF) garante a todos o direito de reunir-se pacificamente, sem armas, em locais abertos ao público, independentemente de autorização **OU PRÉVIO AVISO À AUTORIDADE COMPETENTE.**

299. As associações somente podem ser compulsoriamente dissolvidas por meio de decisão judicial transitada em julgado, considerando a vedação constitucional de interferência do Estado em seu funcionamento. (CESPE – 2009 – DPE-AL – Defensor Público).

300. Independentemente de autorização do poder público, todos podem reunir-se pacificamente, sem armas, em locais abertos ao público, desde que não frustrem outra reunião anteriormente convocada para o mesmo local. (CESPE – 2009 – SEJUS-ES – Agente Penitenciário).

Questão original: INDEPENDENTEMENTE DE AVISO PRÉVIO ou autorização do poder público, todos podem reunir-se pacificamente, sem armas, em locais abertos ao público, desde que não frustrem outra reunião anteriormente convocada para o mesmo local.

301. A CF assegura a liberdade de expressão, e **NÃO POSSIBILITA**, expressamente, sua limitação por meio da edição de leis ordinárias destinadas à proteção da juventude. (CESPE – 2009 – SEJUS-ES – Agente de Escolta e Vigilância Penitenciário; CESPE – 2009 – SEJUS-ES – Agente Penitenciário).

Questão original: A CF assegura a liberdade de expressão, apesar de possibilitar, expressamente, sua limitação por meio da edição de leis ordinárias destinadas à proteção da juventude.

302. Embora seja possível a restrição da liberdade de locomoção dos indivíduos nos casos de prática de crimes, é vedada a prisão civil por dívida, salvo, conforme entendimento do Supremo Tribunal Federal (STF), quando se tratar de obrigação alimentícia. (CESPE – 2009 – ANAC – Analista Administrativo).

Questão original: Embora seja possível a restrição da liberdade de locomoção dos indivíduos nos casos de prática de crimes, é vedada a prisão civil por dívida, salvo, conforme entendimento do Supremo Tribunal Federal (STF), quando se tratar de obrigação alimentícia **OU DE DEPOSITÁRIO INFIEL.**

303. A criação de associação independe de autorização, **NÃO** sendo permitida a interferência estatal em seu funcionamento. (CESPE – 2009 – MDS – Agente Administrativo).

Questão original: A criação de associação independe de autorização, sendo permitida a interferência estatal em seu funcionamento.

304. É livre a manifestação de pensamento, assim como é **VEDADO** o anonimato nos meios de comunicação, **SENDO ASSEGURADO O SIGILO DA FONTE NAS** matérias jornalísticas e notícias televisivas. (CESPE - 2009 - MEC - Agente Administrativo).

Questão original: É livre a manifestação de pensamento, assim como é permitido o anonimato nos meios de comunicação, o que abrange matérias jornalísticas e notícias televisivas.

305. O Brasil, por ser um país laico, não tem religião oficial, sendo assegurada constitucionalmente a inviolabilidade da liberdade de consciência e de crença, bem como o livre exercício dos cultos religiosos. (CESPE - 2009 - SEJUS-ES - Agente Penitenciário).

306. A CF assegura a todos o direito de reunião pacífica em locais abertos ao público, desde que mediante **PRÉVIO AVISO À** autoridade competente e que não se frustre outra reunião prevista para o mesmo local. (CESPE - 2009 - TRT - 17ª Região (ES) - Técnico Judiciário - Área Administrativa).

Questão original: A CF assegura a todos o direito de reunião pacífica em locais abertos ao público, desde que mediante autorização prévia da autoridade competente e que não se frustre outra reunião prevista para o mesmo local.

307. Caso um escritório de advocacia seja invadido, durante a noite, por policiais, para nele se instalar escutas ambientais, ordenadas pela justiça, já que o advogado que ali trabalha estaria envolvido em organização criminosa, a prova obtida será **LÍCITA, MESMO QUE A** diligência não foi feita durante o dia. (CESPE - 2009 - TRT - 17ª Região (ES) - Analista Judiciário - Área Judiciária).

Questão original: Caso um escritório de advocacia seja invadido, durante a noite, por policiais, para nele se instalar escutas ambientais, ordenadas pela justiça, já que o advogado que ali trabalha estaria envolvido em organização criminosa, a prova obtida será ilícita, já que a referida diligência não foi feita durante o dia.

308. A administração pública, no exercício do seu poder de fiscalização, quando estiver diante de uma ilegalidade, **DEPENDERA** de decisão judicial para dissolver compulsoriamente (nesta hipótese, com o transito em julgado) ou suspender as atividades das associações. (CESPE - 2009 - TCU - Analista de Controle Externo - Medicina - Prova 1).

Questão original: A administração pública, no exercício do seu poder de fiscalização, quando estiver diante de uma ilegalidade, poderá, independentemente de decisão judicial, dissolver compulsoriamente ou suspender as atividades das associações.

309. Ao tratar dos direitos e garantias fundamentais, a CF dispõe expressamente que é assegurado a todos o acesso à informação, **ASSEGURADO** o sigilo da fonte, mesmo quando necessário ao exercício profissional. (CESPE – 2009 – TCU – Analista de Controle Externo – Medicina – Prova 1).

Questão original: Ao tratar dos direitos e garantias fundamentais, a CF dispõe expressamente que é assegurado a todos o acesso à informação, vedado o sigilo da fonte, mesmo quando necessário ao exercício profissional.

310. A CF veda a interferência do Estado no funcionamento das associações e cooperativas. (CESPE – 2009 – TRT – 17ª Região (ES) – Técnico Judiciário – Área Administrativa).

311. Somente por decisão judicial transitada em julgado as associações podem ser compulsoriamente dissolvidas. (CESPE – 2009 – TCU – Técnico de Controle Externo – Área Administrativa).

312. A CF estabelece que é livre a expressão da atividade intelectual, artística, científica e de comunicação, independentemente de censura ou licença. Diante da amplitude do tratamento constitucional atribuído a essas liberdades, mesmo que a manifestação dessas atividades viole a intimidade, a vida privada, a honra e a imagem de alguém, será devida indenização pelo dano material ou moral decorrente de sua violação. (CESPE – 2009 – TCU – Analista de Controle Externo – Medicina – Prova 1).

Observação: "Art. 5º, X da CF: são invioláveis a intimidade, a vida privada, a honra e a imagem das pessoas, assegurado o direito a indenização pelo dano material ou moral decorrente de sua violação."

Questão original: A CF estabelece que é livre a expressão da atividade intelectual, artística, científica e de comunicação, independentemente de censura ou licença. Diante da amplitude do tratamento constitucional atribuído a essas liberdades, mesmo que a manifestação dessas atividades viole a intimidade, a vida privada, a honra e a imagem de alguém, **NÃO** será devida qualquer indenização pelo dano material ou moral decorrente de sua violação.

313. De acordo com a CF, caso os integrantes de determinada associação pretendam reunir-se pacificamente, sem armas, em um local aberto ao público, tal reunião poderá ocorrer, independentemente de autorização, desde que não frustre outra reunião anteriormente convocada para o mesmo local, sendo apenas exigido prévio aviso à autoridade competente. (CESPE – 2009 – TCU – Analista de Controle Externo – Medicina – Prova 1).

314. Se um indivíduo, ao se desentender com sua mulher, desferir contra ela inúmeros golpes, agredindo-a fisicamente, causando lesões graves, as autoridades policiais, considerando tratar-se de flagrante delito, poderão penetrar na casa desse indivíduo, ainda que à noite e sem determinação judicial, e prendê-lo. (CESPE - 2009 - MMA - Agente Administrativo).

315. O cumprimento de mandado de busca e apreensão, expedido pela autoridade judicial competente, **NÃO** poderá ocorrer a qualquer horário do dia, inclusive durante o período noturno, mesmo que não haja o consentimento do morador, tendo em vista que a CF estabelece algumas exceções ao princípio da inviolabilidade domiciliar, as quais se incluem as determinações do Poder Judiciário. (CESPE - 2009 - TCU - Analista de Controle Externo - Medicina - Prova 1).

> **Questão original:** O cumprimento de mandado de busca e apreensão, expedido pela autoridade judicial competente, poderá ocorrer a qualquer horário do dia, inclusive durante o período noturno, mesmo que não haja o consentimento do morador, tendo em vista que a CF estabelece algumas exceções ao princípio da inviolabilidade domiciliar, as quais se incluem as determinações do Poder Judiciário.

316. O sigilo das comunicações telefônicas somente pode ser violado para fins de investigação criminal ou instrução processual penal, havendo, nesses casos, a necessidade de ordem judicial para a realização da quebra do sigilo. (CESPE - 2009 - MDS - Agente Administrativo).

> **Questão original:** O sigilo das comunicações telefônicas somente pode ser violado para fins de investigação criminal ou instrução processual penal, **NÃO** havendo, nesses casos, a necessidade de ordem judicial para a realização da quebra do sigilo.

317. A casa é asilo inviolável do indivíduo, ninguém nela podendo penetrar sem consentimento do morador, salvo em caso de flagrante delito ou desastre, ou para prestar socorro, ou, durante o dia, por determinação judicial. (CESPE - 2009 - MDS - Agente Administrativo).

318. Admite-se a quebra do sigilo das comunicações telefônicas, por decisão judicial, nas hipóteses e na forma que a lei estabelecer, para fins de investigação criminal. (CESPE - 2009 - TCU - Técnico de Controle Externo - Área Administrativa).

> **Questão original:** Admite-se a quebra do sigilo das comunicações telefônicas, por decisão judicial, nas hipóteses e na forma que a lei estabelecer, para fins de investigação criminal ou **ADMINISTRATIVA**.

319. Aos autores pertence o direito exclusivo de utilização, publicação **E** reprodução, podendo a **LEI FIXAR O TEMPO QUE SERÁ TRANSMITIDO AOS HERDEIROS.** (CESPE - 2009 - MMA - Agente Administrativo).

Observação: "Art. 5º, XXVII da CF: aos autores pertence o direito exclusivo de utilização, publicação ou reprodução de suas obras, transmissível aos herdeiros pelo tempo que a lei fixar."

Questão original: Aos autores pertence o direito exclusivo de utilização e publicação, mas não o de reprodução, não podendo a transmissão desse direito aos herdeiros ser limitada por lei.

320. Caso o poder público repute necessário desapropriar imóvel localizado no estado de Goiás, que não esteja cumprindo sua função social, para fins de reforma agrária, **A UNIÃO** deverá promover a desapropriação, mediante prévia e justa indenização **PAGA EM TÍTULOS DE DÍVIDA AGRÁRIA.** (CESPE – 2009 – DETRAN-DF – Todos os Cargos – Conhecimentos Básicos).

Questão original: Caso o poder público repute necessário desapropriar imóvel localizado no estado de Goiás, que não esteja cumprindo sua função social, para fins de reforma agrária, o próprio estado deverá promover a desapropriação, mediante prévia e justa indenização em dinheiro.

321. O estrangeiro sem domicílio no Brasil tem legitimidade para impetrar habeas corpus, já que os direitos e as garantias fundamentais são dirigidos aos brasileiros e aos estrangeiros aqui residentes. (CESPE – 2009 – TRT – 17ª Região (ES) – Analista Judiciário – Área Judiciária).

Questão original: O estrangeiro sem domicílio no Brasil **NÃO** tem legitimidade para impetrar habeas corpus, já que os direitos e as garantias fundamentais são dirigidos aos brasileiros e aos estrangeiros aqui residentes.

322. Considere que o estrangeiro Paul, estando de passagem pelo Brasil, tenha sido preso e pretenda ingressar com habeas corpus, visando questionar a legalidade da sua prisão. Nesse caso, conforme precedente do STF, mesmo sendo estrangeiro não residente no Brasil, Paul poderá valer-se dessa garantia constitucional. (CESPE – 2009 – DPE-ES – Defensor Público).

323. Segundo a CF, deve ser concedido **MANDADO DE SEGURANÇA** sempre que a ausência de norma regulamentadora torne inviável o exercício dos direitos e das liberdades constitucionais e das prerrogativas inerentes à nacionalidade, à soberania e à cidadania. (CESPE – 2009 – TRT – 17ª Região (ES) – Analista Judiciário – Área Administrativa).

Questão original: Segundo a CF, deve ser concedido habeas data sempre que a ausência de norma regulamentadora torne inviável o exercício dos direitos e das liberdades constitucionais e das prerrogativas inerentes à nacionalidade, à soberania e à cidadania.

324. Conceder-se-á habeas data para assegurar o conhecimento de informações relativas à pessoa do impetrante, constantes de registros ou bancos de dados de entidades governamentais ou de caráter público. (CESPE - 2009 - Polícia Federal - Agente Federal da Polícia Federal).

Questão original: Conceder-se-á habeas data para assegurar o conhecimento de informações relativas à pessoa do impetrante **OU À DE TERCEIROS**, constantes de registros ou bancos de dados de entidades governamentais ou de caráter público.

325. Associação com **UM ANO** de constituição pode impetrar mandado de segurança coletivo. (CESPE - 2009 - MMA - Agente Administrativo).

Questão original: Associação com seis meses de constituição pode impetrar mandado de segurança coletivo.

326. O mandado de segurança individual tem como requisito para sua impetração a fundamentação em alegações que **NÃO** dependam de dilação probatória, segundo jurisprudência pacífica dos tribunais. (CESPE - 2009 - ANATEL - Analista Administrativo - Direito).

Questão original: O mandado de segurança individual tem como requisito para sua impetração a fundamentação em alegações que dependam exclusivamente de dilação probatória, segundo jurisprudência pacífica dos tribunais.

327. Os partidos políticos com representação no Congresso Nacional têm legitimidade para impetrar mandado de segurança coletivo. (CESPE - 2009 - MDS - Agente Administrativo).

328. O STF adota a posição de que o mandado de injunção tem função concretista, porque cabe ao Poder Judiciário conferir disciplina legal ao caso concreto. (CESPE - 2009 - IBRAM-DF - Advogado).

Questão original: O STF adota a posição de que o mandado de injunção não tem função concretista, porque **NÃO** cabe ao Poder Judiciário conferir disciplina legal ao caso concreto sob pena de violação ao princípio da separação dos poderes.

329. Para ter acesso às informações, Maria poderá valer-se do **HABEAS DATA**. Essa ação constitucional destina-se a assegurar o acesso a informações relativas à pessoa do impetrante, constantes de registros ou bancos de dados de entidades governamentais ou de caráter público. (CESPE – 2009 – DETRAN-DF – Auxiliar de Trânsito).

> **Questão original:** Para ter acesso às informações, Maria poderá valer-se do mandado de injunção. Essa ação constitucional destina-se a assegurar o acesso a informações relativas à pessoa do impetrante, constantes de registros ou bancos de dados de entidades governamentais ou de caráter público.

330. A ação popular ajuizada, originariamente, no STF contra ato da mesa da Câmara dos Deputados deve ter a negativa de seguimento reconhecida, pois não existe foro por prerrogativa de função em relação ao referido remédio constitucional. (CESPE – 2009 – IBRAM-DF – Advogado).

331. Um promotor de justiça, no uso de suas atribuições, **NÃO** poderá ingressar com ação popular. (CESPE – 2009 – MMA – Agente Administrativo).

> **Questão original:** Um promotor de justiça, no uso de suas atribuições, poderá ingressar com ação popular.

332. A Lei n.º 4.717/1965 possibilita que a AGU se abstenha de contestar o pedido formulado em uma ação popular, podendo ainda atuar ao lado da parte autora, desde que isso se afigure útil ao interesse público. (CESPE – 2009 – AGU – Advogado da União).

333. Existem mecanismos constitucionais de que o cidadão pode dispor para defender e reivindicar seus direitos como, por exemplo, a ação popular, bastando ser **CIDADÃO** para estar habilitado para exercício dessa garantia. (CESPE – 2009 – ANTAQ – Técnico Administrativo).

> **Questão original:** Existem mecanismos constitucionais de que o cidadão pode dispor para defender e reivindicar seus direitos como, por exemplo, a ação popular, bastando ser maior de 18 anos de idade para estar habilitado para exercício dessa garantia.

334. **EXISTE** pena de morte no Brasil, **EM CASO DE GUERRA DECLARADA**, por força de mandamento constitucional. (CESPE – 2008 – TRT – 5ª Região (BA) – Técnico Judiciário – Área Administrativa).

> **Questão original:** É proibida a instituição de pena de morte no Brasil por força de mandamento constitucional.

335. Segundo a Constituição Federal, é livre a manifestação de pensamento, **VEDADA** de forma anônima. (CESPE – 2008 – MPE-RR – Oficial de Promotoria).

Questão original: Segundo a Constituição Federal, é livre a manifestação de pensamento, mesmo que de forma anônima.

336. Determinada associação de apoio à terceira idade, pessoa jurídica legalmente estabelecida, tem por objetivo cuidar da saúde física e psíquica de pessoas com mais de 60 anos de idade. No entanto, após vistoria das instalações físicas da associação pela autoridade competente, constatou-se que o prédio não tinha condições de servir de asilo aos idosos. Nessa situação, **NÃO** cabe à administração local dissolver compulsoriamente a referida associação, por meio de ato administrativo. (CESPE - 2008 - TJ-DFT - Técnico Judiciário - Área Administrativa).

Questão original: Determinada associação de apoio à terceira idade, pessoa jurídica legalmente estabelecida, tem por objetivo cuidar da saúde física e psíquica de pessoas com mais de 60 anos de idade. No entanto, após vistoria das instalações físicas da associação pela autoridade competente, constatou-se que o prédio não tinha condições de servir de asilo aos idosos. Nessa situação, cabe à administração local dissolver compulsoriamente a referida associação, por meio de ato administrativo.

337. Entre os direitos individuais previstos na Constituição Federal, incluem-se o direito de não se associar e o de não permanecer associado. (CESPE - 2008 - MPE-RR - Oficial de Promotoria).

338. Considere a seguinte situação hipotética. Um romancista famoso publicou, no Brasil, um livro no qual defende a tese de que as pessoas que seguem determinada religião seriam menos evoluídas do que as que seguem outra religião. Nessa situação, tal afirmação poderia ser enquadrada como racismo, embora, tecnicamente, religião não constitua raça. (CESPE - 2008 - ABIN - Agente de Inteligência).

339. Em tempo de paz, os direitos de liberdade de locomoção e de liberdade de reunião podem ser **LIMITADOS, PARA ESTE,** mediante prévia e fundamentada decisão judicial **E PELA PRISÃO PREVENTIVA, E PARA AQUELE CASO FRUSTE REUNIÃO ANTERIORMENTE CONVOCADA PARA O LOCAL, SEM PRÉVIO AVISO AO PODER PÚBLICO E CASO OS MANIFESTANTES ESTEJAM ARMADOS.** (CESPE - 2008 - STF - Analista Judiciário - Área Administrativa).

Questão original: Em tempo de paz, os direitos de liberdade de locomoção e de liberdade de reunião somente podem ser afastados mediante prévia e fundamentada decisão judicial.

340. Uma famosa atriz estrangeira, em viagem de férias pelo Brasil, foi fotografada juntamente com o seu namorado brasileiro, por jornalistas que pretendiam publicar as fotos em revistas de grande circulação. A liberdade de imprensa não admite censura.

Porém, o casal poderia impedir, judicialmente, a divulgação das fotos. (CESPE - 2008 - ABIN - Agente de Inteligência).

> **Questão original:** A liberdade de imprensa não admite censura. Dessa forma, o casal **NÃO** poderia impedir, mesmo judicialmente, a divulgação das fotos.

341. É cabível o estabelecimento de restrições ao direito de liberdade de manifestação do pensamento para evitar lesão a um outro preceito fundamental. (CESPE - 2008 - STF - Analista Judiciário - Área Administrativa).

342. A religião católica **NÃO** é a religião oficial do Estado brasileiro. Contudo, a Constituição Federal garante a liberdade de crença e o livre exercício de quaisquer cultos religiosos. (CESPE - 2008 - MPE-RR - Analista de Sistemas).

> **Questão original:** A religião católica é a religião oficial do Estado brasileiro. Contudo, a Constituição Federal garante a liberdade de crença e o livre exercício de quaisquer cultos religiosos.

343. Considerando a hipótese de que um cidadão esteja internado em entidade civil de internação coletiva e professe como religião o candomblé, nessa hipótese, sendo o Estado brasileiro laico, será a União obrigada a assegurar a esse interno as condições para que ele tenha assistência religiosa. (CESPE - 2008 - ABIN - Agente de Inteligência).

> **Observação:** "Art. 5º, VII da CF: é assegurada, nos termos da lei, a prestação de assistência religiosa nas entidades civis e militares de internação coletiva."

> **Questão original:** Considerando a hipótese de que um cidadão esteja internado em entidade civil de internação coletiva e professe como religião o candomblé, nessa hipótese, sendo o Estado brasileiro laico, **NÃO** será a União obrigada a assegurar a esse interno as condições para que ele tenha assistência religiosa.

344. A Constituição Federal de 1988, também denominada Constituição Cidadã, prevê, entre outros relevantes temas, a organização do Estado, os direitos e garantias fundamentais, a organização dos poderes, o serviço público e os direitos do consumidor. Com base no que preconiza essa Lei Maior, julgue os seguintes itens.

A Constituição Federal de 1988, também denominada Constituição Cidadã, prevê, entre outros relevantes temas, a organização do Estado, os direitos e garantias fundamentais, a organização dos poderes, o serviço público e os direitos do consumidor.

Todos são iguais perante a lei, e cabe ao Estado promover o bem de todos **PARA** evitar que ocorram preconceitos de origem, raça, sexo, cor, idade e quaisquer outras formas de discriminação. (CESPE - 2008 - FUB - Assistente Administrativo).

Questão original: Todos são iguais perante a lei, e não cabe ao Estado promover o bem de todos nem evitar que ocorram preconceitos de origem, raça, sexo, cor, idade e quaisquer outras formas de discriminação.

345. Uma empresa estrangeira com filial no Brasil não aplica o Estatuto do Pessoal da Empresa aos funcionários brasileiros, apenas aos empregados naturais do seu país de origem. Essa política adotada pela empresa gera vantagens salariais aos empregados estrangeiros, embora estes desempenhem funções idênticas às dos brasileiros.

De acordo com a jurisprudência do STF, a situação descrita configura discriminação inconstitucional. (CESPE - 2008 - TRT - 5ª Região (BA) - Analista Judiciário - Área Judiciária).

Questão original: De acordo com a jurisprudência do STF, a situação descrita **NÃO** configura discriminação inconstitucional, visto que foi feita com base em critérios objetivos e razoáveis.

346. Se uma empresa francesa, estabelecida no Brasil, conferir vantagens aos seus empregados franceses, diferentes e mais benéficas que as vantagens concedidas aos empregados brasileiros.

Nessa situação, configurar-se-á ofensa ao princípio da igualdade, pois a diferenciação, no caso, baseia-se no atributo da nacionalidade. (CESPE - 2008 - TJ-DFT - Analista Judiciário - Área Judiciária - Execução de Mandados).

347. A casa do indivíduo é inviolável e, por isso, ninguém pode nela penetrar sem consentimento do morador, a não ser em situações de flagrante delito, desastre, prestação de socorro ou determinação judicial. **NESTE CASO**, é permitido ingressar na casa de alguém **APENAS DURANTE O DIA.** (CESPE - 2008 - MPE-RR - Oficial de Promotoria).

Questão original: A casa do indivíduo é inviolável e, por isso, ninguém pode nela penetrar sem consentimento do morador, a não ser em situações de flagrante delito, desastre, prestação de socorro ou determinação judicial. Nesses casos, é permitido ingressar na casa de alguém a qualquer hora do dia ou da noite.

348. A casa é asilo inviolável do indivíduo, ninguém nela podendo penetrar sem consentimento do morador, salvo em caso de flagrante delito ou desastre, ou para prestar socorro, e são **INVIOLÁVEIS** a intimidade, a vida privada, a honra e a imagem das pessoas. (CESPE - 2008 - FUB - Assistente Administrativo).

Questão original: A casa é asilo inviolável do indivíduo, ninguém nela podendo penetrar sem consentimento do morador, salvo em caso de flagrante delito ou desastre, ou para prestar socorro, e são violáveis a intimidade, a vida privada, a honra e a imagem das pessoas.

349. A casa do indivíduo é inviolável e, por isso, ninguém pode nela penetrar sem consentimento do morador, a não ser em situações de flagrante delito, desastre, prestação de socorro ou determinação judicial. **NESTE CASO**, é permitido ingressar na casa de alguém **APENAS DURANTE O DIA.** (CESPE – 2008 – MPE-RR – Oficial de Promotoria).

> **Questão original:** A casa do indivíduo é inviolável e, por isso, ninguém pode nela penetrar sem consentimento do morador, a não ser em situações de flagrante delito, desastre, prestação de socorro ou determinação judicial. Nesses casos, é permitido ingressar na casa de alguém a qualquer hora do dia ou da noite.

350. **NÃO É ADMITIDO** a condução coercitiva do réu em ação de investigação de paternidade para que seja submetido a exame de DNA a fim de saber se é o pai de criança. (CESPE – 2008 – SEMAD-ARACAJU – Procurador Municipal).

> **Questão original:** Admite-se a condução coercitiva do réu em ação de investigação de paternidade para que seja submetido a exame de DNA a fim de saber se é o pai de criança.

351. Humberto escutou o som de gritos e viu, pela janela, seu vizinho agredindo violentamente a companheira. Revoltado, derrubou a porta da residência a pontapés com o objetivo de conter o agressor. Nessa situação, Humberto poderia ter agido dessa maneira, **LOGO QUE PARA PRESTAR SOCORRO PODERÁ ADENTRAR NA CASA DE TERCEIRO SEM** o consentimento do morador para nela ingressar. (CESPE – 2008 – STJ – Técnico Judiciário – Informática).

> **Questão original:** Humberto escutou o som de gritos e viu, pela janela, seu vizinho agredindo violentamente a companheira. Revoltado, derrubou a porta da residência a pontapés com o objetivo de conter o agressor. Nessa situação, apesar de seu bom intento, Humberto não poderia ter agido dessa maneira por ser a casa asilo inviolável do indivíduo e, portanto, fazer-se necessário o consentimento do morador para nela ingressar.

352. Um cliente de determinado contador está sendo investigado pela Receita Federal por sonegação de tributos. Em uma operação, realizada no escritório do contador, os fiscais da Receita apreenderam, sem autorização judicial ou do referido profissional liberal, documentos desse cliente que lá estavam guardados, entre eles uma carta aberta com dados de uma conta bancária existente no exterior. (CESPE – 2008 – MTE – Agente Administrativo).

352.1 Mesmo que cumpridas as demais exigências legais, a apreensão da carta **NÃO** viola o sigilo de correspondência.

> **Questão original:** Mesmo que cumpridas as demais exigências legais, a apreensão da carta viola o sigilo de correspondência.

352.2 o caso em tela, houve violação de domicílio, pois o conceito de domicílio abrange os escritórios de profissionais liberais.

Questão original: No caso em tela, **NÃO** houve violação de domicílio, pois o conceito de domicílio não abrange os escritórios de profissionais liberais.

353. João é proprietário de um apartamento na Asa Norte, em Brasília, que se encontra alugado a Maria. Com o objetivo de verificar as condições de manutenção do referido imóvel e utilizando uma chave reserva, João ingressou no apartamento, sem o consentimento de Maria. Nessa situação, houve violação a direito fundamental. (CESPE - 2008 - TJ-DFT - Técnico Judiciário - Área Administrativa).

Questão original: João é proprietário de um apartamento na Asa Norte, em Brasília, que se encontra alugado a Maria. Com o objetivo de verificar as condições de manutenção do referido imóvel e utilizando uma chave reserva, João ingressou no apartamento, sem o consentimento de Maria. Nessa situação, **NÃO** houve qualquer violação a direito fundamental, pois João apenas exerceu o seu direito de proprietário-locador.

354. O Ministério Público **NÃO** pode determinar a violação de domicílio para a realização de busca e apreensão de objetos que possam servir de provas em processo criminal, desde que tal violação ocorra no período diurno. (CESPE - 2008 - STF - Analista Judiciário - Área Administrativa).

Questão original: O Ministério Público pode determinar a violação de domicílio para a realização de busca e apreensão de objetos que possam servir de provas em processo criminal, desde que tal violação ocorra no período diurno.

355. Apesar de a CF afirmar categoricamente que o sigilo da correspondência é inviolável, admite-se a sua limitação infraconstitucional, quando se abordar outro interesse de igual ou maior relevância, do que o previsto na CF. (CESPE - 2008 - STF - Analista Judiciário - Área Administrativa).

356. O instituto da desapropriação e o do confisco **NÃO** são idênticos, uma vez que ambos constituem transferência compulsória da propriedade, expressando o poder de exercício do domínio eminente pelo poder público. (CESPE - 2008 - MPE-RR - Promotor de Justiça).

Questão original: O instituto da desapropriação e o do confisco são idênticos, uma vez que ambos constituem transferência compulsória da propriedade, expressando o poder ilimitado de exercício do domínio eminente pelo poder público.

357. A desapropriação é forma originária de aquisição da propriedade. (CESPE - 2008 - MPE-RR - Promotor de Justiça).

358. A indenização, no processo de desapropriação, deve ser prévia, justa e em dinheiro. (CESPE – 2008 – MPE-RR – Promotor de Justiça).

> **Questão original:** A indenização, no processo de desapropriação, deve ser **SEMPRE** prévia, justa e em dinheiro.

359. De acordo com a CF, são pressupostos da desapropriação a necessidade pública **OU** a utilidade pública **OU** o interesse social. (CESPE – 2008 – MPE-RR – Promotor de Justiça).

> **Questão original:** De acordo com a CF, são pressupostos da desapropriação a necessidade pública, a utilidade pública e o interesse social.

360. Podem ser sujeitos ativos da desapropriação por utilidade pública a União, os estados, os municípios e o DF. (CESPE – 2008 – MPE-RR – Promotor de Justiça).

361. Quando a causa de pedir de uma ação popular enseja provimento mandamental que configura hipótese reservada à ação direta de inconstitucionalidade por omissão de medidas administrativas, a ação popular é descabida por estar fazendo o papel de ação direta de inconstitucionalidade. (CESPE – 2008 – MC – Técnico de Nível Superior – Direito).

362. Tratando-se de ação popular, o Supremo Tribunal Federal **NÃO** admite como regra sua competência originária, **MESMO** quando se irrogue a responsabilidade pelo ato questionado a autoridade como o presidente da República ou membro de órgão colegiado de qualquer dos poderes do Estado cujos atos, na esfera cível – como sucede no mandado de segurança – ou na esfera penal – como ocorre na ação penal originária ou no habeas corpus – estejam sujeitos diretamente à jurisdição. (CESPE – 2008 – MC – Técnico de Nível Superior – Direito).

> **Questão original:** Tratando-se de ação popular, o Supremo Tribunal Federal admite como regra sua competência originária, quando se irrogue a responsabilidade pelo ato questionado a autoridade como o presidente da República ou membro de órgão colegiado de qualquer dos poderes do Estado cujos atos, na esfera cível – como sucede no mandado de segurança – ou na esfera penal – como ocorre na ação penal originária ou no habeas corpus —, estejam sujeitos diretamente à jurisdição do STF.

363. Pessoa jurídica não possui legitimidade para propor ação popular. (CESPE – 2008 – MC – Técnico de Nível Superior – Direito).

364. Caso o ministro das Comunicações pratique ato administrativo no exercício de uma competência delegada pelo presidente da República, eventual mandado de segurança contra este ato **NÃO** será cabível em face do presidente, **MAS SIM** do ministro. (CESPE – 2008 – MC – Técnico de Nível Superior – Direito).

Observação: "Súmula 510, STF: Praticado o ato por autoridade, no exercício de competência delegada, contra ela cabe o mandado de segurança ou a medida judicial."

Questão original: Caso o ministro das Comunicações pratique ato administrativo no exercício de uma competência delegada pelo presidente da República, eventual mandado de segurança contra este ato será cabível em face do presidente, e não do ministro.

365. O pedido de reconsideração na via administrativa **NÃO** interrompe o prazo decadencial para o mandado de segurança. (CESPE – 2008 – MC – Técnico de Nível Superior – Direito).

Observação: "Súmula 430, STF: Pedido de reconsideração na via administrativa não interrompe o prazo para o mandado de segurança."

Questão original: O pedido de reconsideração na via administrativa interrompe o prazo decadencial para o mandado de segurança.

366. A competência para processar e julgar o mandado de segurança contra ato do tribunal de contas é do **SUPREMO TRIBUNAL FEDERAL.** (CESPE – 2008 – MC – Técnico de Nível Superior – Direito).

Observação: "Art. 102, d), da CF: o habeas corpus, sendo paciente qualquer das pessoas referidas nas alíneas anteriores; o mandado de segurança e o habeas data contra atos do Presidente da República, das Mesas da Câmara dos Deputados e do Senado Federal, do Tribunal de Contas da União, do Procurador-Geral da República e do próprio Supremo Tribunal Federal;"

Questão original: A competência para processar e julgar o mandado de segurança contra ato do tribunal de contas é do Superior Tribunal de Justiça.

367. O mandado de segurança, por ter como **PROTEÇÃO DE DIREITO LÍQUIDO E CERTO, NÃO** substitui com precisão a ação popular. (CESPE – 2008 – MC – Técnico de Nível Superior – Direito).

Questão original: O mandado de segurança, por ter como finalidade o combate a ato ilegal de autoridade pública, substitui com precisão a ação popular.

368. Jonildo teve a prisão decretada por falta de pagamento de pensão alimentícia, embora tenha comprovado que estava desempregado havia seis meses e não possuía outra fonte de renda. Nessa situação, Jonildo terá direito à concessão de habeas corpus, pois a ordem judicial de prisão foi manifestamente ilegal. (CESPE - 2008 - STJ - Técnico Judiciário - Informática).

369. A CF não exige que o habeas corpus seja cabível apenas contra ato de autoridade pública. (CESPE - 2008 - STF - Analista Judiciário - Área Judiciária).

> **Questão original:** A CF **EXIGE** que o habeas corpus seja cabível **APENAS** contra ato de autoridade pública.

370. É possível a impetração de habeas corpus contra um hospital particular que esteja privando um paciente do seu direito de liberdade de locomoção. (CESPE - 2008 - STF - Analista Judiciário - Contabilidade).

371. O **MANDADO DE INJUÇÃO** é cabível sempre que a falta de norma regulamentadora torne inviável o exercício dos direitos e liberdades constitucionais e das prerrogativas inerentes a nacionalidade, soberania e cidadania. (CESPE - 2008 - FUB - Assistente Administrativo).

> **Questão original:** O habeas data é cabível sempre que a falta de norma regulamentadora torne inviável o exercício dos direitos e liberdades constitucionais e das prerrogativas inerentes a nacionalidade, soberania e cidadania.

372. O **HABEAS CORPUS** é o instrumento adequado para afastar ilegalidade de privação do direito de liberdade. (CESPE - 2008 - TRT - 5ª Região (BA) - Técnico Judiciário - Área Administrativa).

> **Questão original:** O habeas data é o instrumento adequado para afastar ilegalidade de privação do direito de liberdade.

373. A constituição do estado X determina que os mandados de segurança contra secretário de estado devem ser julgados pelo tribunal de justiça do referido estado. Nesse caso, o mandado de segurança impetrado por empresa pública federal contra ato de secretário de Estado deverá ser julgado pelo tribunal regional federal da respectiva região. (CESPE - 2008 - SERPRO - Analista - Advocacia).

374. É **CONSTITUCIONAL** a imposição legal de prazo decadencial para impetração de mandado de segurança. (CESPE - 2008 - SEMAD-ARACAJU - Procurador Municipal).

> **Observação:** "Súmula 632 do STF: É constitucional lei que fixa o prazo de decadência para a impetração de mandado de segurança."

> **Questão original:** É inconstitucional a imposição legal de prazo decadencial para impetração de mandado de segurança.

375. O governador de determinado estado da Federação editou medida provisória e a enviou à assembleia legislativa para discussão e eventual transformação em lei. A medida provisória concedia aumento aos servidores do Poder Executivo e criava plano de cargos e salários para os professores da rede pública estadual de ensino. Durante a tramitação do processo legislativo, um deputado estadual impetrou mandado de segurança, alegando a inconstitucionalidade da proposição legislativa, pois a concessão de aumento aos servidores do Poder Executivo, sem contemplar os demais poderes, implicaria ofensa ao princípio da isonomia e da harmonia entre os poderes.

Na situação em apreço, o mandado de segurança não poderá ser impetrado, pois não está em discussão aspecto procedimental da tramitação legislativa, inexistindo direito líquido e certo apto a viabilizar a pretensão do impetrante. (CESPE - 2008 - TJ-CE - Analista Judiciário - Área Judiciária).

376. A Pontos Cardeais Ltda. requereu a ministro do TCU vista e extração de cópias da representação do Ministério Público junto à Corte de Contas que resultou em processo de tomada de contas especial (TC) para apurar desvio de verbas recebidas de contrato administrativo de exploração de minério em área localizada em cidade interiorana brasileira. No pedido, a empresa informou que precisava instruir processo judicial em que era cobrada pela ausência de pagamento de valores pela exploração acima referida. O referido ministro do TCU indeferiu o pedido, fundamentado no fato de o caso se encontrar em fase de diligência em que está sendo apurado exatamente o destino dado às receitas supostamente recebidas da autarquia pela empresa. Assim, como a TC não envolve diretamente a empresa, não poderia ela intervir no procedimento administrativo, ainda que para requerer certidões e cópias das peças que o integram.

A empresa poderá impetrar mandado de segurança contra o ato do ministro do TCU no STF. (CESPE - 2008 - TCU - Analista de Controle Externo - Gestão de Pessoas - Prova 2).

377. **NEM TODO** partido político pode impetrar mandado de segurança coletivo para proteção de direito líquido e certo. (CESPE - 2008 - TRT - 5ª Região (BA) - Técnico Judiciário - Área Administrativa).

> **Questão original:** Qualquer partido político pode impetrar mandado de segurança coletivo para proteção de direito líquido e certo.

378. O mandado de segurança está vocacionado para fins cíveis, **PORÉM, CONSTITUI** instrumento idôneo para o processo penal. (CESPE - 2008 - DPE-CE - Defensor Público).

> **Questão original:** O mandado de segurança está vocacionado para fins cíveis, não constituindo instrumento idôneo para o processo penal, que dispõe do habeas corpus para sanar eventuais ilegalidades.

379. Considere a seguinte situação hipotética. Embora houvesse previsão legal, um ministério demorou três anos para efetuar a promoção dos membros de uma categoria de fiscais federais a diversos níveis da carreira e a fez sem o pagamento dos atrasados. Entendendo ser líquido e certo o seu direito, um grupo de trinta servidores constituiu advogado para impetrar mandado de segurança com pedido de liminar contra a omissão do secretário de recursos humanos da pasta, visando obrigá-lo a efetuar imediatamente o pagamento das parcelas em atraso. Nessa situação, o juiz não precisará ouvir a autoridade apontada como coatora antes de apreciar o pedido de medida liminar, pois não se trata de mandado de segurança coletivo; quanto à medida liminar requestada, deverá ser indeferida, pois existe legislação específica que proíbe sua concessão para o pagamento de vencimentos e vantagens pecuniárias a servidores públicos. (CESPE – 2008 – TCU – Analista de Controle Externo – Auditoria Governamental – Prova 1).

380. O sindicato de trabalhadores tem legitimidade para impetrar mandado de segurança coletivo na defesa de seus filiados. (CESPE – 2008 – TJ-DFT – Analista Judiciário – Arquivologia).

381. Em 2007, Lúcio requereu aposentadoria por tempo de serviço perante o INSS por ter atingido a idade mínima exigida para o benefício e 35 anos de contribuição. O INSS indeferiu o requerimento porque não considerou o período trabalhado em XY Comércio Ltda., tempo de serviço reconhecido e anotado na carteira de trabalho de Lúcio por força de sentença trabalhista transitada em julgado. Ante tal indeferimento, o trabalhador solicitou ao INSS cópia do processo administrativo em que constava o indeferimento ou certidão circunstanciada de inteiro teor do processo, mas o servidor que o atendeu recusou-se a lhe fornecer a documentação solicitada.

Na hipótese em questão, Lúcio poderá impetrar mandado de segurança para obter a certidão. (CESPE – 2008 – INSS – Analista do Seguro Social).

382. Na propositura de ação popular, o autor deve, necessariamente, comprovar a regularidade do exercício de seus direitos políticos. (CESPE – 2008 – ME – Agente Administrativo).

383. Para propositura de ação popular, o autor deve demonstrar a plenitude do exercício de seus direitos políticos. (CESPE – 2008 – TRT – 5ª Região (BA) – Técnico Judiciário – Área Administrativa).

384. A ação popular contra o presidente da República **NÃO** deve ser julgada pelo STF. (CESPE – 2008 – STF – Analista Judiciário – Área Judiciária).

> **Questão original:** A ação popular contra o presidente da República deve ser julgada pelo STF.

385. É essencial para verificação da legitimação que o autor de ação popular demonstre a condição de cidadão brasileiro no exercício dos direitos políticos. (CESPE – 2008 – DPE-CE – Defensor Público).

386. Uma mesma situação fática pode dar azo à propositura tanto de uma ação popular como de uma ação civil pública, pois ambas se prestam à proteção dos interesses difusos e coletivos, diferindo fundamentalmente quanto à diversidade de pessoas que são legitimadas para propô-las. Assim, em observância aos princípios da economia processual e da efetividade da prestação jurisdicional, proposta uma dessas ações, o juiz deverá conhecer de outra que tenha causa de pedir embasada no mesmo fato. (CESPE - 2008 - TCU - Analista de Controle Externo - Auditoria Governamental - Prova 1).

> **Questão original:** Uma mesma situação fática pode dar azo à propositura tanto de uma ação popular como de uma ação civil pública, pois ambas se prestam à proteção dos interesses difusos e coletivos, diferindo fundamentalmente quanto à diversidade de pessoas que são legitimadas para propô-las. Assim, em observância aos princípios da economia processual e da efetividade da prestação jurisdicional, proposta uma dessas ações, o juiz **NÃO** deverá conhecer de outra que tenha causa de pedir embasada no mesmo fato.

387. Considere a seguinte situação hipotética. Certo prefeito de município carente de assistência médica, com o objetivo de construir um novo hospital na região, conseguiu a aprovação de lei na Câmara Municipal autorizando a desapropriação do imóvel em que nasceu e viveu um dos mais renomados pintores brasileiros, situado em terreno considerado ideal para a construção da unidade de saúde. Consta que a referida residência é objeto de visitação turística e motivo de orgulho para a população local. Nessa situação, encontram-se presentes os requisitos para que qualquer cidadão brasileiro, no pleno gozo de seus direitos políticos, proponha ação popular a fim de preservar o patrimônio histórico em questão. (CESPE - 2008 - TCU - Analista de Controle Externo - Auditoria Governamental - Prova 1).

> **Questão original:** Considere a seguinte situação hipotética. Certo prefeito de município carente de assistência médica, com o objetivo de construir um novo hospital na região, conseguiu a aprovação de lei na Câmara Municipal autorizando a desapropriação do imóvel em que nasceu e viveu um dos mais renomados pintores brasileiros, situado em terreno considerado ideal para a construção da unidade de saúde. Consta que a referida residência é objeto de visitação turística e motivo de orgulho para a população local. Nessa situação, encontram-se presentes os requisitos para que qualquer cidadão brasileiro, no pleno gozo de seus direitos **CIVIS** e políticos, proponha ação popular a fim de preservar o patrimônio histórico em questão.

388. A ação popular é importante instrumento de fiscalização do Estado pelo cidadão, mas seus resultados têm sido bastante limitados; além de ter sua legitimação ativa restrita ao cidadão, apresenta, em geral, insuficiência de comprovação técnica das irregularidades apontadas e assistência jurídica deficiente. (CESPE - 2007 - TCU - Analista de Controle Externo - Auditoria Governamental).

389. Fernanda, com 16 anos de idade, após participar das últimas eleições municipais, resolveu propor ação popular visando anular ato administrativo que entende ser violador da regra de precedência da ordem de classificação para a nomeação de candidatos aprovados em concurso público.

Fernanda poderá ingressar com a ação popular mesmo não possuindo ainda 18 anos de idade. (CESPE – 2008 – TJ-DFT – Analista Judiciário – Arquivologia).

390. Todas as pessoas físicas são partes legítimas para propor ação popular que vise anular ato lesivo ao patrimônio público ou de entidade de que o Estado participe, à moralidade administrativa, ao meio ambiente e ao patrimônio histórico e cultural. (CESPE – 2008 – TRT – 5ª Região (BA) – Analista Judiciário – Área Judiciária).

> **Questão original:** Todas as pessoas físicas **OU JURÍDICAS** são partes legítimas para propor ação popular que vise anular ato lesivo ao patrimônio público ou de entidade de que o Estado participe, à moralidade administrativa, ao meio ambiente e ao patrimônio histórico e cultural.

391. Considere que Márcio, oficial de justiça, de posse de mandado judicial, tenha que fazer a citação de Antônio em uma ação penal. Nessa situação hipotética, havendo autorização judicial para que Márcio faça a citação em qualquer horário, se configurará violação ao domicílio se Márcio ingressar na residência de Antônio no sábado à noite e efetuar a citação, mesmo sem a concordância dos moradores. (CESPE – 2007 – TRT – 9ª REGIÃO (PR) – Técnico Judiciário – Área Administrativa).

> **Questão original:** Considere que Márcio, oficial de justiça, de posse de mandado judicial, tenha que fazer a citação de Antônio em uma ação penal. Nessa situação hipotética, havendo autorização judicial para que Márcio faça a citação em qualquer horário, **NÃO** se configurará violação ao domicílio se Márcio ingressar na residência de Antônio no sábado à noite e efetuar a citação, mesmo sem a concordância dos moradores.

392. A Constituição Federal assegura a inviolabilidade de dados e de comunicações telefônicas, salvo, nesse último caso, por ordem judicial, nas hipóteses de investigação criminal ou instrução processual penal. Logo, há possibilidade de o juiz determinar a apreensão de disco rígido de computadores, mesmo quando houver indícios de crime. (CESPE – 2007 – TRT – 9ª REGIÃO (PR) – Analista Judiciário – Área Administrativa).

> **Questão original:** A Constituição Federal assegura a inviolabilidade de dados e de comunicações telefônicas, salvo, nesse último caso, por ordem judicial, nas hipóteses de investigação criminal ou instrução processual penal. Logo, **NÃO** há possibilidade de o juiz determinar a apreensão de disco rígido de computadores, mesmo quando houver indícios de crime.

393. Considere que um agente público da ANVISA lavrou auto de infração contra determinada empresa, por violação de normas jurídicas relativas à vigilância sanitária. Caso a empresa considere ilegal essa autuação, é cabível impugná-la mediante mandado de segurança. (CESPE - 2007 - ANVISA - Técnico Administrativo).

394. O instrumento processual adequado para cassar ato de autoridade que venha a violar direito líquido e certo da pessoa do impetrante é o mandado de segurança. (CESPE - 2007 - TRT - 9ª REGIÃO (PR) - Técnico Judiciário - Área Administrativa).

Questão original: O instrumento processual adequado para cassar ato de autoridade que venha a violar direito líquido e certo da pessoa do impetrante é o mandado de segurança **OU A AÇÃO POPULAR.**

395. O habeas corpus é medida idônea para impugnar decisão judicial que autoriza a quebra de sigilo bancário em procedimento criminal, já que **PODERÁ**, na hipótese, risco direto e imediato de constrangimento ao direito de liberdade. (CESPE - 2007 - TRT - 9ª REGIÃO (PR) - Analista Judiciário - Área Judiciária).

Questão original: O habeas corpus não é medida idônea para impugnar decisão judicial que autoriza a quebra de sigilo bancário em procedimento criminal, já que não há, na hipótese, risco direto e imediato de constrangimento ao direito de liberdade.

396. Por meio da impetração de mandado de segurança, o parlamentar pode tentar coibir **VÍCIOS NO** processo legislativo constitucional. **LOGO**, quando se trata de emenda constitucional, o mandado de segurança **TAMBÉM SERÁ CABÍVEL.** (CESPE - 2006 - Caixa - Advogado).

Questão original: Por meio da impetração de mandado de segurança, o parlamentar pode tentar coibir atos praticados no processo de aprovação de leis que não se compatibilizam com o processo legislativo constitucional. Entretanto, quando se trata de emenda constitucional, o mandado de segurança passa a ser incabível.

397. Considere que um estado federado, no uso de sua competência normativa, elabore lei que impeça, arbitrariamente, em tempo de paz, a liberdade de locomoção em seu território. Nesse caso, **NÃO** caberá ao indivíduo impetrar mandado de segurança para garantir o exercício do direito constitucional mencionado. (CESPE - 2006 - ANATEL - Técnico em Regulação).

Questão original: Considere que um estado federado, no uso de sua competência normativa, elabore lei que impeça, arbitrariamente, em tempo de paz, a liberdade de locomoção em seu território. Nesse caso, caberá ao indivíduo impetrar mandado de segurança para garantir o exercício do direito constitucional mencionado.

398. Por meio do mandado de injunção, **NÃO** é possível lograr- se o controle concentrado de constitucionalidade de certa norma. (CESPE – 2006 – Caixa – Advogado).

> **Questão original:** Por meio do mandado de injunção, é possível lograr- se o controle concentrado de constitucionalidade de certa norma.

399. A jurisprudência do Supremo Tribunal Federal (STF) admite legitimidade ativa ad causam aos sindicatos para a instauração, em favor de seus membros ou associados, do mandado de injunção coletivo. (CESPE – 2006 – Caixa – Advogado).

400. A Constituição brasileira de 1988 atribuiu significado ímpar aos direitos individuais. A colocação do catálogo dos direitos fundamentais no início do texto constitucional e a amplitude conferida ao texto, que se desdobra em setenta e sete incisos e dois parágrafos (art. 5.º), reforça a impressão sobre a posição de destaque que o constituinte quis outorgar a esses direitos. Gilmar Ferreira Mendes. Direitos fundamentais e controle de constitucionalidade: estudos de direito constitucional. 3.ª ed. São Paulo: Saraiva, 2004 (com adaptações).

Quando a utilização de critério tiver como finalidade diferenciar o homem da mulher, com o propósito de **NIVELÁ-LO** materialmente ou mesmo para atenuar a diferença social existente entre os sexos, a discriminação é **ACEITÁVEL.** (CESPE – 2005 – ANTAQ – Técnico Administrativo).

> **Questão original:** Quando a utilização de critério tiver como finalidade diferenciar o homem da mulher, com o propósito de desnivelá-los materialmente ou mesmo para atenuar a diferença social existente entre os sexos, a discriminação é inaceitável.

401. Constituição brasileira de 1988 atribuiu significado ímpar aos direitos individuais. A colocação do catálogo dos direitos fundamentais no início do texto constitucional e a amplitude conferida ao texto, que se desdobra em setenta e sete incisos e dois parágrafos (art. 5.º), reforça a impressão sobre a posição de destaque que o constituinte quis outorgar a esses direitos. Gilmar Ferreira Mendes. Direitos fundamentais e controle de constitucionalidade: estudos de direito constitucional. 3.ª ed. São Paulo: Saraiva, 2004 (com adaptações).

402. Considere que Luís foi fotografado sem o seu consentimento e que sua imagem tenha sido utilizada por uma empresa com fins lucrativos, em anúncio comercial. Nessa situação, Luís pode requerer indenização, invocando o direito à proteção da própria imagem. (CESPE – 2005 – ANTAQ – Técnico Administrativo).

403. João da Silva é, desde 2001, servidor público efetivo do quadro de pessoal de um tribunal regional do trabalho. Em janeiro de 2005, quando ocupava função comissionada não subordinada diretamente à presidência do tribunal, constatou o desaparecimento de um microcomputador que ele havia recebido na véspera.

Com o intuito de esconder o ocorrido e livrar-se da responsabilidade, João da Silva retirou da repartição os documentos atinentes à entrega do microcomputador, que ainda estavam sob sua guarda. O processo administrativo disciplinar que foi instaurado em decorrência do caso, concluiu, após o devido contraditório e a ampla defesa, que houve culpa de João da Silva com relação ao desaparecimento do microcomputador e dolo com referência à destruição dos documentos. Foi aplicada a João da Silva uma pena disciplinar de suspensão de quinze dias. Inconformado com essa punição, ele impetrou mandado de segurança.

O mandado de segurança referido no texto é uma ação prevista na Constituição Federal que tem por finalidade proteger direito líquido e certo, não amparado por habeas corpus ou habeas data, quando o responsável pela ilegalidade ou abuso de poder for autoridade pública ou agente de pessoa jurídica no exercício de atribuições do Poder Público. (CESPE - 2005 - TRT - 16ª REGIÃO (MA) - Técnico Judiciário - Área Serviços Gerais).

404. Um servidor público estável, ocupante de cargo público efetivo em uma autarquia federal, faltou ao serviço, sem causa justificada, nos períodos de 1.º/10/2003 a 15/10/2003 e de 17/10/2003 a 31/10/2003, tendo comparecido ao serviço no dia 16/10/2003, uma quinta-feira, e cumprido integralmente o horário de trabalho estabelecido. Com o objetivo de apurar a falta funcional do servidor, foi instaurado procedimento administrativo, no âmbito da autarquia. Ao final do procedimento, a comissão processante emitiu relatório por meio do qual recomendou a aplicação ao servidor de pena de suspensão. Todavia, em 2/3/2004, foi publicada portaria editada pelo ministro de Estado ao qual a autarquia estava vinculada, aplicando ao servidor a pena de demissão. Em 15/3/2004, o servidor impetrou mandado de segurança no Superior Tribunal de Justiça (STJ) contra a referida portaria.

Antes de o mandado de segurança de que trata essa situação ser levado a julgamento pelo órgão competente do STJ, **O** ministro-relator **CONCEDERÁ** vista dos autos ao representante do Ministério Público. (CESPE - 2004 - STJ - Analista Judiciário - Arquivologia).

> **Questão original:** Antes de o mandado de segurança de que trata essa situação ser levado a julgamento pelo órgão competente do STJ, é facultado ao ministro-relator conceder vista dos autos ao representante do Ministério Público.

405. O gerente de uma empresa privada demitiu um funcionário porque desconfiava que ele havia desviado dinheiro da empresa. Nessa situação, o empregado despedido **NÃO** pode impugnar o ato de demissão mediante mandado de segurança. (CESPE - 2004 - TRE-AL - Técnico Judiciário - Área Administrativa).

> **Questão original:** O gerente de uma empresa privada demitiu um funcionário porque desconfiava que ele havia desviado dinheiro da empresa. Nessa situação, o empregado despedido pode impugnar o ato de demissão mediante mandado de segurança.

406. A Constituição da República protege todas as formas de vida, inclusive a uterina. (CESPE – 2004 – PRF – Policial Rodoviário Federal).

407. O direito à vida relaciona-se tanto ao direito de continuar vivo quanto ao de ter uma vida digna no que concerne à própria subsistência. (CESPE – 2004 – TJ-AP – Analista Judiciário – Área Judiciária).

408. O direito de escusa de consciência **ABRANGE** ao serviço militar quando se trata de crença religiosa, convicção filosófica ou **POLÍTICA**. (CESPE – 2004 – STJ – Analista Judiciário – Área Administrativa).

> **Questão original:** O direito de escusa de consciência está adstrito exclusivamente ao serviço militar quando se trata de crença religiosa, convicção filosófica ou religiosa.

409. Liberdade de pensamento, direito de resposta e responsabilidade por dano moral ou à imagem constituem garantias **E** direitos individuais. (CESPE – 2004 – STJ – Analista Judiciário – Área Administrativa).

410. Considere a seguinte situação hipotética. No edital de um concurso público para provimento de vagas no cargo de policial rodoviário estadual, no item referente aos requisitos para a investidura no cargo, constava um subitem segundo o qual o candidato teria de ser do sexo masculino.

Nessa situação, em face do tratamento isonômico entre homens e mulheres, o subitem do edital é inconstitucional. (CESPE – 2004 – PRF – Policial Rodoviário Federal).

411. Os conceitos de intimidade e de vida privada **NÃO** possuem o mesmo raio de amplitude. (CESPE – 2004 – TJ-AP – Analista Judiciário – Área Judiciária).

> **Questão original:** Os conceitos de intimidade e de vida privada são interligados e possuem o mesmo raio de amplitude, posto que se referem basicamente às relações subjetivas do cidadão e ao trato íntimo da pessoa.

412. Expediu-se mandado judicial que determinava a prisão de Maria. Os policiais encarregados de prendê-la descobriram, à meia-noite do dia em que o mandado foi expedido, que ela estava no escritório de seu advogado. Nesse caso, o mandado deve ser cumprido imediatamente, mesmo que seja necessário arrombar a porta do escritório para efetuar a prisão, pois a Constituição da República permite o ingresso de policiais em imóveis não-residenciais, **DURANTE O DIA**, para fins de cumprimento de determinação judicial. (CESPE – 2004 – Polícia Federal – Agente Administrativo).

> **Questão original:** Expediu-se mandado judicial que determinava a prisão de Maria. Os policiais encarregados de prendê-la descobriram, à meia-noite do dia em que o mandado foi expedido, que ela estava no escritório de seu advogado. Nesse caso, o mandado deve ser cumprido imediatamente, mesmo que seja necessário arrombar a porta do escritório para efetuar a prisão, pois a Constituição da República permite

o ingresso de policiais em imóveis não-residenciais, a qualquer hora do dia ou da noite, para fins de cumprimento de determinação judicial.

413. O direito de privacidade, quando identificado com o direito de intimidade, diz respeito às situações **NO MODO DE PENSAR, AGIR E DE SER DA PESSOA.** (CESPE - 2004 - STJ - Técnico Judiciário - Área Administrativa).

Questão original: O direito de privacidade, quando identificado com o direito de intimidade, diz respeito às situações individuais de poder ficar tranquilo, em situação de paz, e de estar só.

414. Hugo é um agente de polícia civil que realizou interceptação de comunicação telefônica sem autorização judicial. Nessa situação, o ato de Hugo, apesar de violar direitos fundamentais, não constitui crime hediondo. (CESPE - 2004 - Polícia Federal - Delegado de Polícia - Regional).

415. A Polícia Federal, em cumprimento a mandado judicial, promoveu busca e apreensão de documentos, computadores, fitas de vídeo, discos de DVD, fotos e registros em um escritório de uma empresa suspeita de ligação com tráfico organizado de drogas, grilagem de terras, falsificação de documentos e trabalho escravo. A ação, realizada em um estado do Nordeste - onde amanhece às 6 h e anoitece às 18 h -, iniciou-se às 6 h 15 min e prolongou-se até as 20 h. Os advogados dos proprietários da empresa constataram, pelo horário constante do auto de apreensão, assinado ao final da atividade, que as ações prolongaram-se além do período diurno. Analisando o material apreendido após o período diurno, a Polícia Federal encontrou farta documentação que comprovava a prática de ações contrárias às normas trabalhistas, as quais caracterizariam trabalho escravo nas propriedades rurais da empresa, cujas dimensões ultrapassam os limites legais estabelecidos para a caracterização da pequena e média propriedade rural.

O direito individual à inviolabilidade da casa tem como exceção o ingresso nela, sem consentimento do morador, para o cumprimento de determinação judicial, porém, essa exceção tem o limite temporal do período diurno; em consequência, por ter a ação policial prolongando-se além do período diurno, **DESDE QUE SEJA IMPRESCINDÍVEL,** os atos praticados após o anoitecer **NÃO** estão eivados de inconstitucionalidade. (CESPE - 2004 - Polícia Federal - Delegado de Polícia - Regional).

Questão original: O direito individual à inviolabilidade da casa tem como exceção o ingresso nela, sem consentimento do morador, para o cumprimento de determinação judicial, porém, essa exceção tem o limite temporal do período diurno; em consequência, por ter a ação policial prolongando-se além do período diurno, os atos praticados após o anoitecer estão eivados de inconstitucionalidade.

416. Sem restringir o direito de propriedade previsto na Constituição da República, uma lei municipal **NÃO** poderá proibir que o proprietário de um estabelecimento de ensino superior cobre dos alunos, sob qualquer pretexto, a utilização de estacionamento de veículos construído em área de sua propriedade. (CESPE – 2004 – PRF – Policial Rodoviário Federal).

Questão original: Sem restringir o direito de propriedade previsto na Constituição da República, uma lei municipal poderá proibir que o proprietário de um estabelecimento de ensino superior cobre dos alunos, sob qualquer pretexto, a utilização de estacionamento de veículos construído em área de sua propriedade.

417. **NÃO CABE** ação popular contra ato de conteúdo jurisdicional que ofender ao princípio da moralidade administrativa. (CESPE – 2004 – AGU – Advogado da União).

Questão original: Caberá ação popular contra ato de conteúdo jurisdicional que ofender ao princípio da moralidade administrativa.

Consoante orientação jurisprudencial majoritária, o habeas corpus é remédio constitucional que tem por objetivo a proteção do direito de locomoção e, por isso, se presta, para afastar decisão judicial que decreta a quebra do sigilo bancário **CASO OFENDA AO REFERIDO DIREITO.** (CESPE – 2004 – AGU – Advogado da União).

Questão original: Consoante orientação jurisprudencial majoritária, o habeas corpus é remédio constitucional que tem por objetivo a proteção do direito de locomoção e, por isso, não se presta, em nenhuma hipótese, para afastar decisão judicial que decreta a quebra do sigilo bancário.

418. Afinal, o que é ser cidadão? Ser cidadão é ter direito à vida, à liberdade, à propriedade, à igualdade perante a lei: é, em resumo, ter direitos civis. É também participar no destino da sociedade, votar, ser votado, ter direitos políticos. Os direitos civis e políticos não asseguram a democracia sem os direitos sociais, aqueles que garantem a participação do indivíduo na riqueza coletiva: o direito à educação, ao trabalho, ao salário justo, à saúde, a uma velhice tranquila. Exercer a cidadania plena é ter direitos civis, políticos e sociais. Jaime Pinsky. História da cidadania. (Org. Contexto 2003).

Pela lei brasileira, o direito à propriedade **PODE** sofrer restrição. (CESPE – 2003 – Banco do Brasil – Escriturário – 001).

Questão original: Pela lei brasileira, o direito à propriedade é sagrado, não podendo sofrer qualquer tipo de restrição.

2.3 GARANTIAS PROCESSUAIS

1. Dada a previsão constitucional de que nenhuma pena passará da pessoa do condenado a outrem, o ordenamento jurídico **PREVÊ** que obrigações de reparação de danos sejam estendidas aos sucessores do condenado. (CESPE - 2018 - Polícia Federal - Perito Criminal Federal - Conhecimentos Básicos - Todas as Áreas).

Questão original: Dada a previsão constitucional de que nenhuma pena passará da pessoa do condenado a outrem, o ordenamento jurídico veda que obrigações de reparação de danos sejam estendidas aos sucessores do condenado.

2. Conforme o entendimento do Supremo Tribunal Federal, a Constituição Federal de 1988 **NÃO** autoriza a concessão de indulto, pelo presidente da República, a pessoas condenadas pela prática de crimes hediondos. (CESPE - 2018 - ABIN - Oficial Técnico de Inteligência - Área 2).

Questão original: Conforme o entendimento do Supremo Tribunal Federal, a Constituição Federal de 1988 autoriza a concessão de indulto, pelo presidente da República, a pessoas condenadas pela prática de crimes hediondos.

3. Em regra, indivíduo civilmente identificado não será submetido à identificação criminal. (CESPE - 2018 - Polícia Federal - Escrivão de Polícia Federal).

4. Ressalvada a hipótese de flagrante delito, a prisão decorrente da prática de transgressão militar **NÃO** dependerá de ordem escrita e fundamentada de autoridade judiciária competente. (CESPE - 2018 - STM - Analista Judiciário - Área Judiciária).

Questão original: Ressalvada a hipótese de flagrante delito, a prisão decorrente da prática de transgressão militar dependerá de ordem escrita e fundamentada de autoridade judiciária competente.

5. A Constituição Federal de 1988 prevê de maneira expressa que os crimes militares contra a vida, dolosos, sejam julgados pelo tribunal do júri específico da justiça castrense. (CESPE - 2018 - STM - Cargos de Nível Superior - Conhecimentos Básicos - Exceto cargos 1, 2 e 8).

Questão original: A Constituição Federal de 1988 prevê de maneira expressa que os crimes militares contra a vida, **CULPOSOS** e dolosos, sejam julgados pelo tribunal do júri específico da justiça castrense.

6. Conforme texto constitucional vigente, a prisão de qualquer pessoa e o local onde se encontra terão de ser comunicados **IMEDIATAMENTE** ao juiz competente e à família do preso ou a pessoa por ele indicada. (CESPE - 2018 - PC-SE - Delegado de Polícia).

Questão original: Conforme texto constitucional vigente, a prisão de qualquer pessoa e o local onde se encontra terão de ser comunicados em até vinte e quatro horas ao juiz competente e à família do preso ou a pessoa por ele indicada.

7. De acordo com o princípio constitucional da reserva legal, as normas que preveem os crimes militares são taxativas, devendo tais crimes estar tipificados em dispositivo próprio e específico. (CESPE – 2018 – STM – Técnico Judiciário – Área Administrativa).

8. Em caso de perigo à integridade física do preso, admite-se o uso de algemas, desde que essa medida, de caráter excepcional, seja justificada por escrito. (CESPE – 2018 – PC-SE – Delegado de Polícia).

9. De acordo com o STJ, **NÃO** é exigida prévia autorização do Poder Judiciário para a instauração de inquérito ou procedimento investigatório criminal contra prefeito, já que prefeitos detêm foro por prerrogativa de função e devem ser julgados pelo respectivo tribunal de justiça, TRF ou TRE, conforme a natureza da infração imputada. (CESPE – 2017 – Prefeitura de Fortaleza – CE – Procurador do Município).

Questão original: De acordo com o STJ, é exigida prévia autorização do Poder Judiciário para a instauração de inquérito ou procedimento investigatório criminal contra prefeito, já que prefeitos detêm foro por prerrogativa de função e devem ser julgados pelo respectivo tribunal de justiça, TRF ou TRE, conforme a natureza da infração imputada.

10. De acordo com a CF, estarão isentas do pagamento de taxa para obtenção de certidões em repartição pública para defesa de direitos **A TODAS AS** pessoas. (CESPE – 2017 – TCE-PE – Analista de Controle Externo – Auditoria de Contas Públicas).

Observação: "Art. 5º, XXXIV, b) da CF: são a todos assegurados, independentemente do pagamento de taxas: A obtenção de certidões em repartições públicas, para defesa de direitos e esclarecimento de situações de interesse pessoal."

Questão original: De acordo com a CF, somente estarão isentas do pagamento de taxa para obtenção de certidões em repartição pública para defesa de direitos as pessoas que comprovarem sua hipossuficiência.

11. Os direitos adquiridos sob a égide de Constituição anterior, ainda que sejam incompatíveis com a Constituição atual, **NÃO** devem ser respeitados. (CESPE – 2017 – Prefeitura de Fortaleza – CE – Procurador do Município).

Questão original: Os direitos adquiridos sob a égide de Constituição anterior, ainda que sejam incompatíveis com a Constituição atual, devem ser respeitados, dada a previsão do respeito ao direito adquirido no próprio texto da CF.

12. O art. 5.º da lei em questão é inconstitucional por ser incompatível com as garantias constitucionais relativas ao direito de petição e ao princípio do contraditório. (CESPE – 2016 – FUNPRESP-EXE – Especialista – Área Jurídica).

13. Dada a garantia constitucional de acesso à justiça, é vedada a exigência de prévio ingresso pelas vias extrajudiciais como requisito para o acesso ao Poder Judiciário, não sendo extensível, tal vedação, às ações relativas às competições desportivas. (CESPE – 2016 – DPU – Analista Técnico – Administrativo).

14. O direito fundamental ao sigilo das comunicações telefônicas pode ser suspenso por determinação judicial, mas somente para fins de investigação criminal ou instrução processual penal. (CESPE – 2016 – DPU – Técnico em Assuntos Educacionais).

15. Um servidor público federal ofereceu representação ao Ministério Público contra o presidente de uma grande empresa que lhe havia oferecido quantia indevida, a fim de obter favorecimento em um processo administrativo. O servidor apresentou como prova uma conversa telefônica por ele gravada. Nessa situação, em que pese a inexistência de autorização judicial, tal prova será considerada lícita. (CESPE – 2016 – ANVISA – Técnico Administrativo – Conhecimentos Específicos)

16. Relativamente aos direitos e deveres individuais e coletivos, julgue o item subsequente. O direito de petição configura instrumento de controle administrativo: por meio dele, assegura-se a qualquer pessoa a defesa de direitos, individuais ou coletivos, bem como o direito de peticionar contra ilegalidade ou abuso de poder, perante autoridade administrativa competente de qualquer dos poderes constituídos. (CESPE – 2016 – TCE-PA – Conhecimentos Básicos – Cargos 1, 18, 19, 37 e 38).

17. A ação civil pública, um dos meios ou instrumentos de controle jurisdicional da administração pública, objetiva proteger os interesses **DIFUSOS E COLETIVOS**, como, por exemplo, a defesa dos direitos do consumidor. (CESPE – 2016 – TCE-PA – Conhecimentos Básicos- Cargos 4, 5 e de 8 a 17).

> **Questão original:** A ação civil pública, um dos meios ou instrumentos de controle jurisdicional da administração pública, objetiva proteger os interesses individuais, como, por exemplo, a defesa dos direitos do consumidor.

18. A FUNPRESP-EXE decidiu contratar uma empresa especializada para a construção de um prédio de três andares no município X. No imóvel, funcionará um centro de processamento de dados, necessário para a operação da rede de dados da fundação.

Concluída a construção, o município X aplicou uma multa ambiental à fundação, sob a alegação de que a execução da obra havia sido feita em desacordo com o art. 3.º da Lei Municipal n.º 1, que prevê regras ambientais específicas do município relativas à defesa do solo, inclusive normas técnicas de construção destinadas a evitar a contaminação do solo por metais pesados. A multa aplicada à FUNPRESP-EXE foi de R$ 1.000.000, valor condizente com os limites da referida legislação.

Ao tentar impugnar, na via administrativa, a multa ambiental, a FUNPRESP-EXE foi avisada de que, para recorrer administrativamente, deveria recolher previamente 50% do valor da multa aplicada mediante Guia de Arrecadação, expedida pela Secretaria Municipal de Meio Ambiente, conforme previsão do art. 5.º da referida lei municipal, sob pena de o recurso administrativo nem sequer ser conhecido.

Comumente, confundem-se os princípios da legalidade e da reserva legal. O primeiro, contudo, é mais abrangente e representa o dever de submissão e respeito à lei. O segundo, por sua vez, consiste na imposição constitucional de que determinadas matérias sejam regulamentadas por lei formal. (CESPE – 2015 – TCE-RN – Inspetor – Administração, Contabilidade, Direito ou Economia – Cargo 3).

19. A CF somente admite a pena de morte em caso de guerra declarada. (CESPE – 2015 – STJ – Analista Judiciário – Administrativa – Segurança).

20. O preso tem direito à identificação dos responsáveis por sua prisão, **NÃO** havendo sigilo **MESMO** em caso de necessidade de proteção da segurança dos agentes públicos envolvidos no caso. (CESPE – 2015 – STJ – Analista Judiciário – Administrativa – Segurança).

> **Questão original:** O preso tem direito à identificação dos responsáveis por sua prisão, somente havendo sigilo em caso de necessidade de proteção da segurança dos agentes públicos envolvidos no caso.

21. O direito adquirido, entendido como aquele que já se incorporou ao patrimônio do seu titular, não poderá ser prejudicado por lei posterior. (CESPE – 2015 – MPOG – Técnico de Nível Superior – Cargo 22).

22. O direito do cidadão de receber dos órgãos públicos informações de interesse coletivo **NÃO** inclui aquelas imprescindíveis à segurança da sociedade. (CESPE – 2015 – MPOG – Analista Técnico Administrativo – Cargo 2).

> **Questão original:** O direito do cidadão de receber dos órgãos públicos informações de interesse coletivo inclui também aquelas imprescindíveis à segurança da sociedade.

23. No Brasil, é vedada a pena de morte **SALVO EM CASO DE GUERRA DECLARADA.** (CESPE – 2015 – TCU – Técnico Federal de Controle Externo – Conhecimentos Básicos).

> **Questão original:** No Brasil, é vedada a pena de morte em quaisquer situações.

24. A inviolabilidade da correspondência e das comunicações, sejam elas telegráficas, de dados ou telefônicas, constitui direito individual fundamental, razão por que o texto constitucional **NÃO** veda o reconhecimento de exceções ao exercício desse direito. (CESPE – 2015 – DEPEN – Agente e Técnico – Todas as áreas – Conhecimentos Básicos).

Questão original: A inviolabilidade da correspondência e das comunicações, sejam elas telegráficas, de dados ou telefônicas, constitui direito individual fundamental, razão por que o texto constitucional veda o reconhecimento de exceções ao exercício desse direito.

25. Ninguém pode ser submetido a tortura ou a tratamento desumano ou degradante, **MESMO** em situação de guerra externa ou em caso de traição nacional. (CESPE - 2015 - DEPEN - Especialista - Todas as áreas - Conhecimentos Básicos).

Questão original: Ninguém pode ser submetido a tortura ou a tratamento desumano ou degradante, salvo em situação de guerra externa ou em caso de traição nacional.

26. O direito à razoável duração do processo deve observar tanto a segurança jurídica quanto o direito de acesso à jurisdição efetiva, prevenindo, com isso, que, a pretexto de maior celeridade, seja inviabilizada a tutela jurisdicional do direito material. (CESPE - 2015 - FUB - Assistente em Administração).

27. O princípio da razoável duração do processo e dos meios que garantam a celeridade de sua tramitação alcança o inquérito policial, **MESMO** em razão das peculiaridades que envolvem o trabalho investigativo. (CESPE - 2015 - FUB - Assistente em Administração).

Questão original: O princípio da razoável duração do processo e dos meios que garantam a celeridade de sua tramitação não alcança o inquérito policial em razão das peculiaridades que envolvem o trabalho investigativo.

28. Ao advogado de uma pessoa sob investigação é permitido o acesso aos autos do inquérito policial, mesmo que estes sejam classificados como sigilosos, por ser este um direito garantido ao investigado. (CESPE - 2015 - STJ - Analista Judiciário - Administrativa - Segurança).

29. A quebra dos sigilos bancário e fiscal somente pode ser legitimamente determinada por autoridade judicial ou por comissão parlamentar de inquérito. (CESPE - 2015 - STJ - Analista Judiciário - Administrativa - Segurança).

30. Um cidadão detém, mais que o direito, o dever de opor-se à ordem que, emanada de autoridades públicas, se revele manifestamente ilegal. (CESPE - 2015 - STJ - Conhecimentos Básicos para o Cargos 3 e 14).

31. Nos processos judiciais, são assegurados aos litigantes os direitos fundamentais do contraditório e da ampla defesa. **LOGO**, essa garantia é **TAMBÉM APLICADA** aos processos administrativos. (CESPE - 2015 - FUB - Auditor).

Questão original: Nos processos judiciais, são assegurados aos litigantes os direitos fundamentais do contraditório e da ampla defesa. Entretanto, diante do princípio da autotutela administrativa, essa garantia é inaplicável aos processos administrativos.

32. A lei penal somente pode retroagir para que o réu seja beneficiado. (CESPE – 2015 – DEPEN – Agente e Técnico – Todas as áreas – Conhecimentos Básicos).

33. **VIOLARÁ** a cláusula do devido processo legal a exigência de arrolamento prévio de bens para fins de admissibilidade de recurso administrativo. (CESPE – 2015 – DPU – Defensor Público Federal).

Questão original: Não viola a cláusula do devido processo legal a exigência de arrolamento prévio de bens para fins de admissibilidade de recurso administrativo.

34. Em nenhuma circunstância haverá penas cruéis, de caráter perpétuo, de trabalhos forçados e de banimento, **RESSALVADA PENA DE MORTE EM CASO DE GUERRA DECLARADA.** (CESPE – 2015 – FUB – Conhecimentos Básicos – Cargo 2).

Questão original: Em nenhuma circunstância haverá penas cruéis ou de morte, de caráter perpétuo, de trabalhos forçados e de banimento.

35. O princípio da reserva legal exige que os comportamentos humanos regulados pelo direito sejam disciplinados por meio de lei. (CESPE – 2014 – SUFRAMA – Nível Superior – Conhecimentos Básicos – Cargos 3 e 4).

Questão original: O princípio da legalidade, **TAMBÉM CHAMADO DE PRINCÍPIO DA RESERVA LEGAL,** exige que os comportamentos humanos regulados pelo direito sejam disciplinados por meio de lei.

36. Em uma execução fiscal, se o juiz da causa, ao constatar o desaparecimento de certo bem objeto de penhora, determinar a prisão do correspondente depositário judicial, essa ordem de prisão, segundo o STF, será **INVÁLIDA,** uma vez que se proíbe a prisão do depositário infiel contratual. (CESPE – 2014 – Câmara dos Deputados – Analista Legislativo – Consultor Legislativo Área I; CESPE – 2014 – Câmara dos Deputados – Analista Legislativo – Consultor Legislativo Área XIV).

Questão original: Em uma execução fiscal, se o juiz da causa, ao constatar o desaparecimento de certo bem objeto de penhora, determinar a prisão do correspondente depositário judicial, essa ordem de prisão, segundo o STF, será válida, uma vez que somente se proíbe a prisão do depositário infiel contratual.

37. No julgamento de crimes dolosos contra a vida, a competência do tribunal do júri deve prevalecer à de eventual foro por prerrogativa de função fixado por constituição estadual. (CESPE – 2014 – TJ-SE – Analista Judiciário – Direito).

38. Se um servidor público federal incorporar ao seu patrimônio, de forma lícita, certa vantagem pessoal e, posteriormente, lei ordinária revogar a regra que previa tal incorporação, de modo que o servidor não faça mais jus à vantagem, tal lei, nesse caso, será inconstitucional. (CESPE – 2014 – Câmara dos Deputados – Técnico Legislativo – Agente de Polícia Legislativa).

39. Caso José, servidor público, responda a processo administrativo disciplinar, deverá ser assegurado a ele o contraditório e a ampla defesa, conforme garantia expressa da CF. (CESPE – 2014 – SUFRAMA – Agente Administrativo).

40. O direito fundamental à razoável duração do processo pode ser exigido no âmbito judicial **E ADMINISTRATIVO**. (CESPE – 2014 – ANTAQ – Técnico Administrativo).

> **Questão original:** O direito fundamental à razoável duração do processo só pode ser exigido no âmbito judicial.

41. O devido processo legal tem como corolários os direitos à ampla defesa e ao contraditório, os quais deverão ser assegurados aos litigantes nos processos judiciais. Tais direitos, se aplicam ao processo administrativo. (CESPE – 2014 – SUFRAMA – Nível Superior – Conhecimentos Básicos – Cargos 3 e 4).

> **Questão original:** O devido processo legal tem como corolários os direitos à ampla defesa e ao contraditório, os quais deverão ser assegurados aos litigantes nos processos judiciais. **TAIS DIREITOS, PORÉM, NÃO SE APLICAM AO PROCESSO ADMINISTRATIVO.**

42. A CF determina que a prática da tortura e o terrorismo são inafiançáveis e insuscetíveis de graça ou anistia. (CESPE – 2014 – Câmara dos Deputados – Analista Legislativo – Consultor Legislativo Área II; CESPE – 2014 – Câmara dos Deputados – Analista Legislativo – Consultor Legislativo Área XIV).

> **Questão original:** A CF determina que os crimes de **RACISMO**, a prática da tortura e o terrorismo são imprescritíveis, inafiançáveis e **INSUSCETÍVEIS DE GRAÇA** ou anistia.

43. No entendimento do STF, a garantia do devido processo legal não torna obrigatória a defesa técnica por advogado no âmbito dos processos administrativos disciplinares que envolvam servidores públicos. (CESPE – 2014 – TC-DF – Auditor de Controle Externo).

44. Caso José, servidor público, responda a processo administrativo disciplinar, deverá ser assegurado a ele o contraditório e a ampla defesa, conforme garantia expressa da CF. (CESPE – 2014 – SUFRAMA – Técnico em Contabilidade).

45. Um agente da Polícia Federal foi escalado para atuar em operação para cumprimento de mandado judicial de prisão e de busca e apreensão, durante o dia, de documentos no escritório profissional do investigado.

Mesmo que o investigado ofereça resistência à ordem de prisão, será possível o uso de algemas para conduzi-lo, uma vez que **O STF ADMITE EM CASO DE PERIGO, RESISTÊNCIA E FUGA.** (CESPE – 2014 – Polícia Federal – Agente de Polícia Federal).

Observação: "Súmula vinculante 11: Só é lícito o uso de algemas em casos de resistência e de fundado receio de fuga ou de perigo à integridade física própria ou alheia, por parte do preso ou de terceiros, justificada a excepcionalidade por escrito, sob pena de responsabilidade disciplinar, civil e penal do agente ou da autoridade e de nulidade da prisão ou do ato processual a que se refere, sem prejuízo da responsabilidade civil do Estado."

Questão original: Mesmo que o investigado ofereça resistência à ordem de prisão, não será possível o uso de algemas para conduzi-lo, uma vez que a CF garante que nenhum cidadão será submetido a tratamento desumano ou degradante.

46. No que se refere aos direitos e deveres individuais e coletivos, a CF incorpora o princípio da **RETROATIVIDADE BENÉFICA** da lei penal **PARA O RÉU**, em respeito ao princípio da **SEGURANÇA JURÍDICA.** (CESPE – 2014 – Polícia Federal – Conhecimentos Básicos – Nível Superior).

Questão original: No que se refere aos direitos e deveres individuais e coletivos, a CF incorpora o princípio da irretroatividade irrestrita da lei penal, em respeito ao princípio da legalidade.

47. O repúdio ao terrorismo e ao racismo é princípio regente das relações internacionais da República Federativa do Brasil, sendo a prática do racismo crime inafiançável e imprescritível, sujeito a pena de reclusão, e o terrorismo, crime inafiançável e insuscetível de graça ou anistia. (CESPE – 2014 – Instituto Rio Branco – Diplomata – Prova 2).

48. O terrorismo, a tortura e o tráfico ilícito de entorpecentes **E OS** crimes hediondos, **SÃO** inafiançáveis e insuscetíveis de graça e anistia. (CESPE – 2014 – Polícia Federal – Agente Administrativo).

Questão original: O terrorismo, o racismo, a tortura e o tráfico ilícito de entorpecentes são crimes hediondos, inafiançáveis e insuscetíveis de graça e anistia.

49. No âmbito judicial e administrativo, a todos são assegurados a razoável duração do processo e os meios que garantam a celeridade de sua tramitação, previsão essa caracterizada como direito fundamental no Pacto de San José da Costa Rica e instituída na CF por emenda constitucional. (CESPE - 2014 - Câmara dos Deputados - Analista Legislativo - Consultor Legislativo Área XI).

50. Caso, em audiência de instrução e julgamento de processo criminal, o magistrado determine, de forma fundamentada e para garantir a segurança das pessoas presentes ao ato, que o réu utilize algemas, este **NÃO** poderá se valer de reclamação constitucional para o STF, com a finalidade de demonstrar que a situação fática apontada pelo juiz para justificar a necessidade do uso de algemas é inverídica. (CESPE - 2014 - Câmara dos Deputados - Analista Legislativo - Consultor Legislativo Área XIV).

Questão original: Caso, em audiência de instrução e julgamento de processo criminal, o magistrado determine, de forma fundamentada e para garantir a segurança das pessoas presentes ao ato, que o réu utilize algemas, este poderá se valer de reclamação constitucional para o STF, com a finalidade de demonstrar que a situação fática apontada pelo juiz para justificar a necessidade do uso de algemas é inverídica.

51. Tendo a CF assegurado o direito à ampla defesa e ao contraditório nos processos administrativos disciplinares, o STF considera que a ausência de defesa técnica realizada por advogado **NÃO** gera nulidade desse tipo de processo. (CESPE - 2013 - STF - Todos os Cargos - Conhecimentos Básicos - Cargos 2 e 9).

Observação: "Súmula vinculante 5: A falta de defesa técnica por advogado no processo administrativo disciplinar não ofende a Constituição."

Questão original: Tendo a CF assegurado o direito à ampla defesa e ao contraditório nos processos administrativos disciplinares, o STF considera que a ausência de defesa técnica realizada por advogado gera nulidade desse tipo de processo.

52. De acordo com o Supremo Tribunal Federal (STF), é direito do defensor, no interesse do representado, ter acesso amplo aos elementos de prova que, já documentados em procedimento investigatório realizado por órgão com competência de polícia judiciária, digam respeito ao exercício do direito de defesa. (CESPE - 2013 - STF - Analista Judiciário - Área Judiciária).

53. Uma lei complementar não pode subtrair da instituição do júri a competência para julgamento dos crimes dolosos contra a vida. (CESPE - 2013 - PC-DF - Escrivão de Polícia).

54. O direito de petição aos poderes públicos em defesa de direitos ou contra ilegalidade ou abuso de poder é assegurado a todos, **INDEPENDENTEMENTE DO PAGAMENTO DA** respectiva taxa. (CESPE - 2013 - PC-DF - Escrivão de Polícia).

Questão original: O direito de petição aos poderes públicos em defesa de direitos ou contra ilegalidade ou abuso de poder é assegurado a todos, desde que paga a respectiva taxa.

55. O acesso à informação é um direito fundamental de todos, devendo os órgãos e entidades públicas disponibilizar informações de interesse coletivo ou de interesse particular do solicitante, ressalvadas as informações que sejam imprescindíveis à segurança da sociedade e do Estado ou as que violem o direito à privacidade. (CESPE – 2013 – BACEN – Técnico – Conhecimentos Básicos – Áreas 1 e 2).

56. Embora, como regra geral, a CF vede a prisão civil por dívida, o mesmo dispositivo que institui essa regra excepciona situações em que a referida prisão poderá ocorrer. (CESPE – 2013 – FUB – Assistente em Administração).

57. No Brasil, é vedado, em todas as hipóteses, o estabelecimento de penas de caráter perpétuo. (CESPE – 2013 – DEPEN – Especialista – Todas as áreas – Conhecimentos Básicos).

Questão original: No Brasil, é vedado, **EM TODAS AS HIPÓTESES**, o estabelecimento de **PENAS DE MORTE** e de caráter perpétuo.

58. Constitui crime inafiançável e imprescritível a ação contra a ordem constitucional e o Estado democrático praticada por grupos armados, civis ou militares. (CESPE – 2013 – DEPEN – Especialista – Todas as áreas – Conhecimentos Básicos).

59. Segundo entendimento dominante no STF, são **ILÍCITAS** as provas produzidas em interceptações telefônicas decretadas por decisões judiciais, quando tais decisões forem amparadas apenas em denúncia anônima. (CESPE – 2013 – DEPEN – Agente Penitenciário).

Questão original: Segundo entendimento dominante no STF, são lícitas as provas produzidas em interceptações telefônicas decretadas por decisões judiciais, quando tais decisões forem amparadas apenas em denúncia anônima.

60. A quebra do sigilo bancário dos indivíduos **NÃO** pode ser decretada por autoridade policial, **MESMO** que autorizada pelo MP, dada a inexistência de proteção constitucional específica acerca do assunto. (CESPE – 2013 – PC-BA – Investigador de Polícia).

Questão original: A quebra do sigilo bancário dos indivíduos pode ser decretada por autoridade policial, desde que autorizada pelo MP, dada a inexistência de proteção constitucional específica acerca do assunto.

61. De acordo com a CF, a inviolabilidade do sigilo de comunicações telefônicas poderá ser quebrada por ordem judicial para fins de investigação criminal ou instrução processual penal. (CESPE – 2013 – PC-BA – Investigador de Polícia).

> **Questão original:** De acordo com a CF, a inviolabilidade do **SIGILO DE CORRESPONDÊNCIA** e comunicações telefônicas poderá ser quebrada por ordem judicial para fins de investigação criminal ou instrução processual penal.

62. O princípio do devido processo legal, incorporado pela CF, origina-se da Magna Carta de 1215 e da Declaração Universal dos Direitos do Homem, segundo as quais, todo homem acusado da prática de ato delituoso tem o direito de ser presumido inocente até que sua culpabilidade tenha sido provada, de acordo com a lei, em julgamento público, no qual lhe tenham sido asseguradas todas as garantias necessárias à sua defesa. (CESPE – 2013 – MS – Analista Técnico – Administrativo).

63. Considere que um indivíduo tenha sido denunciado por crime contra o patrimônio há mais de dez anos e que, em razão da quantidade de processos conclusos para sentença na vara criminal do município, ainda não tenha havido sentença em relação ao seu caso. Essa situação retrata hipótese de flagrante violação ao direito fundamental à duração razoável do processo, expressamente previsto na CF. (CESPE – 2013 – TRT – 10ª REGIÃO (DF e TO) – Analista Judiciário – Execução de Mandados).

64. Considere que a Polícia Federal tenha recebido denúncia anônima a respeito de suposta prática delituosa inserida em seu âmbito de investigação. Nessa situação, o órgão poderá investigar, **NÃO PODENDO INSTAURAR INQUÉRITO POLICIAL** com fundamento na referida denúncia anônima. (CESPE – 2013 – Polícia Federal – Conhecimentos Básicos – Todos os Cargos; CESPE – 2013 – Polícia Federal – Escrivão da Polícia Federal).

> **Questão original:** Considere que a Polícia Federal tenha recebido denúncia anônima a respeito de suposta prática delituosa inserida em seu âmbito de investigação. Nessa situação, o órgão não poderá investigar, visto que a CF veda expressamente o anonimato e a consequente deflagração da persecução penal com fundamento na referida denúncia anônima.

65. Segundo jurisprudência firmada pelo STF mediante aprovação de súmula vinculante acerca da matéria, será admissível o uso de algemas quando houver necessidade de transporte do preso para ser conduzido até delegacia, presídio ou mesmo sala de audiências, justamente pelo fato de se expor a perigo a autoridade policial, colocando em risco a sua integridade física. (CESPE – 2013 – MJ – Todos os Cargos – Conhecimentos Básicos).

> **Questão original:** Segundo jurisprudência firmada pelo STF mediante aprovação de súmula vinculante acerca da matéria, **SOMENTE** será admissível o uso de al-

gemas quando houver necessidade de transporte do preso para ser conduzido até delegacia, presídio ou mesmo sala de audiências, justamente pelo fato de se expor a perigo a autoridade policial, colocando em risco a sua integridade física.

66. Aquele que, integrando grupo armado civil, praticar atos contra a ordem constitucional incidirá em crime inafiançável e imprescritível. (CESPE - 2013 - ANTT - Conhecimentos Básicos - Cargos 1,2,3,4,5,7 e 8).

67. São garantias constitucionais dos sujeitos processuais, tanto no processo judicial quanto no processo administrativo, o contraditório e a ampla defesa, com os meios e recursos a ela inerentes. (CESPE - 2013 - ANCINE - Especialista em Regulação Atividade Cinematográfica e Audiovisual - Área 3).

68. O direito à tutela jurisdicional efetiva tem o condão de direcionar a atuação do juiz, vinculando-o em seu modo de proceder, já que é seu dever empregar a técnica processual adequada ao caso concreto. (CESPE - 2013 - MJ - Analista Técnico - Administrativo - Conhecimentos Básicos).

69. João foi condenado criminalmente, além de ter que pagar uma indenização por danos materiais, por ter colidido seu veículo, estando alcoolizado, contra a casa de José. Entretanto, João faleceu no curso do processo judicial. Nessa situação hipotética, embora a pena não possa passar da pessoa do acusado, a obrigação de reparar o dano poderá ser estendida aos sucessores de João até o limite do valor do patrimônio transferido. (CESPE - 2013 - CPRM - Analista em Geociências - Direito).

70. A previsão constitucional da prática de tortura como crime inafiançável e insuscetível de graça ou anistia expressa um dever de proteção identificado pelo constituinte e traduz-se em mandado de criminalização dirigido ao legislador. (CESPE - 2013 - PC-BA - Investigador de Polícia).

71. Um servidor público gravou, por conta própria, conversa telefônica em que um empresário lhe oferecia, indevidamente, quantia em dinheiro em troca da obtenção de facilidades em procedimento licitatório. Munido dessa evidência, o servidor público representou ao Ministério Público.

Nessa situação hipotética, apesar de o servidor público não ter autorização judicial para realizar a gravação, a prova gerada é considerada lícita, conforme jurisprudência do STF. (CESPE - 2013 - CNJ - Analista Judiciário - Área Administrativa).

72. **PRESENTE O** inegável anseio social, existe previsão expressa na CF/88 assegurando a todos, no âmbito judicial, a razoável duração do processo. (CESPE - 2013 - MPU - Conhecimentos Básicos para os Cargos 1 a 10 e 27 a 32).

Questão original: Apesar do inegável anseio social, não existe previsão expressa na CF/88 assegurando a todos, no âmbito judicial, a razoável duração do processo.

73. O direito à tutela jurisdicional efetiva tem o condão de direcionar a atuação do juiz, vinculando-o em seu modo de proceder, já que é seu dever empregar a técnica processual adequada ao caso concreto. (CESPE - 2013 - MJ - Todos os Cargos - Conhecimentos Básicos).

74. O princípio da inafastabilidade da jurisdição, previsto na CF, **NÃO** pode ser utilizado para prevenir ameaça de lesão a direito, por meio da censura prévia, com o intuito de evitar eventuais danos à imagem e à honra dos cidadãos, sem que isso caracterize cerceamento do direito à liberdade de imprensa. (CESPE - 2013 - ANCINE - Todos os Cargos - Especialista em Regulação da Atividade Cinematográfica e Audiovisual Áreas I e II).

Questão original: O princípio da inafastabilidade da jurisdição, previsto na CF, pode ser utilizado para prevenir ameaça de lesão a direito, por meio da censura prévia, com o intuito de evitar eventuais danos à imagem e à honra dos cidadãos, sem que isso caracterize cerceamento do direito à liberdade de imprensa.

75. Se o reconhecimento do direito adquirido beneficiar a sociedade como um todo e não se destinar, única e exclusivamente, ao atendimento de interesses individuais, considera-se cumprida a função social desse direito fundamental. (CESPE - 2013 - STF - Analista Judiciário - Área Judiciária).

76. **OS** brasileiros e aos estrangeiros residentes no país é assegurado o direito de petição em defesa de direitos ou contra ilegalidade ou abuso de poder. (CESPE - 2013 - PRF - Policial Rodoviário Federal).

Questão original: Somente aos brasileiros e aos estrangeiros residentes no país é assegurado o direito de petição em defesa de direitos ou contra ilegalidade ou abuso de poder.

77. O acesso de qualquer advogado aos elementos de prova produzidos por órgão com competência de polícia judiciária, **DESDE QUE JÁ DOCUMENTADOS**, é expressão do direito **DE DEFESA.** (CESPE - 2013 - PC-BA - Investigador de Polícia).

Observação: "Súmula vinculante 14: É direito do defensor, no interesse do representado, ter acesso amplo aos elementos de prova que, já documentados em procedimento investigatório realizado por órgão com competência de polícia judiciária, digam respeito ao exercício do direito de defesa."

Questão original: O acesso amplo de qualquer advogado aos elementos de prova produzidos por órgão com competência de polícia judiciária, independentemente da sua transcrição nos autos, é expressão do direito à ampla defesa, previsto na CF.

78. Para fins de observância do princípio da legalidade penal, o presidente da República **NÃO** está autorizado constitucionalmente a definir condutas criminosas por meio de medida provisória. (CESPE – 2013 – PC-BA – Investigador de Polícia).

> **Questão original:** Para fins de observância do princípio da legalidade penal, o presidente da República está autorizado constitucionalmente a definir condutas criminosas por meio de medida provisória.

79. A extradição de brasileiro, expressamente vedada em caso de brasileiro nato, é admitida em caso de brasileiro naturalizado que tenha cometido crime comum antes da naturalização ou cujo envolvimento em tráfico ilícito de entorpecentes ou drogas afins tenha sido comprovado, ainda que após a naturalização. (CESPE – 2013 – MPU – Técnico Administrativo).

80. **EM REGRA, NÃO ESTARÁ** em conformidade com a CF lei que condicione o acesso ao Poder Judiciário ao esgotamento das vias administrativas, **EXCEPCIONALMENTE** a CF autorizou a existência da jurisdição condicionada ou instância administrativa de cunho forçado **COMO POR EXEMPLO NA JUSTIÇA DESPORTIVA.** (CESPE – 2013 – TRT – 10ª REGIÃO (DF e TO) – Analista Judiciário – Área Administrativa).

> **Questão original:** Estará em conformidade com a CF lei que condicione o acesso ao Poder Judiciário ao esgotamento das vias administrativas, pois a CF autorizou a existência da jurisdição condicionada ou instância administrativa de cunho forçado.

81. Segundo o STF, caso o interessado alegue que a sentença condenatória tenha sido prolatada exclusivamente com fundamento em prova emprestada, **NÃO** é possível a arguição de nulidade dessa decisão em sede de habeas corpus. (CESPE – 2013 – DPF – Delegado).

> **Questão original:** Segundo o STF, caso o interessado alegue que a sentença condenatória tenha sido prolatada exclusivamente com fundamento em prova emprestada, é possível a arguição de nulidade dessa decisão em sede de habeas corpus.

82. A imunidade contra a autoincriminação é traduzida como garantia constitucional e consiste no direito de deixar de responder a uma indagação de autoridade pública cuja resposta possa advir ao declarante a imputação de uma infração penal. (CESPE – 2013 – FUB – Nível Superior – Conhecimentos Básicos – Áreas 2 e 9).

83. Se um servidor público, em procedimento administrativo disciplinar instaurado pela autoridade competente, para apurar denúncia de cometimento de ilegalidade no desempenho de suas funções, optar por exercer sua impugnação apenas com suas próprias justificativas, por meio de autodefesa, ausência de defesa técnica por meio de advogado, nesse caso, não afrontará o postulado constitucional da ampla defesa.

(CESPE - 2013 - ANCINE - Todos os Cargos - Especialista em Regulação da Atividade Cinematográfica e Audiovisual Áreas I e II).

84. **PARA** o acusado da prática de crime de terrorismo ou de traição em tempo de guerra **NÃO** é previsto o julgamento por juízo de exceção. (CESPE - 2013 - DEPEN - Especialista - Todas as áreas - Conhecimentos Básicos).

> **Questão original:** Somente para o acusado da prática de crime de terrorismo ou de traição em tempo de guerra é previsto o julgamento por juízo de exceção.

85. O contraditório e a ampla defesa são direitos constitucionais assegurados aos servidores públicos no âmbito de processo administrativo disciplinar. (CESPE - 2013 - MPOG - Todos os Cargos - Conhecimentos Básicos).

86. **O CRIME DE** terrorismo **É INAFIANÇAVEL** e **INSUSCETÍVEL** de graça ou anistia. (CESPE - 2012 - Câmara dos Deputados - Analista Legislativo - Museólogo; CESPE - 2012 - Câmara dos Deputados - Analista Legislativo - Taquígrafo).

> **Questão original:** Os crimes de racismo e terrorismo são inafiançáveis, imprescritíveis e insuscetíveis de graça ou anistia.

87. A CF reconhece a instituição do júri, assegurando a plenitude de defesa, a publicidade das votações, a soberania dos veredictos e a competência para julgar os crimes **DOLOSOS** contra a vida. (CESPE - 2012 - ANAC - Analista Administrativo - Conhecimentos Básicos Áreas 1, 2, 3, 4 e 5).

> **Questão original:** A CF reconhece a instituição do júri, assegurando a plenitude de defesa, a publicidade das votações, a soberania dos veredictos e a competência para julgar os crimes culposos contra a vida.

88. O direito à não produção de provas contra si decorre do princípio do devido processo legal, devidamente consagrado no nosso sistema constitucional. (CESPE - 2012 - PC-AL - Escrivão de Polícia).

89. No Brasil, a pena é personalíssima, não podendo passar da pessoa do condenado, razão por que a obrigação de reparar o dano pode ser estendida aos sucessores do condenado ou contra eles executada. (CESPE - 2012 - PC-AL - Agente de Polícia).

> **Questão original:** No Brasil, a pena é personalíssima, não podendo passar da pessoa do condenado, razão por que a obrigação de reparar o dano **NÃO** pode ser estendida aos sucessores do condenado ou contra eles executada.

90. Excepcionando a regra constitucional da prescritibilidade, duas hipóteses em que a pretensão punitiva ou executória do Estado não são atingidas são os crimes de racismo e de **AÇÃO DE GRUPOS ARMADOS.** (CESPE - 2012 - PC-AL - Delegado de Polícia).

Questão original: Excepcionando a regra constitucional da prescritibilidade, duas hipóteses em que a pretensão punitiva ou executória do Estado não são atingidas são os crimes de racismo e de tortura.

91. Com base na Constituição Federal de 1988 (CF), julgue os itens seguintes. O direito à duração razoável de processos, tanto no âmbito judicial quanto no administrativo, é um direito fundamental previsto expressamente na CF. (CESPE – 2012 – TJ-RR – Técnico Judiciário).

92. A CF proíbe a aplicação de penas de morte em tempo de paz, de penas cruéis, de penas de banimento, de penas de caráter perpétuo e de trabalhos forçados. (CESPE – 2012 – TJ-RR – Agente de Proteção).

93. A vedação constitucional ao anonimato **NÃO** impede a utilização de peças apócrifas como prova formal. (CESPE – 2012 – MPE-PI – Analista Ministerial – Área Processual).

Questão original: A vedação constitucional ao anonimato impede a utilização de peças apócrifas como prova formal.

94. A CF prevê expressamente o respeito à integridade física e moral dos presos. (CESPE – 2012 – TJ-AC – Técnico Judiciário – Auxiliar).

95. Pablo, argentino e residente na Argentina, solteiro, de dezoito anos de idade, de passagem pelo Brasil, com destino aos Estados Unidos da América, foi interceptado em operação da PRF.

Nessa situação hipotética, não obstante Pablo não seja residente no Brasil, todos os direitos individuais fundamentais elencados no caput do art. 5.º da CF devem ser respeitados durante a referida operação policial. (CESPE – 2012 – PRF – Agente Administrativo).

96. A gratuidade do registro civil de nascimento e da certidão de casamento é direito **PARA OS RECONHECIDAMENTE POBRES.** (CESPE – 2012 – ANAC – Analista Administrativo – Conhecimentos Básicos Áreas 1, 2, 3, 4 e 5).

Questão original: A gratuidade do registro civil de nascimento e da certidão de casamento é direito de todas as pessoas.

97. A CF assegura a todos o direito de receber dos órgãos públicos informações de seu interesse particular, ou de interesse coletivo ou geral, ressalvadas aquelas cujo sigilo seja imprescindível à segurança da sociedade e do Estado, incluindo entre órgãos públicos, para os fins desse dispositivo, sociedades de economia mista e empresas públicas. (CESPE – 2012 – FNDE – Especialista em Financiamento e Execução de Programas e Projetos Educacionais).

Questão original: A CF assegura a todos o direito de receber dos órgãos públicos informações de seu interesse particular, ou de interesse coletivo ou geral, ressalvadas aquelas cujo sigilo seja imprescindível à segurança da sociedade e do Estado, **NÃO** se incluindo entre órgãos públicos, para os fins desse dispositivo, sociedades de economia mista e empresas públicas.

98. A assistência jurídica integral e gratuita é assegurada aos que comprovarem insuficiência de recursos. (CESPE - 2012 - TJ-RR - Agente de Proteção).

99. Brasileiro naturalizado detido após comprovação de seu envolvimento com o tráfico de drogas pode ser extraditado. (CESPE - 2012 - TJ-RR - Agente de Proteção).

100. O direito ao silêncio, constitucionalmente assegurado ao preso, estende-se a pessoa denunciada ou investigada em qualquer processo criminal, em inquérito policial, em processo administrativo disciplinar e àquela que for convocada a prestar depoimento perante comissão parlamentar de inquérito. (CESPE - 2012 - Polícia Federal - Agente da Polícia Federal).

101. Os sucessores daquele que falecer antes de cumprir a pena a que tiver sido condenado **NÃO** poderão ser obrigados a cumpri-la em seu lugar. (CESPE - 2012 - TJ-AC - Técnico Judiciário - Auxiliar).

Questão original: Os sucessores daquele que falecer antes de cumprir a pena a que tiver sido condenado poderão ser obrigados a cumpri-la em seu lugar.

102. Consoante o princípio da responsabilidade pessoal, nenhuma pena pode passar da pessoa do condenado, no entanto a obrigação de reparar o dano pode ser estendida a seus sucessores, até o limite do valor do patrimônio transferido. (CESPE - 2012 - ANAC - Especialista em Regulação de Aviação Civil - Conhecimentos Básicos).

103. A pena de morte é admitida pela CF, mas apenas no caso de guerra declarada. (CESPE - 2012 - ANAC - Técnico Administrativo).

104. Uma Comissão Parlamentar de Inquérito (CPI) **NÃO** pode determinar a interceptação telefônica de uma pessoa. (CESPE - 2012 - TCU - Técnico de Controle Externo).

Questão original: Uma Comissão Parlamentar de Inquérito (CPI) pode determinar a interceptação telefônica de uma pessoa, desde que esta esteja sendo investigada pela Comissão.

105. Considere que um delegado de polícia, com o objetivo de obter provas em inquérito policial, determine que se proceda à interceptação das comunicações telefônicas de determinado suspeito. Nesse caso, considera-se **ILÍCITA** a prova obtida por meio da interceptação. (CESPE - 2011 - TCU - Auditor Federal de Controle Externo - Psicologia).

Questão original: Considere que um delegado de polícia, com o objetivo de obter provas em inquérito policial, determine que se proceda à interceptação das comunicações telefônicas de determinado suspeito. Nesse caso, considera-se lícita a prova obtida por meio da interceptação.

106. Se indícios da prática de ilícito penal por determinada pessoa constarem de escritos anônimos, a peça apócrifa, por si só, em regra, não será suficiente para a instauração de procedimento investigatório, haja vista a vedação ao anonimato prevista na CF. (CESPE - 2011 - TCU - Auditor Federal de Controle Externo - Auditoria de Obras Públicas).

107. Viola o princípio da individualização da pena dispositivo legal que veda a conversão da pena de prisão em restritiva de direitos para crimes de maior gravidade, como o tráfico ilícito de entorpecentes. (CESPE - 2011 - IFB - Assistente de Administração).

108. Segundo o STF, é **ILÍCITA** a prisão civil do depositário judicial de objeto penhorado em processo de execução que não conservou e guardou a coisa submetida a seu poder. (CESPE - 2011 - IFB - Assistente de Administração).

Questão original: Segundo o STF, é lícita a prisão civil do depositário judicial de objeto penhorado em processo de execução que não conservou e guardou a coisa submetida a seu poder.

109. Independentemente do pagamento de taxas, é assegurada a todos, para a defesa e esclarecimento de situações de interesse pessoal, a obtenção de certidões em repartições públicas. (CESPE - 2011 - PREVIC - Cargos de Nível Superior).

Questão original: Independentemente do pagamento de taxas, é assegurada a todos, para a defesa e esclarecimento de situações de interesse pessoal **E DE TERCEIRO**, a obtenção de certidões em repartições públicas.

110. A imparcialidade do Poder Judiciário e a segurança do povo contra o arbítrio estatal são garantidas pelo princípio do juiz natural, que é assegurado a todo e qualquer indivíduo, brasileiro e estrangeiro, abrangendo, inclusive, pessoas jurídicas. (CESPE - 2011 - STM - Cargos de Nível Médio - Conhecimentos Básicos - Cargos 25 e 26).

111. Os crimes de racismo, tortura, tráfico ilícito de entorpecentes e drogas afins, o terrorismo e os crimes definidos como hediondos, assim como a ação de grupos armados, civis ou militares, contra a ordem constitucional e o estado democrático podem ser compreendidos na categoria de delitos inafiançáveis por disposição constitucional expressa. (CESPE - 2011 - PC-ES - Delegado de Polícia - Específicos).

112. Com fundamento no dispositivo constitucional que assegura a liberdade de manifestação de pensamento e veda o anonimato, o Supremo Tribunal Federal (STF) entende que os escritos anônimos não podem justificar, por si só, desde que isoladamente considerados, a imediata instauração de procedimento investigatório. (CESPE - 2011 - PC-ES - Delegado de Polícia - Específicos).

113. Admite-se a quebra de sigilo das comunicações telefônicas nas hipóteses e na forma que a lei estabelecer, para fins de investigação criminal **OU INSTRUÇÃO PROCESSUAL PENAL.** (CESPE - 2011 - PC-ES - Auxiliar de Perícia Médico-legal - Específicos).

Questão original: Admite-se a quebra de sigilo das comunicações telefônicas nas hipóteses e na forma que a lei estabelecer, exclusivamente para fins de investigação criminal.

114. Independentemente do pagamento de taxas, é assegurado a todos o direito à obtenção de certidões em repartições públicas, para defesa de direitos e o esclarecimento de situações de interesse pessoal. (CESPE - 2011 - PC-ES - Auxiliar de Perícia Médico-legal - Específicos).

115. Se indícios da prática de ilícito penal por determinada pessoa constarem de escritos anônimos, a peça apócrifa, por si só, em regra, não será suficiente para a instauração de procedimento investigatório, haja vista a vedação ao anonimato prevista na CF. (CESPE - 2011 - TCU - Auditor Federal de Controle Externo - Auditoria Governamental).

116. O princípio da legalidade não se confunde com o da reserva legal: o primeiro pressupõe a submissão e o respeito à lei; o segundo se traduz pela necessidade de a regulamentação de determinadas matérias ser feita necessariamente por lei formal. (CESPE - 2011 - TRE-ES - Técnico Judiciário - Área Administrativa - Específicos).

117. Como exemplo da vedação expressa na CF a prática da tortura e ao tratamento desumano ou degradante, o STF editou súmula vinculante **AUTORIZANDO** a utilização das algemas pela polícia judiciária **EM CASOS ESPECÍFICOS.** (CESPE - 2010 - TRE-BA - Analista Judiciário - Taquigrafia).

Questão original: Como exemplo da vedação expressa na CF a prática da tortura e ao tratamento desumano ou degradante, o STF editou súmula vinculante proibindo totalmente a utilização das algemas pela polícia judiciária, por ser arbitrária e ofender a integridade dos custodiados.

118. A suspensão dos direitos políticos, na hipótese de condenação criminal transitada em julgado, cessa com o cumprimento ou a extinção da pena, independentemente de reabilitação ou de prova de reparação dos danos. (CESPE - 2010 - TRE-BA - Analista Judiciário - Área Judiciária).

119. Não é possível a instauração de inquérito policial baseado unicamente no conteúdo de denúncia anônima. (CESPE - 2010 - INSS - Engenheiro Civil).

120. A competência do júri é para julgamento dos crimes contra a vida, sejam eles dolosos. (CESPE – 2010 – TRE-BA – Técnico Judiciário – Segurança Judiciária).

> **Questão original:** A competência do júri é para julgamento dos crimes contra a vida, sejam eles dolosos **OU CULPOSOS**.

121. Mesmo por emenda constitucional é vedada a instituição da pena de morte no Brasil em tempos de paz. (CESPE – 2010 – DETRAN-ES – Advogado).

122. O preceito constitucional que estabelece que ninguém é obrigado a fazer ou deixar de fazer alguma coisa senão em virtude de lei veicula a noção genérica do princípio da legalidade. (CESPE – 2010 – ABIN – Oficial Técnico de Inteligência – Área de Direito).

123. Considerando que os direitos sejam bens e vantagens prescritos no texto constitucional e as garantias sejam os instrumentos que asseguram o exercício de tais direitos, a garantia do contraditório e da ampla defesa ocorre nos processos judiciais **E ADMINISTRATIVOS.** (CESPE – 2010 – MPU – Analista – Processual).

> **Questão original:** Considerando que os direitos sejam bens e vantagens prescritos no texto constitucional e as garantias sejam os instrumentos que asseguram o exercício de tais direitos, a garantia do contraditório e da ampla defesa ocorre nos processos judiciais de natureza criminal de forma exclusiva.

124. Conforme entendimento do STF com base no princípio da vedação do anonimato, os escritos apócrifos não podem justificar, por si sós, desde que isoladamente considerados, a imediata instauração da persecutio criminis, salvo quando forem produzidos pelo acusado, ou, ainda, quando constituírem eles próprios o corpo de delito. (CESPE – 2010 – DPU – Defensor Público Federal).

125. Conforme expressa disposição constitucional, o tráfico ilícito de substâncias entorpecentes e drogas afins é considerado crime inafiançável. (CESPE – 2010 – BRB – Advogado).

> **Questão original:** Conforme expressa disposição constitucional, o tráfico ilícito de substâncias entorpecentes e drogas afins é considerado crime inafiançável e **IMPRESCRITÍVEL.**

126. Segundo posição atual do STF, **A ÚNICA HIPÓTESE ACEITA** de prisão civil, no direito brasileiro, **É A** do devedor de alimentos. (CESPE – 2010 – INCA – Analista em C&T Júnior – Direito – Legislação Pública em Saúde).

> **Questão original:** Segundo posição atual do STF, as únicas hipóteses aceitas de prisão civil, no direito brasileiro, são a do devedor de alimentos e a do depositário infiel.

127. O duplo grau de jurisdição **NÃO** consubstancia garantia constitucional. (CESPE - 2010 - TRT - 21ª Região (RN) - Analista Judiciário - Área Judiciária).

> **Questão original:** O duplo grau de jurisdição consubstancia garantia constitucional.

128. Constitui discriminação racial toda distinção, exclusão, restrição ou preferência que, fundada em raça, cor, descendência ou origem nacional ou étnica, objetive anular ou restringir o reconhecimento, gozo ou exercício, em igualdade de condições, de direitos humanos e liberdades fundamentais nos campos político, econômico, social, cultural, ou em qualquer outro campo da vida pública ou privada, constituindo a prática do racismo crime inafiançável e imprescritível, sujeito a pena de **RECLUSÃO**. (CESPE - 2010 - DPE-BA - Defensor Público).

> **Questão original:** Constitui discriminação racial toda distinção, exclusão, restrição ou preferência que, fundada em raça, cor, descendência ou origem nacional ou étnica, objetive anular ou restringir o reconhecimento, gozo ou exercício, em igualdade de condições, de direitos humanos e liberdades fundamentais nos campos político, econômico, social, cultural, ou em qualquer outro campo da vida pública ou privada, constituindo a prática do racismo crime inafiançável e imprescritível, sujeito a pena de detenção.

129. O direito ao sigilo bancário **NÃO** deve ser afastado por determinação judicial quando houver pedido de autoridade policial instruído com matéria jornalística que tenha noticiado genericamente a prática de desvios de recursos públicos por diversas autoridades. (CESPE - 2010 - ABIN - Agente Técnico de Inteligência - Área de Tecnologia da Informação).

> **Questão original:** O direito ao sigilo bancário deve ser afastado por determinação judicial quando houver pedido de autoridade policial instruído com matéria jornalística que tenha noticiado genericamente a prática de desvios de recursos públicos por diversas autoridades.

130. Diante dos requisitos legais, o juiz de direito de determinada comarca decretou a prisão preventiva do vereador Galego, suspeito de tráfico de drogas, bem como autorizou a realização de busca e apreensão em sua residência. A polícia, de posse dos mandados judiciais, dirigiu-se até a câmara municipal, não logrando êxito em encontrar o vereador. Às 20 h, a polícia localizou Galego em sua residência.

Galego tem o direito constitucional à identificação dos responsáveis por sua prisão ou por seu interrogatório policial. (CESPE - 2009 - TRT - 17ª Região (ES) - Analista Judiciário - Área Judiciária - Execução de Mandados).

131. Um deputado federal subiu à tribuna da Câmara dos Deputados para defender um projeto de emenda constitucional com a finalidade de instituir a pena de morte no

Brasil. O deputado, durante seu discurso em plenário, no momento em que informava aos colegas da proposta realizada, disse que discordava da vedação constitucional absoluta da pena de morte.

Equivocou-se o deputado ao dizer que a Constituição Federal de 1988 (CF) veda a pena de morte de forma absoluta, pois a CF admite a pena de morte em caso de guerra declarada, desde que atendidos os requisitos constitucionais. (CESPE – 2009 – PC-ES – Agente de Polícia).

132. Se um motorista, multado pelo agente do DETRAN, por excesso de velocidade, discordar da legalidade do ato, poderá ajuizar ação perante o Poder Judiciário com o objetivo de anular a aplicação da multa, pois, nessa situação, o ato praticado pelo agente do DETRAN está sujeito à apreciação do Poder Judiciário **POR EMBORA** tratar-se de ato eminentemente administrativo. (CESPE – 2009 – DETRAN-DF – Auxiliar de Trânsito).

> **Questão original:** Se um motorista, multado pelo agente do DETRAN, por excesso de velocidade, discordar da legalidade do ato, não poderá ajuizar ação perante o Poder Judiciário com o objetivo de anular a aplicação da multa, pois, nessa situação, o ato praticado pelo agente do DETRAN não está sujeito à apreciação do Poder Judiciário visto tratar-se de ato eminentemente administrativo.

133. Célio é analista administrativo da Secretaria de Estado da Administração de estado da federação há 5 anos. Em janeiro de 2009, ele foi convocado para integrar o corpo de jurados do tribunal do júri da capital do seu estado. Célio encaminhou expediente ao juiz titular do tribunal, alegando a impossibilidade de participar do corpo de jurados em razão de as votações serem públicas, não havendo sigilo, o que lhe deixaria em uma posição de exposição pessoal na cidade em que reside. Nessa situação, Célio equivocou-se ao encaminhar o expediente ao magistrado, uma vez que a CF assegura o sigilo das votações no tribunal do júri. (CESPE – 2009 – SEAD-SE (FPH) – Procurador).

134. Entre os direitos fundamentais previstos expressamente na CF está o direito à duração razoável dos processos, tanto no âmbito judicial quanto no administrativo. (CESPE – 2009 – DETRAN-DF – Auxiliar de Trânsito).

135. Segundo entendimento do STF, é **AUTORIZADA** a utilização de algemas **EM CASOS ESPECÍFICOS, SERÁ ILÍCITO SE ULTRAPASSAR AO QUE É PERMITIDO**, sob pena de ofensa ao princípio da dignidade da pessoa humana e do direito fundamental do cidadão de não ser submetido a tratamento desumano ou degradante. (CESPE – 2009 – DPE-AL – Defensor Público).

> **Questão original:** Segundo entendimento do STF, é vedada a utilização de algemas, sob pena de ofensa ao princípio da dignidade da pessoa humana e do direito fundamental do cidadão de não ser submetido a tratamento desumano ou degradante.

136. A todos, no âmbito judicial e administrativo, são assegurados a razoável duração do processo e os meios que garantam a celeridade de sua tramitação. (CESPE - 2009 - MDS - Agente Administrativo).

137. PM PRENDE DUPLA QUE ROUBOU RELÓGIO E R$ 0,50 DE APOSENTADO EM SALVADOR - BA, Dois assaltantes foram presos após roubarem um aposentado em Salvador - BA. Armados com um revólver, a dupla ameaçou o aposentado e roubou um relógio, R$ 0,50 e alguns bilhetes de loteria que estavam na carteira da vítima, segundo a polícia. De acordo com a polícia, após o roubo, os assaltantes tentaram fugir em uma motocicleta, porém um deles foi imobilizado por pedestres que presenciaram a cena. O segundo assaltante também foi preso momentos depois pela polícia, durante tentativa de fuga. Os dois criminosos - que não tiveram as identidades reveladas - foram presos e encaminhados a 3. DP de Salvador, onde prestaram depoimento. O aposentado vítima do assalto não se feriu e recuperou os pertences roubados. FOLHA ON-LINE, 22/06/2009.

Os cidadãos que presenciaram o crime agiram de acordo com a CF, pois é lícito a qualquer pessoa efetuar prisão em flagrante. (CESPE - 2009 - SEJUS-ES - Agente Penitenciário).

138. A prática do racismo constitui crime inafiançável e imprescritível, sujeito à pena de reclusão, nos termos da lei. (CESPE - 2009 - MEC - Agente Administrativo).

139. Em 2007, Lúcio requereu aposentadoria por tempo de serviço perante o INSS por ter atingido a idade mínima exigida para o benefício e 35 anos de contribuição. O INSS indeferiu o requerimento porque não considerou o período trabalhado em XY Comércio Ltda., tempo de serviço reconhecido e anotado na carteira de trabalho de Lúcio por força de sentença trabalhista transitada em julgado. Ante tal indeferimento, o trabalhador solicitou ao INSS cópia do processo administrativo em que constava o indeferimento ou certidão circunstanciada de inteiro teor do processo, mas o servidor que o atendeu recusou-se a lhe fornecer a documentação solicitada.

É direito de Lúcio o recebimento da certidão, que deve retratar fielmente os fatos ocorridos no processo de requerimento de aposentadoria. (CESPE - 2008 - INSS - Analista do Seguro Social).

140. A defesa do consumidor é promovida **PELO ESTADO, NA FORMA DE LEI**, sendo assegurados a razoável duração do processo e os meios que garantam a celeridade de sua tramitação. (CESPE - 2008 - FUB - Assistente Administrativo).

Questão original: A defesa do consumidor é promovida somente por meio de decreto municipal no âmbito administrativo, sendo assegurados a razoável duração do processo e os meios que garantam a celeridade de sua tramitação.

141. Aos litigantes, em processo judicial ou administrativo, e aos acusados em geral são assegurados o contraditório e a ampla defesa, com os meios e recursos a ela inerentes, e aos presos é assegurado o respeito à integridade física e moral. (CESPE - 2008 - FUB - Assistente Administrativo).

142. Os cidadãos têm o direito de receber dos órgãos públicos informações de seu interesse particular, ou de interesse coletivo ou geral, a serem prestadas em prazo determinado por lei, sob pena de responsabilidade. (CESPE - 2008 - FUB - Assistente Administrativo).

143. Os tribunais de exceção **NÃO SERÃO** criados **MESMO EM** situações excepcionais. (CESPE - 2008 - MPE-RR - Analista de Sistemas).

> **Questão original:** Os tribunais de exceção são criados em determinadas situações excepcionais, tais como o julgamento de crimes de genocídio.

144. O tráfico ilícito de entorpecentes e a tortura são **EQUIPARADOS AOS** crimes hediondos. (CESPE - 2008 - MPE-RR - Analista de Sistemas).

> **Questão original:** O tráfico ilícito de entorpecentes e a tortura são considerados crimes hediondos.

145. Os crimes definidos pela lei como hediondos são insuscetíveis de graça ou anistia. (CESPE - 2008 - MPE-RR - Analista de Sistemas).

146. A lei penal poderá retroagir para beneficiar o réu. (CESPE - 2008 - MPE-RR - Oficial de Promotoria).

> **Questão original:** A lei penal não poderá retroagir **NEM MESMO PARA BENEFICIAR O RÉU.**

147. As presidiárias têm direito de permanecer com seus filhos durante o período de amamentação. (CESPE - 2008 - MPE-RR - Oficial de Promotoria).

148. João foi condenado e cumpre pena de 15 anos de reclusão em penitenciária estadual. No ano seguinte à sua condenação, sobreveio lei que não mais considerou crime conduta idêntica à sua.

Nessa situação, João **NÃO** deverá continuar a cumprir sua, **JÁ QUE A NOVA LEI RETROAGIRÁ EM SEU BENEFÍCIO.** (CESPE - 2008 - ME - Agente Administrativo).

> **Questão original:** Nessa situação, João deverá continuar a cumprir sua condenação porque, na data da sentença, vigorava lei incriminadora.

149. A CF assegura que lei conceda gratuidade aos atos necessários ao exercício da cidadania. (CESPE - 2008 - ME - Agente Administrativo).

150. Segundo a Constituição Federal, as provas obtidas por meio ilícito não são admitidas em processos, ainda que sirvam para comprovar a autoria do delito. (CESPE - 2008 - MPE-RR - Oficial de Promotoria).

151. A Pontos Cardeais Ltda. requereu a ministro do TCU vista e extração de cópias da representação do Ministério Público junto à Corte de Contas que resultou em processo de tomada de contas especial (TC) para apurar desvio de verbas recebidas de contrato administrativo de exploração de minério em área localizada em cidade interiorana brasileira. No pedido, a empresa informou que precisava instruir processo judicial em que era cobrada pela ausência de pagamento de valores pela exploração acima referida. O referido ministro do TCU indeferiu o pedido, fundamentado no fato de o caso se encontrar em fase de diligência em que está sendo apurado exatamente o destino dado às receitas supostamente recebidas da autarquia pela empresa. Assim, como a TC não envolve diretamente a empresa, não poderia ela intervir no procedimento administrativo, ainda que para requerer certidões e cópias das peças que o integram.

A empresa tem direito à obtenção de cópias das peças dos autos como decorrência do direito de petição assegurado pela Constituição Federal. (CESPE - 2008 - TCU - Analista de Controle Externo - Gestão de Pessoas - Prova 2).

152. O TCU, no exercício de sua competência administrativa, emitiu uma resolução que disciplina o recebimento de denúncias anônimas no âmbito daquele tribunal e de toda a administração pública, em face de fatos que causarem prejuízos econômicos à União.

A denúncia anônima pode ser aceita para iniciar um procedimento investigativo sigiloso, voltado a apurar a existência dos fatos apontados pelo denunciante. (CESPE - 2008 - TCU - Analista de Controle Interno - Tecnologia da Informação - Prova 1).

> **Questão original:** A denúncia anônima, por violar a garantia constitucional de vedação ao anonimato, **NÃO** pode ser aceita nem mesmo para iniciar um procedimento investigativo sigiloso, voltado a apurar a existência dos fatos apontados pelo denunciante.

153. No Brasil, o terrorismo **É INAFIANÇÁVEL E INSUSCETÍVEL** de graça ou anistia. (CESPE - 2008 - STJ - Analista Judiciário - Área Judiciária).

> **Questão original:** No Brasil, o terrorismo e o racismo são imprescritíveis, inafiançáveis e insuscetíveis de graça ou anistia.

154. Ordens emanadas de autoridades judiciais, ilegais, **NÃO** devem ser cumpridas, sob pena de restar violado o estado de direito. (CESPE - 2008 - TJ-DFT - Analista Judiciário - Área Judiciária - Execução de Mandados).

> **Questão original:** Ordens emanadas de autoridades judiciais, ainda que ilegais, devem ser cumpridas, sob pena de restar violado o estado de direito.

155. O preso tem direito à identificação dos responsáveis pelo seu interrogatório policial. (CESPE – 2008 – STF – Analista Judiciário – Área Judiciária).

156. Conforme a doutrina majoritária, o princípio nemo tenetur se detegere, de que ninguém é obrigado a produzir prova contra si mesmo, tem aplicação em relação ao réu preso e ao réu solto. (CESPE – 2008 – TJ-DFT – Analista Judiciário – Arquivologia).

> **Questão original:** Conforme a doutrina majoritária, o princípio nemo tenetur se detegere, de que ninguém é obrigado a produzir prova contra si mesmo, só tem aplicação em relação ao réu preso **E NÃO AO RÉU SOLTO.**

157. O princípio constitucional segundo o qual a lei nova não prejudicará o ato jurídico perfeito se aplica às normas infraconstitucionais de ordem pública. (CESPE – 2008 – INSS – Analista do Seguro Social – Direito).

> **Questão original:** O princípio constitucional segundo o qual a lei nova não prejudicará o ato jurídico perfeito **NÃO** se aplica às normas infraconstitucionais de ordem pública.

158. Caso um servidor público federal responda a processo administrativo disciplinar sem a participação de advogado, nesse caso, não haverá nulidade por violação ao princípio da ampla defesa e do contraditório, já que a ocorrência dessa espécie de vício deve ser analisada no caso concreto e não de forma abstrata. (CESPE – 2008 – STJ – Analista Judiciário – Área Administrativa).

159. Em ação penal ajuizada contra um cidadão, um promotor de justiça fez uma narração genérica dos atos que, a seu ver, haviam importado na configuração de um crime. O processo foi bastante demorado e transcorreram-se mais de 6 anos sem que sequer a sentença do juízo do primeiro grau de jurisdição tivesse sido prolatada. Um segundo promotor, que veio a substituir o primeiro, observou que o fato imputado ao cidadão na verdade não configurava crime e pediu ao juiz, em alegações finais, que reconhecesse a atipicidade da conduta, ou seja, que a conduta do cidadão não configurava qualquer delito. A duração prolongada, abusiva e não-razoável do processo penal atinge a norma constitucional. (CESPE – 2008 – STF – Técnico Judiciário – Área Administrativa).

> **Questão original:** A duração prolongada, abusiva e não-razoável do processo penal, embora gere transtorno à vida do acusado, **NÃO** chega a atingir qualquer norma constitucional.

160. A identificação da autoridade responsável pelo interrogatório de indivíduo preso constitui cláusula pétrea. (CESPE – 2008 – ME – Agente Administrativo).

161. É permitida a aplicação de pena de perdimento de bens. (CESPE – 2008 – SEMAD-ARACAJU – Procurador Municipal).

162. O direito de defesa, como base do sistema de proteção dos direitos individuais, torna exigível a intimação pessoal de defensor público. (CESPE - 2008 - TJ-DFT - Analista Judiciário - Área Judiciária - Execução de Mandados).

163. O julgamento dos crimes dolosos contra a vida é de competência do tribunal do júri, mas a CF não impede que outros crimes sejam igualmente julgados por esse órgão. (CESPE - 2008 - STF - Analista Judiciário - Área Judiciária).

164. São imprescritíveis, conforme a Constituição brasileira em vigor, os crimes de racismo **E AÇÃO DE GRUPOS ARMADOS.** (CESPE - 2008 - TJ-DFT - Analista Judiciário - Arquivologia).

Questão original: São imprescritíveis, conforme a Constituição brasileira em vigor, os crimes hediondos, de racismo, de tortura, de tráfico ilícito de drogas.

165. Para o STF, decisão proferida nos autos do mandado de injunção poderá, desde logo, estabelecer a regra do caso concreto, de forma a viabilizar o exercício do direito a liberdades constitucionais, a prerrogativas inerentes à nacionalidade, à soberania e à cidadania, afastando as consequências da inércia do legislador. (CESPE - 2007 - TRT - 9ª REGIÃO (PR) - Analista Judiciário - Área Judiciária).

166. Em ação judicial impetrada contra a empresa Gama Ltda., a PETROBRAS S.A. requereu que uma lei de 1990 incidisse retroativamente para atingir contrato de prestação de serviços firmado entre si e a empresa Gama, de modo a fixar novos parâmetros de reajustes de preços, diferentes daqueles que foram originalmente pactuados no contrato.

Na hipótese considerada, tem-se um exemplo de retroação, ou seja, uma circunstância em que se pretende aplicar de imediato uma lei nova para alcançar os efeitos futuros de fatos passados. Nesse caso, está-se diante da retroatividade mínima. (CESPE - 2007 - Petrobras - Advogado).

167. A Constituição brasileira de 1988 atribuiu significado ímpar aos direitos individuais. A colocação do catálogo dos direitos fundamentais no início do texto constitucional e a amplitude conferida ao texto, que se desdobra em setenta e sete incisos e dois parágrafos (art. 5.º), reforça a impressão sobre a posição de destaque que o constituinte quis outorgar a esses direitos. Gilmar Ferreira Mendes. Direitos fundamentais e controle de constitucionalidade: estudos de direito constitucional. 3.ª ed. São Paulo: Saraiva, 2004 (com adaptações).

A instituição de recurso contra decisão tomada por tribunal do júri **NÃO** conflita com a garantia da soberania de seus veredictos, prevista constitucionalmente. (CESPE - 2005 - ANTAQ - Técnico Administrativo).

Questão original: A instituição de recurso contra decisão tomada por tribunal do júri conflita com a garantia da soberania de seus veredictos, prevista constitucionalmente.

168. Beatriz foi condenada e presa pela prática do crime de estelionato. Após sua prisão, foi aprovada e publicada uma lei que não fere a Constituição da República e que aumentou em 20% os limites mínimo e máximo da pena privativa de liberdade previstos para o crime de estelionato.

Com a publicação da referida lei, a pena de Beatriz **NÃO** foi automaticamente aumentada em um quinto. (CESPE – 2004 – Polícia Federal – Agente Administrativo).

> **Questão original:** Com a publicação da referida lei, a pena de Beatriz foi automaticamente aumentada em um quinto.

169. Considere que os agentes de polícia federal e os delegados de polícia federal são servidores públicos, ocupantes de cargos de provimento efetivo, que integram a carreira policial federal e são lotados no DPF, órgão da administração pública federal direta.

Agentes de polícia federal prenderam o brasileiro Rodrigo, em flagrante delito, pela prática do crime inafiançável de tráfico de entorpecentes. (CESPE – 2004 – Polícia Federal – Agente Administrativo).

169.1 A detenção de Rodrigo deve ser comunicada à autoridade judicial competente imediatamente após ser concretizada.

169.2 Caso Rodrigo fosse servidor do Ministério do Planejamento, ele poderia ter sido preso, pois **NÃO** estaria amparado por disposição constitucional que veda a prisão em flagrante.

> **Questão original:** 2 Caso Rodrigo fosse servidor do Ministério do Planejamento, ele não poderia ter sido preso, pois estaria amparado por disposição constitucional que veda a prisão em flagrante de membro do Poder Judiciário.

169.3 Considere que Rodrigo solicitou ao DPF a identificação do delegado que coordenou o interrogatório a que foi submetido logo após sua prisão. Nessa situação, o DPF **NÃO** poderá negar-se a prestar essa informação.

> **Questão original:** Considere que Rodrigo solicitou ao DPF a identificação do delegado que coordenou o interrogatório a que foi submetido logo após sua prisão. Nessa situação, com o objetivo de proteger o referido delegado de eventuais retaliações por parte do preso ou de seus comparsas, o DPF poderá negar-se a prestar essa informação.

170. Um português, em férias no Brasil, soube, por amigos, que havia sido investigado pelo DPF, logo após a sua chegada, em razão de denúncia de que ele pertenceria a uma organização internacional envolvida com espionagem financeira e industrial. Indignado com a invasão de sua privacidade, ele requereu perante o órgão local do DPF que lhe fosse dada ciência das informações obtidas a seu respeito nessa investigação. Como o funcionário administrativo não quis receber sua petição, ele ameaçou recorre ao Poder Judiciário brasileiro, sendo preso, imediatamente por desacato. Na prisão, ele pediu que lhe fosse indicado um advogado, o que lhe foi negado porque ele havia afirmado que não possuía recursos para pagar pelos serviços de um profissional.

Se a situação vivenciada pelo turista português tivesse ocorrido com um brasileiro, a Constituição asseguraria ao brasileiro preso o direito de assistência de advogado, cabendo ao Estado prestar assistência jurídica integral e gratuita se ele comprovasse insuficiência de recursos. (CESPE - 2004 - Polícia Federal - Escrivão da Polícia Federal - Regional).

171. A instituição do tribunal do júri assegura a plenitude da defesa, o sigilo das votações, a soberania dos veredictos e competência para julgar os crimes dolosos contra a vida. (CESPE - 2004 - STJ - Analista Judiciário - Área Administrativa).

> **Questão original:** A instituição do tribunal do júri assegura a plenitude da defesa, o sigilo das votações, a soberania dos veredictos e competência para julgar e processar os crimes dolosos contra a vida, **A HONRA E A LIBERDADE.**

172. Carlos, parlamentar federal em campanha para reeleição para seu terceiro mandato federal, durante um passeio por bairros habitados por seus eleitores, encontrou um adversário político também em campanha eleitoral, em busca de seu primeiro mandato federal. Indignado com a presença do concorrente em seu reduto eleitoral, Carlos o agrediu verbalmente, em público, tecendo comentários ofensivos em razão de sua afro-descendência. Não houve agressão física porque os correligionários de ambos os candidatos os afastaram rapidamente.

Carlos **NÃO** poderia ser preso em flagrante delito porque a agressão verbal com comentários racistas caracteriza, em tese, **INJÚRIA RACIAL.** No entanto, se for processado por esse crime, **PODERÁ SER** condenado, já que os atos praticados **NÃO** estão cobertos por sua imunidade material. (CESPE - 2004 - Polícia Federal - Delegado de Polícia - Regional).

> **Questão original:** Carlos poderia ser preso em flagrante delito porque a agressão verbal com comentários racistas caracteriza, em tese, crime inafiançável. No entanto, se for processado por esse crime, não deverá ser condenado, já que os atos praticados estão cobertos por sua imunidade material.

173. A Lei n.º 9.034/1995, que dispõe acerca da utilização de meios operacionais para prevenção e repressão de ações praticadas por organizações criminosas, em seu art. 2.º, determina que são permitidos, como procedimentos de investigação e formação de provas, a captação, a interceptação pelo ambiente, o registro e a análise de sinais eletromagnéticos, ópticos e acústicos, e a infiltração de agentes de polícia ou de inteligência em tarefas de investigação. Em ambos os casos, a lei destaca que os procedimentos devem ser precedidos por circunstanciada autorização judicial.

Se a organização criminosa se constituir em grupo armado com intuito de praticar crimes contra a ordem constitucional e o estado democrático, seus crimes serão considerados inafiançáveis e imprescritíveis, por força de expressa disposição constitucional. (CESPE – 2004 – Polícia Federal – Agente Federal da Polícia Federal – Nacional).

2.4 DOS DIREITOS SOCIAIS

1. É vedada ao cartório a cobrança de valor para efetuar registro de nascimento civil, que é um direito reconhecido a todos os brasileiros e estrangeiros residentes no país. (CESPE – 2018 – MPU – Técnico do MPU – Administração).

2. O transporte e o lazer são direitos sociais expressamente previstos na CF. (CESPE – 2017 – TCE-PE – Analista de Gestão – Julgamento).

3. **SE** um órgão estadual for criado, os servidores ocupantes de cargo efetivo desse órgão poderão, **INDEPENDENTE DE** prévia autorização do órgão estatal competente, fundar sindicato. (CESPE – 2017 – TCE-PE – Analista de Gestão – Administração).

> **Questão original:** Por imposição de lei, se um órgão estadual for criado, os servidores ocupantes de cargo efetivo desse órgão poderão, desde que com prévia autorização do órgão estatal competente, fundar sindicato.

4. Com referência à Constituição Federal de 1988 e às disposições nela inscritas relativamente a direitos sociais e políticos, administração pública e servidores públicos, julgue o item subsequente. A Constituição Federal de 1988 proíbe expressamente a diferença de salários, de exercício de funções e de critério de admissão por motivo de sexo, idade, cor ou estado civil. (CESPE – 2016 – FUB – Conhecimentos Básicos – Cargo 20).

5. É livre a associação sindical, **INDEPENDETEMENTE DE AUTORIZAÇÃO DO** poder público, a fundação do sindicato. (CESPE – 2016 – FUB – Conhecimentos Básicos – Somente para os cargos 10 e 13).

> **Questão original:** É livre a associação sindical, desde que o poder público autorize, previamente, a fundação do sindicato.

6. Aos trabalhadores compete decidir sobre os interesses que devam defender por meio do exercício do direito de greve. (CESPE – 2016 – FUB – Conhecimentos Básicos – Somente para os cargos 10 e 13).

7. Cabe **A LEI** definir, no caso de greve, os serviços ou atividades essenciais que serão disponibilizados à coletividade, assim como dispor sobre o atendimento das necessidades inadiáveis da comunidade. (CESPE – 2016 – FUB – Conhecimentos Básicos – Somente para os cargos 10 e 13).

Observação: "Art. 9º, § 1º da CF: A lei definirá os serviços ou atividades essenciais e disporá sobre o atendimento das necessidades inadiáveis da comunidade."

Questão original: Cabe ao sindicato da categoria definir, no caso de greve, os serviços ou atividades essenciais que serão disponibilizados à coletividade, assim como dispor sobre o atendimento das necessidades inadiáveis da comunidade.

8. O artigo da CF que prevê os direitos sociais, em consonância com a Declaração Universal dos Direitos Humanos, de 1948, ainda que represente uma conquista, **NÃO** deixou de contemplar o direito básico à moradia ao cidadão brasileiro. (CESPE - 2016 - INSS - Analista do Seguro Social - Serviço Social).

Questão original: O artigo da CF que prevê os direitos sociais, em consonância com a Declaração Universal dos Direitos Humanos, de 1948, ainda que represente uma conquista, deixou de contemplar o direito básico à moradia ao cidadão brasileiro.

9. A cláusula de reserva do possível refere-se à possibilidade material de o poder público concretizar direitos sociais e constitui, em regra, uma limitação válida à implementação total desses direitos. (CESPE - 2016 - DPU - Técnico em Assuntos Educacionais).

10. É assegurada a participação dos trabalhadores e empregadores nos colegiados dos órgãos públicos em que seus interesses profissionais ou previdenciários sejam objeto de discussão e deliberação. (CESPE - 2016 - FUB - Conhecimentos Básicos - Somente para os cargos 10 e 13).

11. Recentemente, o transporte foi incluído no rol de direitos sociais previstos na CF, que já contemplavam, entre outros, o direito à saúde, ao trabalho, à moradia e à previdência social, bem como a assistência aos desamparados. (CESPE - 2016 - INSS - Analista do Seguro Social - Serviço Social).

12. A cláusula de reserva do possível pode ser alegada pelo Estado como obstáculo à total implementação dos direitos sociais. (CESPE - 2015 - MPOG - Analista Técnico Administrativo - Cargo 2).

Questão original: A cláusula de reserva do possível **NÃO** pode ser alegada pelo Estado como obstáculo à total implementação dos direitos sociais.

13. Os direitos sociais estão inseridos na segunda geração, ou dimensão, dos direitos fundamentais. (CESPE - 2015 - MPOG - Analista Técnico Administrativo - Cargo 2).

14. Cabe ao sindicato a defesa dos direitos e interesses coletivos ou individuais da categoria a que representa, inclusive no que diz respeito a questões administrativas. (CESPE - 2015 - FUB - Enfermeiro do trabalho).

15. A CF, ao garantir o direito social à alimentação adequada, impõe que o poder público implemente políticas e ações que se façam necessárias para promover e garantir a segurança alimentar e nutricional da população. (CESPE – 2015 – DPU – Defensor Público Federal).

16. De acordo com o entendimento do STF, é **ADMISSÍVEL** que o Poder Judiciário disponha sobre políticas públicas de segurança, mesmo em caso de persistente omissão do Estado, **SEM QUE** haja ingerência em questão, que envolve a discricionariedade do Poder Executivo. (CESPE – 2015 – DPE-PE – Defensor Público).

Questão original: De acordo com o entendimento do STF, é inadmissível que o Poder Judiciário disponha sobre políticas públicas de segurança, mesmo em caso de persistente omissão do Estado, haja vista a indevida ingerência em questão, que envolve a discricionariedade do Poder Executivo.

17. O princípio da unicidade, que veda a criação, na mesma base territorial, de mais de uma organização sindical representativa de mesma categoria profissional, alcança entidades que, no âmbito de um mesmo município, mas em bairros distintos, representem mesma profissão. (CESPE – 2015 – STJ – Conhecimentos Básicos para o Cargo 1).

Observação: "Art. 8, II da CF: é vedada a criação de mais de uma organização sindical, em qualquer grau, representativa de categoria profissional ou econômica, na mesma base territorial, que será definida pelos trabalhadores ou empregadores interessados, não podendo ser inferior à área de um Município."

Questão original: O princípio da unicidade, que veda a criação, na mesma base territorial, de mais de uma organização sindical representativa de mesma categoria profissional, **NÃO** alcança entidades que, no âmbito de um mesmo município, mas em bairros distintos, representem mesma profissão.

18. A garantia do mínimo existencial, que decorre da proteção constitucional à dignidade da pessoa humana, restringe a invocação da reserva do possível como óbice à concretização do acesso aos direitos sociais. (CESPE – 2015 – STJ – Conhecimentos Básicos para o Cargos 3 e 14).

19. A realização de trabalho noturno, perigoso ou insalubre por menor de dezoito anos de idade **NÃO** é permitida, **MESMO QUE** o empregador pague a esse trabalhador adicional pecuniário. (CESPE – 2015 – FUB – Enfermeiro do trabalho).

Questão original: A realização de trabalho noturno, perigoso ou insalubre por menor de dezoito anos de idade é permitida desde que o empregador pague a esse trabalhador adicional pecuniário.

20. Os direitos sociais impõem deveres ao Estado que assegurem ao cidadão condições mínimas para uma vida digna, **DEPENDENDO** da existência de recursos públicos para custeio; assim, **NÃO** autoriza-se a livre invasão da atividade administrativa pelo Poder Judiciário para efetivação daqueles direitos, fenômeno conhecido como judicialização de políticas públicas. (CESPE - 2015 - FUB - Conhecimentos Básicos - Nível Superior).

> **Questão original:** Os direitos sociais impõem deveres ao Estado que assegurem ao cidadão condições mínimas para uma vida digna, independentemente da existência de recursos públicos para custeio; assim, autoriza-se a livre invasão da atividade administrativa pelo Poder Judiciário para efetivação daqueles direitos, fenômeno conhecido como judicialização de políticas públicas.

21. Conforme jurisprudência do STJ, o juiz pode determinar o bloqueio de verbas públicas para garantir o fornecimento de medicamentos. (CESPE - 2015 - DPE-PE - Defensor Público).

22. O registro do sindicato no órgão competente é exigência constitucional que não se confunde com a autorização estatal para a fundação da entidade. (CESPE - 2015 - STJ - Conhecimentos Básicos para o Cargos 3 e 14).

23. Previstos na Constituição Federal de 1988, os conselhos de políticas públicas são canais de participação criados com a finalidade de promover o diálogo entre sociedade civil e poder público, sendo suas principais funções a formulação, a gestão e(ou) o controle de políticas públicas. (CESPE - 2014 - Câmara dos Deputados - Analista Legislativo - Consultor Legislativo Área XIX).

24. A jornada de seis horas para o trabalho realizado em turnos ininterruptos de revezamento poderá ser aumentada ou reduzida mediante negociação coletiva. (CESPE - 2014 - Câmara dos Deputados - Analista Legislativo - Consultor Legislativo Área V).

25. A CF prevê o direito de greve na iniciativa privada e determina que cabe à lei definir os serviços ou atividades essenciais e dispor sobre o atendimento das necessidades inadiáveis da comunidade. (CESPE - 2014 - MDIC - Agente Administrativo).

26. O processo de implementação de políticas públicas é caracterizado por um espaço discricionário dos agentes que as implementam, o que **NÃO É IMPERIOSAMENTE NEGATIVO** para o ciclo de realização dessas políticas. (CESPE - 2014 - Câmara dos Deputados - Analista Legislativo - Consultor Legislativo Área XIX).

> **Questão original:** O processo de implementação de políticas públicas é caracterizado por um amplo espaço discricionário dos agentes que as implementam, o que é intrinsecamente negativo para o ciclo de realização dessas políticas.

27. A criação de sindicatos independe de autorização estatal, ressalvado o registro no órgão competente, sendo vedado ao sindicato que represente a mesma categoria profissional abranger a mesma base territorial de outro. (CESPE – 2014 – Câmara dos Deputados – Analista Legislativo – Consultor Legislativo Área V).

28. É livre a associação sindical das categoriais profissionais, sendo **POSSÍVEL** ao poder público exigir, para a fundação de um sindicato, que haja seu registro prévio em órgão competente. (CESPE – 2014 – Polícia Federal – Agente de Polícia Federal).

Questão original: É livre a associação sindical das categoriais profissionais, sendo vedado ao poder público exigir, para a fundação de um sindicato, que haja seu registro prévio em órgão competente.

29. **OS** direitos e garantias individuais impõem ao Estado uma obrigação de não fazer, ou seja, uma postura deliberadamente omissiva que visa resguardar a esfera de liberdade individual e coletiva dos cidadãos. (CESPE – 2013 – ANCINE – Especialista em Regulação Atividade Cinematográfica e Audiovisual – Área 3).

Questão original: Tanto os direitos sociais quanto os direitos e garantias individuais impõem ao Estado uma obrigação de não fazer, ou seja, uma postura deliberadamente omissiva que visa resguardar a esfera de liberdade individual e coletiva dos cidadãos.

30. A CF **NÃO** estabelece tratamento diferenciado entre trabalhador com vínculo empregatício permanente e trabalhador avulso. Assim, os direitos sociais constantes do texto constitucional **NÃO** são aplicáveis apenas aos trabalhadores urbanos e rurais que tenham relação formal de emprego. (CESPE – 2013 – SEGESP-AL – Técnico Forense).

Questão original: A CF estabelece tratamento diferenciado entre trabalhador com vínculo empregatício permanente e trabalhador avulso. Assim, os direitos sociais constantes do texto constitucional são aplicáveis apenas aos trabalhadores urbanos e rurais que tenham relação formal de emprego.

31. A CF estabelece um rol de direitos de natureza trabalhista que tem como destinatários tanto os trabalhadores urbanos quanto os rurais. (CESPE – 2013 – AGU – Procurador Federal).

32. A criação de sindicatos **NÃO** depende de autorização prévia do Estado. (CESPE – 2013 – BACEN – Técnico – Conhecimentos Básicos – Áreas 1 e 2).

Questão original: A criação de sindicatos depende de autorização prévia do Estado, já que na CF é prevista a regra da liberdade sindical condicionada.

33. A criação de entidade sindical **INDEPENDE** de autorização do órgão competente, **VEDADO AO** poder público nela intervir quando houver comprovada violação de seus atos estatutários. (CESPE - 2013 - TRT - 10ª REGIÃO (DF e TO) - Analista Judiciário - Área Judiciária).

Questão original: A criação de entidade sindical depende de autorização do órgão competente, podendo o poder público nela intervir quando houver comprovada violação de seus atos estatutários.

34. A saúde e a proteção à maternidade são direitos **SOCIAIS**, porque são atribuídos, na CF, a todos. (CESPE - 2013 - ANS - Técnico em Regulação de Saúde Suplementar).

Questão original: A saúde e a proteção à maternidade são direitos coletivos, porque são atribuídos, na CF, a todos os cidadãos brasileiros.

35. A CF expressamente estabelece serem direitos sociais a educação, a saúde, o lazer, a proteção à infância, além da assistência aos **DESAMPARADOS**, na forma da **CONSTITUIÇÃO**. (CESPE - 2013 - STF - Técnico Judiciário - Área Administrativa).

Questão original: A CF expressamente estabelece serem direitos sociais a educação, a saúde, o lazer, a busca do bem-estar e a proteção à infância e à adolescência, além da assistência aos deficientes, na forma da lei.

36. Os menores de **DEZESSEIS** anos de idade não podem exercer qualquer trabalho, ofício ou profissão, salvo na condição de aprendiz, a partir dos **CATORZE** anos de idade. (CESPE - 2013 - SEGESP-AL - Técnico Forense).

Questão original: Os menores de dezoito anos de idade não podem exercer qualquer trabalho, ofício ou profissão, salvo na condição de aprendiz, a partir dos dezesseis anos de idade.

37. Um servidor público que, em virtude do comando constitucional da aposentadoria compulsória, tenha-se aposentado no ano de 2010 pode continuar filiado ao sindicato de sua respectiva categoria profissional, **AINDA ASSIM** estará habilitado a votar nas eleições para a diretoria da entidade. (CESPE - 2013 - STF - Técnico Judiciário - Tecnologia da Informação).

Observação: "Art. 9, VII da CF: o aposentado filiado tem direito a votar e ser votado nas organizações sindicais."

Questão original: Um servidor público que, em virtude do comando constitucional da aposentadoria compulsória, tenha-se aposentado no ano de 2010 pode continuar filiado ao sindicato de sua respectiva categoria profissional, mas não estará habilitado a votar nas eleições para a diretoria da entidade.

38. A CF veda a distinção entre trabalho manual, técnico e intelectual ou entre os profissionais que os executem. (CESPE – 2013 – TCE-RS – Oficial de Controle Externo).

39. O empregado filiado que vier a se aposentar **NÃO** perderá o direito de votar e de ser votado na organização sindical que integre. (CESPE – 2013 – TRT – 10ª REGIÃO (DF e TO) – Analista Judiciário – Área Judiciária).

Questão original: O empregado filiado que vier a se aposentar perderá o direito de votar e de ser votado na organização sindical que integre.

40. O salário mínimo e o décimo terceiro salário com base na remuneração integral são direitos dos trabalhadores domésticos. (CESPE – 2013 – TRT – 10ª REGIÃO (DF e TO) – Analista Judiciário – Área Administrativa).

41. IGUALMENTE UMAS normas que definem os direitos individuais, **ALGUMAS** regras constitucionais que definem os direitos sociais são normas programáticas. (CESPE – 2013 – ANS – Especialista em Regulação de Saúde Suplementar).

Questão original: Diferentemente das normas que definem os direitos individuais, as regras constitucionais que definem os direitos sociais são normas programáticas.

42. Constituem os chamados direitos de primeira geração os direitos civis e **POLÍTICOS**, caracterizados pelo valor da liberdade, enquanto os denominados direitos de segunda geração são aqueles relacionados aos direitos econômicos, **SOCIAIS** e culturais, decorrentes do ideal da igualdade, e os chamados direitos de terceira geração são representados pelos direitos correlacionados ao valor da solidariedade ou fraternidade. (CESPE – 2013 – ANCINE – Todos os Cargos – Analista Administrativo Áreas I, II e III).

Questão original: Constituem os chamados direitos de primeira geração os direitos civis e sociais, caracterizados pelo valor da liberdade, enquanto os denominados direitos de segunda geração são aqueles relacionados aos direitos econômicos, políticos e culturais, decorrentes do ideal da igualdade, e os chamados direitos de terceira geração são representados pelos direitos correlacionados ao valor da solidariedade ou fraternidade.

43. O trabalhador aposentado tem direito de permanecer filiado a seu sindicato e, fazendo-o, pode ser votado nas eleições para a direção da organização. (CESPE – 2013 – TRT – 17ª Região (ES) – Analista Judiciário – Oficial de Justiça Avaliador).

44. Nas negociações coletivas de trabalho, é obrigatória a participação dos sindicatos. (CESPE - 2013 - CNJ - Técnico Judiciário - Área Administrativa).

45. O projeto de lei específica que vise à diminuição da remuneração dos servidores públicos violará o princípio da irredutibilidade salarial, previsto no capítulo que regulamenta os direitos sociais. (CESPE - 2013 - MC - Todos os Cargos - Especialidades 1, 7, 13 e 19).

46. Segundo o entendimento do STF, é direito subjetivo público de crianças com até cinco anos de idade o atendimento em creches e pré-escolas, sendo possível a intervenção do Poder Judiciário para efetivá-lo. (CESPE - 2013 - AGU - Procurador Federal).

47. A saúde e a proteção à maternidade são direitos **SOCIAIS**, porque são atribuídos, na CF, a todos. (CESPE - 2013 - ANS - Técnico Administrativo).

> **Questão original:** A saúde e a proteção à maternidade são direitos coletivos, porque são atribuídos, na CF, a todos os cidadãos brasileiros.

48. A alimentação adequada é um dos direitos sociais constitucionalmente protegidos, devendo o poder público adotar as políticas e ações que se façam necessárias para promover e garantir a segurança alimentar e nutricional da população. (CESPE - 2012 - DPE-ES - Defensor Público).

49. Os direitos sociais são assegurados constitucionalmente, de modo que sua concretização **DEPENDE** da existência de recursos financeiros. (CESPE - 2012 - ANAC - Especialista em Regulação de Aviação Civil - Conhecimentos Básicos).

> **Questão original:** Os direitos sociais são assegurados constitucionalmente, de modo que sua concretização independe da existência de recursos financeiros.

50. É obrigatória a participação de sindicatos nas negociações coletivas de trabalho. (CESPE - 2012 - PRF - Técnico de Nível Superior - Classe A Padrão I).

51. É direito social dos trabalhadores a assistência gratuita aos filhos, desde o nascimento até os cinco anos de idade, em creches e pré-escolas. (CESPE - 2012 - ANAC - Analista Administrativo - Conhecimentos Básicos Áreas 1, 2, 3, 4 e 5).

52. Os direitos à educação, à saúde, ao trabalho, ao lazer e à alimentação constituem direitos sociais previstos na CF. (CESPE - 2012 - IBAMA - Técnico Administrativo).

53. Os direitos e garantias fundamentais previstos na Constituição Federal de 1988 incluem o direito de greve e a competência dos **TRABALHADORES** para decidir sobre a oportunidade de exercício desse direito e sobre os interesses que devam ser defendidos por meio desse exercício. (CESPE - 2012 - ANCINE - Técnico Administrativo).

Questão original: Os direitos e garantias fundamentais previstos na Constituição Federal de 1988 incluem o direito de greve e a competência dos empregadores para decidir sobre a oportunidade de exercício desse direito e sobre os interesses que devam ser defendidos por meio desse exercício.

54. Entre os direitos sociais garantidos na CF se incluem o direito à alimentação e o direito ao trabalho. (CESPE – 2012 – TRE-RJ – Técnico Judiciário – Área Administrativa).

55. O servidor público civil tem direito à livre associação sindical. (CESPE – 2012 – TJ-RR – Técnico Judiciário).

56. É garantido ao trabalhador um salário mínimo unificado em todo o país. (CESPE – 2012 – TJ-RR – Agente de Proteção).

Questão original: Não é garantido ao trabalhador um salário mínimo unificado em todo o país.

57. A CF prevê o período mínimo da licença-maternidade, mas não o da licença-paternidade. (CESPE – 2012 – TJ-RR – Agente de Proteção).

58. A proteção à maternidade e à infância integra o elenco de direitos sociais. (CESPE – 2012 – TJ-RR – Agente de Proteção).

Questão original: A proteção à maternidade e à infância **NÃO** integra o elenco de direitos sociais.

59. O direito de ação, quanto a créditos resultantes das relações de trabalho, prescreve em cinco anos após a extinção do contrato de trabalho, para os trabalhadores urbanos e rurais. (CESPE – 2012 – Câmara dos Deputados – Todos os Cargos – Conhecimentos Básicos – exceto para Técnico em Material e Patrimônio).

Questão original: O direito de ação, quanto a créditos resultantes das relações de trabalho, prescreve em cinco anos após a extinção do contrato de trabalho, para os trabalhadores urbanos, **E EM DOIS ANOS, PARA OS TRABALHADORES RURAIS.**

60. As negociações coletivas de trabalho devem contar obrigatoriamente com a participação dos sindicatos. (CESPE – 2012 – Câmara dos Deputados – Analista Legislativo – Técnica Legislativa).

61. A Constituição Federal assegura o direito à livre associação sindical ou profissional e veda ao poder público a interferência e a intervenção na organização sindical. (CESPE – 2012 – PRF – Técnico de Nível Superior – Classe A Padrão I).

62. Ao trabalhador doméstico são garantidos **ALGUNS DOS** direitos previstos no art. 7.º da CF. (CESPE - 2012 - TCU - Técnico de Controle Externo).

> **Questão original:** Ao trabalhador doméstico são garantidos todos os direitos previstos no art. 7.º da CF.

63. A alimentação tem, no ordenamento jurídico nacional, o estatuto de direito fundamental, o que obriga o Estado a garantir a segurança alimentar de toda a população. (CESPE - 2012 - TRE-RJ - Analista Judiciário - Área Judiciária).

64. Todo trabalhador tem direito ao seguro-desemprego, **DEPENDENDO** de ter saído do emprego por vontade involuntariamente. (CESPE - 2012 - TJ-RR - Agente de Proteção).

> **Questão original:** Todo trabalhador tem direito ao seguro-desemprego, independentemente de ter saído do emprego por vontade própria ou involuntariamente.

65. A constituição **NÃO** protege igualmente os trabalhadores da indústria e os trabalhadores domésticos. (CESPE - 2012 - TJ-RR - Agente de Proteção).

> **Questão original:** A constituição protege igualmente os trabalhadores da indústria e os trabalhadores domésticos

66. A educação é direito social. (CESPE - 2012 - TJ-RR - Agente de Proteção).

67. A CF assegura expressamente a igualdade de direitos entre o trabalhador com vínculo empregatício permanente e o trabalhador avulso. (CESPE - 2012 - Câmara dos Deputados - Todos os Cargos - Conhecimentos Básicos - exceto para Técnico em Material e Patrimônio).

68. A CF, diferentemente de outros textos constitucionais, inovou ao constitucionalizar, em norma de eficácia plena e imediata, os parâmetros da remuneração diferenciada da hora extraordinária, estipulando-a em, no mínimo, **50%** superior à remuneração da hora normal. (CESPE - 2012 - ANCINE - Técnico em Regulação - Atividade Cinematográfica e Audiovisual).

> **Questão original:** A CF, diferentemente de outros textos constitucionais, inovou ao constitucionalizar, em norma de eficácia plena e imediata, os parâmetros da remuneração diferenciada da hora extraordinária, estipulando-a em, no mínimo, 35% superior à remuneração da hora normal.

69. A CF garante ao trabalhador a irredutibilidade salarial, o que impede que o empregador diminua, por ato unilateral ou por acordo individual, o valor do salário do trabalhador. A redução salarial só será possível se estiver prevista em convenção ou acordo coletivo. (CESPE - 2012 - TRE-RJ - Analista Judiciário - Área Judiciária).

70. A previdência social e a assistência aos desamparados incluem-se no rol dos direitos sociais previstos no art. 6.º. (CESPE – 2012 – TJ-RR – Agente de Proteção).

71. A alimentação é um direito social. (CESPE – 2012 – TJ-RR – Agente de Proteção).

72. É incompatível com o disposto na Constituição Federal o estabelecimento de diferença de salários em razão da idade do trabalhador. (CESPE – 2012 – PRF – Técnico de Nível Superior – Classe A Padrão I).

73. Ao trabalhador que trabalha em turnos ininterruptos de revezamento é garantida a jornada de seis horas. (CESPE – 2012 – TJ-RR – Agente de Proteção).

74. **NÃO CARACTERIZA** violação à CF o estabelecimento de remuneração inferior ao salário mínimo para as praças prestadoras de serviço militar inicial. (CESPE – 2011 – IFB – Professor – Direito).

Observação: "Súmula vinculante 6: Não viola a Constituição o estabelecimento de remuneração inferior ao salário mínimo para as praças prestadoras de serviço militar inicial."

Questão original: Caracteriza-se como violação à CF o estabelecimento de remuneração inferior ao salário mínimo para as praças prestadoras de serviço militar inicial.

75. Os sindicatos têm legitimidade para atuar na defesa dos direitos coletivos dos integrantes da categoria por eles representada, **ASSIM COMO TAMBÉM** na defesa dos direitos subjetivos individuais destes. (CESPE – 2011 – PC-ES – Escrivão de Polícia – Específicos).

Questão original: Os sindicatos têm legitimidade para atuar na defesa dos direitos coletivos dos integrantes da categoria por eles representada, mas não na defesa dos direitos subjetivos individuais destes.

76. Na CF, a proibição de distinção entre trabalho manual, técnico e intelectual ou entre os profissionais é assegurada como direito do trabalhador urbano e rural. (CESPE – 2011 – PC-ES – Auxiliar de Perícia Médico-legal – Específicos).

77. O direito à licença-maternidade é assegurado às servidoras contratadas mediante contrato temporário. (CESPE – 2011 – TCU – Auditor Federal de Controle Externo – Psicologia).

Questão original: O direito à licença-maternidade **NÃO** é assegurado às servidoras contratadas mediante contrato temporário.

78. A unicidade sindical é uma restrição à liberdade de constituição sindical adotada na Constituição de 1988. (CESPE - 2011 - IFB - Assistente de Administração).

79. Os direitos sociais previstos na Constituição Federal advêm de normas de ordem pública, que se revestem de imperatividade, **NÃO** podendo ser alteradas pela vontade das partes integrantes da relação trabalhista. (CESPE - 2011 - TRE-ES - Técnico Judiciário - Área Administrativa - Específicos).

Questão original: Os direitos sociais previstos na Constituição Federal advêm de normas de ordem pública, que não se revestem de imperatividade, podendo ser alteradas pela vontade das partes integrantes da relação trabalhista.

80. Considera-se **OBRIGATÓRIA** a participação dos sindicatos nas negociações coletivas de trabalho. (CESPE - 2011 - PC-ES - Auxiliar de Perícia Médico-legal - Específicos).

Questão original: Considera-se facultativa a participação dos sindicatos nas negociações coletivas de trabalho.

81. Tanto o trabalhador urbano quanto o trabalhador rural têm direito a assistência gratuita para seus filhos e dependentes, em creches e pré-escolas até determinada idade. (CESPE - 2010 - PGM - RR - Procurador Municipal).

82. Nas empresas com mais de duzentos empregados, é assegurada a eleição de um representante dos empregados com a finalidade exclusiva de promover o entendimento direto entre eles e os empregadores. (CESPE - 2010 - PGM - RR - Procurador Municipal).

83. Os direitos sociais previstos na Constituição, por estarem submetidos ao princípio da reserva do possível, não podem ser caracterizados como verdadeiros direitos subjetivos, mas, sim, como normas programáticas. Dessa forma, esses direitos devem ser tutelados pelo poder público, quando este, em sua análise **OBJETIVA**, julgar favoráveis as condições econômicas e administrativas. (CESPE - 2010 - DPU - Defensor Público Federal).

Questão original: Os direitos sociais previstos na Constituição, por estarem submetidos ao princípio da reserva do possível, não podem ser caracterizados como verdadeiros direitos subjetivos, mas, sim, como normas programáticas. Dessa forma, esses direitos devem ser tutelados pelo poder público, quando este, em sua análise discricionária, julgar favoráveis as condições econômicas e administrativas.

84. Ao sindicato cabe a defesa dos direitos e interesses coletivos ou individuais da categoria, até mesmo em questões judiciais ou administrativas, sendo **VEDADA** a criação, na mesma base territorial, de mais de uma organização sindical, em qualquer grau, representativa de categoria profissional ou econômica, as quais serão definidas pelos trabalhadores ou empregadores interessados. (CESPE - 2010 - AGU - Contador).

Questão original: Ao sindicato cabe a defesa dos direitos e interesses coletivos ou individuais da categoria, até mesmo em questões judiciais ou administrativas, sendo permitida a criação, na mesma base territorial, de mais de uma organização sindical, em qualquer grau, representativa de categoria profissional ou econômica, as quais serão definidas pelos trabalhadores ou empregadores interessados.

85. O direito de greve é um direito relativo, pois pode sofrer limitações, inclusive em relação às atividades consideradas essenciais. (CESPE - 2010 - MS - Analista Técnico - Administrativo - PGPE 1).

86. No Brasil, é proibido qualquer trabalho a menores de **DEZESSEIS** anos de idade, salvo na condição de aprendiz, **A PARTIR DOS QUATORZE ANOS**, e desde que incentive formação técnico-profissional, com garantia de acesso e frequência obrigatória ao ensino regular. Além disso, é assegurada bolsa de aprendizagem a adolescente de até quatorze anos idade. (CESPE - 2010 - Banco da Amazônia - Técnico Científico - Serviço Social).

Questão original: No Brasil, é proibido qualquer trabalho a menores de quatorze anos de idade, salvo na condição de aprendiz e desde que incentive formação técnico-profissional, com garantia de acesso e frequência obrigatória ao ensino regular. Além disso, é assegurada bolsa de aprendizagem a adolescente de até quatorze anos idade.

87. Os direitos de associação profissional ou sindical previstos na Constituição Federal (CF) são aplicáveis às federações e aos sindicatos das categorias profissionais urbanas, **ASSIM COMO TAMBÉM AOS** sindicatos rurais e às colônias de pescadores. (CESPE - 2010 - DETRAN-ES - Advogado).

Questão original: Os direitos de associação profissional ou sindical previstos na Constituição Federal (CF) são aplicáveis às federações e aos sindicatos das categorias profissionais urbanas, mas não aos sindicatos rurais e às colônias de pescadores, que dispõem de regras próprias estabelecidas em lei ordinária.

88. Para aprovação de lei que preveja indenização compensatória como meio de proteção contra a despedida arbitrária ou sem justa causa, exige-se quórum de votação de maioria **ABSOLUTA**, conforme determina a CF. (CESPE - 2010 - ABIN - Oficial Técnico de Inteligência - Área de Direito).

Questão original: Para aprovação de lei que preveja indenização compensatória como meio de proteção contra a despedida arbitrária ou sem justa causa, exige-se quórum de votação de maioria simples, conforme determina a CF.

89. Ao sindicato cabe a defesa dos direitos e interesses coletivos da categoria, inclusive em questões judiciais ou administrativas, e dos direitos e interesses individuais da categoria. (CESPE - 2009 - MDS - Agente Administrativo).

Questão original: Ao sindicato cabe a defesa dos direitos e interesses coletivos da categoria, inclusive em questões judiciais ou administrativas, e **NÃO** dos direitos e interesses individuais da categoria.

90. É assegurada a participação dos trabalhadores e empregadores nos colegiados dos órgãos públicos em que seus interesses profissionais ou previdenciários sejam objeto de discussão e deliberação. (CESPE - 2009 - MDS - Agente Administrativo).

91. O lazer é um direito social garantido pela CF. (CESPE - 2009 - DETRAN-DF - Auxiliar de Trânsito).

92. É assegurado o direito de greve aos trabalhadores, sendo que os abusos cometidos sujeitam os responsáveis às penas da lei. (CESPE - 2009 - MDS - Agente Administrativo).

93. No direito de greve, além do fato de o empregado não trabalhar, incluem-se diversas situações de índole instrumental, tais como atuação em piquete pacífico, passeata, propaganda, coleta de fundos, operação tartaruga e não colaboração. (CESPE - 2009 - ANAC - Analista Administrativo).

94. A CF proíbe o trabalho noturno aos menores de dezoito anos de idade. (CESPE - 2008 - TRT - 5ª Região (BA) - Analista Judiciário - Área Judiciária - Execução de Mandados).

95. Segundo a CF, o trabalhador tem direito ao gozo de férias anuais remuneradas com um adicional de, pelo menos, um **TERÇO** do salário normal. (CESPE - 2008 - TRT - 5ª Região (BA) - Analista Judiciário - Área Judiciária - Execução de Mandados; CESPE - 2008 - TRT - 5ª Região (BA) - Analista Judiciário - Área Judiciária).

Questão original: Segundo a CF, o trabalhador tem direito ao gozo de férias anuais remuneradas com um adicional de, pelo menos, um sexto do salário normal.

96. Entre os direitos sociais previstos na CF, inclui-se a proteção do trabalhador em relação à automação, na forma da lei. (CESPE - 2008 - TRT - 5ª Região (BA) - Analista Judiciário - Área Judiciária - Execução de Mandados).

97. Os direitos sociais na Constituição Federal de 1988 (CF) **NÃO** são instituídos apenas como aspecto derivado e secundário do regime econômico. (CESPE - 2008 - ME - Assistente Social).

Questão original: Os direitos sociais na Constituição Federal de 1988 (CF), assim como nas constituições anteriores, são instituídos apenas como aspecto derivado e secundário do regime econômico.

98. A política social leva em conta **TODOS** na estrutura de classes da sociedade, enquanto a política pública é aquela que compromete a ação do Estado, com o seu sentido **GERAL**. (CESPE – 2008 – ME – Assistente Social).

> **Questão original:** A política social leva em conta a posição desigual dos cidadãos na estrutura de classes da sociedade, enquanto a política pública é aquela que compromete a ação do Estado, com o seu sentido seletivo e focalizado.

99. A criança e o adolescente têm direito à proteção especial, a qual abrangerá a vedação à admissão ao trabalho daquele que tiver menos de **14** anos de idade. (CESPE – 2008 – MTE – Economista).

> **Questão original:** A criança e o adolescente têm direito à proteção especial, a qual abrangerá a vedação à admissão ao trabalho daquele que tiver menos de 16 anos de idade.

100. A assistência gratuita aos filhos e dependentes desde o nascimento até 5 anos de idade em creches e pré-escolas é um direito social dos trabalhadores urbanos e rurais. (CESPE – 2008 – MTE – Economista).

101. De acordo com o posicionamento majoritário na doutrina, os direitos sociais integram os denominados direitos fundamentais de segunda geração. (CESPE – 2008 – HEMOBRÁS – Analista de Gestão Corporativa – Advogado).

102. A garantia da remuneração do trabalho noturno superior à do diurno é constitucional. (CESPE – 2008 – TRT – 5ª Região (BA) – Analista Judiciário – Área Administrativa).

103. O direito à licença paternidade também é assegurado à categoria dos empregados domésticos. (CESPE – 2008 – TRT – 5ª Região (BA) – Analista Judiciário – Área Administrativa).

104. De acordo com a jurisprudência do STF, é **RELATIVO** o valor probatório das anotações na carteira profissional do trabalhador para fins de comprovação de direitos trabalhistas. (CESPE – 2008 – TRT – 5ª Região (BA) – Analista Judiciário – Área Judiciária – Execução de Mandados).

> **Questão original:** De acordo com a jurisprudência do STF, é absoluto o valor probatório das anotações na carteira profissional do trabalhador para fins de comprovação de direitos trabalhistas.

105. Os direitos sociais dizem respeito aos consumidores de bens e serviços sociais que devem garantir não só um mínimo de bem-estar econômico, como, também, de segurança ao direito de participar por completo da herança social. (CESPE - 2008 - ME - Assistente Social).

106. A política social possui identidade própria devido à **DESCENTRALIDADE** do papel do Estado no exercício do poder e da tomada de decisão quanto à implementação de ações. (CESPE - 2008 - ME - Assistente Social).

> **Questão original:** A política social possui identidade própria devido à centralidade do papel do Estado no exercício do poder e da tomada de decisão quanto à implementação de ações, em detrimento dos vários segmentos sociais que tentam influir na sua constituição e direção.

107. O Distrito Federal editou lei determinando que os trabalhadores domésticos tenham direito a gratificação de 150% no tocante a trabalhos realizados em período noturno.

Essa determinação **NÃO** viola o princípio da igualdade, **AINDA QUE** trata o trabalho doméstico de modo diverso das outras atividades profissionais. (CESPE - 2008 - TST - Técnico Judiciário - Área Administrativa).

> **Questão original:** Essa determinação viola o princípio da igualdade, porque trata o trabalho doméstico de modo diverso das outras atividades profissionais.

108. De acordo com a jurisprudência do STF, considerando o direito à moradia previsto no art. 6.º da CF, o fiador, nos contratos de locação, poderá ter penhorado o único bem imóvel em que reside, declarado bem de família, para satisfazer o crédito do locador no caso de inadimplemento do locatário. (CESPE - 2007 - DPU - Defensor Público Federal).

> **Observação:** "Súmula 549 do STJ: É válida a penhora de bem de família pertencente a fiador de contrato de locação."

> **Questão original:** De acordo com a jurisprudência do STF, considerando o direito à moradia previsto no art. 6.º da CF, o fiador, nos contratos de locação, **NÃO** poderá ter penhorado o único bem imóvel em que reside, declarado bem de família, para satisfazer o crédito do locador no caso de inadimplemento do locatário.

109. Aplica-se aos direitos sociais, econômicos e culturais o princípio da proibição do retrocesso. (CESPE - 2007 - DPU - Defensor Público Federal).

110. O trabalhador pode propor ação referente a créditos decorrentes da relação de trabalho até o prazo de dois anos após **A EXTINÇÃO DO CONTRATO DE TRABALHO.** (CESPE - 2007 - TRT - 9ª REGIÃO (PR) - Técnico Judiciário - Área Administrativa).

Questão original: O trabalhador pode propor ação referente a créditos decorrentes da relação de trabalho até o prazo de dois anos após o fato que enseja o pedido.

111. A indenização por danos morais ou materiais, decorrentes de acidente de trabalho, devida pelo empregador ao empregado, depende, necessariamente, da demonstração do dolo **OU CULPA** patronal para sua ocorrência. (CESPE - 2007 - TRT - 9ª REGIÃO (PR) - Técnico Judiciário - Área Administrativa).

Questão original: A indenização por danos morais ou materiais, decorrentes de acidente de trabalho, devida pelo empregador ao empregado, depende, necessariamente, da demonstração do dolo patronal para sua ocorrência.

112. O aviso prévio será concedido ao empregado para busca de nova colocação de trabalho, com antecedência de pelo menos **TRINTA** dias da dispensa, ou indenização correspondente ao período devido de redução da jornada. (CESPE - 2007 - TRT - 9ª REGIÃO (PR) - Técnico Judiciário - Área Administrativa).

Questão original: O aviso prévio será concedido ao empregado para busca de nova colocação de trabalho, com antecedência de pelo menos sete dias da dispensa, ou indenização correspondente ao período devido de redução da jornada.

113. A licença à gestante tem a duração de cento e vinte dias, sem prejuízo do salário e do emprego pelo período desde a confirmação da gravidez até cinco meses após o parto. (CESPE - 2007 - TRT - 9ª REGIÃO (PR) - Técnico Judiciário - Área Administrativa).

114. A jornada de trabalho não poderá exceder a oito horas diárias nem a quarenta e quatro horas semanais, devendo a remuneração das horas extras ser de, no mínimo, 50% do valor da hora normal. (CESPE - 2007 - TRT - 9ª REGIÃO (PR) - Técnico Judiciário - Área Administrativa).

Questão original: A jornada de trabalho não poderá exceder a oito horas diárias nem a quarenta e quatro horas semanais, devendo a remuneração das horas extras ser de, no mínimo, 50% do valor da hora normal, **EXCETO QUANDO SE TRATAR DE HORA EXTRA LABORADA À NOITE, QUANDO SERÁ REMUNERADA EM, PELO MENOS, 100% DO VALOR DA HORA NORMAL.**

115. O repouso semanal remunerado deverá, **PREFERENCIALMENTE**, recair em domingos. (CESPE - 2007 - TRT - 9ª REGIÃO (PR) - Técnico Judiciário - Área Administrativa).

Questão original: O repouso semanal remunerado deverá, necessariamente, recair em domingos, exceto se o trabalhador tiver religião ou crença que lhe exija o descanso em outro dia da semana.

116. O salário é irredutível, exceto quando assim estipulado em acordo **COLETIVO OU CONVENÇÃO COLETIVA.** (CESPE - 2007 - TRT - 9ª REGIÃO (PR) - Técnico Judiciário - Área Administrativa).

> **Questão original:** O salário é irredutível, exceto quando assim estipulado em acordo entre as partes, considerada alguma compensação com outro direito.

117. O salário mínimo é fixado por lei federal, **NACIONALMENTE UNIFICADO**, e deve observar valor capaz de atender às necessidades vitais básicas do trabalhador e de sua família com moradia, alimentação, educação, saúde, lazer, vestuário, higiene, transporte e previdência social, com reajustamentos periódicos que preservem seu poder aquisitivo, sendo vedada a vinculação para fins de correção de preços. (CESPE - 2007 - TRT - 9ª REGIÃO (PR) - Técnico Judiciário - Área Administrativa).

> **Questão original:** O salário mínimo é fixado por lei federal, consoante as peculiaridades de cada região do País, e deve observar valor capaz de atender às necessidades vitais básicas do trabalhador e de sua família com moradia, alimentação, educação, saúde, lazer, vestuário, higiene, transporte e previdência social, com reajustamentos periódicos que preservem seu poder aquisitivo, sendo vedada a vinculação para fins de correção de preços.

118. Em capítulo próprio da Constituição Federal, é apresentado o rol **EXEMPLIFICATIVO DOS** direitos sociais a serem considerados no texto constitucional. (CESPE - 2007 - TCU - Técnico de Controle Externo).

> **Questão original:** Em capítulo próprio da Constituição Federal, é apresentado o rol de todos os direitos sociais a serem considerados no texto constitucional.

119. O trabalhador terá direito a férias anuais remuneradas com adicional de, pelo menos, um terço do valor do salário normal. (CESPE - 2007 - TRT - 9ª REGIÃO (PR) - Técnico Judiciário - Área Administrativa).

120. **OS** direitos sociais do cidadão brasileiro estão dispostos na Constituição Federal de 1988, **EM ROL EXEMPLIFICATIVO,** os direitos fundamentais constitucionais dos trabalhadores em capítulo específico. (CESPE - 2004 - TJ-AP - Analista Judiciário - Área Judiciária).

> **Questão original:** Todos os direitos sociais do cidadão brasileiro estão dispostos na Constituição Federal de 1988, que enumerou exaustivamente os direitos fundamentais constitucionais dos trabalhadores em capítulo específico.

121. Os direitos sociais são direitos fundamentais, podendo ser corretamente caracterizados como liberdades positivas conquistadas no âmbito do estado democrático de direito e com finalidade de concretização social. (CESPE - 2004 - TJ-AP - Analista Judiciário - Área Judiciária).

Questão original: Os direitos sociais são direitos fundamentais, podendo ser corretamente caracterizados como liberdades positivas **E NEGATIVAS** conquistadas no âmbito do estado democrático de direito e com finalidade de concretização social.

122. A efetivação dos direitos sociais que impliquem uma prestação estatal submete-se a uma reserva do possível, cujo conteúdo, lato sensu, compreende tanto a capacidade do Estado de cumprir a obrigação como a razoabilidade da prestação exigida, em face do caso concreto. (CESPE - 2004 - AGU - Advogado da União).

123. Afinal, o que é ser cidadão? Ser cidadão é ter direito à vida, à liberdade, à propriedade, à igualdade perante a lei: é, em resumo, ter direitos civis. É também participar no destino da sociedade, votar, ser votado, ter direitos políticos. Os direitos civis e políticos não asseguram a democracia sem os direitos sociais, aqueles que garantem a participação do indivíduo na riqueza coletiva: o direito à educação, ao trabalho, ao salário justo, à saúde, a uma velhice tranquila. Exercer a cidadania plena é ter direitos civis, políticos e sociais. Jaime Pinsky. História da cidadania. (Org. Contexto 2003).

No Brasil, os pais que não matricularem seus filhos no ensino fundamental, que é obrigatório, podem ser punidos. (CESPE - 2003 - Banco do Brasil - Escriturário - 001).

2.5 DA NACIONALIDADE

1. Situação hipotética: João, cuja mãe é brasileira e cujo pai é espanhol e mora em Londres, nasceu em país estrangeiro e não foi registrado em repartição brasileira competente. Hoje, aos 21 anos de idade, ele reside no Brasil e pretende requerer a nacionalidade brasileira. Assertiva: Nesse caso, poderá ser conferida a João a condição de brasileiro nato. (CESPE - 2018 - IPHAN - Auxiliar Institucional - Área 1).

2. Filho de brasileiros nascido no estrangeiro que opte pela nacionalidade brasileira não poderá ser extraditado, uma vez que os efeitos dessa opção são plenos e têm eficácia retroativa. (CESPE - 2018 - ABIN - Agente de Inteligência).

3. Considera-se hipótese excepcional de quase nacionalidade aquela que depende da manifestação da vontade do estrangeiro **E DO REQUERIMENTO AO MINISTRO DA JUSTIÇA.** (CESPE - 2018 - ABIN - Agente de Inteligência).

Questão original: Considera-se hipótese excepcional de quase nacionalidade aquela que depende tanto da manifestação da vontade do estrangeiro quanto da aquiescência do chefe do Poder Executivo.

4. Ainda que, em regra, inexista distinção entre brasileiros natos e naturalizados, o cargo de oficial das Forças Armadas só poderá ser exercido por brasileiro nato. (CESPE - 2018 - Polícia Federal - Perito Criminal Federal - Conhecimentos Básicos - Todas as Áreas).

5. Conforme entendimento do Supremo Tribunal Federal, brasileiro nato que tiver perdido a nacionalidade poderá ser extraditado. (CESPE - 2018 - STJ - Analista Judiciário - Judiciária).

6. Os indivíduos que possuem multinacionalidade vinculam-se a dois requisitos de aquisição de nacionalidade primária: o direito de sangue e o direito de solo. (CESPE - 2018 - ABIN - Agente de Inteligência).

7. A CF veda a extradição de estrangeiro em razão de crime político ou de opinião. (CESPE - 2018 - Instituto Rio Branco - Diplomata - Prova 1).

8. Situação hipotética: Cláudio, brasileiro nato, por interesse exclusivamente pessoal, residiu em país estrangeiro, onde teve um filho com uma cidadã local. Assertiva: Nessa situação, segundo a CF, o filho de Cláudio poderá ser considerado brasileiro nato, ainda que não venha a residir no Brasil. (CESPE - 2017 - TCE-PE - Analista de Gestão - Administração).

9. Estrangeiro que resida no Brasil há mais de quinze anos ininterruptos e não tenha condenação penal poderá tornar-se, após requerimento, brasileiro naturalizado e, nessa condição, candidatar-se a deputado federal ou senador, mas, se eleito, estará impedido de presidir a casa legislativa à qual pertencer. (CESPE - 2017 - TCE-PE - Analista de Gestão - Julgamento).

10. Brasileiro naturalizado que tiver praticado crime comum antes da sua naturalização poderá ser extraditado. (CESPE - 2017 - TRF - 1ª REGIÃO - Analista Judiciário - Área Judiciária).

11. Brasileiro nato que, tendo perdido a nacionalidade brasileira em razão da aquisição de outra nacionalidade, readquiri-la mediante o atendimento dos requisitos necessários terá o status de brasileiro **NATO**. (CESPE - 2017 - DPU - Defensor Público Federal).

> **Questão original:** Brasileiro nato que, tendo perdido a nacionalidade brasileira em razão da aquisição de outra nacionalidade, readquiri-la mediante o atendimento dos requisitos necessários terá o status de brasileiro naturalizado.

12. Adotou-se como regra o critério **TERRITORIAL** para a definição da nacionalidade brasileira. (CESPE - 2016 - DPU - Técnico em Assuntos Educacionais).

> **Questão original:** Adotou-se como regra o critério sanguíneo para a definição da nacionalidade brasileira.

13. O cancelamento da naturalização por meio de sentença judicial transitada em julgado acarreta a perda dos direitos políticos. (CESPE – 2016 – DPU – Analista Técnico – Administrativo).

14. A Constituição Federal de 1988 define os cargos que são privativos de brasileiros natos e proíbe que legislação infraconstitucional estabeleça distinções entre brasileiros natos e naturalizados. (CESPE – 2016 – FUB – Conhecimentos Básicos – Cargos de 1 a 7).

15. Para que o filho de casal brasileiro nascido em país estrangeiro seja considerado brasileiro nato, **UM DOS** pais deve estar, nesse país, a serviço da República Federativa do Brasil. (CESPE – 2016 – TCE-PA – Auxiliar Técnico de Controle Externo – Área Administrativa).

> **Questão original:** Para que o filho de casal brasileiro nascido em país estrangeiro seja considerado brasileiro nato, ambos os pais devem estar, nesse país, a serviço da República Federativa do Brasil.

16. A Constituição Federal determina que o brasileiro nato nunca será extraditado e que o brasileiro naturalizado será extraditado no caso de ter praticado crime comum antes da naturalização. (CESPE – 2015 – Instituto Rio Branco – Diplomata – Prova 2).

> **Questão original:** A Constituição Federal determina que o brasileiro nato nunca será extraditado e que o brasileiro naturalizado **SOMENTE** será extraditado no caso de ter praticado crime comum antes da naturalização.

17. São brasileiros natos os nascidos no estrangeiro, de pai brasileiro ou mãe brasileira que esteja no exterior a serviço do Brasil. (CESPE – 2015 – TRE-GO – Técnico Judiciário – Área Administrativa).

> **Questão original:** São brasileiros natos os nascidos no estrangeiro, de pai brasileiro ou mãe brasileira que esteja no exterior a serviço do Brasil **OU DE ORGANIZAÇÃO INTERNACIONAL.**

18. Em nenhuma hipótese, o brasileiro nato poderá ser extraditado. (CESPE – 2015 – MPOG – Analista Técnico Administrativo – Cargo 2).

19. A Constituição assegura a igualdade de direitos entre brasileiros natos e naturalizados, mas estabelece limitações a essa isonomia, entre as quais a impossibilidade de ocupação de cargo de Ministro do Tribunal Superior Eleitoral proveniente de vaga destinada a Ministro do Supremo Tribunal Federal. (CESPE – 2014 – Câmara dos Deputados – Analista Legislativo – Consultor Legislativo Área XVIII).

20. De acordo com os critérios de nacionalidade adotados pelos Estados, a condição de nacional ou estrangeiro de um indivíduo é prerrogativa do próprio

Estado, que nem sempre depende do fato de ele ter nascido ou não no território desse Estado. (CESPE - 2014 - Câmara dos Deputados - Analista Legislativo - Consultor Legislativo Área XVIII.

21. Cidadão português que legalmente adquira a nacionalidade brasileira não poderá exercer cargo da carreira diplomática, mas não estará impedido de exercer o cargo de ministro de Estado das Relações Exteriores. (CESPE - 2014 - TC-DF - Técnico de Administração Pública).

22. Nessa situação hipotética, independentemente das circunstâncias e da natureza do delito, João não poderá ser extraditado pelo Brasil. (CESPE - 2014 - Câmara dos Deputados - Analista Legislativo - Consultor Legislativo Área III).

23. Se um casal formado por um cidadão argentino e uma cidadã canadense for contratado pela República do Uruguai para prestar serviços em representação consular desse país no Brasil e, durante a prestação desses serviços, tiver um filho em território brasileiro, tal filho, conforme o disposto na CF, será brasileiro nato. (CESPE - 2014 - Câmara dos Deputados - Técnico Legislativo - Agente de Polícia Legislativa).

24. Considere que Ana, cidadã brasileira, casada com Vladimir, cidadão russo, ocupe posto diplomático brasileiro na China quando Victor, filho do casal, nascer. Nessa situação, Victor será considerado brasileiro nato. (CESPE - 2014 - MDIC - Agente Administrativo).

25. **NÃO SE ADMITE** a possibilidade de cancelamento por ato administrativo do deferimento de naturalização quando essa for embasada em premissa falsa, ou erro de fato, como a omissão de existência de condenação em momento anterior a sua naturalização. (CESPE - 2014 - Câmara dos Deputados - Analista Legislativo - Consultor Legislativo Área XVIII).

> **Questão original:** Admite-se a possibilidade de cancelamento por ato administrativo do deferimento de naturalização quando essa for embasada em premissa falsa, ou erro de fato, como a omissão de existência de condenação em momento anterior a sua naturalização.

26. É permitida a análise pelo Poder Judiciário somente dos aspectos de legitimidade jurídica concernentes ao ato expulsório, não cabendo, portanto, o julgamento da nocividade da permanência do estrangeiro em território nacional. (CESPE - 2014 - Câmara dos Deputados - Analista Legislativo - Consultor Legislativo Área XVIII).

27. Considere que uma criança tenha nascido nos Estados Unidos da América (EUA) e seja filha de pai americano e de mãe brasileira, que trabalhava, à época do parto, na embaixada brasileira nos EUA. Nesse caso, a criança será considerada brasileira nata. (CESPE - 2014 - Polícia Federal - Agente Administrativo).

Questão original: Considere que uma criança tenha nascido nos Estados Unidos da América (EUA) e seja filha de pai americano e de mãe brasileira, que trabalhava, à época do parto, na embaixada brasileira nos EUA. Nesse caso, a criança somente será considerada brasileira nata **SE FOR REGISTRADA NA REPARTIÇÃO BRASILEIRA COMPETENTE NOS EUA.**

28. A naturalização de uma pessoa que tenha adquirido a nacionalidade brasileira **NÃO** poderá ser cancelada por ato do presidente da República, na condição de chefe de Estado, com a indicação dos fatos e fundamentos jurídicos que embasarem sua decisão. (CESPE – 2013 – STF – Técnico Judiciário – Área Administrativa).

Questão original: A naturalização de uma pessoa que tenha adquirido a nacionalidade brasileira poderá ser cancelada por ato do presidente da República, na condição de chefe de Estado, com a indicação dos fatos e fundamentos jurídicos que embasarem sua decisão.

29. De acordo com o STF, uma vez concedida a naturalização pelo ministro de Estado da Justiça, a revisão desse ato somente pode ser feita mediante processo judicial, e não administrativamente. (CESPE – 2013 – STF – Analista Judiciário – Área Judiciária).

30. **NÃO SERÁ CONSIDERADO** brasileiro naturalizado o estrangeiro de qualquer nacionalidade casado com brasileiro nato por mais de cinco anos. (CESPE – 2013 – TRT – 17ª Região (ES) – Analista Judiciário – Oficial de Justiça Avaliador).

Questão original: Considera-se brasileiro naturalizado o estrangeiro de qualquer nacionalidade casado com brasileiro nato por mais de cinco anos.

31. O estrangeiro condenado por autoridades estrangeiras pela prática de crime político **NÃO** poderá ser extraditado do Brasil, **MESMO** se houver reciprocidade do país solicitante. (CESPE – 2013 – PRF – Policial Rodoviário Federal).

Questão original: O estrangeiro condenado por autoridades estrangeiras pela prática de crime político poderá ser extraditado do Brasil se houver reciprocidade do país solicitante.

32. O cargo de ministro do Supremo Tribunal Federal **SERÁ** ocupado por brasileiro nato. (CESPE – 2013 – IBAMA – Analista Administrativo).

Questão original: O cargo de ministro do Supremo Tribunal Federal poderá ser ocupado por brasileiro nato ou naturalizado.

33. O brasileiro nato que cometer crime no exterior, quaisquer que sejam as circunstâncias e a natureza do delito, não pode ser extraditado pelo Brasil a pedido de governo estrangeiro. (CESPE - 2013 - PC-BA - Delegado de Polícia).

34. São símbolos do Estado federal brasileiro a bandeira, o hino, as armas e o selo nacionais, podendo os estados-membros, o Distrito Federal (DF) e os municípios adotar símbolos próprios. (CESPE - 2013 - TJ-DFT - Analista Judiciário - Área Judiciária).

35. Um cidadão português que tenha residência permanente no Brasil **NÃO** poderá ser nomeado para o cargo de ministro de Estado da Defesa. (CESPE - 2013 - Telebras - Especialista em Gestão de Telecomunicações - Advogado).

> **Questão original:** Um cidadão português que tenha residência permanente no Brasil poderá ser nomeado para o cargo de ministro de Estado da Defesa.

36. No Brasil, a nacionalidade originária é fixada com base no critério do ius soli, **NÃO EXCLUÍDO** o ius sanguinis **EM CASOS ESPECÍFICOS.** (CESPE - 2013 - TRT - 10ª REGIÃO (DF e TO) - Técnico Judiciário - Administrativo).

> **Questão original:** No Brasil, a nacionalidade originária é fixada com base no critério do ius soli, excluído o ius sanguinis.

37. Considere a situação em que um brasileiro nato, após vinte anos de residência no Brasil, tenha passado a residir em outro país por ter conseguido melhor oportunidade de emprego. Considere, ainda, que, após anos de trabalho, tenha requerido, voluntariamente, a naturalização daquele país. Nessa situação, a nacionalidade brasileira **PODERÁ SER PERDIDA.** (CESPE - 2013 - ANP - Todos os Cargos - Conhecimentos Básicos).

> **Questão original:** Considere a situação em que um brasileiro nato, após vinte anos de residência no Brasil, tenha passado a residir em outro país por ter conseguido melhor oportunidade de emprego. Considere, ainda, que, após anos de trabalho, tenha requerido, voluntariamente, a naturalização daquele país. Nessa situação, a nacionalidade brasileira será mantida, pois o nato não a perde.

38. Considere que Gabriel, brasileiro nato, ao retornar para o Brasil após ter residido alguns anos nos Estados Unidos da América (EUA), tenha descoberto que fora condenado criminalmente pela justiça americana por tráfico ilícito de entorpecentes. Nessa situação hipotética, Gabriel **NÃO** poderá ser extraditado. (CESPE - 2013 - MPU - Técnico - Tecnologia da Informação e Comunicação).

> **Questão original:** Considere que Gabriel, brasileiro nato, ao retornar para o Brasil após ter residido alguns anos nos Estados Unidos da América (EUA), tenha desco-

berto que fora condenado criminalmente pela justiça americana por tráfico ilícito de entorpecentes. Nessa situação hipotética, Gabriel poderá ser extraditado mediante pedido formal dos EUA.

39. Conforme a CF, admite-se a perda de direitos políticos na hipótese de cancelamento da naturalização por **SENTENÇA TRANSITADA EM JULGADO.** (CESPE – 2013 – Polícia Federal – Conhecimentos Básicos – Todos os Cargos).

Questão original: Conforme a CF, admite-se a perda de direitos políticos na hipótese de cancelamento da naturalização por decisão administrativa definitiva.

40. Se determinado indivíduo perder a nacionalidade por sentença judicial transitada em julgado, ele não poderá, em regra, valer-se de novo processo de naturalização para a obtenção da nacionalidade suprimida, mas será possível ajuizar-se ação rescisória, em que ele poderá obter a rescisão do julgado, com a reforma do cancelamento da nacionalidade. (CESPE – 2013 – TCE-RO – Todos os Cargos – Conhecimentos Básicos – Cargos 2, 4, 5 e 6).

41. De acordo com a CF, o cargo de diretor da ANS pode ser exercido por brasileiro naturalizado. (CESPE – 2013 – ANS – Técnico em Regulação de Saúde Suplementar).

42. À luz dos preceitos constitucionais, é possível que uma pessoa detenha a nacionalidade brasileira, mas não possa exercer a sua cidadania. (CESPE – 2013 – FUB – Nível Superior – Conhecimentos Básicos – Áreas 2 e 9).

43. Como regra geral para a outorga da nacionalidade originária, o Brasil adota o critério do ius solis, ou critério da territorialidade, admitindo, porém, em algumas situações, o critério do ius sanguinis (origem sanguínea). (CESPE – 2013 – SEGESP-AL – Técnico Forense).

44. A chefia do Ministério da Defesa é privativa de brasileiro nato. (CESPE – 2013 – FUB – Assistente em Administração).

45. Consideram-se brasileiros **NATOS** os nascidos no estrangeiro de pai brasileiro ou de mãe brasileira, desde que sejam registrados em repartição brasileira competente ou venham a residir na República Federativa do Brasil e optem, em qualquer tempo, depois de atingida a maioridade, pela nacionalidade brasileira. (CESPE – 2013 – PRF – Policial Rodoviário Federal).

Questão original: Consideram-se brasileiros naturalizados os nascidos no estrangeiro de pai brasileiro ou de mãe brasileira, desde que sejam registrados em repartição brasileira competente ou venham a residir na República Federativa do Brasil e optem, em qualquer tempo, depois de atingida a maioridade, pela nacionalidade brasileira.

46. A República Federativa do Brasil não pode conceder extradição de estrangeiro por crime político. (CESPE - 2013 - MS - Administrador).

47. De acordo com a CF, o cargo de diretor da ANS pode ser exercido por brasileiro naturalizado. (CESPE - 2013 - ANS - Técnico Administrativo).

48. Conforme disposição da CF, será brasileiro nato o filho, nascido em Paris, de mulher alemã e de embaixador brasileiro que esteja a serviço do governo brasileiro naquela cidade quando do nascimento do filho. (CESPE - 2013 - TJ-DFT - Técnico Judiciário - Área Administrativa).

49. Um cidadão naturalizado brasileiro pode ser eleito para o cargo de senador da República. (CESPE - 2013 - FUB - Nível Superior - Conhecimentos Básicos - Áreas 2 e 9).

Questão original: Um cidadão naturalizado brasileiro **NÃO** pode ser eleito para o cargo de senador da República.

50. Se um casal de cidadãos italianos que, por motivo de trabalho, resida no Brasil e tiver um filho em território brasileiro, esse filho será considerado como brasileiro nato. (CESPE - 2013 - FUB - Nível Médio - Conhecimentos Básicos - Áreas 17, 19, 21 a 24).

51. O cargo de capitão do Exército Brasileiro somente poderá ser exercido por brasileiro nato. (CESPE - 2013 - FUB - Nível Médio - Conhecimentos Básicos - Áreas 17, 19, 21 a 24).

52. Sempre que um brasileiro tornar-se nacional de outro país, **NÃO** deve-se declarar perdida sua nacionalidade brasileira, **NAS HIPÓTESES PREVISTAS NA CF.** (CESPE - 2013 - TRT - 17ª Região (ES) - Técnico Judiciário - Área Administrativa).

Questão original: Sempre que um brasileiro tornar-se nacional de outro país, deve-se declarar perdida sua nacionalidade brasileira.

53. Caso a esposa de um pesquisador indiano contratado exclusivamente para trabalhar em uma instituição brasileira de pesquisa por um prazo determinado de dois anos dê à luz um filho em território brasileiro, a criança terá nacionalidade brasileira, mesmo que os pais tenham apenas nacionalidade indiana. (CESPE - 2012 - MCT - Técnico - Tema VII).

54. **PODERÁ** o brasileiro nato **E NATURALIZADO** ocupar cargo de servidor público dos tribunais de justiça dos estados. (CESPE - 2012 - TJ-AC - Analista Judiciário - Administração).

Questão original: Somente o brasileiro nato pode ocupar cargo de servidor público dos tribunais de justiça dos estados, à exceção do Tribunal de Justiça do Distrito Federal e dos territórios.

55. **NÃO SE ADMITE** a extradição de brasileiro nato. (CESPE - 2012 - Câmara dos Deputados - Técnico Legislativo - Técnico em Radiologia).

Questão original: Admite-se a extradição de brasileiro nato em casos excepcionais.

56. O cargo de tenente do Exército somente pode ser ocupado por brasileiro nato. (CESPE - 2012 - Câmara dos Deputados - Analista Legislativo - Técnica Legislativa).

57. Os ministros de Estado, **RESSALVADO** o ministro da Defesa, devem ser escolhidos entre brasileiros natos **E NATURALIZADOS**, **MAIOR DE** 21 anos de idade, no exercício dos direitos políticos. (CESPE - 2012 - PC-AL - Escrivão de Polícia).

Questão original: Os ministros de Estado, inclusive o ministro da Defesa, devem ser escolhidos entre brasileiros natos, com, no mínimo, 21 anos de idade, no exercício dos direitos políticos.

58. O brasileiro naturalizado poderá ser extraditado em caso de crime comum **ANTES DA** naturalização. (CESPE - 2012 - PC-AL - Escrivão de Polícia).

Questão original: O brasileiro naturalizado poderá ser extraditado em caso de crime comum, ainda que praticado após a naturalização.

59. Maria, espanhola, sem condenação criminal, foi naturalizada brasileira após ter vivido ininterruptamente dezesseis anos no Brasil. Em uma das suas viagens para a Europa, ela foi presa em flagrante pela Polícia Federal, em virtude de traficar com entorpecentes do Brasil para a Europa. (CESPE - 2012 - FNDE - Técnico em Financiamento e Execução de Programas e Projetos Educacionais).

59.1 Caso Maria fosse regularmente à Europa, ela seria naturalizada brasileira, visto que a residência ininterrupta de mais de quinze anos em solo brasileiro consiste em requisito para a naturalização.

Questão original: Caso Maria fosse regularmente à Europa, ela **NÃO** seria naturalizada brasileira, visto que a residência ininterrupta de mais de quinze anos em solo brasileiro consiste em requisito para a naturalização.

59.2 Caso seja comprovado o envolvimento de Maria com o tráfico ilícito de entorpecentes, ela **NÃO** poderá ser banida do Brasil.

Questão original: Caso seja comprovado o envolvimento de Maria com o tráfico ilícito de entorpecentes, ela poderá ser banida do Brasil.

59.3 Em virtude de Maria ser brasileira naturalizada, ela poderá ser extraditada do Brasil, ainda que seja comprovado seu envolvimento com tráfico ilícito de entorpecentes para países da Europa.

Questão original: Em virtude de Maria ser brasileira naturalizada, ela **NÃO** poderá, em nenhuma hipótese, ser extraditada do Brasil, ainda que seja comprovado seu envolvimento com tráfico ilícito de entorpecentes para países da Europa.

60. Os efeitos jurídicos de sentença transitada em julgado que trate da perda da nacionalidade brasileira são personalíssimos, **NÃO PODENDO** estender, portanto, a terceiros. (CESPE - 2012 - TRE-RJ - Analista Judiciário - Área Judiciária).

Questão original: Os efeitos jurídicos de sentença transitada em julgado que trate da perda da nacionalidade brasileira não são personalíssimos, podendo-se estender, portanto, a terceiros.

61. No sistema jurídico brasileiro, os conceitos de nacionalidade e cidadania **NÃO** se equivalem. (CESPE - 2012 - Banco da Amazônia - Técnico Científico - Direito).

Questão original: No sistema jurídico brasileiro, os conceitos de nacionalidade e cidadania se equivalem.

62. No que se refere aos direitos e garantias fundamentais e à cidadania, julgue os próximos itens. Suponha que Jean tenha nascido na França quando sua mãe, diplomata brasileira de carreira, morava naquele país em razão de missão oficial. Nessa hipótese, segundo a CF, Jean será automaticamente considerado brasileiro **NATO**, com todos os direitos e deveres previstos no ordenamento jurídico brasileiro. (CESPE - 2012 - TJ-RR - Técnico Judiciário).

Questão original: No que se refere aos direitos e garantias fundamentais e à cidadania, julgue os próximos itens. Suponha que Jean tenha nascido na França quando sua mãe, diplomata brasileira de carreira, morava naquele país em razão de missão oficial. Nessa hipótese, segundo a CF, Jean será automaticamente considerado brasileiro naturalizado, com todos os direitos e deveres previstos no ordenamento jurídico brasileiro.

63. NÃO É privativo de brasileiro nato o cargo de governador de estado. (CESPE - 2012 - AGU - Advogado da União).

Questão original: É privativo de brasileiro nato o cargo de governador de estado.

64. O brasileiro nato nunca poderá ser extraditado, mas poderá vir a perder a nacionalidade. (CESPE – 2012 – MPE-PI – Analista Ministerial – Área Processual).

65. As distinções entre brasileiros natos e naturalizados, além das constantes na CF, **NÃO** devem ser previstas em lei complementar. (CESPE – 2012 – Câmara dos Deputados – Todos os Cargos – Conhecimentos Básicos – exceto para Técnico em Material e Patrimônio).

Questão original: As distinções entre brasileiros natos e naturalizados, além das constantes na CF, devem ser previstas em lei complementar.

66. É admitida, no direito brasileiro, a figura do polipátrida, isto é, do indivíduo que tem mais de uma nacionalidade. (CESPE – 2012 – ANATEL – Técnico Administrativo).

67. Brasileiros naturalizados podem ser eleitos e exercer o cargo de senador da República. (CESPE – 2012 – FNDE – Especialista em Financiamento e Execução de Programas e Projetos Educacionais).

68. **O CARGO** de ministro de Estado da defesa **É PRIVATIVO** a brasileiros natos. (CESPE – 2011 – PC-ES – Auxiliar de Perícia Médico-legal – Específicos).

Questão original: Os cargos de ministro de Estado da defesa e de ministro de Estado das relações exteriores são privativos a brasileiros natos.

69. São brasileiros natos os nascidos no estrangeiro, de pai brasileiro ou de mãe brasileira, desde que sejam registrados em repartição brasileira competente ou venham a residir na República Federativa do Brasil e optem, em qualquer tempo, depois de atingida a maioridade, pela nacionalidade brasileira. (CESPE – 2011 – TJ-ES – Analista Judiciário – Taquigrafia – Específicos).

70. O cargo de Ministro da Educação **NÃO** é privativo de brasileiro nato. (CESPE – 2011 – IFB – Assistente de Administração).

Questão original: O cargo de Ministro da Educação é privativo de brasileiro nato.

71. Um brasileiro naturalizado pode se eleger deputado federal, mas não pode ocupar o cargo de presidente da Câmara dos Deputados. (CESPE – 2011 – TJ-ES – Analista Judiciário – Área Administrativa).

72. Um brasileiro naturalizado pode exercer o cargo de coronel da polícia militar de um estado-membro. (CESPE – 2011 – TJ-ES – Analista Judiciário – Área Administrativa).

73. Cargos relativos à carreira diplomática e ao oficialato das Forças Armadas são privativos de brasileiros natos. (CESPE - 2011 - IFB - Professor - Direito).

74. Apenas o brasileiro nato poderá ser oficial das Forças Armadas. (CESPE - 2011 - TRE-ES - Técnico Judiciário - Área Administrativa - Específicos).

75. O ato de aquisição de outra nacionalidade não acarreta a perda da nacionalidade do brasileiro nato ou naturalizado, residente em estado estrangeiro, quando a norma estrangeira, por motivos profissionais ou para o exercício de direitos civis, impor a sua naturalização como condição para a permanência naquele país. (CESPE - 2011 - PC-ES - Perito Criminal - Específicos).

76. Se um embaixador de país estrangeiro, em exercício no Brasil, e sua esposa, também estrangeira, tiverem um filho nascido em território brasileiro, esse filho **NÃO** será considerado brasileiro nato. (CESPE - 2011 - PC-ES - Perito Papiloscópico - Específicos).

Questão original: Se um embaixador de país estrangeiro, em exercício no Brasil, e sua esposa, também estrangeira, tiverem um filho nascido em território brasileiro, esse filho será considerado brasileiro nato.

77. Um brasileiro naturalizado pode ser eleito deputado federal. (CESPE - 2011 - PC-ES - Perito Papiloscópico - Específicos).

Questão original: Um brasileiro naturalizado NÃO pode ser eleito deputado federal.

78. O filho de um embaixador do Brasil em Paris, nascido na França, cuja mãe seja alemã, será considerado brasileiro nato. (CESPE - 2011 - STM - Analista Judiciário - Área Judiciária - Específicos).

79. Um brasileiro naturalizado **NÃO** pode exercer a carreira diplomática. (CESPE - 2011 - STM - Analista Judiciário - Área Judiciária - Específicos).

Questão original: Um brasileiro naturalizado pode exercer a carreira diplomática.

80. O brasileiro nato não poderá ser extraditado para outro país em nenhuma hipótese. (CESPE - 2011 - TJ-ES - Analista Judiciário - Área Administrativa).

81. Um cargo de tenente do Exército apenas poderá ser exercido por brasileiro nato. (CESPE - 2011 - PC-ES - Perito Papiloscópico - Específicos).

82. A CF prevê que o estrangeiro não pode ser extraditado por crime político ou de opinião. (CESPE - 2010 - TCE-BA - Procurador)

83. O ordenamento constitucional veda o envio compulsório de brasileiros ao exterior, que caracterizaria a pena de banimento, assim como **PERMITE** a retirada coativa de estrangeiros do território nacional, que caracterizaria a pena de expulsão. (CESPE – 2010 – MPU – Analista – Processual).

> **Questão original:** O ordenamento constitucional veda o envio compulsório de brasileiros ao exterior, que caracterizaria a pena de banimento, assim como proíbe a retirada coativa de estrangeiros do território nacional, que caracterizaria a pena de expulsão.

84. Como forma de aquisição da nacionalidade secundária, de acordo com a CF, **NÃO** é possível o processo de naturalização tácito ou automático, para todos aqueles estrangeiros que se encontram no país há mais de dez anos e não declararam a intenção de conservar a nacionalidade de origem. (CESPE – 2010 – TRE-BA – Analista Judiciário – Taquigrafia).

> **Questão original:** Como forma de aquisição da nacionalidade secundária, de acordo com a CF, é possível o processo de naturalização tácito ou automático, para todos aqueles estrangeiros que se encontram no país há mais de dez anos e não declararam a intenção de conservar a nacionalidade de origem.

85. O cargo de deputado federal pode ser exercido por brasileiro naturalizado. (CESPE – 2010 – MS – Analista Técnico – Administrativo – PGPE 1).

86. No Brasil, o cargo de diplomata **NÃO** pode ser ocupado por um estrangeiro naturalizado brasileiro. (CESPE – 2010 – MPS – Técnico em Comunicação Social – Relações Públicas).

> **Questão original:** No Brasil, o cargo de diplomata pode ser ocupado por um estrangeiro naturalizado brasileiro.

87. O Estado brasileiro autoriza a extradição de brasileiros **NATURALIZADOS** envolvidos na prática de crime de tráfico de drogas. (CESPE – 2010 – Instituto Rio Branco – Diplomata – 1ª Etapa A).

> **Questão original:** O Estado brasileiro autoriza a extradição de brasileiros natos envolvidos na prática de crime de tráfico de drogas.

88. Como forma de aquisição da nacionalidade secundária, de acordo com a Constituição Federal de 1988 (CF), **NÃO** é possível o processo de naturalização tácito ou automático, para todos aqueles estrangeiros que se encontram no país há mais de dez anos e não declararam a intenção de conservar a nacionalidade de origem. (CESPE – 2010 – TRE-BA – Analista Judiciário – Área Administrativa).

Questão original: Como forma de aquisição da nacionalidade secundária, de acordo com a Constituição Federal de 1988 (CF), é possível o processo de naturalização tácito ou automático, para todos aqueles estrangeiros que se encontram no país há mais de dez anos e não declararam a intenção de conservar a nacionalidade de origem.

89. Um brasileiro naturalizado pode tomar posse em um cargo de juiz federal. (CESPE - 2010 - INSS - Perito Médico Previdenciário).

90. O filho do embaixador da China no Brasil, caso nasça em território nacional, **NÃO SERÁ** considerado brasileiro nato. (CESPE - 2010 - INSS - Perito Médico Previdenciário).

Questão original: O filho do embaixador da China no Brasil, caso nasça em território nacional, é considerado brasileiro nato.

91. A nacionalidade brasileira **NÃO** é condição necessária e suficiente para propor ação popular visando à declaração de nulidade de ato lesivo ao patrimônio histórico e cultural. (CESPE - 2010 - MPS - Área de Atuação - Administrativa).

Questão original: A nacionalidade brasileira é condição necessária e suficiente para propor ação popular visando à declaração de nulidade de ato lesivo ao patrimônio histórico e cultural.

92. Um indivíduo nascido na Espanha, que, após atender às exigências constitucionais e legais, se naturalizou brasileiro, pode ocupar o cargo de senador da República. (CESPE - 2010 - TRE-BA - Técnico Judiciário - Segurança Judiciária).

93. Um cidadão alemão que resida no Brasil há dez anos **NÃO** pode candidatar-se ao cargo de vereador do município onde reside. (CESPE - 2010 - TRE-BA - Técnico Judiciário - Segurança Judiciária).

Questão original: Um cidadão alemão que resida no Brasil há dez anos pode candidatar-se ao cargo de vereador do município onde reside.

94. São brasileiros natos aqueles nascidos no estrangeiro, de pai brasileiro ou de mãe brasileira, desde que venham a residir no Brasil e optem, **DEPOIS DE ATINGIDA A MAIORIDADE**, pela nacionalidade brasileira. (CESPE - 2010 - TRT - 21ª Região (RN) - Analista Judiciário - Execução de Mandados; CESPE - 2010 - TRT - 21ª Região (RN) - Analista Judiciário - Área Judiciária)

Questão original: São brasileiros natos aqueles nascidos no estrangeiro, de pai brasileiro ou de mãe brasileira, desde que venham a residir no Brasil e optem, no período de dois anos, pela nacionalidade brasileira.

95. Segundo estipula a CF, na parte em que trata dos direitos de nacionalidade, é privativo de brasileiro nato o exercício do cargo de ministro de Estado **DA DEFESA.** (CESPE - 2010 - TRT - 21ª Região (RN) - Técnico Judiciário - Área Administrativa).

> **Questão original:** Segundo estipula a CF, na parte em que trata dos direitos de nacionalidade, é privativo de brasileiro nato o exercício do cargo de ministro de Estado.

96. São brasileiros natos os nascidos no estrangeiro, filhos de pai brasileiro ou de mãe brasileira, estando ou não qualquer um deles a serviço do Brasil, desde que venham a residir no país e optem, **DEPOIS DE ATINGIDA A MAIORIDADE**, pela nacionalidade brasileira. (CESPE - 2010 - DETRAN-ES - Advogado).

> **Questão original:** São brasileiros natos os nascidos no estrangeiro, filhos de pai brasileiro ou de mãe brasileira, estando ou não qualquer um deles a serviço do Brasil, desde que venham a residir no país e optem, em qualquer tempo, pela nacionalidade brasileira.

97. O indivíduo cuja naturalização for cancelada por sentença transitada em julgado volta à condição de estrangeiro, não podendo mais alistar-se como eleitor nem eleger-se em razão da perda da nacionalidade brasileira. (CESPE - 2010 - DETRAN-ES - Advogado).

98. Somente o brasileiro naturalizado pode perder sua nacionalidade em virtude de atividade nociva ao interesse nacional. (CESPE - 2010 - TCE-BA - Procurador).

99. Um brasileiro naturalizado pode ser ministro do STJ. (CESPE - 2009 - MMA - Agente Administrativo).

100. Se um brasileiro nato viajar a outro país estrangeiro, lá cometer algum crime, envolvendo tráfico ilícito de entorpecentes, e voltar ao seu país de origem, caso aquele país requeira a extradição desse indivíduo, o Brasil **NÃO** poderá extraditá-lo. (CESPE - 2009 - MMA - Agente Administrativo).

> **Questão original:** Se um brasileiro nato viajar a outro país estrangeiro, lá cometer algum crime, envolvendo tráfico ilícito de entorpecentes, e voltar ao seu país de origem, caso aquele país requeira a extradição desse indivíduo, o Brasil poderá extraditá-lo.

101. É considerado brasileiro originalmente nato aquele nascido em solo estrangeiro, filho de brasileiros. Porém, esse direito personalíssimo depende de potestatividade do titular, caso contrário carece de eficácia. (CESPE - 2009 - SECONT-ES - Auditor do Estado - Direito).

102. Mário, casado com Ângela, é analista administrativo da ANATEL e esteve a serviço dessa agência em Paris nos meses de outubro e novembro de 2008, quando, nesse período, nasceu seu filho Lúcio, em hospital de Brasília. (CESPE - 2009 - ANATEL - Técnico Administrativo).

102.1 Caso Lúcio tivesse nascido em Paris, ele poderia ocupar os cargos de ministro do Supremo Tribunal Federal e de oficial das Forças Armadas, haja vista que esses cargos são privativos de **BRASILEIROS NATOS.**

Questão original: Caso Lúcio tivesse nascido em Paris, ele não poderia ocupar os cargos de ministro do Supremo Tribunal Federal e de oficial das Forças Armadas, haja vista que esses cargos são privativos de nascidos no Brasil.

102.2 Lúcio é brasileiro nato.

103. Considere que Joana, filha de Manoel, português, e de Sofia, italiana, tenha nascido em Brasília, onde seus pais estavam passando férias. Considere, ainda, que, ao completar 21 anos de idade, Joana tenha retornado ao Brasil para prestar concurso público e tenha sido presa. Nesse caso hipotético, Joana **NÃO** poderá ser extraditada. (CESPE - 2009 - ANTAQ - Técnico Administrativo).

Questão original: Considere que Joana, filha de Manoel, português, e de Sofia, italiana, tenha nascido em Brasília, onde seus pais estavam passando férias. Considere, ainda, que, ao completar 21 anos de idade, Joana tenha retornado ao Brasil para prestar concurso público e tenha sido presa. Nesse caso hipotético, Joana poderá ser extraditada.

104. Não há deportação nem expulsão de brasileiro. (CESPE - 2009 - TRT - 17ª Região (ES) - Técnico Judiciário - Área Administrativa).

105. São brasileiros os nascidos no estrangeiro de pai brasileiro ou de mãe brasileira que vierem a residir no Brasil e optarem pela nacionalidade brasileira, desde que essa opção ocorra **APÓS** a maioridade. (CESPE - 2009 - ANAC - Analista Administrativo).

Questão original: São brasileiros os nascidos no estrangeiro de pai brasileiro ou de mãe brasileira que vierem a residir no Brasil e optarem pela nacionalidade brasileira, desde que essa opção ocorra até a maioridade.

106. **É PRIVATIVO** de brasileiro nato **O CARGO** de ministro de Estado da Defesa. (CESPE - 2009 - DPF - Escrivão da Polícia Federal; CESPE - 2009 - Polícia Federal - Agente Federal da Polícia Federal).

Questão original: São privativos de brasileiro nato os cargos de ministro de Estado da Defesa, ministro de Estado da Fazenda e de oficial da Marinha, do Exército ou da Aeronáutica.

107. Em 1990, Tom, que é norte-americano, praticou o crime de homicídio, nos Estados Unidos da América. No ano seguinte, veio residir no Brasil e, em 2006, foi naturalizado brasileiro. Ocorre que, em 2008, foi requerida a sua extradição. Nessa situação, é lícito ao Estado brasileiro deferir o pedido de extradição de Tom. (CESPE - 2009 - DETRAN-DF - Todos os Cargos - Conhecimentos Básicos).

108. A CF prevê que não se concede extradição de estrangeiro por crime político ou de opinião, porém os brasileiros naturalizados podem ser extraditados em caso de crime comum, praticado antes da naturalização. (CESPE - 2009 - TRT - 17ª Região (ES) - Analista Judiciário - Área Administrativa).

109. Um italiano naturalizado brasileiro pode exercer o cargo de deputado federal. (CESPE - 2008 - STF - Analista Judiciário - Área Administrativa).

110. O brasileiro naturalizado que praticou crime político em seu país, antes da naturalização, **NÃO** poderá ser extraditado para lá responder pelo ilícito. (CESPE - 2008 - ME - Agente Administrativo).

Questão original: O brasileiro naturalizado que praticou crime político em seu país, antes da naturalização, poderá ser extraditado para lá responder pelo ilícito.

111. O cargo de ministro do STJ **NÃO** é privativo de brasileiro nato. (CESPE - 2008 - STF - Analista Judiciário - Área Administrativa).

Questão original: O cargo de ministro do STJ é privativo de brasileiro nato.

112. Pedro, que nasceu em Portugal há 28 anos e reside de forma permanente em Brasília há dois anos, não requereu a cidadania brasileira. Ele é servidor público federal e requereu a incorporação de quintos na sua remuneração por meio de processo administrativo, cujo requerimento foi efetuado em 1.o/6/2002. O pedido foi deferido em 7/7/2002, com base em parecer técnico, quando Pedro passou a receber a referida parcela em sua remuneração, após publicação do ato no Diário Oficial da União. No entanto, em 1.o/7/2007, o TCU instaurou tomada de contas especial para apurar a validade do ato que impôs a referida incorporação, com base em relatório de auditoria que apurou irregularidade nessa incorporação. Em 10/10/2008, o TCU determinou, por meio de acórdão do qual não cabe mais recurso, a exclusão da remuneração de Pedro da referida parcela, bem como a restituição de tudo o que recebeu indevidamente a esse título e a apuração da responsabilidade administrativa do servidor que autorizou o citado pagamento. (CESPE - 2008 - MTE - Economista)

112.1 Pedro poderia ocupar o referido cargo público, desde que houvesse reciprocidade em favor dos brasileiros em Portugal.

112.2 Pedro poderia alistar-se como eleitor e concorrer a cargo eletivo como o de deputado federal, desde que houvesse reciprocidade em favor dos brasileiros em Portugal.

113. A extradição de brasileiro naturalizado é autorizada para crime praticado **ANTES DA** naturalização. (CESPE - 2008 - SEMAD-ARACAJU - Procurador Municipal).

> **Questão original:** A extradição de brasileiro naturalizado é autorizada para crime praticado após a naturalização.

114. Considere que Andréa, nascida na França e naturalizada brasileira há cinco anos, é uma advogada de 37 anos, que há doze anos exerce essa profissão no Brasil. Nesse caso, Andréa pode ser nomeada juíza de um tribunal regional do trabalho (TRT), mas não pode ser nomeada ministra do TST. (CESPE - 2008 - TST - Analista Judiciário - Área Judiciária).

115. Pedro, filho de João e Maria, nasceu em um país da América Latina onde seu pai exercia o cargo de embaixador do Brasil e trabalha, atualmente, em outro país da América Latina como humorista, onde critica o governo local. Sentindo-se perseguido nesse país, Pedro veio para o Brasil. Nessa situação, Pedro **NÃO** poderá ser preso e extraditado. (CESPE - 2008 - ABIN - Oficial de Inteligência).

> **Questão original:** Pedro, filho de João e Maria, nasceu em um país da América Latina onde seu pai exercia o cargo de embaixador do Brasil e trabalha, atualmente, em outro país da América Latina como humorista, onde critica o governo local. Sentindo-se perseguido nesse país, Pedro veio para o Brasil. Nessa situação, Pedro poderá ser preso e extraditado, pois a injúria caracteriza-se como crime comum, caso em que é permitida a extradição.

116. PODERÁ CONCEDER a extradição quando se tratar de brasileiro **NATURALIZADO, EM CASO DE CRIME COMUM, SE** a aquisição dessa nacionalidade verificar-se **ANTES DAQUELE FATO.** (CESPE - 2008 - ABIN - Oficial de Inteligência).

> **Questão original:** Não se concederá a extradição quando se tratar de brasileiro, salvo se a aquisição dessa nacionalidade verificar-se após o fato que motivar o pedido.

117. Segundo o princípio da dupla tipicidade, aplicado à extradição, somente se concederá a extradição se o fato que motivar o pedido for considerado crime no Brasil ou no Estado requerente. (CESPE - 2008 - STF - Analista Judiciário - Área Judiciária).

> **Questão original:** Segundo o princípio da dupla tipicidade, aplicado à extradição, somente se concederá a extradição se o fato que motivar o pedido **NÃO** for considerado crime no Brasil ou no Estado requerente.

118. Se a finalidade da extradição for unicamente a de interrogar o extraditando, é necessário que constem, nos autos e no pedido de extradição, os crimes praticados pelo extraditando no território do Estado requerente. (CESPE - 2008 - STF - Analista Judiciário - Área Judiciária).

Questão original: Se a finalidade da extradição for unicamente a de interrogar o extraditando, **NÃO** é necessário que constem, nos autos e no pedido de extradição, os crimes praticados pelo extraditando no território do Estado requerente.

119. Antônio, brasileiro naturalizado, médico de formação e ex-senador da República, foi escolhido pelo presidente da República para o cargo de ministro das Relações Exteriores. Após tomar posse, auxiliou o presidente na assinatura de um tratado internacional. Alguns anos depois, foi requerida a sua extradição por ter, antes da sua naturalização, praticado crime contra o sistema financeiro de seu país de origem. (CESPE – 2008 – MTE – Agente Administrativo).

119.1 Desde que atendidos os demais requisitos legais, Antônio poderá ser extraditado, pois o crime comum que ele praticou ocorreu antes da sua naturalização.

119.2 Mesmo que cumpridos os demais requisitos legais, Antônio poderia ocupar o cargo de ministro das Relações Exteriores, já que esse cargo **NÃO** é privativo de brasileiro nato.

Questão original: Mesmo que cumpridos os demais requisitos legais, Antônio não poderia ocupar o cargo de ministro das Relações Exteriores, já que esse cargo é privativo de brasileiro nato.

120. Considere a seguinte situação hipotética. Giovani, brasileiro nato, que é jogador de futebol, profissional, foi contratado por um clube italiano, pelo qual atua há mais de 4 anos. No entanto, a lei italiana que disciplina essa atividade passou a limitar a quantidade de jogadores estrangeiros em cada clube. Para continuar a residir na Itália e atuar como jogador profissional, Giovani adquiriu a nacionalidade italiana. Nessa situação hipotética, com base na Constituição brasileira em vigor, o referido atleta não perderá sua nacionalidade brasileira. (CESPE – 2008 – TJ-DFT – Analista Judiciário – Arquivologia).

121. O cargo de presidente da ANVISA **NÃO** é privativo de brasileiros natos. (CESPE – 2007 – ANVISA – Técnico Administrativo).

Questão original: O cargo de presidente da ANVISA é privativo de brasileiros natos.

122. Jean Carlos nasceu na França, filho de pai brasileiro e mãe francesa, e, durante muitos anos, teve dupla cidadania. Em determinado momento, resolveu adotar unicamente a cidadania francesa e, para tanto, abriu mão da nacionalidade brasileira. Entretanto, atualmente, tendo resolvido voltar a viver no Brasil, Jean Carlos pretende candidatar-se a cargo eletivo. Nessa situação, ele não poderá fazê-lo, pois a perda da nacionalidade brasileira em razão da opção manifestada pelo indivíduo para aquisição da nacionalidade francesa traz como consequência a extinção dos direitos políticos no Brasil. (CESPE - 2008 - INSS - Analista do Seguro Social).

João, brasileiro nato, durante viagem a determinado país estrangeiro, cometeu um crime e, depois disso, regressou ao Brasil. Em seguida, o referido país requereu a extradição de João.

123. José, nascido em Lisboa - Portugal, é filho de um português com uma brasileira que se mudou para Portugal em busca de melhores oportunidades de trabalho. Ao atingir a idade adulta, José ingressou na carreira diplomática, tendo recebido como primeiro posto no exterior o cargo de terceiro secretário na embaixada de Portugal no Brasil. No Brasil, conheceu uma brasileira de nome Márcia, com quem se casou. Dessa união, nasceu, no Brasil, um menino, batizado Ronaldo. (CESPE - 2006 - ANATEL - Técnico em Regulação).

123.1 Na situação apresentada e segundo o entendimento do Ministério das Relações Exteriores com relação ao disposto na Constituição brasileira, Ronaldo, nascido no Brasil e filho de uma brasileira será brasileiro nato.

> **Questão original:** Na situação apresentada e segundo o entendimento do Ministério das Relações Exteriores com relação ao disposto na Constituição brasileira, Ronaldo, apesar de ter nascido no Brasil, e ser filho de uma brasileira, **NÃO** será brasileiro nato.

123.2 Segundo a Constituição brasileira, José, tendo vindo residir no Brasil, pode optar pela cidadania brasileira, situação em que será considerado brasileiro nato, mesmo estando no Brasil a serviço de Portugal.

124. Jacob Klamstraus, cidadão alemão, passou a residir no Brasil, no ano de 1976. Nesse mesmo ano, casou-se com uma brasileira, conseguiu visto permanente e empregou-se em uma fábrica, em São Paulo. Em 1995, naturalizou-se brasileiro. Em 2000, Jacob Klamstraus, usando o seu passaporte alemão, viajou para a Alemanha, envolvendo-se, na viagem, com o tráfico internacional de drogas. Descoberto, Jacob, mesmo revel, foi processado e condenado na Alemanha. O governo alemão, no entanto, não sabia que Jacob estava no Brasil e desconhecia a sua naturalização. Em 2004, quando o governo alemão descobriu que Jacob residia no Brasil, solicitou sua extradição para cumprimento, na Alemanha, da pena a que fora condenado. (CESPE - 2004 - Polícia Federal - Escrivão da Polícia Federal - Nacional).

124.1 Nos termos da Constituição Federal, para obter a sua naturalização, em 1995, Jacob não teve que se submeter às regras ordinárias de naturalização. Foi necessário apenas que ele requeresse a nacionalidade brasileira e comprovasse residência ininterrupta no Brasil há mais de quinze anos e inexistência de condenação penal.

Questão original: Nos termos da Constituição Federal, para obter a sua naturalização, em 1995, Jacob não teve que se submeter às regras ordinárias de naturalização. Foi necessário apenas que ele requeresse a nacionalidade brasileira e comprovasse residência ininterrupta no Brasil há mais de quinze anos, **IDONEIDADE MORAL** e inexistência de condenação penal.

124.2 Nos termos da Constituição Federal, não é possível a extradição de brasileiro naturalizado, salvo no caso de crimes comuns praticados antes da naturalização ou por envolvimento em tráfico ilícito de entorpecentes e drogas afins, devendo ser observadas as normas previstas na lei que disciplina a extradição.

125. Todos os direitos e garantias constitucionais são **MODIFICÁVEIS**. Se enquadram nessa condição também os direitos políticos e aqueles concernentes à nacionalidade. (CESPE – 2004 – STJ – Analista Judiciário – Área Administrativa).

Questão original: Todos os direitos e garantias constitucionais são imodificáveis. Se enquadram nessa condição também os direitos políticos e aqueles concernentes à nacionalidade.

126. Fritz, casado com Helga, é, há cinco anos, cônsul da República da Gemênia no Brasil. Ambos são gemênicos, ou seja, têm a nacionalidade daquele país e têm um filho de quatro anos, chamado Hans, nascido em território brasileiro. Para cuidar do filho Hans, o casal contratou, em julho de 2003, uma empregada, chamada Helen, que passou a fazer o trabalho de babá na residência do cônsul. Helen, atualmente com 17 anos de idade, nascida na Gemênia, casada no Brasil, é filha de pais brasileiros, sendo que nenhum deles esteve naquele país a serviço da República Federativa do Brasil. Em fevereiro de 2004, Helen vendeu a Helga um relógio alegando ser de ouro legítimo. Posteriormente, Helga descobriu que o relógio era falsificado e não era, sequer, de ouro de baixa qualidade. Helen, ao efetuar a venda, tinha pleno conhecimento de que o relógio era falso. Foi, então, demitida do seu emprego no consulado, sem receber seus direitos trabalhistas. (CESPE – 2004 – Instituto Rio Branco – Diplomata).

126.1 Caso Helen não tenha optado pela nacionalidade originária brasileira nem tenha sido naturalizada em outro país, ela **NÃO** será considerada apátrida. Nessa hipótese, ela **NÃO** poderá ser extraditada, **NEM** em caso de comprovado envolvimento em tráfico ilícito de entorpecentes e drogas afins, consoante o previsto na Constituição brasileira.

Questão original: Caso Helen não tenha optado pela nacionalidade originária brasileira nem tenha sido naturalizada em outro país, ela será considerada apátrida. Nessa hipótese, ela poderá ser extraditada, mas somente em caso de comprovado envolvimento em tráfico ilícito de entorpecentes e drogas afins, consoante o previsto na Constituição brasileira.

126.2 Caso Helen, após a fixação de residência na República Federativa do Brasil, tenha optado pela nacionalidade brasileira, ela será considerada brasileira nata, sendo plenamente capaz para exercer por vontade própria atos da vida civil. Nessas circunstâncias, Helen poderá perder a condição de brasileira.

> **Questão original:** Caso Helen, após a fixação de residência na República Federativa do Brasil, tenha optado pela nacionalidade brasileira, ela será considerada brasileira nata, sendo plenamente capaz para exercer por vontade própria atos da vida civil. Nessas circunstâncias, Helen **NÃO** poderá jamais perder a condição de brasileira.

126.3 Hans, ainda que tenha nascido em território brasileiro, não adquiriu nacionalidade originária brasileira, não obstante o fato de o Brasil adotar, em regra, o jus soli, como critério de atribuição da nacionalidade originária. Apesar disso, Hans, de nacionalidade gemênica, tem capacidade para ser titular de direitos e deveres na ordem civil, de acordo com o direito brasileiro.

2.6 DOS DIREITOS POLÍTICOS

1. Mandato eletivo poderá ser impugnado na justiça eleitoral mediante ação de impugnação de mandato, cujos atos **NÃO SERÃO** públicos. (CESPE - 2018 - MPE-PI - Técnico Ministerial - Área Administrativa).

> **Questão original:** Mandato eletivo poderá ser impugnado na justiça eleitoral mediante ação de impugnação de mandato, cujos atos terão de ser públicos, em obediência ao princípio da publicidade.

2. Gilberto, brasileiro nato, completou sessenta e um anos de idade no mês de janeiro de 2018. Neste mesmo ano, transitou em julgado condenação criminal contra ele, tendo sido arbitrada, entre outras sanções, pena privativa de liberdade. (CESPE - 2018 - Polícia Federal - Escrivão de Polícia Federal).

2.1 Em razão de sua idade, o ato de votar nas eleições de 2018 é **OBRIGATÓRIO** para Gilberto.

> **Questão original:** Em razão de sua idade, o ato de votar nas eleições de 2018 é facultativo para Gilberto.

2.2 O processo criminal transitado em julgado é hipótese constitucional para a **SUSPENSÃO** dos direitos políticos de Gilberto pelo tempo de duração dos efeitos da condenação.

> **Questão original:** O processo criminal transitado em julgado é hipótese constitucional para a cassação dos direitos políticos de Gilberto pelo tempo de duração dos efeitos da condenação.

3. O cancelamento da naturalização em razão de sentença transitada em julgado **NÃO** implica cassação dos direitos políticos. (CESPE - 2018 - IPHAN - Auxiliar Institucional - Área 1).

> **Questão original:** O cancelamento da naturalização em razão de sentença transitada em julgado implica cassação dos direitos políticos.

4. O analfabeto pode realizar alistamento eleitoral e não pode concorrer a cargo eletivo. (CESPE - 2018 - IPHAN - Auxiliar Institucional - Área 1).

> **Questão original:** O analfabeto **NÃO** pode realizar alistamento eleitoral e, por essa razão, também não pode concorrer a cargo eletivo.

5. Referendo é uma consulta ao povo quanto a assunto já transformado em lei, enquanto plebiscito é uma consulta prévia aos eleitores sobre assuntos políticos ou institucionais. (CESPE - 2018 - ABIN - Agente de Inteligência).

6. Situação hipotética: Com a pretensão de candidatar-se a cargo eletivo, determinado militar, com cinco anos de serviço, fez, de forma regular, o pedido de registro de sua candidatura. Assertiva: Nessa situação, deverá afastar-se de sua atividade, **POR DEFINITIVO.** (CESPE - 2018 - STM - Técnico Judiciário - Área Administrativa).

> **Questão original:** Situação hipotética: Com a pretensão de candidatar-se a cargo eletivo, determinado militar, com cinco anos de serviço, fez, de forma regular, o pedido de registro de sua candidatura. Assertiva: Nessa situação, após ser eleito, o militar deverá afastar-se de sua atividade pelo período do mandato eletivo, devendo retornar ao serviço após o seu término.

7. Se, no ano de 2018, o presidente da assembleia legislativa de um estado, em seu primeiro mandato, substituir o governador nos seis meses anteriores ao pleito eleitoral, ele poderá concorrer ao cargo de governador, no mesmo estado, nas eleições estaduais daquele ano, mas não poderá concorrer à reeleição no pleito posterior. (CESPE - 2017 - TCE-PE - Analista de Gestão - Administração).

8. Caso seja publicada e passe a viger em fevereiro de 2018, lei que altere o processo eleitoral **NÃO** poderá ser aplicada a pleito eletivo que ocorra em outubro desse mesmo ano. (CESPE - 2015 - TRE-GO - Analista Judiciário - Área Judiciária - Conhecimentos Específicos).

> **Questão original:** Caso seja publicada e passe a viger em fevereiro de 2018, lei que altere o processo eleitoral poderá ser aplicada a pleito eletivo que ocorra em outubro desse mesmo ano.

9. Considere que determinado governador de estado esteja em seu primeiro mandato eletivo (2011-2014) e pretenda candidatar- se à reeleição para o mandato 2015-2018. Considere, ainda, que, em 2012, ele e sua esposa tenham rompido o vínculo conjugal. Nessa situação hipotética, caso seja confirmada a candidatura à reeleição, a ex-esposa não poderá candidatar-se, no ano de 2014, ao cargo de deputada estadual no estado em que seu ex-esposo é governador. (CESPE – 2014 – Câmara dos Deputados – Técnico Legislativo – Agente de Polícia Legislativa).

10. Os direitos políticos **NEGATIVOS** consagram as normas que impedem a participação no processo político eleitoral. (CESPE – 2014 – PGE-BA – Procurador do Estado).

> **Questão original:** Os direitos políticos passivos consagram as normas que impedem a participação no processo político eleitoral.

11. O analfabetismo representará óbice à elegibilidade dos cidadãos. (CESPE – 2018 – MPE-PI – Analista Ministerial – Área Processual).

> **Questão original:** O analfabetismo **NÃO** representará óbice à elegibilidade dos cidadãos, haja vista a garantia do amplo exercício dos direitos políticos, característica do estado democrático de direito.

12. O voto não é obrigatório para os analfabetos. (CESPE – 2018 – MPE-PI – Analista Ministerial – Área Processual).

13. Estrangeiro que resida no Brasil há mais de quinze anos ininterruptos e não tenha condenação penal poderá tornar-se, após requerimento, brasileiro naturalizado e, nessa condição, candidatar-se a deputado federal ou senador, mas, se eleito, estará impedido de presidir a casa legislativa à qual pertencer. (CESPE – 2017 – TCE-PE – Analista de Gestão – Julgamento).

14. Cônjuge de governador de determinado estado será inelegível nesse mesmo estado, **MESMO** se a sociedade ou o vínculo conjugal se dissolver no decorrer do mandato. (CESPE – 2017 – TRF – 1ª REGIÃO – Analista Judiciário – Área Judiciária).

> **Observação:** "Súmula vinculante 18: A dissolução da sociedade ou do vínculo conjugal, no curso do mandato, não afasta a inelegibilidade prevista no § 7º do artigo 14 da Constituição Federal."

> **Questão original:** Cônjuge de governador de determinado estado será inelegível nesse mesmo estado, salvo se a sociedade ou o vínculo conjugal se dissolver no decorrer do mandato.

15. No texto constitucional, os direitos políticos estão vinculados ao exercício da soberania popular, **POR EXEMPLO**, aos direitos de votar e de ser votado. (CESPE – 2017 – DPU – Defensor Público Federal).

Questão original: No texto constitucional, os direitos políticos estão vinculados ao exercício da soberania popular, restritos, portanto, aos direitos de votar e de ser votado.

16. O governador de determinado estado, no curso do segundo mandato, rompeu o vínculo conjugal com sua esposa, que também se interessa pela vida política. Nessa situação, a ex-esposa, **NÃO** poderá candidatar-se, nas eleições seguintes, a cargo eletivo naquele estado, **CASO** o divórcio ocorra seis meses antes do pleito. (CESPE – 2017 – TCE-PE – Analista de Gestão – Julgamento).

Questão original: Situação hipotética: O governador de determinado estado, no curso do segundo mandato, rompeu o vínculo conjugal com sua esposa, que também se interessa pela vida política. Assertiva: Nessa situação, a ex-esposa, caso deseje, poderá candidatar-se, nas eleições seguintes, a cargo eletivo naquele estado, desde que o divórcio ocorra seis meses antes do pleito.

17. Com referência à Constituição Federal de 1988 e às disposições nela inscritas relativamente a direitos sociais e políticos, administração pública e servidores públicos, julgue o item subsequente. No Brasil, o alistamento eleitoral e o voto são facultativos para os analfabetos, os maiores de setenta anos de idade e os maiores de dezesseis e menores de dezoito anos de idade. (CESPE – 2016 – FUB – Conhecimentos Básicos – Cargo 20).

18. Uma lei que altere o processo eleitoral e que seja editada no mesmo ano das eleições municipais **NÃO** poderá ser aplicada **A ELEIÇÕES QUE OCORRAM EM UM ANO DE SUA VIGÊNCIA.** (CESPE – 2016 – ANVISA – Técnico Administrativo – Conhecimentos Específicos).

Observação: "Art. 16 da CF: A lei que alterar o processo eleitoral entrará em vigor na data de sua publicação, não se aplicando à eleição que ocorra até um ano da data de sua vigência."

Questão original: Uma lei que altere o processo eleitoral e que seja editada no mesmo ano das eleições municipais poderá ser aplicada, desde que sua edição se dê, no mínimo, cento e oitenta dias antes do pleito eletivo.

19. Servidor público na ativa, com trinta e quatro anos de idade à época da eleição para deputado distrital, poderá concorrer ao cargo eletivo, ainda que se afaste de seu cargo público antes da eleição. (CESPE – 2016 – TCE-PA – Auditor de Controle Externo – Área Fiscalização – Direito).

Questão original: Servidor público na ativa, com trinta e quatro anos de idade à época da eleição para deputado distrital, **NÃO** poderá concorrer ao cargo eletivo, ainda que se afaste de seu cargo público antes da eleição, dada a sua idade.

20. Serão **SUSPENSOS** os direitos políticos do indivíduo condenado criminalmente em sentença transitada em julgado. (CESPE - 2016 - TCE-PA - Auxiliar Técnico de Controle Externo - Área Administrativa).

> **Questão original:** Serão cassados os direitos políticos do indivíduo condenado criminalmente em sentença transitada em julgado.

21. No que diz respeito à disciplina constitucional relativa aos direitos políticos, julgue o item seguinte. A alistabilidade, que se refere à capacidade do indivíduo de ser eleitor, com direito de participar da escolha dos mandatários, é vedada aos estrangeiros e, durante o período do serviço militar obrigatório, aos conscritos. (CESPE - 2016 - TCE-PA - Conhecimentos Básicos- Cargos 4, 5 e de 8 a 17).

22. O cancelamento da naturalização por meio de sentença judicial transitada em julgado acarreta a perda dos direitos políticos. (CESPE - 2016 - DPU - Analista Técnico - Administrativo).

23. Admite-se, excepcionalmente, a **SUSPENSÃO** de direitos políticos na hipótese de condenação pela prática de improbidade administrativa. (CESPE - 2016 - DPU - Técnico em Assuntos Educacionais).

> **Questão original:** Admite-se, excepcionalmente, a cassação de direitos políticos na hipótese de condenação pela prática de improbidade administrativa.

24. Paulo, de trinta e cinco anos de idade, exerce o segundo mandato consecutivo de prefeito do município X. Pretendendo candidatar-se ao cargo de governador do estado no pleito seguinte, Paulo renunciou ao mandato seis meses antes das eleições, assumindo o cargo o então vice-prefeito, Marcos, de trinta e dois anos de idade, marido de Maria, de vinte anos de idade. (CESPE - 2015 - FUB - Assistente em Administração).

24.1 Maria, **EM VIRTUDE DE SUA IDADE, NÃO** poderá candidatar-se e ser validamente eleita para o mandato de deputada estadual nas eleições imediatamente seguintes à investidura de Marcos no cargo de prefeito.

> **Questão original:** Maria poderá candidatar-se e ser validamente eleita para o mandato de deputada estadual nas eleições imediatamente seguintes à investidura de Marcos no cargo de prefeito, desde que em estado diverso daquele em que se situa o município X.

24.2 Marcos **NÃO** poderá candidatar-se e ser validamente eleito para o mandato de deputado estadual nas eleições imediatamente seguintes à sua investidura no cargo de prefeito.

Questão original: Marcos poderá candidatar-se e ser validamente eleito para o mandato de deputado estadual nas eleições imediatamente seguintes à sua investidura no cargo de prefeito.

24.3 Se Paulo não fosse candidato a governador, ele não poderia, nas eleições imediatamente seguintes à sua renúncia, candidatar-se e ser validamente eleito para o cargo de vice-prefeito do município X.

25. O alistamento eleitoral e o voto são facultativos para analfabetos, maiores de setenta anos de idade e para os maiores de dezesseis e menores de dezoito anos de idade. (CESPE – 2015 – TRE-GO – Analista Judiciário – Área Judiciária – Conhecimentos Específicos).

Questão original: O alistamento eleitoral e o voto são facultativos para analfabetos, **PORTADORES DE NECESSIDADES ESPECIAIS**, maiores de setenta anos de idade e para os maiores de dezesseis e menores de dezoito anos de idade.

26. Suponha que José, casado com Míriam e prefeito de um município brasileiro, venha a falecer dois anos após ter sido eleito. Nessa situação, Míriam pode se candidatar e se eleger ao cargo antes ocupado por seu marido nas eleições seguintes ao falecimento. (CESPE – 2015 – TRE-GO – Analista Judiciário – Área Administrativa – Conhecimentos Específicos).

27. A norma constitucional que consagra o princípio da anterioridade eleitoral não pode ser abolida por tratar-se de uma garantia individual fundamental do cidadão-eleitor. (CESPE – 2015 – TRE-GO – Analista Judiciário – Área Administrativa – Conhecimentos Específicos).

28. Os direitos políticos são titularizados e livremente exercidos **PELOS CIDADÃOS** brasileiros e garantem a participação na vida política e a influência nas decisões públicas. (CESPE – 2015 – FUB – Conhecimentos Básicos – Nível Superior).

Questão original: Os direitos políticos são titularizados e livremente exercidos por todos os brasileiros e garantem a participação na vida política e a influência nas decisões públicas.

29. O analfabeto, embora inelegível, possui a faculdade de alistar-se e de votar. (CESPE – 2015 – FUB – Conhecimentos Básicos – Nível Superior).

30. Os direitos políticos poderão ser **SUSPENSOS** na hipótese de condenação judicial transitada em julgado por ato de improbidade administrativa. (CESPE – 2015 – TCE-RN – Conhecimentos Básicos para o Cargo 5; CESPE – 2015 – TCE-RN – Conhecimentos Básicos para o Cargo 1).

Questão original: Os direitos políticos poderão ser cassados na hipótese de condenação judicial transitada em julgado por ato de improbidade administrativa.

31. Vice-governador de estado que não tenha sucedido ou substituído o governador durante o mandato não precisará se desincompatibilizar do cargo atual no período de seis meses antes do pleito para concorrer a outro cargo eletivo. (CESPE - 2015 - AGU - Advogado da União).

32. A lei que altera o processo eleitoral deve entrar em vigor na data de sua publicação e ser aplicada à eleição seguinte, **SALVO SE À ELEIÇÃO OCORRA ATÉ UM ANO DE SUA VIGÊNCIA.** (CESPE - 2015 - MPOG - Analista Técnico Administrativo - Cargo 2).

Questão original: A lei que altera o processo eleitoral deve entrar em vigor na data de sua publicação e ser aplicada à eleição seguinte, independentemente de quando esta ocorrer.

33. As ações de impugnação de mandato eletivo tramitam necessariamente em segredo de justiça. (CESPE - 2014 - PGE-BA - Procurador do Estado).

34. Não são alistáveis como eleitores nem os estrangeiros nem os **CONSCRITOS.** (CESPE - 2014 - PGE-BA - Procurador do Estado).

Questão original: Não são alistáveis como eleitores nem os estrangeiros nem os militares.

35. A lei que alterar o processo eleitoral deverá entrar em vigor na data de sua publicação, não se aplicando os seus dispositivos à eleição que ocorrer em até um ano da data de sua vigência. (CESPE - 2014 - ANTAQ - Técnico Administrativo).

36. O alistamento eleitoral e o voto são facultativos para os maiores de **SETENTA** anos de idade. (CESPE - 2013 - TRT - 17ª Região (ES) - Analista Judiciário - Oficial de Justiça Avaliador; CESPE - 2011 - MEC - Nível Superior - Conhecimentos Básicos - Todos os Cargos).

Questão original: O alistamento eleitoral e o voto são facultativos para os maiores de sessenta anos de idade.

37. Uma das hipóteses de **SUSPENSÃO** dos direitos políticos é a condenação criminal transitada em julgado por crimes contra a administração pública. (CESPE - 2013 - FUB - Assistente em Administração).

Questão original: Uma das hipóteses de cassação dos direitos políticos é a condenação criminal transitada em julgado por crimes contra a administração pública.

38. O eleitor que, após o trâmite regular de processo judicial, tiver condenação criminal transitada em julgado terá seus direitos políticos suspensos apenas enquanto durarem os efeitos da condenação. (CESPE – 2013 – CPRM – Analista em Geociências – Direito).

39. Considere que Marcos, cidadão brasileiro, com vinte anos de idade, pretenda se eleger na próxima eleição, pela primeira vez, vereador de determinado município e que seu irmão adotivo seja atualmente vereador do referido município. Nessa situação, Marcos **NÃO** é considerado inelegível. (CESPE – 2013 – MPU – Analista – Direito).

Questão original: Considere que Marcos, cidadão brasileiro, com vinte anos de idade, pretenda se eleger na próxima eleição, pela primeira vez, vereador de determinado município e que seu irmão adotivo seja atualmente vereador do referido município. Nessa situação, Marcos é considerado relativamente inelegível.

40. Os recrutados pelas forças armadas não podem alistar-se como eleitores durante o período em que estiverem cumprindo o serviço militar obrigatório. (CESPE – 2013 – TJ-DFT – Técnico Judiciário – Área Administrativa).

41. Plebiscito e referendo são formas de exercício direto da soberania popular e expressam os contornos do regime democrático brasileiro, o qual possui tanto elementos de uma democracia direta quanto de uma democracia representativa. (CESPE – 2013 – FUNASA – Todos os Cargos – Conhecimentos Básicos – Cargos 1 e 2).

42. O plebiscito, consistente em consulta prévia formulada ao cidadão para que ele manifeste sua concordância ou não com ato legislativo **OU ADMINISTRATIVO**; o referendo, consulta realizada posteriormente à edição do ato legislativo **OU ADMINISTRATIVO**; e a iniciativa popular, procedimento no qual a população **PROPÕE**, mediante o exercício do direito de manifestação, modificações no ordenamento jurídico, são formas de exercício da soberania popular. (CESPE – 2013 – MC – Todos os Cargos – Especialidades 2 – 6, 9 – 12, 14 – 16, 18, 21 – 25).

Observação: "Art. 2º, § 1º e 2º da Lei 9.709/98: § 1º O plebiscito é convocado com anterioridade a ato legislativo ou administrativo, cabendo ao povo, pelo voto, aprovar ou denegar o que lhe tenha sido submetido; § 2ºO referendo é convocado com posterioridade a ato legislativo ou administrativo, cumprindo ao povo a respectiva ratificação ou rejeição."

Questão original: O plebiscito, consistente em consulta prévia formulada ao cidadão para que ele manifeste sua concordância ou não com ato legislativo; o referendo, consulta realizada posteriormente à edição do ato legislativo; e a iniciativa popular, procedimento no qual a população exige, mediante o exercício do direito de manifestação, modificações no ordenamento jurídico, são formas de exercício da soberania popular.

43. Poderá ser objeto de deliberação de reforma política pela via do plebiscito o pluralismo político em sentido amplo. (CESPE - 2013 - MC - Todos os Cargos - Especialidades 2 - 6, 9 - 12, 14 - 16, 18, 21 - 25).

> **Questão original:** NÃO poderá ser objeto de deliberação de reforma política pela via do plebiscito o pluralismo político em sentido amplo, que é entendido como a diversidade político-partidária.

44. A participação popular, por intermédio do plebiscito, consiste na participação direta do povo no exercício da soberania popular. (CESPE - 2013 - MC - Todos os Cargos - Especialidades 2 - 6, 9 - 12, 14 - 16, 18, 21 - 25).

45. A CF, entre outras condições, estabelece, como requisito para a elegibilidade, que o cidadão saiba ler e escrever o seu próprio nome. (CESPE - 2013 - MC - Todos os Cargos - Especialidades 2 - 6, 9 - 12, 14 - 16, 18, 21 - 25).

46. À luz dos preceitos constitucionais, é possível que uma pessoa detenha a nacionalidade brasileira, mas não possa exercer a sua cidadania. (CESPE - 2013 - FUB - Nível Superior - Conhecimentos Básicos - Áreas 2 e 9).

47. Filho de governador de estado é inelegível para qualquer cargo eletivo em âmbito **ESTADUAL.** (CESPE - 2013 - PG-DF - Procurador).

> **Questão original:** Filho de governador de estado é inelegível para qualquer cargo eletivo em âmbito nacional.

48. O governador do DF é inelegível para quaisquer outros cargos, a não ser que renuncie a seu mandato com uma antecedência mínima de seis meses em relação à data do pleito. (CESPE - 2013 - PG-DF - Procurador).

49. Caso já ocupe o cargo de deputado distrital, filho de governador do estado torna-se elegível para o mesmo cargo na eleição subsequente. (CESPE - 2013 - PG-DF - Procurador).

50. Os brasileiros natos e os naturalizados, por possuírem cidadania brasileira, podem participar da vida política, sendo, portanto, sujeitos de direitos políticos. (CESPE - 2013 - TCE-RS - Oficial de Controle Externo).

> **Questão original:** Os brasileiros natos e os naturalizados, por possuírem cidadania brasileira, **E OS ESTRANGEIROS**, por poderem pleiteá-la, podem participar da vida política, sendo, portanto, sujeitos de direitos políticos.

51. A condenação criminal transitada em julgado acarreta a **SUSPENSÃO** dos direitos políticos, independentemente de manifestação expressa na decisão condenatória. (CESPE - 2013 - DEPEN - Agente Penitenciário).

Questão original: A condenação criminal transitada em julgado acarreta a perda dos direitos políticos, independentemente de manifestação expressa na decisão condenatória.

52. Conforme a CF, admite-se a perda de direitos políticos na hipótese de cancelamento da naturalização por **DECISÃO JUDICIAL TRANSITADA EM JULGADO.** (CESPE – 2013 – Polícia Federal – Escrivão da Polícia Federal).

Questão original: Conforme a CF, admite-se a perda de direitos políticos na hipótese de cancelamento da naturalização por decisão administrativa definitiva.

53. Os direitos políticos constituem um conjunto de regras que disciplinam as formas de atuação da soberania popular e são um desdobramento do princípio democrático, segundo o qual, todo o poder emana do povo, que o exerce diretamente ou por meio de representantes eleitos. (CESPE – 2013 – MS – Analista Técnico – Administrativo).

54. Cidadão brasileiro que tiver trinta **E CINCO** anos de idade poderá ser candidato a senador, desde que possua pleno exercício dos direitos políticos, alistamento eleitoral, filiação partidária e domicílio eleitoral no estado pelo qual pretenda concorrer. (CESPE – 2013 – TJ-DFT – Técnico Judiciário – Área Administrativa).

Questão original: Cidadão brasileiro que tiver trinta anos de idade poderá ser candidato a senador, desde que possua pleno exercício dos direitos políticos, alistamento eleitoral, filiação partidária e domicílio eleitoral no estado pelo qual pretenda concorrer.

55. A consulta aos cidadãos, em momento **ANTERIOR** ao ato legislativo, é realizada mediante plebiscito. (CESPE – 2013 – CNJ – Analista Judiciário – Área Administrativa).

Questão original: A consulta aos cidadãos, em momento posterior ao ato legislativo, é realizada mediante plebiscito.

56. A incapacidade civil absoluta configura hipótese de suspensão dos direitos políticos. (CESPE – 2013 – TCE-RO – Todos os Cargos – Conhecimentos Básicos – Cargos 2, 4, 5 e 6).

57. Considere que Ana seja casada com o presidente de determinada assembleia legislativa estadual e João seja casado com uma vereadora da capital desse mesmo estado. Nessa situação hipotética, não há impedimento legal para que Ana e João se candidatem a cargos de vereador da citada capital. (CESPE – 2012 – Câmara dos Deputados – Analista Legislativo – Taquígrafo).

58. A investidura política decorre da eleição direta **E INDIRETA.** (CESPE – 2012 – TJ-RR – Administrador).

Questão original: A investidura política decorre unicamente da eleição direta, mediante sufrágio universal, na forma da lei.

59. O alistamento eleitoral é obrigatório para os maiores de dezesseis e os menores de **SETENTA** anos de idade. (CESPE - 2012 - STJ - Analista Judiciário - Área Judiciária).

Questão original: O alistamento eleitoral é obrigatório para os maiores de dezesseis e os menores de sessenta anos de idade.

60. As inelegibilidades, como impedimentos ao exercício do direito de ser votado, constituem exceções e, portanto, se circunscrevem às previstas no texto constitucional **E EM LEI COMPLEMENTAR.** (CESPE - 2012 - TC-DF - Auditor de Controle Externo).

Questão original: As inelegibilidades, como impedimentos ao exercício do direito de ser votado, constituem exceções e, portanto, se circunscrevem às taxativamente previstas no texto constitucional.

61. O ordenamento jurídico-constitucional brasileiro considera inelegíveis, em regra, os **INALISTÁVEIS E OS ANALFABETOS.** (CESPE - 2012 - Câmara dos Deputados - Todos os Cargos - Conhecimentos Básicos - exceto para Técnico em Material e Patrimônio; CESPE - 2012 - Câmara dos Deputados - Analista - Técnico em Material e Patrimônio - BÁSICOS).

Questão original: O ordenamento jurídico-constitucional brasileiro considera inelegíveis, em regra, os estrangeiros e os militares; estes, contudo, se contarem com mais de dez anos de serviço, podem se eleger, atendidas determinadas condições.

62. A CF consagra a prevalência da democracia representativa, fazendo alusão à democracia **SEMIDIRETA, MENCIONANDO** expressamente os meios pelos quais a soberania popular poderá ser exercida. (CESPE - 2012 - Câmara dos Deputados - Todos os Cargos - Conhecimentos Básicos - exceto para Técnico em Material e Patrimônio).

Questão original: A CF consagra a prevalência da democracia representativa, fazendo apenas alusão à democracia direta, sem mencionar expressamente os meios pelos quais a soberania popular poderá ser diretamente exercida.

63. A CF não impõe nenhuma limitação ao número de reeleições possíveis para os cargos de deputado federal e de senador da República. (CESPE - 2012 - MCT - Técnico - Tema VII).

64. O militar com quinze anos de serviço que pretenda candidatar-se ao cargo de deputado estadual deve ser agregado pela autoridade superior e, se eleito, passará automaticamente, no ato da **DIPLOMAÇÃO**, para a inatividade. (CESPE – 2012 – Câmara dos Deputados – Analista Legislativo – Conhecimentos Básicos – Médico todas as Áreas).

> **Questão original:** O militar com quinze anos de serviço que pretenda candidatar-se ao cargo de deputado estadual deve ser agregado pela autoridade superior e, se eleito, passará automaticamente, no ato da posse, para a inatividade.

65. José, que jamais exerceu qualquer cargo eletivo, é irmão de Josias, que, por sua vez, é prefeito de determinado município. Nessa situação, caso José pretenda lançar-se candidato a vereador, sua candidatura não poderá ser apresentada no mesmo município em que seu irmão Josias é prefeito. (CESPE – 2011 – TJ-ES – Analista Judiciário – Área Administrativa).

66. O status de cidadão tem duas dimensões: a ativa, que se traduz pela capacidade de exercício do sufrágio, e a passiva, traduzida pela legitimação para o acesso a cargos públicos. (CESPE – 2011 – TRE-ES – Técnico Judiciário – Área Administrativa – Específicos).

67. O analfabeto possui capacidade eleitoral **ATIVA FACULTATIVA.** (CESPE – 2011 – TRE-ES – Técnico Judiciário – Área Administrativa – Específicos).

> **Questão original:** O analfabeto possui capacidade eleitoral passiva.

68. Todos os que sofrem condenação criminal com trânsito em julgado estão com seus direitos políticos suspensos até que ocorra a extinção da punibilidade, como consequência automática da sentença condenatória. (CESPE – 2011 – TRE-ES – Analista Judiciário – Área Judiciária – Específicos).

69. A CF determina como condição de elegibilidade para o cargo de presidente e vice-presidente da República a idade mínima de trinta **E CINCO** anos. (CESPE – 2011 – PREVIC – Técnico Administrativo – Básicos).

> **Questão original:** A CF determina como condição de elegibilidade para o cargo de presidente e vice-presidente da República a idade mínima de trinta anos.

70. O cancelamento da naturalização por **DECISÃO JUDICIAL TRANSITADA EM JULGADO** configura uma **HIPÓTESE** de perda dos direitos políticos. (CESPE – 2011 – PREVIC – Cargos de Nível Superior).

> **Questão original:** O cancelamento da naturalização por ato administrativo configura uma das hipóteses de perda ou suspensão dos direitos políticos.

71. Considere que João seja reconhecidamente analfabeto. Nessa situação, por não dispor de capacidade eleitoral passiva, João pode votar **NÃO PODENDO** ser candidato às eleições. (CESPE – 2011 – PC-ES – Perito Criminal – Específicos).

Questão original: Considere que João seja reconhecidamente analfabeto. Nessa situação, por não dispor de capacidade eleitoral ativa e passiva, João não pode votar ou ser candidato às eleições, salvo quando expressamente autorizado pela justiça eleitoral.

72. Consideram-se direitos políticos negativos as restrições e os impedimentos ao exercício da capacidade eleitoral ativa e passiva. (CESPE - 2011 - TJ-ES - Analista Judiciário - Direito - Área Judiciária - específicos).

73. A inelegibilidade absoluta constitui excepcional e uma característica da pessoa, e não do cargo, sendo disciplinada somente na CF. (CESPE - 2011 - IFB - Professor - Direito).

74. Um cidadão alemão que resida no Brasil há dez anos pode candidatar-se ao cargo de vereador do município onde reside. (CESPE - 2010 - TRE-BA - Técnico Judiciário - Segurança Judiciária).

75. Entre as inelegibilidades relativas estipuladas na CF, está previsto o impedimento relativo à capacidade eleitoral passiva previsto exclusivamente em lei complementar com o objetivo, entre outros, de proteger a probidade administrativa e a moralidade para exercício de mandato. (CESPE - 2010 - TRT - 21ª Região (RN) - Técnico Judiciário - Área Administrativa).

76. Aos analfabetos é concedido o direito facultativo de votar, mas não podem ser eleitos para exercer mandato político. (CESPE - 2010 - MS - Analista Técnico - Administrativo - PGPE 1).

77. Segundo dispõe o capítulo da CF acerca dos direitos políticos, o analfabeto possui o direito à alistabilidade. (CESPE - 2010 - TRE-BA - Analista Judiciário - Taquigrafia).

Questão original: Segundo dispõe o capítulo da CF acerca dos direitos políticos, o analfabeto possui **CAPACIDADE ELEITORAL PASSIVA** e o direito à alistabilidade.

78. Maria, eleita senadora da República de um estado da Federação em 2006, é casada com o irmão de Leopoldo, que pretende ser candidato ao cargo de governador do mesmo estado em 2010. Nessa situação, Leopoldo **NÃO** é inelegível, devido ao grau de parentesco com Maria. (CESPE - 2008 - ABIN - Oficial de Inteligência).

Questão original: Maria, eleita senadora da República de um estado da Federação em 2006, é casada com o irmão de Leopoldo, que pretende ser candidato ao cargo de governador do mesmo estado em 2010. Nessa situação, Leopoldo é inelegível, devido ao grau de parentesco com Maria.

79. A democracia repousa sobre dois princípios fundamentais, que lhe dão a essência conceitual: o da soberania popular, segundo o qual o povo é a única fonte do poder; e a participação direta ou indireta, do povo no poder, para que este seja efetiva expressão da vontade popular. José Afonso da Silva. Curso de direito constitucional positivo. 24.ª ed. São Paulo: Malheiros, 2005, p. 131 (com adaptações). (CESPE – 2010 – TRE-BA – Técnico Judiciário – Área Administrativa).

79.1 Caso seja promulgada uma emenda constitucional que autorize o alistamento eleitoral aos que contem com quinze anos de idade, essa norma **ENTRARÁ EM VIGOR NA DATA DE SUA PUBLICAÇÃO, NÃO SE APLICANDO À ELEIÇÃO QUE OCORRA ATÉ UM ANO DA DATA DE SUA VIGÊNCIA.**

> **Questão original:** Caso seja promulgada uma emenda constitucional que autorize o alistamento eleitoral aos que contem com quinze anos de idade, essa norma deverá ter aplicação imediata, observados os prazos e procedimentos da legislação eleitoral quanto ao alistamento.

79.2 Os conscritos, durante o período do serviço militar obrigatório, são inalistáveis e inelegíveis.

80. O voto, que deve ser exercido de forma direta, apresenta os caracteres constitucionais de personalidade, obrigatoriedade, liberdade, sigilosidade, igualdade e periodicidade. A igualdade revela-se no fato de que todos os cidadãos têm o mesmo valor no processo eleitoral. (CESPE – 2010 – TRT – 21ª Região (RN) – Analista Judiciário – Área Judiciária).

81. A condenação criminal transitada em julgado constitui hipótese de suspensão dos direitos políticos enquanto durarem seus efeitos. (CESPE – 2009 – DPE-AL – Defensor Público).

82. Diante dos requisitos legais, o juiz de direito de determinada comarca decretou a prisão preventiva do vereador Galego, suspeito de tráfico de drogas, bem como autorizou a realização de busca e apreensão em sua residência. A polícia, de posse dos mandados judiciais, dirigiu-se até a câmara municipal, não logrando êxito em encontrar o vereador. Às 20 h, a polícia localizou Galego em sua residência. Considerando as informações apresentadas na situação hipotética acima, julgue os itens que se seguem. Caso Galego seja condenado por decisão transitada em julgado, perde, automaticamente, o mandato de vereador. (CESPE – 2009 – TRT – 17ª Região (ES) – Analista Judiciário – Área Judiciária – Execução de Mandados).

83. Considere que Marcos, oficial da Aeronáutica há 8 anos, seja casado com Vânia, cujo irmão é senador pelo estado da Paraíba. Nesse caso, não há impedimentos para que Marcos se candidate a cargo eletivo no referido estado, desde que se afaste da carreira militar. (CESPE – 2009 – ANTAQ – Técnico Administrativo).

84. A candidatura a cargos eletivos **É VEDADA** aos analfabetos. (CESPE - 2009 - DETRAN-DF - Auxiliar de Trânsito).

> **Questão original:** O alistamento eleitoral e a candidatura a cargos eletivos são vedados aos analfabetos.

85. A cidadania implica o efetivo exercício dos direitos civis, políticos e socioeconômicos, bem como a participação e a contribuição para o bem-estar da sociedade. (CESPE - 2009 - ANTAQ - Técnico Administrativo).

86. Caso o prefeito de um município e seu filho, deputado estadual, sejam candidatos à reeleição para os mesmos cargos, não haverá inelegibilidade. (CESPE - 2009 - DPE-ES - Defensor Público).

87. Antônio, servidor público, foi condenado por improbidade administrativa em decorrência de ato ilícito praticado no órgão em que estava lotado. Logo após a sentença transitada em julgado, Antônio candidatou-se a deputado estadual. Nessa situação, a candidatura de Antônio pode ser impugnada pois a condenação por improbidade administrativa implica suspensão temporária dos direitos políticos. (CESPE - 2008 - INSS - Analista do Seguro Social).

88. **EM SITUAÇÕES ESPECÍFICAS** o cônjuge e os parentes consanguíneos ou afins, até o segundo grau ou por adoção, do presidente da República, de governador de estado ou de prefeito municipal, podem ser candidatos a cargos eletivos no território de jurisdição do titular. (CESPE - 2008 - PC-TO - Delegado de Polícia).

> **Questão original:** Em nenhuma hipótese o cônjuge e os parentes consanguíneos ou afins, até o segundo grau ou por adoção, do presidente da República, de governador de estado ou de prefeito municipal, podem ser candidatos a cargos eletivos no território de jurisdição do titular.

89. Os analfabetos são inelegíveis. (CESPE - 2008 - PC-TO - Delegado de Polícia).

> **Questão original:** Os analfabetos são inelegíveis, salvo se exercerem o direito de alistabilidade.

90. Na hipótese de o marido da governadora de um estado da Federação pretender concorrer à primeira eleição para mandato local, ele será inelegível. (CESPE - 2008 - TRT - 5ª Região (BA) - Analista Judiciário - Área Administrativa).

91. O princípio da soberania popular comporta cinco dimensões, historicamente sedimentadas. O domínio político não é pressuposto e aceito, carece de justificação, necessita de legitimação; a legitimação do domínio político só pode derivar do próprio povo, e não de qualquer outra instância "fora" do povo real (ordem divina, ordem natural, ordem hereditária, ordem democrática); o povo é, ele mesmo, o titular da soberania ou do poder, o que significa, de forma negativa, que o poder do povo distingue-se de outras formas de domínio (monarca, classe, casta); de forma positiva, há necessidade de uma legitimação democrática efetiva para o exercício do poder, pois o povo é o titular e o ponto de referência dessa mesma legitimação – ela vem do povo e a este se deve reconduzir; a soberania popular – o povo, a vontade do povo e a formação da vontade política do povo – existe, é eficaz e vinculativa no âmbito de uma ordem constitucional materialmente informada pelos princípios da liberdade política, da igualdade dos cidadãos, de organização plural de interesses politicamente relevantes e procedimentalmente dotada de instrumentos garantidores da operacionalidade prática desse princípio; a Constituição, material, formal e procedimentalmente legitimada, fornece o plano da construção organizatória da democracia, pois é ela que determina os pressupostos e os procedimentos segundo os quais as decisões e as manifestações de vontade do povo são jurídica e politicamente relevantes. J.J. Gomes Canotilho. Direito constitucional e teoria da constituição, 4.ª ed., p. 290 (com adaptações).

A legitimação do domínio político passa pelo exercício da cidadania, que não se restringe ao direito de votar e ser votado, mas envolve também o direito de participar da vida democrática do Estado, o que **PODE** ser feito **DIRETAMENTE E** indiretamente. (CESPE – 2008 – ABIN – Oficial de Inteligência).

Questão original: A legitimação do domínio político passa pelo exercício da cidadania, que não se restringe ao direito de votar e ser votado, mas envolve também o direito de participar da vida democrática do Estado, o que deve ser feito apenas indiretamente, ou exclusivamente por meio de associações de classe e de partidos políticos.

92. Nas eleições para prefeito na cidade Alfa, concorria à reeleição o atual prefeito, Acácio. Bruno, filho de Acácio, embora filiado ao mesmo partido político do pai há mais de dois anos, nunca se motivou a concorrer a nenhum cargo eletivo. Oito meses antes da eleição, Acácio, após inflamado discurso, em que sustentou que se fosse reeleito melhoraria as condições educacionais do município por meio do investimento prioritário no ensino superior, sofreu um fulminante infarto do miocárdio, morrendo antes da chegada de socorro médico.

Bruno poderá concorrer ao cargo de prefeito da cidade Alfa, em substituição a seu pai, não se aplicando à sua candidatura o instituto da inelegibilidade reflexa. (CESPE – 2004 – Polícia Federal – Delegado de Polícia – Nacional).

93. Médicos, dentistas, farmacêuticos e veterinários que prestam serviço militar **NÃO** devem ser excluídos do alistamento eleitoral. (CESPE – 2004 – STJ – Analista Judiciário – Área Administrativa).

Questão original: Médicos, dentistas, farmacêuticos e veterinários que prestam serviço militar devem ser excluídos do alistamento eleitoral, pois se encontram na condição de conscritos.

94. Todos os direitos e garantias constitucionais são imodificáveis. Se enquadram nessa condição também os direitos políticos e aqueles concernentes à nacionalidade. (CESPE - 2004 - STJ - Analista Judiciário - Área Administrativa).

95. O sufrágio se configura em direito político, público e subjetivo **EM VOTAR E SER VOTADO**, enquanto o voto se configura no modo de exercício. (CESPE - 2004 - STJ - Analista Judiciário - Área Administrativa).

> **Questão original:** O sufrágio se configura em direito político, público e subjetivo enquanto o voto se configura no modo de exercício e no próprio exercício desse direito.

96. Afinal, o que é ser cidadão? Ser cidadão é ter direito à vida, à liberdade, à propriedade, à igualdade perante a lei: é, em resumo, ter direitos civis. É também participar no destino da sociedade, votar, ser votado, ter direitos políticos. Os direitos civis e políticos não asseguram a democracia sem os direitos sociais, aqueles que garantem a participação do indivíduo na riqueza coletiva: o direito à educação, ao trabalho, ao salário justo, à saúde, a uma velhice tranquila. Exercer a cidadania plena é ter direitos civis, políticos e sociais. Jaime Pinsky. História da cidadania. (Org. Contexto 2003).

Para ser votado para um cargo eletivo, no Poder Executivo ou no Poder Legislativo, o cidadão brasileiro precisa preencher determinados requisitos, como o de ser filiado a um partido político. (CESPE - 2003 - Banco do Brasil - Escriturário - 001).

97. Em outubro de 2002, seguindo um calendário democrático que se torna cada vez mais rotineiro, o Brasil voltará às urnas, dessa vez para eleger presidente da República, governadores estaduais e do Distrito Federal (DF), deputados federais, estaduais e distritais, além de dois terços do Senado Federal. Relativamente a esse tema, julgue os itens que se seguem.

A partir da Constituição de 1988, os brasileiros analfabetos e os menores entre dezesseis e dezoito anos de idade ganharam o direito ao voto, ainda que não sejam obrigados a exercê-lo. (CESPE - 2002 - Banco do Brasil - Escriturário - 001).

2.7 DOS PARTIDOS POLÍTICOS

1. Os partidos políticos têm autonomia administrativa garantida pela Constituição Federal poderão definir o regime de suas coligações eleitorais **EM ELEIÇÕES MAJORITÁRIAS, PORÉM NÃO** vincularão as candidaturas no âmbito federal, estadual, distrital e no municipal. (CESPE - 2018 - MPE-PI - Analista Ministerial - Área Processual).

> **Questão original:** Os partidos políticos têm autonomia administrativa garantida pela Constituição Federal e poderão definir o regime de suas coligações eleitorais, que vincularão as candidaturas no âmbito federal, estadual, distrital e no municipal

2. Os partidos políticos adquirem personalidade jurídica na forma da lei **CIVIL**, devendo seus estatutos ser registrados no Tribunal Superior Eleitoral. (CESPE - 2017 - TCE-PE - Analista de Gestão - Administração).

Observação: "Art. 17, § 2º da CF: Os partidos políticos, após adquirirem personalidade jurídica, na forma da lei civil, registrarão seus estatutos no Tribunal Superior Eleitoral."

Questão original: Os partidos políticos adquirem personalidade jurídica na forma da lei eleitoral, devendo seus estatutos ser registrados no Tribunal Superior Eleitoral e no tribunal regional eleitoral do estado em que estiverem sediados.

3. A liberdade de criação de partidos políticos é um direito constitucional, o que **NÃO** impede que normas estabeleçam controle quantitativo e qualitativo sobre eles. (CESPE - 2017 - TCE-PE - Analista de Gestão - Julgamento).

Questão original: A liberdade de criação de partidos políticos é um direito constitucional, o que impede que normas estabeleçam controle quantitativo e qualitativo sobre eles.

4. Os partidos políticos possuem autonomia para definir sua estrutura interna, sua organização e seu funcionamento, sendo-lhes facultada a vinculação entre candidaturas em âmbito nacional, estadual, distrital ou municipal. (CESPE - 2017 - TRF - 1ª REGIÃO - Analista Judiciário - Área Judiciária).

5. O direito de antena, previsto pela Constituição Federal (CF), assegura aos partidos políticos a propaganda partidária mediante o acesso gratuito ao rádio e à televisão, na forma da lei. (CESPE - 2015 - TRE-GO - Analista Judiciário - Área Administrativa - Conhecimentos Específicos).

6. Em respeito à autonomia dos entes da Federação, a Constituição Federal autoriza a criação de partido político **NACIONAL**, desde que seja feito o devido registro dos estatutos do partido no **TRIBUNAL SUPERIOR ELEITORAL.** (CESPE - 2015 - TRE-GO - Técnico Judiciário - Área Administrativa).

Questão original: Em respeito à autonomia dos entes da Federação, a Constituição Federal autoriza a criação de partido político estadual, desde que seja feito o devido registro dos estatutos do partido no tribunal regional eleitoral correspondente no prazo legal.

7. Os partidos políticos adquirem **CAPACIDADE POLÍTICA** mediante o registro de seus estatutos no Tribunal Superior Eleitoral. (CESPE - 2014 - ANTAQ - Técnico Administrativo).

Questão original: Os partidos políticos adquirem personalidade jurídica mediante o registro de seus estatutos no Tribunal Superior Eleitoral.

8. O formato e a estrutura dos partidos políticos relacionam-se **MAIS** com a sua origem e história e **MENOS** com as condições de competição com outros partidos. (CESPE – 2014 – Câmara dos Deputados – Analista Legislativo – Consultor Legislativo Área XIX).

Questão original: O formato e a estrutura dos partidos políticos relacionam-se menos com a sua origem e história e mais com as condições de competição com outros partidos.

9. A CF assegura autonomia aos partidos políticos para definirem sua estrutura interna, organização e funcionamento, sendo-lhes permitido, inclusive, adotar os critérios de escolha e o regime de suas **COLIGAÇÕES** eleitorais. (CESPE – 2013 – MC – Todos os Cargos – Especialidades 2 – 6, 9 – 12, 14 – 16, 18, 21 – 25)

Questão original: A CF assegura autonomia aos partidos políticos para definirem sua estrutura interna, organização e funcionamento, sendo-lhes permitido, inclusive, adotar os critérios de escolha e o regime de suas obrigações eleitorais.

10. Partido político **NÃO** poderá receber recursos financeiros de governo estrangeiro. (CESPE – 2013 – TJ-DFT – Técnico Judiciário – Área Administrativa).

Questão original: Partido político poderá receber recursos financeiros de governo estrangeiro, desde que faça a declaração específica desses valores em sua prestação de contas.

11. A CF assegura aos partidos políticos autonomia para adotar os critérios de escolha e o regime de suas coligações eleitorais, não havendo, portanto, obrigatoriedade de vinculação entre as candidaturas em âmbito nacional, estadual, distrital ou municipal, pois não vigora, no direito eleitoral brasileiro, a regra da verticalização das coligações eleitorais. (CESPE – 2012 – FNDE – Especialista em Financiamento e Execução de Programas e Projetos Educacionais).

12. No Brasil, os partidos políticos são instituições de caráter permanente, cujo objeto e finalidades foram delimitados pela **LEI**, com vistas à organização e participação política do eleitorado. (CESPE – 2012 – Banco da Amazônia – Técnico Científico – Direito).

Questão original: No Brasil, os partidos políticos são instituições de caráter não permanente, cujo objeto e finalidades foram delimitados pela CF, com vistas à organização e participação política do eleitorado.

13. O legislador ordinário não tem competência para estabelecer normas relativas aos critérios de filiação e de escolha de candidatos dos partidos políticos, visto que, no texto constitucional, é assegurada às agremiações partidárias a autonomia para estabelecer as normas relativas à sua estrutura interna, organização, fidelidade e disciplina partidárias, bem como ao seu funcionamento. (CESPE – 2012 – TJ-RR – Administrador).

14. A autonomia conferida aos partidos políticos torna a justiça eleitoral incompetente para julgar a denominada matéria interna corporis desses partidos. (CESPE – 2011 – TRE-ES – Técnico Judiciário – Área Administrativa – Específicos).

> **Questão original:** A autonomia conferida aos partidos políticos **NÃO** torna a justiça eleitoral incompetente para julgar a denominada matéria interna corporis desses partidos.

15. Para que um partido político tenha representação no Congresso Nacional, é suficiente que o partido tenha um só parlamentar em qualquer uma das Casas do Congresso. (CESPE – 2009 – MMA – Agente Administrativo).

16. Os partidos políticos devem registrar seus estatutos no Tribunal Superior Eleitoral, que decidirá acerca do pedido de registro partidário em decisão **ADMINISTRATIVA.** (CESPE – 2009 – DPE-AL – Defensor Público).

> **Questão original:** Os partidos políticos devem registrar seus estatutos no Tribunal Superior Eleitoral, que decidirá acerca do pedido de registro partidário em decisão judicial devidamente fundamentada.

17. Um grupo que reúne lideranças comunitárias, empresários, estudantes e sindicalistas decidiu fundar partido político com atuação nacional. Concluída a elaboração dos documentos iniciais, representantes desse grupo dirigiram-se ao Tribunal Superior Eleitoral (TSE) com o objetivo de registrar os estatutos da nova agremiação para a organização dos diretórios regionais. Nessa situação, o registro no TSE ainda não pode ser efetivado, pois, de acordo com a Constituição Federal, o partido deve, primeiro, adquirir personalidade jurídica, no caso, de direito **PRIVADO.** (CESPE – 2008 – INSS – Analista do Seguro Social).

> **Questão original:** Um grupo que reúne lideranças comunitárias, empresários, estudantes e sindicalistas decidiu fundar partido político com atuação nacional. Concluída a elaboração dos documentos iniciais, representantes desse grupo dirigiram-se ao Tribunal Superior Eleitoral (TSE) com o objetivo de registrar os estatutos da nova agremiação para a organização dos diretórios regionais. Nessa situação, o registro no TSE ainda não pode ser efetivado, pois, de acordo com a Constituição Federal, o partido deve, primeiro, adquirir personalidade jurídica, no caso, de direito público.

18. Apesar de terem organização e caráter nacional, os partidos políticos, no Brasil, não estão obrigados à vinculação entre as candidaturas em âmbito nacional, estadual, distrital ou municipal. (CESPE – 2008 – PC-TO – Delegado de Polícia).

3

ORGANIZAÇÃO DO ESTADO

3.1 ORGANIZAÇÃO DA UNIÃO

1. Será **DA UNIÃO** o domínio de rio que banhe mais de um estado-membro. (CESPE - 2018 - MPU - Técnico do MPU - Administração).

Questão original: Será compartilhado o domínio de rio que banhe mais de um estado-membro, pertencendo a cada um deles a parte que adentrar o seu território.

2. As águas superficiais maranhenses são bens do estado, **RESSALVADA NA FORMA DE LEI AS QUE** sejam decorrentes de obras da União. (CESPE - 2018 - EMAP - Conhecimentos Básicos - Cargos de Nível Médio).

Observação: "Art. 26, I da CF: Incluem-se entre os bens dos Estados as águas superficiais ou subterrâneas, fluentes, emergentes e em depósito, ressalvadas, neste caso, na forma da lei, as decorrentes de obras da União."

Questão original: As águas superficiais maranhenses são bens do estado, ainda que, na forma da lei, sejam decorrentes de obras da União.

3. Rio que banhe os estados do Maranhão e do Piauí é um bem da União. (CESPE - 2018 - EMAP - Conhecimentos Básicos - Cargos de Nível Médio).

4. As terras devolutas indispensáveis à defesa das fronteiras e os terrenos de marinha e seus acrescidos são bens pertencentes à União. (CESPE - 2018 - ABIN - Oficial Técnico de Inteligência - Área 2).

5. Os rios que banhem mais de um estado e que sejam provenientes de outros países são considerados bens da União. (CESPE - 2018 - CGM de João Pessoa - PB - Conhecimentos Básicos - Cargos: 1, 2 e 3).

6. A competência para explorar diretamente a infraestrutura aeroportuária no estado do Maranhão é da União. (CESPE – 2018 – EMAP – Conhecimentos Básicos – Cargos de Nível Médio).

7. As atuais terras indígenas demarcadas e localizadas no estado do Maranhão são bens públicos federais. (CESPE – 2018 – EMAP – Conhecimentos Básicos – Cargos de Nível Superior).

8. No âmbito da competência concorrente, seria inconstitucional lei estadual que ampliasse, a critério do legislador estadual, definição estabelecida por lei federal sobre determinada matéria. (CESPE – 2017 – Instituto Rio Branco – Diplomata – Prova 1).

9. Compete à União explorar, diretamente ou mediante autorização, concessão ou permissão, os serviços de transporte ferroviário e aquaviário entre portos brasileiros e fronteiras nacionais, ou que transponham os limites de estado ou território. (CESPE – 2017 – Instituto Rio Branco – Diplomata – Prova 1).

10. A proteção ao meio ambiente é de competência comum da União, dos estados, do DF e dos municípios. (CESPE – 2017 – TCE-PE – Analista de Gestão – Julgamento).

11. São considerados bens da União os lagos, os rios e quaisquer correntes de água em terrenos que sirvam de limites com outros países ou se estendam a território estrangeiro ou dele provenham. (CESPE – 2014 – ANTAQ – Técnico Administrativo).

12. A autonomia dos estados-membros caracteriza-se pela sua capacidade de auto-organização, auto legislação, autogoverno e autoadministração, ao passo que a União manifesta-se **NESSES** elementos. (CESPE – 2014 – TC-DF – Analista de Administração Pública – Sistemas de TI).

Questão original: A autonomia dos estados-membros caracteriza-se pela sua capacidade de auto-organização, auto legislação, autogoverno e autoadministração, ao passo que a soberania da União manifesta-se em todos esses elementos e, ainda, no que concerne à personalidade internacional.

13. As terras indígenas tratadas pela CF se submetem ao princípio fundamental da soberania da República Federativa do Brasil, fazendo parte do território brasileiro. (CESPE – 2014 – Câmara dos Deputados – Analista Legislativo – Consultor Legislativo Área II).

14. Conforme dispositivo da CF, as terras ocupadas, em passado remoto, por população indígena são bens da União. (CESPE – 2014 – Câmara dos Deputados – Técnico Legislativo – Agente de Polícia Legislativa).

15. A **ORGANIZAÇÃO POLÍTICA ADMINISTRATIVA DO BRASIL COMPREENDE A** União, estados, municípios e pelo Distrito Federal. (CESPE – 2014 – MDIC – Analista Técnico – Administrativo).

> **Questão original:** A União, entre cujos fundamentos se inclui a soberania, é formada pelos estados, pelos municípios e pelo Distrito Federal.

16. **ORGANIZAÇÃO POLÍTICA ADMINISTRATIVA DO BRASIL COMPREENDE A** União, estados, municípios e pelo Distrito Federal. (CESPE - 2014 - MDIC - Analista Técnico - Administrativo).

> **Questão original:** A União, entre cujos fundamentos se inclui a soberania, é formada pelos estados, pelos municípios e pelo Distrito Federal.

17. A União é pessoa jurídica de direito público interno à qual incumbe exercer prerrogativas do Estado federal brasileiro, como, por exemplo, assegurar a defesa nacional e permitir, nos casos previstos em lei complementar, que forças estrangeiras transitem pelo território nacional ou nele permaneçam temporariamente. (CESPE - 2013 - AGU - Procurador Federal).

18. Organizar e manter a Defensoria Pública do Distrito Federal são competências **DO DF.** (CESPE - 2013 - PC-DF - Escrivão de Polícia).

> **Questão original:** Organizar e manter a Defensoria Pública do Distrito Federal são competências da União.

19. A União, pode delegar, por meio de lei **COMPLEMENTAR**, assuntos de sua competência legislativa privativa **AOS ESTADOS** da Federação. (CESPE - 2013 - TC-DF - Procurador).

> **Questão original:** A União, dentro do seu juízo discricionário, pode delegar, por meio de lei específica, assuntos de sua competência legislativa privativa a determinado estado da Federação, sem necessidade de estender essa delegação a todos os estados.

20. A floresta amazônica brasileira, assim como a mata atlântica **SÃO CONSIDERADAS PATRIMÔNIO NACIONAL**, devendo sua utilização ocorrer na forma da lei, em condições que assegurem a preservação do meio ambiente, inclusive no que concerne ao uso dos recursos naturais. (CESPE - 2013 - DPF - Delegado).

> **Questão original:** A floresta amazônica brasileira, assim como a mata atlântica, é considerada bem da União, devendo sua utilização ocorrer na forma da lei, em condições que assegurem a preservação do meio ambiente, inclusive no que concerne ao uso dos recursos naturais.

21. Cabe à União a organização e a manutenção do Poder Judiciário e do Ministério Público do Distrito Federal. (CESPE - 2013 - SEGESP-AL - Papiloscopista).

22. Com o advento da CF, as terras devolutas **INDISPENSÁVEIS À DEFESA DAS FRONTEIRAS** passaram a ser consideradas **BENS DA** União. (CESPE – 2012 – TCE-ES – Auditor de Controle Externo – Direito).

> **Questão original**: Com o advento da CF, as terras devolutas nas ilhas costeiras passaram a ser consideradas zona de fronteira pertencentes à União, podendo o estado-membro, excepcionalmente, deter o domínio desses bens.

23. Compete à União explorar, diretamente ou mediante autorização, concessão ou permissão, a navegação aérea. (CESPE – 2012 – ANAC – Analista Administrativo – Conhecimentos Básicos Áreas 1, 2, 3, 4 e 5)

24. As terras devolutas indispensáveis à defesa das fronteiras pertencem à União. (CESPE – 2012 – ANAC – Técnico em Regulação de Aviação Civil – Área 2).

25. É **VEDADO** à União, aos estados, ao Distrito Federal e aos municípios estabelecer cultos religiosos e igrejas, subvencioná-los e manter com essas entidades religiosas relações de aliança e colaboração. (CESPE – 2012 – STJ – Técnico Judiciário – Telecomunicações e Eletricidade – Conhecimentos Básicos).

> **Questão original:** É permitido à União, aos estados, ao Distrito Federal e aos municípios estabelecer cultos religiosos e igrejas, subvencioná-los e manter com essas entidades religiosas relações de aliança e colaboração, desde que respeitada a liberdade de consciência e crença.

26. Compete privativamente à União legislar sobre a competência da PRF. (CESPE – 2012 – PRF – Nível Superior – Conhecimentos Básicos – Todos os Cargos).

27. Os recursos hídricos que constituem bens da União **NÃO** restringem-se aos lagos, rios e quaisquer correntes de águas localizados em território nacional. (CESPE – 2012 – TRE-RJ – Técnico Judiciário – Área Administrativa).

> **Questão original:** Os recursos hídricos que constituem bens da União restringem-se aos lagos, rios e quaisquer correntes de águas localizados em território nacional.

28. Consideram-se **BENS** da União as terras devolutas indispensáveis à defesa das fronteiras, das fortificações, das construções militares e das vias federais de comunicação **E À PRESERVAÇÃO AMBIENTAL, DEFINIDAS EM LEI.** (CESPE – 2011 – CNPQ – Analista em Ciência e Tecnologia Júnior – Geral).

> **Questão original:** Consideram-se terras da União as terras devolutas indispensáveis à defesa das fronteiras, das fortificações, das construções militares e das vias federais de comunicação, bem como indispensáveis à preservação ambiental, e as áreas de fronteiras.

29. O Banco Central do Brasil (BACEN) **NÃO** tem autonomia política para criar suas próprias normas. (CESPE - 2010 - MPU - Técnico Administrativo).

> **Questão original:** O Banco Central do Brasil (BACEN) tem autonomia política para criar suas próprias normas.

30. Compete **AOS ESTADOS A EXPLORAÇÃO DIRETA**, na forma da lei, ou mediante concessão, os serviços de gás canalizado. (CESPE - 2010 - INCA - Analista em C&T Júnior - Direito - Legislação Pública em Saúde).

> **Questão original:** Compete à União explorar diretamente, na forma da lei, ou mediante concessão, os serviços de gás canalizado.

31. Se a exploração de infraestrutura de transporte for associada à prestação de serviços de transporte, a outorga adequada será a concessão, e não a permissão ou a autorização. (CESPE - 2009 - ANTAQ - Analista Administrativo - Qualquer Área de Formação).

32. Considere que um estado da federação, que não possui fronteira com outros países, pretenda explorar, diretamente, a atividade de transporte aquaviário de passageiros entre portos localizados em seu território, bem como prestar melhor atendimento às demandas por estrutura portuária.

Para efeitos administrativos, a União poderá articular sua ação em um mesmo complexo geoeconômico e social, visando ao seu desenvolvimento e à redução das desigualdades regionais, cabendo à lei dispor acerca dos incentivos regionais que compreenderão, por exemplo, isenções, reduções ou diferimento temporário de tributos federais devidos por pessoas físicas ou jurídicas. (CESPE - 2009 - TCU - Analista de Controle Externo - Auditoria de Obras Públicas - Prova 1).

33. Caso o estado do Amazonas conceda título de propriedade de uma pequena área localizada em terras devolutas dentro da zona de fronteira com a Colômbia, o referido título **NÃO** será nulo. (CESPE - 2009 - TCU - Analista de Controle Externo - Auditoria de Obras Públicas - Prova 1).

> **Questão original:** Caso o estado do Amazonas conceda título de propriedade de uma pequena área localizada em terras devolutas dentro da zona de fronteira com a Colômbia, o referido título será nulo, visto que essa área pertence à União.

34. Em uma república democrática, os bens públicos, em geral, são dotados de nota de inalienabilidade, e só em casos excepcionais podem ser alienados, observando-se o disposto na respectiva lei de licitações.

Enquadram-se como bens públicos da União, de acordo com previsão constitucional, os lagos, rios e quaisquer correntes de água em terrenos de seu domínio, **OU** que banhem mais de um estado. (CESPE - 2008 - MPE-RR - Promotor de Justiça).

Questão original: Enquadram-se como bens públicos da União, de acordo com previsão constitucional, os lagos, rios e quaisquer correntes de água em terrenos de seu domínio ou do DF, desde que não banhem mais de um estado.

35. As terras tradicionalmente ocupadas pelos índios são de domínio **DA UNIÃO.** (CESPE – 2008 – ABIN – Agente de Inteligência).

Questão original: As terras tradicionalmente ocupadas pelos índios são de domínio das comunidades indígenas.

36. Considere a seguinte situação hipotética. Joana ocupa uma grande área rural localizada a 2 km da fronteira do Brasil com o Paraguai, a qual teria sido concedida a Joana, pelo estado do Paraná, antes do advento da atual CF. Nessa situação, com base na CF, o domínio dessa área é da União, sendo válida a referida concessão de uso. (CESPE – 2008 – ABIN – Agente de Inteligência).

Observação: "Súmula 477 do STF: As concessões de terras devolutas situadas na faixa de fronteira, feitas pelos Estados, autorizam, apenas, o uso, permanecendo o domínio com a União, ainda que se mantenha inerte ou tolerante, em relação aos possuidores."

Questão original: Nessa situação, com base na CF, o domínio dessa área é da União, **NÃO** sendo válida a referida concessão de uso.

37. Um deputado estadual de Sergipe, insatisfeito com os recursos que o estado vinha recebendo da União, resolveu apresentar um projeto de lei estadual criando um novo imposto, incidente sobre a exploração da atividade de lavra de petróleo nesse estado por empresas privadas e estatais.

As riquezas minerais, como o petróleo, são bens da União. (CESPE – 2008 – TCU – Analista de Controle Externo – Auditoria Governamental – Prova 1).

3.2 ORGANIZAÇÃO DOS ESTADOS FEDERADOS, DISTRITO FEDERAL E TERRITÓRIOS.

1. Legislações estaduais e municipais podem adotar diferentes critérios de reconhecimento e seleção do patrimônio cultural, podendo, inclusive, **AUMENTAR** o nível de proteção instituído por legislação federal. (CESPE – 2018 – IPHAN – Analista I – Área 4).

Questão original: Legislações estaduais e municipais podem adotar diferentes critérios de reconhecimento e seleção do patrimônio cultural, podendo, inclusive, diminuir o nível de proteção instituído por legislação federal.

2. Para que um estado seja incorporado a outro, é necessária consulta prévia à população dos dois estados, por meio de plebiscito. (CESPE - 2018 - IPHAN - Auxiliar Institucional - Área 1).

3. Ilha lacustre que não pertença à União pode ser bem do estado federado, a depender da localização territorial. (CESPE - 2018 - EMAP - Conhecimentos Básicos - Cargos de Nível Superior).

> **Questão original:** Ilha lacustre que não pertença à União pode ser bem do estado federado **OU DO MUNICÍPIO**, a depender da localização territorial.

4. No âmbito de sua jurisdição, compete ao município a fixação do horário de funcionamento de estabelecimentos comerciais, uma vez que se trata de assunto de interesse local. (CESPE - 2018 - PGM - Manaus - AM - Procurador do Município).

5. Diante de descumprimento de princípios indicados na Constituição estadual, poderá o **TJ**/AM dar provimento a representação a fim de assegurar a observância de tais preceitos através de intervenção do estado-membro no município. (CESPE - 2018 - PGM - Manaus - AM - Procurador do Município).

> **Observação:** "Art. 35, IV da CF: O Estado não intervirá em seus Municípios, nem a União nos Municípios localizados em Território Federal, exceto quando: o Tribunal de Justiça der provimento a representação para assegurar a observância de princípios indicados na Constituição estadual, ou para prover a execução de lei, de ordem ou de decisão judicial."

> **Questão original:** Diante de descumprimento de princípios indicados na Constituição estadual, poderá o TCE/AM dar provimento a representação a fim de assegurar a observância de tais preceitos através de intervenção do estado-membro no município.

6. Da capacidade de auto-organização municipal decorre a constatação de que o estado-membro não pode ingerir na autonomia organizatória do município, o que confere a este a possibilidade de ordenar internamente, inclusive por meio de lei orgânica, sem a necessidade de anuência do respectivo governo estadual. (CESPE - 2018 - PGM - Manaus - AM - Procurador do Município).

7. Os municípios **NÃO** podem criar tribunais e conselhos para a fiscalização das contas municipais. (CESPE - 2018 - CGM de João Pessoa - PB - Conhecimentos Básicos - Cargos: 1, 2 e 3).

> **Questão original:** Os municípios podem criar tribunais e conselhos para a fiscalização das contas municipais, na forma da respectiva Lei Orgânica.

8. Com relação à organização político-administrativa da República Federativa do Brasil, julgue (CESPE - 2018 - IPHAN - Auxiliar Institucional - Área 1):

8.1 Atualmente, não existem territórios federais no Brasil, mas a Constituição Federal de 1988 prevê a possibilidade de serem criados por meio de lei complementar.

8.2 **BRASÍLIA** é a capital da República Federativa do Brasil.

Questão original: O Distrito Federal é a capital da República Federativa do Brasil.

9. Para que um estado federado institua regiões metropolitanas constituídas por municípios limítrofes no âmbito de seu território, será necessária apenas a edição de lei complementar estadual. (CESPE - 2017 - TCE-PE - Analista de Gestão - Julgamento).

10. A criação de um município pelo governador do estado depende de lei estadual e de lei complementar federal, além da realização de consulta prévia às populações envolvidas. (CESPE - 2017 - TCE-PE - Analista de Gestão - Administração).

11. Os municípios não gozam de autonomia para criar novos tribunais, conselhos ou órgãos de contas municipais. (CESPE - 2017 - Prefeitura de Fortaleza - CE - Procurador do Município).

12. São de observância obrigatória para os estados as normas constitucionais federais relativas ao processo legislativo. (CESPE - 2016 - PGE-AM - Procurador do Estado).

Observação: "Súmula vinculante 46: A definição dos crimes de responsabilidade e o estabelecimento das respectivas normas de processo e julgamento são de competência legislativa privativa da União."

Questão original: São de observância obrigatória para os estados, devendo ser reproduzidas nas Constituições estaduais, as normas constitucionais federais relativas às imunidades parlamentares, ao processo legislativo e ao regime dos crimes de responsabilidade **E ÀS GARANTIAS PROCESSUAIS PENAIS DO CHEFE DO PODER EXECUTIVO FEDERAL.**

13. A despeito do seu papel auxiliar em relação a algumas competências das assembleias legislativas, os tribunais de contas dos estados têm igualmente a atribuição de fiscalizá-las, não podendo as Constituições estaduais vedar-lhes tal incumbência. (CESPE - 2016 - PGE-AM - Procurador do Estado).

14. Os estados-membros, mediante lei **COMPLEMENTAR**, podem instituir regiões metropolitanas, constituídas por agrupamentos de municípios **LIMÍTROFES**, para integrar a organização, o planejamento e a execução de funções públicas de interesse comum. (CESPE - 2016 - TCE-PA - Auditor de Controle Externo - Área Administrativa - Direito).

Questão original: Os estados-membros, mediante lei ordinária específica, podem instituir regiões metropolitanas, constituídas por agrupamentos de municípios, para integrar a organização, o planejamento e a execução de funções públicas de interesse comum.

15. O estado do Pará pode explorar diretamente, ou mediante concessão, os serviços locais de gás canalizado, não podendo a regulamentação da exploração ocorrer por meio de medida provisória. (CESPE - 2016 - TCE-PA - Auxiliar Técnico de Controle Externo - Área Administrativa).

16. O Congresso Nacional poderá editar lei complementar para a fusão de dois estados em um novo, desde que as populações diretamente interessadas aprovem a fusão mediante plebiscito. (CESPE - 2016 - DPU - Agente Administrativo - Conhecimentos Básicos).

17. Em caso de desmembramento de município, faz-se necessária consulta por meio de plebiscito, tanto à população do território remanescente como, também, à daquele a ser desmembrado. (CESPE - 2016 - ANVISA - Técnico Administrativo - Conhecimentos Específicos).

18. Apesar de não possuírem sua própria Constituição, os municípios, em simetria com os estados, desempenham as funções dos Poderes Executivo e Legislativo, em razão da autonomia administrativa estabelecida no texto da CF. (CESPE - 2016 - ANVISA - Técnico Administrativo - Conhecimentos Específicos).

Questão original: Apesar de não possuírem sua própria Constituição, os municípios, em simetria com os estados, desempenham as funções dos Poderes Executivo, **JUDICIÁRIO** e Legislativo, em razão da autonomia administrativa estabelecida no texto da CF.

19. Embora, conforme a CF, a lei orgânica municipal esteja subordinada aos termos da Constituição estadual correspondente, esta última Carta não pode estabelecer condicionamentos ao poder de auto-organização dos municípios. (CESPE - 2016 - PGE-AM - Procurador do Estado).

20. A fusão de dois municípios depende de consulta prévia, mediante plebiscito, das respectivas populações, após divulgação dos estudos de viabilidade municipal. (CESPE - 2016 - TCE-PA - Auxiliar Técnico de Controle Externo - Área Administrativa).

21. A criação de território federal pelo Congresso Nacional, mediante lei complementar, **DEPENDE**, se resultante de desmembramento de estado da Federação, de consulta à assembleia legislativa do estado interessado. (CESPE - 2016 - TCE-PA - Conhecimentos Básicos- Cargos 4, 5 e de 8 a 17).

Questão original: A criação de território federal pelo Congresso Nacional, mediante lei complementar, independe, se resultante de desmembramento de estado da Federação, de consulta à assembleia legislativa do estado interessado, devendo ser precedida de aprovação da população diretamente interessada.

22. São bens **DA UNIÃO** as terras tradicionalmente ocupadas pelos índios. (CESPE – 2015 – TCE-RN – Conhecimentos Básicos para o Cargo 5; CESPE – 2015 – TCE-RN – Conhecimentos Básicos para o Cargo 1).

Questão original: São bens dos estados-membros da Federação as terras tradicionalmente ocupadas pelos índios.

23. Com fundamento no princípio da simetria, os estados federados, entes federativos autônomos, **NÃO** podem prever, em suas respectivas constituições, conselhos estaduais de controle administrativo do Poder Judiciário, nos moldes do Conselho Nacional de Justiça, compostos por representantes do Judiciário e de outras entidades e poderes. (CESPE – 2015 – TJ-DFT – Técnico Judiciário – Administrativa).

Questão original: Com fundamento no princípio da simetria, os estados federados, entes federativos autônomos, podem prever, em suas respectivas constituições, conselhos estaduais de controle administrativo do Poder Judiciário, nos moldes do Conselho Nacional de Justiça, compostos por representantes do Judiciário e de outras entidades e poderes.

24. A fim de integrar a organização, o planejamento e a execução de funções públicas de interesse comum, é permitido aos estados, por intermédio de lei complementar, instituir regiões metropolitanas, aglomerações urbanas e microrregiões, constituídas por agrupamentos de municípios limítrofes. (CESPE – 2015 – MPOG – Analista Técnico Administrativo – Cargo 2).

25. Pelo princípio da simetria, os estados-membros **NÃO** poderão instituir, por meio de sua constituição estadual, conselho destinado ao controle da atividade administrativa, financeira ou disciplinar de suas respectivas justiças estaduais. (CESPE – 2015 – DPE-PE – Defensor Público).

Observação: "Súmula 649 do STF: É inconstitucional a criação, por Constituição Estadual, de órgão de controle administrativo do Poder Judiciário do qual participem representantes de outros poderes ou entidades."

Questão original: Pelo princípio da simetria, os estados-membros poderão instituir, por meio de sua constituição estadual, conselho destinado ao controle da atividade administrativa, financeira ou disciplinar de suas respectivas justiças estaduais.

26. Compete aos municípios criar, organizar e suprimir distritos, desde que observada a legislação estadual. (CESPE - 2015 - TCE-RN - Conhecimentos Básicos para o Cargo 5).

27. Compete aos municípios criar, organizar e suprimir distritos, desde que observada a legislação estadual. (CESPE - 2015 - TCE-RN - Conhecimentos Básicos para o Cargo 1).

28. No Brasil, os municípios são considerados elementos **INDISSOLÚVEIS** da federação. (CESPE - 2015 - FUB - Administrador).

Questão original: No Brasil, os municípios são considerados elementos dissolúveis da federação.

29. **OS** territórios federais têm sua criação, transformação em estado ou reintegração ao estado de origem **REGULADAS POR LEI COMPLEMENTAR.** (CESPE - 2015 - TCE-RN - Conhecimentos Básicos para o Cargo 1).

Observação: "Art. 18, § 2º da CF: Os Territórios Federais integram a União, e sua criação, transformação em Estado ou reintegração ao Estado de origem serão reguladas em lei complementar."

Questão original: Por possuírem autonomia política, os territórios federais têm sua criação, transformação em estado ou reintegração ao estado de origem dependente da aprovação, por plebiscito, da população diretamente interessada e da ratificação do Congresso Nacional.

30. O presidente da República **NÃO** tem competência para criar território federal e fixar sua respectiva organização administrativa e judiciária por meio de medida provisória, **MESMO** que presentes os requisitos constitucionais de relevância e urgência. (CESPE - 2015 - MEC - Conhecimentos Básicos para todos os Cargos - Exceto para os Postos 9, 10, 11 e 16).

Questão original: O presidente da República tem competência para criar território federal e fixar sua respectiva organização administrativa e judiciária por meio de medida provisória, desde que presentes os requisitos constitucionais de relevância e urgência.

31. A autonomia do Distrito Federal e sua organização político-administrativa têm limitações constitucionais. (CESPE - 2015 - FUB - Administrador).

32. O meio ambiente ecologicamente equilibrado, bem de uso comum da sociedade, constitui direito difuso, e, por sua relevância, o legislador constituinte reservou a competência **CONCORRENTE** para legislar acerca da matéria. (CESPE - 2014 - Câmara dos Deputados - Analista Legislativo - Consultor Legislativo Área VI).

Questão original: O meio ambiente ecologicamente equilibrado, bem de uso comum da sociedade, constitui direito difuso, e, por sua relevância, o legislador constituinte reservou à União a competência privativa para legislar acerca da matéria.

33. HÁ previsão constitucional para a iniciativa popular de leis no processo legislativo estadual. (CESPE – 2014 – ANTAQ – Técnico Administrativo).

Questão original: Não há previsão constitucional para a iniciativa popular de leis no processo legislativo estadual.

34. A UNIÃO compete explorar, diretamente ou mediante autorização, concessão ou permissão, os portos marítimos, fluviais e lacustres. (CESPE – 2014 – ANTAQ – Técnico Administrativo).

Questão original: Aos estados-membros da Federação compete explorar, diretamente ou mediante autorização, concessão ou permissão, os portos marítimos, fluviais e lacustres.

35. Os **MUNICÍPIOS** têm competência para criar, organizar e suprimir distritos. (CESPE – 2014 – PGE-BA – Procurador do Estado).

Questão original: Os estados têm competência para criar, organizar e suprimir distritos.

36. Em decorrência do modelo de Estado federal adotado no Brasil, os territórios federais não possuem autonomia, ao contrário do que ocorre com os municípios, ainda que estes não contem com Poder Judiciário próprio. (CESPE – 2014 – Câmara dos Deputados – Analista Legislativo – Consultor Legislativo Área VI).

37. Realizada a prestação anual de contas pelo prefeito, ele poderá ser penalmente responsabilizado por atos de gestão se a câmara municipal tiver aprovado a prestação das contas. (CESPE – 2014 – Câmara dos Deputados – Analista Legislativo – Consultor Legislativo Área I).

Questão original: Realizada a prestação anual de contas pelo prefeito, ele **NÃO** poderá ser penalmente responsabilizado por atos de gestão se a câmara municipal tiver aprovado a prestação das contas.

38. Considere que determinado estado da Federação, mediante autônoma deliberação e com o objetivo de auxiliar as câmaras municipais no exercício de seu poder de controle externo, tenha instituído um órgão estadual denominado tribunal de contas dos municípios. Com base nessas informações, é correto afirmar que a criação do tribunal é **COMPATÍVEL** com a CF. (CESPE - 2014 - Câmara dos Deputados - Analista Legislativo - Consultor Legislativo Área I).

> **Questão original:** Considere que determinado estado da Federação, mediante autônoma deliberação e com o objetivo de auxiliar as câmaras municipais no exercício de seu poder de controle externo, tenha instituído um órgão estadual denominado tribunal de contas dos municípios. Com base nessas informações, é correto afirmar que a criação do tribunal é incompatível com a CF.

39. Até 1946 a autonomia municipal foi apenas nominal, uma vez que, apesar de inscrita nos textos constitucionais, passou a ser exercida de fato e de direito apenas com a edição da Constituição de 1946. (CESPE - 2014 - Câmara dos Deputados - Analista Legislativo - Consultor Legislativo Área I).

40. O município, como entidade político-administrativa de terceiro grau, na ordem descendente do sistema federal brasileiro, é entidade intraestatal rígida, tal qual a União e o estado-membro. (CESPE - 2014 - Câmara dos Deputados - Analista Legislativo - Consultor Legislativo Área I).

41. A fixação do subsídio dos vereadores cabe à câmara municipal, que deve fixá-lo, em cada legislatura, para a legislatura subsequente, respeitando o que dispõem a lei orgânica municipal e a CF. (CESPE - 2014 - Câmara dos Deputados - Analista Legislativo - Consultor Legislativo Área I).

42. Considere que, após dois mandatos consecutivos (entre 2005 e 2012), determinado prefeito municipal tenha decidido aposentar-se (no ano de 2013), tendo, pois, deixado de ocupar cargo público. Nessa situação, se, em 2014, esse indivíduo for réu em ação por suposto crime de responsabilidade cometido durante o mandato eletivo, essa ação **NÃO** deverá ser trancada. (CESPE - 2014 - Câmara dos Deputados - Analista Legislativo - Consultor Legislativo Área I).

> **Observação:** "Súmula 703 do STF: A extinção do mandato do prefeito não impede a instauração de processo pela prática dos crimes previstos no art. 1º do DL 201/1967."

> **Questão original:** Considere que, após dois mandatos consecutivos (entre 2005 e 2012), determinado prefeito municipal tenha decidido aposentar-se (no ano de 2013), tendo, pois, deixado de ocupar cargo público. Nessa situação, se, em 2014, esse indivíduo for réu em ação por suposto crime de responsabilidade cometido durante o mandato eletivo, essa ação deverá ser trancada, pois o seu mandato já foi extinto.

43. É compatível com a CF **LEI DE INICIATIVA DA CÂMARA MUNICIPAL QUE** fixe subsídios de prefeito e de vice-prefeito, uma vez que essa regra apenas estabelece parâmetros a serem observados pelos municípios do estado. (CESPE - 2014 - Câmara dos Deputados - Analista Legislativo - Consultor Legislativo Área I).

> **Questão original:** É compatível com a CF regra de constituição estadual que fixe limites a serem observados pela câmara municipal no estabelecimento dos subsídios de prefeito e de vice-prefeito, uma vez que essa regra apenas estabelece parâmetros a serem observados pelos municípios do estado.

44. Se um prefeito municipal cometer um crime comum durante o exercício do mandato eletivo, ele será julgado originalmente pelo tribunal de justiça do respectivo estado. (CESPE - 2014 - Câmara dos Deputados - Analista Legislativo - Consultor Legislativo Área I).

45. A vocação sucessória dos cargos de prefeito e vice-prefeito põe-se no âmbito da autonomia política local, em caso de dupla vacância, ou seja, está sob o domínio normativo da lei orgânica municipal. (CESPE - 2014 - Câmara dos Deputados - Analista Legislativo - Consultor Legislativo Área I).

46. **É INCOMPATÍVEL** com a CF regra constante em Constituição estadual que imponha aos municípios o encargo de transportar da zona rural para a sede do município alunos carentes matriculados a partir do 6° ano do ensino fundamental. (CESPE - 2014 - Câmara dos Deputados - Analista Legislativo - Consultor Legislativo Área I).

> **Questão original:** É compatível com a CF regra constante em Constituição estadual que imponha aos municípios o encargo de transportar da zona rural para a sede do município alunos carentes matriculados a partir do 6° ano do ensino fundamental.

47. Considere que determinada lei municipal tenha imposto que as instituições financeiras situadas em seu território instalassem, em suas agências, câmeras filmadoras, instalações sanitárias, cadeiras de espera e bebedouro. Nessa situação hipotética, a referida lei seria **CONSTITUCIONAL, POR SER DE ASSUNTO LOCAL.** (CESPE - 2014 - Câmara dos Deputados - Analista Legislativo - Consultor Legislativo Área I).

> **Questão original:** Considere que determinada lei municipal tenha imposto que as instituições financeiras situadas em seu território instalassem, em suas agências, câmeras filmadoras, instalações sanitárias, cadeiras de espera e bebedouro. Nessa situação hipotética, a referida lei seria inconstitucional, por extrapolar a autonomia municipal.

48. As prescrições na Constituição Federal referentes à perda do mandato de governador aplicam-se também ao prefeito, sendo, portanto, de reprodução obrigatória nas leis orgânicas municipais. (CESPE - 2014 - Câmara dos Deputados - Analista Legislativo - Consultor Legislativo Área I).

49. Será constitucional lei municipal que dispuser sobre a organização dos serviços funerários locais, pois tais serviços constituem necessidades imediatas do município. (CESPE - 2014 - Câmara dos Deputados - Analista Legislativo - Consultor Legislativo Área I).

50. Aos **ESTADOS** competem explorar e regulamentar a prestação de serviços de transporte intermunicipal. (CESPE - 2014 - Câmara dos Deputados - Analista Legislativo - Consultor Legislativo Área I).

> **Questão original:** Aos municípios competem explorar e regulamentar a prestação de serviços de transporte intermunicipal.

51. Suponha que uma constituição estadual tenha previsto como cláusula tipificadora de ilícito político-administrativo o não comparecimento de prefeito municipal perante a câmara de vereadores, em caso de ter sido ele convocado. Nesse caso, a cláusula é **INCONSTITUCIONAL.** (CESPE - 2014 - Câmara dos Deputados - Analista Legislativo - Consultor Legislativo Área I).

> **Questão original:** Suponha que uma constituição estadual tenha previsto como cláusula tipificadora de ilícito político-administrativo o não comparecimento de prefeito municipal perante a câmara de vereadores, em caso de ter sido ele convocado. Nesse caso, a cláusula é constitucional, dado o princípio da simetria.

52. Caso algum dos distritos de determinado município queira emancipar-se, o que resultará na criação de um novo município, somente haverá consulta plebiscitária após a divulgação dos estudos de viabilidade municipal apresentados e publicados na forma da lei. (CESPE - 2014 - Câmara dos Deputados - Analista Legislativo - Consultor Legislativo Área I).

53. Se o legislador constituinte de determinado estado da Federação pretender alterar a Constituição estadual para redefinir os limites territoriais do município ALFA, desmembrando-o e incorporando parte de sua área à do município limítrofe DELTA, será **INDISPENSÁVEL** a prévia consulta, mediante plebiscito, às populações de ambos os municípios. (CESPE - 2014 - Câmara dos Deputados - Analista Legislativo - Consultor Legislativo Área I).

> **Questão original:** Se o legislador constituinte de determinado estado da Federação pretender alterar a Constituição estadual para redefinir os limites territoriais do município ALFA, desmembrando-o e incorporando parte de sua área à do município limítrofe DELTA, será dispensável a prévia consulta, mediante plebiscito, às populações de ambos os municípios.

54. A União, os estados, o Distrito Federal (DF) e os municípios compõem a organização político-administrativa da República Federativa do Brasil, cabendo aos municípios promover, no que couber, o adequado ordenamento territorial, mediante, por exemplo, planejamento e controle do parcelamento do solo urbano. (CESPE - 2014 - Polícia Federal - Agente Administrativo).

55. Cabe aos **ESTADOS** explorar os serviços locais de gás canalizado. (CESPE - 2014 - PGE-BA - Procurador do Estado).

> **Questão original:** Cabe aos municípios explorar os serviços locais de gás canalizado.

56. A CF estabelece inviolabilidades para parlamentares federais e estaduais, dispondo, **DENTRO DE SUA CIRCUNSCRIÇÃO,** os vereadores. (CESPE - 2014 - MDIC - Analista Técnico - Administrativo).

> **Questão original:** A CF estabelece inviolabilidades apenas para parlamentares federais e estaduais, não dispondo os vereadores de tal prerrogativa.

57. Caso seja criado um território federal, caberá à **UNIÃO** dispor sobre sua organização administrativa. (CESPE - 2014 - Câmara dos Deputados - Analista Legislativo - Consultor Legislativo - Conhecimentos Básicos).

> **Questão original:** Caso seja criado um território federal, caberá à sua assembleia legislativa dispor sobre sua organização administrativa.

58. **POR NÃO** serem entes federativos, os territórios federais carecem de autonomia. (CESPE - 2014 - TJ-SE - Técnico Judiciário - Área Judiciária).

> **Questão original:** A despeito de serem entes federativos, os territórios federais carecem de autonomia.

59. A CF dispõe que o rol de competências legislativas do Distrito Federal **NÃO** compreende a totalidade das competências legislativas concernentes aos estados e aos municípios. (CESPE - 2014 - Instituto Rio Branco - Diplomata - Prova 2).

> **Questão original:** A CF dispõe que o rol de competências legislativas do Distrito Federal compreende a totalidade das competências legislativas concernentes aos estados e aos municípios.

60. A CF autoriza a divisão de territórios em municípios. (CESPE - 2014 - PGE-BA - Procurador do Estado).

61. O governador do estado da Bahia está autorizado a editar medidas provisórias, atendidos os requisitos da relevância e da urgência e observadas as vedações constitucionais de natureza formal e material, **DESDE QUE PREVISTO NA CONSTITUIÇÃO ESTADUAL.** (CESPE - 2014 - PGE-BA - Procurador do Estado).

Questão original: O governador do estado da Bahia está autorizado a editar medidas provisórias, desde que atendidos os requisitos da relevância e da urgência e observadas as vedações constitucionais de natureza formal e material.

62. Em razão do princípio da simetria, a Constituição estadual deve reproduzir a CF em relação à norma que rege a composição do Tribunal de Contas da União. (CESPE - 2013 - PG-DF - Procurador).

63. **A UNIÃO PODERÁ** explorar, diretamente, ou mediante autorização, concessão ou permissão, os serviços de radiodifusão sonora, de sons e imagens. (CESPE - 2013 - MC - Todos os Cargos - Especialidades 2 - 6, 9 - 12, 14 - 16, 18, 21 - 25).

Questão original: Os estados-membros, no âmbito de sua competência suplementar, poderão explorar, diretamente, ou mediante autorização, concessão ou permissão, os serviços de radiodifusão sonora, de sons e imagens.

64. A CF dispõe que os estados poderão, mediante lei complementar, instituir regiões metropolitanas, aglomerações urbanas e microrregiões, constituídas por agrupamentos de municípios limítrofes. (CESPE - 2013 - ANCINE - Todos os Cargos - Especialista em Regulação da Atividade Cinematográfica e Audiovisual Áreas I e II).

Questão original: A CF dispõe que os estados poderão, mediante lei complementar, instituir regiões metropolitanas, aglomerações urbanas e microrregiões, constituídas por agrupamentos de municípios limítrofes, **OS QUAIS TERÃO PERSONALIDADE JURÍDICA PRÓPRIA, CUJAS DECISÕES PASSAM A SE TORNAR OBRIGATÓRIAS, O QUE IMPLICA UMA LIMITAÇÃO DA AUTONOMIA MUNICIPAL.**

65. De acordo com a CF, os estados-membros possuem competência legislativa residual. (CESPE - 2013 - TRT - 17ª Região (ES) - Analista Judiciário - Área Administrativa).

66. A fim de integrar a organização, o planejamento e a execução de funções públicas de interesse comum, o Poder Executivo estadual pode, mediante **LEI COMPLEMENTAR**, instituir regiões metropolitanas, aglomerações urbanas e microrregiões, constituídas por agrupamentos de municípios limítrofes. (CESPE - 2013 - AGU - Procurador Federal).

Questão original: A fim de integrar a organização, o planejamento e a execução de funções públicas de interesse comum, o Poder Executivo estadual pode, mediante ato administrativo, instituir regiões metropolitanas, aglomerações urbanas e microrregiões, constituídas por agrupamentos de municípios limítrofes.

67. Os estados podem incorporar-se entre si, subdividir- se ou desmembrar- se para se anexarem a outros, ou formarem novos estados ou territórios federais, mediante aprovação da população diretamente interessada, por meio de plebiscito, ficando **REQUISITADA** a atuação do Congresso Nacional, **NO QUAL EDITARA LEI COMPLEMENTAR FEDERAL.** (CESPE – 2013 – DEPEN – Especialista – Todas as áreas – Conhecimentos Básicos).

Questão original: Os estados podem incorporar-se entre si, subdividir- se ou desmembrar- se para se anexarem a outros, ou formarem novos estados ou territórios federais, mediante aprovação da população diretamente interessada, por meio de plebiscito, ficando dispensada a atuação do Congresso Nacional.

68. De acordo com a CF, é necessária **A EDIÇÃO DE LEI COMPLEMENTAR ESTADUAL,** no caso de instituição, pelo estado-membro, de regiões metropolitanas, que são formadas por agrupamento de municípios. (CESPE – 2013 – TCE-RO – Analista de Informática).

Questão original: De acordo com a CF, é necessária a consulta da população diretamente interessada, no caso de instituição, pelo estado-membro, de regiões metropolitanas, que são formadas por agrupamento de municípios.

69. Seria inconstitucional lei estadual de Rondônia que criasse um conselho de contas municipal em Porto Velho – RO. (CESPE – 2013 – TCE-RO – Auditor de Controle Externo – Direito).

Questão original: Seria inconstitucional lei estadual de Rondônia que criasse um conselho de contas municipal em Porto Velho – RO, **VISTO QUE, DE ACORDO COM O PRINCÍPIO DA SIMETRIA, A CRIAÇÃO DE UM ÓRGÃO DESSA NATUREZA DEVE SER FEITA MEDIANTE EMENDA À CONSTITUIÇÃO DO ESTADO.**

70. É da competência **DA UNIÃO** explorar os serviços de energia elétrica. (CESPE – 2013 – MI – Assistente Técnico Administrativo).

Questão original: É da competência dos estados-membros explorar os serviços de energia elétrica.

71. Consoante o modelo de Estado federativo adotado pelo Brasil, os estados-membros são dotados de autonomia, razão por que elaboram suas próprias constituições. (CESPE – 2013 – MI – Analista Técnico – Administrativo).

Questão original: Consoante o modelo de Estado federativo adotado pelo Brasil, os estados-membros são dotados de autonomia e **SOBERANIA**, razão por que elaboram suas próprias constituições.

72. Considere que um estado da federação, que não possui fronteira com outros países, pretenda explorar, diretamente, a atividade de transporte aquaviário de passageiros entre portos localizados em seu território, bem como prestar melhor atendimento às demandas por estrutura portuária. (CESPE - 2009 - ANTAQ - Especialista em Regulação - Engenharia Ambiental ou Biologia).

72.1 Se a exploração de infraestrutura de transporte for associada à prestação de serviços de transporte, a outorga adequada será a concessão, e não a permissão ou a autorização.

72.2 Os estados-membros se auto organizam por meio do exercício de seu poder constituinte derivado-decorrente, estão obrigados a observar os princípios federais extensíveis. (CESPE - 2013 - MS - Analista Técnico - Administrativo).

> **Questão original:** Os estados-membros se auto organizam por meio do exercício de seu poder constituinte derivado-decorrente, mas **NÃO** estão obrigados a observar os princípios federais extensíveis.

73. A assembleia legislativa de um estado-membro que conte com cinquenta deputados federais na Câmara dos Deputados deve ser composta por setenta e quatro deputados estaduais. (CESPE - 2013 - Telebras - Nível Superior - Conhecimentos Básicos).

74. A fiscalização do município é exercida pelo Poder Legislativo **MUNICIPAL**, mediante controle externo. (CESPE - 2013 - TCE-RO - Todos os Cargos - Conhecimentos Básicos - Cargos 2, 4, 5 e 6).

> **Questão original:** A fiscalização do município é exercida pelo Poder Legislativo estadual, mediante controle externo.

75. Regiões metropolitanas, aglomerações urbanas e microrregiões constituídas por agrupamentos de municípios limítrofes somente podem ser instituídas por meio de **LEI COMPLEMENTAR ESTADUAL.** (CESPE - 2013 - ANCINE - Todos os Cargos - Analista Administrativo Áreas I, II e III).

> **Questão original:** Regiões metropolitanas, aglomerações urbanas e microrregiões constituídas por agrupamentos de municípios limítrofes somente podem ser instituídas por meio de emenda constitucional.

76. Aos municípios estão destinadas competências de caráter suplementar, tanto no legislativo **FEDERAL E ESTADUAL, NO QUE COUBER.** (CESPE - 2013 - ANCINE - Especialista em Regulação Atividade Cinematográfica e Audiovisual - Área 3).

> **Questão original:** Aos municípios estão destinadas apenas competências de caráter suplementar, tanto no âmbito material quanto no legislativo.

77. A CF inovou ao elevar os municípios à condição de entes federativos dotados de autonomia político-administrativa. (CESPE – 2013 – STF – Técnico Judiciário – Área Administrativa).

> **Questão original:** A CF inovou ao elevar os municípios **E OS TERRITÓRIOS** à condição de entes federativos dotados de autonomia político-administrativa.

78. A exploração direta ou indireta dos serviços locais de gás canalizado é competência administrativa **DOS ESTADOS.** (CESPE – 2013 – SEGESP-AL – Papiloscopista).

> **Questão original:** A exploração direta ou indireta dos serviços locais de gás canalizado é competência administrativa do município.

79. As regras constitucionais relativas à criação de municípios aplicam-se também ao desmembramento de municípios. (CESPE – 2013 – TRT – 17ª Região (ES) – Técnico Judiciário – Área Administrativa).

80. O constituinte originário atribuiu caráter de ente federativo aos municípios, ainda que lhes tenha conferido autonomia limitada, caracterizada pela ausência de Poder Judiciário, Ministério Público (MP) e defensoria pública nessas esferas de governo. (CESPE – 2013 – MPU – Técnico – Tecnologia da Informação e Comunicação).

> **Questão original:** O constituinte originário atribuiu caráter de ente federativo aos municípios **E TERRITÓRIOS FEDERAIS**, ainda que lhes tenha conferido autonomia limitada, caracterizada pela ausência de Poder Judiciário, Ministério Público (MP) e defensoria pública nessas esferas de governo.

81. A iniciativa popular de lei, no âmbito municipal, tanto pode envolver projetos de interesse específico do município como da cidade ou de bairros, por meio da manifestação de, pelo menos, 5% do eleitorado. (CESPE – 2013 – TC-DF – Procurador).

82. Os municípios contam com os Poderes Legislativo e Executivo, com cargos para os quais há eleição, na qual votam seus eleitores, mas não com Poder Judiciário próprio. (CESPE – 2013 – TJ-DFT – Técnico Judiciário – Área Administrativa).

83. De acordo com a CF, novos municípios poderão ser criados mediante incorporação, fusão e desmembramento de municípios. (CESPE – 2013 – CNJ – Analista Judiciário – Área Administrativa).

84. **A REPÚBLICA FEDERATIVA BRASILEIRA É DOTADA** de personalidade de direito internacional. (CESPE – 2013 – TRT – 10ª REGIÃO (DF e TO) – Técnico Judiciário – Administrativo).

Questão original: Os municípios e os estados-membros da Federação brasileira são dotados de personalidade de direito internacional.

85. Nos termos da CF, os territórios federais não são considerados entes federativos, isto é, não gozam de autonomia política, mas integram a União e possuem natureza de mera autarquia. (CESPE - 2013 - FUNASA - Todos os Cargos - Conhecimentos Básicos - Cargos 1 e 2).

86. Ao Distrito Federal, além de outras competências, caberá a exploração de gás canalizado e a prestação de serviços públicos de interesse local, incluído o de transporte coletivo. (CESPE - 2013 - MC - Todos os Cargos - Especialidades 1, 7, 13 e 19).

87. A CF **NÃO ATRIBUI TOTALMENTE** ao Distrito Federal competências legislativas reservadas aos estados e aos municípios, como, por exemplo, a de organizar seu Ministério Público. (CESPE - 2013 - STF - Analista Judiciário - Área Administrativa).

Questão original: A CF atribui ao Distrito Federal competências legislativas reservadas aos estados e aos municípios, como, por exemplo, a de organizar seu Ministério Público.

88. Os territórios federais não se configuram como entes federativos, alçados que estão à categoria de autarquia territorial da União, de modo que, caso um território federal venha a ser criado, esse terá Poder Legislativo próprio disporá de representação na Câmara dos Deputados. (CESPE - 2013 - TCU - Auditor Federal de Controle Externo).

Questão original: Os territórios federais não se configuram como entes federativos, alçados que estão à categoria de autarquia territorial da União, de modo que, caso um território federal venha a ser criado, esse não terá Poder Legislativo próprio nem disporá de representação na Câmara dos Deputados ou no Senado Federal.

89. A autonomia dos entes federativos permite que os estados e o Distrito Federal (DF) instituam regimes próprios de previdência, **NÃO** podendo adotar princípios e padrões estruturantes diversos daqueles definidos pela União. (CESPE - 2013 - BACEN - Analista - Gestão e Análise Processual).

Questão original: A autonomia dos entes federativos permite que os estados e o Distrito Federal (DF) instituam regimes próprios de previdência, podendo adotar princípios e padrões estruturantes diversos daqueles definidos pela União, conforme critérios específicos estabelecidos pelas constituições, no caso dos estados, e pela lei orgânica, no caso do DF.

90. A lei que disciplina a organização do Poder Judiciário do DF é **COMPETÊNCIA DA UNIÃO**. (CESPE – 2013 – PG-DF – Procurador).

> **Questão original:** A lei que disciplina a organização do Poder Judiciário do DF é de iniciativa privativa do governador distrital.

91. Brasília está localizada no Distrito Federal, mas não se confunde com ele. A capital federal não possui autonomia. De acordo com a CF, a autonomia é uma característica do Distrito Federal, dos municípios, dos estados-membros e da União. (CESPE – 2013 – TCE-RO – Agente Administrativo).

92. O Distrito Federal (DF) é ente federativo autônomo, pois possui capacidade de auto-organização, autogoverno e autoadministração, sendo vedado subdividi-lo em municípios. (CESPE – 2013 – PRF – Policial Rodoviário Federal).

93. Apesar do entendimento comum de que Brasília seria a capital federal, a CF **NÃO** atribui ao DF a condição de capital federal, **PORTANTO** proíbe, taxativamente, a divisão dessa unidade federada em municípios. (CESPE – 2013 – TJ-DFT – Analista Judiciário – Oficial de Justiça Avaliador).

> **Questão original:** Apesar do entendimento comum de que Brasília seria a capital federal, a CF atribui ao DF a condição de capital federal, razão por que proíbe, taxativamente, a divisão dessa unidade federada em municípios.

94. Mesmo não sendo estado nem município, o Distrito Federal (DF) possui autonomia, parcialmente tutelada pela União. (CESPE – 2013 – TJ-DFT – Técnico Judiciário – Área Administrativa).

95. Os territórios federais podem ser divididos em municípios. (CESPE – 2013 – Telebras – Nível Superior – Conhecimentos Básicos).

> **Questão original:** Os territórios federais **NÃO** podem ser divididos em municípios, vedação essa que não se aplica ao Distrito Federal e aos estados-membros.

96. O Distrito Federal é regido por lei orgânica. (CESPE – 2013 – ANP – Especialista em Regulação – Área I).

> **Questão original:** O Distrito Federal é regido por lei orgânica **FEDERAL**.

97. Com o objetivo de integrar a organização, o planejamento e a execução das funções públicas de interesse comum, os estados-membros podem instituir, mediante a edição de lei complementar estadual, regiões metropolitanas, aglomerações urbanas e microrregiões constituídas por agrupamentos de municípios limítrofes. (CESPE – 2012 – TCE-ES – Auditor de Controle Externo – Auditoria Governamental).

98. A formação de um novo estado depende de prévia aprovação, por meio de plebiscito, da população diretamente interessada em sua criação, bem como da edição de lei **COMPLEMENTAR FEDERAL PELO CONGRESSO NACIONAL.** (CESPE - 2012 - Câmara dos Deputados - Analista Legislativo - Técnica Legislativa).

> **Questão original:** A formação de um novo estado depende de prévia aprovação, por meio de plebiscito, da população diretamente interessada em sua criação, bem como da edição de lei ordinária específica pelo Senado Federal.

99. Um estado da Federação que possua cinquenta e um deputados federais possuirá, necessariamente, setenta e **CINCO** deputados estaduais. (CESPE - 2012 - PRF - Agente Administrativo).

> **Questão original:** Um estado da Federação que possua cinquenta e um deputados federais possuirá, necessariamente, setenta e seis deputados estaduais.

100. É **VEDADO** aos estados recusar a matrícula, em seu sistema de ensino, de alunos provenientes de outros estados da Federação. (CESPE - 2012 - PRF - Técnico de Nível Superior - Classe A Padrão I).

> **Questão original:** É facultado aos estados recusar a matrícula, em seu sistema de ensino, de alunos provenientes de outros estados da Federação.

101. Os estados-membros não podem criar órgão de segurança pública diverso daqueles previstos na Constituição Federal. (CESPE - 2012 - PC-AL - Agente de Polícia).

102. O desmembramento de parte de um estado da Federação para a formação de um novo estado deve ser autorizado por meio de lei complementar, após a manifestação favorável, em plebiscito, da população diretamente interessada, assim entendida pelo STF como **TODA A POPULAÇÃO DO ESTADO.** (CESPE - 2012 - FNDE - Especialista em Financiamento e Execução de Programas e Projetos Educacionais).

> **Questão original:** O desmembramento de parte de um estado da Federação para a formação de um novo estado deve ser autorizado por meio de lei complementar, após a manifestação favorável, em plebiscito, da população diretamente interessada, assim entendida pelo STF como a população do território que se pretende desmembrar.

103. Admite-se desmembramento de município, com base unicamente em lei estadual, desde que tenha **AUTORIZAÇÃO POR LEI COMPLEMENTAR FEDERAL, CONSULTA PRÉVIA POR PLEBISCITO A POPULAÇÃO DOS MUNICÍPIOS E QUE TENHA** sido elaborado e divulgado o estudo de viabilidade municipal com respaldo de parecer favorável ao desmembramento, **FINALIZANDO COM A APROVAÇÃO POR LEI ORDINÁRIA ESTADUAL.** (CESPE - 2012 - TCE-ES - Auditor de Controle Externo - Direito).

Questão original: Admite-se desmembramento de município, com base unicamente em lei estadual, desde que tenha sido elaborado e divulgado o estudo de viabilidade municipal com respaldo de parecer favorável ao desmembramento.

104. É **PERMITIDO** aos municípios criar ou suprimir distritos. (CESPE – 2012 – PRF – Técnico de Nível Superior – Classe A Padrão I).

Questão original: É vedado aos municípios criar ou suprimir distritos.

105. Por serem simples descentralizações administrativas da União, os territórios não têm autonomia política, podendo ser criados por lei **COMPLEMENTAR** federal. (CESPE – 2012 – PC-CE – Inspetor de Polícia – Civil).

Questão original: Por serem simples descentralizações administrativas da União, os territórios não têm autonomia política, podendo ser criados por lei ordinária federal.

106. Não se permite aos municípios constituir força policial militar ou civil própria. (CESPE – 2012 – ANATEL – Analista Administrativo).

107. Os municípios são regidos por lei orgânica e, no exercício de sua autonomia, **NÃO** podem fixar livremente a data de eleição para prefeito e vice-prefeito de seu território. (CESPE – 2012 – FNDE – Técnico em Financiamento e Execução de Programas e Projetos Educacionais).

Questão original: Os municípios são regidos por lei orgânica e, no exercício de sua autonomia, podem fixar livremente a data de eleição para prefeito e vice-prefeito de seu território.

108. Os municípios dispõem de competência para suplementar a legislação estadual **E FEDERAL**, no que couber. (CESPE – 2012 – TJ-RR – Analista – Processual).

Questão original: Os municípios dispõem de competência para suplementar a legislação estadual, no que couber, mas não a legislação federal.

109. Compete aos municípios a criação, a organização e a supressão de distritos. Nesses três casos, devem ser observadas as orientações constantes em lei do **ESTADUAL** correspondente. (CESPE – 2012 – STJ – Analista Judiciário – Área Judiciária).

Observação: "Art. 30, IV da CF: Compete aos Municípios, criar, organizar e suprimir Distritos, observada a legislação estadual."

Questão original: Compete aos municípios a criação, a organização e a supressão de distritos. Nesses três casos, devem ser observadas as orientações constantes em lei do município correspondente.

110. A existência de lei municipal que legisle sobre trânsito e que imponha sanção mais gravosa que a prevista no Código de Trânsito Brasileiro é incompatível com a Constituição Federal de 1988 (CF). (CESPE - 2012 - STJ - Analista Judiciário - Área Judiciária).

111. Nos termos da CF, Brasília **NÃO** possui autonomia administrativa, legislativa e financeira. (CESPE - 2012 - TCE-ES - Auditor de Controle Externo - Auditoria Governamental).

Questão original: Nos termos da CF, Brasília possui autonomia administrativa, legislativa e financeira, em virtude de ser a capital federal.

112. Os territórios federais **NÃO** integram, na qualidade de entes federativos, a estrutura político- administrativa do Brasil. (CESPE - 2012 - Câmara dos Deputados - Analista Legislativo - Técnica Legislativa).

Questão original: Os territórios federais integram, na qualidade de entes federativos, a estrutura político- administrativa do Brasil.

113. Segundo a CF, a capital federal não é um ente autônomo da Federação. (CESPE - 2012 - PRF - Agente Administrativo).

114. Os territórios podem ser divididos em municípios. (CESPE - 2012 - ANATEL - Técnico Administrativo).

Questão original: Os territórios, **ASSIM COMO O DISTRITO FEDERAL**, podem ser divididos em municípios.

115. Ao Distrito Federal **NÃO** é assegurada autonomia para organizar e manter seu Poder Judiciário. (CESPE - 2012 - ANATEL - Analista Administrativo).

Questão original: Ao Distrito Federal é assegurada autonomia para organizar e manter seu Poder Judiciário.

116. Os territórios federais, entidades federativas ligadas à União, não detêm capacidade política. (CESPE - 2012 - ANATEL - Analista Administrativo).

117. A cidade de Brasília é a capital federal, sendo **PERMITIDA** pela Constituição Federal a transferência **TEMPORÁRIA** da sede do governo federal para outra cidade. (CESPE - 2012 - ANATEL - Analista Administrativo).

Questão original: A cidade de Brasília é a capital federal, sendo vedada pela Constituição Federal a transferência da sede do governo federal para outra cidade.

118. Aos territórios federais **NÃO** é vedado eleger deputados para a Câmara dos Deputados. (CESPE – 2012 – FNDE – Técnico em Financiamento e Execução de Programas e Projetos Educacionais).

Questão original: Aos territórios federais é vedado eleger deputados para a Câmara dos Deputados.

119. Caso seja criado um território federal no Brasil, ele **NÃO** será considerado, para todos os efeitos, um ente da Federação. (CESPE – 2012 – FNDE – Técnico em Financiamento e Execução de Programas e Projetos Educacionais).

Questão original: Caso seja criado um território federal no Brasil, ele será considerado, para todos os efeitos, um ente da Federação, sendo, como tal, autônomo.

120. Com o advento da Constituição de 1988, Brasília **PASSOU A TER STATUS DE** capital da República. (CESPE – 2012 – STJ – Técnico Judiciário – Telecomunicações e Eletricidade – Conhecimentos Básicos).

Questão original: Com o advento da Constituição de 1988, Brasília deixou de ser a capital da República em favor do Distrito Federal, que passou a ter esse status.

121. Cabe aos estados explorar diretamente, ou mediante concessão, os serviços locais de gás canalizado, na forma da lei, vedada a edição de medida provisória para a sua regulamentação. (CESPE – 2011 – MEC – Nível Superior – Conhecimentos Básicos – Todos os Cargos).

122. A competência administrativa dos estados-membros é remanescente. (CESPE – 2011 – IFB – Assistente de Administração).

123. É **POSSÍVEL** aos estados-membros da República Federativa do Brasil incorporar-se entre si, subdividir-se ou desmembrar-se para se anexarem a outros, ou ainda formarem novos estados ou territórios federais. (CESPE – 2011 – FUB – Assistente de Administração – Específicos).

Questão original: É vedado aos estados-membros da República Federativa do Brasil incorporar-se entre si, subdividir-se ou desmembrar-se para se anexarem a outros, ou ainda formarem novos estados ou territórios federais.

124. No processo de formação de novos estados-membros, a CF considera pressuposto fundamental o parecer favorável **DA POPULAÇÃO DIRETAMENTE INTE-**

RESSADA POR MEIO DE PLEBISCITO. (CESPE - 2011 - TRE-ES - Analista Judiciário - Área Judiciária - Específicos).

> **Questão original:** No processo de formação de novos estados-membros, a CF considera pressuposto fundamental o parecer favorável das assembleias legislativas dos estados envolvidos. Caso o posicionamento destas seja contrário à formação, não se poderá dar prosseguimento ao processo.

125. No exercício de sua autonomia política, os estados **NÃO** podem adotar o regime parlamentar de governo. (CESPE - 2011 - STM - Analista Judiciário - Área Judiciária - Específicos).

> **Questão original:** No exercício de sua autonomia política, os estados podem adotar o regime parlamentar de governo.

126. O processo de formação dos estados-membros exige a participação da população interessada por meio de plebiscito, medida que configura condição prévia, essencial e prejudicial à fase seguinte. Assim, desfavorável o resultado da consulta prévia feita ao povo, não se passará à fase seguinte do processo. (CESPE - 2011 - PC-ES - Delegado de Polícia - Específicos).

127. Compete aos municípios a organização e a prestação, de forma direta ou sob regime de concessão ou permissão, dos serviços públicos de transporte urbano coletivo local. (CESPE - 2011 - CNPQ - Analista em Ciência e Tecnologia Júnior - Geral).

128. Compete aos municípios planejar e controlar o uso e a ocupação de solo urbano. (CESPE - 2011 - STM - Analista Judiciário - Área Administrativa - Específicos).

129. A CF reconhece aos municípios a competência para criar, organizar e suprimir distritos, observada a legislação estadual. (CESPE - 2011 - PREVIC - Cargos de Nível Superior).

130. Compete **A UNIÃO** apresentar projeto de lei para a concessão de reajuste dos servidores militares do Distrito Federal. (CESPE - 2011 - STM - Analista Judiciário - Área Administrativa - Específicos).

> **Questão original:** Compete exclusivamente ao governador do Distrito Federal apresentar projeto de lei para a concessão de reajuste dos servidores militares do Distrito Federal.

131. A organização judiciária do Distrito Federal é realizada por meio de leis **FEDERAIS.** (CESPE - 2011 - STM - Analista Judiciário - Área Administrativa - Específicos).

> **Questão original:** A organização judiciária do Distrito Federal é realizada por meio de leis distritais, em razão de sua autonomia legislativa.

132. A CF admite a incorporação, a subdivisão ou o desmembramento de estados. (CESPE – 2010 – ANEEL – Técnico Administrativo – Área 1).

133. **É VEDADA**, a exploração dos serviços de gás canalizado em determinado estado **POR REGULAMENTAÇÃO DE** medida provisória editada pelo governador. (CESPE – 2010 – TRE-BA – Técnico Judiciário – Segurança Judiciária).

> **Questão original:** Em caso de urgência, a exploração dos serviços de gás canalizado em determinado estado poderá ser regulamentada por medida provisória editada pelo governador.

134. No plano de suas atribuições administrativas e legislativas, os estados federados exercem competências remanescentes, razão pela qual estão inseridos na competência reservada dos estados-membros as atribuições que não constarem do rol de competências da União e dos municípios e que não pertencerem à competência comum a todos os entes federativos. (CESPE – 2010 – TRT – 21ª Região (RN) – Analista Judiciário – Área Administrativa).

135. Os estados podem explorar diretamente, ou mediante **CONCESSÃO**, os serviços locais de gás canalizado **SENDO VEDADA** regulamentar a matéria por meio de medida provisória. (CESPE – 2010 – ABIN – Oficial Técnico de Inteligência – Área de Direito).

> **Questão original:** Os estados podem explorar diretamente, ou mediante permissão, os serviços locais de gás canalizado e podem, inclusive, regulamentar a matéria por meio de medida provisória.

136. Os estados-membros não possuem a soberania, entretanto gozam de autonomia. (CESPE – 2010 – MS – Analista Técnico – Administrativo – PGPE 1).

> **Questão original:** Os estados-membros não possuem a soberania, entretanto gozam de autonomia **ILIMITADA**.

137. Os estados podem incorporar-se entre si, subdividir-se ou desmembrar-se para se anexarem a outros ou formarem novos estados, mediante aprovação da população diretamente interessada, por meio de plebiscito e lei complementar prévia. (CESPE – 2010 – MS – Todos os Cargos).

138. A instituição de regiões metropolitanas pelos estados federados dispensa a edição prévia de lei complementar federal, diante da autonomia que lhes foi conferida pela CF. (CESPE – 2010 – TRE-BA – Analista Judiciário – Área Judiciária).

139. Os municípios **PODEM** constituir guardas municipais destinadas à preservação da ordem pública e à proteção de seus bens, serviços e instalações. (CESPE – 2010 – TRT – 21ª Região (RN) – Analista Judiciário – Área Administrativa).

Observação: "Art. 144, § 8º da CF: Os Municípios poderão constituir guardas municipais destinadas à proteção de seus bens, serviços e instalações, conforme dispuser a lei."

Questão original: Os municípios devem, obrigatoriamente, constituir guardas municipais destinadas à preservação da ordem pública e à proteção de seus bens, serviços e instalações.

140. No que se refere à criação de municípios, o plebiscito constitui condição de procedibilidade para o processo legislativo da lei estadual. Consequentemente, se as populações dos municípios envolvidos se manifestarem favoravelmente à criação do novo município e o legislador estadual aprovar a correspondente lei, o governador poderá vetá-la. (CESPE - 2010 - DPE-BA - Defensor Público).

Questão original: No que se refere à criação de municípios, o plebiscito constitui condição de procedibilidade para o processo legislativo da lei estadual. Consequentemente, se as populações dos municípios envolvidos se manifestarem favoravelmente à criação do novo município e o legislador estadual aprovar a correspondente lei, o governador **NÃO** poderá vetá-la.

141. A doutrina diverge no que se refere ao considerar municípios entidades federativas. Para alguns, são apenas divisões político-administrativas dos estados. (CESPE - 2010 - PGM - RR - Procurador Municipal).

142. O entendimento do STF, fixando o número exato de vereadores por município, não encontra previsão expressa na Constituição Federal de 1988 (CF), que prevê apenas o **LIMITE** máximo de vereadores, a depender da população. (CESPE - 2010 - PGM - RR - Procurador Municipal).

Questão original: O entendimento do STF, fixando o número exato de vereadores por município, não encontra previsão expressa na Constituição Federal de 1988 (CF), que prevê apenas o número máximo e o número mínimo de vereadores, a depender da população.

143. Nas consultas plebiscitárias para criação, incorporação, fusão e desmembramento de municípios, deve-se consultar a população dos territórios diretamente afetados pela alteração. Nesse caso, a vontade popular é aferida pelo percentual que se manifestar em relação ao total da população consultada. (CESPE - 2010 - PGM - RR - Procurador Municipal).

144. Os municípios não possuem força policial própria, mas podem constituir guardas municipais destinadas unicamente à proteção de seus bens, seus serviços e suas instalações. (CESPE - 2010 - MS - Analista Técnico - Administrativo - PGPE 1).

145. O DF **NÃO** possui autonomia sobre o Poder Judiciário do DF, o Ministério Público do DF e a Defensoria Pública do DF. (CESPE – 2010 – MS – Analista Técnico – Administrativo – PGPE 1).

> **Questão original:** O DF possui autonomia sobre o Poder Judiciário do DF, o Ministério Público do DF e a Defensoria Pública do DF.

146. Os territórios não elegem senadores, mas elegem quatro deputados federais. (CESPE – 2010 – MS – Analista Técnico – Administrativo – PGPE 1).

147. O DF possui competências legislativas de estado e município, sendo-lhe vedada a possibilidade de subdividir-se em municípios. (CESPE – 2010 – MS – Todos os Cargos).

148. Os territórios federais **NÃO** são componentes da Federação. (CESPE – 2010 – MS – Todos os Cargos).

> **Questão original:** Os territórios federais são componentes da Federação.

149. Os territórios integram a União, e sua criação ou transformação em estado ou ainda a sua reintegração ao estado de origem serão reguladas por lei **COMPLEMENTAR.** (CESPE – 2010 – MPS – Agente Administrativo).

> **Questão original:** Os territórios integram a União, e sua criação ou transformação em estado ou ainda a sua reintegração ao estado de origem serão reguladas por lei delegada.

150. A autonomia legislativa do DF não se manifesta em relação à possibilidade de organização do Poder Judiciário local. (CESPE – 2010 – MPS – Técnico em Comunicação Social – Relações Públicas).

151. A Constituição do Estado da Bahia prevê que qualquer cidadão é parte legítima para denunciar irregularidades ou ilegalidades ao TCE/BA, **NÃO** garantindo, textualmente, o direito ao anonimato e a preservação da identidade do denunciante. (CESPE – 2010 – TCE-BA – Procurador).

> **Questão original:** A Constituição do Estado da Bahia prevê que qualquer cidadão é parte legítima para denunciar irregularidades ou ilegalidades ao TCE/BA, garantindo, textualmente, o direito ao anonimato e a preservação da identidade do denunciante.

152. Aos membros do MPE junto ao TCE/BA devem ser aplicados os direitos, as vedações e a forma de investidura aplicados aos demais membros do MP. (CESPE – 2010 – TCE-BA – Procurador).

153. À Consultoria Jurídica, órgão setorial da Advocacia-Geral da União, compete fixar a interpretação da Constituição Federal de 1988, das leis, dos tratados e dos demais atos normativos a ser uniformemente seguida em sua área de atuação e coordenação, quando não houver orientação normativa do advogado-geral da União. (CESPE - 2010 - MPS - Técnico em Comunicação Social - Relações Públicas).

154. Os estados devem seguir o modelo federal de organização da segurança pública, atendo-se aos órgãos que, segundo a CF, são incumbidos da preservação da ordem pública, das pessoas e do patrimônio. (CESPE - 2009 - PC-ES - Agente de Polícia).

155. Os estados são agrupamentos humanos fixados em determinado território e sob um poder soberano, podendo ser divididos, segundo a doutrina clássica, em unitários e compostos. Os primeiros constituem-se apenas de um ente com capacidade política no território, embora admita a descentralização administrativa; os compostos comportam mais de um ente político. Caso uma parte de um estado pretendesse desmembrar-se e anexar seu território a um estado vizinho, essa mudança dependeria de plebiscito da população diretamente interessada e de leis complementares a serem elaboradas **PELO CONGRESSO NACIONAL.** (CESPE - 2009 - IBRAM-DF - Advogado).

Questão original: Caso uma parte de um estado pretendesse desmembrar-se e anexar seu território a um estado vizinho, essa mudança dependeria de plebiscito da população diretamente interessada e de leis complementares a serem elaboradas pelas respectivas assembleias legislativas dos estados membros.

156. A CF, ao conferir autonomia aos estados-membros, impõe a observância obrigatória de princípios relacionados ao processo legislativo, de modo que o legislador estadual não pode validamente dispor sobre as matérias reservadas à iniciativa do chefe do Poder Executivo. (CESPE - 2009 - DPE-AL - Defensor Público).

157. A CF não atribuiu a imunidade formal ao parlamentar municipal e não a reconheceu, ao parlamentar estadual, quanto aos crimes praticados antes da diplomação. (CESPE - 2009 - DPE-AL - Defensor Público).

158. Segundo a CF, os estados podem incorporar-se entre si, subdividir-se ou desmembrar-se para se anexar a outros, ou formar novos estados, mediante aprovação da população diretamente interessada, por meio de plebiscito e do Congresso Nacional, por lei complementar. (CESPE - 2009 - TRT - 17ª Região (ES) - Analista Judiciário - Área Administrativa).

159. Considere que um estado da federação, que não possui fronteira com outros países, pretenda explorar, diretamente, a atividade de transporte aquaviário de passageiros entre portos localizados em seu território, bem como prestar melhor atendimento às demandas por estrutura portuária. Se a exploração de infraestrutura de transporte for associada à prestação de serviços de transporte, a outorga adequada será a concessão, e não a permissão ou a autorização. (CESPE – 2009 – ANTAQ – Analista Administrativo – Qualquer Área de Formação).

160. Os municípios podem instituir guardas municipais com a função de **AUXILIAR** a segurança pública. (CESPE – 2009 – PC-ES – Agente de Polícia).

Questão original: Os municípios podem instituir guardas municipais com a função de reforçar a segurança pública, em auxílio à polícia civil.

161. Por serem dotados de autonomia própria, os municípios apresentam capacidade de auto-organização, autogoverno, autoadministração e competências legislativas específicas, como a de legislar acerca da vocação sucessória dos cargos de prefeito e vice-prefeito, em caso de dupla vacância. (CESPE – 2009 – SECONT-ES – Auditor do Estado – Tecnologia da Informação).

162. O subsídio dos vereadores não pode ultrapassar um percentual máximo do subsídio dos deputados federais. (CESPE – 2009 – TCE-RN – Assessor Técnico Jurídico)

163. A criação, a incorporação, a fusão e o desmembramento de municípios, far-se-ão por lei estadual, dentro do período determinado por lei complementar federal. Aomissão legislativa do Congresso Nacional em publicar a referida lei complementar pode dar ensejo à **ADI POR OMISSÃO**, por parte de município interessado em incorporar outro ente municipal. (CESPE – 2009 – Prefeitura de Ipojuca – PE – Procurador Municipal).

Questão original: A criação, a incorporação, a fusão e o desmembramento de municípios, far-se-ão por lei estadual, dentro do período determinado por lei complementar federal. A omissão legislativa do Congresso Nacional em publicar a referida lei complementar pode dar ensejo à impetração de mandado de injunção por parte de município interessado em incorporar outro ente municipal.

164. A vocação sucessória dos cargos de prefeito e vice-prefeito põese no âmbito da autonomia política local, em caso de dupla vacância. Ao disciplinar essa matéria, cuja competência é exclusiva dos municípios, a constituição estadual fere a autonomia desses entes. (CESPE – 2009 – Prefeitura de Ipojuca – PE – Procurador Municipal).

165. Os territórios, quando criados, podem ser divididos em municípios, aos quais serão aplicadas as regras de regência dos demais municípios. (CESPE – 2009 – DPE-AL – Defensor Público).

Observação: Art. 33, § 1º da CF: A lei disporá sobre a organização administrativa e judiciária dos Territórios, os Territórios poderão ser divididos em Municípios, aos quais se aplicará, no que couber, o disposto no Capítulo IV deste Título."

Questão original: Os territórios, quando criados, podem ser divididos em municípios, aos quais **NÃO** serão aplicadas as regras de regência dos demais municípios, já que estarão inseridos em território federal, considerado como descentralização administrativa da União.

16. A CF **NÃO** veda a criação de novos territórios. (CESPE - 2009 - TRT - 17ª Região (ES) - Analista Judiciário - Área Administrativa).

Questão original: A CF veda a criação de novos territórios.

167. Com base nas disposições da Constituição do Estado do Rio Grande do Norte: Os distritos são criados, organizados e suprimidos **PELOS RESPECTIVOS MUNICÍPIOS, OBSERVADA LEI COMPLEMENTAR.** No caso da criação de distrito municipal, **SERÁ DE COMPETÊNCIA PRIVATIVA DO TRIBUNAL DE JUSTIÇA.** (CESPE - 2009 - TCE-RN - Assessor Técnico Jurídico).

Questão original: Os distritos são criados, organizados e suprimidos por decreto do prefeito municipal, a juízo discricionário deste. No caso da criação de distrito municipal, o chefe do Poder Executivo deverá submeter o decreto, com a respectiva justificação, à Câmara Municipal, que decidirá por maioria absoluta.

168. A alienação, a qualquer título, de quaisquer espécies de bens dos municípios depende de prévia autorização legislativa e licitação, sendo dispensada a licitação quando o adquirente for pessoa jurídica de direito público interno ou entidade de sua administração indireta. (CESPE - 2009 - TCE-RN - Assessor Técnico Jurídico).

169. As legislações complementares **NÃO** asseguram aos defensores públicos o direito ao porte de arma. Em relação aos defensores públicos federais, após sua aprovação no estágio probatório, **NÃO HÁ** concessão do porte de arma. (CESPE - 2009 - DPE-ES - Defensor Público).

Questão original: As legislações complementares asseguram aos defensores públicos o direito ao porte de arma. Em relação aos defensores públicos federais, após sua aprovação no estágio probatório, a concessão do porte de arma é de âmbito nacional, mediante ato do defensor público geral. O porte de arma dos defensores públicos estaduais fica restrito à circunscrição do estado-membro, e é conferido no ato da posse, com a expedição da carteira funcional, por decisão do defensor público geral.

170. Pedro, servidor público, e seu filho, de 17 anos de idade, fizeram apostas em um bingo que se encontra em funcionamento em sua cidade amparado por uma lei estadual. A respeito dessa situação hipotética e da organização do Estado, julgue. A mencionada lei estadual contraria a jurisprudência do STF. (CESPE - 2008 - STJ - Analista Judiciário - Área Judiciária).

Questão original: A mencionada lei estadual NÃO contraria a jurisprudência do STF.

171. **É INCONSTITUCIONAL** lei estadual que proíba a comercialização de produto alimentício no estado por considerá-lo nocivo à saúde. (CESPE – 2008 – DPE-CE – Defensor Público).

Questão original: É constitucional lei estadual que proíba a comercialização de produto alimentício no estado por considerá-lo nocivo à saúde.

172. As terras devolutas pertencem aos estados, com exceção das terras devolutas indispensáveis à defesa das fronteiras, das fortificações e construções militares, das vias federais de comunicação e à preservação ambiental, definidas em lei. (CESPE – 2008 – TJ-DFT – Técnico Judiciário – Área Administrativa).

173. Os estados **NÃO** podem, por meio de lei, anistiar seus servidores de ilícitos penais praticados contra a administração pública estadual. (CESPE – 2008 – INSS – Analista do Seguro Social – Direito).

Questão original: Os estados podem, por meio de lei, anistiar seus servidores de ilícitos penais praticados contra a administração pública estadual.

174. Um parlamentar apresentou projeto de lei ordinária cujos objetivos são regular integralmente e privatizar a titularidade e a execução dos serviços públicos de sepultamento de cadáveres humanos, diante da falta de condições materiais de prestação desse serviço público de forma direta. Aprovado pelo Poder Legislativo, o referido projeto de lei foi sancionado pelo chefe do Poder Executivo. O projeto de lei mencionado no texto é de competência material dos municípios. (CESPE – 2008 – TCU – Analista de Controle Interno – Tecnologia da Informação – Prova 1).

175. Os municípios com mais de 1 milhão de habitantes **NÃO** podem, por meio de lei complementar, criar seus conselhos de contas. (CESPE – 2008 – INSS – Analista do Seguro Social – Direito).

Questão original: Os municípios com mais de 1 milhão de habitantes podem, por meio de lei complementar, criar seus conselhos de contas.

176. É constitucional lei municipal que disponha sobre a fixação do tempo máximo que o público pode esperar por atendimento em agências bancárias localizadas em seu território. (CESPE – 2008 – INSS – Analista do Seguro Social – Direito).

177. **NÃO COMPETE** ao DF legislar sobre a cobrança de preço de estacionamento de veículos em áreas pertencentes a instituições particulares de ensino fundamental, médio e superior instaladas no DF. (CESPE - 2008 - TJ-DFT - Analista Judiciário - Administração).

Questão original: Compete ao DF legislar sobre a cobrança de preço de estacionamento de veículos em áreas pertencentes a instituições particulares de ensino fundamental, médio e superior instaladas no DF.

178. A organização e a manutenção dos serviços locais de segurança pública do DF (Polícia Militar, Polícia Civil e Corpo de Bombeiros) são de competência **DA UNIÃO.** (CESPE - 2008 - TJ-DFT - Analista Judiciário - Administração; CESPE - 2008 - TJ-DFT - Analista Judiciário - Área Administrativa).

Questão original: A organização e a manutenção dos serviços locais de segurança pública do DF (Polícia Militar, Polícia Civil e Corpo de Bombeiros) são de competência privativa do próprio DF.

179. Compete ao DF legislar sobre a cobrança de preço de estacionamento de veículos em áreas pertencentes a instituições particulares de ensino fundamental, médio e superior instaladas no DF. (CESPE - 2008 - TJ-DFT - Analista Judiciário - Área Administrativa).

Questão original: Compete ao DF legislar sobre a cobrança de preço de estacionamento de veículos em áreas pertencentes a instituições particulares de ensino fundamental, médio e superior instaladas no DF.

180. Compete aos estados explorar diretamente, ou mediante concessão, os serviços locais de gás canalizado, na forma da lei, vedada a edição de medida provisória para a sua regulamentação. (CESPE - 2007 - TRT - 9ª REGIÃO (PR) - Analista Judiciário - Área Judiciária).

181. Compete aos municípios promover, no que couber, o adequado ordenamento territorial, mediante planejamento e controle do uso, do parcelamento e da ocupação do solo urbano. (CESPE - 2007 - TRT - 9ª REGIÃO (PR) - Analista Judiciário - Área Judiciária).

182. Nos territórios federais com mais de cem mil habitantes, além do governador nomeado na forma da CF, haverá órgãos judiciários de primeira e segunda instâncias, membros do Ministério Público e defensores públicos federais. (CESPE - 2007 - DPU - Defensor Público Federal).

183. A Constituição Federal, em seu art. 25, reconhece a possibilidade de os estados se organizarem e serem regidos por constituições e leis que adotarem, observados os princípios estabelecidos na Carta Magna. O dispositivo mencionado materializa um dos elementos essenciais do princípio federativo: o reconhecimento da autonomia política das unidades federadas. (CESPE – 2006 – ANATEL – Técnico em Regulação).

184. O Distrito Federal (DF) editou lei que impõe aos cartórios locais um limite temporal para atendimento ao público. A lei foi impugnada sob o argumento de inconstitucionalidade fundada em ofensa à competência privativa da União. Considerando essa situação e a competência legislativa do DF e da União, julgue os itens subsequentes. O DF acumula competências legislativas atribuídas constitucionalmente aos estados e municípios. (CESPE – 2006 – DPE-DF – Procurador – Assistência Judiciária – Segunda Categoria).

185. Os estados federados têm competência exclusiva para criar, incorporar, fundir e desmembrar municípios, desde que obedeçam aos ditames **DETERMINADOS POR LEI COMPLEMENTAR FEDERAL.** (CESPE – 2004 – STJ – Técnico Judiciário – Área Administrativa).

> **Questão original:** Os estados federados têm competência exclusiva para criar, incorporar, fundir e desmembrar municípios, desde que obedeçam aos ditames de lei estadual e de lei complementar estadual.

186. Ao vereador se estendem as mesmas imunidades materiais que protegem os representantes do Congresso Nacional, restritas à circunscrição municipal. (CESPE – 2004 – STJ – Analista Judiciário – Área Administrativa).

> **Questão original:** Ao vereador se estendem as mesmas imunidades **FORMAIS** e materiais que protegem os representantes do Congresso Nacional, restritas à circunscrição municipal.

187. Os crimes praticados por prefeito de qualquer município do país devem ser julgados **PELA JUSTIÇA COMUM ESTADUAL** no que concerne a desvio de verba oriunda de convênio com a União, sendo que a ação penal respectiva pode ser instaurada mesmo depois de terminado o mandato do prefeito. (CESPE – 2004 – STJ – Analista Judiciário – Área Administrativa).

> **Questão original:** Os crimes praticados por prefeito de qualquer município do país devem ser julgados pelo tribunal regional federal competente no que concerne a desvio de verba oriunda de convênio com a União, sendo que a ação penal respectiva pode ser instaurada mesmo depois de terminado o mandato do prefeito.

3.3 COMPETÊNCIAS CONSTITUCIONAIS

1. Legislar sobre a responsabilidade por dano ao meio ambiente compete concorrentemente à União, aos estados e ao Distrito Federal. (CESPE – 2018 – MPU – Técnico do MPU – Administração).

2. É concorrente a competência da União e dos estados para legislar sobre a organização, os direitos e os deveres das polícias civis dos estados. (CESPE - 2018 - Polícia Federal - Delegado de Polícia Federal).

3. É **CONSTITUCIONAL** a parceria entre Estado e entidade religiosa que promova educação de jovens e adultos em periferias de uma grande cidade, em razão de dispositivo constitucional que veda essa aliança. (CESPE - 2018 - IPHAN - Auxiliar Institucional - Área 1).

Questão original: É inconstitucional a parceria entre Estado e entidade religiosa que promova educação de jovens e adultos em periferias de uma grande cidade, em razão de dispositivo constitucional que veda essa aliança.

4. Segundo a CF, compete à União, **ESTADOS, DF E MUNÍCIPIOS** a proteção ao patrimônio histórico, cultural, artístico, turístico e paisagístico brasileiro. (CESPE - 2018 - IPHAN - Conhecimentos Básicos - Cargos de Nível Médio).

Questão original: Segundo a CF, compete somente à União a proteção ao patrimônio histórico, cultural, artístico, turístico e paisagístico brasileiro.

5. Em caso de iminente perigo e em tempo de guerra, compete privativamente à União legislar sobre requisições militares. (CESPE - 2018 - STM - Técnico Judiciário - Área Administrativa).

6. Conforme a CF, a União, os estados, o Distrito Federal e os municípios possuem Poder Legislativo, Poder Executivo e, **RESSALVADO DF E OS MUNÍCIPIOS**, Poder Judiciário, independentes e harmônicos entre si. (CESPE - 2018 - CGM de João Pessoa - PB - Conhecimentos Básicos - Cargos: 1, 2 e 3).

Questão original: Conforme a CF, a União, os estados, o Distrito Federal e os municípios possuem Poder Legislativo, Poder Executivo e Poder Judiciário, independentes e harmônicos entre si.

7. No âmbito da organização político-administrativa do Estado, apenas a União, os estados, Distrito Federal **E OS MUNICÍPIOS** são considerados entes autônomos. (CESPE - 2018 - CGM de João Pessoa - PB - Conhecimentos Básicos - Cargos: 1, 2 e 3).

Questão original: No âmbito da organização político-administrativa do Estado, apenas a União, os estados e o Distrito Federal são considerados entes autônomos.

8. Caso não exista lei federal que disponha normas gerais relativas a tecnologia, os estados poderão exercer a competência legislativa plena, necessária ao atendimento de suas peculiaridades. (CESPE - 2018 - MPU - Técnico do MPU - Administração).

9. A União, os estados-membros e os municípios têm competência **COMUM** para desenvolver políticas públicas que visem à redução de doenças, à proteção e à recuperação da saúde. (CESPE – 2018 – MPE-PI – Conhecimentos Básicos – Cargos de Nível Superior).

> **Questão original:** A União, os estados-membros e os municípios têm competência concorrente para desenvolver políticas públicas que visem à redução de doenças, à proteção e à recuperação da saúde.

10. O município de São Luís, no estado do Maranhão, é competente para organizar serviços públicos de interesse local; entretanto, **INCLUÍNDO** de transporte coletivo. (CESPE – 2018 – EMAP – Conhecimentos Básicos – Cargos de Nível Superior).

> **Questão original:** O município de São Luís, no estado do Maranhão, é competente para organizar serviços públicos de interesse local; entretanto, se esses serviços forem de transporte coletivo, tal competência será da União.

11. É competência **EXCLUSIVA** da União fiscalizar a produção e o comércio de material bélico. (CESPE – 2018 – STM – Cargos de Nível Superior – Conhecimentos Básicos – Exceto cargos 1, 2 e 8).

> **Questão original:** É competência comum da União, dos estados e dos municípios fiscalizar a produção e o comércio de material bélico.

12. Os estados podem legislar de forma concorrente sobre direito tributário. (CESPE – 2018 – CGM de João Pessoa – PB – Conhecimentos Básicos – Cargos: 1, 2 e 3).

13. Compete **PRIVATIVAMENTE** à União legislar sobre cidadania e naturalização. (CESPE – 2018 – Instituto Rio Branco – Diplomata – Prova 1).

> **Observação:** "Art. 22, XIII da CF: nacionalidade, cidadania e naturalização."

> **Questão original:** Compete à União, aos estados e ao Distrito Federal legislar concorrentemente sobre cidadania e naturalização, limitando-se a União a estabelecer normas gerais e os demais entes a legislar em caráter suplementar.

14. A competência para legislar sobre os vencimentos das polícias civil e militar do Distrito Federal (DF) é privativa da União. (CESPE – 2018 – ABIN – Oficial Técnico de Inteligência – Área 2).

> **Observação:** "Súmula vinculante 39: Compete privativamente à União legislar sobre vencimentos dos membros das polícias civil e militar e do corpo de bombeiros militar do Distrito Federal."

Questão original: A competência para legislar sobre os vencimentos das polícias civil e militar do Distrito Federal (DF) é privativa da União, **PODENDO O DF LEGISLAR SOBRE A MATÉRIA SOMENTE NO CASO DE INEXISTÊNCIA DA LEI FEDERAL.**

15. Maria tomou posse recentemente no IPHAN e ficou responsável por desenvolver um projeto cujo objetivo era restaurar um acervo de pinturas pertencentes ao município do Rio de Janeiro e reformar uma área específica de um museu municipal, para a exposição das pinturas restauradas. Essas pinturas possuem grande valor histórico, artístico e cultural, consideradas peças de grande raridade pelo estilo e método de pintura utilizado. Essa restauração é uma tarefa que somente pode ser realizada por técnico especializado, e há no país somente uma profissional habilitada para o trabalho.

Maria **NÃO** deve sugerir a federalização da posse de todo o acervo de pinturas, uma **VEZ, NO QUAL, SEJA COMPETÊNCIA COMUM DA** União, **ESTADOS, DF E MUNICÍPIOS**, proteger documentos, obras e bens de valor histórico, artístico e cultural. (CESPE - 2018 - IPHAN - Conhecimentos Básicos - Cargos de Nível Superior).

Observação: "Art. 23, III d CF: É competência comum da União, dos Estados, do Distrito Federal e dos Municípios: Proteger os documentos, as obras e outros bens de valor histórico, artístico e cultural, os monumentos, as paisagens naturais notáveis e os sítios arqueológicos."

Questão original: Maria deve sugerir a federalização da posse de todo o acervo de pinturas, uma vez que o referido projeto será executado pelo IPHAN e cabe exclusivamente à União proteger documentos, obras e bens de valor histórico, artístico e cultural.

16. Os estados-membros têm competência para editar normas a fim de estabelecer procedimentos em matéria processual, podendo se basear em peculiaridades locais para legislar nessa situação. (CESPE - 2018 - MPE-PI - Analista Ministerial - Área Processual).

17. Compete **PRIVATIVAMENTE** à União legislar sobre normas de processo e de julgamento de crimes de responsabilidade. (CESPE - 2017 - TRF - 1ª REGIÃO - Analista Judiciário - Oficial de Justiça Avaliador Federal).

Observação: "Súmula vinculante 46: A definição dos crimes de responsabilidade e o estabelecimento das respectivas normas de processo e julgamento são de competência legislativa privativa da União."

Questão original: Compete exclusivamente à União legislar sobre normas de processo e de julgamento de crimes de responsabilidade.

18. Lei municipal de interesse local que tratar de combate à poluição **NÃO** contrariará a CF, uma vez que está competência é **COMUM**. (CESPE – 2017 – TCE-PE – Analista de Gestão – Administração).

> **Questão original:** As peculiaridades de cada cidade determinam a competência dos municípios para fixar horários de funcionamento de estabelecimentos comerciais e bancários.

19. Desenvolver políticas públicas para a redução da ocorrência de doenças e a proteção da saúde da população é competência **COMUM** da União, dos estados, do DF e dos municípios. (CESPE – 2017 – Prefeitura de Fortaleza – CE – Procurador do Município).

> **Observação:** "Art. 23, II da CF: É competência comum da União, dos Estados, do Distrito Federal e dos Municípios, cuidar da saúde e assistência pública, da proteção e garantia das pessoas portadoras de deficiência."

> **Questão original:** Desenvolver políticas públicas para a redução da ocorrência de doenças e a proteção da saúde da população é competência concorrente da União, dos estados, do DF e dos municípios.

20. Compete privativamente à União legislar sobre desapropriação. (CESPE – 2017 – TRF – 1ª REGIÃO – Técnico Judiciário – Área Administrativa).

21. O governo de determinado estado da Federação publicou medida provisória (MP) que altera dispositivos da Lei de Diretrizes e Bases da Educação Nacional. Em protesto contra a referida MP, alguns estudantes do ensino médio do estado ocuparam as escolas públicas, impedindo que os demais alunos frequentassem as aulas. O Ministério Público estadual ingressou com medida judicial requerendo a imediata reintegração e desocupação das escolas invadidas. A medida judicial requerida foi deferida por um juiz de primeiro grau que tomou posse há vinte meses.

A MP é inconstitucional por usurpar competência privativa da União federal. (CESPE – 2017 – SEDF – Analista de Gestão Educacional – Direito e Legislação).

22. É competência **PRIVATIVA** da União legislar sobre normas gerais de licitação para a administração pública direta. (CESPE – 2017 – TRF – 1ª REGIÃO – Técnico Judiciário – Área Administrativa).

> **Questão original:** É competência comum da União, dos estados, dos municípios e do Distrito Federal legislar sobre normas gerais de licitação para a administração pública direta.

23. As peculiaridades de cada cidade determinam a competência dos municípios para fixar horários de funcionamento de estabelecimentos comerciais. (CESPE – 2017 – TRF – 1ª REGIÃO – Analista Judiciário – Oficial de Justiça Avaliador Federal).

Observação: "Súmula vinculante 38: É competente o Município para fixar o horário de funcionamento de estabelecimento comercial."

Questão original: As peculiaridades de cada cidade determinam a competência dos municípios para fixar horários de funcionamento de estabelecimentos comerciais E BANCÁRIOS.

24. Compete concorrentemente à União, aos estados **E** ao Distrito Federal legislar sobre direito tributário, financeiro, urbanístico, **ECONÔMICO E PENITENCIÁRIO.** (CESPE - 2017 - TRF - 1ª REGIÃO - Analista Judiciário - Oficial de Justiça Avaliador Federal).

Questão original: Compete concorrentemente à União, aos estados, ao Distrito Federal e aos municípios legislar sobre direito tributário, financeiro, urbanístico e eleitoral.

25. Os estados e os municípios podem legislar sobre responsabilidade por dano ao meio ambiente. (CESPE - 2017 - DPU - Defensor Público Federal).

26. O estado de Minas Gerais editou norma geral sobre matéria de competência concorrente, ante a ausência de norma geral editada pela União. Todavia, meses depois, a União promulgou lei estabelecendo normas gerais acerca da matéria. Nessa situação, a lei estadual terá sua eficácia suspensa naquilo que for contrária à lei federal. (CESPE - 2016 - ANVISA - Técnico Administrativo - Conhecimentos Específicos).

27. A incidência de lei emanada da União é determinada na própria **CF, DEPENDENDO** das regras constitucionais federais sobre repartição de competências: é **O CONTEÚDO** na própria lei, quando de sua edição, que determinará se ela se aplicará aos demais entes federativos (lei nacional, portanto) ou apenas à União (lei federal, por conseguinte). (CESPE - 2016 - PGE-AM - Procurador do Estado).

Questão original: A incidência de lei emanada da União é determinada na própria lei, independentemente das regras constitucionais federais sobre repartição de competências: é a previsão na própria lei, quando de sua edição, que determinará se ela se aplicará aos demais entes federativos (lei nacional, portanto) ou apenas à União (lei federal, por conseguinte).

28. A respeito dos poderes da administração pública e dos serviços públicos, julgue o item que se segue. Se a competência para a prestação de determinado serviço público for atribuída aos estados federados de forma privativa, então a prestação desse serviço não poderá ser exercida pela União nem pelos municípios. (CESPE - 2016 - TCE-PA - Conhecimentos Básicos- Cargos 4, 5 e de 8 a 17).

29. No que se refere à proteção e à defesa da saúde, a União exerce competência legislativa concorrente, cabendo-lhe o estabelecimento de normas gerais. (CESPE – 2016 – DPU – Conhecimentos Básicos – Cargos 3 e 8).

30. No âmbito das competências concorrentes, **A SUPERVENIÊNCIA DE** lei federal sobre normas gerais suspende a eficácia de lei estadual, no que lhe for contrária. (CESPE – 2016 – PGE-AM – Procurador do Estado).

Observação: "Art. 24, § 4º da CF: A superveniência de lei federal sobre normas gerais suspende a eficácia da lei estadual, no que lhe for contrário."

Questão original: No âmbito das competências concorrentes, lei federal sobre normas gerais suspende a eficácia de lei estadual superveniente, no que está lhe for contrária.

31. Compete privativamente à União legislar sobre direito civil **E** comercial. (CESPE – 2016 – TCE-PA – Auditor de Controle Externo – Área Administrativa – Direito).

Observação: "Art. 22, I da CF: Compete privativamente à União legislar sobre direito civil, comercial, penal, processual, eleitoral, agrário, marítimo, aeronáutico, espacial e do trabalho."

Questão original: Compete privativamente à União legislar sobre direito civil, comercial e financeiro.

32. A competência dos estados para suplementar a legislação federal sobre normas gerais é indelegável. As competências oriundas do seu poder remanescente, por sua vez, são **INDELEGÁVEIS.** (CESPE – 2016 – PGE-AM – Procurador do Estado).

Questão original: A competência dos estados para suplementar a legislação federal sobre normas gerais é indelegável. As competências oriundas do seu poder remanescente, por sua vez, são delegáveis, conforme disposição na Constituição estadual.

33. A FUNPRESP–EXE decidiu contratar uma empresa especializada para a construção de um prédio de três andares no município X. No imóvel, funcionará um centro de processamento de dados, necessário para a operação da rede de

Concluída a construção, o município X aplicou uma multa ambiental à fundação, sob a alegação de que a execução da obra havia sido feita em desacordo com o art. 3.º da Lei Municipal n.º 1, que prevê regras ambientais específicas do município relativas à defesa do solo, inclusive normas técnicas de construção destinadas a evitar a contaminação do solo por metais pesados. A multa aplicada à FUNPRESP–EXE foi de R$ 1.000.000, valor condizente com os limites da referida legislação.

Ao tentar impugnar, na via administrativa, a multa ambiental, a FUNPRESP-EXE foi avisada de que, para recorrer administrativamente, deveria recolher previamente 50% do valor da multa aplicada mediante Guia de Arrecadação, expedida pela Secretaria Municipal de Meio Ambiente, conforme previsão do art. 5.º da referida lei municipal, sob pena de o recurso administrativo nem sequer ser conhecido.

O art. 3.º da lei em apreço é **CONSTITUCIONAL** por **COMPETÊNCIA COMUM** legislativa para a matéria nele tratada. (CESPE - 2016 - FUNPRESP-EXE - Especialista - Área Jurídica).

> **Questão original:** O art. 3.º da lei em apreço é inconstitucional por incompetência legislativa para a matéria nele tratada.

34. Seria **INCONSTITUCIONAL** lei estadual que, fundada no dever de proteção à saúde dos consumidores, criasse restrições ao comércio e ao transporte de produtos agrícolas importados no âmbito do território do respectivo estado. (CESPE - 2015 - AGU - Advogado da União).

> **Questão original:** Seria constitucional lei estadual que, fundada no dever de proteção à saúde dos consumidores, criasse restrições ao comércio e ao transporte de produtos agrícolas importados no âmbito do território do respectivo estado.

35. Determinado estado e um dos seus municípios estão sendo processados judicialmente em razão de denúncias acerca da má qualidade do serviço de atendimento à saúde prestado à população em um hospital do referido município. Nessa situação, o estado, **NÃO** poderá alegar que, nesse caso específico, ele não deverá figurar no polo passivo da demanda, já que a responsabilidade pela prestação adequada dos serviços de saúde à população é **SOLIDÁRIA.** (CESPE - 2015 - AGU - Advogado da União).

> **Questão original:** Situação hipotética: Determinado estado e um dos seus municípios estão sendo processados judicialmente em razão de denúncias acerca da má qualidade do serviço de atendimento à saúde prestado à população em um hospital do referido município. Assertiva: Nessa situação, o estado, em sua defesa, poderá alegar que, nesse caso específico, ele não deverá figurar no polo passivo da demanda, já que a responsabilidade pela prestação adequada dos serviços de saúde à população é do município, e, subsidiariamente, da União.

36. O constituinte brasileiro **NÃO** proibiu que a União delegasse aos estados e ao Distrito Federal a competência para legislar sobre matérias de sua competência privativa. (CESPE - 2015 - FUB - Auditor).

> **Questão original:** O constituinte brasileiro proibiu que a União delegasse aos estados e ao Distrito Federal a competência para legislar sobre matérias de sua competência privativa.

37. Compete **CONCORRENTEMENTE** à União, **ESTADOS E DF** legislar sobre direitos e garantias fundamentais. (CESPE – 2015 – TCU – Auditor Federal de Controle Externo – Conhecimentos Gerais).

> **Questão original:** Compete privativamente à União legislar sobre direitos e garantias fundamentais.

38. Compete à União manter relações com Estados estrangeiros, declarar a guerra e celebrar a paz, assegurar a defesa nacional e permitir que forças estrangeiras transitem por seus territórios. (CESPE – 2015 – Instituto Rio Branco – Diplomata – Prova 2).

> **Questão original:** Compete à União manter relações com Estados estrangeiros, declarar a guerra e celebrar a paz, mas se insere no âmbito da competência **CONCORRENTE** da União, dos estados e do Distrito Federal assegurar a defesa nacional e permitir que forças estrangeiras transitem por seus territórios.

39. Entre as competências constitucionais conferidas aos estados federados incluem-se proporcionar os meios de acesso à cultura, à educação e à ciência; legislar sobre assistência jurídica e defensoria pública bem como sobre a proteção e a integração social das pessoas portadoras de deficiência. (CESPE – 2015 – CGE-PI – Auditor Governamental – Conhecimentos básicos).

> **Questão original:** Entre as competências constitucionais conferidas aos estados federados incluem-se proporcionar os meios de acesso à cultura, à educação e à ciência; **EXPLORAR DIRETAMENTE, OU MEDIANTE AUTORIZAÇÃO, CONCESSÃO OU PERMISSÃO, OS PORTOS FLUVIAIS E LACUSTRES**; legislar sobre assistência jurídica e defensoria pública bem como sobre a proteção e a integração social das pessoas portadoras de deficiência.

40. Considere que, prevista competência concorrente para legislar sobre determinada matéria de interesse público e inexistindo lei federal que o fizesse, o estado de Goiás tenha editado lei contendo normas gerais sobre tal matéria. Nessa situação, lei federal superveniente sobre a matéria não revogará a lei estadual, cuja eficácia será suspensa apenas no que contrariar a lei federal. (CESPE – 2015 – TRE-GO – Analista Judiciário – Área Judiciária – Conhecimentos Específicos).

41. É competência privativa da União legislar acerca do direito eleitoral. (CESPE – 2015 – TRE-GO – Técnico Judiciário – Área Administrativa).

42. Será **INCONSTITUCIONAL** lei estadual que estabeleça tramitação prioritária, na justiça estadual, de processos judiciais que tenham como parte mulheres vítimas de violência doméstica. (CESPE – 2015 – TCE-RN – Assessor Técnico Jurídico – Cargo 2).

Questão original: Será constitucional lei estadual que estabeleça tramitação prioritária, na justiça estadual, de processos judiciais que tenham como parte mulheres vítimas de violência doméstica.

43. Seria **INCONSTITUCIONAL** norma instituída por lei estadual exigindo depósito recursal como pressuposto para sua interposição no âmbito dos juizados especiais cíveis do estado, uma vez que esse tema **NÃO** está inserido entre as competências legislativas dos estados-membros acerca de procedimento em matéria processual. (CESPE - 2015 - AGU - Advogado da União).

Questão original: Seria constitucional norma instituída por lei estadual exigindo depósito recursal como pressuposto para sua interposição no âmbito dos juizados especiais cíveis do estado, uma vez que esse tema está inserido entre as competências legislativas dos estados-membros acerca de procedimento em matéria processual.

44. Além das competências legislativas remanescentes, a Constituição Federal de 1988 enumerou algumas competências aos estados-membros, como, por exemplo, a criação, a incorporação, a fusão e o desmembramento de municípios, por meio de lei estadual. (CESPE - 2015 - Instituto Rio Branco - Diplomata - Prova 2).

45. No âmbito da competência legislativa concorrente, inexistindo lei federal, os estados exercerão competência legislativa plena, mas eventual promulgação de lei federal dispondo sobre normas gerais tem o efeito de suspender a eficácia da legislação estadual sobre **A MATÉRIA EM QUE FOR CONTRÁRIA.** (CESPE - 2015 - TCE-RN - Auditor).

Questão original: No âmbito da competência legislativa concorrente, inexistindo lei federal, os estados exercerão competência legislativa plena, mas eventual promulgação de lei federal dispondo sobre normas gerais tem o efeito de suspender a eficácia da legislação estadual sobre toda a matéria objeto da competência concorrente.

46. Compete **PRIVATIVAMENTE** à União legislar sobre direito eleitoral. (CESPE - 2015 - TRE-GO - Analista Judiciário - Área Administrativa - Conhecimentos Específicos).

Questão original: Compete à União, aos estados e ao Distrito Federal legislar concorrentemente sobre direito eleitoral e, no âmbito dessa legislação concorrente, a competência da União está limitada ao estabelecimento de normas gerais.

47. Apesar de se verificar significativa atuação da União, por meio do IPHAN, na preservação do patrimônio histórico nacional, tal atividade é atribuição comum tanto dela quanto dos estados, do Distrito Federal e dos municípios. (CESPE - 2014 - Câmara dos Deputados - Analista Legislativo - Consultor Legislativo - Conhecimentos Básicos).

48. A legislação sobre a prestação de serviços postais é matéria de competência **PRIVATIVA** da União. (CESPE – 2014 – Câmara dos Deputados – Analista Legislativo – Consultor Legislativo – Conhecimentos Básicos).

> **Questão original:** A legislação sobre a prestação de serviços postais é matéria de competência concorrente da União e dos estados, mas a estes é imposto o limite jurisdicional de seu território.

49. A legislação sobre a proteção e defesa da saúde é, conforme a CF, de competência tanto federal como estadual, na forma do que se entende como competência concorrente. (CESPE – 2014 – Câmara dos Deputados – Analista Legislativo – Consultor Legislativo – Conhecimentos Básicos).

50. Compete à União, aos estados **E** ao DF legislar concorrentemente sobre direito penitenciário, cabendo à União apenas o estabelecimento de normas gerais. (CESPE – 2014 – Polícia Federal – Conhecimentos Básicos – Nível Superior).

> **Questão original:** Compete à União, aos estados, ao DF e aos municípios legislar concorrentemente sobre direito penitenciário, cabendo à União apenas o estabelecimento de normas gerais.

51. Lei complementar estadual que conceda, independentemente de qualquer ato formal de licença ou autorização, porte de arma aos procuradores do Estado usurpará competência legislativa privativa da União. (CESPE – 2014 – Câmara dos Deputados – Analista Legislativo – Consultor Legislativo Área XXII).

52. A criação de lei estadual sobre sistemas de consórcios e sorteios, bingos e loterias **É INCONSTITUCIONAL.** (CESPE – 2014 – Câmara dos Deputados – Analista Legislativo – Consultor Legislativo Área V).

> **Observação:** "Súmula vinculante 2: É inconstitucional a lei ou ato normativo Estadual ou Distrital que disponha sobre sistemas de consórcios e sorteios, inclusive bingos e loterias."

> **Questão original:** A criação de lei estadual sobre sistemas de consórcios e sorteios, bingos e loterias deve ater-se a aspectos suplementares, haja vista a existência de norma geral no âmbito federal.

53. Compete ao município, em cooperação financeira e técnica com a União, a criação e a manutenção de programa de educação infantil. (CESPE – 2014 – Câmara dos Deputados – Analista Legislativo – Consultor Legislativo Área VIII).

54. A edição de normas gerais sobre licitações e contratos administrativos, em todas as modalidades, é competência privativa da União. (CESPE – 2014 – TC-DF – Auditor de Controle Externo).

55. Não ofenderia a CF lei distrital que versasse sobre a concessão, aos estudantes regulares do DF, de 50% de desconto no valor cobrado em ingressos para eventos esportivos, culturais e de lazer, já que é concorrente, entre a União, os estados e o DF, a competência para legislar sobre direito econômico. (CESPE - 2014 - TC-DF - Técnico de Administração Pública).

56. **DESRESPEITARIA** a CF norma distrital que proibisse, com base no princípio da isonomia, a cobrança pelo uso de estacionamento nos shopping centers situados no DF, com vistas à promoção do lazer e da cultura, uma vez que o DF agiria, nessa situação, no exercício da competência **PRIVATIVA À UNIÃO** conferida para legislar sobre direito **CIVIL**. (CESPE - 2014 - TC-DF - Técnico de Administração Pública).

> **Questão original:** Não contrariaria a CF norma distrital que proibisse, com base no princípio da isonomia, a cobrança pelo uso de estacionamento nos shopping centers situados no DF, com vistas à promoção do lazer e da cultura, uma vez que o DF agiria, nessa situação, no exercício da competência concorrente a ele conferida para legislar sobre direito urbanístico.

57. É vedado à LODF definir os crimes de responsabilidade do governador. (CESPE - 2014 - TC-DF - Analista de Administração Pública - Organizações; CESPE - 2014 - TC-DF - Analista de Administração Pública - Sistemas de TI).

58. A CF estabelece matérias de competência privativa da União no âmbito legislativo, admitindo, porém, que lei complementar federal autorize os estados, o Distrito Federal a legislar sobre tais questões. (CESPE - 2014 - Instituto Rio Branco - Diplomata - Prova 2).

> **Questão original:** A CF estabelece matérias de competência privativa da União no âmbito legislativo, admitindo, porém, que lei complementar federal autorize os estados, o Distrito Federal **E OS MUNICÍPIOS A LEGISLAR SOBRE TAIS QUESTÕES.**

59. Se um estado da Federação editar norma que proíba revista íntima em empregados de estabelecimentos situados em seu território, tal norma, ainda que proteja a dignidade do trabalhador, será inconstitucional, pois tratará de matéria de competência privativa da União. (CESPE - 2014 - Câmara dos Deputados - Analista Legislativo - Consultor Legislativo Área III).

60. Lei complementar estadual que conceda, independentemente de qualquer ato formal de licença ou autorização, porte de arma aos procuradores do Estado usurpará competência legislativa privativa da União. (CESPE - 2014 - Câmara dos Deputados - Analista Legislativo - Consultor Legislativo Área II).

61. De acordo com o STF, é **CONSTITUCIONAL** lei estadual que autorize a utilização, pela polícia militar, de veículos apreendidos e não identificados quanto à procedência e à propriedade exclusivamente no trabalho de repressão penal, por **NÃO** infringir competência privativa da União. (CESPE – 2014 – Câmara dos Deputados – Analista Legislativo – Consultor Legislativo Área I).

> **Questão original:** De acordo com o STF, é inconstitucional lei estadual que autorize a utilização, pela polícia militar, de veículos apreendidos e não identificados quanto à procedência e à propriedade exclusivamente no trabalho de repressão penal, por infringir competência privativa da União para legislar sobre trânsito e direito processual penal.

62. Na hipótese de lei estadual que disponha sobre a comercialização de produtos por meio de embalagens reutilizáveis, entende o STF não haver inconstitucionalidade formal da norma por vício de competência legislativa, uma vez que, não havendo norma geral da União para regular a matéria, os estados-membros estão autorizados a legislar supletivamente sobre normas de defesa do consumidor. (CESPE – 2014 – Câmara dos Deputados – Analista Legislativo – Consultor Legislativo Área I).

63. Lei distrital que submeta as desapropriações, no âmbito do Distrito Federal, à aprovação prévia da Câmara Legislativa será inconstitucional, pois, além de violar o princípio da separação dos poderes, invadirá a competência legislativa da União. (CESPE – 2014 – Câmara dos Deputados – Técnico Legislativo – Agente de Polícia Legislativa).

64. Se uma lei estadual regular aspectos específicos sobre o comércio de bebidas entre dois estados da Federação, essa lei estadual **NÃO** estará invadindo a competência privativa da União de legislar sobre a matéria, **CASO** tenha havido autorização mediante lei complementar. (CESPE – 2014 – SUFRAMA – Técnico em Contabilidade; CESPE – 2014 – SUFRAMA – Agente Administrativo).

> **Questão original:** Se uma lei estadual regular aspectos específicos sobre o comércio de bebidas entre dois estados da Federação, essa lei estadual estará invadindo a competência privativa da União de legislar sobre a matéria, ainda que tenha havido autorização mediante lei complementar.

65. Compete **CONCORRENTEMENTE** à União legislar sobre direito financeiro. (CESPE – 2014 – PGE-BA – Procurador do Estado).

> **Questão original:** Compete exclusivamente à União legislar sobre direito financeiro.

66. Será **CONSTITUCIONAL** lei estadual que assegure ao consumidor o direito de obter informações sobre a qualidade de produto combustível, por tratar de matéria da competência **CONCORRENTE**, qual seja, direito **DO CONSUMIDOR.** (CESPE – 2014 – MDIC – Analista Técnico – Administrativo).

Questão original: Será inconstitucional lei estadual que assegure ao consumidor o direito de obter informações sobre a qualidade de produto combustível, por tratar de matéria da competência privativa da União, qual seja, direito comercial e comércio.

67. Compete à União a exploração direta dos serviços e instalações de energia elétrica. (CESPE - 2014 - Câmara dos Deputados - Analista Legislativo - Consultor Legislativo Área XI).

68. Lei complementar estadual que conceda, independentemente de qualquer ato formal de licença ou autorização, porte de arma aos procuradores do Estado usurpará competência legislativa privativa da União. (CESPE - 2014 - Câmara dos Deputados - Analista Legislativo - Consultor Legislativo Área XXI).

69. A preservação de florestas é da competência administrativa **COMUM** da União, dos estados, **DO DF E DOS MUNICÍPIOS.** (CESPE - 2014 - Câmara dos Deputados - Analista Legislativo - Consultor Legislativo - Conhecimentos Básicos).

Questão original: A preservação de florestas é da competência administrativa concorrente da União e dos estados.

70. Considere que determinado estado tenha editado norma geral sobre matéria de competência concorrente, ante a ausência de normas gerais editadas pela União. Nessa situação, se a União, posteriormente, editar lei estabelecendo normas gerais sobre a mesma matéria, a referida lei estadual será suspensa, no que for contrária à lei federal. (CESPE - 2014 - ANATEL - Conhecimentos Básicos - Cargos 13, 14 e 15).

71. Não fere o pacto federativo a edição de lei complementar, pelo Congresso Nacional, que autorize os estados a legislar sobre questões específicas abrangidas em matéria de competência legislativa privativa da União. (CESPE - 2014 - Câmara dos Deputados - Analista Legislativo - Consultor Legislativo Área V).

72. A competência administrativa dos estados federados é residual, competindo-lhes prestar os serviços públicos que não lhes sejam expressamente vedados pela Constituição da República. (CESPE - 2014 - Câmara dos Deputados - Analista Legislativo - Consultor Legislativo Área VIII).

73. O serviço postal está inserido no rol constitucional de competência legislativa privativa da União, a qual é também responsável pela manutenção dessa modalidade de serviço público. (CESPE - 2014 - Câmara dos Deputados - Analista Legislativo - Consultor Legislativo Área X).

74. No âmbito da competência privativa da União, lei complementar poderá autorizar os estados e **AO DF** a legislarem sobre questões específicas de comércio exterior. (CESPE - 2014 - MDIC - Agente Administrativo).

Questão original: No âmbito da competência privativa da União, lei complementar poderá autorizar os estados e os municípios a legislarem sobre questões específicas de comércio exterior.

75. Se um estado da Federação editar norma que proíba revista íntima em empregados de estabelecimentos situados em seu território, tal norma, ainda que proteja a dignidade do trabalhador, será inconstitucional, pois tratará de matéria de competência privativa da União. (CESPE – 2014 – Câmara dos Deputados – Analista Legislativo – Consultor Legislativo Área VII).

76. Se um estado da Federação editar norma que proíba revista íntima em empregados de estabelecimentos situados em seu território, tal norma, ainda que proteja a dignidade do trabalhador, será inconstitucional, pois tratará de matéria de competência privativa da União. (CESPE – 2014 – Câmara dos Deputados – Analista Legislativo – Consultor Legislativo Área IX).

77. A competência para legislar sobre orçamento **É CONCORRENTE. AOS** estados e ao Distrito Federal **É CABÍVEL A EDIÇÃO DE** normas sobre aspectos específicos relacionados à questão orçamentária, desde que autorizados por lei complementar federal. (CESPE – 2014 – Câmara dos Deputados – Analista Legislativo – Consultor de Orçamento e Fiscalização Financeira).

Questão original: A competência para legislar sobre orçamento pertence privativamente à União, cabendo aos estados e ao Distrito Federal editar normas sobre aspectos específicos relacionados à questão orçamentária, desde que autorizados por lei complementar federal.

78. Se um estado da Federação editar norma que proíba revista íntima em empregados de estabelecimentos situados em seu território, tal norma, ainda que proteja a dignidade do trabalhador, será inconstitucional, pois tratará de matéria de competência privativa da União. (CESPE – 2014 – Câmara dos Deputados – Analista Legislativo – Consultor Legislativo Área VIII).

79. A repartição de competências entre os entes federativos atribui à União competência ampla e, aos estados, competência residual, **NÃO SENDO** motivo **NO QUAL** lei federal **SEJA** hierarquicamente superior a lei estadual. (CESPE – 2014 – TJ-SE – Analista Judiciário – Direito).

Questão original: A repartição de competências entre os entes federativos atribui à União competência ampla e, aos estados, competência residual, motivo por que lei federal é hierarquicamente superior a lei estadual.

80. Será **INCONSTITUCIONAL** lei estadual que obrigue a instalação de cinto de segurança em veículos de transporte coletivo. (CESPE – 2014 – Câmara dos Deputados – Técnico Legislativo – Agente de Polícia Legislativa).

> **Questão original:** Será constitucional lei estadual que obrigue a instalação de cinto de segurança em veículos de transporte coletivo.

81. Cabe privativamente à União legislar acerca de normas gerais de licitação e contratação, em todas as modalidades, para as administrações públicas diretas, autárquicas e fundacionais da União, dos estados, do DF e dos municípios. (CESPE – 2014 – Polícia Federal – Agente Administrativo).

82. Compete privativamente à União legislar acerca da água e da energia, ao passo que compete, concorrentemente, à União, aos estados e ao Distrito Federal legislarem acerca da defesa dos recursos naturais, da proteção do meio ambiente e do controle da poluição. (CESPE – 2014 – Câmara dos Deputados – Analista Legislativo – Consultor Legislativo Área XI)

83. **NÃO É** constitucionalmente vedado aos estados legislar sobre propaganda comercial. (CESPE – 2014 – Câmara dos Deputados – Analista Legislativo – Consultor Legislativo – Conhecimentos Básicos).

> **Questão original:** É constitucionalmente vedado aos estados legislar sobre propaganda comercial.

84. Lei estadual que autorize a utilização, pela polícia civil do estado, de armas de fogo apreendidas invade a competência privativa da União para legislar sobre material bélico, que, complementada pela competência para autorizar e fiscalizar a produção de material bélico, abrange a disciplina sobre a destinação de armas apreendidas. (CESPE – 2014 – Polícia Federal – Conhecimentos Básicos – Nível Superior).

85. A CF atribui ao Distrito Federal competências legislativas reservadas aos estados e aos municípios. (CESPE – 2013 – STF – Todos os Cargos – Conhecimentos Básicos – Cargos 3 e 5).

> **Questão original:** A CF atribui ao Distrito Federal competências legislativas reservadas aos estados e aos municípios, **COMO, POR EXEMPLO, A DE ORGANIZAR SEU MINISTÉRIO PÚBLICO.**

86. Considere que tenha sido editada lei estadual que previa o cancelamento de multas de trânsito impostas aos motoristas em certa rodovia estadual. Nessa situação, a despeito de a competência para legislar sobre trânsito e transporte ser privativa da União, a criação dessa lei é **INCONSTITUCIONAL.** (CESPE – 2013 – SEGESP-AL – Papiloscopista).

Questão original: Considere que tenha sido editada lei estadual que previa o cancelamento de multas de trânsito impostas aos motoristas em certa rodovia estadual. Nessa situação, a despeito de a competência para legislar sobre trânsito e transporte ser privativa da União, a criação dessa lei é constitucional, haja vista que as multas canceladas foram emitidas em rodovia estadual, e não em federal.

87. A CLDF abarca as competências **LEGISLATIVAS RESERVADAS AOS ESTADOS E MUNICÍPIOS.** (CESPE – 2013 – PG-DF – Procurador).

Observação: "Art. 32 § 1º da CF: Ao Distrito Federal são atribuídas as competências legislativas reservadas aos Estados e Municípios."

Questão original: A CLDF abarca tão somente as competências das assembleias legislativas estaduais.

88. Compete **CONCORRENTEMENTE** à União, **ESTADOS E AO DF** legislar sobre processo do juizado de pequenas causas. (CESPE – 2013 – TCE-RO – Contador; CESPE – 2013 – TCE-RO – Analista de Informática).

Questão original: Compete privativamente à União legislar sobre processo do juizado de pequenas causas.

89. Caso determinado estado-membro edite lei disciplinando o exercício da atividade laboral de transporte de bagagens nos terminais rodoviários de sua jurisdição, ele invadirá a competência privativa da União para legislar sobre direito do trabalho. (CESPE – 2013 – MTE – Auditor Fiscal do Trabalho – Prova 2).

90. No âmbito da legislação concorrente, a competência da União para legislar sobre normas gerais **NÃO** exclui a competência suplementar dos estados. (CESPE – 2013 – DEPEN – Especialista – Todas as áreas – Conhecimentos Básicos).

Questão original: No âmbito da legislação concorrente, a competência da União para legislar sobre normas gerais exclui a competência suplementar dos estados.

91. A organização da polícia civil é estabelecida no âmbito da competência **EXCLUSIVA** da União. (CESPE – 2013 – PC-BA – Investigador de Polícia).

Questão original: A organização da polícia civil é estabelecida no âmbito da competência legislativa concorrente dos estados, do DF e da União, cabendo a esta a determinação de normas gerais.

92. A exploração dos serviços locais de gás canalizado é um serviço público de competência dos **ESTADOS.** (CESPE – 2013 – MS – Analista Técnico – Administrativo).

Questão original: A exploração dos serviços locais de gás canalizado é um serviço público de competência dos municípios.

93. De acordo com o STF, é inconstitucional lei distrital que disponha sobre bingos e loterias, por desrespeitar competência legislativa privativa da União. (CESPE - 2013 - MPU - Analista - Direito).

94. Lei estadual que disponha sobre telecomunicações será considerada inconstitucional devido ao fato de essa matéria ser de competência privativa da União. (CESPE - 2013 - Telebras - Especialista em Gestão de Telecomunicações - Advogado).

95. Defere-se competência **EXCLUSIVA DA UNIÃO** para explorar, diretamente ou mediante autorização, concessão ou permissão, os serviços e instalações de energia elétrica e o aproveitamento energético dos cursos de água. (CESPE - 2013 - CNJ - Analista Judiciário - Área Judiciária).

Questão original: Defere-se competência concorrente aos entes federativos para explorar, diretamente ou mediante autorização, concessão ou permissão, os serviços e instalações de energia elétrica e o aproveitamento energético dos cursos de água.

96. O fato de a União publicar determinada lei com normas gerais sobre educação e cultura não impede os estados da Federação exercerem suas competências suplementares. (CESPE - 2013 - ANP - Todos os Cargos - Conhecimentos Básicos).

97. Constitui competência legislativa remanescente do estado-membro legislar sobre a prestação de serviço de transporte coletivo intermunicipal. (CESPE - 2013 - TCE-RO - Auditor de Controle Externo - Tecnologia da Informação).

98. Considere que um estado-membro pretenda legislar sobre matéria de interesse público de competência concorrente da União. Se, em análise realizada pela assembleia legislativa, for constatada a inexistência de lei federal que trate de normas gerais a respeito da matéria, o estado-membro poderá exercer a competência legislativa de forma plena tratando, inclusive, sobre normas gerais. (CESPE - 2013 - FUNASA - Todos os Cargos - Conhecimentos Básicos - Cargos 1 e 2).

99. A exploração dos serviços de telecomunicações compete exclusivamente à União, que poderá realizá-la de forma direta ou mediante autorização, concessão ou permissão. (CESPE - 2013 - MC - Todos os Cargos - Especialidades 2 - 6, 9 - 12, 14 - 16, 18, 21 - 25).

100. Compete privativamente à União legislar sobre contratos privados referentes à prestação de assistência suplementar à saúde. (CESPE - 2013 - ANS - Técnico em Regulação de Saúde Suplementar; CESPE - 2013 - ANS - Técnico Administrativo).

101. Compete à União, por expressa disposição constitucional, a instituição de diretrizes para o desenvolvimento urbano, inclusive habitação, saneamento básico e transportes urbanos. (CESPE – 2013 – STF – Técnico Judiciário – Área Administrativa).

102. Um estado-membro pode editar norma específica de defesa do consumidor, por se tratar, segundo a CF, de tema inserido na competência **CONCORRENTE.** (CESPE – 2013 – MTE – Auditor Fiscal do Trabalho – Prova 2).

Questão original: Um estado-membro não pode editar norma específica de defesa do consumidor, por se tratar, segundo a CF, de tema inserido na competência privativa da União.

103. A proteção à saúde é matéria de competência legislativa **CONCORRENTE.** (CESPE – 2013 – ANS – Analista Administrativo).

Questão original: A proteção à saúde é matéria de competência legislativa privativa da União.

104. Caso a União edite lei que disponha sobre normas gerais concernentes a procedimentos em matéria processual, estado da Federação poderá legislar sobre matérias específicas concernentes a esse tema. (CESPE – 2013 – MPU – Analista – Direito).

105. Se determinado estado da Federação editar lei que disponha sobre direito penitenciário, ela será **CONSTITUCIONAL**, pois **É DE COMPETÊNCIA CONCORRENTE.** (CESPE – 2013 – CNJ – Técnico Judiciário – Área Administrativa).

Questão original: Se determinado estado da Federação editar lei que disponha sobre direito penitenciário, ela será inconstitucional, pois compete privativamente à União legislar sobre esse tema.

106. Compete privativamente à União legislar sobre transporte, energia, propaganda comercial e registros públicos. (CESPE – 2013 – CNJ – Analista Judiciário – Conhecimentos Básicos – Cargos 6, 7, 8, 9, 10, 11, 12).

107. No âmbito da competência aos municípios, **ESTE TERÁ** o exercício da competência suplementar à legislação federal e **ESTADUAL E A** assuntos de interesse local. (CESPE – 2013 – MC – Todos os Cargos – Especialidades 1, 7, 13 e 19).

Questão original: No âmbito da competência legislativa concorrente, competirá aos municípios o exercício da competência suplementar à legislação federal e municipal, desde que relacionada a assuntos de interesse local.

108. De acordo com a CF, compete à União, legislar, **PRIVATIVAMENTE**, sobre diretrizes da política nacional de transportes. (CESPE – 2013 – ANTT – Conhecimentos Básicos – Cargos 9 a 15).

Questão original: De acordo com a CF, compete à União, aos estados e aos municípios legislar, concorrentemente, sobre diretrizes da política nacional de transportes.

109. A organização da polícia civil é estabelecida no âmbito da competência **EXCLUSIVA DA UNIÃO.** (CESPE - 2013 - PC-BA - Escrivão de Polícia).

Questão original: A organização da polícia civil é estabelecida no âmbito da competência legislativa concorrente dos estados, do DF e da União, cabendo a esta a determinação de normas gerais.

110. Em se tratando de matéria para a qual se preveja a competência legislativa concorrente, a CF autoriza os estados a exercerem a competência legislativa plena para atenderem a suas peculiaridades se inexistir lei federal sobre normas gerais. (CESPE - 2013 - PRF - Policial Rodoviário Federal).

111. Na CF, são enumeradas as competências legislativas da União, dos estados e do DF, sendo reservadas aos **ESTADOS** as competências de caráter residual. (CESPE - 2013 - MPU - Técnico Administrativo).

Questão original: Na CF, são enumeradas as competências legislativas da União, dos estados e do DF, sendo reservadas aos municípios as competências de caráter residual.

112. Matérias relativas a telecomunicações e radiodifusão são de competência legislativa **PRIVATIVA** da União, cabendo ao presidente da República sobre elas dispor mediante decretos e regulamentos. (CESPE - 2013 - Telebras - Nível Superior - Conhecimentos Básicos).

Questão original: Matérias relativas a telecomunicações e radiodifusão são de competência legislativa exclusiva da União, cabendo ao presidente da República sobre elas dispor mediante decretos e regulamentos.

113. Os estados possuem competência legislativa em matéria de direito do trabalho **NO CASO DE PREVISÃO EM LEI COMPLEMENTAR.** (CESPE - 2013 - TRT - 10ª REGIÃO (DF e TO) - Analista Judiciário - Área Administrativa).

Questão original: Os estados possuem competência legislativa suplementar em matéria de direito do trabalho, observadas as normas gerais estabelecidas pela União.

114. A proteção à saúde é matéria de competência **COMUM.** (CESPE - 2013 - ANS - Especialista em Regulação de Saúde Suplementar).

Questão original: A proteção à saúde é matéria de competência legislativa privativa da União.

115. O Distrito Federal possui as competências legislativas reservadas aos estados e municípios. (CESPE – 2013 – ANTT – Conhecimentos Básicos – Nível Intermediário).

116. Compete **PRIVATIVAMENTE** à União legislar sobre competência das Polícias Federal, Rodoviária Federal e Ferroviária Federal. (CESPE – 2013 – DEPEN – Especialista – Todas as áreas – Conhecimentos Básicos).

Questão original: Compete à União, aos estados e ao Distrito Federal legislar concorrentemente sobre competência das Polícias Federal, Rodoviária Federal e Ferroviária Federal.

117. **PRESEREVAÇÃO DAS** florestas, a fauna e a flora **É DE COMPETÊNCIA COMUM.** (CESPE – 2013 – MPU – Técnico Administrativo).

Questão original: Compete exclusivamente à União preservar as florestas, a fauna e a flora.

118. Por ser competência **EXCLUSIVA DA UNIÃO, NÃO** pode o município de Ouro Preto organizar, manter e executar a inspeção do trabalho. (CESPE – 2013 – TRT – 10ª REGIÃO (DF e TO) – Analista Judiciário – Área Administrativa).

Questão original: Por ser competência administrativa comum a todos os entes federados, pode o município de Ouro Preto organizar, manter e executar a inspeção do trabalho.

119. Compete **PRIVATIVAMENTE** à União legislar sobre informática. (CESPE – 2013 – TCE-RO – Todos os Cargos – Conhecimentos Básicos – Cargos 2, 4, 5 e 6).

Questão original: Compete à União, aos estados e ao Distrito Federal legislar concorrentemente sobre informática.

120. Caso o DF institua, mediante lei, determinada gratificação para os servidores das suas polícias civil e militar e do seu corpo de bombeiros militar, tal norma legal, segundo o entendimento do STF, será **INCONSTITUCIONAL**, já que a disposição sobre a referida matéria constitui **COMPETÊNCIA PRIVATIVA DA UNIÃO.** (CESPE – 2013 – TJ-DFT – Analista Judiciário – Oficial de Justiça Avaliador).

Observação: "Súmula 647 do STF: Compete privativamente à União legislar sobre vencimentos dos membros das polícias civil e militar do Distrito Federal."

Questão original: Caso o DF institua, mediante lei, determinada gratificação para os servidores das suas polícias civil e militar e do seu corpo de bombeiros militar, tal norma legal, segundo o entendimento do STF, será constitucionalmente correta, já que a disposição sobre a referida matéria constitui uma das competências do DF.

121. Em matéria orçamentária, a União exerce competência legislativa concorrente, limitando-se a estabelecer normas gerais. (CESPE – 2013 – MPOG – Todos os Cargos – Conhecimentos Básicos).

122. É competência **PRIVATIVA** da União legislar sobre a organização do Poder Judiciário e do Ministério Público do Distrito Federal e dos Territórios. (CESPE – 2013 – PC-DF – Agente de Polícia).

Questão original: É competência concorrente da União e do DF legislar sobre a organização do Poder Judiciário e do Ministério Público do Distrito Federal e dos Territórios, cabendo à União, no âmbito dessa legislação concorrente, estabelecer normas de caráter geral.

123. Compete **CONCORRENTEMENTE** à União legislar sobre ciência e tecnologia. (CESPE – 2012 – MCT – Técnico – Tema VII).

Questão original: Compete privativamente à União legislar sobre ciência e tecnologia.

124. Por meio de lei complementar, a União pode autorizar os estados a legislarem sobre questões específicas relacionadas à PRF. (CESPE – 2012 – PRF – Agente Administrativo).

125. O princípio básico que orienta a distribuição de competências no Estado brasileiro é a predominância do interesse, de modo que cabe à União legislar sobre matérias e questões em que predomine o interesse geral. (CESPE – 2012 – PRF – Técnico de Nível Superior – Classe A Padrão I).

126. Compete **CONCORRENTEMENTE** à União, **ESTADOS E AO DF** legislar sobre cultura. (CESPE – 2012 – ANCINE – Técnico Administrativo).

Questão original: Compete privativamente à União legislar sobre cultura.

127. Serão constitucionais leis estaduais que disponham sobre direito tributário, financeiro, penitenciário, econômico e urbanístico, matérias que se inserem no âmbito da competência concorrente da União, dos estados e do DF. (CESPE – 2012 – AGU – Advogado da União).

128. O estado-membro que editar lei proibindo a cobrança de tarifa de assinatura básica nos serviços de telefonia fixa e móvel **NÃO** agirá nos limites de sua competência, pois a CF atribuiu à União a competência para legislar **PRIVATIVAMENTE** sobre telecomunicações. (CESPE – 2012 – STJ – Todos os Cargos – Conhecimentos Básicos – Exceto Cargo 5)

Questão original: O estado-membro que editar lei proibindo a cobrança de tarifa de assinatura básica nos serviços de telefonia fixa e móvel agirá nos limites de sua competência, pois a CF atribuiu à União e aos estados a competência para legislar concorrentemente sobre telecomunicações.

129. No exercício da denominada competência remanescente, os estados-membros podem legislar sobre transporte intermunicipal. (CESPE – 2012 – MPE-PI – Analista Ministerial – Área Processual).

130. Compete **A UNIÃO** legislar sobre comércio interestadual. (CESPE – 2012 – PRF – Técnico de Nível Superior – Classe A Padrão I).

Questão original: Compete aos estados legislar sobre comércio interestadual.

131. Compete **AOS ESTADOS**, mediante lei complementar, instituir microrregiões, com a finalidade de **INTEGRAR A ORGANIZAÇÃO, PLANEJAMENTO E EXECUÇÃO DE FUNÇÕES PÚBLICAS COMUNS.** (CESPE – 2012 – TJ-RR – Analista – Processual).

Observação: "Art. 25 § 3º da CF: Os Estados poderão, mediante lei complementar, instituir regiões metropolitanas, aglomerações urbanas e microrregiões, constituídas por agrupamentos de Municípios limítrofes, para integrar a organização, o planejamento e a execução de funções públicas de interesse comum."

Questão original: Compete à União, mediante lei complementar, instituir microrregiões, com a finalidade de promover a redução das desigualdades regionais.

132. A promoção da proteção do patrimônio histórico-cultural local compete aos **MUNICÍPIOS.** (CESPE – 2012 – PC-CE – Inspetor de Polícia – Civil).

Observação: "Art. 30, IX da CF: Compete aos Municípios promover a proteção do patrimônio histórico-cultural local, observada a legislação e a ação fiscalizadora federal e estadual."

Questão original: A promoção da proteção do patrimônio histórico-cultural local compete aos estados.

133. Lei estadual que disciplinar a prática de atividades nucleares específicas no respectivo estado da Federação deverá ser considerada constitucional, desde que esse estado tenha sido autorizado, por lei complementar da União, a legislar sobre a matéria. (CESPE - 2012 - MPE-PI - Analista Ministerial - Área Administrativa).

134. Lei estadual que reservar espaço para o tráfego de motocicletas em vias públicas de grande circulação será **INCONSTITUCIONAL**, por tratar de tema inserido no âmbito da competência **PRIVATIVA DA UNIÃO.** (CESPE - 2012 - STJ - Todos os Cargos - Conhecimentos Básicos - Exceto Cargo 5)

Questão original: Lei estadual que reservar espaço para o tráfego de motocicletas em vias públicas de grande circulação será constitucional, por tratar de tema inserido no âmbito da competência legislativa dos estados-membros.

135. Em função do sistema de distribuição de competências legislativas criado pela CF, **NÃO HÁ** superioridade hierárquica das leis federais sobre as estaduais. (CESPE - 2012 - PC-CE - Inspetor de Polícia - Civil).

Questão original: Em função do sistema de distribuição de competências legislativas criado pela CF, há nítida superioridade hierárquica das leis federais sobre as estaduais.

136. É competência **CONCORRENTE** a proteção à infância e à juventude. (CESPE - 2012 - FNDE - Especialista em Financiamento e Execução de Programas e Projetos Educacionais).

Questão original: É competência privativa da União legislar sobre a proteção à infância e à juventude.

137. No âmbito da legislação concorrente, a superveniência de lei federal sobre matéria acerca de normas gerais **SUSPENDE, AQUILO CONTRÁRIO A LEI,** a legislação estadual existente. (CESPE - 2011 - STM - Analista Judiciário - Economia - Básicos).

Questão original: No âmbito da legislação concorrente, a superveniência de lei federal sobre matéria acerca de normas gerais revoga a legislação estadual existente.

138. A CF atribuiu à União a competência privativa para legislar sobre serviço postal, admitindo, contudo, que os estados legislem sobre questões específicas a respeito do tema, desde que haja lei complementar autorizadora. (CESPE - 2011 - Correios - Analista de Correios - Advogado).

139. É competência comum da União, dos estados, do Distrito Federal e dos municípios impedir a evasão, a destruição e a descaracterização de obras de arte e de outros bens de valor histórico, artístico ou cultural. (CESPE - 2011 - IFB - Assistente de Administração).

140. De acordo com a CF, a competência para legislar sobre propaganda comercial é privativa da União. (CESPE - 2011 - CNPQ - Assistente).

141. Compete à União, aos estados e ao Distrito Federal legislar concorrentemente sobre previdência social, proteção e defesa da saúde. (CESPE - 2011 - PREVIC - Técnico Administrativo - Básicos).

142. É de competência **CONCORRENTE** da União, dos estados, do Distrito Federal a responsabilização por dano ao meio ambiente, ao consumidor, a bens e direitos de valor artístico, estético, histórico, turístico e paisagístico. (CESPE - 2011 - STM - Cargos de Nível Médio - Conhecimentos Básicos - Cargos 25 e 26).

> **Questão original:** É de competência comum da União, dos estados, do Distrito Federal e dos municípios a responsabilização por dano ao meio ambiente, ao consumidor, a bens e direitos de valor artístico, estético, histórico, turístico e paisagístico.

143. Não existindo uma lei federal, um estado-membro **NÃO** poderá legislar sobre a proibição do comércio de cigarros em sua base territorial. (CESPE - 2011 - TJ-ES - Analista Judiciário - Área Administrativa).

> **Questão original:** Não existindo uma lei federal, um estado-membro poderá legislar sobre a proibição do comércio de cigarros em sua base territorial.

144. Segundo a CF, compete **CONCORRENTEMENTE** à União, **ESTADOS E AO DF** legislar sobre previdência social. (CESPE - 2011 - PREVIC - Cargos de Nível Superior).

> **Questão original:** Segundo a CF, compete privativamente à União legislar sobre previdência social.

145. Compete à União, aos estados e ao Distrito Federal legislar sobre responsabilidade por dano ao meio ambiente e ao consumidor. (CESPE - 2011 - Correios - Analista de Correios - Advogado).

146. Compete privativamente à União legislar sobre matéria de direito penal, contudo, poderá ela, por meio de lei complementar, autorizar os estados-membros a legislar sobre questões específicas dessa matéria, relacionadas na Constituição Federal de 1988. (CESPE - 2011 - STM - Analista Judiciário - Economia - Básicos).

147. Na esfera da competência material comum, a Constituição Federal de 1988 prevê que leis complementares fixarão normas para a cooperação entre a União e os estados, o Distrito Federal e os municípios, com vistas ao equilíbrio do desenvolvimento e do bem-estar em âmbito nacional. (CESPE - 2010 - MPU - Analista - Processual).

148. Compete **CONCORRENTEMENTE** à União, **ESTADOS E AO DF** legislar sobre previdência social, proteção e defesa da saúde. (CESPE - 2010 - MS - Técnico de Contabilidade).

> **Questão original:** Compete privativamente à União legislar sobre previdência social, proteção e defesa da saúde.

149. Segundo a CF, o serviço público de distribuição de gás canalizado é **DE COMPETÊNCIA DOS ESTADOS.** (CESPE - 2010 - AGU - Agente Administrativo).

> **Questão original:** Segundo a CF, o serviço público de distribuição de gás canalizado é privativo da União.

150. Os municípios podem legislar sobre normas de direito financeiro concorrentemente com a União. (CESPE - 2010 - AGU - Procurador Federal).

> **Questão original:** Os municípios **NÃO** podem legislar sobre normas de direito financeiro concorrentemente com a União.

151. De acordo com entendimento do STF, é inconstitucional lei estadual que disponha sobre aspectos relativos ao contrato de prestação de serviços escolares ou educacionais, por se tratar de matéria inserida na esfera de competência privativa da União. (CESPE - 2010 - AGU - Procurador Federal).

152. O Estado federado nos moldes do brasileiro é caracterizado pelo modelo de descentralização política, a partir da repartição constitucional de competências entre entidades federadas autônomas que o integram, em um vínculo indissolúvel formando uma unidade. (CESPE - 2010 - MPS - Área de Atuação - Administrativa).

153. **FAZ PARTE** da competência **EXCLUSIVA DA** União elaborar e executar planos nacionais e regionais de ordenação do território e de desenvolvimento econômico e social. (CESPE - 2010 - TCE-BA - Procurador).

> **Questão original:** Na esfera da competência material comum, cabe à União, aos estados, ao Distrito Federal e aos municípios elaborar e executar planos nacionais e regionais de ordenação do território e de desenvolvimento econômico e social.

154. Embora seja da competência da União legislar sobre defesa territorial, na hipótese de ocorrência de omissão legislativa acerca desse tema, aos estados-membros é concedida autorização constitucional, **DESDE QUE A UNIÃO DELEGUE MEDIANTE**

LEI COMPLEMENTAR, para o exercício da competência legislativa **COMPLEMENTAR.** (CESPE – 2010 – ABIN – Oficial Técnico de Inteligência – Área de Direito).

> **Questão original:** Embora seja da competência da União legislar sobre defesa territorial, na hipótese de ocorrência de omissão legislativa acerca desse tema, aos estados-membros é concedida autorização constitucional para o exercício da competência legislativa suplementar.

155. O serviço de promoção da proteção do patrimônio histórico-cultural local é de competência dos **MUNICÍPIOS.** (CESPE – 2010 – TCU – Auditor Federal de Controle Externo – Tecnologia da Informação – Parte I).

> **Questão original:** O serviço de promoção da proteção do patrimônio histórico-cultural local é de competência dos estados-membros e do Distrito Federal.

156. A competência para legislar sobre política de crédito, câmbio, seguros e transferência de valores é **PRIVATIVA** da União. (CESPE – 2010 – BRB – Advogado).

> **Questão original:** A competência para legislar sobre política de crédito, câmbio, seguros e transferência de valores é concorrente da União, dos estados, do Distrito Federal e dos municípios.

157. Constitui competência **PRIVATIVA DA** União legislar sobre águas, energia, informática, telecomunicações e radiodifusão. (CESPE – 2010 – TRT – 21ª Região (RN) – Analista Judiciário – Área Judiciária).

> **Questão original:** Constitui competência concorrente entre União, estados e Distrito Federal legislar sobre águas, energia, informática, telecomunicações e radiodifusão.

158. Estado da Federação tem competência **CONCORRENTE** para dispor sobre normas gerais de direito financeiro. (CESPE – 2010 – AGU – Procurador Federal).

> **Questão original:** Estado da Federação tem competência privativa e plena para dispor sobre normas gerais de direito financeiro.

159. De acordo com a CF, compete à União explorar, **DIRETAMENTE OU** mediante autorização, concessão ou permissão, os serviços e as instalações de energia elétrica e o aproveitamento energético dos cursos de água, em articulação com os estados onde se situam os potenciais hidroenergéticos. (CESPE – 2010 – ANEEL – Todos os Cargos – Nível Superior).

> **Observação:** "Art. 21, XII, b) da CF: Compete à União explorar, diretamente ou mediante autorização, concessão ou permissão, os serviços e instalações de energia elétrica

e o aproveitamento energético dos cursos de água, em articulação com os Estados onde se situam os potenciais hidroenergéticos;

Questão original: De acordo com a CF, compete à União explorar, mediante autorização, concessão ou permissão, os serviços e as instalações de energia elétrica e o aproveitamento energético dos cursos de água, em articulação com os estados e municípios onde se situam os potenciais hidroenergéticos.

160. Segundo entendimento do STF, é **INCONSTITUCIONAL** lei estadual que estabelece o dever dos municípios de transportar, da zona rural para a sede do município, alunos carentes matriculados no ensino fundamental, tendo em vista a competência municipal para atuar prioritariamente no ensino fundamental. (CESPE - 2009 - DPE-AL - Defensor Público).

Questão original: Segundo entendimento do STF, é constitucional lei estadual que estabelece o dever dos municípios de transportar, da zona rural para a sede do município, alunos carentes matriculados no ensino fundamental, tendo em vista a competência municipal para atuar prioritariamente no ensino fundamental.

161. Se a União delegar aos estados e ao DF competência para legislar sobre questões específicas de licitação e contratação de suas entidades autárquicas e fundacionais, a delegação será **CONSTITUCIONAL**, pois essa competência é **DELEGÁVEL** da União. (CESPE - 2009 - TCU - Analista de Controle Externo - Tecnologia da Informação - Prova 1).

Questão original: Se a União delegar aos estados e ao DF competência para legislar sobre questões específicas de licitação e contratação de suas entidades autárquicas e fundacionais, a delegação será inconstitucional, pois essa competência é indelegável da União.

162. Considere que um estado da federação, que não possui fronteira com outros países, pretenda explorar, diretamente, a atividade de transporte aquaviário de passageiros entre portos localizados em seu território, bem como prestar melhor atendimento às demandas por estrutura portuária. (CESPE - 2009 - ANTAQ - Analista Administrativo - Qualquer Área de Formação).

162.1 O serviço público de infraestrutura aeroportuária é de competência **EXCLUSIVA DA** União.

Questão original: O serviço público de infraestrutura aeroportuária é de competência comum entre a União, os estados membros, o Distrito Federal e os municípios, não sendo esse serviço monopólio da União.

162.2 Nesse caso, conforme a CF/1988, a atividade de transporte aquaviário é **EXCLUSIVA** da União.

> **Questão original:** Nesse caso, conforme a CF/1988, a atividade de transporte aquaviário é privativa da União, não podendo os estados membros exercerem essa atividade.

163. Compete privativamente à União legislar sobre direito marítimo, aeronáutico, espacial e do trabalho. (CESPE – 2009 – ANTAQ – Técnico Administrativo).

164. É **CONSTITUCIONAL** preceito legal municipal que inclua nova disciplina escolar nos currículos de ensinos fundamental e médio da rede pública do município. (CESPE – 2009 – TCU – Analista de Controle Externo – Auditoria de Obras Públicas – Prova 1).

> **Questão original:** É inconstitucional preceito legal municipal que inclua nova disciplina escolar nos currículos de ensinos fundamental e médio da rede pública do município.

165. Conforme prevê a CF, é de competência **EXCLUSIVA DA** União planejar e promover a defesa permanente contra as calamidades públicas, especialmente em caso de secas e inundações. (CESPE – 2009 – DPE-ES – Defensor Público).

> **Questão original:** Conforme prevê a CF, é de competência material comum entre União, estados, municípios e DF planejar e promover a defesa permanente contra as calamidades públicas, especialmente em caso de secas e inundações.

166. A Constituição Federal adota um sistema de repartição de competências no qual enumera os poderes da União e dos municípios, deixando, para **OS ESTADOS**, poderes remanescentes. (CESPE – 2009 – Instituto Rio Branco – Diplomata – 1ª Etapa BRANCO).

> **Observação:** "Art. 25 § 1º da CF: São reservadas aos Estados as competências que não lhes sejam vedadas por esta Constituição."

> **Questão original:** A Constituição Federal adota um sistema de repartição de competências no qual enumera os poderes da União, dos estados e dos municípios, deixando, para o Distrito Federal, poderes remanescentes.

167. Compete **PRIVATIVAMENTE** à União legislar sobre águas. (CESPE – 2009 – ANTAQ – Especialista em Regulação – Engenharia Ambiental ou Biologia; CESPE – 2009 – ANTAQ – Especialista em Regulação – Qualquer Área de Formação).

> **Questão original:** Compete concorrentemente à União, estados, Distrito Federal e municípios legislar sobre águas.

168. Considere que um estado da federação, que não possui fronteira com outros países, pretenda explorar, diretamente, a atividade de transporte aquaviário de passageiros entre portos localizados em seu território, bem como prestar melhor atendimento às demandas por estrutura portuária. Com respeito a essa situação e à organização do Estado, na forma da Constituição Federal (CF), julgue os itens subsequentes. (CESPE - 2009 - ANTAQ - Especialista em Regulação - Engenharia Ambiental ou Biologia).

168.1 O serviço público de infraestrutura aeroportuária é de competência **EXCLUSIVA DA** União.

> **Questão original:** O serviço público de infraestrutura aeroportuária é de competência comum entre a União, os estados membros, o Distrito Federal e os municípios, não sendo esse serviço monopólio da União.

168.2 Nesse caso, conforme a CF/1988, a atividade de transporte aquaviário é **EXCLUSIVA** da União.

> **Questão original:** Nesse caso, conforme a CF/1988, a atividade de transporte aquaviário é privativa da União, não podendo os estados membros exercerem essa atividade.

169. Compete **PRIVATIVAMENTE** à União legislar sobre águas. (CESPE - 2009 - ANTAQ - Especialista em Regulação - Economia).

> **Questão original:** Compete concorrentemente à União, estados, Distrito Federal e municípios legislar sobre águas.

170. Lei estadual que assegure ao consumidor o direito de obter informações acerca de determinado produto não invade a esfera de competência da União, para editar normas gerais acerca de produção e consumo e responsabilidade por dano ao consumidor. (CESPE - 2009 - SECONT-ES - Auditor do Estado - Tecnologia da Informação).

171. Compete **CONCORRENTEMENTE** à União legislar sobre direito do consumidor. (CESPE - 2009 - ANTAQ - Técnico Administrativo).

> **Questão original:** Compete privativamente à União legislar sobre direito do consumidor.

172. No âmbito da competência legislativa concorrente, caso a União não tenha editado a norma geral, o estado-membro poderá exercer a competência legislativa ampla. Contudo, sobrevindo a norma federal faltante, o diploma estadual terá sua eficácia suspensa no que lhe for contrário, operando-se, a partir de então, um verdadeiro bloqueio de competência, já que o estado-membro não mais poderá legislar sobre normas gerais quanto ao tema tratado na legislação federal. (CESPE – 2009 – AGU – Advogado da União).

173. No âmbito da organização federativa do Brasil, a competência material residual é de competência dos estados. (CESPE – 2009 – TCU – Analista de Controle Externo – Auditoria de Obras Públicas – Prova 1).

> **Questão original:** No âmbito da organização federativa do Brasil, a competência material residual é **SEMPRE** de competência dos estados.

174. Suponha que um estado-membro da Federação tenha legislado, de forma exaustiva, acerca de assistência jurídica e defensoria pública, dada a inexistência de legislação federal sobre o tema. Nesse caso, ao ser promulgada legislação federal a esse respeito, as normas estaduais incompatíveis com ela serão **SUSPENSAS DE SUA EFICÁCIA, NAQUILO QUE LHE FOR CONTRÁRIO.** (CESPE – 2009 – DPE-ES – Defensor Público).

> **Questão original:** Suponha que um estado-membro da Federação tenha legislado, de forma exaustiva, acerca de assistência jurídica e defensoria pública, dada a inexistência de legislação federal sobre o tema. Nesse caso, ao ser promulgada legislação federal a esse respeito, as normas estaduais incompatíveis com ela serão automaticamente revogadas.

175. É da competência privativa **DA UNIÃO** legislar acerca de diretrizes e bases da educação nacional. (CESPE – 2009 – MEC – Agente Administrativo).

> **Questão original:** É da competência privativa dos estados e do DF legislar acerca de diretrizes e bases da educação nacional.

176. A competência para legislar sobre a responsabilidade por dano ao meio ambiente, de forma **CONCORRENTE**, é da União, dos estados e do DF. (CESPE – 2009 – IBRAM-DF – Advogado).

> **Questão original:** A competência para legislar sobre a responsabilidade por dano ao meio ambiente, de forma privativa, é da União, dos estados e do DF.

177. Suponha que a empresa X tenha como objeto social a exploração de transporte de passageiros em navios transatlânticos que viajam pelo mundo. Suponha, ainda, que essa empresa pretenda inserir em uma de suas rotas alguns portos brasileiros. Nesse caso, a exploração desse serviço, no Brasil, será de competência da União. (CESPE – 2009 – ANTAQ – Especialista em Regulação – Economia).

> **Questão original:** Suponha que a empresa X tenha como objeto social a exploração de transporte de passageiros em navios transatlânticos que viajam pelo mundo.

Suponha, ainda, que essa empresa pretenda inserir em uma de suas rotas alguns portos brasileiros. Nesse caso, a exploração desse serviço, no Brasil, **NÃO** será de competência privativa da União.

178. Competência concorrente é a faculdade que **ALGUMAS** entidades federativas têm de legislar ou praticar certos atos, **NO QUAL A UNIÃO ESTABELECE NORMAS GERAIS E O DF E OS ESTADOS COMPETÊNCIA SUPLEMENTAR.** (CESPE - 2009 - Instituto Rio Branco - Diplomata - 1ª Etapa BRANCO).

Questão original: Competência concorrente é a faculdade que todas as entidades federativas têm de legislar ou praticar certos atos, conjuntamente e em situação de igualdade, em um campo comum de atuação, sem que o exercício de uma exclua a competência da outra.

179. No tocante à organização do Estado brasileiro, a CF atribuiu à União a competência privativa para legislar sobre consórcios e sorteios, razão pela qual é inconstitucional a lei ou ato normativo estadual que institua loteria no âmbito do estado. (CESPE - 2009 - TRT - 17ª Região (ES) - Técnico Judiciário - Área Administrativa).

180. Muito embora a União legisle privativamente sobre trânsito, os municípios detêm competência para classificar as vias públicas localizadas em seu território municipal. (CESPE - 2008 - ME - Agente Administrativo).

181. A edição superveniente de lei federal sobre desporto suspende a eficácia de norma geral estadual que também disponha sobre desporto, mas que dê tratamento jurídico diferente à mesma situação fática. (CESPE - 2008 - ME - Agente Administrativo).

182. Caso determinado estado brasileiro, com o objetivo de conferir qualidade às traves de gol de futebol e aos aros das cestas de basquete, edite lei dispondo acerca do conjunto de tratamentos químicos a que deverão ser submetidos os minerais para composição dos metais ali utilizados, a referida norma **INCONSTITUCIONAL.** (CESPE - 2008 - ME - Agente Administrativo).

Questão original: Caso determinado estado brasileiro, com o objetivo de conferir qualidade às traves de gol de futebol e aos aros das cestas de basquete, edite lei dispondo acerca do conjunto de tratamentos químicos a que deverão ser submetidos os minerais para composição dos metais ali utilizados, a referida norma será formalmente constitucional.

183. Considere que, recentemente, tenha sido aprovada emenda à Constituição de Sergipe, inserindo dispositivo que estabelece a impenhorabilidade de imóveis residenciais que sirvam como residência ao proprietário do bem. Sabendo disso, um deputado federal de Alagoas ingressou com ação direta de inconstitucionalidade (ADI) perante

o STF, argumentando que a referida emenda viola a Constituição Federal, na medida em que é de competência privativa da União a legislação acerca de direito civil e de processo civil. Essa ação, contudo, foi extinta, sem julgamento de mérito, em função da ilegitimidade ativa da parte autora.
O estado de Sergipe **NÃO** tem competência para legislar sobre a referida matéria. (CESPE - 2008 - TST - Analista Judiciário - Área Judiciária).

> **Questão original:** O estado de Sergipe tem competência para legislar sobre a referida matéria, pois se trata de regulamentação do direito social de moradia, que é previsto na própria Constituição Federal.

184. Considere que uma emenda à Constituição Federal (CF) revogue o dispositivo que atribui à União competência privativa para legislar sobre direito do trabalho. Nessa situação, a competência para legislar sobre essa matéria passaria a ser estadual. (CESPE - 2008 - TST - Analista Judiciário - Área Judiciária).

185. Um parlamentar apresentou projeto de lei ordinária cujos objetivos são regular integralmente e privatizar a titularidade e a execução dos serviços públicos de sepultamento de cadáveres humanos, diante da falta de condições materiais de prestação desse serviço público de forma direta. Aprovado pelo Poder Legislativo, o referido projeto de lei foi sancionado pelo chefe do Poder Executivo.
O projeto de lei mencionado no texto é de competência material do municípios. (CESPE - 2008 - TCU - Analista de Controle Interno - Tecnologia da Informação - Prova 1).

186. São da competência legislativa da União a definição dos crimes de responsabilidade e o estabelecimento das respectivas normas de processo e julgamento. (CESPE - 2008 - TJ-DFT - Analista Judiciário - Área Administrativa).

187. O DF, por deter competência normativa relativa aos estados e municípios, **NÃO** poderá, editar ato normativo que disponha sobre sistemas de consórcios e sorteios. (CESPE - 2008 - STF - Analista Judiciário - Área Judiciária).

> **Questão original:** O DF, por deter competência normativa relativa aos estados e municípios, poderá, legitimamente, editar ato normativo que disponha sobre sistemas de consórcios e sorteios.

188. No âmbito da competência legislativa concorrente, a superveniência de lei federal sobre normas gerais tratando determinada matéria de forma inovadora **SUSPENDE A EFICÁCIA DA** lei estadual anteriormente editada, no que lhe for contrário. (CESPE - 2008 - TJ-DFT - Técnico Judiciário - Área Administrativa).

> **Questão original:** No âmbito da competência legislativa concorrente, a superveniência de lei federal sobre normas gerais tratando determinada matéria de forma inovadora revoga lei estadual anteriormente editada, no que lhe for contrário.

189. No âmbito da repartição de competências materiais, é de competência comum da União, estados, DF e municípios registrar, acompanhar e fiscalizar as concessões de direitos de pesquisa e exploração de recursos hídricos e minerais em seus territórios. (CESPE - 2008 - TJ-DFT - Técnico Judiciário - Área Administrativa).

190. Na repartição vertical de competências, a teoria dos poderes remanescentes assegura aos **ESTADOS** as competências legislativas que não sejam reservadas à União, **DF E AOS MUNICÍPIOS.** (CESPE - 2008 - INSS - Analista do Seguro Social - Direito).

> **Questão original:** Na repartição vertical de competências, a teoria dos poderes remanescentes assegura aos municípios as competências legislativas que não sejam reservadas à União ou aos estados.

191. Compete privativamente à União legislar sobre normas gerais de licitação, em todas as modalidades, para as administrações públicas diretas, autárquicas e fundacionais da União, dos estados, do DF e dos municípios e para as empresas públicas e sociedades de economia mista, podendo a lei complementar autorizar os estados legislarem sobre questões específicas. (CESPE - 2008 - STJ - Analista Judiciário - Área Administrativa).

> **Questão original:** Compete privativamente à União legislar sobre normas gerais de licitação, em todas as modalidades, para as administrações públicas diretas, autárquicas e fundacionais da União, dos estados, do DF e dos municípios e para as empresas públicas e sociedades de economia mista, podendo a lei complementar autorizar os estados, o DF **E OS MUNICÍPIOS** a legislarem sobre questões específicas.

192. É **DELEGÁVEL** o poder da União de legislar sobre direito penal. (CESPE - 2008 - ME - Agente Administrativo).

> **Questão original:** É indelegável o poder da União de legislar sobre direito penal.

193. O Distrito Federal editou lei determinando que os trabalhadores domésticos tenham direito a gratificação de 150% no tocante a trabalhos realizados em período noturno.
Essa lei é inconstitucional, porque trata de matéria que é de competência privativa da União. (CESPE - 2008 - TST - Técnico Judiciário - Área Administrativa).

194. Compete à União legislar privativamente sobre direito processual, mas a competência para legislar sobre procedimentos é concorrente entre a União, os estados e o DF. Sendo assim, na ausência de legislação federal sobre normas gerais acerca de procedimentos, os estados e o DF poderão disciplinar de forma plena esse tema até que sobrevenha a lei geral federal, quando então serão as normas estaduais e distritais

SUSPENSAS DE SUA EFICÁCIA, NAQUILO QUE LHE FOR CONTRÁRIO. (CESPE – 2008 – ABIN – Oficial de Inteligência).

> **Questão original:** Compete à União legislar privativamente sobre direito processual, mas a competência para legislar sobre procedimentos é concorrente entre a União, os estados e o DF. Sendo assim, na ausência de legislação federal sobre normas gerais acerca de procedimentos, os estados e o DF poderão disciplinar de forma plena esse tema até que sobrevenha a lei geral federal, quando então serão as normas legais estaduais e distritais recepcionadas como leis federais.

195. Compete à União legislar sobre direito processual, mas não sobre procedimentos em matéria processual, o que seria de competência concorrente entre a União, os estados e o DF. (CESPE – 2008 – STF – Analista Judiciário – Área Judiciária).

196. Lei municipal que obrigue a instalação, em estabelecimento bancário, de equipamentos de segurança é considerada constitucional, pois aborda um assunto de interesse eminentemente local. (CESPE – 2008 – STF – Analista Judiciário – Área Administrativa).

197. Pedro, servidor público, e seu filho, de 17 anos de idade, fizeram apostas em um bingo que se encontra em funcionamento em sua cidade amparado por uma lei estadual. A respeito dessa situação hipotética e da organização do Estado, julgue os itens subsequentes.

Compete à União legislar sobre sistemas de sorteios **E** classificar as diversões públicas, de forma indicativa, com a finalidade de proibir ou não o acesso a locais de jogos por menores de idade. (CESPE – 2008 – STJ – Analista Judiciário – Área Judiciária).

> **Questão original:** Compete à União legislar sobre sistemas de sorteios, mas compete aos municípios, por envolver assunto de interesse local, classificar as diversões públicas, de forma indicativa, com a finalidade de proibir ou não o acesso a locais de jogos por menores de idade.

198. Se, na ausência de lei federal dispondo sobre normas gerais, o governador de determinado estado promulgasse lei estadual criando algumas isenções ao pagamento de custas judiciais, nesse caso, essa lei seria constitucional, já que o referido estado teria competência legislativa para editar tal lei. (CESPE – 2008 – STJ – Analista Judiciário – Área Administrativa).

199. O DF tem competência concorrente com a União para legislar sobre matéria relacionada a procedimentos em matéria processual. (CESPE – 2008 – TJ-DFT – Analista Judiciário – Arquivologia).

200. A União pode autorizar os estados a legislar sobre questões específicas de sistemas de consórcios e sorteios, inclusive os relacionados a atividades esportivas. (CESPE – 2008 – ME – Agente Administrativo).

201. A Câmara Legislativa do Distrito Federal (CLDF) editou norma determinando que qualquer desapropriação a ser realizada no território do DF deveria passar antes pelo crivo do Poder Legislativo local. A União, na vigência dessa lei, ignorou a norma, de modo que o INCRA deu início aos procedimentos para a realização de uma desapropriação para fins de reforma agrária, sem prévia consulta à CLDF. Durante a vistoria, o INCRA observou discrepância entre a metragem real do imóvel e aquela prevista em sua escritura. No decreto desapropriatório que se sucedeu, foi mencionada a metragem constante da escritura e não, a metragem real do imóvel. No momento do pagamento da indenização, as benfeitorias úteis e necessárias foram pagas diretamente, sem utilização de precatórios.

É inconstitucional, por invadir a competência legislativa da União e violar o princípio da separação dos poderes, norma distrital que submeta as desapropriações, no âmbito do DF, à aprovação prévia da CLDF. (CESPE - 2007 - AGU - Procurador Federal - Prova 1).

202. Como no Estado Federal há mais de uma ordem jurídica incidente sobre um mesmo território e sobre as mesmas pessoas, impõe-se a adoção de mecanismo que favoreça a eficácia da ação estatal, evitando conflitos e desperdício de esforços e recursos. A repartição de competências entre as esferas do federalismo é o instrumento concebido para esse fim. Gilmar Ferreira Mendes, Inocêncio Mártires Coelho e Paulo Gustavo Gonet Branco. Curso de direito constitucional. São Paulo: Saraiva, 2007. (CESPE - 2007 - TCU - Analista de Controle Externo - Comum a todos).

202.1 Ao lado da repartição de competências, que consiste na atribuição, pela Constituição Federal, a cada ente federado, de uma matéria que lhe seja própria, há a repartição de rendas, cujo objetivo é assegurar a autonomia dos entes federados.

202.2 Em matéria legislativa, a repartição de competência chamada remanescente ou reservada dos estados corresponde àquela em que a competência estadual **NÃO** é decorrente da delegação pela União.

> **Questão original:** Em matéria legislativa, a repartição de competência chamada remanescente ou reservada dos estados corresponde àquela em que a competência estadual é decorrente da delegação pela União, por meio de lei complementar.

202.3 Com relação à repartição de competências administrativas entre a União e os estados-membros, adotou-se a técnica da competência remanescente, segundo a qual aos estados membros são reservadas as competências que não sejam da União, **DO DF E DOS MUNICÍPIOS.**

> **Questão original:** Com relação à repartição de competências administrativas entre a União e os estados-membros, adotou-se a técnica da competência remanescente, segundo a qual aos estados membros são reservadas as competências que não sejam da União e do DF. Quanto às competências dos municípios, essas são comuns a estes e aos estados-membros.

203. A instituição das diretrizes para o desenvolvimento urbano, inclusive habitação, saneamento básico e transporte urbano, é de competência **DA UNIÃO**. (CESPE – 2007 – TRT – 9ª REGIÃO (PR) – Técnico Judiciário – Área Administrativa).

> **Questão original:** A instituição das diretrizes para o desenvolvimento urbano, inclusive habitação, saneamento básico e transporte urbano, é de competência dos municípios.

204. A competência de legislar acerca da proteção à saúde é **CONCORRENTE**. (CESPE – 2007 – ANVISA – Técnico Administrativo).

> **Questão original:** A competência de legislar acerca da proteção à saúde é privativa da União.

205. No âmbito da legislação concorrente e diante da inexistência de normas gerais, a competência legislativa dos estados e do Distrito Federal é plena. (CESPE – 2007 – TRT – 9ª REGIÃO (PR) – Técnico Judiciário – Área Administrativa).

206. Compete privativamente à União legislar sobre direito processual do trabalho. (CESPE – 2007 – TRT – 9ª REGIÃO (PR) – Analista Judiciário – Área Administrativa).

207. O Distrito Federal (DF) editou lei que impõe aos cartórios locais um limite temporal para atendimento ao público. A lei foi impugnada sob o argumento de inconstitucionalidade fundada em ofensa à competência privativa da União. Considerando essa situação e a competência legislativa do DF e da União, julgue os itens subsequentes.

A mencionada lei não trata, em verdade, de matéria relativa à disciplina dos registros públicos, mas, sim, de assunto de interesse local, cuja competência, conforme previsto na Constituição Federal, pode ser exercida pelo DF. (CESPE – 2006 – DPE-DF – Procurador – Assistência Judiciária – Segunda Categoria).

208. É de competência **COMUM** impedir a evasão, a destruição e a descaracterização de obras de arte e de outros bens de valor histórico, artístico ou cultural. (CESPE – 2006 – ANCINE – Analista Administrativo – Ciências Contábeis).

> **Questão original:** É de competência privativa da União impedir a evasão, a destruição e a descaracterização de obras de arte e de outros bens de valor histórico, artístico ou cultural.

209. Tendo em vista o alto custo de vida no Distrito Federal (DF), a Câmara Legislativa editou lei distrital conferindo aos trabalhadores que exercem atividades no DF o direito a receber, de seus empregadores, um abono de R$ 50,00 mensais. Nessa situação, a referida lei seria inconstitucional. (CESPE – 2004 – TRT – 10ª REGIÃO (DF e TO) – Analista Judiciário – Área Administrativa).

210. O estado do Tocantins editou lei determinando a redução para 60 dias do prazo máximo de contratos de experiência no âmbito trabalhista. Nessa situação, a referida lei estadual viola a Constituição da República. (CESPE - 2004 - TRT - 10ª REGIÃO (DF e TO) - Analista Judiciário - Área Judiciária).

211. No âmbito da competência legislativa concorrente entre União e estados, revogada a norma geral federal que disciplinava a matéria de forma contrária ao disposto em lei estadual, esta recobra sua eficácia, caso não tenha sido revogada por outra lei estadual. (CESPE - 2004 - AGU - Advogado da União).

212. Beatriz foi condenada e presa pela prática do crime de estelionato. Após sua prisão, foi aprovada e publicada uma lei que não fere a Constituição da República e que aumentou em 20% os limites mínimo e máximo da pena privativa de liberdade previstos para o crime de estelionato.

A referida lei somente poderia ser uma lei federal, pois os estados e os municípios não têm competência para legislar sobre direito penal. (CESPE - 2004 - Polícia Federal - Agente Administrativo).

213. A Assembléia Legislativa de determinado estado-membro da Federação aprovou emenda à Constituição Estadual, estabelecendo que a sucessão dos bens de estrangeiros situados no território daquele estado seria deferida em partes iguais aos cônjuges ou companheiros e aos filhos brasileiros do estrangeiro, sempre que não lhes fosse mais favorável a lei pessoal do de cujus.

Um partido político com representação no Congresso Nacional propôs, junto ao Supremo Tribunal Federal (STF), ação direta de inconstitucionalidade da emenda constitucional referida.

ESTANDO as especificidades da questão atinente à sucessão de bens de estrangeiros situados no Brasil reguladas por meio de lei federal, a Constituição da República **NÃO** autoriza o estado-membro a exercer a competência legislativa plena acerca da matéria para atender às suas peculiaridades, legislação essa que **SERÁ INVÁLIDA.** (CESPE - 2003 - Instituto Rio Branco - Diplomata).

> **Questão original:** Não estando as especificidades da questão atinente à sucessão de bens de estrangeiros situados no Brasil reguladas por meio de lei federal, a Constituição da República autoriza o estado-membro a exercer a competência legislativa plena acerca da matéria para atender às suas peculiaridades, legislação essa que permanecerá válida até que haja superveniência de lei federal acerca do assunto; entretanto, a emenda à Constituição Estadual mencionada é inconstitucional, por não cuidar de especificidades, mas de modificação substancial do dispositivo da Constituição da República.

3.4 INTERVENÇÃO FEDERAL E ESTADUAL

1. De acordo com a vigente Constituição, cabe ao **STF, STJ E AO TSE** requisitar intervenção da União quando outra unidade federativa criar óbice ao cumprimento de decisão de qualquer órgão da justiça militar. (CESPE – 2018 – STM – Analista Judiciário – Área Judiciária).

> **Questão original:** De acordo com a vigente Constituição, cabe ao Superior Tribunal Militar requisitar intervenção da União quando outra unidade federativa criar óbice ao cumprimento de decisão de qualquer órgão da justiça militar.

2. Nos casos de requisição de intervenção federal, o presidente da República estará obrigado a editar o decreto de intervenção, não lhe cabendo, a despeito da sua condição de chefe do Poder Executivo, exercer juízo de conveniência ou de oportunidade da providência requerida. (CESPE – 2018 – STM – Analista Judiciário – Área Judiciária).

3. É competência exclusiva do **CONGRESSO NACIONAL** a suspensão de intervenção federal, mediante decreto do presidente da República. (CESPE – 2018 – MPE-PI – Técnico Ministerial – Área Administrativa).

> **Questão original:** É competência exclusiva do Poder Executivo a suspensão de intervenção federal, mediante decreto do presidente da República.

4. É permitida a intervenção do estado nos seus municípios nas situações em que não for aplicado o mínimo exigido da receita municipal nas ações e nos serviços públicos de saúde. (CESPE – 2017 – Prefeitura de Fortaleza – CE – Procurador do Município).

5. Ante a falta do repasse por parte do Poder Executivo estadual, na forma de duodécimos, dos recursos correspondentes às dotações orçamentárias garantidas ao tribunal de justiça local, este tem a prerrogativa constitucional de **PROVOCAR AO SUPREMO TRIBUNAL FEDERAL, MEDIANTE REQUISIÇÃO AO PRESIDENTE DA REPÚBLICA**, a intervenção federal no estado-membro respectivo, com vistas a garantir o livre exercício do Poder Judiciário na correspondente unidade da Federação. (CESPE – 2016 – TCE-SC – Auditor Fiscal de Controle Externo – Direito; CESPE – 2016 – TCE-SC – Conhecimentos Básicos – Exceto para os cargos 3 e 6).

> **Questão original:** Ante a falta do repasse por parte do Poder Executivo estadual, na forma de duodécimos, dos recursos correspondentes às dotações orçamentárias garantidas ao tribunal de justiça local, este tem a prerrogativa constitucional de solicitar diretamente ao presidente da República a intervenção federal no estado-membro respectivo, com vistas a garantir o livre exercício do Poder Judiciário na correspondente unidade da Federação.

6. No caso de representação com vistas à intervenção estadual em município para assegurar a observância de princípios indicados na Constituição estadual, o provimento do pedido pelo tribunal de justiça pode consistir na suspensão da execução do ato normativo impugnado, mesmo que essa medida baste ao restabelecimento da normalidade. (CESPE – 2016 – PGE-AM – Procurador do Estado).

Questão original: No caso de representação com vistas à intervenção estadual em município para assegurar a observância de princípios indicados na Constituição estadual, o provimento do pedido pelo tribunal de justiça **NÃO** pode consistir na suspensão da execução do ato normativo impugnado, mesmo que essa medida baste ao restabelecimento da normalidade.

7. É motivo de intervenção de estado em município no seu território o não pagamento da dívida fundada, por dois anos consecutivos, sem motivo de força maior. (CESPE - 2015 - TCE-RN - Auditor).

8. A União tem competência para intervir nos estados e no Distrito Federal, mas em nenhuma hipótese poderá intervir em municípios localizados em estados-membros. (CESPE - 2015 - FUB - Auditor).

9. No federalismo pátrio, é admitida a decretação de intervenção federal fundada em grave perturbação da ordem pública em caso de ameaça de irrupção da ordem no âmbito de estado-membro, exigindo-se para tal fim que o transtorno da vida social seja efetivamente instalado e duradouro. (CESPE - 2015 - AGU - Advogado da União).

Questão original: No federalismo pátrio, é admitida a decretação de intervenção federal fundada em grave perturbação da ordem pública em caso de ameaça de irrupção da ordem no âmbito de estado-membro, **NÃO** se exigindo para tal fim que o transtorno da vida social seja efetivamente instalado e duradouro.

10. A decretação da intervenção federal em estado, no Distrito Federal, por inobservância dos princípios constitucionais sensíveis, dependerá do provimento de representação do procurador-geral da República pelo STF. (CESPE - 2014 - Câmara dos Deputados - Analista Legislativo - Consultor Legislativo Área V).

Questão original: A decretação da intervenção federal em estado, no Distrito Federal **OU EM MUNICÍPIO**, por inobservância dos princípios constitucionais sensíveis, dependerá do provimento de representação do procurador-geral da República pelo STF.

11. Cabe ao estado intervir em seus municípios, assim como à União nos municípios localizados em território federal, caso não tenha sido aplicado o mínimo exigido da receita municipal na manutenção e no desenvolvimento do ensino e nas ações e serviços públicos de saúde. (CESPE - 2012 - TCE-ES - Auditor de Controle Externo - Auditoria Governamental).

12. A decretação de intervenção federal dependerá de provimento, pelo Supremo Tribunal Federal, de representação do procurador-geral da República, para assegurar a observância da forma republicana, sistema representativo e regime democrático. (CESPE - 2012 - MPE-PI - Analista Ministerial - Área Administrativa).

13. Na CF, são previstas situações excepcionais, de anormalidade, em que é possível suprimir a autonomia dos estados, do Distrito Federal e dos municípios. Uma das formas de supressão dessa autonomia consiste na intervenção, instituto típico da estrutura do Estado Federal, fundado no afastamento temporário da atuação autônoma da entidade federativa.

O ATO DE DECRETAR a intervenção federal, o presidente da República, a fim de restabelecer a normalidade, pode suspender a execução do ato impugnado; contudo, caso essa medida não seja suficiente para o restabelecimento da normalidade, cabe, ainda, ao presidente da República, **COM CONTROLE POLÍTICO FEITO PELO CONGRESSO NACIONAL**, decretar a intervenção federal. (CESPE – 2012 – TCE-ES – Auditor de Controle Externo – Direito).

> **Questão original:** Excepcionalmente, antes de decretar a intervenção federal, o presidente da República, a fim de restabelecer a normalidade, pode suspender a execução do ato impugnado; contudo, caso essa medida não seja suficiente para o restabelecimento da normalidade, cabe, ainda, ao presidente da República, sem qualquer interferência, decretar a intervenção federal.

14. A aplicação do mínimo exigido da receita resultante de impostos estaduais nas ações e serviços públicos de saúde é obrigação cujo descumprimento pode ensejar a intervenção da União nos estados e no Distrito Federal (DF). (CESPE – 2011 – EBC – Analista – Contabilidade).

15. Tanto a decretação quanto a execução de intervenção federal são da competência privativa do presidente da República. (CESPE – 2011 – TRE-ES – Analista Judiciário – Área Judiciária – Específicos).

16. **NÃO É PERMITIDO** a intervenção do estado em seus municípios, **EXCETO, POR EXEMPLO,** na hipótese de não haver sido aplicado o mínimo exigido da receita municipal na manutenção e no desenvolvimento do ensino e nas ações e nos serviços públicos de saúde. (CESPE – 2010 – MS – Técnico de Contabilidade).

> **Questão original:** É vedada a intervenção do estado em seus municípios, mesmo na hipótese de não haver sido aplicado o mínimo exigido da receita municipal na manutenção e no desenvolvimento do ensino e nas ações e nos serviços públicos de saúde.

17. Não pode haver controle judicial sobre a conveniência e oportunidade da intervenção da União em um Estado federado. (CESPE – 2010 – MS – Analista Técnico – Administrativo – PGPE 1).

18. A intervenção do estado no município tem caráter excepcional e é permitida nas hipóteses previstas na CF. (CESPE – 2010 – TRE-BA – Analista Judiciário – Área Judiciária).

Questão original: A intervenção do estado no município tem caráter excepcional e é permitida nas hipóteses previstas na CF **E EVENTUALMENTE ESTABELECIDAS NA RESPECTIVA CONSTITUIÇÃO ESTADUAL.**

19. De acordo com a jurisprudência, é da competência do STF o julgamento do pedido de intervenção federal por falta de cumprimento de decisão judicial proferida pela justiça do trabalho, mesmo quando referida decisão não contiver matéria de cunho constitucional. (CESPE - 2010 - AGU - Procurador Federal).

20. O estado pode intervir em seus municípios quando estes deixarem de pagar, por dois anos consecutivos, a dívida fundada ou não prestarem as contas devidas, na forma da lei, ou ainda quando não aplicarem o mínimo exigido da receita municipal na manutenção e no desenvolvimento do ensino e nas ações e serviços públicos de saúde. (CESPE - 2010 - PGM - RR - Procurador Municipal).

Questão original: O estado pode intervir em seus municípios **SOMENTE** quando estes deixarem de pagar, por dois anos consecutivos, a dívida fundada ou não prestarem as contas devidas, na forma da lei, ou ainda quando não aplicarem o mínimo exigido da receita municipal na manutenção e no desenvolvimento do ensino e nas ações e serviços públicos de saúde.

21. São princípios constitucionais sensíveis a forma republicana, o sistema representativo e o regime democrático, os direitos da pessoa humana, a autonomia municipal e a prestação de contas da administração pública direta e indireta. (CESPE - 2010 - AGU - Contador).

22. A intervenção da União em algum estado depende de decreto do presidente da República, **NO QUAL SERÁ SUBMETIDO A APRECIAÇÃO AO CONGRESSO NACIONAL NO PRAZO DE 24 HORAS.** (CESPE - 2010 - TRE-BA - Técnico Judiciário - Segurança Judiciária).

Questão original: A intervenção da União em algum estado depende de decreto do presidente da República, que só o fará com aprovação do Congresso Nacional.

23. A União deve intervir no estado da Federação que estiver descumprindo o princípio constitucional da autonomia municipal. Nessa hipótese, é dispensada a apreciação dessa medida pelo Congresso Nacional, e o decreto limita-se a suspender a execução do ato impugnado, se a mesma medida bastar ao restabelecimento da normalidade. (CESPE - 2009 - SECONT-ES - Auditor do Estado - Tecnologia da Informação).

24. Ao dispor a respeito do princípio da indissolubilidade do vínculo federativo, a CF afastou o direito de secessão das unidades da Federação, **NÃO** podendo a União, quando demonstrada a intenção de rompimento do pacto federativo, intervir nos municípios para manter a integridade nacional. (CESPE – 2009 – SECONT-ES – Auditor do Estado – Tecnologia da Informação).

> **Questão original:** Ao dispor a respeito do princípio da indissolubilidade do vínculo federativo, a CF afastou o direito de secessão das unidades da Federação, podendo a União, quando demonstrada a intenção de rompimento do pacto federativo, intervir nos municípios para manter a integridade nacional.

25. Se a União intervier em um estado da Federação, ela afastará momentaneamente a atuação autônoma desse estado. Portanto, se o motivo da intervenção for o provimento de execução de decisão judicial, sua decretação dependerá da requisição **DO STF, STJ OU TSE.** (CESPE – 2009 – TCU – Analista de Controle Externo – Tecnologia da Informação – Prova 1).

> **Questão original:** Se a União intervier em um estado da Federação, ela afastará momentaneamente a atuação autônoma desse estado. Portanto, se o motivo da intervenção for o provimento de execução de decisão judicial, sua decretação dependerá da requisição do tribunal de justiça daquele estado.

26. A União poderá decretar intervenção em um estado da Federação a fim de assegurar a observância, entre outros princípios, do que impõe a prestação de contas da administração pública direta e indireta, e do princípio que exige a aplicação do mínimo exigido da receita resultante de impostos estaduais, compreendida a proveniente de transferências, na manutenção e desenvolvimento do ensino e nas ações e serviços públicos de saúde. (CESPE – 2009 – TCE-RN – Assessor Técnico Jurídico).

27. Uma das hipóteses de intervenção **DO ESTADO** nos municípios é a de não aplicação do mínimo exigido da receita municipal na manutenção e desenvolvimento do ensino e nas ações e serviços públicos de saúde. (CESPE – 2009 – TCE-RN – Assessor Técnico Jurídico).

> **Questão original:** Uma das hipóteses de intervenção da União nos municípios é a de não aplicação do mínimo exigido da receita municipal na manutenção e desenvolvimento do ensino e nas ações e serviços públicos de saúde.

28. Caso determinado estado da Federação suspenda o pagamento da dívida fundada por mais de dois anos consecutivos, não havendo qualquer justificativa de força maior, a intervenção da União no estado, conforme entendimento do STF, não será vinculada, havendo espaço para análise de conveniência e oportunidade pelo presidente da República. (CESPE – 2009 – TCU – Analista de Controle Externo – Auditoria de Obras Públicas – Prova 1).

29. A União não pode intervir em municípios, exceto quando a intervenção ocorrer em município localizado em territórios federais. (CESPE – 2008 – STF – Analista Judiciário – Área Administrativa).

30. É lamentável que o constituinte não tenha aproveitado a oportunidade para atender ao que era o grande clamor nacional no sentido de uma revitalização do nosso princípio federativo. O Estado brasileiro na nova Constituição ganhou níveis de centralização superiores à maioria dos Estados que se consideram unitários e que, pela via de uma descentralização por regiões ou por províncias, consegue um nível de transferência das competências, tanto legislativas quanto de execução, muito superior àquele alcançado pelo Estado brasileiro. Continuamos, pois, sob uma Constituição eminentemente centralizadora, e se alguma diferença existe relativamente à anterior é no sentido de que este mal (para aqueles que entendem ser um mal) agravou-se sensivelmente. Celso Bastos. A Federação nas constituições brasileiras. In: Revista da Procuradoria- Geral do Estado de São Paulo, n.º 29, jun./1988, p. 61 (com adaptações). (CESPE - 2007 - AGU - Procurador Federal - Prova 1).

30.1 O dever de cumprir as decisões emanadas do Poder Judiciário, sobretudo nos casos em que a condenação judicial tem por destinatário o próprio poder público, muito mais do que simples incumbência de ordem processual, representa uma obrigação institucional a que não se pode subtrair o aparelho de Estado, sob pena de grave comprometimento dos princípios consagrados no texto da CF. A desobediência a ordem ou decisão judicial pode gerar, no sistema jurídico brasileiro, gravíssimas conseqüências na esfera institucional, com a decretação de intervenção federal nos estados-membros.

30.2 A inobservância, pelos estados, dos denominados princípios constitucionais sensíveis configura um ilícito constitucional de dupla consequência. De um lado, haverá uma consequência **NATUREZA JURÍDICA**, qual seja, a ilegitimidade constitucional do ato do poder público local; de outro, haverá uma consequência **POLÍTICO ADMINISTRATIVO**, consistente na possibilidade de decretação de intervenção federal no estado-membro.

Questão original: A inobservância, pelos estados, dos denominados princípios constitucionais sensíveis configura um ilícito constitucional de dupla consequência. De um lado, haverá uma consequência de caráter estritamente político-administrativo, qual seja, a ilegitimidade constitucional do ato do poder público local; de outro, haverá uma consequência de natureza jurídica, consistente na possibilidade de decretação de intervenção federal no estado-membro.

30.3 No modelo federativo instituído pela CF, se é certo que o rol dos princípios sensíveis foi menos abrangente, demonstrando a expansão dos poderes jurídicos na esfera das coletividades locais, o mesmo não se deu quanto aos princípios extensíveis e aos princípios estabelecidos, pois estes, além de estarem disseminados pelo texto constitucional, configuram um acervo expressivo de hipóteses de limitação da autonomia local.

30.4 A intervenção federal representa elemento de estabilização da ordem normativa prevista na CF, mas representa também a própria negação, ainda que transitória, da autonomia reconhecida aos estados-membros pela CF.

31. Inexiste hipótese de intervenção federal nos estados mediante requisição do TST. (CESPE – 2004 – TRT – 10ª REGIÃO (DF e TO) – Analista Judiciário – Área Judiciária).

32. Entre os efeitos excepcionais provocados pela intervenção federal em outra unidade federativa está o de suspensão temporária da autonomia, sendo essa suspensão ato privativo do chefe do Executivo e o seu fundamento não figura em norma infraconstitucional. (CESPE – 2004 – STJ – Analista Judiciário – Área Administrativa).

3.5 PRINCÍPIOS DA ADMINISTRAÇÃO PÚBLICA

1. O princípio do direito adquirido se aplica à seara previdenciária, pois, conforme o entendimento do Supremo Tribunal Federal, inexiste direito adquirido a regime jurídico. (CESPE – 2018 – STJ – Analista Judiciário – Judiciária).

> **Questão original:** O princípio do direito adquirido **NÃO** se aplica à seara previdenciária, pois, conforme o entendimento do Supremo Tribunal Federal, inexiste direito adquirido a regime jurídico.

2. O princípio da legalidade diferencia-se do da reserva legal: o primeiro pressupõe a submissão e o respeito à lei e aos atos normativos em geral; o segundo consiste na necessidade de a regulamentação de determinadas matérias ser feita necessariamente por lei formal. (CESPE – 2017 – Prefeitura de Fortaleza – CE – Procurador do Município).

3. O princípio da impessoalidade, que consagra a ideia de que o poder público deve dispensar tratamento isonômico e impessoal aos particulares, **NÃO** deve ser entendido de forma absoluta. (CESPE – 2017 – Instituto Rio Branco – Diplomata – Prova 1).

> **Questão original:** O princípio da impessoalidade, que consagra a ideia de que o poder público deve dispensar tratamento isonômico e impessoal aos particulares, deve ser entendido de forma absoluta, já que não comporta exceções ou tratamentos diferenciados pela administração.

4. Com referência à Constituição Federal de 1988 e às disposições nela inscritas relativamente a direitos sociais e políticos, administração pública e servidores públicos, julgue o item subsequente. Legalidade, impessoalidade, moralidade, publicidade e eficiência são princípios aplicáveis à administração pública federal: eles se aplicam à administração pública dos estados, do Distrito Federal nem dos municípios. (CESPE – 2016 – FUB – Conhecimentos Básicos – Cargo 20).

> **Questão original:** Com referência à Constituição Federal de 1988 e às disposições nela inscritas relativamente a direitos sociais e políticos, administração pública e servidores públicos, julgue o item subsequente. Legalidade, impessoalidade, moralidade, publicidade e eficiência são princípios aplicáveis **EXCLUSIVAMENTE**

à administração pública federal: eles **NÃO** se aplicam à administração pública dos estados, do Distrito Federal nem dos municípios.

5. O princípio da **RESERVA LEGAL** consiste em estatuir que a regulamentação de determinadas matérias há de fazer-se necessariamente por lei formal, e não por quaisquer outras fontes normativas. (CESPE - 2015 - Instituto Rio Branco - Diplomata - Prova 2).

Questão original: O princípio da legalidade consiste em estatuir que a regulamentação de determinadas matérias há de fazer-se necessariamente por lei formal, e não por quaisquer outras fontes normativas.

6. Dispositivo de constituição estadual que, para atender ao princípio da eficiência, estabelece prazo para a prática de atos administrativos pelo governador do estado ofende a CF. (CESPE - 2015 - TJ-DFT - Técnico Judiciário - Administrativa).

Questão original: Dispositivo de constituição estadual que, para atender ao princípio da eficiência, estabelece prazo para a prática de atos administrativos pelo governador do estado **NÃO** ofende a CF.

7. A aplicação do princípio da legalidade distingue o particular do administrador público. (CESPE - 2014 - Câmara dos Deputados - Analista Legislativo - Consultor Legislativo Área XI).

Questão original: A aplicação do princípio da legalidade **NÃO** distingue o particular do administrador público.

8. Em decorrência da regra constitucional que prevê o tratamento isonômico e segundo a qual todos são iguais perante a lei, a administração pública deve **TRATAR OS IGUAIS COMO IGUAIS E OS DESIGUAIS NA MEDIDA DE SUA DESIGUALDADE.** (CESPE - 2014 - SUFRAMA - Nível Superior - Conhecimentos Básicos).

Questão original: Em decorrência da regra constitucional que prevê o tratamento isonômico e segundo a qual todos são iguais perante a lei, a administração pública deve atuar sem favoritismo ou perseguição e tratar todos de modo igual, sem fazer qualquer tipo de discriminação.

9. Conforme jurisprudência do STF, em respeito ao princípio da isonomia, a administração pública não pode remarcar a data de realização de teste de aptidão física de candidato impossibilitado, em virtude de problema temporário de saúde certificado por atestado médico, de realizá-lo na data previamente agendada, caso o edital do certame expressamente proíba a remarcação. (CESPE - 2014 - TC-DF - Técnico de Administração Pública).

10. A competência conferida ao presidente da República para expedir decretos e regulamentos para a fiel execução da lei vincula-se ao princípio da legalidade que rege a atuação da administração pública. (CESPE – 2014 – SUFRAMA – Agente Administrativo).

11. **NÃO PODERÁ** a administração pública indeferir recurso administrativo de cidadão que não tenha comprovado o devido preparo. (CESPE – 2014 – SUFRAMA – Agente Administrativo).

> **Questão original:** Poderá a administração pública indeferir recurso administrativo de cidadão que não tenha comprovado o devido preparo.

12. **É IMPRESCINDÍVEL** de previsão legal a exigência de aprovação em exame psicotécnico para habilitação de candidato a cargo público. (CESPE – 2014 – Câmara dos Deputados – Técnico Legislativo – Agente de Polícia Legislativa).

> **Questão original:** Prescinde de previsão legal a exigência de aprovação em exame psicotécnico para habilitação de candidato a cargo público.

13. **É IMPRESCINDÍVEL** de previsão legal a exigência de aprovação em exame psicotécnico para habilitação de candidato a cargo público. (CESPE – 2014 – Câmara dos Deputados – Técnico Legislativo – Agente de Polícia Legislativa).

> **Questão original:** Prescinde de previsão legal a exigência de aprovação em exame psicotécnico para habilitação de candidato a cargo público.

14. O princípio da eficiência, que se caracteriza como um princípio implícito, está previsto expressamente na CF. (CESPE – 2013 – DEPEN – Especialista – Todas as áreas – Conhecimentos Básicos).

> **Questão original:** O princípio da eficiência, que se caracteriza como um princípio **IMPLÍCITO**, não está previsto expressamente na CF.

15. A proibição de investidura em cargo ou emprego público sem prévia aprovação em concurso público de provas ou de provas e títulos decorre do princípio da **IMPESSOALIDADE**, expressamente constante na CF. (CESPE – 2013 – TCE-RS – Oficial de Controle Externo).

> **Questão original:** A proibição de investidura em cargo ou emprego público sem prévia aprovação em concurso público de provas ou de provas e títulos decorre do princípio da moralidade, expressamente constante na CF.

16. A proibição de investidura em cargo ou emprego público sem prévia aprovação em concurso público de provas ou de provas e títulos decorre do princípio da

IMPESSOALIDADE, expressamente constante na CF. (CESPE - 2013 - TCE-RS - Oficial de Controle Externo).

> **Questão original:** A proibição de investidura em cargo ou emprego público sem prévia aprovação em concurso público de provas ou de provas e títulos decorre do princípio da moralidade, expressamente constante na CF.

17. O princípio da impessoalidade, referido na Constituição Federal de 1988, nada mais é que o clássico princípio da finalidade, o qual impõe ao administrador público que só pratique o ato para o seu fim legal. E o fim legal é unicamente aquele que a norma de direito indica como objetivo do ato, de forma impessoal. (CESPE - 2013 - DEPEN - Agente Penitenciário).

18. Em virtude do princípio da publicidade e do direito de acesso à informação, o Estado poderá possuir documentos sigilosos. (CESPE - 2013 - STF - Técnico Judiciário - Segurança Judiciária).

> **Questão original:** Em virtude do princípio da publicidade e do direito de acesso à informação, o Estado **NÃO** poderá possuir documentos sigilosos.

19. A vinculação do salário de servidor público ao salário mínimo, para fins de aumento salarial, ofende o princípio da legalidade. (CESPE - 2013 - TCE-RS - Oficial de Controle Externo).

> **Questão original:** A vinculação do salário de servidor público ao salário mínimo, para fins de aumento salarial, **NÃO** ofende o princípio da legalidade.

20. De acordo com o disposto na CF, os princípios da eficiência e da moralidade se aplicam às agências reguladoras. (CESPE - 2012 - ANAC - Analista Administrativo - Conhecimentos Básicos Áreas 1, 2, 3, 4 e 5).

> **Questão original:** De acordo com o disposto na CF, os princípios da eficiência e da moralidade **NÃO** se aplicam às agências reguladoras, devido ao fato de estas serem entes independentes, dotados de regulamentação própria.

21. Conforme o texto constitucional, a administração pública deverá obedecer aos princípios da eficiência, da publicidade, da moralidade, da impessoalidade e da legalidade. (CESPE - 2012 - ANAC - Técnico Administrativo).

22. **NÃO SE COADUNA** com a CF e **DIFERE DO** princípio da publicidade a campanha de natureza educativa veiculada por órgão público que constem nomes ou símbolos que caracterizem promoção pessoal de autoridades. (CESPE - 2012 - ANAC - Técnico em Regulação de Aviação Civil - Área 2).

Questão original: Coaduna-se com a CF e atende o princípio da publicidade a campanha de natureza educativa veiculada por órgão público, ainda que dela constem nomes ou símbolos que caracterizem promoção pessoal de autoridades.

23. Consoante o princípio da legalidade, previsto na CF, a conduta do agente público deve estar descrita na lei. (CESPE – 2012 – FNDE – Especialista em Financiamento e Execução de Programas e Projetos Educacionais).

Questão original: Consoante o princípio da legalidade, previsto na CF, a conduta do agente público deve estar **TOTALMENTE** descrita na lei.

24. Alguns dos princípios que regem a administração pública direta e indireta de qualquer dos poderes da União, dos estados, do Distrito Federal e dos municípios, como, por exemplo, o da legalidade e o da impessoalidade, estão expressamente previstos na CF, ao passo que outros, como o da **RAZOABILIDADE**, constituem princípios implícitos. (CESPE – 2012 – TRE-RJ – Técnico Judiciário – Área Administrativa).

Questão original: Alguns dos princípios que regem a administração pública direta e indireta de qualquer dos poderes da União, dos estados, do Distrito Federal e dos municípios, como, por exemplo, o da legalidade e o da impessoalidade, estão expressamente previstos na CF, ao passo que outros, como o da moralidade, constituem princípios implícitos.

25. O princípio da proporcionalidade ou da razoabilidade é um princípio constitucional não positivado. (CESPE – 2012 – TCU – Técnico de Controle Externo).

26. Considere que a companheira de um servidor investido em cargo de direção de uma empresa pública foi nomeada para exercer função gratificada na mesma entidade. Nessa situação, a nomeação realizada é caracterizada como prática de nepotismo, sendo passível de anulação, visto que fere os princípios constitucionais da impessoalidade e da moralidade. (CESPE – 2012 – TJ-RR – Administrador).

27. O gestor público que põe o seu nome em determinado programa social viola o princípio da impessoalidade previsto na CF. (CESPE – 2012 – ANAC – Analista Administrativo – Conhecimentos Básicos Áreas 1, 2, 3, 4 e 5).

28. **POR SER IMPLÍCITO NA** Constituição Federal, a administração pública deve agir de acordo com o princípio da proporcionalidade. (CESPE – 2012 – ANATEL – Técnico Administrativo).

Questão original: De acordo com dispositivo expresso da Constituição Federal, a administração pública deve agir de acordo com o princípio da proporcionalidade.

29. Legalidade, impessoalidade, moralidade, publicidade e eficiência são princípios constitucionais que regem a administração pública, traduzindo-se o princípio da impessoalidade no princípio da finalidade, que impõe ao administrador público o dever de praticar o ato administrativo apenas para o seu fim legal. (CESPE - 2011 - TRE-ES - Técnico Judiciário - Área Administrativa - Específicos).

30. **FAZ PARTE DE UMA, DAS EXCEÇÕES,** ao princípio constitucional do concurso público, que compreende os princípios da moralidade, da igualdade, da eficiência, entre outros, consiste na possibilidade, expressa na CF, de nomeação para cargo em comissão declarado em lei de livre nomeação e exoneração. (CESPE - 2010 - ABIN - Oficial Técnico de Inteligência - Área de Direito).

Questão original: A única exceção ao princípio constitucional do concurso público, que compreende os princípios da moralidade, da igualdade, da eficiência, entre outros, consiste na possibilidade, expressa na CF, de nomeação para cargo em comissão declarado em lei de livre nomeação e exoneração.

31. Os princípios fundamentais informadores de toda a atividade da administração pública encontram-se, explícita ou implicitamente, insculpidos no texto da CF. Muitas leis citam ou enumeram princípios administrativos; todos, evidentemente, encontram-se expressos ou são decorrência lógica das disposições constitucionais referentes à atuação da administração pública em geral.

Entre os princípios orientadores da atividade administrativa, avultam em importância aqueles expressos no caput do art. 37 da CF. Após a promulgação da Emenda Constitucional n.º 19/1998, cinco passaram a ser esses princípios explícitos, a saber: legalidade, impessoalidade, moralidade, publicidade e eficiência (este último acrescentado pela referida emenda). Marcelo Alexandrino e Vicente Paulo. Direito administrativo descomplicado. 15.ª ed., Rio de Janeiro: Impetus, 2008, p. 141 (com adaptações). (CESPE - 2010 - MS - Administrador).

31.1 Tendo em vista o sistema decorrente da CF, o princípio da publicidade apresenta uma dupla acepção, a saber, exigência de publicação em órgão oficial com requisito de eficácia dos atos administrativos gerais que devam produzir efeitos externos ou impliquem oneração do patrimônio público; e exigência de transparência da atuação administrativa, de modo a que seja possibilitado, da forma mais ampla possível, o controle da administração pública.

31.2 O fato de a CF haver erigido a moral administrativa em princípio jurídico expresso permite afirmar que ela é um requisito atinente ao mérito do ato administrativo, **NO QUAL SERÁ GUIADO POR CONDUTAS MORAIS.**

Questão original: O fato de a CF haver erigido a moral administrativa em princípio jurídico expresso permite afirmar que ela é um requisito atinente ao mérito do ato administrativo, sujeito a uma análise de oportunidade e conveniência.

32. O princípio da moralidade administrativa, que deve reger a atuação do poder público, confere substância e dá expressão a uma pauta de valores éticos sobre os quais se funda a ordem jurídica do Estado. Nesse contexto, a inobservância do referido princípio pode configurar improbidade administrativa e acarretar, para o agente público, a suspensão dos direitos políticos, a perda da função pública, a indisponibilidade dos bens e o ressarcimento ao erário, sem prejuízo da ação penal cabível, se sua conduta configurar, também, a prática de ato tipificado como crime. (CESPE – 2010 – MPS – Agente Administrativo).

33. Embora o princípio da isonomia não conste expressamente do rol dos princípios da administração pública insertos na Constituição Federal (CF), esse princípio deve ser observado no trato da coisa pública, especialmente nos procedimentos licitatórios. (CESPE – 2010 – INCA – Assistente em Ciência e Tecnologia – Apoio Técnico Administrativo Parte II).

34. A administração pública deve obedecer a vários princípios expressos na CF, como o da legalidade e da impessoalidade, e, ainda, a princípios implícitos ao texto constitucional, tais como o do interesse público, que é fundamental à discussão no âmbito da administração. (CESPE – 2010 – ABIN – Oficial Técnico de Inteligência – Área de Direito).

35. Segundo entendimento do STF, a vedação ao nepotismo não exige edição de lei formal, visto que a proibição é extraída diretamente dos princípios constitucionais que norteiam a atuação administrativa. (CESPE – 2009 – AGU – Advogado da União).

36. O Poder Judiciário, fundado no princípio da isonomia previsto na Carta da República, **NÃO** pode promover a equiparação dos vencimentos de um servidor com os de outros servidores de atribuições diferentes. (CESPE – 2009 – AGU – Advogado da União).

Observação: "Súmula vinculante 37: Não cabe ao Poder Judiciário, que não tem função legislativa, aumentar vencimentos de servidores públicos sob o fundamento de isonomia."

Questão original: O Poder Judiciário, fundado no princípio da isonomia previsto na Carta da República, pode promover a equiparação dos vencimentos de um servidor com os de outros servidores de atribuições diferentes.

37. Caso o governador de um estado da Federação, diante da aproximação das eleições estaduais e preocupado com a sua imagem política, determine ao setor de comunicação do governo a inclusão do seu nome em todas as publicidades de obras públicas realizadas durante a sua gestão, tal determinação violará a CF, haja vista que a publicidade dos atos, programas, obras, serviços e campanhas dos órgãos públicos deverá ter caráter educativo, informativo ou de orientação social, dela não podendo constar nomes, símbolos ou imagens que caracterizem promoção pessoal de autoridades ou servidores públicos. (CESPE - 2009 - TCU - Analista de Controle Externo - Medicina - Prova 1).

38. A Comissão de Constituição e Justiça (CCJ) da Câmara dos Deputados aprovou em 2005 a quebra de patente de oito medicamentos que compõem o coquetel ANTIAIDS, distribuído pelo Ministério da Saúde.

A exploração por terceiros da patente compulsoriamente licenciada será feita com atenção aos princípios do art. 37 da Constituição Federal brasileira, observadas as demais normas legais pertinentes. (CESPE - 2009 - FUB - Biólogo).

39. Pedro, que nasceu em Portugal há 28 anos e reside de forma permanente em Brasília há dois anos, não requereu a cidadania brasileira. Ele é servidor público federal e requereu a incorporação de quintos de sua remuneração por meio de processo administrativo, cujo requerimento foi efetuado em 1º/6/2002. O pedido foi deferido em 7/7/2002, com base em parecer técnico, quando Pedro passou a receber a referida parcela em sua remuneração, após a publicação do ato no Diário Oficial da União. No entanto, em 1º/7/2007, o TCU instaurou tomada de contas especial para apurar a validade do ato que impôs a referida incorporação, com base em relatório de auditoria que apurou irregularidade nessa incorporação. Em 10/10/2008, o TCU determinou, por meio de acordão do qual não cabe mais recurso, a exclusão da remuneração de Pedro da referida parcela, bem como a restituição de tudo o que recebeu indevidamente a esse título e a apuração da responsabilidade administrativa do servidor que autorizou o citado pagamento.

Está prescrita a pretensão punitiva da penalidade de demissão prevista para o servidor que autorizou o pagamento dos quintos. (CESPE - 2008 - MTE - Economista).

40. A transparência e a desburocratização são, entre outras, obrigações do Estado decorrentes do princípio da eficiência. (CESPE - 2004 - AGU - Advogado da União).

3.6 DOS SERVIDORES PÚBLICOS

1. A despeito do caráter compulsório da aposentadoria aos setenta anos de idade, o detentor de cargo público vitalício poderá exercê-lo até os **SETENTA E CINCO** anos de idade. (CESPE - 2018 - ABIN - Agente de Inteligência).

> **Questão original:** A despeito do caráter compulsório da aposentadoria aos setenta anos de idade, o detentor de cargo público vitalício poderá exercê-lo até os oitenta anos de idade.

2. A redução dos riscos inerentes ao trabalho, por meio da implementação de normas de saúde, higiene e segurança, é direito dos trabalhadores em geral, sendo aplicável também aos servidores ocupantes de cargos públicos. (CESPE - 2017 - TRF - 1ª REGIÃO - Analista Judiciário - Área Administrativa).

3. É **CONSTITUCIONAL** a supressão do auxílio-alimentação em decorrência da aposentadoria do servidor. (CESPE – 2017 – Prefeitura de Fortaleza – CE – Procurador do Município).

Observação: "Súmula vinculante 55: O direito ao auxílio-alimentação não se estende aos servidores inativos."

Questão original: É inconstitucional a supressão do auxílio-alimentação em decorrência da aposentadoria do servidor.

4. Havendo previsão **EM LEI**, é legítima a exigência de exame psicotécnico para a habilitação de candidato a cargo público. (CESPE – 2017 – Prefeitura de Fortaleza – CE – Procurador do Município).

Observação: "Súmula vinculante 44: Só por lei se pode sujeitar a exame psicotécnico a habilitação de candidato a cargo público."

Questão original: Havendo previsão no edital que regulamenta o concurso, é legítima a exigência de exame psicotécnico para a habilitação de candidato a cargo público.

5. Um dos requisitos utilizados para a promoção de servidores públicos na carreira consiste na participação em cursos de formação e de aperfeiçoamento nas escolas de governo mantidas pela União, pelos estados e pelo DF. (CESPE – 2017 – SEDF – Monitor de Gestão Educacional).

6. A estabilidade para servidores públicos se dará após **TRÊS** anos de efetivo exercício no serviço público. (CESPE – 2017 – SEDF – Monitor de Gestão Educacional).

Questão original: A estabilidade para servidores públicos se dará após dois anos de efetivo exercício no serviço público.

7. O regime normal de trabalho do servidor público não terá duração superior a oito horas diárias e quarenta e quatro horas semanais, sendo assegurada ao servidor remuneração **DISTINTA** em diferentes turnos. (CESPE – 2017 – SEDF – Monitor de Gestão Educacional).

Questão original: O regime normal de trabalho do servidor público não terá duração superior a oito horas diárias e quarenta e quatro horas semanais, sendo assegurada ao servidor a mesma remuneração em diferentes turnos.

8. Servidor público que, embora exerça atribuições semelhantes às de outro servidor, receba subsídio inferior **NÃO** poderá requerer a equiparação da remuneração. (CESPE – 2017 – TRF – 1ª REGIÃO – Técnico Judiciário – Área Administrativa).

Questão original: Servidor público que, embora exerça atribuições semelhantes às de outro servidor, receba subsídio inferior poderá requerer a equiparação da remuneração.

9. De acordo com a CF, é possível a percepção simultânea de proventos de aposentadoria com a remuneração de cargo público de natureza eletiva. (CESPE - 2017 - TCE-PE - Analista de Gestão - Julgamento).

10. Os reajustes de vencimentos de servidores municipais **NÃO** podem ser vinculados a índices federais de correção monetária. (CESPE - 2017 - Prefeitura de Fortaleza - CE - Procurador do Município).

Observação: "Súmula vinculante 42: É inconstitucional a vinculação do reajuste de vencimentos de servidores estaduais ou municipais a índices federais de correção monetária."

Questão original: Os reajustes de vencimentos de servidores municipais podem ser vinculados a índices federais de correção monetária.

11. Para solicitar aposentadoria voluntária, o servidor público deverá contar com: dez anos de efetivo exercício no serviço público e cinco anos no cargo efetivo **EM QUE SE DARÁ A APOSENTADORIA**, no mínimo; sessenta anos de idade e trinta e cinco anos de contribuição, se homem; cinquenta e cinco anos de idade e trinta anos de contribuição, se mulher. (CESPE - 2017 - SEDF - Monitor de Gestão Educacional).

Questão original: Para solicitar aposentadoria voluntária, o servidor público deverá contar com: dez anos de efetivo exercício no serviço público e cinco anos no cargo efetivo, no mínimo; sessenta anos de idade e trinta e cinco anos de contribuição, se homem; cinquenta e cinco anos de idade e trinta anos de contribuição, se mulher.

12. A exigência de prévio requerimento administrativo, enquanto condicionante do ajuizamento de ação judicial para a concessão de benefício previdenciário, não ofende o direito de petição. (CESPE - 2016 - FUNPRESP-JUD - Analista - Direito).

13. Se um servidor público aposentado do Tribunal de Contas do Estado do Pará (TCE/PA) for nomeado para cargo em comissão, ele poderá receber cumulativamente os proventos da inatividade e a remuneração do novo cargo. (CESPE - 2016 - TCE-PA - Auxiliar Técnico de Controle Externo - Área Administrativa).

14. De acordo com a legislação federal, mediante emenda constitucional, a aposentadoria compulsória do servidor ocorrerá aos setenta **E CINCO** anos de idade, com percepção integral dos proventos da atividade, independentemente do tempo de contribuição. (CESPE – 2016 – TCE-PA – Auditor de Controle Externo – Área Administrativa – Gestão de Pessoas).

> **Questão original:** De acordo com a legislação federal, mediante emenda constitucional, a aposentadoria compulsória do servidor ocorrerá aos setenta anos de idade, com percepção integral dos proventos da atividade, independentemente do tempo de contribuição.

15. Professor da Universidade Federal do Pará que pretender se aposentar **NÃO** poderá reduzir para cinquenta e cinco anos a idade mínima e para trinta anos o seu tempo de contribuição. (CESPE – 2016 – TCE-PA – Auxiliar Técnico de Controle Externo – Área Administrativa).

> **Questão original:** Professor da Universidade Federal do Pará que pretender se aposentar poderá reduzir para cinquenta e cinco anos a idade mínima e para trinta anos o seu tempo de contribuição, se comprovar tempo de serviço exclusivo na função de magistério no ensino superior.

16. Até a edição de lei complementar específica, aplicam-se aos servidores públicos federais estatutários as regras do regime geral da previdência social relativas à aposentadoria especial. (CESPE – 2016 – FUNPRESP-EXE – Especialista – Área Jurídica).

17. Diferentemente dos cargos em comissão, as funções de confiança somente podem ser preenchidas por servidores ocupantes de cargo efetivo. (CESPE – 2016 – FUB – Conhecimentos Básicos – Cargos de 1 a 7).

18. Dalila, de cinquenta e três anos de idade, é professora e trabalha há vinte e cinco anos na mesma escola pública de educação infantil. Como professora, ela atuou, efetivamente, em sala de aula, por quinze anos, e, no tempo remanescente, atuou como coordenadora e diretora. Nessa situação, Dalila tem direito a aposentadoria por idade e tempo de contribuição como professora, já que, conforme jurisprudência pacificada do STF, os professores que exercem atividades administrativas em estabelecimentos de ensino têm direito a aposentadoria por tempo reduzido. (CESPE – 2016 – FUNPRESP-JUD – Analista – Direito).

> **Questão original:** Nessa situação, Dalila **NÃO** tem direito a aposentadoria por idade e tempo de contribuição como professora, já que, conforme jurisprudência pacificada do STF, os professores que exercem atividades administrativas em estabelecimentos de ensino não têm direito a aposentadoria por tempo reduzido.

19. De acordo com o STF, o rol de serviços essenciais indicados na lei de greve dos trabalhadores celetistas é exemplificativo. Logo, o Poder Judiciário pode ampliar as restrições ao direito de greve dos servidores públicos em hipóteses não expressamente previstas na lei. (CESPE - 2016 - FUNPRESP-JUD - Analista - Direito).

20. A União, os estados, o Distrito Federal e os municípios devem, obrigatoriamente, instituir, no âmbito de sua competência, regime jurídico único aplicável tanto aos servidores da administração direta quanto aos das autarquias **E** fundações. (CESPE - 2016 - FUB - Conhecimentos Básicos - Cargos de 1 a 7).

> **Questão original:** A União, os estados, o Distrito Federal e os municípios devem, obrigatoriamente, instituir, no âmbito de sua competência, regime jurídico único aplicável tanto aos servidores da administração direta quanto aos das autarquias, empresas públicas, fundações e sociedades de economia mista.

21. Diferentemente do que ocorre com os trabalhadores da iniciativa privada, a Constituição Federal de 1988 assegura ao servidor público **CIVIL** o direito de greve **E O DE** livre associação sindical. (CESPE - 2016 - FUB - Conhecimentos Básicos - Cargo 20).

> **Questão original:** Com referência à Constituição Federal de 1988 e às disposições nela inscritas relativamente a direitos sociais e políticos, administração pública e servidores públicos, julgue o item subsequente. Diferentemente do que ocorre com os trabalhadores da iniciativa privada, a Constituição Federal de 1988 não assegura ao servidor público o direito de greve nem o de livre associação sindical.

22. O servidor estável perderá o cargo em virtude de sentença judicial condenatória transitada em julgado **OU** mediante processo administrativo no qual lhe seja assegurada a ampla defesa. (CESPE - 2016 - TCE-PA - Conhecimentos Básicos - Cargos 1, 18, 19, 37 e 38).

> **Questão original:** O servidor estável somente perderá o cargo em virtude de sentença judicial condenatória transitada em julgado e mediante processo administrativo no qual lhe seja assegurada a ampla defesa.

23. Oficial de justiça do Poder Judiciário Federal no estado X requereu a concessão de sua aposentadoria especial à Diretoria de Recursos Humanos do referido tribunal, sob a alegação de desenvolver atividade de risco e de inequívoca periculosidade, o que seria evidenciado pelo uso de arma de fogo no cumprimento de mandados, além da percepção de gratificação decorrente da realização de atividade externa.

Após analisar o pedido, o Tribunal Regional Federal (TRF) da região que engloba o estado X negou o requerimento, sob o fundamento de que a atividade desempenhada pelos oficiais de justiça não se enquadra entre as atividades de risco. Na decisão, o TRF argumenta que não pode a administração do tribunal suprir omissão legislativa consistente na não edição da lei complementar de que trata o art. 40, § 4.º, da CF. Além disso, o requerente não havia apresentado provas suficientes de que cumprira tempo suficiente de serviço em condições perigosas apto à contagem diferenciada para a aposentadoria.

Diante da decisão administrativa de rejeição do pedido de aposentadoria, o servidor informou que ingressaria com ação judicial requerendo a concessão da aposentadoria especial, em virtude da omissão legislativa inconstitucional, e a contagem diferenciada do tempo de serviço prestado sob a alegada periculosidade. (CESPE – 2016 – FUNPRESP--JUD – Analista – Direito).

23.1 De acordo com o STF, não cabe ao juiz do caso realizar a contagem diferenciada do tempo de serviço prestado em condições especiais para fins de concessão da aposentadoria de que trata o § 4.º do art. 40 da CF.

23.2 Conforme o entendimento do STF, dada a ausência da referida lei complementar, aplicam-se as regras do regime geral de previdência social à aposentadoria especial do servidor público.

23.3 A autorização para o porte e uso de arma de fogo e a percepção de gratificação especial para realização de atividade externa não são suficientes para o reconhecimento da periculosidade do desempenho da função de oficial de justiça pelo Poder Judiciário.

24. Limite de idade fixado, exclusivamente, no edital do concurso público não supre a exigência constitucional de que o requisito seja estabelecido em lei. (CESPE – 2015 – TCE-RN – Inspetor – Administração, Contabilidade, Direito ou Economia – Cargo 3).

25. Seria **INCONSTITUCIONAL** lei que considerasse falta funcional de servidor público não estável a adesão a movimento grevista, devido a eficácia limitada do dispositivo constitucional referente a greve de servidor público, segundo entendimento do STF. (CESPE – 2015 – TCE-RN – Auditor).

Questão original: Seria constitucional lei que considerasse falta funcional de servidor público não estável a adesão a movimento grevista, devido a eficácia limitada do dispositivo constitucional referente a greve de servidor público, segundo entendimento do STF.

26. Os servidores públicos gozam e alguns dos direitos sociais previstos no texto constitucional para os trabalhadores da iniciativa privada. (CESPE – 2015 – STJ – Analista Judiciário – Administrativa).

Questão original: Os servidores públicos gozam **de todos** os direitos sociais previstos no texto constitucional para os trabalhadores da iniciativa privada.

27. O servidor público da administração direta que for investido no mandato de vereador **PODERÁ** optar entre a remuneração da vereança e a de seu cargo público. (CESPE – 2015 – FUB – Conhecimentos Básicos – Nível Intermediário – Cargo 12).

Questão original: A paridade plena entre servidores ativos e inativos constitui garantia constitucional, de forma que quaisquer vantagens pecuniárias concedidas aos servidores ativos estendem-se aos inativos.

28. Os servidores nomeados para cargo de provimento efetivo em virtude de concurso público são estáveis após **TRÊS** anos de efetivo exercício. (CESPE – 2015 – CGE-PI – Auditor Governamental – Conhecimentos básicos).

Questão original: Os servidores nomeados para cargo de provimento efetivo em virtude de concurso público são estáveis após dois anos de efetivo exercício.

29. Caso preencha os requisitos de idade e contribuição, o indivíduo que trabalhe por vários anos em determinado Tribunal Regional Eleitoral ocupando, exclusivamente, cargo em comissão **NÃO** terá direito à aposentadoria estatutária. (CESPE – 2015 – TRE-GO – Analista Judiciário – Área Judiciária – Conhecimentos Específicos).

Questão original: Caso preencha os requisitos de idade e contribuição, o indivíduo que trabalhe por vários anos em determinado Tribunal Regional Eleitoral ocupando, exclusivamente, cargo em comissão terá direito à aposentadoria estatutária se decidir se aposentar voluntariamente.

30. As regras do regime geral da previdência social relativas à aposentadoria especial são aplicáveis ao servidor público enquanto não houver lei complementar específica que assim o determine. (CESPE – 2015 – DPE-PE – Defensor Público).

Observação: "Súmula vinculante 33: Aplicam-se ao servidor público, no que couber, as regras do regime geral da previdência social sobre aposentadoria especial de que trata o artigo 40, § 4º, inciso III da Constituição Federal, até a edição de lei complementar específica."

Questão original: As regras do regime geral da previdência social relativas à aposentadoria especial **NÃO** são aplicáveis ao servidor público enquanto não houver lei complementar específica que assim o determine.

31. O servidor ocupante exclusivamente de cargo em comissão declarado em lei de livre nomeação e exoneração, está ligado ao regime geral de previdência social, mas, ao servidor que ocupa cargo comissionado e cargo público efetivo na administração pública estadual simultaneamente, aplica-se o regime próprio do ente público a que está vinculado. (CESPE – 2015 – TCE-RN – Auditor).

32. De acordo com a jurisprudência do STF, o princípio da isonomia não justifica o aumento de vencimento de servidor público por decisão judicial. (CESPE – 2015 – DPE-PE – Defensor Público).

33. Servidor público, ocupante de cargo efetivo na esfera federal, recebia vantagem decorrente do desempenho de função comissionada por um período de dez anos. O servidor, após ter sido regularmente exonerado do cargo efetivo anterior, assumiu, também na esfera federal, novo cargo público efetivo. Nessa situação, o servidor **NÃO** poderá continuar recebendo a vantagem referente ao cargo anterior. (CESPE – 2015 – AGU – Advogado da União).

Questão original: Servidor público, ocupante de cargo efetivo na esfera federal, recebia vantagem decorrente do desempenho de função comissionada por um período de dez anos. O servidor, após ter sido regularmente exonerado do cargo efetivo anterior, assumiu, também na esfera federal, novo cargo público efetivo. Nessa situação, o servidor poderá continuar recebendo a vantagem referente ao cargo anterior, de acordo com o princípio do direito adquirido.

34. No caput do art. 37 da Constituição da República Federativa do Brasil, são enunciados os princípios a serem observados pela administração pública de todos os Poderes, a saber: legalidade, impessoalidade, moralidade, publicidade e eficiência. No texto constitucional, é também disciplinado o chamado teto de remuneração dos agentes públicos nos seguintes termos (conforme redação dada ao inciso XI pela Emenda Constitucional n. 41, de 2003): "XI a remuneração e o subsídio dos ocupantes de cargos, funções e empregos públicos da administração direta, autárquica e fundacional, dos membros de qualquer dos Poderes da União, dos Estados, do Distrito Federal e dos Municípios, dos detentores de mandato eletivo e dos demais agentes políticos e os proventos, pensões ou outra espécie remuneratória, percebidos cumulativamente ou não, incluídas as vantagens pessoais ou de qualquer outra natureza, não poderão exceder o subsídio mensal, em espécie, dos Ministros do Supremo Tribunal Federal, aplicando-se como limite, nos Municípios, o subsídio do Prefeito, e nos Estados e no Distrito Federal, o subsídio mensal do Governador no âmbito do Poder Executivo, o subsídio dos Deputados Estaduais e Distritais no âmbito do Poder Legislativo e o subsídio dos Desembargadores do Tribunal de Justiça, limitado a noventa inteiros e vinte e cinco centésimos por cento do subsídio mensal, em espécie, dos Ministros do Supremo Tribunal Federal, no âmbito do Poder Judiciário, aplicável este limite aos membros do Ministério Público, aos Procuradores e aos Defensores Públicos."

Simplificadamente reduzido à essência, o conteúdo do inciso XI corresponde ao seguinte enunciado: Na administração pública, ninguém pode receber remuneração mensal superior à de um ministro do Supremo Tribunal Federal. (CESPE – 2014 – Câmara dos Deputados – Analista Legislativo – Consultor Legislativo Área XX).

35. A aposentadoria poderá ser voluntária, desde que cumprido o tempo mínimo de **DEZ** anos de efetivo exercício no serviço público **E CINCO ANOS NO CARGO EFETIVO**, observadas as demais condições de idade e tempo de contribuição. (CESPE – 2014 – TC-DF – Analista de Administração Pública – Orçamento, Gestão Financeira e Controle).

> **Questão original:** A aposentadoria poderá ser voluntária e proporcional, desde que cumprido o tempo mínimo de cinco anos de efetivo exercício no serviço público, observadas as demais condições de idade e tempo de contribuição.

36. Empregado remunerado em empresa pública estadual eleito vice-prefeito de determinado município não poderá acumular a remuneração decorrente do emprego público com o subsídio do mandato eletivo. (CESPE - 2014 - Câmara dos Deputados - Analista Legislativo - Consultor Legislativo Área I).

37. Os requisitos de idade e tempo de contribuição para a aposentadoria voluntária de professor de universidade federal que nunca exerceu qualquer outra atividade laboral **NÃO** devem ser reduzidos em cinco anos. (CESPE - 2014 - Câmara dos Deputados - Técnico Legislativo - Agente de Polícia Legislativa).

> **Questão original:** Os requisitos de idade e tempo de contribuição para a aposentadoria voluntária de professor de universidade federal que nunca exerceu qualquer outra atividade laboral devem ser reduzidos em cinco anos.

38. Conforme a CF, é facultado aos entes federativos estabelecer regime de previdência complementar aos seus respectivos servidores titulares de cargo efetivo, o qual somente poderá ser aplicado aos referidos servidores que, tendo ingressado no serviço público até a data da publicação do ato de instituição de tal regime, optem expressa e previamente por dele participar. (CESPE - 2014 - MDIC - Analista Técnico - Administrativo).

39. Aos servidores titulares de cargos efetivos é **PERMITIDO, CASO DECORRENTE DE CARGO ACUMULÁVEL NA FORMA DA CF,** a percepção de mais de uma aposentadoria à conta do regime de previdência próprio de que eles desfrutem. (CESPE - 2013 - STF - Técnico Judiciário - Área Administrativa).

> **Questão original:** Aos servidores titulares de cargos efetivos é vedada a percepção de mais de uma aposentadoria à conta do regime de previdência próprio de que eles desfrutem.

40. Aos servidores detentores de emprego público, aos temporários e aos que ocupem exclusivamente cargo em comissão aplica-se o regime geral de previdência social, e não, o chamado regime previdenciário especial. (CESPE - 2013 - AGU - Procurador Federal).

41. Os valores do benefício previdenciário de servidor público afastado da administração direta, autárquica e fundacional para o exercício de mandato eletivo serão determinados como se ele estivesse em exercício. (CESPE - 2013 - TRT - 17ª Região (ES) - Analista Judiciário - Oficial de Justiça Avaliador).

42. A administração pública declarou a nulidade de contrato de trabalho por ela firmado com o empregado público Júlio, sob o fundamento de que não teria sido respeitada a exigência constitucional de prévia aprovação em concurso público para a investidura no emprego público, reconhecendo, porém, o direito de Júlio ao salário pelos serviços prestados no período. Logo em seguida, Júlio requereu o reconhecimento do seu direito ao depósito do FGTS, mas a administração pública negou-lhe tal reconhecimento. Nessa situação, embora declarada a nulidade do vínculo contratual, subsiste o direito de Júlio ao depósito do FGTS, já que lhe foi reconhecido o direito ao salário pelo serviço prestado. (CESPE – 2013 – MTE – Auditor Fiscal do Trabalho – Prova 2).

43. Servidor público da administração direta, autárquica ou fundacional eleito vereador poderá acumular o exercício de seu cargo público com o do mandato. Entretanto, sendo ele eleito para os demais cargos eletivos, deverá ficar afastado de seu cargo, emprego ou função pública. (CESPE – 2013 – DPE-DF – Defensor Público).

44. Os vencimentos dos cargos do Poder Legislativo e do Poder Judiciário não poderão ser superiores aos vencimentos do Poder Executivo. (CESPE – 2013 – MS – Analista Administrativo).

45. Consoante decisão do Supremo Tribunal Federal, os servidores da administração pública direta, das autarquias e das fundações públicas devem sujeitar-se a regime jurídico único. (CESPE – 2013 – MI – Administrador).

46. A CF, ao indicar o rol de agentes públicos remunerados por subsídio, **PERMITE** que a remuneração de servidores organizados em carreira seja fixada por meio dessa espécie remuneratória. (CESPE – 2013 – MPU – Técnico Administrativo).

> **Questão original:** A CF, ao indicar o rol de agentes públicos remunerados por subsídio, veda que a remuneração de servidores organizados em carreira seja fixada por meio dessa espécie remuneratória.

47. O direito à livre associação sindical é assegurado ao servidor público **CIVIL.** (CESPE – 2013 – TRT – 10ª REGIÃO (DF e TO) – Técnico Judiciário – Administrativo).

> **Questão original:** O direito à livre associação sindical é assegurado ao servidor público federal.

48. A paridade plena entre servidores ativos e inativos **NÃO** constitui garantia constitucional, de forma que quaisquer vantagens pecuniárias concedidas aos servidores ativos **NÃO** estendem-se aos inativos. (CESPE – 2013 – FUNASA – Todos os Cargos – Conhecimentos Básicos – Cargos 1 e 2).

> **Questão original:** A paridade plena entre servidores ativos e inativos constitui garantia constitucional, de forma que quaisquer vantagens pecuniárias concedidas aos servidores ativos estendem-se aos inativos.

49. OS direitos sociais previstos para os trabalhadores urbanos ou rurais são extensíveis aos servidores públicos da administração pública federal. (CESPE - 2013 - MC - Todos os Cargos - Especialidades 1, 7, 13 e 19).

> **Questão original:** Todos os direitos sociais previstos para os trabalhadores urbanos ou rurais são extensíveis aos servidores públicos da administração pública federal.

50. Considere que determinado ente da administração indireta do qual Pedro é servidor tenha concedido, contrariamente à legislação, benefícios salariais a um grupo de servidores. Nessa situação, Pedro **NÃO** fará jus aos mesmos benefícios **MESMO** se provar que executa função similar àquela desempenhada pelo referido grupo de servidores. (CESPE - 2013 - STF - Todos os Cargos - Conhecimentos Básicos - Cargos 2 e 9).

> **Questão original:** Considere que determinado ente da administração indireta do qual Pedro é servidor tenha concedido, contrariamente à legislação, benefícios salariais a um grupo de servidores. Nessa situação, dados o princípio da isonomia e o respeito ao direito adquirido, Pedro fará jus aos mesmos benefícios se provar que executa função similar àquela desempenhada pelo referido grupo de servidores.

51. A lei reservará percentual dos cargos e empregos públicos para pessoas portadoras de deficiência, definindo os critérios de sua admissão. (CESPE - 2013 - TRT - 17ª Região (ES) - Analista Judiciário - Oficial de Justiça Avaliador).

> **Questão original:** A lei reservará percentual dos cargos e empregos públicos para IDOSOS e pessoas portadoras de deficiência, definindo os critérios de sua admissão.

52. O servidor público estável manterá o vínculo com a administração pública, mesmo que o seu cargo seja extinto. (CESPE - 2013 - DEPEN - Especialista - Todas as áreas - Conhecimentos Básicos).

53. O direito dos servidores públicos à greve é garantido na CF nos termos e nos limites definidos em lei específica. (CESPE - 2013 - DEPEN - Especialista - Todas as áreas - Conhecimentos Básicos).

54. Com relação à greve no serviço público, o STF tem decidido aplicar a legislação existente para o setor privado aos servidores públicos. Entretanto, em razão da índole de suas atividades públicas, o STF decidiu pela inaplicabilidade do direito de greve a certos servidores, como os que exercem atividades relacionadas à manutenção da ordem pública, à segurança pública e à administração da justiça. (CESPE - 2013 - DEPEN - Agente Penitenciário).

55. Seria inconstitucional lei complementar federal que instituísse requisitos para aposentadoria aplicáveis exclusivamente aos servidores lotados em agências reguladoras. (CESPE - 2013 - ANS - Analista Administrativo).

56. Considere que determinada entidade da administração indireta tenha demitido motivadamente, após o devido processo administrativo, no qual foi assegurado o contraditório e a ampla defesa, empregado público contratado por meio de concurso e que fora considerado inabilitado para o desempenho das atribuições legais. Nessa situação, a atuação da administração pública foi legítima, já que o empregado público deve ser contratado após aprovação em concurso público e pode perder o vínculo por meio de demissão motivada, após o regular processo administrativo. (CESPE – 2013 – MPU – Conhecimentos Básicos para os Cargos 1 a 10 e 27 a 32).

57. Seria inconstitucional lei complementar federal que instituísse requisitos para aposentadoria aplicáveis exclusivamente aos servidores lotados em agências reguladoras. (CESPE – 2013 – ANS – Especialista em Regulação de Saúde Suplementar).

58. O servidor estável cujo cargo for extinto, por meio de lei, perderá sua função pública, mas **FICARÁ EM DISPONIBILIDADE COM REMUNERAÇÃO PROPORCIONAL AO TEMPO DE SERVIÇO, ATÉ QUE SEJA ADEQUADO EM OUTRO CARGO.** (CESPE – 2013 – FUNASA – Todos os Cargos – Conhecimentos Básicos – Cargos 1 e 2).

> **Questão original:** O servidor púbico estável cujo cargo for extinto, por meio de lei, perderá sua função pública, mas deverá ser indenizado na proporção dos anos trabalhados.

59. Os servidores ocupantes de cargo em comissão, declarado em lei de livre nomeação e exoneração, desde que não ocupem também cargo efetivo, submetem-se ao regime geral de previdência social. (CESPE – 2013 – TRT – 10ª REGIÃO (DF e TO) – Técnico Judiciário – Administrativo).

60. O servidor público considerado estável poderá perder o cargo mediante processo administrativo em que lhe seja assegurada ampla defesa. (CESPE – 2013 – MS – Administrador).

61. O servidor público estável poderá perder seu cargo mediante processo administrativo, **ASSIM COMO** em virtude de sentença judicial transitada em julgado. (CESPE – 2012 – ANAC – Especialista em Regulação de Aviação Civil – Conhecimentos Básicos).

> **Questão original:** O servidor público estável não poderá perder seu cargo mediante processo administrativo, mas apenas em virtude de sentença judicial transitada em julgado.

62. Servidor público federal aposentado que assumir cargo de vereador faz jus ao recebimento simultâneo dos proventos da aposentadoria e do subsídio de vereador. (CESPE – 2012 – Câmara dos Deputados – Analista Legislativo – Taquígrafo).

63. Uma das garantias constitucionais do servidor público é a irredutibilidade dos subsídios e vencimentos, salvo os casos previstos na própria constituição. (CESPE - 2012 - ANAC - Técnico Administrativo).

64. A CF admite a percepção simultânea de proventos de aposentadoria de servidor aposentado em cargo efetivo da União com a remuneração de cargo em comissão, declarado em lei como de livre nomeação e exoneração. (CESPE - 2012 - FNDE - Especialista em Financiamento e Execução de Programas e Projetos Educacionais).

65. A admissão em cargo público se dá para brasileiros natos **OU NATURALIZADOS** mediante concurso público. (CESPE - 2012 - TJ-RR - Auxiliar Administrativo).

> **Questão original:** A admissão em cargo público se dá exclusivamente para brasileiros natos mediante concurso público.

66. O direito de greve dos servidores públicos será exercido nos termos e nos limites definidos em lei **ESPECÍFICA.** (CESPE - 2012 - Câmara dos Deputados - Todos os Cargos - Conhecimentos Básicos - exceto para Técnico em Material e Patrimônio).

> **Questão original:** O direito de greve dos servidores públicos será exercido nos termos e nos limites definidos em lei complementar federal.

67. Admite-se a acumulação por servidor público de proventos de aposentadoria em cargo público com a remuneração percebida pelo exercício de cargo em comissão. (CESPE - 2012 - ANAC - Especialista em Regulação de Aviação Civil - Conhecimentos Básicos).

68. Servidor público eleito para o cargo de vice-prefeito **NÃO** poderá continuar recebendo **SUA REMUNERAÇÃO**, vencimento e demais vantagens de seu cargo de servidor, **ASSIM COMO O** vencimento do cargo para o qual foi eleito, **DEVENDO OPTAR QUAL RECEBERÁ.** (CESPE - 2012 - Câmara dos Deputados - Analista Legislativo - Técnica Legislativa).

> **Questão original:** Servidor público eleito para o cargo de vice-prefeito poderá continuar recebendo salário, vencimento e demais vantagens de seu cargo de servidor, além do vencimento do cargo para o qual foi eleito.

69. A CF previu o direito de greve **E** o direito à livre associação aos servidores públicos **CIVIS.** (CESPE - 2012 - ANAC - Técnico Administrativo).

> **Questão original:** A CF não previu o direito de greve nem o direito à livre associação aos servidores públicos.

70. Os servidores nomeados para cargo de provimento efetivo em virtude de aprovação em concurso público adquirem a estabilidade após três anos de efetivo exercício. (CESPE – 2012 – ANCINE – Técnico Administrativo).

71. O servidor público estável pode ser demitido mediante processo administrativo que lhe assegure ampla defesa, mesmo quando pendente o julgamento da ação penal ajuizada para apuração do mesmo fato. (CESPE – 2011 – TCU – Auditor Federal de Controle Externo – Auditoria de Obras Públicas).

72. É **EXCEPCIONAL** a adoção de requisitos e critérios diferenciados para a concessão de aposentadoria aos servidores públicos abrangidos pelo regime de previdência dos titulares de cargos efetivos da União que exercem atividades de risco. (CESPE – 2011 – IFB – Assistente de Administração).

> **Questão original:** É vedada a adoção de requisitos e critérios diferenciados para a concessão de aposentadoria aos servidores públicos abrangidos pelo regime de previdência dos titulares de cargos efetivos da União que exercem atividades de risco.

73. Ao servidor ocupante, exclusivamente, de cargo em comissão declarado em lei de livre nomeação e exoneração bem como de outro cargo temporário ou de emprego público, aplica-se o regime geral de previdência social. (CESPE – 2011 – MEC – Nível Superior – Conhecimentos Básicos – Todos os Cargos).

74. No que se refere ao regime de previdência de caráter contributivo e solidário assegurado aos servidores públicos, o tempo de contribuição federal, estadual ou municipal será contado para efeito de aposentadoria, e o tempo de serviço correspondente, para efeito de disponibilidade. (CESPE – 2010 – TRT – 21ª Região (RN) – Técnico Judiciário – Área Administrativa).

75. De acordo com a Constituição Federal de 1988 (CF), podem ser estabelecidos, por meio de lei complementar, requisitos e critérios diferenciados para a concessão de aposentadoria dos servidores públicos portadores de deficiência. (CESPE – 2010 – ABIN – Oficial Técnico de Inteligência – Área de Direito).

76. É vedada a percepção simultânea de proventos de aposentadoria com a remuneração do cargo, emprego ou função pública, **SALVO QUANDO** se trate de cargo eletivo ou cargos em comissão declarados em lei de livre nomeação e exoneração. (CESPE – 2010 – TRE-BA – Analista Judiciário – Taquigrafia).

> **Questão original:** É vedada a percepção simultânea de proventos de aposentadoria com a remuneração do cargo, emprego ou função pública, ainda que se trate de cargo eletivo ou cargos em comissão declarados em lei de livre nomeação e exoneração.

77. HÁ vedação expressa para que determinado servidor público seja beneficiado com o cômputo de acréscimos pecuniários já percebidos nos vencimentos-padrão na concessão de acréscimos posteriores, o que a doutrina denomina efeito repique. (CESPE - 2010 - MS - Técnico de Contabilidade).

Observação: "Art. 37, XIV da CF: Os acréscimos pecuniários percebidos por servidor público não serão computados nem acumulados para fins de concessão de acréscimos ulteriores."

Questão original: Não há vedação expressa para que determinado servidor público seja beneficiado com o cômputo de acréscimos pecuniários já percebidos nos vencimentos-padrão na concessão de acréscimos posteriores, o que a doutrina denomina efeito repique.

78. A CF incorporou dois pressupostos básicos em relação aos cargos comissionados: a inexigibilidade de concurso público para acesso a esses cargos e o seu preenchimento por servidores de carreira nos casos, nas condições e nos percentuais mínimos definidos em lei, restritos às atribuições de direção, chefia e assessoramento. (CESPE - 2010 - MPS - Administrador).

79. O servidor que, preenchendo os requisitos para a aposentadoria voluntária por idade com proventos proporcionais em 2008, opte por permanecer em atividade **NÃO** tem direito ao abono de permanência. (CESPE - 2010 - ABIN - Oficial Técnico de Inteligência - Área de Direito).

Questão original: O servidor que, preenchendo os requisitos para a aposentadoria voluntária por idade com proventos proporcionais em 2008, opte por permanecer em atividade tem direito ao abono de permanência.

80. Aos servidores titulares de cargos efetivos da União, dos estados, do Distrito Federal e dos municípios, incluídas suas autarquias e fundações, é assegurado regime de previdência de caráter contributivo e solidário, mediante contribuição do respectivo ente público, dos servidores ativos e inativos e dos pensionistas. (CESPE - 2010 - TRE-BA - Analista Judiciário - Taquigrafia).

81. Os proventos de aposentadoria e as pensões, quando forem concedidos, não podem exceder a remuneração do respectivo servidor, no cargo efetivo em que se deu a aposentadoria ou que serviu de referência para a concessão da pensão. (CESPE - 2010 - MS - Técnico de Contabilidade).

82. Considere que a Lei X, segundo a qual os servidores públicos deveriam estar submetidos à carga horária de 30 horas semanais, tenha sido alterada pela Lei Y, que passou a exigir cumprimento de carga horária de 40 horas semanais. Nesse caso, se a

Lei Y não tiver previsto aumento na remuneração desses servidores, está caracterizada a violação ao princípio da irredutibilidade de vencimentos. (CESPE – 2010 – DPU – Defensor Público Federal).

83. Aos servidores públicos **CIVIS** são garantidos o direito à livre associação sindical e o direito de greve, **ESTE** nos termos e limites definidos em lei específica. (CESPE – 2009 – ANATEL – Técnico Administrativo; CESPE – 2009 – ANATEL – Técnico em Regulação – Telecomunicações).

> **Questão original:** Aos servidores públicos são garantidos o direito à livre associação sindical e o direito de greve, nos termos e limites definidos em lei específica.

84. Conforme recente entendimento do STJ, o prazo do estágio probatório dos servidores públicos é de 36 meses, visto que tal prazo foi alterado pela Emenda Constitucional n.º 19/1998, que trata da estabilidade dos referidos servidores. (CESPE – 2009 – TCU – Analista de Controle Externo – Auditoria de Obras Públicas – Prova 1).

> **Questão original:** Conforme recente entendimento do STJ, o prazo do estágio probatório dos servidores públicos é de **24 MESES**, visto que tal prazo não foi alterado pela Emenda Constitucional n.º 19/1998, que trata apenas da estabilidade dos referidos servidores.

85. A União, os estados e o DF manterão escolas de governo para a formação e o aperfeiçoamento dos servidores públicos, constituindo a participação nos cursos um dos requisitos para a promoção na carreira. (CESPE – 2009 – ANAC – Analista Administrativo).

86. Caso um servidor público, detentor de cargo efetivo, tenha exercido cargo em comissão durante o período de cálculo de sua aposentadoria, os valores recebidos pelo exercício do cargo em comissão poderão ser considerados para fins de fixação dos proventos desse servidor, de forma que o valor dos proventos **NÃO PODERÁ EXCEDER** o valor da remuneração no cargo efetivo que ocupava no momento da aposentadoria. (CESPE – 2009 – DPE-ES – Defensor Público).

> **Questão original:** Caso um servidor público, detentor de cargo efetivo, tenha exercido cargo em comissão durante o período de cálculo de sua aposentadoria, os valores recebidos pelo exercício do cargo em comissão poderão ser considerados para fins de fixação dos proventos desse servidor, de forma que o valor dos proventos seja maior que o valor da remuneração no cargo efetivo que ocupava no momento da aposentadoria.

87. Tendo-se aposentado em 1995, um servidor público federal, após aprovação em concurso público, foi investido em novo cargo público em 1997, no âmbito estadual. Nesse caso, ele pôde acumular os proventos da sua aposentadoria no regime próprio dos servidores públicos federais com a remuneração do novo cargo efetivo, **QUANDO HOUVER COMPATIBILIDADE DE HORÁRIOS.** (CESPE – 2009 – DPE-ES – Defensor Público).

> **Questão original:** Tendo-se aposentado em 1995, um servidor público federal, após aprovação em concurso público, foi investido em novo cargo público em 1997, no âmbito estadual. Nesse caso, ele não pôde acumular os proventos da sua aposentadoria no regime próprio dos servidores públicos federais com a remuneração do novo cargo efetivo.

88. Servidor público federal portador de deficiência pode ter critérios diferenciados para a concessão de aposentadoria. (CESPE – 2009 – MMA – Agente Administrativo).

89. Após a aquisição da estabilidade, o servidor público **PODERÁ** perder o cargo mediante procedimento de avaliação periódica. (CESPE – 2009 – TCU – Técnico de Controle Externo – Área Administrativa).

> **Questão original:** Após a aquisição da estabilidade, o servidor público não pode perder o cargo mediante procedimento de avaliação periódica.

90. Estaria em **DISCONFORMIDADE** com a Constituição Federal a vinculação do reajuste de vencimentos de servidores estaduais ou municipais a índices federais de correção monetária. (CESPE – 2008 – TJ-DFT – Analista Judiciário – Administração; CESPE – 2008 – TJ-DFT – Analista Judiciário – Área Administrativa).

> **Questão original:** Estaria em conformidade com a Constituição Federal a vinculação do reajuste de vencimentos de servidores estaduais ou municipais a índices federais de correção monetária.

91. O servidor ocupante apenas de cargo comissionado desde período anterior à EC n.º 20/1998, e que tenha preenchido os requisitos para aposentadoria em 12 de janeiro de 2006, **NÃO** terá sua aposentadoria regida pelas mesmas regras da previdência pública para servidores. (CESPE – 2008 – TCU – Analista de Controle Externo – Gestão de Pessoas – Prova 2).

> **Questão original:** O servidor ocupante apenas de cargo comissionado desde período anterior à EC n.º 20/1998, e que tenha preenchido os requisitos para aposentadoria em 12 de janeiro de 2006, terá sua aposentadoria regida pelas mesmas regras da previdência pública para servidores.

92. Para que Astrogildo obtivesse a estabilidade, conforme o texto constitucional, bastariam o transcurso do prazo de 2 anos, a contar da data em que entrou em exercício, e, ainda, a aprovação em avaliação especial de desempenho por comissão instituída para essa finalidade. (CESPE – 2008 – STF – Analista Judiciário – Área Judiciária).

93. Mesmo que um servidor público federal possua regime próprio de previdência social, ele **NÃO** poderá ser contribuinte facultativo do regime geral de previdência social. (CESPE – 2008 – MTE – Agente Administrativo).

> **Questão original:** Mesmo que um servidor público federal possua regime próprio de previdência social, ele poderá ser contribuinte facultativo do regime geral de previdência social.

94. O servidor que ocupa apenas cargo temporário de livre nomeação e exoneração, ao se aposentar, estará sujeito ao regime geral de previdência social. (CESPE – 2008 – INSS – Analista do Seguro Social – Direito).

95. O direito à aposentadoria é regido pela lei vigente ao tempo da reunião dos requisitos da inatividade, **SENDO AQUELE TEMPO, RESSALVADO** quanto à carga tributária incidente sobre os proventos. (CESPE – 2008 – INSS – Analista do Seguro Social – Direito).

> **Questão original:** O direito à aposentadoria é regido pela lei vigente ao tempo da reunião dos requisitos da inatividade, inclusive quanto à carga tributária incidente sobre os proventos.

96. Nos termos da Constituição Federal, são enquadrados no regime dos servidores públicos federais todos os servidores dos três poderes da união. (CESPE – 2008 – FUB – Administrador).

> **Questão original:** Nos termos da Constituição Federal, são enquadrados no regime dos servidores públicos federais todos os servidores dos três poderes da união, **BEM COMO OS MILITARES DAS TRÊS FORÇAS ARMADAS.**

97. A exigência, para investidura em cargo ou emprego público, de aprovação prévia em concurso público de provas ou de provas e títulos, é uma imposição constitucional inspirada em princípio da administração burocrática, que consagra a admissão segundo critérios de mérito. (CESPE – 2008 – MTE – Administrador).

> **Questão original:** A exigência, para investidura em cargo ou emprego público, de aprovação prévia **OU POSTERIOR** em concurso público de provas ou de provas e títulos, conjugada com o instituto da ascensão funcional, é uma imposição constitucional inspirada em princípio da administração burocrática, que consagra a admissão segundo critérios de mérito.

98. A mulher que ingressou no serviço público antes da EC n.º 20/1998 poderá aposentar-se com proventos integrais, desde que tenha o total de trinta anos de serviço, sendo: **VINTE** anos de efetivo exercício no serviço público, **DEZ** anos de carreira e cinco anos no cargo em que se der a aposentadoria e idade mínima de 60 anos, aplicando-se lhe a redução de um ano de idade para cada ano que exceder os 30 anos de serviço. (CESPE - 2008 - TCU - Analista de Controle Externo - Gestão de Pessoas - Prova 2).

Observação: "Art. 6º da EC 41: I – sessenta anos de idade, se homem, e cinqüenta e cinco anos de idade, se mulher; II – trinta e cinco anos de contribuição, se homem, e trinta anos de contribuição, se mulher; III – vinte anos de efetivo exercício no serviço público; e IV – dez anos de carreira e cinco anos de efetivo exercício no cargo em que se der a aposentadoria.

Questão original: A mulher que ingressou no serviço público antes da EC n.º 20/1998 poderá aposentar-se com proventos integrais, desde que tenha o total de trinta anos de serviço, sendo: vinte e cinco anos de efetivo exercício no serviço público, quinze anos de carreira e cinco anos no cargo em que se der a aposentadoria e idade mínima de 60 anos, aplicando-se lhe a redução de um ano de idade para cada ano que exceder os 30 anos de serviço.

99. A parcela correspondente ao cargo comissionado acrescida ao vencimento de servidor que também ocupa cargo efetivo **NÃO** integra a base de cálculo de sua contribuição previdenciária. (CESPE - 2008 - INSS - Analista do Seguro Social - Direito).

Questão original: A parcela correspondente ao cargo comissionado acrescida ao vencimento de servidor que também ocupa cargo efetivo integra a base de cálculo de sua contribuição previdenciária.

100. Os servidores públicos de autarquias que promovem intervenção no domínio econômico **NÃO** têm direito adquirido a regime jurídico. (CESPE - 2008 - INSS - Analista do Seguro Social - Direito).

Questão original: A parcela correspondente ao cargo comissionado acrescida ao vencimento de servidor que também ocupa cargo efetivo integra a base de cálculo de sua contribuição previdenciária.

101. Astrogildo foi aprovado no concurso público para provimento de cargo de analista judiciário de determinado tribunal, que foi homologado em 24 de novembro de 1997. Astrogildo, que estava doente, tomou posse por meio de procuração, mas só iniciou o seu trabalho efetivamente dez dias depois da posse, o que ocorreu em janeiro de 1998. Em 14 de março de 2005, foi descoberto, pela autoridade competente, que Astrogildo aplicou R$ 30.000,00 na compra de um veículo popular para o referido tribunal, quando essa despesa não estava prevista no orçamento, sendo aquele recurso destinado à compra de material de informática. A autoridade competente determinou, na mesma oportunidade, a abertura de processo administrativo e a portaria de instauração foi publicada no dia 16 de março de 2005. Astrogildo se aposentou em 24 de abril de 2004. O processo administrativo disciplinar foi concluído com a publicação do ato punitivo em 20 de março de 2007. Pelo mesmo fato, Astrogildo foi processado criminalmente, na forma do art. 315 do CP, mas foi absolvido por falta de provas. A alegação de prescrição penal foi rechaçada pela sentença, já que a mesma seria de 2 anos, na forma do art. 109 do CP.

Maria, servidora pública federal, com 25 anos de idade, tomou posse e entrou em exercício no seu cargo efetivo de analista no TCU, cargo para o qual se exige formação de nível superior em qualquer área do conhecimento. Tempos depois, ela tomou posse e entrou em exercício no cargo público de professor universitário, na Universidade de Brasília (UnB). Somente um ano depois de ter tomado posse na UnB, Maria comunicou esse fato ao setor de pessoal do TCU, ocasião em que tomou posse em cargo em comissão nesse tribunal.

O valor da remuneração do cargo em comissão que Maria passou a receber não integra a base de cálculo da contribuição social dos servidores públicos. (CESPE – 2008 – TCU – Analista de Controle Externo – Auditoria Governamental – Prova 1).

102. A norma constitucional que concede aos servidores públicos civis o direito de greve é uma norma de eficácia limitada. (CESPE – 2007 – TCU – Técnico de Controle Externo).

103. A Constituição Federal de 1988 contém norma **DE EFICÁCIA LIMITADA** para assegurar o direito de greve dos servidores públicos civis. (CESPE – 2007 – IEMA – Advogado).

Questão original: A Constituição Federal de 1988 contém norma auto- aplicável para assegurar o direito de greve dos servidores públicos civis.

104. Ao servidor ocupante, exclusivamente, de cargo em comissão declarado em lei de livre nomeação e exoneração se aplica o regime geral da previdência social. (CESPE – 2006 – TJ-SE – Titular de Serviços de Notas e de Registros).

Questão original: Ao servidor ocupante, exclusivamente, de cargo em comissão declarado em lei de livre nomeação e exoneração **NÃO** se aplica o regime geral da previdência social.

105. Considere que os agentes de polícia federal e os delegados de polícia federal são servidores públicos, ocupantes de cargos de provimento efetivo, que integram a carreira policial federal e são lotados no DPF, órgão da administração pública federal direta. (CESPE – 2004 – Polícia Federal – Agente Administrativo).

105.1 Há cerca de um ano, Humberto aposentou-se como agente de polícia federal. Recentemente, ele foi aprovado em concurso público para provimento de cargo de escrivão de polícia federal. Nessa situação, se entrar em exercício no cargo de escrivão, Humberto **NÃO** poderá receber simultaneamente os proventos da sua aposentadoria e a remuneração referente ao novo cargo.

> **Questão original:** Há cerca de um ano, Humberto aposentou-se como agente de polícia federal. Recentemente, ele foi aprovado em concurso público para provimento de cargo de escrivão de polícia federal. Nessa situação, se entrar em exercício no cargo de escrivão, Humberto poderá receber simultaneamente os proventos da sua aposentadoria e a remuneração referente ao novo cargo.

105.2 Para julgar os itens a seguir, considere que Manoel é um agente de polícia federal:

105.2.1 A Constituição da República não permite que Manoel receba remuneração com valor superior ao do subsídio pago aos ministros do Supremo Tribunal Federal, mesmo que a parcela que exceda essa quantia seja recebida a título de vantagem pessoal.

106. Não há ofensa ao princípio da irredutibilidade salarial, aplicado à administração pública, se, simultaneamente a aumento do salário-base, que assegure, ao final, um aumento do valor nominal da remuneração, reestrutura-se a composição da remuneração, reduzindo-se os percentuais das gratificações percebidas pelos servidores, sem que isso implique redução nominal do valor dessa gratificação. (CESPE - 2004 - AGU - Advogado da União).

3.7 DISPOSIÇÕES GERAIS

1. O tempo de serviço prestado por empregados de empresas públicas e de sociedades de economia mista estaduais que mudarem para o regime estatutário deverá ser considerado como tempo de efetivo no serviço público para fins de aposentadoria, disponibilidade. (CESPE - 2018 - STJ - Analista Judiciário - Oficial de Justiça Avaliador Federal).

> **Questão original:** O tempo de serviço prestado por empregados de empresas públicas e de sociedades de economia mista estaduais que mudarem para o regime estatutário deverá ser considerado como tempo de efetivo no serviço público para fins de aposentadoria, disponibilidade, **PROMOÇÃO E ESTABILIDADE.**

2. As funções de confiança devem ser exercidas exclusivamente por servidores ocupantes de cargo efetivo e se destinam apenas às atribuições de direção, chefia e assessoramento. (CESPE - 2018 - STJ - Conhecimentos Básicos - Cargos: 10 e 12).

3. A Constituição vigente proibiu o efeito repique, ato de computar uma vantagem pecuniária sobre outra - em cascata —, inclusive para os proventos de aposentadoria. (CESPE - 2018 - ABIN - Oficial Técnico de Inteligência - Conhecimentos Gerais).

4. A investidura em cargo **OU** emprego exige a prévia aprovação em concurso público de provas ou de provas e títulos, na forma prevista em lei. (CESPE – 2018 – STJ – Técnico Judiciário – Administrativa).

> **Questão original:** A investidura em cargo, emprego ou função pública exige a prévia aprovação em concurso público de provas ou de provas e títulos, na forma prevista em lei.

5. Os servidores públicos, sejam eles civis, possuem direito a greve. (CESPE – 2018 – PGM – Manaus – AM – Procurador do Município).

> **Questão original:** Os servidores públicos, sejam eles civis **OU MILITARES**, possuem direito a greve.

6. De acordo com a CF, é **PERMITIDO** a contratação de servidor público por tempo determinado. (CESPE – 2017 – TCE-PE – Analista de Gestão – Administração).

> **Questão original:** De acordo com a CF, é vedada a contratação de servidor público por tempo determinado.

7. Caso um procurador municipal assuma mandato de deputado estadual, ele deve, obrigatoriamente, se afastar de seu cargo efetivo, devendo seu tempo de serviço ser contado para todos os efeitos legais durante o afastamento, exceto para promoção por merecimento. (CESPE – 2017 – Prefeitura de Fortaleza – CE – Procurador do Município).

8. A Constituição Federal prevê a possibilidade de contratação de servidor por tempo determinado para atender necessidade temporária de excepcional interesse público. (CESPE – 2017 – TRF – 1ª REGIÃO – Técnico Judiciário – Área Administrativa).

9. A pessoa jurídica de direito público responderá pelos danos que seu agente público causar a terceiros, sendo assegurado a ela o direito de regresso contra o servidor responsável em caso de dolo **OU CULPA.** (CESPE – 2016 – ANVISA – Técnico Administrativo – Conhecimentos Específicos).

> **Questão original:** A pessoa jurídica de direito público responderá pelos danos que seu agente público causar a terceiros, sendo assegurado a ela o direito de regresso contra o servidor responsável apenas em caso de dolo.

10. Na CF, o conceito de administração pública **É AMPLO, NO QUAL ABRANGE** o Poder Executivo e, consequentemente, aos Poderes Legislativo e Judiciário. (CESPE – 2016 – TCE-SC – Conhecimentos Básicos – Exceto para os cargos 3 e 6).

> **Questão original:** Na CF, o conceito de administração pública coincide com o de Poder Executivo e, consequentemente, com o de administração direta, razão por

que é impróprio utilizar o termo administração pública em referência aos Poderes Legislativo e Judiciário.

11. Considerando-se a CF, é correto afirmar que, no cálculo do benefício previdenciário de um servidor do INSS que esteja licenciado do cargo para exercer mandato de deputado federal, os valores serão determinados como se ele estivesse no exercício do cargo na referida autarquia. (CESPE - 2016 - INSS - Analista do Seguro Social - Serviço Social).

12. Com referência à Constituição Federal de 1988 e às disposições nela inscritas relativamente a direitos sociais e políticos, administração pública e servidores públicos, julgue o item subsequente. Com exceção de casos específicos previstos em lei, a administração pública deve realizar processo de licitação para a contratação de obras, serviços, compras e alienações. (CESPE - 2016 - FUB - Conhecimentos Básicos - Cargo 20).

13. Segundo o STF, por força do princípio da presunção da inocência, a administração deve abster-se de registrar, nos assentamentos funcionais do servidor público, fatos que não forem apurados devido à prescrição da pretensão punitiva administrativa antes da instauração do processo disciplinar. (CESPE - 2015 - AGU - Advogado da União).

14. João, ocupante de cargo efetivo em uma instituição federal de ensino superior, foi eleito prefeito de município situado no estado de Goiás, em localidade próxima àquela em que exerce suas atribuições. Nessa situação, ao assumir o mandato, João deverá afastar-se do cargo federal, ainda que haja compatibilidade de horários, podendo optar entre a remuneração do cargo efetivo e a do cargo eletivo. (CESPE - 2015 - MEC - Conhecimentos Básicos para os Postos 9, 10, 11 e 16).

15. A contratação feita por tempo determinado para atender a necessidade temporária de excepcional interesse público é forma de admissão de pessoal que tem vínculo funcional com a administração pública de caráter jurídico administrativo. (CESPE - 2015 - FUB - Auditor).

16. O cidadão condenado por improbidade administrativa **TERÁ A SUSPENSÃO TEMPORÁRIA** de seus direitos políticos. (CESPE - 2015 - FUB - Auditor).

Questão original: O cidadão condenado por improbidade administrativa deve ser privado definitivamente de seus direitos políticos, com a perda da cidadania política.

17. Destinam-se apenas às atribuições de direção, chefia e assessoramento as funções de confiança, exercidas exclusivamente por servidores ocupantes de cargo efetivo bem como os cargos em comissão, a serem preenchidos por servidores de carreira, nos casos, nas condições e nos percentuais mínimos previstos em lei. (CESPE - 2015 - FUB - Conhecimentos Básicos - Cargo 2).

18. Os cargos públicos devem ser acessíveis a brasileiros e a estrangeiros, podendo o edital do concurso estabelecer, justificadamente, requisitos apropriados às funções a serem desempenhadas. (CESPE – 2015 – FUB – Conhecimentos Básicos Todos os cargos – Nível Intermediário).

> **Questão original:** Os cargos públicos devem ser **PLENAMENTE** acessíveis a brasileiros e a **ESTRANGEIROS**, podendo o edital do concurso estabelecer, justificadamente, requisitos apropriados às funções a serem desempenhadas.

19. De acordo com a CF, os servidores nomeados para cargo de provimento efetivo em virtude de concurso público adquirem a estabilidade após **TRÊS** anos de efetivo exercício. (CESPE – 2015 – FUB – Conhecimentos Básicos – Cargo 2).

> **Questão original:** De acordo com a CF, os servidores nomeados para cargo de provimento efetivo em virtude de concurso público adquirem a estabilidade após dois anos de efetivo exercício.

20. Na Constituição Federal de 1988 (CF), não está prevista a exigência de depósito ou de arrolamento prévio de dinheiro ou de bens para que seja admitido recurso administrativo. (CESPE – 2015 – CGE-PI – Auditor Governamental – Conhecimentos básicos).

21. O ato de improbidade administrativa praticado por servidor público, quando apurado e reconhecido mediante devido processo administrativo, resulta na **SUSPENSÃO** dos direitos políticos. (CESPE – 2015 – TRE-GO – Analista Judiciário – Área Administrativa – Conhecimentos Específicos).

> **Questão original:** O ato de improbidade administrativa praticado por servidor público, quando apurado e reconhecido mediante devido processo administrativo, resulta na cassação dos direitos políticos.

22. Considere que Afonso seja servidor do Tribunal Regional Eleitoral do Estado de Goiás e tenha sido eleito como deputado estadual. Nessa situação, se houver compatibilidade de horário entre suas atividades no tribunal e sua atuação como deputado, Afonso **NÃO** pode acumular os dois cargos, **MUITO MENOS** receber as vantagens e as remunerações a eles referentes. (CESPE – 2015 – TRE-GO – Técnico Judiciário – Área Administrativa).

> **Questão original:** Considere que Afonso seja servidor do Tribunal Regional Eleitoral do Estado de Goiás e tenha sido eleito como deputado estadual. Nessa situação, se houver compatibilidade de horário entre suas atividades no tribunal e sua atuação como deputado, Afonso pode acumular os dois cargos e receber as vantagens e as remunerações a eles referentes.

23. Há na CF dispositivo que **VEDA** a vinculação do reajuste do subsídio dos secretários de estado ao subsídio do governador como forma de se evitar discrepâncias remuneratórias. (CESPE – 2015 – FUB – Conhecimentos Básicos – Nível Superior).

> **Questão original:** Há na CF dispositivo que autoriza a vinculação do reajuste do subsídio dos secretários de estado ao subsídio do governador como forma de se evitar discrepâncias remuneratórias.

24. A investidura em cargo público depende de aprovação prévia em concurso público de provas ou de provas e títulos. A pontuação dos títulos, entretanto, deve servir como critério de classificação do candidato, mas não como fator de aprovação ou de reprovação. (CESPE – 2015 – TCE-RN – Inspetor – Administração, Contabilidade, Direito ou Economia – Cargo 3).

25. Lei estadual que estabeleça a vinculação do subsídio dos deputados estaduais a percentual do subsídio dos deputados federais será considerada **INCONSTITUCIONAL.** (CESPE – 2015 – TCE-RN – Assessor Técnico Jurídico – Cargo 2).

> **Questão original:** Lei estadual que estabeleça a vinculação do subsídio dos deputados estaduais a percentual do subsídio dos deputados federais será considerada constitucional.

26. Os subsídios e as remunerações dos servidores públicos federais, incluídas as verbas de qualquer natureza, **RESSALVADAS AS** indenizatórias, não podem exceder o subsídio mensal dos ministros do Supremo Tribunal Federal (STF). (CESPE – 2015 – FUB – Conhecimentos Básicos – Nível Superior).

> **Observação:** "Art. 37, XXII, § 11 da CF: Não serão computadas, para efeito dos limites remuneratórios de que trata o inciso XI do caput deste artigo, as parcelas de caráter indenizatório previstas em lei."

> **Questão original:** Os subsídios e as remunerações dos servidores públicos federais, incluídas as verbas de qualquer natureza, mesmo indenizatórias, não podem exceder o subsídio mensal dos ministros do Supremo Tribunal Federal (STF).

27. Funções de confiança e cargos em comissão destinam-se a atribuições de direção, chefia e assessoramento. Distinguem-se, entretanto, quanto aos requisitos de seus ocupantes: a função de confiança é destinada, exclusivamente, a servidor de cargo efetivo; os cargos em comissão podem ser desempenhados por agentes públicos em caráter precário. (CESPE – 2015 – TCE-RN – Inspetor – Administração, Contabilidade, Direito ou Economia – Cargo 3).

28. Os cargos, empregos e funções públicas são acessíveis a brasileiros natos e naturalizados que preencham os requisitos estabelecidos em lei. (CESPE – 2015 – CGE-PI – Auditor Governamental – Conhecimentos básicos).

Questão original: Os cargos, empregos e funções públicas são acessíveis **APENAS** a brasileiros natos e naturalizados que preencham os requisitos estabelecidos em lei.

29. Considere que, após uma operação da Polícia Federal, determinado servidor público tenha sido preso, processado em juízo e condenado definitivamente por improbidade administrativa. Nessa situação, um dos possíveis efeitos da pena será a suspensão dos direitos políticos do referido servidor. (CESPE – 2014 – ANATEL – Conhecimentos Básicos – Cargos 13, 14 e 15).

30. A norma constitucional que assegura o direito de greve aos servidores públicos tem eficácia **LIMITADA**, uma vez que a produção de seus efeitos depende de normas infraconstitucionais integrativas. (CESPE – 2014 – SUFRAMA – Nível Superior – Conhecimentos Básicos – Cargos 3 e 4).

Questão original: A norma constitucional que assegura o direito de greve aos servidores públicos tem eficácia contida, uma vez que a produção de seus efeitos depende de normas infraconstitucionais integrativas.

31. **NÃO BASTA** a observância da legalidade estrita para que a conduta do agente público seja considerada moralmente adequada do ponto de vista da administração pública. (CESPE – 2014 – TJ-SE – Técnico Judiciário – Área Judiciária).

Questão original: Basta a observância da legalidade estrita para que a conduta do agente público seja considerada moralmente adequada do ponto de vista da administração pública.

32. É lícito o desconto dos dias não trabalhados pelo servidor público que se ausenta do serviço para participar de movimento grevista de sua categoria. (CESPE – 2014 – MEC – Conhecimentos Básicos – Todos os Cargos).

33. De acordo com a CF, lei estadual não pode criar cargos em comissão com atribuições meramente técnicas. (CESPE – 2014 – Câmara dos Deputados – Técnico Legislativo – Agente de Polícia Legislativa).

34. Considere que um servidor da SUFRAMA tenha sido eleito deputado federal pelo estado do Acre. Nessa hipótese, enquanto estiver no exercício do mandato eletivo, o servidor deverá ficar afastado de seu cargo, **NÃO** sendo-lhe facultado optar pela remuneração deste último. (CESPE – 2014 – SUFRAMA – Agente Administrativo).

Questão original: Considere que um servidor da SUFRAMA tenha sido eleito deputado federal pelo estado do Acre. Nessa hipótese, enquanto estiver no exercício do mandato eletivo, o servidor deverá ficar afastado de seu cargo, sendo-lhe facultado optar pela remuneração deste último.

35. Cidadão que tenha sido aprovado em concurso público para certo cargo público, **DEVENDO TER** previsão no edital do concurso, poderá ser nomeado para quadro diverso daquele para o qual foi aprovado, se o novo cargo tiver a mesma nomenclatura, atribuições iguais e idêntica remuneração daquele previsto no referido edital, haja vista já ter sido atendido, nessa situação, o requisito constitucional de aprovação prévia em concurso público. (CESPE - 2014 - Câmara dos Deputados - Analista Legislativo - Consultor Legislativo Área III; CESPE - 2014 - Câmara dos Deputados - Analista Legislativo - Consultor Legislativo Área VII; CESPE - 2014 - Câmara dos Deputados - Analista Legislativo - Consultor Legislativo Área VIII; CESPE - 2014 - Câmara dos Deputados - Analista Legislativo - Consultor Legislativo Área IX).

Questão original: Cidadão que tenha sido aprovado em concurso público para certo cargo público, ainda que não haja previsão no edital do concurso, poderá ser nomeado para quadro diverso daquele para o qual foi aprovado, se o novo cargo tiver a mesma nomenclatura, atribuições iguais e idêntica remuneração daquele previsto no referido edital, haja vista já ter sido atendido, nessa situação, o requisito constitucional de aprovação prévia em concurso público.

36. A remuneração dos servidores públicos somente poderá ser fixada ou alterada por lei específica, observada a iniciativa privativa em cada caso, assegurada revisão geral anual, sempre na mesma data e sem distinção de índices. (CESPE - 2014 - ANTAQ - Conhecimentos Básicos - Cargos 5 e 6).

37. A CF, no intuito de proteger a **IMPESSOALIDADE** administrativa, exige que compra realizada pelo poder público seja precedida de licitação, **RESSALVADA OS CASOS PREVISTOS NA LEGISLAÇÃO.** (CESPE - 2014 - SUFRAMA - Nível Superior - Conhecimentos Básicos - Cargos 3 e 4).

Questão original: A CF, no intuito de proteger a moralidade administrativa, exige que toda compra realizada pelo poder público seja precedida de licitação.

38. As regras constitucionais de cumulação de vencimentos no setor público são igualmente obrigatórias nos estados e municípios da Federação. (CESPE - 2014 - SUFRAMA - Nível Superior - Conhecimentos Básicos - Cargos 3 e 4).

39. Considerando que a remuneração dos servidores públicos deve ser prevista em lei específica, a fixação de seus vencimentos não pode ser objeto de convenção coletiva de trabalho. (CESPE - 2014 - SUFRAMA - Nível Superior - Conhecimentos Básicos).

40. Segundo a jurisprudência do STF, o servidor público em estágio probatório que se ausenta do serviço para a participação em movimento grevista **NÃO** incorre em falta grave. (CESPE - 2014 - MEC - Conhecimentos Básicos - Todos os Cargo).

Questão original: Segundo a jurisprudência do STF, o servidor público em estágio probatório que se ausenta do serviço para a participação em movimento grevista incorre em falta grave.

41. Considere que determinado vereador tenha tomado posse na respectiva câmara municipal e, em seguida, tenha sido nomeado secretário de infraestrutura, obras e serviços do mesmo município. Nessa situação, o vereador **NÃO** poderá acumular os cargos e a remuneração de vereador e secretário municipal. (CESPE – 2014 – Câmara dos Deputados – Analista Legislativo – Consultor Legislativo Área I).

Questão original: Considere que determinado vereador tenha tomado posse na respectiva câmara municipal e, em seguida, tenha sido nomeado secretário de infraestrutura, obras e serviços do mesmo município. Nessa situação, o vereador poderá acumular os cargos e a remuneração de vereador e secretário municipal, se houver compatibilidade de horários.

42. Considere que Emanuel, servidor da SUFRAMA, tenha sido aprovado em concurso público para analista administrativo em outra autarquia federal e passe a acumular os dois cargos, ambos com jornada semanal de 40 horas. Nessa situação, uma vez que as duas autarquias compõem a administração indireta, há violação do dispositivo constitucional que veda a acumulação de cargos no serviço público. (CESPE – 2014 – SUFRAMA – Agente Administrativo).

Questão original: Considere que Emanuel, servidor da SUFRAMA, tenha sido aprovado em concurso público para analista administrativo em outra autarquia federal e passe a acumular os dois cargos, ambos com jornada semanal de 40 horas. Nessa situação, uma vez que as duas autarquias compõem a administração indireta, **NÃO** há violação do dispositivo constitucional que veda a acumulação de cargos no serviço público.

43. O agente público condenado por ato de improbidade administrativa está sujeito à suspensão dos direitos políticos, à perda da função pública, à indisponibilidade de seus bens e ao ressarcimento dos prejuízos causados ao erário, na forma e gradação previstas em lei, sem prejuízo da ação penal cabível. (CESPE – 2014 – ANTAQ – Técnico Administrativo).

44. É possível que edital de concurso público preveja a participação de concorrentes de determinado sexo em detrimento do outro. (CESPE – 2014 – SUFRAMA – Nível Superior – Conhecimentos Básicos – Cargos 3 e 4).

45. O exercício do direito de greve no serviço público federal é legítimo, mesmo sem a regulamentação por lei específica. (CESPE – 2014 – MEC – Conhecimentos Básicos – Todos os Cargos).

46. De acordo com a CF, a prática de ato de improbidade administrativa por agente público implica a perda da função pública e a suspensão dos direitos políticos, sem prejuízo da ação penal cabível. (CESPE – 2014 – Polícia Federal – Agente Administrativo).

47. Um bacharel em direito, analista jurídico do Ministério Público Federal, ocupante de cargo privativo da área jurídica, poderá, se houver compatibilidade de horários, acumular outro cargo público, desde que **SEJA** um cargo de professor. (CESPE – 2014 – CADE – Nível Superior – Conhecimentos Básicos).

Questão original: Um bacharel em direito, analista jurídico do Ministério Público Federal, ocupante de cargo privativo da área jurídica, poderá, se houver compatibilidade de horários, acumular outro cargo público, desde que também privativo da área jurídica, ou um cargo de professor.

48. Mesmo durante o estágio probatório, o servidor público concursado não pode ser exonerado nem demitido sem inquérito ou sem as formalidades legais de apuração de sua capacidade. (CESPE – 2014 – SUFRAMA – Nível Superior – Conhecimentos Básicos).

49. Os cargos em comissão, criados por lei, destinam-se somente às atribuições de direção, chefia e assessoramento. (CESPE – 2014 – ANTAQ – Técnico Administrativo).

50. A teoria da responsabilidade civil objetiva aplica-se às pessoas jurídicas de direito público, **ASSIM COMO TAMBÉM** às de direito privado, que, prestadoras, de serviços públicos, estão sujeitas à responsabilidade **OBJETIVA.** (CESPE – 2014 – Instituto Rio Branco – Diplomata – Prova 2).

Questão original: A teoria da responsabilidade civil objetiva aplica-se às pessoas jurídicas de direito público, mas não às de direito privado, que, prestadoras, ou não, de serviços públicos, estão sujeitas à responsabilidade comum do direito civil.

51. **INDEPENDEMENTE** das sanções penais, civis e administrativas previstas na legislação específica, o responsável pelo ato de improbidade **PODERÁ TER DECRETADA** a suspensão dos seus direitos políticos. (CESPE – 2013 – TRT – 17ª Região (ES) – Técnico Judiciário – Área Administrativa).

Questão original: A CF expressamente dispõe que, independentemente das sanções penais, civis e administrativas previstas na legislação específica, o responsável pelo ato de improbidade terá obrigatoriamente decretada a suspensão dos seus direitos políticos pelo período de oito a dez anos.

52. Os atos de **IMPROBIDADE** administrativa importarão a perda da função pública, na forma da lei. (CESPE – 2013 – MS – Analista Administrativo; CESPE – 2013 – MS – Administrador).

Questão original: Os atos de probidade administrativa importarão a perda da função pública, na forma da lei.

53. O servidor público que for eleito para o cargo de vereador **PODERÁ** ficar afastado de seu cargo, emprego ou função. (CESPE – 2013 – IBAMA – Analista Administrativo).

Questão original: O servidor público que for eleito para o cargo de vereador deverá ficar afastado de seu cargo, emprego ou função.

54. As constituições estaduais têm competência para regular aspectos próprios do regime estatutário dos servidores públicos, como aposentadoria, remuneração e vantagens pecuniárias. (CESPE – 2013 – MPOG – Todos os Cargos – Conhecimentos Básicos).

55. É **PERMITIDO** a realização de novo concurso público para o mesmo cargo ou emprego público durante o período de validade de concurso anteriormente realizado. (CESPE – 2013 – MPU – Técnico Administrativo).

Questão original: É vedada a realização de novo concurso público para o mesmo cargo ou emprego público durante o período de validade de concurso anteriormente realizado.

56. Embora seja **PERMITIDO** na CF o acesso de estrangeiros a cargos e funções públicas, não constitui requisito para a investidura nesses cargos e funções a condição de brasileiro nato. (CESPE – 2013 – CNJ – Analista Judiciário – Área Administrativa).

Questão original: Embora seja vedado na CF o acesso de estrangeiros a cargos e funções públicas, não constitui requisito para a investidura nesses cargos e funções a condição de brasileiro nato.

57. A CF **NÃO** autoriza a acumulação remunerada de dois cargos de técnico-administrativo, **MESMO** que haja compatibilidade de horários e seja observado o teto constitucional da remuneração do serviço público. (CESPE – 2013 – TRT – 10ª REGIÃO (DF e TO) – Analista Judiciário – Área Administrativa).

Questão original: A CF autoriza a acumulação remunerada de dois cargos de técnico-administrativo, desde que haja compatibilidade de horários e seja observado o teto constitucional da remuneração do serviço público.

58. É **PERMITIDO** à administração pública promover a publicidade de atos e programas de governo, **DEVENDO TER** caráter informativo. (CESPE – 2013 – MC – Todos os Cargos – Especialidades 1, 7, 13 e 19).

Questão original: É vedado à administração pública promover a publicidade de atos e programas de governo, com a exceção daquela que tenha caráter informativo.

59. Considere que uma lei federal tenha sido criada com o objetivo de vedar a recondução ao cargo de diretores de agências reguladoras. Nesse caso, **NÃO EXISTE** direito adquirido, **NÃO PODENDO IMPEDIR** que essa inovação legislativa se aplique aos diretores da ANS que ocupem o referido cargo no momento da edição da norma. (CESPE – 2013 – ANS – Especialista em Regulação de Saúde Suplementar; CESPE – 2013 – ANS – Analista Administrativo).

Questão original: Considere que uma lei federal tenha sido criada com o objetivo de vedar a recondução ao cargo de diretores de agências reguladoras. Nesse caso, a proteção constitucional ao direito adquirido impedirá que essa inovação legislativa se aplique aos diretores da ANS que ocupem o referido cargo no momento da edição da norma.

60. Seria **VÁLIDA** disposição legal que reservasse ao menos um cargo de diretor da ANS a servidor ocupante de cargo efetivo na administração federal porque a CF **PERMITE** a reserva de cargos comissionados aos servidores de carreira. (CESPE – 2013 – ANS – Técnico em Regulação de Saúde Suplementar; CESPE – 2013 – ANS – Técnico Administrativo).

Observação: "Art. 37, V da CF: As funções de confiança, exercidas exclusivamente por servidores ocupantes de cargo efetivo, e os cargos em comissão, a serem preenchidos por servidores de carreira nos casos, condições e percentuais mínimos previstos em lei, destinam-se apenas às atribuições de direção, chefia e assessoramento."

Questão original: Seria inválida disposição legal que reservasse ao menos um cargo de diretor da ANS a servidor ocupante de cargo efetivo na administração federal porque a CF veda a reserva de cargos comissionados aos servidores de carreira.

61. Considere que um servidor público com mais de três anos de efetivo exercício esteja respondendo a processo administrativo em virtude de ter praticado infração funcional. Nessa situação, o servidor poderá perder seu cargo. (CESPE – 2013 – ANTT – Conhecimentos Básicos – Cargos 9 a 15).

Questão original: Considere que um servidor público com mais de três anos de efetivo exercício esteja respondendo a processo administrativo em virtude de ter praticado infração funcional. Nessa situação, o servidor **NÃO** poderá perder seu cargo, pois, de acordo com a CF, ele já adquiriu estabilidade.

62. O servidor público da administração direta que for investido no mandato de prefeito e passar a exercer o mandato eletivo deverá ser afastado do cargo e optar pela sua remuneração. (CESPE – 2013 – ANTT – Conhecimentos Básicos – Cargos 1,2,3,4,5,7 e 8).

63. Por serem pessoas jurídicas de direito público, as agências reguladoras estão sujeitas às normas gerais previstas na lei que institui normas para licitações e contratos da administração pública. (CESPE – 2013 – ANCINE – Todos os Cargos – Analista Administrativo Áreas I, II e III).

64. A declaração de desnecessidade de cargo público, derivada de juízo de oportunidade e conveniência da administração pública, **NÃO DEPENDE DE** ser realizada mediante lei ordinária específica. (CESPE – 2013 – STF – Analista Judiciário – Área Administrativa).

Questão original: A declaração de desnecessidade de cargo público, derivada de juízo de oportunidade e conveniência da administração pública, deve ser realizada mediante lei ordinária específica.

65. A participação do usuário de serviço público na administração pública pode ocorrer por meio de reclamações, do acesso a registros administrativos e a informações sobre atos de governo e mediante a representação contra o exercício negligente ou abusivo de cargo público. (CESPE – 2013 – BACEN – Técnico – Conhecimentos Básicos – Áreas 1 e 2).

66. O servidor público considerado estável poderá perder o cargo mediante processo administrativo em que lhe seja assegurada ampla defesa. (CESPE – 2013 – MS – Analista Administrativo).

67. Os vencimentos dos cargos do Poder Legislativo e do Poder Judiciário não poderão ser superiores aos vencimentos do Poder Executivo. (CESPE – 2013 –

68. Embora os estrangeiros não gozem de direitos políticos, a Constituição Federal de 1988 (CF) previu para estes a possibilidade de acesso a cargos, empregos e funções públicas. (CESPE – 2013 – CPRM – Analista em Geociências – Direito).

69. Seria compatível com a CF lei federal que estabelecesse a possibilidade de contratação temporária de médicos estrangeiros, por tempo determinado, para atender a necessidades temporárias de excepcional interesse público. (CESPE – 2013 – ANS – Analista Administrativo).

70. Considere que o valor nominal da remuneração global de determinado servidor público que recebia determinada gratificação tenha sido reduzido após a instituição de regime remuneratório de subsídio. Nesse caso, o servidor não tem direito à continuidade do recebimento da gratificação, pois, de acordo com o STF, não existe direito adquirido a regime jurídico remuneratório. (CESPE - 2013 - MPU - Analista - Direito).

71. As verbas de caráter indenizatório **NÃO** deverão ser consideradas para efeito do cumprimento do teto constitucional remuneratório dos servidores públicos. (CESPE - 2013 - MPOG - Todos os Cargos - Conhecimentos Básicos).

> **Questão original:** As verbas de caráter indenizatório deverão ser consideradas para efeito do cumprimento do teto constitucional remuneratório dos servidores públicos.

72. Admite-se a realização, pela administração pública, de processo seletivo simplificado para contratar profissionais por tempo determinado para atender a necessidade temporária de excepcional interesse público. (CESPE - 2013 - MPU - Técnico Administrativo).

73. Cargo em comissão – também denominado cargo de livre nomeação, conforme a CF – está relacionado, **APENAS**, às atribuições de direção, chefia e assessoramento. (CESPE - 2013 - CNJ - Analista Judiciário - Área Administrativa).

> **Questão original:** Cargo em comissão – também denominado cargo de livre nomeação, conforme a CF – está relacionado às atribuições de direção, chefia e assessoramento, sendo permitido, excepcionalmente, o seu provimento para outras atribuições.

74. O Estado responde objetivamente pelos danos que seus agentes, nessa qualidade, causarem a terceiros, sendo-lhe assegurado o direito de regresso contra o responsável pelo dano, ainda que este não tenha sido praticado com dolo. (CESPE - 2013 - Telebras - Nível Superior - Conhecimentos Básicos).

75. Mesmo quando um servidor perde a função pública por atos de improbidade administrativa, ele ainda pode responder criminalmente por tais atos. (CESPE - 2013 - ANP - Todos os Cargos - Conhecimentos Básicos).

76. Seria inconstitucional ato normativo da ANS que instituísse tarifa de processamento de recurso, cobrada de cidadãos e empresas, como requisito para o recebimento de recursos administrativos que questionassem a licitude de atos da ANS. (CESPE - 2013 - ANS - Especialista em Regulação de Saúde Suplementar).

77. As entidades políticas são aquelas que recebem suas atribuições da própria CF, exercendo-as com plena autonomia. (CESPE - 2013 - FUB - Nível Superior - Conhecimentos Básicos - Áreas 2 e 9).

78. A CF autoriza a acumulação remunerada de dois cargos públicos de médico, inclusive de médico veterinário. (CESPE - 2013 - ANCINE - Todos os Cargos - Analista Administrativo Áreas I, II e III).

79. As funções de confiança devem ser exercidas unicamente por quem ocupa cargo de servidor público efetivo. (CESPE – 2013 – TRT – 17ª Região (ES) – Analista Judiciário – Área Administrativa).

> **Questão original:** As funções de confiança devem ser exercidas unicamente por quem **NÃO** ocupa cargo de servidor público efetivo.

80. Membros de Poder, detentores de mandato eletivo, ministros de Estado e secretários estaduais e municipais serão remunerados exclusivamente por subsídio fixado por **LEI ESPECÍFICA**. A remuneração dos servidores públicos, só pode ser fixada ou alterada por lei específica, observada a iniciativa privativa em cada caso. (CESPE – 2013 – PC-DF – Agente de Polícia).

> **Questão original:** Membros de Poder, detentores de mandato eletivo, ministros de Estado e secretários estaduais e municipais serão remunerados exclusivamente por subsídio fixado por ato administrativo de responsabilidade da mesa diretora ou do chefe de cada Poder. A remuneração dos servidores públicos, entretanto, só pode ser fixada ou alterada por lei específica, observada a iniciativa privativa em cada caso.

81. Cargos, empregos e funções públicas são acessíveis aos estrangeiros. (CESPE – 2013 – DEPEN – Especialista – Todas as áreas – Conhecimentos Básicos).

> **Questão original:** Cargos, empregos e funções públicas **NÃO** são acessíveis aos estrangeiros.

82. Os vencimentos dos cargos dos Poderes **JUDICIÁRIO** e Legislativo não poderão ser superiores aos pagos pelo Poder **EXECUTIVO**. (CESPE – 2013 – TCE-RS – Oficial de Controle Externo).

> **Questão original:** Os vencimentos dos cargos dos Poderes Executivo e Legislativo não poderão ser superiores aos pagos pelo Poder Judiciário.

83. Os atos de improbidade administrativa importarão ao agente a suspensão dos direitos políticos, a perda da função pública, a indisponibilidade dos bens e o ressarcimento ao erário, na forma e gradação previstas em lei, sem prejuízo da ação penal cabível. (CESPE – 2013 – PRF – Policial Rodoviário Federal).

84. Conforme o STF, a responsabilidade civil das empresas prestadoras de serviço público é objetiva, mesmo em relação a terceiros não usuários do serviço público. (CESPE – 2013 – PRF – Policial Rodoviário Federal).

85. Em regra, a investidura em emprego público depende da prévia aprovação em concurso público. (CESPE – 2013 – MPOG – Todos os Cargos – Conhecimentos Básicos).

Questão original: Em regra, a investidura em emprego público **NÃO** depende da prévia aprovação em concurso público, dado que o regime jurídico aplicável ao caso é o celetista.

86. Se um servidor público ocupar, em horários compatíveis, dois cargos de professor, ao se aposentar ele **IRÁ ACUMULAR A** remuneração dos cargos. (CESPE - 2013 - CNJ - Analista Judiciário - Área Administrativa).

Questão original: Se um servidor público ocupar, em horários compatíveis, dois cargos de professor, ao se aposentar ele deverá optar pela remuneração de um dos cargos, embora haja previsão constitucional acerca de acumulação remunerada de cargos públicos.

87. Seria compatível com a CF lei federal que estabelecesse a possibilidade de contratação temporária de médicos estrangeiros, por tempo determinado, para atender a necessidades temporárias de excepcional interesse público. (CESPE - 2013 - ANS - Especialista em Regulação de Saúde Suplementar).

88. Apesar de previsto em editais de concursos públicos para o preenchimento de vagas referentes a empregos e cargos públicos, o percentual de vagas para as pessoas portadoras de deficiência está garantido na CF. (CESPE - 2013 - ANTT - Conhecimentos Básicos - Cargos 1,2,3,4,5,7 e 8).

Observação: "Art. 37, VIII da CF: A lei reservará percentual dos cargos e empregos públicos para as pessoas portadoras de deficiência e definirá os critérios de sua admissão."

Questão original: Apesar de previsto em editais de concursos públicos para o preenchimento de vagas referentes a empregos e cargos públicos, o percentual de vagas para as pessoas portadoras de deficiência **NÃO** está garantido na CF.

89. Os cargos em comissão podem ser preenchidos por livre escolha da autoridade administrativa entre pessoas sem vínculo com a administração pública, de acordo com a quantidade definida em lei. (CESPE - 2013 - PC-DF - Agente de Polícia).

Questão original: Os cargos em comissão **E AS FUNÇÕES DE CONFIANÇA** podem ser preenchidos por livre escolha da autoridade administrativa entre pessoas sem vínculo com a administração pública.

90. Os servidores concursados para cargo de provimento efetivo serão considerados estáveis após **TRÊS** anos de efetivo exercício no cargo. (CESPE - 2013 - MS - Administrador).

Questão original: Os servidores concursados para cargo de provimento efetivo serão considerados estáveis após dois anos de efetivo exercício no cargo.

91. Conforme entendimento do Supremo Tribunal Federal, são inconstitucionais as normas estaduais de iniciativa do Poder Legislativo que previam a eleição na escolha de dirigentes de escolas públicas. (CESPE – 2013 – INPI – Analista de Planejamento – Direito).

92. As funções de confiança devem ser exercidas exclusivamente por servidores ocupantes de cargo efetivo. (CESPE – 2012 – Câmara dos Deputados – Analista Legislativo – Taquígrafo).

93. As funções de confiança devem ser exercidas exclusivamente por servidores ocupantes de cargo efetivo. (CESPE – 2012 – Câmara dos Deputados – Analista).

94. Os vencimentos dos cargos do Poder Judiciário e do Poder **LEGISLATIVO** não poderão ser superiores aos vencimentos dos cargos do Poder **EXECUTIVO.** (CESPE – 2012 – PRF – Agente Administrativo).

Questão original: Os vencimentos dos cargos do Poder Judiciário e do Poder Executivo não poderão ser superiores aos vencimentos dos cargos do Poder Legislativo.

95. A CF admite que a administração contrate servidor público, por tempo determinado, para o atendimento de necessidade temporária de excepcional interesse público. (CESPE – 2012 – ANAC – Técnico em Regulação de Aviação Civil – Área 2).

96. De acordo com as normas constitucionais, se houver compatibilidade de horários, **NÃO** é possível a acumulação de dois cargos técnicos de natureza administrativa. **LOGO**, um servidor **NÃO** poderia, por exemplo, exercer o cargo de técnico administrativo na ANCINE e em outro órgão público federal. (CESPE – 2012 – ANCINE – Técnico Administrativo).

Questão original: De acordo com as normas constitucionais, se houver compatibilidade de horários, é possível a acumulação de dois cargos técnicos de natureza administrativa. Em face dessa permissão constitucional, um servidor poderia, por exemplo, exercer o cargo de técnico administrativo na ANCINE e em outro órgão público federal.

97. É inconstitucional a edição de lei criadora de cargos em comissão que não estejam virtude de violar o princípio do concurso público para a investidura em cargo público. (CESPE – 2012 – TJ-RR – Administrador).

98. A proibição de acumulação de cargos, funções e empregos públicos se aplica às sociedades controladas indiretamente pelo poder público. (CESPE - 2012 - Câmara dos Deputados - Técnico Legislativo - Técnico em Gesso).

> **Questão original:** A proibição de acumulação de cargos, funções e empregos públicos não se aplica às sociedades controladas indiretamente pelo poder público.

99. Os princípios constitucionais da administração pública são aplicáveis às sociedades de economia mista, **MESMO** que essas sociedades **SEJAM** regidas pelo regime de direito privado. (CESPE - 2012 - MCT - Analista em Ciência e Tecnologia Pleno - Tema II).

> **Questão original:** Os princípios constitucionais da administração pública não são aplicáveis às sociedades de economia mista, visto que essas sociedades são regidas pelo regime de direito privado.

100. As organizações não governamentais são pessoas jurídicas de direito privado e fazem parte do **TERCEIRO** setor. (CESPE - 2012 - MCT - Todos os Cargos - Conhecimentos Básicos - Temas III, IV, V e VI).

> **Questão original:** As organizações não governamentais são pessoas jurídicas de direito privado e fazem parte do segundo setor.

101. **OS** vencimentos dos cargos do Poder Legislativo **NÃO** podem ser superiores aos pagos pelo Poder Executivo. (CESPE - 2012 - ANAC - Especialista em Regulação de Aviação Civil - Conhecimentos Básicos).

> **Questão original:** Dado o princípio da separação de poderes, os vencimentos dos cargos do Poder Legislativo podem ser superiores aos pagos pelo Poder Executivo.

102. Se a prefeitura de determinado município, ao final de dois anos, prazo de validade do concurso público por ela realizado para preenchimento de vagas no cargo de professor, não tiver empossado todos os aprovados nesse certame, poderá prorrogá-lo uma vez por dois anos. (CESPE - 2012 - Câmara dos Deputados - Analista Legislativo - Técnica Legislativa).

103. A investidura em cargo ou emprego público depende de aprovação precedente em concurso público de provas e títulos ou de provas, de acordo com a natureza e a complexidade do cargo ou emprego, na forma prevista em lei ordinária, com exceção das nomeações para cargo em comissão declarado em lei de livre nomeação e exoneração. A não observância das referidas exigências implicará a punição da autoridade responsável e **O DESFAZIMENTO DO ATO.** (CESPE - 2012 - PRF - Agente Administrativo).

Questão original: A investidura em cargo ou emprego público depende de aprovação precedente em concurso público de provas e títulos ou de provas, de acordo com a natureza e a complexidade do cargo ou emprego, na forma prevista em lei ordinária, com exceção das nomeações para cargo em comissão declarado em lei de livre nomeação e exoneração. A não observância das referidas exigências implicará a punição da autoridade responsável e a manutenção dos efeitos do ato, nos termos da lei.

104. Servidor público efetivo investido no mandato de prefeito deve ser afastado do cargo, podendo, no entanto, optar por receber a respectiva remuneração. (CESPE – 2012 – TJ-RR – Técnico Judiciário).

105. O texto constitucional contempla norma de eficácia plena que garante ao servidor público civil o direito à livre associação sindical. (CESPE – 2012 – MPE-PI – Analista Ministerial – Área Administrativa).

Questão original: O texto constitucional contempla norma de eficácia plena que garante ao servidor público civil **E MILITAR** o direito à livre associação sindical.

106. Os atos de improbidade administrativa praticados por agentes públicos geram como consequências a suspensão dos direitos políticos, a perda da função pública, a indisponibilidade dos bens e o ressarcimento ao erário, na forma e gradação previstas em lei, sem prejuízo da ação penal cabível. (CESPE – 2012 – MPE-PI – Analista Ministerial – Área Administrativa).

107. Como regra, o Estado brasileiro (primeiro setor) submete-se ao regime de direito público, à prevalência do interesse público sobre o privado, bem como à indisponibilidade desse interesse. (CESPE – 2012 – MCT – Todos os Cargos – Conhecimentos Básicos – Temas III, IV, V e VI).

108. Como os cargos públicos de provimento efetivo são constitucionalmente reservados aos brasileiros natos e naturalizados, seria **CONSTITUCIONAL** lei federal que permitisse o acesso de estrangeiros a cargos efetivos de pesquisadores em institutos federais de pesquisa. (CESPE – 2012 – MCT – Técnico – Tema VII).

Questão original: Como os cargos públicos de provimento efetivo são constitucionalmente reservados aos brasileiros natos e naturalizados, seria inconstitucional lei federal que permitisse o acesso de estrangeiros a cargos efetivos de pesquisadores em institutos federais de pesquisa.

109. Seria inconstitucional uma regra de edital de concurso público para servidores do Instituto Nacional de Pesquisas da Amazônia que reservasse 20% das vagas para candidatos residentes há mais de cinco anos em estados da região Norte. (CESPE – 2012 – MCT – Técnico – Tema VII).

110. Servidor público federal aposentado que assumir cargo de vereador faz jus ao recebimento simultâneo dos proventos da aposentadoria e do subsídio de vereador. (CESPE – 2012 – Câmara dos Deputados – Analista Legislativo – Museólogo).

111. Na forma da CF, os atos de improbidade administrativa importam, entre outras consequências, a suspensão dos direitos políticos e a indisponibilidade dos bens. (CESPE – 2011 – PREVIC – Técnico Administrativo – Básicos).

112. A remuneração ou o subsídio dos ocupantes de cargos, funções e empregos públicos do poder judiciário do estado-membro não poderá exceder o subsídio mensal dos desembargadores do respectivo tribunal de justiça, limitado a 90,25% do subsídio mensal, em espécie, dos ministros do Supremo Tribunal Federal (STF). (CESPE – 2011 – TJ-ES – Analista Judiciário – Taquigrafia – Específicos).

113. A proibição de acumular cargos, empregos ou funções atinge os empregados de sociedades de economia mista. (CESPE – 2011 – TJ-ES – Analista Judiciário – Área Administrativa).

> **Questão original:** A proibição de acumular cargos, empregos ou funções **NÃO** atinge os empregados de sociedades de economia mista, já que estas são regidas pelas regras do direito privado.

114. Para que um edital de concurso público possa exigir idade máxima, é necessário que tal exigência esteja devidamente prevista em lei que regulamente o cargo. (CESPE – 2011 – PC-ES – Perito Papiloscópico – Específicos).

115. A CF assegura ao servidor público a revisão geral anual de sua remuneração ou subsídio mediante lei específica e **NÃO** estabelece o direito à indenização na hipótese de não cumprimento da referida determinação constitucional. (CESPE – 2011 – PC-ES – Delegado de Polícia – Específicos).

> **Questão original:** A CF assegura ao servidor público a revisão geral anual de sua remuneração ou subsídio mediante lei específica de iniciativa do chefe do Poder Executivo e estabelece o direito à indenização na hipótese de não cumprimento da referida determinação constitucional.

116. Os atos de improbidade administrativa que, nos termos da Constituição Federal, importem na suspensão dos direitos políticos, na perda da função pública, na indisponibilidade de bens e no ressarcimento ao erário têm natureza **CÍVEL**. (CESPE – 2011 – TRE-ES – Técnico Judiciário – Área Administrativa – Específicos).

> **Questão original:** Os atos de improbidade administrativa que, nos termos da Constituição Federal, importem na suspensão dos direitos políticos, na perda da função pública, na indisponibilidade de bens e no ressarcimento ao erário têm natureza penal.

117. A autonomia gerencial, orçamentária e financeira dos órgãos e entidades da administração direta e indireta pode ser ampliada mediante contrato, a ser firmado entre seus administradores e o poder público, que tenha por objeto a fixação de metas de desempenho para o órgão ou entidade. (CESPE – 2010 – ABIN – Agente Técnico de Inteligência – Área de Tecnologia da Informação).

118. A norma constitucional que veda a possibilidade ampla e geral de acesso dos estrangeiros a cargos, empregos e funções públicas é de eficácia limitada, havendo necessidade de edição de lei ordinária para regulamentar a matéria. (CESPE – 2010 – TRE--BA – Analista Judiciário – Taquigrafia).

119. São imprescritíveis as ações que buscam o ressarcimento ao Erário de prejuízo causado pela prática de ato ilícito por qualquer agente, servidor ou não. (CESPE – 2010 – INCA – Assistente em Ciência e Tecnologia – Apoio Técnico Administrativo Parte II).

120. A empresa privada prestadora de serviço público responde **OBJETIVAMENTE** pela reparação do dano sofrido pelo usuário desse serviço, por ato praticado por funcionário dessa empresa. (CESPE – 2010 – INCA – Assistente Em C&T 1 – Apoio Técnico administrativo; CESPE – 2010 – INCA – Assistente em Ciência e Tecnologia – Apoio Técnico Administrativo Parte II).

Questão original: A empresa privada prestadora de serviço público responde subjetivamente pela reparação do dano sofrido pelo usuário desse serviço, por ato praticado por funcionário dessa empresa.

121. Se o governo do estado de São Paulo editar uma lei estabelecendo a relação entre a maior e a menor remuneração dos servidores públicos, **OBEDECIDO O DISPOSTO NO ARTIGO 37, XI DA CF,** essa lei deve ser declarada **CONSTITUCIONAL.** (CESPE – 2010 – INCA – Assistente Em C&T 1 – Apoio Técnicoadministrativo; CESPE – 2010 – INCA – Assistente em Ciência e Tecnologia – Apoio Técnico Administrativo Parte II).

Observação: "Art. 39, § 5º da CF: Lei da União, dos Estados, do Distrito Federal e dos Municípios poderá estabelecer a relação entre a maior e a menor remuneração dos servidores públicos, obedecido, em qualquer caso, o disposto no art. 37, XI."

Questão original: Se o governo do estado de São Paulo editar uma lei estabelecendo a relação entre a maior e a menor remuneração dos servidores públicos do Poder Executivo, essa lei deve ser declarada inconstitucional, pois a CF veda a vinculação de quaisquer espécies remuneratórias para o efeito de remuneração de pessoal do serviço público.

122. Os vencimentos pagos aos ocupantes de cargos do Poder Legislativo e do Poder **JUDICIÁRIO** não podem ser superiores aos pagos pelo Poder **EXECUTIVO.** (CESPE – 2010 –

INCA – Assistente Em C&T 1 – Apoio Técnicoadministrativo; CESPE – 2010 – INCA – Assistente em Ciência e Tecnologia – Apoio Técnico Administrativo Parte II).

Questão original: Os vencimentos pagos aos ocupantes de cargos do Poder Legislativo e do Poder Executivo não podem ser superiores aos pagos pelo Poder Judiciário.

123. No que se refere à remuneração de pessoal no serviço público, o STF já decidiu que viola a CF norma estadual que preveja reajuste automático em favor de determinada categoria de servidores quando haja reajuste para categoria distinta, em razão de ser vedada qualquer espécie de vinculação ou equiparação remuneratória. (CESPE – 2010 – INCA – Analista em C&T Júnior – Direito – Legislação Pública em Saúde).

124. O Poder Judiciário **NÃO** pode estender a determinada categoria de servidores públicos vantagens concedidas por lei a outra categoria. (CESPE – 2010 – INSS – Engenheiro Civil).

Questão original: Para atender ao princípio da isonomia, o Poder Judiciário pode estender a determinada categoria de servidores públicos vantagens concedidas por lei a outra categoria.

125. A remuneração e o subsídio dos agentes públicos somente podem ser fixados ou alterados por lei específica. (CESPE – 2010 – DETRAN-ES – Advogado).

126. As entidades que compõem a administração indireta, como autarquia e a fundação **PÚBLICAS DE DIREITO PÚBLICO**, somente podem ser criadas por lei específica. (CESPE – 2010 – DETRAN-ES – Advogado).

Questão original: As entidades que compõem a administração indireta, como empresa pública, a sociedade de economia mista, a autarquia e a fundação, somente podem ser criadas por lei específica.

127. De acordo com a CF, cargos, empregos e funções públicas são acessíveis a brasileiros que preencham os requisitos estabelecidos em lei, havendo, portanto, a possibilidade de obtenção de emprego público por estrangeiros. (CESPE – 2010 – MPU – Técnico Administrativo).

Questão original: De acordo com a CF, cargos, empregos e funções públicas são acessíveis **SOMENTE** a brasileiros que preencham os requisitos estabelecidos em lei, não havendo, portanto, a possibilidade de obtenção de emprego público por estrangeiros.

128. A proibição de acumular cargos públicos estende-se a empregos e funções e abrange autarquias, fundações, empresas públicas, sociedades de economia mista, suas subsidiárias, e sociedades controladas, direta ou indiretamente, pelo poder público. (CESPE – 2010 – TRE-BA – Técnico Judiciário – Área Administrativa).

129. Um biólogo, nascido nos Estados Unidos da América, chegou ao Brasil em 2008 para pesquisar a fauna do cerrado. Sem requerer a cidadania brasileira, prestou concurso para o cargo de professor titular da Universidade Federal do Mato Grosso (UFMT), no final de 2008, tendo sido aprovado na 4.ª colocação. O prazo de validade do concurso era de um ano e meio, improrrogável. Ao final de doze meses de validade do concurso, a UFMT abriu novo concurso para o mesmo cargo e, três meses após a abertura do novo certame, começou a convocar os aprovados nesse último certame para tomar posse. (CESPE – 2010 – INCA – Assistente Em C&T 1 – Apoio Técnicoadministrativo).

129.1 A UFMT deveria convocar os aprovados no concurso público de 2008, antes de convocar os novos concursados, para assumir o cargo de professor titular.

129.2 É **CONSTITUCIONAL** a fixação do prazo de validade do concurso em um ano e meio.

> **Questão original:** É inconstitucional a fixação do prazo de validade do concurso em um ano e meio.

129. A UFMT poderia ter admitido a inscrição do referido biólogo no concurso público, pois os cargos, empregos e funções públicas na administração pública federal são **ACESSÍVEIS** aos estrangeiros.

> **Questão original:** A UFMT não poderia ter admitido a inscrição do referido biólogo no concurso público, pois os cargos, empregos e funções públicas na administração pública federal são inacessíveis aos estrangeiros.

130. Embora o princípio da isonomia não conste expressamente do rol dos princípios da administração pública insertos na Constituição Federal (CF), esse princípio deve ser observado no trato da coisa pública, especialmente nos procedimentos licitatórios. (CESPE – 2010 – INCA – Assistente Em C&T 1 – Apoio Técnicoadministrativo).

131. Como exemplo da autonomia conferida aos estados-membros pelo pacto federativo brasileiro, **AFRONTARÁ** ao disposto na CF a hipótese de o edital de um concurso público, organizado pelo estado X, determinar que somente possa participar do certame candidato que tenha residência no próprio estado X, de forma a promover o desenvolvimento regional. (CESPE – 2010 – INCA – Analista em C&T Júnior – Direito – Legislação Pública em Saúde).

> **Questão original:** Como exemplo da autonomia conferida aos estados-membros pelo pacto federativo brasileiro, atenderá ao disposto na CF a hipótese de o edital de um concurso público, organizado pelo estado X, determinar que somente possa

participar do certame candidato que tenha residência no próprio estado X, de forma a promover o desenvolvimento regional.

132. Para efeitos de remuneração de pessoal do serviço público, a CF **VEDA** a vinculação ou equiparação de quaisquer espécies remuneratórias. (CESPE - 2010 - ANEEL - Técnico Administrativo - Área 1).

Questão original: Para efeitos de remuneração de pessoal do serviço público, a CF permite a vinculação ou equiparação de quaisquer espécies remuneratórias.

133. A administração indireta está **INCLUÍDA NA** disposição constitucional que prevê a obrigatoriedade de as funções de confiança serem exercidas exclusivamente por servidores ocupantes de cargo efetivo. (CESPE - 2010 - DETRAN-ES - Advogado).

Questão original: A administração indireta está excluída da disposição constitucional que prevê a obrigatoriedade de as funções de confiança serem exercidas exclusivamente por servidores ocupantes de cargo efetivo.

134. Considere que o estado de Goiás, na vigência da atual CF e respeitando as normas constitucionais aplicáveis, tenha criado uma autarquia estadual responsável por fomentar e regulamentar a comercialização de produtos agrícolas. A respeito dessa situação hipotética, é correto concluir que a referida autarquia foi criada por meio de uma lei estadual. (CESPE - 2010 - INCA - Assistente em Ciência e Tecnologia - Apoio Técnico Administrativo Parte II).

135. As verbas de caráter indenizatório percebidas pelos servidores públicos **NÃO** são computadas para a limitação dos vencimentos a teto remuneratório. (CESPE - 2010 - INCA - Assistente Em C&T 1 - Apoio Técnicoadministrativo).

Questão original: As verbas de caráter indenizatório percebidas pelos servidores públicos são computadas para a limitação dos vencimentos a teto remuneratório.

136. Segundo jurisprudência do STF, é possível a acumulação de proventos de aposentadoria e vencimentos de um cargo da ativa, **QUANDO** se trate de cargos, funções ou empregos acumuláveis na atividade na forma prevista na CF. (CESPE - 2010 - TRT - 21ª Região (RN) - Técnico Judiciário - Área Administrativa).

Questão original: Segundo jurisprudência do STF, não é possível a acumulação de proventos de aposentadoria e vencimentos de um cargo da ativa, ainda que se trate de cargos, funções ou empregos acumuláveis na atividade na forma prevista na CF.

137. O prazo de validade de concurso público é de até dois anos, prorrogável, uma única vez, por igual período. (CESPE - 2010 - MS - Técnico de Contabilidade).

138. Como exemplo do controle de despesas públicas que o constituinte almejou, encontra-se o de que, para a hipótese de acumulação legal de cargos, será respeitado o teto estabelecido pela CF para o serviço público. (CESPE – 2010 – INCA – Analista em C&T Júnior – Direito – Legislação Pública em Saúde).

139. A criação de subsidiárias de empresa pública e de sociedade de economia mista, assim como a participação de qualquer delas em empresa privada, depende de autorização legislativa. (CESPE – 2010 – DETRAN-ES – Advogado).

140. São imprescritíveis as ações que buscam o ressarcimento ao Erário de prejuízo causado pela prática de ato ilícito por qualquer agente, servidor ou não. (CESPE – 2010 – INCA – Assistente Em C&T 1 – Apoio Técnicoadministrativo).

141. Considere que o estado de Goiás, na vigência da atual CF e respeitando as normas constitucionais aplicáveis, tenha criado uma autarquia estadual responsável por fomentar e regulamentar a comercialização de produtos agrícolas. A respeito dessa situação hipotética, é correto concluir que a referida autarquia foi criada por meio de uma lei estadual. (CESPE – 2010 – INCA – Assistente Em C&T 1 – Apoio Técnico-administrativo).

142. Autarquias, empresas públicas e sociedades de economia mista **NÃO** podem ser criadas por ato do Poder Executivo. (CESPE – 2010 – INSS – Engenheiro Civil).

Questão original: Autarquias, empresas públicas e sociedades de economia mista podem ser criadas por ato do Poder Executivo.

143. É vedada a vinculação ou equiparação de quaisquer espécies remuneratórias para efeito de remuneração pessoal do serviço público. (CESPE – 2009 – DPE-AL – Defensor Público).

144. Atualmente, em razão de decisão do Supremo Tribunal Federal, a União, os estados, o Distrito Federal (DF) e os municípios devem instituir, no âmbito de suas competências, regime jurídico único e planos de carreira para os servidores da administração pública direta, das autarquias e das fundações públicas. (CESPE – 2009 – TCU – Analista de Controle Externo – Tecnologia da Informação – Prova 1).

145. Os servidores da administração direta e indireta – aí compreendidas as entidades de direito público e privado -, são ocupantes de cargos ou empregos. Os cargos **E OS EMPREGOS** são providos por concurso público. As funções públicas, por outro lado, são de livre provimento, cujo preenchimento depende de relações de confiança. (CESPE – 2009 – TCE-RN – Assessor Técnico Jurídico).

Questão original: Os servidores da administração direta e indireta – aí compreendidas as entidades de direito público e privado -, são ocupantes de cargos ou empregos. Os cargos são providos por concurso público, e os empregos, mediante livre contratação. As funções públicas, por outro lado, são de livre provimento, cujo preenchimento depende de relações de confiança.

146. Se uma lei federal instituir e disciplinar, para os servidores públicos de determinado órgão, autarquia ou fundação pública federal, que não são remunerados por subsídio, prêmio de produtividade a ser custeado com recursos orçamentários provenientes da economia com despesas correntes, a referida lei não será materialmente inconstitucional. (CESPE - 2009 - TCU - Analista de Controle Externo - Auditoria de Obras Públicas - Prova 1).

147. A Constituição Federal de 1988 (CF) define o prazo de validade dos concursos públicos em até dois anos e permite sua prorrogação uma vez, por igual período. (CESPE - 2009 - ANAC - Técnico Administrativo).

148. A regra constitucional do teto remuneratório se aplica às empresas públicas federais e suas subsidiárias, **APLICANDO** na hipótese **SE** receberem recursos da União para pagamento de despesas de pessoal. (CESPE - 2009 - TCU - Técnico de Controle Externo - Área Administrativa).

Questão original: A regra constitucional do teto remuneratório se aplica às empresas públicas federais e suas subsidiárias, mesmo na hipótese de não receberem recursos da União para pagamento de despesas de pessoal.

149. Está expresso na CF que as pessoas jurídicas de direito privado prestadoras de serviços públicos e as pessoas jurídicas de direito público responderão pelos danos que seus agentes, nessa qualidade, causarem a terceiros, restando assegurado o direito de regresso contra o responsável apenas nos casos de dolo **OU CULPA.** (CESPE - 2009 - TCU - Analista de Controle Externo - Medicina - Prova 1).

Questão original: Está expresso na CF que as pessoas jurídicas de direito privado prestadoras de serviços públicos e as pessoas jurídicas de direito público responderão pelos danos que seus agentes, nessa qualidade, causarem a terceiros, restando assegurado o direito de regresso contra o responsável apenas nos casos de dolo.

150. A Constituição Federal de 1988 (CF) prevê expressamente que os servidores nomeados para cargo de provimento efetivo em virtude de concurso público são estáveis após três anos de efetivo exercício. Após esse prazo, o servidor poderá perder o cargo mediante processo administrativo ou procedimento de avaliação periódica de desempenho, sendo assegurada, nesses dois casos, **O CONTRADITÓRIO E** a ampla defesa. (CESPE - 2009 - TCU - Analista de Controle Externo - Medicina - Prova 1).

Questão original: A Constituição Federal de 1988 (CF) prevê expressamente que os servidores nomeados para cargo de provimento efetivo em virtude de concurso público são estáveis após três anos de efetivo exercício. Após esse prazo, o servidor poderá perder o cargo mediante processo administrativo ou procedimento de avaliação periódica de desempenho, não sendo assegurada, nesses dois casos, por ser uma decisão da própria administração pública, a ampla defesa.

151. Na CF vigente, servidor público é o gênero, sendo espécies os **ESTATUTÁRIOS, EMPREGADO PÚBLICO E TEMPORÁRIO.** (CESPE – 2009 – MMA – Agente Administrativo).

Questão original: Na CF vigente, servidor público é o gênero, sendo espécies os civis e os militares.

152. A lei estabelecerá os prazos de prescrição para ilícitos praticados por qualquer agente, servidor ou não, que causem prejuízos ao erário, ressalvadas as respectivas ações de ressarcimento. (CESPE – 2009 – MDS – Agente Administrativo).

153. É inconstitucional a ascensão funcional como forma de investidura em cargo público, por contrariar o princípio da prévia aprovação em concurso público. (CESPE – 2009 – AGU – Advogado da União).

154. O Estado não responde civilmente pelos danos causados por atos praticados por agrupamentos de pessoas ou multidões, por se tratar de atos de terceiros que caracterizam uma excludente de causalidade, salvo quando se verificar omissão do poder público em garantir a integridade do patrimônio danificado, hipótese em que a responsabilidade civil é subjetiva. (CESPE – 2009 – TRT – 17ª Região (ES) – Analista Judiciário – Área Judiciária).

155. OS brasileiros que preencham os requisitos estabelecidos em lei podem assumir cargos, empregos e funções públicas, os quais são acessíveis a estrangeiros. (CESPE – 2009 – ANAC – Analista Administrativo).

Questão original: Apenas os brasileiros que preencham os requisitos estabelecidos em lei podem assumir cargos, empregos e funções públicas, os quais não são acessíveis a estrangeiros.

156. A CF exclui, para efeito de teto salarial do funcionalismo, as parcelas de caráter indenizatório previstas em lei. (CESPE – 2009 – TCU – Técnico de Controle Externo – Área Administrativa).

157. Caso um órgão da administração pública federal realize concurso público destinado ao provimento de 20 cargos vagos de analista de controle externo, com prazo de validade de dois anos, e, ao fim desse prazo, ainda restem candidatos aprovados no referido concurso, o mencionado órgão poderá prorrogar, **APENAS UMA VEZ MAIS, POR IGUAL PERÍODO**, a validade do certame. (CESPE - 2009 - TCU - Analista de Controle Externo - Medicina - Prova 1).

Questão original: Caso um órgão da administração pública federal realize concurso público destinado ao provimento de 20 cargos vagos de analista de controle externo, com prazo de validade de dois anos, e, ao fim desse prazo, ainda restem candidatos aprovados no referido concurso, o mencionado órgão poderá prorrogar, de forma ilimitada, a validade do certame, devendo, contudo, apresentar ao Congresso Nacional os motivos da prorrogação.

158. **NÃO É POSSÍVEL QUE** servidora pública federal, que exerça o magistério no ensino superior possa reduzir em cinco anos os requisitos de idade para aposentadoria. (CESPE - 2009 - MMA - Agente Administrativo).

Questão original: Para que uma servidora pública federal, que exerça o magistério no ensino superior possa reduzir em cinco anos os requisitos de idade para aposentadoria, ela deverá comprovar tempo de serviço exclusivo nessa função.

159. **A LEI ESTABELECERÁ**, o estabelecimento dos casos de contratação por tempo determinado para atender a necessidade temporária de excepcional interesse público. (CESPE - 2009 - ANAC - Técnico Administrativo).

Questão original: É facultado ao presidente da República, por meio de decreto, o estabelecimento dos casos de contratação por tempo determinado para atender a necessidade temporária de excepcional interesse público.

160. Se, após regular procedimento licitatório voltado à aquisição de computadores, verificar-se que, no ato da celebração do contrato, o ente público responsável pelo certame modificou diversas condições previstas expressamente no ato convocatório, essas alterações irão de encontro à CF, tendo em vista que as obras, serviços, compras e alienações, ressalvados os casos especificados na legislação, serão contratados mediante processo de licitação pública que assegure igualdade de condições a todos os concorrentes, com cláusulas que estabeleçam obrigações de pagamento, mantidas as condições efetivas da proposta, nos termos da lei. (CESPE - 2009 - TCU - Analista de Controle Externo - Medicina - Prova 1).

161. No tocante à organização do Estado brasileiro, a CF considerou os cargos, empregos e funções públicas de acesso **AOS** brasileiros natos e naturalizados. (CESPE - 2009 - TRT - 17ª Região (ES) - Técnico Judiciário - Área Administrativa).

Questão original: No tocante à organização do Estado brasileiro, a CF considerou os cargos, empregos e funções públicas de acesso exclusivo dos brasileiros natos e naturalizados.

162. Segundo a Constituição Federal, os concursos públicos serão válidos por **DOIS** anos, sendo esse prazo prorrogável por igual período. (CESPE – 2008 – MPE-RR – Oficial de Promotoria).

> **Questão original:** Segundo a Constituição Federal, os concursos públicos serão válidos por três anos, sendo esse prazo prorrogável por igual período.

163. Pedro, que nasceu em Portugal há 28 anos e reside de forma permanente em Brasília há dois anos, não requereu a cidadania brasileira. Ele é servidor público federal e requereu a incorporação de quintos de sua remuneração por meio de processo administrativo, cujo requerimento foi efetuado em 1°/6/2002. O pedido foi deferido em 7/7/2002, com base em parecer técnico, quando Pedro passou a receber a referida parcela em sua remuneração, após a publicação do ato no Diário Oficial da União. No entanto, em 1°/7/2007, o TCU instaurou tomada de contas especial para apurar a validade do ato que impôs a referida incorporação, com base em relatório de auditoria que apurou irregularidade nessa incorporação. Em 10/10/2008, o TCU determinou, por meio de acordão do qual não cabe mais recurso, a exclusão da remuneração de Pedro da referida parcela, bem como a restituição de tudo o que recebeu indevidamente a esse título e a apuração da responsabilidade administrativa do servidor que autorizou o citado pagamento. (CESPE – 2008 – MTE – Economista).

163.1 Pedro, mesmo que preenchidos os demais requisitos legais, poderia ocupar cargo público se estivesse em débito com a seguridade social.

> **Questão original:** Pedro, mesmo que preenchidos os demais requisitos legais, **NÃO** poderia ocupar cargo público se estivesse em débito com a seguridade social.

163.2 A restituição da quantia recebida indevidamente poderá ser feita de forma parcelada, independentemente do número de meses, desde que o valor de cada parcela não seja inferior a 10% da remuneração de Pedro.

163.3 Na hipótese apresentada, **NÃO** operou-se a decadência do direito de anular o ato administrativo que incorporou os quintos na remuneração de Pedro, já que **NÃO** ultrapassou o prazo de 5 anos entre a data da **PERCEPÇÃO DO PRIMEIRO PAGAMENTO, 7/7/2002**, e a **TOMADA DA CONCESSÃO EM 1°/7/2007**.

> **Questão original:** Na hipótese apresentada, operou-se a decadência do direito de anular o ato administrativo que incorporou os quintos na remuneração de Pedro, já que se ultrapassou o prazo de 5 anos entre a data da concessão do benefício, 7/7/2002, e a data do acórdão do TCU, 10/10/2008, sem que tenha havido, na espécie, qualquer interrupção no prazo.

164. É **INCONSTITUCIONAL** norma estadual determinadora de redução de vencimento de servidor público processado criminalmente. (CESPE – 2008 – PGE-ES – Procurador do Estado).

Questão original: É constitucional norma estadual determinadora de redução de vencimento de servidor público processado criminalmente.

165. A democracia não é mais a escolha dos governantes, mas, sim, a orientação sobre como se quer ser governado. Não há função sem controle. O vetor democrático é pelo pluralismo, o que justifica a existência de vários órgãos de controle. Quanto mais democrático o Estado, maior será o número de órgãos de controle. A ligação entre democracia e legitimidade está no fato de que esta é uma qualidade do poder. A legitimação está ligada ao acesso ao poder, ao exercício do poder e, finalmente, à legitimação teleológica, pelo alcance dos resultados esperados. Não basta a legitimação formal, mas, sim, a legitimação substantiva, que se faz pela participação, pela processualidade aberta e pelo resultado. Diogo de Figueiredo Moreira Neto. Palestra conferida no I Fórum Brasileiro de Controle da Administração Pública, organizado pela Editora Fórum (Belo Horizonte) na cidade do Rio de Janeiro, em 2/8/2004 (com adaptações).

Julgado improcedente, no âmbito judicial, com trânsito em julgado, um pedido de reparação de danos proposto pela União contra um servidor público, sob o fundamento de inexistência de autoria, estaria impedido o TCU, no exercício de controle da administração pública, de determinar a esse mesmo servidor a reparação do dano, pelo mesmo fato. (CESPE - 2008 - TCU - Analista de Controle Interno - Tecnologia da Informação - Prova 1).

Questão original: Julgado improcedente, no âmbito judicial, com trânsito em julgado, um pedido de reparação de danos proposto pela União contra um servidor público, sob o fundamento de inexistência de autoria, **NÃO** estaria impedido o TCU, no exercício do seu direito constitucional de controle da administração pública, de determinar a esse mesmo servidor a reparação do dano, pelo mesmo fato.

166. A regra constitucional que determina o limite máximo de remuneração e subsídio na administração pública é auto-aplicável. (CESPE - 2008 - ABIN - Agente de Inteligência).

Questão original: A regra constitucional que determina o limite máximo de remuneração e subsídio na administração pública **NÃO** é auto-aplicável.

167. O comportamento omissivo do presidente da República no que se refere à deflagração do processo legislativo para a revisão geral de vencimento dos servidores públicos não implica o dever de a União indenizar por perdas e danos. (CESPE - 2008 - INSS - Analista do Seguro Social - Direito).

168. Caso um servidor público ocupe cargo efetivo cuja remuneração seja composta do vencimento básico somado a uma gratificação de produtividade (X) e, além dessas parcelas, tal servidor faça jus a uma gratificação (Y) que **NÃO INCINDIRÁ** sobre o vencimento básico e a gratificação X, **DEVENDO AS GRATIFICAÇÕES SEREM INCIDIDAS NO VENCIMENTO BÁSICO.** (CESPE – 2008 – STJ – Analista Judiciário – Área Administrativa).

> **Questão original:** Caso um servidor público ocupe cargo efetivo cuja remuneração seja composta do vencimento básico somado a uma gratificação de produtividade (X) e, além dessas parcelas, tal servidor faça jus a uma gratificação (Y) que incida sobre o vencimento básico e a gratificação X, não haverá vício de inconstitucionalidade quanto à percepção da gratificação Y.

169. **SERIA INCONSTITUCIONAL** a lei que estabelecesse que a remuneração dos agentes de inteligência da ABIN seria vinculada à remuneração dos oficiais de inteligência, de forma que, sendo majorada a remuneração destes, a remuneração daqueles seria majorada no mesmo percentual de forma automática. (CESPE – 2008 – ABIN – Agente de Inteligência).

> **Questão original:** Não seria inconstitucional a lei que estabelecesse que a remuneração dos agentes de inteligência da ABIN seria vinculada à remuneração dos oficiais de inteligência, de forma que, sendo majorada a remuneração destes, a remuneração daqueles seria majorada no mesmo percentual de forma automática.

170. Maria, servidora pública federal, com 25 anos de idade, tomou posse e entrou em exercício no seu cargo efetivo de analista no TCU, cargo para o qual se exige formação de nível superior em qualquer área do conhecimento. Tempos depois, ela tomou posse e entrou em exercício no cargo público de professor universitário, na Universidade de Brasília (UnB). Somente um ano depois de ter tomado posse na UnB, Maria comunicou esse fato ao setor de pessoal do TCU, ocasião em que tomou posse em cargo em comissão nesse tribunal.

O exercício do cargo de analista **NÃO É** acumulável com o cargo de professor, conforme jurisprudência do STJ. (CESPE – 2008 – TCU – Analista de Controle Externo – Auditoria Governamental – Prova 1).

> **Questão original:** O exercício do cargo de analista é legalmente acumulável com o cargo de professor, conforme jurisprudência do STJ, desde que haja compatibilidade de horários.

171. As formas de participação popular na gestão da coisa pública previstas na CF incluem a autorização para a lei disciplinar a representação do usuário do serviço público contra o exercício negligente ou abusivo do cargo público. (CESPE – 2008 – STJ – Analista Judiciário – Área Administrativa).

172. Uma fundação pública federal firmou contrato de prestação de serviços com uma organização social, tendo por objeto execução de atividade contemplada no contrato de gestão, consistente na instalação de um posto de atendimento médico-hospitalar. Conforme os termos desse contrato, a fundação seria responsável pelo aporte de R$ 3.000.000,00, e a referida organização social ficaria incumbida da contratação de pessoal, do fornecimento de equipamentos e da prestação dos serviços previstos, nos termos do contrato de gestão.

O regime jurídico das fundações públicas e o das autarquias distinguem-se quanto à forma de sua criação, pois as fundações públicas, ao contrário das autarquias, não são criadas por lei e, sim, têm a sua criação autorizada por lei. (CESPE - 2008 - TCU - Analista de Controle Externo - Auditoria Governamental - Prova 1).

173. O governador de determinado estado da Federação editou medida provisória e a enviou à assembleia legislativa para discussão e eventual transformação em lei. A medida provisória concedia aumento aos servidores do Poder Executivo e criava plano de cargos e salários para os professores da rede pública estadual de ensino. Durante a tramitação do processo legislativo, um deputado estadual impetrou mandado de segurança, alegando a inconstitucionalidade da proposição legislativa, pois a concessão de aumento aos servidores do Poder Executivo, sem contemplar os demais poderes, implicaria ofensa ao princípio da isonomia e da harmonia entre os poderes.

É inconstitucional a norma que conceda aumento aos servidores do Poder Executivo, **ASSIM COMO TAMBÉM A EXTENSÃO** aos integrantes dos demais poderes. (CESPE - 2008 - TJ-CE - Analista Judiciário - Área Judiciária).

Questão original: É inconstitucional a norma que conceda aumento aos servidores do Poder Executivo, mas que não o estenda aos integrantes dos demais poderes.

174. Considere-se que Pedro, professor titular em uma universidade federal e em uma faculdade particular, tenha sido aprovado no concurso público para o cargo de analista judiciário da área médica. Nessa situação, desde que haja compatibilidade de horários e não haja contrato de dedicação exclusiva em nenhum dos cargos públicos, não há impedimento para a posse de Pedro no novo cargo. (CESPE - 2007 - TRT - 9ª REGIÃO (PR) - Analista Judiciário - Área Administrativa).

175. A noção de agência reguladora, como instituição resultante da progressiva reconformação da existência política em torno de um setor específico, e, portanto, utilizando-se um termo de Hegel, como substancialidade imediata do espírito, pode apresentar-se em uma roupagem de viés corporativo totalizante, como espaço que encarne uma facção de interessados - daí o fenômeno conhecido por captura do órgão regulador, em que há a contaminação do espaço público pelos interesses particulares de quaisquer dos partícipes como fins -, ou pode firmar-se na posição a ela designada de espaço de suspensão de particularidades do governo, do Congresso, da sociedade civil, dos usuários, das empresas, em nome de uma persona destinada a ser parte de um projeto maior de coexistência de interesses particulares. Márcio Iório Aranha. Agência reguladora e espaço público: sua funcionalidade como espaço de exercício da virtude política. In: Direito das telecomunicações: estrutura institucional regulatória e infraestrutura das telecomunicações no Brasil. Brasília: JR Gráfica, 2005 (com adaptações).

As atribuições legais dos cargos que compõem a carreira de regulação e fiscalização de serviços públicos de telecomunicações encontram fundamento na competência do Estado brasileiro, expressamente prevista no texto constitucional de 1988, de agente normativo e regulador da atividade econômica. (CESPE – 2006 – ANATEL – Analista Administrativo).

176. Com a proximidade das eleições, movimentos sindicais iniciaram intensa mobilização, com a realização de paralisações relâmpago dos servidores, com vistas a pressionar o Poder Executivo a conceder aumento de salário a essa categoria por meio de medida provisória.

A remuneração dos servidores públicos federais somente pode ser fixada ou alterada por lei específica; porém, apenas para o caso dos servidores públicos federais do Poder Executivo, é possível a utilização de medida provisória, que deve ser apreciada pelo Poder Legislativo, regra geral, no prazo máximo de 120 dias, sob pena de perda da eficácia da medida desde a sua edição. (CESPE – 2006 – ANATEL – Técnico em Regulação).

177. Os vencimentos dos cargos do Poder Legislativo e do Poder Judiciário **NÃO** podem ser superiores aos pagos pelo Poder Executivo. (CESPE – 2006 – TJ-SE – Titular de Serviços de Notas e de Registros).

> **Questão original:** Os vencimentos dos cargos do Poder Legislativo e do Poder Judiciário podem ser superiores aos pagos pelo Poder Executivo.

178. Os estrangeiros, conforme o atual sistema jurídico brasileiro, podem ser investidos em quaisquer cargos, empregos ou funções públicas, das vagas e dos cargos referentes às universidades. (CESPE – 2004 – TJ-AP – Analista Judiciário – Área Judiciária).

> **Questão original:** Os estrangeiros, conforme o atual sistema jurídico brasileiro, **NÃO** podem ser investidos em quaisquer cargos, empregos ou funções públicas, com exceção das vagas e dos cargos referentes às universidades.

179. Considere que os agentes de polícia federal e os delegados de polícia federal são servidores públicos, ocupantes de cargos de provimento efetivo, que integram a carreira policial federal e são lotados no DPF, órgão da administração pública federal direta. (CESPE – 2004 – Polícia Federal – Agente Administrativo).

179.1 Um edital de concurso público para provimento de cargo de delegado de polícia federal estabeleceu, como requisito para ingresso no cargo, a comprovação de exercício de cargo de agente de polícia federal pelo prazo mínimo de dois anos. Nessa situação, o referido requisito é inconstitucional.

179.2 Antônio ocupa cargo de psicólogo clínico no DPF. Nesse caso, Antônio pode acumular esse cargo com o de professor universitário em uma fundação pública federal, desde que haja compatibilidade de horários de trabalho.

179.3 Foi apresentado projeto de lei federal determinando a conversão de todos os cargos de agente de polícia federal em cargos comissionados. Nessa situação, a proposta do projeto de lei viola a Constituição da República.

179.4 Manoel **DEVE** ser remunerado mediante subsídio.

> **Questão original:** Manoel não pode ser remunerado mediante subsídio, pois essa forma de remuneração é reservada aos ocupantes de cargos eletivos e de cargos comissionados.

179.5 Os agentes de polícia federal entraram em greve, reivindicando reajuste salarial. Convencido pela argumentação dos grevistas, um senador da República apresentou projeto de lei que determina a equiparação do salário dos agentes de polícia federal ao salário dos delegados de polícia federal. Esse projeto propõe a criação de lei inconstitucional, pois a Constituição da República proíbe a equiparação da remuneração reivindicada.

180. As funções de confiança no serviço público somente podem ser exercidas por servidores ocupantes de cargo público de provimento efetivo. (CESPE - 2004 - TRT - 10ª REGIÃO (DF e TO) - Analista Judiciário - Área Administrativa).

181. As empresas públicas submetem-se ao mesmo regime jurídico trabalhista a que empresas privadas estão submetidas. (CESPE - 2004 - TRT - 10ª REGIÃO (DF e TO) - Analista Judiciário - Área Administrativa).

182. O TRT da 10. Região pretende realizar concurso público a para preencher cargos de analista judiciário. Nessa situação, é compatível com o texto constitucional determinação editalícia estabelecendo que o concurso será válido pelo prazo improrrogável de um ano. (CESPE - 2004 - TRT - 10ª REGIÃO (DF e TO) - Analista Judiciário - Área Judiciária).

183. A Polícia Federal é incompetente para investigar crimes cometidos contra sociedades de economia mista porque esse tipo de pessoa jurídica integra a administração pública indireta e não consta do art. 109, I, da CF/88. (CESPE - 2004 - Polícia Federal - Agente Federal da Polícia Federal - Nacional).

> **Questão original:** A Polícia Federal é incompetente para investigar crimes cometidos contra sociedades de economia mista porque esse tipo de pessoa jurídica **NÃO** integra a administração pública direta **NEM A INDIRETA.**

184. Os partidos políticos **NÃO** integram a administração pública direta. (CESPE – 2004 – TRE-AL – Técnico Judiciário – Telefonia).

Questão original: Os partidos políticos integram a administração pública direta.

185. Somente podem ser nomeadas para cargos públicos de provimento efetivo pessoas previamente aprovadas em concurso público de provas ou de provas e títulos. (CESPE – 2004 – TRE-AL – Técnico Judiciário – Telefonia).

186. Um acidente de trânsito ocorreu em território brasileiro, envolvendo um veículo de propriedade de organismo internacional vinculado à Organização das Nações Unidas (ONU) e um veículo pertencente a empresa pública do Distrito Federal, prestadora de serviço público, criada no ano de 1999. Esse veículo era dirigido por uma funcionária estrangeira daquele organismo, que estava temporariamente prestando serviços no Brasil. Ela alegou que não tinha culpa no acidente por desconhecer as especificidades da legislação de trânsito brasileira. O veículo da empresa pública era dirigido por um empregado daquela empresa. No momento do acidente, ele assinou uma declaração comprometendo-se a pagar o conserto do veículo do organismo internacional. Entretanto, não tinha a menor intenção de fazê-lo, tendo assinado o documento somente com o intuito de acalmar a condutora do veículo. Posteriormente, o laudo pericial concluiu que ambos os motoristas eram culpados pelo acidente: ela, por negligência; ele, por imperícia. (CESPE – 2003 – Instituto Rio Branco – Diplomata).

186.1 De acordo com a Constituição da República, a empresa pública referida deve ter sido **AUTORIZADA** por meio de lei federal específica. Além disso, o empregado deve ter sido contratado pelo regime da Consolidação das Leis do Trabalho, após prévia aprovação em concurso público de provas ou provas e títulos, e deve responder perante a empresa pelos prejuízos que causou, em decorrência da prática de ato considerado culposo.

Questão original: De acordo com a Constituição da República, a empresa pública referida deve ter sido criada mediante autorização dada por meio de lei federal específica. Além disso, o empregado deve ter sido contratado pelo regime da Consolidação das Leis do Trabalho, após prévia aprovação em concurso público de provas ou provas e títulos, e deve responder perante a empresa pelos prejuízos que causou, em decorrência da prática de ato considerado culposo.

186.2 De acordo com a Constituição da República, a empresa pública mencionada responde objetivamente pelos prejuízos decorrentes do acidente, sendo admissível no caso apresentado o acolhimento da alegação de culpa concorrente com vistas a obter redução do valor da indenização.

Questão original: De acordo com a Constituição da República, a empresa pública mencionada responde objetivamente pelos prejuízos decorrentes do acidente, **NÃO**

sendo admissível no caso apresentado sequer o acolhimento da alegação de culpa concorrente com vistas a obter redução do valor da indenização.

3.8 FORMAS DE ESTADO E FEDERALISMO BRASILEIRO

1. **NÃO** é admitido o direito de secessão aos estados da Federação. (CESPE - 2018 - MPE-PI - Conhecimentos Básicos - Cargos de Nível Superior).

Questão original: Em casos excepcionais, é admitido o direito de secessão aos estados da Federação.

2. A organização político-administrativa da República Federativa do Brasil compreende a União, os estados, o Distrito Federal, os municípios, todos entes federativos autônomos dotados de capacidade de autogoverno e autoadministração. (CESPE - 2018 - Instituto Rio Branco - Diplomata - Prova 1).

Questão original: A organização político-administrativa da República Federativa do Brasil compreende a União, os estados, o Distrito Federal, os municípios **E OS TERRITÓRIOS**, todos entes federativos autônomos dotados de capacidade de autogoverno e autoadministração.

3. No sistema presidencialista adotado no Brasil, o presidente, que, em regra, é escolhido pelo povo, governa por um prazo fixo e determinado e assume a chefia de Estado e de governo. (CESPE - 2018 - IPHAN - Conhecimentos Básicos - Cargos de Nível Médio).

4. Ao consagrar o modelo do federalismo **COOPERATIVO**, a CF, no que tange à distribuição de recursos orçamentários, assegurou maior grau de separação entre o poder central e as unidades federadas. (CESPE - 2017 - TCE-PE - Analista de Controle Externo - Auditoria de Contas Públicas).

Questão original: Ao consagrar o modelo do federalismo dual, a CF, no que tange à distribuição de recursos orçamentários, assegurou maior grau de separação entre o poder central e as unidades federadas.

5. A adoção do federalismo cooperativo equilibrado pela CF visa à redução das desigualdades regionais. (CESPE - 2017 - Prefeitura de Fortaleza - CE - Procurador do Município).

6. Nos termos da CF, um ente federativo **NÃO** terá o direito de secessão, isto é, de desagregar-se da Federação, seja em caso de crise institucional, seja por decisão da população diretamente interessada, mediante plebiscito. (CESPE - 2016 - ANVISA - Técnico Administrativo - Conhecimentos Específicos).

Questão original: Nos termos da CF, um ente federativo terá o direito de secessão, isto é, de desagregar-se da Federação, seja em caso de crise institucional, seja por decisão da população diretamente interessada, mediante plebiscito.

7. Segundo o entendimento jurisprudencial acerca do princípio da simetria, as normas da CF voltadas à União **PODEM** ser observadas por estados e municípios, que têm a **FACULDADE** de reproduzir os termos dessas normas nas respectivas leis fundamentais. (CESPE – 2016 – TCE-SC – Auditor Fiscal de Controle Externo – Direito).

Questão original: Segundo o entendimento jurisprudencial acerca do princípio da simetria, todas as normas da CF voltadas à União devem, igualmente, ser observadas por estados e municípios, que têm a obrigação de reproduzir os termos dessas normas nas respectivas leis fundamentais, sob pena de inconstitucionalidade por omissão.

8. São formas de **ESTADO** a federação, a confederação e o governo único. (CESPE – 2015 – MPOG – Analista em tecnologia da Informação – Conhecimentos Básicos cargo – Cargo 12).

Questão original: São formas de governo a federação, a confederação e o governo único.

9. Entre as características do Estado federal, inclui-se a possibilidade de formação de novos estados-membros e de modificação dos já existentes conforme as regras estabelecidas na CF. (CESPE – 2015 – AGU – Advogado da União).

10. Permite-se à União, aos estados e aos municípios colaborar com as igrejas quando demonstrado o interesse público, na forma da lei. (CESPE – 2015 – MPOG – Analista Técnico Administrativo – Cargo 2).

11. O Brasil adota a forma de Estado **EM FEDERAÇÃO**, em que as competências estatais são exercidas de maneira **DESCENTRALIZADA** pela unidade que concentra o poder político. (CESPE – 2015 – FUB – Auditor).

Questão original: O Brasil adota a forma de Estado unitário puro, em que as competências estatais são exercidas de maneira centralizada pela unidade que concentra o poder político.

12. O Brasil é uma república federativa presidencialista, uma vez que o seu chefe de Estado e de governo, o presidente da República, é eleito democraticamente e por tempo limitado. (CESPE – 2015 – MPOG – Analista em tecnologia da Informação – Conhecimentos Básicos cargo – Cargo 12).

13. A forma federativa de Estado adotada pela CF consiste na descentralização política e na **AUTONOMIA** dos estados-membros, os quais são capazes de se auto organizar mediante a elaboração de constituições estaduais. (CESPE - 2014 - ANATEL - Conhecimentos Básicos - Cargos 13, 14 e 15).

> **Questão original:** A forma federativa de Estado adotada pela CF consiste na descentralização política e na soberania dos estados-membros, os quais são capazes de se auto organizar mediante a elaboração de constituições estaduais.

14. De acordo com a CF, as atribuições dos entes federativos são de tal modo separadas que **NÃO** caracterizam um federalismo dual, ou seja, cada ente da Federação brasileira tem competências distintas, não se podendo falar em cooperação entre eles. (CESPE - 2014 - SUFRAMA - Nível Superior - Conhecimentos Básicos).

> **Questão original:** De acordo com a CF, as atribuições dos entes federativos são de tal modo separadas que caracterizam um federalismo dual, ou seja, cada ente da Federação brasileira tem competências distintas, não se podendo falar em cooperação entre eles.

15. A ordem constitucional brasileira não admite o chamado direito de secessão, que possibilita que os estados, o Distrito Federal e os municípios se separem do Estado Federal, preterindo suas respectivas autonomias, para formar centros independentes de poder. (CESPE - 2014 - Instituto Rio Branco - Diplomata - Prova 2).

16. O federalismo no Brasil é caracterizado como federalismo por **DESAGREGAÇÃO**, tendo surgido a partir da proclamação da República e se consolidado por meio da Constituição de 1891. (CESPE - 2014 - Câmara dos Deputados - Analista Legislativo - Consultor Legislativo Área I).

> **Questão original:** O federalismo no Brasil é caracterizado como federalismo por agregação, tendo surgido a partir da proclamação da República e se consolidado por meio da Constituição de 1891.

17. Considere que tenha sido aberta licitação para a compra de cadeiras e mesas destinadas a mobiliar uma autarquia do estado do Amazonas e que uma lei estadual exija que os móveis a serem adquiridos tenham sido fabricados na ZFM. Nessa situação, é correto afirmar que, de acordo com a jurisprudência do STF, a lei estadual viola a CF, já que esta proíbe que os entes federativos criem distinções entre brasileiros ou preferências entre si. (CESPE - 2014 - SUFRAMA - Agente Administrativo).

18. A organização político-administrativa da República Federativa do Brasil compreende os entes da Federação, que possuem a tríplice capacidade da autonomia: auto-organização, autogoverno e autoadministração. (CESPE - 2014 - CADE - Nível Superior - Conhecimentos Básicos).

19. Entre as características comuns do Estado Federal incluem-se a representação das unidades federativas no poder legislativo central, a existência de um tribunal constitucional e a intervenção para a manutenção da federação. (CESPE – 2014 – Câmara dos Deputados – Analista Legislativo – Consultor Legislativo Área I).

20. No federalismo orgânico, há uma presença marcante do ente federal, em detrimento das unidades federadas. (CESPE – 2014 – Câmara dos Deputados – Analista Legislativo – Consultor Legislativo Área I).

21. O princípio da simetria relativiza a autonomia dos estados, do Distrito Federal e dos municípios ao fixar, ainda que de maneira não absoluta, a obrigação, para esses entes, de reprodução do modelo de organização e de relação entre poderes estabelecidos pela CF em âmbito federal. (CESPE – 2014 – TJ-SE – Analista Judiciário – Direito).

22. A todos os entes federados compete zelar pela guarda da Constituição e das instituições democráticas. (CESPE – 2013 – TRT – 17ª Região (ES) – Analista Judiciário – Área Administrativa).

23. A forma federativa de Estado adotada pela CF dota os estados-membros de **AUTONOMIA**, o que lhes permite a capacidade de se auto organizarem por meio de suas próprias constituições. (CESPE – 2013 – FUB – Assistente em Administração).

> **Questão original:** A forma federativa de Estado adotada pela CF dota os estados-membros de soberania, o que lhes permite a capacidade de se auto organizarem por meio de suas próprias constituições.

24. A eleição periódica dos detentores do poder político e a responsabilidade política do chefe do Poder Executivo são características do princípio republicano. (CESPE – 2013 – PC-BA – Investigador de Polícia).

25. Pelo princípio da isonomia federativa, é vedado à União, aos estados-membros, ao Distrito Federal (DF) e aos municípios criar distinções entre os brasileiros, bem como criar preferências entre si. (CESPE – 2013 – MS – Analista Técnico – Administrativo).

26. O sistema bicameral do tipo federativo é adotado no Brasil. (CESPE – 2013 – TRT – 10ª REGIÃO (DF e TO) – Técnico Judiciário – Administrativo).

27. A organização político-administrativa do Brasil compreende a União, os estados, o Distrito Federal, os municípios. (CESPE – 2013 – CNJ – Programador de computador).

> **Questão original:** A organização político-administrativa do Brasil compreende a União, os estados, o Distrito Federal, os municípios **E OS TERRITÓRIOS.**

28. A descentralização política ocorre sempre que pessoas jurídicas de direito público concorrem com competências políticas, com soberania ou autonomia para legislar, ditar seus propósitos e governar, havendo deslocamento e distribuição entre entes políticos, o que é feito pela Constituição Federal. (CESPE - 2013 - STF - Analista Judiciário - Revisor de Texto).

29. Recusar fé aos documentos públicos inclui-se entre as vedações constitucionais de natureza federativa. (CESPE - 2013 - PC-BA - Escrivão de Polícia).

30. O Brasil adotou a forma republicana de governo e o modelo federativo de Estado que se embasa na autonomia, expressa pela capacidade destes de se auto organizarem por meio das constituições estaduais. (CESPE - 2013 - CPRM - Analista em Geociências - Direito).

> **Questão original:** O Brasil adotou a forma republicana de governo e o modelo federativo de Estado que se embasa na autonomia e na **SOBERANIA** dos estados-membros, expressa pela capacidade destes de se auto organizarem por meio das constituições estaduais.

31. A CF consagrou o princípio da indissolubilidade do Estado federal. (CESPE - 2013 - MS - Analista Técnico - Administrativo).

> **Questão original:** A CF **NÃO** consagrou o princípio da indissolubilidade do Estado federal.

32. A divisão político-administrativa interna da Federação brasileira é **MUTÁVEL**. (CESPE - 2013 - TRT - 10ª REGIÃO (DF e TO) - Técnico Judiciário - Administrativo).

> **Questão original:** A divisão político-administrativa interna da Federação brasileira é imutável.

33. O federalismo do Brasil **NÃO** é organizado de forma hierárquica, ou seja, os municípios **NÃO** estão subordinados aos respectivos estados e os estados **NÃO** estão subordinados à União. (CESPE - 2013 - ANP - Especialista em Regulação - Área I).

> **Questão original:** O federalismo do Brasil é organizado de forma hierárquica, ou seja, os municípios estão subordinados aos respectivos estados e os estados estão subordinados à União.

34. O modelo federativo de Estado adotado pelo Brasil se embasa na descentralização política e na **AUTONOMIA** dos estados-membros, que possuem competência para se auto-organizarem por meio das constituições estaduais. (CESPE - 2013 - SERPRO - Analista - Advocacia).

> **Questão original:** O modelo federativo de Estado adotado pelo Brasil se embasa na descentralização política e na soberania dos estados-membros, que possuem competência para se auto-organizarem por meio das constituições estaduais.

35. De acordo com a CF, o Brasil é um país laico, sendo vedado aos entes federativos estabelecer cultos religiosos e igrejas ou manter com eles ou seus representantes relações de dependência ou aliança, **RESSALVADA NA FORMA DA LEI, A** colaboração de interesse público. (CESPE – 2012 – ANAC – Analista Administrativo – Conhecimentos Básicos Áreas 1, 2, 3, 4 e 5).

Observação: "Art. 19, I da CF: estabelecer cultos religiosos ou igrejas, subvencioná-los, embaraçar-lhes o funcionamento ou manter com eles ou seus representantes relações de dependência ou aliança, ressalvada, na forma da lei, a colaboração de interesse público."

Questão original: De acordo com a CF, o Brasil é um país laico, sendo vedado aos entes federativos estabelecer cultos religiosos e igrejas ou manter com eles ou seus representantes relações de dependência ou aliança, inclusive colaboração de interesse público.

36. Aos estados e ao Distrito Federal não cabe manter relação de dependência ou aliança com igrejas ou cultos religiosos, ressalvada, na forma da lei, a colaboração de interesse público. (CESPE – 2012 – FNDE – Técnico em Financiamento e Execução de Programas e Projetos Educacionais).

37. É vedado à União, aos estados, ao Distrito Federal e aos municípios recusar fé a documento público. (CESPE – 2012 – ANCINE – Técnico Administrativo).

38. Com relação aos princípios do direito constitucional, julgue os itens a seguir. A Federação brasileira – formada, de acordo com o disposto na CF, pela união indissolúvel da União, dos estados-membros, do Distrito Federal e dos municípios – é um federalismo do tipo assimétrico, em razão da falta de homogeneidade entre os entes federativos. (CESPE – 2012 – MPOG – Analista de Infraestrutura – Conhecimentos Básicos – Todos os Cargos).

39. O Estado é formado por três elementos: o povo, o território e o governo soberano, constituindo este último o elemento condutor que detém e exerce o poder absoluto de autodeterminação e auto-organização emanado do povo. (CESPE – 2012 – TJ-RR – Administrador).

40. Dada a inexistência, no ordenamento jurídico nacional, do denominado direito de secessão, qualquer tentativa de um estado-membro de exercer esse direito constitui ofensa à integridade nacional, o que dá ensejo à decretação de intervenção federal. (CESPE – 2012 – Instituto Rio Branco – Diplomata – 2ª Etapa).

41. Os estados, o Distrito Federal e os municípios têm assegurada participação no resultado da exploração de petróleo ou gás natural, de outros recursos minerais em seus respectivos Territórios, plataforma continental, mar territorial ou zona econômica exclusiva, ou compensação financeira por essa exploração. (CESPE - 2012 - TJ-RR - Administrador).

42. Não viola o princípio federativo lei da União que estabeleça regras sobre a composição da jornada de trabalho dos profissionais do magistério público da educação básica de todos os entes da Federação, limitando, por exemplo, a 2/3 o desempenho das atividades de interação com os educandos. (CESPE - 2012 - FNDE - Especialista em Financiamento e Execução de Programas e Projetos Educacionais).

43. A CF conferiu a denominada tríplice capacidade - auto- organização, autogoverno e autoadministração - aos municípios. (CESPE - 2011 - TCU - Auditor Federal de Controle Externo - Auditoria Governamental; CESPE - 2011 - TCU - Auditor Federal de Controle Externo - Auditoria de Obras Públicas).

> **Questão original:** A CF **NÃO** conferiu a denominada tríplice capacidade – auto-organização, autogoverno e autoadministração – aos **MUNICÍPIO**s e aos territórios federais.

44. De acordo com a CF, a União **PODE** criar regiões de desenvolvimento visando à redução das desigualdades regionais. (CESPE - 2011 - TCU - Auditor Federal de Controle Externo - Auditoria de Obras Públicas).

> **Observação:** "Art. 43 da CF: Para efeitos administrativos, a União poderá articular sua ação em um mesmo complexo geoeconômico e social, visando a seu desenvolvimento e à redução das desigualdades regionais."

> **Questão original:** De acordo com a CF, a União e os estados-membros podem criar regiões de desenvolvimento visando à redução das desigualdades regionais.

45. A República Federativa do Brasil é representada, no plano internacional, pela União, à qual compete manter relações com Estados estrangeiros e participar de organizações internacionais, assegurar a defesa nacional, declarar a guerra e celebrar a paz. (CESPE - 2011 - STM - Analista Judiciário - Execução de Mandados - Específicos).

46. O dever que possuem os governantes de prestar contas de suas gestões decorre do princípio **REPUBLICANO**. (CESPE - 2011 - PC-ES - Perito Papiloscópico - Específicos).

> **Questão original:** O dever que possuem os governantes de prestar contas de suas gestões decorre do princípio federativo.

47. A União, os estados, os municípios e o Distrito Federal são entes federativos, diferentemente dos territórios federais, que integram a União e não são dotados de autonomia. (CESPE - 2011 - CNPQ - Assistente).

48. As capacidades de auto-organização, autogoverno, autoadministração e auto legislação reconhecidas aos estados federados exemplificam a autonomia que lhes é conferida pela Carta Constitucional. (CESPE – 2010 – MPU – Analista – Processual).

49. A União, os estados, o DF e os municípios são considerados entidades **POLÍTICAS.** (CESPE – 2010 – MS – Todos os Cargos).

> **Questão original:** A União, os estados, o DF e os municípios são considerados entidades administrativas.

50. A forma federativa de estado, caracterizada pela divisão territorial do poder, foi gravada na CF como cláusula pétrea. (CESPE – 2010 – MPS – Técnico em Comunicação Social – Relações Públicas).

51. A União e os municípios integram a organização político-administrativa da República Federativa do Brasil. (CESPE – 2010 – TRE-BA – Técnico Judiciário – Segurança Judiciária).

52. Em face da descentralização administrativa e política que caracteriza o Estado brasileiro, a República Federativa do Brasil constitui um estado **FEDERAL** descentralizado, dispondo os entes políticos estatais de autonomia para a tomada de decisão, no caso concreto, a respeito da execução das medidas adotadas pela esfera central de governo. (CESPE – 2010 – MPU – Analista – Processual).

> **Questão original:** Em face da descentralização administrativa e política que caracteriza o Estado brasileiro, a República Federativa do Brasil constitui um estado unitário descentralizado, dispondo os entes políticos estatais de autonomia para a tomada de decisão, no caso concreto, a respeito da execução das medidas adotadas pela esfera central de governo.

53. Considere que determinado estado da Federação tenha obtido aprovação tanto de sua população diretamente interessada, por meio de plebiscito, como do Congresso Nacional, por meio de lei complementar, para se desmembrar em dois estados distintos. Nesse caso, foi cumprida a exigência imposta pela Constituição para incorporação, subdivisão, desmembramento ou formação de novos estados ou territórios federais. (CESPE – 2010 – MPU – Técnico Administrativo).

54. O termo Estado republicano refere-se não apenas a organizações institucionais, mas a um compromisso social com a coisa pública, no exercício da tolerância, no respeito à identidade do homem, dentro do prisma individual (pluralismo) e cultural. (CESPE – 2009 – SECONT-ES – Auditor do Estado – Direito).

55. No tocante às hipóteses de alteração da divisão interna do território brasileiro, é correto afirmar que, na **DESMEMBRAMENTO**, há a manutenção da identidade do ente federativo primitivo, enquanto, no **SUBDIVISÃO**, tem-se o desaparecimento da personalidade jurídica do estado originário. (CESPE – 2009 – AGU – Advogado da União).

Questão original: No tocante às hipóteses de alteração da divisão interna do território brasileiro, é correto afirmar que, na subdivisão, há a manutenção da identidade do ente federativo primitivo, enquanto, no desmembramento, tem-se o desaparecimento da personalidade jurídica do estado originário.

56. O Brasil **NÃO** caracteriza-se por ser um Estado unitário, o qual **NÃO** possui governo único, **NÃO SENDO** conduzido por uma única entidade política, que exerce, de forma centralizada, o poder político. (CESPE – 2009 – TRT – 17ª Região (ES) – Analista Judiciário – Área Administrativa).

Questão original: O Brasil caracteriza-se por ser um Estado unitário, o qual possui governo único, conduzido por uma única entidade política, que exerce, de forma centralizada, o poder político.

57. Suponha que a constituição de determinado estado-membro tenha assegurado a estudantes o direito à meia-passagem nos transportes coletivos urbanos rodoviários municipais. Nessa situação, de acordo com o entendimento do STF, a previsão é **INCONSTITUCIONAL**, pois o ente estadual **NÃO** atuou no âmbito de sua competência. (CESPE – 2009 – AGU – Advogado da União).

Observação: "Art. 30, V da CF: Compete aos Municípios: organizar e prestar, diretamente ou sob regime de concessão ou permissão, os serviços públicos de interesse local, incluído o de transporte coletivo, que tem caráter essencial."

Questão original: Suponha que a constituição de determinado estado-membro tenha assegurado a estudantes o direito à meia-passagem nos transportes coletivos urbanos rodoviários municipais. Nessa situação, de acordo com o entendimento do STF, a previsão é constitucional, pois o ente estadual atuou no âmbito de sua competência, dando tratamento equânime aos estudantes em toda a sua esfera de atuação.

58. Depende de autorização a construção e a exploração de instalação portuária pública de pequeno porte. (CESPE – 2009 – ANTAQ – Analista Administrativo – Qualquer Área de Formação).

59. O direito de secessão **NÃO** pode ocorrer por meio de emenda à CF. (CESPE – 2008 – ABIN – Agente de Inteligência).

Questão original: O direito de secessão somente pode ocorrer por meio de emenda à CF, discutida e votada em cada Casa do Congresso Nacional, em dois turnos, sendo ela considerada aprovada se obtiver, em ambos, três quintos dos votos dos respectivos membros.

60. Em documento dirigido ao governo do Distrito Federal, determinada entidade religiosa sediada nessa unidade da Federação descreveu a forma como organizava seus cultos para justificar pedido de subvenção com recursos financeiros públicos. Nessa situação, o pedido **NÃO** pode ser atendido, pois a Lei Magna **NÃO** permite a subvenção de recursos financeiros públicos às entidades religiosas. Além disso, a liberdade de consciência e de crença religiosa, assegurada pela Constituição, autoriza que o respectivo culto se faça na forma como definida pelas respectivas entidades religiosas, **PODENDO TER** interferência do Estado. (CESPE – 2008 – TJ-DFT – Técnico Judiciário – Área Administrativa).

Questão original: Em documento dirigido ao governo do Distrito Federal, determinada entidade religiosa sediada nessa unidade da Federação descreveu a forma como organizava seus cultos para justificar pedido de subvenção com recursos financeiros públicos. Nessa situação, o pedido pode ser atendido, pois a Lei Magna permite a subvenção de recursos financeiros públicos às entidades religiosas, desde que essa distribuição se faça de forma igualitária e impessoal. Além disso, a liberdade de consciência e de crença religiosa, assegurada pela Constituição, autoriza que o respectivo culto se faça na forma como definida pelas respectivas entidades religiosas, sem qualquer interferência do Estado.

61. A organização político-administrativa da República Federativa do Brasil restringe-se **A UNIÃO, OS** estados, aos municípios e ao DF, todos autônomos, nos termos da CF. (CESPE – 2008 – STF – Analista Judiciário – Área Administrativa).

Questão original: A organização político-administrativa da República Federativa do Brasil restringe-se aos estados, aos municípios e ao DF, todos autônomos, nos termos da CF.

62. Com base na autonomia que lhe é reconhecida no texto constitucional, um estado federado **NÃO** pode, no texto de sua constituição estadual, atribuir ao Poder Legislativo estadual a competência para dar início ao processo legislativo das leis que disciplinem a carreira das diversas categorias de servidores públicos do referido estado. (CESPE – 2006 – ANATEL – Técnico em Regulação).

Questão original: Com base na autonomia que lhe é reconhecida no texto constitucional, um estado federado pode, no texto de sua constituição estadual, atribuir ao Poder Legislativo estadual a competência para dar início ao processo legislativo das leis que disciplinem a carreira das diversas categorias de servidores públicos do referido estado.

63. A organização político-administrativa da República Federativa do Brasil compreende a União, os estados, o Distrito Federal e os municípios, todos dotados de autonomia e aos quais a Constituição Federal atribui os poderes Legislativo, Executivo e, **RESSALVADO DF E OS MUNICÍPIOS,** Judiciário, independentes e harmônicos entre si, para o exercício das suas competências. (CESPE - 2005 - TRT - 16ª REGIÃO (MA) - Técnico Judiciário - Área Serviços Gerais).

> **Questão original:** A organização político-administrativa da República Federativa do Brasil compreende a União, os estados, o Distrito Federal e os municípios, todos dotados de autonomia e aos quais a Constituição Federal atribui os poderes Legislativo, Executivo e Judiciário, independentes e harmônicos entre si, para o exercício das suas competências.

64. Enquanto o território estatal constitui o limite espacial no qual se exerce efetiva e exclusivamente o poder de Estado, configurando o âmbito de validade jurídica, a forma de Estado é o modo de exercício desse poder em função também da unidade ou da multiplicidade organizativa. (CESPE - 2004 - STJ - Técnico Judiciário - Área Administrativa).

65. O federalismo brasileiro constitui um federalismo de **TERCEIRO** grau por ter a Constituição da República reconhecido aos municípios autonomia política, administrativa, normativa e financeira e definido suas competências privativas, regra geral, de forma expressa. (CESPE - 2004 - AGU - Advogado da União).

> **Questão original:** O federalismo brasileiro constitui um federalismo de duplo grau por ter a Constituição da República reconhecido aos municípios autonomia política, administrativa, normativa e financeira e definido suas competências privativas, regra geral, de forma expressa.

66. Enquanto os princípios federais extensíveis se identificam com normas centrais comuns à União, estados, Distrito Federal e municípios, os princípios estabelecidos são identificados difusamente no texto constitucional, restringindo-se aos estados-membros. (CESPE - 2004 - STJ - Analista Judiciário - Área Administrativa).

67. O autogoverno é característica da autonomia estadual quando pode montar autonomamente seus poderes e eleger seus representantes. (CESPE - 2004 - STJ - Analista Judiciário - Área Administrativa).

4

ORGANIZAÇÃO DOS PODERES

4.1 SEPARAÇÃO DOS PODERES

1. De acordo com o Supremo Tribunal Federal, **SERÁ DESCONSIDERADO** que um estado da Federação condicione a instauração de ação penal contra o seu governador à prévia autorização da respectiva assembleia legislativa. (CESPE - 2018 - STJ - Analista Judiciário - Oficial de Justiça Avaliador Federal).

> **Questão original:** De acordo com o Supremo Tribunal Federal, o princípio da simetria na organização dos poderes autoriza que um estado da Federação condicione a instauração de ação penal contra o seu governador à prévia autorização da respectiva assembleia legislativa.

2. De acordo com a Constituição Federal de 1988, o membro do Ministério Público Militar que atuar na primeira instância jurisdicional será processado e julgado por tribunal regional federal quando da prática de crime comum, ressalvada a competência da justiça eleitoral. (CESPE - 2018 - STM - Analista Judiciário - Área Judiciária).

3. Ao ser estabelecido, no texto constitucional, que os Poderes Legislativo, Executivo e Judiciário são independentes e harmônicos entre si, assimilaram-se ao ordenamento jurídico brasileiro as teorias da separação de poderes e de freios e contrapesos, desenvolvidas por **MONTESQUIEU**, na obra **ESPÍRITO DAS LEIS.** (CESPE - 2018 - MPE-PI - Analista Ministerial - Área Processual).

> **Questão original:** Ao ser estabelecido, no texto constitucional, que os Poderes Legislativo, Executivo e Judiciário são independentes e harmônicos entre si, assimilaram-se ao ordenamento jurídico brasileiro as teorias da separação de poderes e de freios e contrapesos, desenvolvidas por Maquiavel, na obra O Príncipe.

4. O sistema constitucional brasileiro só admite que o presidente e o vice-presidente da República sejam processados no exercício do mandato após prévia autorização **DA CÂMARA DOS DEPUTADOS.** (CESPE - 2017 - Instituto Rio Branco - Diplomata - Prova 1).

Questão original: O sistema constitucional brasileiro só admite que o presidente e o vice-presidente da República sejam processados no exercício do mandato após prévia autorização do Congresso Nacional.

5. Em caso de inadimplência estatal, não violará o pacto federativo determinação do Poder Judiciário de que se implementem políticas públicas previstas constitucionalmente. (CESPE – 2017 – TCE-PE – Analista de Controle Externo – Auditoria de Contas Públicas).

6. A permissão de exercício da função de ministro de Estado por um deputado estadual caracterizaria exceção ao princípio da separação dos poderes. (CESPE – 2017 – TCE-PE – Analista de Controle Externo – Auditoria de Contas Públicas).

7. A separação dos poderes, **NÃO IMPEDE, EXCEPCIONALMENTE EM CASO DE ABUSO,** que os requisitos de relevância e urgência, necessários à edição de medidas provisórias pelo presidente da República, sejam submetidos ao crivo do Poder Judiciário. (CESPE – 2017 – TCE-PE – Analista de Gestão – Administração).

Questão original: A regra da separação dos poderes impede que os requisitos de relevância e urgência, necessários à edição de medidas provisórias pelo presidente da República, sejam submetidos ao crivo do Poder Judiciário.

8. O princípio da separação de poderes apresenta a dimensão positiva, que traça a ordenação e a organização dos poderes constituídos, e a dimensão negativa, que fixa limites e controles na relação entre os poderes. (CESPE – 2015 – TCE-RN – Conhecimentos Básicos para o Cargo 1).

9. **OS** Poderes Legislativo, Judiciário e Executivo **SÃO** autônomos **E INDEPENDENTES** entre si. (CESPE – 2015 – FUB – Auditor).

Questão original: Embora os Poderes Legislativo, Judiciário e Executivo sejam autônomos, eles apresentam dependência técnica e política entre si, uma vez que, pelo sistema de freios e contrapesos, cada poder tem a prerrogativa de controlar o outro.

10. De acordo com a CF, o poder emana do povo, mas é dividido em três funções – executiva, legislativa e judiciária —, que, **NÃO** são impedidas de exercer **FUNÇÕES ATÍPICAS, EXCEPCIONALMENTE,** umas das outras. (CESPE – 2015 – FUB – Assistente em Administração).

Questão original: De acordo com a CF, o poder emana do povo, mas é dividido em três funções – executiva, legislativa e judiciária —, que, bem delimitadas, são impedidas de exercer competências umas das outras.

11. O princípio da separação de poderes apresenta a dimensão positiva, que traça a ordenação e a organização dos poderes constituídos, e a dimensão negativa, que fixa limites e controles na relação entre os poderes. (CESPE – 2015 – TCE-RN – Conhecimentos Básicos para o Cargo 5).

12. Apesar de a Constituição Federal de 1988 reservar a primazia da função legislativa ao Poder Legislativo, ela não lhe concedeu o monopólio dessa função, tendo sido estabelecidas outras fontes normativas primárias tanto no Executivo quanto no Judiciário. (CESPE – 2015 – Instituto Rio Branco – Diplomata – Prova 2).

13. Sendo os poderes da República independentes e harmônicos entre si, as ações praticadas pelo Poder Executivo se submetem ao crivo do Poder Legislativo, submetendo-se à apreciação **DESTE**, no caso de os atos exorbitarem a competência constitucionalmente estabelecida. (CESPE – 2014 – TC-DF – Técnico de Administração Pública).

Questão original: Sendo os poderes da República independentes e harmônicos entre si, as ações praticadas pelo Poder Executivo não se submetem ao crivo do Poder Legislativo, submetendo-se apenas excepcionalmente à apreciação do Poder Judiciário, no caso de os atos exorbitarem a competência constitucionalmente estabelecida.

14. Se, em certa ação judicial, o juízo competente impuser ao Poder Executivo determinada obrigação, sob pena de multa diária pelo seu descumprimento, tal imposição não ofenderá o princípio da separação dos poderes. (CESPE – 2014 – Câmara dos Deputados – Analista Legislativo – Consultor Legislativo Área IX).

15. Cláusula pétrea da CF, o princípio da separação dos Poderes veda qualquer emenda que tenda a suprimi-lo ou que institua a dominação de um dos Poderes por outro. (CESPE – 2014 – Instituto Rio Branco – Diplomata – Prova 2).

16. É **INCOMPATÍVEL** com a CF a criação, por estado-membro, de órgão de controle administrativo do Poder Judiciário, com a participação de representantes de todos os três poderes. (CESPE – 2014 – Câmara dos Deputados – Técnico Legislativo – Agente de Polícia Legislativa).

Observação: "Súmula 649 do STF: É inconstitucional a criação, por Constituição Estadual, de órgão de controle administrativo do Poder Judiciário do qual participem representantes de outros poderes ou entidades."

Questão original: É compatível com a CF a criação, por estado-membro, de órgão de controle administrativo do Poder Judiciário, com a participação de representantes de todos os três poderes.

17. A CF atribui grande relevância ao princípio da separação dos poderes, que constitui cláusula pétrea. Nesse sentido, o texto constitucional considera que os atos do presidente da República atentatórios à separação dos poderes configuram crime de responsabilidade, e que a União possui a prerrogativa de intervir nos estados e no DF a fim de garantir o livre exercício de qualquer dos poderes. (CESPE – 2013 – AGU – Procurador Federal).

18. Decorre do princípio constitucional fundamental da independência e harmonia entre os poderes a **POSSIBILIDADE** de que um poder exerça função típica **E ATÍPICA** de outro, podendo, por exemplo, o Poder Judiciário exercer a função administrativa. (CESPE – 2013 – PRF – Policial Rodoviário Federal).

> **Questão original:** Decorre do princípio constitucional fundamental da independência e harmonia entre os poderes a impossibilidade de que um poder exerça função típica de outro, não podendo, por exemplo, o Poder Judiciário exercer a função administrativa.

19. **SÃO** considerados Poderes da União, independentes e harmônicos entre si, o Legislativo, o Executivo, o Judiciário. (CESPE – 2013 – MS – Administrador).

> **Questão original:** Com a promulgação da Emenda Constitucional n.º 73/2013, são considerados Poderes da União, independentes e harmônicos entre si, o Legislativo, o Executivo, o Judiciário e o Tribunal de Contas.

20. A supremacia da Constituição e a missão atribuída ao Poder Judiciário na sua defesa têm papel de destaque no sistema geral de freios e contrapesos concebido pelo constitucionalismo moderno como forma de conter o poder. (CESPE – 2013 – TJ-DFT – Analista Judiciário – Oficial de Justiça Avaliador).

21. A independência entre os poderes é limitada, haja vista que a CF prevê a interferência legítima de um poder sobre o outro, nos limites estabelecidos constitucionalmente. (CESPE – 2013 – MC – Todos os Cargos – Especialidades 2 – 6, 9 – 12, 14 – 16, 18, 21 – 25).

22. **NÃO VIOLARIA** o princípio da separação de poderes norma da Constituição do Estado de Rondônia que determinasse que os conselheiros do TCE/RO fossem previamente aprovados pela assembleia legislativa do estado. (CESPE – 2013 – TCE-RO – Auditor de Controle Externo – Direito).

> **Questão original:** Violaria o princípio da separação de poderes norma da Constituição do Estado de Rondônia que determinasse que os conselheiros do TCE/RO fossem previamente aprovados pela assembleia legislativa do estado.

23. Ampara-se no princípio federativo, a instituição constitucional da União, dos estados, dos municípios, do Distrito Federal (DF) como entidades **POLÍTICO-ADMINISTRATIVAS** dotadas de autonomia. (CESPE – 2013 – PC-BA – Investigador de Polícia).

Questão original: Ampara-se no princípio federativo, a instituição constitucional da União, dos estados, dos municípios, do Distrito Federal (DF) e dos territórios como entidades políticas dotadas de autonomia.

24. O mecanismo denominado sistema de freios e contrapesos é aplicado, por exemplo, no caso da nomeação dos ministros do Supremo Tribunal Federal (STF), atribuição do presidente da República e dependente da aprovação pelo Senado Federal. (CESPE - 2013 - PRF - Policial Rodoviário Federal).

25. Embora a independência dos poderes seja limitada, a CF admite que o Poder Legislativo ou o Poder Judiciário exerçam competência **ATÍPICA** do Poder Executivo. (CESPE - 2013 - MC - Todos os Cargos - Especialidades 2 - 6, 9 - 12, 14 - 16, 18, 21 - 25).

Questão original: Embora a independência dos poderes seja limitada, a CF não admite que o Poder Legislativo ou o Poder Judiciário exerçam competência típica do Poder Executivo.

26. A função típica do Poder Judiciário é a jurisdicional, sendo-lhe **PERMITIDA** a prática **ATÍPICA** das funções administrativa e legislativa. (CESPE - 2013 - CNJ - Analista Judiciário - Área Judiciária).

Questão original: A função típica do Poder Judiciário é a jurisdicional, sendo-lhe vedada a prática das funções administrativa e legislativa, que são reservadas, por força do princípio da separação dos poderes, ao Poder Executivo e ao Poder Legislativo.

27. O princípio da separação dos poderes, um dos princípios fundamentais da Constituição Federal de 1988 (CF), é **ACEITÁVEL** o exercício de funções administrativas pelo Poder Judiciário, como, por exemplo, o registro de candidatos a cargos eletivos, a realização de pleitos eleitorais e a expedição de documentos. (CESPE - 2012 - MCT - Técnico - Tema VII).

Questão original: O princípio da separação dos poderes, um dos princípios fundamentais da Constituição Federal de 1988 (CF), é incompatível com o exercício de funções administrativas pelo Poder Judiciário, como, por exemplo, o registro de candidatos a cargos eletivos, a realização de pleitos eleitorais e a expedição de documentos.

28. O princípio da separação dos Poderes adotado no Brasil pode ser caracterizado como **FLEXÍVEL**, uma vez que os Poderes da República exercem funções típicas **E ATÍPICAS.** (CESPE - 2012 - MPOG - Analista de Infraestrutura - Conhecimentos Básicos - Todos os Cargos).

Questão original: Com relação aos princípios do direito constitucional, julgue os itens a seguir. O princípio da separação dos Poderes adotado no Brasil pode ser caracterizado como rígido, uma vez que todos os Poderes da República exercem apenas funções típicas.

29. O sistema checks and balances, criado por ingleses e norte-americanos, consiste no método de freios e contrapesos adotado no Brasil. Nesse sistema, todos os poderes do Estado desempenham funções e praticam atos que, a rigor, seriam de outro poder, de modo que um poder limita o outro. (CESPE – 2012 – TJ-RR – Administrador).

30. Norma estadual que determina a aprovação, pelo Legislativo, da indicação dos presidentes das sociedades de economia mista e empresas públicas que exploram atividade econômica colide com os princípios da harmonia e da independência entre os Poderes previstos na CF. (CESPE – 2011 – IFB – Professor – Direito).

Questão original: Norma estadual que determina a aprovação, pelo Legislativo, da indicação dos presidentes das sociedades de economia mista e empresas públicas que exploram atividade econômica **NÃO** colide com os princípios da harmonia e da independência entre os Poderes previstos na CF.

31. A clássica teoria da tripartição dos Poderes do Estado, concebida por Montesquieu e adotada no Brasil, não é absoluta, visto que a própria Constituição Federal de 1988 autoriza o desempenho, por Poder diverso, de funções que originalmente pertencem a determinado Poder. (CESPE – 2011 – Correios – Analista de Correios – Administrador).

32. Não viola o princípio constitucional da separação dos poderes a apreciação, pelo Poder Judiciário, do ato administrativo discricionário tido por ilegal e abusivo. (CESPE – 2011 – PC-ES – Perito Criminal – Específicos).

33. A função típica do Poder Legislativo é legislar, do Poder Executivo, administrar e do Poder Judiciário, exercer a jurisdição. Contudo, cada um dos poderes exerce, em pequena proporção, função que seria originariamente de outro. Isso ocorre para assegurar-se a própria autonomia institucional de cada poder e para que um poder exerça, em última instância, um controle sobre o outro, evitando-se o arbítrio e o desmando. (CESPE – 2010 – MPS – Agente Administrativo).

34. A separação dos Poderes no Brasil adota o sistema norteamericano checks and balances, segundo o qual a separação das funções estatais é **FLEXÍVEL**, admitindo interferências ou controles recíprocos. (CESPE – 2009 – TRT – 17ª Região (ES) – Analista Judiciário – Área Administrativa).

Questão original: A separação dos Poderes no Brasil adota o sistema norteamericano checks and balances, segundo o qual a separação das funções estatais é rígida, não se admitindo interferências ou controles recíprocos.

35. O ano de 2008 foi um dos dez mais quentes dos últimos 160 anos, de acordo com a Organização Mundial de Meteorologia. Em 2009, o que deve esquentar são as discussões acerca do futuro do planeta. Estão na reta final as negociações das metas para a segunda fase do Protocolo de Kyoto, o acordo global que tem o objetivo de reduzir as emissões dos gases que causam o efeito estufa. A primeira fase, que entrou em vigor de fato em 2004 e vai até 2012, estabeleceu limites de emissões apenas para os países industrializados. Na próxima etapa, todos os signatários do documento podem ser chamados a dar sua contribuição no combate ao aquecimento global – e isso inclui as estrelas emergentes China, Índia, Rússia e Brasil, que devem reduzir as emissões, significando, para muitos, frear o crescimento econômico de países que só nos últimos anos viveram uma fase de aceleração econômica. O presidente do órgão da ONU responsável por Kyoto e vencedor do Nobel da Paz de 2007, Rajendra Pachauri, refutou essa linha de raciocínio de forma categórica na mais recente negociação internacional, realizada no início de dezembro, na Polônia. Para que o aumento da temperatura média global fique no aceitável nível de 2 graus centígrados, afirmou Pachauri, a atividade econômica teria de pagar um preço modesto. "O custo seria de 3% do PIB mundial em 2030", disse ele

Para viabilizar as ações necessárias ao alcance dos objetivos propostos no Protocolo de Kyoto, cada um dos poderes da República deverá ter sua missão específica prevista pela Constituição Federal (CF), podendo **OS** poderes desenvolver as funções do Estado acometidas a outro. (CESPE - 2009 - ICMBIO - Analista Ambiental).

Questão original: Para viabilizar as ações necessárias ao alcance dos objetivos propostos no Protocolo de Kyoto, cada um dos poderes da República deverá ter sua missão específica prevista pela Constituição Federal (CF), não podendo nenhum dos poderes desenvolver as funções do Estado acometidas a outro.

36. Os poderes **NÃO** absolutos do Estado viabilizam, dentro de cada comunidade estatal concreta, o exercício dos direitos e garantias individuais e coletivos e a prática efetiva das liberdades públicas. (CESPE - 2008 - TJ-DFT - Analista Judiciário - Área Judiciária).

Questão original: Os poderes absolutos do Estado viabilizam, dentro de cada comunidade estatal concreta, o exercício dos direitos e garantias individuais e coletivos e a prática efetiva das liberdades públicas.

37. A Constituição Federal, visando, principalmente, evitar o arbítrio e o desrespeito aos direitos fundamentais do homem, previu a existência dos poderes do

Estado e do Ministério Público, independentes e harmônicos entre si, repartindo entre eles as funções estatais e prevendo prerrogativas e imunidades para que bem pudessem exercê-las, bem como criando mecanismos de controle recíprocos, sempre como garantia da perpetuidade do estado democrático de direito. Alexandre de Moraes. Direito constitucional. São Paulo: Atlas, 11.ª ed., 2002 (com adaptações).

O critério funcional de distinção entre as funções estatais brasileiras seguiu a célebre separação dos poderes que obedece à divisão tripartite. (CESPE - 2005 - ANTAQ - Técnico Administrativo).

38. O Poder Legislativo **NÃO** deve ser considerado hierarquicamente superior ao Poder Executivo. (CESPE - 2004 - Polícia Federal - Agente Federal da Polícia Federal - Nacional).

> **Questão original:** Como o princípio da legalidade submete a administração pública às leis, o Poder Legislativo deve ser considerado hierarquicamente superior ao Poder Executivo.

39. A chamada reserva jurisdicional é privativa do Poder Judiciário, **NÃO** podendo ser exercida pelo Poder Executivo ou Legislativo em função atípica. (CESPE - 2004 - STJ - Analista Judiciário - Área Administrativa).

> **Questão original:** A chamada reserva jurisdicional é privativa do Poder Judiciário, podendo excepcionalmente ser exercida pelo Poder Executivo ou Legislativo em função atípica.

4.2 PODER LEGISLATIVO

4.2.1 Congresso Nacional

1. O número de deputados é definido em lei de acordo com o número de habitantes de cada Estado e do Distrito Federal. (CESPE - 2018 - IPHAN - Auxiliar Institucional - Área 1).

> **Questão original:** O número de deputados **E DE SENADORES** é definido em lei de acordo com o número de habitantes de cada Estado e do Distrito Federal.

2. A efetivação do aproveitamento dos recursos hídricos e das riquezas minerais em terras indígenas depende de autorização do **CONGRESSO NACIONAL.** (CESPE - 2018 - ABIN - Agente de Inteligência).

Questão original: A efetivação do aproveitamento dos recursos hídricos e das riquezas minerais em terras indígenas depende de autorização do presidente da República, após consulta às comunidades afetadas.

3. Ato normativo publicado pelo presidente da República e cujo conteúdo exorbite do poder de regulamentar poderá ser sustado pelo Congresso Nacional. (CESPE - 2018 - MPU - Técnico do MPU - Administração).

4. A autorização necessária para a instituição de pesquisa de riquezas minerais em área indígena é concedida exclusivamente pelo Congresso Nacional. (CESPE - 2018 - IPHAN - Auxiliar Institucional - Área 1).

5. Cabe ao Congresso Nacional exercer, entre outras competências, a fiscalização contábil da União, mediante controle externo. (CESPE - 2018 - CGM de João Pessoa - PB - Conhecimentos Básicos - Cargos: 1, 2 e 3).

6. A criação de cargo público federal é matéria que cabe ao Congresso Nacional dispor, mas depende da sanção do presidente da República. (CESPE - 2018 - EMAP - Conhecimentos Básicos - Cargos de Nível Médio).

7. Os estados podem prever foro por prerrogativa de função aos vereadores, ressalvada a competência constitucional do tribunal do júri. (CESPE - 2018 - PGM - Manaus - AM - Procurador do Município).

8. Vereadores **NÃO POSSUEM IMUNIDADE FORMAL, OU SEJA,** poderão ser presos. (CESPE - 2018 - PGM - Manaus - AM - Procurador do Município).

Questão original: Vereadores só poderão ser presos se em flagrante de crime inafiançável.

9. Não estará abarcado pela imunidade material o vereador que ofender adversário político em entrevista em município diverso daquele no qual cumpre mandato. (CESPE - 2018 - PGM - Manaus - AM - Procurador do Município).

10. Cabe ao Congresso Nacional, por meio de decreto legislativo, a aprovação de tratados, acordos e atos internacionais que acarretem encargos ou compromissos gravosos ao patrimônio nacional. (CESPE - 2017 - Instituto Rio Branco - Diplomata - Prova 1).

11. O controle externo a cargo do Congresso Nacional é exercido com o auxílio do Tribunal de Contas da União, que possui a atribuição, de natureza **JUDICANTE**, de julgar as contas dos administradores e demais responsáveis pela gestão do dinheiro público. (CESPE - 2017 - TRF - 1ª REGIÃO - Analista Judiciário - Área Administrativa).

Questão original: O controle externo a cargo do Congresso Nacional é exercido com o auxílio do Tribunal de Contas da União, que possui a atribuição, de natureza jurisdicional, de julgar as contas dos administradores e demais responsáveis pela gestão do dinheiro público.

12. A perda do mandato de deputado ou de senador que tenha agido de maneira incompatível com o decoro parlamentar será decidida, **POR PROVOCAÇÃO**, pela presidência da Câmara dos Deputados ou do Senado Federal. (CESPE – 2017 – TRF – 1ª REGIÃO – Analista Judiciário – Oficial de Justiça Avaliador Federal).

Questão original: A perda do mandato de deputado ou de senador que tenha agido de maneira incompatível com o decoro parlamentar será decidida de ofício pela presidência da Câmara dos Deputados ou do Senado Federal.

13. Compete exclusivamente ao Congresso Nacional resolver definitivamente sobre tratados, acordos ou atos internacionais que acarretem encargos ou compromissos gravosos ao patrimônio nacional. (CESPE – 2016 – DPU – Técnico em Assuntos Educacionais).

14. Insere-se no âmbito da competência **PRIVATIVA DO SENADO FEDERAL** autorizar operações externas de natureza financeira não apenas de interesse da União, mas também dos estados, do Distrito Federal e dos municípios. (CESPE – 2016 – Instituto Rio Branco – Diplomata – Prova 2).

Observação: "Art. 52, V da CF: Compete privativamente ao Senado Federal, autorizar operações externas de natureza financeira, de interesse da União, dos Estados, do Distrito Federal, dos Territórios e dos Municípios."

Questão original: Insere-se no âmbito da competência exclusiva do Congresso Nacional autorizar operações externas de natureza financeira não apenas de interesse da União, mas também dos estados, do Distrito Federal e dos municípios.

15. Para que direitos e garantias expressos em tratados internacionais ratificados pelo Brasil sejam formalmente reconhecidos no sistema jurídico brasileiro, **É NECESSÁRIO QUE SEJA APROVADO POR QUALQUER QUE SEJA O RITO RECONHECIDO PELO ORDENAMENTO JURÍDICO BRASILEIRO.** (CESPE – 2016 – DPU – Analista Técnico – Administrativo).

Questão original: Para que direitos e garantias expressos em tratados internacionais ratificados pelo Brasil sejam formalmente reconhecidos no sistema jurídico brasileiro, é necessária a aprovação de cada Casa do Congresso Nacional, em dois turnos, por três quintos dos votos dos respectivos membros.

16. Compete ao Congresso Nacional sustar ato normativo expedido pelo Poder Executivo que exorbite do poder regulamentar. (CESPE – 2016 – DPU – Conhecimentos Básicos – Cargos 3 e 8).

17. **NÃO PERDERÁ** o mandato o deputado federal que for investido no cargo de chefe de missão diplomática temporária. (CESPE – 2016 – TCE-PA – Auxiliar Técnico de Controle Externo – Área Administrativa).

> **Questão original:** Perderá o mandato o deputado federal que for investido no cargo de chefe de missão diplomática temporária.

18. A imunidade material conferida aos parlamentares alcança a área administrativa. (CESPE – 2016 – DPU – Técnico em Assuntos Educacionais).

> **Questão original:** A imunidade material conferida aos parlamentares **NÃO** alcança a área administrativa.

19. Constatada a exorbitância de decreto do Poder Executivo em relação à lei objeto de sua regulamentação, poderá o respectivo parlamento sustar tal decreto, independentemente de haver ou não medida judicial que o autorize a tanto. (CESPE – 2016 – TCE-SC – Auditor Fiscal de Controle Externo – Direito).

20. As casas legislativas que compõem o Congresso Nacional têm a competência privativa de, por ato normativo próprio, criar, transformar ou extinguir os cargos de seus serviços. (CESPE – 2015 – MEC – Conhecimentos Básicos para todos os Cargos – Exceto para os Postos 9, 10, 11 e 16).

21. Perderá o mandato o deputado ou senador que deixar de comparecer, em cada sessão legislativa, à terça parte das sessões ordinárias da Casa a que pertencer, salvo em caso de licença ou de participação em missão devidamente autorizadas pela respectiva Casa. (CESPE – 2015 – MPOG – Técnico de Nível Superior – Cargo 22).

22. Compete exclusivamente ao Congresso Nacional julgar anualmente as contas prestadas pelo presidente da República e apreciar os relatórios sobre a execução dos planos de governo. (CESPE – 2015 – MPOG – Técnico de Nível Superior – Cargo 22).

23. Compete **PRIVATIVAMENTE AO SENADO FEDERAL** aprovar por voto secreto, após arguição em sessão secreta, **A ESCOLHA DOS CHEFES DE** missões diplomáticas de caráter permanente. (CESPE – 2015 – Instituto Rio Branco – Diplomata – Prova 2).

> **Questão original:** Compete exclusivamente ao Congresso Nacional aprovar por voto secreto, após arguição em sessão secreta, os nomes indicados pelo presidente da República para a chefia das missões diplomáticas de caráter permanente.

24. É da competência exclusiva do Congresso Nacional convocar plebiscito, caso em que é desnecessária a sanção do presidente da República. (CESPE – 2015 – TRE-GO – Técnico Judiciário – Área Administrativa).

25. As casas legislativas que compõem o Congresso Nacional têm a competência privativa de, por ato normativo próprio, criar, transformar ou extinguir os cargos de seus serviços. (CESPE – 2015 – MEC – Conhecimentos Básicos para os Postos 9, 10, 11 e 16).

26. Considere que um deputado federal tenha encaminhado ao Ministério Público notícia-crime contra autoridades judiciais e administrativas por suspeita de práticas ilícitas no âmbito de uma autarquia federal. Sob esse enfoque, quanto à abrangência e à eficácia da imunidade parlamentar material, este ato, ainda que não constitua exercício estrito do mandato parlamentar, é tutelado pela inviolabilidade parlamentar, pois guarda relação de pertinência com o poder de controle do Parlamento sobre a administração da União. (CESPE – 2015 – TCE-RN – Conhecimentos Básicos para o Cargo 5).

27. O indiciamento de deputados e senadores, no curso de inquérito policial, **DEVE** ser realizado pela polícia judiciária **COM A DEVIDA** autorização prévia do STF. (CESPE – 2015 – TCE-RN – Conhecimentos Básicos para o Cargo).

> **Questão original:** O indiciamento de deputados e senadores, no curso de inquérito policial, pode ser realizado pela polícia judiciária sem autorização prévia do STF.

28. Cabe ao Congresso Nacional, por meio de lei, **COM A SANÇÃO DO PRESIDENTE,** dispor sobre a organização do Ministério Público. (CESPE – 2014 – Câmara dos Deputados – Analista Legislativo – Consultor Legislativo – Conhecimentos Básicos).

> **Questão original:** Cabe ao Congresso Nacional, por meio de lei, dispor sobre a organização do Ministério Público e da Defensoria Pública do Distrito Federal.

29. Caso o Congresso Nacional edite uma lei prevendo a liberação do uso de certas substâncias entorpecentes e estabeleça que ela só terá eficácia após aprovação em referendo popular, a competência para **AUTORIZAR** a realização do citado referendo será do próprio Congresso Nacional. (CESPE – 2014 – Câmara dos Deputados – Analista Legislativo – Consultor Legislativo Área III; CESPE – 2014 – Câmara dos Deputados – Analista Legislativo – Consultor Legislativo Área VIII; CESPE – 2014 – Câmara dos Deputados – Analista Legislativo – Consultor Legislativo Área IX).

> **Questão original:** Caso o Congresso Nacional edite uma lei prevendo a liberação do uso de certas substâncias entorpecentes e estabeleça que ela só terá eficácia após

aprovação em referendo popular, a competência para deflagrar a realização do citado referendo será do próprio Congresso Nacional.

30. Entende-se por princípio da unidade de legislatura aquele que faz cessar, a partir de cada novo quadriênio, todos os assuntos iniciados no período imediatamente anterior. O STF, ao analisar esse tema, firmou orientação no sentido de que referido princípio não se reveste de efeito preclusivo, em processo de cassação de mandato legislativo cujos fatos motivadores tenham ocorrido em legislatura anterior. (CESPE - 2014 - Câmara dos Deputados - Analista Legislativo - Consultor Legislativo Área XXII).

31. O entendimento mais recente do STF é de que, havendo a suspensão dos direitos políticos do parlamentar condenado criminalmente por decisão judicial transitada em julgado, **NÃO** ocorre, como efeito do trânsito em julgado, a perda automática do mandato do parlamentar. (CESPE - 2014 - Câmara dos Deputados - Analista Legislativo - Consultor Legislativo Área I).

Questão original: O entendimento mais recente do STF é de que, havendo a suspensão dos direitos políticos do parlamentar condenado criminalmente por decisão judicial transitada em julgado, ocorre, como efeito do trânsito em julgado, a perda automática do mandato do parlamentar.

32. A CF conferiu às Mesas da Câmara dos Deputados e do Senado Federal o direito de requerer informações aos ministros de Estado, mas não o conferiu a parlamentares individualmente. (CESPE - 2014 - Câmara dos Deputados - Técnico Legislativo - Agente de Polícia Legislativa).

33. Cabe **EXCLUSIVAMENTE** ao Congresso Nacional, apreciar os atos de concessão e renovação de concessão de emissoras de rádio e televisão. (CESPE - 2014 - TC-DF - Analista de Administração Pública - Sistemas de TI).

Questão original: Cabe ao Congresso Nacional, com a sanção do presidente da República, apreciar os atos de concessão e renovação de concessão de emissoras de rádio e televisão, sendo essa atuação conjunta exemplo prático da aplicação da doutrina dos freios e contrapesos.

34. Constitui competência exclusiva do Congresso Nacional a sustação dos atos normativos do Poder Executivo que exorbitem do poder regulamentar ou dos limites de delegação legislativa. (CESPE - 2014 - MDIC - Agente Administrativo).

35. Considere que o Congresso Nacional, para evitar eventual compromisso gravoso ao patrimônio nacional, resolva definitivamente acerca de um tratado internacional.

Nessa situação, o ato legislativo, **DISPENSA A SANÇÃO** pelo presidente da República. (CESPE – 2014 – Polícia Federal – Conhecimentos Básicos – Nível Superior).

Questão original: Considere que o Congresso Nacional, para evitar eventual compromisso gravoso ao patrimônio nacional, resolva definitivamente acerca de um tratado internacional. Nessa situação, o ato legislativo, por ser definitivo, deve ser sancionado pelo presidente da República.

36. É de competência exclusiva do Congresso Nacional o julgamento das contas prestadas anualmente pelo presidente da República, cabendo ao Tribunal de Contas da União emitir parecer prévio sobre essas contas. (CESPE – 2014 – MDIC – Analista Técnico – Administrativo).

37. Caso o Congresso Nacional edite uma lei prevendo a liberação do uso de certas substâncias entorpecentes e estabeleça que ela só terá eficácia após aprovação em referendo popular, a competência para **AUTORIZAÇÃO** do citado referendo será do próprio Congresso Nacional. (CESPE – 2014 – Câmara dos Deputados – Analista Legislativo – Consultor Legislativo Área VII).

Questão original: Caso o Congresso Nacional edite uma lei prevendo a liberação do uso de certas substâncias entorpecentes e estabeleça que ela só terá eficácia após aprovação em referendo popular, a competência para deflagrar a realização do citado referendo será do próprio Congresso Nacional.

38. Consoante a CF, competem exclusivamente ao Congresso Nacional a fiscalização e o controle dos atos do Poder Executivo, cabendo-lhe, inclusive, escolher **PARTE DOS** ministros do Tribunal de Contas da União. (CESPE – 2014 – Câmara dos Deputados – Analista Legislativo – Consultor Legislativo – Conhecimentos Básicos).

Questão original: Consoante a CF, competem exclusivamente ao Congresso Nacional a fiscalização e o controle dos atos do Poder Executivo, cabendo-lhe, inclusive, escolher os ministros do Tribunal de Contas da União.

39. Afrontaria a CF dispositivo de Constituição estadual que previsse que a ausência do país do governador e do vice-governador, por qualquer prazo, dependeria de prévia licença da assembleia legislativa. (CESPE – 2014 – Câmara dos Deputados – Técnico Legislativo – Agente de Polícia Legislativa).

40. Se um deputado federal emitir sua opinião, fora do Congresso Nacional, e determinado cidadão sentir-se ofendido por tal opinião, **PODERÁ PLEITEAR** no âmbito legal, em defesa do cidadão, pois, nesse caso, o deputado **É** inviolável civil e penalmente pela sua opinião, por possuir imunidade parlamentar material **RELATIVA, FORA DO CONGRESSO NACIONAL.** (CESPE – 2014 – Câmara dos Deputados – Analista Legislativo – Consultor

Legislativo Área III; CESPE - 2014 - Câmara dos Deputados - Analista Legislativo - Consultor Legislativo Área VII; CESPE - 2014 - Câmara dos Deputados - Analista Legislativo - Consultor Legislativo Área VIII, CESPE - 2014 - Câmara dos Deputados - Analista Legislativo - Consultor Legislativo Área IX).

Questão original: Se um deputado federal emitir sua opinião, fora do Congresso Nacional, e determinado cidadão sentir-se ofendido por tal opinião, nada poderá ser feito, no âmbito legal, em defesa do cidadão, pois, nesse caso, o deputado será inviolável civil e penalmente pela sua opinião, por possuir imunidade parlamentar material absoluta.

41. É vedado ao deputado federal aceitar cargo ou função em empresa concessionária de serviço público, ainda que ele seja sócio da empresa. (CESPE - 2014 - Câmara dos Deputados - Analista Legislativo - Consultor Legislativo - Conhecimentos Básicos).

42. Desde a expedição do diploma, a imunidade formal protege o parlamentar contra a prisão, inclusive a civil, ressalvada a hipótese de flagrante de crime inafiançável. (CESPE - 2014 - TJ-SE - Técnico Judiciário - Área Judiciária).

43. Caso um senador federal assuma o cargo de ministro de Estado do Meio Ambiente, deverá ser convocado para assumir seu cargo no Senado Federal **SEU** suplente. (CESPE - 2014 - TC-DF - Técnico de Administração Pública).

Questão original: Caso um senador federal assuma o cargo de ministro de Estado do Meio Ambiente, deverá ser convocado para assumir seu cargo no Senado Federal suplente filiado a seu partido, ainda que, à época das eleições, tal partido tenha participado de coligação partidária.

44. Considere que um deputado federal, em entrevista a programa veiculado por rádio pertencente a empresa privada, tenha caluniado um particular, imputando-lhe a prática de determinado crime. Nessa situação, a prerrogativa da imunidade material de parlamentar não se estende a palavras ou a manifestações do congressista, posto que foram realizadas fora de sua casa legislativa, revelando-se, portanto, estranhas ao exercício do mandato legislativo. (CESPE - 2014 - Câmara dos Deputados - Analista Legislativo - Consultor Legislativo Área X).

45. Tendo em vista que as imunidades material e formal se destinam ao exercício altivo do mandato parlamentar, **NÃO** é possível estendê-las ao deputado federal que seja afastado desse cargo para exercer o cargo de ministro de Estado. (CESPE - 2014 - Câmara dos Deputados - Analista Legislativo - Consultor Legislativo Área XXII).

Questão original: Tendo em vista que as imunidades material e formal se destinam ao exercício altivo do mandato parlamentar, é possível estendê-las ao deputado federal que seja afastado desse cargo para exercer o cargo de ministro de Estado.

46. **NÃO COMPETIRÁ** ao STF apreciar, em controle de constitucionalidade, o mérito do juízo parlamentar que determinar a cassação do mandato de um deputado federal. (CESPE – 2014 – Câmara dos Deputados – Analista Legislativo – Consultor Legislativo – Conhecimentos Básicos).

> **Questão original:** Competirá ao STF apreciar, em controle de constitucionalidade, o mérito do juízo parlamentar que determinar a cassação do mandato de um deputado federal.

47. **NÃO ESTÁ RESTRITO** após o voto da maioria absoluta dos membros da Câmara dos Deputados, o **RECEBIMENTO DA DENÚNUNCIA CRIMINAL PELO** STF por crime ocorrido após a diplomação. (CESPE – 2014 – TC-DF – Técnico de Administração Pública).

> **Questão original:** Somente após o voto da maioria absoluta dos membros da Câmara dos Deputados, o STF poderá receber denúncia criminal contra deputado federal por crime ocorrido após a diplomação.

48. A Câmara dos Deputados aprovou, por unanimidade, o projeto de emenda constitucional que acaba com o voto secreto em todas as votações em sessões plenárias no Congresso Nacional. Para virar lei, o texto ainda precisa ser analisado pelos senadores, e a tramitação demorará, no mínimo, mais um mês. Parlamentares de oposição temem que esse processo demore e o projeto não seja votado logo. O Globo, capa, 4/9/2013 (com adaptações).

O texto remete ao fato de que o Parlamento brasileiro é bicameral, isto é, composto por duas casas legislativas: a Câmara dos Deputados e o Senado Federal. (CESPE – 2013 – FUB – Técnico de Tecnologia da Informação).

49. Nas convocações extraordinárias do Congresso Nacional, serão automaticamente incluídas na pauta da convocação as medidas provisórias que estejam em vigor. (CESPE – 2013 – TCU – Auditor Federal de Controle Externo).

50. O Congresso Nacional é titular de atribuição investigatória. (CESPE – 2013 – SEGESP-AL – Papiloscopista).

51. Uma legislatura compreende quatro sessões legislativas ordinárias. (CESPE – 2013 – STF – Técnico Judiciário – Tecnologia da Informação).

52. Compete exclusivamente ao Congresso Nacional escolher dois terços dos membros do Tribunal de Contas da União. **COMPETE PRIVATIVAMENTE AO SENADO FEDERAL**, por voto secreto, a escolha dos ministros do TCU indicados pelo Presidente da República. (CESPE – 2013 – TCU – Auditor Federal de Controle Externo).

> **Questão original:** Compete exclusivamente ao Congresso Nacional escolher dois terços dos membros do Tribunal de Contas da União, além de aprovar, por voto secreto, a escolha dos ministros do TCU indicados pelo Presidente da República.

53. Compete ao Congresso Nacional, com a sanção do presidente da República, dispor, entre outras matérias, sobre telecomunicações, radiodifusão, sistema tributário, arrecadação e distribuição de rendas. (CESPE - 2013 - PC-DF - Escrivão de Polícia).

54. Na CF, é expressamente estabelecido que cada legislatura tenha a duração de quatro anos. (CESPE - 2013 - DPE-DF - Defensor Público).

55. As disposições do Congresso Nacional sobre matéria financeira, cambial e monetária, instituições financeiras e suas operações **DEPENDEM** de sanção presidencial. (CESPE - 2013 - BACEN - Técnico - Conhecimentos Básicos - Áreas 1 e 2).

> **Questão original:** As disposições do Congresso Nacional sobre matéria financeira, cambial e monetária, instituições financeiras e suas operações independem de sanção presidencial.

56. Tanto deputados federais quanto senadores não poderão manter contratos com empresas concessionárias de serviços públicos **DESDE A EXPEDIÇÃO DO DIPLOMA**, devendo encerrar contratos previamente acordados, **SALVO QUANDO O CONTRATO OBEDECER AS CLÁUSULAS UNIFORMES.** (CESPE - 2013 - TCE-RS - Oficial de Controle Externo).

> **Questão original:** Tanto deputados federais quanto senadores não poderão manter contratos com empresas concessionárias de serviços públicos após a diplomação, devendo encerrar contratos previamente acordados.

57. Perderá o mandato o deputado federal ou senador que tiver os direitos políticos suspensos. (CESPE - 2013 - MS - Administrador).

58. Caso o presidente da República edite decreto que exorbite do poder regulamentar, o Congresso Nacional pode sustar o ato normativo, sem que isso implique em violação ao princípio da separação dos poderes. (CESPE - 2013 - TRT - 10ª REGIÃO (DF e TO) - Analista Judiciário - Execução de Mandados).

59. O órgão responsável pelo julgamento de deputados e senadores, a partir do momento da expedição de seus diplomas, é o **SUPREMO TRIBUNAL FEDERAL.** (CESPE - 2013 - MS - Administrador).

> **Questão original:** O órgão responsável pelo julgamento de deputados e senadores, a partir do momento da expedição de seus diplomas, é o Superior Tribunal de Justiça.

60. Cabe **AO SENADO FEDERAL E A CÂMARA DOS DEPUTADOS** eleger os membros do Conselho da República. (CESPE - 2013 - TRT - 10ª REGIÃO (DF e TO) - Técnico Judiciário - Administrativo).

Questão original: Cabe ao Congresso Nacional eleger os membros do Conselho da República.

61. Caso o presidente da República edite decreto que exorbite do poder regulamentar, o Congresso Nacional pode sustar o ato normativo, sem que isso implique em violação ao princípio da separação dos poderes. (CESPE – 2013 – TRT – 10ª REGIÃO (DF e TO) – Analista Judiciário – Execução de Mandados).

62. As imunidades formais ou processuais estão relacionadas à qualidade do **CARGO** perpetrado pelo agente público detentor de imunidades; por essa razão, no caso de crimes comuns praticados por essas autoridades, após a diplomação, a instauração de processo **INDEPENDE** de prévia autorização da casa legislativa, havendo possibilidade de suspensão do processo e do prazo prescricional por decisão do Senado Federal e da Câmara Federal ou das casas legislativas estadual e municipal, conforme a autoridade processada. (CESPE – 2013 – TJ-DFT – Analista Judiciário – Oficial de Justiça Avaliador).

Questão original: As imunidades formais ou processuais estão relacionadas à qualidade do fato perpetrado pelo agente público detentor de imunidades; por essa razão, no caso de crimes comuns praticados por essas autoridades, após a diplomação, a instauração de processo depende de prévia autorização da casa legislativa, havendo possibilidade de suspensão do processo e do prazo prescricional por decisão do Senado Federal e da Câmara Federal ou das casas legislativas estadual e municipal, conforme a autoridade processada.

63. Aos suplentes de senadores e deputados federais **NÃO** são garantidas as mesmas prerrogativas dos titulares. (CESPE – 2013 – PC-BA – Delegado de Polícia).

Questão original: Aos suplentes de senadores e deputados federais são garantidas as mesmas prerrogativas dos titulares, ainda que aqueles não estejam em exercício.

64. Ainda que as imunidades parlamentares sejam prerrogativas funcionais e não prerrogativas pessoais do detentor do mandato, elas **NÃO** alcançam os suplentes que não estejam em seu efetivo exercício. (CESPE – 2013 – TRT – 17ª Região (ES) – Técnico Judiciário – Área Administrativa).

Questão original: Ainda que as imunidades parlamentares sejam prerrogativas funcionais e não prerrogativas pessoais do detentor do mandato, elas alcançam os suplentes que não estejam em seu efetivo exercício.

65. Ao Congresso Nacional é **PERMITIDO** rejeitar tratado internacional que, firmado pelo presidente da República, verse sobre direitos humanos. (CESPE – 2013 – PG-DF – Procurador).

Questão original: Ao Congresso Nacional é vedado rejeitar tratado internacional que, firmado pelo presidente da República, verse sobre direitos humanos.

66. Cabe ao Congresso Nacional, com a sanção do presidente da República, dispor sobre a incorporação, a subdivisão ou o desmembramento de áreas de territórios ou estados, ouvidas as respectivas assembleias legislativas. (CESPE – 2012 – Câmara dos Deputados – Todos os Cargos – Conhecimentos Básicos – exceto para Técnico em Material e Patrimônio).

67. Deputado ou senador que assumir cargo de ministro de Estado, de governador de território e de secretário de Estado, do DF ou de território, assim como de secretário de prefeitura de capital ou chefe de missão diplomática temporária, não perde seu mandato. (CESPE – 2012 – Câmara dos Deputados – Analista Legislativo – Técnica Legislativa).

68. A convocação extraordinária do Congresso Nacional, nos casos e hipóteses previstos na Constituição Federal de 1988 (CF), **POR EXEMPLO**, depende de requerimento da maioria dos membros do Senado e da Câmara. (CESPE – 2012 – Câmara dos Deputados – Analista Legislativo – Técnica Legislativa).

Questão original: A convocação extraordinária do Congresso Nacional, nos casos e hipóteses previstos na Constituição Federal de 1988 (CF), depende de requerimento da maioria dos membros do Senado e da Câmara e condiciona-se à aprovação da maioria absoluta dos membros de cada uma das casas.

69. O Congresso Nacional reunir-se-á, anualmente, de **2** de fevereiro a **17** de junho e de 1.º de agosto a **22** de dezembro. Contudo, quando caírem em sábados, domingos ou feriados, as reuniões marcadas para essas datas serão transferidas para o primeiro dia útil subsequente. (CESPE – 2012 – Câmara dos Deputados – Todos os Cargos – Conhecimentos Básicos – exceto para Técnico em Material e Patrimônio).

Questão original: O Congresso Nacional reunir-se-á, anualmente, de 15 de fevereiro a 30 de junho e de 1.º de agosto a 15 de dezembro. Contudo, quando caírem em sábados, domingos ou feriados, as reuniões marcadas para essas datas serão transferidas para o primeiro dia útil subsequente.

70. **DESDE A EXPEDIÇÃO DO DIPLOMA**, deputados e senadores passarão a ser julgados perante o STF. (CESPE – 2012 – Câmara dos Deputados – Analista Legislativo – Técnica Legislativa).

Questão original: Apenas após tomarem posse em seus respectivos cargos, deputados e senadores passarão a ser julgados perante o STF.

71. É da competência exclusiva do Congresso Nacional autorizar a exploração e o aproveitamento de recursos hídricos e a pesquisa e lavra de riquezas minerais em terras indígenas. (CESPE – 2012 – Câmara dos Deputados – Analista Legislativo – Técnica Legislativa).

72. É competência indelegável do Congresso Nacional aprovar iniciativas do Poder Executivo referentes a atividades nucleares. (CESPE – 2012 – PRF – Agente Administrativo).

73. O Congresso Nacional é órgão de controle externo no que diz respeito à fiscalização contábil, financeira, orçamentária, operacional e patrimonial da União e das entidades da administração pública direta, incluindo nessa atividade de controle a administração pública indireta. (CESPE – 2012 – PRF – Técnico de Nível Superior – Classe A Padrão I).

> **Questão original:** O Congresso Nacional é órgão de controle externo no que diz respeito à fiscalização contábil, financeira, orçamentária, operacional e patrimonial da União e das entidades da administração pública direta, **NÃO** se incluindo nessa atividade de controle a administração pública indireta.

74. É da competência **PRIVATIVA DO SENADO FEDERAL** o estabelecimento de limites e condições para o montante da dívida mobiliária dos estados, do Distrito Federal **E DOS MUNICÍPIOS.** (CESPE – 2012 – Câmara dos Deputados – Analista Legislativo – Conhecimentos Básicos – Médico todas as Áreas).

> **Questão original:** É da competência exclusiva do Congresso Nacional o estabelecimento de limites e condições para o montante da dívida mobiliária dos estados e do Distrito Federal.

75. O Poder Legislativo Federal é bicameral e exercido pelo Congresso Nacional, que é composto pela Câmara dos Deputados e pelo Senado Federal. A inauguração da sessão legislativa é feita em sessão conjunta da Câmara dos Deputados e do Senado Federal. (CESPE – 2012 – PC-AL – Agente de Polícia).

76. O julgamento das contas do chefe do Poder Executivo, seja este federal, distrital, estadual ou municipal, é exclusivo do Poder Legislativo respectivo; sendo que o tribunal de contas exercerá, nesse caso, função auxiliar, limitando-se à elaboração de parecer prévio a fim de auxiliar a atuação do Poder Legislativo. (CESPE – 2012 – ANCINE – Técnico em Regulação – Atividade Cinematográfica e Audiovisual).

77. A convocação extraordinária dos congressistas **VEDA** o pagamento de parcelas indenizatórias em valor superior ao subsídio mensal. (CESPE – 2012 – TRE-RJ – Analista Judiciário – Área Administrativa).

Questão original: A convocação extraordinária dos congressistas permite o pagamento de parcelas indenizatórias em valor superior ao subsídio mensal.

78. Ressalvadas as hipóteses em que sejam convocados como cidadãos comuns, deputados e senadores não estarão obrigados a testemunhar a respeito de informações recebidas ou prestadas em razão do exercício do mandato nem sobre as pessoas que lhe confiarem, por exemplo, determinadas informações. (CESPE - 2012 - ANCINE - Técnico em Regulação - Atividade Cinematográfica e Audiovisual).

79. Ao Congresso Nacional é **PERMITIDO** controlar os atos dos entes que compõem a administração indireta. (CESPE - 2012 - ANAC - Especialista em Regulação de Aviação Civil - Área 5).

Observação: "Art. 49, X da CF: Fiscalizar e controlar, diretamente, ou por qualquer de suas Casas, os atos do Poder Executivo, incluídos os da administração indireta."

Questão original: Ao Congresso Nacional é vedado controlar os atos dos entes que compõem a administração indireta.

80. No que se refere às prerrogativas do Congresso Nacional sobre o controle político exercido sobre o Poder Executivo, destaca-se, entre as inovações trazidas pela Constituição Federal de 1988 (CF), a competência para sustar, por exemplo, instrução normativa da Secretaria da Receita Federal do Brasil que extrapole os limites do poder de regulamentação de uma lei. (CESPE - 2012 - TCE-ES - Auditor).

81. O Poder Legislativo é exercido pelo Congresso Nacional, que se compõe da Câmara dos Deputados e do Senado Federal. A Câmara dos Deputados é constituída pelos representantes **DO POVO**, eleitos pelo sistema proporcional, e o Senado Federal é composto pelos representantes **DOS ESTADOS E DO DF**, eleitos segundo o princípio majoritário. (CESPE - 2012 - TRE-RJ - Técnico Judiciário - Área Administrativa).

Questão original: O Poder Legislativo é exercido pelo Congresso Nacional, que se compõe da Câmara dos Deputados e do Senado Federal. A Câmara dos Deputados é constituída pelos representantes dos estados da Federação, eleitos pelo sistema proporcional, e o Senado Federal é composto pelos representantes do povo, eleitos segundo o princípio majoritário.

82. O Poder Legislativo **FEDERAL** é **BICAMERAL**, exercido pelo Congresso Nacional, isto é, pelas suas duas Casas, conhecidas como Senado Federal e Câmara dos Deputados. Portanto, o Poder Legislativo **ESTADUAL, DISTRITAL E MUNICIPAL** é **UNICAMERAL**, sendo este o princípio que vigora a respeito nas distintas unidades ou entes da Federação. (CESPE - 2012 - TRE-RJ - Analista Judiciário - Área Administrativa).

Questão original: O Poder Legislativo da União é exercido pelo Congresso Nacional, isto é, pelas suas duas Casas, conhecidas como Senado Federal e Câmara dos Deputados. Portanto, o Poder Legislativo federal brasileiro é bicameral, sendo este o princípio que vigora a respeito nas distintas unidades ou entes da Federação.

83. A CF outorga aos membros do Poder Legislativo da União, dos estados, do Distrito Federal garantias de inviolabilidade e de imunidade formal. (CESPE – 2012 – FNDE – Especialista em Financiamento e Execução de Programas e Projetos Educacionais).

Questão original: A CF outorga aos membros do Poder Legislativo da União, dos estados, do Distrito Federal **E DOS MUNICÍPIOS** garantias de inviolabilidade **E DE IMUNIDADE FORMAL.**

84. As funções estatais são distribuídas de maneira não exclusiva, de modo que cada poder, ao lado de suas funções típicas, igualmente, desempenha outras funções consideradas como funções atípicas. Nesse sentido, portanto, atípica é a função de fiscal da constitucionalidade dos atos normativos exercida pelo Senado Federal, quando suspende a execução, no todo ou em parte, de lei declarada inconstitucional em decisão definitiva pelo Supremo Tribunal Federal. (CESPE – 2012 – TRE-RJ – Analista Judiciário – Área Administrativa).

85. A imunidade material no âmbito do Poder Legislativo brasileiro, assim como em outros sistemas políticos comparados, acarreta a irresponsabilidade disciplinar do parlamentar por suas opiniões, palavras e votos, afastando, dessa maneira, a própria ilicitude da conduta. (CESPE – 2012 – ANCINE – Técnico em Regulação – Atividade Cinematográfica e Audiovisual).

86. As imunidades parlamentares são prerrogativas que decorrem do efetivo exercício da função parlamentar e **NÃO** estendem-se aos suplentes, **DESDE QUE** não estejam em seu efetivo exercício. (CESPE – 2012 – MPE-PI – Analista Ministerial – Área Administrativa).

Questão original: As imunidades parlamentares são prerrogativas que decorrem do efetivo exercício da função parlamentar e estendem-se aos suplentes, mesmo que estes não tenham assumido o cargo ou não estejam em seu efetivo exercício.

87. Entre as formas de controle parlamentar da administração pública está a convocação, pela Câmara dos Deputados, pelo Senado Federal ou por qualquer de suas comissões, de ministro de Estado para prestar, pessoalmente, informações sobre assunto previamente determinado, importando crime de responsabilidade a ausência sem justificação adequada. (CESPE – 2011 – TJ-ES – Analista Judiciário – Direito – Área Judiciária – específicos).

88. Os membros do Congresso Nacional poderão ser criminalmente processados sem prévia licença de sua respectiva casa. (CESPE - 2011 - PC-ES - Escrivão de Polícia - Específicos).

> **Questão original:** Os membros do Congresso Nacional **NÃO** poderão, desde a expedição do diploma, ser criminalmente processados sem prévia licença de sua respectiva casa.

89. Consiste em uma função **ATÍPICA** do Poder Legislativo julgar tanto os parlamentares quanto os demais cidadãos pelos crimes que praticarem contra o Tesouro Nacional. (CESPE - 2011 - FUB - Assistente de Administração - Específicos).

> **Questão original:** Consiste em uma função típica do Poder Legislativo julgar tanto os parlamentares quanto os demais cidadãos pelos crimes que praticarem contra o Tesouro Nacional.

90. O Senado Federal, ao julgar o processo de impeachment de presidente da República, exercerá uma função jurisdicional. (CESPE - 2011 - PC-ES - Perito Papiloscópico - Específicos).

91. O deputado ou o senador que deixar de comparecer, em cada sessão legislativa, à terça parte das sessões ordinárias da Casa a que pertencer, salvo licença ou missão por esta autorizada, perderá o mandato. (CESPE - 2010 - TRE-BA - Analista Judiciário - Taquigrafia).

92. Compete ao Congresso Nacional exercer a fiscalização contábil, financeira, orçamentária, patrimonial e operacional da União e das entidades da administração direta e indireta. (CESPE - 2010 - TRT - 21ª Região (RN) - Analista Judiciário - Área Administrativa).

93. O Poder Legislativo opera por meio do Congresso Nacional, instituição bicameral composta pela Câmara dos Deputados e pelo Senado Federal. Salvo disposição constitucional em contrário, as deliberações de cada Casa e de suas comissões serão tomadas por maioria dos votos, presente a maioria absoluta de seus membros. (CESPE - 2010 - MPU - Técnico Administrativo).

94. A Câmara dos Deputados e o Senado Federal, ou qualquer de suas comissões, podem convocar ministro de Estado ou quaisquer titulares de órgãos diretamente subordinados à Presidência da República para prestarem, pessoalmente, informações relativas a assunto previamente determinado, sendo que a ausência injustificada do convocado importará na prática de crime de responsabilidade. (CESPE - 2010 - PGM - RR - Procurador Municipal).

95. É de competência exclusiva do **CONGRESSO NACIONAL** resolver definitivamente sobre tratados, acordos ou atos internacionais que acarretem encargos ou compromissos ao patrimônio nacional. (CESPE – 2010 – TRE-BA – Analista Judiciário – Área Judiciária).

Observação: "Art. 49, I da CF: Resolver definitivamente sobre tratados, acordos ou atos internacionais que acarretem encargos ou compromissos gravosos ao patrimônio nacional."

Questão original: É de competência exclusiva do presidente da República resolver definitivamente sobre tratados, acordos ou atos internacionais que acarretem encargos ou compromissos ao patrimônio nacional.

96. Compete ao Congresso Nacional, aprovar o estado de defesa e a intervenção federal, autorizar o estado de sítio ou suspender qualquer uma dessas medidas. (CESPE – 2008 – TRT – 5ª Região (BA) – Analista Judiciário – Área Judiciária – Execução de Mandados).

Observação: "Art. 49, IV da CF: Aprovar o estado de defesa e a intervenção federal, autorizar o estado de sítio, ou suspender qualquer uma dessas medidas."

Questão original: Compete ao Congresso Nacional, **COM A SANÇÃO DO PRESIDENTE DA REPÚBLICA**, aprovar o estado de defesa e a intervenção federal, autorizar o estado de sítio ou suspender qualquer uma dessas medidas.

97. Não perderá o mandato o deputado ou senador investido no cargo de ministro de Estado, governador de território, secretário de estado, do Distrito Federal, de território, de prefeitura de capital ou chefe de missão diplomática temporária. (CESPE – 2008 – Instituto Rio Branco – Diplomata – 2ª Etapa NORTE).

98. A imunidade formal garante ao parlamentar, desde a expedição do diploma, a impossibilidade de, **SALVO EM FLAGRANTE INAFIANÇÁVEL**, ser ou permanecer preso. (CESPE – 2008 – PC-TO – Delegado de Polícia).

Observação: "Art. 53º, § 2º da CF: Desde a expedição do diploma, os membros do Congresso Nacional não poderão ser presos, salvo em flagrante de crime inafiançável. Nesse caso, os autos serão remetidos dentro de vinte e quatro horas à Casa respectiva, para que, pelo voto da maioria de seus membros, resolva sobre a prisão."

Questão original: A imunidade formal garante ao parlamentar, desde a expedição do diploma, a impossibilidade de, em qualquer caso ou circunstância, ser ou permanecer preso ou ser processado sem autorização de sua respectiva Casa legislativa.

99. Uma senadora, durante discurso proferido na tribuna do Senado Federal, mencionou, acerca de José, pessoa não componente do Parlamento, fatos que posteriormente foram utilizados pela imprensa, em diversos meios de comunicação social, para pôr sob suspeita a honradez de José. Este interpelou judicialmente a senadora para que ela prestasse os necessários esclarecimentos. (CESPE – 2006 – DPE-DF – Procurador – Assistência Judiciária – Segunda Categoria).

99.1 A garantia constitucional de que pode se servir a referida senadora se estende às entrevistas jornalísticas ou às transmissões para a imprensa do conteúdo de pronunciamentos ou de relatórios produzidos nas casas legislativas nem às declarações feitas aos meios de comunicação social, **NO QUAL SERÁ RESTRINGIDA A DENOTAR A MANIFESTAÇÃO DA TRIBUNA.**

Questão original: A garantia constitucional de que pode se servir a referida senadora não se estende às entrevistas jornalísticas ou às transmissões para a imprensa do conteúdo de pronunciamentos ou de relatórios produzidos nas casas legislativas nem às declarações feitas aos meios de comunicação social, ainda que guardem relação com a função pública.

99.2 A prerrogativa indisponível da imunidade material – que constitui garantia inerente ao desempenho da função parlamentar – não se estenderá a palavras nem a manifestações da senadora que não tenham qualquer relação com o exercício do mandato legislativo.

99.3 A garantia constitucional da imunidade parlamentar em sentido **MATERIAL**, que representa um instrumento vital destinado a viabilizar o exercício independente do mandato representativo, protege a senadora por terem as suas palavras sido proferidas dentro do Senado Federal.

Questão original: A garantia constitucional da imunidade parlamentar em sentido processual, que representa um instrumento vital destinado a viabilizar o exercício independente do mandato representativo, somente protege a senadora por terem as suas palavras sido proferidas dentro do Senado Federal.

99.4 O pedido de explicações feito por José não se justificará se à senadora for imputada a prática de declarações moralmente ofensivas, impregnadas de equivocidade ou de ambiguidade, proferidas no desempenho do mandato legislativo, ainda mais se as supostas ofensas resultarem de discurso pronunciado da tribuna parlamentar.

100. Supondo que o presidente da República, dentro da política brasileira de apoiar as ações internacionais contra o crime organizado, assine a Convenção das Nações Unidas contra o Crime Organizado Internacional, julgue os itens subsequentes.

Para que essa convenção possa ser aplicada no Brasil, é preciso, entre outros atos, da sua aprovação pelo Congresso Nacional. (CESPE – 2004 – Polícia Federal – Escrivão da Polícia Federal – Regional).

101. A Lei n.º 9.034/1995, que dispõe acerca da utilização de meios operacionais para prevenção e repressão de ações praticadas por organizações criminosas, em seu art. 2.º, determina que são permitidos, como procedimentos de investigação e formação de provas, a captação, a interceptação pelo ambiente, o registro e a análise de sinais eletromagnéticos, ópticos e acústicos, e a infiltração de agentes de polícia ou de inteligência em tarefas de investigação. Em ambos os casos, a lei destaca que os procedimentos devem ser precedidos por circunstanciada autorização judicial.

O Congresso Nacional poderia, por meio de decreto legislativo, sustar o dispositivo do Decreto do Poder Executivo que, regulamentando a referida lei, previsse a possibilidade de ser executada, em caráter excepcional, uma infiltração na organização criminosa sem prévia autorização judicial. (CESPE – 2004 – Polícia Federal – Agente Federal da Polícia Federal – Nacional).

102. A instauração de inquérito policial para apuração de crime praticado por parlamentar é compatível como o instituto da imunidade formal. (CESPE – 2004 – STJ – Analista Judiciário – Área Administrativa).

4.2.2 Câmara dos deputados

1. Compete à Câmara dos Deputados autorizar a instauração de processo contra o presidente da República, e ao Senado Federal compete o seu processamento e julgamento, nos casos de crimes de responsabilidade. (CESPE – 2018 – IPHAN – Auxiliar Institucional – Área 1).

2. O Senado Federal compõe-se de representantes eleitos pelo princípio majoritário. (CESPE – 2015 – MPOG – Técnico de Nível Superior – Cargo 22).

> **Questão original:** O Senado Federal **E A CÂMARA DOS DEPUTADOS** compõem-se de representantes eleitos pelo princípio majoritário.

3. A perda do mandato de deputado federal cujo comportamento seja incompatível com o decorro parlamentar será decidida pela Câmara dos Deputados, por maioria absoluta, mediante aprovação da respectiva Mesa ou de partido político representado no Congresso Nacional, assegurada a ampla defesa. (CESPE – 2014 – Câmara dos Deputados – Analista Legislativo – Consultor Legislativo Área XXII).

> **Questão original:** A perda do mandato de deputado federal cujo comportamento seja incompatível com o decorro parlamentar será decidida pela Câmara dos Deputados, **POR VOTO SECRETO** e maioria absoluta, mediante aprovação da respectiva Mesa ou de partido político representado no Congresso Nacional, assegurada a ampla defesa.

4. A Constituição Federal prevê que os territórios tenham representantes na Câmara dos Deputados. (CESPE – 2013 – ANTT – Conhecimentos Básicos – Nível Intermediário).

> **Questão original:** A Constituição Federal **NÃO** prevê que os territórios tenham representantes na Câmara dos Deputados.

5. A Câmara dos Deputados compõe-se de representantes **DO POVO**, eleitos segundo o princípio **PROPORCIONAL.** (CESPE – 2013 – MS – Analista Técnico – Administrativo).

> **Questão original:** A Câmara dos Deputados compõe-se de representantes dos estados e do DF, eleitos segundo o princípio majoritário.

6. Caberá **AO SENADO FEDERAL** a aprovação, após arguição pública, do nome indicado pelo presidente da República ao cargo de ministro do Tribunal de Contas da União. (CESPE – 2013 – ANTT – Conhecimentos Básicos – Nível Intermediário).

> **Questão original:** Caberá à Câmara dos Deputados a aprovação, após arguição pública, do nome indicado pelo presidente da República ao cargo de ministro do Tribunal de Contas da União.

7. Na sessão legislativa extraordinária, o Congresso Nacional somente deliberará sobre as matérias que constem da pauta da convocação. Entretanto, se houver medidas provisórias em vigor na data da convocação, serão elas automaticamente incluídas no rol das matérias a serem apreciadas. (CESPE – 2013 – STF – Técnico Judiciário – Área Administrativa).

8. Compete ao Senado aprovar a escolha do ministro do Supremo Tribunal Federal e do procurador-geral da República. (CESPE – 2013 – TRT – 17ª Região (ES) – Analista Judiciário – Área Administrativa).

> **Questão original:** Compete ao Senado aprovar a escolha do ministro do Supremo Tribunal Federal **E À CÂMARA DOS DEPUTADOS** apreciar a indicação do procurador-geral da República.

9. Enquanto o Senado Federal compõe-se de representantes dos estados e do Distrito Federal, eleitos pelo sistema majoritário, a Câmara dos Deputados compõe-se de representantes do povo, eleitos pelo sistema proporcional, em cada estado, em cada território e no Distrito Federal. (CESPE – 2013 – ANCINE – Especialista em Regulação Atividade Cinematográfica e Audiovisual – Área 3).

10. Quando um deputado federal emite sua opinião no âmbito do Congresso Nacional, ele estará inviolável, civil e penalmente, estando isento de ser enquadrado em crime de opinião. No entanto, se as palavras forem proferidas fora do Congresso Nacional, haverá a necessidade de se perquirir o vínculo de suas opiniões com a atividade política para que seja mantida a inviolabilidade. (CESPE – 2013 – CNJ – Técnico Judiciário – Área Administrativa).

11. Conforme o entendimento do STF, caso um deputado federal participe de um programa televisivo e ali teça severas críticas contra determinada política de governo, ainda que haja vinculação desse procedimento ao desempenho do mandato, não poderá ocorrer a responsabilização civil ou penal do parlamentar, ainda que suas palavras e opiniões tenham sido proferidas fora do âmbito do Congresso Nacional. (CESPE – 2013 – SERPRO – Analista – Advocacia).

12. Deputado ou senador que receba informações relacionadas ao exercício do seu mandato não é obrigado a testemunhar sobre elas nem sobre as pessoas que lhe confiaram ou receberam dele tais informações. (CESPE – 2013 – TRT – 17ª Região (ES) – Técnico Judiciário – Área Administrativa).

13. Caso determinado deputado federal, acusado de corrupção, renuncie ao seu mandato no transcurso de procedimento de cassação, a renúncia só produzirá efeitos após decisão final decorrente do referido procedimento. (CESPE – 2013 – MPU – Técnico – Tecnologia da Informação e Comunicação).

14. Caso determinado deputado federal, acusado de corrupção, renuncie ao seu mandato no transcurso de procedimento de cassação, a renúncia só produzirá efeitos após decisão final decorrente do referido procedimento. (CESPE – 2013 – MPU – Conhecimentos Básicos para o Cargo 33).

15. No caso de o presidente da República, dentro de sessenta dias após a abertura da sessão legislativa, deixar de apresentar ao Congresso Nacional suas contas relativas ao exercício anterior, caberá à Câmara dos Deputados proceder à tomada de contas. (CESPE – 2013 – STF – Técnico Judiciário – Área Administrativa).

16. Perderá o mandato o deputado federal ou senador que tiver os direitos políticos suspensos. (CESPE – 2013 – MS – Analista Administrativo).

17. Na Câmara dos Deputados, o número de representantes dos estados e do Distrito Federal é proporcional à população dessas localidades, observados o mínimo de oito e o máximo de setenta deputados federais por unidade da federação. Com relação aos territórios federais, o número de representantes eleitos é invariável, independe do número de habitantes, equivalendo a quatro deputados federais. (CESPE – 2012 – Câmara dos Deputados – Técnico Legislativo – Técnico em Radiologia).

18. Pertence à Câmara dos Deputados, de forma privativa, dispor sobre sua organização, seu funcionamento e sua polícia e sobre a criação, transformação ou extinção dos cargos, empregos e funções de seus serviços. (CESPE – 2012 – Câmara dos Deputados – Analista Legislativo – Técnica Legislativa).

19. Depende de prévia autorização da Câmara dos Deputados, por dois terços de seus membros, a instauração, tanto no âmbito do Senado Federal, por crimes de responsabilidade, como no do Supremo Tribunal Federal (STF), por crimes comuns, de processo contra o presidente e o vice-presidente da República, assim como contra ministro de Estado. (CESPE - 2012 - Câmara dos Deputados - Analista Legislativo - Técnica Legislativa).

20. Qualquer comissão da Câmara dos Deputados pode **CONVOCAR** ministros de Estado para prestar, pessoalmente, informações sobre **ASSUNTOS INERENTES A SUAS ATRIBUIÇÕES.** (CESPE - 2012 - Câmara dos Deputados - Analista Legislativo - Técnica Legislativa).

> **Questão original:** Qualquer comissão da Câmara dos Deputados pode convidar ministros de Estado e representantes de órgãos públicos para prestar, pessoalmente, informações sobre assunto previamente determinado. A convocação de ministros de Estado, porém, assim como a dos titulares de órgãos que possuem estatuto de ministério, somente pode ocorrer por decisão do plenário da casa.

21. É atribuição **DO SENADO FEDERAL** a escolha dos chefes de missão diplomática de caráter permanente. (CESPE - 2012 - ANATEL - Analista Administrativo).

> **Questão original:** É atribuição da Câmara dos Deputados a escolha dos chefes de missão diplomática de caráter permanente.

22. Compete privativamente **AO SENADO FEDERAL**, com a sanção do presidente da República, dispor sobre limites globais e condições para as operações de crédito externo e interno da União, dos estados, do DF e dos municípios, de suas autarquias e demais entidades controladas pelo poder público federal. (CESPE - 2012 - Câmara dos Deputados - Analista Legislativo - Técnica Legislativa).

> **Questão original:** Compete privativamente à Câmara dos Deputados, com a sanção do presidente da República, dispor sobre limites globais e condições para as operações de crédito externo e interno da União, dos estados, do DF e dos municípios, de suas autarquias e demais entidades controladas pelo poder público federal.

23. A eleição de membros do Conselho da República compete, **PRIVATIVAMENTE**, à Câmara dos Deputados **E SENADO FEDERAL.** (CESPE - 2012 - PRF - Agente Administrativo).

> **Questão original:** A eleição de membros do Conselho da República compete, exclusivamente, à Câmara dos Deputados.

24. A prisão do deputado é inconstitucional, visto que os deputados federais gozam de imunidade formal e não podem ser presos, **SALVO FLAGRANTE EM CRIME INAFIANÇAVEL**, a partir da expedição do diploma. (CESPE - 2012 - ANATEL - Técnico Administrativo).

Questão original: A prisão do deputado é inconstitucional, visto que os deputados federais gozam de imunidade formal e não podem ser presos, em nenhuma hipótese, a partir da expedição do diploma.

25. O número de deputados a serem eleitos em cada estado ou no Distrito Federal (DF) é estabelecido, proporcionalmente, por lei complementar, não podendo ser inferior a oito nem superior a setenta deputados. (CESPE – 2012 – Câmara dos Deputados – Analista Legislativo – Técnica Legislativa).

Questão original: O número de deputados a serem eleitos em cada estado **OU TERRITÓRIO** e no Distrito Federal (DF) é estabelecido, proporcionalmente à população de cada ente federado, por lei complementar, não podendo ser inferior a oito nem superior a setenta deputados.

26. É de competência privativa da Câmara dos Deputados a autorização para instauração de processo contra o presidente da República. (CESPE – 2012 – ANAC – Especialista em Regulação de Aviação Civil – Área 5).

27. O Senado Federal e a Câmara dos Deputados exercem individualmente competências privativas que lhes são imanentes e que devem ser desempenhadas sem a interferência da outra casa. (CESPE – 2012 – TJ-RR – Administrador).

28. A CF conferiu às Mesas da Câmara dos Deputados e do Senado Federal o direito de requerer informações aos ministros de Estado; mas os parlamentares, individualmente, não dispõem desse direito. (CESPE – 2012 – TJ-RR – Analista – Processual).

29. Os deputados e os senadores gozam de imunidade material, sendo invioláveis civil e penalmente por opiniões, palavras e votos proferidos no exercício do mandato. (CESPE – 2012 – Câmara dos Deputados – Técnico Legislativo – Técnico em Radiologia).

30. **O SENADO FEDERAL** detém competência privativa para processar e julgar o presidente da República por crime de responsabilidade. (CESPE – 2012 – Câmara dos Deputados – Técnico Legislativo – Técnico em Radiologia).

Questão original: A Câmara dos Deputados detém competência privativa para processar e julgar o presidente da República por crime de responsabilidade.

31. De acordo com a CF, o número total de deputados dos estados e do Distrito Federal, que deve ser estabelecido por lei complementar, não pode ser inferior a **OITO** nem superior a **SETENTA**. (CESPE – 2011 – MEC – Nível Superior – Conhecimentos Básicos – Todos os Cargos).

> **Questão original:** De acordo com a CF, o número total de deputados dos estados e do Distrito Federal, que deve ser estabelecido por lei complementar, não pode ser inferior a dez nem superior a oitenta.

32. O Poder Legislativo federal é bicameral e exercido pelo Congresso Nacional, que se compõe da Câmara dos Deputados e do Senado Federal. (CESPE - 2011 - TRE-ES - Técnico Judiciário - Área Administrativa - Específicos).

33. Compete exclusivamente **AO CONGRESSO NACIONAL** sustar os atos normativos do Poder Executivo que exorbitarem do poder regulamentar ou dos limites de delegação legislativa. (CESPE - 2010 - PGM - RR - Procurador Municipal).

> **Questão original:** Compete exclusivamente à Câmara dos Deputados sustar os atos normativos do Poder Executivo que exorbitarem do poder regulamentar ou dos limites de delegação legislativa.

34. Compete à Câmara dos Deputados eleger dois cidadãos brasileiros natos, com mais de trinta e cinco anos de idade, para o Conselho da República. (CESPE - 2010 - AGU - Contador).

35. O deputado federal investido temporária e precariamente no cargo de ministro de Estado está sujeito a processo disciplinar perante a Câmara dos Deputados em razão da prática de ato incompatível com o decoro parlamentar quando no cumprimento de seu mandato. (CESPE - 2010 - TRE-BA - Técnico Judiciário - Área Administrativa).

> **Questão original:** O deputado federal investido temporária e precariamente no cargo de ministro de Estado **NÃO** está sujeito a processo disciplinar perante a Câmara dos Deputados em razão da prática de ato incompatível com o decoro parlamentar quando no cumprimento de seu mandato.

36. De acordo com a Constituição Federal de 1988, o deputado federal que for investido em cargo de secretário de Estado, independentemente da pasta que assumir, **NÃO** perderá seu mandato de deputado. (CESPE - 2010 - TRE-BA - Técnico Judiciário - Área Administrativa).

> **Questão original:** De acordo com a Constituição Federal de 1988, o deputado federal que for investido em cargo de secretário de Estado, independentemente da pasta que assumir, perderá seu mandato de deputado.

37. À exceção das medidas provisórias em vigor na data da sua convocação, que serão automaticamente incluídas na pauta de convocação, o Congresso Nacional somente poderá deliberar sobre matéria para as quais foi convocado, durante as sessões legislativas extraordinárias. **VEDADO O** pagamento de parcela indenizatória. (CESPE – 2010 – INCA – Analista em C&T Júnior – Direito – Legislação Pública em Saúde).

> **Questão original:** À exceção das medidas provisórias em vigor na data da sua convocação, que serão automaticamente incluídas na pauta de convocação, o Congresso Nacional somente poderá deliberar sobre matéria para as quais foi convocado, durante as sessões legislativas extraordinárias. Essa convocação ocorre mediante pagamento de parcela indenizatória.

38. Ainda que fora do Congresso Nacional, se estiver no exercício de sua função parlamentar, o deputado federal é inviolável, civil ou penalmente, por suas palavras e opiniões. (CESPE – 2010 – TRE-BA – Técnico Judiciário – Segurança Judiciária).

39. A Câmara dos Deputados é composta de representantes do povo, eleitos, pelo sistema proporcional, em cada estado, em cada território e no DF, não podendo nenhuma unidade da Federação possuir menos de **OITO** ou mais de **SETENTA** deputados. (CESPE – 2009 – MEC – Agente Administrativo).

> **Questão original:** A Câmara dos Deputados é composta de representantes do povo, eleitos, pelo sistema proporcional, em cada estado, em cada território e no DF, não podendo nenhuma unidade da Federação possuir menos de dez ou mais de sessenta deputados.

40. Compete privativamente à Câmara dos Deputados autorizar, por dois terços de seus membros, a instauração de processo contra o presidente e o vice-presidente da República e contra os ministros de Estado. (CESPE – 2008 – TRT – 5ª Região (BA) – Analista Judiciário – Área Judiciária – Execução de Mandados).

41. A CF prevê que as Mesas da Câmara dos Deputados e do Senado Federal poderão encaminhar, por escrito, pedidos de informação a ministros de Estado, importando em crime de responsabilidade o não-atendimento do pedido no prazo de 30 dias, bem como a prestação de informações falsas. (CESPE – 2008 – MPE-RR – Promotor de Justiça).

42. Compete privativamente à Câmara dos Deputados dispor quanto a organização, funcionamento e polícia da Casa, bem como a criação, transformação ou extinção de cargos, empregos e funções na sua esfera administrativa. (CESPE – 2007 – TRT – 9ª REGIÃO (PR) – Analista Judiciário – Área Administrativa).

> **Questão original:** Compete privativamente à Câmara dos Deputados dispor quanto a organização, funcionamento e polícia da Casa, bem como a criação, transformação ou extinção de cargos, empregos e funções na sua esfera administrativa, **ALÉM DE FIXAR A REMUNERAÇÃO DE SEUS MEMBROS E SERVIDORES.**

43. Nas eleições de outubro de 2006, haverá a renovação parcial dos membros do Senado Federal e a renovação total dos membros da Câmara dos Deputados, sendo os deputados eleitos pelo sistema proporcional, em cada estado, **TERRITÓRIO E NO DF.** (CESPE - 2006 - ANATEL - Técnico em Regulação).

> **Questão original:** Nas eleições de outubro de 2006, haverá a renovação parcial dos membros do Senado Federal e a renovação total dos membros da Câmara dos Deputados, sendo os senadores e os deputados eleitos pelo sistema proporcional, em cada estado da Federação.

44. Compete privativamente **AO SENADO FEDERAL** processar e julgar o presidente e o vice-presidente da República nos crimes de responsabilidade. (CESPE - 2005 - TRT - 16ª REGIÃO (MA) - Analista Judiciário - Área Judiciária).

> **Questão original:** Compete privativamente à Câmara dos Deputados processar e julgar o presidente e o vice-presidente da República nos crimes de responsabilidade.

45. Com as mudanças nas regras do regime de previdência dos servidores públicos, diversos cargos na Polícia Federal tornaram-se vagos, em razão da aposentadoria de seus titulares. Com vistas a reduzir os gastos com pessoal, foi proposta a extinção desses cargos.

Caso a Comissão de Segurança Pública e Combate ao Crime Organizado, da Câmara dos Deputados, atendendo a requerimento de um deputado ligado à Polícia Federal, considerasse a extinção de cargos uma atitude que comprometeria a eficácia do órgão, ela poderia, **SOLICITAR** o diretor-geral da Polícia Federal para prestar, pessoalmente, informações sobre o assunto. (CESPE - 2004 - Polícia Federal - Agente da Polícia Federal - Regional).

> **Questão original:** Caso a Comissão de Segurança Pública e Combate ao Crime Organizado, da Câmara dos Deputados, atendendo a requerimento de um deputado ligado à Polícia Federal, considerasse a extinção de cargos uma atitude que comprometeria a eficácia do órgão, ela poderia, de forma fundamentada, convocar o diretor-geral da Polícia Federal para prestar, pessoalmente, informações sobre o assunto.

46. Jacob Klamstraus, cidadão alemão, passou a residir no Brasil, no ano de 1976. Nesse mesmo ano, casou-se com uma brasileira, conseguiu visto permanente e empregou-se em uma fábrica, em São Paulo. Em 1995, naturalizou-se brasileiro. Em 2000, Jacob Klamstraus, usando o seu passaporte alemão, viajou para a Alemanha, envolvendo-se, na viagem, com o tráfico internacional de drogas. Descoberto, Jacob, mesmo revel, foi processado e condenado na Alemanha. O governo alemão, no entanto, não sabia que Jacob estava no Brasil e desconhecia a sua naturalização. Em

2004, quando o governo alemão descobriu que Jacob residia no Brasil, solicitou sua extradição para cumprimento, na Alemanha, da pena a que fora condenado. (CESPE – 2004 – Polícia Federal – Escrivão da Polícia Federal – Nacional).

46.1 Se Jacob tivesse sido eleito deputado federal no ano de 2002, no caso de não ser extraditado e de vir a ser processado no Brasil por crime de tráfico internacional de entorpecentes, esse processo **NÃO** poderia ter seu andamento sustado no Supremo Tribunal Federal.

Questão original: Se Jacob tivesse sido eleito deputado federal no ano de 2002, no caso de não ser extraditado e de vir a ser processado no Brasil por crime de tráfico internacional de entorpecentes, esse processo poderia ter seu andamento sustado no Supremo Tribunal Federal.

4.2.3 Senado Federal

1. Os chefes de missão diplomática de caráter permanente, indicados pelo presidente da República, devem ser aprovados pelo Senado Federal por voto secreto, após arguição em sessão secreta. (CESPE – 2018 – Instituto Rio Branco – Diplomata – Prova 1).

2. Estabelecer limites globais e condições para o montante da dívida mobiliária dos estados é atribuição do **SENADO FEDERAL** e **INDEPENDE** da sanção do presidente da República. (CESPE – 2017 – TCE-PE – Analista de Gestão – Julgamento).

Questão original: Estabelecer limites globais e condições para o montante da dívida mobiliária dos estados é atribuição do Congresso Nacional e depende da sanção do presidente da República.

3. Compete **PRIVATIVAMENTE** ao **SENADO FEDERAL** processar e julgar o presidente e o vice-presidente da República caso estes cometam crimes de responsabilidade. (CESPE – 2017 – TRF – 1ª REGIÃO – Analista Judiciário – Área Judiciária).

Questão original: Compete exclusivamente ao Congresso Nacional processar e julgar o presidente e o vice-presidente da República caso estes cometam crimes de responsabilidade.

4. Caso o procurador-geral da República cometa homicídio qualificado, ele deverá ser processado e julgado por esse crime perante o **SUPREMO TRIBUNAL FEDERAL.** (CESPE – 2015 – MPU – Analista do MPU – Conhecimentos Básicos).

Questão original: Caso o procurador-geral da República cometa homicídio qualificado, ele deverá ser processado e julgado por esse crime perante o Senado Federal.

5. Os atos do presidente da República que atentem contra a lei orçamentária são considerados crimes de responsabilidade, nos termos da CF, e devem ser julgados pelo Senado Federal. (CESPE - 2015 - TCE-RN - Auditor).

6. A CF estabelece hipóteses nas quais compete ao Senado Federal aprovar, em votação **SECRETA** e após arguição pública, a escolha de magistrados. (CESPE - 2014 - Câmara dos Deputados - Analista Legislativo - Consultor Legislativo Área II; CESPE - 2014 - Câmara dos Deputados - Analista Legislativo - Consultor Legislativo Área XIV).

> **Questão original:** A CF estabelece hipóteses nas quais compete ao Senado Federal aprovar, em votação aberta e após arguição pública, a escolha de magistrados.

7. Considere que uma agência reguladora, ao editar um ato regulamentar, tenha criado uma obrigação não prevista em lei. Nessa situação, compete ao **CONGRESSO NACIONAL** sustar o referido ato. (CESPE - 2014 - ANATEL - Conhecimentos Básicos - Cargos 13, 14 e 15).

> **Questão original:** Considere que uma agência reguladora, ao editar um ato regulamentar, tenha criado uma obrigação não prevista em lei. Nessa situação, compete ao Senado Federal sustar o referido ato.

8. De acordo com a CF, a nomeação de diretores da ANS depende da aprovação prévia do Senado Federal. (CESPE - 2013 - ANS - Técnico em Regulação de Saúde Suplementar; CESPE - 2013 - ANS - Técnico Administrativo).

> **Questão original:** De acordo com a CF, a nomeação de diretores da ANS depende da aprovação prévia do Senado Federal; **LOGO, O SENADO FEDERAL PODE DETERMINAR A EXONERAÇÃO DE DIRETOR DA ANS, PELO VOTO DA MAIORIA ABSOLUTA DE SEUS MEMBROS.**

9. O Distrito Federal elege três senadores, para mandato de oito anos. (CESPE - 2013 - MPU - Conhecimentos Básicos para os Cargos 1 a 10 e 27 a 32).

10. Cada estado-membro e o Distrito Federal possuem três senadores. Os senadores são eleitos pelo sistema majoritário e gozam de imunidade material e formal. Somente brasileiro nato poderá ser presidente do Senado Federal. É da competência privativa do **CONGRESSO NACIONAL** escolher dois terços dos membros do TCU. (CESPE - 2013 - TCE-RO - Agente Administrativo).

> **Questão original:** Cada estado-membro e o Distrito Federal possuem três senadores. Os senadores são eleitos pelo sistema majoritário e gozam de imunidade material e formal. Somente brasileiro nato poderá ser presidente do Senado Federal. É da competência privativa do Senado Federal escolher dois terços dos membros do TCU.

11. **A CÂMARA DOS DEPUTADOS** compõe-se de representantes do povo, eleitos segundo o princípio da proporcionalidade. (CESPE – 2013 – MPU – Conhecimentos Básicos para os Cargos 1 a 10 e 27 a 32).

> **Questão original:** O Senado Federal compõe-se de representantes do povo, eleitos segundo o princípio da proporcionalidade.

12. Os ministros do Supremo Tribunal Federal e os membros do Conselho Nacional de Justiça e do Conselho Nacional do Ministério Público serão processados e julgados pelo Senado Federal nos crimes de responsabilidade. (CESPE – 2013 – STF – Técnico Judiciário – Área Administrativa).

13. **A CONSTITUIÇÃO FEDEDRAL** atribuiu ao Senado Federal a competência para suspender a execução do todo ou de parte de lei declarada inconstitucional por decisão definitiva do STF. (CESPE – 2013 – AGU – Procurador Federal).

> **Questão original:** O Congresso Nacional, mediante delegação, atribuiu ao Senado Federal a competência para suspender a execução do todo ou de parte de lei declarada inconstitucional por decisão definitiva do STF.

14. Compete privativamente ao presidente da República declarar guerra em caso de agressão estrangeira e celebrar a paz, desde que, em ambos os casos, ocorra autorização do **CONGRESSO NACIONAL.** (CESPE – 2013 – AGU – Procurador Federal).

> **Questão original:** Compete privativamente ao presidente da República declarar guerra em caso de agressão estrangeira e celebrar a paz, desde que, em ambos os casos, ocorra prévia autorização do Senado Federal.

15. Nos termos da CF, compete privativamente ao Senado Federal processar e julgar o procurador-geral da República nos crimes de responsabilidade. (CESPE – 2013 – AGU – Procurador Federal).

> **Questão original:** Nos termos da CF, compete privativamente ao Senado Federal processar e julgar o procurador-geral da República nos crimes de responsabilidade **E NAS INFRAÇÕES PENAIS COMUNS.**

16. Os ministros de Estado devem ser julgados pela prática de crimes de responsabilidade pelo Supremo Tribunal Federal, salvo se esses crimes tiverem sido cometidos de modo conexo aos praticados pelo presidente da República, caso em que o julgamento competirá ao Senado Federal. (CESPE – 2013 – TCU – Auditor Federal de Controle Externo).

17. Cada um dos vinte e seis estados da Federação mais o Distrito Federal elegem três senadores, totalizando oitenta e um senadores com mandato de oito anos, havendo para cada senador dois suplentes. (CESPE – 2012 – PRF – Agente Administrativo).

18. Compete privativamente **A CÂMARA DOS DEPUTADOS** autorizar, por dois terços de seus membros, a instauração de processo contra presidente e vice-presidente da República. (CESPE - 2012 - PC-AL - Escrivão de Polícia).

> **Questão original:** Compete privativamente ao Senado Federal autorizar, por dois terços de seus membros, a instauração de processo contra presidente e vice-presidente da República.

19. **NÃO COMPETE** ao Senado Federal processar e julgar originariamente o presidente da República nas infrações penais comuns. (CESPE - 2012 - TJ-RR - Técnico Judiciário).

> **Questão original:** Compete ao Senado Federal processar e julgar originariamente o presidente da República nas infrações penais comuns.

20. Compete privativamente ao Senado Federal processar e julgar o procurador-geral da República e o advogado-geral da União nos crimes de responsabilidade. (CESPE - 2012 - TJ-RR - Técnico Judiciário).

21. É do Senado Federal, em caráter privativo, a competência para processar e julgar os ministros de Estado nos crimes de responsabilidade, **SENDO ELES** conexos com crimes da mesma natureza, praticados pelo presidente ou pelo vice-presidente da República. (CESPE - 2012 - AGU - Advogado da União).

> **Questão original:** É do Senado Federal, em caráter privativo, a competência para processar e julgar os ministros de Estado nos crimes de responsabilidade, sejam eles crimes autônomos, sejam conexos com crimes da mesma natureza, praticados pelo presidente ou pelo vice-presidente da República.

22. Compete privativamente ao Senado Federal aprovar previamente, por voto secreto, a escolha dos chefes de missão diplomática de caráter permanente, bem como autorizar operações externas de natureza financeira, de interesse da União, dos estados, do Distrito Federal (DF), dos territórios e dos municípios. (CESPE - 2012 - Instituto Rio Branco - Diplomata - 2ª Etapa).

23. Incumbe privativamente ao Senado Federal avaliar periodicamente a funcionalidade do Sistema Tributário Nacional, em sua estrutura e seus componentes, e o desempenho das administrações tributárias da União, dos estados, do Distrito Federal e dos municípios. (CESPE - 2011 - TJ-ES - Comissário da Infância e da Juventude - Específicos).

24. Incumbe privativamente ao Senado Federal avaliar periodicamente a funcionalidade do Sistema Tributário Nacional, em sua estrutura e seus componentes, e o desempenho das administrações tributárias da União, dos estados, do Distrito Federal e dos municípios. (CESPE – 2011 – TJ-ES – Analista Judiciário – Direito – Área Judiciária – específicos).

25. O Senado Federal compõe-se de três representantes de cada estado e do Distrito Federal, eleitos segundo o princípio **MAJORITÁRIO**. A representação, nesse caso, é renovada de quatro em quatro anos, alternadamente, por um e dois terços. (CESPE – 2011 – PREVIC – Técnico Administrativo – Básicos).

Questão original: O Senado Federal compõe-se de três representantes de cada estado e do Distrito Federal, eleitos segundo o princípio proporcional. A representação, nesse caso, é renovada de quatro em quatro anos, alternadamente, por um e dois terços.

26. Compete privativamente **A CÂMARA DOS DEPUTADOS** proceder à tomada de contas do presidente da República, quando não apresentadas ao Congresso Nacional no prazo de sessenta dias após a abertura da sessão legislativa. (CESPE – 2011 – TRE-ES – Técnico Judiciário – Área Administrativa – Específicos).

Questão original: Compete privativamente ao Senado Federal proceder à tomada de contas do presidente da República, quando não apresentadas ao Congresso Nacional no prazo de sessenta dias após a abertura da sessão legislativa.

27. Os senadores, representantes dos estados e do Distrito Federal, são eleitos com três suplentes, segundo o princípio **MAJORITÁRIO**, para mandato de oito anos. (CESPE – 2010 – ABIN – Oficial Técnico de Inteligência – Área de Direito).

Questão original: Os senadores, representantes dos estados e do Distrito Federal, são eleitos com três suplentes, segundo o princípio proporcional, para mandato de oito anos.

28. É da competência exclusiva do **CONGRESSO NACIONAL** julgar anualmente as contas prestadas pelo presidente da República e apreciar os relatórios acerca da execução dos planos de governo. (CESPE – 2010 – TRT – 21ª Região (RN) – Analista Judiciário – Área Administrativa).

Questão original: É da competência exclusiva do Senado Federal julgar anualmente as contas prestadas pelo presidente da República e apreciar os relatórios acerca da execução dos planos de governo.

29. De acordo com a CF, a eleição para o Senado Federal realiza-se mediante o denominado sistema **MAJORITÁRIO.** (ESPE – 2010 – TRE-BA – Analista Judiciário – Taquigrafia).

Questão original: De acordo com a CF, a eleição para o Senado Federal realiza-se mediante o denominado sistema proporcional.

30. Para que seja instaurado processo contra ministro de Estado, é necessária autorização **DA CÂMARA DOS DEPUTADOS.** (CESPE - 2010 - TRE-BA - Técnico Judiciário - Segurança Judiciária).

Questão original: Para que seja instaurado processo contra ministro de Estado, é necessária autorização do Senado Federal.

31. É da competência exclusiva do **CONGRESSO NACIONAL** autorizar o presidente da República a se ausentar do país, quando a ausência exceder a quinze dias. (CESPE - 2010 - AGU - Contador).

Questão original: É da competência exclusiva do Senado Federal autorizar o presidente da República a se ausentar do país, quando a ausência exceder a quinze dias.

32. O Senado Federal possui 81 senadores, eleitos segundo o princípio majoritário para um mandato de oito anos, com renovação obrigatória de quatro em quatro anos, alternadamente, por um e dois terços. (CESPE - 2009 - MEC - Agente Administrativo).

33. Se o presidente da República, ao regulamentar uma lei para a sua fiel execução, exorbite dos limites legais impostos, então, nesse caso, é possível a edição de decreto legislativo por parte do **CONGRESSO NACIONAL** para sustar o dispositivo do decreto presidencial que ultrapassou os limites legais. (CESPE - 2008 - MTE - Agente Administrativo).

Questão original: Se o presidente da República, ao regulamentar uma lei para a sua fiel execução, exorbite dos limites legais impostos, então, nesse caso, é possível a edição de decreto legislativo por parte do Senado Federal para sustar o dispositivo do decreto presidencial que ultrapassou os limites legais.

34. O advogado-geral da União e os ministros de Estado, **ESTES SE CONEXOS COM O PRESIDENTE E VICE PRESIDENTE,** são julgados pelo Senado Federal nos crimes de responsabilidade. (CESPE - 2008 - STF - Analista Judiciário - Área Judiciária).

Questão original: O advogado-geral da União e os ministros de Estado são julgados pelo Senado Federal nos crimes de responsabilidade.

35. **A CÂMARA DOS DEPUTADOS** compõe-se de representantes do povo, eleitos, pelo sistema proporcional, em cada estado, em cada território e no DF. (CESPE - 2008 - TRT - 5ª Região (BA) - Analista Judiciário - Área Judiciária - Execução de Mandados).

Questão original: O Senado Federal compõe-se de representantes do povo, eleitos, pelo sistema proporcional, em cada estado, em cada território e no DF.

36. Compete privativamente **A CÂMARA DOS DEPUTADOS** autorizar, por dois terços de seus membros, a instauração de processo contra o presidente e o vice-presidente da República e os ministros de Estado. (CESPE – 2005 – TRT – 16ª REGIÃO (MA) – Analista Judiciário – Área Judiciária).

Questão original: Compete privativamente ao Senado Federal autorizar, por dois terços de seus membros, a instauração de processo contra o presidente e o vice-presidente da República e os ministros de Estado.

37. Apesar da forma federativa do Estado brasileiro, o Senado Federal tem competência para avaliar o desempenho das administrações tributárias das unidades da Federação. (CESPE – 2004 – AGU – Advogado da União).

38. Quando a dívida pública atinge patamares incompatíveis com a capacidade de pagamento do Estado, é razoável se admitir que a gestão das finanças não está centrada no equilíbrio entre as receitas e despesas, gerando expectativas negativas quanto à solvência dos compromissos assumidos pelo setor público, fato que compromete os investimentos privados e o próprio crescimento da economia. Privativamente, compete ao Senado Federal fixar, por proposta do Presidente da República, limites globais para o montante da dívida consolidada da União, dos estados, do Distrito Federal (DF) e dos municípios. (CESPE – 2004 – AGU – Advogado da União).

Questão original: Privativamente, compete ao Senado Federal fixar, por proposta do Presidente da República, limites globais para o montante da dívida consolidada da União, dos estados, do Distrito Federal (DF) e dos municípios, **NO QUAL SE INCLUEM AS DÍVIDAS ATIVAS TRIBUTÁRIA E NÃO-TRIBUTÁRIA.**

39. A Constituição Federal estabelece rigorosamente as hipóteses em que o Senado suspende os efeitos de atos normativos declarados inconstitucionais. (CESPE – 2004 – STJ – Analista Judiciário – Área Administrativa).

Questão original: A Constituição Federal estabelece rigorosamente as hipóteses em que o Senado **DECLARA INCONSTITUCIONALIDADE** e suspende os efeitos de atos normativos declarados inconstitucionais.

4.2.4 Comissões parlamentares

1. As CPI podem ser criadas pela Câmara dos Deputados e pelo Senado Federal, em conjunto ou separadamente, e detêm poderes de investigação próprios das autoridades judiciais. (CESPE – 2018 – MPU – Analista do MPU – Direito).

2. As CPI instauradas no âmbito do Congresso Nacional **NÃO** podem determinar o bloqueio dos bens de um investigado. (CESPE - 2018 - PGM - Manaus - AM - Procurador do Município).

> **Questão original:** As CPI instauradas no âmbito do Congresso Nacional podem determinar o bloqueio dos bens de um investigado.

3. As comissões parlamentares de inquérito, têm os mesmos poderes instrutórios que os magistrados possuem durante a instrução processual penal, com a diferença de que **NÃO** há a possibilidade de exercê-los fora dos limites constitucionais impostos ao Poder Judiciário. (CESPE - 2018 - CGM de João Pessoa - PB - Técnico Municipal de Controle Interno - Geral).

> **Questão original:** As comissões parlamentares de inquérito, em regra, têm os mesmos poderes instrutórios que os magistrados possuem durante a instrução processual penal, com a diferença de que há a possibilidade de exercê-los fora dos limites constitucionais impostos ao Poder Judiciário.

4. Toda CPI **NÃO** tem autonomia para, após a apuração do fato que determinou a sua criação, promover a responsabilização civil ou criminal de infrator. (CESPE - 2018 - MPU - Analista do MPU - Direito).

> **Questão original:** Toda CPI tem autonomia para, após a apuração do fato que determinou a sua criação, promover a responsabilização civil ou criminal de infrator.

5. As CPI instauradas pelos poderes legislativos municipais **NÃO** possuem poderes investigativos próprios das autoridades judiciais. (CESPE - 2018 - PGM - Manaus - AM - Procurador do Município).

> **Questão original:** As CPI instauradas pelos poderes legislativos municipais possuem poderes investigativos próprios das autoridades judiciais.

6. Representa hipótese de controle parlamentar a apuração de irregularidades por comissões parlamentares de inquérito. (CESPE - 2018 - CGM de João Pessoa - PB - Técnico Municipal de Controle Interno - Geral).

7. A quebra de sigilo bancário e fiscal são medidas compreendidas na esfera de competência das CPI instauradas pelo Congresso Nacional. (CESPE - 2018 - PGM - Manaus - AM - Procurador do Município).

8. Será inconstitucional a norma de constituição estadual que conferir competência privativa à assembleia legislativa para analisar e julgar as contas do Poder Legislativo. (CESPE - 2017 - TCE-PE - Analista de Controle Externo - Auditoria de Contas Públicas).

9. As comissões parlamentares de inquérito, instauradas pela Câmara dos Deputados ou pelo Senado Federal, terão prazo certo para apurar fato determinado, além de poderes investigatórios próprios das autoridades judiciais. (CESPE – 2017 – TCE-PE – Analista de Gestão – Julgamento).

10. No exercício de atividade investigatória, caso se deparem com a necessidade de quebra do sigilo fiscal de alguém, as comissões parlamentares de inquérito **PODERÃO DETERMINAR TAL QUEBRA**, pois elas possuem **ALGUNS** poderes de investigação próprios das autoridades judiciais. (CESPE – 2017 – SEDF – Analista de Gestão Educacional – Direito e Legislação).

> **Questão original:** No exercício de atividade investigatória, caso se deparem com a necessidade de quebra do sigilo fiscal de alguém, as comissões parlamentares de inquérito deverão requerer tal quebra ao Poder Judiciário, pois elas não possuem poderes de investigação próprios das autoridades judiciais.

11. Comissão parlamentar de inquérito que tomar conhecimento de fatos novos, irrefutáveis e diretamente relacionados ao objeto para o qual tenha sido criada **NÃO** poderá alargar o âmbito do inquérito para apurá-los. (CESPE – 2017 – TCE-PE – Analista de Controle Externo – Auditoria de Contas Públicas).

> **Questão original:** Comissão parlamentar de inquérito que tomar conhecimento de fatos novos, irrefutáveis e diretamente relacionados ao objeto para o qual tenha sido criada poderá alargar o âmbito do inquérito para apurá-los.

12. Dado o princípio majoritário adotado pela CF, **NÃO PODE A** Constituição estadual prever que o pedido de criação de comissão parlamentar de inquérito efetuado por um terço dos deputados estaduais no âmbito da assembleia legislativa fique condicionado à vontade da maioria do plenário, que, se assim deliberar, poderá impedir a instalação da respectiva comissão. (CESPE – 2016 – PGE-AM – Procurador do Estado).

> **Questão original:** Dado o princípio majoritário adotado pela CF, pode a Constituição estadual prever que o pedido de criação de comissão parlamentar de inquérito efetuado por um terço dos deputados estaduais no âmbito da assembleia legislativa fique condicionado à vontade da maioria do plenário, que, se assim deliberar, poderá impedir a instalação da respectiva comissão.

13. As comissões parlamentares de inquérito são instrumentos de controle externo destinados a investigar fato determinado em prazo determinado, mas desprovidos de poder condenatório. (CESPE – 2016 – PGE-AM – Procurador do Estado).

14. Ainda que reúnam provas suficientes contra investigados, é vedado às comissões parlamentares de inquérito aplicar-lhes pena, devendo essas comissões encaminhar suas conclusões ao Ministério Público para que este promova a responsabilidade civil ou criminal daqueles contra os quais pesem quaisquer acusações. (CESPE - 2015 - TCU - Auditor Federal de Controle Externo - Conhecimentos Gerais).

15. É **PERMITIDO** a criação de CPI por assembleia legislativa estadual para investigar **EM PRAZO** certo **FATO** determinado relativo ao Poder Executivo do referido estado-membro. (CESPE - 2015 - CGE-PI - Auditor Governamental - Conhecimentos básicos).

> **Questão original:** É vedada a criação de CPI por assembleia legislativa estadual para investigar fato certo e determinado relativo ao Poder Executivo do referido estado-membro.

16. De acordo com o Supremo Tribunal Federal, embora possuam poderes de investigação próprios das autoridades judiciais, as comissões parlamentares de inquérito não podem determinar a interceptação telefônica dos supostos envolvidos nas irregularidades por elas investigadas. (CESPE - 2015 - TRE-GO - Analista Judiciário - Área Judiciária - Conhecimentos Específicos).

17. As comissões parlamentares de inquérito gozam dos poderes investigatórios próprios das autoridades judiciais, ressalvadas as determinações de busca e apreensão domiciliar e de prisão, que se submetem à cláusula de reserva de jurisdição. (CESPE - 2015 - MEC - Conhecimentos Básicos para os Postos 9, 10, 11 e 16).

> **Questão original:** As comissões parlamentares de inquérito gozam dos poderes investigatórios próprios das autoridades judiciais, ressalvadas as determinações de busca e apreensão domiciliar, **DE QUEBRA DE SIGILO FISCAL** e de prisão, que se submetem à cláusula de reserva de jurisdição.

18. A CPI realiza verdadeira investigação, materializada no inquérito parlamentar, que se qualifica como um procedimento jurídico-constitucional revestido de autonomia e dotado de finalidade própria. Consoante já decidiu o STF, a CPI **NÃO** pode determinar, medidas cautelares destinadas a assegurar o resultado útil dos seus trabalhos. (CESPE - 2014 - Câmara dos Deputados - Analista Legislativo - Consultor Legislativo Área XXII).

> **Questão original:** A CPI realiza verdadeira investigação, materializada no inquérito parlamentar, que se qualifica como um procedimento jurídico-constitucional revestido de autonomia e dotado de finalidade própria. Consoante já decidiu o STF, a CPI pode determinar, por meio de seu presidente, medidas cautelares destinadas a assegurar o resultado útil dos seus trabalhos.

19. Às comissões permanentes da Câmara dos Deputados é dado o poder de convocar ministros de Estado, **E SOLICITAR DEPOIMENTO DE QUALQUER AUTORIDADE OU CIDADÃO.** (CESPE - 2014 - Câmara dos Deputados - Analista Legislativo - Consultor Legislativo - Conhecimentos Básicos).

> **Questão original:** Às comissões permanentes da Câmara dos Deputados é dado o poder de convocar ministros de Estado, bem como autoridades e cidadãos.

20. As comissões parlamentares de inquérito possuem poderes de investigação próprios das autoridades judiciais, **NÃO** podendo promover a responsabilidade civil ou criminal dos infratores. (CESPE – 2014 – Câmara dos Deputados – Analista Legislativo – Consultor de Orçamento e Fiscalização Financeira).

> **Questão original:** As comissões parlamentares de inquérito possuem poderes de investigação próprios das autoridades judiciais, podendo promover a responsabilidade civil ou criminal dos infratores.

21. A prerrogativa identicamente conferida a ambas as casas legislativas do Congresso Nacional para a criação de CPI é uma das manifestações do bicameralismo igual, adotado pela CF. (CESPE – 2014 – Câmara dos Deputados – Analista Legislativo – Consultor Legislativo Área XXI).

22. As comissões parlamentares de inquérito regularmente criadas possuem poderes de investigação próprios das autoridades judiciais. (CESPE – 2014 – MDIC – Analista Técnico – Administrativo).

> **Questão original:** As comissões parlamentares de inquérito regularmente criadas possuem poderes de investigação próprios das autoridades judiciais **E POLICIAIS.**

23. As comissões parlamentares de inquérito são criadas pela Câmara dos Deputados e pelo Senado Federal, em conjunto ou separadamente, para a apuração de fato determinado e por prazo certo, devendo suas conclusões, se for o caso, ser encaminhadas ao Ministério Público, para que promova a responsabilidade civil ou criminal dos infratores. (CESPE – 2014 – ANTAQ – Técnico Administrativo).

24. Apesar de a CF atribuir às comissões parlamentares de inquérito (CPIs) poderes de investigação próprios das autoridades judiciárias, o Poder Judiciário tem entendido que nem todos os poderes dessa natureza são atributos das CPIs. (CESPE – 2014 – Câmara dos Deputados – Analista Legislativo – Consultor Legislativo – Conhecimentos Básicos).

25. Segundo o Supremo Tribunal Federal (STF), a comissão parlamentar de inquérito cuja criação haja sido regularmente aprovada no âmbito do Poder Legislativo, a partir de requerimento da minoria, não pode ter a sua instalação embaraçada pela falta de indicação de membros pelos líderes partidários. (CESPE – 2014 – TJ-SE – Analista Judiciário – Direito).

26. Uma CPI no âmbito do Congresso Nacional sujeita-se a controle judicial, por meio de habeas corpus ou de mandado de segurança, cuja competência para processar e julgar é do STF. (CCESPE - 2014 - Câmara dos Deputados - Analista Legislativo - Consultor Legislativo Área XXII).

27. Uma CPI poderá ser instalada mediante requerimento de um terço dos membros da Câmara dos Deputados, não se exigindo que o requerimento seja submetido a deliberação plenária da Casa. (CESPE - 2013 - DPE-DF - Defensor Público).

28. A possibilidade de determinação da quebra do sigilo bancário e fiscal encontra-se no âmbito dos poderes de investigação das comissões parlamentares de inquérito. (CESPE - 2013 - PC-BA - Investigador de Polícia).

29. Em determinadas hipóteses, as comissões parlamentares de inquérito podem, independentemente de autorização judicial, determinar a quebra de sigilos bancário e fiscal. (CESPE - 2013 - TCE-RO - Contador).

30. A instituição de comissão parlamentar de inquérito com o objetivo de investigar denúncias de corrupção no âmbito de uma agência reguladora **NÃO** violaria o princípio da separação dos poderes. (CESPE - 2013 - ANS - Especialista em Regulação de Saúde Suplementar; CESPE - 2013 - ANS - Analista Administrativo).

> **Questão original:** A instituição de comissão parlamentar de inquérito com o objetivo de investigar denúncias de corrupção no âmbito de uma agência reguladora violaria o princípio da separação dos poderes.

31. Em determinadas hipóteses, as comissões parlamentares de inquérito podem, independentemente de autorização judicial, determinar a quebra de sigilos bancário e fiscal. (CESPE - 2013 - TCE-RO - Analista de Informática).

32. As comissões parlamentares de inquérito, que terão poderes de investigação próprios das autoridades judiciais, **NÃO** poderão, por autoridade própria, determinar a busca e apreensão domiciliar de documentos. (CESPE - 2013 - TC-DF - Procurador).

> **Questão original:** As comissões parlamentares de inquérito, que terão poderes de investigação próprios das autoridades judiciais, poderão, por autoridade própria, determinar a busca e apreensão domiciliar de documentos.

33. **NÃO COMPETE** à comissão parlamentar de inquérito indiciar as pessoas investigadas que tenham cometido infrações penais apuradas nos inquéritos. (CESPE - 2013 - SEGESP-AL - Papiloscopista).

> **Questão original:** Compete à comissão parlamentar de inquérito indiciar as pessoas investigadas que tenham cometido infrações penais apuradas nos inquéritos.

34. De acordo com o STF, embora tenha poderes de investigação próprios das autoridades judiciais, a comissão parlamentar de inquérito não possui competência para determinar a interceptação telefônica. (CESPE - 2013 - CPRM - Analista em Geociências - Direito).

35. As comissões parlamentares de inquérito, que são comissões temporárias destinadas a investigar fato certo e determinado, possuem poderes de investigação próprios das autoridades judiciais. (CESPE – 2013 – CNJ – Analista Judiciário – Área Administrativa).

36. Cabe à comissão mista permanente de senadores e deputados federais examinar e emitir parecer sobre as contas apresentadas pelo presidente da República. (CESPE – 2013 – Polícia Federal – Delegado de Polícia).

37. As comissões parlamentares de inquérito podem ser criadas pela Câmara dos Deputados e pelo Senado Federal, mediante proposta de um terço de seus membros. (CESPE – 2013 – TJ-DFT – Analista Judiciário – Área Judiciária).

> **Questão original:** As comissões parlamentares de inquérito podem ser criadas pela Câmara dos Deputados e pelo Senado Federal, mediante proposta de um terço de seus membros, **FICANDO SUA INSTALAÇÃO CONDICIONADA À APROVAÇÃO DO PLENÁRIO** da Casa respectiva, por maioria absoluta.

38. Embora a comissão parlamentar de inquérito seja instituída por prazo certo, a prorrogação é admitida, se não se ultrapassar a legislatura em que foi instalada. (CESPE – 2012 – MPE-PI – Analista Ministerial – Área Processual).

39. As comissões parlamentares de inquérito **NÃO** podem pedir a quebra de **SIGILO DE COMUNICAÇÃO TELEFÔNICAS** e determinar a busca e apreensão domiciliar com base nos poderes de investigação que **NÃO** lhes foram conferidos pela CF. (CESPE – 2012 – MPE-PI – Analista Ministerial – Área Administrativa).

> **Questão original:** As comissões parlamentares de inquérito podem pedir a quebra de sigilos bancário, fiscal e telefônico e determinar a busca e apreensão domiciliar com base nos poderes de investigação que lhes foram conferidos pela CF.

40. As CPIs só poderão ser criadas pela Câmara dos Deputados e pelo Senado Federal, em conjunto ou separadamente, mediante requerimento **DE UM TERÇO DE SEUS MEMBROS.** (CESPE – 2012 – Câmara dos Deputados – Analista – Técnico em Material e Patrimônio – BÁSICOS).

> **Questão original:** As CPIs só poderão ser criadas pela Câmara dos Deputados e pelo Senado Federal, em conjunto ou separadamente, mediante requerimento da maioria absoluta dos deputados e(ou) senadores.

41. Criadas para a apuração de fato determinado e por prazo certo, as CPIs devem, **ENCAMINHAR** por ocasião da redação de seu relatório final, **PARA O MINISTÉRIO**

PÚBLICO, QUE PROMOVERÁ a responsabilidade civil ou criminal daqueles que forem considerados comprovadamente infratores. (CESPE – 2012 – Câmara dos Deputados – Todos os Cargos – Conhecimentos Básicos – exceto para Técnico em Material e Patrimônio).

> **Questão original:** Criadas para a apuração de fato determinado e por prazo certo, as CPIs devem, por ocasião da redação de seu relatório final, promover a responsabilidade civil ou criminal daqueles que forem considerados comprovadamente infratores.

42. As CPIs só poderão ser criadas pela Câmara dos Deputados e pelo Senado Federal, em conjunto ou separadamente, mediante requerimento **DE PELO MENOS UM TERÇO DOS MEMBROS DE QUALQUER CASA.** (CESPE – 2012 – Câmara dos Deputados – Todos os Cargos – Conhecimentos Básicos – exceto para Técnico em Material e Patrimônio).

> **Questão original:** As CPIs só poderão ser criadas pela Câmara dos Deputados e pelo Senado Federal, em conjunto ou separadamente, mediante requerimento da maioria absoluta dos deputados e(ou) senadores.

43. As comissões parlamentares de inquérito não podem determinar a busca e a apreensão domiciliar de investigado, visto que essas medidas sujeitam-se ao princípio constitucional da reserva de jurisdição. (CESPE – 2012 – TJ-RR – Administrador).

44. As comissões parlamentares de inquérito têm poderes de investigação próprios das autoridades judiciais, além de outros previstos nos regimentos das respectivas casas legislativas. (CESPE – 2011 – PREVIC – Cargos de Nível Superior).

45. As comissões parlamentares de inquérito constituídas por qualquer uma das casas do Congresso Nacional têm poderes próprios das autoridades judiciais, **PORÉM NÃO PODERÁ** ordenar, entre outros procedimentos, busca domiciliar e interceptação telefônica. (CESPE – 2010 – PGM – RR – Procurador Municipal).

> **Questão original:** As comissões parlamentares de inquérito constituídas por qualquer uma das casas do Congresso Nacional têm poderes próprios das autoridades judiciais, podendo ordenar, entre outros procedimentos, busca domiciliar e interceptação telefônica.

46. Ofende o princípio constitucional da separação e da independência dos poderes a intimação de magistrado para prestar esclarecimentos perante comissão parlamentar de inquérito acerca dos atos de natureza jurisdicional por ele praticados. (CESPE – 2009 – ANAC – Analista Administrativo).

47. EMBORA AS comissões parlamentares de inquérito, por possuírem poderes de investigação próprios das autoridades judiciais, **NÃO** podem, ao final da investigação, promover a responsabilização civil ou criminal dos infratores. (CESPE – 2009 – ANTAQ – Técnico Administrativo).

Questão original: As comissões parlamentares de inquérito, por possuírem poderes de investigação próprios das autoridades judiciais, podem, ao final da investigação, promover a responsabilização civil ou criminal dos infratores.

48. A CPI instaurada no Poder Legislativo estadual pode promover a quebra de sigilo bancário de pessoa submetida a investigação. (CESPE – 2008 – PGE-ES – Procurador do Estado).

Questão original: A CPI instaurada no Poder Legislativo estadual **NÃO** pode promover a quebra de sigilo bancário de pessoa submetida a investigação.

49. Deve ser julgada prejudicada a ação de mandado de segurança impetrada contra ato de CPI que vier a se extinguir em decorrência da conclusão de seus trabalhos investigatórios. (CESPE – 2008 – PGE-ES – Procurador do Estado).

50. As comissões parlamentares de inquérito são consequência do sistema de freios e contrapesos adotado pela Constituição Federal. (CESPE – 2008 – INSS – Analista do Seguro Social – Direito).

51. Deputados e senadores não são obrigados a testemunhar em CPI acerca de informações recebidas ou prestadas em razão do exercício do mandato. (CESPE – 2008 – PGE-ES – Procurador do Estado).

52. O fato objeto de apuração **NÃO** poderá ser determinado ao longo do período de funcionamento da CPI. (CESPE – 2008 – PGE-ES – Procurador do Estado).

Questão original: O fato objeto de apuração poderá ser determinado ao long0 do período de funcionamento da CPI.

4.2.5 Tribunal de Contar da União e dos Estados

1. O Poder Judiciário deverá manter sistema de controle interno com a finalidade, entre outras, de comprovar a legalidade e avaliar os resultados, quanto à eficácia e à eficiência, da gestão orçamentária, financeira e patrimonial de seus órgãos. (CESPE – 2018 – STJ – Analista Judiciário – Administrativa).

2. Cabe ao Congresso Nacional exercer, mediante controle externo, a fiscalização contábil, financeira, orçamentária, operacional e patrimonial da União. (CESPE – 2018 – CGM de João Pessoa – PB – Técnico Municipal de Controle Interno – Geral).

3. São poderes da União, independentes e harmônicos entre si, o Legislativo, o Executivo e o Judiciário. Essa independência, todavia, não é absoluta porque há institutos de ingerência mútua, como é o caso das medidas provisórias editadas pelo Poder Executivo, do controle orçamentário realizado pelo Poder Legislativo e da apreciação de ações diretas de inconstitucionalidade por omissão, entre outras, pelo Poder Judiciário.

A fiscalização contábil, financeira e orçamentária dos entes públicos, mediante controle externo, compete ao Poder Legislativo, com auxílio dos respectivos tribunais de contas. (CESPE – 2018 – MPE-PI – Analista Ministerial – Área Processual).

4. É **PERMITIDO** ao TCU apreciar a constitucionalidade de leis e atos do poder público. (CESPE – 2018 – CGM de João Pessoa – PB – Técnico Municipal de Controle Interno – Geral).

Observação: "Súmula 347 do STF: O Tribunal de Contas, no exercício de suas atribuições, pode apreciar a constitucionalidade das leis e dos atos do Poder Público."

Questão original: É vedado ao TCU apreciar a constitucionalidade de leis e atos do poder público.

5. O Tribunal de Contas da União é órgão **INDEPENDENTE E AUTÔNOMO, SEM SUBORDINAÇÃO DO** Poder Legislativo, cabendo-lhe a prática de atos de natureza administrativa concernentes a fiscalização **E CONTROLE.** (CESPE – 2018 – CGM de João Pessoa – PB – Técnico Municipal de Controle Interno – Geral).

Questão original: O Tribunal de Contas da União é órgão auxiliar e subordinado ao Poder Legislativo, cabendo-lhe a prática de atos de natureza administrativa concernentes a fiscalização.

6. Caso se omitam no dever legal de comunicar ao Tribunal de Contas da União as irregularidades de que tiverem conhecimento, os responsáveis pelo controle interno dos três poderes da União poderão ser responsabilizados solidariamente com o infrator. (CESPE – 2018 – MPE-PI – Conhecimentos Básicos – Cargos de Nível Superior).

7. As leis orgânicas dos municípios **NÃO** podem criar conselhos ou órgãos de contas municipais para exercer o controle externo do Poder Executivo municipal. (CESPE – 2018 – MPE-PI – Conhecimentos Básicos – Cargos de Nível Superior).

Questão original: As leis orgânicas dos municípios podem criar conselhos ou órgãos de contas municipais para exercer o controle externo do Poder Executivo municipal.

8. João, servidor público federal, aposentou-se em 2013. No mesmo ano, ao apreciar a legalidade do ato concessório inicial da aposentadoria, o Tribunal de Contas da

União (TCU), sem o contraditório e a ampla defesa, considerou-o ilegal. A atuação do TCU foi constitucional, pois a apreciação da referida concessão dispensa a participação do aposentado. (CESPE – 2017 – TCE-PE – Analista de Gestão – Administração).

9. Com base nas peculiaridades administrativas e financeiras locais, as Constituições estaduais **NÃO** poderão prever modalidades de controle diversas daquelas dispostas na Constituição Federal de 1988 (CF). (CESPE – 2017 – TCE-PE – Analista de Controle Externo – Auditoria de Contas Públicas).

Questão original: Com base nas peculiaridades administrativas e financeiras locais, as Constituições estaduais poderão prever modalidades de controle diversas daquelas dispostas na Constituição Federal de 1988 (CF), desde que não as contrariem.

10. O Tribunal de Contas da União, órgão que auxilia o Congresso Nacional no controle externo, tem a iniciativa para propor ao Poder Legislativo a criação de cargos, a remuneração de seus servidores e a fixação de subsídios dos seus membros. (CESPE – 2017 – TRF – 1ª REGIÃO – Analista Judiciário – Área Judiciária).

11. A legalidade do ato de admissão de uma pessoa para o provimento de cargo em comissão na administração pública direta e indireta **NÃO** deve ser apreciada pelo Tribunal de Contas da União. (CESPE – 2017 – TCE-PE – Analista de Gestão – Julgamento).

Observação: "Art. 71, III da CF: Apreciar, para fins de registro, a legalidade dos atos de admissão de pessoal, a qualquer título, na administração direta e indireta, incluídas as fundações instituídas e mantidas pelo Poder Público, excetuadas as nomeações para cargo de provimento em comissão, bem como a das concessões de aposentadorias, reformas e pensões, ressalvadas as melhorias posteriores que não alterem o fundamento legal do ato concessório."

Questão original: A legalidade do ato de admissão de uma pessoa para o provimento de cargo em comissão na administração pública direta e indireta deve ser apreciada pelo Tribunal de Contas da União, para fins de registro.

12. Cabe aos responsáveis pelo controle interno dar ciência ao respectivo tribunal de contas de qualquer irregularidade ou ilegalidade de que tenham conhecimento, sob pena de responsabilidade solidária. (CESPE – 2017 – TCE-PE – Conhecimentos Básicos – Cargo).

13. Constitui prerrogativa constitucional dos tribunais de contas o acesso a dados relacionados a operações financiadas com recursos públicos, as quais não estão protegidas pelo direito à inviolabilidade da intimidade e da vida privada das pessoas consolidado, por exemplo, na garantia ao sigilo bancário. (CESPE – 2017 – TCE-PE – Auditor de Controle Externo – Auditoria de Contas Públicas).

14. No controle externo, o Tribunal de Contas da União, no exercício de suas atribuições, poderá sustar a execução de ato impugnado, se não atendido, situação em que deve comunicar a decisão às duas casas do Congresso Nacional. (CESPE - 2017 - TCE-PE - Analista de Gestão - Julgamento).

15. Em se tratando da avaliação da execução dos programas de governo e dos orçamentos da União, os Poderes Legislativo, Executivo e Judiciário manterão sistema de controle interno de forma integrada. (CESPE - 2017 - TCE-PE - Conhecimentos Básicos - Cargo 3).

16. O Tribunal de Contas da União (TCU) pode realizar, por iniciativa própria, auditoria de natureza contábil, financeira, orçamentária, operacional e patrimonial nas unidades administrativas de todos os poderes da República. (CESPE - 2017 - TCE-PE - Analista de Gestão - Administração).

17. A Constituição Federal de 1988 (CF) **NÃO** estabelece a competência dos tribunais de contas estaduais para apreciar os recursos interpostos contra decisões proferidas no âmbito do Poder Executivo em processos administrativos nos quais se discuta questão tributária. (CESPE - 2017 - TCE-PE - Auditor de Controle Externo - Auditoria de Contas Públicas).

Questão original: A Constituição Federal de 1988 (CF) estabelece a competência dos tribunais de contas estaduais para apreciar os recursos interpostos contra decisões proferidas no âmbito do Poder Executivo em processos administrativos nos quais se discuta questão tributária.

18. Órgãos auxiliares do Poder Legislativo no exercício do controle externo, os tribunais de contas estaduais exercem, no que se refere à economicidade, a fiscalização contábil, financeira, orçamentária, operacional e patrimonial dos estados e das entidades da administração direta e indireta. (CESPE - 2017 - TCE-PE - Auditor de Controle Externo - Auditoria de Contas Públicas).

19. **NÃO SE DEVE** observar a regra do quinto constitucional na composição dos tribunais de contas estaduais, os quais são constituídos por sete conselheiros, dos quais quatro são escolhidos pela assembleia legislativa e três pelo chefe do Poder Executivo estadual, cabendo a este indicar um auditor e um membro do Ministério Público, além de um terceiro membro a seu critério. (CESPE - 2017 - TCE-PE - Auditor de Controle Externo - Auditoria de Contas Públicas).

Observação: "Súmula 653 do STF: No Tribunal de Contas Estadual, composto por sete conselheiros, quatro devem ser escolhidos pela Assembleia Legislativa e três pelo chefe do Poder Executivo estadual, cabendo a este indicar um dentre auditores e outro dentre membros do Ministério Público, e um terceiro a sua livre escolha."

Questão original: Deve-se observar a regra do quinto constitucional na composição dos tribunais de contas estaduais, os quais são constituídos por sete conselheiros, dos quais quatro são escolhidos pela assembleia legislativa e três pelo chefe do Poder Executivo estadual, cabendo a este indicar um auditor e um membro do Ministério Público, além de um terceiro membro a seu critério.

20. Lei estadual que preveja que o Poder Legislativo poderá realizar o controle das contas dos tribunais de contas que o auxiliam estará de acordo com a CF. (CESPE – 2017 – TCE-PE – Analista de Gestão – Administração).

21. O Tribunal de Contas da União (TCU), ao realizar auditoria em instituição bancária constituída sob a forma de empresa estatal visando o fomento econômico e social, requisitou diretamente à citada empresa o fornecimento de dados bancários relacionados a operação financeira firmada com pessoa jurídica de direito privado mediante o emprego de recursos de origem pública. (CESPE – 2016 – TCE-PA – Auditor de Controle Externo – Procuradoria).

21.1 O fornecimento dos dados requisitados não viola o direito fundamental à intimidade e à vida privada.

21.2 Os dados requisitados **NÃO** devem ser fornecidos, em razão da **FALTA DE PREVISÃO DE** competência constitucional do TCU para decretar a quebra do sigilo bancário.

Questão original: Os dados requisitados devem ser fornecidos, em razão da expressa competência constitucional do TCU para decretar a quebra do sigilo bancário.

22. O Congresso Nacional, com o auxílio do TCU, tem competência para fiscalizar a legalidade contábil, financeira, orçamentária e patrimonial da União, mediante controle externo. (CESPE – 2016 – ANVISA – Técnico Administrativo – Conhecimentos Específicos).

23. **EMBORA NÃO FIGURE** entre as garantias constitucionais da magistratura desde a reforma do Poder Judiciário mediante a promulgação da Emenda Constitucional n.º 45/2004, o auxílio moradia assegurado aos magistrados constitui parcela **SUSCETÍVEL** de fiscalização e controle, no caso concreto, quanto aos critérios de seu pagamento. (CESPE – 2016 – TCE-SC – Auditor Fiscal de Controle Externo – Direito).

Questão original: Por figurar entre as garantias constitucionais da magistratura desde a reforma do Poder Judiciário mediante a promulgação da Emenda Constitucional n.º 45/2004, o auxílio moradia assegurado aos magistrados constitui parcela insuscetível de fiscalização e controle, no caso concreto, quanto aos critérios de seu pagamento, sendo sua apreciação vedada com base no princípio constitucional da moralidade administrativa.

24. Em decorrência das prerrogativas da autonomia e do autogoverno, o TCU detém iniciativa reservada para instaurar processo legislativo destinado a alterar sua organização e funcionamento, sendo formalmente inconstitucional lei de iniciativa parlamentar que disponha sobre a referida matéria. (CESPE – 2016 – TCE-PA – Auditor de Controle Externo – Área Administrativa – Direito).

25. Como órgãos constitucionais de aplicação das leis e da CF, tanto o Poder Judiciário quanto os TCs têm unções como elaboradores de políticas públicas, razão pela qual a otimização dos seus serviços **NÃO DEPENDE** da qualidade das leis que eles tiverem de aplicar. (CESPE – 2016 – TCE-SC – Auditor Fiscal de Controle Externo – Direito).

> **Questão original:** Como órgãos constitucionais de aplicação das leis e da CF, tanto o Poder Judiciário quanto os TCs não têm quaisquer funções como elaboradores de políticas públicas, razão pela qual a otimização dos seus serviços depende da qualidade das leis que eles tiverem de aplicar.

26. Conforme a CF, embora os tribunais de contas não tenham caráter judicial, devem ser observados em seus processos tanto o contraditório quanto a ampla defesa. (CESPE – 2016 – TCE-SC – Conhecimentos Básicos – Exceto para os cargos 3 e 6).

27. Conforme a CF, qualquer cidadão tem o direito de denunciar irregularidades ou ilegalidades ao TCU, na forma da lei. (CESPE – 2016 – ANVISA – Técnico Administrativo – Conhecimentos Específicos).

28. Mesmo quando envolverem recursos de origem pública, as operações financeiras realizadas por bancos públicos mediante a concessão de empréstimo a particulares **NÃO** encontram-se protegidas pela cláusula do sigilo bancário, e sua fiscalização pelo tribunal de contas competente **INDEPENDERÁ** de prévia autorização judicial que inclua o acesso aos respectivos registros. (CESPE – 2016 – TCE-SC – Conhecimentos Básicos – Exceto para os cargos 3 e 6).

> **Questão original:** Mesmo quando envolverem recursos de origem pública, as operações financeiras realizadas por bancos públicos mediante a concessão de empréstimo a particulares encontram-se protegidas pela cláusula do sigilo bancário, e sua fiscalização pelo tribunal de contas competente dependerá de prévia autorização judicial que inclua o acesso aos respectivos registros.

29. A imunidade a que tem direito o parlamentar não lhe possibilita sustar processo de fiscalização eventualmente instaurado contra ele em tribunal de contas. (CESPE – 2016 – TCE-SC – Conhecimentos Básicos – Exceto para os cargos 3 e 6).

30. Os TCs podem, inclusive de ofício, realizar inspeções e auditorias em unidades administrativas do Poder Legislativo da respectiva esfera federativa, podendo, para tanto, fiscalizar gastos com vantagens pessoais dos parlamentares e mesmo com a chamada verba de gabinete. (CESPE - 2016 - TCE-SC - Auditor Fiscal de Controle Externo - Direito).

31. **É COMPETÊNCIA EXCLUSIVA DO** Congresso Nacional exercer função fiscalizatória sobre a União e sobre as entidades da administração direta e indireta. (CESPE - 2016 - DPU - Analista Técnico - Administrativo).

Questão original: De forma subsidiária à atividade de fiscalização exercida pelo Tribunal de Contas da União, pode o Congresso Nacional exercer função fiscalizatória sobre a União e sobre as entidades da administração direta e indireta.

32. A despeito do seu papel constitucional de auxiliar o Poder Legislativo, o TCU não depende de autorização ou provocação desse poder para exercer suas atribuições constitucionais, podendo exercê-las até mesmo contra ele. (CESPE - 2015 - TCU - Auditor Federal de Controle Externo - Conhecimentos Gerais).

33. Nos processos de concessão inicial de aposentadoria, reforma e pensão, em trâmite no Tribunal de Contas da União, **NÃO** são assegurados o contraditório e a ampla defesa na apreciação da legalidade do ato. (CESPE - 2015 - TCE-RN - Auditor).

Observação: "Súmula vinculante 3: Nos processos perante o Tribunal de Contas da União asseguram-se o contraditório e a ampla defesa quando da decisão puder resultar anulação ou revogação de ato administrativo que beneficie o interessado, excetuada a apreciação da legalidade do ato de concessão inicial de aposentadoria, reforma e pensão."

Questão original: Nos processos de concessão inicial de aposentadoria, reforma e pensão, em trâmite no Tribunal de Contas da União, são assegurados o contraditório e a ampla defesa na apreciação da legalidade do ato, quando da decisão puder resultar situação jurídica desvantajosa ao interessado.

34. O governador do estado do Rio Grande do Norte ingressou com ação direta de inconstitucionalidade na qual questiona artigo da Constituição do estado que outorga ao TCE/RN a capacidade de autogestão e a autonomia financeira. Nessa situação, o STF deve declarar a constitucionalidade da norma, haja vista que são dadas aos tribunais de contas as mesmas garantias dos tribunais do Poder Judiciário. (CESPE - 2015 - TCE-RN - Assessor Técnico Jurídico - Cargo 2).

35. A titularidade da função de controle externo da União pertence ao **CONGRESSO NACIONAL**, ao qual compete realizar a fiscalização contábil, financeira, orçamentária, operacional e patrimonial das entidades da administração direta e indireta. (CESPE - 2014 - Câmara dos Deputados - Analista Legislativo - Consultor Legislativo Área II; CESPE - 2014 - Câmara dos Deputados - Analista Legislativo - Consultor Legislativo Área XXI; CESPE - 2014 - Câmara dos Deputados - Analista Legislativo - Consultor Legislativo Área XXII).

Questão original: A titularidade da função de controle externo da União pertence ao TCU, ao qual compete realizar a fiscalização contábil, financeira, orçamentária, operacional e patrimonial das entidades da administração direta e indireta.

36. Uma autoridade governamental realizou certa despesa e a CMO, em razão de indício de que esta não tinha sido autorizada, solicitou esclarecimentos à referida autoridade, que, entretanto, não prestou os esclarecimentos solicitados. Nessa situação hipotética, a CMO poderá pedir ao TCU que se pronuncie conclusivamente sobre a matéria e, adicionalmente, estará autorizada a propor ao Congresso Nacional a sustação da despesa, se julgar que o gasto possa causar dano à economia pública. (CESPE – 2014 – Câmara dos Deputados – Analista Legislativo – Consultor de Orçamento e Fiscalização Financeira).

37. Conforme entendimento do STF, é possível a criação de procuradoria especial no âmbito de tribunal de contas, com competência para representá-lo judicialmente nos casos em que este necessite praticar, em juízo e em nome próprio, atos processuais na defesa de sua autonomia e independência em face dos demais poderes e para exercer a atividade de consultoria e assessoramento jurídico aos órgãos do tribunal. (CESPE – 2014 – TC-DF – Auditor de Controle Externo).

38. Ao tomarem conhecimento de qualquer irregularidade, os responsáveis pelo controle interno dos três poderes da União devem comunicá-la ao TCU, sob pena de responsabilização solidária com o infrator. (CESPE – 2014 – TC-DF – Analista de Administração Pública – Sistemas de TI).

39. A CMO poderá requerer informações e documentos aos órgãos e entidades federais, bem como ter acesso às fiscalizações, inspeções e auditorias realizadas pelo Tribunal de Contas da União (TCU). Neste último caso, a CMO deverá encaminhar o pedido diretamente ao TCU a realização desses atos. (CESPE – 2014 – Câmara dos Deputados – Analista Legislativo – Consultor de Orçamento e Fiscalização Financeira).

Questão original: A CMO poderá requerer informações e documentos aos órgãos e entidades federais, bem como ter acesso às fiscalizações, inspeções e auditorias realizadas pelo Tribunal de Contas da União (TCU). Neste último caso, porém, a CMO deverá encaminhar o pedido **POR INTERMÉDIO DA MESA DIRETORA DO CONGRESSO NACIONAL** em razão de lhe faltar competência para determinar diretamente ao TCU a realização desses atos.

40. Considere que, no ano de 2012, tenha chegado ao TCU o processo administrativo de concessão da aposentadoria de Maria e que, em janeiro de 2014, esse tribunal tenha julgado ilegal o ato concessivo. Nessa situação hipotética, e de acordo com entendimento do STF, o TCU não estaria obrigado a garantir a Maria a ampla defesa e o contraditório no procedimento relativo ao caso. (CESPE – 2014 – Câmara dos Deputados – Analista Legislativo – Consultor Legislativo Área II).

41. O TCU, em sede de tomada de contas especial, não se vincula ao resultado de processo administrativo disciplinar, ainda que nesse processo tenha ocorrido a absolvição. (CESPE – 2014 – Câmara dos Deputados – Analista Legislativo – Consultor Legislativo Área I).

42. As competências constitucionais dos tribunais de contas incluem a apreciação da legalidade dos atos de admissão de pessoal, para fins de registro, **EXCETUADAS** as nomeações para cargos de provimento em comissão. (CESPE – 2014 – TC-DF – Auditor de Controle Externo).

> **Questão original:** As competências constitucionais dos tribunais de contas incluem a apreciação da legalidade dos atos de admissão de pessoal, para fins de registro, e as nomeações para cargos de provimento em comissão.

43. Profissional com notório conhecimento na área da administração **PÚBLICA, JURÍDICO, CONTÁBIL, ECONÔMICO E FINANCEIRO** pode assumir vaga de ministro do Tribunal de Contas da União. (CESPE – 2014 – Câmara dos Deputados – Analista Legislativo – Consultor Legislativo Área VIII).

> **Questão original:** Profissional com notório conhecimento na área da administração não pode assumir vaga de ministro do Tribunal de Contas da União, dado ser função privativa de advogados ou contadores com mais de quinze anos de comprovada experiência.

44. O TCU não possui competência para sustar contratos administrativos, devendo tal conduta ser adotada diretamente pelo Congresso Nacional. Entretanto, possui o TCU competência para determinar à autoridade administrativa que promova a anulação do contrato e, se for o caso, da licitação de que se originou. (CESPE – 2014 – Câmara dos Deputados – Analista Legislativo – Consultor Legislativo Área I).

45. Caso constate ilegalidade na execução de contrato administrativo, o **CONGRESSO NACIONAL PODERÁ** sustar, se não atendido, a execução do referido contrato. (CESPE – 2014 – TC-DF – Auditor de Controle Externo).

> **Questão original:** Caso constate ilegalidade na execução de contrato administrativo, o tribunal de contas deverá assinar prazo para a adoção das providências necessárias ao cumprimento da lei, podendo sustar, se não atendido, a execução do referido contrato.

46. O TCDF, no exercício do controle externo, não pode determinar a suspensão de benefícios garantidos por decisão judicial transitada em julgado, ainda que o direito reconhecido pelo judiciário esteja em desconformidade com jurisprudência dominante do STF. (CESPE – 2014 – TC-DF – Auditor de Controle Externo).

47. O TCDF **NÃO** possui competência constitucional para determinar diretamente a quebra dos sigilos bancário e fiscal. (CESPE - 2014 - TC-DF - Auditor de Controle Externo).

> **Questão original:** O TCDF possui competência constitucional para determinar diretamente a quebra dos sigilos bancário e fiscal, desde que tal medida esteja relacionada ao controle externo.

48. Conforme a CF, o controle externo da União e das entidades da administração direta e indireta, referente à fiscalização contábil, financeira, orçamentária, operacional e patrimonial, é exercido pelo Congresso Nacional. (CESPE - 2013 - BACEN - Analista - Gestão e Análise Processual).

49. A CF **NÃO** atribui expressamente autonomia funcional e institucional ao TCU. (CESPE - 2013 - TCE-RO - Contador; CESPE - 2013 - TCE-RO - Analista de Informática).

> **Questão original:** A CF atribui expressamente autonomia funcional e institucional ao TCU.

50. Compete ao Tribunal de Contas da União fiscalizar a aplicação de recursos repassados pela União a estado, ao Distrito Federal ou a município mediante convênio, acordo, ajuste ou outros instrumentos congêneres. (CESPE - 2013 - TCE-RS - Oficial de Controle Externo).

> **Questão original:** Compete ao Tribunal de Contas da União fiscalizar a aplicação **DE QUAISQUER** recursos repassados pela União a estado, ao Distrito Federal ou a município mediante convênio, acordo, ajuste ou outros instrumentos congêneres.

51. Se for comprovado pelo Tribunal de Contas da União (TCU) que a ANS regulou a jornada de trabalho de seus servidores em discrepância com a lei, esse tribunal poderá determinar que a agência tome as providências necessárias para regularizar essa situação. (ESPE - 2013 - ANS - Especialista em Regulação de Saúde Suplementar).

52. Compete ao TCU, entre outras atribuições, fiscalizar a aplicação de quaisquer recursos repassados pela União mediante convênio, acordo, ajuste ou outros instrumentos congêneres, a estado, ao DF ou a município, aplicando aos responsáveis, em caso de ilegalidade de despesa ou de irregularidade de contas, as sanções previstas em lei. (CESPE - 2013 - AGU - Procurador Federal).

53. Caso se constate a existência de ilegalidade na execução de contrato administrativo no âmbito de determinado ministério, caberá ao **CONGRESSO NACIONAL** solicitar a adoção de medidas saneadoras, sob pena de sustação do contrato pelo referido tribunal. (CESPE - 2013 - MPOG - Todos os Cargos - Conhecimentos Básicos).

Questão original: Caso se constate a existência de ilegalidade na execução de contrato administrativo no âmbito de determinado ministério, caberá ao Tribunal de Contas da União solicitar a adoção de medidas saneadoras, sob pena de sustação do contrato pelo referido tribunal.

54. **NÃO COMPETE** ao TCU aplicar ao servidor público que cometer ilegalidade na execução de despesa a sanção de afastamento definitivo do cargo. (CESPE – 2013 – TC-DF – Procurador).

Questão original: Compete ao TCU aplicar ao servidor público que cometer ilegalidade na execução de despesa a sanção de afastamento definitivo do cargo.

55. A duração **DO TEMPO EM QUE ESTIVEREM NOS CARGOS** dos ministros do Tribunal de Contas da União pode ser alterada mediante emenda à CF. (CESPE – 2013 – TCE-RO – Auditor de Controle Externo – Direito).

Questão original: A duração do mandato dos ministros do Tribunal de Contas da União não pode ser alterada mediante emenda à CF.

56. Se um agente público responsável pelo controle interno do Poder Legislativo, do Poder Executivo ou do Poder Judiciário tomar conhecimento de alguma ilegalidade de despesa ou irregularidade de contas, deverá comunicá-lo ao tribunal de contas respectivo, sob pena de responder solidariamente. (CESPE – 2013 – TCE-RO – Agente Administrativo).

57. Compete ao **CONGRESSO NACIONAL** julgar as contas apresentadas anualmente pelo chefe do Poder Executivo federal. (CESPE – 2013 – MS – Analista Técnico – Administrativo).

Questão original: Compete ao Tribunal de Contas da União julgar as contas apresentadas anualmente pelo chefe do Poder Executivo federal.

58. Inserem-se nas competências do TCU a fiscalização das contas nacionais das empresas supranacionais de cujo capital a União participe, nos termos do tratado constitutivo, e a fiscalização de aplicação de **ALGUNS** recursos repassados pela União a estado, ao DF ou a município. (CESPE – 2013 – DPE-DF – Defensor Público).

Questão original: Inserem-se nas competências do TCU a fiscalização das contas nacionais das empresas supranacionais de cujo capital a União participe, nos termos do tratado constitutivo, e a fiscalização de aplicação de quaisquer recursos repassados pela União a estado, ao DF ou a município.

59. Se for comprovado pelo Tribunal de Contas da União (TCU) que a ANS regulou a jornada de trabalho de seus servidores em discrepância com a lei, esse tribunal poderá determinar que a agência tome as providências necessárias para regularizar essa situação. (CESPE - 2013 - ANS - Analista Administrativo).

60. As decisões do Tribunal de Contas da União têm natureza **ADMINISTRATIVA**. (CESPE - 2013 - CNJ - Analista Judiciário - Área Administrativa).

> **Questão original:** As decisões do Tribunal de Contas da União cujo objeto seja o julgamento de contas têm natureza jurisdicional.

61. O modelo federal de organização, composição e fiscalização do tribunal de contas, fixado pela CF, é de observância obrigatória pelos estados. (CESPE - 2013 - TCE-RO - Analista de Informática).

62. Lei estadual de Rondônia **NÃO** poderia, considerando-se o disposto na CF, tipificar determinadas condutas de conselheiros do TCE/RO como crimes de responsabilidade, prevendo que o julgamento desses crimes caberia à assembleia legislativa. (CESPE - 2013 - TCE-RO - Auditor de Controle Externo - Direito).

> **Questão original:** Lei estadual de Rondônia poderia, considerando-se o disposto na CF, tipificar determinadas condutas de conselheiros do TCE/RO como crimes de responsabilidade, prevendo que o julgamento desses crimes caberia à assembleia legislativa.

63. Seria inconstitucional emenda à Constituição Estadual de Rondônia que estabelecesse que o cargo de conselheiro do TCE/RO devesse ser privativo de cidadãos domiciliados em Rondônia há, no mínimo, cinco anos. (CESPE - 2013 - TCE-RO - Auditor de Controle Externo - Direito).

64. A apreciação de indício de irregularidade em contrato celebrado entre o governo do DF e um prestador de serviço cabe ao TCDF, de ofício ou mediante provocação da CLDF, do MP ou das autoridades financeiras e orçamentárias do DF ou dos demais órgãos auxiliares. (CESPE - 2013 - TC-DF - Procurador).

65. O conselheiro do TCDF, é indicado **PELA CÂMARA LEGISLATIVA DO DF E PELO GOVERNADOR**. (CESPE - 2013 - TC-DF - Procurador).

> **Questão original:** O conselheiro do TCDF, à semelhança do que ocorre com o procurador-geral do DF, é indicado pelo presidente da República, e sua indicação deve ser aprovada pela CLDF, em votação secreta, após arguição pública.

66. Seria inconstitucional, por violar **NORMA CONSTITUCIONAL EXPRESSA**, norma da Constituição do Estado de Rondônia que fixasse em nove o número de conselheiros do TCE/RO. (CESPE - 2013 - TCE-RO - Auditor de Controle Externo - Direito).

Questão original: Seria inconstitucional, por violar o princípio da simetria, norma da Constituição do Estado de Rondônia que fixasse em nove o número de conselheiros do TCE/RO.

67. Seria inconstitucional emenda à Constituição do Estado de Rondônia que criasse, no âmbito do TCE/RO, um processo de controle abstrato de constitucionalidade de leis estaduais referentes à organização da administração pública. (CESPE – 2013 – TCE-RO – Auditor de Controle Externo – Direito).

68. Seria inconstitucional disposição da Constituição do Estado de Rondônia que atribuísse ao Ministério Público (MP) estadual a função de atuar junto ao TCE/RO. (CESPE – 2013 – TCE-RO – Auditor de Controle Externo – Direito).

69. As decisões dos TCs não são imunes à revisão judicial, mas, quando imputarem débito ou multa, constituirão título executivo extrajudicial. (CESPE – 2013 – TC-DF – Procurador).

70. O Tribunal de Contas da União (TCU) poderá realizar – por iniciativa própria, da Câmara dos Deputados, do Senado Federal, de comissão técnica ou de inquérito – inspeções e auditorias de natureza contábil, financeira, orçamentária, operacional e patrimonial nas unidades administrativas dos Poderes Legislativo, Executivo e Judiciário. (CESPE – 2012 – Câmara dos Deputados – Todos os Cargos – Conhecimentos Básicos – exceto para Técnico em Material e Patrimônio).

71. Qualquer cidadão, partido político, associação ou sindicato pode ser parte legítima para, na forma da lei, denunciar irregularidades perante o Tribunal de Contas da União. (CESPE – 2012 – Câmara dos Deputados – Analista Legislativo – Taquígrafo).

72. O TCU pode, se considerar irregular alguma despesa pública e julgar que o gasto possa causar dano irreparável ou grave lesão à economia pública, **PROPOR AO CONGRESSO NACIONAL** sua imediata sustação. (CESPE – 2012 – Câmara dos Deputados – Analista Legislativo – Técnica Legislativa).

Observação: "Art. 72, § 2º da CF: Entendendo o Tribunal irregular a despesa, a comissão, se julgar que o gasto possa causar dano irreparável ou grave lesão à economia pública, proporá ao Congresso Nacional sua sustação."

Questão original: O TCU pode, se considerar irregular alguma despesa pública e julgar que o gasto possa causar dano irreparável ou grave lesão à economia pública, determinar sua imediata sustação.

73. Não constitui invasão da esfera de atribuições do Tribunal de Contas da União a fiscalização, pela Controladoria-Geral da União, no exercício de controle interno, de recursos públicos federais repassados a municípios por meio de convênio. (CESPE - 2012 - FNDE - Especialista em Financiamento e Execução de Programas e Projetos Educacionais).

74. O controle interno deve, entre outras finalidades, comprovar a legalidade e avaliar os resultados, quanto à eficácia e eficiência, não apenas da gestão orçamentária, financeira e patrimonial nos órgãos e nas entidades da administração federal, mas também da aplicação de recursos públicos por entidades de direito privado. (CESPE - 2012 - Câmara dos Deputados - Todos os Cargos - Conhecimentos Básicos - exceto para Técnico em Material e Patrimônio).

75. O TCU, se não for atendido em suas solicitações, poderá sustar a execução de ato impugnado, comunicando a decisão à Câmara dos Deputados e ao Senado Federal. (CESPE - 2012 - TCU - Técnico de Controle Externo).

76. As empresas públicas federais estão sujeitas à fiscalização do TCU. (CESPE - 2012 - TCU - Técnico de Controle Externo).

Questão original: As empresas públicas federais **NÃO** estão sujeitas à fiscalização do TCU, pois são pessoas jurídicas de direito privado.

77. O TCE/ES caracteriza-se por atuar no controle externo e tem o poder de julgar as contas no que se refere a aspectos como legalidade, eficácia, efetividade e economicidade. (CESPE - 2012 - TCE-ES - Auditor de Controle Externo - Conhecimentos Básicos - Todos os Cargos).

78. A instauração, pelo Conselho Nacional de Justiça, de procedimento administrativo destinado a apurar a legalidade de ato administrativo praticado por membro do Poder Judiciário **NÃO AFASTA A** competência do TCU para apreciar a legalidade do mesmo ato. (CESPE - 2011 - TCU - Auditor Federal de Controle Externo - Auditoria de Obras Públicas).

Questão original: A instauração, pelo Conselho Nacional de Justiça, de procedimento administrativo destinado a apurar a legalidade de ato administrativo praticado por membro do Poder Judiciário afasta a competência do TCU para apreciar a legalidade do mesmo ato.

79. Se o servidor público que é encarregado do controle interno de determinado órgão público tomar conhecimento de prática de irregularidade, ele deverá dar ciência dessa prática ao TCU, sob pena de ser responsabilizado **SOLIDARIAMENTE.** (CESPE - 2011 - TCU - Auditor Federal de Controle Externo - Auditoria de Obras Públicas).

Questão original: Se o servidor público que é encarregado do controle interno de determinado órgão público tomar conhecimento de prática de irregularidade, ele deverá dar ciência dessa prática ao TCU, sob pena de ser responsabilizado subsidiariamente.

80. Após a criação do CNJ, o TCU **NÃO** deixou de ter competência para zelar pela correta aplicação dos princípios constitucionais no âmbito do Poder Judiciário. (CESPE – 2011 – TJ-ES – Analista Judiciário – Taquigrafia – Específicos).

Questão original: Após a criação do CNJ, o TCU deixou de ter competência para zelar pela correta aplicação dos princípios constitucionais no âmbito do Poder Judiciário.

81. De acordo com o disposto na CF, compete ao Tribunal de Contas da União apreciar, para fins de registro, a legalidade dos atos de admissão de pessoal, a qualquer título, na administração direta e indireta, **EXCETUADAS** as nomeações para cargos de provimento em comissão. (CESPE – 2011 – TRE-ES – Analista Judiciário – Área Judiciária – Específicos).

Questão original: De acordo com o disposto na CF, compete ao Tribunal de Contas da União apreciar, para fins de registro, a legalidade dos atos de admissão de pessoal, a qualquer título, na administração direta e indireta, incluídas as nomeações para cargos de provimento em comissão.

82. Na hipótese de irregularidade observada pelo Tribunal de Contas da União (TCU) em contrato administrativo, o ato de sustação deve ser adotado diretamente pelo Congresso Nacional, o qual solicita ao Poder Executivo as medidas cabíveis. Se tais medidas não forem efetivadas no prazo de noventa dias, caberá ao TCU decidir a questão. (CESPE – 2010 – SERPRO – Analista – Advocacia).

83. O Tribunal de Contas da União é órgão auxiliar e de orientação do Poder Legislativo, e a este Poder **NÃO É** subordinando, ao qual incumbe a prática de atos de natureza administrativa concernentes à fiscalização contábil, financeira, orçamentária, operacional e patrimonial da União. (CESPE – 2010 – TRT – 21ª Região (RN) – Analista Judiciário – Execução de Mandados).

Questão original: O Tribunal de Contas da União é órgão auxiliar e de orientação do Poder Legislativo, e a este Poder se subordinando, ao qual incumbe a prática de atos de natureza administrativa concernentes à fiscalização contábil, financeira, orçamentária, operacional e patrimonial da União.

84. O Tribunal de Contas da União, órgão ao qual incumbe a prática de atos de natureza administrativa concernentes à fiscalização contábil, financeira, orçamentária, operacional e patrimonial da União, **NÃO** é subordinado ao Poder Legislativo, do qual é órgão auxiliar e de orientação. (CESPE - 2010 - TRT - 21ª Região (RN) - Analista Judiciário - Área Judiciária).

> **Questão original:** O Tribunal de Contas da União, órgão ao qual incumbe a prática de atos de natureza administrativa concernentes à fiscalização contábil, financeira, orçamentária, operacional e patrimonial da União, é subordinado ao Poder Legislativo, do qual é órgão auxiliar e de orientação.

85. É atribuição do Tribunal de Contas da União fiscalizar o modo de aplicação de recursos repassados pela União, a exemplo dos recursos repassados a município para a construção de estação de tratamento de água. (CESPE - 2010 - ABIN - Agente Técnico de Inteligência - Área de Tecnologia da Informação).

86. Dos sete conselheiros que compõem o TCE/BA - cujos nomes devem ser submetidos à aprovação da Assembleia Legislativa -, quatro devem ser escolhidos pela referida casa legislativa e três pelo chefe do Poder Executivo estadual. (CESPE - 2010 - TCE-BA - Procurador).

87. As agências reguladoras federais possuem independência em face do poder central, **PORÉM** estão submetidas ao controle por parte do Tribunal de Contas da União. (CESPE - 2009 - ANTAQ - Especialista em Regulação - Engenharia Ambiental ou Biologia; CESPE - 2009 - ANTAQ - Analista Administrativo - Qualquer Área de Formação).

> **Questão original:** As agências reguladoras federais possuem elevado grau de independência em face do poder central, razão pela qual não estão submetidas ao controle por parte do Tribunal de Contas da União, no que se refere aos aspectos de eficiência do serviço público concedido, fiscalizado pelas agências.

88. As decisões exaradas pelo TCU, no exercício da missão de auxiliar o Congresso Nacional na função fiscalizadora, não são imunes à revisão judicial e, quando reconhecem débito ou multa, constituem título executivo extrajudicial, cuja execução compete à Advocacia-Geral da União. (CESPE - 2009 - AGU - Advogado da União).

89. **NÃO COMPETE** ao TCU examinar, previamente, a validade de contratos administrativos celebrados pelo poder público. (CESPE - 2009 - DPE-ES - Defensor Público).

> **Questão original:** Compete ao TCU examinar, previamente, a validade de contratos administrativos celebrados pelo poder público.

90. Ao TCU, quando julga a legalidade de concessão inicial de aposentadoria, é **PRESCINDÍVEL** que garanta o exercício do contraditório e da ampla defesa. (CESPE - 2009 - TCU - Analista de Controle Externo - Tecnologia da Informação - Prova 1).

Questão original: Ao TCU, quando julga a legalidade de concessão inicial de aposentadoria, é imprescindível que garanta o exercício do contraditório e da ampla defesa.

91. No tocante à organização do Estado brasileiro, a CF conferiu ao Tribunal de Contas da União a tarefa de julgar as contas dos administradores e demais responsáveis por dinheiros, bens e valores públicos da administração direta e indireta da União, **E**atribuir-lhe a competência para aplicar sanções aos responsáveis, nos casos de ilegalidade de despesa ou irregularidade de contas. (CESPE – 2009 – TRT – 17ª Região (ES) – Técnico Judiciário – Área Administrativa).

Observação: "Art. 71, VIII da CF: Aplicar aos responsáveis, em caso de ilegalidade de despesa ou irregularidade de contas, as sanções previstas em lei, que estabelecerá, entre outras cominações, multa proporcional ao dano causado ao erário."

Questão original: No tocante à organização do Estado brasileiro, a CF conferiu ao Tribunal de Contas da União a tarefa de julgar as contas dos administradores e demais responsáveis por dinheiros, bens e valores públicos da administração direta e indireta da União, sem, contudo, atribuir-lhe a competência para aplicar sanções aos responsáveis, nos casos de ilegalidade de despesa ou irregularidade de contas, por ser a referida competência exclusiva do Poder Judiciário, observado o devido processo legal.

92. Compete aos tribunais de contas dos estados o controle de economicidade para verificar se cada órgão procedeu, na aplicação da despesa pública, de modo mais econômico. (CESPE – 2009 – TCU – Analista de Controle Externo – Tecnologia da Informação – Prova 1).

93. É inconstitucional lei estadual que estabeleça como atribuição do respectivo tribunal de contas o exame prévio de validade de contratos firmados com o poder público. (CESPE – 2009 – TCU – Analista de Controle Externo – Tecnologia da Informação – Prova 1).

94. Os TCEs são competentes para examinar as contas das prefeituras e das câmaras municipais. (CESPE – 2009 – TCE-RN – Assessor Técnico Jurídico).

Questão original: Os TCEs são competentes para examinar as contas não só das prefeituras e das câmaras municipais, **MAS TAMBÉM DO PODER JUDICIÁRIO E DOS MINISTÉRIOS PÚBLICOS MUNICIPAIS.**

95. Se o TCE/RN, ao examinar as contas do prefeito de Natal, emitisse parecer prévio pela sua rejeição, esse parecer prevaleceria, exceto se a **CÂMARA MUNICIPAL**, que é responsável pelo julgamento das referidas contas, o rejeitasse por decisão de dois terços de seus membros. (CESPE – 2009 – TCE-RN – Assessor Técnico Jurídico).

> **Questão original:** Se o TCE/RN, ao examinar as contas do prefeito de Natal, emitisse parecer prévio pela sua rejeição, esse parecer prevaleceria, exceto se a Assembleia Legislativa do estado, que é responsável pelo julgamento das referidas contas, o rejeitasse por decisão de dois terços de seus membros.

96. Uma das funções de competência dos TCs, como definido na CF, é a de ouvidor, caracterizada pelo recebimento de denúncias de irregularidades ou ilegalidades formuladas tanto pelos responsáveis pelo controle interno como por qualquer cidadão, partido político, associação ou sindicato. (CESPE – 2009 – TCE-RN – Assessor Técnico Jurídico).

97. **NÃO CABE** ao TCE determinar a suspensão das obras com indícios de irregularidades. (CESPE – 2009 – TCE-RN – Assessor Técnico Jurídico).

> **Questão original:** Cabe ao TCE determinar a suspensão das obras com indícios de irregularidades.

98. Pedro, que nasceu em Portugal há 28 anos e reside de forma permanente em Brasília há dois anos, não requereu a cidadania brasileira. Ele é servidor público federal e requereu a incorporação de quintos de sua remuneração por meio de processo administrativo, cujo requerimento foi efetuado em 1º/6/2002. O pedido foi deferido em 7/7/2002, com base em parecer técnico, quando Pedro passou a receber a referida parcela em sua remuneração, após a publicação do ato no Diário Oficial da União. No entanto, em 1º/7/2007, o TCU instaurou tomada de contas especial para apurar a validade do ato que impôs a referida incorporação, com base em relatório de auditoria que apurou irregularidade nessa incorporação. Em 10/10/2008, o TCU determinou, por meio de acordão do qual não cabe mais recurso, a exclusão da remuneração de Pedro da referida parcela, bem como a restituição de tudo o que recebeu indevidamente a esse título e a apuração da responsabilidade administrativa do servidor que autorizou o citado pagamento. (CESPE – 2008 – MTE – Economista).

98.1 O TCU **NÃO** integra o Sistema de Correição do Poder Executivo de que trata o Decreto n.º 5.480/2005.

> **Questão original:** O TCU integra o Sistema de Correição do Poder Executivo de que trata o Decreto n.º 5.480/2005.

98.2 O acórdão do TCU deve ser anulado, caso Pedro não tenha sido intimado para se defender.

98.3 O acórdão do TCU, por não mais comportar recurso administrativo, poderá ser impugnado judicialmente.

Questão original: O acórdão do TCU, por não mais comportar recurso administrativo, **NÃO** poderá ser impugnado judicialmente.

99. O controle externo da execução orçamentária do TST é realizado pelo Congresso Nacional, com o auxílio do Tribunal de Contas da União (TCU). (CESPE – 2008 – TST – Analista Judiciário – Área Judiciária).

100. A democracia não é mais a escolha dos governantes, mas, sim, a orientação sobre como se quer ser governado. Não há função sem controle. O vetor democrático é pelo pluralismo, o que justifica a existência de vários órgãos de controle. Quanto mais democrático o Estado, maior será o número de órgãos de controle. A ligação entre democracia e legitimidade está no fato de que esta é uma qualidade do poder. A legitimação está ligada ao acesso ao poder, ao exercício do poder e, finalmente, à legitimação teleológica, pelo alcance dos resultados esperados. Não basta a legitimação formal, mas, sim, a legitimação substantiva, que se faz pela participação, pela processualidade aberta e pelo resultado. Diogo de Figueiredo Moreira Neto. Palestra conferida no I Fórum Brasileiro de Controle da Administração Pública, organizado pela Editora Fórum (Belo Horizonte) na cidade do Rio de Janeiro, em 2/8/2004 (com adaptações). (CESPE – 2008 – TCU – Analista de Controle Interno – Tecnologia da Informação – Prova 1).

100.1 A Controladoria-Geral da União exerce o controle **INTERNO** dos órgãos do Poder Executivo, sem prejuízo das atribuições do TCU.

Questão original: A Controladoria-Geral da União exerce o controle externo dos órgãos do Poder Executivo, sem prejuízo das atribuições do TCU.

100.2 A instauração, pelo Tribunal de Contas, de tomada de contas especial em que se vise à reparação de dano ao erário público **NÃO** impede que o Ministério Público possa ingressar com ação civil pública com o mesmo objetivo.

Questão original: A instauração, pelo Tribunal de Contas, de tomada de contas especial em que se vise à reparação de dano ao erário público impede que o Ministério Público possa ingressar com ação civil pública com o mesmo objetivo.

101. O TCU **NÃO** pode realizar tomada de contas especial em empresa pública estadual da qual a União seja acionista minoritária. (CESPE – 2008 – TRT – 5ª Região (BA) – Analista Judiciário – Área Administrativa).

Questão original: O TCU pode realizar tomada de contas especial em empresa pública estadual da qual a União seja acionista minoritária.

102. As contas dos responsáveis por recursos públicos no TRT da 5.ª Região são julgadas pelo TCU. (CESPE – 2008 – TRT – 5ª Região (BA) – Analista Judiciário – Área Administrativa).

103. O TCU, no exercício de sua competência administrativa, emitiu uma resolução que disciplina o recebimento de denúncias anônimas no âmbito daquele tribunal e de toda a administração pública, em face de fatos que causarem prejuízos econômicos à União. O Congresso Nacional **NÃO** tem competência para, por meio de resolução, sustar o ato normativo mencionado em sua totalidade. (CESPE - 2008 - TCU - Analista de Controle Interno - Tecnologia da Informação - Prova 1).

Questão original: O Congresso Nacional tem competência para, por meio de resolução, sustar o ato normativo mencionado em sua totalidade.

104. A fiscalização contábil, financeira, orçamentária, operacional e patrimonial dos órgãos da União realizada pelo sistema de controle externo ou interno pode questionar aspectos que envolvam a própria discricionariedade do administrador. (CESPE - 2008 - ABIN - Oficial de Inteligência).

105. Um deputado estadual de Sergipe, insatisfeito com os recursos que o estado vinha recebendo da União, resolveu apresentar um projeto de lei estadual criando um novo imposto, incidente sobre a exploração da atividade de lavra de petróleo nesse estado por empresas privadas e estatais.

Na situação em apreço, compete ao **TCE** fiscalizar a aplicação dos recursos recebidos a título de royalties pelo estado de Sergipe, já que esses recursos são **PRÓPRIOS DO ESTADO.** (CESPE - 2008 - TCU - Analista de Controle Externo - Auditoria Governamental - Prova 1).

Questão original: Na situação em apreço, compete ao TCU fiscalizar a aplicação dos recursos recebidos a título de royalties pelo estado de Sergipe, já que esses recursos são repassados pela União aos estados.

106. É abusiva a responsabilização de advogado público que ofertar parecer em consulta facultativa e não-vinculativa, salvo culpa ou erro grosseiro, apurados em processo judicial ou administrativo. (CESPE - 2008 - INSS - Analista do Seguro Social - Direito).

107. Como o TCU, **EM REGRA, NÃO** tem poder para anular ou sustar contratos administrativos, **PORÉM** detém também competência para determinar à autoridade administrativa que promova a anulação do contrato ou da licitação que o originou. (CESPE - 2008 - STF - Técnico Judiciário - Área Administrativa).

Questão original: Como o TCU não tem poder para anular ou sustar contratos administrativos, não detém também competência para determinar à autoridade administrativa que promova a anulação do contrato ou da licitação que o originou.

108. O TCU, porque dotado de poderes jurisdicionais, **NÃO** detém poder para determinar a quebra de sigilo bancário de dados constantes em instituições bancárias acerca de pessoas que estejam sendo por ele investigadas por irregularidade de contas. (CESPE – 2008 – STF – Técnico Judiciário – Área Administrativa).

> **Questão original:** O TCU, porque dotado de poderes jurisdicionais, detém poder para determinar a quebra de sigilo bancário de dados constantes em instituições bancárias acerca de pessoas que estejam sendo por ele investigadas por irregularidade de contas.

109. A função de um ministro de Estado que, nessa qualidade, realiza atividades fiscalizatórias dentro do órgão administrativo não se confunde com a atuação do TCU. A atuação do TCU é uma atribuição decorrente do controle externo a cargo do Congresso Nacional, enquanto a atuação do ministro decorre do controle interno ínsito a cada Poder. (CESPE – 2008 – STF – Técnico Judiciário – Área Administrativa).

110. O TCU não tem competência para determinar, em tomada de contas especial, a quebra de sigilo bancário de empresa acusada de superfaturamento de obra pública. (CESPE – 2008 – TRT – 5ª Região (BA) – Analista Judiciário – Área Administrativa).

111. Considere que um grupo de advogados, empregados de uma sociedade de economia mista, for notificado pelo TCU para apresentar suas razões de justificativa em um processo que apure irregularidades em uma licitação que teria sido levada a efeito com base em suas manifestações jurídicas. Nesse caso, entendendo que a Corte de Contas não tem competência para julgar os atos por eles praticados, os advogados poderão impetrar mandado de segurança junto ao **STF.** (CESPE – 2008 – TCU – Analista de Controle Externo – Auditoria Governamental – Prova 1).

> **Questão original:** Considere que um grupo de advogados, empregados de uma sociedade de economia mista, for notificado pelo TCU para apresentar suas razões de justificativa em um processo que apure irregularidades em uma licitação que teria sido levada a efeito com base em suas manifestações jurídicas. Nesse caso, entendendo que a Corte de Contas não tem competência para julgar os atos por eles praticados, os advogados poderão impetrar mandado de segurança junto ao STJ, o qual somente concederá a medida liminar requerida, se for o caso, depois de prestadas informações pela autoridade coatora.

112. O TCU tem competência para para determinar à autoridade administrativa que promova a anulação **DE CONTRATOS ADMINISTRATIVOS** e, se for o caso, da licitação que os originou. (CESPE – 2008 – INSS – Analista do Seguro Social – Direito).

> **Questão original:** O TCU tem competência para anular e suspender contratos administrativos, assim como para determinar à autoridade administrativa que promova a anulação desses contratos e, se for o caso, da licitação que os originou.

113. A demora superior a cinco anos para que o TCU aprecie a legalidade da concessão de aposentadoria implica a necessidade de convocação dos interessados, com a abertura do contraditório e da ampla defesa. (CESPE - 2008 - INSS - Analista do Seguro Social - Direito).

114. **NÃO COMPETE** ao TCU apreciar a legalidade dos atos de nomeação de cargos comissionados nas autarquias federais. (CESPE - 2008 - INSS - Analista do Seguro Social - Direito).

> **Questão original:** Compete ao TCU apreciar, para fins de registro, a legalidade dos atos de nomeação de cargos comissionados nas autarquias federais.

115. O prazo decadencial de 5 anos relativo à anulação de atos administrativos e previsto na lei que regula o processo administrativo no âmbito da administração pública federal deve ser aplicado aos processos de contas que tenham por objeto o exame de legalidade dos atos concessivos de aposentadorias, reformas e pensões. Assim, transcorrido esse interregno sem que o TCU tenha analisado a regularidade de uma pensão, por exemplo, a viúva deve ser convocada para participar do processo de seu interesse, desfrutando das garantias do contraditório e da ampla defesa, em que pese ser a princípio dispensável o contraditório e a ampla defesa nos processos que tramitam no TCU e que apreciem a legalidade do ato de concessão inicial de pensão. (CESPE - 2008 - STF - Técnico Judiciário - Área Administrativa).

116. As autoridades administrativas sujeitas ao controle do TCU não se eximem de cumprir as determinações do TCU, sob pena de submeterem-se às sanções cabíveis. (CESPE - 2008 - STF - Técnico Judiciário - Área Administrativa).

117. Qualquer pessoa, física ou jurídica, pública ou privada, que utilize, arrecade, guarde, gerencie ou administre dinheiros, bens e valores públicos ou pelos quais a União responda, ou que, em nome desta, assuma obrigações de natureza pecuniária está obrigada constitucionalmente a prestar contas ao TCU. (CESPE - 2007 - TCU - Técnico de Controle Externo).

118. A Constituição Federal estabelece que qualquer cidadão, partido político, associação ou sindicato é parte legítima para, na forma da lei, denunciar irregularidades ou ilegalidades perante o TCU. (CESPE - 2007 - TCU - Técnico de Controle Externo).

119. Os ministros do TCU, **NÃO INTEGRA** o Poder Judiciário, **PORÉM** detêm as mesmas garantias, prerrogativas, impedimentos, vencimentos e vantagens dos ministros do Superior Tribunal de Justiça. (CESPE - 2007 - TCU - Técnico de Controle Externo).

> **Observação:** "Art. 73, § 3º da CF: Os Ministros do Tribunal de Contas da União terão as mesmas garantias, prerrogativas, impedimentos, vencimentos e vantagens dos Ministros do Superior Tribunal de Justiça, aplicando-se-lhes, quanto à aposentadoria e pensão, as normas constantes do art. 40."

Questão original: Os ministros do TCU, por integrarem o Poder Judiciário, detêm as mesmas garantias, prerrogativas, impedimentos, vencimentos e vantagens dos ministros do Superior Tribunal de Justiça.

120. O TCU deve auxiliar o Congresso Nacional no exercício do controle externo e da fiscalização contábil, financeira, orçamentária, operacional e patrimonial da União e das entidades da administração direta e indireta. (CESPE – 2007 – TCU – Técnico de Controle Externo).

121. O **CONGRESSO NACIONAL É** responsável pelo controle externo da execução orçamentária da administração federal. (CESPE – 2007 – ANVISA – Técnico Administrativo).

Questão original: O Tribunal de Contas da União (TCU) é o órgão do Poder Judiciário responsável pelo controle externo da execução orçamentária da administração federal.

122. A presidente do Supremo Tribunal Federal (STF), ministra Ellen Gracie, indeferiu liminar pleiteada pelo Sindicato dos Trabalhadores nas Indústrias Urbanas nas Atividades de Meio Ambiente e nos Entes de Fiscalização e Regulação dos Serviços de Energia Elétrica, Saneamento, Gás e Meio Ambiente no Distrito Federal (STIU/DF). O sindicato pretendia suspender os efeitos da decisão do Tribunal de Contas da União (TCU) que determinou à Centrais Elétricas do Norte do Brasil S.A. (ELETRONORTE) cessar o pagamento do adicional referente ao Decreto-Lei n.º 1.971/1982 aos funcionários admitidos após 28/12/1983.

O sindicato declara que o TCU praticou ato arbitrário. Alega que o TCU deixou de observar os princípios do devido processo legal, da ampla defesa, do contraditório, da segurança jurídica, da coisa julgada, da legalidade e boa-fé. A decisão, segundo o STIU/DF, atingiu os salários sem, no entanto, dar a oportunidade ao direito de defesa e do contraditório.

O advogado do sindicato explica que o adicional ocorreu em razão do acordo coletivo de trabalho celebrado entre o sindicato dos empregados e a ELETRONORTE em 29/10/1986, e termo aditivo assinado em 1987, quando os empregados tiveram incorporados aos seus salários, a partir de março de 1987, o valor correspondente ao adicional do Decreto-Lei n.º 1.971/1982. O acordo beneficiaria os empregados admitidos após novembro de 1982. Internet: com adaptações). (CESPE – 2007 – IEMA – Advogado).

122.1 Na situação descrita no texto, o TCU exerceu sua competência de apreciar as contas da ELETRONORTE.

122.2 Toda pessoa física ou jurídica, pública ou privada, que utilize bens e valores da União ou por ela repassados se sujeitará à fiscalização e ao julgamento pelo TCU.

122.3 Na exigência constitucional de capacitação técnica, os 9 membros do TCU precisam ter, além de notório saber jurídico, conhecimentos contábeis, econômicos e financeiros ou de administração pública.

123. O TCU pode, no exercício de suas atribuições, apreciar a constitucionalidade das leis e dos atos do poder público. (CESPE - 2007 - TCU - Técnico de Controle Externo).

124. O controle externo, a cargo do Congresso Nacional, é exercido com o auxílio do Tribunal de Contas da União. (CESPE - 2006 - TJ-SE - Titular de Serviços de Notas e de Registros).

125. A validade de nomeações para cargos públicos comissionados lotados no TRT da 10. Região independe de a aprovação pelo Tribunal de Contas da União. (CESPE - 2004 - TRT - 10ª REGIÃO (DF e TO) - Analista Judiciário - Área Judiciária).

4.2.6 Processo legislativo

1. Caso o **CONGRESSO NACIONAL** pretenda realizar determinado ato que necessite de aprovação da população, deverá realizar consulta plebiscitária, que será convocada por decreto **LEGISLATIVO.** (CESPE - 2018 - EMAP - Conhecimentos Básicos - Cargos de Nível Superior).

> **Questão original:** Caso o presidente da República pretenda realizar determinado ato que necessite de aprovação da população, deverá realizar consulta plebiscitária, que será convocada por decreto presidencial.

2. Para ser aprovada, uma emenda à Constituição Federal de 1988 deverá ser discutida e votada em cada Casa do Congresso Nacional, em dois turnos, e sua aprovação dependerá da obtenção, em ambos os turnos, de três quintos dos votos dos respectivos membros. (CESPE - 2018 - EMAP - Conhecimentos Básicos - Cargos de Nível Superior).

> **Questão original:** Para ser aprovada, uma emenda à Constituição Federal de 1988 deverá ser discutida e votada em cada Casa do Congresso Nacional, em dois turnos, e sua aprovação dependerá da obtenção, em ambos os turnos, de três quintos dos votos dos respectivos membros, **DEVENDO O INTERVALO MÍNIMO ENTRE TAIS TURNOS DE VOTAÇÃO SER DE TRINTA DIAS.**

3. Por iniciativa de deputado federal, tramitou e foi aprovado, no Congresso Nacional, projeto de lei que trata de regime jurídico dos militares das Forças Armadas. Nessa situação, o projeto deverá ser vetado pelo presidente da República, porque existe vício de constitucionalidade formal. (CESPE - 2018 - STM - Analista Judiciário - Área Judiciária).

4. A Câmara dos Deputados é a casa onde se devem iniciar todos os projetos de lei de iniciativa do presidente da República, do STF ou de tribunal superior, cabendo ao Senado o papel de casa revisora. (CESPE – 2018 – Instituto Rio Branco – Diplomata – Prova 1).

5. Em **DETERMINADA** hipótese matéria consignada em projeto de lei rejeitado poderá ser objeto de novo projeto na mesma sessão legislativa. (CESPE – 2017 – TRF – 1ª REGIÃO – Analista Judiciário – Oficial de Justiça Avaliador Federal).

> **Questão original:** Em nenhuma hipótese matéria consignada em projeto de lei rejeitado poderá ser objeto de novo projeto na mesma sessão legislativa.

6. Caso pretenda consultar o povo para deliberar sobre matéria de acentuada relevância de natureza legislativa, o **CONGRESSO NACIONAL** poderá convocar plebiscito, mediante decreto **LEGISLATIVO.** (CESPE – 2017 – TCE-PE – Analista de Gestão – Administração).

> **Questão original:** Caso pretenda consultar o povo para deliberar sobre matéria de acentuada relevância de natureza legislativa, o presidente da República poderá convocar plebiscito, mediante decreto presidencial.

7. Projeto de lei oriundo de iniciativa popular, desde que subscrito por, no mínimo, 1% do eleitorado nacional, distribuído pelo menos por cinco estados, com não menos de 0,3% dos eleitores de cada um deles, **NÃO** deverá ser obrigatoriamente pautado para votação pela Câmara dos Deputados. (CESPE – 2017 – TCE-PE – Conhecimentos Básicos – Cargo 3).

> **Questão original:** Projeto de lei oriundo de iniciativa popular, desde que subscrito por, no mínimo, 1% do eleitorado nacional, distribuído pelo menos por cinco estados, com não menos de 0,3% dos eleitores de cada um deles, deverá ser obrigatoriamente pautado para votação pela Câmara dos Deputados.

8. Dado o princípio da simetria, lei estadual para tratar de situação funcional de servidores públicos da administração direta e indireta deverá ser proposta pelo governador do estado. (CESPE – 2017 – TCE-PE – Analista de Gestão – Administração).

9. Os projetos de lei de iniciativa do presidente da República, em particular os que versem sobre questões orçamentárias, podem receber emendas parlamentares que ensejem aumento de despesa pública. (CESPE – 2017 – Instituto Rio Branco – Diplomata – Prova 1).

> **Questão original:** Os projetos de lei de iniciativa do presidente da República, em particular os que versem sobre questões orçamentárias, não podem receber emendas parlamentares que ensejem aumento de despesa pública.

10. Nas situações de relevância e urgência, o chefe do Poder Executivo federal poderá editar medida provisória, **SENDO VEDADA SE FOR** matéria relativa à organização do Poder Judiciário. (CESPE - 2017 - TRF - 1ª REGIÃO - Analista Judiciário - Área Administrativa).

> **Questão original:** Nas situações de relevância e urgência, o chefe do Poder Executivo federal poderá editar medida provisória que trate de matéria relativa à organização do Poder Judiciário.

11. NÃO HÁ HIERARQUIA ENTRE as leis estaduais **E** às leis federais e, portanto, elas **NÃO** subordinadas, os conflitos entre ambos os tipos de lei são resolvidos pelo **PRINCÍPIO DA COMPETÊNCIA.** (CESPE - 2016 - Instituto Rio Branco - Diplomata - Prova 2).

> **Questão original:** Sendo as leis estaduais inferiores às leis federais e, portanto, a elas subordinadas, os conflitos entre ambos os tipos de lei são resolvidos pelo critério hierárquico.

12. Segundo o STF, configura hipótese de inconstitucionalidade formal, por vício de iniciativa, a edição de lei de iniciativa parlamentar que estabeleça atribuições para órgãos da administração pública. (CESPE - 2016 - TCE-PA - Auditor de Controle Externo - Área Administrativa - Direito).

13. Lei ordinária pode tratar de matéria reservada ao chamado decreto autônomo, de competência do chefe do Poder Executivo. (CESPE - 2016 - TCE-SC - Conhecimentos Básicos - Exceto para os cargos 3 e 6).

> **Questão original:** Lei ordinária NÃO pode tratar de matéria reservada ao chamado decreto autônomo, de competência do chefe do Poder Executivo, sob pena de ser considerada inválida.

14. Leis que tratem da criação de órgãos da administração pública federal são de iniciativa privativa do presidente da República. (CESPE - 2016 - FUNPRESP-EXE - Especialista - Área Jurídica).

15. Projeto de lei rejeitado poderá constituir objeto de novo projeto na mesma sessão legislativa se proposto pela maioria absoluta dos membros de qualquer das Casas do Congresso Nacional. (CESPE - 2016 - TCE-PA - Conhecimentos Básicos - Cargos 1, 18, 19, 37 e 38).

16. No exercício da competência para o chamado veto jurídico no âmbito dos correspondentes processos legislativos, governadores e prefeitos podem invocar violações às respectivas leis fundamentais (Constituições estaduais e leis orgânicas municipais), sendo-lhes **PERMITIDO** vetar projetos de lei com base na sua incompatibilidade com a CF. (CESPE - 2016 - PGE-AM - Procurador do Estado).

> **Questão original:** No exercício da competência para o chamado veto jurídico no âmbito dos correspondentes processos legislativos, governadores e prefeitos podem

invocar tão somente violações às respectivas leis fundamentais (Constituições estaduais e leis orgânicas municipais), sendo-lhes vedado vetar projetos de lei com base na sua incompatibilidade com a CF.

17. Caso uma lei de iniciativa parlamentar afaste os efeitos de sanções disciplinares aplicadas a servidores públicos que participarem de movimento reivindicatório, tal norma padecerá de vício de iniciativa por estar essa matéria no âmbito da reserva de iniciativa do chefe do Poder Executivo. (CESPE – 2015 – AGU – Advogado da União).

18. Dispõem de competência para apresentar projetos de lei complementar ou ordinária qualquer membro ou comissão da Câmara dos Deputados, do Senado Federal ou do Congresso Nacional, o presidente da República, o Supremo Tribunal Federal, os tribunais superiores, o procurador-geral da República e os cidadãos, na forma e nos casos previstos na Constituição. (CESPE – 2015 – Instituto Rio Branco – Diplomata – Prova 2).

19. O veto do presidente da República a um projeto de lei ordinária insere-se no âmbito do processo legislativo, e as razões para o veto **NÃO** podem ser objeto de controle pelo Poder Judiciário. (CESPE – 2015 – AGU – Advogado da União).

Questão original: O veto do presidente da República a um projeto de lei ordinária insere-se no âmbito do processo legislativo, e as razões para o veto podem ser objeto de controle pelo Poder Judiciário.

20. O presidente da República possui competência para vetar projeto de lei, no todo ou em parte, tanto sob o fundamento de inconstitucionalidade como por considerá-lo contrário ao interesse público. (CESPE – 2015 – Instituto Rio Branco – Diplomata – Prova 2).

21. Considere que, após iniciativa parlamentar, tenha tramitado e tenha sido aprovado, no Congresso Nacional, projeto de lei que trate de matéria de iniciativa privativa do presidente da República. Nessa situação hipotética, segundo o STF, a ulterior sanção do projeto de lei pelo chefe do Poder Executivo não sanará vício de inconstitucionalidade formal. (CESPE – 2014 – Câmara dos Deputados – Analista Legislativo – Consultor Legislativo Área XIX).

22. Um deputado federal apresentou projeto que aborda matéria tributária de interesse da União, posteriormente convertido em lei, e, após alguns meses de vigência, foi ajuizada ação direta de inconstitucionalidade (ADI) por vício formal e material perante o Supremo Tribunal Federal (STF), por um partido político com representação no Congresso Nacional.

Tendo havido sanção expressa, é **NECESSÁRIO** o debate acerca de eventual defeito de iniciativa, já que este, mesmo existente, **NÃO CONVALIDARIA** pela anuência presidencial. (CESPE – 2014 – Câmara dos Deputados – Analista Legislativo – Consultor Legislativo Área V).

Questão original: Tendo havido sanção expressa, é desnecessário o debate acerca de eventual defeito de iniciativa, já que este, mesmo existente, restaria convalidado pela anuência presidencial.

23. Considere que, após iniciativa parlamentar, tenha tramitado e tenha sido aprovado, no Congresso Nacional, projeto de lei que trate de matéria de iniciativa privativa do presidente da República. Nessa situação hipotética, segundo o STF, a ulterior sanção do projeto de lei pelo chefe do Poder Executivo não sanará vício de inconstitucionalidade formal. (CESPE - 2014 - Câmara dos Deputados - Analista Legislativo - Consultor Legislativo Área XIV).

24. O fato de um projeto de lei ser aprovado e, após seu encaminhamento para sanção do presidente da República, sofrer veto presidencial com fundamento na inconstitucionalidade do ato objeto de deliberação comprova a existência, no ordenamento legislativo brasileiro, de controle preventivo de constitucionalidade, ao lado do consagrado sistema jurisdicional, normalmente de caráter repressivo. (CESPE - 2014 - Câmara dos Deputados - Analista Legislativo - Consultor Legislativo Área III).

25. Considere que, após iniciativa parlamentar, tenha tramitado e tenha sido aprovado, no Congresso Nacional, projeto de lei que trate de matéria de iniciativa privativa do presidente da República. Nessa situação hipotética, segundo o STF, a ulterior sanção do projeto de lei pelo chefe do Poder Executivo não sanará vício de inconstitucionalidade formal. (CESPE - 2014 - Câmara dos Deputados - Analista Legislativo - Consultor Legislativo Área II).

26. Compete privativamente ao presidente da República vetar projetos de lei, total ou parcialmente, devendo o veto ser apreciado em sessão conjunta e só podendo ser rejeitado pelo voto da maioria absoluta dos deputados e senadores, em votação aberta. (CESPE - 2014 - Câmara dos Deputados - Analista Legislativo - Consultor Legislativo Área I).

27. Cabe ao Ministério Público deflagrar o processo legislativo de lei referente à criação e extinção de cargos de seus membros e de seus servidores auxiliares. (CESPE - 2014 - Câmara dos Deputados - Analista Legislativo - Consultor Legislativo Área XIX).

28. Caso um deputado federal apresente projeto de lei versando sobre matéria tributária, ela será **COMPATÍVEL** com a CF, pois a referida iniciativa, é **CONCORRENTE COM O** chefe do Poder Executivo. (CESPE - 2014 - Câmara dos Deputados - Analista Legislativo - Consultor de Orçamento e Fiscalização Financeira).

Questão original: Caso um deputado federal apresente projeto de lei versando sobre matéria tributária, ela será incompatível com a CF, pois a referida iniciativa, independentemente de seu conteúdo, é privativa do chefe do Poder Executivo.

29. Cabe ao Ministério Público deflagrar o processo legislativo de lei referente à criação e extinção de cargos de seus membros e de seus servidores auxiliares. (CESPE - 2014 - Câmara dos Deputados - Analista Legislativo - Consultor Legislativo Área XIV).

30. Cabe ao Ministério Público deflagrar o processo legislativo de lei referente à criação e extinção de cargos de seus membros e de seus servidores auxiliares. (CESPE - 2014 - Câmara dos Deputados - Analista Legislativo - Consultor Legislativo Área II).

31. Pertence privativamente ao presidente da República a iniciativa das leis que disponham sobre a criação de cargos, funções ou empregos públicos, bem como sobre o aumento de remuneração, na administração direta e nas autarquias. (CESPE - 2014 - Instituto Rio Branco - Diplomata - Prova).

32. O veto do presidente da República a projeto de lei será apreciado em sessão **CONJUNTA**, somente podendo ser rejeitado pelo voto da maioria absoluta dos congressistas. (CESPE - 2014 - TC-DF - Analista de Administração Pública - Sistemas de TI).

> **Questão original:** O veto do presidente da República a projeto de lei será apreciado em sessão unicameral, somente podendo ser rejeitado pelo voto da maioria absoluta dos congressistas.

33. A CF estabelece hipóteses nas quais compete ao Senado Federal aprovar, em votação **SECRETA** e após arguição pública, a escolha de magistrados. (CESPE - 2014 - Câmara dos Deputados - Analista Legislativo - Consultor Legislativo Área XIX).

> **Questão original:** A CF estabelece hipóteses nas quais compete ao Senado Federal aprovar, em votação aberta e após arguição pública, a escolha de magistrados.

34. Comissão mista de congressistas deverá analisar e dar parecer acerca das medidas provisórias antes da deliberação do plenário de cada uma das casas do Congresso Nacional, e é incabível sanção presidencial em caso de aprovação integral do texto. (CESPE - 2014 - Câmara dos Deputados - Analista Legislativo - Consultor Legislativo Área V).

35. Se um projeto de lei ordinária de iniciativa parlamentar invadir a iniciativa privativa do presidente da República, a sanção desse projeto pelo chefe do Poder Executivo federal **NÃO** sanará o vício deflagrado no processo legislativo. (CESPE - 2014 - MDIC - Analista Técnico - Administrativo).

> **Questão original:** Se um projeto de lei ordinária de iniciativa parlamentar invadir a iniciativa privativa do presidente da República, a sanção desse projeto pelo chefe do Poder Executivo federal sanará o vício deflagrado no processo legislativo.

36. A CF admite que se modifiquem, por meio de emendas parlamentares, projetos de lei elaborados pelo chefe do Poder Executivo no exercício de sua iniciativa reservada, mas veda, as emendas que ensejem aumento de despesa pública. (CESPE - 2014 - Câmara dos Deputados - Analista Legislativo - Consultor de Orçamento e Fiscalização Financeira).

> **Questão original:** A CF admite que se modifiquem, por meio de emendas parlamentares, projetos de lei elaborados pelo chefe do Poder Executivo no exercício de sua iniciativa reservada, mas veda, **POR INTEIRO**, as emendas que ensejem aumento de despesa pública.

37. A Constituição autoriza o presidente da República a solicitar, ao Congresso Nacional, regime de urgência para apreciação de projetos de sua iniciativa. (CESPE - 2014 - ANTAQ - Conhecimentos Básicos - Cargos 1 a 4).

> **Questão original:** A Constituição autoriza o presidente da República, **O STF, OS TRIBUNAIS SUPERIORES E O PROCURADOR-GERAL DA REPÚBLICA** a solicitar, ao Congresso Nacional, regime de urgência para apreciação de projetos de sua iniciativa.

38. O presidente da República pode solicitar urgência para a apreciação de projetos de sua iniciativa, hipótese em que a Câmara dos Deputados e o Senado Federal terão, sucessivamente, quarenta e cinco dias para se manifestar sobre a proposição, sob pena de trancamento da pauta, salvo no que diz respeito às deliberações com prazo constitucional determinado. (CESPE - 2013 - TJ-DFT - Analista Judiciário - Área Judiciária).

39. Se, por iniciativa de um deputado federal, o Congresso Nacional aprovar lei ordinária que insira dispositivo legal no texto da Lei n.º 8.112/1990, para criar gratificação destinada a remunerar todos os servidores públicos que exerçam atividade em região de fronteira, o presidente da República **NÃO** deverá sancionar a referida lei ordinária, já que ela **É DE SUA INICIATIVA PRIVATIVA.** (CESPE - 2013 - MJ - Todos os Cargos - Conhecimentos Básicos).

> **Questão original:** Se, por iniciativa de um deputado federal, o Congresso Nacional aprovar lei ordinária que insira dispositivo legal no texto da Lei n.º 8.112/1990, para criar gratificação destinada a remunerar todos os servidores públicos que exerçam atividade em região de fronteira, o presidente da República deverá sancionar a referida lei ordinária, tornando-a vigente a partir da sua publicação, já que ela se encontra em conformidade com a Constituição Federal.

40. A sanção presidencial a projeto de lei proposto por deputado federal para regulamentar matéria relacionada a servidores públicos **NÃO** sana o vício de iniciativa do Poder Executivo. (CESPE - 2013 - PC-BA - Investigador de Polícia).

Questão original: A sanção presidencial a projeto de lei proposto por deputado federal para regulamentar matéria relacionada a servidores públicos sana o vício de iniciativa do Poder Executivo.

41. Ainda que um veto tenha sido rejeitado pelo Congresso Nacional, o presidente da República deverá promulgar a lei. (CESPE – 2013 – SEGESP-AL – Papiloscopista).

42. Promulgação é ato que incide sobre projeto de lei, **DECLARANDO A SUA EXISTÊNCIA.** (CESPE – 2013 – MPU – Analista – Direito).

Questão original: Promulgação é ato que incide sobre projeto de lei, transformando-o em lei e certificando a inovação do ordenamento jurídico.

43. A iniciativa popular é admitida para a edição de leis ordinárias, o que **NÃO** exclui sua utilização para as demais espécies normativas previstas na Constituição Federal. (CESPE – 2013 – TCE-RO – Auditor de Controle Externo – Tecnologia da Informação; CESPE – 2013 – TCE-RO – Auditor de Controle Externo – Tecnologia da Informação).

Questão original: A iniciativa popular é admitida especificamente para a edição de leis ordinárias, o que exclui sua utilização para as demais espécies normativas previstas na Constituição Federal.

44. Os tratados sobre direitos humanos incorporados ao direito pátrio e em conformidade com a CF revogam as leis ordinárias conflitantes. (CESPE – 2013 – PG-DF – Procurador).

45. Os tratados internacionais **DE DIREITOS HUMANOS, APROVADOS PELO MESMO RITO DAS EMENDAS CONSTITUCIONAIS,** se incorporam ao ordenamento jurídico brasileiro com o status de emenda constitucional. (CESPE – 2013 – PG-DF – Procurador).

Questão original: Os tratados internacionais se incorporam ao ordenamento jurídico brasileiro com o status de emenda constitucional.

46. O projeto de lei aprovado nas comissões para as quais tenha sido enviado, na forma e prazo regimentalmente estabelecidos, **NÃO** deve, necessariamente, seguir para votação no plenário da respectiva Casa legislativa, pois o modelo constitucional brasileiro admite a aprovação de leis por meio de órgãos fracionários da Câmara dos Deputados ou do Senado Federal. (CESPE – 2013 – DPE-DF – Defensor Público).

Questão original: O projeto de lei aprovado nas comissões para as quais tenha sido enviado, na forma e prazo regimentalmente estabelecidos, deve, necessariamente, seguir para votação no plenário da respectiva Casa legislativa, pois o modelo constitucional brasileiro não admite a aprovação de leis por meio de órgãos fracionários da Câmara dos Deputados ou do Senado Federal.

47. Como regra, as deliberações de cada casa do Congresso Nacional e de suas comissões serão tomadas por maioria dos votos, presente a maioria absoluta de seus membros. (CESPE - 2013 - PC-DF - Escrivão de Polícia).

48. Será considerado formalmente inconstitucional projeto de lei distrital de iniciativa parlamentar que confira aumento de remuneração aos servidores do governo do DF. (CESPE - 2013 - PG-DF - Procurador).

49. Se, por iniciativa de um deputado federal, o Congresso Nacional aprovar lei ordinária que insira dispositivo legal no texto da Lei n.º 8.112/1990, para criar gratificação destinada a remunerar todos os servidores públicos que exerçam atividade em região de fronteira, o presidente da República **NÃO** deverá sancionar a referida lei ordinária, **LOGO QUE ESTA MATÉRIA É DE SUA COMPETÊNCIA PRIVATIVA.** (CESPE - 2013 - MJ - Analista Técnico - Administrativo - Conhecimentos Básicos).

Questão original: Se, por iniciativa de um deputado federal, o Congresso Nacional aprovar lei ordinária que insira dispositivo legal no texto da Lei n.º 8.112/1990, para criar gratificação destinada a remunerar todos os servidores públicos que exerçam atividade em região de fronteira, o presidente da República deverá sancionar a referida lei ordinária, tornando-a vigente a partir da sua publicação, já que ela se encontra em conformidade com a Constituição Federal.

50. A matéria constante de projeto de lei rejeitado no Congresso Nacional só pode ser objeto de novo projeto, na mesma **SESSÃO LEGISLATIVA**, mediante proposta **DA** maioria absoluta dos membros de qualquer uma das Casas. (CESPE - 2013 - TJ-DFT - Analista Judiciário - Área Judiciária).

Questão original: A matéria constante de projeto de lei rejeitado no Congresso Nacional só pode ser objeto de novo projeto, na mesma legislatura, mediante proposta assinada pela maioria absoluta dos membros de qualquer uma das Casas.

51. A iniciativa das leis **COMPLEMENTARES E** ordinárias cabe a qualquer membro ou comissão da Câmara dos Deputados, do Senado Federal ou do Congresso Nacional, bem como ao presidente da República, ao STF, aos tribunais superiores, ao procurador-geral da República e aos cidadãos, **NA FORMA E NOS CASOS PREVISTOS NA CONSTITUIÇÃO.** (CESPE - 2013 - DPF - Delegado).

Questão original: A iniciativa das leis ordinárias cabe a qualquer membro ou comissão da Câmara dos Deputados, do Senado Federal ou do Congresso Nacional, bem como ao presidente da República, ao STF, aos tribunais superiores, ao procurador-geral da República e aos cidadãos. No que tange às leis complementares, a CF não autoriza a iniciativa popular de lei.

52. Seria incompatível com a CF projeto de lei, apresentado por deputado federal, que determinasse a transferência da sede da ANS para Brasília. (CESPE – 2013 – ANS – Especialista em Regulação de Saúde Suplementar; CESPE – 2013 – ANS – Analista Administrativo).

53. A matéria constante de projeto de emenda à CF rejeitada ou havida por prejudicada **NÃO** pode ser objeto de nova proposta na mesma sessão legislativa. (CESPE – 2013 – ANTT – Conhecimentos Básicos – Cargos 1,2,3,4,5,7 e 8).

Questão original: A matéria constante de projeto de emenda à CF rejeitada ou havida por prejudicada pode ser objeto de nova proposta na mesma sessão legislativa, desde que subscrita por um terço, no mínimo, dos membros da Câmara dos Deputados ou do Senado Federal.

54. Terá sempre início na Câmara dos Deputados a votação dos projetos de lei de iniciativa popular, das medidas provisórias e dos projetos de lei de iniciativa do presidente da República, do STF e dos tribunais superiores. (CESPE – 2013 – PC-DF – Agente de Polícia).

55. A iniciativa popular de lei pode ser exercida tanto no que tange às leis complementares como às leis ordinárias. (CESPE – 2013 – PC-DF – Agente de Polícia).

56. Como regra, compete ao Congresso Nacional dispor sobre a criação, transformação ou extinção de cargos, empregos ou funções públicas, mesmo que a iniciativa para sua proposição seja do Poder Judiciário ou do chefe do Poder Executivo. (CESPE – 2013 – DPE-DF – Defensor Público).

57. A iniciativa das leis **COMPLEMENTARES E** ordinárias cabe a qualquer membro ou comissão da Câmara dos Deputados, do Senado Federal ou do Congresso Nacional, bem como ao presidente da República, ao STF, aos tribunais superiores, ao procurador geral da República e aos cidadãos, **NA FORMA E NOS CASOS PREVISTOS NA CONSTITUIÇÃO.** (CESPE – 2013 – Polícia Federal – Delegado de Polícia).

Questão original: A iniciativa das leis ordinárias cabe a qualquer membro ou comissão da Câmara dos Deputados, do Senado Federal ou do Congresso Nacional, bem como ao presidente da República, ao STF, aos tribunais superiores, ao procurador – geral da República e aos cidadãos. No que tange às leis complementares, a CF não autoriza a iniciativa popular de lei.

58. Os projetos de lei de iniciativa reservada, como os que dispõem sobre a organização dos serviços administrativos dos tribunais federais e do MP, admitem a apresentação de emenda parlamentar, **DESDE QUE TENHA PERTINÊNCIA COM A PROPOSTA ORIGINAL E NÃO ACARRETE AUMENTO DE DESPESA.** (CESPE - 2013 - TC-DF - Procurador).

> **Questão original:** Os projetos de lei de iniciativa reservada, como os que dispõem sobre a organização dos serviços administrativos dos tribunais federais e do MP, não admitem a apresentação de emenda parlamentar.

59. Segundo entendimento do STF, se uma comissão da Câmara dos Deputados obtiver a aprovação de projeto de lei no Congresso Nacional que seria de iniciativa privativa do presidente da República, a sanção presidencial do referido projeto não sanará o vício de iniciativa. (CESPE - 2013 - SERPRO - Analista - Advocacia).

60. A Câmara dos Deputados aprovou, por unanimidade, o projeto de emenda constitucional que acaba com o voto secreto em todas as votações em sessões plenárias no Congresso Nacional. Para virar lei, o texto ainda precisa ser analisado pelos senadores, e a tramitação demorará, no mínimo, mais um mês. Parlamentares de oposição temem que esse processo demore e o projeto não seja votado logo. O Globo, capa, 4/9/2013 (com adaptações). (CESPE - 2013 - FUB - Técnico de Tecnologia da Informação).

60.1 Acredita-se que o fim do voto secreto nas sessões parlamentares de julgamento de processos de cassação reduzirá a prática do corporativismo entre colegas de bancada.

60.2 O fim do voto secreto em sessões plenárias do Congresso Nacional **NÃO** dará ao Poder Legislativo força ainda maior para derrubar os vetos do Poder Executivo.

> **Questão original:** O fim do voto secreto em sessões plenárias do Congresso Nacional dará ao Poder Legislativo força ainda maior para derrubar os vetos do Poder Executivo.

70. Projeto de lei aprovado em uma das Casas do Congresso Nacional é enviado à outra, a Casa revisora, em autógrafos assinados pelo respectivo presidente. Quaisquer retificações realizadas pela câmara revisora para sanar incorreções de linguagem no projeto, ainda que não alterem o conteúdo da proposição, **NÃO SERÃO** consideradas emendas. (CESPE - 2012 - Câmara dos Deputados - Analista Legislativo - Taquígrafo).

> **Questão original:** Projeto de lei aprovado em uma das Casas do Congresso Nacional é enviado à outra, a Casa revisora, em autógrafos assinados pelo respectivo presidente. Quaisquer retificações realizadas pela câmara revisora para sanar incorreções de linguagem no projeto, ainda que não alterem o conteúdo da proposição, são consideradas emendas, razão por que deve o texto voltar à câmara iniciadora para nova apreciação.

71. A matéria constante de projeto de lei rejeitado pode constituir objeto de novo projeto na mesma sessão legislativa. (CESPE – 2012 – Câmara dos Deputados – Analista Legislativo – Técnica Legislativa).

> **Questão original:** A matéria constante de projeto de lei rejeitado **NÃO** pode constituir objeto de novo projeto na mesma sessão legislativa.

72. Art. 218. O Estado promoverá e incentivará o desenvolvimento científico, a pesquisa e a capacitação tecnológicas. § 1.º A pesquisa científica básica receberá tratamento prioritário do Estado, tendo em vista o bem público e o progresso das ciências. § 2.º A pesquisa tecnológica voltar-se-á preponderantemente para a solução dos problemas brasileiros e para o desenvolvimento do sistema produtivo nacional e regional. § 3.º O Estado apoiará a formação de recursos humanos nas áreas de ciência, pesquisa e tecnologia, e concederá aos que delas se ocupem meios e condições especiais de trabalho. § 4.º A lei apoiará e estimulará as empresas que invistam em pesquisa, criação de tecnologia adequada ao país, formação e aperfeiçoamento de seus recursos humanos e que pratiquem sistemas de remuneração que assegurem ao empregado, desvinculada do salário, participação nos ganhos econômicos resultantes da produtividade de seu trabalho. § 5.º É facultado aos estados e ao Distrito Federal vincular parcela de sua receita orçamentária a entidades públicas de fomento ao ensino e à pesquisa científica e tecnológica.

Caso o Congresso Nacional aprovasse uma proposta de emenda à Constituição excluindo do texto constitucional o § 4.º do referido artigo, essa proposta **NÃO DEVE**, conforme previsão constante da própria CF, ser enviada à sanção da presidenta da República. (CESPE – 2012 – MCT – Analista em Ciência e Tecnologia Pleno – Tema I).

> **Questão original:** Caso o Congresso Nacional aprovasse uma proposta de emenda à Constituição excluindo do texto constitucional o § 4.º do referido artigo, essa proposta deveria, conforme previsão constante da própria CF, ser enviada à sanção da presidenta da República.

73. O processo de produção normativa do direito positivo brasileiro deve obedecer às normas constitucionais referentes a processo legislativo, assim como deve manifestar, nas normas elaboradas, a supremacia da CF. (CESPE – 2012 – TCE-ES – Auditor de Controle Externo – Auditoria Governamental).

74. O exercício da iniciativa popular de lei se dá pela apresentação, à mesa do Congresso Nacional, de projeto subscrito por, no mínimo, 1% do eleitorado nacional, distribuído pelo menos por **CINCO** estados, **PELO MENOS, EM CADA, 0,3 DO ELEITORADO ESTADUAL.** (CESPE – 2012 – Câmara dos Deputados – Analista Legislativo – Técnica Legislativa).

> **Questão original:** O exercício da iniciativa popular de lei se dá pela apresentação, à mesa do Congresso Nacional, de projeto subscrito por, no mínimo, 1% do eleitorado nacional, distribuído pelo menos por três décimos dos estados.

75. São de iniciativa privativa do presidente da República as leis que disponham sobre normas gerais para a organização do Ministério Público e da Defensoria Pública dos estados, do Distrito Federal e dos territórios. (CESPE - 2012 - Câmara dos Deputados - Todos os Cargos - Conhecimentos Básicos - exceto para Técnico em Material e Patrimônio).

76. Ainda com base no que determina a CF, julgue os itens a seguir. Entre as atribuições do presidente da República inclui-se a de iniciar o processo legislativo, nos casos previstos na CF. (CESPE - 2012 - TJ-RR - Técnico Judiciário).

77. São de iniciativa privativa do presidente da República as leis que disponham sobre normas gerais para a organização do Ministério Público e da Defensoria Pública dos estados, do Distrito Federal e dos territórios. (CESPE - 2012 - Câmara dos Deputados - Analista - Técnico em Material e Patrimônio - BÁSICOS).

78. A iniciativa das leis complementares e ordinárias pode ser exercida tanto por parlamentares quanto por comissões da Câmara dos Deputados, do Senado Federal ou do Congresso Nacional, pelo presidente da República, pelo STF e tribunais superiores, pelo procurador-geral da República e por cidadãos, na forma e nos casos previstos na CF. (CESPE - 2012 - Instituto Rio Branco - Diplomata - 2ª Etapa).

79. A criação, a transformação e a extinção de cargos, empregos e funções na administração pública federal dependem de autorização do **PRESIDENTE DA REPÚBLICA**, mediante **DECRETO**. (CESPE - 2012 - TC-DF - Auditor de Controle Externo).

> **Questão original:** Em qualquer caso, a criação, a transformação e a extinção de cargos, empregos e funções na administração pública federal dependem de autorização do Congresso Nacional, mediante lei de iniciativa do presidente da República.

80. A apreciação de veto presidencial a projetos de lei deve ocorrer, obrigatoriamente, em sessão conjunta da Câmara dos Deputados e do Senado Federal. (CESPE - 2012 - Câmara dos Deputados - Todos os Cargos - Conhecimentos Básicos - exceto para Técnico em Material e Patrimônio).

81. Via de regra, em cada Casa do Congresso Nacional, assim como nas suas comissões, estando presente a maioria absoluta de seus membros, as deliberações serão tomadas por maioria dos votos. (CESPE - 2012 - Câmara dos Deputados - Analista Legislativo - Técnica Legislativa).

82. A apreciação de veto presidencial a projetos de lei deve ocorrer, obrigatoriamente, em sessão conjunta da Câmara dos Deputados e do Senado Federal. (CESPE - 2012 - Câmara dos Deputados - Analista - Técnico em Material e Patrimônio - BÁSICOS).

83. O Congresso Nacional aprova os tratados e convenções internacionais mediante **DECRETO LEGISLATIVO**, ato que dispensa sanção ou promulgação por parte do presidente da República. (CESPE - 2012 - Instituto Rio Branco - Diplomata - 2ª Etapa).

Questão original: O Congresso Nacional aprova os tratados e convenções internacionais mediante a edição de resolução, ato que dispensa sanção ou promulgação por parte do presidente da República.

84. O presidente da República poderá solicitar urgência para apreciação de projeto de sua iniciativa. No caso de a Câmara dos Deputados e o Senado Federal não se manifestarem, cada qual, sucessivamente, em até quarenta e cinco dias, será a proposição incluída na ordem do dia, sobrestando-se toda e qualquer deliberação legislativa que esteja tramitando na respectiva casa, **COM EXCEÇÃO DAS QUE TENHAM PRAZO CONSTITUCIONAL DETERMINADO, ATÉ QUE SE ULTIME A VOTAÇÃO.** (CESPE – 2012 – Câmara dos Deputados – Analista Legislativo – Técnica Legislativa).

Observação: "Art. 64, § 2º da CF: Se, no caso do § 1º, a Câmara dos Deputados e o Senado Federal não se manifestarem sobre a proposição, cada qual sucessivamente, em até quarenta e cinco dias, sobrestar-se-ão todas as demais deliberações legislativas da respectiva Casa, com exceção das que tenham prazo constitucional determinado, até que se ultime a votação."

Questão original: O presidente da República poderá solicitar urgência para apreciação de projeto de sua iniciativa. No caso de a Câmara dos Deputados e o Senado Federal não se manifestarem, cada qual, sucessivamente, em até quarenta e cinco dias, será a proposição incluída na ordem do dia, sobrestando-se toda e qualquer deliberação legislativa que esteja tramitando na respectiva casa até que se encerre a votação do projeto em regime de urgência.

85. A aprovação de projetos de lei ordinária condiciona-se à maioria simples dos membros de cada Casa do Congresso Nacional, ou seja, somente haverá aprovação pela maioria dos votos, presente a maioria absoluta de seus membros. (CESPE – 2011 – PC-ES – Escrivão de Polícia – Específicos).

86. A iniciativa para apresentar projeto de lei referente aos reajustes dos servidores militares do Distrito Federal (DF) é privativa **DA UNIÃO.** (CESPE – 2011 – TJ-ES – Analista Judiciário – Área Administrativa).

Questão original: A iniciativa para apresentar projeto de lei referente aos reajustes dos servidores militares do Distrito Federal (DF) é privativa do governador dessa unidade federada.

87. A iniciativa para elaboração de leis complementares e ordinárias constitui exemplo da denominada iniciativa concorrente. (CESPE – 2011 – PC-ES – Delegado de Polícia – Específicos).

88. Compete privativamente ao **PRESIDENTE DO TRIBUNAL DE JUSTIÇA** a iniciativa para propor ao Poder Legislativo estadual a fixação da remuneração dos serviços auxiliares do respectivo tribunal de justiça. (CESPE - 2011 - TJ-ES - Analista Judiciário - Taquigrafia - Específicos).

> **Questão original:** Compete privativamente ao governador do estado a iniciativa para propor ao Poder Legislativo estadual a fixação da remuneração dos serviços auxiliares do respectivo tribunal de justiça.

89. Considere que o presidente da República possa solicitar urgência para apreciação de projetos de sua iniciativa que estejam pendentes de votação no Congresso Nacional. Nesse caso, o desatendimento a essa solicitação irá gerar consequência de ordem prática nos trabalhos do legislativo. (CESPE - 2011 - IFB - Assistente de Administração).

> **Questão original:** Considere que o presidente da República possa solicitar urgência para apreciação de projetos de sua iniciativa que estejam pendentes de votação no Congresso Nacional. Nesse caso, o desatendimento a essa solicitação **NÃO** irá gerar qualquer consequência de ordem prática nos trabalhos do legislativo.

90. A CF **PERMITE** que matéria constante de projeto de lei rejeitado seja objeto de novo projeto na mesma sessão legislativa, **MEDIANTE PROPOSTA DA MAIORIA ABSOLUTA DOS MEMBROS DE QUALQUER DAS CASAS.** (CESPE - 2011 - TRE-ES - Analista Judiciário - Área Judiciária - Específicos).

> **Questão original:** A CF veda, em caráter absoluto, que matéria constante de projeto de lei rejeitado seja objeto de novo projeto na mesma sessão legislativa.

91. Como decorrência do princípio da simetria e do princípio da separação dos poderes, as hipóteses de iniciativa reservada ao presidente da República, previstas na Constituição Federal, podem ser estendidas aos governadores. (CESPE - 2010 - MPU - Analista - Processual).

> **Questão original:** Como decorrência do princípio da simetria e do princípio da separação dos poderes, as hipóteses de iniciativa reservada ao presidente da República, previstas na Constituição Federal, **NÃO** podem ser estendidas aos governadores.

92. Nos projetos orçamentários de iniciativa exclusiva do presidente da República são admitidas, em caráter excepcional, emendas parlamentares que impliquem aumento de despesas. (CESPE - 2010 - AGU - Procurador Federal).

93. O silêncio do chefe de Poder Executivo, no prazo de quinze dias de que dispõe para se manifestar sobre um projeto de lei, enseja sanção tácita, razão pela qual o veto deverá ser feito no referido prazo e de maneira expressa. (CESPE - 2010 - INCA - Analista em C&T Júnior - Direito - Legislação Pública em Saúde).

94. Pelo voto da maioria absoluta dos deputados e senadores, o veto presidencial a projeto de lei poderá ser rejeitado. Em tal hipótese **AINDA** haverá a participação do presidente da República no processo legislativo. (CESPE – 2010 – AGU – Procurador Federal).

Questão original: Pelo voto da maioria absoluta dos deputados e senadores, o veto presidencial a projeto de lei poderá ser rejeitado. Em tal hipótese não haverá mais a participação do presidente da República no processo legislativo, já que a subsequente promulgação ficará a cargo do presidente do Senado Federal.

95. Se um projeto de lei for rejeitado em uma das casas do Congresso Nacional, a matéria dele constante somente poderá ser objeto de novo projeto, no **SESSÃO LEGISLATIVA**, mediante proposta **DA MAIORIA ABSOLUTA DOS MEMBROS DE QUALQUER DAS CASAS.** (CESPE – 2010 – TCE-BA – Procurador).

Questão original: Se um projeto de lei for rejeitado em uma das casas do Congresso Nacional, a matéria dele constante somente poderá ser objeto de novo projeto, no mesmo ano legislativo, mediante proposta de dois terços dos membros de qualquer das casas legislativas.

96. Considere que o chefe do Poder Executivo tenha apresentado projeto de lei ordinária que dispõe sobre a remuneração de servidores públicos. Nesse caso, não se admite emenda parlamentar ao projeto para aumento do valor da remuneração proposto. (CESPE – 2010 – DPU – Defensor Público Federal).

97. Os estados são agrupamentos humanos fixados em determinado território e sob um poder soberano, podendo ser divididos, segundo a doutrina clássica, em unitários e compostos. Os primeiros constituem-se apenas de um ente com capacidade política no território, embora admita a descentralização Administrativa; os compostos comportam mais de um ente político. (CESPE – 2009 – IBRAM-DF – Advogado).

97.1 Considere que a Câmara Legislativa do DF tenha apresentado projeto de lei para criação de cargo público em autarquia local e que, após discutir e deliberar pela aprovação da lei, o governador do DF a tenha sancionado, aquiescendo com seus termos. Nessa situação, entretanto, essa lei permanece eivada de inconstitucionalidade pelo vício de iniciativa.

97.2 No caso do DF, a iniciativa de projeto de lei em matéria tributária **NÃO** é exclusiva do governador, enquanto nos territórios a competência privativa é do presidente da República.

Questão original: No caso do DF, a iniciativa de projeto de lei em matéria tributária é exclusiva do governador, enquanto nos territórios a competência privativa é do presidente da República.

98. A iniciativa de projetos de leis complementares e ordinárias cabe, na forma e nos casos previstos na Constituição, a qualquer membro ou comissão da Câmara dos Deputados, do Senado Federal ou do Congresso Nacional, ao Presidente da República, ao Supremo Tribunal Federal, aos tribunais superiores, ao Procurador Geral da República e aos cidadãos. (CESPE – 2009 – Instituto Rio Branco – Diplomata – 1ª Etapa BRANCO).

99. Não há veto ou sanção presidencial na emenda à Constituição, em decretos legislativos e em resoluções, nas leis delegadas, na lei resultante da conversão, sem alterações, de medida provisória. (CESPE – 2009 – AGU – Advogado da União).

100. Em 30/3/2000, o Poder Executivo federal editou a medida provisória n.º 1.963-17/2000, posteriormente editada sob o n.º 2.170-36/2001, cuja vigência, nos moldes do art. 2.º da Emenda Constitucional n.º 32/01, foi prorrogada "até que medida provisória ulterior as revogue explicitamente ou até deliberação definitiva do Congresso Nacional", segundo entendimento pacificado no âmbito do Superior Tribunal de Justiça quando do julgamento do recurso especial n.º 629.487/RS, do relator Ministro Fernando Gonçalves (Quarta Turma, julgado em 22/6/2004, DJ 2/8/2004, p. 412). O art. 5.º da referida medida provisória dispõe que, "nas operações realizadas pelas instituições integrantes do Sistema Financeiro Nacional, é admissível a capitalização de juros com periodicidade inferior a um ano". Na hipótese de ser posteriormente editada lei ordinária genérica que proíba a capitalização de juros em qualquer periodicidade, o art. 5.º da medida provisória em questão estaria naturalmente revogado. (CESPE – 2008 – HEMOBRÁS – Analista de Gestão Corporativa – Advogado).

> **Questão original:** Na hipótese de ser posteriormente editada lei ordinária genérica que proíba a capitalização de juros em qualquer periodicidade, o art. 5.º da medida provisória em questão estaria naturalmente revogado, **UMA VEZ QUE AS LEIS ORDINÁRIAS SÃO HIERARQUICAMENTE SUPERIORES ÀS MEDIDAS PROVISÓRIAS.**

101. Um deputado federal pretende cumprir com um compromisso de campanha de fazer aprovar uma emenda à CF visando alterar o Sistema Tributário Nacional, o qual considera muito complexo e oneroso para a sociedade.

Essa proposição legislativa deve ser apresentada na Câmara dos Deputados subscrita por, pelo menos, um terço dos deputados federais. (CESPE – 2008 – STJ – Analista Judiciário – Área Judiciária).

102. O **CONGRESSO NACIONAL** é do tipo bicameral porque reúne, em um mesmo corpo, uma Casa que cumpre o papel de iniciadora do processo legislativo e uma Casa que cumpre o papel de revisora, **E VICE VERSA.** (CESPE – 2008 – PC-TO – Delegado de Polícia).

> **Questão original:** O Poder Legislativo é do tipo bicameral porque reúne, em um mesmo corpo, uma Casa que cumpre o papel de iniciadora do processo legislativo

(a Câmara dos Deputados) e uma Casa que cumpre sempre o papel de revisora (o Senado Federal).

103. O presidente da República apresentou projeto de lei que amplia para 10% o percentual de vagas destinadas a pessoas portadoras de deficiência nos concursos públicos para a administração federal.

Esse projeto é de iniciativa privativa do presidente da República, em virtude da matéria que ele regula. (CESPE – 2008 – TST – Técnico Judiciário – Área Administrativa).

104. O presidente da República apresentou projeto de lei que amplia para 10% o percentual de vagas destinadas a pessoas portadoras de deficiência nos concursos públicos para a administração federal.

Se esse projeto for rejeitado pela Câmara dos Deputados, o presidente da República **NÃO** poderá recorrer ao Senado Federal contra essa decisão. (CESPE – 2008 – TST – Técnico Judiciário – Área Administrativa).

Questão original: Se esse projeto for rejeitado pela Câmara dos Deputados, o presidente da República poderá recorrer ao Senado Federal contra essa decisão.

105. O deputado federal X propôs projeto de lei ordinária cujo objeto prevê a possibilidade de parcelamento de débitos tributários com a fazenda federal. Esse projeto foi aprovado e, depois de vetado pelo presidente da República por ilegalidade, foi devidamente promulgado. O projeto de lei em questão é constitucional. (CESPE – 2008 – SERPRO – Analista – Advocacia).

Questão original: O projeto de lei em questão é formalmente **INCONSTITUCIONAL**, por vício de iniciativa cuja competência privativa é do presidente da República.

106. O governador **NÃO** tem iniciativa privativa para projeto de lei que cuide de incentivo fiscal. (CESPE – 2008 – PGE-ES – Procurador do Estado).

Questão original: O governador tem iniciativa privativa para projeto de lei que cuide de incentivo fiscal.

107. A iniciativa privativa do chefe do Poder Executivo para a propositura de leis sobre determinados assuntos descritos na Constituição Estadual é tema que pode ser alterado por emenda por ser uma decorrência do princípio da separação dos poderes. (CESPE – 2008 – PGE-ES – Procurador do Estado).

Questão original: A iniciativa privativa do chefe do Poder Executivo para a propositura de leis sobre determinados assuntos descritos na Constituição Estadual é tema que NÃO pode ser alterado por emenda por ser uma decorrência do princípio da separação dos poderes.

108. **É INCONSTITUCIONAL** lei de iniciativa de deputado estadual criadora de gratificação na secretaria de saúde do estado. (CESPE - 2008 - TRT - 5ª Região (BA) - Técnico Judiciário - Área Administrativa).

Questão original: É constitucional lei de iniciativa de deputado estadual criadora de gratificação na secretaria de saúde do estado.

109. Um deputado federal pretende cumprir com um compromisso de campanha de fazer aprovar uma emenda à CF visando alterar o Sistema Tributário Nacional, o qual considera muito complexo e oneroso para a sociedade. A proposição em tela seria formalmente constitucional. (CESPE - 2008 - STJ - Analista Judiciário - Área Judiciária).

Questão original: A proposição em tela seria formalmente **INCONSTITUCIONAL**, pois a iniciativa de projeto em matéria tributária é de competência privativa do presidente da República.

110. O presidente da República promulgou simultaneamente três leis. A Lei X, de autoria parlamentar, tinha por objeto a aprovação do plano de cargos e salários dos servidores da justiça federal de primeira e segunda instâncias, com vistas a suprir necessidade nos tribunais regionais federais. A Lei Y, que é a lei orçamentária anual, para o exercício de 2008. E a Lei W, de iniciativa do presidente da República, que cria uma rádio pública. Ocorre que a Lei W foi aprovada, pela Câmara dos Deputados, com a votação favorável de 200 deputados, sendo que, desses, pelo menos, 80 teriam recebido vantagens econômicas para votarem pela aprovação dessa lei.

Por tratar de matéria de iniciativa privativa do STJ, a Lei X contém vício de iniciativa, que não se convalida com a sanção presidencial. (CESPE - 2008 - STF - Analista Judiciário - Área Judiciária).

111. Um deputado estadual de Sergipe, insatisfeito com os recursos que o estado vinha recebendo da União, resolveu apresentar um projeto de lei estadual criando um novo imposto, incidente sobre a exploração da atividade de lavra de petróleo nesse estado por empresas privadas e estatais. O projeto de lei proposto pelo mencionado deputado estadual apresenta inconstitucionalidade formal de iniciativa. (CESPE - 2008 - TCU - Analista de Controle Externo - Auditoria Governamental - Prova 1).

Questão original: O projeto de lei proposto pelo mencionado deputado estadual apresenta inconstitucionalidade formal de iniciativa, **POIS A MATÉRIA TRIBUTÁRIA É DE COMPETÊNCIA PRIVATIVA DO GOVERNADOR DO ESTADO.**

112. Como regra, as deliberações de cada Casa do Congresso Nacional e de suas comissões serão tomadas pela maioria dos votos, **PRESENTE A MAIORIA ABSOLUTA** de seus membros. (CESPE – 2008 – Instituto Rio Branco – Diplomata – 2ª Etapa NORTE).

> **Questão original:** Como regra, as deliberações de cada Casa do Congresso Nacional e de suas comissões serão tomadas pela maioria absoluta dos votos de seus membros.

113. O deputado federal X propôs projeto de lei ordinária cujo objeto prevê a possibilidade de parcelamento de débitos tributários com a fazenda federal. Esse projeto foi aprovado e, depois de vetado pelo presidente da República por ilegalidade, foi devidamente promulgado.

No momento em que o referido projeto foi encaminhado para sanção, o presidente da República, se entendesse preenchidos os requisitos legais, em vez de vetá-lo, **NÃO** poderia editar uma medida provisória sobre a mesma matéria. (CESPE – 2008 – SERPRO – Analista – Advocacia).

> **Questão original:** No momento em que o referido projeto foi encaminhado para sansão, o presidente da República, se entendesse preenchidos os requisitos legais, em vez de vetá-lo, poderia editar uma medida provisória sobre a mesma matéria.

114. Um parlamentar apresentou projeto de lei ordinária cujos objetivos são regular integralmente e privatizar a titularidade e a execução dos serviços públicos de sepultamento de cadáveres humanos, diante da falta de condições materiais de prestação desse serviço público de forma direta. Aprovado pelo Poder Legislativo, o referido projeto de lei foi sancionado pelo chefe do Poder Executivo.

A sanção ao projeto de lei **NÃO** eliminaria qualquer inconstitucionalidade do vício da iniciativa, caso existente. (CESPE – 2008 – TCU – Analista de Controle Interno – Tecnologia da Informação – Prova 1).

> **Questão original:** A sanção ao projeto de lei eliminaria qualquer inconstitucionalidade do vício da iniciativa, caso existente.

115. A sanção do governador a projeto de lei de iniciativa de deputado estadual que disponha sobre reajuste de defensores públicos estaduais **NÃO** sana a inconstitucionalidade formal. (CESPE – 2008 – DPE-CE – Defensor Público).

> **Questão original:** A sanção do governador a projeto de lei de iniciativa de deputado estadual que disponha sobre reajuste de defensores públicos estaduais sana a inconstitucionalidade formal.

116. A sanção presidencial é exigida nos projetos de lei de competência privativa do presidente da República. (CESPE – 2008 – Instituto Rio Branco – Diplomata – 2ª Etapa NORTE).

Questão original: A sanção presidencial SÓ é exigida nos projetos de lei de competência privativa do presidente da República.

117. O presidente da República **NÃO** tem iniciativa privativa para apresentação de projeto de lei que vise à concessão de isenção tributária de taxa judicial. (CESPE - 2008 - TRT - 5ª Região (BA) - Analista Judiciário - Área Administrativa).

Questão original: O presidente da República tem iniciativa privativa para apresentação de projeto de lei que vise à concessão de isenção tributária de taxa judicial.

118. É de competência **PRIVATIVA** do Poder **EXECUTIVO** iniciar o processo legislativo das matérias pertinentes ao plano plurianual, às diretrizes orçamentárias e aos orçamentos anuais. (CESPE - 2007 - Petrobras - Advogado).

Questão original: É de competência exclusiva do Poder Legislativo iniciar o processo legislativo das matérias pertinentes ao plano plurianual, às diretrizes orçamentárias e aos orçamentos anuais.

119. A iniciativa de projetos de lei que disponham sobre vantagem pessoal concedida a servidores públicos cabe ao chefe do Poder Executivo. (CESPE - 2007 - Petrobras - Advogado).

Questão original: A iniciativa de projetos de lei que disponham sobre vantagem pessoal concedida a servidores públicos cabe tanto ao chefe do Poder Executivo, **QUANTO À CÂMARA DOS DEPUTADOS OU AO SENADO FEDERAL.**

120. Um projeto de lei federal decorrente de iniciativa popular deve ser apresentado perante a Câmara dos Deputados, desde que preenchidos os requisitos constitucionais. (CESPE - 2007 - TRT - 9ª REGIÃO (PR) - Técnico Judiciário - Área Administrativa).

121. Caso uma expressão contida em texto de projeto de lei oriundo da Câmara dos Deputados seja suprimida durante análise do Senado Federal, ainda que o texto não perca sentido normativo, o projeto **NÃO PRECISARÁ** ser reapreciado pela Câmara dos Deputados. (CESPE - 2007 - Banco da Amazônia - Advogado).

Questão original: Caso uma expressão contida em texto de projeto de lei oriundo da Câmara dos Deputados seja suprimida durante análise do Senado Federal, ainda que o texto não perca sentido normativo, o projeto deverá ser reapreciado pela Câmara dos Deputados para que se cumpram adequadamente os preceitos do processo legislativo previstos na Constituição Federal.

122. Terão início **NA CÂMARA DOS DEPUTADOS**, as discussões e votações dos projetos de lei de iniciativa do presidente da República, do Supremo Tribunal Federal e dos tribunais superiores. (CESPE – 2005 – TRT – 16ª REGIÃO (MA) – Analista Judiciário – Área Judiciária).

Questão original: Terão início no Senado Federal, por ser considerada a Câmara Alta, as discussões e votações dos projetos de lei de iniciativa do presidente da República, do Supremo Tribunal Federal e dos tribunais superiores.

123. Os agentes de polícia federal entraram em greve, reivindicando reajuste salarial. Convencido pela argumentação dos grevistas, um senador da República apresentou projeto de lei que determina a equiparação do salário dos agentes de polícia federal ao salário dos delegados de polícia federal.

Esse projeto de lei está em desacordo com a Constituição da República, pois **É VEDADA A EQUIPARAÇÃO DE QUAISQUER ESPÉCIES REMUNERATÓRIAS PARA EFEITO DE REMUNERAÇÃO DE PESSOAL DO SERVIÇO PÚBLICO.** (CESPE – 2004 – Polícia Federal – Agente Administrativo).

Observação: "Art. 37, XIII: É vedada a vinculação ou equiparação de quaisquer espécies remuneratórias para o efeito de remuneração de pessoal do serviço público."

Questão original: Esse projeto de lei está em desacordo com a Constituição da República, pois são de iniciativa privativa do presidente da República projetos de lei que disponham sobre aumento de remuneração de servidores públicos federais.

124. No sistema da Constituição de 1988, reserva-se ao Poder **EXECUTIVO**, a iniciativa da lei orçamentária anual. (CESPE – 2004 – AGU – Advogado da União).

Questão original: No sistema da Constituição de 1988, reserva-se ao Poder Legislativo, em algumas hipóteses, a iniciativa da lei orçamentária anual.

4.2.7 Lei complementar e lei ordinária

1. Leis complementares passam pelo crivo de quórum diferenciado para aprovação. (CESPE – 2018 – IPHAN – Auxiliar Institucional – Área 1).

2. Matéria reservada a lei complementar não pode ser tratada por meio de medida provisória nem pode ser objeto de lei delegada elaborada pelo presidente da República. (CESPE – 2017 – TCE-PE – Analista de Gestão – Julgamento).

3. Quando propostas pelo presidente da República e aprovadas pelas casas do Congresso Nacional, as emendas à Constituição deverão ser promulgadas **PELAS MESAS DA CÂMARA DOS DEPUTADOS E DO SENADO FEDERAL, COM O RESPECTIVO NÚMERO DE ORDEM.** (CESPE – 2017 – TCE-PE – Analista de Gestão – Julgamento).

Questão original: Quando propostas pelo presidente da República e aprovadas pelas casas do Congresso Nacional, as emendas à Constituição deverão ser promulgadas pelo proponente em prazo constitucionalmente determinado.

4. Embora leis complementares não sejam consideradas inconstitucionais pelo simples fato de veicularem matéria reservada a leis ordinárias, os dispositivos desse tipo de lei que não tratem de assunto próprio de lei complementar ficam sujeitos a modificações posteriores promovidas por lei ordinária. (CESPE - 2015 - TCU - Auditor Federal de Controle Externo - Conhecimentos Gerais).

5. A lei complementar deverá conter uma parte preliminar, que compreende a ementa, o preâmbulo, a epígrafe, a indicação do âmbito de aplicação das disposições normativas e o enunciado do objeto. **A EPÍGRAFE** traz a identificação numérica singular da lei e deve ser formado pelo título designativo da espécie normativa, pelo número respectivo e pelo ano de publicação. (CESPE - 2014 - Câmara dos Deputados - Analista Legislativo - Consultor Legislativo Área I).

Questão original: A lei complementar deverá conter uma parte preliminar, que compreende a ementa, o preâmbulo, a epígrafe, a indicação do âmbito de aplicação das disposições normativas e o enunciado do objeto. O preâmbulo traz a identificação numérica singular da lei e deve ser formado pelo título designativo da espécie normativa, pelo número respectivo e pelo ano de publicação.

6. Se o Congresso Nacional editar uma lei complementar (LC) instituidora de certa obrigação tributária, posteriormente, uma lei ordinária poderá revogar dispositivos dessa LC, desde que tais dispositivos sejam materialmente ordinários. (CESPE - 2014 - Câmara dos Deputados - Analista Legislativo - Consultor de Orçamento e Fiscalização Financeira).

7. O decreto legislativo é espécie legislativa criada sem a exigência de sanção do presidente da República. Por outro lado, a lei ordinária exige, no processo de sua elaboração, a manifestação do presidente da República por meio da sanção ou do veto. (CESPE - 2014 - CADE - Nível Superior - Conhecimentos Básicos).

8. O processo legislativo ordinário ou comum, caracterizado pela sua maior extensão, é o que se destina à elaboração das leis ordinárias. (CESPE - 2012 - PC-AL - Agente de Polícia).

Questão original: O processo legislativo ordinário ou comum, caracterizado pela sua maior extensão, é o que se destina à elaboração das leis ordinárias **E DAS LEIS COMPLEMENTARES.**

9. O presidente da República exorbitaria suas atribuições constitucionais caso apresentasse projeto de lei complementar determinando ser obrigatório haver ao menos um juiz de direito em cada município do país. (CESPE - 2012 - MCT - Técnico - Tema VII).

10. Uma lei ordinária federal **NÃO É** hierarquicamente superior a uma lei ordinária estadual. (CESPE – 2010 – MPS – Técnico em Comunicação Social – Relações Públicas).

> **Questão original:** Uma lei ordinária federal é hierarquicamente superior a uma lei ordinária estadual.

11. É tradicional a jurisprudência do STF na proclamação da inexistência de hierarquia constitucional entre lei complementar e lei ordinária, espécies normativas formalmente distintas, tendo em vista a matéria reservada àquela. (CESPE – 2009 – ANATEL – Especialista em Regulação – Direito).

12. Só cabe lei complementar, no sistema normativo brasileiro, quando formalmente for necessária à sua edição por norma constitucional explícita. (CESPE – 2008 – STF – Técnico Judiciário – Área Administrativa).

13. Lei ordinária pode revogar lei complementar. (CESPE – 2008 – DPE-CE – Defensor Público).

4.2.8 Lei delegada, medidas provisórias, decretos legislativos e resoluções.

1. É VEDADA, MEDIDA provisória que perca sua eficácia por decurso de prazo, **SEJA** reeditada na mesma sessão legislativa. (CESPE – 2018 – EMAP – Conhecimentos Básicos – Cargos de Nível Médio).

> **Questão original:** Medida provisória que perca sua eficácia por decurso de prazo somente poderá ser reeditada na mesma sessão legislativa, em caso de interesse público relevante.

2. Acerca do processo legislativo, da hierarquia das normas e do controle de constitucionalidade das leis e dos atos normativos, julgue (C ou E) o item que se segue. Como atos normativos primários, as resoluções destinam-se a regular matéria de competência da Câmara dos Deputados ou do Senado Federal. (CESPE – 2016 – Instituto Rio Branco – Diplomata – Prova 2).

> **Questão original:** Acerca do processo legislativo, da hierarquia das normas e do controle de constitucionalidade das leis e dos atos normativos, julgue (C ou E) o item que se segue. Como atos normativos primários, as resoluções destinam-se a regular matéria de competência da Câmara dos Deputados ou do Senado Federal, **RAZÃO POR QUE DESEMPENHAM TÃO SOMENTE EFEITOS INTERNOS A AMBAS AS CASAS.**

3. Os decretos legislativos são espécies legislativas destinadas a regular assuntos de competência exclusiva do Congresso Nacional, como, por exemplo, a aprovação de tratados, acordos ou atos internacionais que acarretem encargos ou compromissos gravosos ao patrimônio nacional. (CESPE – 2016 – Instituto Rio Branco – Diplomata – Prova 2).

4. Como norma jurídica inferior à lei, um decreto regulamentar será considerado ilegal se vier a reduzir ou a ampliar o que estiver prescrito por lei. (CESPE – 2016 – Instituto Rio Branco – Diplomata – Prova 2).

5. As medidas provisórias vigoram pelo prazo, **PRORROGÁVEL UMA ÚNICA VEZ POR IGUAL PERÍODO**, de sessenta dias e devem ser votadas em sessão **EM SESSÃO SEPARADA PELO PLENÁRIO DE CADA UMA DAS CASAS.** (CESPE – 2016 – TCE-PA – Conhecimentos Básicos- Cargos 4, 5 e de 8 a 17).

> **Questão original:** As medidas provisórias vigoram pelo prazo improrrogável de sessenta dias e devem ser votadas em sessão conjunta da Câmara dos Deputados e do Senado Federal.

6. No ordenamento jurídico brasileiro, **NÃO É ADMITIDO** a autorização de referendo e a convocação de plebiscito por meio de medida provisória. (CESPE – 2015 – AGU – Advogado da União).

> **Questão original:** No ordenamento jurídico brasileiro, admitem-se a autorização de referendo e a convocação de plebiscito por meio de medida provisória.

7. O presidente da República **NÃO TEM** competência para criar território federal e fixar sua respectiva organização administrativa e judiciária por meio de medida provisória. (CESPE – 2015 – MEC – Conhecimentos Básicos para os Postos 9, 10, 11 e 16).

> **Questão original:** O presidente da República tem competência para criar território federal e fixar sua respectiva organização administrativa e judiciária por meio de medida provisória, desde que presentes os requisitos constitucionais de relevância e urgência.

8. Os estados não são obrigados a prever medida provisória no seu processo legislativo. Entretanto, caso optem por incluir tal medida entre os instrumentos do processo legislativo estadual, eles devem observar os princípios e limites estabelecidos a esse respeito na CF. (CESPE – 2015 – TCU – Auditor Federal de Controle Externo – Conhecimentos Gerais).

9. Embora a CF permita ao ocupante da Presidência da República a adoção de medidas provisórias com força de lei em casos de relevância e urgência, o texto constitucional proíbe a edição desse tipo de instrumento com relação ao direito eleitoral. (CESPE – 2015 – TRE-GO – Analista Judiciário – Área Administrativa – Conhecimentos Específicos).

10. Segundo entendimento do STF, os requisitos constitucionais legitimadores da edição de medidas provisórias, quanto aos conceitos jurídicos indeterminados de relevância e urgência, apenas em caráter excepcional se submetem ao crivo do Poder Judiciário, por força do princípio da separação de poderes. (CESPE – 2015 – Telebras – Advogado).

11. Se o presidente da República editar determinada medida provisória, os requisitos constitucionais de relevância e urgência apenas em caráter excepcional submeter-se-ão ao crivo do Poder Judiciário, por força do princípio da separação dos poderes. (CESPE – 2014 – Câmara dos Deputados – Analista Legislativo – Consultor Legislativo Área IX).

12. São disciplinados por decreto legislativo os assuntos de competência exclusiva do Congresso Nacional, como, por exemplo, a aprovação de tratados, acordos ou atos internacionais que acarretem encargos ou compromissos gravosos ao patrimônio nacional. (CESPE – 2014 – Instituto Rio Branco – Diplomata – Prova 2).

13. Acerca da Resolução n.º 1/2002-CN, que dispõe sobre a apreciação, pelo Congresso Nacional, das MPs a que se refere o artigo 62 da CF, julgue o próximo item.

Caso o presidente da República edite duas MPs, uma que altere dispositivos do Regime Jurídico Único dos Servidores Públicos Federais e outra que abra crédito extraordinário à lei orçamentária anual, **SEM NECESSIDADE QUE** à Presidência da Mesa do Congresso Nacional **DESIGNE NOVA** comissão mista para emitir parecer sobre **A SEGUNDA MP, LOGO, JÁ EXISTE A CMO.** (CESPE – 2014 – Câmara dos Deputados – Analista Legislativo – Consultor de Orçamento e Fiscalização Financeira).

Questão original: Caso o presidente da República edite duas MPs, uma que altere dispositivos do Regime Jurídico Único dos Servidores Públicos Federais e outra que abra crédito extraordinário à lei orçamentária anual, caberá à Presidência da Mesa do Congresso Nacional designar comissão mista para emitir parecer sobre ambas as MPs.

14. Se o presidente da República editar determinada medida provisória, os requisitos constitucionais de relevância e urgência apenas em caráter excepcional submeter-se-ão ao crivo do Poder Judiciário, por força do princípio da separação dos poderes. (CESPE – 2014 – Câmara dos Deputados – Analista Legislativo – Consultor Legislativo Área III).

15. Nem todos os assuntos podem ser objeto de lei delegada, como, por exemplo, a matéria relativa à legislação sobre planos plurianuais, diretrizes orçamentárias e orçamentos. (CESPE – 2014 – Câmara dos Deputados – Analista Legislativo – Consultor de Orçamento e Fiscalização Financeira).

16. Se o presidente da República editar determinada medida provisória, os requisitos constitucionais de relevância e urgência apenas em caráter excepcional submeter-se-ão ao crivo do Poder Judiciário, por força do princípio da separação dos poderes. (CESPE – 2014 – Câmara dos Deputados – Analista Legislativo – Consultor Legislativo Área VIII).

17. Se, diante das recentes manifestações populares, a presidenta da República editar medida provisória, tornando vinculantes os efeitos das decisões que, no caso concreto, sejam tomadas pelos juízes em primeira instância, com a impositiva necessidade da observância dos casos julgados pelo STF, denominados leading case, então, nessa situação hipotética, dentro do prazo legal, o Congresso Nacional **NÃO PODERÁ** ratificar a referida medida por meio da conversão desta em lei ordinária, **JÁ QUE HOUVE VÍCIO QUANTO A FORMA NA ORIGEM DA MP.** (CESPE - 2013 - MJ - Todos os Cargos - Conhecimentos Básicos; CESPE - 2013 - MJ - Analista Técnico - Administrativo - Conhecimentos Básicos).

> **Questão original:** Se, diante das recentes manifestações populares, a presidenta da República editar medida provisória, tornando vinculantes os efeitos das decisões que, no caso concreto, sejam tomadas pelos juízes em primeira instância, com a impositiva necessidade da observância dos casos julgados pelo STF, denominados leading case, então, nessa situação hipotética, dentro do prazo legal, o Congresso Nacional deverá ratificar a referida medida por meio da conversão desta em lei ordinária, e a presidenta sancionará o texto normativo, passando a nova lei a vigorar a partir de sua publicação.

18. O processo legislativo compreende a elaboração, entre outros atos normativos, das leis delegadas, das resoluções e das medidas provisórias. (CESPE - 2013 - MS - Analista Técnico - Administrativo).

19. Seria **CONSTITUCIONAL** medida provisória que alterasse alíquotas da taxa de saúde suplementar, haja vista que a CF **NÃO VEDA** a edição de medida provisória em matéria tributária. (CESPE - 2013 - ANS - Especialista em Regulação de Saúde Suplementar; CESPE - 2013 - ANS - Analista Administrativo).

> **Questão original:** Seria inconstitucional medida provisória que alterasse alíquotas da taxa de saúde suplementar, haja vista que a CF veda a edição de medida provisória em matéria tributária.

20. É expressamente vedada a edição de medidas provisórias que versem sobre matérias de direito penal, processual penal e processual civil. (CESPE - 2013 - MPU - Analista - Direito).

21. É vedada pela Constituição Federal a edição de medida provisória pelo presidente da República para dispor sobre matéria orçamentária, ressalvada a abertura de créditos extraordinários. (CESPE - 2013 - MPOG - Todos os Cargos - Conhecimentos Básico).

22. Compete privativamente ao **PRESIDENTE DA REPÚBLICA** editar medidas provisórias com força de lei, conforme preconiza a CF. (CESPE - 2013 - ANTT - Conhecimentos Básicos - Cargos 9 a 15).

Questão original: Compete privativamente ao Congresso Nacional editar medidas provisórias com força de lei, conforme preconiza a CF.

23. É vedada a edição de medida provisória em matéria penal, processual penal e processual civil. (CESPE – 2013 – TC-DF – Procurador).

Questão original: É vedada a edição de medida provisória em matéria penal, processual penal e processual civil, **SALVO SE EM BENEFÍCIO DO ACUSADO, COMO, POR EXEMPLO, NA CRIAÇÃO DE HIPÓTESE DE EXTINÇÃO DE PUNIBILIDADE.**

24. O presidente da República não pode delegar aos ministros de Estado a atribuição de editar medidas provisórias, mesmo que essa delegação se restrinja às matérias diretamente relacionadas ao objeto do respectivo ministério. (CESPE – 2012 – MCT – Técnico – Tema VII).

25. **É VEDADO QUE** o Congresso Nacional **DELEGUE** ao presidente da República competência para legislar sobre nacionalidade. (CESPE – 2012 – PRF – Técnico de Nível Superior – Classe A Padrão I).

Questão original: Pode o Congresso Nacional delegar ao presidente da República competência para legislar sobre nacionalidade.

26. **COMPORTA** exceções a seguinte regra constitucional: medida provisória que institua ou majore imposto só produzirá efeitos no exercício financeiro seguinte se houver sido convertida em lei até o último dia do exercício em que foi editada. (CESPE – 2012 – Câmara dos Deputados – Todos os Cargos – Conhecimentos Básicos – exceto para Técnico em Material e Patrimônio; CESPE – 2012 – Câmara dos Deputados – Analista – Técnico em Material e Patrimônio – BÁSICOS).

Questão original: Não comporta exceções a seguinte regra constitucional, considerada autoaplicável: medida provisória que institua ou majore imposto só produzirá efeitos no exercício financeiro seguinte se houver sido convertida em lei até o último dia do exercício em que foi editada.

27. A CF **VEDA** a edição de medida provisória sobre matéria relativa a direito penal, processual penal e processual civil. (CESPE – 2012 – PC-AL – Escrivão de Polícia).

Questão original: A CF autoriza a edição de medida provisória sobre matéria relativa a direito penal, processual penal e processual civil.

28. As Leis Delegadas serão editadas pelo Presidente da República, após prévia autorização do Congresso Nacional por meio de **RESOLUÇÃO. ESTA, PODERÁ DETER-**

MINAR A APRECIAÇÃO DO PROJETO PELO CN, EM VOTAÇÃO ÚNICA, sendo vedada a apresentação de emendas a essas leis. (CESPE - 2012 - TJ-RR - Administrador).

Questão original: As leis delegadas, editadas pelo presidente da República após prévia autorização do Congresso Nacional, por meio de decreto legislativo, são discutidas e votadas em cada casa legislativa, sendo vedada a apresentação de emendas a essas leis.

29. A delegação legislativa é instituto de natureza excepcional no contexto da tripartição clássica de poderes. (CESPE - 2012 - PRF - Técnico de Nível Superior - Classe A Padrão I).

30. Caso o presidente da República exorbite os limites da delegação legislativa recebida, poderá o Congresso Nacional, no exercício de competência exclusiva, sustar a lei delegada por meio de decreto legislativo. (CESPE - 2012 - PRF - Técnico de Nível Superior - Classe A Padrão I).

31. A CF determina que a votação de medidas provisórias se inicie na Câmara dos Deputados, cabendo à comissão mista de deputados e senadores examiná-las e sobre elas emitir parecer, antes que sejam apreciadas, em sessão separada, pelo plenário de cada uma das casas do Congresso Nacional. (CESPE - 2012 - Câmara dos Deputados - Analista Legislativo - Técnica Legislativa).

32. A despeito de não estar prevista na Constituição Federal a possibilidade de os governadores e os prefeitos editarem medidas provisórias, prevalece o entendimento jurisprudencial de que os estados-membros, o Distrito Federal e os municípios podem editar tais medidas, podendo estabelecer livremente, no exercício de sua autonomia político-legislativa, as regras do processo de tramitação dessas medidas em seu próprio âmbito **CASO TENHA PREVISÃO NA CONSTITUIÇÃO ESTADUAL OU EM LEI ORGÂNICA MUNICIPAL/DISTRITAL.** (CESPE - 2012 - TJ-RR - Administrador).

Questão original: A despeito de não estar prevista na Constituição Federal a possibilidade de os governadores e os prefeitos editarem medidas provisórias, prevalece o entendimento jurisprudencial de que os estados-membros, o Distrito Federal e os municípios podem editar tais medidas, podendo estabelecer livremente, no exercício de sua autonomia político-legislativa, as regras do processo de tramitação dessas medidas em seu próprio âmbito.

33. A CF admite a edição de medida provisória que institua ou majore impostos, desde que seja respeitado o princípio da anterioridade tributária. (CESPE - 2012 - AGU - Advogado da União).

34. A competência para votar os projetos de lei é, em regra, dos plenários da Câmara dos Deputados e do Senado Federal, mas as mesas diretoras das respectivas casas podem, **DEFINIDO NO REGIMENTO INTERNO DAS CASAS**, às **VOTAÇÕES SERAM FEITAS NAS** comissões permanentes, em razão da matéria de sua competência, a prerrogativa de discutir, votar e **PROJETOS DE LEIS, SALVO SE HOUVER RECURSO DE UM DÉCIMO DOS MEMBROS DA CASA.** (CESPE – 2012 – AGU – Advogado da União).

Observação: "Art. 58, 2º, I da CF: Às comissões, em razão da matéria de sua competência, cabe, discutir e votar projeto de lei que dispensar, na forma do regimento, a competência do plenário, salvo se houver recurso de um décimo dos membros da Casa."

Questão original: A competência para votar os projetos de lei é, em regra, dos plenários da Câmara dos Deputados e do Senado Federal, mas as mesas diretoras das respectivas casas podem, mediante decreto legislativo, outorgar às comissões permanentes, em razão da matéria de sua competência, a prerrogativa de discutir, votar e decidir as proposições legislativas.

35. O processo legislativo compreende a elaboração de emendas à Constituição, leis complementares, leis ordinárias, leis delegadas e medidas provisórias. Os decretos legislativos e as resoluções – que tratam de matérias de competência privativa do Senado Federal e da Câmara dos Deputados – são considerados atos internos do Poder Legislativo, e, portanto, compõem o processo legislativo. (CESPE – 2012 – Câmara dos Deputados – Analista – Técnico em Material e Patrimônio – BÁSICOS).

Questão original: O processo legislativo compreende a elaboração de emendas à Constituição, leis complementares, leis ordinárias, leis delegadas e medidas provisórias. Os decretos legislativos e as resoluções – que tratam de matérias de competência privativa do Senado Federal e da Câmara dos Deputados – são considerados atos internos do Poder Legislativo, **QUE NÃO NECESSITAM DE SANÇÃO PRESIDENCIAL E, PORTANTO, NÃO COMPÕEM O PROCESSO LEGISLATIVO.**

36. A CF permite que as relações jurídicas constituídas e decorrentes de atos praticados durante a vigência de uma medida provisória permaneçam por ela regidas mesmo que tal medida provisória seja rejeitada pelo Congresso Nacional em razão de ausência dos pressupostos constitucionais de urgência e relevância. (CESPE – 2012 – FNDE – Especialista em Financiamento e Execução de Programas e Projetos Educacionais).

37. É vedado ao presidente da República editar medida provisória que determine o sequestro de qualquer ativo financeiro. (CESPE – 2011 – IFB – Assistente de Administração).

38. A delegação, ao presidente da República, para a elaboração de lei delegada tomará a forma de **RESOLUÇÃO DO** Congresso Nacional, que especificará o conteúdo da delegação e os termos de seu exercício. (CESPE – 2011 – STM – Analista Judiciário – Execução de Mandados – Específicos).

Observação: "Art. 68, § 2º da CF: A delegação ao Presidente da República terá a forma de resolução do Congresso Nacional, que especificará seu conteúdo e os termos de seu exercício."

Questão original: A delegação, ao presidente da República, para a elaboração de lei delegada tomará a forma de decreto legislativo a ser editado pelo Congresso Nacional, que especificará o conteúdo da delegação e os termos de seu exercício.

39. Para matérias reservadas a lei complementar, ao presidente da República é vedado editar medida provisória. (CESPE - 2010 - TRE-BA - Técnico Judiciário - Segurança Judiciária).

40. Matéria referente a nacionalidade e a cidadania **NÃO** pode ser objeto de lei delegada. (CESPE - 2010 - TRT - 21ª Região (RN) - Analista Judiciário - Área Judiciária).

Questão original: Matéria referente a nacionalidade e a cidadania pode ser objeto de lei delegada.

41. As matérias de competência exclusiva do Congresso Nacional são reguladas por decretos legislativos. (CESPE - 2010 - TRT - 21ª Região (RN) - Analista Judiciário - Área Administrativa).

42. De acordo com a CF, uma vez aprovado projeto de lei de conversão alterando o texto original da medida provisória, **ESTÁ MANTER-SE-Á INTEGRALMENTE EM VIGOR ATÉ QUE SEJA SANCIONADO OU VETADO O PROJETO.** (CESPE - 2010 - AGU - Procurador Federal).

Observação: "Art. 62 § 12 da CF: Aprovado projeto de lei de conversão alterando o texto original da medida provisória, está manter-se-á integralmente em vigor até que seja sancionado ou vetado o projeto."

Questão original: De acordo com a CF, uma vez aprovado projeto de lei de conversão alterando o texto original da medida provisória, a eficácia dos dispositivos que sofreram alteração fica suspensa até que seja sancionado ou vetado o projeto.

43. As medidas provisórias perdem a eficácia, desde a edição, se não forem convertidas em lei no prazo de **SESSENTA DIAS**, prorrogável uma vez, por igual período. (CESPE - 2010 - TRT - 21ª Região (RN) - Analista Judiciário - Área Administrativa).

Questão original: As medidas provisórias perdem a eficácia, desde a edição, se não forem convertidas em lei no prazo de trinta dias, prorrogável uma vez, por igual período.

44. É vedado ao presidente da República editar medidas provisórias com força de lei acerca de matéria relativa a direito processual civil. (CESPE – 2010 – SERPRO – Analista – Advocacia).

45. É **INCONSTITUCIONAL** medida provisória que discipline o trâmite da ação rescisória no âmbito da justiça do trabalho. (CESPE – 2009 – TRT – 17ª Região (ES) – Analista Judiciário – Área Judiciária).

> **Questão original:** É constitucional medida provisória que discipline o trâmite da ação rescisória no âmbito da justiça do trabalho, desde que se atente para os limites materiais da CF, tais como a ampla defesa e o contraditório.

46. Nascida na ambiência político-jurídica da América Latina do século XIX, a possibilidade de concessão de asilo político é comumente acolhida como garantia facultada pelo Estado Democrático de Direito.

Questões pertinentes à concessão de asilo político não podem ser reguladas em medida provisória. (CESPE – 2009 – Instituto Rio Branco – Diplomata – 1ª Etapa BRANCO).

47. Objeto de constantes disputas entre os Poderes, a medida provisória tem sido importante instrumento de governo à disposição do Presidente da República. No entanto, há limitações constitucionais que vedam sua edição em relação a matérias expressamente definidas. (CESPE – 2009 – Instituto Rio Branco – Diplomata – 1ª Etapa BRANCO).

47.1 A instituição ou majoração de impostos podem ser objeto de edição de medida provisória.

47.2 É vedada a edição de medidas provisórias em matéria eleitoral, ainda que aprovadas antes do início do ano das eleições de que cuida a norma.

47.3 Os ativos financeiros, como, por exemplo, poupanças privadas, **NÃO** podem ser objeto de medida provisória que determine detenção temporária ou sequestro de bens.

> **Questão original:** Os ativos financeiros, como, por exemplo, poupanças privadas, podem ser objeto de medida provisória que determine detenção temporária ou sequestro de bens.

48. Medida provisória não constitui instrumento adequado a ser editado em janeiro de 2008 para criar tributo que só será cobrado em 2009. (CESPE – 2008 – TRT – 5ª Região (BA) – Técnico Judiciário – Área Administrativa).

49. As medidas provisórias não convertidas em lei no prazo constitucional perdem a eficácia **DESDE A SUA EDIÇÃO.** (CESPE – 2009 – AGU – Advogado da União).

Questão original: As medidas provisórias não convertidas em lei no prazo constitucional perdem a eficácia a partir do ato declaratório de encerramento do prazo de sua vigência.

50. Um deputado estadual de Sergipe, insatisfeito com os recursos que o estado vinha recebendo da União, resolveu apresentar um projeto de lei estadual criando um novo imposto, incidente sobre a exploração da atividade de lavra de petróleo nesse estado por empresas privadas e estatais.

A matéria tratada no referido projeto de lei estadual **NÃO** poderia ser objeto de medida provisória, **MESMO SE CONSTASSE NA** constituição do estado do Sergipe, **LOGO QUE HAVERIA VÍCIO QUANTO A MATÉRIA A SER EDITADA PELO CHEFE DO EXECUTIVO.** (CESPE – 2008 – TCU – Analista de Controle Externo – Auditoria Governamental – Prova 1).

Questão original: A matéria tratada no referido projeto de lei estadual poderia ser objeto de medida provisória, mesmo que a constituição do estado do Sergipe não contemplasse essa modalidade de ato normativo.

51. Governadores e prefeitos podem editar medidas provisórias, desde que exista previsão na constituição estadual ou na lei orgânica municipal, sendo obrigatória a observância do modelo básico adotado pela CF. (CESPE – 2008 – STF – Analista Judiciário – Área Administrativa).

52. A CF veda expressamente a reedição, na mesma sessão legislativa, de medida provisória que tenha sido rejeitada ou que tenha perdido sua eficácia por decurso de prazo. (CESPE – 2008 – TRT – 5ª Região (BA) – Analista Judiciário – Área Judiciária – Execução de Mandados).

53. O governador de determinado estado da Federação editou medida provisória e a enviou à assembleia legislativa para discussão e eventual transformação em lei. A medida provisória concedia aumento aos servidores do Poder Executivo e criava plano de cargos e salários para os professores da rede pública estadual de ensino. Durante a tramitação do processo legislativo, um deputado estadual impetrou mandado de segurança, alegando a inconstitucionalidade da proposição legislativa, pois a concessão de aumento aos servidores do Poder Executivo, sem contemplar os demais poderes, implicaria ofensa ao princípio da isonomia e da harmonia entre os poderes. (CESPE – 2008 – TJ-CE – Analista Judiciário – Área Judiciária).

53.1 Na situação hipotética em questão, a medida provisória poderia ser instrumento de criação do plano de cargos e salários mencionado.

Questão original: Na situação hipotética em questão, a medida provisória **NÃO** poderia ser instrumento de criação do plano de cargos e salários mencionado.

53.2 Medida provisória pode dispor sobre a concessão de aumento de servidor público.

53.3 Na hipótese descrita, o governador poderia editar medida provisória, **DESDE** que prevista a possibilidade na Constituição estadual.

> **Questão original:** Na hipótese descrita, o governador não poderia editar medida provisória, ainda que prevista a possibilidade na Constituição estadual, porque, conforme a atual CF, somente o presidente da República pode editar tal ato normativo.

54. Os estados podem editar medidas provisórias na respectiva esfera de competência legislativa, desde que haja previsão para tanto na respectiva constituição estadual. (CESPE – 2008 – TRT – 5ª Região (BA) – Técnico Judiciário – Área Administrativa).

55. Desde que prevista competência na Constituição estadual, pode o governador editar medida provisória. (CESPE – 2008 – DPE-CE – Defensor Público).

56. As MPs produzem, ao serem editadas, pelo menos dois efeitos: o efeito inovador da ordem jurídica e o efeito provocador do Congresso Nacional para que este delibere sobre o assunto. (CESPE – 2007 – TCU – Analista de Controle Externo – Comum a todos).

57. É **VEDADO** regular por MP matéria que a Constituição reserva à iniciativa legislativa exclusiva dos Poderes Legislativo ou Judiciário ou mesmo a outros órgãos como o Ministério Público e o tribunal de contas. (CESPE – 2007 – TCU – Analista de Controle Externo – Comum a todos).

> **Questão original:** É possível regular por MP matéria que a Constituição reserva à iniciativa legislativa exclusiva dos Poderes Legislativo ou Judiciário ou mesmo a outros órgãos como o Ministério Público e o tribunal de contas, pois não há, quanto a isso, vedação constitucional explícita.

58. O Poder Judiciário, **EXCEPCIONALMENTE**, detém competência para exercer crítica sobre o juízo de existência dos pressupostos da MP. (CESPE – 2007 – TCU – Analista de Controle Externo – Comum a todos).

> **Questão original:** O Poder Judiciário não detém competência para exercer crítica sobre o juízo de existência dos pressupostos da MP, pois eles são discricionários.

59. Um conceito válido de MP é aquele que a entende como um ato normativo primário, sob condição resolutiva, de caráter excepcional no quadro da separação dos poderes. (CESPE – 2007 – TCU – Analista de Controle Externo – Comum a todos).

60. O presidente da República pode adotar medida provisória, com força de lei, em caso de relevância e urgência, inclusive sobre matérias relativas a aumento salarial de servidor público, previdência social. (CESPE - 2005 - TRT - 16ª REGIÃO (MA) - Analista Judiciário - Área Judiciária).

Questão original: O presidente da República pode adotar medida provisória, com força de lei, em caso de relevância e urgência, inclusive sobre matérias relativas a aumento salarial de servidor público, previdência social, **NACIONALIDADE, PLANOS PLURIANUAIS, DIRETRIZES ORÇAMENTÁRIAS, ORÇAMENTO E CRÉDITOS ADICIONAIS E SUPLEMENTARES.**

61. Considere que, por medida provisória, o presidente da República tenha criado o Ministério da Segurança Pública. Transcorrido o prazo de cento e vinte dias, contados da data de sua publicação, não foi votada a medida provisória, no Congresso Nacional, ocorrendo a sua rejeição tácita. Durante o período em que a medida provisória esteve em vigor, o ministro nomeado praticou diversos atos administrativos, de sua competência exclusiva, que, por seu conteúdo, caracterizaram crime de responsabilidade contra o livre exercício dos direitos individuais, tipificado no art. 7.º da Lei n.º 1.079, de 10/4/1950, e crimes de improbidade administrativa. (CESPE - 2004 - Polícia Federal - Delegado de Polícia - Nacional).

61.1 Durante a vigência da medida provisória, para o presidente da República transferir o Departamento de Polícia Federal (DPF) do Ministério da Justiça para o Ministério da Segurança Pública, criando, nesse ato, sem aumento de despesa, alguns órgãos necessários ao funcionamento do DPF nessa nova estrutura, ele teria de **SANCIONAR PROJETO DE LEI PELO CN.**

Questão original: Durante a vigência da medida provisória, para o presidente da República transferir o Departamento de Polícia Federal (DPF) do Ministério da Justiça para o Ministério da Segurança Pública, criando, nesse ato, sem aumento de despesa, alguns órgãos necessários ao funcionamento do DPF nessa nova estrutura, ele teria de aprovar uma lei ou editar uma medida provisória que dispusesse acerca da matéria.

61.2 Durante a vigência da referida medida provisória, a competência para processar e julgar eventual ação contra o ministro da Segurança Pública, por crime de responsabilidade e crime de improbidade administrativa, seria do STF, **INDEPENDENTE DE AUTORIZAÇÃO** pela Câmara dos Deputados.

Questão original: Durante a vigência da referida medida provisória, a competência para processar e julgar eventual ação contra o ministro da Segurança Pública, por crime de responsabilidade e crime de improbidade administrativa, seria do STF, depois de autorizada, pela Câmara dos Deputados, em ambos os casos, a instauração do processo, cessando essa competência no momento em que a medida provisória fosse rejeitada.

62. Após a aprovação do projeto de lei de conversão **INTEGRAL** pelo Congresso Nacional e de seu envio à **PROMULGAÇÃO PELO SENADO FEDERAL**, permanece em vigência a medida provisória (MP) correspondente. (CESPE – 2004 – AGU – Advogado da União).

> **Questão original:** Após a aprovação do projeto de lei de conversão pelo Congresso Nacional e de seu envio à sanção presidencial, permanece em vigência a medida provisória (MP) correspondente, apenas pelo período que lhe reste do prazo de 120 dias contados da data de sua publicação; caso transcorra o período restante de vigência da MP antes da sanção do projeto de lei de conversão, ela será considerada revogada, cabendo ao Congresso Nacional, por decreto legislativo, disciplinar as relações jurídicas dela decorrentes.

63. A Constituição da República permite ao presidente da República a edição de medidas provisórias sobre direito do trabalho. (CESPE – 2004 – TRT – 10ª REGIÃO (DF e TO) – Analista Judiciário – Área Administrativa).

4.3 PODER EXECUTIVO

4.3.1 Presidente, vice e ministros de estados

1. Divulgado o resultado final de um concurso público para o preenchimento de vagas em cargo público de natureza civil, da administração direta federal, os aprovados foram nomeados. O cargo público em questão poderia ter sido criado por lei. (CESPE – 2018 – MPU – Técnico do MPU – Administração).

> **Questão original:** O cargo público em questão poderia ter sido criado por lei **OU POR DECRETO** do presidente da República.

2. Mediante **DECRETO**, o presidente da República poderá dispor sobre a organização e o funcionamento da administração pública federal, desde que a proposta não implique aumento de despesa nem a criação ou extinção de órgãos públicos. (CESPE – 2018 – MPE-PI – Conhecimentos Básicos – Cargos de Nível Superior).

> **Questão original:** Mediante medida provisória, o presidente da República poderá dispor sobre a organização e o funcionamento da administração pública federal, desde que a proposta não implique aumento de despesa nem a criação ou extinção de órgãos públicos.

3. O Poder Executivo **NÃO** é um órgão pluripessoal, **NO QUAL É** exercido pelo presidente e pelo vice-presidente da República e pelos ministros de Estado. (CESPE – 2018 – Instituto Rio Branco – Diplomata – Prova 1).

Questão original: O Poder Executivo é um órgão pluripessoal, exercido pelo presidente e pelo vice-presidente da República e pelos ministros de Estado.

4. É competência **PRIVATIVA** do presidente da República permitir, **NOS CASOS PREVISTOS EM LEI COMPLEMENTAR**, que forças estrangeiras transitem pelo território nacional ou que nele permaneçam temporariamente. (CESPE - 2018 - Instituto Rio Branco - Diplomata - Prova 1).

Questão original: É competência discricionária e unilateral do presidente da República permitir que forças estrangeiras transitem pelo território nacional ou que nele permaneçam temporariamente.

5. A concessão de indulto é competência **DELEGÁVEL** do presidente da República. (CESPE - 2018 - EMAP - Conhecimentos Básicos - Cargos de Nível Médio).

Questão original: A concessão de indulto é competência indelegável do presidente da República.

6. Quando um cargo público federal estiver vago, o presidente da República poderá extingui-lo por decreto, sem a necessidade de lei. (CESPE - 2018 - EMAP - Conhecimentos Básicos - Cargos de Nível Superior).

7. Em julho do último ano do mandato do presidente da República, cargo então ocupado pelo vice-presidente em razão de vacância, o cargo de presidente vagou novamente. Nessa situação, o Congresso Nacional terá de realizar a eleição para os cargos de presidente e vice-presidente da República em trinta dias após a última vacância. (CESPE - 2018 - EMAP - Conhecimentos Básicos - Cargos de Nível Superior).

8. O presidente da República, embora nomeie os ministros que compõem o Supremo Tribunal Federal, não interfere na função jurisdicional desse órgão. (CESPE - 2018 - MPU - Técnico do MPU - Administração).

9. O presidente da República ficará suspenso de suas funções nos crimes de responsabilidade, após instauração do processo pelo Senado Federal. (CESPE - 2018 - MPE-PI - Técnico Ministerial - Área Administrativa).

10. A Constituição Federal de 1988 prevê que atos do presidente da República contra probidade na administração são crimes de responsabilidade. (CESPE - 2018 - EMAP - Conhecimentos Básicos - Cargos de Nível Médio).

11. De acordo com o atual entendimento do Supremo Tribunal Federal, é vedado aos estados instituir normas que condicionem à previa autorização da assembleia legislativa a instauração de ação penal contra governador por crime comum. (CESPE - 2018 - ABIN - Oficial Técnico de Inteligência - Área 2).

12. O presidente da República poderá vetar alínea de projeto de lei aprovado pelo Congresso Nacional, desde que o faça integralmente. (CESPE - 2017 - TCE-PE - Analista de Gestão - Administração).

13. Quando um cargo público federal estiver vago, o presidente da República poderá extingui-lo por decreto, sendo essa competência **DELEGÁVEL.** (CESPE - 2017 - TCE-PE - Analista de Gestão - Administração).

> **Questão original:** Quando um cargo público federal estiver vago, o presidente da República poderá extingui-lo por decreto, sendo essa competência indelegável.

14. É considerado **CRIME DE RESPONSABILIDADE** ato praticado pelo presidente da República contra o exercício de direito individual, cujo julgamento será da competência do **SENADO FEDERAL.** (CESPE - 2017 - TCE-PE - Analista de Controle Externo - Auditoria de Contas Públicas).

> **Questão original:** É considerado abuso de poder ato praticado pelo presidente da República contra o exercício de direito individual, podendo esse exercício ser protegido por meio de mandado de segurança, cujo julgamento será da competência do Supremo Tribunal Federal (STF).

15. A provisão de cargos públicos federais vagos é atribuição delegável do presidente da República. (CESPE - 2017 - TCE-PE - Analista de Gestão - Julgamento).

16. Ausentando-se do Brasil por período superior a quinze dias sem autorização do Congresso Nacional, o presidente da República poderá sofrer, como reprimenda mais gravosa, **A PERDA DO CARGO.** (CESPE - 2017 - Instituto Rio Branco - Diplomata - Prova 1).

> **Questão original:** Ausentando-se do Brasil por período superior a quinze dias sem autorização do Congresso Nacional, o presidente da República poderá sofrer, como reprimenda mais gravosa, censura pelo Poder Legislativo.

17. Na hipótese de o presidente da República, antes da vigência do seu mandato, praticar um homicídio, **FICARÁ SUSPENSO E SERÁ JULGADO APÓS O TÉRMINO DO MANDATO.** (CESPE - 2017 - SEDF - Analista de Gestão Educacional - Direito e Legislação).

> **Questão original:** Na hipótese de o presidente da República, antes da vigência do seu mandato, praticar um homicídio, a acusação terá de ser admitida por dois terços da Câmara de Deputados para, posteriormente, poder ser submetida a julgamento perante o Senado Federal.

18. Independentemente de lei, o presidente da República pode, por decreto, dispor sobre a extinção de cargo público vago. (CESPE – 2017 – TRF – 1ª REGIÃO – Analista Judiciário – Área Administrativa).

19. Ato do presidente da República que atente contra a probidade na administração pública configurará crime de responsabilidade, cujas normas de processo e de julgamento são de competência legislativa privativa da União. (CESPE – 2017 – TRF – 1ª REGIÃO – Analista Judiciário – Área Judiciária).

20. O Poder Executivo **NÃO** pode, mediante decreto autônomo, criar e extinguir órgãos da administração pública. (CESPE – 2015 – TCU – Auditor Federal de Controle Externo – Conhecimentos Gerais).

> **Questão original:** O Poder Executivo pode, mediante decreto autônomo, criar e extinguir cargos e órgãos da administração pública, desde que dessa medida não resulte aumento de despesa.

21. No caso de vacância do cargo de presidente da República **E DO VICE PRESIDENTE** ocorrida nos últimos dois anos do período presidencial, deverão ser feitas eleições **INDIRETA TRINTA DIAS DEPOIS DA ÚLTIMA VAGA, PELO CONGRESSO NACIONAL.** (CESPE – 2015 – MPOG – Técnico de Nível Superior – Cargo 22).

> **Questão original:** No caso de vacância do cargo de presidente da República ocorrida nos últimos dois anos do período presidencial, deverão ser feitas eleições noventa dias após a abertura da vaga.

22. Embora não tenha autorizado a edição de decreto autônomo de forma ampla e genérica, o constituinte previu, em casos taxados na CF, a possibilidade de serem editados decretos como atos normativos primários, independentemente de lei. (CESPE – 2015 – FUB – Auditor).

23. Estaria **EM DESACORDO** com os parâmetros fixados pela Constituição Federal emenda à constituição de determinado estado que previsse, no caso de vacância dos cargos de governador e vice-governador do estado no último ano do mandato governamental, a convocação sucessiva, para o exercício do cargo de governador pelo período restante do mandato, do presidente da assembleia legislativa e do presidente do tribunal de justiça do estado. (CESPE – 2015 – TRE-GO – Analista Judiciário – Área Judiciária – Conhecimentos Específicos).

> **Questão original:** Estaria de acordo com os parâmetros fixados pela Constituição Federal emenda à constituição de determinado estado que previsse, no caso de vacância dos cargos de governador e vice-governador do estado no último ano do mandato governamental, a convocação sucessiva, para o exercício do cargo de go-

vernador pelo período restante do mandato, do presidente da assembleia legislativa e do presidente do tribunal de justiça do estado.

24. Caso um processo contra o presidente da República pela prática de crime de responsabilidade fosse instaurado pelo Senado Federal, seria permitido o exercício do direito de defesa pelo presidente da República no âmbito da Câmara dos Deputados. (CESPE – 2015 – AGU – Advogado da União).

Questão original: Caso um processo contra o presidente da República pela prática de crime de responsabilidade fosse instaurado pelo Senado Federal, **NÃO** seria permitido o exercício do direito de defesa pelo presidente da República no âmbito da Câmara dos Deputados.

25. Os atos praticados pelo presidente da República que atentem contra o cumprimento das leis e das decisões judiciais configuram crime de responsabilidade. (CESPE – 2015 – MPOG – Analista Técnico Administrativo – Cargo 2).

26. No âmbito da administração pública, o Poder Executivo tem a função finalística de praticar atos de governo e de administração. (CESPE – 2015 – STJ – Técnico Judiciário – Administrativa).

27. A comutação de penas é de competência privativa do presidente da República, com caráter amplamente discricionário, sendo limitada apenas por vedações decorrentes da CF. (CESPE – 2015 – DPE-PE – Defensor Público).

28. Na Constituição Federal, as competências privativas do presidente da República são elencadas em rol **EXEMPLIFICATIVO.** (CESPE – 2015 – MPOG – Analista Técnico Administrativo – Cargo 2).

Questão original: Na Constituição Federal, as competências privativas do presidente da República são elencadas em rol taxativo.

29. O presidente da República poderá ausentar-se do país por **ATÉ QUINZE DIAS, SE POR PERÍODO MAIOR DEVERÁ TER LICENÇA DO CONGRESSO NACIONAL.** (CESPE – 2015 – MPOG – Técnico de Nível Superior – Cargo 22).

Questão original: O presidente da República poderá ausentar-se do país por qualquer tempo, independentemente da obtenção de licença junto ao Congresso Nacional.

30. Na hipótese de vacância dos cargos de Presidente e de Vice-Presidente da República, nos últimos dois anos do período do mandato presidencial, será feita, pelo

Congresso Nacional, a eleição para os dois cargos, trinta dias depois da última vaga. (CESPE – 2015 – TCE-RN – Conhecimentos Básicos para o Cargo 5).

31. A referida reforma administrativa **NÃO** poderia ter se materializado com a edição de decreto autônomo. (CESPE – 2016 – TCE-PA – Auditor de Controle Externo – Procuradoria).

Questão original: A referida reforma administrativa poderia ter se materializado com a edição de decreto autônomo, em decorrência do poder regulamentar do presidente da República.

32. O presidente da República **NÃO** possui competência constitucional para dispor, mediante decreto, acerca de aumento de despesa na administração federal. (CESPE – 2016 – ANVISA – Técnico Administrativo – Conhecimentos Específicos).

Questão original: O presidente da República possui competência constitucional para dispor, mediante decreto, acerca de aumento de despesa na administração federal.

33. A concessão de indulto e a comutação de penas são competências **DELEGÁVEIS** do presidente da República. (CESPE – 2016 – TCE-PA – Auxiliar Técnico de Controle Externo – Área Administrativa).

Questão original: A concessão de indulto e a comutação de penas são competências indelegáveis do presidente da República.

34. Compete ao presidente da República, em caráter privativo, manter relações com Estados estrangeiros e conceder a acreditação diplomática a seus embaixadores, os quais devem submeter suas credenciais pessoalmente ao chefe de Estado. (CESPE – 2016 – Instituto Rio Branco – Diplomata – Prova 2).

35. No presidencialismo brasileiro, a chefia de Estado **E DE GOVERNO** é exercida pelo presidente da República. (CESPE – 2016 – DPU – Técnico em Assuntos Educacionais).

Questão original: No presidencialismo brasileiro, a chefia de Estado é exercida pelo presidente da República, enquanto a chefia de governo fica a cargo dos ministros de Estado.

36. O presidente da República poderá, mediante decreto – independentemente de autorização do Congresso Nacional —, extinguir cargos públicos vagos. (CESPE – 2016 – TCE-PA – Conhecimentos Básicos- Cargos 4, 5 e de 8 a 17).

37. Cargos públicos vagos podem ser extintos por meio de decreto presidencial, sendo dispensável a edição de lei em sentido estrito. (CESPE – 2016 – DPU – Agente Administrativo – Conhecimentos Básicos).

38. O governador que praticar as condutas previstas na Lei n.º 1.079/1950 poderá **PERDER O** cargo, com inabilitação de até cinco anos para o exercício de qualquer função pública, sem prejuízo da ação na justiça comum. (CESPE – 2016 – TCE-SC – Auditor Fiscal de Controle Externo – Direito).

> **Questão original:** O governador que praticar as condutas previstas na Lei n.º 1.079/1950 poderá ser condenado à perda do cargo, com inabilitação de até cinco anos para o exercício de qualquer função pública, e à suspensão dos direitos políticos por até dez anos, sem prejuízo da ação na justiça comum.

39. No caso de o presidente da República, na vigência do mandato, praticar crime comum relacionado às funções do cargo, sua responsabilização perante o Supremo Tribunal Federal estará condicionada à admissibilidade da acusação por dois terços dos membros da Câmara dos Deputados. (CESPE – 2016 – DPU – Analista Técnico – Administrativo).

> **Questão original:** No caso de o presidente da República, na vigência do mandato, praticar crime comum **NÃO** relacionado às funções do cargo, sua responsabilização perante o Supremo Tribunal Federal estará condicionada à admissibilidade da acusação por dois terços dos membros da Câmara dos Deputados.

40. A responsabilidade do chefe de governo e a temporariedade do seu mandato caracterizam, entre outros aspectos, a forma republicana de governo. (CESPE – 2016 – DPU – Analista Técnico – Administrativo).

41. É da competência privativa do presidente da República a proposição de lei de diretrizes orçamentárias. (CESPE – 2014 – Câmara dos Deputados – Analista Legislativo – Consultor Legislativo – Conhecimentos Básicos).

42. Se uma constituição estadual caracterizar como crime de responsabilidade a ausência injustificada de secretário de Estado convocado pela assembleia legislativa para dar explicações sobre fato relevante, essa norma será **INCONSTITUCIONAL.** (CESPE – 2014 – Câmara dos Deputados – Analista Legislativo – Consultor Legislativo Área III; CESPE – 2014 – Câmara dos Deputados – Analista Legislativo – Consultor Legislativo Área VII; CESPE – 2014 – Câmara dos Deputados – Analista Legislativo – Consultor Legislativo Área VIII; CESPE – 2014 – Câmara dos Deputados – Analista Legislativo – Consultor Legislativo Área IX).

> **Questão original:** Se uma constituição estadual caracterizar como crime de responsabilidade a ausência injustificada de secretário de Estado convocado pela assembleia legislativa para dar explicações sobre fato relevante, essa norma será constitucional, uma vez que a CF assim dispõe em relação aos ministros de Estado.

43. **NÃO CABE** ao Congresso Nacional autorizar por lei complementar a criação de ministérios e órgãos da administração pública, **NÃO** podendo o chefe do Executivo dispor, mediante decreto, sobre a extinção desses órgãos. (CESPE – 2014 – ANTAQ – Conhecimentos Básicos – Cargos 5 e 6).

> **Questão original:** Cabe ao Congresso Nacional autorizar por lei complementar a criação de ministérios e órgãos da administração pública, podendo o chefe do Executivo dispor, mediante decreto, sobre a extinção desses órgãos, desde que estejam vagos.

44. O ato de declarar guerra a outro país é de competência do presidente da República, mas deve ser autorizado pelo Congresso Nacional, por meio de **DECRETO LEGISLATIVO.** (CESPE – 2014 – Câmara dos Deputados – Analista Legislativo – Consultor Legislativo – Conhecimentos Básicos).

> **Questão original:** O ato de declarar guerra a outro país é de competência do presidente da República, mas deve ser autorizado pelo Congresso Nacional, por meio de lei.

45. É de competência privativa do presidente da República a celebração de tratados, convenções e atos internacionais, sujeitos a referendo do Congresso Nacional. (CESPE – 2014 – ANTAQ – Técnico Administrativo).

46. O presidente da República pode, mediante decreto, extinguir cargos públicos que estejam vagos. (CESPE – 2014 – Câmara dos Deputados – Analista Legislativo – Consultor Legislativo – Conhecimentos Básicos).

47. Considere que o presidente da República, na presença de policiais que o escoltavam, tenha cometido uma tentativa de homicídio contra um servidor. Nessa situação, mesmo tendo presenciado o delito, os policiais não poderão efetuar a prisão em flagrante do presidente da República. (CESPE – 2014 – ANATEL – Conhecimentos Básicos – Cargos 13, 14 e 15).

48. Compete **PRIVATIVAMENTE** ao presidente da República a promulgação de leis federais. (CESPE – 2014 – Câmara dos Deputados – Analista Legislativo – Consultor Legislativo – Conhecimentos Básicos).

> **Questão original:** Compete exclusivamente ao presidente da República a promulgação de leis federais.

49. Uma vez que o Brasil adotou o sistema presidencialista, as funções de chefe de Estado e de chefe de governo acumulam-se na figura do presidente da República, competindo-lhe, privativamente, expedir decretos e regulamentos para fiel execução da lei. (CESPE – 2014 – SUFRAMA – Nível Superior – Conhecimentos Básicos – Cargos 3 e 4).

50. Compete privativamente ao presidente da República dispor, mediante decreto, sobre a extinção de funções ou cargos públicos quando estes estiverem vagos. (CESPE - 2014 - SUFRAMA - Nível Superior - Conhecimentos Básicos).

51. Compete privativamente ao presidente da República conceder indulto. (CESPE - 2014 - TJ-SE - Analista Judiciário - Direito).

> **Questão original:** Compete privativamente ao presidente da República conceder indulto **E ANISTIA.**

52. O presidente da República pode dispor, mediante decreto autônomo, acerca da organização e do funcionamento da administração federal, vedados o aumento de despesa e a criação ou extinção de órgãos públicos. (CESPE - 2014 - TC-DF - Analista de Administração Pública - Sistemas de TI).

53. Dispor sobre a organização da administração federal é atribuição privativa do presidente da República, que poderá ser exercida pelo próprio ou, durante seus impedimentos, por quem o substituir na presidência, **PERMITIDA** a delegação. (CESPE - 2014 - TC-DF - Analista de Administração Pública - Organizações; CESPE - 2014 - TC-DF - Analista de Administração Pública - Sistemas de TI).

> **Questão original:** Dispor sobre a organização da administração federal é atribuição privativa do presidente da República, que somente poderá ser exercida pelo próprio ou, durante seus impedimentos, por quem o substituir na presidência, vedada a delegação.

54. A CF **VEDA** o presidente da República a criar cargos e extinguir órgãos públicos por meio de decreto. (CESPE - 2014 - Câmara dos Deputados - Técnico Legislativo - Agente de Polícia Legislativa).

> **Questão original:** A CF autoriza o presidente da República a criar cargos e extinguir órgãos públicos por meio de decreto.

55. O presidente da República pode delegar a ministro de Estado a competência para aplicar pena de demissão a servidores públicos federais. (CESPE - 2014 - Câmara dos Deputados - Técnico Legislativo - Agente de Polícia Legislativa).

56. A competência conferida ao presidente da República para expedir decretos e regulamentos para a fiel execução da lei vincula-se ao princípio da legalidade que rege a atuação da administração pública. (CESPE - 2014 - SUFRAMA - Técnico em Contabilidade).

57. Compete privativamente ao presidente da República a concessão de indulto, podendo essa competência, entretanto, ser delegada a outras autoridades, como, por exemplo, a ministro de Estado. (CESPE - 2014 - Polícia Federal - Agente Administrativo).

58. Na hipótese de impedimento do presidente e do vice-presidente da República, o presidente **DA CÂMARA DOS DEPUTADOS** deverá ser chamado ao exercício da presidência da República. (CESPE - 2014 - Câmara dos Deputados - Analista Legislativo - Consultor Legislativo Área I).

> **Questão original:** Na hipótese de impedimento do presidente e do vice-presidente da República, o presidente do Senado Federal deverá ser chamado ao exercício da presidência da República.

59. A Constituição Federal de 1988 (CF) prevê foro por prerrogativa de função para o presidente da República, **PORÉM** o STF **NÃO** poderá processar e julgar ações populares que o tenham como réu. (CESPE - 2014 - SUFRAMA - Nível Superior - Conhecimentos Básicos - Cargos 3 e 4).

> **Questão original:** A Constituição Federal de 1988 (CF) prevê foro por prerrogativa de função para o presidente da República, de modo que somente o STF poderá processar e julgar ações populares que o tenham como réu.

60. O Poder Executivo federal é exercido pelo presidente da República. (CESPE - 2014 - SUFRAMA - Técnico em Contabilidade; CESPE - 2014 - SUFRAMA - Agente Administrativo).

> **Questão original:** O Poder Executivo federal é exercido pelo presidente da República e tem como um de seus fundamentos a **SOBERANIA**.

61. Se o presidente da República, que possui prerrogativa de foro em razão da função, praticar crime de responsabilidade, será julgado pelo Senado Federal, porém, se praticar **INFRAÇÃO PENAL** comum, será julgado pelo STF. (CESPE - 2014 - CADE - Nível Superior - Conhecimentos Básicos).

> **Questão original:** Se o presidente da República, que possui prerrogativa de foro em razão da função, praticar crime de responsabilidade, será julgado pelo Senado Federal, porém, se praticar qualquer crime comum, independentemente de ter sido praticado em razão da função, será julgado pelo STF.

62. Dada a atribuição constitucional do presidente da República para dispor sobre a organização e o funcionamento da administração pública federal, decreto presidencial **NÃO** poderá dispor sobre a criação de cargos públicos federais remunerados. (CESPE - 2014 - MDIC - Analista Técnico - Administrativo).

> **Questão original:** Dada a atribuição constitucional do presidente da República para dispor sobre a organização e o funcionamento da administração pública fede-

ral, decreto presidencial poderá dispor sobre a criação de cargos públicos federais remunerados, estabelecendo suas respectivas remunerações e competências.

63. O chefe do Poder Executivo federal só responderá a processo criminal perante o STF após autorização concedida pela Câmara de Deputados. Tal processo inicia-se por meio da emissão de juízo de admissibilidade pela Câmara dos Deputados, que demanda a aprovação por dois terços dos votos de seus membros. O juízo de admissibilidade proferido pela Câmara dos Deputados não vinculará o juízo prévio, que deverá ser feito pela referida corte, com o teor da denúncia ou da queixa-crime. (CESPE – 2014 – Câmara dos Deputados – Analista Legislativo – Consultor Legislativo Área XXII).

64. O processo relativo a crime de responsabilidade cometido pelo presidente da República divide-se em duas partes: um juízo de admissibilidade do processo perante **A CÂMARA DOS DEPUTADOS** e o julgamento perante **O SENADO FEDERAL.** (CESPE – 2014 – SUFRAMA – Nível Superior – Conhecimentos Básicos).

Questão original: O processo relativo a crime de responsabilidade cometido pelo presidente da República divide-se em duas partes: um juízo de admissibilidade do processo perante o Senado Federal e o julgamento perante a Câmara dos Deputados.

65. Constitui crime de responsabilidade o ato do presidente da República que atente contra o cumprimento das decisões judiciais. Nesse caso, deverá o presidente ser submetido a julgamento perante o Senado Federal, desde que admitida a acusação por dois terços da Câmara dos Deputados. (CESPE – 2014 – Câmara dos Deputados – Analista Legislativo – Consultor Legislativo Área I).

66. Compete ao ministro de Estado exercer a orientação, a coordenação e a supervisão dos órgãos e das entidades da administração federal concernentes à sua área de competência. (CESPE – 2014 – MDIC – Agente Administrativo).

Questão original: Compete ao ministro de Estado exercer a orientação, a coordenação e a supervisão dos órgãos e das entidades da administração federal **E ESTADUAL** concernentes à sua área de competência.

67. A competência para celebrar tratados, convenções e atos internacionais, sujeitos a referendo do Congresso Nacional, é **INDELEGÁVEL** pelo presidente da República. (CESPE – 2013 – TCE-RO – Todos os Cargos – Conhecimentos Básicos – Cargos 2, 4, 5 e 6).

Questão original: A competência para celebrar tratados, convenções e atos internacionais, sujeitos a referendo do Congresso Nacional, é passível de delegação pelo presidente da República.

68. A Constituição Federal atribui amplo rol de competências privativas ao presidente da República, podendo algumas delas ser delegadas aos ministros de Estado. (CESPE - 2013 - FUNASA - Atividade de Complexidade Intelectual - Especialidade 3).

69. Para que o vice-presidente da República realize viagem para o exterior por um período de 23 dias, será necessária licença do Congresso Nacional. (CESPE - 2013 - ANTT - Conhecimentos Básicos - Nível Intermediário).

70. O presidente da República pode dispor sobre a organização da administração pública por decreto autônomo, dispensado o exame pelo Congresso Nacional, quando não ocorrer aumento de despesa ou criação ou extinção de órgão público. (CESPE - 2013 - TRT - 17ª Região (ES) - Analista Judiciário - Área Administrativa).

71. A concessão de indulto a presos é uma atribuição do presidente da República que pode ser delegada a um ministro de Estado. (CESPE - 2013 - SEGESP-AL - Papiloscopista).

72. Se um decreto do presidente da República transferir para a ANS competências que sejam atualmente atribuídas ao Ministério da Saúde, e se essa modificação não implicar aumento de despesas, tal decreto será constitucional. (CESPE - 2013 - ANS - Técnico em Regulação de Saúde Suplementar).

73. A expedição de instruções para a execução de uma lei é uma atribuição específica **DOS MINISTROS DE ESTADO.** (CESPE - 2013 - ANTT - Conhecimentos Básicos - Nível Intermediário).

> **Questão original:** A expedição de instruções para a execução de uma lei é uma atribuição específica do presidente da República.

74. Aos ministros de Estado compete referendar os atos e decretos assinados pelo presidente da República, bem como expedir instruções para a execução de leis, decretos e regulamentos. (CESPE - 2013 - STF - Técnico Judiciário - Área Administrativa).

75. O presidente da República poderá dispor, mediante decreto, sobre a organização e o funcionamento da administração federal, **QUANDO NÃO IMPLICAR AUMENTO DE DESPESA NEM CRIAÇÃO OU EXTINÇÃO DE ÓRGÃOS PÚBLICOS.** (CESPE - 2013 - TCU - Auditor Federal de Controle Externo).

> **Questão original:** O presidente da República poderá dispor, mediante decreto, sobre a organização e o funcionamento da administração federal e sobre a extinção de cargos vagos e de órgãos públicos em processo de fusão, incorporação ou dissolução.

76. **NÃO COMPETE** ao presidente da República vetar, total ou parcialmente, emendas constitucionais. (CESPE - 2013 - PC-DF - Escrivão de Polícia).

Questão original: Compete privativamente ao presidente da República vetar, total ou parcialmente, emendas constitucionais.

77. O presidente da República pode, mediante decreto, dispor sobre a organização e o funcionamento da administração federal, caso essa ação não implique aumento de despesa nem a criação ou extinção de órgãos públicos. (CESPE – 2013 – ANTT – Analista Administrativo).

78. Compete ao presidente da República, em caráter privativo, prover os cargos públicos federais, na forma da lei, podendo essa atribuição ser delegada aos ministros de Estado, ao procurador-geral da República ou ao advogado-geral da União, os quais deverão observar os limites traçados nas respectivas delegações. (CESPE – 2013 – PC-DF – Agente de Polícia).

79. Compete privativamente ao presidente da República celebrar tratados, convenções e atos internacionais, sujeitos a referendo do Congresso Nacional. (CESPE – 2013 – DEPEN – Especialista – Todas as áreas – Conhecimentos Básicos).

80. O vice-presidente da República não poderá se ausentar do país por período superior a quinze dias, sem licença do Congresso Nacional. (CESPE – 2013 – IBAMA – Analista Administrativo).

81. Os crimes comuns praticados pelo presidente da República serão processados perante o Supremo Tribunal Federal (STF), hipótese em que o presidente ficará afastado de suas funções desde o recebimento da denúncia ou queixa- crime. (CESPE – 2013 – TCE-RO – Contador).

82. O presidente da República **NÃO** poderá delegar ao vice-presidente a atribuição de vetar projetos de lei. (CESPE – 2013 – IBAMA – Analista Administrativo).

Questão original: O presidente da República poderá delegar ao vice-presidente a atribuição de vetar projetos de lei.

83. Compete privativamente ao presidente da República conceder indulto e comutar penas, ouvidos, se necessário, os órgãos instituídos em lei. (CESPE – 2013 – PRF – Policial Rodoviário Federal).

84. Os ministros de Estado poderão prover os cargos públicos de sua pasta, desde que o presidente da República delegue a competência para tanto. (CESPE – 2013 – MPOG – Todos os Cargos – Conhecimentos Básicos).

85. Se um decreto do presidente da República transferir para a ANS competências que sejam atualmente atribuídas ao Ministério da Saúde, e se essa modificação não implicar aumento de despesas, tal decreto será constitucional. (CESPE - 2013 - ANS - Técnico Administrativo).

86. A acumulação das funções de chefe de Estado e de chefe de governo pelo presidente da República é uma das características do sistema presidencialista de governo adotado pela República Federativa do Brasil. (CESPE - 2013 - MS - Analista Técnico - Administrativo).

87. Nas hipóteses de impedimento do presidente e do vice- presidente da República ou em caso de vacância desses cargos, serão sucessivamente chamados ao exercício da presidência o presidente da Câmara dos Deputados, o presidente do Senado Federal e o presidente do STF. No caso de vacância do cargo de presidente da República, apenas o vice-presidente da República poderá suceder o presidente de forma definitiva. (CESPE - 2013 - TJ-DFT - Analista Judiciário - Oficial de Justiça Avaliador).

88. No exercício do poder **NORMATIVO**, os ministros de Estado poderão expedir instruções para a execução de leis, nos termos da CF. (CESPE - 2013 - SERPRO - Analista - Advocacia).

> **Questão original:** No exercício do poder regulamentar, os ministros de Estado poderão expedir instruções e editar decretos para a execução de leis, nos termos da CF.

89. O presidente da República acumula as funções de chefe de Estado e de chefe de governo, e **ALGUMAS DE** suas atribuições constitucionais são **DELEGÁVEIS.** (CESPE - 2013 - CPRM - Analista em Geociências - Direito).

> **Questão original:** O presidente da República acumula as funções de chefe de Estado e de chefe de governo, e suas atribuições constitucionais são indelegáveis.

90. Compete ao presidente da República a concessão de indulto, bem como a comutação de penas e o exercício do comando supremo das Forças Armadas. (CESPE - 2013 - MS - Analista Técnico - Administrativo).

91. Em caso de vacância dos cargos de presidente e vice-presidente da República, nos **DOIS** primeiros anos do mandato, deve-se convocar eleição popular direta, a ser realizada noventa dias depois de aberta a última vaga, assegurando-se aos eleitos **COMPLETAR O PERÍODO DOS SEUS ANTECESSORES.** (CESPE - 2013 - TRT - 10ª REGIÃO (DF e TO) - Técnico Judiciário - Administrativo).

> **Questão original:** Em caso de vacância dos cargos de presidente e vice-presidente da República, nos três primeiros anos do mandato, deve-se convocar eleição popular direta, a ser realizada noventa dias depois de aberta a última vaga, assegurando-se

aos eleitos um mandato de quatro anos, permitida a reeleição para um único período subsequente.

92. Com o objetivo de organizar a administração federal, o presidente da República pode, mediante decreto, extinguir cargo público, quando vago. (CESPE - 2013 - CNJ - Técnico Judiciário - Área Administrativa).

> **Questão original:** Com o objetivo de organizar a administração federal, o presidente da República pode, mediante decreto, extinguir cargo público, quando vago, **BEM COMO ÓRGÃO PÚBLICO.**

93. O presidente da República só pode ser submetido a julgamento pelo Supremo Tribunal Federal (STF), nas infrações penais comuns, ou pelo Senado Federal, nos crimes de responsabilidade, depois de admitida a acusação por dois terços dos membros da Câmara dos Deputados. (CESPE - 2013 - PC-DF - Agente de Polícia).

94. A concessão de **INDULTO** é atribuição **PRIVATIVA** do presidente da República. (CESPE - 2013 - Telebras - Nível Superior - Conhecimentos Básicos).

> **Questão original:** A concessão de anistia é atribuição exclusiva do presidente da República.

95. É crime de responsabilidade o ato do presidente da República que atente contra a lei orçamentária. (CESPE - 2013 - MS - Analista Técnico - Administrativo).

96. Admitida a acusação contra o presidente da República, por dois terços da Câmara dos Deputados, será ele submetido a julgamento, nas infrações penais comuns, perante o **STF**. (CESPE - 2013 - MS - Analista Técnico - Administrativo).

> **Questão original:** Admitida a acusação contra o presidente da República, por dois terços da Câmara dos Deputados, será ele submetido a julgamento, nas infrações penais comuns, perante o Superior Tribunal de Justiça (STJ).

97. O governador que infringe, patentemente, e de qualquer modo, lei orçamentária está sujeito a responder por crime de responsabilidade, para o qual a sanção prevista não é privativa de liberdade. (CESPE - 2013 - TCE-RO - Auditor de Controle Externo - Direito).

98. Os crimes comuns praticados pelo presidente da República serão processados perante o Supremo Tribunal Federal (STF), hipótese em que o presidente ficará afastado de suas funções desde o recebimento da denúncia ou queixa-crime. (CESPE - 2013 - TCE-RO - Analista de Informática).

99. A lei permite que qualquer cidadão denuncie a prática de crime de responsabilidade, forma de controle político de atos administrativos praticados por agentes públicos. (CESPE - 2013 - TCE-RO - Auditor de Controle Externo - Direito).

100. A perda de mandato do presidente e do vice-presidente da República ocorrerá nas hipóteses de cassação, em virtude de decisão do Senado, por crime de responsabilidade, ou de declaração de vacância feita pelo Congresso Nacional. (CESPE - 2013 - TJ-DFT - Analista Judiciário - Área Judiciária).

> **Questão original:** A perda de mandato do presidente e do vice-presidente da República **SOMENTE** ocorrerá nas hipóteses de cassação, em virtude de decisão do Senado, por crime de responsabilidade, ou de declaração de vacância feita pelo Congresso Nacional.

101. Compete privativamente **A CÂMARA DOS DEPUTADOS** autorizar, por dois terços de seus membros, a instauração de processo contra o presidente e o vice-presidente da República. (CESPE - 2013 - PC-DF - Escrivão de Polícia).

> **Questão original:** Compete privativamente ao Senado Federal autorizar, por dois terços de seus membros, a instauração de processo contra o presidente e o vice-presidente da República.

102. O presidente da República, durante o seu mandato, não pode ser responsabilizado por atos estranhos ao exercício de suas funções. (CESPE - 2013 - MS - Analista Técnico - Administrativo).

103. No caso de o presidente da República vir a praticar ilícitos penais durante a vigência de seu mandato, sem qualquer relação com a função presidencial, ele não poderá ser responsabilizado, haja vista a imunidade presidencial que implica a suspensão do curso da prescrição relacionada a esses ilícitos, enquanto durar o mandato. (CESPE - 2013 - TRT - 17ª Região (ES) - Técnico Judiciário - Área Administrativa).

> **Questão original:** No caso de o presidente da República vir a praticar ilícitos penais, **CIVIS OU TRIBUTÁRIOS** durante a vigência de seu mandato, sem qualquer relação com a função presidencial, ele não poderá ser responsabilizado, haja vista a imunidade presidencial que implica a suspensão do curso da prescrição relacionada a esses ilícitos, enquanto durar o mandato.

104. Caso o vice-presidente da República cometa crime de responsabilidade, esse fato deverá ser processado e julgado pelo Senado Federal. O presidente do STF atuará como presidente do Senado Federal na correspondente sessão de julgamento. (CESPE - 2013 - STF - Técnico Judiciário - Tecnologia da Informação).

105. O candidato a presidente da República será eleito quando alcançar a maioria absoluta dos votos, não se computando os votos em branco e os nulos. (CESPE – 2013 – MC – Todos os Cargos – Especialidades 1, 7, 13 e 19).

106. Enquanto não sobrevier sentença condenatória referente a infrações comuns, o presidente da República não poderá ser preso. (CESPE – 2013 – TRT – 17ª Região (ES) – Analista Judiciário – Oficial de Justiça Avaliado).

Questão original: Enquanto não sobrevier sentença condenatória referente a infrações comuns, o presidente da República não poderá ser preso, **RESSALVADAS AS HIPÓTESES DE PRISÃO EM FLAGRANTE POR CRIME INAFIANÇÁVEL.**

107. Os atos do presidente da República que atentem contra a probidade da administração serão considerados crimes de responsabilidade, definidos em lei especial, e serão julgados pelo Senado Federal, após admitida a acusação por dois terços da Câmara dos Deputados. (CESPE – 2013 – MC – Todos os Cargos – Especialidades 1, 7, 13 e 19).

108. O presidente da República, durante a vigência de seu mandato, poderá ser responsabilizado por infrações penais comuns, por crimes de responsabilidade e **NÃO PODERÁ RESPONDER, DURANTE A VIGÊNCIA DO MANDATO,** por atos estranhos ao exercício de suas funções. (CESPE – 2013 – PC-BA – Escrivão de Polícia; CESPE – 2013 – PC-BA – Investigador de Polícia).

Questão original: O presidente da República, durante a vigência de seu mandato, poderá ser responsabilizado por infrações penais comuns, por crimes de responsabilidade e até mesmo por atos estranhos ao exercício de suas funções.

109. Se cometer crime eleitoral, o presidente da República será suspenso de suas funções **POR 180 DIAS**. Nesse caso, a denúncia do fato ao **STF** e o seu acolhimento por esse tribunal serão requisitos legais para a instauração do processo. (CESPE – 2013 – PC-DF – Escrivão de Polícia).

Questão original: Se cometer crime eleitoral, o presidente da República será suspenso de suas funções até o julgamento final do respectivo processo. Nesse caso, a denúncia do fato ao Tribunal Superior Eleitoral e o seu acolhimento por esse tribunal serão requisitos legais para a instauração do processo.

110. Admitida a acusação contra o presidente da República pela prática de crime de responsabilidade por dois terços da Câmara dos Deputados, será ele submetido a julgamento perante o **SENADO FEDERAL.** (CESPE – 2013 – DEPEN – Especialista – Todas as áreas – Conhecimentos Básicos).

Questão original: Admitida a acusação contra o presidente da República pela prática de crime de responsabilidade por dois terços da Câmara dos Deputados, será ele submetido a julgamento perante o Supremo Tribunal Federal.

111. Caso cometa infrações comuns, o presidente da República não estará sujeito a prisão enquanto não sobrevier sentença condenatória. (CESPE - 2013 - PC-DF - Escrivão de Polícia).

112. Se, após admissão da Câmara dos Deputados, for recebida denúncia de crime comum no Supremo Tribunal Federal contra o presidente da República, este ficará suspenso de suas funções. (CESPE - 2013 - TRT - 17ª Região (ES) - Analista Judiciário - Oficial de Justiça Avaliador).

113. Se o presidente da República atentar contra decisões judiciais poderá ser julgado pelo **SENADO FEDERAL**, exigida a prévia autorização de dois terços dos membros da Câmara dos Deputados. (CESPE - 2013 - TCE-RS - Oficial de Controle Externo).

> **Questão original:** Se o presidente da República atentar contra decisões judiciais poderá ser julgado pelo Supremo Tribunal Federal, exigida a prévia autorização de dois terços dos membros da Câmara dos Deputados.

114. As infrações penais comuns praticadas pelo presidente da República deverão ser julgadas pelo STF, depois de a acusação ser admitida por dois terços da Câmara dos Deputados. (CESPE - 2013 - CNJ - Analista Judiciário - Área Administrativa).

115. O presidente da República só pode ser processado, pela prática de infrações penais comuns ou crimes de responsabilidade, após juízo de admissibilidade por dois terços dos membros da Câmara dos Deputados. (CESPE - 2012 - Câmara dos Deputados - Todos os Cargos - Conhecimentos Básicos - exceto para Técnico em Material e Patrimônio).

116. **COMPETE PRIVATIVAMENTE AO PRESIDENTE DA REPÚBLICA** editar decretos e regulamentos que visem à garantia da execução fiel das leis. (CESPE - 2012 - MCT - Técnico - Tema VII).

> **Questão original:** Os ministros de Estado podem editar decretos e regulamentos que visem à garantia da execução fiel das leis.

117. A CF autoriza que o presidente da República, no exercício de seu poder regulamentar, edite, decreto que **EXTINGUE** cargos públicos, **QUANDO VAGOS.** (CESPE - 2012 - AGU - Advogado da União).

> **Questão original:** A CF autoriza que o presidente da República, no exercício de seu poder regulamentar, edite, se houver lei federal que o autorize a fazê-lo, decreto que crie cargos públicos, com as respectivas denominações, competências e remunerações.

118. Cabe ao presidente da República, na condição de comandante supremo das Forças Armadas, nomear os comandantes da Marinha, do Exército e da Aeronáutica, promover seus oficiais-generais e nomeá-los para os cargos que lhes sejam privativos. (CESPE – 2012 – AGU – Advogado da União).

Questão original: Cabe ao presidente da República, na condição de comandante supremo das Forças Armadas, nomear os comandantes da Marinha, do Exército e da Aeronáutica, **E AO MINISTRO DA DEFESA** cabe, mediante lista de escolha apresentada pelos comandantes das três forças, promover seus oficiais-generais e nomeá-los para os cargos que lhes sejam privativos.

119. O AGU, utilizando-se do poder regulamentar previsto na CF, pode conceder indulto e comutar penas, desde que por delegação expressa do presidente da República. (CESPE – 2012 – AGU – Advogado da União).

120. O presidente da República só pode ser processado, pela prática de infrações penais comuns ou crimes de responsabilidade, após juízo de admissibilidade por dois terços dos membros da Câmara dos Deputados. (CESPE – 2012 – Câmara dos Deputados – Analista – Técnico em Material e Patrimônio – BÁSICOS).

121. Como são irrenunciáveis, as atribuições privativas do presidente da República previstas no texto constitucional podem ser delegadas a outrem nos casos previstos na Constituição. (CESPE – 2012 – Polícia Federal – Agente da Polícia Federal).

Questão original: Como são irrenunciáveis, todas as atribuições privativas do presidente da República previstas no texto constitucional **NÃO** podem ser delegadas a outrem.

122. Sempre que for instaurado, no Senado Federal, processo por crime de responsabilidade contra o presidente da República, este ficará suspenso de suas funções **PELO PRAZO DE 180 DIAS.** (CESPE – 2012 – TC-DF – Auditor de Controle Externo).

Questão original: Sempre que for instaurado, no Senado Federal, processo por crime de responsabilidade contra o presidente da República, este ficará suspenso de suas funções até o julgamento definitivo do processo.

123. No caso de infrações penais comuns, admitida a acusação contra o presidente da República, **POR 2/3 DA** Câmara dos Deputados, será ele submetido a julgamento perante o Supremo Tribunal Federal. (CESPE – 2012 – MPE-PI – Analista Ministerial – Área Administrativa).

Questão original: No caso de infrações penais comuns, admitida a acusação contra o presidente da República, desde que por maioria absoluta pela Câmara dos Deputados e pelo Senado Federal, será ele submetido a julgamento perante o Supremo Tribunal Federal.

124. O Congresso Nacional aprovou uma reforma administrativa proposta pelo presidente da República que reduziu o número de ministérios. Nesse contexto, o Ministério do Trabalho e Emprego e o Ministério da Previdência Social foram fundidos, tornando-se Ministério do Trabalho e Previdência Social.

No âmbito federal, o Poder Executivo é exercido pelo presidente da República, com o auxílio dos ministros de Estado. (CESPE - 2012 - Câmara dos Deputados - Técnico Legislativo - Técnico em Radiologia).

125. No exercício do poder regulamentar, **NÃO COMPETE** ao presidente da República dispor, mediante decreto, sobre a criação e a extinção de órgãos, funções e cargos públicos. (CESPE - 2012 - Câmara dos Deputados - Todos os Cargos - Conhecimentos Básicos - exceto para Técnico em Material e Patrimônio).

> **Questão original:** No exercício do poder regulamentar, compete ao presidente da República dispor, mediante decreto, sobre a criação e a extinção de órgãos, funções e cargos públicos, quando tal ato não implicar aumento de despesa.

126. Ocorrendo a vacância dos cargos de presidente da República e de vice-presidente da República, nos dois primeiros anos do mandato, deverá haver eleição **DIRETAS**, noventa dias depois de aberta a última vaga. (CESPE - 2012 - PC-CE - Inspetor de Polícia - Civil).

> **Questão original:** Ocorrendo a vacância dos cargos de presidente da República e de vice-presidente da República, nos dois primeiros anos do mandato, deverá haver eleição para ambos os cargos pelo Congresso Nacional, noventa dias depois de aberta a última vaga.

127. O presidente da República dispõe de competência para editar decretos e regulamentos visando à adequada execução das leis, podendo o Congresso Nacional determinar a sustação desses atos normativos no caso de o Poder Executivo, no exercício dessa competência, exorbitar do poder regulamentar. (CESPE - 2012 - Câmara dos Deputados - Analista Legislativo - Técnica Legislativa).

128. O presidente da República pode dispor, mediante decreto, sobre a organização e o funcionamento da administração pública federal, desde que não promova aumento de despesa nem crie ou extinga órgãos públicos. (CESPE - 2012 - ANAC - Técnico em Regulação de Aviação Civil - Área 2).

129. Compete ao presidente da República nomear ministros de Estado, os quais devem ser brasileiros maiores de vinte e um anos e estar no exercício dos direitos políticos. (CESPE - 2012 - FNDE - Técnico em Financiamento e Execução de Programas e Projetos Educacionais).

130. O presidente da República detém competência privativa para dispor, mediante decreto, sobre organização e funcionamento da administração federal, **QUANDO NÃO**

IMPLICAR EM AUMENTO DE DESPESA NEM CRIAÇÃO OU EXTINÇÃO DE ÓRGÃOS PÚBLICOS. (CESPE – 2012 – ANCINE – Técnico Administrativo).

> **Questão original:** O presidente da República detém competência privativa para dispor, mediante decreto, sobre organização e funcionamento da administração federal, podendo, inclusive, criar e extinguir órgãos públicos.

131. O presidente da República possui competências privativas de chefe de Estado e de chefe de Governo, sendo uma de suas atribuições decretar o estado de defesa e o estado de sítio. (CESPE – 2012 – PC-AL – Agente de Polícia).

132. Consoante o disposto na CF, o presidente da República detém competência privativa para extinguir, mediante decreto, funções ou cargos públicos que estejam vagos, podendo delegar tal atribuição a outras autoridades. (CESPE – 2012 – TRE-RJ – Técnico Judiciário – Área Administrativa).

> **Questão original:** Consoante o disposto na CF, o presidente da República detém competência privativa para extinguir, mediante decreto, funções ou cargos públicos que estejam vagos, **NÃO** podendo delegar tal atribuição a outras autoridades.

133. No exercício do poder regulamentar, compete ao presidente da República dispor, mediante decreto, sobre a extinção de funções e cargos públicos, quando **VAGOS.** (CESPE – 2012 – Câmara dos Deputados – Analista – Técnico em Material e Patrimônio – BÁSICOS).

> **Questão original:** No exercício do poder regulamentar, compete ao presidente da República dispor, mediante decreto, sobre a criação e a extinção de órgãos, funções e cargos públicos, quando tal ato não implicar aumento de despesa.

134. Cabe exclusivamente ao presidente da República, na condição de chefe de Estado, permitir, **COM A** autorização do Congresso Nacional, que forças estrangeiras transitem pelo território nacional ou nele permaneçam temporariamente. (CESPE – 2012 – Instituto Rio Branco – Diplomata – 2ª Etapa).

> **Questão original:** Cabe exclusivamente ao presidente da República, na condição de chefe de Estado, permitir, sem a necessidade de autorização do Congresso Nacional, que forças estrangeiras transitem pelo território nacional ou nele permaneçam temporariamente.

135. A CF estabelece ser dever do presidente da República prestar, anualmente, ao Congresso Nacional, dentro de sessenta dias após a abertura da sessão legislativa, as contas referentes ao exercício anterior. (CESPE – 2012 – Câmara dos Deputados – Analista Legislativo – Técnica Legislativa).

136. A concessão de indulto é atribuição do presidente da República, que pode delegá-la ao ministro da Justiça. (CESPE - 2012 - ANATEL - Analista Administrativo).

137. O presidente da República possui atribuições de chefe de Estado e de chefe de governo. Como chefe de **ESTADO**, representa a República Federativa do Brasil nas relações internacionais. (CESPE - 2012 - IBAMA - Técnico Administrativo).

> **Questão original:** O presidente da República possui atribuições de chefe de Estado e de chefe de governo. Como chefe de governo, representa a República Federativa do Brasil nas relações internacionais.

138. Os presidentes da Câmara dos Deputados, do Senado Federal e do Supremo Tribunal Federal exercerão, sucessivamente, a Presidência da República no caso de impedimento do presidente e do vice-presidente da República. (CESPE - 2012 - ANAC - Técnico Administrativo).

139. A concessão de indulto é uma atribuição do presidente da República que pode ser delegada ao ministro da justiça. (CESPE - 2011 - TJ-ES - Analista Judiciário - Área Administrativa).

140. De acordo com a CF, o presidente da República **NÃO PODERÁ** delegar aos ministros de Estado sua competência para editar medidas provisórias. (CESPE - 2011 - Correios - Analista de Correios - Advogado).

> **Questão original:** De acordo com a CF, o presidente da República pode, em caráter excepcional, delegar aos ministros de Estado sua competência para editar medidas provisórias.

141. O Poder Executivo tem a função principal de gerenciar os negócios e interesses do Estado brasileiro, mas isso não impede que ele exerça também a atividade legislativa por meio de medidas provisórias. (CESPE - 2011 - TJ-ES - Analista Judiciário - Administração - Específicos).

142. O presidente da República pode dispor, mediante decreto, sobre a organização e o funcionamento da administração federal, promovendo a extinção de funções ou cargos públicos, **QUANDO VAGOS.** (CESPE - 2011 - STM - Analista Judiciário - Execução de Mandados - Específicos).

> **Questão original:** O presidente da República pode dispor, mediante decreto, sobre a organização e o funcionamento da administração federal, promovendo a extinção de funções ou cargos públicos que julgar desnecessários e inconvenientes para o serviço público.

143. O Poder Executivo, além de administrar a coisa pública, também legisla e julga, e o seu chefe, eleito pelo povo, possui várias prerrogativas e garantias que lhe são outorgadas para o exercício, de forma independente e imparcial, da chefia da nação. (CESPE – 2011 – TRE-ES – Técnico Judiciário – Área Administrativa – Específicos).

144. As competências privativas atribuídas ao presidente da República pelo texto constitucional podem, pela sua natureza, em **DETERMINADAS HIPÓTESES**, ser objeto de delegação. (CESPE – 2011 – TJ-ES – Comissário da Infância e da Juventude – Específicos; CESPE – 2011 – TJ-ES – Analista Judiciário – Direito – Área Judiciária – específicos).

> **Questão original:** As competências privativas atribuídas ao presidente da República pelo texto constitucional não podem, pela sua natureza, em nenhuma hipótese, ser objeto de delegação.

145. Em que pese a existência do princípio da legalidade, é possível, perante a CF, que o chefe do Poder Executivo, mediante decreto, extinga funções ou cargos públicos na administração direta do Poder Executivo, **QUANDO VAGOS**. (CESPE – 2011 – TJ-ES – Analista Judiciário – Taquigrafia – Específicos).

> **Questão original:** Em que pese a existência do princípio da legalidade, é possível, perante a CF, que o chefe do Poder Executivo, mediante decreto, extinga órgãos, funções ou cargos públicos na administração direta do Poder Executivo.

146. O presidente da República pode delegar a atribuição de concessão de indultos ao ministro da Justiça. (CESPE – 2011 – STM – Analista Judiciário – Área Administrativa – Específicos).

147. A morte, a desistência ou o impedimento do candidato eleito e diplomado para a chefia do Poder Executivo mantém a eleição e diplomação do candidato eleito à vice-chefia, que tomará posse na condição de titular do Poder Executivo. (CESPE – 2011 – TRE-ES – Técnico Judiciário – Área Administrativa – Específicos).

148. Os crimes de responsabilidade relativos ao presidente da República devem ser processados e julgados no Senado Federal, após autorização de pelo menos 2/3 da Câmara dos Deputados. (CESPE – 2011 – STM – Analista Judiciário – Área Administrativa – Específicos).

149. Nos crimes de responsabilidade, o presidente da República é suspenso de suas funções após a instauração do processo **PELO SENADO FEDERAL.** (CESPE – 2011 – TRE-ES – Analista Judiciário – Área Judiciária – Específicos).

> **Questão original:** Nos crimes de responsabilidade, o presidente da República é suspenso de suas funções após a instauração do processo pela Câmara dos Deputados.

150. O julgamento do presidente da República por crime de responsabilidade será feito pelo Senado Federal, em sessão presidida pelo presidente do Supremo Tribunal Federal, e a condenação dependerá da aprovação de dois terços dos votos de todos os membros do Senado. (CESPE - 2011 - PC-ES - Escrivão de Polícia - Específicos).

151. Apesar do princípio da legalidade, que norteia toda a administração pública, o presidente da República pode dispor, por meio de decreto, sobre a organização e o funcionamento da administração federal se isso não implicar aumento de despesa nem criação ou extinção de órgãos públicos. (CESPE - 2011 - TCU - Auditor Federal de Controle Externo - Psicologia).

152. A competência do presidente da República para conceder indulto pode ser delegada a alguns ministros de Estado. (CESPE - 2011 - TCU - Auditor Federal de Controle Externo - Auditoria de Obras Públicas).

153. A CF **VEDA QUE** o presidente da República **DELEGUE** ao advogado-geral da União o envio de mensagem e de plano de governo ao Congresso Nacional por ocasião da abertura da sessão legislativa. (CESPE - 2010 - MPU - Analista - Atuarial; CESPE - 2010 - MPU - Analista de Saúde - Psicologia; CESPE - 2010 - MPU - Analista - Arquivologia).

> **Questão original:** A CF autoriza o presidente da República a delegar ao advogado-geral da União o envio de mensagem e de plano de governo ao Congresso Nacional por ocasião da abertura da sessão legislativa.

154. A Constituição Federal de 1988 concede ao presidente da República a prerrogativa de celebrar tratados, convenções e atos internacionais, sujeitos a referendo do Congresso Nacional. (CESPE - 2010 - TRT - 21ª Região (RN) - Analista Judiciário - Área Administrativa).

155. O presidente da República pode dispor, mediante decreto, sobre a organização da administração federal, quando a disposição não implicar aumento de despesa nem criação ou extinção de órgãos públicos. (CESPE - 2010 - TCE-BA - Procurador).

156. Na hipótese de vacância dos cargos de presidente e vice-presidente da República nos primeiros dois anos do mandato presidencial, a eleição será **DIRETA**, devendo os eleitos completar o período dos seus antecessores. (CESPE - 2010 - INCA - Analista em C&T Júnior - Direito - Legislação Pública em Saúde).

> **Questão original:** Na hipótese de vacância dos cargos de presidente e vice-presidente da República nos primeiros dois anos do mandato presidencial, a eleição será indireta e conduzida pelo Congresso Nacional, devendo os eleitos completar o período dos seus antecessores.

157. Segundo a CF, compete privativamente ao presidente da República dispor mediante decreto autônomo acerca da **EXTINÇÃO DE FUNÇÕES OU CARGOS PÚBLICOS, QUANDO VAGOS.** (CESPE – 2010 – TRE-BA – Analista Judiciário – Taquigrafia).

Questão original: Segundo a CF, compete privativamente ao presidente da República dispor mediante decreto autônomo acerca da criação ou extinção de órgãos públicos.

158. Havendo vacância dos cargos de presidente e de vice-presidente da República nos dois primeiros anos do mandato, deverá ser realizada eleição noventa dias depois de aberta a última vaga, mas, se a vacância ocorrer nos últimos dois anos do mandato, a eleição para ambos os cargos será feita de forma indireta, pelo Congresso Nacional, trinta dias depois de aberta a última vaga. (CESPE – 2010 – TCE-BA – Procurador).

159. O presidente da República dispõe de competência constitucional para conceder indulto. (CESPE – 2010 – ANEEL – Técnico Administrativo – Área 1).

Questão original: O presidente da República **NÃO** dispõe de competência constitucional para conceder indulto, por se tratar de competência exclusiva do Poder Judiciário.

160. Os ministros de Estado são **NOMEADOS** pelo presidente da República sem a necessidade de aprovação da escolha pelo Senado Federal. **É EXIGIDO** que eles sejam brasileiros natos **OU NATURALIZADOS**, que sejam maiores de **21** anos de idade e estejam no exercício de seus direitos políticos. (CESPE – 2010 – AGU – Agente Administrativo).

Questão original: Os ministros de Estado são escolhidos pelo presidente da República sem a necessidade de aprovação da escolha pelo Senado Federal. Não se exige que eles sejam brasileiros natos, mas que sejam maiores de 35 anos de idade e estejam no exercício de seus direitos políticos.

161. Admitida a acusação contra o presidente da República, por dois terços da Câmara dos Deputados, será ele submetido a julgamento perante o STF, nas infrações penais comuns, ou perante o Senado Federal, nos crimes de responsabilidade. (CESPE – 2010 – TRT – 21ª Região (RN) – Técnico Judiciário – Área Administrativa).

162. Para o STF, é inconstitucional norma inserida no âmbito de constituição estadual que outorgue imunidade formal, relativa à prisão, ao chefe do Poder Executivo estadual, por configurar ofensa ao princípio republicano. (CESPE – 2010 – AGU – Procurador Federal).

163. Nos crimes comuns, o presidente da República não está sujeito à prisão enquanto não for proferida sentença condenatória. (CESPE – 2010 – TRE-BA – Analista Judiciário – Área Administrativa).

164. Compete privativamente ao presidente da República dispor, mediante decreto autônomo, sobre hipótese de extinção de funções ou cargos públicos, **QUANDO VAGOS, E** organizar o funcionamento da administração federal, **QUANDO NÃO IMPLICAR AUMENTO DE DESPESA NEM CRIAÇÃO OU EXTINÇÃO DE ÓRGÃOS PÚBLICOS.** (ESPE - 2010 - SERPRO - Analista - Advocacia).

> **Questão original:** Compete privativamente ao presidente da República dispor, mediante decreto autônomo, sobre toda hipótese de extinção de funções ou cargos públicos, desde que seja para organizar o funcionamento da administração federal e reduzir os gastos com pessoal.

165. Em caso de impedimento do presidente da República **E DO VICE PRESIDENTE,** ou vacância do respectivo cargo, serão sucessivamente chamados ao exercício da Presidência da República o presidente da Câmara dos Deputados, o do Senado Federal e o do STF. (CESPE - 2010 - ABIN - Oficial Técnico de Inteligência - Área de Direito).

> **Questão original:** Em caso de impedimento do presidente da República, ou vacância do respectivo cargo, serão sucessivamente chamados ao exercício da Presidência da República o presidente da Câmara dos Deputados, o do Senado Federal e o do STF.

166. A CF atribuiu ao presidente da República a competência privativa para prover e extinguir os cargos públicos federais, na forma da lei. (CESPE - 2010 - ANEEL - Todos os Cargos - Nível Superior).

167. O Brasil, desde a promulgação da Constituição de **1891**, tem adotado o presidencialismo como **SISTEMA DE GOVERNO.** Assim, a atividade executiva está concentrada na figura do presidente da República, que é, ao mesmo tempo, chefe de governo **E** chefe de Estado. (CESPE - 2010 - AGU - Agente Administrativo).

> **Questão original:** O Brasil, desde a promulgação da Constituição de 1946, tem adotado o presidencialismo como forma de governo. Assim, a atividade executiva está concentrada na figura do presidente da República, que é, ao mesmo tempo, chefe de governo, chefe de Estado e chefe da administração pública.

168. É vedado ao vice-presidente da República ausentar-se do país, sem licença prévia do Congresso Nacional, por período superior a quinze dias. (CESPE - 2010 - MPS - Técnico em Comunicação Social - Relações Públicas).

169. Na eleição do presidente e do vice-presidente da República, se nenhum candidato alcançar maioria absoluta na primeira votação, deve ser feita nova eleição, concorrendo os dois candidatos mais votados. Se, antes de realizado o segundo turno, ocorrer a morte de candidato, **SERÁ CONVOCADO, DENTRE OS REMANESCENTES, O DE MAIOR VOTAÇÃO.** (CESPE - 2010 - TRE-BA - Técnico Judiciário - Área Administrativa).

> **Questão original:** Na eleição do presidente e do vice-presidente da República, se nenhum candidato alcançar maioria absoluta na primeira votação, deve ser feita nova eleição, concorrendo os dois candidatos mais votados. Se, antes de realizado o segundo turno, ocorrer a morte de candidato, deverão ser convocadas novas eleições.

170. Constituem competências privativas do presidente da República decretar e executar intervenção federal e exercer o comando supremo das Forças Armadas. (CESPE - 2010 - BRB - Advogado).

171. Se o presidente da República atentar contra o exercício dos direitos políticos, individuais e sociais estará praticando ato que caracteriza crime de responsabilidade. (CESPE - 2010 - TRT - 21ª Região (RN) - Analista Judiciário - Área Judiciária).

172. O presidente da República somente pode ser processado, seja por crime comum, seja por crime de responsabilidade, após o juízo de admissibilidade da Câmara dos Deputados, que necessita do voto de dois terços de seus membros para autorizar o processo. (CESPE - 2010 - TRT - 21ª Região (RN) - Analista Judiciário - Área Administrativa).

173. **É LEGAL** a prisão de governador de estado ou do DF no caso de infrações penais comuns enquanto não sobrevier sentença penal condenatória. (CESPE - 2010 - MPS - Técnico em Comunicação Social - Relações Públicas).

> **Questão original:** É ilegal a prisão de governador de estado ou do DF no caso de infrações penais comuns enquanto não sobrevier sentença penal condenatória.

174. Em decorrência da aplicação do princípio da simetria, o chefe do Poder Executivo estadual pode dispor, via decreto, sobre a organização e funcionamento da administração estadual, desde que os preceitos não importem aumento de despesa nem criação ou extinção de órgãos públicos. (CESPE - 2009 - AGU - Advogado da União).

175. São crimes de responsabilidade os atos do presidente da República que atentem contra o exercício dos direitos políticos, individuais e sociais. (CESPE - 2009 - TRT - 17ª Região (ES) - Analista Judiciário - Área Judiciária).

176. A CF adota o presidencialismo como **SISTEMA DE GOVERNO**, já que reconhece a junção das funções de chefe de Estado e chefe de governo na figura do presidente da República. (CESPE - 2009 - SEJUS-ES - Agente Penitenciário).

> **Questão original:** A CF adota o presidencialismo como forma de Estado, já que reconhece a junção das funções de chefe de Estado e chefe de governo na figura do presidente da República.

177. A Constituição Federal dispõe que compete privativamente ao presidente da República celebrar tratados, convenções e atos internacionais, sujeitos a referendo do Congresso Nacional. Ao fazê-lo, o presidente exerce as funções de chefe de Estado. (CESPE - 2009 - DETRAN-DF - Todos os Cargos - Conhecimentos Básicos).

178. Acerca dos crimes de responsabilidade fiscal e delitos previstos no Decreto--lei n.º 201/1967. As infrações penais tipificadas no decreto em questão têm como destinatários os prefeitos municipais. (CESPE - 2009 - TCE-RN - Assessor Técnico Jurídico).

> **Questão original:** As infrações penais tipificadas no decreto em questão têm como destinatários os prefeitos municipais **E OS VEREADORES**.

179. No tocante à organização do Estado brasileiro, a CF estabeleceu a possibilidade de o presidente da República delegar, ao advogado-geral da União, sua competência para dispor, mediante decreto, sobre a organização e o funcionamento da administração federal, quando isso não implicar aumento de despesa nem criação ou extinção de órgãos públicos. (CESPE - 2009 - TRT - 17ª Região (ES) - Técnico Judiciário - Área Administrativa).

180. Compete ao Presidente da República, entre outras atribuições, sancionar, promulgar e fazer publicar as leis e enviar ao Congresso Nacional o plano plurianual, o projeto de lei de diretrizes orçamentárias e as propostas de orçamento previstas na Constituição. (CESPE - 2009 - Instituto Rio Branco - Diplomata - 1ª Etapa BRANCO).

181. Na qualidade de chefe de **GOVERNO**, o presidente da República exerce a liderança da política nacional por meio da orientação das decisões gerais e da direção da máquina administrativa. (CESPE - 2009 - SEJUS-ES - Agente Penitenciário).

> **Questão original:** Na qualidade de chefe de Estado, o presidente da República exerce a liderança da política nacional por meio da orientação das decisões gerais e da direção da máquina administrativa.

182. A concessão de indulto pode ser delegada ao procurador geral da República ou ao advogado-geral da União. (CESPE - 2008 - STF - Analista Judiciário - Área Judiciária).

183. Assinatura de tratado internacional é função típica do chefe de Estado e não do chefe de governo. (CESPE - 2008 - MTE - Agente Administrativo).

184. O presidente da República pode delegar aos ministros de Estado, conforme determinação constitucional, a competência de prover cargos públicos, a qual se estende também à possibilidade de desprovimento, ou seja, de demissão de servidores públicos. (CESPE - 2008 - ABIN - Agente de Inteligência).

185. A celebração dos tratados internacionais e a incorporação deles à ordem jurídica interna decorrem, no sistema adotado pelo Brasil, de ato subjetivamente complexo, resultante da conjugação de duas vontades homogêneas: a do Congresso Nacional, que resolve, definitivamente, mediante decreto legislativo, questões sobre tratados, acordos ou atos internacionais, e a do presidente da República, que, além de poder celebrar esses atos de direito internacional, tem a competência para promulgá-los mediante decreto. (CESPE – 2008 – ABIN – Agente de Inteligência).

186. O presidente da República **NÃO** possui imunidade material ou inviolabilidade. (CESPE – 2008 – STF – Analista Judiciário – Área Administrativa).

> **Questão original:** O presidente da República possui imunidade material ou inviolabilidade, também prevista para os parlamentares.

187. No caso de agressão estrangeira, é competência privativa do presidente da República declarar guerra, autorizado pelo Congresso Nacional, ou referendado por ele caso a agressão ocorra no intervalo das sessões legislativas, bem como celebrar a paz, autorizado ou referendado pelo Congresso Nacional. (CESPE – 2008 – Instituto Rio Branco – Diplomata – 2ª Etapa NORTE).

188. O presidente da República só pode ser submetido a julgamento perante o STF, nas infrações penais comuns, após autorização da Câmara dos Deputados, por dois terços de seus membros. (CESPE – 2008 – PC-TO – Delegado de Polícia).

189. O presidente da República, no exercício de suas funções, só pode ser preso **QUANDO SOBREVIER** sentença penal condenatória. (CESPE – 2008 – PC-TO – Delegado de Polícia).

> **Questão original:** O presidente da República, no exercício de suas funções, só pode ser preso após o trânsito em julgado de sentença penal condenatória.

190. Caso haja recebimento, pelo Supremo Tribunal Federal, de queixa-crime contra o presidente da República pela prática de infração penal, este terá suspensas as suas funções. (CESPE – 2008 – TRT – 5ª Região (BA) – Técnico Judiciário – Área Administrativa).

191. É crime de responsabilidade o ato que atente contra o exercício de direitos sociais cometido pelo presidente da República. (CESPE – 2008 – TRT – 5ª Região (BA) – Técnico Judiciário – Área Administrativa).

192. Presidente da República que praticar crime eleitoral na disputa pela reeleição **NÃO PODERÁ** ser julgado pelo Senado Federal por crime de responsabilidade. (CESPE – 2008 – ABIN – Oficial de Inteligência).

> **Questão original:** Presidente da República que praticar crime eleitoral na disputa pela reeleição pode ser julgado pelo Senado Federal por crime de responsabilidade, após aprovação de dois terços dos membros da Câmara dos Deputados.

193. QUALQUER CIDADÃO É PARTE LEGÍTIMA para oferecer acusação à Câmara dos Deputados visando à instauração do processo de impeachment do presidente da República. (CESPE - 2008 - STF - Analista Judiciário - Área Administrativa).

> **Questão original:** Pessoas jurídicas e estrangeiros residentes no país são partes legítimas para oferecer acusação à Câmara dos Deputados visando à instauração do processo de impeachment do presidente da República.

194. O decreto presidencial é o instrumento adequado para a **EXTINÇÃO DE FUNÇÕES OU** cargos públicos, **QUANDO VAGOS.** (CESPE - 2008 - TRT - 5ª Região (BA) - Técnico Judiciário - Área Administrativa).

> **Questão original:** O decreto presidencial é o instrumento adequado para a criação de novos cargos públicos.

195. O presidente da República, mediante decreto, **NÃO PODERÁ** criar um novo órgão público, mas a extinção de órgãos que integram a administração federal somente pode ser realizada por meio de lei. (CESPE - 2008 - TST - Técnico Judiciário - Área Administrativa).

> **Questão original:** O presidente da República, mediante decreto, pode criar um novo órgão público, mas a extinção de órgãos que integram a administração federal somente pode ser realizada por meio de lei.

196. Antônio, brasileiro naturalizado, médico de formação e ex-senador da República, foi escolhido pelo presidente da República para o cargo de ministro das Relações Exteriores. Após tomar posse, auxiliou o presidente na assinatura de um tratado internacional. Alguns anos depois, foi requerida a sua extradição por ter, antes da sua naturalização, praticado crime contra o sistema financeiro de seu país de origem. Mesmo que cumpridos os demais requisitos legais, Antônio não poderia ocupar o cargo de ministro das Relações Exteriores, já que esse cargo é privativo de brasileiro nato. (CESPE - 2008 - MTE - Agente Administrativo).

> **Questão original:** Mesmo que cumpridos os demais requisitos legais, Antônio **PODERIA** ocupar o cargo de ministro das Relações Exteriores.

197. O presidente da República tem competência para, por meio de decreto, extinguir cargos públicos, **QUANDO NÃO VAGOS.** (CESPE - 2007 - TRT - 9ª REGIÃO (PR) - Técnico Judiciário - Área Administrativa).

> **Questão original:** O presidente da República tem competência para, por meio de decreto, extinguir cargos públicos que eventualmente estejam sendo ocupados por servidores não-estáveis.

198. A Constituição Federal **PERMITE** que o presidente e o vice presidente da República se ausentem do país ao mesmo tempo. (CESPE – 2007 – ANVISA – Técnico Administrativo).

> **Questão original:** A Constituição Federal veda que o presidente e o vice-presidente da República se ausentem do país ao mesmo tempo.

199. É **INCONSTITUCIONAL** dispositivo de lei que delegue ao chefe do Poder Executivo a definição do índice de reajustamento dos vencimentos dos servidores da administração direta e indireta. (CESPE – 2007 – IEMA – Advogado).

> **Questão original:** É constitucional dispositivo de lei que delegue ao chefe do Poder Executivo a definição do índice de reajustamento dos vencimentos dos servidores da administração direta e indireta.

200. Embora a eleição do presidente da República implique a eleição do vice-presidente, a Constituição Federal trata a posse de ambos de forma independente; em consequência, se o vice-presidente tiver tomado posse na data definida pelo texto constitucional, e o presidente eleito, salvo motivo de força maior, não tiver ainda assumido o cargo decorridos dez dias da data fixada para a posse, o referido cargo será declarado vago, devendo o presidente ser sucedido pelo vice-presidente. (CESPE – 2006 – ANATEL – Técnico em Regulação).

201. É de competência da Câmara dos Deputados autorizar a instauração de processo por crime de responsabilidade cometido pelo Presidente da República e a instauração de processo por crime de responsabilidade praticado por Ministro de Estado, sendo este último apenas no caso em que o crime praticado pelo Ministro seja conexo ao praticado pelo Presidente da República. (CESPE – 2004 – AGU – Advogado da União).

202. A constituição estadual, **NÃO PODERÁ** definir os crimes de responsabilidade do governador do estado, **VEDADO AMPLIAR** as hipóteses previstas no texto da Constituição Federal. (CESPE – 2004 – AGU – Advogado da União).

> **Questão original:** A constituição estadual, em face do princípio da simetria, pode definir os crimes de responsabilidade do governador do estado, ampliando as hipóteses previstas no texto da Constituição Federal, para fazer as adaptações necessárias no nível estadual.

203. A Lei n.º 9.034/1995, que dispõe acerca da utilização de meios operacionais para prevenção e repressão de ações praticadas por organizações criminosas, em seu art. 2.º, determina que são permitidos, como procedimentos de investigação e formação de provas, a captação, a interceptação pelo ambiente, o registro e a análise de sinais eletromagnéticos, ópticos e acústicos, e a infiltração de agentes de polícia ou de inteligência em tarefas de investigação. Em ambos os casos, a lei destaca que os procedimentos devem ser precedidos por circunstanciada autorização judicial.

É da competência **PRIVATIVA** do presidente da República comutar a pena cominada a um integrante de organização criminosa que sofresse condenação penal transitada em julgado. (CESPE - 2004 - Polícia Federal - Agente Federal da Polícia Federal - Nacional).

> **Questão original:** É da competência exclusiva do presidente da República comutar a pena cominada a um integrante de organização criminosa que sofresse condenação penal transitada em julgado.

204. Com as mudanças nas regras do regime de previdência dos servidores públicos, diversos cargos na Polícia Federal tornaram-se vagos, em razão da aposentadoria de seus titulares. Com vistas a reduzir os gastos com pessoal, foi proposta a extinção desses cargos. O presidente da República pode dispor sobre a organização da Polícia Federal por meio de decreto, desde que isso não implique aumento de despesa. (CESPE - 2004 - Polícia Federal - Agente da Polícia Federal - Regional).

> **Questão original:** O presidente da República pode dispor sobre a organização da Polícia Federal por meio de decreto, desde que isso não implique aumento de despesa **OU EXTINÇÃO DOS CARGOS VAGOS**.

205. O presidente da República possui competência privativa para celebrar tratados e convenções e para acreditar representantes diplomáticos de Estados estrangeiros, **NÃO PODENDO SER DELEGADA** ao ministro de Estado das Relações Exteriores. (CESPE - 2004 - Polícia Federal - Escrivão da Polícia Federal - Regional).

> **Questão original:** O presidente da República possui competência privativa para celebrar tratados e convenções e para acreditar representantes diplomáticos de Estados estrangeiros, podendo essa última competência ser delegada ao ministro de Estado das Relações Exteriores.

206. Nos termos da Constituição Federal, é da competência **EXCLUSIVA** do presidente da República a extradição de brasileiros naturalizados. (CESPE - 2004 - Polícia Federal - Escrivão da Polícia Federal - Nacional).

> **Questão original:** Nos termos da Constituição Federal, é da competência privativa do presidente da República a extradição de brasileiros naturalizados.

207. Por ser o chefe do governo federal, compete ao presidente da República sancionar ou vetar projetos de lei aprovados pelo Congresso Nacional, nomear ministros de Estado, editar medidas provisórias. (CESPE - 2000 - Polícia Federal - Agente Federal da Polícia Federal).

Questão original: Por ser o **CHEFE DO GOVERNO** federal, compete ao presidente da República sancionar ou vetar projetos de lei aprovados pelo Congresso Nacional, nomear ministros de Estado, editar medidas provisórias, **DECLARAR GUERRA E REPRESENTAR O BRASIL NAS RELAÇÕES COM ESTADOS ESTRANGEIROS.**

4.3.2 Conselho da República e Conselho de Defesa Nacional

1. Nos termos da Constituição Federal de 1988, cabe ao Conselho da República, órgão superior de consulta do presidente da República, pronunciar-se sobre intervenção federal, estado de sítio e estado de defesa, bem como sobre questões relevantes para a estabilidade das instituições democráticas. (CESPE – 2018 – ABIN – Oficial Técnico de Inteligência – Área 2).

2. O Conselho de Defesa Nacional é órgão de consulta do presidente da República nos assuntos relacionados à soberania e à defesa do Estado democrático, sendo sua competência opinar sobre a decretação de estado de defesa, estado de sítio e intervenção federal. (CESPE – 2017 – TRF – 1ª REGIÃO – Analista Judiciário – Área Judiciária).

3. O Conselho de Defesa Nacional é órgão de consulta do presidente da República ao qual compete **OPINAR** sobre intervenção federal, estado de defesa e estado de sítio. (CESPE – 2012 – MPE-PI – Analista Ministerial – Área Administrativa).

Questão original: O Conselho de Defesa Nacional é órgão de consulta do presidente da República ao qual compete pronunciar-se sobre intervenção federal, estado de defesa e estado de sítio.

4. **NÃO SÃO APENAS OS BRASILEIROS NATOS A COMPOR** o Conselho da República, já que ele é formado pelo vice-presidente da República, pelo presidente da Câmara dos Deputados, pelo presidente do Senado Federal, pelos líderes da maioria e da minoria da Câmara dos Deputados e do Senado Federal, além do ministro de Estado **DA JUSTIÇA E SEIS BRASILEIROS NATOS, ESTES A SEREM ESCOLHIDOS DE ACORDO COM DETERMINAÇÃO CONSTITUCIONAL.** (CESPE – 2012 – TRE-RJ – Analista Judiciário – Área Judiciária).

Questão original: Apenas brasileiros natos podem compor o Conselho da República, já que ele é formado pelo vice-presidente da República, pelo presidente da Câmara dos Deputados, pelo presidente do Senado Federal, pelos líderes da maioria e da minoria da Câmara dos Deputados e do Senado Federal, além do ministro de Estado da Justiça.

5. O Conselho da República e o Conselho de Defesa Nacional exercem atividade, **O PRIMEIRO,** opinativa **E, O SEGUNDO, PRONUNCIATIVA** em relação ao presidente da

República, podendo ter a sua composição alterada por meio de **EMENDA CONSTITUCIONAL.** (CESPE – 2008 – ABIN – Oficial de Inteligência).

> **Questão original:** O Conselho da República e o Conselho de Defesa Nacional exercem atividade opinativa em relação ao presidente da República, podendo ter a sua composição alterada por meio de lei infraconstitucional.

6. O conselho da República é órgão **DE CONSULTA** cujos membros são o vice-presidente da República, o presidente da Câmara dos Deputados, o presidente do Senado Federal, os líderes da maioria e da minoria na Câmara dos Deputados, os líderes da maioria e da minoria no Senado Federal, o ministro da Justiça e seis cidadãos brasileiros natos. (CESPE – 2004 – STJ – Analista Judiciário – Área Administrativa).

> **Questão original:** O conselho da República é órgão deliberativo cujos membros são o vice-presidente da República, o presidente da Câmara dos Deputados, o presidente do Senado Federal, os líderes da maioria e da minoria na Câmara dos Deputados, os líderes da maioria e da minoria no Senado Federal, o ministro da Justiça e seis cidadãos brasileiros natos.

4.4 PODER JUDICIÁRIO

4.4.1 Disposições gerais

1. Será **PERMITIDO** lei municipal que fixar o valor máximo das suas obrigações de pequeno valor em patamar superior ao valor máximo definido em lei do respectivo estado-membro para essa mesma classe de obrigações decorrentes de condenação judicial. (CESPE – 2018 – PGM – Manaus – AM – Procurador do Município).

> **Questão original:** Será inconstitucional lei municipal que fixar o valor máximo das suas obrigações de pequeno valor em patamar superior ao valor máximo definido em lei do respectivo estado-membro para essa mesma classe de obrigações decorrentes de condenação judicial.

2. O respeito ao denominado teto constitucional constitui uma exceção ao princípio da irredutibilidade de vencimentos. (CESPE – 2018 – STJ – Conhecimentos Básicos – Cargos: 10 e 12).

3. João, José e Maria ingressaram, em litisconsorte facultativo simples, com ação de cobrança contra a União. A demanda foi julgada procedente e a decisão transitou em julgado, tendo a União sido condenada a pagar quarenta salários mínimos a cada uma das partes, de modo que o valor da condenação totalizou cento e vinte salários mínimos. Nessa situação, o pagamento poderá ser realizado via requisição de pequeno valor (RPV). (CESPE – 2018 – STJ – Analista Judiciário – Judiciária).

4. Um quinto das vagas de magistrados de **ALGUNS** tribunais superiores é destinado a membros **DO MINISTÉRIO PÚBLICO E** da advocacia, eleitos por meio de lista **SÊXTUPLA.** (CESPE – 2018 – STJ – Conhecimentos Básicos – Cargo: 9).

> **Questão original:** Um quinto das vagas de magistrados de todos os tribunais superiores é destinado a membros da advocacia, eleitos por meio de lista tríplice indicada pela Ordem dos Advogados do Brasil.

5. INCIDEM juros de mora no período compreendido entre a data da realização dos cálculos de liquidação e a da expedição do precatório. (CESPE – 2018 – PGM – Manaus – AM – Procurador do Município).

> **Questão original:** Não incidem juros de mora no período compreendido entre a data da realização dos cálculos de liquidação e a da expedição do precatório.

6. A inamovibilidade dos juízes é uma garantia não absoluta. (CESPE – 2018 – EMAP – Conhecimentos Básicos – Cargos de Nível Superior).

7. Será constitucional lei estadual que permita que o credor da fazenda estadual utilize crédito em precatório para a aquisição de imóvel público do respectivo ente federado. (CESPE – 2018 – STM – Analista Judiciário – Área Judiciária).

8. Aos juízes, ainda que em disponibilidade, é vedado o exercício de qualquer outro cargo ou função pública, **SALVO UMA DE MAGISTÉRIO.** (CESPE – 2018 – EMAP – Conhecimentos Básicos – Cargos de Nível Médio).

> **Questão original:** Aos juízes, ainda que em disponibilidade, é vedado o exercício de qualquer outro cargo ou função pública.

9. POR determinação de constituição estadual, é **INCONSTITUCIONAL** a criação de órgão de controle administrativo local do Poder Judiciário do qual participem representantes de outros poderes ou de entidades, à semelhança do Conselho Nacional de Justiça. (CESPE – 2017 – TRF – 1ª REGIÃO – Analista Judiciário – Oficial de Justiça Avaliador Federal).

> **Questão original:** À luz do princípio da simetria, por determinação de constituição estadual, é constitucional a criação de órgão de controle administrativo local do Poder Judiciário do qual participem representantes de outros poderes ou de entidades, à semelhança do Conselho Nacional de Justiça.

10. Os juízes adquirem vitaliciedade após dois anos de exercício; esse direito depende de participação em curso oficial ou em curso reconhecido por escola nacional de formação e aperfeiçoamento de magistrados. (CESPE – 2017 – TRF – 1ª REGIÃO – Analista Judiciário – Área Administrativa).

Questão original: Os juízes adquirem vitaliciedade após dois anos de exercício; esse direito **NÃO** depende de participação em curso oficial ou em curso reconhecido por escola nacional de formação e aperfeiçoamento de magistrados.

11. Os pagamentos devidos pelas fazendas públicas dos entes federados, em virtude de sentença judiciária, deverão ser efetuados exclusivamente na ordem cronológica de apresentação dos precatórios; são de natureza administrativa as decisões dos tribunais proferidas no cumprimento dos precatórios judiciais. (CESPE - 2017 - TRF - 1ª REGIÃO - Analista Judiciário - Área Administrativa).

12. Na situação hipotética em apreço, caso tivesse praticado alguma irregularidade no exercício da função, o juiz poderia perder o cargo por deliberação do tribunal ao qual se encontra vinculado. (CESPE - 2017 - SEDF - Analista de Gestão Educacional - Direito e Legislação).

13. Os pagamentos devidos pelas fazendas públicas federal, estadual e municipal, em virtude de sentença judicial, são feitos por meio de precatórios. (CESPE - 2016 - DPU - Técnico em Assuntos Educacionais).

14. O pagamento dos valores devidos pela fazenda pública em decorrência de concessão de mandado de segurança impetrado por pessoa física se submete ao regime constitucional de precatório. (CESPE - 2016 - FUNPRESP-EXE - Especialista - Área Jurídica).

Questão original: O pagamento dos valores devidos pela fazenda pública em decorrência de concessão de mandado de segurança impetrado por pessoa física **NÃO** se submete ao regime constitucional de precatório, desde que esses valores se refiram a período posterior à data da impetração do mandado de segurança e anterior à efetiva implementação da ordem concessiva.

15. A cláusula de reserva de plenário determina que somente pelo voto da maioria absoluta dos membros do tribunal ou do respectivo órgão especial pode ser declarada a inconstitucionalidade de lei ou ato normativo do poder público. (CESPE - 2015 - MEC - Conhecimentos Básicos para os Postos 9, 10, 11 e 16).

16. Os servidores do judiciário poderão receber delegação para a prática de atos de mero expediente, sem caráter decisório. (CESPE - 2015 - MPOG - Técnico de Nível Superior - Cargo 22).

Observação: "Art. 93, XIV da CF: Os servidores receberão delegação para a prática de atos de administração e atos de mero expediente sem caráter decisório."

Questão original: Os servidores do judiciário não poderão receber delegação para a prática de atos de mero expediente, ainda que sem caráter decisório.

17. O Supremo Tribunal Federal poderá, após reiteradas decisões sobre matéria constitucional, aprovar súmula que, a partir de sua publicação na imprensa oficial, terá efeito vinculante em relação aos demais órgãos do Poder Judiciário e à administração pública direta e indireta nas esferas federal, estadual e municipal. (CESPE – 2015 – CGE-PI – Auditor Governamental – Conhecimentos básicos).

18. O ingresso na carreira da magistratura ocorrerá mediante concurso público de provas e títulos, **COM** a participação da Ordem dos Advogados do Brasil. (CESPE – 2015 – MPOG – Técnico de Nível Superior – Cargo 22).

> **Questão original:** O ingresso na carreira da magistratura ocorrerá mediante concurso público de provas e títulos, sem a participação da Ordem dos Advogados do Brasil.

19. A inconstitucionalidade de uma lei pode ser declarada por um tribunal reunido em maioria **ABSOLUTA** ou por **ÓRGÃO ESPECIAL** nesse tribunal para julgar o caso. (CESPE – 2015 – TRE-GO – Técnico Judiciário – Área Administrativa).

> **Questão original:** A inconstitucionalidade de uma lei pode ser declarada por um tribunal reunido em maioria simples ou por comissão criada nesse tribunal para julgar o caso.

20. De acordo com o STF, a garantia da inamovibilidade alcança juízes substitutos, ainda que assegurados pelo instituto da vitaliciedade. (CESPE – 2014 – Câmara dos Deputados – Analista Legislativo – Consultor Legislativo Área I).

> **Questão original:** De acordo com o STF, a garantia da inamovibilidade **NÃO** alcança juízes substitutos, ainda que assegurados pelo instituto da vitaliciedade.

21. A competência para apreciar dissídio coletivo de greve de servidores públicos federais é da justiça **COMUM.** (CESPE – 2014 – ANATEL – Analista Administrativo – Direito).

> **Questão original:** A competência para apreciar dissídio coletivo de greve de servidores públicos federais é da justiça do trabalho.

22. Não é permitido aos juízes dedicar-se à atividade político-partidária. (CESPE – 2014 – Câmara dos Deputados – Analista Legislativo – Consultor Legislativo Área I).

> **Questão original:** Não é permitido aos juízes dedicar-se à atividade político-partidária, **SALVO SE LICENCIADOS.**

23. Além dos juízes oriundos dos tribunais regionais federais e dos desembargadores advindos dos tribunais de justiça, comporão o STJ, na proporção de um **TERÇO** de suas vagas, advogados e membros do Ministério Público com mais de dez anos de atividade efetiva e mais de dez anos de carreira, respectivamente. (CESPE - 2014 - TC-DF - Técnico de Administração Pública).

Questão original: Além dos juízes oriundos dos tribunais regionais federais e dos desembargadores advindos dos tribunais de justiça, comporão o STJ, na proporção de um quinto de suas vagas, advogados e membros do Ministério Público com mais de dez anos de atividade efetiva e mais de dez anos de carreira, respectivamente.

24. O estatuto da magistratura deve ser regulado por lei complementar, cuja proposição é de iniciativa do Supremo Tribunal Federal. (CESPE - 2014 - ANTAQ - Técnico Administrativo).

25. A CF prevê que o subsídio dos parlamentares federais e do presidente da República **NÃO EXCEDAM** ao dos ministros do STF, previsão essa que atende ao princípio da **ISONOMIA.** (CESPE - 2014 - TC-DF - Técnico de Administração Pública).

Questão original: A CF prevê expressamente que o subsídio dos parlamentares federais e do presidente da República seja igual ao dos ministros do STF, previsão essa que atende ao princípio da moralidade.

26. Insere-se na esfera das competências privativas do **STF, AOS TRIBUNAIS SUPERIORES E AOS TRIBUNAIS DE JUSTIÇA** propor ao Poder Legislativo respectivo a alteração da organização e da divisão judiciárias. (CESPE - 2013 - STF - Técnico Judiciário - Área Administrativa).

Observação: "Art. 96, II, d) da CF: Ao Supremo Tribunal Federal, aos Tribunais Superiores e aos Tribunais de Justiça propor ao Poder Legislativo respectivo, observado o disposto no art. 169, a alteração da organização e da divisão judiciárias."

Questão original: Insere-se na esfera das competências privativas do Poder Executivo da União e dos estados a iniciativa de, a requerimento do tribunal interessado, propor ao Poder Legislativo respectivo a alteração da organização e da divisão judiciárias.

27. São órgãos do Poder Judiciário, entre outros, o Superior Tribunal de Justiça e o **SUPREMO TRIBUNAL FEDERAL.** (CESPE - 2013 - MPU - Conhecimentos Básicos para os Cargos 1 a 10 e 27 a 32).

Questão original: São órgãos do Poder Judiciário, entre outros, o Superior Tribunal de Justiça e o Tribunal de Contas da União.

28. De acordo com a CF, os julgamentos dos órgãos do Poder Judiciário serão públicos e todas as decisões administrativas dos tribunais ocorrerão em sessões públicas. (CESPE – 2013 – AGU – Procurador Federal).

29. O Poder Judiciário municipal **INEXISTE, LOGO NÃO** é representado pelo juiz de direito em exercício na comarca. (CESPE – 2013 – SEGESP-AL – Papiloscopista).

> **Questão original:** O Poder Judiciário municipal é representado pelo juiz de direito em exercício na comarca.

30. O ingresso na carreira da magistratura ocorre mediante concurso público de provas, com a participação da Ordem dos Advogados do Brasil em todas as fases, exigindo-se do bacharel em direito, no mínimo, três anos de atividade **JURÍDICA**. (CESPE – 2013 – PC-DF – Agente de Polícia).

> **Questão original:** O ingresso na carreira da magistratura ocorre mediante concurso público de provas, com a participação da Ordem dos Advogados do Brasil em todas as fases, exigindo-se do bacharel em direito, no mínimo, três anos de atividade advocatícia.

31. **COMPETE** ao Conselho Nacional de Justiça o controle da atuação administrativa e financeira do Poder Judiciário e do cumprimento dos deveres funcionais dos juízes, o texto constitucional reconhece esse órgão como integrante do Poder Judiciário. (CESPE – 2013 – DEPEN – Especialista – Todas as áreas – Conhecimentos Básicos).

> **Questão original:** Apesar de competir ao Conselho Nacional de Justiça o controle da atuação administrativa e financeira do Poder Judiciário e do cumprimento dos deveres funcionais dos juízes, o texto constitucional não reconhece esse órgão como integrante do Poder Judiciário.

32. De acordo com a CF, é obrigação dos tribunais de justiça estaduais, dos tribunais regionais federais e dos tribunais regionais do trabalho a instalação da justiça itinerante com competência para realizar atividades jurisdicionais, inclusive audiências, dentro dos limites territoriais da respectiva jurisdição. (CESPE – 2013 – DPE-DF – Defensor Público).

33. **NÃO SÃO** órgãos do Poder Judiciário, entre outros, a Defensoria Pública da União e a dos estados. (CESPE – 2013 – MS – Analista Técnico – Administrativo).

> **Questão original:** São órgãos do Poder Judiciário, entre outros, a Defensoria Pública da União e a dos estados.

34. A regra constitucional que proíbe o magistrado de exercer a advocacia no juízo ou no tribunal do qual se tenha afastado, antes de decorrido o período de três anos, contados do afastamento do cargo, aplica-se tanto ao Poder Judiciário estadual quanto ao federal de qualquer instância, incluindo-se o STF, o STJ e os demais tribunais superiores. (CESPE – 2013 – DPE-DF – Defensor Público).

35. O Superior Tribunal de Justiça tem competência para processar e julgar originariamente mandado de segurança contra seus próprios atos. (CESPE – 2013 – MJ – Analista Técnico – Administrativo – Conhecimentos Básicos).

36. O Conselho Nacional de Justiça **FAZ PARTE** do Poder Judiciário, porém não **POSSUE** jurisdição, **JÁ O TCU SIM**, sendo **ESTE, ÓRGÃO ADMINISTRATIVO** de fiscalização externa dos demais órgãos. (CESPE – 2013 – TCE-RO – Agente Administrativo).

> **Questão original:** O Conselho Nacional de Justiça e o TCU são órgãos internos do Poder Judiciário, porém não possuem jurisdição, sendo apenas órgãos administrativos de fiscalização externa dos demais órgãos.

37. O Ministério da Justiça tem natureza jurídica de órgão do Poder **EXECUTIVO** e **NÃO** subordina-se ao STF. (CESPE – 2013 – MS – Analista Técnico – Administrativo).

> **Questão original:** O Ministério da Justiça tem natureza jurídica de órgão do Poder Judiciário e subordina-se apenas ao STF.

38. As deliberações negativas do Conselho Nacional de Justiça (CNJ) não estarão sujeitas a revisão por meio de mandado de segurança impetrado diretamente no Supremo Tribunal Federal. (CESPE – 2013 – CNJ – Analista Judiciário – Área Judiciária).

39. De acordo com o princípio da subsidiariedade, a autoridade estatal mais afastada da comunidade apenas poderá atuar quando a esfera de poder inferior não tiver condições de desempenhar suas funções eficazmente. (CESPE – 2013 – CNJ – Analista Judiciário – Área Judiciária).

40. Lei complementar, de iniciativa do **STF**, disporá sobre o Estatuto da Magistratura. (CESPE – 2013 – MS – Analista Técnico – Administrativo).

> **Questão original:** Lei complementar, de iniciativa do Conselho Nacional de Justiça, disporá sobre o Estatuto da Magistratura.

41. Não poderá ser promovido o juiz que, injustificadamente, retiver autos em seu poder além do prazo legal. (CESPE – 2013 – MPU – Conhecimentos Básicos para os Cargos 1 a 10 e 27 a 32).

42. Caso um militar de determinado estado pratique homicídio **DOLOSO** contra vítima civil, **O TRIBUNAL DO JÚRI** é competente para julgar esse militar. (CESPE – 2013 – MPU – Técnico Administrativo).

Questão original: Caso um militar de determinado estado pratique homicídio contra vítima civil, a justiça militar estadual não é competente para processar e julgar esse militar.

43. A regra do quinto constitucional aplica-se ao Tribunal Superior do Trabalho, aos tribunais regionais federais, aos tribunais dos estados e do DF e territórios e aos tribunais regionais do trabalho. (CESPE – 2013 – MPU – Técnico Administrativo).

Questão original: A regra do quinto constitucional aplica-se ao **SUPERIOR TRIBUNAL DE JUSTIÇA**, ao Tribunal Superior do Trabalho, aos tribunais regionais federais, aos tribunais dos estados e do DF e territórios e aos tribunais regionais do trabalho.

44. O juiz de primeiro grau adquire a garantia da vitaliciedade **APÓS DOIS ANOS DE EXERCÍCIO.** (CESPE – 2013 – ANTT – Conhecimentos Básicos – Nível Intermediário).

Questão original: O juiz de primeiro grau adquire a garantia da vitaliciedade a partir de sua posse no cargo.

45. O STF e o STJ possuem jurisdição em todo o território nacional. (CESPE – 2013 – MS – Analista Técnico – Administrativo).

46. São da competência da justiça comum estadual, **EM REGRA,** o processo e o julgamento **DAS** contravenções penais, ainda que cometidas em detrimento de bens, serviços ou interesses da União. (CESPE – 2013 – TJ-DFT – Analista Judiciário – Área Judiciária).

Questão original: São da competência da justiça comum estadual o processo e o julgamento de todas as contravenções penais, ainda que cometidas em detrimento de bens, serviços ou interesses da União.

47. O Supremo Tribunal Federal e os Tribunais Superiores são órgãos do Poder Judiciário, com jurisdição em todo o território nacional e sede na Capital Federal, sendo que o Conselho Nacional de Justiça – apesar de integrar o Poder Judiciário – não detém poderes jurisdicionais. (CESPE – 2013 – Telebras – Nível Superior – Conhecimentos Básicos).

Questão original: O Supremo Tribunal Federal, o **CONSELHO NACIONAL DE JUSTIÇA** e os Tribunais Superiores são órgãos do Poder Judiciário, com jurisdição em todo o território nacional e sede na Capital Federal.

48. Entre as funções **ATÍPICAS** do Poder Judiciário inclui-se a edição de normas regimentais que disponham sobre a competência e o funcionamento de seus órgãos jurisdicionais e administrativos. (CESPE - 2013 - TRT - 10ª REGIÃO (DF e TO) - Técnico Judiciário - Administrativo).

Questão original: Entre as funções típicas do Poder Judiciário inclui-se a edição de normas regimentais que disponham sobre a competência e o funcionamento de seus órgãos jurisdicionais e administrativos.

49. O Poder Judiciário goza de autonomia administrativa e financeira. (CESPE - 2013 - CNJ - Analista Judiciário - Área Judiciária).

Questão original: O Poder Judiciário goza de autonomia administrativa, razão por que auto organiza seus serviços, **MAS NÃO DETÉM AUTONOMIA FINANCEIRA.**

50. **OS JUÍZES POSSUEM PRERROGATIVA DE VITALICIEDADE**, razão por que seu ocupante o perderá por decisão judicial transitada em julgado. (CESPE - 2013 - TJ-DFT - Técnico Judiciário - Área Administrativa).

Questão original: O cargo de juiz é vitalício, razão por que seu ocupante somente o perderá por decisão judicial transitada em julgado.

51. As decisões dos órgãos do Poder Judiciário devem ser fundamentadas e públicas, **JÁ** as decisões administrativas **TERÃOS SUAS DECISÕES MOTIVADAS E EM SESSÃO PÚBLICA.** (CESPE - 2013 - BACEN - Técnico - Conhecimentos Básicos - Áreas 1 e 2).

Questão original: As decisões dos órgãos do Poder Judiciário devem ser fundamentadas e públicas, ressalvadas as decisões administrativas em matéria disciplinar.

52. Leis e expedientes administrativos tendentes a intimidar o exercício dos juízes infringem o instituto das garantias judiciais e direitos fundamentais dos cidadãos, especialmente o direito à tutela judicial e ao processo e julgamento por um tribunal independente e imparcial. (CESPE - 2013 - TRT - 10ª REGIÃO (DF e TO) - Técnico Judiciário - Administrativo).

53. A inamovibilidade constitui garantia que é deferida aos juízes titulares, alcançando os substitutos. (CESPE - 2013 - CNJ - Analista Judiciário - Área Judiciária).

Questão original: A inamovibilidade constitui garantia que é deferida apenas aos juízes titulares, **NÃO** alcançando os substitutos.

54. O juiz não poderá exercer a advocacia no juízo ou tribunal do qual se afastou, antes de decorridos três anos do afastamento do cargo por aposentadoria ou exoneração. (CESPE - 2013 - PC-DF - Escrivão de Polícia).

55. A regra segundo a qual os juízes não podem, antes de decorridos três anos do afastamento do cargo, exercer a advocacia no juízo ou no tribunal do qual tenham se afastado aplica-se tanto ao afastamento por aposentadoria quanto ao por exoneração. (CESPE – 2013 – MPU – Técnico Administrativo).

56. A jurisdição do Tribunal Superior Eleitoral abrange todo o território nacional. (CESPE – 2012 – ANATEL – Analista Administrativo).

57. De acordo com a CF, a atividade político-partidária é vedada aos juízes. (CESPE – 2012 – Câmara dos Deputados – Técnico Legislativo – Técnico em Radiologia).

Questão original: De acordo com a CF, a atividade político-partidária **NÃO** é vedada aos juízes, que poderão exercê-la mediante autorização prévia do tribunal a que se vinculem.

58. O magistrado fará jus à irredutibilidade **DE SUBSÍDIO**, garantia prevista na CF, após **A POSSE NA MAGISTRATURA.** (CESPE – 2012 – TRE-RJ – Técnico Judiciário – Área Administrativa).

Questão original: O magistrado fará jus à irredutibilidade de vencimentos, garantia prevista na CF, somente após o cumprimento do estágio probatório.

59. O Poder Judiciário é autônomo e independente, dele fazendo parte, entre outros órgãos, o Supremo Tribunal Federal e o Conselho Nacional de Justiça. (CESPE – 2012 – PC-AL – Agente de Polícia).

60. Ao Poder Judiciário é assegurada autonomia administrativa e financeira, devendo os tribunais elaborar suas propostas orçamentárias, dentro dos limites estipulados, conjuntamente com os demais Poderes, na lei de diretrizes orçamentárias. (CESPE – 2012 – FNDE – Técnico em Financiamento e Execução de Programas e Projetos Educacionais).

61. Ao Poder Judiciário é assegurada autonomia administrativa e financeira, por essa razão, é **PERMITIDO** ao Poder Executivo alterar as propostas orçamentárias encaminhadas pelos tribunais, ainda que elas estejam em desacordo com os limites estipulados na lei de diretrizes orçamentárias, hipótese na qual as propostas devem ser devolvidas aos órgãos que as formularam para os ajustes necessários. (CESPE – 2012 – FNDE – Especialista em Financiamento e Execução de Programas e Projetos Educacionais).

Questão original: Ao Poder Judiciário é assegurada autonomia administrativa e financeira, por essa razão, é vedado ao Poder Executivo alterar as propostas orçamentárias encaminhadas pelos tribunais, ainda que elas estejam em desacordo com os limites estipulados na lei de diretrizes orçamentárias, hipótese na qual as propostas devem ser devolvidas aos órgãos que as formularam para os ajustes necessários.

62. Incorrerá em crime de responsabilidade e responderá perante o Conselho Nacional de Justiça o presidente do tribunal competente que retardar ou tentar frustrar a liquidação regular de precatórios. (CESPE - 2012 - AGU - Advogado da União).

63. A CF veda aos juízes que se aposentarem ou forem exonerados o exercício da advocacia no juízo ou tribunal do qual se afastaram até o decurso de três anos após o desligamento. (CESPE - 2012 - AGU - Advogado da União).

64. O Estatuto da Magistratura é matéria reservada a lei complementar de iniciativa do Supremo Tribunal Federal (STF), observados os princípios dispostos na CF. (CESPE - 2012 - Câmara dos Deputados - Técnico Legislativo - Técnico em Radiologia).

65. A regra do quinto constitucional se aplica aos tribunais regionais federais, aos tribunais dos estados, ao TJDFT e aos tribunais do trabalho. (CESPE - 2012 - TC-DF - Auditor de Controle Externo).

66. **É VEDADO AO** juiz de direito dedicar-se à atividade político-partidária. (CESPE - 2012 - FNDE - Técnico em Financiamento e Execução de Programas e Projetos Educacionais).

Questão original: Consoante o princípio da liberdade de manifestação de pensamento, é permitido a juiz de direito dedicar-se à atividade político-partidária.

67. Os emolumentos e as custas judiciais são destinados exclusivamente ao custeio dos serviços afetos às atividades específicas da justiça. (CESPE - 2011 - TJ-ES - Comissário da Infância e da Juventude - Específicos).

68. Os órgãos do Poder Judiciário incluem o Supremo Tribunal Federal (STF) e o Conselho Nacional de Justiça (CNJ). (CESPE - 2011 - FUB - Assistente de Administração - Específicos).

69. Constitui função típica do Poder Judiciário a função jurisdicional. (CESPE - 2011 - TRE-ES - Técnico Judiciário - Área Administrativa - Específicos).

70. Somente pelo voto da maioria absoluta de seus membros ou dos membros do respectivo órgão especial podem os tribunais declarar a inconstitucionalidade de lei ou de ato normativo do poder público. (CESPE - 2011 - TRE-ES - Analista Judiciário - Área Administrativa - Específicos).

71. Os emolumentos e as custas judiciais são destinados exclusivamente ao custeio dos serviços afetos às atividades específicas da justiça. (CESPE - 2011 - TJ-ES - Analista Judiciário - Direito - Área Judiciária - específicos).

72. O encaminhamento, ao Poder **EXECUTIVO**, das propostas orçamentárias, **NO ÂMBITO DA UNIÃO, AOS PRESIDENTES** do Supremo Tribunal Federal e dos demais tribunais superiores cabe ao presidente **DESTE E DAQUELE** tribunal, com a aprovação dos respectivos tribunais. (CESPE – 2011 – PC-ES – Escrivão de Polícia – Específicos).

> **Questão original:** O encaminhamento, ao Poder Legislativo, das propostas orçamentárias do Supremo Tribunal Federal e dos demais tribunais superiores cabe ao presidente desse tribunal, com a aprovação dos respectivos tribunais.

73. Os juízes gozam da garantia da inamovibilidade. (CESPE – 2011 – IFB – Assistente de Administração).

> **Questão original:** Os juízes, **ASSIM COMO OS SERVIDORES PÚBLICOS CIVIS EM GERAL**, gozam da garantia da inamovibilidade.

74. Caso o Estado de Portugal pretenda ingressar com ação de indenização contra brasileiro que tenha domicílio na cidade de Vitória – ES, a competência para julgar tal ação de indenização será da **JUSTIÇA FEDERAL.** (CESPE – 2011 – TJ-ES – Analista Judiciário – Taquigrafia – Específicos).

> **Questão original:** Caso o Estado de Portugal pretenda ingressar com ação de indenização contra brasileiro que tenha domicílio na cidade de Vitória – ES, a competência para julgar tal ação de indenização será da justiça comum estadual do estado do Espírito Santo.

75. Advogado nomeado desembargador de um tribunal de justiça estadual adquire vitaliciedade imediatamente a partir **DA POSSE.** (CESPE – 2011 – STM – Analista Judiciário – Área Administrativa – Específicos).

> **Questão original:** Advogado nomeado desembargador de um tribunal de justiça estadual adquire vitaliciedade imediatamente a partir dessa nomeação.

76. O SUBSÍDIO dos ministros dos tribunais superiores deve corresponder a 95% do subsídio mensal fixado para os ministros do STF, e os subsídios dos demais magistrados devem ser fixados em lei e escalonados, em níveis federal e estadual, conforme as respectivas categorias da estrutura judiciária nacional, não podendo a diferença entre uma e outra ser superior a 10% ou inferior a 5%, nem exceder a 95% do subsídio mensal dos ministros dos tribunais superiores. (CESPE – 2011 – STM – Cargos de Nível Médio – Conhecimentos Básicos – Cargos 25 e 26).

> **Questão original:** A remuneração dos ministros dos tribunais superiores deve corresponder a 95% do subsídio mensal fixado para os ministros do STF, e os subsídios dos demais magistrados devem ser fixados em lei e escalonados, em níveis federal e estadual, conforme as respectivas categorias da estrutura judiciária nacional, não podendo a diferença entre uma e outra ser superior a 10% ou inferior a 5%, nem exceder a 95% do subsídio mensal dos ministros dos tribunais superiores.

77. Não será promovido o juiz que, injustificadamente, retiver autos em seu poder além do prazo legal, não podendo devolvê-los ao cartório sem o devido despacho ou decisão. (CESPE - 2011 - IFB - Assistente de Administração).

78. **NÃO É VEDADO** à União assumir débitos oriundos de precatórios de estado, do Distrito Federal ou de municípios para refinanciá-los diretamente. (CESPE - 2011 - TRE-ES - Analista Judiciário - Área Administrativa - Específicos).

Observação: "Art. 100, § 16 da CF: A seu critério exclusivo e na forma de lei, a União poderá assumir débitos, oriundos de precatórios, de Estados, Distrito Federal e Municípios, refinanciando-os diretamente."

Questão original: É expressamente vedado à União assumir débitos oriundos de precatórios de estado, do Distrito Federal ou de municípios para refinanciá-los diretamente.

79. As causas em que a Caixa Econômica Federal atue como autora ou ré, em processos cíveis, deverão ser julgadas na justiça federal. (CESPE - 2011 - TJ-ES - Analista Judiciário - Área Administrativa).

80. O magistrado que esteja apto à promoção no cargo, mas retenha, injustificadamente, autos em seu poder além do prazo legal não será promovido. (CESPE - 2010 - ABIN - Oficial Técnico de Inteligência - Área de Direito).

81. Compete ao **STJ** julgar, mediante recurso **ESPECIAL**, causas decididas, em única ou última instância, pelos tribunais regionais federais ou pelos tribunais dos estados, do Distrito Federal e territórios, quando, por exemplo, a decisão recorrida contrariar tratado ou lei federal ou negar-lhes vigência. (CESPE - 2010 - MPU - Analista de Informática - Banco de Dados).

Questão original: Compete ao Supremo Tribunal Federal julgar, mediante recurso extraordinário, causas decididas, em única ou última instância, pelos tribunais regionais federais ou pelos tribunais dos estados, do Distrito Federal e territórios, quando, por exemplo, a decisão recorrida contrariar tratado ou lei federal ou negar-lhes vigência.

82. O credor pode ceder a terceiros, total ou parcialmente, seus créditos em precatórios, de qualquer valor e natureza, independentemente da concordância do devedor. (CESPE - 2010 - DPU - Defensor Público Federal).

83. A CF confere aos tribunais com número superior a **VINTE** e cinco julgadores a discricionariedade quanto à constituição de órgão especial, para o exercício das atribuições administrativas e jurisdicionais delegadas da competência do tribunal pleno. (CESPE - 2010 - TRE-BA - Analista Judiciário - Área Judiciária).

Questão original: A CF confere aos tribunais com número superior a trinta e cinco julgadores a discricionariedade quanto à constituição de órgão especial, para o exercício das atribuições administrativas e jurisdicionais delegadas da competência do tribunal pleno.

84. A CF assegura aos magistrados a prerrogativa da vitaliciedade. Assim, no caso de um juiz de primeiro grau, a vitaliciedade é adquirida após **DOIS** anos de exercício. (CESPE – 2010 – MPU – Técnico de Informática).

Questão original: A CF assegura aos magistrados a prerrogativa da vitaliciedade. Assim, no caso de um juiz de primeiro grau, a vitaliciedade é adquirida após três anos de exercício.

85. A CF assegura aos magistrados de primeiro grau a prerrogativa da vitaliciedade, adquirida após **DOIS** anos de exercício no cargo, e, nesse período, a perda do cargo pelo magistrado depende **DE DELIBERAÇÃO DO TRIBUNAL A QUE O JUIZ ESTIVER VINCULADO.** (CESPE – 2010 – MPU – Analista de Informática – Banco de Dados).

Questão original: A CF assegura aos magistrados de primeiro grau a prerrogativa da vitaliciedade, adquirida após três anos de exercício no cargo, e, nesse período de três anos, a perda do cargo pelo magistrado depende de sentença judicial transitada em julgado.

86. A CF conferiu autonomia institucional ao Poder Judiciário, que recebeu, entre outras, garantias de autonomia orgânico administrativa, financeira e funcional, além de ter salvaguardada a independência dos órgãos judiciários. (CESPE – 2010 – AGU – Agente Administrativo).

87. O ingresso na carreira de magistratura se dá mediante concurso público de provas e títulos, divididas em fases, **COM** a participação da Ordem dos Advogados do Brasil **EM TODAS AS FASES**, podendo aspirar ao cargo os bacharéis em direito com, no mínimo, três anos de atividade jurídica. (CESPE – 2010 – ABIN – Oficial Técnico de Inteligência – Área de Direito).

Questão original: O ingresso na carreira de magistratura se dá mediante concurso público de provas e títulos, divididas em fases, nas quais é obrigatória a participação da Ordem dos Advogados do Brasil, no mínimo, na primeira fase, podendo aspirar ao cargo os bacharéis em direito com, no mínimo, três anos de atividade jurídica.

88. **NÃO CABE AO** Poder Judiciário pode estender a determinada categoria de servidores públicos vantagem concedida a outra categoria por lei, com base no princípio da isonomia. (CESPE – 2010 – MS – Todos os Cargos).

Observação: "Súmula 339 do STF: Não cabe ao Poder Judiciário, que não tem função legislativa, aumentar vencimentos de servidores públicos sob fundamento de isonomia."

Questão original: O Poder Judiciário pode estender a determinada categoria de servidores públicos vantagem concedida a outra categoria por lei, com base no princípio da isonomia.

89. O Tribunal Marítimo não integra o Poder Judiciário da União. (CESPE – 2009 – ANTAQ – Técnico Administrativo).

90. Editada pelo Supremo Tribunal Federal (STF), em se tratando de matéria constitucional, a súmula com efeito vinculante **RESTRINGE** o poder decisório dos juízes singulares. (CESPE – 2009 – Instituto Rio Branco – Diplomata – 1ª Etapa BRANCO).

Questão original: Editada pelo Supremo Tribunal Federal (STF), em se tratando de matéria constitucional, ou pelo Superior Tribunal de Justiça (STJ), em caso de matéria infraconstitucional, a súmula com efeito vinculante amplia o poder decisório dos juízes singulares.

91. Um quinto dos membros do TST são escolhidos entre advogados com mais de dez anos de efetiva atividade profissional e membros do Ministério Público do Trabalho com mais de dez anos de efetivo exercício, atendidos os demais requisitos constitucionais. (CESPE – 2009 – TRT – 17ª Região (ES) – Analista Judiciário – Área Judiciária).

92. A súmula com efeito vinculante, que deve ser editada pelo **STF, RESTRINGEM** o poder decisório dos juízes singulares. (CESPE – 2009 – Instituto Rio Branco – Diplomata – 1ª Etapa BRANCO).

Questão original: A súmula com efeito vinculante, que deve ser editada pelo Conselho Nacional de Justiça (CNJ) ou pelos tribunais superiores, confirma ou modifica o poder decisório dos juízes singulares.

93. A atividade jurisdicional deve ser ininterrupta, sendo vedadas férias coletivas nos juízos e tribunais **DE SEGUNDO GRAU**, devendo ainda haver juízes em plantão permanente nos dias em que não houver expediente forense normal. (CESPE – 2009 – DPE-ES – Defensor Público).

Questão original: A atividade jurisdicional deve ser ininterrupta, sendo vedadas férias coletivas nos juízos e tribunais, devendo ainda haver juízes em plantão permanente nos dias em que não houver expediente forense normal.

94. O Poder Judiciário pode anular ato de nomeação dos diretores das agências reguladoras. (CESPE – 2009 – ANTAQ – Especialista em Regulação – Engenharia Ambiental ou Biologia).

Questão original: O Poder Judiciário **NÃO** pode anular ato de nomeação dos diretores das agências reguladoras.

95. A atividade jurisdicional deve ser ininterrupta, sendo vedadas férias coletivas nos juízos e tribunais **DE SEGUNDO GRAU**, devendo haver, nos dias em que não houver expediente forense normal, juízes em plantão permanente. (CESPE – 2009 – DPE-ES – Defensor Público).

Questão original: A atividade jurisdicional deve ser ininterrupta, sendo vedadas férias coletivas nos juízos e tribunais, inclusive superiores, devendo haver, nos dias em que não houver expediente forense normal, juízes em plantão permanente.

96. Um ministro do STF **NÃO** é hierarquicamente superior a um ministro do TST. (CESPE – 2008 – TST – Analista Judiciário – Área Judiciária).

Questão original: Um ministro do STF é hierarquicamente superior a um ministro do TST.

97. No plano federal, existe lei orçamentária anual para o Poder Judiciário, de iniciativa privativa do **PRESIDENTE DA REPÚBLICA.** (CESPE – 2008 – TST – Analista Judiciário – Área Judiciária).

Questão original: No plano federal, existe lei orçamentária anual específica para o Poder Judiciário, de iniciativa privativa do Supremo Tribunal Federal (STF), que define as receitas e despesas dos tribunais superiores, bem como das justiças do trabalho, militar e federal.

98. Entre as importantes funções atribuídas ao **STF**, órgão máximo do Poder Judiciário, está a de processar e julgar os ministros do STJ nos crimes de responsabilidade. (CESPE – 2008 – STJ – Técnico Judiciário – Informática).

Questão original: Entre as importantes funções atribuídas ao CNJ, órgão máximo do Poder Judiciário, está a de processar e julgar os ministros do STJ nos crimes de responsabilidade.

99. **NÃO HOUVE** alteração constitucional **QUE** introduziu no rol dos órgãos que formam a Justiça do Trabalho os Juizados Especiais do Trabalho. (CESPE – 2008 – TST – Analista Judiciário – Área Judiciária).

Questão original: Recente alteração constitucional introduziu no rol dos órgãos que formam a Justiça do Trabalho os Juizados Especiais do Trabalho, que são competentes para julgar causas trabalhistas de menor complexidade.

100. Os estados da Federação detêm competência para organizar suas próprias justiças, **OBSERVADOS OS PRINCÍPIOS DA CONSTITUIÇÃO FEDERAL.** (CESPE - 2008 - TJ-DFT - Analista Judiciário - Área Judiciária - Execução de Mandados).

> **Questão original:** Os estados da Federação detêm competência para organizar suas próprias justiças, sem que estejam limitados por qualquer princípio ou norma prévia.

101. A Constituição da República atribui à Justiça do Trabalho a competência para julgar causas trabalhistas em que a União figura como ré. (CESPE - 2008 - TST - Analista Judiciário - Área Judiciária).

102. O Conselho Nacional de Justiça tem natureza meramente administrativa e configura órgão de controle **INTERNO** do Poder Judiciário. (CESPE - 2008 - TJ-DFT - Analista Judiciário - Área Judiciária - Execução de Mandados).

> **Questão original:** O Conselho Nacional de Justiça tem natureza meramente administrativa e configura órgão de controle externo do Poder Judiciário.

103. Os bens públicos são impenhoráveis. No entanto, é permitido o seqüestro da quantia necessária à satisfação do crédito, por meio de ordem do presidente do tribunal que proferir a decisão exeqüenda, a pedido do credor, quando houver a preterição de seu direito de precedência. (CESPE - 2008 - STJ - Analista Judiciário - Área Judiciária).

104. Diante do princípio da continuidade da atividade jurisdicional, a EC n.º 45 vedou aos **JUÍZOS E TRIBUNAIS DE SEGUNDO GRAU** o gozo de férias coletivas. (CESPE - 2008 - STJ - Analista Judiciário - Área Judiciária).

> **Questão original:** Diante do princípio da continuidade da atividade jurisdicional, a EC n.º 45 vedou aos ministros do STJ o gozo de férias coletivas nos meses de janeiro e julho.

105. Compete ao CNJ apreciar, de ofício ou mediante provocação, a legalidade dos atos administrativos praticados por membros ou órgãos do Poder Judiciário, podendo desconstituí-los, revê-los ou fixar prazo para que se adotem as providências necessárias ao exato cumprimento da lei, **SEM PREJUÍZO DA** competência do TCU. (CESPE - 2008 - TCU - Analista de Controle Externo - Auditoria Governamental - Prova 1).

> **Observação:** "Art. 103B, § 4º, II da CF: Zelar pela observância do art. 37 e apreciar, de ofício ou mediante provocação, a legalidade dos atos administrativos praticados por membros ou órgãos do Poder Judiciário, podendo desconstituí-los, revê-los ou fixar prazo para que se adotem as providências necessárias ao exato cumprimento da lei, sem prejuízo da competência do Tribunal de Contas da União."

Questão original: Compete ao CNJ apreciar, de ofício ou mediante provocação, a legalidade dos atos administrativos praticados por membros ou órgãos do Poder Judiciário, podendo desconstituí-los, revê-los ou fixar prazo para que se adotem as providências necessárias ao exato cumprimento da lei, restando afastada, nesse ponto, a competência do TCU.

106. Um tribunal, ao elaborar seu regimento interno, exerce uma função atípica legislativa. (CESPE - 2008 - STF - Analista Judiciário - Contabilidade).

107. Aos juízes **FEDERAIS** é concedida a competência para julgar os crimes contra a organização do trabalho. (CESPE - 2008 - STF - Analista Judiciário - Contabilidade).

Questão original: Aos juízes do trabalho é concedida a competência para julgar os crimes contra a organização do trabalho.

108. **OS** membros do STF **E DO CNJ**, são **PROCESSADOS E** julgados pelo Senado Federal por crimes de responsabilidade. (CESPE - 2008 - STJ - Analista Judiciário - Área Administrativa).

Questão original: Ao contrário do que ocorre com os membros do STF, que são julgados pelo Senado Federal por crimes de responsabilidade, os membros do CNJ são julgados, por fatos da mesma natureza, pelo próprio STF.

109. Os crimes contra a organização do trabalho devem ser julgados na justiça **FEDERAL.** (CESPE - 2008 - STF - Analista Judiciário - Área Administrativa).

Questão original: Os crimes contra a organização do trabalho devem ser julgados na justiça do trabalho.

110. Segundo a CF, compete à justiça do trabalho processar e julgar as ações relativas às penalidades administrativas impostas aos empregadores pelos órgãos de fiscalização das relações de trabalho. (CESPE - 2008 - TRT - 5ª Região (BA) - Analista Judiciário - Área Judiciária).

111. Os membros dos TRTs são julgados originariamente, por crime comum e de responsabilidade, pelo **STJ.** (CESPE - 2008 - TRT - 5ª Região (BA) - Analista Judiciário - Área Judiciária).

Questão original: Os membros dos TRTs são julgados originariamente, por crime comum e de responsabilidade, pelo TST.

112. Uma autoridade administrativa do TST, no exercício de sua competência, editou ato administrativo que determinava a instalação de detectores de metais nas entradas da sede do Tribunal e estabelecia que todas as pessoas deveriam submeter-se ao detector e que somente poderiam ingressar no edifício ou sair dele caso apresentassem aos agentes da segurança todos os pertences de metal. Porém, seis meses depois da instalação dos detectores, as reclamações dirigidas à administração do TST fizeram com que a autoridade editasse ato anulando a referida determinação, por considerar que ela não alcançou devidamente os seus objetivos.

Nessa situação, o dever de submeter-se aos detectores de metais poderia ser imposto a juízes do trabalho, pois tal exigência **NÃO** violaria as garantias constitucionais da magistratura. (CESPE - 2008 - TST - Técnico Judiciário - Área Administrativa).

> **Questão original:** Nessa situação, o dever de submeter-se aos detectores de metais não poderia ser imposto a juízes do trabalho, pois tal exigência violaria as garantias constitucionais da magistratura.

113. Os juízes estão submetidos à vedação constitucional da filiação partidária, **SALVO AQUELES** que estejam afastados **DEFINITIVAMENTE** dos respectivos cargos. (CESPE - 2008 - STF - Analista Judiciário - Contabilidade).

> **Questão original:** Os juízes estão submetidos à vedação constitucional da filiação partidária, ainda que estejam afastados dos respectivos cargos.

114. Um quinto dos lugares dos TRFs, dos tribunais de justiça dos estados e do Distrito Federal e territórios será composto de membros do Ministério Público, com mais de dez anos de carreira, e de advogados de notório saber jurídico e reputação ilibada, com mais de dez anos de efetiva atividade profissional, indicados em lista sêxtupla pelos órgãos de representação das respectivas classes. (CESPE - 2008 - STJ - Analista Judiciário - Tecnologia da Informação).

> **Questão original:** Um quinto dos lugares **DO STJ**, dos TRFs, dos tribunais de justiça dos estados e do Distrito Federal e territórios será composto de membros do Ministério Público, com mais de dez anos de carreira, e de advogados de notório saber jurídico e reputação ilibada, com mais de dez anos de efetiva atividade profissional, indicados em lista sêxtupla pelos órgãos de representação das respectivas classes.

115. Um advogado que, em virtude do quinto constitucional, for nomeado desembargador de um tribunal de justiça estadual adquirirá a vitaliciedade imediatamente, sem a necessidade de aguardar dois anos de exercício. (CESPE - 2008 - STF - Analista Judiciário - Área Administrativa).

116. O chamado quinto constitucional está presente nos tribunais regionais federais, nos tribunais de justiça, no Tribunal Superior do Trabalho e nos tribunais regionais do trabalho. (CESPE - 2008 - TJ-DFT - Analista Judiciário - Arquivologia).

117. Não existe Poder Judiciário municipal. (CESPE – 2008 – TST – Técnico Judiciário – Área Administrativa).

118. O Conselho Nacional de Justiça tem por competência o controle da atuação administrativa e financeira do Poder Judiciário. No entanto, essa competência abrange o poder de receber e conhecer **DAS** reclamações contra os serviços auxiliares dos tribunais. (CESPE – 2008 – STJ – Analista Judiciário – Tecnologia da Informação).

Questão original: O Conselho Nacional de Justiça tem por competência o controle da atuação administrativa e financeira do Poder Judiciário. No entanto, essa competência não abrange o poder de receber e conhecer, diretamente, as reclamações contra os serviços auxiliares dos tribunais, as quais devem ser encaminhas para a corregedoria dos tribunais.

119. A Constituição autoriza que servidores da justiça possam receber delegação para a prática de certos atos de competência dos juízes, como atos de administração ou de mero expediente. (CESPE – 2008 – TJ-DFT – Técnico Judiciário – Área Administrativa).

120. A Constituição Federal, após o advento da Emenda Constitucional n.o 45/2004, vedou as férias coletivas nos juízos e tribunais de segundo grau, o que não se estende aos tribunais superiores. (CESPE – 2008 – TJ-DFT – Técnico Judiciário – Área Administrativa).

121. Mesmo que um juiz de direito tenha figurado por três vezes alternadas na lista de promoção por merecimento para o tribunal de justiça e seja também o mais antigo da carreira, a sua promoção pode ser rejeitada pelo voto fundamentado de dois terços dos desembargadores, desde que observados outros requisitos. (CESPE – 2008 – STJ – Técnico Judiciário – Área Administrativa).

122. De acordo com a CF, são órgãos da justiça do trabalho o TST, os TRTs **E OS JUÍZES DO TRABALHO.** (CESPE – 2008 – TRT – 5ª Região (BA) – Analista Judiciário – Área Judiciária).

Questão original: De acordo com a CF, são órgãos da justiça do trabalho o TST, os TRTs e as juntas de conciliação e julgamento.

123. O art. 95, inc. II, da CF prevê como garantia dos juízes a inamovibilidade, salvo por motivo de interesse público. Sendo assim, o Conselho Nacional de Justiça tem competência para determinar remoção de magistrados como sanção administrativa. (CESPE – 2007 – DPU – Defensor Público Federal).

Observação: "Art. 93, VIII da CF: O ato de remoção, disponibilidade e aposentadoria do magistrado, por interesse público, fundar-se-á em decisão por voto da maioria absoluta do respectivo tribunal ou do Conselho Nacional de Justiça, assegurada ampla defesa."

Questão original: O art. 95, inc. II, da CF prevê como garantia dos juízes a inamovibilidade, salvo por motivo de interesse público. Sendo assim, o Conselho Nacional de Justiça **NÃO** tem competência para determinar remoção de magistrados como sanção administrativa.

124. A Corregedoria-Geral de Justiça, órgão com jurisdição em todo o estado de Sergipe, é responsável pelo controle, fiscalização, orientação e instrução dos serviços jurisdicionais e administrativos da justiça do 1.º grau. (CESPE – 2006 – TJ-SE – Titular de Serviços de Notas e de Registros).

125. Considere que, após observado o procedimento estabelecido na Constituição Federal, tenha sido criado, em maio de 2005, um novo estado da Federação, denominado Maranhão do Sul.

125.1 O Maranhão do Sul **PODERÁ** ter um representante, togado e vitalício, no TST, escolhido entre os juízes integrantes do TRT do recém-criado estado. (CESPE – 2005 – TRT – 16ª REGIÃO (MA) – Analista Judiciário – Área Judiciária – Execução de Mandados).

Questão original: O Maranhão do Sul deverá ter um representante, togado e vitalício, no TST, escolhido entre os juízes integrantes do TRT do recém-criado estado.

125.2 Os ministros do Tribunal Superior do Trabalho (TST) serão escolhidos entre brasileiros com mais de 35 e menos de 65 anos de idade, nomeados pelo presidente da República, após aprovação pela maioria absoluta do Senado Federal, observados os critérios constitucionais.

125.3 Nas comarcas do estado do Maranhão do Sul em que não forem criadas varas da justiça do trabalho ou nas que não forem abrangidas pela jurisdição das varas eventualmente criadas, a lei poderá atribuir a jurisdição trabalhista aos juízes de direito.

125.4 **PODERÁ** ser instalado, no novo estado do Maranhão do Sul, de acordo com a Constituição Federal (CF), pelo menos um tribunal regional do trabalho (TRT) composto de, no mínimo, sete juízes togados e vitalícios, recrutados, quando possível, na respectiva região.

Questão original: Deverá ser instalado, no novo estado do Maranhão do Sul, de acordo com a Constituição Federal (CF), pelo menos um tribunal regional do trabalho (TRT) composto de, no mínimo, sete juízes togados e vitalícios, recrutados, quando possível, na respectiva região.

126. João da Silva é, desde 2001, servidor público efetivo do quadro de pessoal de um tribunal regional do trabalho. Em janeiro de 2005, quando ocupava função comissionada não subordinada diretamente à presidência do tribunal, constatou o desaparecimento de um microcomputador que ele havia recebido na véspera. Com o intuito de esconder o ocorrido e livrar-se da responsabilidade, João da Silva retirou da repartição os documentos atinentes à entrega do microcomputador, que ainda estavam sob sua guarda. O processo administrativo disciplinar que foi instaurado em decorrência do caso, concluiu, após o devido contraditório e a ampla defesa, que houve culpa de João da Silva com relação ao desaparecimento do microcomputador e dolo com referência à destruição dos documentos. Foi aplicada a João da Silva uma pena disciplinar de suspensão de quinze dias. Inconformado com essa punição, ele impetrou mandado de segurança.

Caso a aplicação da penalidade a João da Silva fosse decidida administrativamente pelo plenário do tribunal regional do trabalho, a decisão, por imposição da Constituição Federal, deveria ser motivada e em sessão pública, além de ser tomada pelo voto da maioria absoluta dos membros do colegiado. (CESPE – 2005 – TRT – 16ª REGIÃO (MA) – Técnico Judiciário – Área Serviços Gerais).

127. Em janeiro de 2005, auditores do Ministério do Trabalho e Emprego (MTE) constataram, em uma fazenda localizada no interior de determinado estado-membro da Federação, o descumprimento pelo empregador de diversos dispositivos da legislação trabalhista, inclusive com trabalhadores expostos a condições de trabalho degradantes. Os auditores lavraram auto de infração, com aplicação de multas em decorrência do descumprimento de normas de proteção a relações de trabalho. Um dos trabalhadores ingressou com ação contra o empregador pleiteando indenização por danos morais e patrimoniais, em razão das condições de trabalho a que foi exposto.

No caso de não haver na comarca vara da justiça do trabalho nem a comarca estar abrangida por sua jurisdição, eventuais ações trabalhistas dos empregados contra o empregador poderão ser processadas e julgadas por um juiz de direito investido por lei da jurisdição trabalhista, cabendo recurso para o respectivo tribunal regional do trabalho. (CESPE – 2005 – TRT – 16ª REGIÃO (MA) – Técnico Judiciário – Área Serviços Gerais).

128. A Escola Nacional de Formação e Aperfeiçoamento de Magistrados do Trabalho funcionará junto ao TST, cabendo-lhe, entre outras funções, regulamentar os cursos oficiais para o ingresso e promoção na carreira. (CESPE – 2005 – TRT – 16ª REGIÃO (MA) – Técnico Judiciário – Área Serviços Gerais).

129. O governo de determinado estado da Federação publicou medida provisória (MP) que altera dispositivos da Lei de Diretrizes e Bases da Educação Nacional. Em protesto contra a referida MP, alguns estudantes do ensino médio do estado ocuparam as escolas públicas, impedindo que os demais alunos frequentassem as aulas. O Ministério Público estadual ingressou com medida judicial requerendo a imediata reintegração e desocupação das escolas invadidas. A medida judicial requerida foi deferida por um juiz de primeiro grau que tomou posse há vinte meses.

A Constituição Federal, visando, principalmente, evitar o arbítrio e o desrespeito aos direitos fundamentais do homem, previu a existência dos poderes do Estado e do Ministério Público, independentes e harmônicos entre si, repartindo entre eles as funções estatais e prevendo prerrogativas e imunidades para que bem pudessem exercê-las, bem como criando mecanismos de controle recíprocos, sempre como garantia da perpetuidade do estado democrático de direito. Alexandre de Moraes. Direito constitucional. São Paulo: Atlas, 11.ª ed., 2002 (com adaptações).

A garantia de prerrogativas a membros do Poder Judiciário e do Ministério Público, tais como o foro privilegiado, não conflita com o princípio constitucional da igualdade. (CESPE - 2005 - ANTAQ - Técnico Administrativo).

130. Nos termos definidos no texto constitucional, é possível a promoção de entrância para entrância, por merecimento, de juiz que não integre a quinta parte da lista de antiguidade da respectiva entrância. (CESPE - 2004 - AGU - Advogado da União).

131. Chama-se cláusula de reserva de plenário a condição jurídica que permite **O JULGAMENTO DA INCONSTITUCIONALIDADE DA LEI OU ATO NORMATIVO DO PODER PÚBLICO.** (CESPE - 2004 - STJ - Analista Judiciário - Área Administrativa).

> **Questão original:** Chama-se cláusula de reserva de plenário a condição jurídica que permite o controle de constitucionalidade do judiciário de atos públicos tanto no modo difuso quanto de forma concentrada.

132. Não integram o poder judiciário os membros do Ministério Público que oficiam perante o TRE/AL. (CESPE - 2004 - TRE-AL - Técnico Judiciário - Telefonia).

4.4.2 Supremo Tribunal Federal

1. Compete ao **STJ** processar e julgar originariamente mandados de segurança e habeas data contra ato de ministro de Estado. (CESPE - 2018 - MPE-PI - Técnico Ministerial - Área Administrativa).

> **Questão original:** Compete ao Supremo Tribunal Federal processar e julgar originariamente mandados de segurança e habeas data contra ato de ministro de Estado.

2. Segundo a Constituição Federal de 1988, o título de bacharel em direito **NÃO** é requisito ao cargo de ministro do Supremo Tribunal Federal. (CESPE - 2018 - EMAP - Conhecimentos Básicos - Cargos de Nível Médio).

> **Questão original:** Segundo a Constituição Federal de 1988, o título de bacharel em direito é requisito indispensável ao cargo de ministro do Supremo Tribunal Federal.

3. Infração penal comum cometida por desembargador de tribunal regional federal será julgada originariamente pelo **STJ.** (CESPE - 2018 - MPU - Técnico do MPU - Administração).

Questão original: Infração penal comum cometida por desembargador de tribunal regional federal será julgada originariamente pelo Supremo Tribunal Federal.

4. A decisão de órgão fracionário de tribunal de justiça que deixa de aplicar lei por motivo de inconstitucionalidade não precisa observar a regra da reserva de plenário, caso se baseie em jurisprudência consolidada do plenário do Supremo Tribunal Federal. (CESPE – 2018 – ABIN – Oficial Técnico de Inteligência – Área 2).

5. O processamento e o julgamento de membro do Tribunal de Contas da União que vier a praticar crime de homicídio doloso serão realizados pelo STF. (CESPE – 2017 – TCE--PE – Analista de Controle Externo – Auditoria de Contas Pública).

6. Compete ao Supremo Tribunal Federal processar e julgar originariamente os ministros de Estado nos casos de crimes de responsabilidade. (CESPE – 2017 – TRF – 1ª REGIÃO – Analista Judiciário – Área Judiciária).

Questão original: Compete ao Supremo Tribunal Federal processar e julgar originariamente **OS GOVERNADORES DOS ESTADOS E DO DISTRITO FEDERAL** nos casos de crimes comuns e os ministros de Estado nos casos de crimes de responsabilidade.

7. O STF poderá aprovar, após reiteradas decisões sobre matéria constitucional, súmulas com efeito vinculante, sendo estas passíveis de revisão mediante provocação de legitimados para a propositura de ação direta de inconstitucionalidade. (CESPE – 2017 – TRF – 1ª REGIÃO – Analista Judiciário – Oficial de Justiça Avaliador Federal).

8. Súmula aprovada pelo Supremo Tribunal Federal, mediante decisão de dois terços de seus membros, após reiteradas decisões sobre matéria constitucional, vincula a administração pública **DIRETA E INDIRETA, NAS ESFERAS FEDERAL, ESTADUAL E MUNICIPAL E OS DEMAIS ÓRGÃOS** do Poder Judiciário. (CESPE – 2016 – DPU – Técnico em Assuntos Educacionais).

Questão original: Súmula aprovada pelo Supremo Tribunal Federal, mediante decisão de dois terços de seus membros, após reiteradas decisões sobre matéria constitucional, não vincula a administração pública, mas somente os órgãos do Poder Judiciário.

9. Compete, originariamente, ao **STJ** processar e julgar a homologação de sentenças estrangeiras. (CESPE – 2015 – DPE-PE – Defensor Público).

Questão original: Compete, originariamente, ao STF processar e julgar a homologação de sentenças estrangeiras.

10. No sistema constitucional brasileiro, cabe ao Supremo Tribunal Federal exercer o controle de constitucionalidade concentrado em ações de sua competência originária e por via de ação direta. (CESPE - 2014 - Instituto Rio Branco - Diplomata - Prova 2).

Questão original: No sistema constitucional brasileiro, cabe ao Supremo Tribunal Federal exercer o controle de constitucionalidade concentrado **APENAS** em ações de sua competência originária e por via de ação direta.

11. É o STF o tribunal competente para julgar, originariamente, as causas entre a União e os estados, a União e o Distrito Federal, ou entre uns e outros, inclusive as causas em que figurem respectivas entidades da administração indireta, não lhe competindo, todavia, julgar relação jurídica subjetiva processual que envolva como parte o município. (CESPE - 2014 - Câmara dos Deputados - Analista Legislativo - Consultor Legislativo Área I).

12. Cabe ao presidente do STF, no âmbito da União, encaminhar as propostas orçamentárias, **COM A APROVAÇÃO DOS RESPECTIVOS TRIBUNAIS** ao Poder Executivo. (CESPE - 2014 - ANTAQ - Conhecimentos Básicos - Cargos 5 e 6).

Questão original: Cabe exclusivamente ao presidente do STF, no âmbito da União, encaminhar as propostas orçamentárias dos tribunais superiores ao Poder Executivo.

13. Em decorrência do princípio da separação dos poderes, súmulas vinculantes editadas pelo Supremo Tribunal Federal têm **EFEITO VINCULANTE EM RELAÇÃO AOS ÓRGÃOS DO PODER JUDICIÁRIO E À ADMINISTRAÇÃO PÚBLICA DIRETA, INDIRETA, NAS ESFERAS FEDERAL, ESTADUAL E MUNICIPAL.** (CESPE - 2014 - ANATEL - Conhecimentos Básicos - Cargos 13, 14 e 15).

Questão original: Em decorrência do princípio da separação dos poderes, súmulas vinculantes editadas pelo Supremo Tribunal Federal têm sua eficácia restrita a atos e decisões na esfera do Poder Judiciário.

14. Compete ao Supremo Tribunal Federal processar e julgar originariamente a ação direta de inconstitucionalidade contra lei ou ato normativo **FEDERAL** contestado em face da CF. (CESPE - 2014 - Câmara dos Deputados - Analista Legislativo - Consultor Legislativo Área II).

Observação: "Art. 102, I, Compete ao Supremo Tribunal Federal, precipuamente, a guarda da Constituição, cabendo-lhe, processar e julgar, originariamente, ação direta de inconstitucionalidade de lei ou ato normativo federal ou estadual e a ação declaratória de constitucionalidade de lei ou ato normativo federal."

Questão original: Compete ao Supremo Tribunal Federal processar e julgar originariamente a ação direta de inconstitucionalidade contra lei ou ato normativo municipal contestado em face da CF.

15. Compete ao STF processar e julgar originariamente o mandado de injunção quando a elaboração da norma regulamentadora for atribuição do TCU. (CESPE – 2013 – AGU – Procurador Federal).

16. Ao **SENADO FEDERAL** compete, processar e julgar o presidente da República nos crimes de responsabilidade. (CESPE – 2013 – TRT – 17ª Região (ES) – Analista Judiciário – Área Administrativa).

Questão original: Ao Supremo Tribunal Federal compete, originariamente, processar e julgar o presidente da República nos crimes de responsabilidade.

17. Os ministros do Supremo Tribunal Federal (STF) são de livre nomeação do presidente da República, após aprovação por maioria absoluta dos membros do Senado Federal. (CESPE – 2013 – MS – Analista Técnico – Administrativo).

18. As infrações penais comuns cometidas pelos ministros de Estado, pelo procurador-geral da República e pelos membros do TCU, entre outros, são processadas e julgadas pelo STF, **LOGO**, os crimes dolosos contra a vida praticados por essas autoridades **NÃO SÃO DA** competência do tribunal do júri do local em que se der o crime. (CESPE – 2013 – TC-DF – Procurador).

Questão original: As infrações penais comuns cometidas pelos ministros de Estado, pelo procurador-geral da República e pelos membros do TCU, entre outros, são processadas e julgadas pelo STF, mas os crimes dolosos contra a vida praticados por essas autoridades são da competência do tribunal do júri do local em que se der o crime.

19. A Constituição Federal (CF) determina a criação, por iniciativa **DA UNIÃO**, de ouvidorias de justiça com competência para receber reclamações e denúncias de qualquer pessoa interessada, **CONTRA MEMBROS**, órgãos ou serviços auxiliares do Poder Judiciário. (CESPE – 2013 – TRT – 17ª Região (ES) – Técnico Judiciário – Área Administrativa).

Questão original: A Constituição Federal (CF) determina a criação, por iniciativa dos tribunais de todo o país, de ouvidorias de justiça com competência para receber reclamações e denúncias de qualquer pessoa interessada, desde que dirigida contra órgãos ou serviços auxiliares do Poder Judiciário, excluídos os juízes individualmente considerados.

20. Compete originariamente ao STF julgar as ações propostas contra o Conselho Nacional do Ministério Público. (CESPE - 2013 - STF - Analista Judiciário - Área Administrativa).

21. A competência para processar e julgar uma ação em que todos os membros da magistratura sejam direta ou indiretamente interessados pertence, originariamente, ao STF. (CESPE - 2013 - TRT - 17ª Região (ES) - Técnico Judiciário - Área Administrativa).

22. Compete ao Supremo Tribunal Federal (STF) julgar originariamente, por crime comum, o presidente da República, o vice-presidente, os membros do Congresso Nacional, seus próprios ministros e o procurador-geral da República. (CESPE - 2013 - TRT - 10ª REGIÃO (DF e TO) - Analista Judiciário - Execução de Mandados).

> **Questão original:** Compete ao Supremo Tribunal Federal (STF) julgar originariamente, por crime comum, o presidente da República, o vice-presidente, os membros do Congresso Nacional, **OS GOVERNADORES DE ESTADO E DO DISTRITO FEDERAL**, seus próprios ministros e o procurador-geral da República.

23. A prerrogativa quanto à provocação para aprovar, rever ou cancelar súmula vinculante pertence aos mesmos órgãos e pessoas que têm competência para propor a ação direta de inconstitucionalidade, **PORÉM, NÃO SE RESTRINGINDO A APENAS ESTES.** (CESPE - 2013 - ANCINE - Especialista em Regulação Atividade Cinematográfica e Audiovisual - Área 3).

> **Questão original:** A prerrogativa quanto à provocação para aprovar, rever ou cancelar súmula vinculante pertence aos mesmos órgãos e pessoas que têm competência para propor a ação direta de inconstitucionalidade.

24. Compete originariamente ao STF julgar as ações propostas contra o Conselho Nacional do Ministério Público. (CESPE - 2013 - STF - Todos os Cargos - Conhecimentos Básicos - Cargos 2 e 9).

25. Tendo em vista que, de acordo com súmula vinculante editada pelo STF, a cobrança de taxa de matrícula nas universidades públicas viola dispositivo da CF, é correto concluir que a cobrança, por instituição pública de ensino superior, de taxa para revalidar diploma de graduação obtido no exterior é **CONSTITUCIONAL.** (CESPE - 2013 - AGU - Procurador Federal).

> **Questão original:** Tendo em vista que, de acordo com súmula vinculante editada pelo STF, a cobrança de taxa de matrícula nas universidades públicas viola dispositivo da CF, é correto concluir que a cobrança, por instituição pública de ensino superior, de taxa para revalidar diploma de graduação obtido no exterior é inconstitucional.

26. Os membros do Congresso Nacional, quando cometem infrações penais comuns, são processados e julgados, originariamente, pelo Supremo Tribunal Federal. (CESPE – 2013 – CNJ – Técnico Judiciário – Área Administrativa).

> **Questão original:** Os membros do Congresso Nacional **E OS GOVERNADORES DOS ESTADOS**, quando cometem infrações penais comuns, são processados e julgados, originariamente, pelo Supremo Tribunal Federal.

27. Uma súmula vinculante editada pelo STF terá efeito vinculante em relação aos demais órgãos do Poder Judiciário e Executivo, **ASSIM COMO NAS FUNÇÕES ATÍPICAS DO LEGISLATIVO.** (CESPE – 2013 – CNJ – Analista Judiciário – Área Administrativa).

> **Questão original:** Uma súmula vinculante editada pelo STF terá efeito vinculante em relação aos demais órgãos do Poder Judiciário, não atingindo, pelo princípio da separação dos poderes, os Poderes Legislativo e Executivo, que possuem meios próprios de vinculação de seus atos.

28. Cabe ao Supremo Tribunal Federal, após autorização da Câmara dos Deputados, processar e julgar os crimes comuns praticados pelo presidente da República. (CESPE – 2013 – TRT – 10ª REGIÃO (DF e TO) – Técnico Judiciário – Administrativo).

29. Tanto as ações contra o Conselho Nacional de Justiça como as ações contra o Conselho Nacional do Ministério Público são processadas e julgadas pelo Supremo Tribunal Federal. (CESPE – 2012 – TJ-RR – Administrado).

30. **COMPETE PRIVATIVAMENTE** ao Supremo Tribunal Federal a iniciativa de propor ao **PODER LEGISLATIVO** a criação e a extinção de cargos em seu próprio âmbito e no âmbito dos tribunais superiores, bem como a fixação dos **SUBSÍDIOS** de seus membros e dos juízes vinculados a esses tribunais. (CESPE – 2012 – Câmara dos Deputados – Todos os Cargos – Conhecimentos Básicos – exceto para Técnico em Material e Patrimônio; CESPE – 2012 – Câmara dos Deputados – Analista – Técnico em Material e Patrimônio – BÁSICO).

> **Questão original:** Pertence ao Supremo Tribunal Federal a iniciativa de propor ao Congresso Nacional a criação e a extinção de cargos em seu próprio âmbito e no âmbito dos tribunais superiores, bem como a fixação dos vencimentos de seus membros e dos juízes vinculados a esses tribunais.

31. Compete ao Supremo Tribunal Federal julgar originariamente, nas infrações penais comuns, seus próprios ministros e o procurador-geral da República. (CESPE – 2012 – STJ – Técnico Judiciário – Telecomunicações e Eletricidade – Conhecimentos Básicos).

32. As competências do Supremo Tribunal Federal constantes da Constituição Federal só podem ser alteradas mediante **EMENDA CONSTITUCIONAL.** (CESPE – 2012 – TJ-RR – Administrador).

Questão original: As competências do Supremo Tribunal Federal constantes da Constituição Federal só podem ser alteradas mediante lei complementar, não sendo a lei ordinária instrumento hábil para promover tais mudanças.

33. Compete privativamente ao STF processar e julgar, originariamente, nas infrações penais comuns, o presidente da República, o vice-presidente, os membros do Congresso Nacional, seus próprios ministros, o procurador-geral da República e o advogado-geral da União. (CESPE - 2012 - STJ - Todos os Cargos - Conhecimentos Básicos - Exceto Cargo 5).

34. Compete ao Supremo Tribunal Federal processar e julgar, **ORIGINARIAMENTE**, a ação direta de inconstitucionalidade. (CESPE - 2012 - PRF - Agente Administrativo).

Questão original: Compete ao Supremo Tribunal Federal processar e julgar, em recurso extraordinário, a ação direta de inconstitucionalidade.

35. O Superior Tribunal de Justiça, a exemplo do Supremo Tribunal Federal, pode aprovar súmulas. (CESPE - 2012 - ANAC - Técnico em Regulação de Aviação Civil - Área 2).

Questão original: O Superior Tribunal de Justiça, a exemplo do Supremo Tribunal Federal, pode aprovar súmulas **COM EFEITO VINCULANTE EM RELAÇÃO AOS DEMAIS ÓRGÃOS DO PODER JUDICIÁRIO E À ADMINISTRAÇÃO PÚBLICA.**

36. Embora o rol de matérias de competência originária do STF seja taxativo na CF, esse tribunal reconheceu **NÃO** serem de sua própria competência as causas de natureza civil instauradas contra o presidente da República. (CESPE - 2012 - AGU - Advogado da União).

Questão original: Embora o rol de matérias de competência originária do STF seja taxativo na CF, esse tribunal reconheceu serem de sua própria competência as causas de natureza civil instauradas contra o presidente da República ou qualquer das autoridades que, em matéria penal, disponham de prerrogativa de foro perante essa Corte ou que, em sede de mandado de segurança, estejam sujeitas à jurisdição imediata desta.

37. De acordo com o entendimento do Supremo Tribunal Federal (STF), **NÃO** é cabível, para se obter a interpretação, a revisão ou o cancelamento de súmula vinculante, o ajuizamento de arguição de descumprimento de preceito fundamental. (CESPE - 2012 - TCE-ES - Auditor).

Questão original: De acordo com o entendimento do Supremo Tribunal Federal (STF), é cabível, para se obter a interpretação, a revisão ou o cancelamento de súmula vinculante, o ajuizamento de arguição de descumprimento de preceito fundamental.

38. Segundo o STF, compete originariamente ao tribunal de justiça local o julgamento de habeas corpus contra decisão de turma recursal de juizados especiais criminais. (CESPE – 2012 – MPE-PI – Analista Ministerial – Área Processual).

39. Compete ao Supremo Tribunal Federal processar e julgar originariamente, por infrações penais comuns, os seus próprios ministros. (CESPE – 2012 – PC-AL – Escrivão de Polícia).

40. Os ministros do Supremo Tribunal Federal (STF) devem ser nomeados pelo presidente da República, após aprovação pela maioria **ABSOLUTA** do Senado Federal. (CESPE – 2011 – TJ-ES – Analista Judiciário – Área Administrativa).

> **Questão original:** Os ministros do Supremo Tribunal Federal (STF) devem ser nomeados pelo presidente da República, após aprovação pela maioria simples do Senado Federal.

41. O Supremo Tribunal Federal (STF) compõe-se de onze ministros, entre pessoas de notável saber jurídico e reputação ilibada, os quais devem ser maiores de trinta **E CINCO ANOS** de idade e menores de sessenta e cinco anos de idade, bem como nomeados pelo presidente da República, após a aprovação da maioria **ABSOLUTA** do Senado Federal. (CESPE – 2011 – STM – Cargos de Nível Médio – Conhecimentos Básicos – Cargos 25 e 26).

> **Questão original:** O Supremo Tribunal Federal (STF) compõe-se de onze ministros, escolhidos para um mandato de quatro anos entre pessoas de notável saber jurídico e reputação ilibada, os quais devem ser maiores de trinta anos de idade e menores de sessenta e cinco anos de idade, bem como nomeados pelo presidente da República, após a aprovação da maioria simples do Senado Federal.

42. Compete **AO SUPERIOR TRIBUNAL MILITAR** encaminhar projeto de lei dispondo sobre a criação de circunscrição judiciária militar. (CESPE – 2011 – STM – Analista Judiciário – Economia – Básicos).

> **Questão original:** Compete privativamente ao presidente do Supremo Tribunal Federal encaminhar projeto de lei dispondo sobre a criação de circunscrição judiciária militar.

43. Somente o Supremo Tribunal Federal, de ofício ou mediante provocação, tem competência para a edição, a revisão e o cancelamento de súmula vinculante. (CESPE – 2011 – PC-ES – Escrivão de Polícia – Específicos).

44. Os onze ministros que compõem o Supremo Tribunal Federal **NÃO PRECISAM** ser bacharéis em ciências jurídicas. (CESPE – 2011 – TRE-ES – Técnico Judiciário – Área Administrativa – Específicos).

Questão original: Os onze ministros que compõem o Supremo Tribunal Federal devem ser bacharéis em ciências jurídicas.

45. Súmula vinculante deve ser aprovada por **2/3** dos votos do **PLENÁRIO DO** STF e incidir sobre matéria constitucional que tenha sido objeto de decisões reiteradas desse tribunal. (CESPE - 2011 - STM - Cargos de Nível Médio - Conhecimentos Básicos - Cargos 25 e 26).

Questão original: Súmula vinculante deve ser aprovada por maioria absoluta dos votos do STF e incidir sobre matéria constitucional que tenha sido objeto de decisões reiteradas desse tribunal.

46. **NÃO COMPETE** ao STF julgar ação civil pública proposta contra ato praticado pelo Conselho Nacional de Justiça. (CESPE - 2010 - DPU - Defensor Público Federal).

Questão original: Compete ao STF julgar ação civil pública proposta contra ato praticado pelo Conselho Nacional de Justiça.

47. O STF reconhece sua competência originária para julgar ação judicial tendo como partes entidade da administração indireta federal, de um lado, e estado-membro, de outro, na hipótese de discussão acerca de imunidade recíproca. (CESPE - 2010 - AGU - Procurador Federal).

48. O **STJ** é o tribunal competente para a concessão de exequatur às cartas rogatórias oriundas de países com os quais o Brasil possua relações diplomáticas. (CESPE - 2010 - TRE-BA - Analista Judiciário - Área Judiciária).

Questão original: O Supremo Tribunal Federal como representante máximo do Poder Judiciário nacional é o tribunal competente para a concessão de exequatur às cartas rogatórias oriundas de países com os quais o Brasil possua relações diplomáticas.

49. O STF, além de exercer o controle concentrado, no âmbito federal, exerce o controle difuso, apenas nos recursos extraordinário e ordinário, ou quando aprecia a inconstitucionalidade de normas fundadas em decisões recorridas. (CESPE - 2010 - ABIN - Oficial Técnico de Inteligência - Área de Direito).

50. O Supremo Tribunal Federal (STF) cumpre, entre outras, a função de órgão de cúpula do Poder Judiciário, e a ele cabe a iniciativa de, por meio de lei **COMPLEMENTAR**, dispor sobre o Estatuto da Magistratura. (CESPE - 2010 - MPU - Técnico Administrativo).

Questão original: O Supremo Tribunal Federal (STF) cumpre, entre outras, a função de órgão de cúpula do Poder Judiciário, e a ele cabe a iniciativa de, por meio de lei ordinária, dispor sobre o Estatuto da Magistratura.

51. Nos casos em que a consulta a parecerista seja facultativa, entende o STF que o parecer favorável a ato que venha a lesar o erário **NÃO** enseja a responsabilização pelos danos causados aos cofres públicos do jurista que o emitiu, **SALVO CULPA OU ERRO GROSSEIRO.** (CESPE – 2010 – PGM – RR – Procurador Municipal).

Questão original: Nos casos em que a consulta a parecerista seja facultativa, entende o STF que o parecer favorável a ato que venha a lesar o erário enseja a responsabilização pelos danos causados aos cofres públicos também do jurista que o emitiu.

52. Segundo a jurisprudência do Supremo Tribunal Federal, as ações oriundas da relação de trabalho devem ser julgadas pela justiça do trabalho, **INCLUÍDAS** as que envolvam os entes de direito público externo e da administração pública direta da União, dos estados, do Distrito Federal e dos municípios. (CESPE – 2009 – TRT – 17ª Região (ES) – Analista Judiciário – Área Administrativa).

Questão original: Segundo a jurisprudência do Supremo Tribunal Federal, as ações oriundas da relação de trabalho devem ser julgadas pela justiça do trabalho, excluídas as que envolvam os entes de direito público externo e da administração pública direta da União, dos estados, do Distrito Federal e dos municípios.

53. No tocante à organização do Estado brasileiro, a CF determinou que compete ao Supremo Tribunal Federal processar e julgar originariamente o presidente da República nos crimes comuns. (CESPE – 2009 – TRT – 17ª Região (ES) – Técnico Judiciário – Área Administrativa).

Questão original: No tocante à organização do Estado brasileiro, a CF determinou que compete ao Supremo Tribunal Federal processar e julgar originariamente o presidente da República **E OS GOVERNADORES DOS ESTADOS E DO DISTRITO FEDERAL** nos crimes comuns.

54. Somente ao STF compete processar e julgar as ações diretas de inconstitucionalidade, genéricas ou interventivas, as ações de inconstitucionalidade por omissão e as ações declaratórias de constitucionalidade, com intuito de garantir a prevalência das normas da CF no ordenamento jurídico. (CESPE – 2009 – ANAC – Analista Administrativo).

55. O STF compõe-se de **ONZE** ministros, escolhidos entre cidadãos com mais de trinta e cinco e menos de sessenta e cinco anos de idade, de notável saber jurídico e de reputação ilibada. (CESPE – 2009 – ANAC – Analista Administrativo).

Questão original: O STF compõe-se de doze ministros, escolhidos entre cidadãos com mais de trinta e cinco e menos de sessenta e cinco anos de idade, de notável saber jurídico e de reputação ilibada.

56. A súmula com efeito vinculante, que deve ser editada com exclusividade **PELO STF**, consolida a atividade judicante de primeiro grau, sem qualquer exceção. (CESPE - 2009 - Instituto Rio Branco - Diplomata - 1ª Etapa BRANCO).

Questão original: A súmula com efeito vinculante, que deve ser editada com exclusividade por tribunais superiores, consolida a atividade judicante de primeiro grau, sem qualquer exceção.

57. A súmula com efeito vinculante, que deve ser editada pelo Supremo Tribunal Federal, restringe o poder decisório dos juízes singulares. (CESPE - 2009 - Instituto Rio Branco - Diplomata - 1ª Etapa BRANCO).

58. O procurador-geral da República deve ser previamente ouvido em todos os processos da competência do Supremo Tribunal Federal. (CESPE - 2008 - MPE-RR - Analista de Sistemas).

59. Para ser homologada pelo **STJ**, a sentença estrangeira, deve, entre outros requisitos, ser proferida por juiz competente, ter citado as partes ou terem sido verificados validamente à revelia e o trânsito em julgado, estar autenticada pelo cônsul brasileiro e acompanhada de tradução oficial. (CESPE - 2008 - STF - Analista Judiciário - Área Judiciária - Execução de Mandados; CESPE - 2008 - STF - Analista Judiciário - Área Judiciária).

Questão original: Para ser homologada pelo STF, a sentença estrangeira, deve, entre outros requisitos, ser proferida por juiz competente, ter citado as partes ou terem sido verificados validamente a revelia e o trânsito em julgado, estar autenticada pelo cônsul brasileiro e acompanhada de tradução oficial.

60. Se um deputado federal acusar, na tribuna da Câmara dos Deputados, um servidor público de praticar crime de corrupção, e restar provado que esse servidor público era inocente, **NÃO** haverá crime de calúnia. (CESPE - 2008 - STJ - Analista Judiciário - Área Judiciária).

Questão original: Se um deputado federal acusar, na tribuna da Câmara dos Deputados, um servidor público de praticar crime de corrupção, e restar provado que esse servidor público era inocente, haverá crime de calúnia, cuja competência para julgamento é do STF.

61. O litígio existente entre um organismo internacional e um município deve ser julgado originariamente **PELOS JUÍZES FEDERAIS.** (CESPE - 2008 - STF - Analista Judiciário - Contabilidade).

Questão original: O litígio existente entre um organismo internacional e um município deve ser julgado originariamente pelo STF.

62. Compete ao **TJDFT** a iniciativa de projeto de lei que disponha sobre a criação e a extinção de cargos e a remuneração dos serviços auxiliares **E DOS JUÍZOS QUE LHE FOREM VINCULADOS.** (CESPE – 2008 – TJ-DFT – Técnico Judiciário – Área Administrativa).

Questão original: Compete ao Supremo Tribunal Federal a iniciativa de projeto de lei que disponha sobre a criação e a extinção de cargos e a remuneração dos serviços auxiliares do TJDFT, já que esse tribunal pertence à União.

63. Compete ao STF processar e julgar originariamente o vice presidente da República nas infrações penais comuns. (CESPE – 2008 – STF – Analista Judiciário – Contabilidade).

64. Os títulos de crédito constituídos em país estrangeiro, para serem executados no Brasil, dependem de homologação pelo **STJ.** (CESPE – 2008 – STF – Analista Judiciário – Contabilidade).

Questão original: Os títulos de crédito constituídos em país estrangeiro, para serem executados no Brasil, dependem de homologação pelo STF.

65. O STF **NÃO** é competente para conhecer originariamente de mandado de segurança contra decisão de juiz que integra Turma Recursal de Juizados Especiais. (CESPE – 2008 – STF – Técnico Judiciário – Área Administrativa).

Questão original: O STF é competente para conhecer originariamente de mandado de segurança contra decisão de juiz que integra Turma Recursal de Juizados Especiais.

66. O STF possui competência para conhecer e julgar queixa crime contra o advogado-geral da União. (CESPE – 2008 – STF – Analista Judiciário – Contabilidade).

67. **NÃO COMPETE** ao STF processar e julgar ação ordinária, de natureza civil, instaurada contra o presidente da República. (CESPE – 2008 – STF – Técnico Judiciário – Área Administrativa).

Questão original: Compete ao STF processar e julgar ação ordinária, de natureza civil, instaurada contra o presidente da República.

68. Os requisitos de admissibilidade do recurso ordinário para o STF contra decisão que denegue ação de mandado de segurança, de habeas data ou de mandado de injunção **NÃO** são comuns aos exigidos para o recurso extraordinário. (CESPE - 2008 - STF - Analista Judiciário - Área Judiciária).

> **Questão original:** Os requisitos de admissibilidade do recurso ordinário para o STF contra decisão que denegue ação de mandado de segurança, de habeas data ou de mandado de injunção são comuns aos exigidos para o recurso extraordinário.

69. O STF tem jurisdição em todo o território nacional. (CESPE - 2008 - STF - Analista Judiciário - Contabilidade).

70. Os ministros do STF são nomeados pelo presidente da República, após aprovação da escolha pela maioria absoluta do Senado Federal. (CESPE - 2008 - STF - Analista Judiciário - Área Administrativa).

71. Compete ao STF processar e julgar originariamente, nas infrações penais comuns, os ministros do próprio STF. (CESPE - 2008 - STF - Analista Judiciário - Área Administrativa).

72. A competência originária do STF submete-se a regime de direito estrito, não comportando a possibilidade de ser estendida a situações que extravasem os limites fixados no rol taxativo da norma constitucional que a fixa. (CESPE - 2008 - STF - Técnico Judiciário - Área Administrativa).

73. São legitimados a propor a edição, a revisão ou o cancelamento de enunciado de súmula vinculante os mesmos legitimados a propor ação direta de inconstitucionalidade, **PORÉM, NÃO SE RESTRINGINDO A APENAS ESTES.** (CESPE - 2008 - STF - Analista Judiciário - Área Judiciária).

> **Questão original:** São legitimados a propor a edição, a revisão ou o cancelamento de enunciado de súmula vinculante os mesmos legitimados a propor ação direta de inconstitucionalidade.

74. No procedimento de edição, revisão ou cancelamento de enunciado da súmula vinculante, o relator poderá admitir, por decisão irrecorrível, a manifestação de terceiros na questão, nos termos do Regimento Interno do STF. (CESPE - 2008 - STF - Analista Judiciário - Área Judiciária).

75. O STF poderá, de ofício ou por provocação, após reiteradas decisões sobre matéria constitucional, editar enunciado de súmula que, a partir de sua publicação na imprensa oficial, terá efeito vinculante, **POR EXEMPLO,** aos órgãos do Poder Judiciário. (CESPE - 2008 - STF - Analista Judiciário - Área Judiciária).

> **Questão original:** O STF poderá, de ofício ou por provocação, após reiteradas decisões sobre matéria constitucional, editar enunciado de súmula que, a partir

de sua publicação na imprensa oficial, terá efeito vinculante apenas em relação aos órgãos do Poder Judiciário.

76. Nos processos perante o TCU, asseguram-se o contraditório e a ampla defesa quando da decisão puder resultar anulação ou revogação de ato administrativo que beneficie o interessado, excetuada a apreciação da legalidade do ato de concessão inicial de aposentadoria, reforma e pensão. (CESPE – 2008 – STF – Analista Judiciário – Área Judiciária).

77. Uma vez editada uma súmula vinculante, figura criada pela Emenda Constitucional n.º 45, todas as decisões judiciais e administrativas devem seguir o entendimento do STF. Quanto ao STJ, embora seja ele o uniformizador da interpretação da lei federal, não está autorizado a expedir essa espécie de súmula. (CESPE – 2008 – STJ – Técnico Judiciário – Área Administrativa).

78. A Emenda Constitucional n.º 45/2004 introduziu a súmula vinculante no direito brasileiro. Para ter o efeito vinculante, a súmula deve ser aprovada por quorum qualificado de dois terços dos ministros do STF. (CESPE – 2008 – STF – Analista Judiciário – Área Administrativa).

79. O presidente do STF não pode propor lei complementar que exclua a participação da Ordem dos Advogados do Brasil dos concursos públicos para ingresso na magistratura. (CESPE – 2008 – STJ – Técnico Judiciário – Área Administrativa).

80. **NÃO É COMPETÊNCIA** do STF julgar interpelação judicial de natureza cível contra o procurador-geral da República. (CESPE – 2008 – STF – Técnico Judiciário – Área Administrativa).

Questão original: É de competência do STF julgar interpelação judicial de natureza cível contra o procurador-geral da República.

81. Acerca do Poder Judiciário e da EC n.º 45/2004, a referida emenda acrescentou ao texto constitucional a competência do **STJ** para julgar, mediante recurso **ESPECIAL**, a validade de ato de governo local contestado em face de lei federal. (CESPE – 2007 – DPU – Defensor Público).

Questão original: A referida emenda acrescentou ao texto constitucional a competência do STF para julgar, mediante recurso extraordinário, a validade de ato de governo local contestado em face de lei federal.

82. **TÊM LEGITIMIDADE** para propor a edição, revisão ou cancelamento de súmula vinculante, o Defensor Público-Geral da União, na sua inobservância caberá reclamação ao **STF.** (CESPE – 2007 – DPU – Defensor Público Federal).

Questão original: Por não ter legitimidade para propor a edição, revisão ou cancelamento de súmula vinculante, o Defensor Público-Geral da União e, consequentemente, os defensores públicos da União estão subordinados às súmulas vinculantes, sendo que na sua inobservância caberá reclamação primeiramente ao STJ.

83. A súmula vinculante **NÃO** deverá especificar quais órgãos da administração pública direta e indireta estarão vinculados aos seus efeitos. (CESPE - 2007 - DPU - Defensor Público Federal).

Questão original: A súmula vinculante deverá especificar quais órgãos da administração pública direta e indireta estarão vinculados aos seus efeitos.

84. A respeito da súmula vinculante julgue os itens a seguir. Sua observância é obrigatória para o DF e os Territórios. (CESPE - 2007 - DPU - Defensor Público Federal).

Questão original: Sua observância **NÃO** é obrigatória para o DF e os Territórios por não haver previsão expressa no texto constitucional.

85. O STF é **INCOMPETENTE** para processar e julgar mandado de segurança impetrado contra ato de órgão colegiado do Ministério Público da União, presidido pelo procurador-geral da República. (CESPE - 2006 - DPE-DF - Procurador - Assistência Judiciária - Segunda Categoria).

Questão original: O STF é competente para processar e julgar mandado de segurança impetrado contra ato de órgão colegiado do Ministério Público da União, presidido pelo procurador-geral da República.

86. O STF seria o tribunal **INCOMPETENTE** para, originariamente, julgar habeas corpus interposto com a finalidade de suspender o curso de ação penal que fosse proposta contra o Presidente da República, antes da sua investidura, por crime contra a honra que eventualmente fosse praticado durante o período em que o atual presidente concorria, pela primeira vez, ao cargo que agora ocupa. (CESPE - 2004 - AGU - Advogado da União).

Questão original: O STF seria o tribunal competente para, originariamente, julgar habeas corpus interposto com a finalidade de suspender o curso de ação penal que fosse proposta contra o Presidente da República, antes da sua investidura, por crime contra a honra que eventualmente fosse praticado durante o período em que o atual presidente concorria, pela primeira vez, ao cargo que agora ocupa

87. Compete **AO PODER EXECUTIVO** a iniciativa da lei orçamentária anual que define as previsões de receitas e despesas para o Poder Judiciário. (CESPE - 2004 - TRT - 10ª REGIÃO (DF e TO) - Analista Judiciário - Área Administrativa).

> **Questão original:** Compete exclusivamente ao STF a iniciativa da lei orçamentária anual que define as previsões de receitas e despesas para o Poder Judiciário.

88. O Supremo Tribunal Federal é o órgão do Poder Judiciário que tem a prerrogativa de realizar o controle abstrato da constitucionalidade das leis aprovadas pelo Congresso Nacional e sancionadas pelo presidente da República. (CESPE – 2000 – Polícia Federal – Agente Federal da Polícia Federal).

4.4.3 Conselho Nacional de Justiça

1. O **CONSELHO DA JUSTIÇA FEDERAL** exerce a supervisão orçamentária da justiça federal de primeiro e de segundo graus. (CESPE – 2018 – MPU – Analista do MPU – Direito).

> **Questão original:** O CNJ exerce a supervisão orçamentária da justiça federal de primeiro e de segundo graus.

2. Nos casos de crime cometido por magistrados contra a administração pública ou de abuso de autoridade, cabe ao CNJ representar ao Ministério Público. (CESPE – 2018 – MPU – Analista do MPU – Direito).

3. O Conselho Nacional de Justiça é órgão que exerce o controle da atuação administrativa **E** financeira no âmbito de todo o Poder Judiciário. (CESPE – 2018 – EMAP – Conhecimentos Básicos – Cargos de Nível Superior).

> **Questão original:** O Conselho Nacional de Justiça é órgão que exerce o controle da atuação administrativa, financeira e jurisdicional no âmbito de todo o Poder Judiciário.

4. No exercício de suas atribuições, o Conselho Nacional de Justiça é dotado de competência administrativa **E FINANCEIRA.** (CESPE – 2017 – TCE-PE – Analista de Gestão – Administração).

> **Questão original:** No exercício de suas atribuições, o Conselho Nacional de Justiça é dotado de competência administrativa e jurisdicional.

5. A competência do Conselho Nacional de Justiça para apurar violações aos deveres funcionais se aplica aos servidores do Poder Judiciário; ela alcança os magistrados **NO QUE TANGE AO CUMPRIMENTO DOS DEVERES FUNCIONAIS DOS JUÍZES.** (CESPE – 2017 – TRF – 1ª REGIÃO – Analista Judiciário – Área Administrativa).

> **Questão original:** A competência do Conselho Nacional de Justiça para apurar violações aos deveres funcionais se aplica apenas aos servidores do Poder Judiciá-

rio; ela não alcança os magistrados, pois, se assim não fosse, caracterizaria afronta à independência funcional.

6. Membros aposentados do tribunal de contas estadual podem ser indicados para compor o Conselho Nacional de Justiça. (CESPE - 2017 - TCE-PE - Analista de Gestão - Julgamento).

7. O Conselho Nacional de Justiça tem competência constitucional para controlar o cumprimento dos deveres funcionais dos juízes, cabendo-lhe elaborar relatório semestral sobre os processos e as sentenças prolatadas, por unidade da Federação, nos diferentes órgãos do Poder Judiciário. (CESPE - 2017 - TCE-PE - Analista de Gestão - Julgamento).

8. O Conselho Nacional de Justiça possui, além da função administrativa, a função **FINANCEIRA.** (CESPE - 2016 - DPU - Técnico em Assuntos Educacionais).

Questão original: O Conselho Nacional de Justiça possui, além da função administrativa, a função jurisdicional.

9. O Conselho Nacional de Justiça tem competência para controlar a atuação administrativa e financeira do Poder Judiciário. (CESPE - 2016 - DPU - Conhecimentos Básicos - Cargos 3 e 8).

Questão original: O Conselho Nacional de Justiça tem competência para controlar a atuação administrativa e financeira do Poder Judiciário **E DA DEFENSORIA PÚBLICA.**

10. Para integrar o Conselho Nacional de Justiça, o membro do Ministério Público **ESTADUAL** deverá ser escolhido pelo procurador-geral da República entre os nomes indicados pelo órgão competente de cada instituição estadual. (CESPE - 2016 - TCE-PA - Auxiliar Técnico de Controle Externo - Área Administrativa).

Questão original: Para integrar o Conselho Nacional de Justiça, o membro do Ministério Público deverá ser escolhido pelo procurador-geral da República entre os nomes indicados pelo órgão competente de cada instituição estadual.

11. Embora a CF o insira entre os órgãos jurisdicionais, o Conselho Nacional de Justiça possui atribuições exclusivamente administrativas e disciplinares e submete-se ao controle do Supremo Tribunal Federal. (CESPE - 2016 - TCE-PA - Conhecimentos Básicos - Cargos 1, 18, 19, 37 e 38).

12. De acordo com STF, o Conselho Nacional de Justiça, que é órgão do Poder Judiciário, **NÃO** tem competência para apreciar a constitucionalidade de atos administrativos. (CESPE - 2015 - Telebras - Advogado).

Questão original: De acordo com STF, o Conselho Nacional de Justiça, que é órgão do Poder Judiciário, tem competência para apreciar a constitucionalidade de atos administrativos.

13. A competência do Conselho Nacional de Justiça para apreciar a legalidade dos atos administrativos praticados por membros do Poder Judiciário **NÃO** exclui a competência de outros órgãos de fiscalização e controle para fazê-lo. (CESPE – 2015 – TCU – Auditor Federal de Controle Externo – Conhecimentos Gerais).

Questão original: Dado o princípio da especialidade, a competência do Conselho Nacional de Justiça para apreciar a legalidade dos atos administrativos praticados por membros do Poder Judiciário exclui a competência de outros órgãos de fiscalização e controle para fazê-lo, salvo a do próprio Poder Judiciário, se no exercício da função jurisdicional.

14. A revisão, de ofício ou por provocação, dos processos disciplinares, julgados há menos de um ano, de juízes e membros de tribunais é da competência do CNJ. (CESPE – 2015 – TCE-RN – Conhecimentos Básicos para o Cargo 5).

15. A revisão, de ofício ou por provocação, dos processos disciplinares, julgados há menos de um ano, de juízes e membros de tribunais é da competência do CNJ. (CESPE – 2015 – TCE-RN – Conhecimentos Básicos para o Cargo 4).

16. A indicação dos membros do Conselho Nacional de Justiça, à exceção do presidente do Supremo Tribunal Federal, deve ser aprovada, por maioria **ABSOLUTA**, pelo Senado Federal, sendo esses membros nomeados pelo presidente da República. (CESPE – 2015 – MEC – Conhecimentos Básicos para os Postos 9, 10, 11 e 16).

Questão original: A indicação dos membros do Conselho Nacional de Justiça, à exceção do presidente do Supremo Tribunal Federal, deve ser aprovada, por maioria simples, pelo Senado Federal, sendo esses membros nomeados pelo presidente da República.

17. Ao Conselho Nacional de Justiça cabe o controle da atuação administrativa e financeira do Poder Judiciário e do cumprimento dos deveres funcionais dos juízes. (CESPE – 2015 – TRE-GO – Analista Judiciário – Área Administrativa – Conhecimentos Específicos).

Questão original: Ao Conselho Nacional de Justiça cabe o controle da **ATUAÇÃO JURÍDICA**, administrativa e financeira do Poder Judiciário e do cumprimento dos deveres funcionais dos juízes e servidores vinculados ao Poder Judiciário.

18. O controle interno exercido pelo CNJ não alcança atos de conteúdo jurisdicional emanados de tribunais. (CESPE - 2015 - STJ - Conhecimentos Básicos para o Cargos 3 e 14).

19. O controle administrativo exercido pelo CNJ é **CONCORRENTE E INDEPENDE** prévia atuação pelos tribunais ordinários. (CESPE - 2015 - STJ - Conhecimentos Básicos para o Cargos 3 e 14).

> **Questão original:** O controle administrativo exercido pelo CNJ é subsidiário e pressupõe prévia atuação pelos tribunais ordinários.

20. Embora seja, conforme disposto na CF, órgão do Poder Judiciário, o CNJ não exerce atividade judicante, não lhe sendo permitido reexaminar atos de conteúdo jurisdicional formalizados por magistrados ou tribunais. (CESPE - 2015 - TJ-DFT - Analista Judiciário - Judiciária).

21. O Conselho Nacional de Justiça não tem qualquer competência sobre o STF e seus ministros. (CESPE - 2015 - DPE-PE - Defensor Público).

22. O Conselho Nacional de Justiça, embora seja órgão do Poder Judiciário, não possui competência jurisdicional, cabendo-lhe a supervisão administrativa e financeira daquele poder. (CESPE - 2014 - TJ-SE - Técnico Judiciário - Área Judiciária).

23. O Conselho Nacional de Justiça, a quem compete zelar pela autonomia do Poder Judiciário e pelo cumprimento do Estatuto da Magistratura, pode expedir atos regulamentares, no âmbito de sua competência, ou recomendar providências. (CESPE - 2014 - MDIC - Analista Técnico - Administrativo).

24. A criação do Conselho Nacional de Justiça **NÃO** instituiu uma nova instância de recurso judicial. (CESPE - 2014 - MDIC - Agente Administrativo).

> **Questão original:** A criação do Conselho Nacional de Justiça, que instituiu uma nova instância de recurso judicial, pode ser considerada uma aplicação do princípio do contraditório e da ampla defesa.

25. A função de ministro-corregedor do Conselho Nacional de Justiça deve ser exercida por ministro do STJ. (CESPE - 2014 - PGE-BA - Procurador do Estado).

26. Caso o Conselho Nacional de Justiça (CNJ) decida que os juízes de direito devam indeferir ações judiciais que solicitem ao Estado o fornecimento de medicamentos não registrados na Agência Nacional de Vigilância Sanitária, tal decisão do CNJ será inconstitucional. (CESPE - 2013 - ANS - Técnico em Regulação de Saúde Suplementar).

27. O Conselho Nacional de Justiça, instituído como órgão do Poder Judiciário pela Emenda Constitucional n.º 45/2004, compõe-se de quinze membros, com mandato de dois anos. (CESPE - 2013 - MPU - Conhecimentos Básicos para os Cargos 1 a 10 e 27 a 32).

28. O Conselho Nacional de Justiça é um órgão do Poder Judiciário. (CESPE - 2013 - ANTT - Conhecimentos Básicos - Nível Intermediário).

29. Os membros do Conselho Nacional de Justiça e os membros do Conselho Nacional do Ministério Público serão nomeados pelo presidente da República, **COM EXCEÇÃO DO PRESIDENTE DO STF E SEU VICE NO CNJ**, e exercerão os seus respectivos mandatos por dois anos, admitida somente uma recondução. (CESPE - 2013 - AGU - Procurador Federal).

> **Questão original:** Os membros do Conselho Nacional de Justiça e os membros do Conselho Nacional do Ministério Público serão, todos eles, nomeados pelo presidente da República e exercerão os seus respectivos mandatos por dois anos, admitida somente uma recondução.

30. Compete ao CNJ rever, de ofício ou mediante provocação, os processos disciplinares de juízes e membros de tribunais julgados há menos de um ano. (CESPE - 2013 - STF - Técnico Judiciário - Área Administrativa).

31. O Conselho Nacional de Justiça tem competência para rever os processos disciplinares de juízes e membros de tribunais, julgados há menos de um ano, ainda que não seja provocado. (CESPE - 2013 - TCE-RO - Todos os Cargos - Conhecimentos Básicos - Cargos 2, 4, 5 e 6).

32. De acordo com o entendimento do STF, o CNJ não exerce função jurisdicional, e os seus atos e decisões sujeitam-se ao controle jurisdicional da corte constitucional. (CESPE - 2013 - CNJ - Analista Judiciário - Área Administrativa).

33. O Conselho Nacional de Justiça será presidido pelo presidente do Supremo Tribunal Federal, e, nas suas ausências e impedimentos, pelo vice-presidente desse tribunal. (CESPE - 2013 - PC-DF - Escrivão de Polícia).

34. O CNJ, órgão do Poder Judiciário, possui, entre outras prerrogativas, as atribuições de zelar pelo cumprimento do Estatuto da Magistratura, o que lhe permite expedir atos regulamentares, no âmbito de sua competência, ou recomendar providências. (CESPE - 2013 - TCU - Auditor Federal de Controle Externo).

35. **É PERMITIDA** a participação de magistrados no Conselho Nacional de Justiça por ser este um órgão de controle **INTERNO** do Poder Judiciário. (CESPE - 2013 - TRT - 17ª Região (ES) - Analista Judiciário - Área Administrativa).

> **Questão original:** É vedada a participação de magistrados no Conselho Nacional de Justiça por ser este um órgão de controle externo do Poder Judiciário.

36. O STF entende que a composição híbrida do Conselho Nacional de Justiça não compromete a independência interna e externa do Poder Judiciário, porquanto não julga nenhuma causa, nem dispõe de atribuição, cujo exercício interfira no desempenho da função jurisdicional. (CESPE - 2013 - DEPEN - Agente Penitenciário).

37. Um tribunal de justiça estadual aplicou penalidade a determinado juiz em decorrência de processo administrativo disciplinar, e o CNJ, seis meses após o referido julgamento, procedeu à revisão do processo disciplinar, de ofício. Nessa situação, o CNJ **NÃO** extrapolou sua competência constitucional, por rever, de ofício, processo disciplinar instaurado contra o juiz, que fora devidamente julgado. (CESPE - 2013 - MTE - Auditor Fiscal do Trabalho - Prova 2).

Observação: "Art. 103-B, § 4º, V: Rever, de ofício ou mediante provocação, os processos disciplinares de juízes e membros de tribunais julgados há menos de um ano."

Questão original: Um tribunal de justiça estadual aplicou penalidade a determinado juiz em decorrência de processo administrativo disciplinar, e o CNJ, seis meses após o referido julgamento, procedeu à revisão do processo disciplinar, de ofício. Nessa situação, o CNJ extrapolou sua competência constitucional, por rever, de ofício, processo disciplinar instaurado contra o juiz, que fora devidamente julgado.

38. O Conselho Nacional de Justiça possui natureza exclusivamente administrativa, e seus atos estão sujeitos ao controle jurisdicional do STF. (CESPE - 2013 - CPRM - Analista em Geociências - Direito).

39. O Conselho Nacional de Justiça pode apreciar de ofício a legalidade de ato administrativo praticado por membro do Poder Judiciário, mas, uma vez provocado, pode desconstituí-lo ou revê-lo, sem prejuízo da competência do Tribunal de Contas da União (TCU). (CESPE - 2013 - TCE-RO - Analista de Informática).

Questão original: O Conselho Nacional de Justiça **NÃO** pode apreciar de ofício a legalidade de ato administrativo praticado por membro do Poder Judiciário, mas, uma vez provocado, pode desconstituí-lo ou revê-lo, sem prejuízo da competência do Tribunal de Contas da União (TCU).

40. O Conselho Nacional de Justiça, apesar de possuir natureza exclusivamente administrativa, foi arrolado pela CF como um dos órgãos do Poder Judiciário. (CESPE - 2013 - SERPRO - Analista - Advocacia).

41. O CNJ tem competência para apreciar, de ofício ou mediante provocação, a legalidade de atos administrativos praticados por membros do Poder Judiciário, exercendo sobre este último um controle **INTERNO**. (CESPE - 2013 - STF - Técnico Judiciário - Tecnologia da Informação).

Questão original: O CNJ tem competência para apreciar, de ofício ou mediante provocação, a legalidade de atos administrativos praticados por membros do Poder Judiciário, exercendo sobre este último um controle externo.

42. A atuação do Conselho Nacional de Justiça concentra-se no controle da atuação administrativa e financeira do Poder Judiciário e do cumprimento dos deveres funcionais dos juízes, além de outras atribuições que lhe forem conferidas pelo Estatuto da Magistratura. (CESPE – 2013 – TJ-DFT – Analista Judiciário – Área Judiciária).

43. Caso o Conselho Nacional de Justiça (CNJ) decida que os juízes de direito devam indeferir ações judiciais que solicitem ao Estado o fornecimento de medicamentos não registrados na Agência Nacional de Vigilância Sanitária, tal decisão do CNJ será inconstitucional. (CESPE – 2013 – ANS – Técnico Administrativo).

44. O Conselho Nacional de Justiça é órgão do Poder Judiciário, cuja função é exercer o controle **INTERNO** de todos os órgãos que integram o Poder Judiciário. (CESPE – 2013 – TRT – 10ª REGIÃO (DF e TO) – Analista Judiciário – Execução de Mandado).

Questão original: O Conselho Nacional de Justiça não é órgão do Poder Judiciário, mas sim ente autônomo cuja função é exercer o controle externo de todos os órgãos que integram o Poder Judiciário.

45. O presidente do Conselho Nacional de Justiça será o presidente do STF; e, nas suas ausências e impedimentos, o substituto será o **SEU VICE PRESIDENTE.** (CESPE – 2013 – MJ – Analista Técnico – Administrativo – Conhecimentos Básicos).

Questão original: O presidente do Conselho Nacional de Justiça será o presidente do STF; e, nas suas ausências e impedimentos, o substituto será o presidente do Superior Tribunal de Justiça.

46. Por expressa previsão constitucional, é da competência do CNJ representar ao Ministério Público se tomar ciência de fato que corresponda a crime contra a administração pública ou de abuso de autoridade. (CESPE – 2013 – CNJ – Analista Judiciário – Área Judiciária).

47. O Conselho Nacional de Justiça **NÃO** poderá intervir no mérito da atividade jurisdicional exercida pelos juízes. (CESPE – 2013 – TJ-DFT – Técnico Judiciário – Área Administrativa).

Questão original: O Conselho Nacional de Justiça poderá intervir no mérito da atividade jurisdicional exercida pelos juízes.

48. O Conselho Nacional de Justiça integra a estrutura do Poder Judiciário. (CESPE - 2012 - Câmara dos Deputados - Analista Legislativo - Técnica Legislativa).

49. Resolução editada pelo Conselho Nacional de Justiça que impedisse a prática de nepotismo no âmbito do Poder Judiciário seria **CONSTITUCIONAL.** (CESPE - 2012 - MCT - Analista em Ciência e Tecnologia Pleno - Tema I; CESPE - 2012 - MCT - Analista em Ciência e Tecnologia Pleno - Tema II).

> **Questão original:** Resolução editada pelo Conselho Nacional de Justiça que impedisse a prática de nepotismo no âmbito do Poder Judiciário seria inconstitucional, já que a CF determina que a função dos órgãos do Poder Judiciário é julgar conflitos de interesses, e não editar atos normativos.

50. O Conselho Nacional de Justiça, o Supremo Tribunal Federal e os tribunais superiores têm sede em Brasília, mas somente os dois últimos têm jurisdição em todo o território nacional. (CESPE - 2012 - TRE-RJ - Técnico Judiciário - Área Administrativa).

51. O presidente do Supremo Tribunal Federal exerce também a presidência do Conselho Nacional de Justiça. (CESPE - 2012 - TRE-RJ - Técnico Judiciário - Área Administrativa).

52. Como a Constituição Federal de 1988 atribui ao Conselho Nacional de Justiça a competência para exercer o controle **INTERNO** do Poder Judiciário, o Conselho pode ser considerado um órgão do Poder Judiciário. (CESPE - 2012 - MCT - Técnico - Tema VII).

> **Questão original:** Como a Constituição Federal de 1988 atribui ao Conselho Nacional de Justiça a competência para exercer o controle externo do Poder Judiciário, o Conselho não pode ser considerado um órgão do Poder Judiciário.

53. O Conselho Nacional de Justiça dispõe de poderes para, pelo voto da maioria absoluta dos seus integrantes, determinar a remoção de magistrado, a disponibilidade deste ou a sua aposentadoria compulsória, com subsídios ou proventos proporcionais ao tempo de serviço, bem como para aplicar-lhe outras sanções administrativas. (CESPE - 2012 - TC-DF - Auditor de Controle Externo).

54. Incluem-se entre os membros do Conselho Nacional de Justiça dois cidadãos, de notável saber jurídico e reputação ilibada, indicados um pela Câmara dos Deputados e outro pelo Senado Federal. (CESPE - 2012 - ANATEL - Analista Administrativo).

55. As atribuições do Conselho Nacional de Justiça incluem o controle da atuação administrativa e financeira do Poder Judiciário e do cumprimento dos deveres funcionais dos juízes. (CESPE - 2012 - STJ - Técnico Judiciário - Telecomunicações e Eletricidade - Conhecimentos Básico).

56. O Conselho Nacional de Justiça exerce o controle interno da atuação administrativa e financeira do Poder Judiciário e do cumprimento dos deveres funcionais dos juízes, competindo-lhe representar ao Ministério Público no caso de abuso de autoridade. (CESPE – 2012 – MPE-PI – Analista Ministerial – Área Administrativa).

> **Questão original:** O Conselho Nacional de Justiça exerce o controle interno **E EXTERNO** da atuação política, administrativa e financeira do Poder Judiciário e do cumprimento dos deveres funcionais dos juízes, competindo-lhe representar ao Ministério Público no caso de crime comum ou abuso de autoridade.

57. O Conselho Nacional de Justiça, órgão do Poder Judiciário, **NÃO** tem função jurisdicional em todo território nacional. (CESPE – 2012 – TJ-RR – Técnico Judiciário).

> **Questão original:** A respeito do Poder Judiciário e das funções essenciais à justiça, julgue os itens a seguir. O Conselho Nacional de Justiça, órgão do Poder Judiciário, tem função jurisdicional em todo território nacional.

58. O Supremo Tribunal Federal (STF) **NÃO** está submetido às deliberações do Conselho Nacional de Justiça. (CESPE – 2012 – PC-CE – Inspetor de Polícia – Civil).

> **Questão original:** Assim como todos os demais órgãos jurisdicionais, também o Supremo Tribunal Federal (STF) está submetido às deliberações do Conselho Nacional de Justiça.

59. O Conselho Nacional de Justiça é o órgão, sem competência jurisdicional, responsável pelo controle administrativo do Poder Judiciário, podendo, inclusive, atuar de ofício, independentemente de provocação, para desconstituir atos administrativos ilegais praticados no âmbito do citado poder. (CESPE – 2012 – ANATEL – Técnico Administrativo).

60. Ao apreciar a legalidade de ato administrativo praticado por membros ou órgãos do Poder Judiciário, o Conselho Nacional de Justiça pode desconstituí-lo, sem prejuízo da competência do Tribunal de Contas da União. (CESPE – 2011 – TRE-ES – Analista Judiciário – Área Judiciária – Específicos).

61. A CF não confere ao Conselho Nacional de Justiça competência para controlar a atuação jurisdicional do Poder Judiciário, mas apenas a administrativa e financeira. (CESPE – 2011 – PREVIC – Cargos de Nível Superior).

62. O CNJ é órgão administrativo do Poder Judiciário ao qual compete o controle da atuação administrativa e financeira desse poder, e do cumprimento dos deveres funcionais dos juízes, estabelecendo constitucionalmente, porém de forma exemplificativa, suas mais importantes atribuições, que poderão ser acrescidas pelo Estatuto da Magistratura. (CESPE - 2011 - STM - Analista Judiciário - Execução de Mandados - Específicos).

63. O Conselho Nacional de Justiça (CNJ) compõe-se de quinze membros com mandato de dois anos, admitida uma recondução, sendo que, entre eles, haverá necessariamente um desembargador de tribunal de justiça, indicado pelo STF, e dois advogados, indicados pelo Conselho Federal da Ordem dos Advogados do Brasil. (CESPE - 2011 - TJ-ES - Analista Judiciário - Taquigrafia - Específicos).

64. O Conselho Nacional de Justiça é composto por quinze membros com mandato de dois anos, sendo admitida uma única recondução. (CESPE - 2011 - MEC - Nível Superior - Conhecimentos Básicos - Todos os Cargos).

65. Salvo o presidente do STF, os demais membros do Conselho Nacional de Justiça (CNJ) são nomeados pelo presidente da República, depois de aprovada a escolha pela maioria absoluta do Senado Federal. (CESPE - 2010 - TRE-BA - Analista Judiciário - Taquigrafia).

66. Compete ao Conselho Nacional de Justiça (CNJ) apreciar, de ofício ou mediante provocação, a legalidade dos atos administrativos praticados por membros ou órgãos do Poder Judiciário, fixando prazo para que se adotem as providências necessárias ao exato cumprimento da lei. É **PERMITIDO** ao CNJ competência para desconstituir ou rever atos praticados pelos presidentes dos tribunais de justiça. (CESPE - 2010 - TRE-BA - Técnico Judiciário - Área Administrativa).

> **Observação:** Compete ao Conselho Nacional de Justiça (CNJ) apreciar, de ofício ou mediante provocação, a legalidade dos atos administrativos praticados por membros ou órgãos do Poder Judiciário, fixando prazo para que se adotem as providências necessárias ao exato cumprimento da lei. É negada ao CNJ competência para desconstituir ou rever atos praticados pelos presidentes dos tribunais de justiça.

67. O Conselho Nacional de Justiça (CNJ) julgou ilegal portaria editada por tribunal de justiça que estabelecera horário de atendimento a advogados. Não concordando com o teor da decisão do conselho e considerando-a uma afronta à autonomia administrativa dos tribunais de justiça, o presidente do tribunal recomendou aos demais membros da corte pela impetração de mandado de segurança no Supremo Tribunal Federal (STF). Nessa situação, a recomendação de impetrar mandado de segurança está correta, uma vez que compete ao STF processar e julgar originariamente as ações contra o CNJ. (CESPE - 2009 - SEAD-SE (FPH) - Procurado).

68. A democracia não é mais a escolha dos governantes, mas, sim, a orientação sobre como se quer ser governado. Não há função sem controle. O vetor democrático é pelo pluralismo, o que justifica a existência de vários órgãos de controle. Quanto mais democrático o Estado, maior será o número de órgãos de controle. A ligação entre democracia e legitimidade está no fato de que esta é uma qualidade do poder. A legitimação está ligada ao acesso ao poder, ao exercício do poder e, finalmente, à legitimação teleológica, pelo alcance dos resultados esperados. Não basta a legitimação formal, mas, sim, a legitimação substantiva, que se faz pela participação, pela processualidade aberta e pelo resultado. Diogo de Figueiredo Moreira Neto. Palestra conferida no I Fórum Brasileiro de Controle da Administração Pública, organizado pela Editora Fórum (Belo Horizonte) na cidade do Rio de Janeiro, em 2/8/2004 (com adaptações). (CESPE - 2008 - TCU - Analista de Controle Interno - Tecnologia da Informação - Prova 1).

69. O Conselho Nacional de Justiça **NÃO** pode quebrar sigilo fiscal, telefônico ou bancário. (CESPE - 2008 - TCU - Analista de Controle Interno - Tecnologia da Informação - Prova 1).

> **Questão original:** O Conselho Nacional de Justiça, no exercício de suas atribuições institucionais, pode quebrar sigilo fiscal, telefônico ou bancário, já que é um órgão do Poder Judiciário.

70. O ministro do STJ que for designado para exercer a função de corregedor do CNJ ficará **EXCLUÍDO DA DISTRIBUIÇÃO DE PROCESSOS NO TRIBUNAL.** (CESPE - 2008 - STJ - Técnico Judiciário - Informática).

> **Questão original:** O ministro do STJ que for designado para exercer a função de corregedor do CNJ ficará afastado de suas funções no tribunal, em virtude de sua dedicação exclusiva ao conselho nesse período.

71. Ao Conselho Nacional de Justiça, considerada a sua importância, foi atribuída **ATUAÇÃO** em todo o território nacional. (CESPE - 2008 - STJ - Técnico Judiciário - Área Administrativa).

> **Questão original:** Ao Conselho Nacional de Justiça, considerada a sua importância, foi atribuída jurisdição em todo o território nacional, do mesmo modo que ocorre com o STF e os tribunais superiores.

72. Junto ao CNJ, oficiarão o procurador-geral da República e o presidente do Conselho Federal da OAB. (CESPE - 2008 - TCU - Analista de Controle Externo - Auditoria Governamental - Prova 1).

73. O Conselho Nacional de Justiça é órgão integrante da estrutura do Poder Judiciário. (CESPE - 2008 - TJ-DFT - Técnico Judiciário - Área Administrativa).

> **Questão original:** O Conselho Nacional de Justiça é órgão integrante da estrutura do Poder Judiciário, **COM JURISDIÇÃO** em todo o território nacional.

74. O ministro-corregedor do Conselho Nacional de Justiça, que deve ser oriundo do Superior Tribunal de Justiça, tem competência para receber reclamações e denúncias, de qualquer interessado, relativas aos magistrados e aos serviços judiciários. (CESPE - 2008 - TJ-DFT - Analista Judiciário - Arquivologia).

4.4.4 Superior Tribunal de Justiça

1. Os tribunais superiores têm sede na capital federal e jurisdição em todo o território nacional; já o Conselho Nacional de Justiça também tem sede na capital federal, mas não exerce jurisdição. (CESPE - 2018 - MPE-PI - Conhecimentos Básicos - Cargos de Nível Superior).

2. **NÃO COMPETE** ao Superior Tribunal de Justiça processar e julgar recurso ordinário aviado para impugnar decisão denegatória em mandado de segurança proferida em única instância por turma recursal de juizado especial. (CESPE - 2018 - STJ - Analista Judiciário - Judiciária).

> **Questão original:** Compete ao Superior Tribunal de Justiça processar e julgar recurso ordinário aviado para impugnar decisão denegatória em mandado de segurança proferida em única instância por turma recursal de juizado especial.

3. Em caso de crime de responsabilidade, caberá **AO STJ** processar e julgar membros do tribunal de contas estadual. (CESPE - 2017 - TCE-PE - Analista de Gestão - Administração).

> **Questão original:** Em caso de crime de responsabilidade, caberá à assembleia legislativa local processar e julgar membros do tribunal de contas estadual, desde que a Constituição do estado assim determine.

4. Se o tribunal de contas de determinado estado proferir, ilegalmente, decisão que casse a aposentadoria de servidor estadual, eventual mandado de segurança deverá ser impetrado no **TRIBUNAL DE JUSTIÇA ESTADUAL.** (CESPE - 2017 - TCE-PE - Analista de Gestão - Julgamento).

> **Questão original:** Se o tribunal de contas de determinado estado proferir, ilegalmente, decisão que casse a aposentadoria de servidor estadual, eventual mandado de segurança deverá ser impetrado no Superior Tribunal de Justiça.

5. Os membros dos tribunais de contas dos estados e do DF que cometam crimes comuns serão processados e julgados, originariamente, pelo Superior Tribunal de Justiça. (CESPE - 2017 - TCE-PE - Analista de Gestão - Julgamento).

Questão original: OS MEMBROS DO TRIBUNAL DE CONTAS DA UNIÃO e dos tribunais de contas dos estados e do DF que cometam crimes comuns serão processados e julgados, originariamente, pelo Superior Tribunal de Justiça.

6. Cabe ao **STF** processar e julgar originariamente os conflitos entre a União e os estados. (CESPE – 2017 – TRF – 1ª REGIÃO – Técnico Judiciário – Área Administrativa).

Questão original: Cabe ao STJ processar e julgar originariamente os conflitos entre a União e os estados.

7. A homologação de sentenças estrangeiras e a concessão de exequatur às cartas rogatórias competem ao Superior Tribunal de Justiça. (CESPE – 2016 – Instituto Rio Branco – Diplomata – Prova 2).

8. Se membro do TCE/PA cometer crime comum, ele será processado e julgado, originariamente, pelo Superior Tribunal de Justiça. (CESPE – 2016 – TCE-PA – Auxiliar Técnico de Controle Externo – Área Administrativa).

9. Compete ao Superior Tribunal de Justiça julgar originariamente a reclamação para preservar sua competência e garantir a autoridade de suas decisões. (CESPE – 2015 – MPOG – Técnico de Nível Superior – Cargo 22).

10. O fato de a CF prever que o Estado brasileiro é laico não impede que seja homologada, pelo STJ, sentença eclesiástica estrangeira para que produza efeitos civis no Brasil. (CESPE – 2015 – TJ-DFT – Técnico Judiciário – Administrativa).

11. **NÃO COMPETE** ao STJ julgar mandados de segurança contra atos do Superior Tribunal de Justiça Desportiva. (CESPE – 2015 – STJ – Conhecimentos Básicos para o Cargos 3 e 14).

Questão original: Compete, originariamente, ao STJ julgar mandados de segurança contra atos do Superior Tribunal de Justiça Desportiva.

12. Otto, cidadão alemão, adquiriu a nacionalidade brasileira após ingressar com pedido no Ministério da Justiça. Posteriormente, por considerar que Otto não reunia os requisitos constitucionais que lhe dariam direito à nacionalidade derivada, o Ministro da Justiça cancelou o ato de naturalização.

Competirá ao STJ analisar mandado de segurança que seja impetrado contra o referido ato do ministro da Justiça. (CESPE – 2014 – Câmara dos Deputados – Analista Legislativo – Consultor Legislativo Área II).

13. Compete ao STJ processar e julgar, originariamente, o conflito de competência instaurado entre juiz federal e juiz do trabalho. (CESPE – 2014 – PGE-BA – Procurador do Estado).

14. Processar e julgar membro de tribunal regional federal, de tribunal regional eleitoral e do trabalho, nos crimes comuns, cabe originariamente ao Superior Tribunal de Justiça. (CESPE - 2013 - STF - Técnico Judiciário - Área Administrativa).

15. O Superior Tribunal de Justiça tem competência para processar e julgar originariamente mandado de segurança contra seus próprios atos. (CESPE - 2013 - MJ - Todos os Cargos - Conhecimentos Básicos).

16. O presidente do Conselho Nacional de Justiça será o presidente do STF; e, nas suas ausências e impedimentos, o substituto será o **VICE PRESIDENTE DO STF.** (CESPE - 2013 - MJ - Todos os Cargos - Conhecimentos Básicos).

> **Questão original:** O presidente do Conselho Nacional de Justiça será o presidente do STF; e, nas suas ausências e impedimentos, o substituto será o presidente do Superior Tribunal de Justiça.

17. Caso uma cidadã brasileira deseje que sentença do seu divórcio de um cidadão suíço, proferida por tribunal cível da cidade de Lausanne, na Suíça, tenha efeitos no Brasil, tal sentença deverá ser homologada pelo Superior Tribunal de Justiça (STJ). (CESPE - 2013 - STF - Técnico Judiciário - Tecnologia da Informação).

18. Compete ao Superior Tribunal de Justiça processar e julgar, originariamente, nos crimes comuns e nos de responsabilidade, os membros dos conselhos ou tribunais de contas dos municípios. (CESPE - 2013 - TRT - 17ª Região (ES) - Analista Judiciário - Oficial de Justiça Avaliador).

19. Sendo o réu de ação penal relativa à prática de homicídio um conselheiro do TCE/RO, a referida ação deve ser processada e julgada pelo Superior Tribunal de Justiça (STJ). (CESPE - 2013 - TCE-RO - Auditor de Controle Externo - Direito).

20. Compete originariamente ao **STF** julgar o litígio entre Estado estrangeiro ou organismo internacional e a União, os estados ou o DF. (CESPE - 2013 - PRF - Policial Rodoviário Federal).

> **Questão original:** Compete originariamente ao Superior Tribunal de Justiça (STJ) julgar o litígio entre Estado estrangeiro ou organismo internacional e a União, os estados ou o DF.

21. Se determinado ministro de Estado autorizar a abertura de concurso público para preenchimento de cargos vagos na respectiva pasta, e, no edital do certame, houver restrição desarrazoada quanto à idade dos candidatos, os que forem prejudicados por tal restrição poderão ajuizar mandado de segurança no Superior Tribunal de Justiça contra o referido ministro do Estado. (CESPE - 2013 - SERPRO - Analista - Advocacia).

22. Considere que um conselheiro do tribunal de contas de determinado estado da Federação tenha praticado crime comum e tenha sido denunciado pelo Ministério Público. Nesse caso, o conselheiro será julgado originariamente pelo Superior Tribunal de Justiça. (CESPE – 2013 – TRT – 10ª REGIÃO (DF e TO) – Analista Judiciário – Execução de Mandados).

23. É da competência do STJ julgar recurso ordinário de decisão denegatória de habeas corpus proferida por tribunal de justiça, não existindo previsão legal para habeas corpus substitutivo. (CESPE – 2013 – CNJ – Analista Judiciário – Área Judiciária).

24. Mandado de segurança contra ato do diretor-presidente da ANS deve ser julgado **POR JUIZ FEDERAL.** (CESPE – 2013 – ANS – Técnico em Regulação de Saúde Suplementar).

> **Questão original:** Mandado de segurança contra ato do diretor-presidente da ANS deve ser julgado pelo Superior Tribunal de Justiça.

25. O Superior Tribunal de Justiça é órgão de terceira instância, cabendo recurso de decisões dos tribunais de justiça dos estados, quando denegatórias, ao referido tribunal superior, nos casos especificados na Constituição. (CESPE – 2012 – PRF – Agente Administrativo).

> **Questão original:** O Superior Tribunal de Justiça é órgão de terceira instância, cabendo recurso **DE TODAS** as decisões dos tribunais de justiça dos estados, quando denegatórias, ao referido tribunal superior.

26. O Conselho da Justiça Federal, que funciona junto ao STJ, tem competência para exercer a supervisão administrativa e orçamentária da justiça federal tanto de primeiro quanto de segundo grau de jurisdição. (CESPE – 2012 – STJ – Todos os Cargos – Conhecimentos Básicos (Exceto Cargo 5)).

27. O crime de responsabilidade praticado por desembargador do tribunal de justiça de determinado estado-membro deve ser processado e julgado originariamente perante o STJ. (CESPE – 2012 – STJ – Todos os Cargos – Conhecimentos Básicos – Exceto Cargo 5).

28. Entre as competências do STJ, **NÃO SE INCLUI** a de processar e julgar atos do presidente do Superior Tribunal de Justiça Desportiva. (CESPE – 2012 – STJ – Analista Judiciário – Área Judiciária).

> **Questão original:** Entre as competências do STJ, inclui-se a de processar e julgar atos do presidente do Superior Tribunal de Justiça Desportiva.

29. Pertence ao STJ a competência para examinar ato de juízo estrangeiro que implique constrição no território brasileiro. (CESPE – 2012 – STJ – Analista Judiciário – Área Judiciária).

30. **O STF SERÁ COMPETENTE PARA O** processo e o julgamento de litígio entre a União e Estado estrangeiro ou organismo internacional e os conflitos entre a União e os estados-membros do Brasil, a União e o DF, ou entre uns e outros entes federados, incluindo-se as respectivas entidades da administração indireta. (CESPE - 2012 - Instituto Rio Branco - Diplomata - 2ª Etapa).

Questão original: O processo e o julgamento de litígio entre a União e Estado estrangeiro ou organismo internacional constituem competências do Supremo Tribunal Federal (STF), cabendo ao Superior Tribunal de Justiça (STJ) julgar as causas e os conflitos entre a União e os estados-membros do Brasil, a União e o DF, ou entre uns e outros entes federados, incluindo-se as respectivas entidades da administração indireta.

31. Nas hipóteses de grave violação de direitos humanos, **O PGR**, como forma de assegurar o cumprimento de tratados internacionais de direitos humanos dos quais o Brasil seja parte, inquérito ou processo que estiver em andamento no âmbito do primeiro e do segundo graus de jurisdição, **PODERÁ SUSCITAR PERANTE O STJ O DESLOCAMENTO DE COMPETÊNCIA PARA A JUSTIÇA FEDERAL.** (CESPE - 2012 - Instituto Rio Branco - Diplomata - 2ª Etapa).

Observação: "Art. 109, § 5º da CF: Nas hipóteses de grave violação de direitos humanos, o Procurador-Geral da República, com a finalidade de assegurar o cumprimento de obrigações decorrentes de tratados internacionais de direitos humanos dos quais o Brasil seja parte, poderá suscitar, perante o Superior Tribunal de Justiça, em qualquer fase do inquérito ou processo, incidente de deslocamento de competência para a Justiça Federal.

Questão original: Nas hipóteses de grave violação de direitos humanos, cabe ao STJ avocar para si, como forma de assegurar o cumprimento de tratados internacionais de direitos humanos dos quais o Brasil seja parte, inquérito ou processo que estiver em andamento no âmbito do primeiro e do segundo graus de jurisdição.

32. Compete ao **STF** processar e julgar originariamente o mandado de segurança contra atos do Tribunal de Contas da União. (CESPE - 2011 - Correios - Analista de Correios - Advogado).

Questão original: Compete ao Superior Tribunal de Justiça processar e julgar originariamente o mandado de segurança contra atos do Tribunal de Contas da União.

33. Cabe ao Superior Tribunal de Justiça (STJ) o julgamento de conflito de interesses entre juízes de direito de estados distintos. (CESPE - 2011 - STM - Analista Judiciário - Área Administrativa - Específicos).

34. Compete ao Superior Tribunal de Justiça julgar, em sede de recurso ordinário, os mandados de segurança julgados em única instância pelos tribunais regionais federais e pelos tribunais de justiça dos estados e do Distrito Federal, quando denegatória a decisão. (CESPE – 2011 – TRE-ES – Técnico Judiciário – Área Administrativa – Específicos).

35. Os ministros de Estado, nas infrações penais comuns e nos crimes de responsabilidade, como regra geral, serão julgados pelo **STF.** (CESPE – 2010 – INCA – Analista em C&T Júnior – Direito – Legislação Pública em Saúde).

> **Questão original:** Os ministros de Estado, nas infrações penais comuns e nos crimes de responsabilidade, como regra geral, serão julgados pelo Superior Tribunal de Justiça.

36. É da competência do **STF** julgar, em recurso ordinário, o habeas corpus e o mandado de segurança decididos em única instância pelo Tribunal Superior do Trabalho (TST), se denegatória a decisão. (CESPE – 2010 – TRT – 21ª Região (RN) – Analista Judiciário – Área Administrativa).

> **Questão original:** É da competência do Superior Tribunal de Justiça (STJ) julgar, em recurso ordinário, o habeas corpus e o mandado de segurança decididos em única instância pelo Tribunal Superior do Trabalho (TST), se denegatória a decisão.

37. O **STF** é competente para processar e julgar, originariamente, um comandante da marinha que tenha praticado crime de homicídio. (CESPE – 2009 – DETRAN-DF – Analista – Advocacia).

> **Questão original:** O Superior Tribunal de Justiça (STJ) é competente para processar e julgar, originariamente, um comandante da marinha que tenha praticado crime de homicídio.

38. Lucas, que é procurador regional da República com atuação perante tribunal regional federal, cometeu um ilícito penal comum. Nessa situação hipotética, será processado e julgado originariamente pelo Superior Tribunal de Justiça. (CESPE – 2009 – SEAD-SE (FPH) – Procurador).

39. Compete ao Superior Tribunal de Justiça julgar, em recurso ordinário, as causas em que Estado estrangeiro ou organismo internacional forem partes, de um lado, e, do outro, município ou pessoa residente ou domiciliada no país. (CESPE – 2009 – TRT – 17ª Região (ES) – Analista Judiciário – Área Administrativa).

40. **NÃO COMPETE** ao Superior Tribunal de Justiça processar e julgar, originariamente, as revisões criminais e as ações rescisórias de julgados dos tribunais regionais federais. (CESPE – 2009 – ANAC – Analista Administrativo).

Questão original: Compete ao Superior Tribunal de Justiça processar e julgar, originariamente, as revisões criminais e as ações rescisórias de julgados dos tribunais regionais federais.

41. Os ministros do TST são julgados pelo caso de crimes comuns **E DE RESPONSABILIDADE**, pelo Supremo Tribunal Federal. (CESPE - 2008 - TST - Técnico Judiciário - Área Administrativa).

Questão original: Os ministros do TST são julgados pelo Superior Tribunal de Justiça, no caso de crimes comuns, e pelo Supremo Tribunal Federal, no caso de crimes de responsabilidade.

42. O STJ compõe-se de trinta e três ministros, número esse que pode ser majorado por meio de lei ordinária, não sendo, pois, necessária, para esse fim, a edição de uma emenda à CF. (CESPE - 2008 - STJ - Analista Judiciário - Tecnologia da Informação).

43. Para ser nomeado ministro do STJ, é necessário ser cidadão brasileiro com mais de 35 e menos de 65 anos de idade. (CESPE - 2008 - STJ - Técnico Judiciário - Informática).

Questão original: Para ser nomeado ministro do STJ, é necessário ser cidadão brasileiro com mais de 35 e menos de 65 anos de idade, **EXCETO SE O NOMEADO FOR MAGISTRADO DE CARREIRA, HIPÓTESE EM QUE O LIMITE DE IDADE É AUMENTADO PARA 67 ANOS.**

44. Compete ao **STF** julgar originariamente as ações diretas de inconstitucionalidade propostas pelo MP. (CESPE - 2008 - MPE-RR - Oficial de Promotoria).

Questão original: Compete ao Superior Tribunal de Justiça julgar originariamente as ações diretas de inconstitucionalidade propostas pelo MP.

45. Compete ao STJ a iniciativa de projeto de lei ordinária que disponha acerca da criação e da extinção de cargos públicos dos serviços auxiliares do próprio tribunal ou dos TRFs, assim como acerca da remuneração desses cargos. (CESPE - 2008 - STJ - Analista Judiciário - Tecnologia da Informação).

46. Com o advento da Emenda Constitucional n.º 45, ficou estabelecido que a escolha dos indicados para ministro do STJ deve ser aprovada pela maioria absoluta dos senadores da República. (CESPE - 2008 - STJ - Técnico Judiciário - Informática).

47. Caso um governador de estado seja denunciado por crime comum, será julgado pelo Superior Tribunal de Justiça. (CESPE - 2008 - MPE-RR - Oficial de Promotoria).

48. **O STJ CONCEDERÁ EXEQUATUR AS** cartas rogatórias emanadas de autoridades estrangeiras competentes. (CESPE – 2008 – STJ – Analista Judiciário – Área Judiciária).

> **Questão original:** As cartas rogatórias emanadas de autoridades estrangeiras competentes dependem de homologação pelo STF para serem cumpridas e devem estar acompanhadas de tradução em língua nacional.

49. Caso um juiz federal decline de sua competência, alegando que determinada matéria seria de competência da justiça estadual, mas o juiz estadual que receber esse processo entenda que a matéria seria de competência da justiça federal, caberá ao STJ julgar originariamente o conflito. (CESPE – 2008 – STJ – Analista Judiciário – Área Judiciária).

50. O julgamento das causas em que forem partes organismo internacional, de um lado, e de outro, um município será realizado pela justiça federal, devendo eventual recurso ordinário interposto contra a sentença ser julgado pelo STJ. (CESPE – 2008 – DPE-CE – Defensor Público).

51. Compete ao STJ a concessão de exequatur às cartas rogatórias. (CESPE – 2008 – STF – Analista Judiciário – Contabilidade).

> **Questão original:** Compete ao STJ julgar os **PEDIDOS DE EXTRADIÇÃO** solicitados por Estado estrangeiro e a concessão de exequatur às cartas rogatórias.

52. Julgado um habeas corpus em última instância pelo Tribunal de Justiça do Estado do Pará, e havendo sido denegada a ordem, caberá recurso ordinário ao STJ. (CESPE – 2008 – STJ – Técnico Judiciário – Área Administrativa).

53. Mandado de segurança contra conselho nacional que seja presidido por ministro de Estado **NÃO** deve ser impetrado no STJ. (CESPE – 2008 – STF – Analista Judiciário – Área Judiciária).

> **Questão original:** Mandado de segurança contra conselho nacional que seja presidido por ministro de Estado deve ser impetrado no STJ.

54. O Superior Tribunal de Justiça (STJ) detém competência para homologação de sentença estrangeira. (CESPE – 2008 – DPE-CE – Defensor Público).

55. Não é possível interpor recurso especial contra acórdão proferido em julgamento de mandado de segurança que ataca ato praticado por governador de estado, **NO** STJ. (CESPE – 2008 – STJ – Técnico Judiciário – Área Administrativa).

> **Questão original:** Não é possível interpor recurso especial contra acórdão proferido em julgamento de mandado de segurança que ataca ato praticado por governador

de estado, devido ao fato de ser competência originária do próprio STJ processar e julgar os mandados de segurança contra essas autoridades.

56. Um **TERÇO** dos membros do Superior Tribunal de Justiça deve ser oriundo da carreira de advogados. (CESPE - 2008 - TJ-DFT - Técnico Judiciário - Área Administrativa).

Questão original: Um sexto dos membros do Superior Tribunal de Justiça deve necessariamente ser oriundo da carreira de advogados.

57. Considere a seguinte situação hipotética. André pretende impetrar mandado de segurança contra ato do conselho curador do Fundo de Garantia por Tempo de Serviço, o qual é presidido pelo ministro de estado do trabalho e emprego.

Nessa situação, o STJ é **INCOMPETENTE** para julgar a ação mandamental. (CESPE - 2008 - STJ - Analista Judiciário - Área Judiciária).

Observação: "Súmula 177 do STJ: O STJ é incompetente para processar e julgar, originariamente, mandado de segurança contra ato de órgão colegiado presidido por Ministro de Estado."

Questão original: Nessa situação, o STJ é competente para julgar a ação mandamental.

58. Membro de tribunal de contas estadual que praticar crime comum deverá ser processado pelo STJ. (CESPE - 2008 - STJ - Técnico Judiciário - Área Administrativa).

Questão original: Membro de tribunal de contas estadual que praticar crime comum deverá ser **PROCESSADO PELO TRIBUNAL DE JUSTIÇA**, ficando a cargo do STJ apenas o julgamento.

59. Conflito de competência entre um juiz de direito de São Paulo e o Tribunal de Justiça do Estado do Rio de Janeiro, estabelecido no julgamento de uma ação possessória, deverá ser decidido pelo STJ. (CESPE - 2008 - STJ - Técnico Judiciário - Área Administrativa).

Questão original: Conflito de competência entre um juiz de direito de São Paulo e o Tribunal de Justiça do Estado do Rio de Janeiro, estabelecido no julgamento de uma ação possessória, deverá ser decidido pelo **TRIBUNAL DE JUSTIÇA DE SÃO PAULO**, ao qual é vinculado o juiz de direito, e em grau de recurso, pelo STJ.

60. As decisões em **ÚNICA OU** última instância proferidas por tribunais de justiça e TRFs poderão ser objeto de recurso especial. (CESPE - 2008 - STJ - Técnico Judiciário - Área Administrativa).

Questão original: As decisões em última instância proferidas por tribunais de justiça, tribunais regionais eleitorais e TRFs poderão ser objeto de recurso especial.

61. Se o STJ propuser ao Congresso Nacional a criação de mais dois TRFs, tal proposta deverá ser **APRECIADA** pelo Poder Legislativo. (CESPE – 2008 – STJ – Técnico Judiciário – Área Administrativa).

Questão original: Se o STJ propuser ao Congresso Nacional a criação de mais dois TRFs, tal proposta deverá ser rejeitada pelo Poder Legislativo, pois cabe exclusivamente ao STF, como principal órgão do Poder Judiciário, propor a criação ou a extinção de quaisquer tribunais.

62. Junto ao STJ funciona o Conselho da Justiça Federal, ao qual cabe, na forma da lei, a supervisão administrativa e orçamentária da justiça federal de primeiro e segundo graus, como órgão central do sistema e com poderes correcionais, cujas decisões terão caráter vinculante. (CESPE – 2008 – STJ – Analista Judiciário – Área Administrativa).

Observação: "Art. 105, II da CF: O Conselho da Justiça Federal, cabendo-lhe exercer, na forma da lei, a supervisão administrativa e orçamentária da Justiça Federal de primeiro e segundo graus, como órgão central do sistema e com poderes correicionais, cujas decisões terão caráter vinculante."

Questão original: Junto ao STJ funciona o Conselho da Justiça Federal, ao qual cabe, na forma da lei, a supervisão administrativa e orçamentária da justiça federal de primeiro e segundo graus, como órgão central do sistema e com poderes correcionais, cujas decisões terão caráter vinculante, **PARA TODA A JUSTIÇA FEDERAL.**

63. Os pedidos de extradição formulados por Estado estrangeiro devem ser julgados pelo **STF.** (CESPE – 2008 – STF – Analista Judiciário – Área Administrativa).

Questão original: Os pedidos de extradição formulados por Estado estrangeiro devem ser julgados pelo STJ.

64. **COMPETE AO PGR** dirimir conflito de atribuições entre os Ministérios Públicos federal e estadual, quando não configurado conflito de jurisdição. (CESPE – 2006 – DPE-DF – Procurador – Assistência Judiciária – Segunda Categoria).

Questão original: Diante da inexistência de previsão específica na Constituição Federal, compete ao STJ dirimir conflito de atribuições entre os Ministérios Públicos federal e estadual, quando não configurado conflito de jurisdição.

65. Procuradora do trabalho que, por designação, oficia em tribunal regional do trabalho possui prerrogativa de foro perante o Superior Tribunal de Justiça (STJ). (CESPE – 2006 – DPE-DF – Procurador – Assistência Judiciária – Segunda Categoria).

66. Impetrou-se mandado de segurança contra um ministro de Estado sob o fundamento de que ele, por abuso de poder, não atentara para direito líquido e certo, disposto em uma lei federal, de um cidadão brasileiro. O advogado deste protocolou a peça processual perante o Supremo Tribunal Federal, que proferiu decisão reconhecendo-se incompetente para o feito.

Nessa situação, o advogado do cidadão **NÃO** agiu corretamente. (CESPE – 2004 – STJ – Técnico Judiciário – Área Administrativa).

Questão original: Nessa situação, o advogado do cidadão agiu corretamente.

67. Um juiz federal negou provimento a mandado de segurança impetrado contra ato de uma autarquia pública federal. Inconformado com a decisão, o advogado do impetrante interpôs recurso para no STJ sob o fundamento de que tal decisão afrontava lei federal.

Nessa situação, o recurso foi interposto de maneira **ERRADA.** (CESPE – 2004 – STJ – Técnico Judiciário – Área Administrativa).

Questão original: Nessa situação, o recurso foi interposto de maneira correta.

68. Determinado entendimento do Tribunal de Justiça de Roraima acerca de uma lei federal colidia frontalmente com o entendimento mantido pelo Tribunal de Justiça de Sergipe. Certo advogado de Roraima interpôs recurso especial perante o STJ, que o indeferiu com a justificativa de que não se trata de sua competência.

Nessa situação, está correto o pronunciamento do STJ. (CESPE – 2004 – STJ – Analista Judiciário – Área Administrativa).

4.4.5 Tribunais regionais federais e dos juízes federais

1. Compete à justiça federal julgar processos em que a União seja autora, ré ou assistente, **EXCETO, POR EXEMPLO,** os decorrentes de acidente de trabalho. (CESPE – 2017 – TRF – 1ª REGIÃO – Técnico Judiciário – Área Administrativa).

Questão original: Compete à justiça federal julgar processos em que a União seja autora, ré ou assistente, inclusive os decorrentes de acidente de trabalho.

2. O Supremo Tribunal Federal fixou o entendimento de que a competência para julgar ações oriundas da relação de trabalho entre servidores e administração pública

FEDERAIS é da justiça federal, **RESSALVADO OS** celetistas. (CESPE – 2016 – TCE-PA – Conhecimentos Básicos- Cargos 4, 5 e de 8 a 17).

Questão original: O Supremo Tribunal Federal fixou o entendimento de que a competência para julgar ações oriundas da relação de trabalho entre servidores e administração pública é da justiça federal, independentemente de serem servidores estatutários ou celetistas.

3. Conforme entendimento do STF, compete à justiça federal processar e julgar o crime de redução à condição análoga à de escravo, por ser este um crime contra a organização do trabalho, se for praticado no contexto das relações de trabalho. (CESPE – 2015 – AGU – Advogado da União).

4. Os tribunais regionais federais podem funcionar de forma descentralizada, **CONSTITUINDO CÂMARAS REGIONAIS.** (CESPE – 2014 – PGE-BA – Procurador do Estado).

Observação: "Art. 107, § 3º da CF: Os Tribunais Regionais Federais poderão funcionar descentralizadamente, constituindo Câmaras regionais, a fim de assegurar o pleno acesso do jurisdicionado à justiça em todas as fases do processo."

Questão original: Os tribunais regionais federais não podem funcionar de forma descentralizada, ressalvada a justiça itinerante.

5. Em caso de grave violação dos direitos internacionais, o procurador-geral da República, com a finalidade de assegurar o cumprimento de obrigações decorrentes de tratados de direitos internacionais dos quais o Brasil seja signatário, poderá suscitar, perante o **STJ**, em qualquer fase do inquérito ou processo, incidente de deslocamento de competência para a justiça federal. (CESPE – 2014 – Polícia Federal – Conhecimentos Básicos – Nível Superior).

Questão original: Em caso de grave violação dos direitos internacionais, o procurador-geral da República, com a finalidade de assegurar o cumprimento de obrigações decorrentes de tratados de direitos internacionais dos quais o Brasil seja signatário, poderá suscitar, perante o Supremo Tribunal Federal, em qualquer fase do inquérito ou processo, incidente de deslocamento de competência para a justiça federal.

6. De acordo com o STF, compete à justiça **DO TRABALHO** o julgamento de ação de complementação de aposentadoria a cargo de ex-empregador. (CESPE – 2014 – Câmara dos Deputados – Analista Legislativo – Consultor Legislativo Área I).

Questão original: De acordo com o STF, compete à justiça federal o julgamento de ação de complementação de aposentadoria a cargo de ex-empregador.

7. Uma causa em que um Estado estrangeiro for litigar contra um município deverá ser proposta na justiça federal. (CESPE – 2013 – SEGESP-AL – Papiloscopista).

8. NA hipótese de promoção, por merecimento, de juízes federais para tribunal regional federal, o presidente da República está vinculado a escolher o nome que figurar em lista tríplice por três vezes consecutivas ou cinco alternadas. (CESPE – 2013 – STF – Analista Judiciário – Área Judiciária).

> **Questão original:** Em razão de ausência de previsão expressa na Constituição Federal de 1988 (CF), na hipótese de promoção, por merecimento, de juízes federais para tribunal regional federal, o presidente da República não está vinculado a escolher o nome que figurar em lista tríplice por três vezes consecutivas ou cinco alternadas.

9. Os tribunais regionais federais são compostos por pelo menos sete juízes, nomeados pelo presidente da República entre brasileiros com mais de trinta e menos de sessenta e cinco anos de idade. (CESPE – 2013 – TRT – 17ª Região (ES) – Analista Judiciário – Oficial de Justiça Avaliador).

10. Aos juízes federais compete processar e julgar, entre outros crimes, os que atentem contra a organização do trabalho e os de ingresso ou permanência irregular de estrangeiro no território nacional, bem como as disputas sobre direitos indígenas. (CESPE – 2013 – Polícia Federal – Delegado de Polícia).

11. A justiça federal comum possui competência para processar e julgar as causas em que sociedades de economia mista federal forem interessadas na condição de autoras, rés, assistentes ou oponentes, **QUANDO A UNIÃO INTERVÉM COMO ASSISTENTE OU OPONENTE.** (CESPE – 2013 – STF – Analista Judiciário – Área Judiciária).

> **Observação:** "Súmula 517 da CF: As sociedades de economia mista só têm foro na Justiça Federal, quando a União intervém como assistente ou opoente."

> **Questão original:** A justiça federal comum possui competência para processar e julgar as causas em que sociedades de economia mista federal forem interessadas na condição de autoras, rés, assistentes ou oponentes, exceto as de falência, as de acidentes de trabalho e as sujeitas à justiça eleitoral e à justiça do trabalho.

12. Aos juízes federais compete processar e julgar, entre outros crimes, os que atentem contra a organização do trabalho e os de ingresso ou permanência irregular de estrangeiro no território nacional, bem como as disputas sobre direitos indígenas. (CESPE – 2013 – DPF – Delegado).

13. Essa ação deverá ser ajuizada perante a justiça federal, e não perante a justiça do trabalho. (CESPE – 2012 – MCT – Técnico – Tema VII).

14. As causas em que as autarquias federais forem interessadas, na condição de autoras, rés, assistentes ou oponentes, serão processadas e julgadas na justiça federal. (CESPE – 2012 – STJ – Analista Judiciário – Área Judiciária).

15. Um cidadão residente em um município do estado de Alagoas pode propor ação no Distrito Federal para buscar a reparação dos danos em razão da colisão de um veículo da União contra o seu, ocorrida em Belo Horizonte. (CESPE – 2011 – IFB – Assistente de Administração).

16. Juiz do trabalho em exercício na comarca de Goiânia que cometer crime comum deverá ser julgado pelo Tribunal Regional Federal da 1.ª Região. (CESPE – 2011 – STM – Analista Judiciário – Economia – Básicos).

17. De acordo com a CF, compete aos juízes federais processar e julgar os crimes políticos e as infrações penais praticadas em detrimento de bens, serviços ou interesse da União ou de suas entidades autárquicas ou empresas públicas, excluídas as contravenções e ressalvadas as competências da justiça militar e da justiça eleitoral. (CESPE – 2010 – MPU – Analista – Atuarial).

18. De acordo com a CF, compete aos juízes federais processar e julgar os crimes políticos e as infrações penais praticadas em detrimento de bens, serviços ou interesse da União ou de suas entidades autárquicas ou empresas públicas, excluídas as contravenções e ressalvadas as competências da justiça militar e da justiça eleitoral. (CESPE – 2010 – MPU – Analista de Saúde – Psicologia).

19. Os tribunais regionais federais podem funcionar de forma descentralizada, constituindo Câmaras regionais, como forma de assegurar a plenitude do acesso à justiça. (CESPE – 2010 – MPU – Analista – Processual).

20. De acordo com a CF, compete aos juízes federais processar e julgar os crimes políticos e as infrações penais praticadas em detrimento de bens, serviços ou interesse da União ou de suas entidades autárquicas ou empresas públicas, excluídas as contravenções e ressalvadas as competências da justiça militar e da justiça eleitoral. (CESPE – 2010 – MPU – Analista – Arquivologia).

21. As demandas de falência em que a União, entidade autárquica ou empresa pública federal sejam interessadas **NÃO** devem ser processadas e julgadas pelos juízes federais. (CESPE – 2010 – ABIN – Oficial Técnico de Inteligência – Área de Direito).

> **Questão original:** As demandas de falência em que a União, entidade autárquica ou empresa pública federal sejam interessadas devem ser processadas e julgadas pelos juízes federais.

22. Compete aos juízes federais processar e julgar os crimes políticos e compete ao Supremo Tribunal Federal julgar o recurso ordinário contra as sentenças advindas do julgamento desses crimes. (CESPE – 2010 – TRE-BA – Técnico Judiciário – Área Administrativa).

23. Considere que determinado navio petroleiro, ao fazer a aproximação no porto de Santos, no estado de São Paulo, tenha colidido com outra embarcação, causando significativo dano ambiental nas praias daquele estado.

Caberá à justiça federal da seção judiciária de Santos julgar tanto a ação civil quanto a ação penal em face do acidente em tela. (CESPE – 2009 – ANTAQ – Analista Administrativo – Qualquer Área de Formação).

24. Paulo, membro do Ministério Público do Distrito Federal e Territórios, propôs procedimento investigatório contra Francisco, visando apurar eventual prática de crime contra a ordem tributária.

Eventual crime de abuso de autoridade praticado por Paulo será processado e julgado pelo Tribunal Regional Federal da 1.ª Região. (CESPE – 2008 – SERPRO – Analista – Advocacia).

25. Compete à justiça **COMUM** julgar as causas em que for parte o Banco do Brasil S.A. (CESPE – 2008 – TJ-DFT – Analista Judiciário – Área Judiciária – Execução de Mandados).

Observação: "Súmula 556 do STF: É competente a Justiça Comum para julgar as causas em que é parte sociedade de economia mista."

Questão original: Compete à justiça federal julgar as causas em que for parte o Banco do Brasil S.A., tendo em vista que essa é uma instituição financeira federal.

26. Habeas corpus impetrado contra promotor de justiça do DF e territórios deve ser julgado no TRF da 1.ª Região. (CESPE – 2008 – STF – Analista Judiciário – Área Judiciária).

27. O julgamento de crime político é de competência da justiça federal, com recurso ordinário para o **STF.** (CESPE – 2008 – TJ-DFT – Analista Judiciário – Arquivologia).

Questão original: O julgamento de crime político é de competência da justiça federal, com recurso ordinário para o respectivo tribunal regional federal.

28. Conflito de competência entre o Tribunal Regional do Trabalho no Ceará e o respectivo tribunal regional federal será apreciado pelo **STJ.** (CESPE – 2008 – DPE-CE – Defensor Público).

Questão original: Conflito de competência entre o Tribunal Regional do Trabalho no Ceará e o respectivo tribunal regional federal será apreciado pelo STF.

29. Os tribunais regionais federais, os tribunais de justiça dos estados e do Distrito Federal e os tribunais regionais do trabalho podem funcionar descentralizadamente, constituindo câmaras regionais, a fim de assegurar o pleno acesso do jurisdicionado à justiça em todas as fases do processo. (CESPE – 2008 – TJ-DFT – Técnico Judiciário – Área Administrativa).

30. Paulo, membro do Ministério Público do Distrito Federal e Territórios, propôs procedimento investigatório contra Francisco, visando apurar eventual prática de crime contra a ordem tributária.

Compete ao **TRF** julgar o habeas corpus a ser impetrado por Francisco visando trancar o referido procedimento. (CESPE – 2008 – SERPRO – Analista – Advocacia).

> **Questão original:** Compete ao Tribunal de Justiça do Distrito Federal e Territórios julgar o habeas corpus a ser impetrado por Francisco visando trancar o referido procedimento.

31. A competência recursal das causas julgadas pelos juízes federais será, como regra, do respectivo tribunal regional federal. (CESPE – 2007 – DPU – Defensor Público Federal).

> **Questão original:** A competência recursal das causas julgadas pelos juízes federais será **SEMPRE** do respectivo tribunal regional federal.

32. Os TRFs instalarão a justiça itinerante, com a realização de audiências e demais funções da atividade jurisdicional, nos limites territoriais da respectiva jurisdição, **SERVINDO-SE** de equipamentos públicos e comunitários. (CESPE – 2007 – AGU – Procurador Federal – Prova 1).

> **Questão original:** Os TRFs instalarão a justiça itinerante, com a realização de audiências e demais funções da atividade jurisdicional, nos limites territoriais da respectiva jurisdição, sendo-lhes ilícito, no entanto, em atenção ao princípio da moralidade, servir-se de equipamentos públicos e comunitários.

33. Os TRFs poderão funcionar de forma descentralizada, constituindo câmaras regionais, a fim de assegurar o pleno acesso do jurisdicionado à justiça em todas as fases do processo. (CESPE – 2007 – AGU – Procurador Federal – Prova 10).

34. Serão processadas e julgadas na justiça estadual, no foro do domicílio dos segurados ou beneficiários, as causas em que forem parte instituição de previdência social e segurado, sempre que a comarca não for sede de vara do juízo federal. Nessa hipótese, contudo, o recurso cabível será sempre dirigido ao **TRIBUNAL REGIONAL FEDERAL NA ÁREA DE JURISDIÇÃO DO JUIZ DE PRIMEIRO GRAU.** (CESPE – 2007 – AGU – Procurador Federal – Prova 1).

> **Questão original:** Serão processadas e julgadas na justiça estadual, no foro do domicílio dos segurados ou beneficiários, as causas em que forem parte instituição de previdência social e segurado, sempre que a comarca não for sede de vara do juízo federal. Nessa hipótese, contudo, o recurso cabível será sempre dirigido ao tribunal de justiça do estado ao qual esteja vinculada a comarca.

35. Cada estado, bem como o DF, constitui uma seção judiciária que tem por sede a respectiva capital e varas localizadas segundo o estabelecido em lei. (CESPE - 2007 - AGU - Procurador Federal - Prova 1).

36. **A LEI DISCIPLINARÁ A** remoção ou permuta de juízes dos TRFs. (CESPE - 2007 - AGU - Procurador Federal - Prova 1).

> **Questão original:** A CF disciplina diretamente as normas de remoção ou permuta de juízes dos TRFs.

37. Compete à justiça federal processar e julgar prefeito municipal por desvio de verba sujeita a prestação de contas perante órgão federal. (CESPE - 2007 - AGU - Procurador Federal - Prova 1).

38. Tendo os embargos de terceiro natureza de ação, a sua propositura, por parte da União, entidade autárquica ou empresa pública federal, determina a competência ratione personae, que detém caráter absoluto e inderrogável da justiça federal. (CESPE - 2007 - AGU - Procurador Federal - Prova 1).

39. Em caso de processo de revisão de pensão por morte de beneficiário que recebia aposentadoria por invalidez, compete à justiça federal, o julgamento da revisão do benefício que não tenha origem em acidente de trabalho. (CESPE - 2007 - AGU - Procurador Federal - Prova 1).

> **Questão original:** Em caso de processo de revisão de pensão por morte de beneficiário que recebia aposentadoria por invalidez, compete à justiça estadual, **E NÃO À FEDERAL**, o julgamento da revisão do benefício que não tenha origem em acidente de trabalho.

40. Os serviços sociais autônomos – como SENAC, SESI e SEBRAE -, ainda que mantidos por contribuições parafiscais e tendo natureza de pessoa jurídica de direito privado, desvinculadas da administração pública direta ou indireta, fixam a competência da justiça **COMUM** para a apreciação das causas em que essas entidades figurem como autoras ou rés. (CESPE - 2007 - AGU - Procurador Federal - Prova 1).

> **Questão original:** Os serviços sociais autônomos – como SENAC, SESI e SEBRAE -, ainda que mantidos por contribuições parafiscais e tendo natureza de

pessoa jurídica de direito privado, desvinculadas da administração pública direta ou indireta, fixam a competência da justiça federal para a apreciação das causas em que essas entidades figurem como autoras ou rés.

41. **NÃO COMPETE** à justiça federal o julgamento dos crimes e contravenções praticados contra interesse da União ou de suas entidades autárquicas ou empresas públicas. (CESPE – 2004 – Polícia Federal – Escrivão da Polícia Federal – Regional).

Questão original: Compete à justiça federal o julgamento dos crimes e contravenções praticados contra interesse da União ou de suas entidades autárquicas ou empresas públicas.

42. **AOS JUÍZES FEDERAIS** compete julgar e processar, originariamente, os crimes contra a organização do trabalho e contra o sistema financeiro e a ordem econômica. (CESPE – 2004 – STJ – Técnico Judiciário – Área Administrativa).

Questão original: Ao TRF compete julgar e processar, originariamente, os crimes contra a organização do trabalho e contra o sistema financeiro e a ordem econômica.

43. Considere que os agentes de polícia federal e os delegados de polícia federal são servidores públicos, ocupantes de cargos de provimento efetivo, que integram a carreira policial federal e são lotados no DPF, órgão da administração pública federal direta.

Um delegado de polícia federal está respondendo a processo criminal em que ele é acusado de prática de homicídio. Nessa situação, o processo deve correr na justiça federal, **CASO O CRIME TENHA SIDO COMETIDO EM RAZÃO DA FUNÇÃO DO SERVIDOR.** (CESPE – 2004 – Polícia Federal – Agente Administrativo).

Questão original: Um delegado de polícia federal está respondendo a processo criminal em que ele é acusado de prática de homicídio. Nessa situação, o processo deve correr na justiça federal, pois a ela compete o julgamento dos servidores públicos federais.

4.4.6 Tribunal Superior do Trabalho, tribunais regionais do trabalho e dos juízes do trabalho

1. A justiça do trabalho é um órgão jurisdicional integrante do ordenamento normativo federal. (CESPE – 2013 – SEGESP-AL – Papiloscopista).

2. Conforme a CF, o Tribunal Superior do Trabalho, **OS TRT´S E OS JUÍZES DO TRABALHO** são órgãos da justiça do trabalho. (CESPE – 2013 – TRT – 17ª Região (ES) – Analista Judiciário – Oficial de Justiça Avaliador).

Questão original: Conforme a CF, o Tribunal Superior do Trabalho e as juntas de conciliação e julgamento são órgãos da justiça do trabalho.

3. O Tribunal Superior do Trabalho será composto de vinte sete ministros, escolhidos entre brasileiros com mais de trinta e cinco anos e menos de sessenta e cinco anos de idade, nomeados pelo presidente da República, após aprovação pela maioria **ABSOLUTA** do Senado Federal. (CESPE - 2012 - TRE-RJ - Analista Judiciário - Área Administrativa).

Questão original: O Tribunal Superior do Trabalho será composto de vinte sete ministros, escolhidos entre brasileiros com mais de trinta e cinco anos e menos de sessenta e cinco anos de idade, nomeados pelo presidente da República, após aprovação pela maioria simples do Senado Federal.

4. Compete à justiça **DO TRABALHO** o processo e o julgamento de ações de indenização por dano moral decorrente de acidente do trabalho propostas por empregado contra empregador. (CESPE - 2010 - TRT - 21ª Região (RN) - Analista Judiciário - Área Judiciária).

Observação: "Súmula vinculante 22: A Justiça do Trabalho é competente para processar e julgar as ações de indenização por danos morais e patrimoniais decorrentes de acidente de trabalho propostas por empregado contra empregador, inclusive aquelas que ainda não possuíam sentença de mérito em primeiro grau quando da promulgação da Emenda Constitucional nº 45/04."

Questão original: Compete à justiça comum o processo e o julgamento de ações de indenização por dano moral decorrente de acidente do trabalho propostas por empregado contra empregador.

5. Compete à justiça do trabalho processar e julgar as ações oriundas da relação de trabalho entre os entes de direito público externo e da administração pública direta e indireta da União, dos estados, do Distrito Federal e dos municípios **DESDE QUE TENHA** vínculo celetista. (CESPE - 2010 - TRT - 21ª Região (RN) - Analista Judiciário - Área Administrativa).

Questão original: Compete à justiça do trabalho processar e julgar as ações oriundas da relação de trabalho entre os entes de direito público externo e da administração pública direta e indireta da União, dos estados, do Distrito Federal e dos municípios e seus respectivos servidores, estejam estes submetidos a vínculo celetista ou estatutário.

6. Cuidando-se de ação de indenização por acidente de trabalho fundada na culpa do empregador, compete à justiça do trabalho o julgamento da lide. A competência da justiça comum estadual remanesce apenas nos casos em que haja sentença de mérito exarada em data anterior à vigência da Emenda Constitucional n.º 45. (CESPE – 2010 – TRE-BA – Analista Judiciário – Área Judiciária).

7. Compete ao **TST** encaminhar projeto de lei ordinária ao Congresso Nacional cujo objeto seja a instituição de novo plano de cargos e salários dos servidores daquele tribunal. (CESPE – 2009 – TRT – 17ª Região (ES) – Analista Judiciário – Área Judiciária).

> **Questão original:** Compete ao presidente do TRT encaminhar projeto de lei ordinária ao Congresso Nacional cujo objeto seja a instituição de novo plano de cargos e salários dos servidores daquele tribunal.

8. O TRT da 5.ª região, com sede em Salvador, é **ÓRGÃO** integrante da justiça do trabalho. (CESPE – 2008 – TRT – 5ª Região (BA) – Analista Judiciário – Área Administrativa).

> **Questão original:** O TRT da 5.ª região, com sede em Salvador, é entidade integrante da justiça do trabalho.

9. O cargo de ministro do TST **NÃO** exige a situação de brasileiro nato para seu provimento. (CESPE – 2008 – TRT – 5ª Região (BA) – Analista Judiciário – Área Administrativa).

> **Questão original:** O cargo de ministro do TST exige a situação de brasileiro nato para seu provimento.

10. Compete ao **TST** a iniciativa de elaborar projeto de lei que disponha sobre planos de cargos e salários dos seus membros e de seus auxiliares. (CESPE – 2007 – TRT – 9ª REGIÃO (PR) – Analista Judiciário – Área Judiciária).

> **Questão original:** Compete ao próprio TRT a iniciativa de elaborar projeto de lei que disponha sobre planos de cargos e salários dos seus membros e de seus auxiliares.

11. Ao Conselho Superior da Justiça do Trabalho compete, na forma da lei, a supervisão administrativa, orçamentária, financeira e patrimonial da justiça do trabalho de primeiro e segundo graus, sendo ele órgão central do sistema, cujas decisões têm efeito vinculante. (CESPE – 2007 – TRT – 9ª REGIÃO (PR) – Analista Judiciário – Área Administrativa).

12. A lei pode especificar outras competências da justiça do trabalho, desde que envolvam controvérsias decorrentes da relação de trabalho. (CESPE – 2005 – TRT – 16ª REGIÃO (MA) – Analista Judiciário – Área Judiciária – Execução de Mandados).

13. O processamento e o julgamento das ações em que se pleiteia indenização por dano patrimonial ou moral decorrente da relação de trabalho são da competência da justiça do trabalho. (CESPE - 2005 - TRT - 16ª REGIÃO (MA) - Analista Judiciário - Área Judiciária - Execução de Mandados).

> **Questão original:** O processamento e o julgamento das ações em que se pleiteia indenização por dano patrimonial ou moral decorrente da relação de trabalho **NÃO** são da competência da justiça do trabalho.

14. É competência da justiça do trabalho julgar mandados de injunção nem habeas corpus, **QUANDO** o ato questionado envolva matéria sujeita à jurisdição trabalhista. (CESPE - 2005 - TRT - 16ª REGIÃO (MA) - Analista Judiciário - Área Judiciária - Execução de Mandados).

> **Questão original:** Não é competência da justiça do trabalho julgar mandados de injunção nem habeas corpus, ainda que o ato questionado envolva matéria sujeita à jurisdição trabalhista.

15. Compete à justiça do trabalho decidir conflito decorrente do ajuizamento de dissídio coletivo pelo Ministério Público do Trabalho, em caso de greve em atividade essencial, com possibilidade de lesão do interesse público. (CESPE - 2005 - TRT - 16ª REGIÃO (MA) - Analista Judiciário - Área Judiciária - Execução de Mandados).

16. É competência da justiça do trabalho processar e julgar uma ação oriunda da relação de trabalho prestado em território brasileiro, proposta por um empregado brasileiro contra uma pessoa jurídica de direito público externo. (CESPE - 2005 - TRT - 16ª REGIÃO (MA) - Analista Judiciário - Área Judiciária - Execução de Mandados).

17. Considere que, após observado o procedimento estabelecido na Constituição Federal, tenha sido criado, em maio de 2005, um novo estado da Federação, denominado Maranhão do Sul. (CESPE - 2005 - TRT - 16ª REGIÃO (MA) - Analista Judiciário - Área Judiciária - Execução de Mandados).

17.1 O TRT e as varas da justiça do trabalho do estado do Maranhão do Sul **PODERÃO** constituir câmaras regionais para, assim, funcionar descentralizadamente e assegurar o pleno acesso do jurisdicionado à justiça em todas as fases do processo.

> **Questão original:** O TRT e as varas da justiça do trabalho do estado do Maranhão do Sul deverão, obrigatoriamente, constituir câmaras regionais para, assim, funcionar descentralizadamente e assegurar o pleno acesso do jurisdicionado à justiça em todas as fases do processo.

17.2 A supervisão administrativa, orçamentária, financeira e patrimonial da justiça do trabalho de primeiro e segundo graus, no estado do Maranhão do Sul, será exercida – na forma da lei ou, enquanto esta não for promulgada, de resolução do TST – pelo Conselho Superior da Justiça do Trabalho, quando este for instalado.

17.3 **AS** decisões proferidas pelos juízes de direito do estado do Maranhão do Sul, nas comarcas em que não forem instituídas varas da justiça do trabalho, caberá recurso ao TRT **DA RESPECTIVA REGIÃO.**

> **Questão original:** De todas as decisões proferidas pelos juízes de direito do estado do Maranhão do Sul, nas comarcas em que não forem instituídas varas da justiça do trabalho, caberá recurso ao TRT daquele estado.

17.4 O TRT do estado do Maranhão do Sul deverá instalar a justiça itinerante, com a realização de audiências e demais funções de atividade jurisdicional, nos limites territoriais da respectiva jurisdição, servindo-se de equipamentos públicos e comunitários.

17.5 No primeiro grau, tendo sido instituída ou não vara da justiça do trabalho, a jurisdição trabalhista no estado do Maranhão do Sul será exercida por um juiz singular e não por um órgão colegiado.

17.6 **UM QUINTO DOS** juízes do TRT do estado do Maranhão do Sul deverão ser nomeados pelo presidente da República, escolhidos mediante lista **SÊXTUPLA** elaboradas **PELO ORGÃO DE REPRESENTAÇÃO DA OAB E DO MP.**

> **Questão original:** Os juízes do TRT do estado do Maranhão do Sul deverão ser nomeados pelo presidente da República, escolhidos mediante listas tríplices elaboradas pelos ministros togados e vitalícios do TST, observados, alternadamente, os critérios de antiguidade e merecimento.

18. Um quinto dos ministros integrantes do Tribunal Superior do Trabalho (TST) deve ser escolhido entre advogados com mais de dez anos de efetiva atividade profissional e entre membros do Ministério Público do Trabalho (MPT) com mais de dez anos de efetivo exercício, atendidos outros requisitos estabelecidos na Constituição Federal. (CESPE – 2005 – TRT – 16ª REGIÃO (MA) – Técnico Judiciário – Enfermagem).

19. João da Silva é, desde 2001, servidor público efetivo do quadro de pessoal de um tribunal regional do trabalho. Em janeiro de 2005, quando ocupava função comissionada não subordinada diretamente à presidência do tribunal, constatou o desaparecimento de um microcomputador que ele havia recebido na véspera. Com o intuito de esconder o ocorrido e livrar-se da responsabilidade, João da Silva retirou da repartição os documentos atinentes à entrega do microcomputador, que ainda estavam sob sua guarda. O processo administrativo disciplinar que foi instaurado em decorrência do caso, concluiu, após o devido contraditório e a ampla defesa, que houve culpa de João da Silva com relação ao desaparecimento do microcomputador e dolo com referência à destruição dos documentos. Foi aplicada a João da Silva uma pena disciplinar de suspensão de quinze dias. Inconformado com essa punição, ele impetrou mandado de segurança.

Por disposição expressa da Constituição Federal, a competência originária para processar e julgar o mandado de segurança em questão é **DA JUSTIÇA FEDERAL.** (CESPE - 2005 - TRT - 16ª REGIÃO (MA) - Técnico Judiciário - Área Serviços Gerais).

Questão original: Por disposição expressa da Constituição Federal, a competência originária para processar e julgar o mandado de segurança em questão é do TST.

20. Em janeiro de 2005, auditores do Ministério do Trabalho e Emprego (MTE) constataram, em uma fazenda localizada no interior de determinado estado-membro da Federação, o descumprimento pelo empregador de diversos dispositivos da legislação trabalhista, inclusive com trabalhadores expostos a condições de trabalho degradantes. Os auditores lavraram auto de infração, com aplicação de multas em decorrência do descumprimento de normas de proteção a relações de trabalho. Um dos trabalhadores ingressou com ação contra o empregador pleiteando indenização por danos morais e patrimoniais, em razão das condições de trabalho a que foi exposto. (CESPE - 2005 - TRT - 16ª REGIÃO (MA) - Técnico Judiciário - Área Serviços Gerais).

20.1 É da justiça do trabalho a competência para processar e julgar habeas corpus **QUANDO O ATO QUESTIONADO ENVOLVER MATÉRIA SUJEITA À SUA JURISDIÇÃO.**

Observação: "Art. 114, IV da CF: Os mandados de segurança, habeas corpus e habeas data, quando o ato questionado envolver matéria sujeita à sua jurisdição."

Questão original: É da justiça do trabalho a competência para processar e julgar habeas corpus preventivo cujo paciente seja o empregador, visto que a Constituição Federal a ela atribui expressamente a competência para processar e julgar as ações atinentes aos crimes que envolvam empregados e empregadores.

20.2 É da competência da justiça do trabalho processar e julgar eventual mandado de segurança proposto pelo empregador, por meio do qual questione a legalidade das multas que lhe foram aplicadas pelos auditores do MTE.

20.3 **COMPETE** à justiça do trabalho processar e julgar a ação por danos morais e patrimoniais proposta pelo empregado contra o empregador mencionada no texto.

Questão original: Não compete à justiça do trabalho processar e julgar a ação por danos morais e patrimoniais proposta pelo empregado contra o empregador mencionada no texto.

20.4 A competência para processar e julgar eventuais ações propostas pela União, relativas às penalidades administrativas aplicadas pelos auditores do MTE, é da justiça do trabalho.

21. A Constituição Federal determina que **CADA TRT** será composto de, no mínimo, sete juízes, recrutados, quando possível, na respectiva região e nomeados pelo presidente da República. (CESPE – 2005 – TRT – 16ª REGIÃO (MA) – Técnico Judiciário – Área Serviços Gerais).

> **Questão original:** A Constituição Federal determina que haverá pelo menos um tribunal regional do trabalho em cada estado e no Distrito Federal. Cada tribunal será composto de, no mínimo, sete juízes, recrutados, quando possível, na respectiva região e nomeados pelo presidente da República.

22. Por disposição expressa da Constituição Federal, são órgãos integrantes da justiça do trabalho o TST, tribunais regionais do trabalho **E OS JUÍZES DO TRABALHO.** (CESPE – 2005 – TRT – 16ª REGIÃO (MA) – Técnico Judiciário – Área Serviços Gerais).

> **Questão original:** Por disposição expressa da Constituição Federal, são órgãos integrantes da justiça do trabalho apenas o TST e os tribunais regionais do trabalho.

23. Um quinto dos ministros integrantes do Tribunal Superior do Trabalho (TST) deve ser escolhido entre advogados com mais de dez anos de efetiva atividade profissional e entre membros do Ministério Público do Trabalho (MPT) com mais de dez anos de efetivo exercício, atendidos outros requisitos estabelecidos na Constituição Federal. (CESPE – 2005 – TRT – 16ª REGIÃO (MA) – Técnico Judiciário – Área Serviços Gerais).

24. Os juízes dos TRTs são nomeados pelo **PRESIDENTE DA REPÚBLICA**, de acordo com as normas definidas pela Constituição Federal. (CESPE – 2005 – TRT – 16ª REGIÃO (MA) – Auxiliar Judiciário – Serviços Gerais).

> **Questão original:** Os juízes dos TRTs são nomeados pelo ministro presidente do TST, de acordo com as normas definidas pela Constituição Federal.

25. A justiça do trabalho tem como órgãos o TST, os TRTs e **OS JUÍZES DO TRABALHO.** (CESPE – 2005 – TRT – 16ª REGIÃO (MA) – Auxiliar Judiciário – Serviços Gerais).

> **Questão original:** A justiça do trabalho tem como órgãos o TST, os TRTs e as varas trabalhistas dos fóruns municipais.

26. O Tribunal Superior do Trabalho (TST) é composto por 27 ministros, escolhidos entre brasileiros com mais de 35 anos e menos de 65 anos de idade, nomeados pelo presidente da República, após aprovação pela maioria absoluta do Senado Federal. (CESPE – 2005 – TRT – 16ª REGIÃO (MA) – Auxiliar Judiciário – Serviços Gerais).

27. Com a eliminação dos **10 MINISTROS CLASSISTAS** do Tribunal Superior do Trabalho (TST), as vagas por eles ocupadas foram preenchidas por **ADVOGADOS E MEMBROS**

DO MP, NA FORMA PREVISTA NA CF, E DEMAIS JUÍZES DOS TRT´S, ORIUNDOS DA MAGISTRATURA DE CARREIRA, NDICADOS PELO TST. (CESPE - 2004 - TRT - 10ª REGIÃO (DF e TO) - Analista Judiciário - Área Judiciária).

> **Questão original:** Com a eliminação dos ministros classistas do Tribunal Superior do Trabalho (TST), as vagas por eles ocupadas foram preenchidas por ministros togados, escolhidos entre juízes dos tribunais regionais do trabalho.

28. A Constituição da República **NÃO VEDA** o recurso à arbitragem para a resolução de conflitos ligados ao direito do trabalho. (CESPE - 2004 - TRT - 10ª REGIÃO (DF e TO) - Analista Judiciário - Área Judiciária).

> **Questão original:** A Constituição da República veda o recurso à arbitragem para a resolução de conflitos ligados ao direito do trabalho.

4.4.7 Tribunais e juízes eleitorais

1. O Tribunal Superior Eleitoral compõe-se de, no mínimo, sete membros, entre os quais estão dois **JUÍZES DENTRE OS MINISTROS DO SUPERIOR TRIBUNAL DE JUSTIÇA.** (CESPE - 2015 - TRE-GO - Técnico Judiciário - Área Administrativa).

> **Questão original:** O Tribunal Superior Eleitoral compõe-se de, no mínimo, sete membros, entre os quais estão dois representantes do Ministério Público Federal.

2. Ao ocupante da Presidência da República compete privativamente nomear, para compor determinado tribunal regional eleitoral, dois juízes escolhidos entre seis advogados de notável saber jurídico e idoneidade moral, indicados pelo tribunal de justiça desse estado. (CESPE - 2015 - TRE-GO - Técnico Judiciário - Área Administrativa).

3. De acordo com a Constituição Federal de 1988, os órgãos da justiça eleitoral são: o Tribunal Superior Eleitoral, os tribunais regionais eleitorais, os juízes eleitorais e as juntas eleitorais. (CESPE - 2015 - TRE-GO - Técnico Judiciário - Área Administrativa).

4. **OS** membros da justiça eleitoral **SÃO** inamovíveis, essa garantia se estende aos integrantes das juntas eleitorais. (CESPE - 2015 - TRE-GO - Técnico Judiciário - Área Administrativa).

> **Questão original:** Embora os membros da justiça eleitoral sejam inamovíveis, essa garantia não se estende aos integrantes das juntas eleitorais.

5. Das decisões do Tribunal Superior Eleitoral que negarem habeas corpus e mandado de segurança cabe recurso ao Supremo Tribunal Federal. (CESPE - 2015 - TRE-GO - Técnico Judiciário - Área Administrativa).

6. O tribunal regional eleitoral deve eleger seu vice-presidente entre os **DESEMBARGADORES.** (CESPE – 2014 – PGE-BA – Procurador do Estado).

> **Questão original:** O tribunal regional eleitoral deve eleger seu vice-presidente entre os juízes federais.

7. A justiça eleitoral é **INCOMPETENTE** para julgar ação civil pública destinada a apurar ato praticado por prefeito que, no decorrer do mandato eletivo, tenha utilizado símbolo que caracterizasse promoção pessoal na publicidade de obras realizadas pela prefeitura. (CESPE – 2013 – TJ-DFT – Técnico Judiciário – Área Administrativa).

> **Questão original:** A justiça eleitoral é competente para julgar ação civil pública destinada a apurar ato praticado por prefeito que, no decorrer do mandato eletivo, tenha utilizado símbolo que caracterizasse promoção pessoal na publicidade de obras realizadas pela prefeitura.

8. Há um tribunal regional eleitoral na capital de cada estado e no Distrito Federal, composto, entre outros, por nomeação, pelo presidente da República, de dois juízes entre seis advogados de notável saber jurídico e idoneidade moral, indicados pelo tribunal de justiça respectivo, sendo possível a exigência de dez anos de efetiva atividade jurídica como requisito para o advogado integrar esse tribunal. (CESPE – 2011 – TRE-ES – Analista Judiciário – Área Administrativa – Específicos).

9. São irrecorríveis as decisões do Tribunal Superior Eleitoral, salvo as que contrariarem a CF e as denegatórias de habeas corpus ou mandado de segurança. (CESPE – 2011 – TRE-ES – Analista Judiciário – Área Administrativa – Específicos).

10. O Tribunal Superior Eleitoral (TSE) será composto, no mínimo, por sete membros, escolhidos mediante eleição pelo voto secreto de três juízes entre os ministros do Supremo Tribunal Federal (STF), dois juízes entre os ministros do Superior Tribunal de Justiça (STJ) e, por nomeação do presidente da República, de dois juízes entre seis advogados de notável saber jurídico e idoneidade moral, indicados pelo STF. (CESPE – 2010 – TRE-BA – Analista Judiciário – Área Administrativa).

11. O TSE deve ser composto, no mínimo, por sete membros, escolhidos mediante eleição pelo voto secreto de três juízes entre os ministros do STF, dois juízes entre os ministros do STJ e, por nomeação do presidente da República, dois juízes entre seis advogados de notável saber jurídico e idoneidade moral, indicados pelo STF. (CESPE – 2010 – TRE-BA – Analista Judiciário – Taquigrafia).

12. É cabível recurso ao Tribunal Superior Eleitoral (TSE) das decisões dos TREs quando versarem sobre inelegibilidade ou expedição de diplomas nas eleições federais ou estaduais. (CESPE – 2010 – TRE-BA – Técnico Judiciário – Área Administrativa).

13. Compete, privativamente, aos TREs fixar a data das eleições para governador e vice-governador, deputados estaduais, prefeitos, vice-prefeitos, vereadores e juízes de paz, **QUANDO NÃO DETERMINADA POR DISPOSIÇÃO CONSTITUCIONAL OU LEGAL.** (CESPE - 2010 - TRE-BA - Técnico Judiciário - Área Administrativa).

Questão original: Compete, privativamente, aos TREs fixar a data das eleições para governador e vice-governador, deputados estaduais, prefeitos, vice-prefeitos, vereadores e juízes de paz.

14. O tribunal regional eleitoral é composto por sete juízes, dos quais dois devem ser nomeados, pelo **PRESIDENTE DA REPÚBLICA**, entre seis advogados de notável saber jurídico e idoneidade moral, indicados **PELO TRIBUNAL DE JUSTIÇA.** (CESPE - 2008 - TJ-DFT - Analista Judiciário - Arquivologia).

Observação: "Art. 120, § 1º, III da CF: Os Tribunais Regionais Eleitorais compor-se-ão, por nomeação, pelo Presidente da República, de dois juízes dentre seis advogados de notável saber jurídico e idoneidade moral, indicados pelo Tribunal de Justiça."

Questão original: O tribunal regional eleitoral é composto por sete juízes, dos quais dois devem ser escolhidos e nomeados, pelo respectivo tribunal de justiça, entre seis advogados de notável saber jurídico e idoneidade moral, indicados pela respectiva seção da Ordem dos Advogados do Brasil.

15. Por ser o TRE/AL um órgão da justiça estadual de Alagoas, não há impedimento a ter na sua composição juízes federais. (CESPE - 2004 - TRE-AL - Técnico Judiciário - Área Administrativa).

Questão original: Por ser o TRE/AL um órgão da justiça estadual de Alagoas, **NÃO** pode haver juízes federais em sua composição.

16. O Tribunal Regional Eleitoral de Alagoas (TRE/AL) é um órgão do poder judiciário. (CESPE - 2004 - TRE-AL - Técnico Judiciário - Telefonia).

4.4.8 Tribunais e juízes militares

1. O Superior Tribunal Militar é composto por quinze ministros vitalícios, **SENDO 10** oficiais oriundos das Forças Armadas **E 5 CIVIS.** (CESPE - 2018 - STM - Cargos de Nível Superior - Conhecimentos Básicos - Exceto cargos 1, 2 e 8).

Questão original: O Superior Tribunal Militar é composto por quinze ministros vitalícios, que, por serem todos oficiais oriundos das Forças Armadas, devem ser brasileiros natos.

2. Os juízes militares são órgãos do Poder Judiciário. (CESPE – 2012 – ANATEL – Técnico Administrativo).

3. Supondo-se que determinado estado-membro tenha mais de 20.000 militares integrantes da polícia militar e do corpo de bombeiros militar, é possível que lei estadual, de iniciativa do tribunal de justiça desse estado, preveja a criação da justiça militar estadual, constituída, em primeiro grau, pelos juízes de direito e pelos conselhos de justiça e, em segundo grau, pelo próprio tribunal de justiça, ou por tribunal de justiça militar do estado. (CESPE – 2011 – TJ-ES – Analista Judiciário – Taquigrafia – Específico).

4. Compete à justiça militar processar e julgar os crimes militares definidos **EM LEI**, cabendo à lei dispor sobre a organização e o funcionamento dos tribunais militares. (CESPE – 2011 – STM – Analista Judiciário – Execução de Mandados – Específicos).

Questão original: Compete à justiça militar processar e julgar os crimes militares definidos no texto constitucional, cabendo à lei complementar dispor sobre a organização e o funcionamento dos tribunais militares.

5. Estará correto o parecer de procurador do estado que, em resposta a consulta do governador, responda ser constitucional projeto de lei proposto pelo tribunal de justiça instituindo a justiça militar estadual, com a criação do tribunal de justiça militar, considerando que a polícia militar daquela unidade federativa tenha mais de vinte mil integrantes. (CESPE – 2008 – PGE-ES – Procurador do Estado).

6. No que diz respeito ao Poder Judiciário, a CF atribui à justiça militar, no âmbito da União, dos estados e do Distrito Federal e territórios, competência **PARA PROCESSAR E JULGAR CRIMES MILITARES DEFINIDOS EM LEI E, NO ÂMBITO ESTADUAL, AÇÕES JUDICIAS CONTRA ATOS DISCIPLINARES MILITARES.** (CESPE – 2010 – DPE-BA – Defensor Público).

Observação: "Art. 125, § 4º da CF: Compete à Justiça Militar estadual processar e julgar os militares dos Estados, nos crimes militares definidos em lei e as ações judiciais contra atos disciplinares militares, ressalvada a competência do júri quando a vítima for civil, cabendo ao tribunal competente decidir sobre a perda do posto e da patente dos oficiais e da graduação das praças."

Questão original: No que diz respeito ao Poder Judiciário, a CF atribui à justiça militar, no âmbito da União, dos estados e do Distrito Federal e territórios, competência exclusivamente penal, restrita aos crimes militares definidos em lei.

4.4.9 Tribunais e juízes de estados

1. A competência para analisar a legalidade de uma greve de servidores públicos de autarquias e fundações é da justiça comum, estadual ou federal, ainda que eles sejam regidos pela CLT. (CESPE – 2018 – PGM – Manaus – AM – Procurador do Município).

2. O interesse público pode motivar a remoção de juiz de tribunal de justiça. (CESPE - 2016 - TCE-PA - Auxiliar Técnico de Controle Externo - Área Administrativa).

3. Considere que determinado sindicato pretenda ajuizar ação possessória para garantir o livre acesso de empregados e clientes às agências bancárias, fechadas devido à greve realizada por empregados de um banco privado. Nessa situação, de acordo com o STF, a competência para julgar a ação é da justiça **DO TRABALHO.** (CESPE - 2013 - MPU - Analista - Direito).

Observação: "Súmula vinculante 23: A Justiça do Trabalho é competente para processar e julgar ação possessória ajuizada em decorrência do exercício do direito de greve pelos trabalhadores da iniciativa privada."

Questão original: Considere que determinado sindicato pretenda ajuizar ação possessória para garantir o livre acesso de empregados e clientes às agências bancárias, fechadas devido à greve realizada por empregados de um banco privado. Nessa situação, de acordo com o STF, a competência para julgar a ação é da justiça comum estadual, por tratar de matéria concernente ao direito civil.

4. Compete ao **STF** julgar o governador do DF nos crimes comuns. (CESPE - 2013 - PG-DF - Procurador).

Questão original: Compete ao TJDFT julgar o governador do DF nos crimes comuns.

5. Compete privativamente aos tribunais de justiça julgar os juízes estaduais e os do Distrito Federal, assim como os membros do Ministério Público, nos crimes comuns e de responsabilidade, ressalvada a competência da justiça eleitoral. (CESPE - 2012 - Câmara dos Deputados - Analista - Técnico em Material e Patrimônio - BÁSICOS).

6. Compete privativamente aos tribunais de justiça julgar os juízes estaduais e os do Distrito Federal, assim como os membros do Ministério Público, nos crimes comuns e de responsabilidade, ressalvada a competência da justiça eleitoral. (CESPE - 2012 - Câmara dos Deputados - Todos os Cargos - Conhecimentos Básicos - exceto para Técnico em Material e Patrimônio).

7. Dada a **POSSIBILIDADE** de se constituírem, no âmbito dos estados, varas especializadas sobre questões agrárias, os tribunais de justiça **PODEM PROPOR A CRIAÇÃO DELAS COM** competência exclusiva para dirimir conflitos dessa natureza. (CESPE - 2011 - TJ-ES - Comissário da Infância e da Juventude - Específicos; CESPE - 2011 - TJ-ES - Analista Judiciário - Direito - Área Judiciária - específicos).

Observação: "Art. 126 da CF: Para dirimir conflitos fundiários, o Tribunal de Justiça proporá a criação de varas especializadas, com competência exclusiva para questões agrárias."

> **Questão original:** Dada a impossibilidade de se constituírem, no âmbito dos estados, varas especializadas sobre questões agrárias, os tribunais de justiça devem designar juízes de entrância especial com competência exclusiva para dirimir conflitos dessa natureza.

8. Aos tribunais de justiça dos estados pode ser atribuída a competência ordinária para processar e julgar o procurador geral de justiça nos crimes comuns ou de responsabilidade, desde que tal competência esteja estabelecida na Constituição do estado. (CESPE – 2008 – TJ-DFT – Analista Judiciário – Área Judiciária – Execução de Mandados).

9. No caso de conflitos fundiários, o juiz, sempre que necessário à eficiente prestação jurisdicional, irá ao local do litígio. (CESPE – 2008 – MPE-RR – Analista de Sistemas).

10. Compete à Constituição do estado definir as atribuições do respectivo tribunal de justiça, nos termos da Constituição da República. Tal competência não pode ser transferida ao legislador infraconstitucional. (CESPE – 2008 – TJ-DFT – Analista Judiciário – Área Judiciária).

11. A criação de cargos de juiz da justiça estadual depende de **LEI.** (CESPE – 2008 – STF – Analista Judiciário – Contabilidade).

> **Questão original:** A criação de cargos de juiz da justiça estadual depende de simples resolução do tribunal de justiça.

12. Se um conselheiro do Tribunal de Contas do Estado do Paraná cometer um crime de responsabilidade, não poderá ser processado e julgado pelo tribunal de justiça daquele estado. (CESPE – 2008 – STJ – Técnico Judiciário – Área Administrativa).

4.4.10 Funções essenciais da justiça

4.4.10.1 Do Ministério Público

1. A unidade, a indivisibilidade e a independência funcional são princípios institucionais da defensoria pública e do Ministério Público. (CESPE – 2018 – MPE-PI – Técnico Ministerial – Área Administrativa).

2. A CF **PREVÊ** expressamente que cabe ao Ministério Público a defesa judicial dos direitos **E INTERESSES** das populações indígenas. (CESPE – 2018 – MPE-PI – Conhecimentos Básicos – Cargos de Nível Superior).

> **Questão original:** Apesar de a CF não prever expressamente que cabe ao Ministério Público a defesa judicial dos direitos das populações indígenas, a jurisprudência reconheceu-lhe essa importante função institucional.

3. O governador de estado nomeia o procurador-geral do Ministério Público do estado com base em lista tríplice composta por integrantes de carreira, sem necessidade de ato de autorização da respectiva assembleia legislativa. (CESPE – 2018 – MPU – Técnico do MPU – Administração).

4. Apesar de ser uma garantia assegurada aos membros do Ministério Público, a inamovibilidade poderá ser afastada por razões de interesse público, mediante **DECISÃO DO ORGÃO COLEGIADO COMPETENTE DO MP, PELO VOTO DA MAIORIA ABSOLUTA DE SEUS MEMBROS, ASSEGURADA AMPLA DEFESA.** (CESPE – 2018 – MPU – Técnico do MPU – Administração).

> **Questão original:** Apesar de ser uma garantia assegurada aos membros do Ministério Público, a inamovibilidade poderá ser afastada por razões de interesse público, mediante decisão fundamentada do chefe da instituição.

5. Segundo o Supremo Tribunal Federal, a legitimidade processual extraordinária e independente do Ministério Público comum **NÃO** se estende ao Ministério Público junto aos tribunais de contas. (CESPE – 2018 – STJ – Analista Judiciário – Judiciária).

> **Questão original:** Segundo o Supremo Tribunal Federal, a legitimidade processual extraordinária e independente do Ministério Público comum se estende ao Ministério Público junto aos tribunais de contas, que também têm legitimidade ativa para propor demandas judiciais.

6. A composição de membros do Conselho Nacional do Ministério Público deve incluir dois cidadãos de notável saber jurídico e reputação ilibada – um indicado pela Câmara dos Deputados, e o outro, pelo Senado Federal. (CESPE – 2018 – MPE-PI – Técnico Ministerial – Área Administrativa).

7. Segundo o STF, o MP não possui legitimidade para propor ação civil pública em matéria tributária em defesa de contribuintes. (CESPE – 2018 – Polícia Federal – Delegado de Polícia Federal).

8. O Ministério Público detém autonomia funcional e administrativa e pode propor ao Poder Legislativo tanto a criação e a extinção de cargos, a sua política remuneratória e os seus planos de carreira. (CESPE – 2018 – MPE-PI – Técnico Ministerial – Área Administrativa).

> **Questão original:** O Ministério Público detém autonomia funcional e administrativa e pode propor ao Poder Legislativo tanto a criação e a extinção de cargos quanto a escolha do procurador-geral da República, a sua política remuneratória e os seus planos de carreira.

9. Cabe **À AGU** representar a União em caso de ação judicial proposta por servidor da justiça militar da União que cobre diferenças devidas em razão de erro no cálculo de sua remuneração. (CESPE – 2018 – STM – Analista Judiciário – Área Judiciária).

> **Questão original:** Cabe ao Ministério Público Federal representar a União em caso de ação judicial proposta por servidor da justiça militar da União que cobre diferenças devidas em razão de erro no cálculo de sua remuneração.

10. O Ministério Público **NÃO** é órgão do Poder Judiciário. (CESPE – 2018 – IPHAN – Auxiliar Institucional – Área 1).

> **Questão original:** O Ministério Público é órgão do Poder Judiciário.

11. O chefe do Ministério Público da União é nomeado pelo presidente da República, entre os integrantes da carreira, para mandato de dois anos. Todavia, ele poderá ser destituído antes do término do mandato, por iniciativa do presidente da República, desde que haja prévia autorização da maioria absoluta do Senado Federal. (CESPE – 2018 – MPE-PI – Conhecimentos Básicos – Cargos de Nível Superior).

12. Segundo a CF, Ministério Público que atue junto ao TCU ou junto ao tribunal de contas estadual **NÃO** integrará o Ministério Público da União ou o Ministério Público do estado em questão. (CESPE – 2017 – TCE-PE – Analista de Gestão – Administração).

> **Questão original:** Segundo a CF, Ministério Público que atue junto ao TCU ou junto ao tribunal de contas estadual integrará, respectivamente, o Ministério Público da União ou o Ministério Público do estado em questão.

13. São princípios institucionais do Ministério Público e da Defensoria Pública, enquanto funções essenciais à justiça, a indivisibilidade, a unidade e a independência funcional. (CESPE – 2017 – TRF – 1ª REGIÃO – Analista Judiciário – Oficial de Justiça Avaliador Federal).

14. O ato de vitaliciamento de membro do Ministério Público, por ter natureza de ato administrativo, está sujeito ao controle de legalidade pelo Conselho Nacional do Ministério Público. (CESPE – 2017 – TRF – 1ª REGIÃO – Analista Judiciário – Área Administrativa).

15. O princípio constitucional da indivisibilidade do Ministério Público **NÃO** veda aos integrantes da carreira a possibilidade de substituição de uns pelos outros. (CESPE – 2017 – TCE-PE – Analista de Gestão – Julgamento).

> **Questão original:** O princípio constitucional da indivisibilidade do Ministério Público veda aos integrantes da carreira a possibilidade de substituição de uns pelos outros.

16. Em decorrência do princípio da **INDEPENDÊNCIA FUNCIONAL**, membro do MP pode recorrer de decisão proferida na segunda instância **CASO** o acórdão coincidir com o que foi preconizado pelo promotor que atuou no primeiro grau de jurisdição. (CESPE - 2017 - Prefeitura de Fortaleza - CE - Procurador do Município).

Questão original: Em decorrência do princípio da unidade, membro do MP não pode recorrer de decisão proferida na segunda instância se o acórdão coincidir com o que foi preconizado pelo promotor que atuou no primeiro grau de jurisdição.

17. O Ministério Público é instituição permanente e essencial à função jurisdicional cujo rol de funções previsto pela Constituição Federal de 1988 é não exaustivo e inclui a titularidade para promover ação penal pública e ação direta de inconstitucionalidade. (CESPE - 2017 - TRF - 1ª REGIÃO - Analista Judiciário - Oficial de Justiça Avaliador Federal).

18. É **IMPOSSÍVEL** que um membro do Ministério Público estadual, aos trinta e seis anos de idade, seja nomeado pelo presidente da República ao cargo de procurador-geral da República, após seu nome ser aprovado pela maioria do Senado Federal, para um mandato de dois anos, permitida a sua recondução. (CESPE - 2016 - TCE-PA - Auditor de Controle Externo - Área Fiscalização - Direito).

Questão original: É possível que um membro do Ministério Público estadual, aos trinta e seis anos de idade, seja nomeado pelo presidente da República ao cargo de procurador-geral da República, após seu nome ser aprovado pela maioria do Senado Federal, para um mandato de dois anos, permitida a sua recondução por uma única vez.

19. Cabe ao próprio Ministério Público a iniciativa de propor ao Poder Legislativo a edição de lei ordinária que disponha sobre a criação e a extinção de seus cargos e serviços auxiliares, bem como sobre a política remuneratória e seus planos de carreira. (CESPE - 2016 - TCE-PA - Conhecimentos Básicos- Cargos 4, 5 e de 8 a 17).

20. A União ajuizou ação contra réu patrocinado pela Defensoria Pública. Na sentença, o juiz acolheu parecer do Ministério Público, que se manifestou no feito como fiscal da lei.

Como o parecer foi acolhido, o juiz **É VEDADO DE** fixar honorários também em favor do Ministério Público. (CESPE - 2016 - DPU - Agente Administrativo - Conhecimentos Básicos).

Questão original: Como o parecer foi acolhido, o juiz deverá fixar honorários também em favor do Ministério Público.

21. Os chefes dos Ministérios Públicos da União e do Distrito Federal são nomeados pelo presidente da República. (CESPE - 2016 - TCE-PA - Auxiliar Técnico de Controle Externo - Área Administrativa).

Questão original: Os chefes dos Ministérios Públicos da União, dos **ESTADOS** e do Distrito Federal são nomeados pelo presidente da República.

22. O Ministério Público detém legitimidade para postular, em juízo, direitos individuais homogêneos quando estes se enquadrem como subespécie de direitos coletivos indisponíveis e desde que haja relevância social. (CESPE – 2015 – TJ-DFT – Técnico Judiciário – Administrativa).

23. Aos membros do Ministério Público junto ao tribunal de contas estadual aplicam-se os mesmos direitos, vedações e formas de investidura dos promotores de justiça, **NO QUAL NÃO** estão vinculados ao respectivo Ministério Público estadual. (CESPE – 2015 – TCE-RN – Auditor).

Questão original: Aos membros do Ministério Público junto ao tribunal de contas estadual aplicam-se os mesmos direitos, vedações e formas de investidura dos promotores de justiça, uma vez que estão vinculados, em termos administrativos, ao respectivo Ministério Público estadual.

24. A autonomia administrativa é garantida constitucionalmente ao Ministério Público e à defensoria pública, mas não à advocacia pública. (CESPE – 2015 – MEC – Conhecimentos Básicos para os Postos 9, 10, 11 e 16).

25. O Ministério Público Eleitoral **NÃO** é parte integrante do Ministério Público da União, **NÃO** tem estrutura própria, **SENDO** composto por **MEMBROS DO MINISTÉRIO PÚBLICO FEDERAL E ESTADUAL.** (CESPE – 2015 – TRE-GO – Analista Judiciário – Área Administrativa – Conhecimentos Específico).

Questão original: O Ministério Público Eleitoral é parte integrante do Ministério Público da União, tem estrutura própria e é composto por procuradores investidos no serviço público mediante aprovação em concurso próprio para a respectiva carreira.

26. A promoção de ação de inconstitucionalidade e a representação ao STF para fins de intervenção da União em um estado da Federação constituem funções institucionais do Ministério Público. (CESPE – 2014 – CADE – Nível Superior – Conhecimentos Básicos).

27. O princípio da independência funcional e, a fortiori, o princípio do promotor natural protegem o membro do Ministério Público (MP) contra ato de superior que pretenda subtrair-lhe competência fixada por critérios predeterminados abstratamente. (CESPE – 2014 – TJ-SE – Analista Judiciário – Direito).

28. A CF garante autonomia funcional e administrativa à defensoria pública estadual e ao Ministério Público. (CESPE – 2014 – MDIC – Agente Administrativo).

29. Segundo o STF, o Ministério Público estadual possui legitimidade para propor reclamação perante o STF. (CESPE - 2014 - Câmara dos Deputados - Analista Legislativo - Consultor Legislativo Área I).

> **Questão original:** Segundo o STF, o Ministério Público estadual **NÃO** possui legitimidade para propor originariamente reclamação perante o STF, ainda quando atue no desempenho de suas prerrogativas institucionais, pois compete ao procurador-geral da República exercer as funções do Ministério Público perante o STF.

30. São princípios institucionais do Ministério Público a unidade, a indivisibilidade e a independência funcional. (CESPE - 2014 - MDIC - Analista Técnico - Administrativo).

31. O Conselho Nacional do Ministério Público tem competência para apreciar e desconstituir, inclusive de ofício, atos administrativos praticados pelos membros do Parquet. (CESPE - 2014 - TJ-SE - Analista Judiciário - Direito).

32. Considere que um ente federativo tenha ajuizado ação civil pública tendo por objeto conduta lesiva ao meio ambiente. Nessa situação, a ação será admitida, **MESMO** que, segundo a CF, a competência para o ajuizamento da ação civil pública é **CONCORRENTE** do Ministério Público. (CESPE - 2013 - ANTT - Conhecimentos Básicos - Cargos 9 a 15).

> **Questão original:** Considere que um ente federativo tenha ajuizado ação civil pública tendo por objeto conduta lesiva ao meio ambiente. Nessa situação, a ação não será admitida, já que, segundo a CF, a competência para o ajuizamento da ação civil pública é privativa do Ministério Público.

33. Além das funções previstas na Constituição Federal para o Ministério Público, outras poderão ser estabelecidas pelas legislações federal e estadual, desde que sejam compatíveis com a finalidade institucional do órgão. (CESPE - 2013 - TCE-RO - Todos os Cargos - Conhecimentos Básicos - Cargos 2, 4, 5 e 6).

34. Considerando a autonomia administrativa e financeira atribuída constitucionalmente ao Ministério Público, **PODERÁ O** Poder Executivo promover ajustes na proposta orçamentária anual encaminhada por esse órgão. (CESPE - 2013 - TCE-RO - Todos os Cargos - Conhecimentos Básicos - Cargos 2, 4, 5 e 6).

> **Questão original:** Considerando a autonomia administrativa e financeira atribuída constitucionalmente ao Ministério Público, veda-se ao Poder Executivo promover ajustes na proposta orçamentária anual encaminhada por esse órgão.

35. Caso o MP deixe de elaborar e encaminhar sua proposta orçamentária dentro do prazo estabelecido na lei de diretrizes orçamentárias, caberá ao Poder **EXECUTIVO**

considerar, para fins de consolidação da proposta orçamentária anual, **OS VALORES APROVADOS NA LEI ORÇAMENTÁRIA VIGENTE, AJUSTADOS DE ACORDO COM OS LIMITES ESTIPULADOS NA CONSTITUIÇÃO FEDERAL.** (CESPE – 2013 – STF – Técnico Judiciário – Área Administrativa).

Observação: "Art. 127, § 4º da CF: Se o Ministério Público não encaminhar a respectiva proposta orçamentária dentro do prazo estabelecido na lei de diretrizes orçamentárias, o Poder Executivo considerará, para fins de consolidação da proposta orçamentária anual, os valores aprovados na lei orçamentária vigente, ajustados de acordo com os limites estipulados na forma do § 3º."

Questão original: Caso o MP deixe de elaborar e encaminhar sua proposta orçamentária dentro do prazo estabelecido na lei de diretrizes orçamentárias, caberá ao Poder Legislativo considerar, para fins de consolidação da proposta orçamentária anual, a média dos valores destinados ao MP nos últimos cinco anos.

36. Os membros do Ministério Público da União não poderão exercer atividade político-partidária. (CESPE – 2013 – AGU – Procurador Federal).

Questão original: Os membros do Ministério Público da União não poderão exercer atividade político-partidária, **SALVO SE PRÉVIA E EXPRESSAMENTE LICENCIADOS PARA ESSE FIM PELO CONSELHO SUPERIOR DO MINISTÉRIO PÚBLICO.**

37. Cabe ao presidente da República a nomeação do procurador-geral da República, cujo mandato será de dois anos, permitida **A** recondução. **MEDIANTE** autorização **DA MAIORIA ABSOLUTA** dos membros do Senado Federal, poderá ser o procurador-geral destituído do cargo. (CESPE – 2013 – MPU – Técnico Administrativo).

Questão original: Cabe ao presidente da República a nomeação do procurador-geral da República, cujo mandato será de dois anos, permitida uma recondução. Apenas mediante autorização de dois terços dos membros do Senado Federal, poderá ser o procurador-geral destituído do cargo.

38. Os membros do Ministério Público nos estados **NÃO PODEM** receber os honorários de sucumbência nos processos judiciais em que atuarem. (CESPE – 2013 – ANTT – Conhecimentos Básicos – Nível Intermediário).

Questão original: Os membros do Ministério Público nos estados poderão receber os honorários de sucumbência nos processos judiciais em que atuarem.

39. O Ministério Público da União é chefiado pelo procurador-geral **DA REPÚBLICA**, nomeado pelo presidente da República, entre integrantes da carreira, maiores de trinta e cinco anos, após a aprovação do Senado Federal. (CESPE - 2013 - PC-DF - Escrivão de Polícia).

Questão original: O Ministério Público da União é chefiado pelo procurador-geral federal, nomeado pelo presidente da República, entre integrantes da carreira, maiores de trinta e cinco anos, após a aprovação do Senado Federal.

40. Em razão dos princípios da unidade e da indivisibilidade, **É PERMITIDO** o ajuizamento de ações civis públicas por terceiros nos casos em que o Ministério Público for legitimado para propô-las. (CESPE - 2013 - FUNASA - Todos os Cargos - Conhecimentos Básicos - Cargos 1 e 2).

Questão original: Em razão dos princípios da unidade e da indivisibilidade, não se permite o ajuizamento de ações civis públicas por terceiros nos casos em que o Ministério Público for legitimado para propô-las.

41. O MP dispõe de autonomia funcional e administrativa, podendo propor ao Poder Legislativo a criação e extinção de seus cargos e serviços auxiliares, a política remuneratória e os planos de carreira que lhe sejam afetos, observados os condicionantes previstos na lei orçamentária e na lei de diretrizes orçamentárias. (CESPE - 2013 - PC-DF - Agente de Polícia).

42. Conforme previsão constitucional, o MP junto ao Tribunal de Contas da União **NÃO** integra o Ministério Público da União (MPU), **EMBORA A ELES SEJAM** garantidos os mesmos direitos e prerrogativas garantidos ao MP Federal. (CESPE - 2013 - MPU - Técnico - Tecnologia da Informação e Comunicação).

Questão original: Conforme previsão constitucional, o MP junto ao Tribunal de Contas da União integra o Ministério Público da União (MPU), sendo a ele garantidos os mesmos direitos e prerrogativas garantidos ao MP Federal.

43. Compete ao Ministério Público, no exercício de suas funções institucionais, o controle externo da atividade policial, **REQUISITAR** diligências investigatórias e a instauração de inquérito policial, indicados os fundamentos jurídicos de suas manifestações processuais. (CESPE - 2013 - TRT - 17ª Região (ES) - Técnico Judiciário - Área Administrativa).

Questão original: Compete ao Ministério Público, no exercício de suas funções institucionais, o controle externo da atividade policial, a requisição de diligências investigatórias e a instauração de inquérito policial, indicados os fundamentos jurídicos de suas manifestações processuais.

44. O Ministério Público abrange o Ministério Público da União, que compreende o Ministério Público Federal, o Ministério Público Militar, o Ministério Público do

Distrito Federal e Territórios, mas não abrange o Ministério Público junto ao TCU **PORÉM ABRANGE** o Ministério Público do Trabalho. (CESPE – 2013 – TCE-RO – Agente Administrativo).

> **Questão original:** O Ministério Público abrange o Ministério Público da União, que compreende o Ministério Público Federal, o Ministério Público Militar, o Ministério Público do Distrito Federal e Territórios, mas não abrange o Ministério Público junto ao TCU nem o Ministério Público do Trabalho.

45. Os Ministérios Públicos dos estados formarão lista tríplice entre integrantes da carreira para escolha de seu procurador-geral, que será nomeado pelo chefe do Poder Executivo **ESTADUAL.** (CESPE – 2013 – PC-DF – Escrivão de Polícia).

> **Questão original:** Os Ministérios Públicos dos estados formarão lista tríplice entre integrantes da carreira para escolha de seu procurador-geral, que será nomeado pelo chefe do Poder Executivo federal.

46. São princípios institucionais do MP a unidade, a **INDIVISIBILIDADE** e a **INDEPENDÊNCIA** funcional. (CESPE – 2013 – MS – Analista Técnico – Administrativo).

> **Questão original:** São princípios institucionais do MP a unidade, a divisibilidade e a dependência funcional.

47. O Ministério Público está sujeito à fiscalização do tribunal de contas. (CESPE – 2013 – TCE-RO – Analista de Informática).

> **Questão original:** O Ministério Público **NÃO** está sujeito à fiscalização do tribunal de contas, devido à sua autonomia administrativa e financeira e à missão que lhe foi atribuída pela CF.

48. É exemplificativo o rol de funções atinentes ao MP no texto constitucional, cumprindo à legislação infraconstitucional conferir-lhe outras funções, desde que compatíveis com sua finalidade institucional. (CESPE – 2013 – DPE-DF – Defensor Público).

49. É vedado aos membros do MP o exercício da advocacia, inclusive em causa própria. (CESPE – 2013 – MS – Analista Técnico – Administrativo).

50. O Ministério Público do Distrito Federal e Territórios compõe a estrutura do Ministério Público da União. (CESPE – 2013 – ANTT – Conhecimentos Básicos – Nível Intermediário).

51. O procurador-geral da República **NÃO** poderá ser exonerado pelo presidente da República nos casos de conveniência e oportunidade. (CESPE – 2013 – MS – Analista Técnico – Administrativo).

Questão original: O procurador-geral da República poderá ser exonerado pelo presidente da República nos casos de conveniência e oportunidade.

52. Os membros do MP junto ao TCU ocupam cargos vitalícios, providos por concurso público específico; são titulares dos mesmos direitos atribuídos aos membros do MP comum e sujeitos às mesmas vedações a que estes se submetem. (CESPE - 2013 - TC-DF - Procurador).

53. É função institucional do MP, prevista expressamente na CF, a defesa judicial dos direitos e interesses das populações indígenas. (CESPE - 2013 - MS - Analista Técnico - Administrativo).

54. Zelar pelo efetivo respeito dos serviços de relevância pública aos direitos assegurados na CF é uma das funções institucionais do Ministério Público. (CESPE - 2013 - Telebras - Nível Superior - Conhecimentos Básicos).

55. Um dos princípios institucionais do Ministério Público é a indivisibilidade, sendo **PERMITIDA** a substituição de seus membros nos processos que oficiam. (CESPE - 2013 - CNJ - Técnico Judiciário - Área Administrativa).

Questão original: Um dos princípios institucionais do Ministério Público é a indivisibilidade, sendo vedada a substituição de seus membros nos processos que oficiam.

56. A promoção da ação civil pública para a proteção do meio ambiente e o controle externo da atividade policial são funções institucionais do **MINISTÉRIO PÚBLICO.** (CESPE - 2013 - IBAMA - Analista Ambiental - Conhecimentos Básicos - Todos os Tema).

Questão original: A promoção da ação civil pública para a proteção do meio ambiente e o controle externo da atividade policial são funções institucionais do Poder Judiciário.

57. Compete ao CNMP apreciar, de ofício ou mediante provocação, a legalidade dos atos administrativos praticados por membros **OU ÓRGÃOS** do MPU e dos MPs dos estados, podendo revê-los, fixando prazo para a adoção das providências necessárias à sua correção, ou, se for o caso, desconstituí-los. (CESPE - 2013 - MPU - Técnico Administrativo).

Questão original: Compete ao CNMP apreciar, de ofício ou mediante provocação, a legalidade dos atos funcionais e administrativos praticados por membros do MPU e dos MPs dos estados, podendo revê-los, fixando prazo para a adoção das providências necessárias à sua correção, ou, se for o caso, desconstituí-los.

58. Por meio de emenda constitucional, os membros do Ministério Público **NÃO** passaram a ter o direito de exercer atividade político-partidária. (CESPE - 2013 - SERPRO - Analista - Advocacia).

> **Questão original:** Por meio de emenda constitucional, os membros do Ministério Público passaram a ter o direito de exercer atividade político-partidária, razão por que, atualmente, há diversos parlamentares que são membros licenciados daquela instituição.

59. Segundo a CF, o Ministério Público junto ao Tribunal de Contas da União **NÃO** integra o MPU, **PORÉM TEM** os mesmos direitos e prerrogativas do Ministério Público Federal. (CESPE - 2013 - SERPRO - Analista - Advocacia).

> **Questão original:** Segundo a CF, o Ministério Público junto ao Tribunal de Contas da União integra o MPU com os mesmos direitos e prerrogativas do Ministério Público Federal.

60. Aos membros do MP cabe a defesa do patrimônio público e social, **NÃO** podendo eles atuar como representantes da fazenda pública nas ações em que esta seja ré. (CESPE - 2012 - DPE-ES - Defensor Público).

> **Questão original:** Aos membros do MP cabe a defesa do patrimônio público e social, podendo eles atuar como representantes da fazenda pública nas ações em que esta seja ré, embora não tenham legitimidade para ser advogados nas ações em que a fazenda pública seja autora.

61. Ao Ministério Público (MP) compete a defesa dos direitos individuais e coletivos. (CESPE - 2012 - TJ-RR - Técnico Judiciário).

> **Questão original:** Ao Ministério Público (MP), **ÓRGÃO INTEGRANTE DO PODER EXECUTIVO**, compete a defesa dos direitos individuais e coletivos.

62. O Ministério Público deve elaborar sua proposta orçamentária dentro dos limites estabelecidos **NA LEI DE DIRETRIZES ORÇAMENTÁRIAS.** (CESPE - 2012 - PRF - Agente Administrativo).

> **Questão original:** O Ministério Público deve elaborar sua proposta orçamentária dentro dos limites estabelecidos em sua lei orgânica nacional.

63. Membros do Ministério Público estadual **NÃO** subordinam-se, no exercício de suas funções, às ordens do procurador-geral de justiça do estado. (CESPE - 2012 - ANATEL - Analista Administrativo).

Questão original: Membros do Ministério Público estadual subordinam-se, no exercício de suas funções, às ordens do procurador-geral de justiça do estado.

64. De acordo com a CF, compete ao Ministério Público exercer o controle externo da atividade policial. (CESPE - 2012 - ANAC - Especialista em Regulação de Aviação Civil - Área 5).

65. O Ministério Público da União abrange o Ministério Público Federal, o Ministério Público do Trabalho, o Ministério Público Militar e o Ministério Público do Distrito Federal e territórios. (CESPE - 2012 - ANAC - Especialista em Regulação de Aviação Civil - Área 5).

66. A defesa dos direitos e interesses das populações indígenas é uma das funções institucionais do MP. (CESPE - 2012 - FNDE - Técnico em Financiamento e Execução de Programas e Projetos Educacionais).

67. Entre as garantias asseguradas pela CF aos membros do Ministério Público se inclui a inamovibilidade; no entanto, por motivo de interesse público, mediante **DECISÃO DO ÓRGÃO COLEGIADO COMPETENTE PELO MP, PELO VOTO DA MAIORIA ABSOLUTA DE SEUS MEMBROS**, o Membro do Ministério Público poderá ser removido **DE SUA LOCALIDADE.** (CESPE - 2012 - TRE-RJ - Técnico Judiciário - Área Administrativa).

Questão original: Entre as garantias asseguradas pela CF aos membros do Ministério Público se inclui a inamovibilidade; no entanto, por motivo de interesse público, mediante decisão judicial, o Membro do Ministério Público poderá ser removido do cargo ou função.

68. Compete ao Conselho Nacional do MP apreciar, inclusive de ofício, independentemente de provocação, a legalidade de atos administrativos praticados por órgãos do MP da União e dos estados. (CESPE - 2012 - FNDE - Técnico em Financiamento e Execução de Programas e Projetos Educacionais).

69. O MP da União compreende o MP do Distrito Federal e territórios. (CESPE - 2012 - FNDE - Técnico em Financiamento e Execução de Programas e Projetos Educacionais). A ação civil pública pode ser promovida pelo Ministério Público para a proteção de interesses difusos e coletivos. (CESPE - 2012 - FNDE - Especialista em Financiamento e Execução de Programas e Projetos Educacionais).

70. Compete **EXCLUSIVAMENTE E CONCORRENTEMENTE** ao MP, **RESPECTIVAMENTE,** promover o inquérito civil e a ação civil pública para a proteção do patrimônio público e social, do meio ambiente e de outros interesses difusos e coletivos. (CESPE - 2012 - MPE-PI - Analista Ministerial - Área Processual).

Questão original: Compete privativamente ao MP promover o inquérito civil e a ação civil pública para a proteção do patrimônio público e social, do meio ambiente e de outros interesses difusos e coletivos.

71. O Ministério Público (MP) não tem legitimidade para defender interesse individual patrimonial e disponível de contribuinte que questione cobrança de tributo. (CESPE - 2012 - TCE-ES - Auditor de Controle Externo - Direito).

72. Os membros do MP gozam de vitaliciedade, após dois anos de exercício, e só perderão o cargo por sentença judicial transitada em julgado. (CESPE - 2012 - TJ-RR - Técnico Judiciário).

73. O Conselho Nacional do Ministério Público, presidido pelo procurador-geral da República, **NÃO** é o órgão máximo do Ministério Público da União. (CESPE - 2012 - TJ-RR - Técnico Judiciário).

Questão original: O Conselho Nacional do Ministério Público, presidido pelo procurador-geral da República, é o órgão máximo do Ministério Público da União e atua junto ao Supremo Tribunal Federal.

74. A Constituição Federal confere ao Ministério Público autonomia para elaborar sua proposta orçamentária anual, até os limites estabelecidos pela lei de diretrizes orçamentárias. (CESPE - 2012 - MPE-PI - Analista Ministerial - Controle Interno).

Observação: "Art. 127, § 3º da CF: O Ministério Público elaborará sua proposta orçamentária dentro dos limites estabelecidos na lei de diretrizes orçamentárias."

Questão original: A Constituição Federal confere ao Ministério Público autonomia para elaborar sua proposta orçamentária anual, **QUE DEVERÁ CONSISTIR NOS VALORES APROVADOS NA LEI ORÇAMENTÁRIA EM VIGOR**, ajustados até os novos limites estabelecidos pela lei de diretrizes orçamentárias.

75. O procurador-geral de justiça de um estado federado poderá ser destituído por deliberação da maioria absoluta da respectiva assembleia legislativa, na forma da lei complementar pertinente. (CESPE - 2011 - TJ-ES - Analista Judiciário - Taquigrafia - Específico).

76. A legislação municipal **NÃO** pode estabelecer ao membro do Ministério Público em atuação no município atribuições além das estabelecidas pela legislação federal. (CESPE - 2011 - TRE-ES - Técnico Judiciário - Área Administrativa - Específicos).

Questão original: A legislação municipal pode estabelecer ao membro do Ministério Público em atuação no município atribuições além das estabelecidas pela legislação federal.

77. O rol de funções do Ministério Público constante da CF é **EXEMPLIFICATIVO.** (CESPE - 2011 - STM - Analista Judiciário - Execução de Mandados - Específicos).

> **Questão original:** O rol de funções do Ministério Público constante da CF é taxativo, cabendo a esse órgão cingir-se ao exercício das atribuições descritas nos dispositivos constitucionais.

78. O Ministério Público Federal **INTEGRA O MPU** e sua proposta orçamentária é elaborada **POR ELE MESMO.** (CESPE - 2011 - IFB - Assistente de Administração).

> **Questão original:** O Ministério Público Federal é órgão vinculado ao Ministério da Justiça e sua proposta orçamentária é elaborada pela Casa Civil da Presidência da República.

79. Um promotor de justiça estadual que praticar um crime comum será processado e julgado **PELO TRIBUNAL DE JUSTIÇA.** (CESPE - 2011 - STM - Analista Judiciário - Área Judiciária - Específicos).

> **Questão original:** Um promotor de justiça estadual que praticar um crime comum será processado e julgado por juiz de direito de uma das varas criminais do estado.

80. Os membros do Ministério Público junto ao Tribunal de Contas do Estado do Espírito Santo **NÃO** compõem o Ministério Público do Estado do Espírito Santo. (CESPE - 2011 - TJ-ES - Analista Judiciário - Área Administrativa).

> **Questão original:** Os membros do Ministério Público junto ao Tribunal de Contas do Estado do Espírito Santo compõem o Ministério Público do Estado do Espírito Santo.

81. Aos membros do Ministério Público, assim como aos juízes, é vedado exercer a advocacia no juízo ou tribunal do qual se afastou, antes de decorridos três anos do afastamento do cargo por aposentadoria ou exoneração. (CESPE - 2010 - TRT - 21ª Região (RN) - Analista Judiciário - Área Administrativa).

82. Considere que o MP tenha ajuizado ação em face de determinado ente da Federação, visando obter provimento jurisdicional que assegurasse o fornecimento de medicamentos a pessoa considerada hipossuficiente. Nessa situação, apesar de o MP ter agido em defesa de interesses sociais e individuais indisponíveis, **NÃO ESTÁ** configurada, segundo entendimento do STF, a usurpação de competência da DP. (CESPE - 2010 - DPE-BA - Defensor Público).

> **Questão original:** Considere que o MP tenha ajuizado ação em face de determinado ente da Federação, visando obter provimento jurisdicional que assegurasse

o fornecimento de medicamentos a pessoa considerada hipossuficiente. Nessa situação, apesar de o MP ter agido em defesa de interesses sociais e individuais indisponíveis, resta configurada, segundo entendimento do STF, a usurpação de competência da DP, visto que se busca assegurar o direito à saúde de pessoa hipossuficiente.

83. São funções essenciais à justiça as do Ministério Público, da advocacia pública, da advocacia privada e da defensoria pública. (CESPE – 2010 – MPU – Técnico Administrativo).

84. O Ministério Público da União compreende o Ministério Público Federal, o Ministério Público do Trabalho, o Ministério Público Militar e o Ministério Público do Distrito Federal e Territórios. (CESPE – 2010 – SERPRO – Analista – Advocacia).

85. O Ministério Público abrange o Ministério Público da União. Todavia, há outro órgão estatal, dotado de identidade e de fisionomia próprias que o tornam **ASSIMILÁVEL** à instituição do Ministério Público comum da União e dos estados-membros, qual seja: o Ministério Público junto ao Tribunal de Contas. (CESPE – 2010 – AGU – Agente Administrativo).

Questão original: O Ministério Público abrange o Ministério Público da União, que compreende, entre outros, os Ministérios Públicos dos estados. Todavia, há outro órgão estatal, dotado de identidade e de fisionomia próprias que o tornam inassimilável à instituição do Ministério Público comum da União e dos estados-membros, qual seja: o Ministério Público junto ao Tribunal de Contas.

86. Determinado membro do Ministério Público estadual que tenha se aposentado no final do último ano está impedido de exercer a advocacia no juízo ou tribunal do qual se afastou antes de decorridos três anos da referida aposentadoria. (CESPE – 2010 – BRB – Advogado).

87. Ao MP incumbe a defesa da ordem jurídica, do regime democrático e dos interesses sociais e individuais indisponíveis e a observância dos princípios institucionais da unidade, indivisibilidade e independência funcional, previstos na CF. (CESPE – 2010 – ABIN – Oficial Técnico de Inteligência – Área de Direito).

88. Entre as funções institucionais do Ministério Público, está a de promover, em caráter **CONCORRENTE**, a ação civil pública para a promoção do patrimônio público e social, do meio ambiente e de outros interesses difusos e coletivos. (CESPE – 2010 – MPU – Analista – Processual).

Questão original: Entre as funções institucionais do Ministério Público, está a de promover, em caráter exclusivo, a ação civil pública para a promoção do patrimônio público e social, do meio ambiente e de outros interesses difusos e coletivos.

89. O Ministério Público **DA UNIÃO COMPREENDE O** Ministério Público Federal, Ministério Público do Distrito Federal **E TERRITÓRIOS, MINISTÉRIO PÚBLICO MILITAR E O** Ministério Público do Trabalho. (CESPE - 2009 - TRT - 17ª Região (ES) - Analista Judiciário - Área Administrativa).

> **Questão original:** O Ministério Público brasileiro é composto pelo Ministério Público Federal e pelo Ministério Público dos Estados e do Distrito Federal. O Ministério Público do Trabalho é um dos ramos do Ministério Público Federal.

90. Considere que determinado navio petroleiro, ao fazer a aproximação no porto de Santos, no estado de São Paulo, tenha colidido com outra embarcação, causando significativo dano ambiental nas praias daquele estado. Com relação a esse caso hipotético, julgue os itens a seguir, acerca da organização do Poder Judiciário e do Ministério Público. (CESPE - 2009 - ANTAQ - Analista Administrativo - Qualquer Área de Formação).

90.1 A ação judicial de reparação de danos ambientais não será de competência privativa do Ministério Público.

90.2 Nesse caso, caberá ao Ministério Público **FEDERAL** propor a devida ação penal.

> **Questão original:** Nesse caso, caberá exclusivamente ao Ministério Público do estado de São Paulo propor a devida ação penal.

91. No tocante à organização do Estado brasileiro, a CF estabeleceu que o Ministério Público é instituição permanente, essencial à justiça, **INCUMBINDO-LHE A DEFESA DA ORDEM JURÍDICA, DO REGIME DEMOCRÁTICO E DOS INTERESSES SOCIAIS E INDIVIDUAIS INDISPONÍVEIS.** (CESPE - 2009 - TRT - 17ª Região (ES) - Técnico Judiciário - Área Administrativa).

> **Questão original:** No tocante à organização do Estado brasileiro, a CF estabeleceu que o Ministério Público é instituição permanente, essencial à justiça, à qual compete representar a União, judicial e extrajudicialmente.

92. O Ministério Público é parte legítima para propor ação civil pública com o objetivo de tutelar direitos individuais indisponíveis, como o de recebimento de medicamento de uso contínuo por pessoa idosa. (CESPE - 2009 - DPE-ES - Defensor Público).

93. Jorge é procurador-geral de justiça do seu estado, ou seja, é o chefe do Ministério Público estadual. Nessa situação, é correto afirmar que Jorge foi escolhido pelo **GOVERNADOR DO ESTADO** mediante lista tríplice entre os integrantes da carreira, e que cabe a ele a promoção das ações civis públicas para proteção de interesses difusos e coletivos no âmbito do estado. (CESPE - 2009 - SEAD-SE (FPH) - Procurador).

Questão original: Jorge é procurador-geral de justiça do seu estado, ou seja, é o chefe do Ministério Público estadual. Nessa situação, é correto afirmar que Jorge foi escolhido pelo procurador-geral da República mediante lista tríplice entre os integrantes da carreira, e que cabe a ele a promoção das ações civis públicas para proteção de interesses difusos e coletivos no âmbito do estado.

94. Compete ao Ministério Público estadual instaurar inquérito civil público para apurar irregularidades em contratos firmados por sociedade de economia mista de capital majoritário da União, desde que não se trate de hipótese de defesa do patrimônio nacional ou dos direitos dos cidadãos. (CESPE – 2009 – DPE-ES – Defensor Público).

95. Objeto de constantes disputas entre os Poderes, a medida provisória tem sido importante instrumento de governo à disposição do Presidente da República. No entanto, há limitações constitucionais que vedam sua edição em relação a matérias expressamente definidas.

O poder investigatório do Ministério Público e sua ingerência no inquérito policial, objeto de veemente debate nacional, **NÃO PODEM SER OBJETO DE** edição de medida provisória. (CESPE – 2009 – Instituto Rio Branco – Diplomata – 1ª Etapa BRANCO).

Questão original: O poder investigatório do Ministério Público e sua ingerência no inquérito policial, objeto de veemente debate nacional, foram motivados por edição de medida provisória.

96. Compete **CONCORRENTEMENTE** ao MP promover a ação civil pública, para a proteção do patrimônio público e social, do meio ambiente e de interesses difusos e coletivos. (CESPE – 2009 – DPE-AL – Defensor Público).

Questão original: Compete privativamente ao MP promover o inquérito civil e a ação civil pública, para a proteção do patrimônio público e social, do meio ambiente e de interesses difusos e coletivos.

97. O Ministério Público da União está legitimado para promover o inquérito civil e a ação civil pública visando proteção do meio ambiente, para defender direitos difusos e coletivos. (CESPE – 2009 – IBRAM-DF – Advogado).

Questão original: O Ministério Público da União está legitimado para promover o inquérito civil e a ação civil pública visando proteção do meio ambiente, **MAS NÃO** para defender direitos difusos e coletivos.

98. Em ação penal ajuizada contra um cidadão, um promotor de justiça fez uma narração genérica dos atos que, a seu ver, haviam importado na configuração de um crime. O processo foi bastante demorado e transcorreram-se mais de 6 anos sem que sequer a sentença do juízo do primeiro grau de jurisdição tivesse sido prolatada. Um segundo promotor, que veio a substituir o primeiro, observou que o fato imputado ao cidadão na verdade não configurava crime e pediu ao juiz, em alegações finais, que reconhecesse a atipicidade da conduta, ou seja, que a conduta do cidadão não configurava qualquer delito. (CESPE - 2008 - STF - Técnico Judiciário - Área Administrativa).

98.1 O segundo promotor **NÃO** ofendeu o princípio da **INDEPENDÊNCIA FUNCIONAL** do Ministério Público, pois poderia atuar no caso discordando dos encaminhamentos realizados pelo primeiro promotor de justiça.

> **Questão original:** O segundo promotor ofendeu o princípio da unidade do Ministério Público, pois não poderia atuar no caso discordando dos encaminhamentos realizados pelo primeiro promotor de justiça.

98.2 O promotor de justiça poderia dirigir-se ao juiz com requerimento favorável ao acusado.

> **Questão original:** O promotor de justiça é um órgão de acusação do Ministério Público, razão pela qual o segundo promotor **NÃO** poderia dirigir-se ao juiz com requerimento favorável ao acusado.

99. O Ministério Público do Trabalho integra o Ministério Público da União. (CESPE - 2008 - TRT - 5ª Região (BA) - Analista Judiciário - Área Judiciária).

100. Considere que determinada fábrica, por negligência, deixe que componentes químicos contaminem a nascente de um rio situado dentro do estado de Roraima. (CESPE - 2008 - MPE-RR - Analista de Sistemas).

100.1 Compete ao Ministério Público instaurar inquérito civil público para apurar a responsabilidade pelos fatos danosos ao meio ambiente.

> **Questão original:** Compete ao Ministério Público **E À POLÍCIA CIVIL** do estado instaurar inquérito civil público para apurar a responsabilidade pelos fatos danosos ao meio ambiente.

100.2 Compete ao Ministério Público promover privativamente a ação penal pública contra os responsáveis, caso seja configurado crime ambiental.

100.3 Compete ao Ministério Público promover **CONCORRENTEMENTE** a ação civil pública para a proteção do meio ambiente.

> **Questão original:** Compete ao Ministério Público promover privativamente a ação civil pública para a proteção do meio ambiente.

101. São princípios institucionais do Ministério Público a unidade, a **INDEPENDÊNCIA FUNCIONAL** e a indivisibilidade. (CESPE – 2008 – MPE-RR – Analista de Sistemas).

> **Questão original:** São princípios institucionais do Ministério Público a unidade, a hierarquia e a indivisibilidade.

102. É função institucional do Ministério Público exercer o controle externo da atividade policial. (CESPE – 2008 – MPE-RR – Analista de Sistemas).

103. **NÃO CABE** ao Ministério Público a defesa das entidades públicas que não possuírem corpo próprio de advogados. (CESPE – 2008 – MPE-RR – Analista de Sistemas).

> **Questão original:** Cabe ao Ministério Público a defesa das entidades públicas que não possuírem corpo próprio de advogados.

104. Compete ao presidente da República nomear o chefe do Ministério Público da União. (CESPE – 2008 – SERPRO – Analista – Advocacia).

105. **A AGU** é a instituição que, diretamente ou por intermédio de órgão vinculado, representa a União, judicial e extrajudicialmente. (CESPE – 2008 – MPE-RR – Oficial de Promotoria).

> **Questão original:** O Ministério Público da União é a instituição que, diretamente ou por intermédio de órgão vinculado, representa a União, judicial e extrajudicialmente.

106. O MP estadual **NÃO É SUBORDINADO** ao governador do estado. (CESPE – 2008 – MPE-RR – Oficial de Promotoria).

> **Questão original:** O MP estadual e a polícia civil são subordinados ao governador do estado.

107. Segundo a Constituição Federal, o MP não integra os órgãos de segurança pública. (CESPE – 2008 – MPE-RR – Oficial de Promotoria).

108. Entre as funções institucionais do Ministério Público, estão o controle da atividade policial e a requisição de diligências investigatórias e da instauração de inquérito policial, indicados os fundamentos jurídicos de suas manifestações processuais. (CESPE – 2008 – PC-TO – Delegado de Polícia).

109. Ao MP, instituição permanente e essencial à função jurisdicional do Estado, incumbe a defesa da ordem jurídica, do regime democrático e dos interesses sociais e individuais indisponíveis. (CESPE – 2008 – MPE-RR – Oficial de Promotoria).

110. Compete ao Ministério Público defender judicialmente os direitos e interesses das populações indígenas. (CESPE - 2008 - MPE-RR - Analista de Sistemas).

111. O MP **NÃO** é órgão do Poder Judiciário e uma de suas atribuições é formular denúncias na esfera criminal. (CESPE - 2008 - MPE-RR - Oficial de Promotoria).

> **Questão original:** O MP é órgão do Poder Judiciário e uma de suas atribuições é formular denúncias na esfera criminal.

112. Mandado de segurança impetrado contra o Procurador-Geral do Trabalho por servidor público estatutário da própria Procuradoria deverá ser julgado pela justiça federal de primeira instância. (CESPE - 2007 - TRT - 9ª REGIÃO (PR) - Analista Judiciário - Área Judiciária).

113. O exercício de atividade político-partidária é **VEDADA** aos membros do Ministério Público do Trabalho. (CESPE - 2007 - TRT - 9ª REGIÃO (PR) - Analista Judiciário - Área Administrativa).

> **Questão original:** O exercício de atividade político-partidária é permitido aos membros do Ministério Público do Trabalho.

114. A Constituição Federal, visando, principalmente, evitar o arbítrio e o desrespeito aos direitos fundamentais do homem, previu a existência dos poderes do Estado e do Ministério Público, independentes e harmônicos entre si, repartindo entre eles as funções estatais e prevendo prerrogativas e imunidades para que bem pudessem exercê-las, bem como criando mecanismos de controle recíprocos, sempre como garantia da perpetuidade do estado democrático de direito. Alexandre de Moraes. Direito constitucional. São Paulo: Atlas, 11.ª ed., 2002 (com adaptações).

O Ministério Público é **INDEPENDENTE, NÃO ESTÁ LIGADO AO PODER EXECUTIVO.** (CESPE - 2005 - ANTAQ - Técnico Administrativo).

> **Questão original:** O Ministério Público é um extra poder ligado funcionalmente ao Poder Executivo.

115. A Defensoria Pública do Trabalho **NÃO** é o órgão do Ministério Público do Trabalho. (CESPE - 2004 - TRT - 10ª REGIÃO (DF e TO) - Analista Judiciário - Área Administrativa).

> **Questão original:** A Defensoria Pública do Trabalho é o órgão do Ministério Público do Trabalho competente para promover, perante a justiça trabalhista, a defesa dos interesses coletivos e difusos.

116. As funções e garantias detidas pelos membros do Ministério Público se igualam às imunidades e prerrogativas dos parlamentares e juízes. (CESPE - 2004 - STJ - Analista Judiciário - Área Administrativa).

117. Um procurador de justiça de determinado estado-membro praticou estelionato. Tal crime foi processado e julgado perante o tribunal de justiça do estado. O membro do Ministério Público, autor da denúncia, arguiu incompetência daquele órgão, ao fundamento de que, em crime comum, o procurador deve ser julgado e processado na comarca do local do fato.

Nessa situação, **NÃO** assiste razão ao membro do Ministério Público. (CESPE – 2004 – STJ – Analista Judiciário – Área Administrativa).

> **Questão original:** Nessa situação, assiste razão ao membro do Ministério Público.

118. O Ministério Público do Trabalho integra o Ministério Público da União. (CESPE – 2004 – TRT – 10ª REGIÃO (DF e TO) – Analista Judiciário – Área Judiciária).

4.4.10.2 Da advocacia pública

1. A execução da dívida ativa tributária **NÃO** é de competência da Advocacia-Geral da União. (CESPE – 2018 – EMAP – Analista Portuário – Área Jurídica).

> **Questão original:** A execução da dívida ativa tributária é de competência da Advocacia-Geral da União.

2. Aos membros da Advocacia-Geral da União **NÃO** são concedidas as garantias constitucionais previstas para os membros do Ministério Público. (CESPE – 2018 – EMAP – Analista Portuário – Área Jurídica).

> **Questão original:** Aos membros da Advocacia-Geral da União são concedidas as garantias constitucionais previstas para os membros do Ministério Público.

3. O governo de determinado estado da Federação publicou medida provisória (MP) que altera dispositivos da Lei de Diretrizes e Bases da Educação Nacional. Em protesto contra a referida MP, alguns estudantes do ensino médio do estado ocuparam as escolas públicas, impedindo que os demais alunos frequentassem as aulas. O Ministério Público estadual ingressou com medida judicial requerendo a imediata reintegração e desocupação das escolas invadidas. A medida judicial requerida foi deferida por um juiz de primeiro grau que tomou posse há vinte meses.

A procuradoria-geral do estado também possui competência para requerer a medida judicial de desocupação das escolas, por não ser essa competência privativa do Ministério Público estadual. (CESPE – 2017 – SEDF – Analista de Gestão Educacional – Direito e Legislação).

4. De acordo com o entendimento do STF, **É GARANTIDA** ao advogado público independência funcional. (CESPE – 2017 – Prefeitura de Fortaleza – CE – Procurador do Município).

Questão original: De acordo com o entendimento do STF, são garantidas ao advogado público independência funcional e inamovibilidade.

5. Aos membros das defensorias públicas, é garantida, institucionalmente, a inamovibilidade. (CESPE - 2017 - TCE-PE - Analista de Gestão - Administração).

Questão original: AOS PROCURADORES DO ESTADO, assim como aos membros das defensorias públicas, é garantida, institucionalmente, a inamovibilidade.

6. A consultoria e o assessoramento jurídico das autarquias federais, fundações públicas e privadas, empresas públicas e sociedades de economia mista que sejam controladas pela União **NÃO** são de competência da AGU. (CESPE - 2016 - FUNPRESP-EXE - Especialista - Área Jurídica).

Questão original: A consultoria e o assessoramento jurídico das autarquias federais, fundações públicas e privadas, empresas públicas e sociedades de economia mista que sejam controladas pela União são de competência privativa da AGU.

7. Compete à AGU a representação judicial e extrajudicial da União, sendo que o poder de representação do ente federativo central pelo advogado da União decorre da lei e, portanto, dispensa o mandato. (CESPE - 2015 - AGU - Advogado da União).

8. Cabe à Advocacia-Geral da União a representação judicial e extrajudicial não apenas do Poder Executivo, mas também dos Poderes Legislativo e Judiciário. (CESPE - 2014 - ANATEL - Conhecimentos Básicos - Cargos 13, 14 e 15).

9. O advogado-geral da União poderá, por delegação do presidente da República, prover cargos públicos federais, na forma da lei. (CESPE - 2014 - Câmara dos Deputados - Analista Legislativo - Consultor Legislativo Área I).

10. A Advocacia-Geral da União tem por chefe o advogado-geral da União, de livre nomeação pelo presidente da República entre os **CIDADÃOS MAIORES** de trinta e cinco anos de idade, notável saber jurídico e reputação ilibada. (CESPE - 2013 - AGU - Procurador Federal).

Observação: "Art. 131, § 1º da CF: A Advocacia-Geral da União tem por chefe o Advogado-Geral da União, de livre nomeação pelo Presidente da República dentre cidadãos maiores de trinta e cinco anos, de notável saber jurídico e reputação ilibada."

Questão original: A Advocacia-Geral da União tem por chefe o advogado-geral da União, de livre nomeação pelo presidente da República entre os integrantes da carreira que tenham mais de trinta e cinco anos de idade, notável saber jurídico e reputação ilibada.

11. Compete à Advocacia-Geral da União a representação judicial e extrajudicial da União, bem como a realização de atividades de consultoria e assessoramento jurídico **DO PODER** Executivo. (CESPE – 2013 – MPOG – Todos os Cargos – Conhecimentos Básicos).

Questão original: Compete à Advocacia-Geral da União a representação judicial e extrajudicial da União, bem como a realização de atividades de consultoria e assessoramento jurídico dos Poderes Executivo, Legislativo e Judiciário.

12. A Advocacia-Geral da União é a instituição que representa, judicial e extrajudicialmente, a União, cabendo-lhe as atividades de consultoria e assessoramento jurídico do Poder Executivo. (CESPE – 2013 – MS – Analista Técnico – Administrativo).

13. Compete à Advocacia-Geral da União representar, judicial e extrajudicialmente, a União, o que inclui, por exemplo, a representação judicial do Conselho da Justiça Federal. (CESPE – 2013 – MPU – Técnico Administrativo).

14. A atuação da advocacia pública federal **NÃO SE RESTRINGE** aos casos de representação judicial, consultoria e assessoramento jurídico do Poder Executivo. (CESPE – 2013 – Telebras – Especialista em Gestão de Telecomunicações – Advogado).

Questão original: A atuação da advocacia pública federal restringe-se aos casos de representação judicial, consultoria e assessoramento jurídico do Poder Executivo.

15. A Advocacia-Geral da União é instituição essencial à justiça, sendo uma de suas principais funções a representação judicial e extrajudicial da União, englobando-se, portanto, os Poderes Executivo, Legislativo e Judiciário. (CESPE – 2013 – FUNASA – Todos os Cargos – Conhecimentos Básicos – Cargos 1 e 2).

16. De acordo com a CF, se um servidor efetivo da ANS for acusado da prática de crime de corrupção, esse servidor **NÃO** terá direito de ser defendido em juízo pela Advocacia-Geral da União. (CESPE – 2013 – ANS – Técnico em Regulação de Saúde Suplementar).

Questão original: De acordo com a CF, se um servidor efetivo da ANS for acusado da prática de crime de corrupção, esse servidor terá direito de ser defendido em juízo pela Advocacia-Geral da União.

17. Considerando que um servidor do MCTI tenha decidido ingressar na justiça com ação para anular uma punição disciplinar que determinara a sua suspensão por dez dias, em virtude de violação dos seus deveres funcionais.

Por força constitucional, o referido servidor **NÃO** terá direito de ser representado, nessa demanda judicial, por um advogado da União. (CESPE - 2012 - MCT - Técnico - Tema VI).

> **Questão original:** Por força constitucional, o referido servidor terá direito de ser representado, nessa demanda judicial, por um advogado da União, uma vez que a Advocacia Geral da União é responsável pelo assessoramento jurídico no âmbito do Poder Executivo.

18. O advogado-geral da União representa judicial e extrajudicialmente a União em seus diversos órgãos, prestando assessoramento e consultoria **AO PODER EXECUTIVO.** (CESPE - 2012 - TCE-ES - Auditor de Controle Externo - Conhecimentos Básicos - Todos os Cargos).

> **Questão original:** O advogado-geral da União representa judicial e extrajudicialmente a União em seus diversos órgãos, prestando assessoramento e consultoria aos chefes dos três poderes da República.

19. O advogado-geral da União, chefe da advocacia-geral da União, é cargo de livre nomeação pelo presidente da República, entre **CIDADÃOS** maiores de trinta e cinco anos, de notável saber jurídico e **REPUTAÇÃO ILIBADA.** (CESPE - 2012 - PRF - Agente Administrativo).

> **Questão original:** O advogado-geral da União, chefe da advocacia-geral da União, é cargo de livre nomeação pelo presidente da República, entre brasileiros maiores de trinta e cinco anos, de notável saber jurídico e idoneidade moral.

20. É obrigatória a participação da Ordem dos Advogados do Brasil em todas as fases do concurso público de provas e títulos para o cargo de procurador dos estados e do Distrito Federal, não sendo obrigatória, contudo, para o ingresso nas classes das carreiras da Advocacia-Geral da União. (CESPE - 2012 - TJ-RR - Administrado).

21. A CF estabelece expressamente que a representação da União, na execução da dívida ativa de natureza tributária, cabe à Procuradoria-Geral da Fazenda Nacional, observado o disposto em lei. (CESPE - 2012 - AGU - Advogado da União).

22. Incumbe à AGU, diretamente ou mediante órgão vinculado, exercer a representação judicial e extrajudicial da União, assim como as atividades de consultoria e assessoramento jurídico **DO PODER EXECUTIVO.** (CESPE - 2012 - AGU - Advogado da União).

> **Questão original:** Incumbe à AGU, diretamente ou mediante órgão vinculado, exercer a representação judicial e extrajudicial da União, assim como as atividades

de consultoria e assessoramento jurídico dos Poderes Executivo, Legislativo e Judiciário, no âmbito federal.

23. A Advocacia-Geral da União tem por chefe o advogado-geral da União, de livre nomeação, pelo presidente da República, entre cidadãos maiores de trinta e cinco anos, de notável saber jurídico e reputação ilibada. (CESPE – 2011 – MEC – Nível Superior – Conhecimentos Básicos – Todos os Cargos).

24. **A ADVOCACIA GERAL DA UNIÃO**, exercerá a representação judicial da União, cabendo-lhe, nos termos da lei complementar que dispuser sobre sua organização e funcionamento, as atividades de consultoria e assessoramento jurídico do Poder Executivo. (CESPE – 2010 – AGU – Agente Administrativo).

Questão original: O advogado-geral da União, com o cargo organizado em carreira na qual o ingresso dependerá de concurso público de provas e títulos, com a participação da Ordem dos Advogados do Brasil em todas as suas fases, exercerá a representação judicial da União, cabendo-lhe, nos termos da lei complementar que dispuser sobre sua organização e funcionamento, as atividades de consultoria e assessoramento jurídico do Poder Executivo.

25. É vedado aos membros da AGU e de seus órgãos vinculados exercer a advocacia privada e figurar como sócio em sociedade de advogados, mesmo durante o período de gozo de licença para tratar de interesses particulares, ou de licença incentivada sem remuneração, ou durante afastamento para o exercício de mandato eletivo, salvo o exercício da advocacia em causa própria e a advocacia pro bono. (CESPE – 2010 – AGU – Procurador Federal).

26. A CF assegura autonomia funcional, administrativa e financeira às defensorias públicas estaduais, por meio das quais o Estado cumpre o seu dever constitucional de garantir às pessoas desprovidas de recursos financeiros o acesso à justiça. (CESPE – 2010 – MPU – Analista de Saúde – Psicologia).

27. O Advogado-Geral da União, ministro por determinação legal, obteve da Carta da República tratamento diferenciado em relação aos demais ministros de Estado, o que se constata pelo estabelecimento de requisitos mais rigorosos para a nomeação – idade mínima de 35 anos, reputação ilibada e notório conhecimento jurídico -, bem como pela competência para o julgamento dos crimes de responsabilidade, visto que ele será sempre julgado pelo Senado Federal, ao passo que os demais ministros serão julgados perante o STF, com a ressalva dos atos conexos aos do presidente da República. (CESPE – 2009 – AGU – Advogado da União).

28. Na concepção da AGU pela CF, observa-se nítida influência do modelo de advocacia do Estado adotado na Itália (avvocatura dello Stato), no qual uma única instituição assume tanto a defesa judicial do Estado quanto a consultoria jurídica de órgãos da administração pública. Tal modelo parte da consideração unitária dos interesses do Estado e da necessidade de sua defesa com base em critérios uniformes. (CESPE - 2009 - AGU - Advogado da União).

29. A CF previu no ato das disposições constitucionais transitórias que os procuradores da República, os quais exerciam as funções de representação judicial da União, poderiam optar, de forma irretratável, entre as carreiras do Ministério Público Federal e as da AGU. (CESPE - 2007 - AGU - Procurador Federal - Prova 1).

30. A representação da União, judicial e extrajudicialmente, é feita pela Advocacia-Geral da União de forma direta ou por meio de órgão vinculado, cabendo à Procuradoria-Geral da Fazenda Nacional a representação da União na execução da dívida ativa de natureza tributária, observado o disposto em lei. (CESPE - 2004 - AGU - Advogado da União).

4.4.10.3 Da advocacia

1. O ente federado tanto **DEVERÁ CONSTITUIR** defensoria pública. (CESPE - 2017 - Prefeitura de Fortaleza - CE - Procurador do Município).

> **Questão original:** O ente federado tanto pode optar pela constituição de defensoria pública quanto firmar convênio exclusivo com a OAB para prestar assistência jurídica integral aos hipossuficientes.

2. No que toca à imunidade profissional do advogado, não constituem injúria ou difamação puníveis qualquer ato ou manifestação praticada no exercício de sua atividade. Entretanto, se, por exemplo, o advogado desacatar um agente penitenciário que age no exercício de sua função, o STF entende que não há imunidade, e pode ser instaurado processo-crime contra o causídico. (CESPE - 2013 - DEPEN - Agente Penitenciário).

3. A CF considera, de modo expresso, que o advogado é indispensável à administração da justiça. (CESPE - 2013 - TRT - 10ª REGIÃO (DF e TO) - Analista Judiciário - Área Judiciária).

4. Consoante à jurisprudência do STF, é direito do advogado, previsto no ordenamento jurídico brasileiro, não ser recolhido preso antes de sentença transitada em julgado, senão em sala de Estado Maior, com instalações e comodidades condignas. (CESPE - 2013 - DEPEN - Agente Penitenciário).

> **Questão original:** Consoante à jurisprudência do STF, é direito do advogado, previsto no ordenamento jurídico brasileiro, não ser recolhido preso antes de sentença

transitada em julgado, senão em sala de Estado Maior, com instalações e comodidades condignas. **NESSE CASO, QUEM DEVE AVALIAR E RECONHECER SE AS INSTALAÇÕES E COMODIDADES SÃO CONDIGNAS É A OAB, E NÃO O ESTADO.**

4.4.10.4 Da Defensoria Pública

10 2. A fim de garantir assistência jurídica integral aos necessitados, o Estado federado **DEVERÁ** criar a defensoria pública local. (CESPE – 2018 – MPE-PI – Conhecimentos Básicos – Cargos de Nível Superior).

Questão original: A fim de garantir assistência jurídica integral aos necessitados, o Estado federado poderá optar por criar a defensoria pública local ou firmar convênio exclusivo e obrigatório com a Ordem dos Advogados do Brasil.

3. Aos advogados públicos serão concedidos vencimentos fixos, **VEDADO O ACRÉSCIMO DE QUALQUER ADICIONAL OU** gratificação. (CESPE – 2018 – MPU – Analista do MPU – Direito).

Questão original: Aos advogados públicos serão concedidos vencimentos fixos, acrescidos ou não de gratificação.

4. No que se refere à defesa dos interesses dos necessitados, cabe à DP a defesa de direitos individuais e coletivos, mesmo no âmbito da esfera extrajudicial. (CESPE – 2017 – DPU – Defensor Público Federal).

5. De acordo com o entendimento do STJ, enquanto os estados, mediante lei específica, não organizarem suas DPs para atuarem continuamente na capital federal, o acompanhamento dos processos em trâmite naquela corte será prerrogativa da DPU. (CESPE – 2017 – DPU – Defensor Público Federal).

6. Conforme o entendimento do STF, a autonomia funcional conferida pela CF às DPs, que lhes assegura a iniciativa de propor seu orçamento, inclui a prévia participação desses órgãos na elaboração das respectivas leis de diretrizes orçamentárias. (CESPE – 2017 – DPU – Defensor Público Federal).

Questão original: Conforme o entendimento do STF, a autonomia funcional conferida pela CF às DPs, que lhes assegura a iniciativa de propor seu orçamento, **NÃO** inclui a prévia participação desses órgãos na elaboração das respectivas leis de diretrizes orçamentárias.

7. Aos defensores públicos é garantida a inamovibilidade e vedada a advocacia fora das atribuições institucionais. (CESPE – 2017 – Prefeitura de Fortaleza – CE – Procurador do Município).

8. De acordo com o entendimento do STF, a legitimidade da DP para atuar em ações que visem resguardar o interesse de pessoas necessitadas limita-se à tutela de direitos **TRANSINDIVIDUAIS** e individuais homogêneos. (CESPE – 2017 – DPU – Defensor Público Federal).

Questão original: De acordo com o entendimento do STF, a legitimidade da DP para atuar em ações que visem resguardar o interesse de pessoas necessitadas limita-se à tutela de direitos coletivos e individuais homogêneos.

9. Entre os modelos de assistência jurídica dos Estados contemporâneos, o Brasil adotou, na CF, o sistema salaried staff model, o que significa que incumbe à DP a prestação de assistência jurídica integral e gratuita aos necessitados. (CESPE – 2017 – DPU – Defensor Público Federal).

10. Como instituição essencial à função jurisdicional do Estado, a Defensoria Pública incumbe-se da orientação jurídica e da defesa dos direitos individuais e coletivos, de forma integral e gratuita, aos necessitados, em todas as esferas judiciais, cabendo-lhe atuar extrajudicialmente, em processos administrativos **E JUDICIAIS, PERANTE TODOS OS ÓRGÃOS E EM TODOS OS GRAUS.** (CESPE – 2016 – TCE-SC – Conhecimentos Básicos – Exceto para os cargos 3 e 6).

Questão original: Como instituição essencial à função jurisdicional do Estado, a Defensoria Pública incumbe-se da orientação jurídica e da defesa dos direitos individuais e coletivos, de forma integral e gratuita, aos necessitados, em todas as esferas judiciais, cabendo-lhe atuar extrajudicialmente, em processos administrativos, apenas de maneira subsidiária, quando não existir, na respectiva localidade, serviço jurídico público ou privado de atendimento gratuito à população.

11. Do princípio institucional da unidade não decorre a vedação à existência de posições discordantes entre os membros da DP, haja vista a independência funcional a eles garantida. (CESPE – 2016 – DPU – Analista Técnico – Administrativo).

12. A CF **NÃO** autoriza que a DPU exerça a representação judicial de autarquia federal em demanda que discuta matéria relacionada à defesa dos direitos dos quilombolas. (CESPE – 2016 – DPU – Conhecimentos Básicos – Cargos 3 e 8).

Questão original: A CF autoriza, em casos excepcionais, que a DPU exerça a representação judicial de autarquia federal em demanda que discuta matéria relacionada à defesa dos direitos dos quilombolas.

13. Os princípios institucionais da Defensoria Pública incluem a unidade, a indivisibilidade e a independência funcional. (CESPE – 2016 – DPU – Técnico em Assuntos Educacionais).

14. A União ajuizou ação contra réu patrocinado pela Defensoria Pública. Na sentença, o juiz acolheu parecer do Ministério Público, que se manifestou no feito como fiscal da lei.

Na situação em apreço, a ação discute, necessariamente, direitos individuais, visto que é **PERMITIDO** à Defensoria Pública atuar em demandas que versem a respeito **DESTES DIREITOS, ASSIM COMO TAMBÉM DOS COLETIVOS.** (CESPE – 2016 – DPU – Agente Administrativo – Conhecimentos Básicos).

Questão original: Na situação em apreço, a ação discute, necessariamente, direitos individuais, visto que é vedado à Defensoria Pública atuar em demandas que versem a respeito de direitos coletivos.

15. Ao defensor público estadual é assegurada a garantia de inamovibilidade. (CESPE – 2016 – TCE-PA – Auxiliar Técnico de Controle Externo – Área Administrativa).

16. Nas ações em que a defensoria pública atue representando hipossuficiente contra a fazenda pública **DA QUAL NÃO PERTENÇA**, cabe condenação em honorários sucumbenciais. (CESPE – 2015 – TJ-DFT – Técnico Judiciário – Administrativa).

Questão original: Nas ações em que a defensoria pública atue representando hipossuficiente contra a fazenda pública, não cabe condenação em honorários sucumbenciais.

17. Aos defensores públicos empossados após a promulgação da CF é **VEDADO** o exercício da advocacia privada **FORA DAS ATRIBUIÇÕES INSTITUCIONAIS.** (CESPE – 2015 – DPE-PE – Defensor Público).

Observação: "Art. 134, § 1º da CF: Lei complementar organizará a Defensoria Pública da União e do Distrito Federal e dos Territórios e prescreverá normas gerais para sua organização nos Estados, em cargos de carreira, providos, na classe inicial, mediante concurso público de provas e títulos, assegurada a seus integrantes a garantia da inamovibilidade e vedado o exercício da advocacia fora das atribuições institucionais."

Questão original: Aos defensores públicos empossados após a promulgação da CF é permitido o exercício da advocacia privada, desde que não conflitante com o exercício de suas atribuições institucionais.

18. A autonomia funcional e administrativa conferida à DP impede sua vinculação à secretaria de justiça do estado ao qual pertença. (CESPE – 2015 – DPE-PE – Defensor Público).

Questão original: A autonomia funcional e administrativa conferida à DP NÃO impede sua vinculação à secretaria de justiça do estado ao qual pertença, caso exista tal previsão na respectiva lei complementar estadual.

19. O recebimento de processo, mandado ou ofício por servidor da defensoria pública, mesmo que de setor administrativo, configura inequívoca intimação pessoal do órgão. (CESPE - 2015 - TJ-DFT - Analista Judiciário - Oficial de Justiça Avaliador Federal).

20. As defensorias públicas dos estados **NÃO** são vinculadas as secretarias de estado de justiça, sendo a autonomia **TAMBÉM** prevista para a Defensoria Pública **ESTADUAL.** (CESPE - 2015 - TJ-DFT - Técnico Judiciário - Administrativa).

Questão original: As defensorias públicas dos estados são vinculadas ao Poder Executivo por meio das secretarias de estado de justiça, sendo a autonomia prevista apenas para a Defensoria Pública da União.

21. A defensoria pública **NÃO** possui legitimidade para instauração de inquérito civil público. (CESPE - 2015 - TJ-DFT - Técnico Judiciário - Administrativa).

Questão original: A defensoria pública possui legitimidade para instauração de inquérito civil público.

22. A **INDIVISIBILIDADE**, princípio institucional da defensoria pública, significa que seus membros podem substituir-se uns aos outros, a fim de preservar a continuidade na execução de suas finalidades institucionais. (CESPE - 2014 - Câmara dos Deputados - Analista Legislativo - Consultor Legislativo Área II).

Questão original: A unidade, princípio institucional da defensoria pública, significa que seus membros podem substituir-se uns aos outros, a fim de preservar a continuidade na execução de suas finalidades institucionais.

23. De acordo com o STF, reveste-se de **INCONSTITUCIONAL** lei estadual que equipara o defensor público-geral estadual a secretário de estado-membro. (CESPE - 2014 - Câmara dos Deputados - Analista Legislativo - Consultor Legislativo Área I).

Questão original: De acordo com o STF, reveste-se de constitucionalidade lei estadual que equipara o defensor público-geral estadual a secretário de estado-membro.

24. Essencial à justiça, a defensoria pública é competente para a defesa dos necessitados, havendo, porém, óbice a que a legislação infraconstitucional amplie essa competência para defesa de sujeitos não hipossuficientes. (CESPE - 2014 - TJ-SE - Analista Judiciário - Direito).

Questão original: Essencial à justiça, a defensoria pública é competente para a defesa dos necessitados, **NÃO** havendo, porém, óbice a que a legislação infraconstitucional amplie essa competência para defesa de sujeitos não hipossuficientes.

25. **AS** defensorias públicas estaduais **E AS** Defensoria Pública da União dispõe de autonomia funcional e administrativa. (CESPE – 2013 – TCU – Auditor Federal de Controle Externo).

Questão original: Diferentemente das defensorias públicas estaduais, a Defensoria Pública da União não dispõe de autonomia funcional e administrativa.

26. A CF **NÃO AUTORIZA** a contratação temporária de advogados para o exercício das funções de defensor público. (CESPE – 2013 – TCE-RO – Analista de Informática).

Questão original: A CF autoriza expressamente a contratação temporária de advogados para o exercício das funções de defensor público, em situações excepcionais.

27. Considere que tenha sido editada lei estadual que estabelecia a subordinação administrativa da defensoria pública estadual ao governador do estado. Nessa situação, a criação dessa lei é inconstitucional, dado que a defensoria pública é dotada de autonomia funcional e administrativa. (CESPE – 2013 – SEGESP-AL – Papiloscopista).

28. **NÃO HÁ** previsão legal para a criação e organização de defensorias públicas municipais. (CESPE – 2013 – SEGESP-AL – Papiloscopista).

Questão original: Há previsão legal para a criação e organização de defensorias públicas municipais.

29. Segundo o STF, as DPs dos estados **NÃO** podem ter relação de vinculação e subordinação, a órgãos do Poder Executivo. (CESPE – 2013 – DPE-DF – Defensor Público).

Questão original: Segundo o STF, as DPs dos estados podem ter relação de vinculação, mas não de subordinação, a órgãos do Poder Executivo, desde que o vínculo seja estabelecido pela própria Constituição estadual e não afete sua autonomia funcional e administrativa.

30. Segundo entendimento do STF, a intimação em processos judiciais da defensoria pública **DEVERÁ SER PESSOAL.** (CESPE – 2013 – DEPEN – Agente Penitenciário).

Questão original: Segundo entendimento do STF, a intimação em processos judiciais da defensoria pública aperfeiçoa-se com a publicação do ato notificatório no Diário Oficial.

31. A defensoria pública, instituição essencial à função jurisdicional do Estado, tem por competência a orientação jurídica e a defesa, em todos os graus, dos necessitados. (CESPE - 2013 - MS - Analista Técnico - Administrativo).

32. A defensoria pública é instituição essencial à função jurisdicional do Estado, incumbindo-lhe a orientação jurídica e a defesa, em todos os graus, dos necessitados que comprovarem insuficiência de recursos. A seus integrantes é assegurada a garantia da inamovibilidade e vedado o exercício da advocacia fora das atribuições institucionais. (CESPE - 2013 - MPU - Técnico Administrativo).

33. A defensoria pública estadual detém autonomia funcional e administrativa, assim como a iniciativa de sua proposta orçamentária. (CESPE - 2013 - TRT - 17ª Região (ES) - Analista Judiciário - Área Administrativa).

34. Além da assistência jurídica integral e gratuita aos mais necessitados, a Defensoria Pública **NÃO** pode promover a defesa judicial dos servidores públicos processados civil e criminalmente. (CESPE - 2012 - TJ-RR - Administrador).

> **Questão original:** Além da assistência jurídica integral e gratuita aos mais necessitados, a Defensoria Pública pode promover a defesa judicial dos servidores públicos processados civil e criminalmente em decorrência do regular exercício do cargo, desde que haja previsão expressa, nesse sentido, em lei estadual.

35. Na defesa dos hipossuficientes, a defensoria pública tem legitimidade para ajuizar ação coletiva. (CESPE - 2012 - PC-CE - Inspetor de Polícia - Civil).

36. **UM DOS OBJETIVOS** da defensoria pública **É** à defesa dos hipossuficientes em todos os graus de jurisdição. (CESPE - 2012 - PC-CE - Inspetor de Polícia - Civil).

> **Questão original:** A missão da defensoria pública restringe-se à defesa dos hipossuficientes em todos os graus de jurisdição.

37. É vedado ao defensor público o exercício da advocacia fora de suas atribuições institucionais. (CESPE - 2011 - STM - Analista Judiciário - Área Judiciária - Específicos).

38. Entre os cargos vitalícios estipulados na CF, **NÃO É ENCONTRADO** o de defensor público. (CESPE - 2010 - TRT - 21ª Região (RN) - Técnico Judiciário - Área Administrativa).

> **Questão original:** Entre os cargos vitalícios estipulados na CF, encontra-se o de defensor público, inserido na reforma trazida pela EC n. º 45/2004.

39. A CF veda aos membros da DP o exercício da advocacia fora das atribuições institucionais. (CESPE - 2010 - DPE-BA - Defensor Público).

40. De acordo com a CF, são de iniciativa **PRIVATIVA** do presidente da República as leis que disponham sobre a organização da Defensoria Pública da União bem como as normas gerais para a organização da DP dos estados, do Distrito Federal, dos territórios. (CESPE – 2010 – DPE-BA – Defensor Público).

> **Questão original:** De acordo com a CF, são de iniciativa exclusiva do presidente da República as leis que disponham sobre a organização da Defensoria Pública da União bem como as normas gerais para a organização da DP dos estados, do Distrito Federal, dos territórios e dos municípios.

41. A CF assegura autonomia funcional, administrativa e financeira às defensorias públicas estaduais, por meio das quais o Estado cumpre o seu dever constitucional de garantir às pessoas desprovidas de recursos financeiros o acesso à justiça. (CESPE – 2010 – MPU – Analista – Arquivologia).

42. A CF assegura autonomia funcional, administrativa e financeira às defensorias públicas estaduais, por meio das quais o Estado cumpre o seu dever constitucional de garantir às pessoas desprovidas de recursos financeiros o acesso à justiça. (CESPE – 2010 – MPU – Analista – Atuarial).

43. Se a parte requerente deixar de juntar provas de que não possui condições de pagar as custas do processo e os honorários de advogado sem prejuízo próprio ou de sua família, **BASTANTO A MERA ALEGAÇÃO DA POBREZA**, o juiz **DEFERIRÁ** o pedido de assistência judiciária. (CESPE – 2009 – DPE-AL – Defensor Público).

> **Questão original:** Se a parte requerente deixar de juntar provas de que não possui condições de pagar as custas do processo e os honorários de advogado sem prejuízo próprio ou de sua família, o juiz indeferirá o pedido de assistência judiciária.

44. O critério objetivo de definição da hipossuficiência nas legislações complementares federal e estadual, para fins de assistência jurídica pela defensoria pública, **NÃO** é divergente. **NÃO PODERÁ EXISTIR** parâmetros distintos **PARA** os hipossuficientes, no âmbito federal **E NO** âmbito estadual. (CESPE – 2009 – DPE-ES – Defensor Público).

> **Questão original:** O critério objetivo de definição da hipossuficiência nas legislações complementares federal e estadual, para fins de assistência jurídica pela defensoria pública, é divergente. Justifica-se a utilização de parâmetros distintos porque os hipossuficientes, no âmbito federal, têm perfil socioeconômico diferente dos necessitados na circunscrição do estado. No âmbito estadual, considera-se como insuficiente de recursos aquele que tenha renda pessoal mensal inferior a três salários mínimos, ou pertença a entidade familiar cuja média de renda per capita ou mensal não ultrapasse a metade do valor referido.

45. É direito do defensor, no interesse do representado, ter acesso amplo aos elementos de prova que, já documentados em procedimento investigatório realizado por órgão com competência de polícia judiciária, digam respeito ao exercício do direito de defesa. (CESPE - 2009 - Prefeitura de Ipojuca - PE - Procurador Municipal).

46. Considere que Pablo, chileno residente no Brasil, tenha procurado a DP para ajuizar ação visando ser ressarcido de danos morais que lhe foram causados por Rodrigo. Nesse caso, **PODERÁ** à DP promover a ação pretendida por Pablo. (CESPE - 2009 - DPE-AL - Defensor Público).

> **Questão original:** Considere que Pablo, chileno residente no Brasil, tenha procurado a DP para ajuizar ação visando ser ressarcido de danos morais que lhe foram causados por Rodrigo. Nesse caso, é defeso à DP promover a ação pretendida por Pablo, já que, por disposição legal expressa, os benefícios da assistência judiciária têm como destinatários os brasileiros.

47. A defensoria pública poderá tomar dos interessados compromisso de ajustamento da conduta destes às exigências legais, mediante cominações, tendo esse compromisso eficácia de título executivo extrajudicial. (CESPE - 2009 - DPE-ES - Defensor Público).

48. A defensoria pública, conforme previsto na lei de regência, tem legitimidade para propor ação civil pública na defesa do meio ambiente. (CESPE - 2009 - DPE-ES - Defensor Público).

49. De acordo com o entendimento do STF, é inconstitucional lei editada pelo estado-membro que prevê a vinculação da DPE a determinada secretaria de estado. (CESPE - 2009 - DPE-AL - Defensor Público).

50. A atuação perante os tribunais superiores é prerrogativa assegurada, de forma expressa, na referida lei complementar federal, aos membros da Defensoria Pública da União de categoria especial. O defensor público geral da União atua junto ao STF. (CESPE - 2009 - DPE-ES - Defensor Público).

51. A Emenda Constitucional n.º 45 **NÃO** assegurou ao defensor público geral da União o foro por prerrogativa de função perante o STF para conhecer, processar e julgar os crimes comuns e, perante o Senado Federal, nos delitos de responsabilidade, nos mesmos moldes estabelecidos para o procurador-geral da República e o advogado-geral da União. (CESPE - 2009 - DPE-ES - Defensor Público).

> **Questão original:** A Emenda Constitucional n.º 45 assegurou ao defensor público geral da União o foro por prerrogativa de função perante o STF para conhecer, processar e julgar os crimes comuns e, perante o Senado Federal, nos delitos de responsabilidade, nos mesmos moldes estabelecidos para o procurador-geral da República e o advogado-geral da União.

52. A CEES, assegura a necessidade de designação de membro permanente da defensoria pública para prestar assistência integral e gratuita aos índios do estado, a suas comunidades e organizações. (CESPE - 2009 - DPE-ES - Defensor Público

Questão original: A CEES, **DA MESMA FORMA QUE O PREVISTO EXPRESSAMENTE PELA CF COM RELAÇÃO AO ASSUNTO,** assegura a necessidade de designação de membro permanente da defensoria pública para prestar assistência integral e gratuita aos índios do estado, a suas comunidades e organizações.

53. A Defensoria Pública da União é responsável por oferecer, **AOS NECESSITADOS,** assistência judiciária gratuita à população. (CESPE – 2008 – TST – Técnico Judiciário – Área Administrativa).

Questão original: A Defensoria Pública da União é o órgão do Ministério Público da União responsável por oferecer assistência judiciária gratuita à população.

54. Aos defensores públicos é assegurada a garantia da inamovibilidade. (CESPE – 2008 – DPE-CE – Defensor Público).

55. O defensor público é remunerado por meio de subsídio. (CESPE – 2008 – DPE-CE – Defensor Público).

56. A população carcerária do Brasil dobrou entre os anos de 1995 e 2003. No meio da década de 90, havia 148.760 detentos. Hoje existem 308.304 condenados cumprindo pena. O deficit de vagas no sistema penitenciário teve um aumento de 60,7% – de 80.163 vagas para 128.815. O Brasil tem a segunda maior população carcerária da América, com 187,7 presos para cada 100.000 habitantes – os Estados Unidos da América (EUA) têm 740 para cada 100.000 habitantes. Folha de S. Paulo, 10/7/2004, p. C1 (com adaptações).

Uma das maiores críticas que são feitas à estrutura jurídica brasileira é a **INSUFICIÊNCIA** de defensoria pública, ou seja, **ORIENTAÇÃO JURÍDICA, E A DEFESA,** para atuar na defesa de quem não pode arcar com essa despesa. (CESPE – 2004 – TRE-AL – Técnico Judiciário – Área Administrativa).

Questão original: Uma das maiores críticas que são feitas à estrutura jurídica brasileira é a inexistência de defensoria pública, ou seja, de advogados pagos pelo poder público para atuar na defesa de quem não pode arcar com essa despesa.

5

PARTE ESPECIAL DA CONSTITUIÇÃO FEDERAL

5.1 DA DEFESA DO ESTADO E DAS INSTITUIÇÕES DEMOCRÁTICAS

1. O poder constituinte **DERIVADO REFORMADOR**, ao tratar da segurança pública no ordenamento constitucional vigente, fez menção expressa à segurança viária, atividade exercida para a preservação da ordem pública, da incolumidade das pessoas e de seu patrimônio nas vias públicas. (CESPE - 2018 - PC-SE - Delegado de Polícia).

> **Questão original:** O poder constituinte originário, ao tratar da segurança pública no ordenamento constitucional vigente, fez menção expressa à segurança viária, atividade exercida para a preservação da ordem pública, da incolumidade das pessoas e de seu patrimônio nas vias públicas.

2. Compete à União estabelecer normas gerais sobre a organização das polícias civis. (CESPE - 2018 - PC-SE - Delegado de Polícia).

3. As polícias militares, os corpos de bombeiros militares e as polícias civis subordinam-se aos governadores dos estados, do Distrito Federal e dos territórios. (CESPE - 2018 - PC-SE - Delegado de Polícia).

4. Compete à Polícia Federal exercer, com exclusividade, as funções de polícia judiciária da União. (CESPE - 2018 - Polícia Federal - Agente de Polícia Federal).

5. A segurança pública, exercida para preservação da ordem pública e da incolumidade das pessoas e do patrimônio, é responsabilidade de todos. (CESPE - 2018 - PC-SE - Delegado de Polícia).

6. Incumbem às polícias civis a função de polícia judiciária e a apuração de infrações penais, excetuadas as **MILITARES.** (CESPE - 2018 - PC-SE - Delegado de Polícia).

Observação: "Art. 144, § 4º da CF: Às polícias civis, dirigidas por delegados de polícia de carreira, incumbem, ressalvada a competência da União, as funções de polícia judiciária e a apuração de infrações penais, exceto as militares."

Questão original: Incumbem às polícias civis a função de polícia judiciária e a apuração de infrações penais contra a ordem política e social, excetuadas as infrações de natureza militar.

7. A Polícia Federal tem a atribuição de apurar infrações que exijam repressão uniforme e tenham repercussão internacional **OU** interestadual. (CESPE - 2018 - Polícia Federal - Agente de Polícia Federal).

Questão original: A Polícia Federal tem a atribuição de apurar infrações que exijam repressão uniforme e tenham repercussão internacional; infrações que exijam repressão uniforme, mas que tenham repercussão interestadual, devem ser apuradas pelas polícias civis e militares.

8. A PF tem competência para apurar infrações penais que causem prejuízos aos interesses da União **E** órgãos da administração pública indireta no âmbito federal. (CESPE - 2018 - Polícia Federal - Delegado de Polícia Federal).

Questão original: A PF tem competência para apurar infrações penais que causem prejuízos aos interesses da União, ressalvadas aquelas que atinjam órgãos da administração pública indireta no âmbito federal.

9. É permitida aos municípios a criação de guardas municipais para a proteção de seus bens, serviços e instalações, inclusive com a atribuição de poder de polícia de trânsito. (CESPE - 2018 - ABIN - Oficial Técnico de Inteligência - Área 2).

10. A exclusividade atribuída pela Constituição Federal de 1988 à Polícia Federal para o exercício das funções de polícia judiciária da União **NÃO** impede a realização de atividade de investigação criminal pelo Ministério Público. (CESPE - 2018 - ABIN - Oficial Técnico de Inteligência - Área 2).

Questão original: A exclusividade atribuída pela Constituição Federal de 1988 à Polícia Federal para o exercício das funções de polícia judiciária da União impede a realização de atividade de investigação criminal pelo Ministério Público.

11. Determinada sociedade empresária pretende utilizar, como insumo de seus produtos, substância passível de causar dependência física. Nesse caso, ela estará sujeita ao controle e à fiscalização da Polícia Federal, salvo se a substância estiver sob o controle de órgão competente do Ministério da Saúde. (CESPE - 2018 - Polícia Federal - Perito Criminal Federal - Conhecimentos Básicos - Todas as Áreas).

12. O policiamento naval é **ATIVIDADE SECUNDÁRIA** da Marinha de Guerra, atividade de natureza meramente **ADMINISTRATIVO.** (CESPE - 2018 - ABIN - Oficial Técnico de Inteligência - Conhecimentos Gerais).

> **Questão original:** O policiamento naval é atribuição privativa da Marinha de Guerra, atividade de natureza meramente militar.

13. A segurança pública é direito de todos, e, nesse sentido, incumbe à polícia **FEDERAL** a função de polícia judiciária da União. (CESPE - 2016 - ANVISA - Técnico Administrativo - Conhecimentos Específicos).

> **Questão original:** A segurança pública é direito de todos, e, nesse sentido, incumbe à polícia civil a função de polícia judiciária da União.

14. Por expressa disposição constitucional, lei sobre o ingresso nas Forças Armadas deve considerar as peculiaridades de suas atividades, inclusive das atividades cumpridas em decorrência de compromissos internacionais. (CESPE - 2016 - Instituto Rio Branco - Diplomata - Prova 2).

15. A decretação de estado de sítio pode importar na restrição de direitos fundamentais como o direito de reunião, de propriedade e de inviolabilidade da correspondência. (CESPE - 2015 - TCE-RN - Auditor).

16. É competência **PRIVATIVA DA UNIÃO** legislar sobre material bélico, convocar e mobilizar as forças auxiliares. (CESPE - 2014 - Câmara dos Deputados - Analista Legislativo - Consultor Legislativo Área XVII).

> **Questão original:** É competência concorrente do Exército legislar sobre material bélico, convocar e mobilizar as forças auxiliares.

17. A Constituição Federal estabelece como forças auxiliares as polícias **MILITARES** e os corpos de bombeiros **MILITARES.** (CESPE - 2014 - Câmara dos Deputados - Analista Legislativo - Consultor Legislativo Área XVII).

> **Questão original:** A Constituição Federal estabelece como forças auxiliares e reserva do Exército as polícias e os corpos de bombeiros.

18. O objetivo fundamental da segurança pública, exercida por meio das polícias federal, rodoviária federal, civis, militares e dos corpos de bombeiros militares, é a preservação da ordem pública e da incolumidade das pessoas e do patrimônio. (CESPE - 2014 - Polícia Federal - Conhecimentos Básicos - Nível Superior).

19. A Polícia Federal e a Polícia Rodoviária Federal são órgãos destinados ao exercício da segurança pública no Brasil. (CESPE - 2014 - Polícia Federal - Agente Administrativo).

Questão original: A FORÇA NACIONAL DE SEGURANÇA PÚBLICA, a Polícia Federal e a Polícia Rodoviária Federal são órgãos destinados ao exercício da segurança pública no Brasil.

20. Na hipótese da ocorrência de crime contra o patrimônio da Empresa Brasileira de Correios e Telégrafos, compete à Polícia Federal apurar a infração penal. (CESPE - 2014 - Polícia Federal - Agente Administrativo).

21. A Polícia Federal, organizada e mantida pela União, atua, de forma preventiva e repressiva, no combate a certos delitos, sendo ainda de sua responsabilidade o exercício, com exclusividade, das funções de polícia judiciária da União. (CESPE - 2014 - Polícia Federal - Conhecimentos Básicos - Nível Superior).

22. O estado de defesa e o estado de sítio são medidas excepcionais previstas no texto constitucional e visam à restauração da ordem em momentos de crise. (CESPE - 2013 - TRT - 10ª REGIÃO (DF e TO) - Analista Judiciário - Área Judiciária).

23. O Congresso Nacional **NÃO** deixará de funcionar enquanto vigorar o estado de defesa. (CESPE - 2013 - TRT - 10ª REGIÃO (DF e TO) - Analista Judiciário - Área Judiciária).

Questão original: O Congresso Nacional deixará de funcionar enquanto vigorar o estado de defesa.

24. Diferentemente do que ocorre na decretação do estado de defesa, a decretação do estado de sítio pelo presidente da República depende de prévia e expressa autorização do Congresso Nacional. (CESPE - 2013 - SEGESP-AL - Técnico Forense).

25. A decretação do estado de sítio, medida excepcional, pode ocorrer tanto em caso de guerra ou resposta a agressão armada estrangeira, quanto de comoção grave de repercussão nacional ou ocorrência de fatos que comprovem a ineficácia de medida tomada durante o estado de defesa. (CESPE - 2013 - DPE-DF - Defensor Público).

26. Admite-se a suspensão do direito de reunião quando o estado de sítio estiver vigente. (CESPE - 2013 - ANP - Especialista em Regulação - Área I).

27. O estado de sítio é medida mais **GRAVE DO QUE O ESTADO DE DEFESA**, diferentemente do estado de defesa, **DEPENDE DE SOLICITAÇÃO** prévia do Congresso Nacional para que possa ser decretado pelo presidente da República. (CESPE - 2013 - TRT - 10ª REGIÃO (DF e TO) - Analista Judiciário - Área Judiciária).

Questão original: O estado de sítio é medida mais branda de defesa do Estado e das instituições democráticas e, diferentemente do estado de defesa, não exige autorização prévia do Congresso Nacional para que possa ser decretado pelo presidente da República.

28. A apuração de infrações penais cometidas contra os interesses de empresa pública federal insere-se no âmbito da competência da Polícia Federal. (CESPE - 2013 - Polícia Federal - Conhecimentos Básicos - Todos os Cargos, CESPE - 2013 - Polícia Federal - Perito Criminal Federal - Conhecimentos Básicos; CESPE - 2013 - Polícia Federal - Escrivão da Polícia Federal).

29. De acordo com a norma constitucional, cabe à Polícia Federal prevenir e reprimir o tráfico ilícito de entorpecentes e drogas afins, portanto a atuação da polícia militar de determinado estado da Federação no flagrante e apreensão de drogas **NÃO** implica a ilicitude da prova e a nulidade do auto de prisão. (CESPE - 2013 - DPF - Delegado).

Questão original: De acordo com a norma constitucional, cabe exclusivamente à Polícia Federal prevenir e reprimir o tráfico ilícito de entorpecentes e drogas afins, portanto a atuação da polícia militar de determinado estado da Federação no flagrante e apreensão de drogas implica a ilicitude da prova e a nulidade do auto de prisão.

30. A Polícia Federal dispõe de competência para proceder à investigação de infrações penais cuja prática tenha repercussão interestadual ou internacional, exigindo-se repressão uniforme. (CESPE - 2013 - DPF - Delegado; CESPE - 2013 - Polícia Federal - Delegado de Polícia).

31. As polícias civis, às quais incumbem, ressalvada a competência da União, as funções de polícia judiciária e a apuração de infrações penais, exceto as militares, subordinam-se aos governadores dos estados, do DF e dos territórios. (CESPE - 2013 - PC-DF - Agente de Polícia).

32. Considere que determinada lei ordinária tenha criado órgão especializado em perícia e o tenha inserido no rol dos órgãos responsáveis pela segurança pública. Nessa situação, a lei **INCONSTITUCIONAL, NO QUAL A CF NÃO** admite a criação de outros órgãos públicos encarregados da segurança pública, além daqueles previstos no texto constitucional. (CESPE - 2013 - Polícia Federal - Escrivão da Polícia Federal).

Questão original: Considere que determinada lei ordinária tenha criado órgão especializado em perícia e o tenha inserido no rol dos órgãos responsáveis pela segurança pública. Nessa situação, a lei está em consonância com a CF, a qual admite expressamente a criação de outros órgãos públicos encarregados da segurança pública, além daqueles previstos no texto constitucional.

33. As polícias civis são dirigidas por delegados de polícia de carreira, cabendo-lhes a incumbência de exercer as funções de polícia judiciária e apurar as infrações penais, **EXCETO AS** militares. (CESPE - 2013 - SEGESP-AL - Técnico Forense).

Questão original: As polícias civis são dirigidas por delegados de polícia de carreira, cabendo-lhes a incumbência de exercer genericamente as funções de polícia judiciária e apurar as infrações penais e militares, além de prevenir e reprimir o tráfico ilícito de entorpecentes e drogas afins.

34. Nos termos da legislação ordinária, cabe à PRF, entre outras funções, a de realizar operações relacionadas com a segurança pública, **PODENDO SER** em conjunto com a Polícia Federal. (CESPE – 2012 – PRF – Nível Superior – Conhecimentos Básicos – Todos os Cargos).

Questão original: Nos termos da legislação ordinária, cabe à PRF, entre outras funções, a de realizar operações relacionadas com a segurança pública, desde que em conjunto com a Polícia Federal.

35. Nos termos da Constituição Federal de 1988, é de responsabilidade da **POLÍCIA CIVIL** a apuração de infrações penais sobre furtos e roubos de veículos. (CESPE – 2012 – PRF – Nível Superior – Conhecimentos Básicos – Todos os Cargos).

Questão original: Nos termos da Constituição Federal de 1988, é de responsabilidade da PRF a apuração de infrações penais sobre furtos e roubos de veículos.

36. Art. 5.º Todos são iguais perante a lei, sem distinção de qualquer natureza, garantindo-se aos brasileiros e aos estrangeiros residentes no país a inviolabilidade do direito à vida, à liberdade, à igualdade, à segurança e à propriedade (...)

Art. 6.º São direitos sociais a educação, a saúde, a alimentação, o trabalho, a moradia, o lazer, a segurança, a previdência social, a proteção à maternidade e à infância e a assistência aos desamparados, na forma desta Constituição.

O termo "segurança", **NO ARTIGO SEXTO**, trata da segurança pública, que é direito **DE TODOS** a ser protegido pelo Estado por meio de atuação positiva e ostensiva. (CESPE – 2012 – PRF – Agente Administrativo).

Questão original: O termo "segurança", em ambos os artigos, trata da segurança pública, que é direito fundamental social a ser protegido pelo Estado por meio de atuação positiva e ostensiva, inclusive da PRF.

37. De acordo com a Constituição Federal de 1988 (CF), é atribuição da **PF**, exercer, entre outras funções, a de polícia judiciária **DA UNIÃO.** (CESPE – 2012 – PRF – Agente Administrativo).

Questão original: De acordo com a Constituição Federal de 1988 (CF), é atribuição da PRF, na forma da lei, exercer, entre outras funções, a de polícia judiciária.

38. À PRF destina-se, na forma da lei, o patrulhamento ostensivo das rodovias federais. (CESPE - 2012 - PRF - Agente Administrativo).

> **Questão original:** À PRF destina-se, na forma da lei, o patrulhamento ostensivo das rodovias **ESTADUAIS** e federais.

39. De acordo com a CF, a polícia civil exerce as funções de polícia judiciária e apura as infrações penais, **EXCETUADA** as militares. (CESPE - 2012 - PC-AL - Delegado de Polícia).

> **Questão original:** De acordo com a CF, a polícia civil exerce as funções de polícia judiciária e apura as infrações penais, inclusive as militares.

40. A segurança pública é dever do Estado e direito e responsabilidade de todos, sendo exercida pela polícia federal, polícia rodoviária federal, polícia ferroviária federal, polícias civis, polícias militares e corpos de bombeiros militares. (CESPE - 2012 - PC-AL - Delegado de Polícia).

41. Os corpos de bombeiros militares e as polícias militares são forças auxiliares do Exército, subordinando-se aos governadores de estado. (CESPE - 2012 - PC-AL - Delegado de Polícia).

> **Questão original:** Os corpos de bombeiros militares e as polícias militares são forças auxiliares do Exército, **NÃO** se subordinando aos governadores de estado.

42. Os eclesiásticos estão isentos de prestar o serviço militar obrigatório em tempo de paz. (CESPE - 2012 - STJ - Analista Judiciário - Área Judiciária).

43. **AS** polícias militares e os corpos de bombeiros militares são forças auxiliares e reserva do exército. (CESPE - 2012 - Polícia Federal - Agente da Polícia Federal).

> **Questão original:** A Polícia Federal, as polícias militares e os corpos de bombeiros militares são forças auxiliares e reserva do exército.

44. Cabe à Polícia Federal apurar infrações penais que atentem contra os bens, serviços e interesses da **UNIÃO OU DE SUAS ENTIDADES AUTÁRQUICAS E EMPRESAS PÚBLICAS.** (CESPE - 2012 - Polícia Federal - Agente da Polícia Federal).

> **Questão original:** Cabe à Polícia Federal apurar infrações penais que atentem contra os bens, serviços e interesses da administração direta, das autarquias e das fundações públicas da União. Às polícias civis dos estados cabem as funções de polícia judiciária das entidades de direito privado da administração indireta federal.

45. O direito à livre associação sindical é aplicável ao servidor público civil, mas não abrange o servidor militar, já que existe norma constitucional expressa que veda aos militares a sindicalização e a greve. (CESPE – 2012 – TC-DF – Auditor de Controle Externo).

46. No âmbito estadual, compete às polícias civis a investigação e a apuração de infrações penais, exceto as militares e as de competência da polícia federal. (CESPE – 2011 – PC-ES – Auxiliar de Perícia Médico-legal – Específicos).

47. As polícias civis dos estados não são organizadas e mantidas pela União e estão subordinadas, diretamente, aos respectivos governadores. (CESPE – 2011 – PC-ES – Auxiliar de Perícia Médico-legal – Específicos).

48. As infrações penais militares cometidas por policiais militares de um estado **NÃO** devem ser apuradas pela polícia civil desse estado. (CESPE – 2011 – PC-ES – Perito Papiloscópico – Específicos).

> **Questão original:** As infrações penais militares cometidas por policiais militares de um estado devem ser apuradas pela polícia civil desse estado.

49. Segundo o STF, há subordinação dos organismos policiais civis, que integram a estrutura do Estado, ao chefe do Poder Executivo, **LOGO SERÁ INCONSTITUCIONAL** lei estadual que estabeleça autonomia administrativa, funcional e financeira à polícia civil. (CESPE – 2011 – PC-ES – Delegado de Polícia – Específicos).

> **Questão original:** Segundo o STF, não há subordinação dos organismos policiais civis, que integram a estrutura do Estado, ao chefe do Poder Executivo, razão pela qual considera constitucional lei estadual que estabeleça autonomia administrativa, funcional e financeira à polícia civil.

50. As corporações consideradas forças auxiliares e reserva do Exército subordinam-se aos governadores dos estados, do Distrito Federal e dos territórios. (CESPE – 2010 – ABIN – Oficial Técnico de Inteligência – Área de Comunicação Social – Publicidade e Propaganda).

51. **NÃO É** permitido a um estado da Federação criar instituto geral de perícias estadual e inseri-lo no rol constitucional dos órgãos encarregados do exercício da segurança pública. (CESPE – 2010 – ABIN – Oficial Técnico de Inteligência – Área de Direito).

> **Questão original:** É permitido a um estado da Federação criar instituto geral de perícias estadual e inseri-lo no rol constitucional dos órgãos encarregados do exercício da segurança pública.

52. As corporações consideradas forças auxiliares e reserva do Exército subordinam-se aos governadores dos estados, do Distrito Federal e dos territórios. (CESPE – 2010 – ABIN – Oficial Técnico de Inteligência – Área de Direito).

53. A ABIN **NÃO EXERCE** as funções de polícia judiciária da União. (CESPE - 2010 - ABIN - Agente Técnico de Inteligência - Área de Tecnologia da Informação).

> **Questão original:** A ABIN destina-se a exercer as funções de polícia judiciária da União.

54. O oficial condenado, na justiça comum ou militar, por sentença transitada em julgado, a pena privativa de liberdade superior a dois anos deve ser submetida a julgamento para que seja decidido se é indigno do oficialato ou com ele incompatível, podendo perder o posto e a patente. (CESPE - 2010 - ABIN - Agente Técnico de Inteligência - Área de Tecnologia da Informação).

55. Caso a ordem pública e a paz social estejam ameaçadas por grave instabilidade social em certa localidade da região Sudeste brasileira, em razão de calamidade pública, será **LÍCITO O PRESIDENTE DA REPÚBLICA** decretar estado de defesa por um período máximo de **TRINTA DIAS, PRORROGÁVEL UMA VEZ POR IGUAL PERÍODO.** (CESPE - 2009 - DETRAN-DF - Todos os Cargos - Conhecimentos Básicos).

> **Questão original:** Caso a ordem pública e a paz social estejam ameaçadas por grave instabilidade social em certa localidade da região Sudeste brasileira, em razão de calamidade pública, será lícito à União decretar estado de defesa por um período máximo de seis meses.

56. A obrigação de permanência em determinada localidade e a intervenção nas empresas de serviços públicos são medidas coercitivas admitidas no estado de **SÍTIO.** (CESPE - 2009 - DPE-AL - Defensor Público).

> **Questão original:** A obrigação de permanência em determinada localidade e a intervenção nas empresas de serviços públicos são medidas coercitivas admitidas no estado de defesa.

57. Caso, em uma investigação da polícia civil, seja detectado o envolvimento de policiais militares em um fato criminoso, como uma quadrilha, por exemplo, a investigação **NÃO** deve ser deslocada para a polícia militar. (CESPE - 2009 - PC-ES - Agente de Polícia).

> **Questão original:** Caso, em uma investigação da polícia civil, seja detectado o envolvimento de policiais militares em um fato criminoso, como uma quadrilha, por exemplo, a investigação deve ser deslocada para a polícia militar.

58. As normas constitucionais pertinentes às vantagens concedidas aos militares das Forças Armadas se aplicam aos militares dos estados, do Distrito Federal e dos territórios. (CESPE - 2009 - SEJUS-ES - Agente de Escolta e Vigilância Penitenciário).

Questão original: As normas constitucionais pertinentes às vantagens concedidas aos militares das Forças Armadas **NÃO** se aplicam aos militares dos estados, do Distrito Federal e dos territórios.

59. **APESAR** da rígida divisão de competências administrativas instituídas pela CF para os órgãos que integram o sistema de segurança pública brasileiro, o cumprimento pela polícia militar de uma ordem judicial de busca e apreensão ou a realização de um flagrante de tráfico de drogas **NÃO** é suficiente para contaminar os mencionados atos. (CESPE – 2009 – PC-ES – Agente de Polícia).

Questão original: Em função da rígida divisão de competências administrativas instituídas pela CF para os órgãos que integram o sistema de segurança pública brasileiro, o cumprimento pela polícia militar de uma ordem judicial de busca e apreensão ou a realização de um flagrante de tráfico de drogas é suficiente para contaminar os mencionados atos.

60. A gestão da segurança pública, nos estados, é atribuição privativa **DOS GOVERNADORES DOS ESTADOS.** (CESPE – 2009 – PC-ES – Agente de Polícia).

Questão original: A gestão da segurança pública, nos estados, é atribuição privativa dos delegados de polícia civil.

61. As polícias militares e os corpos de bombeiros militares, forças auxiliares e reservas do Exército, subordinam-se, juntamente com as polícias civis, aos governadores dos estados, do Distrito Federal (DF) e dos territórios. (CESPE – 2009 – DETRAN-DF – Auxiliar de Trânsito).

62. O patrulhamento ostensivo das rodovias federais é de competência exclusiva **DA PRF.** (CESPE – 2009 – DETRAN-DF – Auxiliar de Trânsito).

Questão original: O patrulhamento ostensivo das rodovias federais é de competência exclusiva dos DETRANs.

63. A Polícia Federal tem competência exclusiva para exercer as funções de polícia judiciária da União. (CESPE – 2009 – SEJUS-ES – Agente de Escolta e Vigilância Penitenciário).

64. A segurança pública deverá ser exercida pelas polícias federal, rodoviária federal, ferroviária federal, civis, militares e corpos de bombeiros militares. (CESPE – 2009 – DETRAN-DF – Auxiliar de Trânsito).

65. As polícias militares, os corpos de bombeiros militares, forças auxiliares e reserva do Exército subordinam-se, juntamente com as polícias civis, **AOS GOVERNADORES DOS ESTADOS.** (CESPE – 2009 – SEJUS-ES – Agente Penitenciário).

Questão original: As polícias militares, os corpos de bombeiros militares, as forças auxiliares e a reserva do Exército subordinam-se, juntamente com as polícias civis, ao presidente da República.

66. A Polícia Federal tem competência exclusiva para exercer as funções de polícia judiciária da União. (CESPE – 2009 – SEJUS-ES – Agente Penitenciário).

67. A Polícia Federal tem competência constitucional para prevenir e reprimir, o tráfico ilícito de entorpecentes e drogas afins, o contrabando e o descaminho. (CESPE – 2009 – Polícia Federal – Agente Federal da Polícia Federal).

Questão original: A Polícia Federal tem competência constitucional para prevenir e reprimir, **COM EXCLUSIVIDADE**, o tráfico ilícito de entorpecentes e drogas afins, o contrabando e o descaminho.

68. Uma vez decretado o estado de defesa, alguns direitos podem ser restringidos, como, por exemplo, o sigilo de comunicação telegráfica e telefônica e o direito de reunião. (CESPE – 2008 – ABIN – Oficial de Inteligência).

Questão original: Uma vez decretado o **ESTADO DE SÍTIO** ou de defesa, alguns direitos fundamentais podem ser restringidos **E FICAR EXCLUÍDOS DO CONTROLE JUDICIAL**, como, por exemplo, o direito de locomoção, o sigilo de comunicação telegráfica e telefônica e o direito de reunião.

69. As polícias civis estão incumbidas da função de polícia judiciária e da apuração de infrações penais. (CESPE – 2008 – PC-TO – Delegado de Polícia).

Questão original: As polícias civis estão incumbidas da **FUNÇÃO DE POLÍCIA OSTENSIVA E DA PRESERVAÇÃO DA ORDEM PÚBLICA**, além da função de polícia judiciária e da apuração de infrações penais.

70. As polícias militares e os corpos de bombeiros militares, apesar de serem forças auxiliares e reserva do Exército, subordinam-se, juntamente com as polícias civis, aos governadores. Isso é válido também para a polícia militar e a polícia civil do Distrito Federal (DF), que também são subordinadas ao governador do DF. (CESPE – 2008 – PC-TO – Delegado de Polícia).

71. O envolvimento de policiais militares em um crime, ainda que os delitos sejam estranhos à atividade militar, como o roubo e o tráfico de drogas, **NÃO** desloca a atribuição das investigações e da presidência do inquérito para a polícia militar. (CESPE – 2008 – TJ-DFT – Analista Judiciário – Área Judiciária – Execução de Mandados).

Questão original: O envolvimento de policiais militares em um crime, ainda que os delitos sejam estranhos à atividade militar, como o roubo e o tráfico de drogas, desloca a atribuição das investigações e da presidência do inquérito para a polícia militar.

72. **É INCABÍVEL E INCONSTITUCIONAL** lei de iniciativa do Poder Legislativo estadual ou do DF que tenha por objeto a gestão da segurança pública. (CESPE - 2008 - TJ-DFT - Analista Judiciário - Área Judiciária - Execução de Mandados).

Questão original: É cabível e constitucionalmente formal lei de iniciativa do Poder Legislativo estadual ou do DF que tenha por objeto a gestão da segurança pública.

73. Em caso de roubo a agência do Banco do Brasil, o inquérito policial deve ser aberto por delegado da Polícia Civil, e não, da Polícia Federal. (CESPE - 2008 - ABIN - Oficial de Inteligência).

74. Na hipótese de o Brasil passar por comoção grave de repercussão em todo o território nacional ou de haver declaração de estado de guerra ou resposta a agressão armada estrangeira, o presidente da República pode, ouvidos o Conselho da República e o Conselho de Defesa Nacional, **DECRETAR ESTADO DE DEFESA, DEPOIS CABERÁ A APROVAÇÃO AO** Congresso Nacional. (CESPE - 2005 - TRT - 16ª REGIÃO (MA) - Analista Judiciário - Área Judiciária).

Questão original: Na hipótese de o Brasil passar por comoção grave de repercussão em todo o território nacional ou de haver declaração de estado de guerra ou resposta a agressão armada estrangeira, o presidente da República pode, ouvidos o Conselho da República e o Conselho de Defesa Nacional, solicitar ao Congresso Nacional autorização para decretar estado de defesa.

75. O estado de **DEFESA** é a medida utilizada pelo presidente da República, ouvidos o Conselho da República e o Conselho de Defesa, para preservar ou prontamente restabelecer, em locais restritos e determinados, a ordem pública ou a paz social ameaçadas por grave e iminente instabilidade institucional ou atingidas por calamidades naturais de grandes proporções. (CESPE - 2005 - TRT - 16ª REGIÃO (MA) - Analista Judiciário - Área Judiciária).

Questão original: O estado de sítio é a medida utilizada pelo presidente da República, ouvidos o Conselho da República e o Conselho de Defesa, para preservar ou prontamente restabelecer, em locais restritos e determinados, a ordem pública ou a paz social ameaçadas por grave e iminente instabilidade institucional ou atingidas por calamidades naturais de grandes proporções.

76. À Polícia Federal incumbe apurar infrações penais praticadas em detrimento de bens da União, desde que esse crime não seja considerado crime militar. (CESPE - 2004 - Polícia Federal - Agente da Polícia Federal - Regional).

77. A apuração das infrações penais praticadas contra empresas públicas da União é de competência da Polícia Federal caso tenham repercussão interestadual, exigindo repressão uniforme. (CESPE - 2004 - Polícia Federal - Escrivão da Polícia Federal - Regional).

> **Questão original:** A apuração das infrações penais praticadas contra empresas públicas da União **SOMENTE** é de competência da Polícia Federal caso tenham repercussão interestadual, exigindo repressão uniforme.

78. Atendidas as disposições legais, é atribuição da polícia federal apurar infrações penais cuja prática tenha repercussão interestadual e exija repressão uniforme. (CESPE - 2004 - Polícia Federal - Escrivão da Polícia Federal - Nacional).

79. De acordo com a atual Carta Política, a PRF é um órgão **PERMANENTE** da segurança pública, destinado ao patrulhamento ostensivo das rodovias federais. (CESPE - 2004 - PRF - Policial Rodoviário Federal).

> **Questão original:** De acordo com a atual Carta Política, a PRF é um órgão transitório da segurança pública, destinado ao patrulhamento ostensivo das rodovias federais.

80. Uma proposta de emenda à Constituição, apresentada com o apoiamento de 250 deputados, tem por conteúdo alteração das competências da Polícia Federal, retirando-lhe a função de polícia de fronteira - art. 144, § 1.º, III, parte final - e transferindo essa competência para o Exército brasileiro. Admitindo que essa proposta de emenda à Constituição, observadas as regras constitucionais relativas ao processo legislativo desse tipo de proposição, venha a ser aprovada e promulgada.

Mesmo com a aprovação da referida emenda à Constituição, a transferência da função de polícia de fronteira para o Exército brasileiro não implicaria a transferência da função de polícia judiciária da União, porque, nos termos da Constituição Federal, essa competência é exercida com exclusividade pela Polícia Federal. (CESPE - 2004 - Polícia Federal - Delegado de Polícia - Regional).

81. A União decidiu aportar, na qualidade de patrocinadora, recursos para a entidade de previdência privada de uma empresa pública criada com a finalidade específica de operar no setor de distribuição de gás natural e combustível. Em inspeção realizada pelo órgão responsável pela fiscalização do uso de verbas federais, verificou-se que parte dos recursos repassados pela União estava sendo desviada por meio de fraudes no sistema informatizado de controle desses recursos.

A Constituição Federal não permite que a União seja patrocinadora de entidade de previdência privada de suas empresas públicas. No entanto, em face da natureza do crime cometido, será da Polícia Federal a responsabilidade pela elaboração do inquérito para apuração da infração penal. (CESPE - 2004 - Polícia Federal - Delegado de Polícia - Nacional).

5.2 DA TRIBUTAÇÃO E DO ORÇAMENTO

1. Determinada sociedade empresária, enquadrada como empresa de pequeno porte e optante pelo Simples Nacional, instituiu representante legal para solicitar ao órgão competente o registro e o arquivamento da sua última alteração do contrato social consolidada. Na oportunidade, a sociedade não anexou à documentação a ser apresentada à junta comercial a certidão negativa de débitos (CND) relativa aos tributos federais e à dívida ativa da União, administrados pela Secretaria da Receita Federal do Brasil (SRF) e pela Procuradoria-Geral da Fazenda Nacional (PGFN).

O regime compartilhado de arrecadação, cobrança e fiscalização de tributos utilizado pela sociedade empresária abrange a participação de todos os entes federados – União, estados, Distrito Federal e municípios. (CESPE – 2018 – PC-SE – Delegado de Polícia).

2. Em relação à divisão das competências em matéria tributária, compete ao município instituir o IPTU, o ITBI e o ISSQN. (CESPE – 2018 – CGM de João Pessoa – PB – Conhecimentos Básicos – Cargos: 1, 2 e 3).

3. **NÃO É** vedado autorizar a abertura de créditos suplementares no texto da lei orçamentária anual municipal. (CESPE – 2018 – PGM – Manaus – AM – Procurador do Município).

> **Questão original:** É vedado autorizar a abertura de créditos suplementares no texto da lei orçamentária anual municipal.

4. **NÃO É** a vinculação das receitas próprias geradas pelos impostos municipais à prestação de contra garantia à União. (CESPE – 2018 – CGM de João Pessoa – PB – Conhecimentos Básicos – Cargos: 1, 2 e 3).

> **Questão original:** É vedada a vinculação das receitas próprias geradas pelos impostos municipais à prestação de contra garantia à União.

5. Além de apresentar harmonia com o plano plurianual e estar voltado para a redução de desigualdades entre as diversas regiões brasileiras, o orçamento federal de investimento deve conter as previsões de receitas e despesas **DAS** empresas nas quais a União detenha **A MAIORIA DO CAPITAL SOCIAL COM DIREITO A VOTO.** (CESPE – 2017 – TCE-PE – Auditor de Controle Externo – Auditoria de Contas Públicas).

> **Questão original:** Além de apresentar harmonia com o plano plurianual e estar voltado para a redução de desigualdades entre as diversas regiões brasileiras, o orçamento federal de investimento deve conter as previsões de receitas e despesas de todas as empresas nas quais a União detenha participação societária.

6. As disponibilidades financeiras do município devem ser depositadas em instituições financeiras oficiais, cabendo unicamente à União, mediante lei nacional, definir eventuais exceções a essa regra geral. (CESPE - 2017 - Prefeitura de Fortaleza - CE - Procurador do Município).

7. A Constituição Federal de 1988 estabeleceu uma descentralização do sistema tributário, aumentando o poder dos estados e municípios. (CESPE - 2016 - TCE-PA - Auditor de Controle Externo - Área Planejamento - Economia).

8. A CF determina que, havendo possibilidade, os impostos terão caráter pessoal e serão graduados segundo a capacidade econômica do contribuinte. (CESPE - 2016 - ANVISA - Técnico Administrativo - Conhecimentos Específicos).

9. Os imóveis de propriedade de entidades de assistência social sem fins lucrativos que gozem de imunidade tributária por força da Constituição Federal alugados a terceiros gozam da imunidade de IPTU, **DESDE** que o valor dos aluguéis seja aplicado nas atividades **ESSENCIAIS DE TAIS ENTIDADES.** (CESPE - 2016 - FUNPRESP-EXE - Especialista - Área Jurídica).

> **Observação:** "Súmula vinculante 52: Ainda quando alugado a terceiros, permanece imune ao IPTU o imóvel pertencente a qualquer das entidades referidas pelo art. 150, VI, "c", da Constituição Federal, desde que o valor dos aluguéis seja aplicado nas atividades para as quais tais entidades foram constituídas."

> **Questão original:** Os imóveis de propriedade de entidades de assistência social sem fins lucrativos que gozem de imunidade tributária por força da Constituição Federal alugados a terceiros não gozam da imunidade de IPTU, ainda que o valor dos aluguéis seja inteiramente aplicado nas atividades para as quais a entidade locadora tiver sido constituída.

10. De acordo com a CF, o presidente da República não pode propor alterações ao projeto de lei orçamentária em relação a matéria cuja votação já tenha se iniciado na comissão mista permanente competente para emitir parecer no âmbito do Congresso Nacional. (CESPE - 2016 - PGE-AM - Procurador do Estado).

11. O imposto sobre operações relativas à circulação de mercadorias e sobre prestações de serviços de transporte interestadual e intermunicipal e de comunicação (ICMS), de competência estadual, tem natureza seletiva em função da essencialidade das mercadorias e dos serviços **SENDO PORTANTO FACULTATIVA.** (CESPE - 2015 - TCE-RN - Auditor).

> **Questão original:** O imposto sobre operações relativas à circulação de mercadorias e sobre prestações de serviços de transporte interestadual e intermunicipal e de comunicação (ICMS), de competência estadual, tem natureza necessariamente não cumulativa, e seletiva em função da essencialidade das mercadorias e dos serviços.

12. Determinado município brasileiro criou, por legislação específica, uma autarquia, mantida com recursos municipais, cuja principal atribuição é administrar a oferta e a realização de eventos educacionais e culturais. Nessa situação, a referida autarquia é beneficiada pela imunidade tributária recíproca estabelecida pela CF entre a União, os estados, o Distrito Federal e os municípios no que diz respeito ao patrimônio, à renda e aos serviços vinculados aos eventos na área de educação e cultura ou deles decorrentes. (CESPE – 2015 – TCE-RN – Auditor).

13. De acordo com o princípio constitucional da capacidade contributiva, sempre que possível, os impostos terão caráter pessoal e serão graduados segundo a capacidade econômica do contribuinte. (CESPE – 2015 – TRE-GO – Analista Judiciário – Área Judiciária – Conhecimentos Específicos).

14. Um deputado federal apresentou projeto que aborda matéria tributária de interesse da União, posteriormente convertido em lei, e, após alguns meses de vigência, foi ajuizada ação direta de inconstitucionalidade (ADI) por vício formal e material perante o Supremo Tribunal Federal (STF), por um partido político com representação no Congresso Nacional. (CESPE – 2014 – Câmara dos Deputados – Analista Legislativo – Consultor Legislativo Área V).

14.1 No caso em epígrafe, **NÃO** há inconstitucionalidade formal, pois a matéria tributária é de iniciativa **CONCORRENTE** do presidente da República.

> **Questão original:** No caso em epígrafe, há inconstitucionalidade formal, pois a matéria tributária é de iniciativa privativa do presidente da República.

14.2 Um deputado federal apresentou projeto que aborda matéria tributária de interesse da União, posteriormente convertido em lei, e, após alguns meses de vigência, foi ajuizada ação direta de inconstitucionalidade (ADI) por vício formal e material perante o Supremo Tribunal Federal (STF), por um partido político com representação no Congresso Nacional. Com base nessa situação hipotética, julgue o item a seguir à luz do disposto na CF e da jurisprudência do STF. Devido à garantia da anterioridade tributária, a norma em análise poderia ter eficácia no exercício financeiro seguinte àquele em que foi publicada, observada, ainda, a anterioridade nonagesimal. (CESPE – 2014 – Câmara dos Deputados – Analista Legislativo – Consultor Legislativo Área V)

> **Questão original:** Devido à garantia da anterioridade tributária, a norma em análise **SÓ** poderia ter eficácia no exercício financeiro seguinte àquele em que foi publicada, observada, ainda, a anterioridade nonagesimal.

15. O princípio da anterioridade tributária é cláusula pétrea, por constituir garantia individual de que a lei que criar **OU** aumentar tributo somente pode ser aplicada no exercício financeiro seguinte à sua publicação. (CESPE – 2014 – TC-DF – Analista de Administração Pública – Sistemas de TI).

Questão original: O princípio da anterioridade tributária é cláusula pétrea, por constituir garantia individual de que a lei que criar, aumentar ou extinguir tributo somente pode ser aplicada no exercício financeiro seguinte à sua publicação.

16. A imunidade tributária recíproca entre as pessoas políticas abrange apenas os impostos. (CESPE – 2014 – TC-DF – Analista de Administração Pública – Organizações).

17. A imunidade tributária recíproca entre as pessoas políticas abrange apenas os impostos. (CESPE – 2014 – TC-DF – Analista de Administração Pública – Sistemas de TI).

18. Uma empresa de grande porte **NÃO** pode obter financiamento para aquisição de terreno para sua localização pelo fundo constitucional de financiamento do Centro-Oeste. (CESPE – 2014 – Câmara dos Deputados – Analista Legislativo – Consultor Legislativo Área X).

Questão original: Uma empresa de grande porte pode obter financiamento para aquisição de terreno para sua localização pelo fundo constitucional de financiamento do Centro-Oeste.

19. A norma constitucional consistente na obrigatoriedade de repasse, pela União, de 10% da arrecadação do imposto sobre produtos industrializados aos estados e ao Distrito Federal objetiva a preservação da autonomia estadual e distrital. (CESPE – 2013 – STF – Todos os Cargos – Conhecimentos Básicos – Cargos 3 e 5).

20. A norma constitucional consistente na obrigatoriedade de repasse, pela União, de 10% da arrecadação do imposto sobre produtos industrializados aos estados e ao Distrito Federal objetiva a preservação da autonomia estadual e distrital. (CESPE – 2013 – STF – Analista Judiciário – Área Administrativa).

21. É vedado à União, aos estados, ao DF e aos municípios instituir impostos sobre o patrimônio, renda ou serviços dos partidos políticos e de suas fundações **RELACIONADAS COM AS FINALIDADES ESSENCIAIS DESTAS ENTIDADES.** (CESPE – 2013 – AGU – Procurador Federal).

Observação: "Art. 150, § 4º da CF: As vedações expressas no inciso VI, alíneas b e c, compreendem somente o patrimônio, a renda e os serviços relacionados com as finalidades essenciais das entidades nelas mencionadas."

Questão original: É vedado à União, aos estados, ao DF e aos municípios instituir impostos sobre o patrimônio, renda ou serviços dos partidos políticos e de suas fundações em qualquer hipótese e independentemente das atividades desenvolvidas por esses entes.

22. As empresas públicas, as sociedades de economia mista e suas subsidiárias que explorem atividade econômica de produção ou comercialização de bens, **PRESTADORAS DE SERVIÇOS PÚBLICOS**, sujeitam-se ao regime jurídico próprio das empresas privadas, inclusive quanto aos direitos e obrigações civis, comerciais, trabalhistas e tributários. (CESPE – 2013 – TC-DF – Procurador).

Questão original: As empresas públicas, as sociedades de economia mista e suas subsidiárias que explorem atividade econômica de produção ou comercialização de bens, mas não as que se destinem à prestação de serviços, sujeitam-se ao regime jurídico próprio das empresas privadas, inclusive quanto aos direitos e obrigações civis, comerciais, trabalhistas e tributários.

23. Os royalties que são pagos pelas concessionárias em razão da exploração de petróleo **NÃO SE ENQUADRAM** no âmbito constitucional do Sistema Tributário Nacional. (CESPE – 2013 – AGU – Procurador Federal).

Questão original: Os royalties que são pagos pelas concessionárias em razão da exploração de petróleo enquadram-se no âmbito constitucional do Sistema Tributário Nacional.

24. A União pode criar empréstimos compulsórios visando investimentos públicos de caráter urgente e de relevante interesse nacional, mas está impedida de cobrar tais tributos no mesmo exercício financeiro em que haja sido publicada a lei que os instituiu. (CESPE – 2013 – TC-DF – Procurador).

25. O princípio da imunidade recíproca, mediante o qual é vedado à União, aos estados, ao DF e aos municípios instituir impostos sobre patrimônio, renda ou serviços uns dos outros, é extensivo às autarquias e às fundações instituídas e mantidas pelo poder público, no que se refere ao patrimônio, à renda e aos serviços, vinculados a suas finalidades essenciais ou às delas decorrentes. (CESPE – 2013 – TC-DF – Procurador).

26. Os orçamentos anuais, as diretrizes orçamentárias e o plano plurianual são disciplinados por leis cuja iniciativa é do Poder Executivo. (CESPE – 2013 – TCU – Auditor Federal de Controle Externo).

27. Os orçamentos anuais, as diretrizes orçamentárias e o plano plurianual são disciplinados por leis cuja iniciativa é do Poder Executivo. (CESPE – 2013 – TCU – Auditor Federal de Controle Externo).

28. Configura crime de responsabilidade a realização de investimento público cuja execução ultrapasse um exercício financeiro, caso a inclusão desse investimento não tenha sido feita no plano plurianual e inexista lei que autorize essa inclusão. (CESPE – 2013 – TCU – Auditor Federal de Controle Externo).

29. Os recursos orçamentários destinados aos Poderes Legislativo e Judiciário, ao MP e à DP devem ser entregues pelo Poder Executivo, em duodécimos, até o dia vinte de cada mês. (CESPE - 2013 - DPE-DF - Defensor Público).

30. É **PERMITIDO** à União, aos estados, ao Distrito Federal e aos municípios instituir impostos sobre o patrimônio das instituições de ensino. (CESPE - 2012 - FNDE - Especialista em Financiamento e Execução de Programas e Projetos Educacionais).

> **Questão original:** É vedado à União, aos estados, ao Distrito Federal e aos municípios instituir impostos sobre o patrimônio das instituições de ensino.

31. Embora a proteção à saúde esteja inserida no rol de competências de todos os entes da Federação, os estados-membros não têm competência para criar contribuição compulsória destinada ao custeio de serviços médicos, hospitalares, farmacêuticos e odontológicos prestados aos seus servidores. (CESPE - 2012 - AGU - Advogado da União).

32. Considera-se **INCONSTITUCIONAL** a cobrança da taxa municipal de conservação de estradas de rodagem, ainda que a base de cálculo utilizada seja idêntica à do imposto territorial rural (ITR). (CESPE - 2012 - TCE-ES - Auditor de Controle Externo - Direito).

> **Questão original:** Considera-se constitucional a cobrança da taxa municipal de conservação de estradas de rodagem, ainda que a base de cálculo utilizada seja idêntica à do imposto territorial rural (ITR).

33. A proibição de que as taxas tenham base de cálculo própria de impostos não impede que, no cálculo do valor de uma taxa, seja adotado um ou mais elementos da base de cálculo própria de determinado imposto, desde que não haja integral identidade entre uma e outra base. (CESPE - 2012 - FNDE - Especialista em Financiamento e Execução de Programas e Projetos Educacionais).

34. É de iniciativa **CONCORRENTE DA UNIÃO, ESTADOS E DF** projeto de lei que, ao conceder benefícios fiscais, disponha sobre matéria tributária. (CESPE - 2012 - FNDE - Especialista em Financiamento e Execução de Programas e Projetos Educacionais).

> **Questão original:** É de iniciativa privativa do chefe do Poder Executivo projeto de lei que, ao conceder benefícios fiscais, disponha sobre matéria tributária.

35. De acordo com determinação constitucional, a despesa da União, dos estados, dos municípios e do Distrito Federal com pessoal ativo e inativo não pode ultrapassar limite fixado em lei complementar, encontrando-se, entre as providências autorizadas para o controle da despesa que eventualmente extrapolar esse limite, a redução de despesas com cargos em comissão e funções de confiança e a exoneração de servidores não estáveis, **NÃO SENDO** vedada a exoneração daqueles que já tiverem alcançado a estabilidade. (CESPE – 2012 – FNDE – Especialista em Financiamento e Execução de Programas e Projetos Educacionais).

Questão original: De acordo com determinação constitucional, a despesa da União, dos estados, dos municípios e do Distrito Federal com pessoal ativo e inativo não pode ultrapassar limite fixado em lei complementar, encontrando-se, entre as providências autorizadas para o controle da despesa que eventualmente extrapolar esse limite, a redução de despesas com cargos em comissão e funções de confiança e a exoneração de servidores não estáveis, vedada a exoneração daqueles que já tiverem alcançado a estabilidade.

36. É vedada, **PORÉM COM RESSALVA,** a realização de operações de crédito que excedam o montante das despesas de capital. (CESPE – 2012 – TCU – Técnico de Controle Externo).

Questão original: É vedada, em qualquer hipótese, a realização de operações de crédito que excedam o montante das despesas de capital.

37. Incorrerá em crime de responsabilidade a autoridade que determinar a realização de investimento público cuja execução ultrapasse um exercício financeiro se não houver prévia inclusão no plano plurianual ou lei que autorize a inclusão. (CESPE – 2012 – Câmara dos Deputados – Analista Legislativo – Técnica Legislativa).

38. Devem constar de lei complementar as disposições acerca de dívida pública interna e externa, **INCLUÍDA** as relativas a autarquias, fundações e demais entidades controladas pelo poder público. (CESPE – 2012 – TCE-ES – Auditor de Controle Externo – Direito).

Questão original: Devem constar de lei complementar as disposições acerca de dívida pública interna e externa, excetuando-se as relativas a autarquias, fundações e demais entidades controladas pelo poder público.

39. A lei de diretrizes orçamentárias (LDO) deve ser votada em sessão legislativa **ORDINÁRIA.** (CESPE – 2012 – Câmara dos Deputados – Analista Legislativo – Técnica Legislativa).

Questão original: A lei de diretrizes orçamentárias (LDO) deve ser votada em sessão legislativa extraordinária.

40. É cabível que lei complementar estabeleça normas referentes às condições para a instituição e funcionamento de fundos. (CESPE – 2012 – TCU – Técnico de Controle Externo).

41. Para que um projeto de lei relativo ao orçamento anual seja aprovado, é suficiente que seja apreciado **PELAS DUAS CASAS DO CONGRESSO NACIONAL, NA FORMA DO REGIMENTO COMUM.** (CESPE - 2012 - TCU - Técnico de Controle Externo).

> **Questão original:** Para que um projeto de lei relativo ao orçamento anual seja aprovado, é suficiente que seja apreciado pela Câmara dos Deputados.

42. Aplica-se às pessoas de direito público a regra constitucional que condiciona à existência de autorização específica na LDO a concessão de qualquer vantagem ou aumento de remuneração pelos órgãos e entidades da administração pública direta ou indireta. (CESPE - 2012 - Câmara dos Deputados - Analista Legislativo - Técnica Legislativa).

> **Questão original:** Aplica-se tanto às pessoas de direito público **QUANTO ÀS DE DIREITO PRIVADO**, como as empresas públicas e as sociedades de economia mista, a regra constitucional que condiciona à existência de autorização específica na LDO a concessão de qualquer vantagem ou aumento de remuneração pelos órgãos e entidades da administração pública direta ou indireta.

43. A União pode **NÃO PODERÁ** deduzir dos recursos arrecadados pelo governo federal e atribuídos pela Constituição Federal aos estados, ao DF e aos municípios a parcela correspondente à aplicação do limite mínimo de despesas nas ações e serviços públicos de saúde. (CESPE - 2011 - EBC - Analista - Contabilidade).

> **Questão original:** A União pode deduzir dos recursos arrecadados pelo governo federal e atribuídos pela Constituição Federal aos estados, ao DF e aos municípios a parcela correspondente à aplicação do limite mínimo de despesas nas ações e serviços públicos de saúde.

44. Os recursos federais transferidos aos estados, ao DF e aos municípios serão considerados para efeito do limite mínimo de aplicação no orçamento dos entes onde forem efetivamente executados. (CESPE - 2011 - EBC - Analista - Contabilidade).

> **Questão original:** Os recursos federais transferidos aos estados, ao DF e aos municípios **SOMENTE** serão considerados para efeito do limite mínimo de aplicação no orçamento dos entes onde forem efetivamente executados.

45. A abertura de crédito suplementar ou especial depende de autorização legislativa. (CESPE - 2011 - TCU - Auditor Federal de Controle Externo - Auditoria de Obras Públicas).

46. Segundo a CF, há vedação expressa às empresas públicas e às sociedades de economia mista de gozarem privilégios fiscais não extensivos ao setor privado. (CESPE - 2010 - INCA - Analista em C&T Júnior - Direito - Legislação Pública em Saúde).

47. De acordo com a CF, é **VEDADO** ao Banco Central do Brasil conceder empréstimo, direta ou indiretamente, ao tesouro nacional. (CESPE - 2010 - INCA - Analista em C&T Júnior - Direito - Legislação Pública em Saúde).

> **Questão original:** De acordo com a CF, é permitido ao Banco Central do Brasil conceder empréstimo, direta ou indiretamente, ao tesouro nacional, desde que haja promulgação de lei autorizadora.

48. Considerando-se que esse imposto venha a incidir sobre operações relacionadas a energia elétrica e telecomunicações, para que a criação do imposto seja constitucional, ele deverá ser instituído por meio de lei complementar e poderá ser não cumulativo nem ter fato gerador ou base de cálculo próprios dos impostos já previstos no texto constitucional. (CESPE - 2010 - DPU - Defensor Público Federal).

> **Observação:** "Art. 154, I da CF: A União poderá instituir, mediante lei complementar, impostos não previstos no artigo anterior, desde que sejam não cumulativos e não tenham fato gerador ou base de cálculo próprios dos discriminados nesta Constituição;

> **Questão original:** Considerando-se que esse imposto venha a incidir sobre operações relacionadas a energia elétrica e telecomunicações, para que a criação do imposto seja constitucional, ele deverá ser instituído por meio de lei complementar e **NÃO** poderá ser não cumulativo nem ter fato gerador ou base de cálculo próprios dos impostos já previstos no texto constitucional.

49. Entre as regras constitucionais básicas referentes às limitações ao poder de tributar, **INEXISTE** a que impõe a necessidade de prévia autorização orçamentária para a exigibilidade dos tributos. (CESPE - 2010 - TRE-BA - Analista Judiciário - Área Judiciária).

> **Questão original:** Entre as regras constitucionais básicas referentes às limitações ao poder de tributar, destaca-se a que impõe a necessidade de prévia autorização orçamentária para a exigibilidade dos tributos.

50. A vinculação de receita de impostos para a realização de atividades da administração tributária não fere o princípio orçamentário da não afetação. (CESPE - 2010 - AGU - Procurador Federal).

51. Compete à União, em território federal, recolher os impostos estaduais e, se o território não for dividido em municípios, cumulativamente, os impostos municipais; ao Distrito Federal cabem os impostos municipais. (CESPE - 2010 - INCA - Analista em C&T Júnior - Direito - Legislação Pública em Saúde).

52. Tratando-se de orçamento participativo, a iniciativa de apresentação do projeto de lei orçamentária cabe a parcela da sociedade, a qual o encaminha para o Poder **EXECUTIVO.** (CESPE - 2010 - AGU - Procurador Federal).

Questão original: Tratando-se de orçamento participativo, a iniciativa de apresentação do projeto de lei orçamentária cabe a parcela da sociedade, a qual o encaminha para o Poder Legislativo.

53. Os mecanismos extrafiscais, como aumento, isenções, benefícios, progressividade de alíquotas e outras medidas individualizadoras, representam uma das facetas da justiça distributiva e retributiva. (CESPE - 2009 - SECONT-ES - Auditor do Estado - Direito).

54. A imunidade recíproca, por ser da própria essência do pacto federal, impede o estado de cobrar IPVA sobre veículo de propriedade de uma câmara municipal, da mesma forma que o município é impedido de cobrar IPTU sobre prédio de propriedade de autarquia estadual situado em seu território. (CESPE - 2009 - TCE-RN - Assessor Técnico Jurídico).

55. A autonomia municipal se configura por múltiplas capacidades. No exercício de sua capacidade de autoadministração, por exemplo, o município pode e deve instituir todos os impostos de sua competência, previstos na CF. (CESPE - 2009 - TCE-RN - Assessor Técnico Jurídico).

56. De acordo com a Constituição Federal (CF), a fiscalização financeira da administração pública direta e indireta, por envolver matéria relacionada ao controle interno, pode ser disciplinada por meio de lei **COMPLEMENTAR.** (CESPE - 2009 - SECONT-ES - Auditor do Estado - Tecnologia da Informação).

Questão original: De acordo com a Constituição Federal (CF), a fiscalização financeira da administração pública direta e indireta, por envolver matéria relacionada ao controle interno, pode ser disciplinada por meio de lei ordinária.

57. Compete a lei complementar dispor sobre finanças públicas, **COMPETINDO PRIVATIVAMENTE AO SENADO FEDERAL ESTABELECER** os limites globais e condições para o montante da dívida mobiliária dos estados, do Distrito Federal (DF) e dos municípios. (CESPE - 2009 - TCU - Analista de Controle Externo - Auditoria de Obras Públicas - Prova 1).

Questão original: Compete a lei complementar dispor sobre finanças públicas e sobre os limites globais e condições para o montante da dívida mobiliária dos estados, do Distrito Federal (DF) e dos municípios.

58. O controle externo do cumprimento orçamentário é feito, ordinariamente, pelo Poder **LEGISLATIVO.** (CESPE - 2009 - AGU - Advogado da União).

Questão original: O controle externo do cumprimento orçamentário é feito, ordinariamente, pelo Poder Judiciário.

59. O princípio da universalidade estabelece que todas as receitas e despesas devem estar previstas na LOA. (CESPE – 2009 – AGU – Advogado da União).

60. A LOA não conterá dispositivo estranho à **PREVISÃO** da receita e à **FIXAÇÃO** de despesa. (CESPE – 2009 – AGU – Advogado da União).

Observação: "Art. 165, § 8º da CF: A lei orçamentária anual não conterá dispositivo estranho à previsão da receita e à fixação da despesa, não se incluindo na proibição a autorização para abertura de créditos suplementares e contratação de operações de crédito, ainda que por antecipação de receita, nos termos da lei."

Questão original: A LOA não conterá dispositivo estranho à fixação da receita e à previsão de despesa.

61. É possível a transposição de recursos de uma categoria de programação para outra, com a prévia autorização legislativa. (CESPE – 2009 – AGU – Advogado da União).

62. A revisão geral anual da remuneração de servidores públicos é uma exceção à necessidade de que, para o aumento da despesa, seja demonstrada a origem dos recursos para seu custeio. (CESPE – 2009 – AGU – Advogado da União).

63. O orçamento **NÃO** é um ato administrativo da administração pública. (CESPE – 2009 – AGU – Advogado da União).

Questão original: O orçamento é um ato administrativo da administração pública.

64. A LOA poderá conter contratação de operações de crédito, ainda que por antecipação de receita. (CESPE – 2009 – AGU – Advogado da União).

65. O princípio da não-afetação refere-se à impossibilidade de vinculação da receita de impostos a órgãos, fundo ou despesa, com exceção de alguns casos previstos na norma constitucional. (CESPE – 2009 – AGU – Advogado da União).

66. O presidente da República **NÃO** pode, mediante decreto, ainda que sem autorização legislativa, utilizar recursos do orçamento fiscal para suprir necessidade de empresa pública federal. (CESPE – 2009 – TCU – Analista de Controle Externo – Tecnologia da Informação – Prova 1).

Questão original: O presidente da República pode, mediante decreto, ainda que sem autorização legislativa, utilizar recursos do orçamento fiscal para suprir necessidade de empresa pública federal.

67. Em razão da necessidade de promover a melhoria do asfaltamento das ruas do município Alfa, o prefeito encaminhou à câmara de vereadores projeto de lei complementar que instituía a taxa de manutenção de vias públicas. Os legisladores aprovaram o texto tal qual foi encaminhado à Casa e que foi sancionado pelo chefe do Poder Executivo. O artigo 2.º da Lei Complementar tinha a seguinte1 redação:

Art. 2.º O contribuinte da taxa de conservação e manutenção de vias públicas é o proprietário de veículos automotores matriculados no órgão de trânsito com jurisdição no município Alfa, usuário de vias de rodagem que compõem o complexo viário da cidade Alfa.

A empresa de radiotáxi Alfa-Mais Ltda. não concordou com o pagamento da referida taxa e ajuizou ação declaratória de inexistência de relação jurídico-tributária, suscitando a inconstitucionalidade do artigo 2.º acima transcrito. (CESPE – 2008 – SEMAD-ARACAJU – Procurador Municipal).

67.1 Na hipótese considerada, a taxa não observou a exigência de divisibilidade do serviço público.

67.2 A taxa em apreço é inconstitucional **DEVIDO A IMPEDIMENTO EM TER O MESMO FATO GERADOR.**

Questão original: A taxa em apreço é inconstitucional porque somente poderia ser criada pelo estado do município Alfa.

67.3 A instituição de taxa deve ocorrer por meio de lei complementar.

67.4 O fato gerador da taxa é o mesmo de um imposto estadual, o que implica inconstitucionalidade da taxa em questão.

68. Um deputado estadual apresentou à assembleia legislativa de seu estado projeto de lei com os seguintes artigos.

Art. 1.º Ficam os cemitérios localizados no estado obrigados a dispensar o pagamento de taxas e tarifas para a realização de velório e sepultamento de doadores de órgãos ou tecidos.

§ 1.º Fará jus à dispensa de que trata o caput a pessoa que tiver doado, por ato próprio ou por meio de seus familiares ou responsáveis, seus órgãos ou tecidos corporais para fins de transplante médico.

§ 2.º Compõem as despesas com funeral, entre outras, taxas e emolumentos fixados pela administração pública, tarifas cobradas pelos serviços executados, incluindo urna funerária de padrão igual ao adotado pela assistência social, remoção e transporte do corpo, taxas de velório e sepultamento, bem como sepultura e campa individualizada.

§ 3.º Se os familiares ou responsáveis pelo de cujus optarem por urna funerária de padrão superior à oferecida pelo estado, será cobrado o valor da diferença entre os preços das urnas funerárias.

§ 4.º A doação de que trata esta lei deverá atender à clientela do Sistema Único de Saúde do estado.

Art. 2.º Os herdeiros do doador de órgão receberão R$ 250,00 por órgão doado que for aproveitado em transplante.

Art. 3.º Revogam-se as disposições em contrário.

Art. 4.º Esta lei entra em vigor 30 dias após a publicação.

Mesmo sem previsão orçamentária para fazer frente às despesas decorrentes da lei, inadvertidamente o governador a sancionou, ocorrendo a sua publicação no Diário Oficial do estado. Somente em seguida é que foi lembrada pelo secretário de fazenda municipal a escassez de recursos para custear os benefícios criados pela lei.

A concessão de isenção de tributo é matéria de iniciativa **CONCORRENTE**, motivo pelo qual a exclusão do crédito tributário das taxas é **CONSTITUCIONAL.** (CESPE – 2008 – PGE-ES – Procurador do Estado).

Questão original: A concessão de isenção de tributo é matéria de iniciativa privativa do governador, motivo pelo qual a exclusão do crédito tributário das taxas é inconstitucional.

69. Um deputado estadual de Sergipe, insatisfeito com os recursos que o estado vinha recebendo da União, resolveu apresentar um projeto de lei estadual criando um novo imposto, incidente sobre a exploração da atividade de lavra de petróleo nesse estado por empresas privadas e estatais.

O mencionado imposto deveria ser criado por meio de lei complementar **FEDERAL,** já que é um imposto não arrolado expressamente na CF. (CESPE – 2008 – TCU – Analista de Controle Externo – Auditoria Governamental – Prova 1).

Questão original: O mencionado imposto deveria ser criado por meio de lei complementar estadual, já que é um imposto não arrolado expressamente na CF.

70. Um deputado estadual de Sergipe, insatisfeito com os recursos que o estado vinha recebendo da União, resolveu apresentar um projeto de lei estadual criando um novo imposto, incidente sobre a exploração da atividade de lavra de petróleo nesse estado por empresas privadas e estatais.

Os royalties recebidos pelo estado de Sergipe são considerados como receitas públicas originárias deste ente federativo. (CESPE – 2008 – TCU – Analista de Controle Externo – Auditoria Governamental – Prova 1).

71. A anterioridade tributária é cláusula pétrea da Constituição Federal de 1988. (CESPE – 2008 – DPE-CE – Defensor Público).

Questão original: A anterioridade tributária **NÃO** é cláusula pétrea da Constituição Federal de 1988.

72. A taxa, contraprestação a uma atividade do poder público, não pode superar a relação de razoável equivalência que deve existir entre o custo real da atuação estatal referida ao contribuinte e o valor que o Estado pode exigir de cada contribuinte, considerados, para esse efeito, os elementos pertinentes às alíquotas e à base de cálculo fixadas em lei. Assim, se o valor da taxa ultrapassar o custo do serviço prestado ou posto à disposição do contribuinte, revelando uma situação de onerosidade excessiva que descaracterize a mencionada relação de razoável equivalência, configurará hipótese de ofensa à Constituição Federal. (CESPE - 2007 - Banco da Amazônia - Advogado).

> **Questão original:** A taxa, contraprestação a uma atividade do poder público, não pode superar a relação de razoável equivalência que deve existir entre o custo real da atuação estatal referida ao contribuinte e o valor que o Estado pode exigir de cada contribuinte, considerados, para esse efeito, os elementos pertinentes às alíquotas e à base de cálculo fixadas em lei. Assim, se o valor da taxa ultrapassar o custo do serviço prestado ou posto à disposição do contribuinte, revelando uma situação de onerosidade excessiva que descaracterize a mencionada relação de razoável equivalência, **NÃO** se configurará hipótese de ofensa à Constituição Federal.

73. A prerrogativa institucional de tributar do Estado não lhe outorga o poder de suprimir ou de inviabilizar direitos de caráter fundamental constitucionalmente assegurados ao contribuinte, pois este está amparado por um sistema de proteção destinado a evitar e a reparar eventual excesso cometido pelo poder tributante. (CESPE - 2007 - Banco da Amazônia - Advogado).

74. A lei estadual do Espírito Santo que cria a contribuição de intervenção no domínio econômico a ser paga pelos exportadores de recursos minerais é **INCONSTITUCIONAL.** (CESPE - 2007 - IEMA - Advogado).

> **Questão original:** A lei estadual do Espírito Santo que cria a contribuição de intervenção no domínio econômico a ser paga pelos exportadores de recursos minerais é uma forma de controlar os limites de extração dos minérios situados em seu território.

75. É constitucional a instituição, em tratados internacionais incorporados ao direito brasileiro, de isenção tributária de impostos estaduais às empresas que reduzirem as emissões de gases poluentes na atmosfera. (CESPE - 2007 - IEMA - Advogado).

76. A Lei de Diretrizes Orçamentárias e a Lei do Orçamento Anual são normas diferentes. (CESPE - 2007 - ANVISA - Técnico Administrativo).

77. As taxas de fiscalização ambiental somente são instituídas no âmbito da legislação **FEDERAL,** estadual e municipal em razão de o Sistema Nacional de Meio Ambiente dar-lhes a atribuição de fixação das alíquotas e bases de cálculo. (CESPE - 2007 - IEMA - Advogado).

Questão original: As taxas de fiscalização ambiental somente são instituídas no âmbito da legislação estadual e municipal em razão de o Sistema Nacional de Meio Ambiente dar-lhes a atribuição de fixação das alíquotas e bases de cálculo.

78. Em requerimento de convocação endereçado ao presidente de uma comissão especial destinada a proferir parecer ao Projeto de Lei n.º 5.476, de 2001, que trata de tarifas de telefonia fixa, o autor apresentou a seguinte justificativa: "Presente ao Seminário sobre Assinatura Básica de Telefonia Fixa, promovido pela Comissão de Defesa do Consumidor, em 2/6/2005, o coordenador do Fórum Nacional dos PROCON disse que as tarifas básicas são muito 'generosas' e praticamente anulam os riscos da atividade. Segundo ele, o modelo de privatização produziu para os empresários um modelo de lucro certo. Esses contratos podem ser considerados nulos nos casos em que firam o Código de Defesa do Consumidor, afirmou.

A tarifa de serviço público não deve ser subordinada a legislação específica anterior, **SOMENTE NOS CASOS EXPRESSAMENTE PREVISTOS EM LEI, SUA COBRANÇA PODERÁ SER CONDICIONADA** à existência de serviço público alternativo e gratuito para o usuário. (CESPE – 2006 – ANATEL – Especialista em Regulação – Direito).

Questão original: A tarifa de serviço público não deve ser subordinada a legislação específica anterior, sendo vedada a publicação de lei que condicione a sua cobrança à existência de serviço público alternativo e gratuito para o usuário.

79. É vedada pela Constituição Federal a realização de despesas ou a assunção de obrigações diretas que excedam os créditos orçamentários ou adicionais. (CESPE – 2006 – ANATEL – Analista Administrativo – Biblioteconomia; CESPE – 2006 – ANATEL – Especialista em Regulação – Informática; CESPE – 2006 – ANATEL – Analista Administrativo).

Observação: "Art. 167, II da CF: São vedados a realização de despesas ou a assunção de obrigações diretas que excedam os créditos orçamentários ou adicionais."

Questão original: É vedada pela Constituição Federal a realização de despesas ou a assunção de obrigações diretas que excedam os créditos orçamentários ou adicionais, **SALVO EXPRESSA AUTORIZAÇÃO DO CONGRESSO NACIONAL, APROVADA POR QUORUM QUALIFICADO.**

80. Os membros do Poder Legislativo **NÃO** podem apresentar emendas parlamentares que importem em aumento de despesa prevista no projeto de lei orçamentária. (CESPE – 2006 – Caixa – Advogado).

Questão original: Os membros do Poder Legislativo podem apresentar emendas parlamentares que importem em aumento de despesa prevista no projeto de lei orçamentária.

81. Iniciar o processo legislativo das matérias pertinentes ao orçamento anual é competência **DO PRESIDENTE DA REPÚBLICA.** (CESPE - 2006 - Caixa - Advogado).

> **Questão original:** Iniciar o processo legislativo das matérias pertinentes ao orçamento anual é competência exclusiva da Câmara dos Deputados.

82. O Estado, visando à consecução dos fins coletivos, obtém recursos financeiros, promove gastos e, na esfera da gestão do seu patrimônio, deve guiar-se pela responsabilidade fiscal.

82.1 É **PERMITIDA** a criação por medida provisória ou por ato administrativo normativo de despesas obrigatórias de caráter continuado que fixem **PARA O ENTE A** obrigação legal de **SUA EXECUÇÃO** por período superior a dois exercícios. (CESPE - 2004 - AGU - Advogado da União).

> **Questão original:** É vedada a criação por medida provisória ou por ato administrativo normativo de despesas obrigatórias de caráter continuado que fixem para o setor público obrigação legal de gasto corrente por período superior a dois exercícios financeiros.

82.2 A despesa pública apenas será empenhada se estiver incluída na lei orçamentária anual, estando o seu pagamento dependente da regular liquidação.

82.3 Em linha distinta da doutrina majoritária, a vigente classificação legal da receita inclui alguns ingressos ou entradas financeiras cuja índole não se compatibiliza com a noção de receita pública stricto sensu.

83. A vinculação de taxas a determinadas despesas públicas é compatível com o princípio constitucional-orçamentário da não-afetação das receitas. (CESPE - 2004 - AGU - Advogado da União).

84. Eventual alteração na legislação tributária da União **NÃO** depende de autorização prévia e expressa da Lei de Diretrizes Orçamentárias. (CESPE - 2004 - AGU - Advogado da União).

> **Questão original:** Eventual alteração na legislação tributária da União depende de autorização prévia e expressa da Lei de Diretrizes Orçamentárias.

85. Nos termos constitucionais, admite-se que a Lei do Plano Plurianual contemple outras aplicações de recursos públicos que não sejam da espécie despesa de capital. (CESPE - 2004 - AGU - Advogado da União).

86. No tocante ao processo de elaboração da lei de diretrizes orçamentárias, **NÃO É** vedado ao presidente da República vetar dispositivos que tenham idêntico conteúdo aos constantes do projeto de lei apresentado ao Congresso Nacional pelo próprio presidente. (CESPE – 2004 – TRT – 10ª REGIÃO (DF e TO) – Analista Judiciário – Área Judiciária).

Questão original: No tocante ao processo de elaboração da lei de diretrizes orçamentárias, é vedado ao presidente da República vetar dispositivos que tenham idêntico conteúdo aos constantes do projeto de lei apresentado ao Congresso Nacional pelo próprio presidente.

87. A Constituição Federal admite que a lei faculte aos municípios a cobrança do imposto territorial rural. (CESPE – 2004 – AGU – Advogado da União).

88. Entre os princípios tributários, encontra-se o da igualdade de tratamento tributário aos contribuintes que estejam sob mesma situação. A Constituição Federal, porém, considera que, **AS MICROEMPRESAS E AS EMPRESAS DE PEQUENO PORTE** devem receber tratamento diferenciado do assegurado às demais. (CESPE – 2004 – AGU – Advogado da União).

Questão original: Entre os princípios tributários, encontra-se o da igualdade de tratamento tributário aos contribuintes que estejam sob mesma situação. A Constituição Federal, porém, considera que, entre as pessoas jurídicas com fins lucrativos, as empresas de grande porte devem receber tratamento diferenciado do assegurado às demais.

89. A imunidade tributária recíproca reforça a idéia central da Federação, uma vez que retira a possibilidade de preferência entre as unidades federativas. (CESPE – 2004 – STJ – Analista Judiciário – Área Administrativa).

90. Considere que a contribuição para o Programa de Formação do Patrimônio do Servidor Público (PASEP) é uma exação de caráter tributário instituída pela União. **OS** estados-membros e os municípios são obrigados ao recolhimento dessa contribuição. (CESPE – 2004 – AGU – Advogado da União).

Questão original: Considere que a contribuição para o Programa de Formação do Patrimônio do Servidor Público (PASEP) é uma exação de caráter tributário instituída pela União. Nessa situação, em razão da imunidade recíproca assegurada pelo texto constitucional, os estados-membros e os municípios não são obrigados ao recolhimento dessa contribuição.

5.3 DA ORDEM ECONÔMICA E FINANCEIRA

1. A defesa do meio ambiente, inclusive mediante tratamento diferenciado conforme o impacto ambiental dos produtos e serviços e de seus processos de elaboração e prestação, é princípio de índole constitucional que pauta a ordem econômica brasileira. (CESPE - 2018 - STJ - Conhecimentos Básicos - Cargo: 9).

2. O transporte de mercadorias na cabotagem pode ser feito por embarcação estrangeira. (CESPE - 2018 - EMAP - Conhecimentos Básicos - Cargos de Nível Superior).

3. Lei pode estabelecer condições para o exercício de certas atividades econômicas. (CESPE - 2018 - EMAP - Conhecimentos Básicos - Cargos de Nível Médio).

4. **NÃO É** vedado à União tributar a renda das obrigações da dívida pública dos estados, do Distrito Federal e dos municípios **EM NÍVEIS FEDERAIS FIXADOS.** (CESPE - 2018 - CGM de João Pessoa - PB - Conhecimentos Básicos - Cargos: 1, 2 e 3).

> **Questão original:** É vedado à União tributar a renda das obrigações da dívida pública dos estados, do Distrito Federal e dos municípios.

5. No âmbito das finanças públicas, é necessária a existência de prévia autorização legislativa para a instituição de fundos de qualquer natureza. (CESPE - 2018 - CGM de João Pessoa - PB - Conhecimentos Básicos - Cargos: 1, 2 e 3).

6. Ao tratar do direito financeiro, o constituinte de 1988 nominou de **DAS FINANÇAS PÚBLICAS** o capítulo que reúne as normas que regem o que a doutrina denomina sistema financeiro público. (CESPE - 2016 - PGE-AM - Procurador do Estado).

> **Questão original:** Ao tratar do direito financeiro, o constituinte de 1988 nominou de Sistema Financeiro Nacional o capítulo que reúne as normas que regem o que a doutrina denomina sistema financeiro público.

7. A livre iniciativa é princípio que **NÃO** subordina as normas de regulação do mercado e de defesa do consumidor. (CESPE - 2015 - STJ - Conhecimentos Básicos para o Cargos 3 e 14).

> **Questão original:** A livre iniciativa é princípio que subordina as normas de regulação do mercado e de defesa do consumidor.

8. Os valores sociais do trabalho e da livre iniciativa **NÃO** impedem a intervenção do Estado na ordem econômica. (CESPE - 2015 - FUB - Conhecimentos Básicos Todos os cargos - Nível Intermediário).

> **Questão original:** Os valores sociais do trabalho e da livre iniciativa impedem a intervenção do Estado na ordem econômica.

9. Segundo a CF, é vedado ao Banco Central conceder, direta ou indiretamente, empréstimos ao Tesouro Nacional ou a órgão ou entidade que não seja integrante do sistema financeiro. (CESPE - 2015 - TCE-RN - Auditor).

10. Os valores sociais da livre iniciativa e a livre iniciativa são princípios da República Federativa do Brasil; o primeiro é um fundamento, e o segundo, um princípio geral da atividade econômica. (CESPE – 2014 – CADE – Nível Superior – Conhecimentos Básicos).

11. Os princípios gerais da atividade econômica, a exemplo da livre concorrência e da redução das desigualdades regionais e sociais, são considerados elementos socioideológicos da Constituição e revelam o compromisso da norma fundamental entre o Estado individualista e o Estado social intervencionista. (CESPE – 2014 – Câmara dos Deputados – Analista Legislativo – Consultor Legislativo Área X).

12. É requisito para o cumprimento da função social da propriedade o fato de sua exploração favorecer o bem-estar dos proprietários. (CESPE – 2014 – Câmara dos Deputados – Analista Legislativo – Consultor Legislativo Área VI).

13. Considere que João seja proprietário de dois imóveis rurais, de pequeno e médio portes, e que tenha sido determinada a desapropriação da propriedade de pequeno porte para fins de reforma agrária, em razão de o agricultor nada produzir nele. Nesse caso, a desapropriação **NÃO** infringe preceito constitucional. (CESPE – 2014 – Câmara dos Deputados – Analista Legislativo – Consultor Legislativo Área VI).

Questão original: Considere que João seja proprietário de dois imóveis rurais, de pequeno e médio portes, e que tenha sido determinada a desapropriação da propriedade de pequeno porte para fins de reforma agrária, em razão de o agricultor nada produzir nele. Nesse caso, a desapropriação infringe preceito constitucional e pode ser contestada por João, pois são insuscetíveis de desapropriação para fins de reforma agrária a pequena e a média propriedade rural.

14. A usucapião constitucional pro labore consiste na aquisição de imóvel rural por aquele que, não sendo proprietário de outros imóveis, possua como sua, por cinco anos ininterruptos, sem oposição, área de terra, em zona rural, não superior a cinquenta hectares, tornando-a produtiva por seu trabalho ou de sua família e tendo nela sua moradia. (CESPE – 2014 – Câmara dos Deputados – Analista Legislativo – Consultor Legislativo Área VI).

Observação: "Art. 191 da CF: Aquele que, não sendo proprietário de imóvel rural ou urbano, possua como seu, por cinco anos ininterruptos, sem oposição, área de terra, em zona rural, não superior a cinquenta hectares, tornando-a produtiva por seu trabalho ou de sua família, tendo nela sua moradia, adquirir-lhe-á a propriedade. Parágrafo único. Os imóveis públicos não serão adquiridos por usucapião.

Questão original: A usucapião constitucional pro labore consiste na aquisição de imóvel rural por aquele que, não sendo proprietário de outros imóveis, possua como sua, por cinco anos ininterruptos, sem oposição, **ÁREA DE TERRA PÚBLICA**

ou privada, em zona rural, não superior a cinquenta hectares, tornando-a produtiva por seu trabalho ou de sua família e tendo nela sua moradia.

15. Marieta, casada com Antonino em regime de comunhão universal de bens há trinta anos, recebeu, do INCRA, em 2002, título de domínio de 20 hectares de uma propriedade rural, equivalente a dois módulos fiscais. Embora ela e o marido fossem agricultores e cultivassem juntos a propriedade, o título de domínio pela reforma agrária foi concedido em nome de Marieta apenas. Em dezembro de 2013, Marieta, com o consentimento de Antonino, vendeu a propriedade, pois recebera proposta vantajosa de um grande produtor de cana-de-açúcar. (CESPE - 2014 - Câmara dos Deputados - Analista Legislativo - Consultor Legislativo Área VI).

15.1 Não há irregularidade no fato de o título de domínio da propriedade ter sido conferido apenas a Marieta, ainda que ela já fosse casada à época da transferência.

15.2 A propriedade rural vendida por Marieta **NÃO** está sujeita à reintegração pelo INCRA, haja vista **TER SIDO** inegociável **PELO PRAZO DE DEZ ANOS.**

Questão original: A propriedade rural vendida por Marieta está sujeita à reintegração pelo INCRA, haja vista ser inegociável o imóvel rural objeto de assentamento da reforma agrária.

16. A concessão de terras públicas com área superior a dois mil e quinhentos hectares para fins de reforma agrária **NÃO** requer prévia aprovação do Congresso Nacional. (CESPE - 2014 - Câmara dos Deputados - Analista Legislativo - Consultor Legislativo Área VI).

Questão original: A concessão de terras públicas com área superior a dois mil e quinhentos hectares para fins de reforma agrária requer prévia aprovação do Congresso Nacional.

17. É vedada a realização de transferência voluntária de recursos da União para o DF com o objetivo de efetuar o pagamento de despesas com pessoal ativo. (CESPE - 2014 - TC-DF - Auditor de Controle Externo).

18. Cabem ao Banco Central a emissão de moeda **ASSIM COMO TAMBÉM** a função de depositário das disponibilidades de caixa da União. (CESPE - 2014 - TC-DF - Analista de Administração Pública - Sistemas de TI).

Questão original: Cabem ao Banco Central a emissão de moeda, a função de depositário das disponibilidades de caixa da União e a atribuição de conceder empréstimos ao Tesouro Nacional.

19. Só é permitida a criação de empresa estatal para a execução de atividades econômicas caso ela seja indispensável à garantia da segurança nacional ou em caso de relevante interesse coletivo. (CESPE - 2013 - ANCINE - Todos os Cargos - Especialista em Regulação da Atividade Cinematográfica e Audiovisual Áreas I e II).

20. O Estado poderá intervir no domínio econômico quando, na forma da lei, isso se mostrar necessário diante de relevante interesse coletivo. (CESPE - 2013 - STF - Técnico Judiciário - Área Administrativa).

21. A CF, como Constituição diretiva, anuncia programas e fins a serem concretizados pelo Estado e pela sociedade, o que legitima a intervenção estatal por direção, estando tal característica evidenciada na determinação de que a ordem econômica tem como fundamento a valorização do trabalho humano e a livre iniciativa e objetiva assegurar a todos existência digna, conforme os ditames da justiça social. (CESPE - 2013 - AGU - Procurador Federal).

22. Considere que um estado da federação, que não possui fronteira com outros países, pretenda explorar diretamente, a atividade de transporte aquaviário de passageiros entre portos localizados em seu território, bem como prestar melhor atendimento ás demandas por estrutura portuária. (CESPE - 2009 - ANTAQ - Especialista em Regulação - Qualquer Área de Formação).

23. O Estado, por ser agente normativo e regulador da atividade econômica, exerce, na forma da lei, as funções de fiscalização, incentivo e planejamento. (CESPE - 2013 - ANP - Especialista em Regulação - Área VII).

24. De acordo com dispositivo constitucional, pode o ente municipal, mediante lei específica para área incluída no plano diretor, passar a exigir, dos proprietários de solo não edificado, edificações ou parcelamentos compulsórios ou, sucessivamente, impor imposto sobre a propriedade predial e territorial urbana progressivo no tempo. (CESPE - 2013 - AGU - Procurador Federal).

25. O governo da União deve depositar no Banco Central do Brasil **A SUA DISPONIBILIDADE DE CAIXA.** (CESPE - 2013 - DPE-DF - Defensor Público).

> **Questão original:** O governo da União deve depositar obrigatoriamente no Banco Central do Brasil os recursos que movimenta.

26. Poderá o Banco Central do Brasil comprar e vender títulos de emissão do Tesouro Nacional com o objetivo, por exemplo, de regular a taxa de juros. (CESPE - 2013 - ANP - Todos os Cargos - Conhecimentos Básicos).

27. As empresas de pequeno porte constituídas sob as leis brasileiras, cuja sede e cuja administração encontrem-se no país, poderão gozar de tratamento diferenciado, sem que as vantagens concedidas a essas empresas constituam antinomia com o princípio da livre concorrência. (CESPE - 2013 - TCU - Auditor Federal de Controle Externo).

28. Como agente **NORMATIVO E** regulador da atividade econômica, o Estado exerce atividades fiscalizatórias, incentivo **E PLANEJAMENTO, SENDO ESTE DETERMINANTE** para o setor público **E INDICATIVO PARA O SETOR PRIVADO.** (CESPE - 2013 - TCU - Auditor Federal de Controle Externo).

> **Questão original:** Como agente regulador da atividade econômica, o Estado exerce atividades fiscalizatórias e de incentivo para o setor público, mas, em atenção ao princípio da livre concorrência, está impedido de executar funções de caráter normativo ou de planejamento que interfiram na atividade econômica.

29. A função reguladora da atividade econômica pode ser exercida pela administração pública indireta, por meio de autarquias, a exemplo do Banco Central do Brasil (BACEN). (CESPE - 2013 - BACEN - Analista - Gestão e Análise Processual).

30. De acordo com a Constituição Federal de 1988, a operação dos transportes terrestres deve ocorrer por meio de ações descentralizadas e promover, sempre que possível, sua transferência a outras entidades públicas, mediante convênios de delegação, ou a empresas públicas ou privadas, mediante outorgas de autorização, concessão ou permissão. Acerca dos mecanismos de outorga dos serviços de infraestrutura ferroviária, julgue o item subsecutivo.

A exploração de ferrovias e a realização de transporte ferroviário de passageiros e cargas associado à exploração da infraestrutura ferroviária dependem de **CONCESSÃO** da ANTT. (CESPE - 2013 - ANTT - Especialista em Regulação de Serviços de Transportes Terrestres - Engenharia Civil).

> **Questão original:** A exploração de ferrovias e a realização de transporte ferroviário de passageiros e cargas associado à exploração da infraestrutura ferroviária dependem de autorização da ANTT.

31. Ao BACEN, integrante da administração pública **DESCENTRALIZADA, NÃO** é vedado comprar e vender títulos de emissão do Tesouro Nacional. (CESPE - 2013 - BACEN - Analista - Política Econômica e Monetária).

> **Questão original:** Ao BACEN, integrante da administração pública centralizada, é vedado comprar e vender títulos de emissão do Tesouro Nacional.

32. A função social da propriedade e a defesa do consumidor são princípios constitucionais da ordem econômica. (CESPE - 2012 - ANAC - Especialista em Regulação de Aviação Civil - Conhecimentos Básicos).

33. Entre os princípios observados pela ordem econômica estão a redução das desigualdades regionais e sociais, a busca do pleno emprego e o tratamento favorecido para as empresas de pequeno porte constituídas com base nas leis brasileiras e que tenham sua sede e administração no país. (CESPE – 2012 – ANAC – Especialista em Regulação de Aviação Civil – Área 5).

34. Não ofende o princípio da livre iniciativa edição de lei que regule a política de preços de bens e serviços em face da configuração de circunstância em que o poder econômico, com vistas ao aumento arbitrário dos lucros, atue de forma abusiva. (CESPE – 2012 – AGU – Advogado da União).

35. **OFENDE** o princípio da livre concorrência lei municipal que impede a instalação de duas ou mais farmácias em determinada área. (CESPE – 2012 – ANAC – Especialista em Regulação de Aviação Civil – Área 5).

Observação: "Súmula vinculante 49: Ofende o princípio da livre concorrência lei municipal que impede a instalação de estabelecimentos comerciais do mesmo ramo em determinada área."

Questão original: Não ofende o princípio da livre concorrência lei municipal que impede a instalação de duas ou mais farmácias em determinada área.

36. De acordo com a CF, a lei que instituir a contribuição de intervenção no domínio econômico (CIDE) relativa às atividades de importação ou comercialização de petróleo e seus derivados poderá ter alíquota reduzida e restabelecida por ato do Poder Executivo. (CESPE – 2012 – ANAC – Especialista em Regulação de Aviação Civil – Área 5).

Questão original: De acordo com a CF, a lei que instituir a contribuição de intervenção no domínio econômico (CIDE) relativa às atividades de importação ou comercialização de petróleo e seus derivados **NÃO** poderá ter alíquota reduzida e restabelecida por ato do Poder Executivo.

37. A propriedade produtiva não pode ser desapropriada, ainda que a justificativa para a desapropriação seja a realização de reforma agrária. (CESPE – 2012 – PRF – Técnico de Nível Superior – Classe A Padrão I).

38. A competência da União para emitir moeda deve ser exercida exclusivamente pelo Banco Central do Brasil, instituição à qual é vedado conceder, direta ou indiretamente, empréstimos ao Tesouro Nacional e a qualquer órgão ou entidade que não seja instituição financeira. (CESPE – 2012 – Câmara dos Deputados – Analista Legislativo – Técnica Legislativa).

39. O livre exercício de qualquer atividade econômica, direito a todos assegurado, independe de autorização da administração pública, ressalvados os casos previstos em lei. (CESPE – 2012 – ANAC – Especialista em Regulação de Aviação Civil – Conhecimentos Básicos).

40. O Estado pode intervir no domínio econômico de forma direta quando a intervenção for necessária à preservação da segurança nacional ou de relevante interesse coletivo. Nesse caso, o Estado irá atuar por meio de suas empresas públicas e sociedades de economia mista, que **NÃO** poderão gozar de privilégios fiscais não extensivos às do setor privado. (CESPE - 2012 - ANAC - Especialista em Regulação de Aviação Civil - Área 5).

Questão original: O Estado pode intervir no domínio econômico de forma direta quando a intervenção for necessária à preservação da segurança nacional ou de relevante interesse coletivo. Nesse caso, o Estado irá atuar por meio de suas empresas públicas e sociedades de economia mista, que poderão gozar de privilégios fiscais não extensivos às do setor privado.

41. De acordo com a CF, constituem monopólio da União a pesquisa e a lavra das jazidas de petróleo e gás natural. (CESPE - 2011 - TCU - Auditor Federal de Controle Externo - Auditoria de Obras Públicas).

Questão original: De acordo com a CF, constituem monopólio da União a pesquisa, a **COMERCIALIZAÇÃO** e a lavra das jazidas de petróleo e gás natural.

42. Determinada pessoa tenha uma única propriedade, classificada como média propriedade rural, que não esteja cumprindo sua função social. **A** referida propriedade **NÃO** poderá ser objeto de desapropriação para fins de reforma agrária. (CESPE - 2011 - Correios - Analista de Correios - Advogado).

Questão original: Como o direito de propriedade não é absoluto, a referida propriedade poderá ser objeto de desapropriação para fins de reforma agrária, por ato da União, mediante prévia e justa indenização em títulos da dívida agrária.

43. Constituem princípios gerais da atividade econômica a soberania nacional, a defesa do consumidor e a defesa do meio ambiente, com tratamento **DIFERENCIADO CONFORME O** impacto ambiental dos produtos e dos serviços. (CESPE - 2010 - BRB - Advogado).

Questão original: Constituem princípios gerais da atividade econômica a soberania nacional, a autonomia estadual e a municipal, a defesa do consumidor e a defesa do meio ambiente, com tratamento isonômico, independentemente do impacto ambiental dos produtos e dos serviços.

44. No entendimento do STF, a intervenção do Estado no domínio econômico pode violar os princípios do livre exercício da atividade econômica e da livre iniciativa, gerando a sua responsabilidade civil objetiva no caso de ser fixado preço abaixo do adequado e em desconformidade com a legislação aplicável ao setor. (CESPE - 2010 - TCE-BA - Procurador).

45. A proteção ao meio ambiente é um princípio da ordem econômica, o que limita as atividades da iniciativa privada. (CESPE - 2010 - AGU - Procurador Federal).

46. Segundo entendimento do STF, a distinção entre atividade e propriedade permite que o domínio do resultado da lavra das jazidas de petróleo, de gás natural e de outros hidrocarbonetos fluidos seja atribuído a terceiro pela União, sem que tal conduta configure afronta à reserva de monopólio. (CESPE - 2010 - AGU - Procurador Federal).

47. O proprietário do solo urbano não edificado, subutilizado ou não utilizado poderá ser coagido a promover seu adequado aproveitamento, por meio da imposição de penalidades, entre as quais o parcelamento ou edificação compulsórios e a desapropriação do imóvel. (CESPE - 2010 - PGM - RR - Procurador Municipal).

48. **COMPETE A UNIÃO A** desapropriação rural por interesse social para fins de reforma agrária. (CESPE - 2010 - INSS - Perito Médico Previdenciário).

> **Questão original:** A desapropriação rural por interesse social para fins de reforma agrária pode ser executada pela União e pelos estados membros.

49. Considere que a União desaproprie por interesse social, para fins de reforma agrária, determinado imóvel rural localizado no estado do Mato Grosso, que não esteja cumprindo sua função social. Nessa situação, as benfeitorias **ÚTEIS E NECESSÁRIAS** do imóvel deverão ser indenizadas **EM DINHEIRO.** (CESPE - 2010 - BRB - Advogado).

> **Questão original:** Considere que a União desaproprie por interesse social, para fins de reforma agrária, determinado imóvel rural localizado no estado do Mato Grosso, que não esteja cumprindo sua função social. Nessa situação, todas as benfeitorias do imóvel deverão ser indenizadas mediante títulos da dívida agrária.

50. Sobre as águas brasileiras, o Brasil exerce total soberania no que se refere ao transporte nacional ou internacional aquaviário, não sendo obrigado a obedecer normas que não tenham sido incorporadas ao direito brasileiro. (CESPE - 2009 - ANTAQ - Especialista em Regulação - Economia).

51. O Estado exercerá, como agente normativo e regulador da atividade econômica, as funções de fiscalização, incentivo e planejamento, sendo este determinante para o setor **PÚBLICO.** (CESPE - 2009 - AGU - Advogado da União).

> **Questão original:** O Estado exercerá, como agente normativo e regulador da atividade econômica, as funções de fiscalização, incentivo e planejamento, sendo este determinante para o setor privado.

52. Suponha que uma empresa estrangeira de transporte aquaviário pretenda desenvolver o transporte de cabotagem de passageiros no Brasil. Nesse caso, sendo essa empresa estrangeira, **NÃO** estará vedada a sua atuação em águas brasileiras, **NO QUAL SERÁ ESTABELECIDA POR LEI AS CONDIÇÕES DO TRANSPORTE.** (CESPE - 2009 - ANTAQ - Analista Administrativo - Qualquer Área de Formação).

> **Questão original:** Suponha que uma empresa estrangeira de transporte aquaviário pretenda desenvolver o transporte de cabotagem de passageiros no Brasil. Nesse caso, sendo essa empresa estrangeira, estará vedada a sua atuação em águas brasileiras.

53. Configura-se princípio que rege a atividade econômica o tratamento favorecido para as empresas de pequeno porte constituídas sob as leis brasileiras e que tenham sua sede e administração no país. (CESPE - 2009 - TCE-RN - Assessor Técnico Jurídico).

54. Considere que a União pretenda comprar petróleo bruto do Canadá com vistas a regular o preço dos seus derivados no mercado interno. Nesse caso, o transporte desse petróleo da origem para o Brasil **NÃO** deverá ser feito em regime de monopólio pela União. (CESPE - 2009 - ANTAQ - Analista Administrativo - Qualquer Área de Formação).

> **Questão original:** Considere que a União pretenda comprar petróleo bruto do Canadá com vistas a regular o preço dos seus derivados no mercado interno. Nesse caso, o transporte desse petróleo da origem para o Brasil deverá ser feito em regime de monopólio pela União.

55. São princípios da ordem econômica a defesa do consumidor e a soberania nacional. (CESPE - 2009 - ANTAQ - Técnico Administrativo).

56. O transporte por meio de condutos de gás natural que se originam da Bolívia e chegam até as capitais brasileiras é uma atividade que se constitui monopólio da União. (CESPE - 2009 - ANTAQ - Especialista em Regulação - Economia).

57. Considere que um estado da federação, que não possui fronteira com outros países, pretenda explorar diretamente, a atividade de transporte aquaviário de passageiros entre portos localizados em seu território, bem como prestar melhor atendimento ás demandas por estrutura portuária. (CESPE - 2009 - ANTAQ - Especialista em Regulação - Qualquer Área de Formação).

57.1 Se a exploração de infraestrutura de transporte for associada à prestação de serviços de transporte, a outorga adequada será a concessão, e não a permissão ou a autorização.

57.2 Depende de autorização a construção e a exploração de instalação portuária pública de pequeno porte.

58. A exploração direta de atividade econômica pelo Estado será permitida quando necessária aos imperativos da segurança nacional ou a relevante interesse coletivo, conforme definidos em lei, razão pela qual a CF admite a existência de monopólios em nome **DA UNIÃO.** (CESPE - 2009 - TCE-RN - Assessor Técnico Jurídico).

Questão original: A exploração direta de atividade econômica pelo Estado só será permitida quando necessária aos imperativos da segurança nacional ou a relevante interesse coletivo, conforme definidos em lei, razão pela qual a CF não admite a existência de monopólios em nome de qualquer ente federativo.

59. As empresas estatais, no que se refere à constituição e ao funcionamento dos respectivos conselhos de administração e fiscal, deverão contar com a efetiva participação de acionistas minoritários. (CESPE – 2009 – ANTAQ – Analista Administrativo – Qualquer Área de Formação).

60. Suponha que, por meio de lei, a União tenha instituído contribuição de intervenção no domínio econômico relativa às atividades de importação ou comercialização de petróleo e seus derivados. Nesse caso, os recursos arrecadados serão destinados obrigatoriamente ao financiamento de programas de infraestrutura de transportes. (CESPE – 2009 – ANTAQ – Analista Administrativo – Qualquer Área de Formação).

61. A exploração de atividade econômica diretamente pelo Estado será permitida quando necessária aos imperativos da segurança nacional ou a relevante interesse coletivo. (CESPE – 2009 – ANTAQ – Analista Administrativo – Qualquer Área de Formação).

62. A livre iniciativa **NÃO** é sinônimo de liberdade econômica absoluta. (CESPE – 2009 – ANATEL – Especialista em Regulação – Direito).

Questão original: A livre iniciativa é sinônimo de liberdade econômica absoluta.

63. Considere a situação em que uma pessoa, ao cavar um poço artesiano no sítio de sua propriedade, tenha encontrado uma reserva de gás natural. Nesse caso, a reserva pertencerá à União, mas o proprietário terá, por força expressa de dispositivo constitucional, direito a participação no resultado da lavra. (CESPE – 2009 – ANTAQ – Técnico Administrativo).

64. A administração pública das cidades brasileiras com mais de 20.000 habitantes está obrigada a elaborar o plano diretor do município a ser submetido e aprovado pela Câmara Municipal. A exigência ampara-se em preceito constitucional e visa orientar a política de desenvolvimento e de expansão urbana. (CESPE – 2009 – IBRAM-DF – Advogado).

65. A União, após realizar levantamentos em determinada área do pantanal mato-grossense, editou decreto expropriatório de uma fazenda ali situada, para fins de reforma agrária. O proprietário do imóvel rural impugnou judicialmente o decreto de desapropriação alegando que a CF, ao instituir o pantanal mato-grossense como área especialmente protegida, impedia, juridicamente, que a União, por meio de atividade expropriatória, promovesse e executasse ali projetos de reforma agrária, notadamente nos imóveis rurais.

A situação esboça uma tensão entre interesses constitucionais, quais sejam, o direito de propriedade e o direito ao meio ambiente ecologicamente equilibrado. Ocorre que a CF, ao impor ao poder público o dever de fazer respeitar a integridade do patrimônio ambiental, não o inibe de intervir na esfera dominial privada e de promover a desapropriação de imóveis rurais para fins de reforma agrária, especialmente porque este é um dos instrumentos de realização da função social da propriedade. (CESPE - 2009 - ICMBIO - Analista Ambiental).

66. Os títulos sobre ordem econômica **E FINANCEIRA E SOBRE A ORDEM SOCIAL,** revelam a tendência das constituições em favor de um Estado social. Essa clara opção constitucional faz desse ordenamento econômico e cultural um dos mais importantes títulos das novas constituições, assinalando o advento de um novo modelo de Estado, tendo como valor-fim a justiça social e a cultura, em uma democracia pluralista exigida pela sociedade de massas do século XX. (CESPE - 2008 - PGE-ES - Procurador do Estado).

> **Questão original:** Os títulos sobre ordem econômica e social, educação e cultura revelam a tendência das constituições em favor de um Estado social. Essa clara opção constitucional faz desse ordenamento econômico e cultural um dos mais importantes títulos das novas constituições, assinalando o advento de um novo modelo de Estado, tendo como valor-fim a justiça social e a cultura, em uma democracia pluralista exigida pela sociedade de massas do século XX.

67. O Estado, no seu papel de agente normativo e regulador do mercado econômico, exerce funções determinantes de planejamento para o setor **PÚBLICO.** (CESPE - 2008 - PGE-ES - Procurador do Estado).

> **Questão original:** O Estado, no seu papel de agente normativo e regulador do mercado econômico, exerce funções determinantes de planejamento para o setor privado.

68. A concessão de desconto de 50% para ingressos de cinema e teatro aos doadores de sangue **NÃO** constitui norma de intervenção estatal por indução no mercado. (CESPE - 2008 - PGE-ES - Procurador do Estado).

> **Questão original:** A concessão de desconto de 50% para ingressos de cinema e teatro aos doadores de sangue constitui norma de intervenção estatal por indução no mercado.

69. Um deputado estadual de Sergipe, insatisfeito com os recursos que o estado vinha recebendo da União, resolveu apresentar um projeto de lei estadual criando um novo imposto, incidente sobre a exploração da atividade de lavra de petróleo nesse estado por empresas privadas e estatais.

A atividade de lavra de petróleo, considerada pela CF como monopólio da União, pode ser exercida por empresas estatais ou privadas. (CESPE – 2008 – TCU – Analista de Controle Externo – Auditoria Governamental – Prova 1).

70. A existência ou o desenvolvimento de uma atividade econômica sem que a propriedade do bem empregado no processo produtivo ou comercial seja concomitantemente detida pelo agente daquela atividade **NÃO** ofende a CF. O conceito de atividade econômica como atividade empresarial **PRESCINDE** da propriedade dos bens de produção. (CESPE – 2007 – Petrobras – Advogado).

Questão original: A existência ou o desenvolvimento de uma atividade econômica sem que a propriedade do bem empregado no processo produtivo ou comercial seja concomitantemente detida pelo agente daquela atividade ofende a CF. O conceito de atividade econômica como atividade empresarial depende da propriedade dos bens de produção.

71. Alvarás de pesquisa minerária, concedidos à empresa Zeta Minerações e Pavimentações Ltda., foram revogados pelo Departamento Nacional de Produção Mineral (DNPM), autarquia vinculada ao Ministério de Minas e Energia (MME), após o Comando do Exército ter solicitado, sob o fundamento da prevalência do interesse público, permissão para que a área fosse utilizada e explorada pelo 9.º Batalhão de Engenharia e Construções do Exército Brasileiro, tendo em vista a necessidade de que o Exército construísse, diretamente e em local próximo à área em exploração, instalações necessárias ao funcionamento de suas atividades. A empresa, então, solicitou ao ministro de Estado de Minas e Energia que este avocasse o processo administrativo e reformasse o ato nele praticado, tendo em vista a sua ilegalidade. (CESPE – 2007 – AGU – Procurador Federal – Prova 1).

71.1 A extração de recursos minerais desejada pelo Comando do Exército, feita pelo 9.º Batalhão de Engenharia e Construções do Exército Brasileiro, **NÃO SE CARACTERIZA** como atividade econômica.

Questão original: A extração de recursos minerais desejada pelo Comando do Exército, feita pelo 9.º Batalhão de Engenharia e Construções do Exército Brasileiro, caracteriza-se como atividade econômica, que é vedada pela CF.

71.2 Os dispositivos constitucionais que regem a matéria relativa à exploração mineral determinam que os recursos minerais pertencem à União para fins de exploração, garantindo-se ao concessionário a propriedade do produto da lavra. **SENDO CONSTITUCIONAL** que a proprietária, a União, explore diretamente substâncias minerais que serão utilizadas na construção de obras públicas.

Questão original: Os dispositivos constitucionais que regem a matéria relativa à exploração mineral determinam que os recursos minerais pertencem à União para fins de exploração, garantindo-se ao concessionário a propriedade do produto da lavra. Assim, deve ser dada interpretação restritiva ao dispositivo, a fim de que seu alcance se restrinja a garantir ao particular tal exploração, sendo inconstitucional que a proprietária, a União, explore diretamente substâncias minerais que serão utilizadas na construção de obras públicas.

72. O modelo batizado de sanção premial, que a ANATEL pretende adotar no processo de licitação dos serviços de telecomunicações de terceira geração, tem como ponto central a possibilidade de as operadoras resgatarem, na medida em que forem cumpridas as metas acordadas de cobertura geográfica e de novos serviços, os recursos financeiros depositados como uma espécie de caução. (CESPE - 2006 - ANATEL - Especialista em Regulação - Direito).

73. Em sua atuação como agente normativo e regulador da atividade econômica, o Estado deve, por meio de lei, estabelecer as diretrizes e bases do planejamento do desenvolvimento nacional equilibrado, compatibilizando os planos nacionais e regionais de desenvolvimento. (CESPE - 2006 - ANATEL - Especialista em Regulação - Direito).

74. Em requerimento de convocação endereçado ao presidente de uma comissão especial destinada a proferir parecer ao Projeto de Lei n.º 5.476, de 2001, que trata de tarifas de telefonia fixa, o autor apresentou a seguinte justificativa: "Presente ao Seminário sobre Assinatura Básica de Telefonia Fixa, promovido pela Comissão de Defesa do Consumidor, em 2/6/2005, o coordenador do Fórum Nacional dos PROCON disse que as tarifas básicas são muito 'generosas' e praticamente anulam os riscos da atividade. Segundo ele, o modelo de privatização produziu para os empresários um modelo de lucro certo. Esses contratos podem ser considerados nulos nos casos em que firam o Código de Defesa do Consumidor, afirmou.

Considerando-se corretas as afirmações contidas no texto sobre o valor das tarifas básicas, pode-se concluir que o serviço de telefonia fixa não pode ser considerado um serviço público adequado, nos termos da lei que dispõe sobre o regime de concessão e permissão da prestação de serviços públicos previsto no art. 175 da Constituição Federal. (CESPE - 2006 - ANATEL - Especialista em Regulação - Direito).

75. A União, os estados, o Distrito Federal e os municípios devem dispensar a microempresas e a empresas de pequeno porte, assim definidas em lei, tratamento jurídico diferenciado, visando incentivá-las por meio da simplificação de suas obrigações administrativas, tributárias, previdenciárias e creditícias, **OU PELA** eliminação ou redução **DESTAS, POR MEIO DE LEI.** (CESPE - 2006 - ANATEL - Especialista em Regulação - Direito).

Questão original: A União, os estados, o Distrito Federal e os municípios devem dispensar a microempresas e a empresas de pequeno porte, assim definidas em lei, tratamento jurídico diferenciado, visando incentivá-las por meio da simplificação de suas obrigações administrativas, tributárias, previdenciárias e creditícias, sendo, todavia, vedado o incentivo baseado em eliminação ou redução dessas obrigações.

76. A Constituição Federal inclui, de forma expressa, a defesa do consumidor entre os princípios gerais da atividade econômica. (CESPE – 2005 – TRT – 16ª REGIÃO (MA) – Técnico Judiciário – Área Serviços Gerais).

77. É constitucionalmente admissível que a União crie uma contribuição de intervenção no domínio econômico sobre minerais e energia elétrica. (CESPE – 2004 – AGU – Advogado da União).

78. Um fazendeiro poderá pesquisar e lavrar os minerais encontrados, **PORÉM** terá de receber autorização ou concessão **DA UNIÃO.** (CESPE – 2004 – AGU – Advogado da União).

Questão original: Um fazendeiro poderá pesquisar a presença de minerais no subsolo de sua fazenda sem necessitar de qualquer tipo de autorização. No entanto, para lavrar os minerais encontrados, terá de receber autorização ou concessão do Estado.

79. De acordo com o texto constitucional, o planejamento do setor público é determinante, o que significa que o Estado deve subordinar-se ao seu próprio planejamento. (CESPE – 2004 – AGU – Advogado da União).

80. Considere que, em determinada fazenda, corra um riacho de pequeno volume de água e o proprietário do imóvel deseje aproveitar esse reduzido potencial hidrelétrico para instalar uma usina geradora de energia elétrica. Nessa situação, o proprietário **NÃO** deverá obter autorização da União para usar licitamente o referido potencial. (CESPE – 2004 – AGU – Advogado da União).

Questão original: Considere que, em determinada fazenda, corra um riacho de pequeno volume de água e o proprietário do imóvel deseje aproveitar esse reduzido potencial hidrelétrico para instalar uma usina geradora de energia elétrica. Nessa situação, o proprietário deverá obter autorização da União para usar licitamente o referido potencial.

81. Como forma de incentivar a reforma agrária, a Constituição Federal permite que o governo emita títulos da dívida agrária, **ASSIM COMO O** montante **DE RECURSOS PARA ATENDER AO PROGRAMA DE REFORMA AGRÁRIA NO EXERCÍCIO.** (CESPE – 2004 – AGU – Advogado da União).

Observação: "Art. 184, § 4º da CF: O orçamento fixará anualmente o volume total de títulos da dívida agrária, assim como o montante de recursos para atender ao programa de reforma agrária no exercício."

Questão original: Como forma de incentivar a reforma agrária, a Constituição Federal permite que o governo emita títulos da dívida agrária, sem limitação de montante, desde que para pagamento em 20 anos.

82. Segundo a Constituição Federal, os garimpeiros que estiverem lavrando jazidas de minerais garimpáveis terão do Estado tratamento favorecido para se organizarem em cooperativas e estas terão prioridade de autorização para a lavra nas respectivas áreas. (CESPE - 2004 - AGU - Advogado da União).

5.4 DA ORDEM SOCIAL

1. A assistência social, ao contrário da previdência social, é prestada a quem dela necessitar, independentemente de contribuição à seguridade social. (CESPE - 2018 - Polícia Federal - Papiloscopista Policial Federal).

2. Por força da regra da contrapartida, os benefícios e serviços da seguridade social somente poderão ser criados, majorados ou estendidos se existente a correspondente fonte de custeio total. (CESPE - 2018 - PGM - Manaus - AM - Procurador do Município).

3. Constitui fonte de financiamento da seguridade social a arrecadação de contribuições sociais do importador de bens ou serviços do exterior. (CESPE - 2018 - PGM - Manaus - AM - Procurador do Município).

4. As transferências que os estados recebem para assegurar o financiamento da cultura **NÃO** são consideradas despesas obrigatórias. (CESPE - 2018 - IPHAN - Analista I - Área 8).

Questão original: As transferências que os estados recebem para assegurar o financiamento da cultura são consideradas despesas obrigatórias.

5. Os conceitos de patrimônio cultural e sociedade estão intimamente ligados aos conceitos de cultura e cidadania. (CESPE - 2018 - IPHAN - Analista I - Área 4).

6. A classificação dos bens culturais em termos de imaterial, de memória e de identidades coletivas perante a diversidade social permitiu maior abrangência do conceito de patrimônio cultural na legislação brasileira. (CESPE - 2018 - IPHAN - Analista I - Área 4).

7. Memória e identidade são dois termos indissociáveis na análise e na conservação do patrimônio cultural e do desenvolvimento econômico sustentável. (CESPE - 2018 - IPHAN - Analista I - Área 4).

8. Os estados, o Distrito Federal e os municípios organizam seus respectivos sistemas de cultura a partir das determinações constantes da Constituição Federal de 1988, sendo **PERMITIDA** a criação de leis próprias sobre o assunto por cada um desses entes. (CESPE – 2018 – IPHAN – Analista I – Área 4).

Observação: "Art. 216-A, § 4º da CF: Os Estados, o Distrito Federal e os Municípios organizarão seus respectivos sistemas de cultura em leis próprias."

Questão original: Os estados, o Distrito Federal e os municípios organizam seus respectivos sistemas de cultura a partir das determinações constantes da Constituição Federal de 1988, sendo vedada a criação de leis próprias sobre o assunto por cada um desses entes.

9. A dimensão simbólica do espaço que envolve a reprodução de práticas culturais coletivas está ligada ao lugar geográfico e ao domínio da identidade social dessas práticas. (CESPE – 2018 – IPHAN – Analista I – Área 4).

10. A Constituição Federal de 1988 prevê garantias de proteção às manifestações culturais populares, afro-brasileiras e indígenas, atribuindo ao Estado o dever de garantir o pleno exercício dos direitos culturais e o acesso às fontes da cultura nacional. (CESPE – 2018 – IPHAN – Conhecimentos Básicos – Cargos de Nível Superior).

11. No direito brasileiro, a preservação do patrimônio cultural **NÃO** tem prevalência sobre a tentativa de equilíbrio social. (CESPE – 2018 – IPHAN – Analista I – Área 4).

Questão original: No direito brasileiro, a preservação do patrimônio cultural tem prevalência sobre a tentativa de equilíbrio social.

12. O direito das populações tradicionais dos antigos quilombos de continuar fixados em seu espaço de vivência não implica o tombamento desses sítios. (CESPE – 2018 – IPHAN – Analista I – Área 4).

13. As despesas financeiras decorrentes de operações de empréstimos do Fundo Nacional da Cultura não se submetem à restrição imposta pela Emenda Constitucional n.º 95/2016, que estabeleceu o teto de gastos. (CESPE – 2018 – IPHAN – Analista I – Área 8).

14. No que se refere a patrimônio cultural, o Estado, enquanto guardião das leis, atua como agente fiscalizador e mantenedor das disposições constitucionais que tratam desse assunto. (CESPE – 2018 – IPHAN – Analista I – Área 4).

Questão original: No que se refere a patrimônio cultural, o Estado, enquanto guardião das leis, atua **EXCLUSIVAMENTE** como agente fiscalizador e mantenedor das disposições constitucionais que tratam desse assunto.

15. O Supremo Tribunal Federal firmou posição no sentido de que o ensino religioso nas escolas públicas **PODE** ter caráter confessional. (CESPE - 2018 - STJ - Analista Judiciário - Judiciária).

> **Questão original:** O Supremo Tribunal Federal firmou posição no sentido de que o ensino religioso nas escolas públicas deve ter caráter não confessional, sendo vedada a admissão de professores na qualidade de representantes das religiões para ministrar os cursos.

16. Conforme a CF, o Estado é responsável por garantir o direito à cultura e o acesso às fontes da cultura nacional. (CESPE - 2018 - IPHAN - Conhecimentos Básicos - Cargos de Nível Médio).

17. Por previsão constitucional, uma escultura será considerada patrimônio cultural desde que faça referência a elementos representativos da identidade, da memória e da ação dos grupos formadores da sociedade brasileira. (CESPE - 2018 - IPHAN - Analista I - Área 4).

18. A Constituição Federal **PERMITE** práticas desportivas que utilizem animais, **DESDE** se deem no âmbito de manifestações culturais, **DEVENDO SER REGULAMENTADA POR LEI ESPECÍFICA QUE ASSEGURE O BEM ESTAR DOS ANIMAIS ENVOLVIDOS.** (CESPE - 2018 - STJ - Conhecimentos Básicos - Cargo: 1; CESPE - 2018 - STJ - Conhecimentos Básicos - Cargos: 2 a 6).

> **Observação:** "Art. 225, § 7º da CF: Para fins do disposto na parte final do inciso VII do § 1º deste artigo, não se consideram cruéis as práticas desportivas que utilizem animais, desde que sejam manifestações culturais, conforme o § 1º do art. 215 desta Constituição Federal, registradas como bem de natureza imaterial integrante do patrimônio cultural brasileiro, devendo ser regulamentadas por lei específica que assegure o bem-estar dos animais envolvidos."

> **Questão original:** A Constituição Federal veda práticas desportivas que utilizem animais, mesmo que elas se deem no âmbito de manifestações culturais que integrem o patrimônio cultural brasileiro.

19. Pessoas físicas ou jurídicas que degradarem o meio ambiente poderão sofrer sanções penais, civis e administrativas. (CESPE - 2018 - ABIN - Agente de Inteligência).

20. A Constituição vigente consagra a cumulatividade das sanções em matéria de dano ambiental ao preceituar que as condutas e atividades lesivas ao meio ambiente sujeitarão seus agentes, pessoas físicas ou jurídicas, a infrações penais, administrativas e civis, sendo do tipo objetiva a responsabilidade pelas infrações civis. (CESPE - 2018 - STJ - Conhecimentos Básicos - Cargos: 10 e 12).

21. A Constituição vigente **PERMITE** a prática de atividades desportivas que envolvam animais, **DESDE SEJAM MANIFESTAÇÕES CULTURAIS, DEVENDO SER** regulamentada por lei específica **QUE ASSEGURE O BEM ESTAR DOS ANIMAIS ENVOLVIDOS.** (CESPE – 2018 – STM – Analista Judiciário – Área Judiciária).

> **Questão original:** A Constituição vigente veda a prática de atividades desportivas que envolvam animais, por considerá-las cruéis, sendo irrelevante, sob a ótica constitucional, que a atividade esteja registrada como patrimônio cultural brasileiro ou regulamentada por lei específica.

22. A localização das usinas que vierem a operar com reator nuclear deverá ser definida em lei **FEDERAL.** (CESPE – 2018 – ABIN – Agente de Inteligência).

> **Questão original:** A localização das usinas que vierem a operar com reator nuclear deverá ser definida em lei complementar estadual.

23. Determinado indivíduo deseja buscar, por via judicial, o reconhecimento de paternidade biológica, embora já possua vínculo de paternidade baseado em relação sócio afetiva declarada em registro público.

Embora no ordenamento jurídico seja possível o reconhecimento de situação de pluriparentalidade, caso a paternidade biológica seja comprovada, a paternidade socioafetiva **NÃO** deixará de produzir efeitos sucessórios. (CESPE – 2018 – MPE-PI – Analista Ministerial – Área Processual).

> **Questão original:** Embora no ordenamento jurídico seja possível o reconhecimento de situação de pluriparentalidade, caso a paternidade biológica seja comprovada, a paternidade socioafetiva deixará de produzir efeitos sucessórios.

24. Lúcio foi internado em um hospital da rede privada para submeter-se a tratamento médico eletivo a ser realizado pelo SUS. Na unidade hospitalar onde ele foi internado, os quartos individuais superiores são reservados a pacientes particulares, e àqueles que desfrutam do atendimento gratuito são disponibilizados quartos coletivos de nível básico.

Com o intuito de utilizar um quarto individual, por ser mais confortável, Lúcio se prontificou a pagar o valor da diferença entre as modalidades dos quartos, o que foi recusado pelo hospital, que informou ser vedado o uso das acomodações superiores por pacientes atendidos pelo SUS, mesmo mediante pagamento complementar. (CESPE – 2017 – DPU – Defensor Público Federal).

24.1 A vedação à internação de Lúcio em acomodações superiores mediante o pagamento da diferença é constitucional: o atendimento pelo SUS é orientado, entre outros critérios, pela isonomia.

24.2 É **PERMITIDA** às instituições privadas com fins lucrativos participarem do SUS **DE FORMA COMPLEMENTAR**, as quais não podem, ainda, oferecer quartos com custos diferentes para pacientes sujeitos ao mesmo procedimento médico.

> **Questão original:** É vedado às instituições privadas com fins lucrativos participarem do SUS, as quais não podem, ainda, oferecer quartos com custos diferentes para pacientes sujeitos ao mesmo procedimento médico.

25. A rede privada de saúde pode integrar o Sistema Único de Saúde, de forma complementar, por meio de contrato administrativo ou convênio. (CESPE - 2017 - Prefeitura de Fortaleza - CE - Procurador do Município).

26. De acordo com a Constituição Federal, o Estado deverá garantir a educação da pessoa com deficiência, preferencialmente, em rede **REGULAR** de ensino. (CESPE - 2017 - TRF - 1ª REGIÃO - Conhecimentos Básicos - Cargos de Nível Médio).

> **Questão original:** De acordo com a Constituição Federal, o Estado deverá garantir a educação da pessoa com deficiência, preferencialmente, em rede especial de ensino, de acordo com as suas necessidades físicas e mentais.

27. É dever estatal, explícito na Constituição Federal, a instituição de programas de prevenção e atendimento especializado para portadores de deficiência física, sensorial ou mental. (CESPE - 2017 - TRF - 1ª REGIÃO - Conhecimentos Básicos - Cargos de Nível Superior).

28. **EXISTE** na Constituição Federal **HIPÓTESES** que determine o necessário esgotamento da via administrativa para se recorrer ao Poder Judiciário. (CESPE - 2017 - TRF - 1ª REGIÃO - Técnico Judiciário - Área Administrativa).

> **Questão original:** Não existe na Constituição Federal hipótese expressa que determine o necessário esgotamento da via administrativa para se recorrer ao Poder Judiciário, devido ao princípio da inafastabilidade da jurisdição e à determinação de que a lei não excluirá a apreciação pelo Poder Judiciário de lesão ou ameaça de direito.

29. Os municípios devem atuar prioritariamente no ensino fundamental e na educação infantil, ao passo que os estados devem atuar prioritariamente no ensino fundamental e no médio. (CESPE - 2017 - Prefeitura de Fortaleza - CE - Procurador do Município).

30. Os municípios devem atuar prioritariamente no ensino fundamental e na educação infantil, ao passo que os estados devem atuar prioritariamente no ensino fundamental e no médio. (CESPE - 2017 - Prefeitura de Fortaleza - CE - Procurador do Município).

31. Os agentes comunitários de saúde podem ser admitidos pelo gestor local do SUS por meio de processo seletivo público em conformidade com a natureza, a complexidade e os requisitos específicos para sua atuação. (CESPE – 2016 – ANVISA – Técnico Administrativo – Conhecimentos Específicos).

32. O controle dos produtos e substâncias de interesse para a saúde e a participação na produção de medicamentos competem ao SUS. (CESPE – 2016 – ANVISA – Técnico Administrativo – Conhecimentos Específicos).

> **Questão original:** O controle dos produtos e substâncias de interesse para a saúde e a participação na produção de medicamentos não competem ao SUS, pois sua atribuição é apenas de fiscalização.

33. O Sistema Único de Saúde é organizado de forma **DESCENTRALIZADA**, com direção única em cada esfera de governo. (CESPE – 2016 – DPU – Analista Técnico – Administrativo).

> **Questão original:** O Sistema Único de Saúde é organizado de forma centralizada, com direção única em cada esfera de governo.

34. Os estados da Federação, suas autarquias e fundações poderão atuar como patrocinadores de entidades fechadas de previdência complementar. (CESPE – 2016 – FUNPRESP-JUD – Assistente – Administrativa).

35. Atendimento integral com prioridade para as atividades preventivas, descentralização com direção única em cada esfera de governo e participação da comunidade são diretrizes que devem integrar as ações públicas de saúde. (CESPE – 2016 – ANVISA – Técnico Administrativo – Conhecimentos Específicos).

36. A faculdade de aderir ao sistema de previdência privada, previsto no art. 202 da CF, inclui o direito à desfiliação, segundo o STF. (CESPE – 2016 – FUNPRESP-JUD – Analista – Direito).

> **Questão original:** A faculdade de aderir ao sistema de previdência privada, previsto no art. 202 da CF, **NÃO** inclui o direito à desfiliação, segundo o STF.

37. De acordo com a CF, os órgãos públicos, em especial os vinculados à seguridade social, devem oferecer aos usuários acesso à informação, que deve ser ajustada ao perfil do público, de forma a garantir a compreensão do seu conteúdo. (CESPE – 2016 – TCE-PA – Auditor de Controle Externo – Área Administrativa – Serviço Social).

38. Sobre a receita de loterias, apostas e sorteio de números incidirá contribuição social destinada a financiar a seguridade social. (CESPE – 2016 – INSS – Analista do Seguro Social – Serviço Social).

39. A seguridade social deve garantir a uniformidade e equivalência dos benefícios e serviços às populações urbanas e rurais. (CESPE – 2016 – DPU – Técnico em Assuntos Educacionais).

40. O serviço público deve-se orientar na estruturação da seguridade social pelos seguintes objetivos, entre outros: equidade na forma de participação no custeio e caráter democrático e descentralizado da administração. (CESPE - 2016 - INSS - Analista do Seguro Social - Serviço Social).

41. A associação dos servidores da União **NÃO** poderá instituir regime de previdência complementar, de caráter fechado e de natureza privada, a ser criado mediante aprovação em assembleia da categoria convocada para esse fim. (CESPE - 2016 - FUNPRESP--JUD - Assistente - Administrativa).

Questão original: A associação dos servidores da União poderá instituir regime de previdência complementar, de caráter fechado e de natureza privada, a ser criado mediante aprovação em assembleia da categoria convocada para esse fim.

42. Na qualidade de patrocinadora, a União federal pode aportar recursos financeiros a entidade de previdência privada. Se o fizer, sua contribuição normal não poderá exceder a do segurado. (CESPE - 2016 - FUNPRESP-EXE - Especialista - Área Jurídica).

43. O dever do Estado de prestar assistência social a quem dela necessite independe da comprovação de contribuição à seguridade social. (CESPE - 2016 - DPU - Analista Técnico - Administrativo).

44. Na organização da seguridade social, o objetivo da universalidade da cobertura e do atendimento **NÃO** diz respeito **SOMENTE** à política de previdência social. (CESPE - 2016 - INSS - Analista do Seguro Social - Serviço Social).

Questão original: Na organização da seguridade social, o objetivo da universalidade da cobertura e do atendimento diz respeito, mais diretamente, à política de previdência social, dada a superação de sua lógica securitária.

45. O Estado deve garantir educação infantil em creches e pré-escolas às crianças de até cinco anos de idade. (CESPE - 2016 - DPU - Técnico em Assuntos Educacionais).

46. A assistência à saúde deve ser exercida pelo poder público por intermédio do Sistema Único de Saúde (SUS), sendo admitida a participação da iniciativa privada de forma complementar, **TENDO PREFERÊNCIA QUE** esse serviço seja prestado por entidades filantrópicas e sem fins lucrativos. (CESPE - 2016 - DPU - Analista Técnico - Administrativo).

Questão original: A assistência à saúde deve ser exercida pelo poder público por intermédio do Sistema Único de Saúde (SUS), sendo admitida a participação da iniciativa privada de forma complementar, desde que esse serviço seja prestado por entidades filantrópicas e sem fins lucrativos.

47. O atendimento integral à população é uma diretriz do SUS e deve ser desenvolvido priorizando as **ATIVIDAS PREVENTIVAS.** (CESPE – 2015 – MPOG – Assistente Social – Cargo 16).

> **Questão original:** O atendimento integral à população é uma diretriz do SUS e deve ser desenvolvido priorizando as ações assistenciais que incluam ações de vigilância em saúde.

48. A iniciativa privada pode participar do SUS em caráter complementar mediante formalização de contrato ou convênio, de modo que as entidades filantrópicas e sem fins lucrativos têm prioridade. (CESPE – 2015 – MPOG – Assistente Social – Cargo 16).

49. De acordo com a CF, a gestão administrativa da seguridade social deve ser **QUADRIPARTITE**, ou seja, formada por trabalhadores, empregadores, governo **E APOSENTADOS.** (CESPE – 2015 – AGU – Advogado da União).

> **Questão original:** De acordo com a CF, a gestão administrativa da seguridade social deve ser tripartite, ou seja, formada por trabalhadores, empregadores e governo.

50. A seguridade social tem como diretrizes a igualdade na forma de participação do custeio; a gestão **QUADRIPARTITE** entre **TRABALHADORES, EMPREGADORES, GOVERNO E APOSENTADOS**; e a **UNIFORMIDADE E EQUIVALÊNCIA DOS BENEFÍCIOS E SERVIÇOS À** população urbana e rural. (CESPE – 2015 – MPOG – Assistente Social – Cargo 16).

> **Questão original:** A seguridade social tem como diretrizes a igualdade na forma de participação do custeio; a gestão bipartite entre gestores e representantes da população; e a universalidade do atendimento com o beneficiamento da população urbana e rural.

51. De acordo com as diretrizes constitucionais do Sistema Único de Saúde (SUS), as ações e serviços de saúde devem ser descentralizados no sentido de atender toda a população brasileira, **COM DIREÇÃO ÚNICA EM CADA GOVERNO.** (CESPE – 2015 – MPOG – Assistente Social – Cargo 16).

> **Questão original:** De acordo com as diretrizes constitucionais do Sistema Único de Saúde (SUS), as ações e serviços de saúde devem ser descentralizados no sentido de atender toda a população brasileira, sob o comando único do Ministério da Saúde.

52. A Constituição Federal de 1988 (CF) **ARROLA** entre os objetivos da organização da seguridade social o caráter democrático **E DESCENTRALIZADO** da administração, sua gestão **SERÁ QUADRIPARTITE.** (CESPE – 2014 – Câmara dos Deputados – Analista Legislativo – Consultor Legislativo Área XXI).

Questão original: Embora a Constituição Federal de 1988 (CF) arrole entre os objetivos da organização da seguridade social o caráter democrático da administração, sua gestão está a cargo exclusivamente do governo federal.

53. A definição e a regulamentação do conceito de seguridade social na Constituição Federal de 1988 acarretaram a ampliação da cobertura da previdência para os trabalhadores rurais; a criação de conselhos de direitos; a inserção da política previdenciária na perspectiva de seguridade; e a regulamentação da livre organização sindical. (CESPE - 2015 - STJ - Analista Judiciário - Serviço Social).

54. Os objetivos da seguridade social incluem a universalidade da cobertura e do atendimento, a equidade na forma de participação no custeio e a diversidade da base de financiamento. (CESPE - 2015 - TCE-RN - Auditor).

55. A CF estabelece que os entes da Federação devem organizar, em regime de colaboração, seus sistemas de ensino, cabendo aos estados atuar, prioritariamente, no ensino fundamental e no ensino médio. (CESPE - 2015 - TCE-RN - Assessor Técnico Jurídico - Cargo 2).

56. Os índios, suas comunidades e organizações são partes legítimas para ingresso em juízo em defesa de seus direitos e interesses, competindo à justiça federal processar e julgar os crimes relacionados aos direitos dos índios. (CESPE - 2015 - AGU - Advogado da União).

57. O princípio jurídico da dignidade da pessoa humana orienta os objetivos dos sistemas de direito considerados humanizados. (CESPE - 2014 - Câmara dos Deputados - Analista Legislativo - Consultor Legislativo Área XVI).

58. O atendimento educacional especializado a portadores de deficiência, será realizado, preferencialmente, na rede regular de ensino. (CESPE - 2014 - MEC - Analista Processual - Supervisão da Educação Superior).

59. O acesso ao ensino médio é uma das garantias constitucionais do Estado à sociedade. (CESPE - 2014 - MEC - Analista Processual - Supervisão da Educação Superior).

60. Segundo a jurisprudência do STF, é **ILÍCITA** a cobrança de taxas de matrículas nas universidades públicas. (CESPE - 2014 - MEC - Conhecimentos Básicos - Todos os Cargos).

Observação: "Súmula vinculante 12: A cobrança de taxa de matrícula nas universidades públicas viola o disposto no art. 206, IV, da Constituição Federal."

Questão original: Segundo a jurisprudência do STF, é lícita a cobrança de taxas de matrículas nas universidades públicas, desde que os valores sejam proporcionais aos custos.

61. Aplica-se ao Sistema Nacional de Cultura o princípio da complementaridade nos papéis dos agentes culturais. (CESPE – 2014 – PGE-BA – Procurador do Estado).

62. O atendimento gratuito na educação infantil deve ser garantido a todas as crianças de zero a cinco anos de idade. (CESPE – 2014 – MEC – Analista Processual – Supervisão da Educação Superior).

63. A educação de jovens e adultos (EJA) é dever do Estado no nível do ensino fundamental **MÉDIO NA IDADE PRÓPRIA.** (CESPE – 2014 – MEC – Analista Processual – Supervisão da Educação Superior).

Questão original: A educação de jovens e adultos (EJA) é dever do Estado apenas no nível do ensino fundamental.

64. A União pode fixar piso salarial nacional para profissionais do magistério da educação básica por meio de lei federal e a norma será aplicável aos profissionais do magistério servidores dos estados, dos municípios e do Distrito Federal (DF). (CESPE – 2014 – MEC – Conhecimentos Básicos – Todos os Cargos).

Questão original: A União pode fixar piso salarial nacional para profissionais do magistério da educação básica por meio de lei federal, porém a norma **NÃO** será aplicável aos profissionais do magistério servidores dos estados, dos municípios e do Distrito Federal (DF), sob pena de infringência ao pacto federativo, notadamente à autonomia administrativa e financeira dos membros da Federação.

65. Como forma de garantia da efetividade do direito ao meio ambiente, incumbe ao poder público definir espaços territoriais a serem especialmente protegidos, devendo a delimitação de tais espaços, como sua alteração ou supressão, ocorrer somente mediante a edição de lei. (CESPE – 2014 – Câmara dos Deputados – Analista Legislativo – Consultor Legislativo Área VI).

Questão original: Como forma de garantia da efetividade do direito ao meio ambiente, incumbe ao poder público definir espaços territoriais a serem especialmente protegidos, devendo a delimitação de tais espaços, bem como sua alteração ou supressão, ocorrer somente mediante a edição de lei **ESPECÍFICA**.

66. O Estado deve garantir o acesso gratuito e de qualidade à educação **BÁSICA OBRIGATÓRIA, PODENDO, SEGUNDO A CAPACIDADE DE CADA UM, GARANTIR ACESSO AOS NÍVEIS MAIS ELEVADOS DE ENSINO, PESQUISA E CRIAÇÃO ARTÍSTICA,** conforme disposto na CF. (CESPE – 2014 – MEC – Analista Processual – Supervisão da Educação Superior).

Observação: "Art. 208, I e V da CF: I – Educação básica obrigatória e gratuita dos 4 (quatro) aos 17 (dezessete) anos de idade, assegurada inclusive sua oferta gratuita para todos os que a ela não tiveram acesso na idade própria; V – Acesso aos níveis mais elevados do ensino, da pesquisa e da criação artística, segundo a capacidade de cada um.

Questão original: O Estado deve garantir o acesso gratuito e de qualidade à educação superior, conforme disposto na CF.

67. De acordo com o STF, compete à justiça comum estadual processar e julgar crimes que, ocorridos em reserva indígena, não tenham qualquer vínculo com a etnicidade, o grupo e a comunidade indígena. (CESPE – 2014 – Câmara dos Deputados – Analista Legislativo – Consultor Legislativo Área VI).

68. As terras tradicionalmente ocupadas pelos índios, incluídas no domínio constitucional da União Federal, são inalienáveis, indisponíveis e insuscetíveis de prescrição aquisitiva. (CESPE – 2013 – DPF – Delegado). De acordo com o STF, compete à justiça comum estadual processar e julgar crimes que, ocorridos em reserva indígena, não tenham qualquer vínculo com a etnicidade, o grupo e a comunidade indígena. (CESPE – 2014 – Câmara dos Deputados – Analista Legislativo – Consultor Legislativo Área VI).

69. As terras indígenas tratadas pela CF se submetem ao princípio fundamental da soberania da República Federativa do Brasil, fazendo parte do território brasileiro. (CESPE – 2014 – Câmara dos Deputados – Analista Legislativo – Consultor Legislativo Área XXII).

70. Os índios detêm o usufruto exclusivo das riquezas do solo, dos rios e dos lagos existentes nas terras por eles tradicionalmente ocupadas. (CESPE – 2014 – PGE-BA – Procurador do Estado).

Questão original: Os índios detêm o usufruto exclusivo das riquezas do solo, **DO SUBSOLO**, dos rios e dos lagos existentes nas terras por eles tradicionalmente ocupadas.

71. A CF assegura a gratuidade dos transportes coletivos urbanos aos maiores de sessenta e cinco anos. (CESPE – 2014 – PGE-BA – Procurador do Estado).

72. A Contribuição Social sobre o Lucro Líquido (CSLL) é destinada **TAMBÉM** à previdência social e integra o orçamento da seguridade social, devendo ser cobrada a uma alíquota **DIFERENCIADAS, DEPENDENDO, POR EXEMPLO,** do ramo de atividade ou do grau de utilização de pessoal na formação do custo das empresas. (CESPE – 2013 – MPU – Analista – Finanças e Controle).

Questão original: A Contribuição Social sobre o Lucro Líquido (CSLL) é destinada precipuamente à previdência social e integra o orçamento da seguridade social, devendo ser cobrada a uma alíquota uniforme, independentemente do ramo de atividade ou do grau de utilização de pessoal na formação do custo das empresas.

73. A CF textualmente estabelece que o Sistema Único de Saúde possui, como uma de suas atribuições, colaborar na proteção do meio ambiente, nele compreendido o meio ambiente do trabalho. (CESPE – 2013 – CPRM – Analista em Geociências – Direito).

74. As contribuições sociais dos empregadores para a seguridade social têm caráter uniforme, **SENDO** admitindo alíquotas ou bases de cálculo diferenciadas em razão do porte das empresas ou das atividades econômicas que desenvolvem. (CESPE – 2013 – TC-DF – Procurador).

> **Questão original:** As contribuições sociais dos empregadores para a seguridade social têm caráter uniforme, não se admitindo alíquotas ou bases de cálculo diferenciadas em razão do porte das empresas ou das atividades econômicas que desenvolvem.

75. A participação do capital estrangeiro em empresas de comunicação deve ser restrita a, no máximo, 30% do capital total e do capital votante dessas empresas. (CESPE – 2013 – FUB – Jornalista).

76. A propaganda de medicamentos, terapias e agrotóxicos **CONTERÁ** advertências, **SEMPRE QUE NECESSÁRIO,** sobre os riscos e malefícios do uso apenas quando veiculadas em canais de TV aberta ou jornais de circulação irrestrita. (CESPE – 2013 – FUB – Jornalista).

> **Questão original:** A propaganda de medicamentos, terapias e agrotóxicos deve conter advertências sobre os riscos e malefícios do uso apenas quando veiculadas em canais de TV aberta ou jornais de circulação irrestrita.

77. Os percentuais da programação das emissoras de rádio e televisão referentes à regionalização da produção cultural, artística e jornalística serão estabelecidos por lei. (CESPE – 2013 – FUB – Jornalista).

78. A floresta amazônica brasileira, assim como a mata atlântica, **DEVEM TER SUA** utilização na forma da lei, em condições que assegurem a preservação do meio ambiente, inclusive no que concerne ao uso dos recursos naturais. (CESPE – 2013 – Polícia Federal – Delegado de Polícia).

> **Questão original:** A floresta amazônica brasileira, assim como a mata atlântica, é considerada bem da União, devendo sua utilização ocorrer na forma da lei, em condições que assegurem a preservação do meio ambiente, inclusive no que concerne ao uso dos recursos naturais.

79. É permitida a publicação de jornal de qualquer natureza, vendido ou distribuído gratuitamente, **INDEPENDEMENTE DE LICENÇA DE AUTORIDADE.** (CESPE – 2013 – FUB – Jornalista).

Questão original: É permitida a publicação de jornal de qualquer natureza, vendido ou distribuído gratuitamente, desde que devidamente autorizada por autoridade legal.

80. O prazo da concessão ou permissão para **EMISSORA DE RÁDIO SERÁ DE 10 ANOS, E EMISSORAS DE TV 15 ANOS.** (CESPE - 2013 - FUB - Jornalista).

Questão original: O prazo da concessão ou permissão para o serviço de radiodifusão será de vinte anos, tanto para emissoras de rádio quanto para as de TV.

81. O direito ao meio ambiente ecologicamente equilibrado é considerado um direito fundamental de terceira geração, em razão de ser baseado no interesse comum que liga e une as pessoas e ter caráter universal. (CESPE - 2013 - IBAMA - Analista Ambiental - Conhecimentos Básicos - Todos os Temas).

82. No que se refere à proteção ambiental determinada na Constituição Federal de 1988, na Política Nacional do Meio Ambiente, no Sistema Nacional de Meio Ambiente (Lei n.º 6.938/1981) e nas resoluções CONAMA n.º 1/1986 e n.º 237/1997, julgue os itens seguintes. Nesse sentido, considere que a sigla EIA, sempre que utilizada, refere-se a Estudo de Impacto Ambiental.

Entre os deveres constitucionais ambientais impostos ao poder público, há a determinação de que os governos **ASSEGUREM A EFETIVIDADE DESSE DIREITO CONTROLANDO A PRODUÇÃO, COMERCIALIZAÇÃO, EMPREGO DE** técnicas e métodos não impliquem riscos à vida ou ao meio ambiente. (CESPE - 2013 - ANP - Todos os Cargos - Conhecimentos Básicos).

Observação: "Art. 225, V da CF: Controlar a produção, a comercialização e o emprego de técnicas, métodos e substâncias que comportem risco para a vida, a qualidade de vida e o meio ambiente."

Questão original: Entre os deveres constitucionais ambientais impostos ao poder público, há a determinação de que os governos incentivem a criação de pequenas e médias empresas para desenvolverem atividades cujas técnicas e métodos não impliquem riscos à vida ou ao meio ambiente.

83. Outorgar e renovar concessão, permissão ou autorização para o serviço de radiodifusão sonora e de sons e imagens, observando-se o princípio da complementaridade dos sistemas privado, público e estatal, é competência do Poder Executivo. (CESPE - 2013 - FUB - Jornalista).

84. A propriedade de empresa jornalística e de radiodifusão sonora e de sons e imagens é privativa de brasileiros natos ou naturalizados há mais de dez anos, **OU**

DE PESSOAS JURÍDICAS CONSTITUÍDAS SOB AS LEIS BRASILEIRAS E QUE TENHAM SEDE NO PAÍS. (CESPE – 2013 – ANCINE – Especialista em Regulação Atividade Cinematográfica e Audiovisual – Área 3).

> **Questão original:** A propriedade de empresa jornalística e de radiodifusão sonora e de sons e imagens é privativa de brasileiros natos ou naturalizados há mais de dez anos, vedada a participação de pessoa jurídica no capital social de empresa jornalística ou de radiodifusão, exceto a de sociedades cujo capital pertença exclusiva e nominalmente a brasileiros.

85. Apesar de a floresta amazônica, a mata atlântica, a Serra do Mar, o pantanal mato-grossense e a zona costeira serem patrimônios nacionais, não se consideram bens públicos os imóveis particulares existentes nessas áreas. (CESPE – 2013 – TJ-DFT – Analista Judiciário – Área Judiciária).

86. A CF **NÃO** reconheceu aos índios a propriedade das terras que tradicionalmente ocupam. (CESPE – 2013 – Polícia Federal – Conhecimentos Básicos – Todos os Cargos; CESPE – 2013 – Polícia Federal – Perito Criminal Federal – Conhecimentos Básicos).

> **Questão original:** A CF reconheceu aos índios a propriedade e posse das terras que tradicionalmente ocupam.

87. No que se refere à ordem social, julgue o item seguinte. A CF reconheceu aos índios a posse das terras que tradicionalmente ocupam. (CESPE – 2013 – Polícia Federal – Escrivão da Polícia Federal).

> **Questão original:** No que se refere à ordem social, julgue o item seguinte. A CF reconheceu aos índios **A PROPRIEDADE** e posse das terras que tradicionalmente ocupam

88. A educação, um direito assegurado a todos e um dever do Estado, deve ser promovida pelo Estado **COM A** colaboração da sociedade. (CESPE – 2012 – FNDE – Técnico em Financiamento e Execução de Programas e Projetos Educacionais).

> **Questão original:** A educação, um direito assegurado a todos e um dever exclusivo do Estado, deve ser promovida pelo Estado, independentemente da colaboração da sociedade, a fim de se manter isenta de pressões ideológicas.

89. De acordo com a Constituição Federal de 1988, a lei deve assegurar aos autores de inventos industriais o privilégio **TEMPORÁRIO** para a sua utilização. (CESPE – 2012 – MCT – Tecnologista Pleno – Tema III).

> **Questão original:** De acordo com a Constituição Federal de 1988, a lei deve assegurar aos autores de inventos industriais o privilégio permanente para a sua utilização.

90. O preparo da pessoa para o exercício profissional e da cidadania é um dos objetivos da educação, consoante fundamentos norteadores da República Federativa do Brasil. (CESPE - 2012 - FNDE - Técnico em Financiamento e Execução de Programas e Projetos Educacionais).

91. Seria inconstitucional portaria do Ministério da Ciência, Tecnologia e Inovação que determinasse às revistas científicas publicadas no Brasil a obrigatoriedade de submeter a esse ministério a composição das suas comissões editoriais, para que fosse certificada a capacidade técnica dos integrantes dessas comissões. (CESPE - 2012 - MCT - Analista em Ciência e Tecnologia Pleno - Tema I; CESPE - 2012 - MCT - Analista em Ciência e Tecnologia Pleno - Tema II).

92. Com a Emenda Constitucional n.º 36/2002, a situação jurídica de brasileiros natos e naturalizados, no que se refere à propriedade de empresas jornalísticas e de radiodifusão sonora e de sons e imagens, **NÃO** foi igualada. (CESPE - 2012 - TRE-RJ - Analista Judiciário - Área Judiciária).

> **Questão original:** Com a Emenda Constitucional n.º 36/2002, a situação jurídica de brasileiros natos e naturalizados, no que se refere à propriedade de empresas jornalísticas e de radiodifusão sonora e de sons e imagens, foi igualada.

93. Apesar de a floresta amazônica, a mata atlântica, a serra do Mar, o pantanal mato-grossense e a zona costeira serem, conforme dispõe a CF, patrimônio nacional, não há determinação constitucional que converta em bens públicos os imóveis particulares situados nessas áreas. (CESPE - 2012 - AGU - Advogado da União).

94. O planejamento familiar é de livre decisão do casal e deve ser orientado pelos princípios da dignidade da pessoa humana e da paternidade responsável; por essa razão, é **PERMITIDO** ao Estado propiciar às famílias acesso a recursos científicos associados à prevenção da gravidez. (CESPE - 2012 - FNDE - Especialista em Financiamento e Execução de Programas e Projetos Educacionais).

> **Questão original:** O planejamento familiar é de livre decisão do casal e deve ser orientado pelos princípios da dignidade da pessoa humana e da paternidade responsável; por essa razão, é vedado ao Estado propiciar às famílias acesso a recursos científicos associados à prevenção da gravidez.

95. Art. 218. O Estado promoverá e incentivará o desenvolvimento científico, a pesquisa e a capacitação tecnológicas.

§ 1.º A pesquisa científica básica receberá tratamento prioritário do Estado, tendo em vista o bem público e o progresso das ciências.

§ 2.º A pesquisa tecnológica voltar-se-á preponderantemente para a solução dos problemas brasileiros e para o desenvolvimento do sistema produtivo nacional e regional.

§ 3.º O Estado apoiará a formação de recursos humanos nas áreas de ciência, pesquisa e tecnologia, e concederá aos que delas se ocupem meios e condições especiais de trabalho.

§ 4.º A lei apoiará e estimulará as empresas que invistam em pesquisa, criação de tecnologia adequada ao país, formação e aperfeiçoamento de seus recursos humanos e que pratiquem sistemas de remuneração que assegurem ao empregado, desvinculada do salário, participação nos ganhos econômicos resultantes da produtividade de seu trabalho.

§ 5.º É facultado aos estados e ao Distrito Federal vincular parcela de sua receita orçamentária a entidades públicas de fomento ao ensino e à pesquisa científica e tecnológica.

Apesar de estar prevista no texto constitucional, a promoção do desenvolvimento científico e tecnológico não pode ser considerada um princípio fundamental. (CESPE – 2012 – MCT – Analista em Ciência e Tecnologia Pleno – Tema I).

96. O planejamento familiar será estimulado pelo Estado, que, **NÃO** poderá adotar medidas coercitivas junto ao casal. (CESPE – 2012 – FNDE – Técnico em Financiamento e Execução de Programas e Projetos Educacionais).

Questão original: O planejamento familiar será estimulado pelo Estado, que, apenas excepcionalmente, poderá adotar medidas coercitivas junto ao casal, por meio de suas instituições oficiais.

97. O direito à integridade do meio ambiente é típico direito de terceira dimensão e constitui prerrogativa jurídica de titularidade coletiva. (CESPE – 2012 – IBAMA – Técnico Administrativo).

98. A remoção dos grupos indígenas de suas terras é proibida pela Constituição Federal, exceto em caso de catástrofe ou epidemia que ponha em risco a população indígena, ou ainda no interesse da soberania do País, desde que, **NA PRIMEIRA HIPÓTESE**, haja referendo do Congresso Nacional. (CESPE – 2012 – PC-AL – Agente de Polícia).

Questão original: A remoção dos grupos indígenas de suas terras é proibida pela Constituição Federal, exceto em caso de catástrofe ou epidemia que ponha em risco a população indígena, ou ainda no interesse da soberania do País, desde que, em todos os casos, haja referendo do Congresso Nacional.

99. A Constituição Federal de 1988 (CF), ao disciplinar o sistema especial de inclusão previdenciária para atender os trabalhadores de baixa renda, autoriza que esse sistema adote alíquotas **E CARÊNCIAS** inferiores às vigentes para os demais segurados do regime geral de previdência social (RGPS). (CESPE – 2011 – AL-CE – Analista Legislativo – Ciências Atuariais).

Questão original: A Constituição Federal de 1988 (CF), ao disciplinar o sistema especial de inclusão previdenciária para atender os trabalhadores de baixa renda, autoriza que esse sistema adote alíquotas inferiores às vigentes para os demais segurados do regime geral de previdência social (RGPS), mas veda a fixação de prazos de carência inferiores.

100. Os regimes **DE PREVIDÊNCIA PRIVADA SEGUEM** a forma de capitalização e, como consequência, há uma vinculação direta entre o valor das contribuições do segurado e o benefício que o mesmo possa vir a receber em face da ocorrência de algum dos eventos cobertos pelo seguro previdenciário. (CESPE - 2011 - AL-CE - Analista Legislativo - Ciências Atuariais).

Questão original: Os regimes previdenciários definidos na CF seguem a forma de capitalização e, como consequência, há uma vinculação direta entre o valor das contribuições do segurado e o benefício que o mesmo possa vir a receber em face da ocorrência de algum dos eventos cobertos pelo seguro previdenciário.

101. De acordo com a CF, a pesquisa científica básica deve receber tratamento prioritário do Estado e a pesquisa tecnológica deve voltar-se preponderantemente para a solução dos problemas brasileiros e para o desenvolvimento dos sistemas produtivos nacional e regional. (CESPE - 2011 - CNPQ - Assistente).

102. É **FACULTADO VINCULAR**, pelos estados e pelo Distrito Federal, de parcela de sua receita orçamentária a entidades públicas de fomento ao ensino e à pesquisa científica e tecnológica. (CESPE - 2011 - CNPQ - Assistente).

Questão original: É admitida a vinculação, pelos estados e pelo Distrito Federal, de parcela de sua receita orçamentária a entidades privadas e públicas de fomento ao ensino e à pesquisa científica e tecnológica.

103. O princípio da diversidade da base de financiamento da seguridade social visa propiciar maior segurança ao sistema contra flutuações na arrecadação das contribuições. Dessa forma, uma proposta que vislumbre a criação de uma contribuição única, como substituta das existentes atualmente, será claramente inconstitucional. (CESPE - 2011 - AL-CE - Analista Legislativo - Ciências Atuariais).

104. O Estado, por meio de lei, deve apoiar e estimular as empresas que invistam em pesquisa, criação de tecnologia adequada ao país, formação e aperfeiçoamento de seus recursos humanos e que pratiquem sistemas de remuneração que assegurem ao empregado, desvinculada do salário, participação nos ganhos econômicos resultantes da produtividade de seu trabalho. (CESPE - 2011 - CNPQ - Analista em Ciência e Tecnologia Júnior - Geral).

105. A Constituição Federal de 1988, reconhecida por parte significativa da doutrina como avançada no campo dos direitos relacionados ao meio ambiente, trata expressamente da educação ambiental. (CESPE – 2011 – MMA – Analista Ambiental – I; CESPE – 2011 – MMA – Analista Ambiental – III).

> **Questão original:** A Constituição Federal de 1988, apesar de reconhecida por parte significativa da doutrina como avançada no campo dos direitos relacionados ao meio ambiente, **NÃO** trata expressamente da educação ambiental.

106. De acordo com a CF, empresas ou capitais estrangeiros não poderão participar direta ou indiretamente na assistência à saúde no país, salvo nos casos previstos em lei. (CESPE – 2010 – MS – Técnico de Contabilidade).

107. Segundo a CF, lei **COMPLEMENTAR** estabelecerá os critérios de rateio dos recursos da União vinculados à saúde e destinados aos estados, ao DF e aos municípios, e dos estados destinados a seus respectivos municípios, com a finalidade de reduzir progressivamente as disparidades regionais. (CESPE – 2010 – MS – Técnico de Contabilidade).

> **Questão original:** Segundo a CF, lei ordinária estabelecerá os critérios de rateio dos recursos da União vinculados à saúde e destinados aos estados, ao DF e aos municípios, e dos estados destinados a seus respectivos municípios, com a finalidade de reduzir progressivamente as disparidades regionais.

108. Segundo a CF, lei disporá sobre as condições e os requisitos que facilitem a remoção de órgãos, tecidos e substâncias humanas para fins de transplante, pesquisa e tratamento, bem como a coleta, o processamento e a transfusão de sangue e seus derivados, sendo vedada a sua comercialização. (CESPE – 2010 – MS – Técnico de Contabilidade).

> **Questão original:** Segundo a CF, lei disporá sobre as condições e os requisitos que facilitem a remoção de órgãos, tecidos e substâncias humanas para fins de transplante, pesquisa e tratamento, bem como a coleta, o processamento e a transfusão de sangue e seus derivados, sendo vedada a sua comercialização, **SALVO NOS CASOS PREVISTOS EM LEI.**

109. O ensino religioso é **FACULTATIVO** para todos os alunos com inscrição efetivada em escolas públicas. (CESPE – 2010 – SEDU-ES – Professor P – Pedagogo).

> **Questão original:** O ensino religioso é obrigatório para todos os alunos com inscrição efetivada em escolas públicas em razão de a CF estipular ser o Brasil um estado confessional.

110. As cotas estaduais e municipais da arrecadação da contribuição social do salário-educação serão distribuídas proporcionalmente ao número de **ALUNOS MA-**

TRICULADOS NA EDUCAÇÃ BÁSICA NAS RESPECTIVAS REDES PÚBLICAS DE ENSINO. (CESPE - 2010 - SEDU-ES - Professor P - Pedagogo).

> **Questão original:** As cotas estaduais e municipais da arrecadação da contribuição social do salário-educação serão distribuídas proporcionalmente ao número de menores com idade estipulada para ingressar na educação básica na respectiva localidade.

111. Em relação à organização da educação brasileira, a CF estabelece que a União, os estados, o DF e os municípios organizarão seus sistemas de ensino em regime de colaboração, cabendo aos municípios atuar, prioritariamente, no ensino fundamental e na educação infantil. (CESPE - 2010 - PGM - RR - Procurador Municipal).

112. Considere que determinado estudante tenha impetrado mandado de segurança contra ato omissivo do ministro da Educação em razão de seu diploma não ter sido expedido porque o curso de pós-graduação que esse estudante frequentou não estava credenciado no MEC. Nessa situação, o ministro não é autoridade competente para determinar a expedição do diploma, não detendo legitimidade passiva para a mencionada ação; a universidade tem autonomia específica para a prática desse ato. (CESPE - 2010 - AGU - Procurador Federal).

113. A jurisprudência do STF firmou-se no sentido da existência de direito subjetivo público de crianças de até cinco anos de idade ao atendimento em creches e pré-escolas. A referida corte consolidou, ainda, o entendimento de que é possível a intervenção do Poder Judiciário visando à efetivação desse direito constitucional. (CESPE - 2010 - AGU - Procurador Federal).

114. No processo de demarcação de terra indígena situada em região de fronteira, o STF considera dispensável a manifestação do Conselho de Defesa Nacional no processo homologatório. (CESPE - 2010 - AGU - Procurador Federal).

115. A CF determina que os estados e o Distrito Federal (DF) apliquem, no mínimo, 25% da receita resultante de impostos, compreendida a proveniente de transferências, em manutenção e desenvolvimento do ensino. (CESPE - 2010 - SEDU-ES - Professor P - Pedagogo).

116. A CF dispõe que é direito público subjetivo o acesso ao ensino obrigatório e gratuito, sendo que a sua oferta irregular ou o não oferecimento pelo poder público é responsabilidade da autoridade competente. (CESPE - 2010 - PGM - RR - Procurador Municipal).

117. A educação infantil, por qualificar-se como direito fundamental de toda criança, não se expõe, em seu processo de concretização, a avaliações meramente discricionárias da administração pública, nem se subordina a razões de puro pragmatismo governamental. (CESPE - 2010 - AGU - Procurador Federal).

118. A cobrança de matrícula como requisito para que o estudante possa cursar universidade federal viola disposto da CF, pois, embora configure ato burocrático, a matrícula constitui formalidade essencial para que o aluno tenha acesso à educação superior. (CESPE – 2010 – AGU – Procurador Federal).

119. A promoção da integração ao mercado de trabalho se insere entre os objetivos da assistência social, **ASSIM COMO TAMBÉM A PROTEÇÃO À** família, a maternidade, a infância, a adolescência e a velhice. (CESPE – 2009 – MDS – Agente Administrativo).

> **Questão original:** A promoção da integração ao mercado de trabalho não se insere entre os objetivos da assistência social, que visa, sobretudo, proteger a família, a maternidade, a infância, a adolescência e a velhice.

120. A assistência social é prestada a quem dela necessitar, **INDEPENDENTE DE** contribuição à seguridade social. (CESPE – 2009 – MDS – Agente Administrativo).

> **Questão original:** A assistência social é prestada a quem dela necessitar, mediante contribuição à seguridade social.

121. As ações governamentais na área da assistência social são realizadas com recursos do orçamento da seguridade social. (CESPE – 2009 – MDS – Agente Administrativo).

> **Questão original:** As ações governamentais na área da assistência social são **EXCLUSIVAMENTE** realizadas com recursos do orçamento da seguridade social.

122. A seguridade social tem por finalidade assegurar os direitos relativos à saúde, **PREVIDÊNCIA E ASSISTÊNCIA SOCIAL,** mediante um conjunto integrado de ações de iniciativa tanto do poder público como da sociedade. (CESPE – 2009 – SEJUS-ES – Agente Penitenciário).

> **Questão original:** A seguridade social tem por finalidade assegurar exclusivamente os direitos relativos à saúde, mediante um conjunto integrado de ações de iniciativa tanto do poder público como da sociedade.

123. A CF consagra a propriedade de empresa jornalística, de radiodifusão sonora e de sons e imagens, de maneira privativa, aos brasileiros natos ou naturalizados há mais de dez anos, ou às pessoas jurídicas constituídas sob as leis brasileiras que tenham sede no país. (CESPE – 2009 – SEJUS-ES – Agente Penitenciário).

124. De acordo com a CF, os recursos públicos serão destinados às escolas públicas, **PODENDO RECEBER ESSES** recursos a escolas filantrópicas, **DEFINIDAS EM LEI, EM CASOS PREVISTOS NA CF.** (CESPE – 2009 – SEJUS-ES – Agente de Escolta e Vigilância Penitenciário; CESPE – 2009 – SEJUS-ES – Agente Penitenciário).

Questão original: De acordo com a CF, os recursos públicos serão destinados às escolas públicas, vedando-se a destinação desses recursos a escolas filantrópicas.

125. A CF **FACULTA** aos estados e ao Distrito Federal o dever de vincular parcela de sua receita orçamentária a entidades públicas de fomento ao ensino e à pesquisa científica e tecnológica. (CESPE - 2009 - SEJUS-ES - Agente Penitenciário).

Questão original: A CF impõe aos estados e ao Distrito Federal o dever de vincular parcela de sua receita orçamentária a entidades públicas de fomento ao ensino e à pesquisa científica e tecnológica.

126. O direito ao meio ambiente ecologicamente equilibrado é considerado direito fundamental de terceira geração. (CESPE - 2009 - DETRAN-DF - Auxiliar de Trânsito).

127. A Constituição Federal de 1988 (CF) não reconhece aos índios a propriedade sobre as terras por eles tradicionalmente ocupadas. (CESPE - 2009 - DPF - Escrivão da Polícia Federal; CESPE - 2009 - Polícia Federal - Agente Federal da Polícia Federal).

128. A União, após realizar levantamentos em determinada área do pantanal mato-grossense, editou decreto expropriatório de uma fazenda ali situada, para fins de reforma agrária. O proprietário do imóvel rural impugnou judicialmente o decreto de desapropriação alegando que a CF, ao instituir o pantanal mato-grossense como área especialmente protegida, impedia, juridicamente, que a União, por meio de atividade expropriatória, promovesse e executasse ali projetos de reforma agrária, notadamente nos imóveis rurais. O pantanal mato-grossense, assim como a floresta amazônica, a mata atlântica, a Serra do Mar e a zona costeira, de fato, foi declarado pela CF como patrimônio nacional. (CESPE - 2009 - ICMBIO - Analista Ambiental).

Questão original: O pantanal mato-grossense, assim como a floresta amazônica, a mata atlântica, a Serra do Mar e a zona costeira, de fato, foi declarado pela CF como patrimônio nacional, **O QUE IDENTIFICA A REFERIDA ÁREA TAMBÉM COMO BEM DA UNIÃO.**

129. Uma pessoa que nunca contribuiu com a previdência social, ao procurar atendimento médico em hospital público de seu município, **NÃO** pode ter esse atendimento negado em função disso. (CESPE - 2008 - FUB - Secretário Executivo).

Questão original: Uma pessoa que nunca contribuiu com a previdência social, ao procurar atendimento médico em hospital público de seu município, pode ter esse atendimento negado em função disso.

130. Suponha que Maria, de 25 anos de idade, possua deficiência que a incapacita ao trabalho e que, na casa em que mora, com a mãe e mais cinco irmãos, a renda familiar seja de um salário mínimo. Nessa situação, Maria tem direito a benefício da assistência social, no valor de um salário mínimo por mês, mesmo na hipótese de jamais ter contribuído para a seguridade social. (CESPE – 2008 – MTE – Agente Administrativo).

131. De acordo com recentes alterações constitucionais, as contribuições sociais que financiam a seguridade social somente poderão ser exigidas depois de decorridos noventa dias da publicação da lei que as houver instituído ou modificado. (CESPE – 2008 – INSS – Técnico do Seguro Social).

> **Questão original:** De acordo com recentes alterações constitucionais, as contribuições sociais que financiam a seguridade social somente poderão ser exigidas depois de decorridos noventa dias da publicação da lei que as houver instituído ou modificado. **ESSAS ALTERAÇÕES TAMBÉM ACRESCENTARAM, NO QUE CONCERNE A ESSE ASSUNTO, A EXIGÊNCIA DA ANTERIORIDADE DO EXERCÍCIO FINANCEIRO.**

132. É compatível com a Constituição Federal (CF) o custeio de programas de assistência social mediante a utilização de receitas provenientes de contribuição para a seguridade social. (CESPE – 2008 – TST – Analista Judiciário – Área Judiciária).

133. Caso uma clínica privada especializada em transplante de medula óssea pretenda estender os seus serviços para o atendimento à população carente, nesse caso, ainda que essa clínica integre o Sistema Único de Saúde, não poderá receber recursos públicos para auxílios ou subvenções se tiver fins lucrativos. (CESPE – 2008 – MTE – Economista).

134. O inventário, a desapropriação e o tombamento são formas de proteção do patrimônio cultural brasileiro. (CESPE – 2008 – MTE – Agente Administrativo).

135. A lei assegurará aos autores de inventos industriais privilégio **TEMPORÁRIO** para sua utilização, bem como proteção às criações industriais, à propriedade das marcas, aos nomes de empresas e a outros signos distintivos, tendo em vista o interesse **SOCIAL E O DESENVOLVIMENTO TECNOLÓGICO E ECONÔMICO DO PAÍS.** (CESPE – 2008 – STJ – Analista Judiciário – Tecnologia da Informação).

> **Questão original:** A lei assegurará aos autores de inventos industriais privilégio permanente para sua utilização, bem como proteção às criações industriais, à propriedade das marcas, aos nomes de empresas e a outros signos distintivos, tendo em vista o interesse econômico envolvido, em face de uma economia de mercado adotada pela República Federativa do Brasil.

136. Sobre a receita de concursos de prognósticos incide contribuição social destinada a financiar a seguridade social. (CESPE – 2008 – MTE – Agente Administrativo).

137. Considere que a diretora de uma escola pública de ensino fundamental passe a cobrar dos seus alunos uma anuidade como contribuição para a escola e que uma aluna, por não pagar tal anuidade, mesmo tendo condições econômicas para isso, tenha sido impedida pela diretora de assistir às aulas. Nesse caso, a conduta da diretora de impedir essa aluna de assistir às aulas viola a Constituição. (CESPE - 2008 - MTE - Agente Administrativo).

Questão original: Considere que a diretora de uma escola pública de ensino fundamental passe a cobrar dos seus alunos uma anuidade como contribuição para a escola e que uma aluna, por não pagar tal anuidade, mesmo tendo condições econômicas para isso, tenha sido impedida pela diretora de assistir às aulas. Nesse caso, a conduta da diretora de impedir essa aluna de assistir às aulas **NÃO** viola a Constituição.

138. A promoção da integração ao mercado de trabalho é um objetivo da assistência social. (CESPE - 2008 - MTE - Economista).

139. A CF estabelece que a educação é direito de todos e dever do Estado e da família, a ser promovida e incentivada com a colaboração da sociedade, tendo por finalidade o pleno desenvolvimento da pessoa, seu preparo para o exercício da cidadania e sua qualificação para o trabalho. Ela enfatiza a obrigatoriedade do ensino fundamental e sua gratuidade nos estabelecimentos da rede escolar pública, inclusive para os que a ele não tiveram acesso na idade própria. Quanto à educação superior, a CF define as universidades como instituições dotadas de autonomia didático-científica, administrativa e de gestão financeira e patrimonial, subordinadas ao princípio da indissociabilidade entre ensino, pesquisa e extensão.

Depois de prolongada e complexa tramitação no Congresso Nacional, a Lei de Diretrizes e Bases da Educação Nacional (LDB) foi finalmente aprovada e sancionada em dezembro de 1996. Uma das características marcantes dessa lei é a margem de autonomia que confere aos sistemas de ensino e às próprias escolas, chegando a oferecer alternativas para a organização das atividades escolares (CESPE - 2007 - AGU - Procurador Federal - Prova 1).

139.1 A progressão continuada dos estudos, adotada em vários sistemas de ensino e em várias escolas **NÃO** está respaldada pela própria CF.

Questão original: A progressão continuada dos estudos, mais conhecida como aprovação automática, adotada em vários sistemas de ensino e em várias escolas, consiste na não-reprovação de aluno nas séries do ensino fundamental e está respaldada pela própria CF quando esta afirma que o acesso ao ensino obrigatório e gratuito é direito público subjetivo.

139.2 Programas como o de transporte e o de alimentação escolar (merenda), bem como o do livro didático, são políticas públicas respaldadas pela CF, que identifica como dever do Estado com a educação o atendimento ao educando, no ensino fundamental, por meio de programas suplementares.

140. Suponha que a União dê início à execução de projetos de reforma agrária em áreas localizadas na floresta amazônica brasileira e realize expropriações de imóveis rurais ali situados e, em seguida, promova o assentamento de famílias inscritas no cadastro do Instituto Nacional de Colonização e Reforma Agrária (INCRA). (CESPE – 2007 – Banco da Amazônia – Advogado).

140.1 A Constituição Federal impõe ao poder público o dever de fazer respeitar a integridade do patrimônio ambiental, especialmente porque um dos instrumentos de realização da função social da propriedade consiste na submissão do domínio à necessidade de o seu titular utilizar adequadamente os recursos naturais nela disponíveis e de fazer preservar o equilíbrio do meio ambiente.

140.2 A Constituição Federal **PERMITE** à efetivação pela União de atividade expropriatória destinada a promover e a executar projetos de reforma agrária nas áreas de floresta amazônica, notadamente nos imóveis rurais nela situados.

Questão original: A Constituição Federal atua, nesse caso, como impedimento jurídico à efetivação pela União de atividade expropriatória destinada a promover e a executar projetos de reforma agrária nas áreas de floresta amazônica, notadamente nos imóveis rurais nela situados.

141. A CF, ao assegurar aos índios direitos sobre as terras que tradicionalmente ocupam, foi coerente com a tradição do direito indigenista que consagrou o indigenato, ou seja, o instituto jurídico por meio do qual se reconhece, no Brasil, o direito dos índios sobre as terras que ocupam, independentemente de título aquisitivo. (CESPE – 2007 – AGU – Procurador Federal – Prova 1).

Questão original: A CF, ao assegurar aos índios direitos sobre as terras que tradicionalmente ocupam, foi coerente com a tradição do direito indigenista que consagrou o indigenato, ou seja, o instituto jurídico por meio do qual se reconhece, no Brasil, o direito dos índios sobre as terras que ocupam, independentemente de título aquisitivo, **NOS MESMOS MOLDES DO SISTEMA ROMANÍSTICO DA POSSE E DA PROPRIEDADE, PREVISTO PELA LEGISLAÇÃO CIVIL.**

142. Caso uma comissão parlamentar de inquérito com funcionamento em Brasília intime um indígena, que mora no estado de Mato Grosso, a prestar depoimento na condição de testemunha, no DF, haverá violação às normas constitucionais que conferem proteção específica aos povos indígenas, uma vez que a intimação do indígena configuraria, em tese, constrangimento à sua liberdade de locomoção, por ser vedada pela CF a remoção dos grupos indígenas de suas terras, salvo nas hipóteses constitucionalmente elencadas. (CESPE – 2007 – AGU – Procurador Federal – Prova 1).

143. A demarcação de terras indígenas tem, entre outras, a função de criar uma nova delimitação espacial da titularidade indígena, tendo características de ato **DECLARATÓRIO.** (CESPE – 2007 – AGU – Procurador Federal – Prova 1).

Questão original: A demarcação de terras indígenas tem, entre outras, a função de criar uma nova delimitação espacial da titularidade indígena, tendo características de ato constitutivo.

144. O direito ao serviço gratuito de saúde é garantido aos cidadãos brasileiros. (CESPE – 2007 – ANVISA – Técnico Administrativo).

Questão original: O direito ao serviço gratuito de saúde é garantido **APENAS** aos cidadãos brasileiros que contribuem regularmente para a seguridade social.

145. A prestação de serviço de saúde por particulares **DE FORMA COMPLEMENTAR, PODERÁ OCORRER MEDIANTE CONTRATO DE DIREITO PÚBLICO OU CONVÊNIO.** (CESPE – 2007 – ANVISA – Técnico Administrativo).

Questão original: A prestação de serviço de saúde por particulares depende de delegação do poder público, podendo ocorrer tanto em regime administrativo de autorização como de permissão.

146. Conforme entendimento do Supremo Tribunal Federal, quando uma lei determina que os estudantes podem pagar meia-entrada em cinemas, peças de teatro e demais eventos culturais, o princípio da livre iniciativa **NÃO** é violado, já que os custos desse benefício devem ser suportados por toda a sociedade e não pelos agentes do respectivo ramo econômico. Dessa forma, o poder público instituidor desse benefício **NÃO DEVE** prever formas de compensação econômica em favor dos referidos agentes. (CESPE – 2006 – ANATEL – Especialista em Regulação – Direito).

Questão original: Conforme entendimento do Supremo Tribunal Federal, quando uma lei determina que os estudantes podem pagar meia-entrada em cinemas, peças de teatro e demais eventos culturais, o princípio da livre iniciativa é violado, já que os custos desse benefício devem ser suportados por toda a sociedade e não apenas pelos agentes do respectivo ramo econômico. Dessa forma, o poder público instituidor desse benefício deve, obrigatoriamente, prever formas de compensação econômica em favor dos referidos agentes.

147. A Constituição brasileira de 1988 atribuiu significado ímpar aos direitos individuais. A colocação do catálogo dos direitos fundamentais no início do texto constitucional e a amplitude conferida ao texto, que se desdobra em setenta e sete incisos e dois parágrafos (art. 5.º), reforça a impressão sobre a posição de destaque que o constituinte quis outorgar a esses direitos. Gilmar Ferreira Mendes. Direitos fundamentais e controle de constitucionalidade: estudos de direito constitucional. 3.ª ed. São Paulo: Saraiva, 2004 (com adaptações).

O ensino religioso pode ser ministrado nas escolas públicas ou privadas de ensino fundamental, desde que a matrícula seja facultativa. (CESPE – 2005 – ANTAQ – Técnico Administrativo).

148. **NÃO É** possível a criação de benefício da seguridade social sem indicação da correspondente fonte de custeio total caso esse benefício seja classificado como atividade essencial do Estado. (CESPE – 2004 – Polícia Federal – Escrivão da Polícia Federal – Regional).

> **Questão original:** É possível a criação de benefício da seguridade social sem indicação da correspondente fonte de custeio total caso esse benefício seja classificado como atividade essencial do Estado.

149. As instituições privadas podem participar de forma complementar do Sistema Único de Saúde mediante contrato de direito público ou convênio. (CESPE – 2004 – Polícia Federal – Agente da Polícia Federal – Regional).

150. É vedado à União, pela Constituição Federal, aporte de recursos a entidade de previdência privada, **SALVO NA QUALIDADE DE PATROCINADOR, DESDE QUE SUA CONTRIBUIÇÃO NORMAL NÃO EXCEDA A DO SEGURADO.** (CESPE – 2004 – Polícia Federal – Delegado de Polícia – Regional).

> **Questão original:** É vedado à União, pela Constituição Federal, qualquer tipo de aporte de recursos a entidade de previdência privada, sendo a desobediência a essa determinação considerada crime contra a ordem social.

151. A parcela da arrecadação de impostos transferida pela União para os estados **NÃO** é considerada como receita da União para fins de cálculo do valor mínimo da receita resultante de impostos a ser aplicado, pela União, na manutenção e no desenvolvimento do ensino. (CESPE – 2004 – Polícia Federal – Escrivão da Polícia Federal – Nacional).

> **Questão original:** A parcela da arrecadação de impostos transferida pela União para os estados é considerada como receita da União para fins de cálculo do valor mínimo da receita resultante de impostos a ser aplicado, pela União, na manutenção e no desenvolvimento do ensino.

152. O dever do Estado para com a educação tem como uma de suas formas de efetivação a garantia de progressiva universalização do ensino médio gratuito. (CESPE – 2004 – Polícia Federal – Agente Federal da Polícia Federal – Nacional).

153. A seguridade social, que pode ser definida como o conjunto de ações integradas, de iniciativa dos poderes públicos e da sociedade, destinadas a assegurar direitos relativos à previdência, **À SAÚDE E À** assistencial social, tem como um dos objetivos que fundamentam sua organização a diversidade da base de financiamento. (CESPE - 2004 - Polícia Federal - Agente Federal da Polícia Federal - Nacional).

> **Questão original:** A seguridade social, que pode ser definida como o conjunto de ações integradas, de iniciativa dos poderes públicos e da sociedade, destinadas exclusivamente a assegurar direitos relativos à previdência social e à assistencial social, tem como um dos objetivos que fundamentam sua organização a diversidade da base de financiamento.

154. No exercício de sua obrigação de fomentar as práticas desportivas formais e não-formais, o Estado deverá respeitar a autonomia das entidades desportivas dirigentes e associações quanto à sua organização e funcionamento. (CESPE - 2004 - Polícia Federal - Escrivão da Polícia Federal - Regional).

155. Nas eleições para prefeito na cidade Alfa, concorria à reeleição o atual prefeito, Acácio. Bruno, filho de Acácio, embora filiado ao mesmo partido político do pai há mais de dois anos, nunca se motivou a concorrer a nenhum cargo eletivo. Oito meses antes da eleição, Acácio, após inflamado discurso, em que sustentou que se fosse reeleito melhoraria as condições educacionais do município por meio do investimento prioritário no ensino superior, sofreu um fulminante infarto do miocárdio, morrendo antes da chegada de socorro médico.

A proposta de investimento prioritário no ensino superior, base da campanha eleitoral de Acácio, contraria o texto constitucional brasileiro que estabelece que os municípios deverão atuar, de forma prioritária, no ensino fundamental e **NA EDUCAÇÃO INFANTIL.** (CESPE - 2004 - Polícia Federal - Delegado de Polícia - Nacional).

> **Questão original:** A proposta de investimento prioritário no ensino superior, base da campanha eleitoral de Acácio, contraria o texto constitucional brasileiro que estabelece que os municípios deverão atuar, de forma prioritária, no ensino fundamental e médio.

156. O cancelamento da concessão para a exploração de serviço de radiodifusão sonora e de sons e imagem, antes de vencido o prazo de concessão, depende de **DECISÃO JUDICIAL.** (CESPE - 2004 - Polícia Federal - Agente da Polícia Federal - Regional).

> **Observação:** "Art. 223, § 4º da CF: O cancelamento da concessão ou permissão, antes de vencido o prazo, depende de decisão judicial."

> **Questão original:** O cancelamento da concessão para a exploração de serviço de radiodifusão sonora e de sons e imagem, antes de vencido o prazo de concessão, depende de aprovação do Congresso Nacional por quorum qualificado em votação nominal.

157. O Estado deve conceder meios e condições especiais de trabalho aos indivíduos que atuem nas áreas de ciência, pesquisa e tecnologia. (CESPE – 2004 – Polícia Federal – Escrivão da Polícia Federal – Nacional).

158. Além de exigir estudo prévio de impacto ambiental, a exploração de recursos minerais que cause significativa degradação ambiental impõe àquele que a promove obrigação de recuperar o meio ambiente degradado, de acordo com a solução técnica exigida pelo órgão público competente. (CESPE – 2004 – AGU – Advogado da União).

159. Para garantir um meio ambiente ecologicamente equilibrado, são indisponíveis as terras arrecadadas pelos estados, por ações discriminatórias, que sejam necessárias à proteção dos ecossistemas naturais. (CESPE – 2004 – Polícia Federal – Agente Federal da Polícia Federal – Nacional).

160. Os programas de amparo aos idosos desenvolvidos pelo Estado serão executados preferencialmente nos lares dos idosos. (CESPE – 2004 – Polícia Federal – Escrivão da Polícia Federal – Regional).

161. A Constituição Federal, em respeito à livre decisão do casal, **PERMITINDO FORMAS** de participação do Estado no planejamento familiar. (CESPE – 2004 – Polícia Federal – Agente Federal da Polícia Federal – Nacional).

> **Questão original:** A Constituição Federal, em respeito à livre decisão do casal, veda qualquer forma de participação do Estado no planejamento familiar.

162. Com a demarcação de uma reserva indígena que encampe uma área de garimpo de ouro, explorada por uma cooperativa de garimpeiros, a exploração desse recurso mineral **POR ESTES, NAQUELE LOCAL, É VEDADA PELA CF.** (CESPE – 2004 – AGU – Advogado da União).

> **Questão original:** Com a demarcação de uma reserva indígena que encampe uma área de garimpo de ouro, explorada por uma cooperativa de garimpeiros, a continuação da exploração desse recurso mineral dependerá de autorização do Congresso Nacional, ouvidas as comunidades indígenas envolvidas, assegurada, nos termos da Constituição Federal, a prioridade da lavra da jazida à cooperativa que estava atuando na área.

163. Uma das formas de financiamento da seguridade social é a contribuição social incidente sobre a receita de concursos de prognósticos. (CESPE – 2004 – Polícia Federal – Escrivão da Polícia Federal – Nacional).

164. A seguridade social engloba a assistência prestada pelo Estado às pessoas, independentemente de contribuição, no tocante à proteção da família e da maternidade, bem como à integração das pessoas portadoras de deficiência à vida comunitária. (CESPE – 2000 – Polícia Federal – Agente Federal da Polícia Federal).

165. A Constituição da República garante aos índios o direito de **POSSE** das terras que tradicionalmente ocupam, atribuindo-lhes o usufruto exclusivo das riquezas do solo, **DOS RIOS E DOS LAGOS NELAS EXISTENTES.** (CESPE – 2000 – Polícia Federal – Agente Federal da Polícia Federal).

> **Questão original:** A Constituição da República garante aos índios o direito de propriedade das terras que tradicionalmente ocupam, atribuindo-lhes o usufruto exclusivo das riquezas do solo e do produto da lavra das riquezas minerais.

5.5 DISPOSIÇÕES CONSTITUCIONAIS GERAIS

1. A elaboração do orçamento de defesa, no Brasil, é competência do Ministério da **DEFESA.** (CESPE – 2016 – FUB – Assistente em Administração).

> **Questão original:** A elaboração do orçamento de defesa, no Brasil, é competência do Ministério da Fazenda.

2. Previdência complementar, fiscalização e controle do comércio exterior são exemplos de competências do Ministério da Fazenda. (CESPE – 2016 – FUB – Assistente em Administração).

3. No âmbito do federalismo cooperativo, os entes federados devem atuar de forma conjunta na prestação de serviços públicos. Para esse fim, a CF prevê os consórcios públicos e os convênios, inclusive autorizando a gestão associada desses serviços, com a transferência de encargos, serviços e até mesmo de pessoal e bens. (CESPE – 2009 – TCU – Analista de Controle Externo – Auditoria de Obras Públicas – Prova 1).

4. A arrecadação decorrente das contribuições do PIS-PASEP **NÃO** serve para financiar o bolsa-família. (CESPE – 2008 – SEBRAE-BA – Analista Técnico – Auditoria).

> **Questão original:** A arrecadação decorrente das contribuições do PIS-PASEP serve para financiar o bolsa-família.

5. A arrecadação de contribuições para o Programa de Integração Social (PIS) e para o Programa de Formação do Servidor Público (PASEP) destina-se ao pagamento do seguro-desemprego e do abono, no valor de um salário mínimo por ano, aos empregados que recebam mensalmente até dois salários mínimos. (CESPE – 2004 – AGU – Advogado da União).

5.6 ATOS DAS DISPOSIÇÕES CONSTITUCIONAIS TRANSITÓRIAS

1. O ADCT concedeu anistia àqueles que foram atingidos por atos de exceção, institucionais ou complementares, em decorrência de motivação exclusivamente política. (CESPE – 2014 – PGE-BA – Procurador do Estado).

2. No ADCT, há previsão expressa para que o Brasil **PROPUGNARÁ** esforços para a formação de um tribunal internacional dos direitos humanos. (CESPE – 2014 – PGE-BA – Procurador do Estado).

> **Questão original:** No ADCT, não há previsão expressa para que o Brasil envide esforços para a formação de um tribunal internacional dos direitos humanos.

3. A CF manteve a Zona Franca de Manaus com suas características de área de livre comércio, tendo a Emenda Constitucional n.º 42/2003, no Ato das Disposições Constitucionais Transitórias, ampliado o prazo de sua manutenção em dez anos. (CESPE – 2014 – SUFRAMA – Engenheiro Civil).

4. A CF manteve a Zona Franca de Manaus com suas características de área de livre comércio, tendo a Emenda Constitucional n.º 42/2003, no Ato das Disposições Constitucionais Transitórias, ampliado o prazo de sua manutenção em dez anos. (CESPE – 2014 – SUFRAMA – Assistente Social).

5. Segundo o ADCT, a revisão constitucional será **REALIZADA APÓS** cinco anos, **CONTADOS DA PROMULGAÇÃO DA CONSTITUIÇÃO, PELO VOTO DA MAIORIA ABSOLUTA DOS MEMBROS DO CONGRESSO NACIONAL, EM SESSÃO UNICAMERAL.** (CESPE – 2014 – PGE-BA – Procurador do Estado).

> **Questão original:** Segundo o ADCT, a revisão constitucional será feita a cada cinco anos, em sessão bicameral do Congresso Nacional.

6. Considere que, em 1999, quando da criação de determinado município, por lei estadual, no estado do Rio Grande do Sul, tenha sido atendido o que estabelecia a Constituição estadual, mas não o que dispunha a Emenda Constitucional n.º 15/1996. Nessa situação hipotética, o município criado **NÃO DEVERÁ** ser extinto. (CESPE – 2014 – Câmara dos Deputados – Analista Legislativo – Consultor Legislativo Área I).

> **Questão original:** Considere que, em 1999, quando da criação de determinado município, por lei estadual, no estado do Rio Grande do Sul, tenha sido atendido o que estabelecia a Constituição estadual, mas não o que dispunha a Emenda Constitucional n.º 15/1996. Nessa situação hipotética, o município criado deve ser extinto e deve ser realizado um novo processo para sua criação, obedecendo-se aos preceitos estabelecidos na CF.

7. O Ato das Disposições Constitucionais Transitórias assegurou o direito de opção, nos termos de lei complementar, pela carreira da AGU aos procuradores da República que ingressaram nesse cargo antes da promulgação da atual CF. (CESPE – 2013 – AGU – Procurador Federal).

8. Nas normas do Ato das Disposições Constitucionais Transitórias podem constar exceções às regras estabelecidas no corpo principal da Constituição. (CESPE - 2013 - ANCINE - Especialista em Regulação Atividade Cinematográfica e Audiovisual - Área 3).

> **Questão original:** Nas normas do Ato das Disposições Constitucionais Transitórias, por terem caráter temporário e precário, **NÃO** podem constar exceções às regras estabelecidas no corpo principal da Constituição.

9. As disposições constitucionais transitórias **POSSUEM ALGUMAS** normas de eficácia exaurida e aplicabilidade esgotada. Por **TEREM A MESMA HIERARQUIA** às normas inscritas no texto básico da CF, elas são consideradas normas cogentes e possuem eficácia **TEMPORÁRIA E EXAURIDA.** (CESPE - 2013 - AGU - Procurador Federal).

> **Questão original:** As disposições constitucionais transitórias são normas de eficácia exaurida e aplicabilidade esgotada. Por serem hierarquicamente inferiores às normas inscritas no texto básico da CF, elas não são consideradas normas cogentes e não possuem eficácia imediata.

10. Dada a natureza jurídica das normas prescritas no ADCT, por meio delas podem ser estabelecidas exceções às regras constantes no corpo principal da CF. (CESPE - 2012 - AGU - Advogado da União).

11. Pelo poder constituinte de reforma podem ser inseridas normas no ADCT, admitindo-se, a incidência do controle de constitucionalidade. (CESPE - 2012 - AGU - Advogado da União).

> **Questão original:** Pelo poder constituinte de reforma, **ASSIM COMO PELO PODER CONSTITUINTE ORIGINÁRIO**, podem ser inseridas normas no ADCT, **ADMITINDO-SE, EM AMBAS AS HIPÓTESES, A INCIDÊNCIA DO CONTROLE DE CONSTITUCIONALIDADE.**

12. O Ato das Disposições Constitucionais Transitórias, que integra o texto constitucional, pode ser objeto de emendas constitucionais. (CESPE - 2011 - TCU - Auditor Federal de Controle Externo - Psicologia).

13. A revisão constitucional realizada em 1993, prevista no ADCT, é considerada norma constitucional de eficácia exaurida e de aplicabilidade esgotada, não estando sujeita à incidência do poder reformador. (CESPE - 2010 - ABIN - Oficial Técnico de Inteligência - Área de Direito).

14. O Ato das Disposições Constitucionais Transitórias possui a mesma natureza jurídica das normas constitucionais inseridas na Constituição Federal de 1988 (CF), razão pela qual **NÃO HÁ** hierarquia **ENTRE ELAS.** (CESPE - 2010 - INCA - Analista em C&T Júnior - Direito - Legislação Pública em Saúde).

Observação: O Ato das Disposições Constitucionais Transitórias não possui a mesma natureza jurídica das normas constitucionais inseridas na Constituição Federal de 1988 (CF), razão pela qual é de hierarquia inferior a estas.

15. O ADCT tem natureza jurídica de norma constitucional, semelhante às normas inseridas no bojo da CF, não havendo desníveis ou desigualdades entre as normas do ADCT e os preceitos constitucionais quanto à intensidade de sua eficácia ou a prevalência de sua autoridade. (CESPE – 2009 – IBRAM-DF – Advogado).

16. O Ato das Disposições Constitucionais Transitórias **NÃO** é hierarquicamente inferior à parte permanente da Constituição, **MESMO QUE SE LIMITE** a cuidar da passagem de um regime constitucional para um outro novo. (CESPE – 2008 – SEMAD-ARACAJU – Procurador Municipal).

Questão original: O Ato das Disposições Constitucionais Transitórias é hierarquicamente inferior à parte permanente da Constituição por se limitar a cuidar da passagem de um regime constitucional para um outro novo.

17. O Ato das Disposições Constitucionais Transitórias, por conter normas que disciplinam situações de transição entre o texto constitucional anterior e o novo texto ou normas que perdem sua vigência após exaurida a sua eficácia provisória, **FAZ PARTE DAS NORMAS CONSTITUCIONAIS.** (CESPE – 2004 – AGU – Advogado da União).

Questão original: O Ato das Disposições Constitucionais Transitórias, por conter normas que disciplinam situações de transição entre o texto constitucional anterior e o novo texto ou normas que perdem sua vigência após exaurida a sua eficácia provisória, é independente em relação à Constituição.

6

CONTROLE DE CONSTITUCIONALIDADE

6.1 CONTROLE CONCENTRADO DE CONSTITUCIONALIDADE

6.1.1 Ação direta de inconstitucionalidade

1. Se a inconstitucionalidade de uma norma atinge outra, tem-se a denominada inconstitucionalidade consequencial ou por arrastamento. (CESPE - 2018 - PGM - Manaus - AM - Procurador do Município).

2. O Supremo Tribunal Federal **NÃO** possui competência para apreciar ação direta de inconstitucionalidade contra lei do DF fruto do exercício de competência legislativa municipal. (CESPE - 2018 - ABIN - Oficial Técnico de Inteligência - Área 2).

Observação: "Súmula 642 do STF: Não cabe ação direta de inconstitucionalidade de lei do Distrito Federal derivada da sua competência legislativa municipal."

Questão original: O Supremo Tribunal Federal possui competência para apreciar ação direta de inconstitucionalidade contra lei do DF fruto do exercício de competência legislativa municipal.

3. Dada a concretude regulamentar de decreto do Poder Executivo que verse sobre a liberdade de reunião em manifestação pública, sua suspensão pode ser pleiteada mediante ação direta de inconstitucionalidade. (CESPE - 2018 - Polícia Federal - Delegado de Polícia Federal).

Questão original: Dada a concretude regulamentar de decreto do Poder Executivo que verse sobre a liberdade de reunião em manifestação pública, sua suspensão **NÃO** pode ser pleiteada mediante ação direta de inconstitucionalidade.

4. Regulamento que disponha sobre o licenciamento ambiental de cemitérios **NÃO** admite ação direta de inconstitucionalidade contra esse tipo de norma. (CESPE – 2018 – Polícia Federal – Delegado de Polícia Federal).

Questão original: Regulamento que disponha sobre o licenciamento ambiental de cemitérios tem caráter autônomo e abstrato, razão por que o STF admite ação direta de inconstitucionalidade contra esse tipo de norma.

5. Se o Supremo Tribunal Federal for provocado para apreciar a inconstitucionalidade de norma legal, o **ADVOGADO-GERAL DA UNIÃO** terá de ser previamente citado para defender o ato ou o texto impugnado. (CESPE – 2017 – TRF – 1ª REGIÃO – Analista Judiciário – Área Judiciária).

Observação: "Art. 103, § 3º da CF: Quando o Supremo Tribunal Federal apreciar a inconstitucionalidade, em tese, de norma legal ou ato normativo, citará, previamente, o Advogado-Geral da União, que defenderá o ato ou texto impugnado."

Questão original: Se o Supremo Tribunal Federal for provocado para apreciar a inconstitucionalidade de norma legal, o procurador-geral da República terá de ser previamente citado para defender o ato ou o texto impugnado.

6. A propositura de ação direta de inconstitucionalidade caracteriza o sistema **ABSTRATO** de controle de constitucionalidade. (CESPE – 2017 – TRF – 1ª REGIÃO – Analista Judiciário – Oficial de Justiça Avaliador Federal).

Questão original: A propositura de ação direta de inconstitucionalidade caracteriza o sistema concreto de controle de constitucionalidade.

7. O sistema de controle de constitucionalidade brasileiro não admite que pessoas privadas figurem no polo passivo de ação direta de inconstitucionalidade. (CESPE – 2017 – Instituto Rio Branco – Diplomata – Prova 1).

8. De acordo com o STF, **NÃO** cabe ação direta de inconstitucionalidade para sustentar incompatibilidade de diploma infraconstitucional anterior em relação a Constituição superveniente. (CESPE – 2017 – Prefeitura de Fortaleza – CE – Procurador do Município).

Questão original: De acordo com o STF, cabe ação direta de inconstitucionalidade para sustentar incompatibilidade de diploma infraconstitucional anterior em relação a Constituição superveniente.

9. Ação direta de inconstitucionalidade e ação declaratória de constitucionalidade podem ser propostas, entre outros, pelo presidente da República, **PELA MESA** do

Senado Federal **E** da Câmara dos Deputados e pelo procurador-geral da República. (CESPE - 2017 - TRF - 1ª REGIÃO - Analista Judiciário - Área Judiciária).

> **Questão original:** Ação direta de inconstitucionalidade e ação declaratória de constitucionalidade podem ser propostas, entre outros, pelo presidente da República, pelo presidente do Senado Federal, pelo presidente da Câmara dos Deputados e pelo procurador-geral da República.

10. No sistema constitucional brasileiro, o Supremo Tribunal Federal pode exercer o controle de constitucionalidade em ações de sua competência originária **OU NÃO.** (CESPE - 2016 - Instituto Rio Branco - Diplomata - Prova 2).

> **Questão original:** No sistema constitucional brasileiro, o Supremo Tribunal Federal pode exercer o controle de constitucionalidade apenas em ações de sua competência originária.

11. A decisão do STF declarando seja a constitucionalidade, seja a inconstitucionalidade de preceito normativo não produz a automática reforma ou rescisão de sentença que lhe seja anterior e na qual tenha sido adotado entendimento contrário a tal decisão, sendo necessário, como regra, que a parte impugne a sentença mediante recurso processualmente adequado ou mediante ação rescisória. (CESPE - 2016 - FUNPRESP-EXE - Especialista - Área Jurídica).

12. Para que o STF julgue uma ação direta de inconstitucionalidade interventiva no caso de um estado-membro violar o princípio da autonomia municipal, tal ação deverá ser precedida de representação, oferecida pelo **PGR.** (CESPE - 2016 - TCE-PA - Auditor de Controle Externo - Área Fiscalização - Direito).

> **Observação:** "Art. 36, III da CF: A decretação da intervenção dependerá de provimento, pelo Supremo Tribunal Federal, de representação do Procurador-Geral da República, na hipótese do art. 34, VII, e no caso de recusa à execução de lei federal."

> **Questão original:** Para que o STF julgue uma ação direta de inconstitucionalidade interventiva no caso de um estado-membro violar o princípio da autonomia municipal, tal ação deverá ser precedida de representação, oferecida pelo presidente da República. Esse tipo de intervenção denomina-se intervenção espontânea.

13. Ante a constatação de que determinada lei municipal contraria princípio de intervenção (princípio sensível) presente tanto na CF como na Constituição estadual, o governador do estado poderá ajuizar ação de controle abstrato de normas tanto em relação à CF, perante o STF, como em relação à Constituição estadual, perante o respectivo tribunal de justiça. (CESPE - 2016 - PGE-AM - Procurador do Estado).

14. O defensor público-geral da União **NÃO** tem legitimidade constitucional para a propositura de ação direta de inconstitucionalidade e de ação declaratória de constitucionalidade. (CESPE – 2016 – DPU – Analista Técnico – Administrativo).

> **Questão original:** O defensor público-geral da União tem legitimidade constitucional para a propositura de ação direta de inconstitucionalidade e de ação declaratória de constitucionalidade.

15. Ao instituir sistema estadual de controle abstrato de normas, o estado não estará obrigado a prever em sua Constituição um rol de legitimados para a ação necessariamente equivalente àquele previsto para o controle abstrato de normas no STF. (CESPE – 2016 – PGE-AM – Procurador do Estado).

16. Deferida medida cautelar pelo conselho especial de tribunal de justiça em ação direta de inconstitucionalidade estadual e, consequentemente, suspensa a eficácia da lei municipal assim impugnada, ficam as demais instâncias judiciais impedidas de aplicar a lei em questão nos processos de sua competência, valendo a mesma proibição ao tribunal de contas no respectivo ente federativo que, eventualmente, tenha sob sua responsabilidade feitos envolvendo o diploma suspenso. (CESPE – 2016 – TCE-SC – Auditor Fiscal de Controle Externo – Direito).

17. De regra, será liminarmente indeferida pelo relator petição inicial de ADI que tenha como objeto norma cuja constitucionalidade já tenha sido expressamente declarada pelo plenário do STF, ainda que em sede de recurso extraordinário. (CESPE – 2015 – TJ-DFT – Analista Judiciário – Judiciária).

18. Havendo dúvida razoável quanto à constitucionalidade de uma norma, o Poder Judiciário **PODERÁ** declarar a sua inconstitucionalidade, em respeito aos princípios da supremacia da Constituição e da segurança jurídica. (CESPE – 2015 – TCE-RN – Assessor Técnico Jurídico – Cargo 2).

> **Questão original:** Havendo dúvida razoável quanto à constitucionalidade de uma norma, o Poder Judiciário deverá declarar a sua inconstitucionalidade, em respeito aos princípios da supremacia da Constituição e da segurança jurídica.

19. O presidente da República ajuizou no STF ação direta de inconstitucionalidade que impugna a constitucionalidade de uma lei estadual com base em precedente dessa corte. A petição inicial dessa ação também foi assinada pelo AGU. Nessa situação, conforme entendimento do STF, o AGU **NÃO É OBRIGADO A** defender a constitucionalidade da lei. (CESPE – 2015 – AGU – Advogado da União).

> **Questão original:** Situação hipotética: O presidente da República ajuizou no STF ação direta de inconstitucionalidade que impugna a constitucionalidade de uma lei

estadual com base em precedente dessa corte. A petição inicial dessa ação também foi assinada pelo AGU. Assertiva: Nessa situação, conforme entendimento do STF, o AGU deverá defender a constitucionalidade da lei ao atuar como curador da norma.

20. É **INCABÍVEL** a interposição de recurso, por terceiro prejudicado, contra decisão proferida em ADI. (CESPE - 2015 - TJ-DFT - Analista Judiciário - Judiciária).

Questão original: É cabível a interposição de recurso, por terceiro prejudicado, contra decisão proferida em ADI, desde que o terceiro seja legitimado para a propositura da ação.

21. Peculiaridades como dúvida razoável sobre o caráter autônomo de atos infralegais, aliada à alteração superveniente de norma constitucional utilizada como parâmetro de controle, têm o condão de autorizar a fungibilidade entre arguição de descumprimento de preceito fundamental e ação direta de inconstitucionalidade. (CESPE - 2015 - TCE-RN - Assessor Técnico Jurídico - Cargo 2).

22. A admissibilidade de ação direta de inconstitucionalidade ajuizada por confederação sindical ou entidade de classe de âmbito nacional depende de cumprimento do requisito de comprovação da pertinência temática da ação com a atividade de representação dessas entidades. (CESPE - 2015 - TCE-RN - Auditor).

Questão original: A admissibilidade de ação direta de inconstitucionalidade ajuizada por confederação sindical ou entidade de classe de âmbito nacional **OU PELO CONSELHO FEDERAL DA ORDEM DOS ADVOGADOS DO BRASIL** depende de cumprimento do requisito de comprovação da pertinência temática da ação com a atividade de representação dessas entidades.

23. A DP possui legitimidade para ingressar com ação civil pública cujo pedido **INCIDENTAL** seja a declaração de inconstitucionalidade de lei que condicione o acesso ao SUS à comprovação de rendimento inferior a dois salários mínimos. (CESPE - 2015 - DPU - Defensor Público Federal).

Questão original: A DP possui legitimidade para ingressar com ação civil pública cujo pedido principal seja a declaração de inconstitucionalidade de lei que condicione o acesso ao SUS à comprovação de rendimento inferior a dois salários mínimos.

24. De acordo com o STF, é possível o controle judicial de constitucionalidade de emendas constitucionais, desde que ele ocorra por meio da ação direta de inconstitucionalidade. (CESPE - 2015 - DPU - Defensor Público Federal).

Questão original: De acordo com o STF, é possível o controle judicial de constitucionalidade de emendas constitucionais, desde que ele ocorra por meio da ação direta de inconstitucionalidade ou da arguição de descumprimento de preceito fundamental **E DESDE QUE, NA EMENDA, HAJA VIOLAÇÃO DE CLÁUSULA PÉTREA.**

25. O STF pode admitir como ADPF ADI à qual tenha negado conhecimento, desde que presentes todos os requisitos para a sua admissibilidade. (CESPE – 2015 – TJ-DFT – Analista Judiciário – Judiciária).

26. Em sede de ação direta de inconstitucionalidade, a legitimidade ativa do Conselho Federal da Ordem dos Advogados do Brasil **NÃO** está limitada a matérias que envolvam interesses de advogados. (CESPE – 2015 – Telebras – Advogado).

Questão original: Em sede de ação direta de inconstitucionalidade, a legitimidade ativa do Conselho Federal da Ordem dos Advogados do Brasil está limitada a matérias que envolvam interesses de advogados, dada a exigência de pertinência temática exigida pelo STF.

27. Um deputado federal apresentou projeto que aborda matéria tributária de interesse da União, posteriormente convertido em lei, e, após alguns meses de vigência, foi ajuizada ação direta de inconstitucionalidade (ADI) por vício formal e material perante o Supremo Tribunal Federal (STF), por um partido político com representação no Congresso Nacional. (ESPE – 2014 – Câmara dos Deputados – Analista Legislativo – Consultor Legislativo Área V).

27.1 Se a lei for declarada inconstitucional por decisão definitiva do STF, **NÃO** caberá ao Senado Federal, mediante resolução, suspender sua execução.

Questão original: Se a lei for declarada inconstitucional por decisão definitiva do STF, caberá ao Senado Federal, mediante resolução, suspender sua execução.

27.2 Na petição inicial, o partido político **NÃO NECESSITA DE DEMONSTRAR** a pertinência temática.

Questão original: Na petição inicial, o partido político deveria explicitar as razões de seu interesse de agir, demonstrando a pertinência temática, restrição à legitimação ativa para a ADI criada por jurisprudência do STF.

28. O procurador-geral do Ministério Público junto ao TCDF **NÃO** possui legitimidade para ingressar com ação direta de inconstitucionalidade no STF. (CESPE – 2014 – TC-DF – Auditor de Controle Externo).

Questão original: O procurador-geral do Ministério Público junto ao TCDF possui legitimidade para ingressar com ação direta de inconstitucionalidade no STF.

29. Suponha que um partido político representado por dois deputados federais tenha ajuizado ADI perante o STF e que, durante o trâmite da ação e em virtude de novas eleições, o partido tenha ficado sem representação no Congresso Nacional. Nessa situação, poderá a Corte prosseguir no julgamento da ADI, visto que a legitimidade ativa deve ser aferida no momento da propositura da ação. (CESPE - 2014 - Câmara dos Deputados - Analista Legislativo - Consultor Legislativo Área I).

30. Cabe ação direta de inconstitucionalidade contra resolução do Senado Federal que, ao suspender a execução de lei declarada inconstitucional pelo STF, extrapole os limites da decisão a que faz referência. (CESPE - 2013 - STF - Analista Judiciário - Área Administrativa).

31. Pela teoria da inconstitucionalidade por reverberação normativa, a norma dependente daquela declarada inconstitucional em processo anterior também estará eivada do vício da inconstitucionalidade, haja vista a relação de instrumentalidade existente entre elas. (CESPE - 2013 - STF - Analista Judiciário - Área Judiciária).

32. O TJDFT pode realizar controle de constitucionalidade de lei federal. (CESPE - 2013 - PG-DF - Procurador).

33. A declaração de inconstitucionalidade de lei distrital em face da LODF cabe a **CONSELHO ESPECIAL** do TJDFT. (CESPE - 2013 - PG-DF - Procurador).

> **Questão original:** A declaração de inconstitucionalidade de lei distrital em face da LODF cabe a qualquer turma do TJDFT.

34. Constatada a violação do direito de pessoas carentes, em face da publicação de lei federal voltada para a regulamentação da previdência social que impeça o acesso dos cidadãos a informações de seu interesse particular perante órgãos do Instituto Nacional do Seguro Social, o defensor público geral federal **NÃO** terá legitimidade para ajuizar ação direta de inconstitucionalidade perante o STF. (CESPE - 2013 - MJ - Analista Técnico - Administrativo - Conhecimentos Básicos).

> **Questão original:** Constatada a violação do direito de pessoas carentes, em face da publicação de lei federal voltada para a regulamentação da previdência social que impeça o acesso dos cidadãos a informações de seu interesse particular perante órgãos do Instituto Nacional do Seguro Social, o defensor público geral federal terá legitimidade para ajuizar ação direta de inconstitucionalidade perante o STF. Contudo, tal providência não impedirá que cada cidadão possa individualmente impetrar habeas data para resguardar o seu direito.

35. Na ação direta de inconstitucionalidade ajuizada perante o STF, apesar de lhe ser aplicável o princípio da congruência ou da adstrição ao pedido, admite - se a declaração de inconstitucionalidade de uma norma que não tenha sido objeto do pedido, na hipótese configuradora da denominada inconstitucionalidade por arrastamento. (CESPE – 2013 – Polícia Federal – Delegado de Polícia).

36. Ao governador de estado é permitido questionar, por via principal e concentrada, a validade de determinada lei, ainda que não tenha vetado, na ocasião própria, o projeto dessa lei. (CESPE – 2013 – PC-BA – Delegado de Polícia).

37. Na ação direta de inconstitucionalidade ajuizada perante o STF, apesar de lhe ser aplicável o princípio da congruência ou da adstrição ao pedido, admite-se a declaração de inconstitucionalidade de uma norma que não tenha sido objeto do pedido, na hipótese configuradora da denominada inconstitucionalidade por arrastamento. (CESPE – 2013 – DPF – Delegado).

38. Cabe ação direta de inconstitucionalidade contra resolução do Senado Federal que, ao suspender a execução de lei declarada inconstitucional pelo STF, extrapole os limites da decisão a que faz referência. (CESPE – 2013 – STF – Todos os Cargos – Conhecimentos Básicos – Cargos 2 e 9).

39. Os órgãos fracionários dos tribunais submeterão ao plenário ou ao seu órgão especial, a arguição de inconstitucionalidade de determinada norma, **SALVO SE** estes já tenham se pronunciado acerca da questão suscitada. (CESPE – 2013 – TCU – Auditor Federal de Controle Externo).

> **Questão original:** Os órgãos fracionários dos tribunais submeterão ao plenário ou ao seu órgão especial, a arguição de inconstitucionalidade de determinada norma, ainda que estes já tenham se pronunciado acerca da questão suscitada.

40. A declaração de inconstitucionalidade sem redução de texto, assim como a interpretação conforme a Constituição, apresenta eficácia erga omnes e efeito vinculante relativamente aos órgãos do Poder Judiciário e à administração pública federal, estadual e municipal. (CESPE – 2013 – AGU – Procurador Federal). Pela teoria da inconstitucionalidade por reverberação normativa, a norma dependente daquela declarada inconstitucional em processo anterior também estará eivada do vício da inconstitucionalidade, haja vista a relação de instrumentalidade existente entre elas. (CESPE – 2013 – STF – Analista Judiciário – Área Judiciária).

41. O PGDF **NÃO** tem competência para propor ação direta de inconstitucionalidade, em face da LODF, contra lei distrital. (CESPE – 2013 – PG-DF – Procurador).

> **Questão original:** O PGDF tem competência para propor ação direta de inconstitucionalidade, em face da LODF, contra lei distrital.

42. Caso o presidente da República expeça decreto regulamentar que contrarie lei a que pretenda dar fiel execução, tal decreto será, ilegal. (CESPE – 2013 – DPE-DF – Defensor Público).

Questão original: Caso o presidente da República expeça decreto regulamentar que contrarie lei a que pretenda dar fiel execução, tal decreto será, ao mesmo tempo, ilegal **E INCONSTITUCIONAL**, configurando-se a inconstitucionalidade direta, ensejadora do ajuizamento de ADI perante o STF.

43. Com relação ao parâmetro para o controle de constitucionalidade abstrato nos estados-membros e no Distrito Federal (DF), admite-se que os tribunais de justiça exerçam o controle de leis e demais atos normativos municipais e distritais em face da CF, **DESDE QUE SEJAM NORMAS DE REPRODUÇÃO OBRIGATÓRIA PELOS ESTADOS.** (CESPE - 2013 - TJ-DFT - Analista Judiciário - Oficial de Justiça Avaliado).

Questão original: Com relação ao parâmetro para o controle de constitucionalidade abstrato nos estados-membros e no Distrito Federal (DF), admite-se que os tribunais de justiça exerçam o controle de leis e demais atos normativos municipais e distritais em face da CF

44. O elevado teor de politicidade do controle material de constitucionalidade decorre do fato de ele incidir sobre o conteúdo da norma. (CESPE - 2013 - ANTT - Analista Administrativo - Direito).

45. Não se admite ação direta de inconstitucionalidade, perante o STF, cujo objeto seja ato normativo editado pelo DF no exercício de competência que a CF reserve aos municípios, tal como a disciplina e polícia do parcelamento do solo. (CESPE - 2013 - TC-DF - Procurador).

46. Ao julgar procedente uma ação direta de inconstitucionalidade, o STF poderá, por maioria de dois terços de seus membros, realizar a modulação dos efeitos da declaração de inconstitucionalidade. (CESPE - 2013 - STF - Analista Judiciário - Área Judiciária).

47. **NÃO SE ADOTA** a tese da inconstitucionalidade superveniente, como o fez o STF, **PORÉM**, admite-se ação direta de inconstitucionalidade em face de lei anterior à CF. (CESPE - 2012 - DPE-ES - Defensor Público).

Questão original: Adotando-se a tese da inconstitucionalidade superveniente, como o fez o STF, admite-se ação direta de inconstitucionalidade em face de lei anterior à CF.

48. O controle concentrado de constitucionalidade não é o meio adequado para se reprimir inconstitucionalidade inerente ao devido processo legislativo, razão pela qual os projetos de lei em tramitação perante o Congresso Nacional não se sujeitam ao controle abstrato. (CESPE - 2012 - TJ-RR - Analista - Processual).

49. Foi ajuizada ADI no STF contra lei estadual por contrariedade a dispositivo expresso na CF. Porém, antes do julgamento da ação, o parâmetro de controle foi alterado, de modo a tornar a norma impugnada consentânea com o dispositivo constitucional.

Nessa situação hipotética, **NÃO SE ADMITE**, de acordo com recente jurisprudência do STF, a denominada constitucionalidade superveniente, devendo, portanto, **JULGAR À** ação **NO PARÂMETRO DO QUAL ERA VIGENTE DO AJUIZAMENTO.** (CESPE - 2012 - AGU - Advogado da União).

> **Questão original:** Nessa situação hipotética, admite-se, de acordo com recente jurisprudência do STF, a denominada constitucionalidade superveniente, devendo, portanto, ser afastada a aplicação do princípio da contemporaneidade e julgada improcedente a ação.

50. O atual posicionamento do STF admite a fungibilidade entre a ADI e a ADIO. (CESPE - 2012 - AGU - Advogado da União).

51. Tanto a proposta de emenda constitucional quanto a própria emenda constitucional podem ser objeto de controle de constitucionalidade perante o Supremo Tribunal Federal (STF). (CESPE - 2011 - TCU - Auditor Federal de Controle Externo - Auditoria de Obras Públicas).

52. A aferição da legitimidade do partido político para a propositura de uma ação direta de inconstitucionalidade deve ser feita no momento da propositura da ação, sendo irrelevante a ulterior perda de representação no Congresso Nacional. (CESPE - 2011 - EBC - Analista - Advocacia).

53. **O TCU E O** Poder Judiciário pode pronunciar a inconstitucionalidade de uma lei em vigor, alcançando retroativamente as situações que se formaram sob sua égide. (CESPE - 2011 - EBC - Analista - Advocacia).

> **Questão original:** Somente o Poder Judiciário pode pronunciar a inconstitucionalidade de uma lei em vigor, alcançando retroativamente as situações que se formaram sob sua égide.

54. Entidades privadas **NÃO** podem figurar como litisconsortes passivos necessários em ação direta de inconstitucionalidade. (CESPE - 2011 - EBC - Analista - Advocacia).

> **Questão original:** Entidades privadas podem figurar como litisconsortes passivos necessários em ação direta de inconstitucionalidade.

55. Os efeitos da decisão procedente de uma ação direta de inconstitucionalidade são ex tunc e erga omnes, **ADMITINDO, À AQUELE,** exceções à regra legalmente instituída. (CESPE - 2011 - TJ-ES - Comissário da Infância e da Juventude - Específicos; CESPE - 2011 - TJ-ES - Analista Judiciário - Direito - Área Judiciária - específicos).

Questão original: Os efeitos da decisão procedente de uma ação direta de inconstitucionalidade são ex tunc e erga omnes, não se admitindo exceções à regra legalmente instituída.

56. Segundo o STF, na ação direta de inconstitucionalidade genérica, é cabível a concessão de medida cautelar que suspenda a vigência da lei ou do ato normativo arguido como inconstitucional, assim como é viável a concessão de medida liminar na ação declaratória de constitucionalidade; em ambas as ações, tal concessão tem efeito vinculante. (CESPE - 2011 - TRE-ES - Analista Judiciário - Área Judiciária - Específicos).

57. **NÃO É** cabível ação rescisória contra decisão proferida em ação direta de inconstitucionalidade após o trânsito em julgado da decisão. (CESPE - 2011 - STM - Analista Judiciário - Área Judiciária - Específicos).

Questão original: É cabível ação rescisória contra decisão proferida em ação direta de inconstitucionalidade após o trânsito em julgado da decisão.

58. Considere que o tribunal de justiça do estado tenha julgado procedente ação direta de inconstitucionalidade que teve por objeto lei municipal, sob o fundamento de afronta a dispositivo inserto na Constituição Estadual, o qual se limitou a reproduzir preceito da CF de observância obrigatória pelos estados. Nessa hipótese, segundo entendimento do STF, é viável a utilização de **RECURSO EXTRAORDINÁRIO** contra a referida decisão para fins de submissão do tema à jurisdição da corte suprema. (CESPE - 2011 - PC-ES - Delegado de Polícia - Específicos).

Questão original: Considere que o tribunal de justiça do estado tenha julgado procedente ação direta de inconstitucionalidade que teve por objeto lei municipal, sob o fundamento de afronta a dispositivo inserto na Constituição Estadual, o qual se limitou a reproduzir preceito da CF de observância obrigatória pelos estados. Nessa hipótese, segundo entendimento do STF, não é viável a utilização de qualquer espécie recursal contra a referida decisão para fins de submissão do tema à jurisdição da corte suprema, por tratar-se de decisão proferida no âmbito do controle abstrato de normas e por ter tido como objeto lei municipal.

59. O controle de constitucionalidade principal e concentrado pode ser exercido pelo Supremo Tribunal Federal **E OS TJ´S.** (CESPE - 2011 - EBC - Analista - Advocacia).

Questão original: O controle de constitucionalidade principal e concentrado somente pode ser exercido pelo Supremo Tribunal Federal.

60. No sistema constitucional brasileiro, o Supremo Tribunal Federal (STF) pode exercer o controle de constitucionalidade via recurso extraordinário e em processos objetivos, nos quais se veiculem as ações diretas. (CESPE – 2011 – STM – Analista Judiciário – Execução de Mandados – Específicos).

> **Questão original:** No sistema constitucional brasileiro, o Supremo Tribunal Federal (STF) pode exercer o controle de constitucionalidade **APENAS** via recurso extraordinário e em processos objetivos, nos quais se veiculem as ações diretas.

61. Não se admitem a desistência e a ação rescisória dos julgados de ação direta de inconstitucionalidade e ação declaratória de constitucionalidade. (CESPE – 2011 – TCU – Auditor Federal de Controle Externo – Auditoria de Obras Públicas).

62. Em regra, decisão proferida pelo Supremo Tribunal Federal (STF) que defere a medida cautelar em ação direta de inconstitucionalidade tem efeitos ex nunc. (CESPE – 2011 – Correios – Analista de Correios – Advogado).

63. É possível se formular pedido cautelar em ação direta de inconstitucionalidade. (CESPE – 2011 – STM – Analista Judiciário – Área Judiciária – Específicos).

64. No controle concentrado, os efeitos da declaração de inconstitucionalidade são erga omnes e ex tunc, mas, tendo em vista razões de segurança jurídica ou de excepcional interesse social, o STF pode, por maioria qualificada de dois terços de seus membros, restringir os efeitos da declaração ou decidir que ela só tenha eficácia a partir de seu trânsito em julgado ou de outro momento que venha a ser fixado. (CESPE – 2010 – TCE-BA – Procurador).

65. Verifica-se a inconstitucionalidade formal, também conhecida como nomodinâmica, quando a lei ou o ato normativo infraconstitucional contém algum vício em sua forma, independentemente do conteúdo. (CESPE – 2010 – MPU – Analista – Processual).

66. A doutrina destaca a possibilidade de apuração de questões fáticas no controle abstrato de constitucionalidade, já que, após as manifestações do advogado-geral da União e do procurador geral da República, pode o relator da ADI ou da ação declaratória de constitucionalidade requisitar informações adicionais ou mesmo designar perito para o esclarecimento de matéria ou circunstância de fato. (CESPE – 2010 – AGU – Procurador Federal).

67. Considere que o art. Y da Constituição do estado X estabeleça a legitimidade de deputado estadual para propor ação de inconstitucionalidade de lei municipal ou estadual em face da Constituição estadual. Nesse caso, conforme entendimento do STF, o referido art. Y poderá ser considerado constitucional. (CESPE – 2010 – DPU – Defensor Público Federal).

68. Os efeitos gerais da declaração de inconstitucionalidade, no âmbito da ação direta de inconstitucionalidade, pelo STF são vinculantes em relação aos órgãos do

Poder Judiciário e da administração pública federal, estadual, municipal e distrital. (CESPE - 2010 - DPE-BA - Defensor Público).

69. No processo objetivo de controle de constitucionalidade, o amicus curiae **NÃO** tem legitimidade para interpor recurso nas mesmas hipóteses facultadas ao titular da ação. (CESPE - 2010 - AGU - Procurador Federal).

> **Questão original:** No processo objetivo de controle de constitucionalidade, o amicus curiae tem legitimidade para interpor recurso nas mesmas hipóteses facultadas ao titular da ação.

70. No direito brasileiro, em se tratando de controle de constitucionalidade, em regra, aplica-se a teoria da nulidade, **EM REGRA,** no controle concentrado. (CESPE - 2010 - MPU - Analista - Processual).

> **Questão original:** No direito brasileiro, em se tratando de controle de constitucionalidade, em regra, aplica-se a teoria da nulidade de forma absoluta no controle concentrado.

71. A perda superveniente da representatividade do partido político no Congresso Nacional **NÃO** acarreta o arquivamento de ação direta de inconstitucionalidade proposta por esse partido. (CESPE - 2010 - MPS - Técnico em Comunicação Social - Relações Públicas).

> **Questão original:** A perda superveniente da representatividade do partido político no Congresso Nacional acarreta o arquivamento de ação direta de inconstitucionalidade proposta por esse partido.

72. Para o STF, o indeferimento da medida cautelar na ADI não significa confirmação da constitucionalidade da lei com efeito vinculante. (CESPE - 2010 - AGU - Procurador Federal).

73. Quando uma lei municipal afronta simultaneamente dispositivos previstos na CF e na constituição estadual, mesmo em se tratando de preceitos de repetição obrigatória, compete ao tribunal de justiça do estado processar e julgar originariamente eventual ação direta de inconstitucionalidade. (CESPE - 2010 - TRE-BA - Analista Judiciário - Área Judiciária).

74. De acordo com a CF, o controle abstrato de constitucionalidade realizado no âmbito do tribunal de justiça do estado, por intermédio de ação direta de inconstitucionalidade, somente pode ter por objeto leis ou atos normativos estaduais ou municipais confrontados perante a Constituição estadual. (CESPE - 2010 - DPE-BA - Defensor Público).

75. Constituem atos normativos, passíveis de controle de constitucionalidade pelo sistema concentrado, as leis, as resoluções administrativas dos tribunais, as emendas constitucionais e as medidas provisórias. (CESPE – 2009 – DETRAN-DF – Analista – Advocacia).

> **Questão original:** Constituem atos normativos, passíveis de controle de constitucionalidade pelo sistema concentrado, as leis, as resoluções administrativas dos tribunais, **AS SÚMULAS DE JURISPRUDÊNCIA**, as emendas constitucionais e as medidas provisórias.

76. Os princípios da supremacia e da rigidez constitucionais impõem que as normas infraconstitucionais e constitucionais derivadas estejam adequadas, formal e materialmente, ao texto da CF, sob pena de declaração de inconstitucionalidade. Quando assim se encontram no ordenamento jurídico, ou seja, em confronto com determinada norma constitucional, devem ser expungidas do sistema pela sua nulidade.

Em face do princípio da segurança jurídica, as relações estabelecidas de boa-fé com base em norma posteriormente declarada inconstitucional pelo STF, podem ser preservadas pelo que se denomina de modulação dos efeitos da declaração de inconstitucionalidade, ou seja, instrumento jurídico que permite conferir a nulidade da norma com efeitos para o futuro: a partir do trânsito em julgado ou de outro momento que venha a ser fixado. (CESPE – 2009 – IBRAM-DF – Advogado).

77. O prefeito de determinado município promulgou lei tida como inconstitucional por Fábio, que é procurador da fundação estadual de saúde do respectivo estado da federação. Nessa situação, em face da aludida condição de procurador, Fábio **NÃO** é legitimado para propor ação direta de inconstitucionalidade perante STF em face da mencionada lei. (CESPE – 2009 – SEAD-SE (FPH) – Procurador).

> **Questão original:** O prefeito de determinado município promulgou lei tida como inconstitucional por Fábio, que é procurador da fundação estadual de saúde do respectivo estado da federação. Nessa situação, em face da aludida condição de procurador, Fábio é legitimado para propor ação direta de inconstitucionalidade perante STF em face da mencionada lei.

78. De acordo com entendimento do STF, a decisão declaratória de inconstitucionalidade de determinada lei ou ato normativo não produzirá efeito vinculante em relação ao Poder Legislativo, sob pena de afronta à relação de equilíbrio entre o tribunal constitucional e o legislador. (CESPE – 2009 – AGU – Advogado da União).

79. A declaração de inconstitucionalidade de uma norma pelo STF acarreta a repristinação da norma anterior que por ela havia sido revogada, efeito que pode ser afastado, total ou parcialmente, por decisão da maioria de 2/3 dos membros desse tribunal, em decorrência de razões de segurança jurídica ou de excepcional interesse social. (CESPE – 2009 – AGU – Advogado da União).

80. É admissível o controle de constitucionalidade de emenda constitucional antes mesmo de ela ser votada, no caso de a proposta atentar contra cláusula pétrea, sendo o referido controle feito por meio de mandado de segurança, que deve ser impetrado exclusivamente por parlamentar federal. (CESPE – 2009 – AGU – Advogado da União).

81. **INCABÍVEL** a declaração de inconstitucionalidade de norma constitucional originária incompatível com os princípios constitucionais não escritos e os postulados da justiça. (CESPE – 2009 – AGU – Advogado da União).

> **Questão original:** É possível a declaração de inconstitucionalidade de norma constitucional originária incompatível com os princípios constitucionais não escritos e os postulados da justiça, considerando-se a adoção, pelo sistema constitucional brasileiro, da teoria alemã das normas constitucionais inconstitucionais.

82. A petição inicial da ação direta de inconstitucionalidade deve indicar o dispositivo da lei ou do ato normativo questionado, os fundamentos jurídicos do pedido **EM RELAÇÃO A CADA UMA DAS IMPUGNAÇÕES E O PEDIDO, COM SUAS ESPECIFICAÇÕES.** (CESPE – 2009 – TRT – 17ª Região (ES) – Analista Judiciário – Área Judiciária – Execução de Mandados).

> **Questão original:** A petição inicial da ação direta de inconstitucionalidade deve indicar o dispositivo da lei ou do ato normativo questionado, os fundamentos jurídicos do pedido e a existência de controvérsia judicial relevante acerca da aplicação da disposição objeto da ação.

83. A concessão da medida cautelar, na ação direta de inconstitucionalidade, torna aplicável a legislação anterior acaso existente, salvo expressa manifestação em sentido contrário. (CESPE – 2009 – TRT – 17ª Região (ES) – Analista Judiciário – Área Judiciária – Execução de Mandados).

84. Caso o STF declare, de forma incidental, no julgamento de um recurso extraordinário, que um artigo de determinada lei federal é inconstitucional, nesse caso, tendo em vista razões de segurança jurídica ou de excepcional interesse social, poderá o STF, por maioria de dois terços de seus membros, restringir os efeitos daquela decisão ou decidir que ela só tenha eficácia a partir de seu trânsito em julgado ou de outro momento que venha a ser fixado. (CESPE – 2009 – TRT – 17ª Região (ES) – Analista Judiciário – Área Judiciária).

85. É admissível controle concentrado de constitucionalidade de decreto que, dando execução a lei inconstitucional, crie cargos públicos remunerados e estabeleça as respectivas denominações, competências, atribuições e remunerações. (CESPE – 2009 – Prefeitura de Ipojuca – PE – Procurador Municipal).

86. Os princípios da supremacia e da rigidez constitucionais impõem que as normas infraconstitucionais e constitucionais derivadas estejam adequadas, formal e materialmente, ao texto da CF, sob pena de declaração de inconstitucionalidade. Quando assim se encontram no ordenamento jurídico, ou seja, em confronto com determinada norma constitucional, devem ser expungidas do sistema pela sua nulidade.

Considere que a Lei Ordinária X do DF, que dispõe acerca do Imposto sobre a Propriedade Territorial Urbana (IPTU), tenha estabelecido a progressividade do IPTU a patamares que violam o princípio do não-confisco. Essa medida **NÃO** possibilitaria, portanto, o ajuizamento da Ação Direta de Inconstitucionalidade (ADI) no STF. (CESPE – 2009 – IBRAM-DF – Advogado).

Questão original: Considere que a Lei Ordinária X do DF, que dispõe acerca do Imposto sobre a Propriedade Territorial Urbana (IPTU), tenha estabelecido a progressividade do IPTU a patamares que violam o princípio do não-confisco. Essa medida possibilitaria, portanto, o ajuizamento da Ação Direta de Inconstitucionalidade (ADI) no STF.

87. Segundo entendimento do STF, quando tramitam simultaneamente duas ações diretas de inconstitucionalidade, uma perante o tribunal de justiça do estado e outra perante o STF, tendo por objeto a mesma lei estadual, impugnada sob o fundamento de afronta a princípios inseridos na Constituição estadual que reproduzam princípios da CF, a ação direta em trâmite perante o tribunal do estado deve ser suspensa até o julgamento final da ação ajuizada perante o STF. (CESPE – 2009 – DPE-AL – Defensor Público).

88. Quando o STF apreciar a inconstitucionalidade, em tese, de norma legal ou ato normativo, compete ao Advogado-Geral da União exercer a função de curador especial do princípio da presunção de constitucionalidade da norma, **PORÉM, PODERÁ** manifestar-se pela inconstitucionalidade do ato impugnado. (CESPE – 2009 – AGU – Advogado da União).

Questão original: Quando o STF apreciar a inconstitucionalidade, em tese, de norma legal ou ato normativo, compete ao Advogado-Geral da União exercer a função de curador especial do princípio da presunção de constitucionalidade da norma, razão pela qual não poderá, em hipótese alguma, manifestar-se pela inconstitucionalidade do ato impugnado.

89. Considere que a ANTAQ tenha editado resolução que exija, como requisito para obtenção de autorização para o afretamento de embarcações estrangeiras, a prévia consulta sobre a disponibilidade de embarcações nacionais que possam fazer a navegação de cabotagem.

Por serem consideradas atos normativos primários, resoluções como a descrita poderão ser objeto de controle concentrado de constitucionalidade. (CESPE – 2009 – ANTAQ – Analista Administrativo – Qualquer Área de Formação).

90. É pacífica a jurisprudência do STF, no sentido de que cabe aos tribunais de justiça estaduais exercer o controle de constitucionalidade de leis e demais atos normativos municipais em face da **CE, ASSIM COMO TAMBÉM DA CF CASO SE TRATE DE NORMA DE REPRODUÇÃO OBRIGATÓRIA PELOS ESTADOS.** (CESPE - 2009 - Prefeitura de Ipojuca - PE - Procurador Municipal).

> **Questão original:** É pacífica a jurisprudência do STF, no sentido de que cabe aos tribunais de justiça estaduais exercer o controle de constitucionalidade de leis e demais atos normativos municipais em face da CF.

91. É admissível controle concentrado de constitucionalidade de decreto que, dando execução a lei inconstitucional, crie cargos públicos remunerados e estabeleça as respectivas denominações, competências, atribuições e remunerações. (CESPE - 2009 - Prefeitura de Ipojuca - PE - Procurador Municipal).

92. De acordo com o STF, compete ao tribunal de justiça do estado-membro julgar a ação direta de inconstitucionalidade cujo objeto consista em lei ou ato normativo municipal que contrarie previsão inserida na Constituição estadual, ainda que de repetição obrigatória e redação idêntica a dispositivo constante da CF. (CESPE - 2009 - DPE-AL - Defensor Público).

93. A extinção da ADI pelo STF foi correta, pois **É A MESA DA CÂMARA DOS DEPUTADOS QUE** legitimidade para impugnar. (CESPE - 2008 - TST - Analista Judiciário - Área Judiciária).

> **Questão original:** A extinção da ADI pelo STF foi correta, pois deputados federais somente têm legitimidade para impugnar, mediante controle concentrado, leis do estado cuja população eles representam.

94. Considere que, recentemente, tenha sido aprovada emenda à Constituição de Sergipe, inserindo dispositivo que estabelece a impenhorabilidade de imóveis residenciais que sirvam como residência ao proprietário do bem. Sabendo disso, um deputado federal de Alagoas ingressou com ação direta de inconstitucionalidade (ADI) perante o STF, argumentando que a referida emenda viola a Constituição Federal, na medida em que é de competência privativa da União a legislação acerca de direito civil e de processo civil. Essa ação, contudo, foi extinta, sem julgamento de mérito, em função da ilegitimidade ativa da parte autora.

Norma que cuide de tempo de espera de atendimento em estabelecimento bancário, limitando-o a vinte minutos, pode ser objeto de ADI no STF. (CESPE - 2008 - PGE-ES - Procurador do Estado).

95. Amicus curiae **NÃO** tem legitimidade para interpor embargo de declaração contra acórdão de mérito de ação declaratória de inconstitucionalidade. (CESPE - 2008 - TJ-CE - Oficial de Justiça).

Questão original: Amicus curiae tem legitimidade para interpor embargo de declaração contra acórdão de mérito de ação declaratória de inconstitucionalidade.

96. Como a causa de pedir é aberta, o STF pode julgar ação direta de inconstitucionalidade por outros fundamentos que não os alegados na petição inicial. (CESPE - 2008 - TJ-CE - Oficial de Justiça).

97. **NÃO É CABÍVEL AÇÃO** rescisória contra acórdão proferido em ação direta de inconstitucionalidade no tribunal de justiça. (CESPE - 2008 - TJ-CE - Oficial de Justiça).

Questão original: A rescisória contra acórdão proferido em ação direta de inconstitucionalidade no tribunal de justiça deve ser feita em até dois anos após o seu trânsito em julgado.

98. O autor de uma ação direta de inconstitucionalidade **NÃO** pode dela desistir. (CESPE - 2008 - TJ-CE - Oficial de Justiça).

Questão original: O autor de uma ação direta de inconstitucionalidade pode dela desistir até a intimação dos requeridos no processo.

99. O TCU, no exercício de sua competência administrativa, emitiu uma resolução que disciplina o recebimento de denúncias anônimas no âmbito daquele tribunal e de toda a administração pública, em face de fatos que causarem prejuízos econômicos à União. Contra essa resolução cabe ação direita de inconstitucionalidade. (CESPE - 2008 - TCU - Analista de Controle Interno - Tecnologia da Informação - Prova 1).

Questão original: Contra essa resolução, **NÃO** cabe ação direita de inconstitucionalidade.

100. A decisão sobre a constitucionalidade ou a inconstitucionalidade da lei ou do ato normativo somente será tomada se presentes na sessão pelo menos oito Ministros e, efetuado o julgamento, proclamar-se-á a constitucionalidade ou a inconstitucionalidade da disposição ou da norma impugnada se em um ou em outro sentido se tiverem manifestado pelo menos seis ministros, quer se trate de ação direta de inconstitucionalidade ou de ação declaratória de constitucionalidade. (CESPE - 2008 - STF - Analista Judiciário - Área Judiciária).

101. Salvo no período de recesso, a medida cautelar na ação direta será concedida por decisão da maioria absoluta dos membros do Tribunal, sendo facultada sustentação oral aos representantes judiciais do requerente e das autoridades ou órgãos responsáveis pela expedição do ato, na forma regimental. (CESPE - 2008 - STF - Analista Judiciário - Área Judiciária).

102. O autor da ação direta de inconstitucionalidade, **APÓS PROPOSTA, NÃO** pode desistir do feito. (CESPE - 2008 - DPE-CE - Defensor Público).

Questão original: O autor da ação direta de inconstitucionalidade pode desistir do feito até a notificação das autoridades que participaram da elaboração da norma impugnada.

103. Compete ao STF processar e julgar, originariamente, ação direta de inconstitucionalidade contra lei ou ato normativo **FEDERAL OU ESTADUAL**, frente à Constituição Federal. (CESPE - 2008 - TJ-DFT - Analista Judiciário - Área Judiciária).

Questão original: Compete ao STF processar e julgar, originariamente, ação direta de inconstitucionalidade contra lei ou ato normativo municipal, frente à Constituição Federal, pois qualquer norma em contrário constituiria tese limitativa à condição de guardião da Constituição Federal ostentada pelo STF.

104. As convenções coletivas de trabalho **NÃO** ensejam seu controle por meio de ação direta de inconstitucionalidade. (CESPE - 2008 - TRT - 5ª Região (BA) - Analista Judiciário - Área Judiciária).

Questão original: As convenções coletivas de trabalho, por veicularem verdadeiras normas jurídicas, ensejam seu controle por meio de ação direta de inconstitucionalidade.

105. **O STF** têm competência para julgar ação direta de inconstitucionalidade de lei ou ato normativo estadual em face da CF. (CESPE - 2008 - TRT - 5ª Região (BA) - Analista Judiciário - Área Judiciária).

Questão original: Os tribunais estaduais e do Distrito Federal têm competência para julgar ação direta de inconstitucionalidade de lei ou ato normativo estadual em face da CF.

106. As confederações sindicais de âmbito nacional não prescindem de demonstrar a pertinência temática entre seu objeto social e os dispositivos legais que pretendem impugnar. (CESPE - 2008 - TRT - 5ª Região (BA) - Analista Judiciário - Área Judiciária).

107. O **PREFEITO** de Aracaju pode ajuizar, perante o Tribunal de Justiça de Sergipe, ação direta de inconstitucionalidade de lei municipal que fira a Constituição estadual. (CESPE - 2008 - SEMAD-ARACAJU - Procurador Municipal).

Questão original: O município de Aracaju pode ajuizar, perante o Tribunal de Justiça de Sergipe, ação direta de inconstitucionalidade de lei municipal que fira a Constituição estadual.

108. O governador de Sergipe pode ajuizar, no STF, ação direta de inconstitucionalidade contra lei paulista que cuida de isenção de ICMS, **DEVENDO DEMONSTRAR** pertinência temática. (CESPE – 2008 – SEMAD-ARACAJU – Procurador Municipal).

Questão original: O governador de Sergipe não pode ajuizar, no STF, ação direta de inconstitucionalidade contra lei paulista que cuida de isenção de ICMS, por carecer de pertinência temática.

109. Um deputado estadual apresentou à assembleia legislativa de seu estado projeto de lei com os seguintes artigos.

Art. 1.º Ficam os cemitérios localizados no estado obrigados a dispensar o pagamento de taxas e tarifas para a realização de velório e sepultamento de doadores de órgãos ou tecidos. § 1.º Fará jus à dispensa de que trata o caput a pessoa que tiver doado, por ato próprio ou por meio de seus familiares ou responsáveis, seus órgãos ou tecidos corporais para fins de transplante médico.

§ 2.º Compõem as despesas com funeral, entre outras, taxas e emolumentos fixados pela administração pública, tarifas cobradas pelos serviços executados, incluindo urna funerária de padrão igual ao adotado pela assistência social, remoção e transporte do corpo, taxas de velório e sepultamento, bem como sepultura e campa individualizada.

§ 3.º Se os familiares ou responsáveis pelo de cujus optarem por urna funerária de padrão superior à oferecida pelo estado, será cobrado o valor da diferença entre os preços das urnas funerárias.

§ 4.º A doação de que trata esta lei deverá atender à clientela do Sistema Único de Saúde do estado.

Art. 2.º Os herdeiros do doador de órgão receberão R$ 250,00 por órgão doado que for aproveitado em transplante.

Art. 3.º Revogam-se as disposições em contrário.

Art. 4.º Esta lei entra em vigor 30 dias após a publicação.

Mesmo sem previsão orçamentária para fazer frente às despesas decorrentes da lei, inadvertidamente o governador a sancionou, ocorrendo a sua publicação no Diário Oficial do estado. Somente em seguida é que foi lembrada pelo secretário de fazenda municipal a escassez de recursos para custear os benefícios criados pela lei. (CESPE – 2008 – PGE-ES – Procurador do Estado).

109.1 O fato de o governador haver sancionado a lei **NÃO** lhe retira a pertinência temática para ajuizamento de ação direta de inconstitucionalidade.

Questão original: O fato de o governador haver sancionado a lei lhe retira a pertinência temática para ajuizamento de ação direta de inconstitucionalidade.

109.2 O governador poderá ajuizar ação direta de inconstitucionalidade (ADI) perante o Supremo Tribunal Federal (STF) contra a lei em comento, por vício de iniciativa, em razão de ela criar despesas sem indicação da fonte de custeio.

110. **INCABÍVEL** ajuizar rescisória contra acórdão do tribunal de justiça proferido em ação direta de inconstitucionalidade. (CESPE - 2008 - DPE-CE - Defensor Público).

> **Questão original:** O prazo para ajuizar rescisória contra acórdão do tribunal de justiça proferido em ação direta de inconstitucionalidade é de dois anos contados do trânsito em julgado.

111. O vice-governador do DF **NÃO PODERÁ** propor ação direta de inconstitucionalidade perante o STF. (CESPE - 2008 - STF - Analista Judiciário - Contabilidade).

> **Questão original:** O vice-governador do DF pode propor ação direta de inconstitucionalidade perante o STF.

112. É cabível ação direta de inconstitucionalidade contra norma constitucional oriunda de emenda constitucional que contraria a cláusula pétrea da constituição originária. (CESPE - 2008 - STF - Técnico Judiciário - Área Administrativa).

113. Normas infraconstitucionais anteriores à Constituição Federal de 1988 não podem ser objeto de ação direta de inconstitucionalidade. (CESPE - 2008 - SEMAD-ARACAJU - Procurador Municipal).

114. **É INADMISSÍVEL** intervenção de terceiros no processo de ação direta de inconstitucionalidade. (CESPE - 2008 - STF - Analista Judiciário - Área Judiciária).

> **Questão original:** Admitir-se-á intervenção de terceiros no processo de ação direta de inconstitucionalidade, na modalidade chamamento ao processo, quando a lei ou ato normativo impugnado for réplica de norma editada por outro ente da Federação.

115. Decisão que declara a constitucionalidade ou a inconstitucionalidade de norma pode ser atacada por embargos de declaração, mas não poderá ser desconstituída em ação rescisória. (CESPE - 2007 - DPU - Defensor Público Federal).

116. Qualquer pessoa juridicamente interessada na declaração de inconstitucionalidade **NÃO** pode ingressar como assistente na ação direta de inconstitucionalidade. (CESPE - 2007 - DPU - Defensor Público Federal).

> **Questão original:** Qualquer pessoa juridicamente interessada na declaração de inconstitucionalidade pode ingressar como assistente na ação direta de inconstitucionalidade.

117. Apesar de uma norma ser considerada constitucional, admite-se que ela possa, depois, ser declarada inconstitucional. (CESPE – 2007 – DPU – Defensor Público Federal).

118. A decisão sobre a constitucionalidade de uma lei só poderá ser tomada se estiverem presentes ao menos **8** dos 11 ministros do STF na sessão de julgamento. (CESPE – 2007 – DPU – Defensor Público Federal).

Questão original: A decisão sobre a constitucionalidade de uma lei só poderá ser tomada se estiverem presentes ao menos 6 dos 11 ministros do STF na sessão de julgamento.

119. A decisão do STF em controle concentrado de constitucionalidade, em regra, vale a partir da publicação **DA ATA DO JULGAMENTO NO DJU.** (CESPE – 2007 – IEMA – Advogado).

Questão original: A decisão do STF em controle concentrado de constitucionalidade, em regra, vale a partir da publicação do acórdão do julgamento.

120. A OAB não está submetida ao requisito da pertinência temática em ação direta de inconstitucionalidade. (CESPE – 2007 – DPU – Defensor Público Federal).

121. A declaração de constitucionalidade ou de inconstitucionalidade em ADIN e ação declaratória de constitucionalidade tem sempre efeito vinculante em relação **AOS DEMAIS ÓRGÃOS DO** Poder Judiciário, **RESSALVADO O STF,** e à administração pública direta e indireta. (CESPE – 2007 – DPU – Defensor Público Federal).

Questão original: A declaração de constitucionalidade ou de inconstitucionalidade em ADIN e ação declaratória de constitucionalidade tem sempre efeito vinculante em relação ao Poder Judiciário e à administração pública direta e indireta.

122. O STF pode determinar a modulação dos efeitos da decisão que declara a inconstitucionalidade de norma em ação direta de inconstitucionalidade. (CESPE – 2007 – DPU – Defensor Público Federal).

Questão original: O STF **SÓ** pode determinar a modulação dos efeitos da decisão que declara a inconstitucionalidade de norma em ação direta de inconstitucionalidade.

123. A existência de ação direta de inconstitucionalidade no STF ajuizada contra lei estadual do Espírito Santo, tendo como parâmetro de controle a Constituição Federal, **NÃO** impede o ajuizamento de idêntica ação no respectivo tribunal de justiça, em razão de eventual violação também à Constituição Estadual. (CESPE – 2007 – IEMA – Advogado).

Questão original: A existência de ação direta de inconstitucionalidade no STF ajuizada contra lei estadual do Espírito Santo, tendo como parâmetro de controle a Constituição Federal, impede o ajuizamento de idêntica ação no respectivo tribunal de justiça, em razão de eventual violação também à Constituição Estadual.

124. As **DECISÕES DEFINITIVAS DE MÉRITO, PROFERIDAS PELO STF, NAS AÇÕES DE** declarações de constitucionalidade ou de inconstitucionalidade têm eficácia contra todos e efeito vinculante em relação aos **DEMAIS** órgãos do Poder Judiciário e à administração pública federal, estadual e municipal. (CESPE - 2006 - DPE-DF - Procurador - Assistência Judiciária - Segunda Categoria).

Questão original: As declarações de constitucionalidade ou de inconstitucionalidade têm eficácia contra todos e efeito vinculante em relação aos órgãos do Poder Judiciário e à administração pública federal, estadual e municipal.

125. O STF reconheceu que a interpretação conforme a Constituição Federal, quando fixada no juízo abstrato de normas, corresponde a uma pronúncia de inconstitucionalidade. Portanto, o tribunal tem considerado inadmissível a utilização da representação interpretativa, entendendo que, quando for o caso de aplicar o princípio da interpretação conforme a Constituição Federal, deve-se fazê-lo na esfera do controle abstrato de normas. (CESPE - 2006 - DPE-DF - Procurador - Assistência Judiciária - Segunda Categoria).

126. A competência para julgar a ação direta de inconstitucionalidade em que se impugna norma local contestada em face de Carta estadual é do tribunal de justiça respectivo. Essa regra se aplica quando o preceito atacado se revela como pura repetição de dispositivos da Constituição Federal, de observância obrigatória pelos estados. (CESPE - 2006 - DPE-DF - Procurador - Assistência Judiciária - Segunda Categoria).

Questão original: A competência para julgar a ação direta de inconstitucionalidade em que se impugna norma local contestada em face de Carta estadual é do tribunal de justiça respectivo. Essa regra **NÃO** se aplica quando o preceito atacado se revela como pura repetição de dispositivos da Constituição Federal, de observância obrigatória pelos estados.

127. O ordenamento constitucional brasileiro, **NÃO** estendeu ao legislador os efeitos vinculantes da decisão de inconstitucionalidade, pois, se assim fosse, haveria comprometimento da relação de equilíbrio entre o tribunal constitucional e o legislador. (CESPE - 2006 - DPE-DF - Procurador - Assistência Judiciária - Segunda Categoria).

Questão original: O ordenamento constitucional brasileiro, embora não tenha sido expresso em tal sentido, estendeu ao legislador os efeitos vinculantes da decisão de inconstitucionalidade, pois, se assim não fosse, haveria comprometimento da relação de equilíbrio entre o tribunal constitucional e o legislador, reduzindo o Poder Judiciário a um papel subalterno perante o Poder Legislativo

128. Na declaração de constitucionalidade de norma em trânsito para a inconstitucionalidade e a mutação constitucional, o intérprete constitucional não vê ainda na norma uma inconstitucionalidade evidente, porque ela mantém parte de sua significância em contato harmônico com a Constituição Federal, mas o julgador sinaliza, com a expressão em "trânsito para a inconstitucionalidade", que a norma está a um passo da inconstitucionalidade, bastando, para tanto, apenas alguma alteração fática. (CESPE – 2006 – DPE-DF – Procurador – Assistência Judiciária – Segunda Categoria).

129. A Constituição estadual ou a Lei Orgânica do Distrito Federal, quando for o caso, pode servir como referência ou paradigma de confronto para efeito de controle concentrado de constitucionalidade de leis ou atos normativos locais. **EXCEPCIONALMENTE É PERMITIDA** a utilização da Constituição da República **EM CONTROLE CONCENTRADO.** (CESPE – 2006 – DPE-DF – Procurador – Assistência Judiciária – Segunda Categoria).

Questão original: Apenas a Constituição estadual ou a Lei Orgânica do Distrito Federal, quando for o caso, pode servir como referência ou paradigma de confronto para efeito de controle concentrado de constitucionalidade de leis ou atos normativos locais. Não se permite a utilização da Constituição da República para esse fim nas ações diretas ajuizadas perante os tribunais de justiça estaduais ou do DF.

130. A ação direta de inconstitucionalidade proposta por um partido político **NÃO** será extinta por perda de legitimidade ativa para a sua propositura, se, após iniciado o seu julgamento, o referido partido perder sua representação parlamentar no Congresso Nacional. (CESPE – 2004 – AGU – Advogado da União).

Questão original: A ação direta de inconstitucionalidade proposta por um partido político será extinta por perda de legitimidade ativa para a sua propositura, se, após iniciado o seu julgamento, o referido partido perder sua representação parlamentar no Congresso Nacional.

131. No Brasil, o sistema de controle de constitucionalidade é **JURISDICIONAL** porque cabe ao **JUDICIÁRIO** dar a última palavra sobre questões relativas à constitucionalidade de leis. (CESPE – 2004 – TRT – 10ª REGIÃO (DF e TO) – Analista Judiciário – Área Administrativa).

Questão original: No Brasil, o sistema de controle de constitucionalidade é concentrado porque cabe ao Supremo Tribunal Federal (STF) dar a última palavra sobre questões relativas à constitucionalidade de leis.

132. O Supremo Tribunal Federal (STF), em controle de constitucionalidade por via de ação, declarou a inconstitucionalidade de um artigo de lei federal. Nessa situação, para a referida decisão ter efeitos erga omnes, **NÃO** é preciso que o Senado Federal suspenda a execução do referido artigo. (CESPE - 2004 - TRT - 10ª REGIÃO (DF e TO) - Analista Judiciário - Área Judiciária).

> **Questão original:** O Supremo Tribunal Federal (STF), em controle de constitucionalidade por via de ação, declarou a inconstitucionalidade de um artigo de lei federal. Nessa situação, para a referida decisão ter efeitos erga omnes, é preciso que o Senado Federal suspenda a execução do referido artigo.

133. A Assembleia Legislativa de determinado estado-membro da Federação aprovou emenda à Constituição Estadual, estabelecendo que a sucessão dos bens de estrangeiros situados no território daquele estado seria deferida em partes iguais aos cônjuges ou companheiros e aos filhos brasileiros do estrangeiro, sempre que não lhes fosse mais favorável a lei pessoal do de cujus. Um partido político com representação no Congresso Nacional propôs, junto ao Supremo Tribunal Federal (STF), ação direta de inconstitucionalidade da emenda constitucional referida. A mencionada emenda à Constituição Estadual contém vício de inconstitucionalidade por contrariar o princípio da repartição de competências, consectário do princípio federativo, uma vez que a Constituição da República atribui competência privativa à União para legislar acerca de direito civil; tratando-se de emenda à Constituição Estadual, essa se sujeita ao controle de constitucionalidade perante o STF por meio de ação direta de inconstitucionalidade. (CESPE - 2003 - Instituto Rio Branco - Diplomata).

> **Questão original:** A mencionada emenda à Constituição Estadual contém vício de inconstitucionalidade por contrariar o princípio da repartição de competências, consectário do princípio federativo, uma vez que a Constituição da República atribui competência privativa à União para legislar acerca de direito civil; todavia, tratando-se de emenda à Constituição Estadual, essa **NÃO** se sujeita ao controle de constitucionalidade perante o STF por meio de ação direta de inconstitucionalidade.

6.1.2 Ação direta de inconstitucionalidade por omissão

1. São poderes da União, independentes e harmônicos entre si, o Legislativo, o Executivo e o Judiciário. Essa independência, todavia, não é absoluta porque há institutos de ingerência mútua, como é o caso das medidas provisórias editadas pelo Poder Executivo, do controle orçamentário realizado pelo Poder Legislativo e da apreciação de ações diretas de inconstitucionalidade por omissão, entre outras, pelo Poder Judiciário.

O controle da inconstitucionalidade por omissão pode ocorrer por meio da ação direta de inconstitucionalidade por omissão, a qual **NÃO** pode ser proposta por ministério público estadual. (CESPE - 2018 - MPE-PI - Analista Ministerial - Área Processual).

Questão original: O controle da inconstitucionalidade por omissão pode ocorrer por meio do mandado de injunção ou da ação direta de inconstitucionalidade por omissão, a qual pode ser proposta por ministério público estadual, que é constitucionalmente um dos legitimados ativos.

2. O STF possui competência para apreciar a inconstitucionalidade por omissão, legislativa ou administrativa, de órgãos federais **E ESTADUAIS** em face da CF. (CESPE – 2013 – TC-DF – Procurador).

Questão original: O STF possui competência para apreciar a inconstitucionalidade por omissão, legislativa ou administrativa, de órgãos federais em face da CF, mas, no que diz respeito aos órgãos estaduais, a competência para conhecer essas omissões pertence aos tribunais de justiça dos estados.

3. Na ação direta de inconstitucionalidade por omissão, a legitimidade passiva ao Poder Legislativo, **EXECUTIVO, JUDICIÁRIO OU DE ALGUM ÓRGÃO ADMINISTRATIVO.** (CESPE – 2013 – AGU – Procurador Federal).

Questão original: Na ação direta de inconstitucionalidade por omissão, a legitimidade passiva restringe-se ao Poder Legislativo inadimplente, ao qual será estipulado prazo para adotar as providências cabíveis no sentido de suprir a omissão.

4. A ação direta de inconstitucionalidade por omissão pode ser proposta pelos mesmos legitimados à propositura da ação direta de inconstitucionalidade genérica e da ação declaratória de constitucionalidade. (CESPE – 2011 – TJ-ES – Comissário da Infância e da Juventude – Específicos).

5. A ação direta de inconstitucionalidade por omissão pode ser proposta pelos mesmos legitimados à propositura da ação direta de inconstitucionalidade genérica e da ação declaratória de constitucionalidade. (CESPE – 2011 – TJ-ES – Analista Judiciário – Direito – Área Judiciária – específicos).

6. O Supremo Tribunal Federal (STF), ao declarar a inconstitucionalidade por omissão de medida para tornar efetiva norma constitucional, dará ciência ao poder competente para a adoção das providências necessárias e, em se tratando de órgão administrativo, para fazê-lo em trinta dias. (CESPE – 2011 – IFB – Assistente de Administração).

7. No controle de inconstitucionalidade por omissão, a decisão do STF é meramente declaratória, devendo-se dar ciência ao poder competente para adotar as providências necessárias, e, em se tratando de órgão administrativo, para fazê-lo em trinta dias. (CESPE – 2010 – ABIN – Oficial Técnico de Inteligência – Área de Direito).

8. A legislação em vigor admite a concessão de medida cautelar em ação direta de inconstitucionalidade por omissão. (CESPE – 2010 – DPU – Defensor Público Federal).

Observação: "Art. 12-F da Lei 9.868/99: Em caso de excepcional urgência e relevância da matéria, o Tribunal, por decisão da maioria absoluta de seus membros, observado o disposto no art. 22, poderá conceder medida cautelar, após a audiência dos órgãos ou autoridades responsáveis pela omissão inconstitucional, que deverão pronunciar-se no prazo de 5 (cinco) dias."

Questão original: A legislação em vigor não admite a concessão de medida cautelar em ação direta de inconstitucionalidade por omissão.

9. Para os casos em que a falta da norma regulamentadora torne inviável o exercício dos direitos e liberdades constitucionais e das prerrogativas inerentes à nacionalidade, à soberania e à cidadania, **PODERÁ SER IMPETRADO MANDADO DE INJUÇÃO.** (CESPE - 2010 - ABIN - Oficial Técnico de Inteligência - Área de Direito).

Questão original: Para os casos em que a falta da norma regulamentadora torne inviável o exercício dos direitos e liberdades constitucionais e das prerrogativas inerentes à nacionalidade, à soberania e à cidadania, a CF enumera, taxativamente, os legitimados para a propositura de ação direta de inconstitucionalidade por omissão.

10. A ordem postulada em sede de mandado de injunção, deve ser concedida quando a falta de regra regulamentadora impossibilitar o exercício de direitos **E LIBERDADES CONSTITUCIONAIS E DAS** prerrogativas inerentes à nacionalidade, à soberania ou à cidadania. (CESPE - 2000 - Polícia Federal - Agente Federal da Polícia Federal).

Questão original: A ordem postulada em sede de mandado de injunção, também chamado de ação direta de inconstitucionalidade por omissão, deve ser concedida quando a falta de regra regulamentadora impossibilitar o exercício de direitos fundamentais ou de prerrogativas inerentes à nacionalidade, à soberania ou à cidadania.

6.1.3 Ação declaratória de consitucionalidade

1. Ao afirmar que a aplicação de uma norma a determinada hipótese fática é inconstitucional, o STF se utiliza da técnica de decisão denominada declaração de inconstitucionalidade sem redução do texto. (CESPE - 2018 - PGM - Manaus - AM - Procurador do Município).

2. A ação declaratória de constitucionalidade é instrumento de controle **CONCENTRADO** de inconstitucionalidade das leis. (CESPE - 2014 - Câmara dos Deputados - Analista Legislativo - Consultor Legislativo Área II).

Questão original: A ação declaratória de constitucionalidade é instrumento de controle difuso de inconstitucionalidade das leis.

3. Constitui requisito da petição inicial da ação declaratória de constitucionalidade a indicação da existência de controvérsia judicial relevante sobre a aplicação da disposição objeto da ação declaratória. Essa controvérsia **NÃO** pode ser caracterizada pela demonstração do simples desacordo entre os tribunais acerca da aplicação da norma. (CESPE – 2013 – STF – Analista Judiciário – Área Judiciária).

> **Questão original:** Constitui requisito da petição inicial da ação declaratória de constitucionalidade a indicação da existência de controvérsia judicial relevante sobre a aplicação da disposição objeto da ação declaratória. Essa controvérsia pode ser caracterizada pela demonstração do simples desacordo entre os tribunais acerca da aplicação da norma.

4. A ADPF possui hipóteses em que se exige a demonstração de controvérsia judicial relevante. (CESPE – 2012 – AGU – Advogado da União).

> **Questão original:** Ao contrário da ADC, a ADPF **NÃO** exige a demonstração de controvérsia judicial relevante.

5. A decisão de mérito proferida pelo STF no âmbito de ação declaratória de constitucionalidade produz, em regra, efeitos **EX TUNC** e vinculantes para todos os órgãos do Poder Executivo e demais órgãos do Poder Judiciário. (CESPE – 2009 – AGU – Advogado da União).

> **Questão original:** A decisão de mérito proferida pelo STF no âmbito de ação declaratória de constitucionalidade produz, em regra, efeitos ex nunc e vinculantes para todos os órgãos do Poder Executivo e demais órgãos do Poder Judiciário.

6. A decisão cautelar na ação declaratória de constitucionalidade, por criação do constituinte derivado, **DISPÕE EFEITO** vinculante. (CESPE – 2008 – DPE-CE – Defensor Público).

> **Questão original:** A decisão cautelar na ação declaratória de constitucionalidade, por criação do constituinte derivado, somente adquire eficácia vinculante quando o STF expressamente a atribui.

7. É condição de admissibilidade de ação declaratória de constitucionalidade a demonstração da controvérsia **JUDICIAL RELEVANTE** sobre a compatibilidade entre a norma questionada e o dispositivo da Constituição Federal. (CESPE – 2008 – PGE-ES – Procurador do Estado).

> **Questão original:** É condição de admissibilidade de ação declaratória de constitucionalidade a demonstração da controvérsia jurisprudencial sobre a compatibilidade entre a norma questionada e o dispositivo da Constituição Federal.

8. As decisões em ação declaratória de constitucionalidade têm eficácia erga omnes e efeito vinculante relativamente aos demais órgãos do Poder Judiciário e à administração pública direta e indireta, nas esferas federal, estadual e municipal. (CESPE - 2008 - TRT - 5ª Região (BA) - Analista Judiciário - Área Judiciária).

9. O STF pode decidir ação direta de constitucionalidade por outros fundamentos ainda que não alegados na petição inicial em razão da causa de pedir aberta. (CESPE - 2008 - DPE-CE - Defensor Público).

10. O amicus curiae não tem legitimidade para recorrer de decisões proferidas em ação declaratória de inconstitucionalidade, salvo daquelas que não o admitam como tal no processo. (CESPE - 2008 - SEMAD-ARACAJU - Procurador Municipal).

11. Um deputado estadual de Sergipe, insatisfeito com os recursos que o estado vinha recebendo da União, resolveu apresentar um projeto de lei estadual criando um novo imposto, incidente sobre a exploração da atividade de lavra de petróleo nesse estado por empresas privadas e estatais. A mencionada lei estadual, se publicada, **NÃO** poderá ser objeto de controle de constitucionalidade, na via concentrada, por meio de ação declaratória de constitucionalidade, perante o STF. (CESPE - 2008 - TCU - Analista de Controle Externo - Auditoria Governamental - Prova 1).

> **Questão original:** A mencionada lei estadual, se publicada, poderá ser objeto de controle de constitucionalidade, na via concentrada, por meio de ação declaratória de constitucionalidade, perante o STF, devendo, nessa situação, o advogado-geral da União ser citado para defender a constitucionalidade da lei.

12. **FACULTADA** a manifestação do Advogado-Geral da União nas ações declaratórias de constitucionalidade. (CESPE - 2004 - AGU - Advogado da União).

> **Questão original:** Deve haver a manifestação do Advogado-Geral da União nas ações declaratórias de constitucionalidade, em virtude da possibilidade de declaração, nessas ações, da inconstitucionalidade da lei ou do ato normativo federal.

6.1.4 Arguição de descumprimento de preceito fundamental

1. A lei anterior à vigência da Constituição que tenha conteúdo incompatível com esta **SERÁ REVOGADA.** (CESPE - 2018 - STJ - Analista Judiciário - Oficial de Justiça Avaliador Federal).

> **Questão original:** A lei anterior à vigência da Constituição que tenha conteúdo incompatível com esta deve ser declarada inconstitucional.

2. Pode o STF, por decisão da maioria absoluta de seus membros, deferir pedido de medida liminar na arguição de descumprimento de preceito fundamental. (CESPE – 2016 – TCE-PA – Auditor de Controle Externo – Área Fiscalização – Direito).

3. Por afrontar diretamente disposição constitucional, lei estadual recente, que estabeleça requisitos mais simplificados para a regularização de empresas de pequeno porte constituídas sob as leis brasileiras e com sede e administração no país pode ser impugnada perante o Supremo Tribunal Federal por meio de **AÇÃO DIRETA DE INCONSTITUCIONALIDADE.** (CESPE – 2015 – TRE-GO – Analista Judiciário – Área Judiciária – Conhecimentos Específicos).

Questão original: Por afrontar diretamente disposição constitucional, lei estadual recente, que estabeleça requisitos mais simplificados para a regularização de empresas de pequeno porte constituídas sob as leis brasileiras e com sede e administração no país pode ser impugnada perante o Supremo Tribunal Federal por meio de arguição de descumprimento de preceito fundamental.

4. Considere que seja ajuizada perante o STF ADPF cujo objeto seja a declaração de inconstitucionalidade de norma federal por ofensa a dispositivos constitucionais. Nessa situação, estando presentes todos os requisitos de admissibilidade da ADI, poderá o tribunal conhecer do pedido como ação direta, em atenção ao princípio da fungibilidade. (CESPE – 2014 – Câmara dos Deputados – Analista Legislativo – Consultor Legislativo Área I).

5. Prefeito municipal **NÃO** é parte legítima para ingressar com arguição de descumprimento de preceito fundamental perante o Supremo Tribunal Federal (STF). (CESPE – 2013 – PC-BA – Delegado de Polícia).

Questão original: Prefeito municipal é parte legítima para ingressar com arguição de descumprimento de preceito fundamental perante o Supremo Tribunal Federal (STF).

6. A arguição de descumprimento de preceito fundamental é instrumento de controle concentrado de constitucionalidade que possui caráter subsidiário ou residual, só podendo ser utilizada quando não houver qualquer outro meio eficaz de sanar a lesividade. (CESPE – 2013 – STF – Analista Judiciário – Área Judiciária).

7. **ATO** normativo já revogado pode ser objeto de ADPF. (CESPE – 2012 – AGU – Advogado da União).

Questão original: Assim como ocorre na ADC e na ADI, ato normativo já revogado não pode ser objeto de ADPF.

8. Decisão proferida pelo STF em sede de arguição de descumprimento de preceito fundamental **NÃO** pode ser objeto de ação rescisória. (CESPE – 2011 – Correios – Analista de Correios – Advogado).

Questão original: Decisão proferida pelo STF em sede de arguição de descumprimento de preceito fundamental pode ser objeto de ação rescisória, considerando-se as peculiaridades do instituto.

9. O pedido de medida liminar é cabível na arguição de descumprimento de preceito fundamental, que exige, para sua propositura, o esgotamento de todas as vias possíveis para sanar a lesão ou a ameaça de lesão a preceito fundamental. (CESPE - 2010 - MPU - Analista - Processual).

Observação: "Art. 4, § 1º e 5º da Lei 9.882/99: Não será admitida arguição de descumprimento de preceito fundamental quando houver qualquer outro meio eficaz de sanar a lesividade; O Supremo Tribunal Federal, por decisão da maioria absoluta de seus membros, poderá deferir pedido de medida liminar na arguição de descumprimento de preceito fundamental."

Questão original: O pedido de medida liminar é cabível na ação direta de inconstitucionalidade, **MAS NÃO NA ARGUIÇÃO DE DESCUMPRIMENTO DE PRECEITO FUNDAMENTAL**, que exige, para sua propositura, o esgotamento de todas as vias possíveis para sanar a lesão ou a ameaça de lesão a preceito fundamental.

10. A ADPF tem caráter subsidiário, ou seja, só é possível se conhecer da ação caso inexista outro meio eficaz para a sua propositura. (CESPE - 2010 - ABIN - Oficial Técnico de Inteligência - Área de Direito).

11. A arguição de descumprimento de preceito **DIFERE** ao mandado de injunção, identificada a violação ou controvérsia acerca de direito fundamental e suprimida no caso concreto, a decisão do Supremo Tribunal Federal (STF) **NÃO** compele o Congresso Nacional a criar lei. (CESPE - 2009 - SECONT-ES - Auditor do Estado - Direito).

Questão original: A arguição de descumprimento de preceito fundamental possui subsidiariamente efeitos semelhantes ao mandado de injunção, pois, identificada a violação ou controvérsia acerca de direito fundamental e suprimida no caso concreto, a decisão do Supremo Tribunal Federal (STF) compele o Congresso Nacional a criar lei.

12. Não será admitida arguição de descumprimento de preceito fundamental quando houver qualquer outro meio eficaz de sanar a lesividade e, no prazo de cinco dias, da decisão de indeferimento da petição inicial referente a essa arguição, caberá agravo. (CESPE - 2008 - STF - Analista Judiciário - Área Judiciária - Execução de Mandados).

13. Considere que determinado empregado entenda que uma cláusula de seu contrato de trabalho seja inválida porque ela tem por base lei federal que ele julga inconstitucional. Nessa situação, o referido empregado não pode impugnar essa lei mediante ação direta de inconstitucionalidade **NEM** mediante arguição de descumprimento de preceito fundamental. (CESPE – 2008 – TST – Analista Judiciário – Área Judiciária).

> **Questão original:** Considere que determinado empregado entenda que uma cláusula de seu contrato de trabalho seja inválida porque ela tem por base lei federal que ele julga inconstitucional. Nessa situação, o referido empregado não pode impugnar essa lei mediante ação direta de inconstitucionalidade, mas pode impugnar a validade do seu contrato de trabalho mediante arguição de descumprimento de preceito fundamental.

14. A arguição de descumprimento de preceito fundamental somente pode ser ajuizada pelos legitimados para propositura de ação direta de inconstitucionalidade. (CESPE – 2007 – IEMA – Advogado).

15. Concedida medida liminar nos autos de uma ação de arguição de descumprimento a preceito fundamental (ADPF), poderá o STF determinar a suspensão dos processos em curso ou os efeitos das decisões judiciais já proferidas, que apresentem relação com a matéria objeto dessa ADPF, **SALVO DECORRENTES DE** coisa julgada. (CESPE – 2007 – TRT – 9ª REGIÃO (PR) – Analista Judiciário – Área Judiciária).

> **Observação:** "Art. 5º, § 3º da Lei 9.882/99: A liminar poderá consistir na determinação de que juízes e tribunais suspendam o andamento de processo ou os efeitos de decisões judiciais, ou de qualquer outra medida que apresente relação com a matéria objeto da arguição de descumprimento de preceito fundamental, salvo se decorrentes da coisa julgada.

> **Questão original:** Concedida medida liminar nos autos de uma ação de arguição de descumprimento a preceito fundamental (ADPF), poderá o STF determinar a suspensão dos processos em curso ou os efeitos das decisões judiciais já proferidas, inclusive da coisa julgada, que apresentem relação com a matéria objeto dessa ADPF.

6.2 CONTROLE DIFUSO

1. Conforme entendimento do Supremo Tribunal Federal, é possível que o legislador edite lei com idêntico conteúdo ao de outra que anteriormente tenha sido declarada inconstitucional em controle abstrato de constitucionalidade. (CESPE – 2018 – STJ – Analista Judiciário – Oficial de Justiça Avaliador Federal).

2. O efeito vinculante das decisões do Supremo Tribunal Federal em controle de constitucionalidade alcança também as decisões que adotem a interpretação conforme a Constituição. (CESPE – 2018 – STJ – Analista Judiciário – Oficial de Justiça Avaliador Federal).

3. Em se tratando de controle difuso de constitucionalidade, a referência do controle pode ser qualquer norma constitucional vigente e já revogada. (CESPE - 2018 - STJ - Analista Judiciário - Judiciária).

> **Questão original:** Em se tratando de controle difuso de constitucionalidade, a referência do controle pode ser qualquer norma constitucional vigente, **NÃO SENDO ACEITA, PORTANTO, COMO PARÂMETRO NORMA CONSTITUCIONAL JÁ REVOGADA.**

4. Em relação ao exercício do controle de constitucionalidade pelo Poder Judiciário, o rol de órgãos competentes para o exercício do controle abstrato é mais restrito que o de órgãos aptos ao exercício do controle difuso. (CESPE - 2017 - DPU - Defensor Público Federal).

5. Órgão fracionário de tribunal que afaste a incidência, no todo ou em parte, de lei ou ato normativo, ainda que não declare expressamente a sua inconstitucionalidade, violará a cláusula de reserva de plenário. (CESPE - 2017 - TRF - 1ª REGIÃO - Analista Judiciário - Área Judiciária). Em relação ao exercício do controle de constitucionalidade pelo Poder Judiciário, o rol de órgãos competentes para o exercício do controle abstrato é mais restrito que o de órgãos aptos ao exercício do controle difuso. (CESPE - 2017 - DPU - Defensor Público Federal).

6. Se a demanda versar exclusivamente sobre direitos disponíveis **É PERMITIDO** ao juiz declarar de ofício a inconstitucionalidade de lei, **SEM VIOLAR O** princípio da inércia processual. (CESPE - 2017 - Prefeitura de Fortaleza - CE - Procurador do Município).

> **Questão original:** Se a demanda versar exclusivamente sobre direitos disponíveis, é vedado ao juiz declarar de ofício a inconstitucionalidade de lei, sob pena de violação do princípio da inércia processual.

7. No exercício do controle difuso de constitucionalidade, o tribunal que, em decisão de órgão fracionário, afastar a incidência, em parte, de ato normativo do poder público, sem declarar expressamente a sua inconstitucionalidade, violará cláusula de reserva de plenário. (CESPE - 2017 - TRF - 1ª REGIÃO - Analista Judiciário - Oficial de Justiça Avaliador Federal).

8. Não se admite o manejo de reclamação constitucional contra ato administrativo contrário a enunciado de súmula vinculante durante a pendência de recurso interposto na esfera administrativa. Todavia, esgotada a via administrativa e judicializada a matéria, a reclamação constitucional não obstará a interposição dos recursos eventualmente cabíveis e a apresentação de outros meios admissíveis de impugnação. (CESPE - 2017 - Prefeitura de Fortaleza - CE - Procurador do Município).

9. Decorre da aplicação da Súmula Vinculante n.º 10 a desnecessidade de a parte formular pedido de deslocamento de incidente de constitucionalidade para o pleno do tribunal, já que o envio é dever de ofício do órgão fracionário. (CESPE – 2015 – TJ-DFT – Analista Judiciário – Oficial de Justiça Avaliador Federal).

10. É possível o controle judicial difuso de constitucionalidade de normas pré-constitucionais, desde que não se adote a atual Constituição como parâmetro. (CESPE – 2015 – DPU – Defensor Público Federal).

11. O STF, mitigando norma constitucional, entende que é dispensável a submissão da demanda judicial à regra da reserva de plenário quando a decisão do tribunal basear-se em jurisprudência do plenário ou em súmula do STF. (CESPE – 2015 – TJ-DFT – Analista Judiciário – Oficial de Justiça Avaliador Federal).

12. **NÃO NECESSITA OBSERVAR** a cláusula de reserva de plenário, **QUANDO** os tribunais **DECLARAREM** a revogação de normas legais anteriores à CF com ela materialmente incompatíveis. (CESPE – 2015 – DPU – Defensor Público Federal).

Questão original: Desde que observem a cláusula de reserva de plenário, os tribunais podem declarar a revogação de normas legais anteriores à CF com ela materialmente incompatíveis.

13. **É ADMITIDO** o desvirtuamento da reclamação constitucional, cujo escopo é preservar a competência e a autoridade das decisões do STF, para transmudá-la em instrumento de controle de constitucionalidade **DIFUSO.** (CESPE – 2015 – TCE-RN – Assessor Técnico Jurídico – Cargo 2).

Questão original: Não se admite o desvirtuamento da reclamação constitucional, cujo escopo é preservar a competência e a autoridade das decisões do STF, para transmudá-la em instrumento de controle de constitucionalidade.

14. Em se tratando de julgamento de recurso extraordinário, a declaração, por turma do STF, da inconstitucionalidade incidental de determinada norma não constitui ofensa à cláusula de reserva de plenário desde que a norma já tenha sido declarada inconstitucional pelo plenário da Corte Suprema. (CESPE – 2014 – Câmara dos Deputados – Analista Legislativo – Consultor Legislativo Área I).

15. De acordo com entendimento sumulado do STF, os tribunais de contas, no exercício de suas atribuições, podem deixar de aplicar uma lei inconstitucional. Nesse caso, a decisão do tribunal de contas **NÃO** terá eficácia vinculante e efeito erga omnes. (CESPE – 2014 – TC-DF – Auditor de Controle Externo).

Questão original: De acordo com entendimento sumulado do STF, os tribunais de contas, no exercício de suas atribuições, podem deixar de aplicar uma lei inconstitucional. Nesse caso, a decisão do tribunal de contas terá eficácia vinculante e efeito erga omnes.

16. Caso o Senado Federal suspenda a execução de lei declarada inconstitucional, em sede de controle difuso, pelo Supremo Tribunal Federal, haverá óbice no ordenamento jurídico brasileiro para que, posteriormente, o Senado Federal, por motivos de conveniência política, anule a resolução que efetuar tal suspensão **LOGO, É IRRETRATÁVEL.** (CESPE - 2014 - MDIC - Agente Administrativo).

Questão original: Caso o Senado Federal suspenda a execução de lei declarada inconstitucional, em sede de controle difuso, pelo Supremo Tribunal Federal, não haverá óbice no ordenamento jurídico brasileiro para que, posteriormente, o Senado Federal, por motivos de conveniência política, anule a resolução que efetuar tal suspensão.

17. Caso, em audiência de instrução e julgamento de processo criminal, o magistrado determine, de forma fundamentada e para garantir a segurança das pessoas presentes ao ato, que o réu utilize algemas, este **NÃO** poderá se valer de reclamação constitucional para o STF, com a finalidade de demonstrar que a situação fática apontada pelo juiz para justificar a necessidade do uso de algemas é inverídica. (CESPE - 2014 - Câmara dos Deputados - Analista Legislativo - Consultor Legislativo Área II).

Questão original: Caso, em audiência de instrução e julgamento de processo criminal, o magistrado determine, de forma fundamentada e para garantir a segurança das pessoas presentes ao ato, que o réu utilize algemas, este poderá se valer de reclamação constitucional para o STF, com a finalidade de demonstrar que a situação fática apontada pelo juiz para justificar a necessidade do uso de algemas é inverídica.

18. Se uma turma de um tribunal regional federal, ainda que não tenha declarado expressamente determinada lei inconstitucional, afastar a sua aplicação em julgamento de um caso concreto, tal decisão violará cláusula constitucional de reserva de plenário. (CESPE - 2014 - MDIC - Analista Técnico - Administrativo).

19. O Brasil adota o controle de constitucionalidade concreto-difuso, de competência de todos os juízes e tribunais e exercitável pela via de exceção, como, também, o controle abstrato-concentrado, de competência exclusiva do Supremo Tribunal Federal e dos tribunais de justiça estaduais, exercitável pela via direta. (CESPE - 2013 - ANCINE - Especialista em Regulação Atividade Cinematográfica e Audiovisual - Área 3).

20. Tratando-se da via difusa de controle de constitucionalidade no Brasil, em **DETERMINADAS HIPÓTESES** será dispensada a cláusula de reserva de plenário. (CESPE - 2013 - ANTT - Analista Administrativo - Direito).

Questão original: Tratando-se da via difusa de controle de constitucionalidade no Brasil, em nenhuma hipótese será dispensada a cláusula de reserva de plenário.

21. De acordo com entendimento do STF, no controle difuso de constitucionalidade, os tribunais podem aplicar a denominada interpretação conforme a CF sem a observância da cláusula de reserva de plenário. (CESPE – 2013 – DPF – Delegado).

> **Questão original:** De acordo com entendimento do STF, no controle difuso de constitucionalidade, os tribunais **NÃO** podem aplicar a denominada interpretação conforme a CF sem a observância da cláusula de reserva de plenário.

22. Em se tratando do controle de constitucionalidade **CONCENTRADO**, a questão da inconstitucionalidade deve constituir o objeto principal da causa. (CESPE – 2013 – ANTT – Analista Administrativo – Direito).

> **Questão original:** Em se tratando do controle de constitucionalidade difuso, incidental ou aberto, a questão da inconstitucionalidade deve constituir o objeto principal da causa.

23. Da inobservância das regras do processo legislativo constitucional decorre a inconstitucionalidade formal da lei ou ato normativo produzido, que deverá ser reconhecida, em controle concentrado de constitucionalidade **OU DIFUSO.** (CESPE – 2013 – ANTT – Analista Administrativo – Direito).

> **Questão original:** Da inobservância das regras do processo legislativo constitucional decorre a inconstitucionalidade formal da lei ou ato normativo produzido, que deverá ser reconhecida, face à vulnerabilidade do princípio da legalidade, exclusivamente em controle concentrado de constitucionalidade.

24. Embora o sistema brasileiro não admita ADI contra lei municipal, é cabível contra essa lei o controle difuso de constitucionalidade, assim como o controle por meio de arguição de descumprimento de preceito fundamental. (CESPE – 2013 – DPE-DF – Defensor Público).

25. No sistema constitucional brasileiro, o Poder **LEGISLATIVO** pode realizar o controle de constitucionalidade repressivo de lei ou de ato normativo. (CESPE – 2013 – ANTT – Analista Administrativo – Direito).

> **Questão original:** No sistema constitucional brasileiro, apenas o Poder Judiciário pode realizar o controle de constitucionalidade repressivo de lei ou de ato normativo, seja difuso, seja concentrado.

26. Embora os TCs não detenham competência para declarar a inconstitucionalidade das leis ou dos atos normativos em abstrato, eles podem, no caso concreto, reconhecer a desconformidade formal ou material de normas jurídicas com a CF, deixando de aplicar, ou providenciando a sustação, de atos que considerem inconstitucionais. (CESPE – 2013 – TC-DF – Procurador).

27. Embora o sistema brasileiro não admita ADI contra lei municipal, é cabível contra essa lei o controle difuso de constitucionalidade, assim como o controle por meio de arguição de descumprimento de preceito fundamental. (CESPE - 2013 - DPE-DF - Defensor Público).

28. De acordo com entendimento do STF, no controle difuso de constitucionalidade, os tribunais podem aplicar a denominada interpretação conforme a CF sem a observância da cláusula de reserva de plenário. (CESPE - 2013 - Polícia Federal - Delegado de Polícia).

> **Questão original:** De acordo com entendimento do STF, no controle difuso de constitucionalidade, os tribunais **NÃO** podem aplicar a denominada interpretação conforme a CF sem a observância da cláusula de reserva de plenário.

29. A repercussão geral de questão constitucional objeto de recurso extraordinário, reconhecida pelo plenário virtual do STF, poderá ser, posteriormente, rejeitada pelo plenário presencial sob o argumento de se tratar de matéria infraconstitucional. (CESPE - 2013 - STF - Analista Judiciário - Área Judiciária).

> **Questão original:** A repercussão geral de questão constitucional objeto de recurso extraordinário, reconhecida pelo plenário virtual do STF, **NÃO** poderá ser, posteriormente, rejeitada pelo plenário presencial sob o argumento de se tratar de matéria infraconstitucional.

30. No âmbito do denominado controle difuso concreto, a decisão que reconhece a inconstitucionalidade pode excepcionalmente não ter efeitos retroativos, assim como ocorre na ação direta de inconstitucionalidade, no âmbito da qual se admite, inclusive, a oposição de embargos de declaração para fins de modulação de efeitos da decisão. (CESPE - 2012 - MPE-PI - Analista Ministerial - Área Processual).

31. A DP insere-se entre as instituições legitimadas a ingressar com ACP cujo pedido **INCIDENTAL** seja a declaração de inconstitucionalidade de uma lei que viole o meio ambiente. (CESPE - 2012 - DPE-ES - Defensor Público).

> **Questão original:** A DP insere-se entre as instituições legitimadas a ingressar com ACP cujo pedido principal seja a declaração de inconstitucionalidade de uma lei que viole o meio ambiente.

32. No âmbito do denominado controle difuso concreto, a decisão que reconhece a inconstitucionalidade pode excepcionalmente não ter efeitos retroativos, assim como ocorre na ação direta de inconstitucionalidade, no âmbito da qual se admite, inclusive, a oposição de embargos de declaração para fins de modulação de efeitos da decisão. (CESPE - 2012 - MPE-PI - Analista Ministerial - Área Processual).

33. É exigido que o recurso extraordinário traga a demonstração da repercussão geral da matéria constitucional nele discutida, a fim de que o Supremo Tribunal Federal decida sobre a sua admissão. (CESPE – 2012 – ANATEL – Técnico Administrativo).

34. Conforme a doutrina, a natureza jurídica da repercussão geral é requisito de admissibilidade do recurso extraordinário. (CESPE – 2012 – TCE-ES – Auditor).

35. O controle difuso de constitucionalidade, que é exercido somente perante caso concreto, pode ocorrer por meio das ações constitucionais do habeas corpus e do mandado de segurança. (CESPE – 2011 – Correios – Analista de Correios – Advogado).

36. Para declarar a inconstitucionalidade de lei ou ato normativo do poder público, exige-se o voto da maioria **ABSOLUTA** dos membros do respectivo órgão especial, como forma de reforçar o controle de constitucionalidade no ordenamento jurídico. (CESPE – 2010 – TRT – 21ª Região (RN) – Técnico Judiciário – Área Administrativa).

> **Questão original:** Para declarar a inconstitucionalidade de lei ou ato normativo do poder público, exige-se o voto da maioria relativa dos membros do respectivo órgão especial, como forma de reforçar o controle de constitucionalidade no ordenamento jurídico.

37. O controle repressivo de constitucionalidade, realizado pelo Poder Judiciário, pode dar-se por via de ação ou via de exceção, também dito de defesa, difuso ou aberto. (CESPE – 2010 – MPS – Agente Administrativo).

38. No Brasil, o controle de constitucionalidade jurisdicional combina os critérios difuso e concentrado. A regra é que, no controle concreto, ocorre a coisa julgada entre as partes do processo e, no controle abstrato, há a eficácia contra todos e efeito vinculante. Há, contudo, instrumentos que acabam por objetivar o controle difuso, entre os quais se destaca a súmula vinculante. (CESPE – 2010 – EMBASA – Analista de Saneamento – Advogado).

39. Segundo entendimento do STF, é possível a utilização da técnica da modulação ou limitação temporal dos efeitos de decisão declaratória de inconstitucionalidade no âmbito do controle difuso de constitucionalidade. (CESPE – 2009 – AGU – Advogado da União). No Brasil, o controle de constitucionalidade jurisdicional combina os critérios difuso e concentrado. A regra é que, no controle concreto, ocorre a coisa julgada entre as partes do processo e, no controle abstrato, há a eficácia contra todos e efeito vinculante. Há, contudo, instrumentos que acabam por objetivar o controle difuso, entre os quais se destaca a súmula vinculante. (CESPE – 2010 – EMBASA – Analista de Saneamento – Advogado).

40. No controle de constitucionalidade por via de exceção, a inconstitucionalidade não diz respeito diretamente ao objeto principal da lide, mas, sim, à questão prévia, tida como indispensável ao julgamento de mérito. Em razão disso, a decisão tem efeito inter partes, já que o ato normativo ou a lei permanecem válidos e com força obrigatória em relação a terceiros. (CESPE - 2010 - TRT - 21ª Região (RN) - Analista Judiciário - Área Judiciária).

41. **NÃO É CABÍVEL** a interposição de recurso extraordinário em face de acórdão do tribunal de justiça do estado que defira o pedido de intervenção estadual em município. (CESPE - 2009 - DPE-AL - Defensor Público).

Observação: "Súmula 637 do STF: Não cabe recurso extraordinário contra acórdão de tribunal de justiça que defere pedido de intervenção estadual em município."

Questão original: É cabível a interposição de recurso extraordinário em face de acórdão do tribunal de justiça do estado que defira o pedido de intervenção estadual em município.

42. Conforme entendimento do STF, **NÃO** cabe reclamação da decisão que negar a liminar proferida em ação direta de inconstitucionalidade. (CESPE - 2009 - DPE-ES - Defensor Público).

Questão original: Conforme entendimento do STF, cabe reclamação da decisão que conceder ou negar a liminar proferida em ação direta de inconstitucionalidade.

43. Caso um cidadão esteja litigando contra o estado do Espírito Santo e o juiz de direito não tenha aplicado, no julgamento dessa causa, o entendimento manifestado pelo plenário do STF em recurso extraordinário interposto em outro processo, não caberá reclamação ao STF contra a decisão do juiz de direito. (CESPE - 2009 - DPE-ES - Defensor Público).

44. Considere que o STF, em sede de controle difuso de constitucionalidade, tenha declarado a inconstitucionalidade de lei municipal que atribuía aos empregados domésticos direito a receber gratificação de 200% pelo trabalho efetuado em domingos e feriados.

Essa decisão seria **COMPATÍVEL** com a CF, pois o STF é competente para controlar a constitucionalidade de leis municipais **EM CONTROLE DIFUSO.** (CESPE - 2008 - TST - Analista Judiciário - Área Judiciária).

Questão original: Essa decisão seria incompatível com a CF, pois o STF não é competente para controlar a constitucionalidade de leis municipais.

45. A defesa da Constituição da República representa o encargo mais relevante do Supremo Tribunal Federal (STF). O STF – que é o guardião da Constituição, por expressa delegação do Poder Constituinte – não pode renunciar ao exercício desse encargo, pois, se a Suprema Corte falhar no desempenho da gravíssima atribuição que lhe foi outorgada, a integridade do sistema político, a proteção das liberdades públicas, a estabilidade do ordenamento normativo do Estado, a segurança das relações jurídicas e a legitimidade das instituições da República restarão profundamente comprometidas. ADI 2.010-MC., Rel. min. Celso de Mello, julgamento em 30/9/1999, DJ de 12/4/2002.. (CESPE – 2008 – TJ-DFT – Analista Judiciário – Área Judiciária).

45.1 A verificação da existência da preliminar formal é de competência **CONCORRENTE** do tribunal, turma recursal **OU TURMA DE UNIFORMIZAÇÃO** de origem **E DO STF.**

> **Questão original:** A verificação da existência da preliminar formal de repercussão geral é de competência exclusiva do tribunal ou da turma recursal de origem.

45.2 A análise da repercussão geral é de competência exclusiva do STF.

45.3 Uma das finalidades da introdução do mecanismo da repercussão geral nos recursos extraordinários foi o de firmar o papel do STF como corte constitucional e não como instância recursal.

46. Em 30/3/2000, o Poder Executivo federal editou a medida provisória n.º 1.963-17/2000, posteriormente editada sob o n.º 2.170-36/2001, cuja vigência, nos moldes do art. 2.º da Emenda Constitucional n.º 32/01, foi prorrogada "até que medida provisória ulterior as revogue explicitamente ou até deliberação definitiva do Congresso Nacional", segundo entendimento pacificado no âmbito do Superior Tribunal de Justiça quando do julgamento do recurso especial n.º 629.487/RS, do relator Ministro Fernando Gonçalves (Quarta Turma, julgado em 22/6/2004, DJ 2/8/2004, p. 412). O art. 5.º da referida medida provisória dispõe que, "nas operações realizadas pelas instituições integrantes do Sistema Financeiro Nacional, é admissível a capitalização de juros com periodicidade inferior a um ano."

Eventual declaração de inconstitucionalidade do art. 5.º da referida medida provisória, em sede de controle difuso por um tribunal de segunda instância, não prescinde, segundo a cláusula de reserva de plenário, do voto da maioria absoluta de seus membros ou dos membros do respectivo órgão especial. (CESPE – 2008 – HEMOBRÁS – Analista de Gestão Corporativa – Advogado).

47. O incidente de deslocamento do processo da arguição de inconstitucionalidade, das turmas de um tribunal ao seu plenário ou órgão especial, quando não houver pronunciamento destes, é desnecessário se o ato normativo questionado já tiver sido declarado inconstitucional por **PLENÁRIO** do STF. (CESPE – 2008 – TJ-DFT – Analista Judiciário – Área Judiciária).

> **Questão original:** O incidente de deslocamento do processo da arguição de inconstitucionalidade, das turmas de um tribunal ao seu plenário ou órgão

especial, quando não houver pronunciamento destes, é desnecessário se o ato normativo questionado já tiver sido declarado inconstitucional por quaisquer das turmas do STF.

48. O controle difuso de constitucionalidade tem sua origem histórica no direito norte-americano, no caso Marbury versus Madison. (CESPE - 2008 - DPE-CE - Defensor Público).

49. A decisão da turma recursal do juizado especial pode ser impugnada por recurso extraordinário quando violar norma expressa da CF. (CESPE - 2008 - STF - Analista Judiciário - Área Judiciária).

50. A reclamação é instrumento processual adequado para se exigir de autoridade o cumprimento de decisão proferida em ação direta de inconstitucionalidade. (CESPE - 2008 - TJ-CE - Oficial de Justiça).

51. **NÃO ESTÁ** sedimentada a adoção da transcendência dos fundamentos determinantes para fins de exame de admissibilidade de reclamação. (CESPE - 2008 - PGE-ES - Procurador do Estado).

Questão original: Está sedimentada a adoção da transcendência dos fundamentos determinantes para fins de exame de admissibilidade de reclamação.

52. A suspensão dos efeitos de norma declarada inconstitucional, **QUANDO SE TRATAR DE CONTROLE DIFUSO DE CONSTITUCIONALIDADE,** depende de edição de resolução pelo Senado Federal. (CESPE - 2007 - DPU - Defensor Público Federal).

Questão original: A suspensão dos efeitos de norma declarada inconstitucional, por qualquer via, depende de edição de resolução pelo Senado Federal.

53. A existência de normas de reprodução obrigatória nas constituições estaduais possibilita a interposição de recurso extraordinário para o STF. (CESPE - 2007 - IEMA - Advogado).

54. **NÃO É CABÍVEL** recurso extraordinário para o STF interposto contra acórdão do TCU. (CESPE - 2007 - IEMA - Advogado).

Questão original: O cabimento de recurso extraordinário para o STF interposto contra acórdão do TCU, assim como a concessão de medida cautelar, está condicionado à existência de violação às normas da Constituição Federal.

55. O descumprimento de decisão do STF em ação direta de inconstitucionalidade que julgou norma estadual, pelo governador do respectivo ente federal, possibilita o ajuizamento de reclamação. (CESPE - 2007 - IEMA - Advogado).

56. Qualquer prejudicado poderá, por meio da reclamação, atacar decisão judicial não transitada em julgado que contrarie acórdão sobre a constitucionalidade de norma em ação declaratória de constitucionalidade. (CESPE – 2007 – DPU – Defensor Público Federal).

57. Com a EC n.º 45/2004, a CF passou a exigir, como requisito para o conhecimento dos recursos extraordinário, a demonstração da repercussão geral da questões impugnadas. (CESPE – 2007 – DPU – Defensor Público Federal).

> **Questão original:** Com a EC n.º 45/2004, a CF passou a exigir, como requisito para o conhecimento dos recursos **ESPECIAL** e extraordinário, a demonstração da repercussão geral da questões impugnadas.

58. É possível aplicar o efeito ex nunc à declaração de inconstitucionalidade de lei municipal em processo de controle difuso. (CESPE – 2006 – DPE-DF – Procurador – Assistência Judiciária – Segunda Categoria).

6.3 CONTROLE PELO PODER LEGISLATIVO

1. Prefeito municipal **NÃO** possui legitimidade para ajuizar ação declaratória de constitucionalidade contra lei **FEDERAL** perante o Supremo Tribunal Federal. (CESPE – 2018 – ABIN – Oficial Técnico de Inteligência – Área 2).

> **Questão original:** Prefeito municipal possui legitimidade para ajuizar ação declaratória de constitucionalidade contra lei estadual perante o Supremo Tribunal Federal.

2. Embora não tenha declarado expressamente a inconstitucionalidade de determinada lei, turma do Superior Tribunal de Justiça determinou sua não incidência parcial em determinado caso concreto. Nesse caso, fica configurada violação à cláusula de reserva de plenário. (CESPE – 2018 – STJ – Analista Judiciário – Judiciária).

3. A competência do Congresso Nacional para sustar atos normativos do Poder Executivo que exorbitem do poder regulamentar ou dos limites de delegação legislativa configura hipótese de controle político. (CESPE – 2017 – TCE-PE – Conhecimentos Básicos – Cargo 3).

4. Lei estadual, de iniciativa parlamentar, que crie atribuições para determinada secretaria do estado, deverá ser declarada inconstitucional por vício de iniciativa. (CESPE – 2017 – TRF – 1ª REGIÃO – Analista Judiciário – Área Administrativa).

5. Decreto legislativo editado pelo Poder Legislativo para sustar ato normativo do Poder Executivo por exorbitância do poder regulamentar pode ser apreciado em controle abstrato de normas, oportunidade em que o tribunal competente deverá analisar se tal ato normativo efetivamente extrapolou a lei objeto de regulamentação para, somente depois disso, decidir sobre a constitucionalidade do referido decreto legislativo. (CESPE - 2016 - PGE-AM - Procurador do Estado).

6. O fato de um projeto de lei ser aprovado e, após seu encaminhamento para sanção do presidente da República, sofrer veto presidencial com fundamento na inconstitucionalidade do ato objeto de deliberação comprova a existência, no ordenamento legislativo brasileiro, de controle preventivo de constitucionalidade, ao lado do consagrado sistema jurisdicional, normalmente de caráter repressivo. (CESPE - 2014 - Câmara dos Deputados - Analista Legislativo - Consultor Legislativo Área IX; CESPE - 2014 - Câmara dos Deputados - Analista Legislativo - Consultor Legislativo Área VIII).

7. No Brasil, o controle preventivo de constitucionalidade é realizado dentro do processo legislativo pelas comissões de constituição e justiça e também pelo veto jurídico deferido ao chefe do Poder Executivo. (CESPE - 2013 - ANTT - Analista Administrativo - Direito).

8. Embora a regra geral do controle de constitucionalidade brasileiro seja o controle judicial repressivo, admite-se o controle político repressivo, por exemplo, quando o Congresso Nacional susta atos normativos do Poder Executivo que exorbitem os limites da delegação legislativa. (CESPE - 2013 - DPE-DF - Defensor Público).

9. No âmbito do controle político de constitucionalidade repressivo, decreto presidencial que não observe os limites do poder regulamentar poderá ser sustado pelo Congresso Nacional. (CESPE - 2013 - Telebras - Especialista em Gestão de Telecomunicações - Advogado).

10. Considerando, por mera hipótese, que um deputado federal apresentasse projeto de lei ordinária dispondo sobre a organização da Defensoria Pública da União (DPU) e que tal proposição, depois de aprovada na Câmara dos Deputados e no Senado Federal, fosse encaminhada à sanção do presidente da República, julgue os itens que se seguem. Se considerasse o projeto em apreço inconstitucional, o presidente da República poderia vetá-lo, exercendo, nesse caso, controle preventivo de constitucionalidade. (CESPE - 2013 - TRT - 10ª REGIÃO (DF e TO) - Analista Judiciário).

11. No âmbito do controle político de constitucionalidade repressivo, decreto presidencial que não observe os limites do poder regulamentar poderá ser sustado pelo Congresso Nacional. (CESPE - 2013 - Telebras - Especialista em Gestão de Telecomunicações - Advogado).

12. A sustação, pelo Poder Legislativo, de atos normativos do presidente da República que exorbitem do poder regulamentar constitui exemplo do controle **REPRESSIVO DE CONSTITUCIONALIDADE.** (CESPE - 2012 - DPE-ES - Defensor Público).

Questão original: A sustação, pelo Poder Legislativo, de atos normativos do presidente da República que exorbitem do poder regulamentar constitui exemplo do controle de constitucionalidade político preventivo.

13. De acordo com o Supremo Tribunal Federal (STF), é possível questionar, através de mandado de segurança, proposta de emenda constitucional tendente a abolir a separação de poderes. Todavia, a legitimidade para o ajuizamento é exclusiva de parlamentar. (CESPE - 2012 - PC-AL - Delegado de Polícia).

14. Consoante a jurisprudência do STF, admite-se o controle judicial preventivo de constitucionalidade nos casos de mandado de segurança impetrado por parlamentar, com a finalidade de impedir a tramitação de proposta de emenda constitucional tendente a abolir cláusula pétrea. (CESPE - 2012 - DPE-ES - Defensor Público).

15. Antes de um projeto de lei ser votado em uma das casas do Congresso Nacional, ele é submetido à Comissão de Constituição e Justiça da respectiva Casa e, caso essa comissão emita pronunciamento no sentido de ser inconstitucional o projeto, ele ainda assim poderá ser submetido ao plenário para votação. (CESPE - 2011 - EBC - Analista - Advocacia).

Questão original: Antes de um projeto de lei ser votado em uma das casas do Congresso Nacional, ele é submetido à Comissão de Constituição e Justiça da respectiva Casa e, caso essa comissão emita pronunciamento no sentido de ser inconstitucional o projeto, ele **NÃO** poderá ser submetido ao plenário para votação, antes de sanada a inconstitucionalidade.

16. De acordo com entendimento do STF, o controle jurisdicional prévio ou preventivo de constitucionalidade sobre projeto de lei ainda em trâmite somente pode ocorrer de modo incidental, na via de exceção ou defesa. (CESPE - 2010 - AGU - Procurador Federal).

17. O controle de constitucionalidade preventivo pode ser exercido pelas Comissões de Constituição e Justiça da Câmara dos Deputados e do Senado Federal, e pelo veto do presidente da República. (CESPE - 2008 - HEMOBRÁS - Analista de Gestão Corporativa - Advogado).

ANOTAÇÕES

ANOTAÇÕES

ANOTAÇÕES

ANOTAÇÕES

ANOTAÇÕES

EDITORA
JusPODIVM
www.editorajuspodivm.com.br

Pré-impressão, impressão e acabamento
GRÁFICA
SANTUÁRIO

grafica@editorasantuario.com.br
www.graficasantuario.com.br
Aparecida-SP